W0015630

Chemie heute

Sekundarbereich I

Schroedel

Chemie heute – Sekundarbereich I

Gesamtband

Herausgegeben von
Oberstudiendirektor Wolfgang Asselborn, Saarlouis
Akademischer Direktor Manfred Jäckel, Hannover
Oberstudiendirektor Dr. Karl T. Risch, Heidelberg

Bearbeitet von
Prof. Dr. Hans-Dieter Barke, Münster
Studiendirektor Klaus Dehnert, Soest
Diplomlehrerin Rosemarie Förster, Chemnitz
Oberstudienrat Dr. Hermann Hammes-Therre, Bad Münstereifel
Studienrat Norbert Jäckel, Wetter
Oberstudiendirektor Günter Krug, Kenzingen
Diplomlehrer Dieter Matthé, Dresden
Studiendirektor Horst Oehr, Hamburg
Oberstudienrat Dr. Rolf Schulte-Coerne, Gelsenkirchen
Studiendirektor Theophil Schwenk, Backnang
Studienrat Michael Walory, Münster
Studienrat Dr. Winfried Zemann, Hannover

Mit Beiträgen von
Oberstudienrätin Renate Brützel, Wesel
Oberstudienrat Ulrich Claus, Wolfsburg
Studiendirektor Uwe Rehbein, Hamburg
Oberstudiendirektor Albin Schmid, Köln

unter Mitarbeit der Verlagsredaktion

Druck A [8] / Jahr 2007

Alle Drucke der Serie A sind im Unterricht parallel verwendbar.

Fotos: Michael Fabian, Udo Heuer, Hans Tegen
Einbandgestaltung: Cordula Hofmann
Grafik: Birgitt Biermann-Schickling, Theiss Heidolph, Brigitte Karnath, Liselotte Lüddecke, Karin Mall, Tom Menzel, Heike Möller, Karola Niehoff, Volkmar Rinke, Günter Schlierf, DTP-Studio Wiegand, Dr. Winfried Zemann
Druck und Bindung:
westermann druck GmbH, Braunschweig

ISBN 978-3-507-**86060**-5

Hinweise zum Aufbau des Chemiebuchs

Die Sachtexte der Informationsseiten sind der rote Faden des Buches. Hier werden die neuen Themen behandelt. Merksätze am Ende der Lerneinheiten fassen die wichtigsten Inhalte zusammen. Es schließen sich Aufgaben aus verschiedenen Kategorien an: „Rote Aufgaben“ dienen zur Wiederholung der neuen Inhalte. „Schwarze Aufgaben“ verknüpfen das neue Wissen mit früher Erlerntem und „blaue Aufgaben“ verbinden die Chemie mit dem Alltag.

Im Rechenbeispiel werden typische Aufgaben in nachvollziehbaren Schritten vorgerechnet. — **Rechenbeispiel**

Exkurse vermitteln einen Eindruck von den vielfältigen Bezügen der Chemie zu Alltag und Technik. — **Exkurs**

Systematische Zusammenhänge lassen sich am besten durch übersichtliche Darstellungen erfassen. — **Übersicht**

Hier werden theoretische Grundlagen beschrieben, die helfen, komplexe Inhalte besser zu verstehen. — **Theorie**

Steckbriefe stellen die wichtigsten Informationen zu einem Stoff oder einer Stoffgruppe zusammen. — **Steckbrief**

Auf diesen Seiten werden Zusatzinformationen, Bilder und Aufgaben zum behandelten Thema angeboten. — **Chemie-Recherche**

Im Praktikum üben Schülerinnen und Schüler das experimentelle Arbeiten in der Chemie. — **Praktikum**

Projektaufträge werden in Gruppen bearbeitet. Jede Gruppe stellt am Ende ihre Ergebnisse vor. — **Projekt**

Diese Aufgabenseite dient zur Wiederholung und Vertiefung und führt die „Wichtigsten Begriffe“ auf. — **Prüfe dein Wissen**

Am Ende jeden Kapitels werden die neuen Inhalte in kurzer und übersichtlicher Form dargestellt. — **Basiswissen**

Sofern nicht anders angegeben beziehen sich alle Angaben im Buch auf 20 °C und normalen Luftdruck.

Inhaltsverzeichnis

Anhang

Bildquellenverzeichnis

8.6: Wellinghorst, Badbergen; 9.1: Bilderberg, Hamburg; 9.4: Simon Fraser/SPL/Focus plus, Hamburg; 9.6: Tönnies, Hannover; 9.7: Trambauer, Hannover; 12.1: AKG GmbH, Berlin; 12.2: Bayer AG, Leverkusen; 13.1: Dr. Jänisch, Hannover; 16.1: Zefa, Düsseldorf; 18.1: Bayer AG, Leverkusen; 19.1: DRAGOCO Gerberding & Co. AG, Holzminden; 19.2: Dipl.-Ing. Hagen Marx, Andernach; 22.1: Gerhard P. Müller Fotodesign, Dortmund; 25.1: Simper, Hannover; 25.2: Menz, Hannover; 26.2: Dr. Jänisch, Hannover; 26.3: Medenbach, Witten; 26.5: Dr. Jänisch, Hannover; 32.1: dpa, Frankfurt; 32.2: Medenbach, Witten; 33.1: Solvay Deutschland GmbH, Hannover; 33.6: AKG, Berlin; 34.3: Dr. Jänisch, Hannover; 36.2: Prof. Buchheim, Bundesanstalt für Milchforschung, Kiel; 39.5a: Crash Music, Rinteln; 39.8a: Zefa (Phototake), Düsseldorf; 46.1a: Deutscher Kaffee-Verband e.V., Hamburg; 58.1: Gesellschaft Deutscher Chemiker, Frankfurt; 60.2b: Superbild Bildarchiv Eric Bach, Grünwald; 61.1a, b: Simper, Hannover; 61.2a, b: Westfälisches Amt für Denkmalpflege, über Landschaftsverband Westfalen-Lippe, Münster; 64.2: Deutsches Museum, München; 70.1: Tönnies, Hannover; 73.2: NASA; 74.3a, b: Dr. Jaenicke, Rodenberg; 84.1–4: Gloria-Werke, Wadersloh; 85.2: Feuerwehr Hannover; 87.2b: Dr. Jaenicke, Rodenberg; 88.1: Müller, Stolpen; 89.1: Zefa, Düsseldorf; 91.2: DB AG (Mann), Berlin; 95.1–2, 96.1a, 96.2: Salzgitter AG, Salzgitter; 97.1: Dr. Jänisch, Hannover; 97.2: b & m sinphonica, Geretsried; 97.3: K. Fröhlich, Sarstedt; 97.4: Mauck, Hannover; 97.5: Audi AG, Ingolstadt (über Aluminium-Zentrale e.V., Düsseldorf); 97.6: Rodenstock, München; 98.1: Haendler & Natermann GmbH, Hann. Münden; 98.3: Salzgitter AG, Salzgitter; 98.4: Dr. Reinbacher, Kempten; 99.1: Simper, Hannover; 99.3: Varta AG, Hannover; 99.4: Degussa Metals Catalysts Cerdec AG, Hanau-Wolfgang; 102.1: NASA; 105.1b: Erftverband (Christoffels), Bergheim; 107.1: Folienserie des VCI (Textheft 13; 1982), Frankfurt; 108.1a: Imagine Fotoagentur GmbH, Hamburg; 109.1a: Bilderberg GmbH, Hamburg; 109.2: Wetzel, Freiburg; 109.5: Okapia KG (NAS/Eisenbeiss), Frankfurt; 114.3: Deutsches Museum, München; 115.2: Westfalen AG, Münster; 116.2: Associated Press GmbH, Frankfurt; 116.3, 120.1: NASA; 137.2: Lufthansa (Rebenich), Köln; 138.2a, b: K. Fröhlich, Sarstedt; 143.1: Prof. Dr. Willner, Universität Duisburg; 149.1: IFA-Bilderteam GmbH (TPC), Frankfurt; 149.2: Deutscher Wetterdienst, Offenbach; 149.3: Messer Griesheim GmbH, Krefeld; 149.4: Dr. Georg Gornacz/Sience Photo Library/Focus, Hamburg; 159.1: Deutsches Museum, München; 160.3: AKG, Berlin; 162.3: Deutsches Museum, München; 170.1: Simper, Hannover; 171.2: Medenbach, Witten; 174.1: NMPFT/Science & Society Picture Library, London; 177.1: Deutsches Kupfer-Institut, Düsseldorf; 177.3: Solvay Deutschland GmbH, Hannover; 181.1a: Dr. Jänisch, Hannover; 182.1: Deutsches Museum, München; 183.1–2: Varta AG, Hannover; 190.1a, 190.2a: Dr. Jänisch, Hannover; 194.3: Zefa, Düsseldorf; 195.1b: Imagine Fotoagentur GmbH, Hamburg; 200.5: ESA, Darmstadt; 202.1: DRAGOCO Gerberding & Co. AG, Holzminden; 202.2, 203.1: Simper, Hannover; 214.1a: TetraWerke, Melle; 214.2a: Okapia KG (Max Gibbs/OSF), Frankfurt; 217.2, 218.1: Simper, Hannover; 218.2: Berkefeld GmbH, Celle; 219.3: Mauritius Bildagentur GmbH (Manfred Thonig), Mittenwald; 220.3a: behr Labor-Technik GmbH, Düsseldorf; 220.3b: Brita GmbH, Taunusstein; 223.1: Mauritius Bildagentur GmbH, Mittenwald; 223.2: Landesdenkmalamt Baden-Württemberg, Stuttgart; 228.2: Simper, Hannover; 236.1: Lurgi Werksfoto, Frankfurt; 237.2a: Mobil Erdgas-Erdöl GmbH, Hamburg; 240.6, 241.1: Dr. Reinbacher, Kempten; 242.1b: BASF AG, Ludwigshafen; 244.1a: SKW Stickstoffwerke Piesteritz GmbH, Lutherstadt Wittenberg; 245.2: Deutsches Museum, München; 247.2: Simper, Hannover; 247.3: BASF AG, Ludwigshafen; 248.1: Mobil Mining, Fairfax/Virginia; 253.2: Wacker-Chemie GmbH, München; 256.2: IFA-Bilderteam GmbH, Frankfurt; 258.1: Mauritius Bildagentur GmbH, Mittenwald; 264.1: Simper, Hannover; 265.1: Agilent Technologies Deutschland GmbH (GC 6890, MSD 5973N), Waldbronn; 272.1: Merthens, Jever; 274.1: Behr GmbH & Co., Stuttgart; 275.2: ESA, Darmstadt; 281.2b: Lufthansa (Krüger), Köln; 281.3b: BASF AG, Ludwigshafen; 285.1, 285.6: E.ON, Hannover; 285.2, 285.4: RWE AG, Essen; 285.3: Stadtwerke Hannover AG, Hannover; 285.5: WeberHaus, Rheinau-Linx; 285.7: Bundesministerium für Umwelt, Berlin; 285.8: Simper, Hannover; 287.2: Mobil Erdöl-Erdgas GmbH, Hamburg; 288.1: BASF AG/Wintershall AG, Ludwigshafen; 290.1: Cordes, ChiuZ, Nr. 3, 1977; 291.2: Degussa-Hüls AG, Frankfurt; 294.2: DaimlerChrysler AG, Stuttgart; 295.1a: Dehnert, Soest; 295.2a: WeberHaus, Rheinau-Linx; 296.2: NASA; 298.1: Bilderberg GmbH, Hamburg; 306.5: Prof. Strauß; 312.2: K. Fröhlich, Sarstedt; 317.1a: Mauritius Bildagentur GmbH, Mittenwald; 318.2b: Heinrich Frings GmbH & Co. KG, Bonn; 322.1c: Wellinghorst, Badbergen; 323.1: Tönnies, Hannover; 323.2a: atelier krebs, Hannover; 323.3a: DRAGOCO Gerberding & Co. AG, Holzminden; 325.3: Silvestris GmbH, Kastl; 325.4: Härle, Wangen; 325.5: Dr. Jaenicke, Rodenberg; 326.3: Simper, Hannover; 326.4–5, 326.7: atelier krebs, Hannover; 327.1: Simper, Hannover; 332.1: Mauritius Bildagentur GmbH, Mittenwald; 332.2: Katrin Friedrich, Hannover; 333.1: FreseniusKabi Deutschland GmbH, Bad Homburg; 333.2: Katrin Friedrich, Hannover; 333.3: NASA (Fullerton); 334.1b: Prof. Buchheim, Bundesanstalt für Milchforschung, Kiel; 336.1a: Mager, Gengenbach; 337.1a–e, 337.2: Info-Zentrum Schokolade, Leverkusen; 338.2: Tanita Europe GmbH, Sindelfingen; 338.3a–c: Gödecke/Parke-Davis, Freiburg; 340.1a: agrar press, Bergisch Gladbach (über IMA, Bonn); 343.1: AKG, Berlin; 343.2a, b: Lilly Deutschland GmbH, Bad Homburg; 345.2–3: EMS-Bildarchiv, Finningen; 347.2a: Dr. Tony Brain/Focus, Hamburg; 347.2b: Francis Leroy/Focus, Hamburg; 348.1: Dr. Jaenicke, Rodenberg; 352.1: IFA-Bilderteam GmbH (Disc), Frankfurt; 353.1: Opel, Rüsselsheim; 357.2: BASF AG, Ludwigshafen; 357.3a–c: Krupp Kautex Maschinenbau GmbH, Bonn; 358.3: Henkel KGaA, Düsseldorf; 359.1: Angermayer (Pfletschinger), Holzkirchen; 359.3a–c: Sympatex Technology GmbH, Wuppertal; 360.1: Küppersbusch Hausgeräte AG, Gelsenkirchen; 360.3: Müller, Stolpen; 361.1: Imagine Fotoagentur, Hamburg; 363.2: DB AG (Geisler), Berlin; 366.1a–c: Simper, Hannover; 366.2: Wacker-Chemie GmbH, München; 375.1: Westfalen AG, Münster; Umschlag-Vordergrund: PhotoDisc Inc.; Umschlag-Hintergrund: IFA Bilderteam, Frankfurt

Es war uns leider nicht bei allen Abbildungen möglich, den Inhaber der Rechte ausfindig zu machen. Berechtigte Ansprüche werden selbstverständlich im Rahmen der üblichen Vereinbarungen abgegolten.

Chemie: Pro ...

Chemie – traumhaft
5 Uhr: Kurz vor dem Aufstehen hat Sabina noch einen schönen Traum: Sie träumt von Riesenseifenblasen.
Chemie im Badezimmer
6.30 Uhr: Sabina wäscht sich die Haare. Sie nimmt ein mildes Shampoo mit hautfreundlichem pH-Wert.
Chemie und Ernährung
7 Uhr: Sabina isst ein leckeres Brötchen mit Halbfett-Margarine und kalorienreduzierter Marmelade.
Chemie und Technik
7.30 Uhr: Sabina macht sich mit ihrem Fahrrad auf den Schulweg. Ihr Rad ist ein Hightech-Erzeugnis mit Titanrahmen.
Chemie in der Schule
11 Uhr: So macht Chemieunterricht Spaß: Sabina kann heute selbst experimentieren.
Chemie in der Natur
16 Uhr: Sabina genießt die Farbenpracht und die Düfte der Wiese – ohne Farbstoffe und Duftstoffe undenkbar.
Chemie und Freizeit
17 Uhr: Sabina testet ihre neuen Jogging-Schuhe. Sie sind aus besonders elastischem Kunststoffmaterial.
Chemie und Vergnügen
20 Uhr: Sabina gibt heute eine Fete. Sie schminkt sich mit einem hautfreundlichen Make-up.

... und Contra

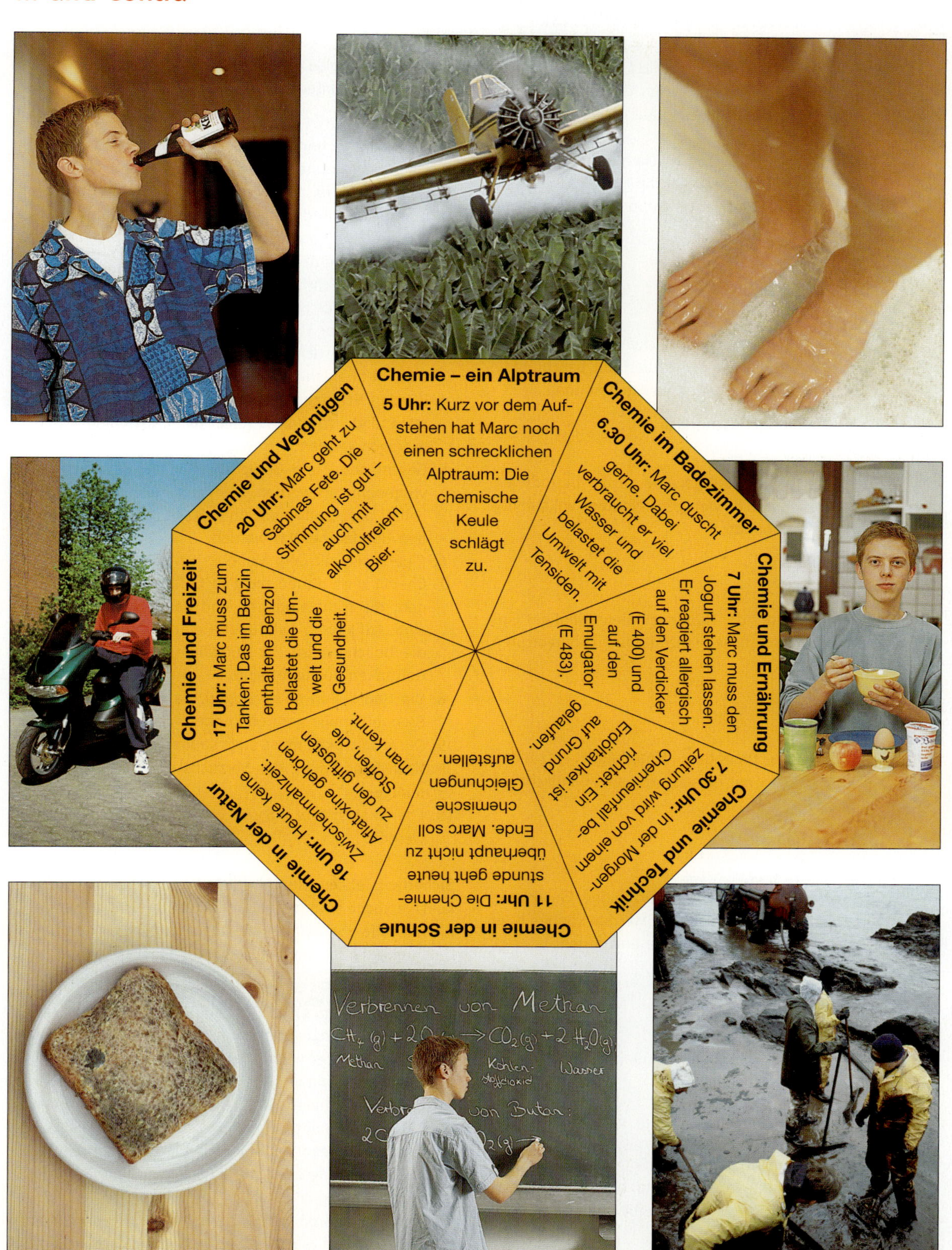

Chemie – ein Alptraum
5 Uhr: Kurz vor dem Aufstehen hat Marc noch einen schrecklichen Alptraum: Die chemische Keule schlägt zu.
Chemie im Badezimmer
6.30 Uhr: Marc duscht gerne. Dabei verbraucht er viel Wasser und belastet die Umwelt mit Tensiden.
Chemie und Ernährung
7 Uhr: Marc muss den Jogurt stehen lassen. Er reagiert allergisch auf den Verdicker (E 400) und auf den Emulgator (E 483).
Chemie und Technik
7.30 Uhr: In der Morgenzeitung wird von einem Chemieunfall berichtet: Ein Erdöltanker ist auf Grund gelaufen.
Chemie in der Schule
11 Uhr: Die Chemiestunde geht heute überhaupt nicht zu Ende. Marc soll chemische Gleichungen aufstellen.
Chemie in der Natur
16 Uhr: Heute keine Zwischenmahlzeit: Aflatoxine gehören zu den giftigsten Stoffen, die man kennt.
Chemie und Freizeit
17 Uhr: Marc muss zum Tanken: Das im Benzin enthaltene Benzol belastet die Umwelt und die Gesundheit.
Chemie und Vergnügen
20 Uhr: Marc geht zu Sabinas Fete. Die Stimmung ist gut – auch mit alkoholfreiem Bier.
Verbrennen von Methan
$CH_4(g) + 2O_2(g) \rightarrow CO_2(g) + 2H_2O(g)$
Methan
Kohlenstoffdioxid
Wasser
von Butan:

Übersicht

Sicheres Experimentieren

Gefahrensymbole. Von vielen Stoffen, die im Chemieunterricht verwendet werden, gehen Gefahren aus. Die Gefahrensymbole geben Hinweise auf diese Gefahren.

Stoffe, die beim Verschlucken oder Einatmen oder bei Aufnahme durch die Haut schwere Gesundheitsschäden oder gar den Tod bewirken können.

T: Giftig
T+: Sehr giftig

Stoffe, die beim Verschlucken oder Einatmen oder bei Aufnahme durch die Haut beschränkte Gesundheitsschäden hervorrufen können.

Xn: Gesundheitsschädlich

Stoffe, die das Hautgewebe an der betroffenen Stelle innerhalb weniger Minuten vollständig zerstören können.

C: Ätzend

Stoffe, die auf der Haut nach mehrstündiger Einwirkung deutliche Entzündungen hervorrufen können.

Xi: Reizend

Stoffe, die brennbare Materialien entzünden können oder mit diesen explosive Gemische ergeben.

O: Brandfördernd

Stoffe, die schon durch kurzzeitige Einwirkung einer Zündquelle entzündet werden können oder sich an der Luft von alleine entzünden.

F: Leicht entzündlich
F+: Hoch entzündlich

Stoffe, die explodieren können.

E: Explosionsgefährlich

Stoffe, die selbst oder in Form ihrer Umwandlungsprodukte geeignet sind, sofort oder später Gefahren für die Umwelt herbeizuführen.

N: Umweltgefährlich

Sicherheitshinweise. Wegen der besonderen Gefahren sind im Chemieunterricht besondere Sicherheitshinweise zu beachten:

1. Schülerinnen und Schüler dürfen Geräte und Chemikalien nicht ohne Genehmigung berühren. Die Anlagen für elektrische Energie, Gas und Wasser dürfen nur nach Aufforderung eingeschaltet werden.
2. In Experimentierräumen darf weder gegessen noch getrunken werden.
3. Versuchsvorschriften und Hinweise müssen genau befolgt werden. Die Geräte müssen in sicherem Abstand von der Tischkante standfest aufgebaut werden. Der Versuch darf erst dann durchgeführt werden, wenn dazu aufgefordert wurde.
4. Werden Schutzbrillen oder Schutzhandschuhe ausgehändigt, so müssen sie beim Experimentieren getragen werden.
5. Geschmacks- und Geruchsproben dürfen nur dann vorgenommen werden, wenn die Lehrerin oder der Lehrer dazu auffordert. Chemikalien sollen nicht mit den Händen berührt werden.
6. Pipettieren mit dem Mund ist verboten.
7. Chemikalien dürfen nicht in Gefäße umgefüllt werden, die nicht eindeutig und dauerhaft beschriftet sind. Auf keinen Fall dürfen Gefäße benutzt werden, die üblicherweise zur Aufnahme von Speisen und Getränken bestimmt sind.
8. Die Haare sind so zu tragen, dass sie nicht in die Brennerflamme geraten können.
9. Der Arbeitsplatz muss stets sauber gehalten werden. Nach Beendigung des Versuchs sind die Geräte zu reinigen.
10. Chemikalienreste müssen vorschriftsmäßig entsorgt werden.

Sicherheitsleiste. Die im Buch beschriebenen Praktikumsversuche sind mit einer Sicherheitsleiste versehen, die mit Hilfe von acht Symbolkästchen Hinweise zu den Gefahren und zur Entsorgung gibt.

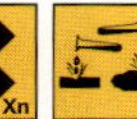

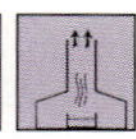

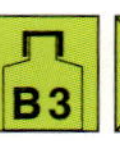
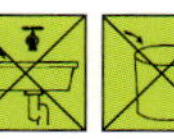

Die drei zuerst angegebenen Symbole enthalten die Gefahrensymbole der verwendeten Stoffe. Die Kästchen 4 und 5 geben Hinweise auf Sicherheitsvorkehrungen beim Experimentieren: Das Symbol „Abzug" bedeutet, dass der Versuch unter dem Abzug durchgeführt werden muss. Man erkennt außerdem, ob Schutzbrillen zu tragen sind. Die letzten drei Kästchen beschreiben die korrekte Entsorgung.
Die genaue Zuordnung der Symbole zu bestimmten Stoffen lässt sich der Stoffliste im Anhang entnehmen.

Entsorgung von Chemikalienresten

Wir wissen alle, dass man Chemikalienreste nicht ohne weiteres in den Abfluss oder den Abfalleimer geben darf. Gefährliche Stoffe müssen vielmehr ordnungsgemäß entsorgt werden. Das gilt besonders für Stoffe, die bei chemischen Experimenten anfallen. Um möglichst wenig Sorgen mit solchen Stoffen zu haben, sollte man folgende Regeln beachten:

Gefährliche Abfälle vermeiden. Zu den wichtigsten Regeln für einen verantwortungsbewussten Umgang mit Stoffen gehört es, *die Entstehung von unnötigen Abfällen oder unnötig großen Mengen an Abfällen zu vermeiden.* Die Anwendung dieser Regel setzt eine sorgfältige Planung der experimentellen Arbeit im Hinblick auf Art und Menge der verwendeten Stoffe voraus.

Gefährliche Abfälle umwandeln. Nicht vermeidbare gefährliche Abfallstoffe sollen in weniger gefährliche Stoffe umgewandelt werden: Säuren und Basen werden neutralisiert. Lösliche Stoffe können zu schwer löslichen umgesetzt werden.
Es ist zweckmäßig, Säuren und Laugen in einem gemeinsamen Behälter zu sammeln. Sie brauchen dann nicht portionsweise neutralisiert zu werden. Dies entspricht der ersten Regel, denn auf diese Weise bleiben die Abfallmengen klein.

Gefährliche Abfälle sammeln. Abfälle, die nicht an Ort und Stelle in ungefährliche Produkte umgewandelt werden können, sind zu sammeln. Von Zeit zu Zeit werden die Abfallbehälter dann durch ein *Entsorgungsunternehmen* abgeholt. Durch das Sammeln in getrennten Behältern wird zum einen die endgültige Beseitigung erleichtert und zum anderen eine Wiederaufbereitung ermöglicht.
Der Fachhandel bietet für das Sammeln gefährlicher Abfälle geeignete Behälter an; es können auch entsprechend beschriftete leere Chemikalienflaschen verwendet werden.

Entsorgungskonzept. Abfallchemikalien müssen nach Stoffklassen getrennt gesammelt werden, damit die ordnungsgemäße endgültige Entsorgung vereinfacht wird. Der folgende Sortiervorschlag ist einfach und übersichtlich und er garantiert eine angemessene endgültige Entsorgung:

Behälter 1 (B1): Säuren und Laugen

Behälter 2 (B2): giftige anorganische Stoffe

Behälter 3 (B3): halogenfreie organische Stoffe

Behälter 4 (B4): halogenhaltige organische Stoffe

B1 Im **Behälter 1** werden saure und alkalische Lösungen gesammelt. Der Inhalt von Behälter 1 sollte neutralisiert werden, bevor der Behälter ganz gefüllt ist. Der neutralisierte Inhalt kann dann in den Ausguss geschüttet werden. Deshalb dürfen giftige Verbindungen wie saure oder alkalische Chromat-Lösungen *nicht* in diese Behälter gegeben werden.

Im **Behälter 2** werden giftige anorganische Stoffe wie Schwermetallsalze und Chromate gesammelt.

Die endgültige Entsorgung erfolgt hier durch ein Entsorgungsunternehmen.

B3 Im **Behälter 3** werden wasserunlösliche und wasserlösliche halogenfreie organische Stoffe gesammelt. Das gemeinsame Sammeln wasserunlöslicher und wasserlöslicher Stoffe erspart ein weiteres Sammelgefäß und vereinfacht damit das Entsorgungskonzept. Damit sich kein zu großes Volumen an leicht entzündlichen Flüssigkeiten ansammelt, ist durchaus zu erwägen, *geringe Mengen* nicht giftiger wasserlöslicher organischer Abfälle wie Ethanol oder Aceton in den Ausguss zu geben.

Behälter 3 muss von einem Entsorgungsunternehmen ordnungsgemäß entsorgt werden.

B4 In den **Behälter 4** gehören alle Halogenkohlenwasserstoffe, alle sonstigen halogenhaltigen organischen Stoffe sowie die Abfälle aus Halogenierungsreaktionen organischer Stoffe.

Behälter 4 muss von einem Entsorgungsunternehmen ordnungsgemäß entsorgt werden.

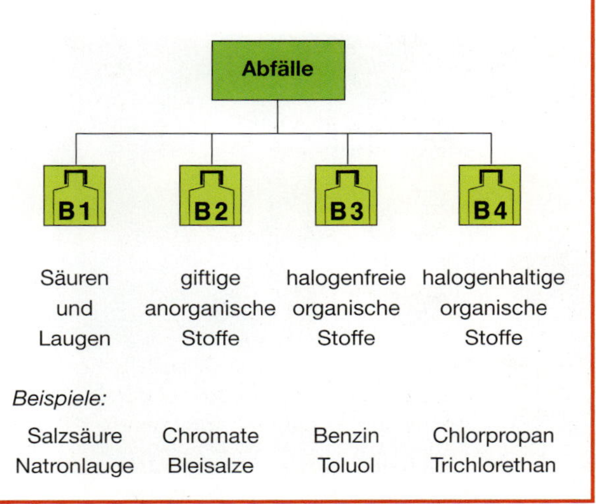

1 Chemie – eine Naturwissenschaft

Jeder kennt den Spruch „Chemie ist, wenn es knallt oder stinkt“ und jeder weiß, dass das längst nicht immer stimmt. Bei physikalischen Vorgängen knallt es oft lauter als bei chemischen. Ein Beispiel dafür ist der Donner, der bei einem Gewitter die elektrischen Entladungen in der Atmosphäre begleitet. Andererseits laufen viele chemische Vorgänge still und leise ab, etwa das Rosten von Eisen oder das Vergilben von Papier. Und der Gestank in einem Schweinestall hat nicht nur chemische, sondern auch biologische Ursachen.

Die Wissenschaften Physik, Chemie und Biologie sind eng miteinander verwandt; es sind **Naturwissenschaften.** Sie beschäftigen sich mit der systematischen Erforschung der Natur. Neben diesen drei Naturwissenschaften gibt es noch zahlreiche andere. Dazu gehören etwa die Geologie, die Meteorologie und die Astronomie. Jede dieser Naturwissenschaften beschäftigt sich mit einem bestimmten Teilbereich der Natur: So befasst sich die Biologie mit der belebten Natur, die Meteorologie mit den Wettervorgängen in der Atmosphäre und die Astronomie mit den Sternen.

Chemie. Der Name Chemie leitet sich von dem ägyptischen Wort „ch'mi“ (schwarz) ab. Noch im 15. Jahrhundert sprach man von der Alchemie als von der „Schwarzen Kunst“. Gemeint war die Beschäftigung mit scheinbar geheimnisvollen und nur schwer durchschaubaren Vorgängen. Dazu gehörte die Suche nach dem „Stein der Weisen“, mit dessen Hilfe unedle Metalle in Gold verwandelt werden sollten.

Heute versteht man unter Chemie die Naturwissenschaft, die sich mit *Stoffen und ihren Eigenschaften* sowie mit *Stoffänderungen* beschäftigt.
Der Begriff Stoff darf hier nicht missverstanden werden, denn er hat im täglichen Leben viele Bedeutungen. So spricht man im Deutschunterricht vom Stoff einer Lektüre; im Textilgeschäft versteht man unter Stoff das Material, aus dem Hosen und Hemden genäht werden und in der Drogenszene meint man mit Stoff wiederum etwas anderes. In der Chemie versteht man unter einem *Stoff* eine Substanz wie Salz, Alkohol oder Sauerstoff, die durch ihre Eigenschaften charakterisiert ist.

Die Aufgabe der Naturwissenschaften liegt darin, die Erscheinungen und Vorgänge in der Natur zu beobachten, ihre Gesetzmäßigkeiten zu ergründen und mittels geeigneter Theorien zu beschreiben. Darüber hinaus sollen die so gewonnenen Erkenntnisse durch technische Anwendungen für den Menschen nutzbar gemacht werden.

Die Chemie ist eine Naturwissenschaft. Sie beschäftigt sich mit Stoffen und ihren Eigenschaften sowie mit Stoffänderungen.

1 Was versteht man unter Naturwissenschaften?
2 Womit beschäftigt sich die Naturwissenschaft Chemie?
3 Was versteht man in der Chemie unter einem Stoff?
4 Schlage nach, womit sich die Geologie beschäftigt.
5 Worin liegt der Unterschied zwischen Astronomie und Astrologie?

Ein Alchemist sucht nach dem „Stein der Weisen“.

Eine Chemikerin untersucht verschiedene Proben.

So funktioniert der Gasbrenner

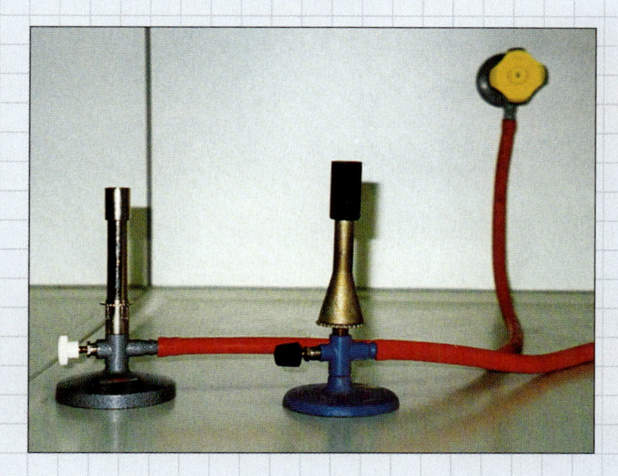

Für viele Experimente im Chemieunterricht wird ein Gasbrenner benötigt. Es gibt spezielle Brenner für Propangas, Erdgas und Butangas. Sie unterscheiden sich hauptsächlich in der Größe der Düsen sowie in der Länge und im Durchmesser des Brennerrohres. Um ohne Unfall-Risiko mit dem Gasbrenner arbeiten zu können, sollte man wissen, wie er aufgebaut ist und wie er funktioniert.

V1: Entzünden und Regulieren des Brenners

Materialien: Gasanzünder, Feuerzeug oder Streichhölzer, Gasbrenner.

Durchführung:

1. Lege einen Gasanzünder, ein Feuerzeug oder Streichhölzer bereit.
2. Schließe den Brenner an den Gashahn an und prüfe, ob Gas- und Luftzufuhr geschlossen sind.
3. Öffne nun den Gashahn am Experimentiertisch und dann am Brenner. Das ausströmende Gas wird *sofort* entzündet. Es brennt mit *leuchtender Flamme.*
4. Verändere die Größe der Brennerflamme durch Regulierung der Gaszufuhr. Stelle eine etwa 10 cm hohe Flamme ein.
5. Öffne nun die Luftzufuhr und stelle dadurch eine *nicht leuchtende Flamme* ein.

Hinweis: Ist die Gaszufuhr zu gering oder die Luftzufuhr zu stark, so kann die Flamme *zurückschlagen.* Dabei brennt die Flamme im Innern des Brennerrohres. Der Brenner wird dabei sehr heiß. Es besteht die Gefahr, dass der Schlauch schmilzt und sich entzündet. Falls die Flamme zurückschlägt, muss die Gaszufuhr sofort geschlossen werden. Ein heiß gewordener Brenner muss erst abkühlen, bevor man ihn erneut anzündet.

V2: Temperaturzonen in der Brennerflamme

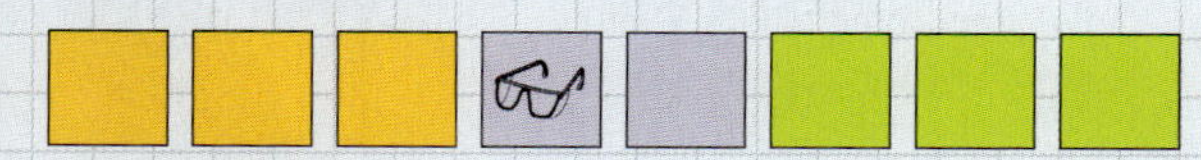

Materialien: Gasbrenner, Holzstäbchen, Magnesiastäbchen, Streichhölzer.

Durchführung:

1. Schließe den Brenner an und entzünde ihn. Reguliere die Luftzufuhr, um eine nicht leuchtende Flamme einzustellen.
2. Halte Holzstäbchen oder Magnesiastäbchen in verschiedenen Höhen in die Brennerflamme. Notiere die Beobachtungen.
3. Versuche ein Streichholz in die Brennerflamme zu halten, ohne dass sich der Streichholzkopf entzündet.

Hinweis: Durch die Regulierung der Gaszufuhr und der Luftzufuhr werden Größe, Form, Farbe und Temperatur der Brennerflamme beeinflusst. Bei maximaler Einstellung der Gas- und Luftzufuhr lassen sich Flammentemperaturen bis 1500 °C erreichen.

Aufgabe: In einem Versuch wurden die Temperaturen in drei verschiedenen Bereichen der Brennerflamme gemessen. Man erhielt Temperaturen von 390 °C, 1110 °C und 1230 °C. Ordne die gemessenen Temperaturen den Bereichen der Flamme zu.

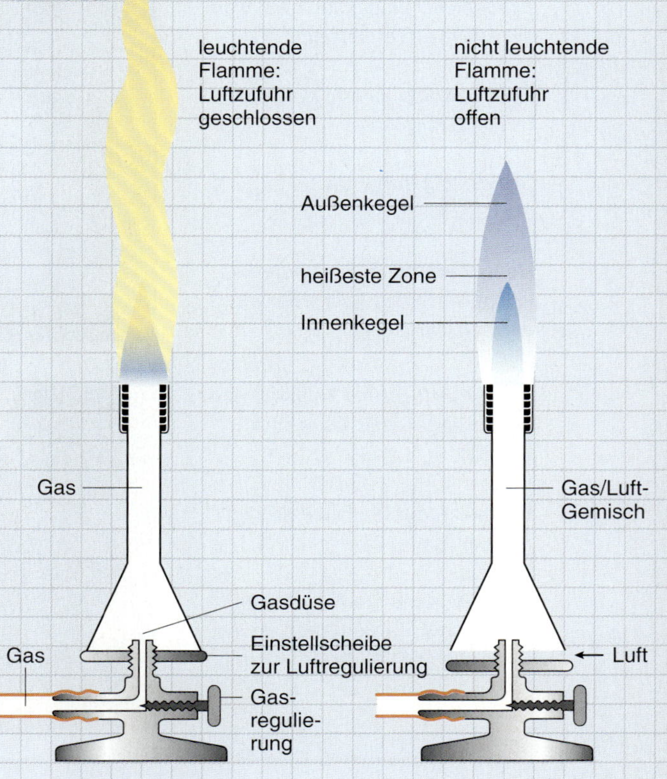

Theorie

Wie Naturwissenschaftler arbeiten: Von der Beobachtung zur Theorie

Rotkraut ist manchmal rot und manchmal blau. Beim Kochen wird Rotkraut blau.

Die Farbe ist abhängig von äußeren Bedingungen.

Wir beobachten Vorgänge und Erscheinungen in der Umwelt.

Gibt man ein Stück Apfel in blaues Rotkraut, so tritt die rote Farbe wieder auf.

Frage: Wodurch wird der Farbumschlag bewirkt?

Vermutung: Der Zucker im Fruchtfleisch des Apfels bewirkt den Farbumschlag.

Wir fragen nach den Ursachen der Erscheinungen und vermuten bestimmte Zusammenhänge.

Experiment: Blaues Rotkraut wird mit Fruchtzucker versetzt.

Beobachtung: Es erfolgt keine Farbänderung.

Schlussfolgerung: Die Vermutung war falsch.

Neue Vermutung: Die Säure im Fruchtfleisch des Apfels bewirkt den Farbumschlag.

Wir überprüfen die Vermutungen durch Experimente. Dabei beobachten wir die Erscheinungen genau.

Bestätigen die Experimente die Vermutungen nicht, so müssen wir die Vermutungen als falsch ansehen.

Experiment: Blaues Rotkraut wird mit Essig oder mit Zitronensaft versetzt.

Beobachtung: Die Farbe schlägt nach rot um.

Theorie: Saure Stoffe bewirken im Farbstoff des Rotkrauts einen Farbumschlag von blau nach rot.

Bestätigen die Experimente die Vermutungen, so können wir die Vermutungen als richtig ansehen.

Eine vielfach bestätigte Vermutung wird zu einer Theorie. Mit Hilfe einer Theorie lassen sich Beobachtungen vorhersagen.

Rotkraut oder Blaukraut?

Zerkleinern und Aufkochen

V1: Herstellung von Rotkrautsaft

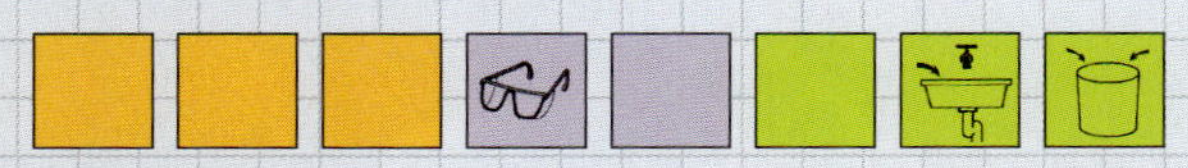

Materialien: Heizplatte, Messer, Becherglas (400 ml, breit), Becherglas (250 ml, hoch), Trichter, Filtrierpapier; Rotkraut.

Durchführung:

1. Zerkleinere das Rotkraut und gib die Schnitzel in das große Becherglas.
2. Gib etwa 200 ml Wasser dazu, koche kurz auf und filtriere den Rotkrautsaft ab.

Filtrieren

V2: „Rot“kraut contra „Blau“kraut

Materialien: Tropfpipette, Spatel; Rotkrautsaft, Zitronensaft, Haushaltsessig, Natron (Natriumhydrogencarbonat), Kernseife, Natriumhydroxid (C).

Durchführung:

1. Fülle fünf Reagenzgläser jeweils zu einem Viertel mit Rotkrautsaft.
2. Gib zu der ersten Probe tropfenweise Haushaltsessig, bis sich die Farbe nicht mehr ändert.
3. Versetze die zweite Probe mit Zitronensaft.
4. Gib in die dritte Probe eine Spatelspitze Natron und schüttle. Wiederhole die Natronzugabe, bis sich die Farbe nicht mehr ändert.
5. Gib in die vierte Probe nach und nach kleine Stückchen Kernseife und schüttle jeweils.
6. Gib in die fünfte Probe mit dem Spatel vorsichtig drei Natriumhydroxid-Plätzchen. Das Natriumhydroxid darf dabei nicht mit den Fingern berührt werden. Entsorge die Lösung im Behälter B1.

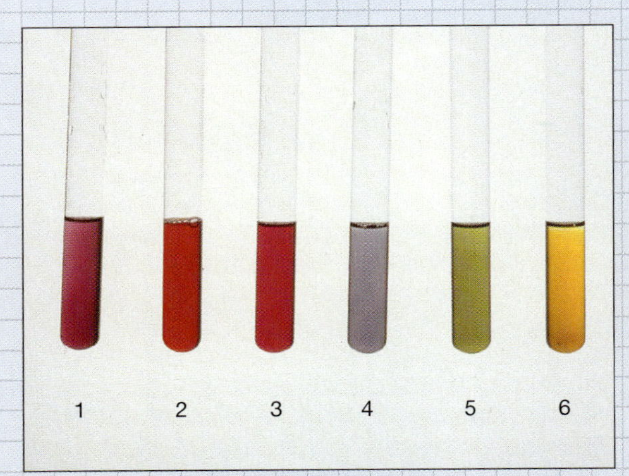

Rotkohlsaft (1). Nach Zugabe von: Essig (2), Zitronensaft (3), Natron (4), Kernseife (5), Natriumhydroxid (6).

Experimentelle Hausaufgabe:

1. Untersuche Rotkohlsaft und schwarzen Tee mit folgenden Stoffen: Zitronensaft, Essig, Kernseife, Salz, Zucker, Wein.
   Gieße die Lösungen anschließend in den Ausguss.
2. Beschreibe deine Beobachtungen und stelle Vermutungen über die Farbänderungen auf.

2 Stoffeigenschaften und Teilchenmodell

Johannes KEPLER, 1611: Vom sechseckigen Schnee.
„Da stets, wenn es zu schneien anfängt, die ersten Schneeflocken die Figur von sechsstrahligen Sternen zeigen, muss es eine bestimmte Ursache dafür geben. Denn es wäre Zufall, warum fallen sie nicht fünfstrahlig oder siebenstrahlig, warum immer sechsstrahlig?"

KEPLER stellte diese Frage bereits vor etwa 400 Jahren. Als Antwort darauf vermutete er, dass Schneeflocken aus unsichtbaren, kleinen Teilchen aufgebaut sind. Als Modell zeichnete er Kugeln in Kugelschichten und dachte sich diese aufgeschichtet zu einer dichten Packung: „Und wieder wird eine Kugel von zwölf anderen berührt, nämlich von sechs benachbarten in derselben Ebene und von je dreien oben und unten".

Heute wissen wir, dass Schneeflocken tatsächlich aus kleinsten, sechsstrahlig angeordneten Teilchen aufgebaut sind. Mit der Vorstellung, dass es kleinste Teilchen gibt und dass sie auf gesetzmäßige Weise angeordnet sind, lassen sich die Eigenschaften von Stoffen anschaulich erklären.

2.1 Erste Sinneseindrücke: Farbe, Geruch und Geschmack

So prüft man den Geruch von Chemikalien!

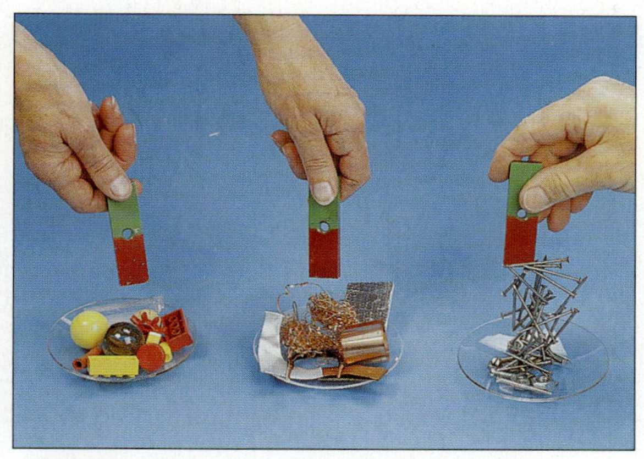

Magnetisch oder nicht? Ein Stabmagnet hilft weiter.

Die Chemie beschäftigt sich mit Stoffen und ihren Eigenschaften. Obwohl es unglaublich viele Stoffe gibt, kann man jeden Stoff an seinen Eigenschaften erkennen. Zunächst sind es unsere Sinne, mit denen wir im Alltag Stoffe beurteilen: Gold und Silber glänzen, haben aber verschiedene *Farben*. Ob die Salatsoße mit Essig oder mit Zitronensaft angerührt wurde, erkennt man schon am *Geruch*. Der süße *Geschmack* des Tees verrät, dass er Zucker oder einen Süßstoff enthält.

Farbe. Viele Stoffe sind farbig: Ruß ist schwarz, Schwefel ist gelb. Die Farbe eines Stoffes reicht aber häufig nicht aus, um ihn eindeutig zu identifizieren: Neben Silber sind auch andere Metalle wie Aluminium oder Chrom silberfarben.

Geruch. Besser als an der Farbe lässt sich ein Stoff an seinem typischen Geruch erkennen: Den frisch aufgesetzten Kaffee riecht man sofort, wenn man in die Küche kommt. Die menschliche Nase arbeitet wie ein empfindliches Messgerät. Schwefelwasserstoff-Gas aus faulen Eiern riecht man noch in einer Verdünnung von eins zu zehn Millionen. Ein Milliliter des Gases ist also noch in 10 000 Litern Luft wahrnehmbar. Viele Stoffe sind jedoch geruchlos. Weder Eisen noch Wasser oder Erdgas lassen sich am Geruch erkennen. Beim Erdgas kann das lebensgefährlich werden. Erdgas bildet nämlich explosive Gemische mit Luft, wenn es aus einem offenen Hahn oder einer defekten Leitung ausströmt. Damit die Gefahr bemerkt wird, mischt man dem Erdgas einen geringen Anteil einer stark riechenden Substanz bei.

Geschmack. Lebensmittel erkennen wir oft mühelos an ihrem Geschmack, obwohl die Sinneszellen der Zunge nur fünf Geschmacksqualitäten wahrnehmen: *süß, sauer, salzig, bitter* und *umami*. Chemikalien dürfen jedoch keinesfalls auf ihren Geschmack geprüft werden, denn viele dieser Stoffe sind ätzend, gesundheitsschädlich oder giftig.

Die meisten Stoffe lassen sich nicht allein mit den Sinnesorganen erkennen. So sieht man einer kupferfarbenen Münze nicht an, ob sie tatsächlich aus Kupfer besteht oder nur aus verkupfertem Eisen. Hier hilft ein Magnet: Eine Münze aus verkupfertem Eisen wird angezogen, eine Kupfermünze dagegen nicht. Man braucht im Allgemeinen Messgeräte oder andere Hilfsmittel, um Stoffe eindeutig zu identifizieren.

Viele Stoffe erkennt man an ihrer Farbe, ihrem Geruch oder ihrem Geschmack. Meist reichen diese Stoffeigenschaften aber nicht aus, um Stoffe zu identifizieren.

1 Gib fünf Stoffe und ihre Farben an. Notiere weitere fünf Stoffe, die farblos oder weiß sind.

Experimentelle Hausaufgaben:

2 Untersuche eine Probe Brausepulver mit einer Lupe.
a) Wie viele Arten von Kristallen erkennst du?
b) Prüfe die einzelnen Kristall-Arten auf ihren Geschmack.
c) Gib einen Wassertropfen sowohl auf einzelne Kristalle *einer* Art als auch auf eine Probe des Brausepulver-Gemischs. Notiere deine Beobachtungen.

3 Untersuche Essig, Salatöl, Mineralwasser und Apfelsaft. Welche Farbe, welchen Geruch und welchen Geschmack stellst du fest? Notiere deine Beobachtungen.

4 Informiere dich in einem Biologiebuch, in welchen Bereichen der Zunge die einzelnen Geschmacksqualitäten wahrgenommen werden. Überprüfe die Informationen, indem du vor einem Spiegel einen Zuckerkristall, einen Tropfen Zitronensaft und einen Salzkristall auf verschiedene Stellen deiner Zunge bringst.

2.2 Wärmeleitfähigkeit und elektrische Leitfähigkeit

Der Glasbläser kann das Glas ruhig anfassen: Es ist ein schlechter Wärmeleiter.

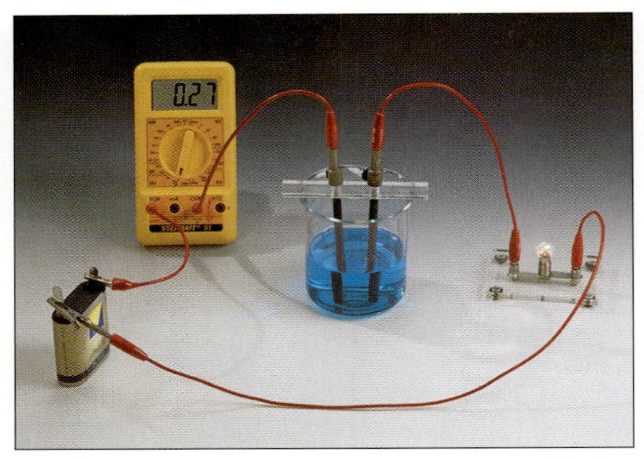

Die elektrische Leitfähigkeit einer Salzlösung wird mit Glühlampe und Strommesser geprüft.

Stoffe unterscheiden sich in ihrer Leitfähigkeit für Wärme und Elektrizität.

Wärmeleitfähigkeit. Ein Glasbläser hält ein Glasrohr bei der Arbeit an einem Ende mit der Hand fest, ohne sich die Finger zu verbrennen. Dabei erreicht das Rohr in der Flamme eine Temperatur von über 1000 °C. Offensichtlich wird Wärme durch Glas nur schlecht geleitet. Porzellan verhält sich ganz ähnlich: Man kann eine Tasse mit Tee sicher am Henkel halten, selbst wenn das Getränk sehr heiß ist.
Im Gegensatz zu Glas und Porzellan sind Metalle gute *Wärmeleiter.* Der Boden des Kochtopfs soll die Wärme der Herdplatte schnell und gleichmäßig an die Speisen weitergeben. Topfböden enthalten daher häufig eine Schicht aus Kupfer. Dieses Metall ist ein besonders guter Wärmeleiter.

Elektrische Leitfähigkeit. Kupfer leitet nicht nur die Wärme sehr gut, sondern auch den elektrischen Strom: Die Drähte in Elektrokabeln bestehen deshalb aus Kupfer. Verbindet man eine Batterie und eine Glühlampe durch Kupferleitungen, so leuchtet der Glühdraht in der Lampe hell auf. Der Glühdraht besteht aus Wolfram. Ähnlich wie Kupfer und Wolfram leiten auch alle anderen Metalle den Strom; es sind gute *elektrische Leiter.*
Reines Wasser leitet den Strom praktisch nicht. Löst man jedoch Salze oder Säuren darin auf, so steigt die elektrische Leitfähigkeit an. Allerdings ist die Leitfähigkeit dieser Lösungen viel geringer als die der Metalle. Kupfer leitet den Strom viele tausend Mal besser als Meerwasser.
Unterschiede in der elektrischen Leitfähigkeit untersucht man mit Hilfe eines *Strommessers.* Das Messgerät zeigt dabei die Stromstärke in Ampere an.

In einem Elektrokabel sind die einzelnen Leitungen mit einer Kunststoffschicht überzogen. Diese Kunststoffe sind *Nichtleiter.* Sie verhindern, dass sich zwei stromführende Leitungen berühren und so ein Kurzschluss entsteht. Die Isolierung des Kabels schützt gleichzeitig auch den Benutzer.
Porzellan und Glas sind weitere Stoffe, die den elektrischen Strom praktisch nicht leiten und daher zur Isolierung geeignet sind. Man nennt solche nicht leitenden Stoffe auch *Isolatoren.*

Metalle sind gute Leiter für Wärme und Elektrizität. Auch Säuren und Salzlösungen leiten den elektrischen Strom. Porzellan, Glas und viele Kunststoffe leiten den Strom nicht, sie sind Isolatoren.

1 Gib fünf Stoffe an, die den elektrischen Strom leiten; notiere fünf Stoffe, die Isolatoren sind.
2 Zeichne eine Schaltskizze für den Stromkreis im oberen Bild. Schlage im Physikbuch nach, welche Symbole man für Batterie, Glühlampe und Strommesser wählt.
3 Wenn man ein Stück Holz und ein Metallstück bei Raumtemperatur anfasst, hat man das Gefühl, das Metall sei kälter. Erkläre diese Beobachtung.
4 *Experimentelle Hausaufgabe:* Baue mit einer Flachbatterie (4,5 V), drei Kabeln und einem passenden Glühlämpchen mit Fassung einen Stromkreis so auf, dass die Lampe hell leuchtet. Öffne den Stromkreis zwischen zwei Kabeln und schalte Gegenstände aus verschiedenen Materialien dazwischen. Tauche die Drahtenden auch in Leitungswasser und nacheinander in Lösungen von Zucker, Kochsalz und Essig. Notiere deine Beobachtungen. Gib dabei auch an, wie hell die Lampe jeweils leuchtet.

Suche:

Stoffe und ihre Eigenschaften

Ergebnisse:

Parfüm und schöne Gerüche

Viele Riech- und Duftstoffe gewinnt man aus Pflanzenteilen, etwa Rosenöle aus den Blütenblättern der Rosen oder Nelkenöle aus den Knospen und Stielen des Gewürznelkenbaumes. Heute lassen sich viele Duftstoffe auch synthetisch im Labor herstellen. Der Parfümeur hat die Aufgabe, verschiedene Duftstoffe so zusammenzustellen, dass die neue Duftkomposition ankommt und ein Verkaufsschlager wird. Dabei helfen ihm ein verlässliches Gedächtnis für Gerüche und ein Überblick über die Preise der einzelnen Duftstoffe.

Föhn im Badewasser

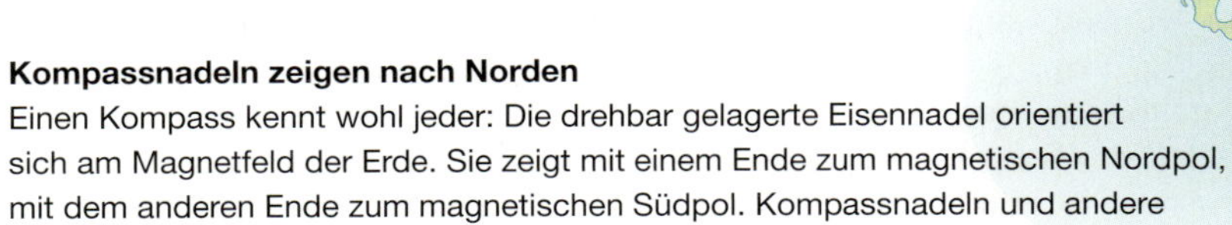

Hannover, SV. Polizei-Einsatz in der Hildesheimer Straße: Ein junger Mann wurde gestern tot in seiner Badewanne aufgefunden. Erste Ermittlungen haben ergeben, dass er sich im Badewasser sitzend die Haare mit einem Föhn trocknete und dabei der Föhn in das Wasser fiel. Durch den Stromschlag bei einer Spannung von 220 Volt war der Mann sofort tot. Es wird dringend davor gewarnt, Elektrogeräte in der Badewanne zu benutzen.

Wärmedämmung am Haus

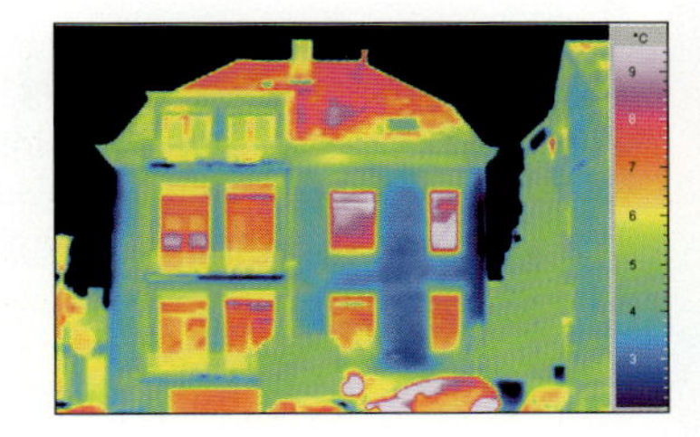

Zum Heizen braucht man viel Energie: Für ein Wohnhaus mit 100 m^2 Wohnfläche benötigt man durchschnittlich etwa 2500 Liter Heizöl oder 3000 m^3 Erdgas pro Jahr. Durch eine Verbesserung der Wärmeisolierung des Hauses kann man Heizenergie sparen.
Aufnahmen mit einer Infrarot-Kamera zeigen, an welchen Stellen des Hauses Wärme durch die Außenwände oder durch das Dach verloren geht. Diese Bereiche hoher Wärmeleitfähigkeit müssen dann neu isoliert werden.

Metalle sind unterschiedlich hart

Reines Gold ist sehr weich: Es lässt sich leicht zu extrem dünnem Blattgold verarbeiten. Bestimmte Stahlsorten sind dagegen fast so hart **wie Dia**mant: Man nennt sie „Widia"-Stähle.
Bereits 1825 ordnete Friedrich MOHS auf einer noch heute verwendeten *Härteskala* Stoffe nach ihrer Ritzhärte. Dabei prüft man, ob ein Stück eines Stoffes einen anderen mit der Ecke ritzen kann. Diamant erhält mit 10 den höchsten Wert, für jeden weiteren Härtegrad gibt es ein bestimmtes Testmineral. Gehärteter Stahl hat eine MOHSsche Härte von 8, die Härte von Gold liegt bei 2,5.

Kompassnadeln zeigen nach Norden

Einen Kompass kennt wohl jeder: Die drehbar gelagerte Eisennadel orientiert sich am Magnetfeld der Erde. Sie zeigt mit einem Ende zum magnetischen Nordpol, mit dem anderen Ende zum magnetischen Südpol. Kompassnadeln und andere Magneten bestehen meistens aus Eisen.

Aufgaben

1 Wohnhäuser werden heute gut isoliert, damit wenig Wärme von innen nach außen dringen kann. Welche Materialien sind besonders gut zur Wärmeisolation geeignet?

2 *Experimentelle Hausaufgabe:* Prüfe an Blechstücken von Blei, Kupfer und Zink die Ritzhärte. Ordne die drei Stoffe nach ihrer Härte.

2.3 Dichte

Dichte von Cola und Cola light

Auf einer Party verteilt Janna Getränke an die Gäste. Immer wenn jemand Cola möchte, muss sie ganz tief ins Eiswasser greifen. Mit Cola-light hat sie es einfacher: Die Dosen liegen meist oben.

Eine 0,33-Liter-Dose Cola wiegt etwa 365 g, eine gleich große Dose Cola-light dagegen nur 355 g. Bei gleichem Volumen ist Cola also schwerer als Cola-light. Wissenschaftlich ausgedrückt: Die **Dichte** von Cola ist größer als die Dichte von Cola-light.

Unter der Dichte ϱ (rho) versteht man den Quotienten aus Masse und Volumen einer Stoffportion:

$$\text{Dichte} = \frac{\text{Masse}}{\text{Volumen}} \qquad \varrho = \frac{m}{V}$$

Die Dichte wird meist in der Einheit $\frac{\text{g}}{\text{cm}^3}$ angegeben. Die Dichte hängt von der Temperatur ab: Mit steigender Temperatur dehnen sich die Stoffe aus, ihr Volumen nimmt also zu, die Dichte wird kleiner.

Feststoffe. Die Dichte für Aluminium beträgt $\varrho = 2{,}7\ \frac{\text{g}}{\text{cm}^3}$. Für Blei gilt: $\varrho = 11{,}4\ \frac{\text{g}}{\text{cm}^3}$. Man kann auch sagen: 1 cm^3 Aluminium wiegt 2,7 g, 1 cm^3 Blei hat die Masse 11,4 g. Aluminium gehört zu den *Leichtmetallen*, Blei ist ein *Schwermetall*. Als Grenze gilt der Wert $5\ \frac{\text{g}}{\text{cm}^3}$.

Um die Dichte eines Feststoffs zu ermitteln, wird zunächst ein Stück des Stoffs gewogen. Dann bestimmt man das Volumen: Dazu wird ein Messzylinder mit einem bestimmten Volumen Wasser gefüllt. Dann lässt man das zu untersuchende Stück in das Wasser eintauchen. Der Wasserspiegel steigt. Der Anstieg entspricht dem gesuchten Volumen. Um die Dichte zu berechnen, dividiert man die Masse durch das Volumen.

Flüssigkeiten. Zur Bestimmung der Dichte einer Flüssigkeit wiegt man einen leeren Messzylinder, füllt ein bestimmtes Volumen ein und wiegt erneut.
Beispiele: 100 ml Wasser wiegen 100 g.

$$\varrho\ (\text{Wasser}) = \frac{100\ \text{g}}{100\ \text{ml}} = 1{,}00\ \frac{\text{g}}{\text{ml}} = 1{,}00\ \frac{\text{g}}{\text{cm}^3}$$

100 ml Alkohol besitzen die Masse 78,5 g:

$$\varrho\ (\text{Alkohol}) = \frac{78{,}5\ \text{g}}{100\ \text{ml}} = 0{,}785\ \frac{\text{g}}{\text{ml}} = 0{,}785\ \frac{\text{g}}{\text{cm}^3}$$

Gase. Die Dichte von Gasen lässt sich folgendermaßen ermitteln: Die Masse einer luftleer gepumpten Gaswägekugel wird genau bestimmt. Nun lässt man aus einem angeschlossenen Kolbenprober ein bestimmtes Volumen einer Gasportion in die Kugel strömen. Man wiegt erneut und errechnet die Differenz. So ergibt sich für 100 ml Luft bei Raumtemperatur und normalem Luftdruck eine Masse von 0,12 g:

$$\varrho\ (\text{Luft}) = \frac{0{,}12\ \text{g}}{100\ \text{ml}} = 0{,}0012\ \frac{\text{g}}{\text{ml}} = 1{,}2\ \frac{\text{g}}{\text{l}}$$

100 ml Helium wiegen 0,017 g:

$$\varrho\ (\text{Helium}) = \frac{0{,}017\ \text{g}}{100\ \text{ml}} = 0{,}00017\ \frac{\text{g}}{\text{ml}} = 0{,}17\ \frac{\text{g}}{\text{l}}$$

Die Dichte von Gasen hängt nicht nur von der Temperatur, sondern auch vom Druck ab: Eine Gasportion wird bei Druckerhöhung stets zusammengepresst; dabei sinkt das Volumen, die Dichte steigt. Deshalb sollten immer auch Temperatur und Druck genannt werden, bei denen die Dichte bestimmt wurde. In Tabellen findet man meist Werte für 25 °C und den normalen Luftdruck von 1013 hPa (1013 mbar).

Die Dichte eines Stoffes ist der Quotient aus Masse und Volumen. Die Dichte hängt von der Temperatur und bei Gasen vom Druck ab.

1 20 ml Olivenöl wiegen 18,4 g. Berechne die Dichte.
2 Wie groß ist die Masse der Luft in einem Klassenraum, der 12 m lang, 8 m breit und 2,70 m hoch ist?
3 Ballonfahrer unterscheiden zwischen Heißluftballons und Heliumballons. Erkläre, warum beide Typen aufsteigen und in der Luft schweben können.
4 *Experimentelle Hausaufgabe:* Ermittle die Dichten von Cola und von Cola-light, indem du jeweils ein bestimmtes Volumen abmisst und diese Portionen auswiegst.

20-g-Portionen verschiedener Stoffe

Dichtebestimmungen

Rechenbeispiel

Bestimmung der Dichte von Kupfer

Bestimmung der Masse m:

Ergebnis: $m = 98{,}6\ \text{g}$

Bestimmung des Volumens V:

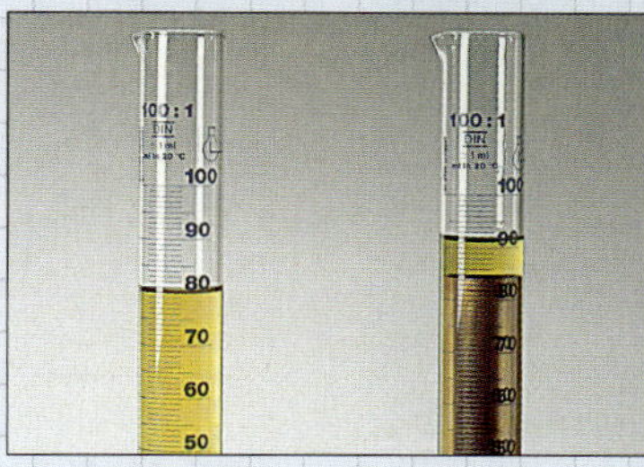

Ergebnis: $V = 11\ \text{cm}^3$

Berechnung der Dichte ϱ*:*

$m = 98{,}6\ \text{g}$

$V = 11\ \text{cm}^3$

$$\varrho = \frac{m}{V} = \frac{98{,}6\ \text{g}}{11\ \text{cm}^3} = 8{,}96\ \frac{\text{g}}{\text{cm}^3}$$

Ergebnis: Kupfer hat die Dichte $8{,}96\ \frac{\text{g}}{\text{cm}^3}$.

$\varrho\ (\text{Kupfer}) = 8{,}96\ \frac{\text{g}}{\text{cm}^3}$

V1: Welche Dichte hat Eisen?

Materialien: Waage, Messzylinder (100 ml); Eisenschrauben.

Durchführung:

1. Fülle den Messzylinder mit genau 50 ml Wasser.
2. Wiege einige Eisenschrauben.
3. Gib die Schrauben vorsichtig in den Messzylinder und lies den Wasserstand erneut ab.

Aufgaben:

a) Berechne die Dichte von Eisen.
b) Warum sinken Schiffe aus Stahl nicht, obwohl die Dichte von Stahl größer ist als die Dichte von Wasser?

V2: Vergleich der Dichten von Spiritus und Wasser

    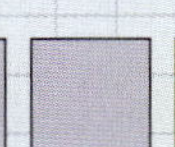  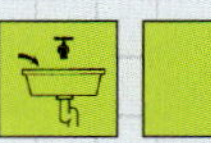

Materialien: 2 Standzylinder, Reagenzglasklammer, Aräometer ($0{,}75\ \frac{\text{g}}{\text{ml}}$ bis $1{,}00\ \frac{\text{g}}{\text{ml}}$), Folienstift; Spiritus (F).

Durchführung:

1. Fülle einen Standzylinder zu drei Vierteln mit Wasser, den zweiten zu drei Vierteln mit Spiritus.
2. Lass die Reagenzglasklammer in das Wasser sinken und markiere die Eintauchtiefe mit dem Folienstift.
3. Wiederhole den Versuch mit Spiritus.
4. Wiederhole beide Versuche mit dem Aräometer.

Aufgabe: Notiere alle Beobachtungen und Messwerte.

V3: Ermittlung der Dichte von Luft

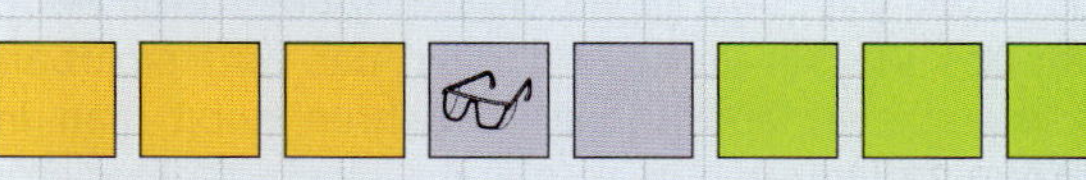

Materialien: Waage, stabile Kunststoffflasche (1000 ml) mit durchbohrtem Stopfen, Kolbenprober (100 ml), Glasrohr mit Hahn.

Durchführung:

1. Verschließe die Kunststoffflasche mit Stopfen und Hahn und wiege sie genau. Notiere den Wert.
2. Fülle den Kolbenprober mit 100 ml Luft.
3. Verbinde den Kolbenprober mit der Kunststoffflasche, drücke die Luft vollständig in die Flasche und schließe den Hahn.
4. Wiege die Flasche erneut und notiere die Masse.

Aufgaben:

a) Berechne die Dichte von Luft. Gib den Messwert in $\frac{\text{g}}{\text{ml}}$, und in $\frac{\text{g}}{\text{l}}$ an.
b) Vergleiche die Dichten von Wasserstoff, Helium, Stickstoff und Sauerstoff mit der Dichte von Luft.

Stoff	Dichte in $\frac{\text{g}}{\text{cm}^3}$	Stoff	Dichte in $\frac{\text{g}}{\text{cm}^3}$
Wasserstoff	0,00008	Aluminium	2,7
Helium	0,00017	Zink	7,14
Stickstoff	0,00117	Eisen	7,86
Sauerstoff	0,00131	Nickel	8,9
Waschbenzin	0,75	Kupfer	8,96
Alkohol	0,785	Blei	11,34
Wasser	0,997	Quecksilber	13,53
Brom	3,12	Gold	19,3

Dichten verschiedener Stoffe *(bei 25 °C und 1013 hPa)*

2.4 Löslichkeit

Salzgewinnung am Mittelmeer

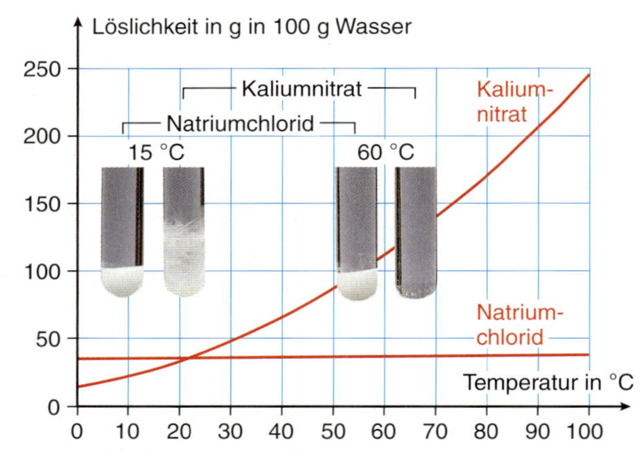

Unterschiedlich starker Einfluss der Temperatur auf die Löslichkeit von Natriumchlorid und Kaliumnitrat

Meerwasser schmeckt salzig, im Meerwasser ist jedoch auch mit dem besten Mikroskop kein Salz zu erkennen. Das Salz ist im Wasser gelöst. Erst wenn man das Wasser verdampft, wird das Salz sichtbar: Es kristallisiert aus. Dieses Verfahren nutzt man in wärmeren Regionen in so genannten *Salzgärten,* um Salz aus dem Meerwasser zu gewinnen.

Lösungsmittel. Wasser ist ein gutes Lösungsmittel für viele feste Stoffe wie Kochsalz oder Zucker. Auch manche Gase lösen sich gut in Wasser: Bei den aus Sprudel, Sekt oder Bier aufsteigenden Bläschen handelt es sich um das farblose Kohlenstoffdioxid.

Aber nicht alle Stoffe lösen sich in Wasser. Schüttelt man Öl mit Wasser, so entsteht eine trübe Mischung. Mit dem bloßen Auge sind einzelne Öltröpfchen zu erkennen. In Benzin löst sich Öl dagegen gut. Ein Fettfleck lässt sich daher mit Waschbenzin aus der Kleidung entfernen, nicht jedoch mit Wasser.

Manche Flüssigkeiten lösen sich unbegrenzt in Wasser. So sind in einem Liter Bier etwa 50 ml Alkohol in 950 ml Wasser gelöst. In einem Liter Rum sind bis zu 800 ml Alkohol mit 200 ml Wasser gemischt.

Gesättigte Lösungen. Im Gegensatz zu Alkohol lösen sich viele Feststoffe nur begrenzt in Wasser. So lösen sich bei 20 °C in 100 g Wasser bis zu 36 g Kochsalz. Fügt man weiteres Salz hinzu, so löst es sich nicht mehr auf. Es bleibt als fester *Bodenkörper* zurück. Die überstehende Lösung ist eine *gesättigte Lösung.* Ihre Zusammensetzung beschreibt man durch die Angabe der *Löslichkeit:*

$$\text{Löslichkeit} = \frac{m\ (\text{gelöster Stoff})}{100\ \text{g Lösungsmittel}}$$

Manche Stoffe sind erstaunlich gut löslich. So lösen sich bei 20 °C genau 204 g Zucker in 100 g Wasser. Andere Stoffe wie etwa Gips sind schwer löslich: In 100 g Wasser lösen sich bei 20 °C nur 0,2 g Gips.

Die Temperaturangaben sind notwendig, weil die Löslichkeit vieler Feststoffe mit der Temperatur steigt. Erwärmt man zum Beispiel eine gesättigte Lösung von Kaliumnitrat zusammen mit etwas Bodenkörper, so löst er sich auf. Lässt man die warme Lösung abkühlen, bilden sich wieder *Kristalle.*

Die Löslichkeit von Gasen wird mit steigender Temperatur geringer: In Mineralwasser gelöstes Kohlenstoffdioxid entweicht, wenn man die Lösung erhitzt.

Lösungen bestehen aus einem Lösungsmittel und dem gelösten Stoff. Die Löslichkeit vieler Stoffe ist begrenzt, es entstehen gesättigte Lösungen. Mit steigender Temperatur nimmt die Löslichkeit fester Stoffe meist zu, die Löslichkeit von Gasen nimmt ab.

1 Wie viel Gramm Kochsalz, Zucker oder Gips kann man bei 20 °C maximal in 1 kg Wasser lösen, ohne dass ein Bodenkörper entsteht?

2 Fettflecke lassen sich aus der Kleidung mit einem mit Waschbenzin getränkten Lappen entfernen. Warum nimmt man nicht einfach Wasser?

3 Plane ein Experiment, um die Löslichkeit des Salzes Alaun bei 20 °C und bei 80 °C zu ermitteln. Notiere, in welcher Reihenfolge du die Messungen machst.

4 Beim Erwärmen von Leitungswasser im Becherglas bilden sich Gasbläschen an der Innenwand des Gefäßes. Um welches Gas handelt es sich?

5 Wenn Wasser siedet, sind große Gasblasen zu beobachten. Aus welchem Gas bestehen diese Blasen?

2.5 Teilchenmodell

Werden Alkohol und Wasser gemischt, so macht man eine überraschende Beobachtung: Aus 50 ml Alkohol und 50 ml Wasser entstehen nur 97 ml Lösung. Diese Volumenverringerung lässt sich erklären, wenn man folgende Annahme macht: Wasser und Alkohol sind aus unsichtbar **kleinen Teilchen** aufgebaut, die sich aber in ihrer Größe unterscheiden. Ein einfaches Experiment macht die Zusammenhänge deutlich: Mischt man 50 ml Erbsen und 50 ml Senfkörner, so erhält man etwa 90 ml Gemisch. Die Senfkörner füllen dabei zum Teil die Lücken zwischen den Erbsen.

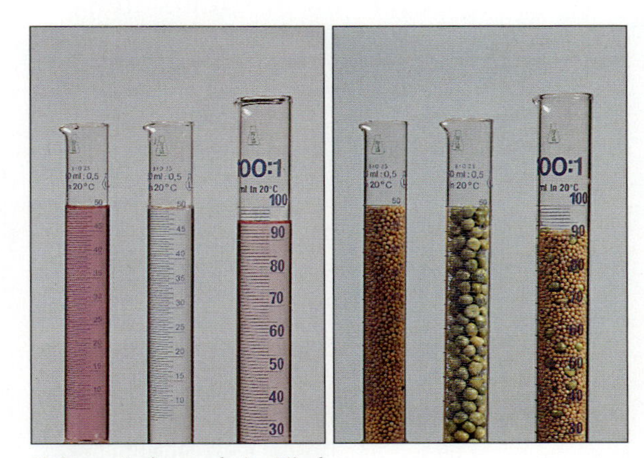

Volumenänderung beim Mischen

Hält man einen Iod-Kristall in Alkohol, so entstehen braune Schlieren, die nach unten sinken. Nach einiger Zeit verteilt sich die braune Lösung in der gesamten Flüssigkeit – auch ohne Umrühren. Dieser Vorgang heißt **Diffusion.**
Um die Beobachtungen zu verstehen, macht man sich folgendes Bild: In der Flüssigkeit befinden sich die Alkohol-Teilchen ständig in Bewegung. In einem Iod-Kristall besitzen die Iod-Teilchen dagegen eine bestimmte Anordnung. Sie schwingen lediglich auf ihren Plätzen hin und her. Hält man den Iod-Kristall in Alkohol, so treffen Alkohol-Teilchen auf den Kristall und lösen einzelne Iod-Teilchen heraus. Im Laufe der Zeit vermischen sich Iod-Teilchen und Alkohol-Teilchen aufgrund ihrer *Eigenbewegung.*

Modell. Die Vorstellung vom Aufbau der Stoffe aus kleinsten Teilchen entstand lange, bevor man die Existenz von Teilchen beweisen konnte. Heute lässt sich durch Experimente sogar genau ermitteln, in welcher Weise die kleinsten Teilchen in einem Kristall angeordnet sind.
Mit der Vorstellung von den kleinsten Teilchen der Materie lassen sich Vorgänge wie das Lösen und die Diffusion anschaulich erklären. In den Naturwissenschaften spricht man bei derartigen Vorstellungen allgemein von einem *Modell.* Das **Teilchenmodell** beschreibt den Aufbau der Stoffe aus kleinsten Teilchen.

Nach dem Teilchenmodell ist Materie aus kleinsten Teilchen aufgebaut. Die Teilchen verschiedener Stoffe unterscheiden sich in ihrer Größe. Die Teilchen sind ständig in Bewegung.

1 Zucker löst sich in Tee auch ohne Umrühren. Erkläre den Vorgang.

2 Wird eine Parfümflasche geöffnet, so riecht man den Duft nach kurzer Zeit im ganzen Raum, auch wenn sich die Luft nicht bewegt. Erkläre diese Beobachtung mit dem Teilchenmodell.

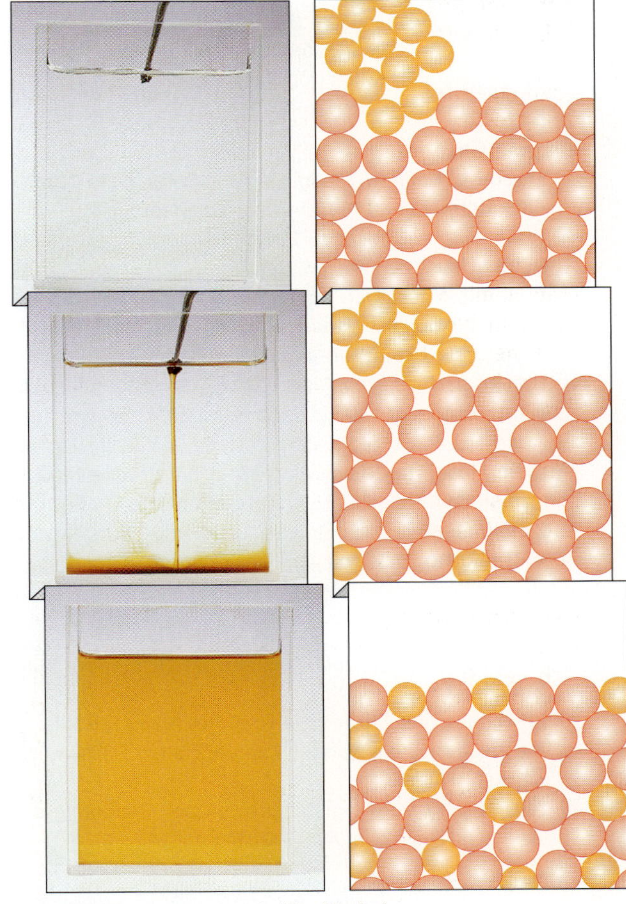

Der Lösungsvorgang von Iod in Alkohol

Praktikum

Lösen und Kristallisieren

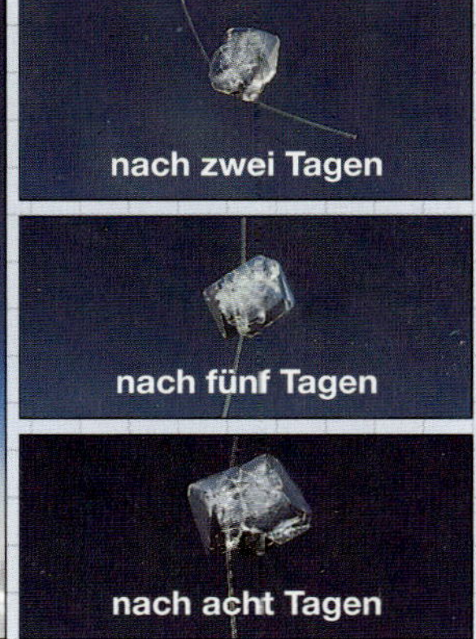

Züchten von Alaun-Kristallen

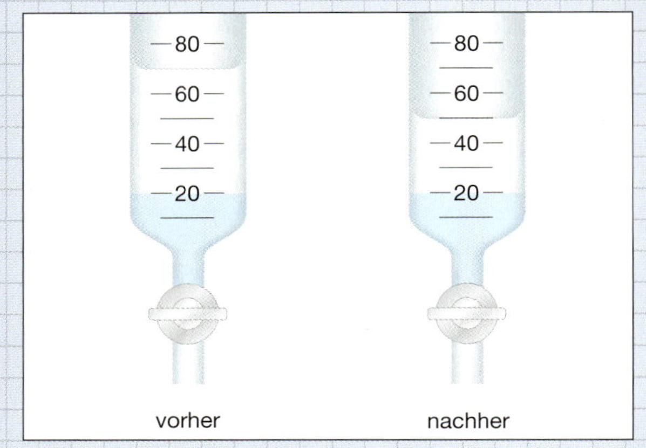

Löslichkeit von Kohlenstoffdioxid in Wasser

V1: Züchten von Alaun-Kristallen

Materialien: 2 Bechergläser (400 ml), Becherglas (100 ml), Filtrierpapier, Trichter, Gasbrenner, Thermometer, dünner Faden (Perlon oder Nähgarn), Glasstab;
Alaun (Kaliumaluminiumsulfat).

Durchführung:

1. Löse 40 g Alaun in 200 ml warmem Wasser. Die Temperatur soll dabei 50 °C nicht überschreiten.
2. Lasse die Lösung auf Zimmertemperatur abkühlen. Dabei kristallisiert ein Teil des Alauns aus.
3. Filtriere die gesättigte Lösung in ein großes Becherglas und stelle die Lösung einige Tage lang an einen kühlen, möglichst gleichmäßig temperierten Ort.
4. Filtriere nach einigen Tagen einen Teil der überstehenden Lösung in das kleine Becherglas. Entnimm einen der zwischenzeitlich gebildeten Kristalle, befestige ihn an einem Faden und hänge ihn so in die Lösung in dem kleinen Becherglas, dass er ganz eintaucht
5. Entferne jeweils nach einigen Tagen zusätzliche Kristalle vom Faden. Fülle gelegentlich gesättigte Alaun-Lösung gleicher Temperatur aus dem Vorratsgefäß nach.

Aufgaben:

a) Warum kristallisiert über Tage und Wochen immer mehr Alaun aus?
b) Beschreibe und zeichne die Form des Alaun-Kristalls.
c) Wie erklärst du die geraden Kanten, glatten Flächen und gleichen Winkel?
d) Zeichne eine Modellvorstellung von der Anordnung der kleinsten Teilchen im Alaun-Kristall auf.

V2: Lösen von Kohlenstoffdioxid in Wasser

Materialien: Kolbenprober mit Hahn (100 ml), Becherglas; Kohlenstoffdioxid.

Durchführung:

1. Fülle den Kolbenprober mit 50 ml Kohlenstoffdioxid.
2. Sauge genau 20 ml Wasser aus dem Becherglas in den Kolbenprober und schließe den Hahn.
3. Schüttle den Kolbenprober kräftig und lies erneut das Gasvolumen ab. Berechne die Löslichkeit.

V3: Gleiche Tabletten – verschiedene Gasvolumina?

Materialien: Glaswanne, Standzylinder (200 ml), Deckglas; Folienstift, zwei Brausetabletten.

Durchführung:

1. Fülle den Standzylinder mit Wasser und decke ihn mit dem Deckglas ab. Stelle den Zylinder mit der Öffnung nach unten in die wassergefüllte Glaswanne. Entferne das Deckglas unter Wasser.
2. Gib eine Brausetablette in den Standzylinder. Markiere das Gasvolumen nach vollständiger Auflösung.
3. Gib eine zweite Tablette in den Standzylinder und markiere nach Auflösung erneut das Gasvolumen.

Aufgaben:

a) Warum entsteht beim Lösen der zweiten Tablette ein größeres Gasvolumen?
b) Welcher Zusammenhang besteht zwischen den Messwerten in V2 und V3?

Chemie-Recherche

Location: http://www.schroedel.de/chemie_heute.html

Suche:

Lösungen – verdünnt und konzentriert

Ergebnisse:

→ **Unser Trinkwasser – eine Lösung**

Im Wasserbehälter vieler Kaffeemaschinen beobachtet man einen weißen Kalkbelag. Es handelt sich um Kesselstein, der sich aus dem Wasser beim Erhitzen abscheidet. Unser Trinkwasser ist also kein reines Wasser: Es ist eine Lösung, die verschiedene Stoffe enthält. Erhitzt man diese Lösung oder dampft man sie ein, so bleibt der Kesselstein zurück. Da Kesselstein ein schlechter Wärmeleiter ist, muss er regelmäßig entfernt werden. Dazu benutzt man häufig Zitronensäure.

Die Unterschiede zwischen Trinkwasser und destilliertem Wasser zeigen sich auch bei der Überprüfung der elektrischen Leitfähigkeit: Trinkwasser leitet den Strom, destilliertes Wasser dagegen nicht.

→ **Essig – eine Säurelösung**

Haushaltsessig ist kein reiner Stoff, sondern eine 5%ige Lösung von Essigsäure in Wasser. In 100 g Essig sind also 5 g reine Säure gelöst. Ist der Essig durch Vergären von Obst gewonnen worden, so enthält er zusätzlich Geschmacksstoffe von Äpfeln oder Weintrauben.

→ **Das Tote Meer – eine konzentrierte Salzlösung**

Das Tote Meer ist eine der Hauptattraktionen in Israel. Touristen versäumen es selten, dort Halt zu machen und sich ins Wasser zu legen: Das ist erstaunlicherweise auch ohne Schwimmbewegungen möglich.

Das Wasser des Toten Meeres ist eine etwa 25%ige Salzlösung. Aufgrund des hohen Salzgehalts ist die Dichte dieser Lösung so groß, dass Menschen darin nicht untergehen. Sie können schwimmend ein Buch lesen!

Der Salzgehalt des Toten Meeres steigt weiter an, weil einerseits über den Jordan immer weniger Wasser zufließt und andererseits die Verdunstung unverändert hoch bleibt.

→ **Liköre – alkoholische Zuckerlösungen**

Auf den Etiketten von verschiedenen Likören findet man als Hauptbestandteile Alkohol und Zucker. Der Alkohol-Anteil beträgt bis zu 30 % Vol: In 100 ml Likör liegen 30 ml Alkohol gelöst vor. Darüber hinaus sind in Likören Geschmacksstoffe enthalten, etwa die Aromastoffe von Orangen, Aprikosen oder Kirschen.

→ **Löslichkeit von Stoffen** (in g pro 100 g Wasser bei 20 °C)

Stoff	Löslichkeit	Stoff	Löslichkeit	Stoff	Löslichkeit
Ammoniak	51,8	Natriumnitrat	88,3	Kaliumchlorid	34,2
Chlor	0,73	Calciumchlorid*	74,5	Kaliumnitrat	31,7
Kohlenstoffdioxid	0,173	Magnesiumchlorid*	54,6	Kupfersulfat*	20,8
Sauerstoff	0,0044	Natriumchlorid	35,8	Eisensulfat*	26,6
Stickstoff	0,0019	Magnesiumsulfat*	35,6	Alaun*	5,5

* Werte beziehen sich auf das wasserfreie Salz.

Aufgaben

1 a) Welchen Unterschied stellt man fest, wenn 100 ml Leitungswasser und 100 ml Meerwasser vollständig verdampft werden?

b) Wie viel Salz würde ungefähr beim Verdampfen von 100 g des Wassers aus dem Toten Meer übrig bleiben?

2 Auf zwei Likörflaschen stehen die Angaben „22 % Vol“ und „38 % Vol“. Was bedeuten diese Angaben?

3 Wie viel Gramm Natriumchlorid lassen sich bei 20 °C in 500 g Wasser lösen?

2.6 Kugelpackungsmodell – ein Bauplan für Kristalle

Kandiszucker-Kristalle

Betrachtet man Schneeflocken genau, so stellt man fest, dass sie immer sechs Zacken aufweisen, nie findet man Fünfecke oder Siebenecke. Vergleicht man Kandiszucker-Kristalle miteinander, so ist es ähnlich: Immer tritt die gleiche Form auf. In allen Fällen weisen die Kristalle ebene Flächen, gerade Kanten und charakteristische Winkel auf. Diese Flächen und Winkel lassen sich auf den *regelmäßigen* Aufbau aus kleinsten Teilchen zurückführen. Besonders einfach kann man den Aufbau eines Metall-Kristalls aus kleinsten Teilchen beschreiben: Es ist die dichteste Kugelpackung.

Dichteste Kugelpackung. Will ein Obsthändler seine Apfelsinen möglichst platzsparend aufschichten, so packt er eine erste Schicht von Apfelsinen so dicht wie möglich: im *Dreiecksmuster.* Dann stapelt er nach und nach weitere Schichten von Apfelsinen „auf Lücke" darauf. Das geht wieder nur im Dreiecksmuster. Die so entstehende räumliche Anordnung von Kugeln ist von allen denkbaren Packungen die dichteste. Sie wird deshalb als *dichteste Kugelpackung* bezeichnet. Im Inneren einer solchen Packung besitzt jede Kugel zwölf Nachbarkugeln: Sie berührt sechs Kugeln in der gleichen Schicht, drei in der Schicht darunter und drei weitere in der Schicht darüber. Auch die Kristalle vieler Metalle wie Gold, Silber oder Kupfer sind ähnlich aufgebaut.

Aufbau des Kupfer-Kristalls. Kupfer-Teilchen sind unsichtbar klein. Trotzdem lässt sich aus Untersuchungen ableiten, dass sie im Kristall wie Kugeln in einer dichtesten Kugelpackung angeordnet sind: Ein Kupfer-Teilchen im Inneren des Kristalls wird von zwölf anderen Kupfer-Teilchen berührt.

Kupfer-Kristalle

Elementarwürfel. Kugelpackungen kann man in alle Richtungen beliebig weiterbauen. Um eine Packung zu charakterisieren, legt man einen typischen Ausschnitt daraus fest. Dieser soll so beschaffen sein, dass er – wie die charakteristische Einheit eines Tapetenmusters – durch Verschieben die ganze Packung aufbaut.

Um die dichteste Kugelpackung zu beschreiben hat man einen würfelförmigen Ausschnitt festgelegt. Dieser *Elementarwürfel* besteht aus 14 Kugeln. Die dadurch charakterisierte Kugelpackung heißt nach der lateinischen Bezeichnung des Würfels *(cubus)* auch *kubisch dichteste Kugelpackung.*

Kristalle weisen ebene Flächen, gerade Kanten und charakteristische Winkel auf, weil sie regelmäßig aus kleinsten Teilchen aufgebaut sind. Bei vielen Metallen wie Gold, Silber und Kupfer sind die Teilchen in einer kubisch dichtesten Kugelpackung angeordnet.

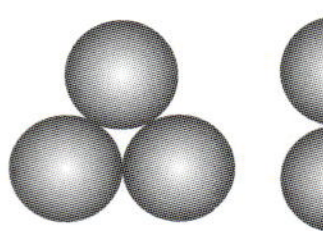

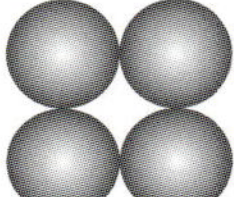

Experimentelle Hausaufgaben:

1 Lege vier Buchrücken zu einem Rechteck zusammen. Ordne darin gleich große Kugeln im Dreiecksmuster und danach im Quadratmuster an. Bei welchem der beiden Muster passen mehr Kugeln in das Rechteck? Von wie vielen Nachbarkugeln wird jeweils eine Kugel berührt?

2 Untersuche an einem großen Stück Tapete mit regelmäßigem Muster, welche „Elementarausschnitte" es gibt, die durch Verschieben das Gesamtmuster aufbauen. Kennzeichne einen oder – falls möglich – mehrere solcher Ausschnitte.

Apfelsinen bilden eine dichteste Kugelpackung.

Dichteste Kugelpackung und Elementarwürfel

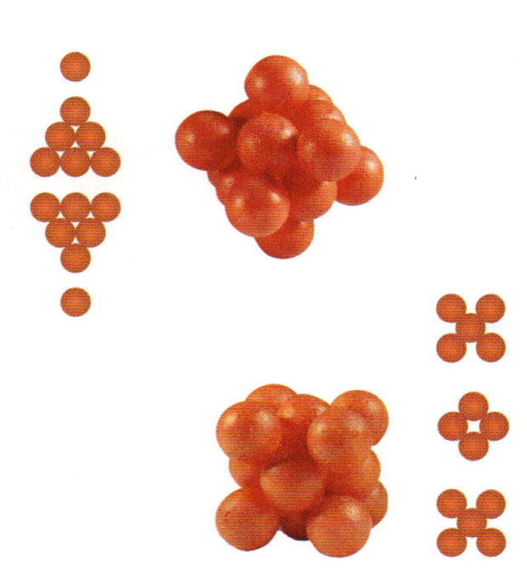

Zwei Bauweisen des Elementarwürfels

Wir bauen Kugelpackungsmodelle

Die kubisch dichteste Kugelpackung ist ein Modell für die Anordnung der Kupfer-Teilchen in einem Kupfer-Kristall. Beim Aufbau des Modells kann man sowohl von einem Dreiecksmuster der Kugeln ausgehen als auch von einem Quadratmuster.

Materialien: 100 Kugeln (etwa Holzkugeln oder Zellstoffkugeln, Durchmesser 30 mm), quadratischer Holzrahmen (l = 15 cm), gleichseitig dreieckiger Holzrahmen (l = 22 cm), Klebstoff, Tuschkasten und Pinsel.

Durchführung:

1. Lege im Quadratrahmen 5 x 5 Kugeln im Quadratmuster und schichte darauf – so dicht es geht – weitere Kugelschichten. Zähle nach, wie viele Kugeln eine Kugel im Inneren der dichtesten Kugelpackung berühren.

2. Die Kugelpackung ist durch einen besonderen *Elementarwürfel* gekennzeichnet, der sich aus drei Schichten von Kugeln aufbauen lässt. Klebe Kugeln zu drei einzelnen Schichten so zusammen, wie Bild 1 es zeigt. Es handelt sich dabei um den Elementarwürfel der *kubisch dichtesten Kugelpackung*. Färbe die drei Schichten des Elementarwürfels mit einer Tuschkastenfarbe an.

3. Baue die drei Schichten als Elementarwürfel in die dichteste Kugelpackung aus dem Arbeitsgang 1 ein. Nimm dann nach und nach außer den zusammengeklebten alle anderen Kugeln weg und kläre, wie der Elementarwürfel in der Packung eingebaut ist.

4. Eine dichteste Kugelpackung lässt sich auch aus Dreiecksschichten zusammensetzen. Lege im Dreiecksrahmen 28 Kugeln als Dreiecksmuster zusammen und schichte darauf – so dicht es geht – weitere Kugelschichten. Zähle nach, wie viele Kugeln eine Kugel im Inneren der dichtesten Kugelpackung berühren.

5. Wenn die so erstellte Packung die *kubisch* dichteste Kugelpackung ist, muss der Elementarwürfel hineinpassen. Klebe die drei Schichten aus Arbeitsgang 2 zum Elementarwürfel zusammen, wie es Bild 1 zeigt. Zeige, dass sich der Würfel in die Packung mit Dreiecksmuster einbauen lässt. Auf welche Weise musst du ihn einsetzen?

6. In Arbeitsgang 5 ist zu erkennen, dass der Elementarwürfel auch aus Schichten im Dreiecksmuster gebaut werden kann. Klebe zwei Dreiecksschichten aus jeweils sechs Kugeln zusammen, färbe sie und zwei weitere einzelne Kugeln an. Stelle die Kugelpackung wie in Arbeitsgang 4 erneut her, baue dabei aber die gefärbten Schichten als Elementarwürfel ein.

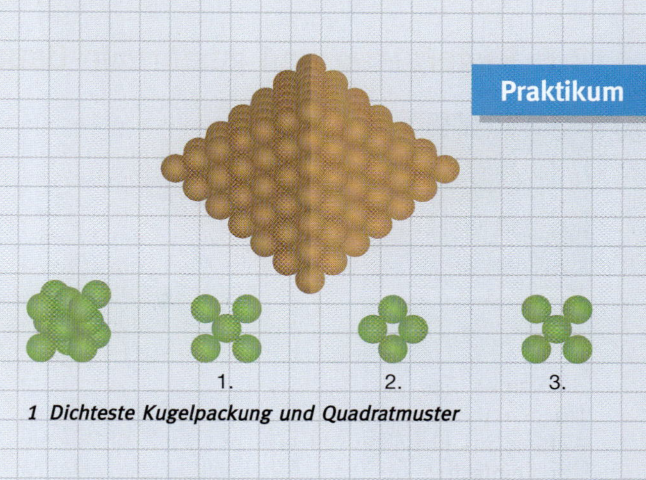

1 Dichteste Kugelpackung und Quadratmuster

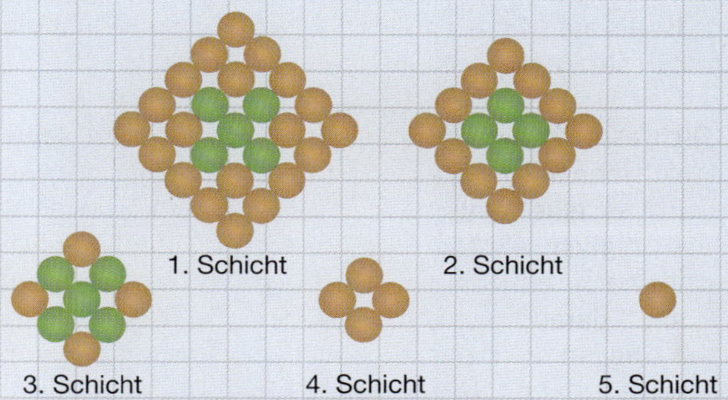

2 Einbau des Elementarwürfels (5 + 4 + 5)

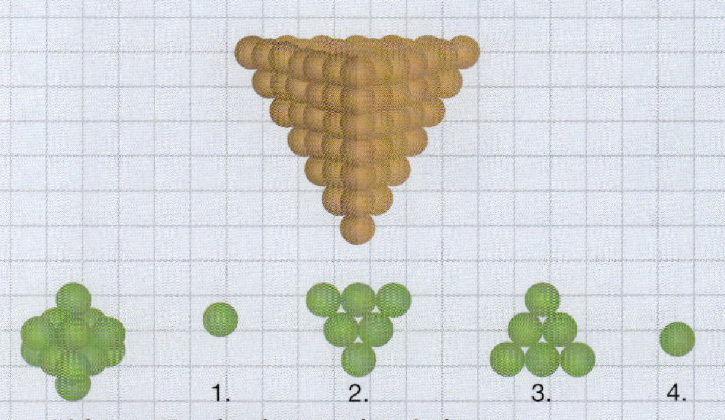

3 Dichteste Kugelpackung und Dreiecksmuster

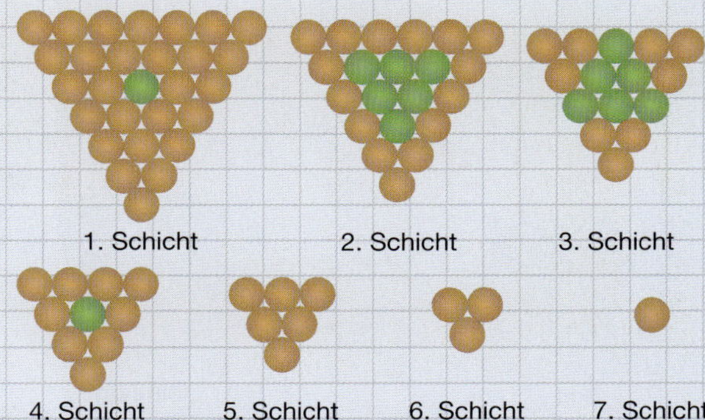

4 Einbau des Elementarwürfels (1 + 6 + 6 + 1)

2.7 Fest, flüssig und gasförmig – aber immer derselbe Stoff

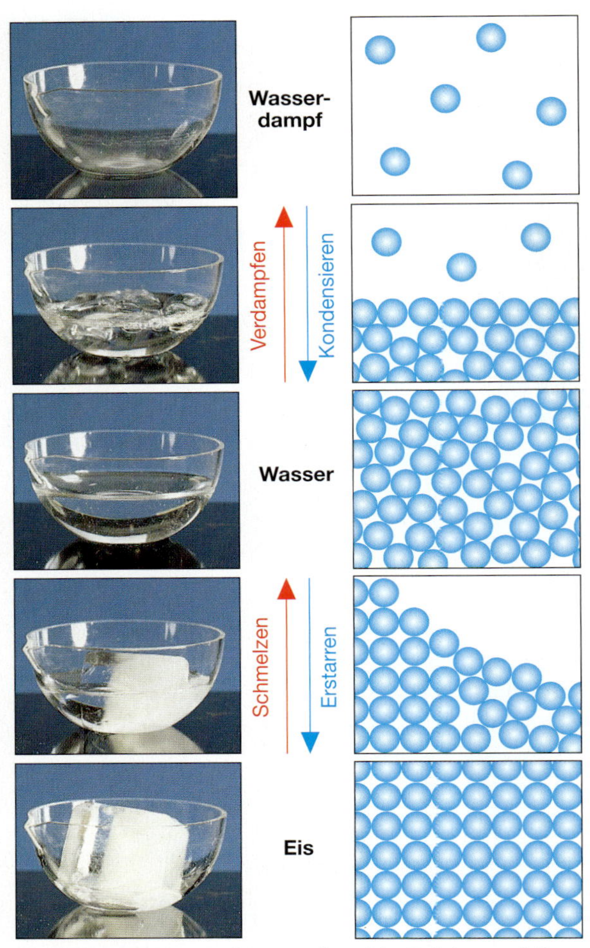

Eiskristalle, Wasser und Wasserdampf im Teilchenmodell

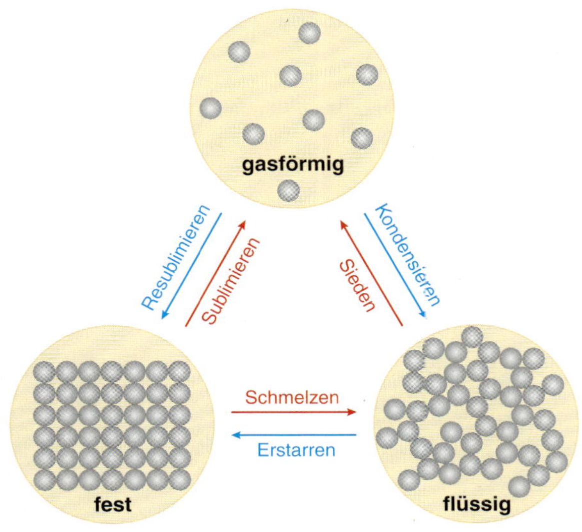

Modellvorstellungen zu den Aggregatzuständen

Es gibt feste, flüssige und gasförmige Stoffe. Wasser ist der bekannteste Stoff, von dem wir alle drei Zustandsformen gut kennen: Eis, flüssiges Wasser und Wasserdampf sind unterschiedliche *Aggregatzustände* des gleichen Stoffes. Die Übergänge zwischen diesen Zuständen können mit dem Teilchenmodell beschrieben werden.

Schmelzen und Erstarren. Im Eis sind die Wasser-Teilchen regelmäßig angeordnet: Jedes Teilchen hat seinen bestimmten Platz, den es nicht verlassen kann. Zwischen den Teilchen herrschen starke *Anziehungskräfte*. Die Teilchen schwingen um ihre Plätze. Erwärmt man das Eis, so werden die Schwingungen heftiger. Schließlich schwingen die Teilchen so stark, dass die starre Ordnung zusammenbricht. Bei 0 °C ist die *Schmelztemperatur* erreicht: Das Eis *schmilzt*. Kühlt man flüssiges Wasser ab, so *erstarrt* es bei 0 °C wieder zu Eis.

Sieden und Kondensieren. Im flüssigen Wasser sind die Teilchen nicht regelmäßig angeordnet. Sie bewegen sich hin und her und verschieben sich dabei gegeneinander. Erwärmt man Wasser, so wird die Bewegung der Teilchen heftiger. Einzelne Wasser-Teilchen verlassen die Wasseroberfläche: Das Wasser *verdunstet*. Wenn die *Siedetemperatur* von 100 °C erreicht ist, bilden sich im Inneren des Wassers Dampfblasen. Die Wasser-Teilchen bewegen sich so stark, dass sie die Anziehungskräfte überwinden: Das Wasser *siedet*. Kühlt man Wasserdampf ab, so *kondensiert* er wieder zu Wasser.

Aus einem Liter Wasser entstehen bei 100 °C etwa 1700 Liter Wasserdampf. Im Dampf sind die Abstände zwischen den Wasser-Teilchen also sehr viel größer als im flüssigen Wasser oder im Eis. Zwischen den Teilchen ist dabei nichts als leerer Raum. Deshalb lassen sich Wasserdampf und andere Gase leicht zusammendrücken.

Sublimieren. Hängt man bei Frost nasse Wäsche auf die Leine, so wird sie zunächst hart wie ein Brett, weil das Wasser zu Eis gefriert. Nach einiger Zeit ist die Wäsche aber doch trocken: Das Eis ist direkt zu Wasserdampf geworden. Die Teilchen lösen sich dabei von der Eisoberfläche und verteilen sich in der Luft. Diesen direkten Übergang vom festen in den gasförmigen Zustand nennt man *Sublimation*. Eis *sublimiert* zu Wasserdampf.
Auch der umgekehrte Vorgang, eine *Resublimation*, ist möglich: Bei Frost bildet sich Raureif. Wasserdampf aus der Luft wird dabei direkt zu Eis, ohne dass sich flüssiges Wasser gebildet hat.

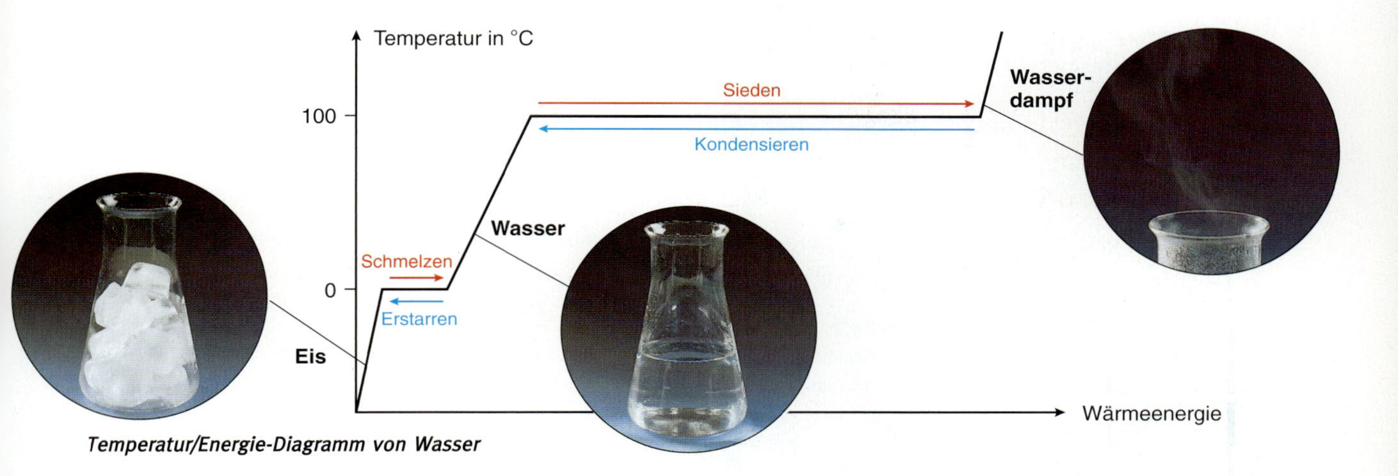

Temperatur/Energie-Diagramm von Wasser

Schmelzwärme. Nimmt man einen Eiswürfel aus dem Gefrierfach, so hat er eine Temperatur von etwa –20 °C. Außerhalb des Gefrierfaches beginnt er zu schmelzen, wenn seine Temperatur auf 0 °C angestiegen ist. Eis und Schmelzwasser behalten diese Temperatur dann so lange, bis alles Eis geschmolzen ist.
Für das Schmelzen wird stets Energie benötigt; man bezeichnet sie als *Schmelzwärme*. Das Eis/Wasser-Gemisch nimmt diese Energie aus der Umgebung auf. Die Schmelzwärme wird dazu benötigt, die Wasser-Teilchen aus dem Eiskristall zu lösen.
Wenn alles Eis geschmolzen ist, liegt nur noch flüssiges Wasser von 0 °C vor. Wird das Wasser dann weiter erwärmt, so steigt die Wassertemperatur an; die Wasser-Teilchen bewegen sich heftiger.

Verdampfungswärme. Bei der *Siedetemperatur* von 100 °C bilden sich Wasserdampfblasen im Inneren des Wassers, das Wasser siedet. Wenn man weiter Wärme zuführt, bleibt die Temperatur konstant bei 100 °C.
Die während des Siedens aufgenommene Wärme energie bezeichnet man als *Verdampfungswärme*. Diese Wärmeenergie wird benötigt, um die Anziehungskräfte zwischen den Wasser-Teilchen völlig zu überwinden. Die Bewegung der Teilchen wird so heftig, dass sie sich voneinander trennen. Im Wasserdampf erreichen die Teilchen schließlich sehr große Geschwindigkeiten; bei 100 °C sind es etwa 660 m pro Sekunde!

Stoffe können in den Aggregatzuständen fest, flüssig und gasförmig auftreten.
Schmelztemperatur und Siedetemperatur sind charakteristische Stoffeigenschaften. Manche Feststoffe sublimieren direkt zu Gasen.

1 Beschreibe Vorgänge aus dem Alltag mit den Begriffen Schmelzen, Erstarren, Sieden, Kondensieren, Sublimieren und Resublimieren.

2 Blei schmilzt bei 327 °C und siedet bei 1740 °C.
a) Zeichne ein Temperatur/Energie-Diagramm für Blei.
b) Zeichne deine Vorstellung von der Anordnung der Teilchen für die Aggregatzustände des Bleis.

3 Der Feststoff Iod sublimiert bei gelindem Erwärmen. An kalten Gegenständen resublimiert der Iod-Dampf zu Iod. Erkläre dies auf der Grundlage des Teilchenmodells.

4 Auf der Straße ist eine Regenpfütze zu sehen, nach einer Stunde Sonnenschein ist die Pfütze weg. Erkläre diese Beobachtung mit dem Teilchenmodell.

5 In einem Sektkübel befindet sich ein Eis/Wasser-Gemisch. Auch ohne Thermometer kann man eine relativ präzise Aussage über die Temperatur in dem Kübel machen. Welche Temperatur herrscht in dem Kübel? Begründe deine Aussage.

Das Teilchenmodell

1. Materie besteht aus kleinsten Teilchen. Der Raum zwischen den Teilchen ist absolut leer.
2. Die Teilchen verschiedener Stoffe unterscheiden sich in ihrer Größe.
3. Zwischen den Teilchen wirken Anziehungskräfte.
4. Die Teilchen sind ständig in Bewegung.
5. Mit steigender Temperatur bewegen sich die Teilchen heftiger.
6. In Feststoffen haben die Teilchen eine bestimmte Anordnung; sie sind dabei dicht gepackt und schwingen um ihre Plätze. In Flüssigkeiten bewegen sie sich ungeordnet, berühren sich aber gegenseitig. Bei Gasen sind die Anziehungskräfte überwunden. Die Teilchen bewegen sich sehr schnell und stoßen wie Billardkugeln zusammen. Die Abstände zwischen den Teilchen sind sehr groß.

Praktikum

Schmelzen und Sieden – näher betrachtet

V1: Erstarrungstemperatur von Stearinsäure

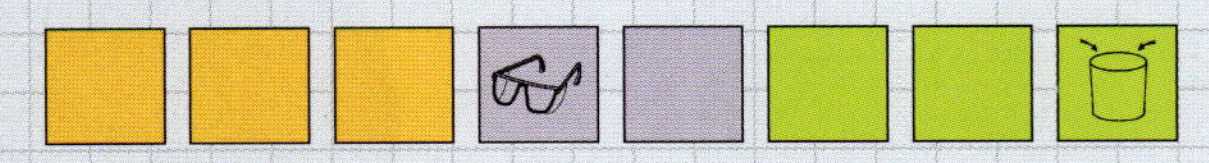

Materialien: Gasbrenner, Thermometer (0 °C bis 100 °C), Stoppuhr;
Stearinsäure.

Durchführung:

1. Gib 2 cm hoch Stearinsäure in ein Reagenzglas. Befestige es an einem Stativ. Stelle ein Thermometer hinein.
2. Erhitze die Substanz langsam mit dem Gasbrenner bis auf 90 °C.
3. Lass die Schmelze abkühlen: Starte die Stoppuhr und miss alle 30 Sekunden die Temperatur. Rühre dabei die Schmelze jeweils mit dem Thermometer um.
4. Beende die Messungen, wenn die Schmelze vollkommen erstarrt und die Temperatur unter 50 °C gesunken ist.

Aufgaben:

a) Übertrage die Messwerte in eine Tabelle und erstelle ein Diagramm (x-Achse: Zeit; y-Achse: Temperatur).
b) Lies aus dem Diagramm die Erstarrungstemperatur ab. Vergleiche den Wert mit der im nebenstehenden Versuchsprotokoll angegebenen Schmelztemperatur.

Regeln für das Erhitzen im Reagenzglas

Beim Erhitzen einer Flüssigkeit im Reagenzglas spritzt diese häufig unvermittelt aus dem Glas heraus. Die Ursache ist ein so genannter *Siedeverzug*. Um das Sieden kontrolliert durchzuführen und niemanden dabei zu gefährden, gelten folgende Regeln für das Erhitzen:

1. Fülle das Reagenzglas höchstens zu einem Viertel. Gib ein Siedesteinchen hinzu.
2. Halte das Reagenzglas mit der Holzklammer schräg in die nicht leuchtende Flamme.
3. Richte die Öffnung des Reagenzglases nicht auf Personen in deiner Nähe.
4. Schüttle das Reagenzglas ständig in der Flamme, damit der Inhalt gleichmäßig erhitzt wird.

Versuchsprotokoll: Schmelztemperatur von Stearinsäure

Materialien: Thermometer (0 °C bis 100 °C), Becherglas, Gasbrenner, Dreifuß mit Drahtnetz, Stoppuhr; Stearinsäure.

Versuchsaufbau:

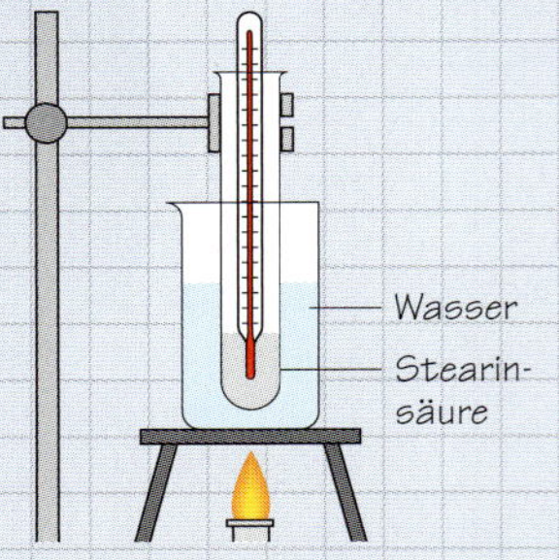

Durchführung:

1. Wir haben 2 cm hoch Stearinsäure-Kristalle in ein Reagenzglas gegeben und es dann am Stativ befestigt.
2. Ein Becherglas mit Wasser wurde als Wasserbad auf den Dreifuß gestellt und das Reagenzglas eingetaucht.
3. Dann wurde das Wasserbad erhitzt. Bei etwa 50 °C haben wir das Thermometer in das Reagenzglas gestellt, die Stoppuhr gestartet und alle 30 Sekunden die Temperatur gemessen, bis die Stearinsäure geschmolzen war. Vor dem Ablesen der Temperatur haben wir die Schmelze jeweils mit dem Thermometer umgerührt.

Beobachtungen: Als die ersten Stearinsäure-Kristalle anfingen zu schmelzen, zeigte das Thermometer eine Temperatur von 65 °C. Bei 70 °C blieb die Temperatur einige Zeit konstant, bis alle Kristalle zu einer farblosen Flüssigkeit geschmolzen waren. Danach stieg die Temperatur der Schmelze rasch an.

Ergebnis: Die Schmelztemperatur der Stearinsäure beträgt 70 °C.

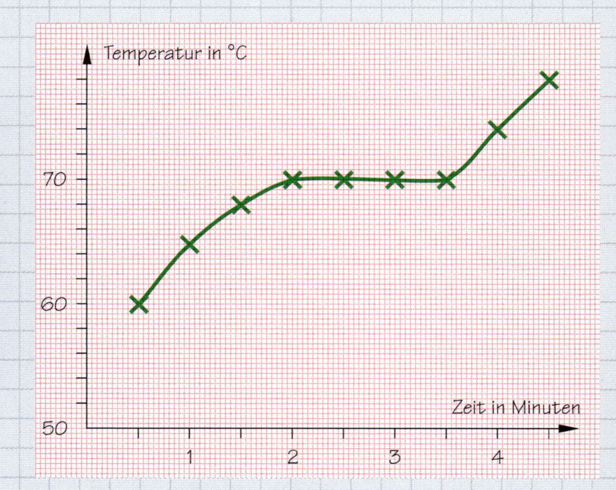

V2: Siedetemperatur von Ethanol

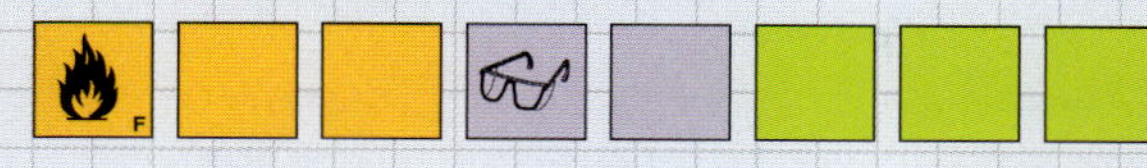

Materialien: Becherglas, Thermometer (0 °C bis 100 °C), Dreifuß mit Drahtnetz, Gasbrenner; Ethanol (F).

Durchführung:

Hinweis: Der Umgang mit Ethanol in der Nähe offener Flammen ist untersagt. Die korrekte Einhaltung der Reihenfolge der folgenden Arbeitsschritte ist daher wichtig!

1. Erhitze das Wasserbad bis zum Sieden, lösche dann die Brennerflamme.
2. Gib 2 cm hoch Ethanol in ein Reagenzglas, befestige es so am Stativ, dass es in das Wasserbad eintaucht.
3. Stelle ein Thermometer in das Reagenzglas.
4. Starte die Stoppuhr und miss die Temperatur alle 30 Sekunden. Beende die Messung, wenn die Temperatur wieder zu sinken beginnt.

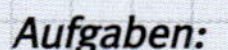

Aufgaben:

a) Erstelle eine Wertetabelle und ein entsprechendes Diagramm (x-Achse: Zeit; y-Achse: Temperatur).

b) Lies die Siedetemperatur ab. Erkläre, warum die Temperatur über längere Zeit konstant bleibt.

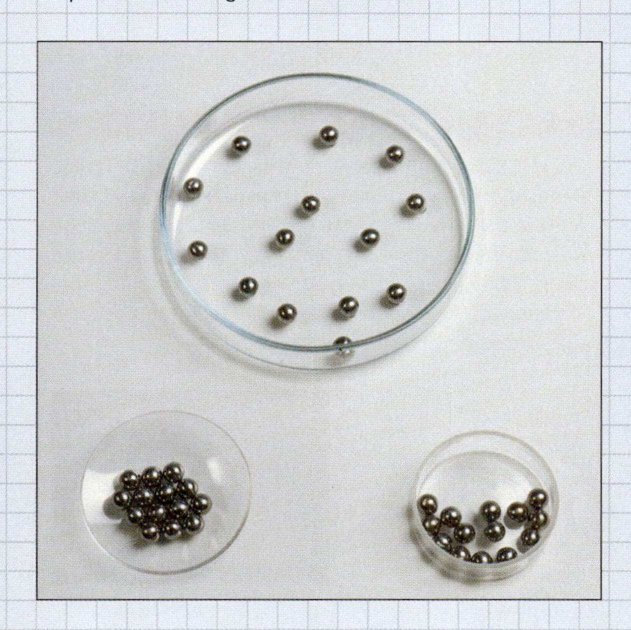

V3: Volumenzunahme beim Verdampfen

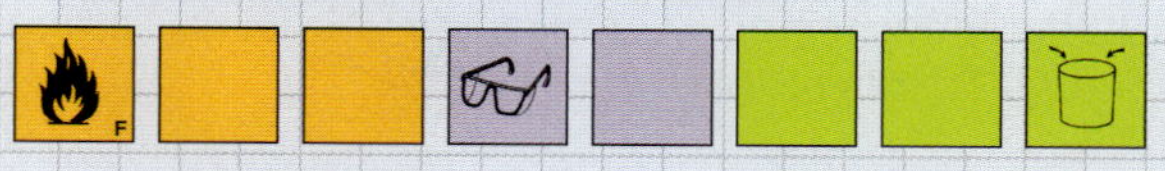

Materialien: Becherglas (2 l), Luftballon mit Stopfen, Dreifuß mit Drahtnetz, Tropfpipette, Gasbrenner; Ethanol (F).

Durchführung:

1. Erhitze in einem Becherglas etwa 500 ml Wasser bis zum Sieden.
2. Gib in einen Luftballon etwa 2 ml Ethanol und verschließe den Ballon mit einem Stopfen.
3. Tauche den Ballon mit dem Stopfen nach unten in das siedende Wasser.

Aufgaben:

a) Erkläre die große Volumenzunahme des Ethanols in siedendem Wasser.

b) Zeichne ein Teilchenbild von der Anordnung der Ethanol-Teilchen vor dem Erhitzen und danach.

V4: Modellexperiment zum Schmelzen und Sieden

Materialien: kleine, gleichgroße Kugeln aus Stahl oder Glas, Uhrglas, Petrischale, große Glasschale.

Durchführung:

1. Ordne viele kleine Kugeln symmetrisch auf dem Uhrglas an.
2. Gib die Kugeln aus dem Uhrglas in die Petrischale und bewege die Schale leicht kreisend.
3. Schütte die Kugeln in die große Glasschale und bewege sie heftig hin und her.
4. Gib die Kugeln zurück in die Petrischale.
5. Gib sie schließlich auf das Uhrglas und ordne sie wieder symmetrisch an.

Aufgaben:

a) Jede Kugel ist ein Modell für ein Wasser-Teilchen, viele Kugeln stellen ein Modell für eine kleine Portion Wasser dar. Interpretiere die Arbeitsschritte 1 bis 5.

b) Ordne den Modellen die Begriffe fest, flüssig und gasförmig zu. Welchen Arbeitsschritten entsprechen die Vorgänge Schmelzen, Sieden, Kondensieren und Erstarren?

c) Führe ein Modellexperiment durch, das Sublimieren und Resublimieren darstellt.

2.8 Stoffe – steckbrieflich gesucht

Stoffe, die in mehreren wesentlichen Eigenschaften übereinstimmen, bilden eine **Stoffgruppe.** Wichtige Stoffgruppen sind: *diamantartige Stoffe, salzartige Stoffe, flüchtige Stoffe* und *Metalle.*

Diamantartige Stoffe. Gemeinsame Eigenschaften: Kristallbildung, große Härte, keine Leitfähigkeit für den elektrischen Strom, hohe Schmelz- und Siedetemperatur.

Beispiele: Diamant, Quarz, Edelsteine

Salzartige Stoffe. Gemeinsame Eigenschaften: Kristallbildung, relativ große Härte, keine elektrische Leitfähigkeit im festen Zustand, leitfähig jedoch als Schmelze oder wässerige Lösung, hohe Schmelz- und Siedetemperatur.

Beispiele: Kochsalz, Alaun, Calciumsulfat

Flüchtige Stoffe. Gemeinsame Eigenschaften: niedrige Schmelz- und Siedetemperatur, bei Zimmertemperatur meist flüssig oder gasförmig, schlechte Leitfähigkeit für den elektrischen Strom oder Nichtleiter.

Beispiele: Iod, Wasser, Kohlenstoffdioxid

Metalle. Gemeinsame Eigenschaften: metallischer Glanz bei kompakten Stücken, hohe Schmelz- und Siedetemperatur, Verformbarkeit, gute Leitfähigkeit für Wärme und elektrischen Strom.

Beispiele: Gold, Eisen, Silber, Zink

Substanz	Schmelztemperatur	Siedetemperatur
Aluminium	660 °C	2467 °C
Alkohol	–114 °C	78 °C
Blei	327 °C	1740 °C
Bleichlorid	501 °C	950 °C
Brom	–7 °C	59 °C
Calciumchlorid	772 °C	1600 °C
Chlor	–101 °C	–35 °C
Eisen	1535 °C	2750 °C
Gold	1064 °C	2808 °C
Kaliumchlorid	770 °C	1437 °C
Kupfer	1085 °C	2572 °C
Magnesium	650 °C	1110 °C
Natriumchlorid	801 °C	1465 °C
Phosphor (weiß)	44 °C	280 °C
Quecksilber	–39 °C	357 °C
Schwefel	113 °C	445 °C
Silber	962 °C	2212 °C
Wasser	0 °C	100 °C
Zink	420 °C	907 °C

1 Ordne die in den Steckbriefen aufgeführten Stoffe den vier Stoffgruppen zu.
2 Welche der in der Tabelle angegebenen Substanzen kannst du den vier Stoffgruppen zuordnen?
3 Warum hat Trockeneis, das in einem Behälter aufbewahrt wird, eine konstante Temperatur von –78 °C?

Steckbrief: Diamant

Diamanten sind die wertvollsten Edelsteine, die wir kennen. Der bisher größte Diamant, der Cullinan, wurde 1906 in Südafrika gefunden und wog 621,2 g oder 3106 Karat (1 Karat = 0,2 g). Das größte Bruchstück dieses Diamanten hat 530,2 Karat. Es ist das wertvollste Stück der britischen Königsinsignien. Kleine Diamanten werden für Bohrköpfe von Steinbohrern oder von Zahnbohrern verwendet.

Dichte: $3{,}51 \frac{g}{cm^3}$
Härte: härtester Stoff (Härtegrad 10 der Härteskala von MOHS)
elektrische Leitfähigkeit: keine (Isolator)

Steckbrief: Quarz

Quarz ist das häufigste Mineral in der Erdkruste. Viele Badestrände der Welt bestehen aus weißem Quarzsand. Auch große Kristalle findet man in der Natur als *Bergkristall.* Durch Nebenbestandteile kann Quarz auch farbig sein; Beispiele sind Amethyst, Rauchquarz oder Rosenquarz. Aus farblosem Quarz fertigt man hochwertige Linsen für optische Geräte.

Dichte: $2{,}65 \frac{g}{cm^3}$
schmilzt bei 1713 °C
elektrische Leitfähigkeit: keine (Isolator)

Steckbrief: Kochsalz

Die bekannteste Eigenschaft des Kochsalzes ist der salzige Geschmack: Es wird deshalb zum Würzen von Speisen verwendet. Kochsalz ist auch als Konservierungsmittel geeignet. So können Fisch oder Gurken in Salzlösung eingelegt und haltbar gemacht werden, Fleisch wird mit Kochsalz eingerieben.

Dichte: 2,16 $\frac{g}{cm^3}$
schmilzt bei 801 °C
siedet bei 1465 °C
Löslichkeit: 35,8 g
in 100 g Wasser (20 °C)

Steckbrief: Trockeneis (Kohlenstoffdioxid)

Der Kohlenstoffdioxid-Gehalt der Luft beträgt 0,035 %; ein Liter Luft enthält also nur 0,35 ml Kohlenstoffdioxid. Das reine Gas ist allseits bekannt: Beim Öffnen einer Flasche Mineralwasser perlt es nach oben. Weniger bekannt ist *Trockeneis,* die feste Form des Kohlenstoffdioxids: Es hat eine Temperatur von –78 °C. Trockeneis sublimiert an der Luft. Da hierbei keine Flüssigkeit gebildet wird, bleibt die Stelle trocken, an der es gasförmig wird. Man verwendet es zum Kühlen in der Lebensmittelindustrie und in der Metallindustrie.

Dichte: 1,6 $\frac{g}{cm^3}$
sublimiert bei –78 °C
Löslichkeit: 0,17 g
in 100 g Wasser (20 °C)

Steckbrief: Calciumsulfat

Calciumsulfat ist als Baustoff bekannt, es handelt sich um Gips. Man rührt das weiße Pulver mit wenig Wasser zu einem Brei an, der unter Wärmeabgabe fest wird. Eine andere Form von Calciumsulfat ist *Marienglas.* Es heißt so, weil früher Heiligenbilder mit durchsichtigen Platten dieses Minerals geschützt wurden.

Dichte: 2,32 $\frac{g}{cm^3}$
zersetzt sich bei 128 °C
unter Abgabe von Wasser
Löslichkeit: 0,20 g
in 100 g Wasser (20 °C)

Steckbrief: Iod

Iod hat eine besondere Eigenschaft: Es sublimiert bei schwachem Erhitzen zu violettem Dampf. Bei Abkühlung resublimiert der Dampf zu schwarzvioletten Kristallen. Die braune alkoholische Iod-Lösung wurde früher als Desinfektionsmittel bei kleinen Wunden verwendet: Das gelöste Iod tötet Bakterien und andere Keime ab.

Dichte: 4,94 $\frac{g}{cm^3}$
schmilzt bei 114 °C
siedet bei 184 °C
Löslichkeit 0,02 g
in 100 g Wasser (20 °C)

Steckbrief: Weinstein

Weinstein ist im Saft von Weintrauben und vielen anderen Beerenfrüchten gelöst. Farblose Weinstein-Kristalle scheiden sich nach der Gärung in Weinfässern aus. Die Kristalle sind deshalb auch manchmal in Weinflaschen oder in Gläsern des ausgeschenkten Weins zu finden.

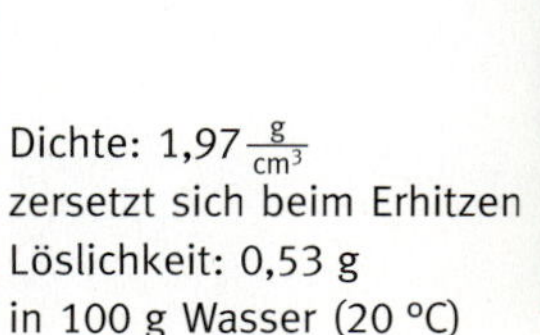

Dichte: 1,97 $\frac{g}{cm^3}$
zersetzt sich beim Erhitzen
Löslichkeit: 0,53 g
in 100 g Wasser (20 °C)

Steckbrief: Gold

Zu allen Zeiten wurde Gold in Form von Nuggets oder Goldstaub gefunden und wegen seines schönen Glanzes und seines Wertes geschätzt. Aufgrund der hohen Dichte lässt es sich aus dem Sand von Flussbetten auswaschen: Goldwäscher schwemmen in einer Pfanne so lange den leichteren Sand mit Wasser weg, bis Goldkörner übrig bleiben.

Dichte: 19,3 $\frac{g}{cm^3}$
schmilzt bei 1064 °C
siedet bei 2808 °C
Leitfähigkeit für Wärme
und elektrischen Strom:
besser als Kupfer

Prüfe dein Wissen

Quiz

A1 a) Erkläre die Begriffe des Fensters.
b) Notiere auf der Vorderseite von Karteikarten den Begriff, auf der Rückseite die Erklärung.

A2 a) Wähle fünf Metalle aus und berechne, welches Volumen jeweils 1 kg des Metalls einnimmt.
b) Nenne zwei Metalle, die in flüssigem Quecksilber schwimmen, und zwei Metalle, die darin versinken.

A3 Ein breites, goldfarbenes Armband ist 22 cm lang, 3 cm breit, 2 mm dick und wiegt 118,3 g. Besteht es aus Gold? Wenn nicht: Auf welches Metall (mit Goldüberzug) könnte man aufgrund der Dichte schließen?

A4 Ein mit Luft aufgeblasener Fußball wiegt genau 500 g. Wie schwer wird der Ball, wenn weitere fünf Liter Luft dazugepumpt werden?

A5 In 100 g Wasser lösen sich 0,2 g Gips (Calciumsulfat).
a) Man rührt 1 kg Gips in einen Kübel mit 200 Liter Wasser. Wie viel Gips löst sich?
b) Wie viel Natriumchlorid könnte man in dieser Menge Wasser lösen?

A6 Metallkristalle sind aus kleinsten Teilchen aufgebaut wie eine dichteste Kugelpackung aus Kugeln.
a) Zeichne einige Schichten der dichtesten Kugelpackung.
b) Kennzeichne in den Schichten zwölf Kugeln, die eine von dir ausgewählte, markierte Kugel berühren.

A7 Bei der Zubereitung von Salat breitet sich Essig-Geruch in der Küche aus.
a) Wie kommt es zu der Ausbreitung des Geruchs?
b) Zeichne deine Modellvorstellung der kleinsten Teilchen in Essig-Lösung und im Essigdampf/Luft-Gemisch auf.

Know-how

A8 Im GALILEI-Thermometer sind verschiedene Kugeln enthalten. Die untere der schwimmenden Kugeln zeigt die Zimmertemperatur an.
Erkläre, wie die Anzeige funktioniert. Berücksichtige dabei, dass die Dichte von Stoffen mit zunehmender Temperatur abnimmt.

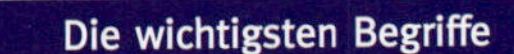

Die wichtigsten Begriffe

- Stoffeigenschaften
- Wärmeleitfähigkeit, elektrische Leitfähigkeit
- Dichte
- Lösung, Löslichkeit, gesättigte Lösung
- Aggregatzustand, Schmelzen, Erstarren, Sieden, Kondensieren, Sublimieren, Resublimieren
- Schmelztemperatur, Siedetemperatur
- Teilchenmodell, Teilchenbewegung
- dichteste Kugelpackung

A9 Umfasst man einen „Temperamentmesser" mit der Hand, so sprudelt die Flüssigkeit nach kurzer Zeit nach oben. Bei temperamentvollen Menschen soll das besonders schnell und heftig geschehen. Erkläre die Funktionsweise.

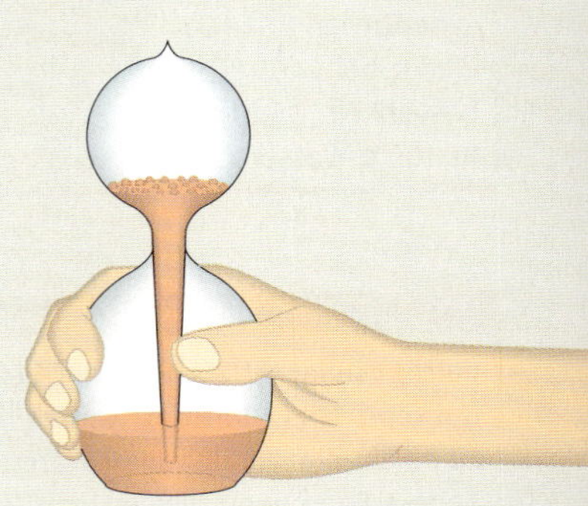

Natur – Mensch – Technik

A10 In einem Bach misst man mit einem Messgerät bei 25 °C einen Sauerstoffgehalt von 8,5 $\frac{mg}{l}$.
a) Wie viel Milligramm Sauerstoff lassen sich aus zehn Litern Bachwasser durch Erhitzen freisetzen?
b) Wie viele Milliliter Sauerstoff lösen sich maximal in zehn Litern Wasser?
c) Warum bevorzugen viele Fische kaltes Wasser?

A11 In vielen Haushalten stellt man selbst Mineralwasser her, indem Kohlenstoffdioxid aus einer Stahlpatrone unter Druck in das Leitungswasser eingeblasen wird.
a) Was passiert bei diesem Vorgang mit dem Kohlenstoffdioxid?
b) Warum stellt man die Flasche mit dem Wasser zunächst in den Kühlschrank und leitet das Gas dann in das gekühlte Wasser ein?

A12 Kalte Getränke kann man in der Sonne einige Zeit kühl halten, wenn man die Flasche mit nassem Zeitungspapier umwickelt.
Erkläre diesen Kühleffekt.

Stoffeigenschaften und Teilchenmodell

Basiswissen

1. Sinneseindrücke

Farbe, Geruch und Geschmack sind Beispiele für Stoffeigenschaften, die man einfach mit den Sinnen wahrnehmen kann. Der Geschmack darf nur bei Lebensmitteln geprüft werden.
Diese Eigenschaften allein reichen jedoch meist nicht aus, um Stoffe eindeutig zu identifizieren.

2. Elektrische Leitfähigkeit, Wärmeleitfähigkeit

Metalle, Säuren und Salzlösungen sind elektrisch leitfähig. Porzellan, Glas und viele Kunststoffe leiten den Strom nicht, sie sind Isolatoren. Metalle sind gleichzeitig gute Wärmeleiter.

3. Dichte

Die Dichte ist der Quotient aus Masse und Volumen.
Die Einheit ist $\frac{g}{cm^3}$ oder $\frac{g}{l}$: Dichte = $\frac{\text{Masse}}{\text{Volumen}}$ $\quad \varrho = \frac{m}{V}$
Die Dichte wird mit steigender Temperatur kleiner. Bei Gasen wird die Dichte bei steigendem Druck größer.

Stoffeigenschaften von Brom
Farbe: rotbraun
Geruch: charakteristisch stechend
elektrische Leitfähigkeit: nicht leitend
Dichte: $\varrho = 3{,}12\,\frac{g}{ml}$
Löslichkeit: 3,5 g in 100 g Wasser (20 °C)
Schmelztemperatur: –7 °C
Siedetemperatur: 59 °C

4. Löslichkeit

Viele Stoffe lösen sich im **Lösungsmittel** Wasser. Andere Stoffe sind in Benzin oder Alkohol löslich.
Die Löslichkeit gibt die Masse eines Stoffes an, die sich maximal bei einer bestimmten Temperatur in 100 g Wasser lösen lassen.
Gesättigte Lösung: Viele Stoffe lösen sich nicht beliebig in einem Lösungsmittel, ihre Löslichkeit ist begrenzt. Eine Lösung, die keine weitere Substanz zu lösen vermag, wird gesättigte Lösung genannt.

5. Schmelztemperatur, Siedetemperatur

Stoffe besitzen eine charakteristische Schmelztemperatur und Siedetemperatur. Beim Erhitzen bleibt die Temperatur eines Stoffes so lange konstant, bis er vollständig geschmolzen oder verdampft ist.
Dabei nimmt der Stoff die **Schmelzwärme** bzw. die **Verdampfungswärme** auf.

6. Aggregatzustand und Teilchenmodell

Aggregatzustand	fest	flüssig	gasförmig
Ordnung der Teilchen	regelmäßige Anordnung	unregelmäßige Anordnung	völlig ungeordnet
Abstand zwischen den Teilchen	Teilchen berühren sich.	Teilchen berühren sich.	Abstand sehr groß
Teilchenbewegung	Teilchen schwingen auf ihren Plätzen.	Teilchen wechseln ihre Plätze.	sehr schnell, ständige Zusammenstöße
Anziehungskräfte zwischen den Teilchen	wirken sehr stark	wirken stark	sind nicht wirksam
Darstellung im Modell			

Sublimieren
Resublimieren
Schmelzen
Erstarren
Sieden
Kondensieren

3 Mischen und Trennen

Im Alltagsleben haben wir es nur selten mit reinen Stoffen zu tun. Meist liegen Stoffgemische vor. In vielen Fällen erkennt man sofort einzelne Bestandteile. Das Fruchtfleisch im Orangensaft oder die Gasbläschen in der Limonade sind nicht zu übersehen. Bei klarem Apfelsaft und bei der Milch fällt es dagegen nicht auf, dass es sich um Gemische handelt.

Wenn man Öl aus Oliven oder Farbstoffe und Duftstoffe aus Blüten gewinnen will, müssen die gewünschten Stoffe von den anderen Bestandteilen des Gemisches abgetrennt werden. Es hängt dann von der Art des Gemisches ab, welche Trennverfahren im Einzelfall angewendet werden müssen.

Beim Hausmüll ist eine Trennung einfach, da es sich um ein grobes Gemisch handelt. Schwieriger wird es, wenn die Bestandteile sehr fein verteilt sind oder wenn man sie in einem Gemisch gar nicht mehr erkennen kann.

3.1 Reinstoffe und Gemische

Die Chemiker teilen Stoffe in *Reinstoffe* und *Gemische* ein. Reinstoffe haben stets gleich bleibende Eigenschaften. Die Eigenschaften von Gemischen hängen dagegen davon ab, welche Stoffe darin enthalten sind und in welchem Verhältnis sie vorliegen.

In vielen Gemischen sind die einzelnen Bestandteile bereits mit dem bloßen Auge zu erkennen. Schwieriger wird es schon bei Brausepulver. Aus größerer Entfernung sieht es recht einheitlich aus. Erst wenn man es genau unter die Lupe nimmt, kann man verschiedene Arten von Kristallen unterscheiden. Mit etwas Geduld kann man sie durch Aussortieren trennen. Bei Milch reicht eine Lupe nicht mehr aus, um unterschiedliche Bestandteile zu erkennen. Erst mit einem Mikroskop sieht man kleine Fetttröpfchen in der Milch. Milch und Brausepulver sind Beispiele für **heterogene Gemische.**

Bei vielen Gemischen kann man die einzelnen Bestandteile selbst mit dem Mikroskop nicht mehr unterscheiden. Meerwasser sieht auch bei *stärkster* Vergrößerung völlig einheitlich aus. Die im Wasser gelösten Salze sind nicht zu erkennen. Das gilt auch für Gemische wie Weißgold, Traubensaft oder Luft. Solche einheitlichen Mischungen bezeichnet man als **homogene Gemische.**

Stoffe werden in Reinstoffe und Gemische eingeteilt. Bei den Gemischen unterscheidet man heterogene und homogene Gemische. In heterogenen Gemischen kann man die einzelnen Bestandteile erkennen. In homogenen Gemischen sieht man selbst mit einem Mikroskop keine einzelnen Bestandteile.

1 Nenne je drei Beispiele für homogene und für heterogene Gemische.
2 Woran erkennt man einen Reinstoff?
3 Welche Bestandteile enthält dein Haarshampoo, deine Limonade und deine Schokolade?
4 Welche Art von Gemisch liegt bei trübem Apfelsaft, Tee, Orangennektar, Braunglas, Granit, Sandstein und Schmuckgold vor?

Wie rein ist ein Reinstoff?

Exkurs

Die Zutatenliste auf der Verpackung von Speisesalz zeigt, dass es sich um ein Gemisch handelt. Meist sind dem Speisesalz Iodsalze und Fluorsalze sowie Trennmittel zugesetzt. Die Trennmittel verhindern das Verklumpen des Salzes. Der chemische Name für Speisesalz lautet Natriumchlorid. 1 kg kostet etwa 0,40 €.

Jodsalz
mit Fluor

Zutaten:
Siedesalz,
Kaliumfluorid 0,058 – 0,076 %,
Kaliumjodat 0,0025 – 0,0042 %.
Trennmittel E 535

Will man Natriumchlorid im Chemikalienhandel in reiner Form kaufen, erlebt man eine Überraschung: 1 kg *Natriumchlorid purum* kostet rund 8 € und das angeblich reine (lat. *purum:* rein) Natriumchlorid enthält viele verschiedene Verunreinigungen.

Natriumchlorid purum:	
Sulfat	< 0,01 %
Kalium	< 0,01 %
Kupfer	< 0,005 %
Calcium	< 0,005 %
Cadmium	< 0,005 %
Eisen	< 0,005 %
Blei	< 0,005 %
Cobalt	< 0,005 %
Nickel	< 0,005 %
Zink	< 0,005 %

Selbst die reinste Form, *Natriumchlorid purissimum* (lat. *purissimum:* am reinsten), mit einem Preis von rund 11 € enthält noch Spuren anderer Stoffe.
Es ist allgemein unmöglich, absolut reine Stoffe herzustellen. Sie enthalten immer kleinste Mengen an anderen Stoffen. Wenn man von einem Reinstoff spricht, meint man einen Stoff, der so rein ist, dass die Verunreinigungen die typischen Eigenschaften des Reinstoffs nicht verfälschen.

Natriumchlorid purissimum:	
Kalium	< 0,005 %
Bromid	< 0,005 %
Sulfat	< 0,001 %
Iodid	< 0,001 %
Calcium	< 0,001 %
Kupfer	< 0,0005 %
Chrom	< 0,0005 %
Cadmium	< 0,0005 %
Blei	< 0,0005 %
Cobalt	< 0,0005 %
Phosphat	< 0,0005 %
Barium	< 0,0005 %
Nickel	< 0,0005 %
Zink	< 0,0005 %
Magnesium	< 0,0005 %
Eisen	< 0,0001 %
Arsen	< 0,00001 %

1 Wie kannst du die Preisunterschiede für Natriumchlorid erklären?
2 Aus welchem Grunde konnte bei der Qualität „purissimum" eine größere Anzahl an Verunreinigungen angegeben werden?

3.2 Einteilung von Gemischen

Die unübersehbare Zahl der heterogenen und homogenen Gemische lässt sich in verschiedene Gruppen einteilen.

Heterogene Gemische. Uneinheitlich zusammengesetzte Gemische aus festen Stoffen werden als **Gemenge** bezeichnet. So ist Gartenerde ein Gemenge aus verschiedenen festen Bodenbestandteilen wie Sand, Ton und Humus.

Sind feste Stoffe in Wasser aufgeschlämmt, spricht man von einer **Suspension.** Größere und kleinere Partikel des Feststoffes sind dabei in einer Flüssigkeit verteilt. Suspensionen entmischen sich relativ schnell. Schüttelt man eine Flasche mit Orangensaft, so setzt sich das Fruchtfleisch nach kurzer Zeit wieder am Boden ab.

Wasser und Öl lassen sich nur sehr schlecht mischen. Zunächst schwimmt das Öl auf dem Wasser. Erst wenn man kräftig schüttelt, verteilt sich das Öl in feinen Tröpfchen gleichmäßig im Wasser. Es bildet sich eine **Emulsion.** Lässt man diese Emulsion eine Weile ruhig stehen, entmischen sich die Bestandteile wieder.
Milch ist eine über längere Zeit stabile Emulsion feiner Fetttröpfchen in Wasser. Sie enthält von Natur aus *Emulgatoren,* die eine Entmischung verhindern. Um auch andere Emulsionen wie Salben oder Cremes zu stabilisieren, setzt man bestimmte Stoffe als Emulgatoren zu.
Milch ist ein Beispiel für eine *Öl-in-Wasser-Emulsion.* Sind dagegen Wassertröpfchen im Öl verteilt, liegt eine *Wasser-in-Öl-Emulsion* vor. Ein Beispiel dafür ist wasserfestes Sonnenöl.

Unter **Rauch** versteht man ein Gemisch von Feststoffpartikeln und einem Gas. Beispiele für solche Gemische sind Dieselabgase mit feinen Rußpartikeln und Staubwolken in der Luft.
Sind feinste Flüssigkeitströpfchen in einem Gas verteilt, spricht man von einem **Nebel.** Im normalen Sprachgebrauch werden aber Rauch und Nebel nicht immer unterschieden. Oft sind auch gleichzeitig feste und flüssige Bestandteile in einem Gas fein verteilt. Fachleute sprechen dann von einem **Aerosol.** Ein Beispiel dafür ist der Zigarettenrauch: Neben festen Bestandteilen enthält er überwiegend Flüssigkeitströpfchen.

Ist ein gasförmiger Stoff in einer Flüssigkeit oder in einem Feststoff verteilt, spricht man von einem **Schaum.** Beispiele dafür sind Seifenschaum und Schaumstoffe.

Homogene Gemische. Aus verschiedenen Gasen bildet sich immer ein homogenes Gemisch. Das bekannteste **Gasgemisch** ist die Luft, in der neben Sauerstoff und Stickstoff noch viele andere Gase enthalten sind.

Gemische, die man durch das Zusammenschmelzen verschiedener Metalle erhält, bezeichnet man als **Legierungen.** Meist handelt es sich dabei um homogene Feststoffgemische. Zu den bekanntesten Legierungen gehören Schmuckgold, Messing und Bronze. Messing ist eine Kupfer/Zink-Legierung. Bronze enthält neben Kupfer noch Zinn. Quecksilberhaltige Legierungen bezeichnet man allgemein als *Amalgame.* Das als Zahnfüllung verwendete Amalgam enthält neben Quecksilber und Silber auch Kupfer und Zinn.

Alle anderen homogenen Gemische werden als **Lösungen** bezeichnet. Im Meerwasser sind feste Salze in Wasser gelöst und im Sprudel gasförmiges Kohlenstoffdioxid. Im Wein ist es flüssiger Alkohol. Gase können sich sogar in Feststoffen lösen. So lösen sich in dem Edelmetall Platin große Mengen an Wasserstoff-Gas und können auf diese Weise gespeichert werden.

Gemenge, Emulsionen, Suspensionen, Schäume und Aerosole sind Beispiele für heterogene Gemische. Gasgemische, Legierungen und Lösungen gehören zu den homogenen Gemischen.

1 **a)** Wie lassen sich Gemische einteilen?
b) Finde für jeden Gemischtyp ein Beispiel.
2 Wodurch unterscheiden sich Rauch, Nebel und Aerosol voneinander?
3 Wodurch unterscheidet sich ein Schaum von einem Nebel?
4 Ordne den folgenden Modellzeichnungen einen Gemischtyp zu:

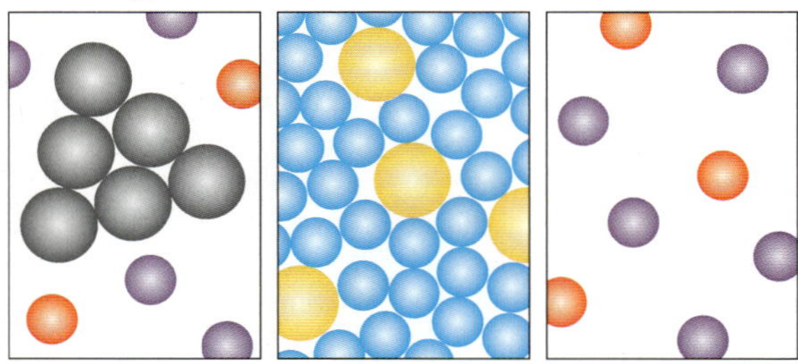

5 Zeichne eine Modellvorstellung für einen Schaumstoff.
6 Ordne den Beispielen den Gemischtyp zu: Wolken, Schwamm, Salatsauce, Majonäse, Haarspray, Champagner, Stahl, Bimsstein, Hautcreme, geschlagene Sahne, Waschpulver, Butter, Autoabgase.

Heterogene Gemische ...

Übersicht

Feststoff/Feststoff
Granit: ein Gemenge

Feststoff/Flüssigkeit
Orangensaft: eine Suspension

Feststoff/Gas
Grillfeuer: ein Rauch

Flüssigkeit/Flüssigkeit
Milch: eine Emulsion

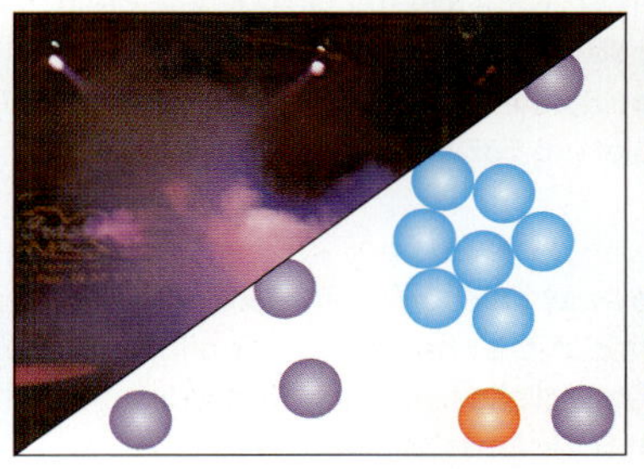

Flüssigkeit/Gas
Disco-Effekt: ein Nebel

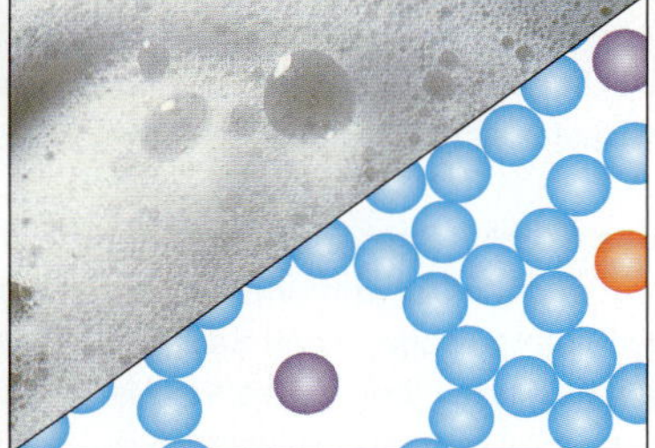

Gas/Flüssigkeit
Badeschaum: ein Schaum

... und homogene Gemische

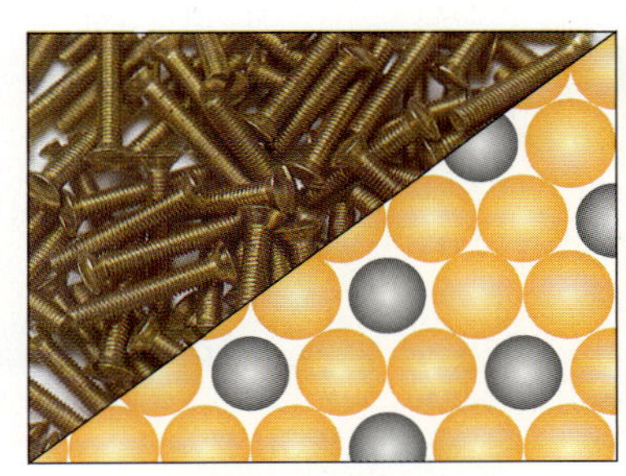

Feststoff/Feststoff
Messing: eine Legierung

Feststoff/Flüssigkeit
Zuckerwasser: eine Lösung

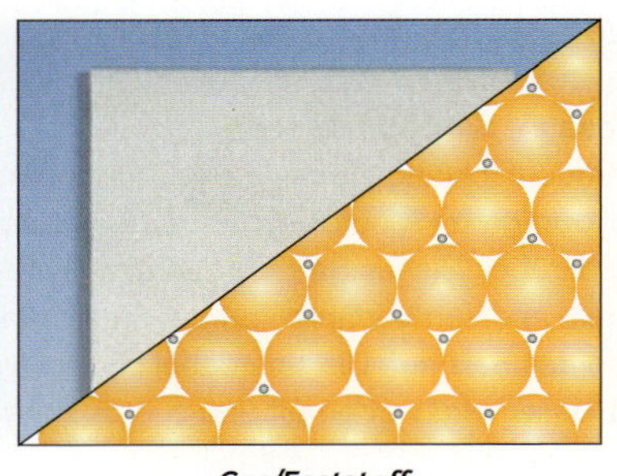

Gas/Feststoff
Wasserstoff/Platin: eine Lösung

Flüssigkeit/Flüssigkeit
Branntwein: eine Lösung

Gas/Flüssigkeit
Sprudel: eine Lösung

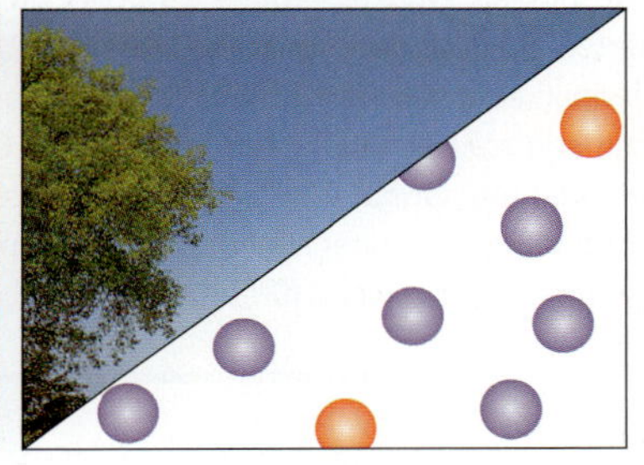

Gas/Gas
Luft: ein Gasgemisch

Vermischtes

Ergebnisse:

Es ist nicht alles Gold, was glänzt

Wenn man den Goldschmuck in den Auslagen eines Juweliergeschäftes betrachtet, fallen die unterschiedlichen Färbungen der Schmuckstücke auf. Die Farben hängen davon ab, welches Metall mit Gold zusammengeschmolzen ist.
Reines Gold hat nämlich Nachteile. Es ist besonders teuer und relativ weich. Es nutzt sich daher schnell ab und ist leicht verformbar. Aus Gold-Legierungen wie *Weißgold* und *Rotgold* lässt sich preiswerterer und besser haltbarer Schmuck herstellen. Weißgold ist eine Legierung aus Gold und Nickel oder Gold und Palladium. Rotgold enthält neben Gold hauptsächlich Kupfer.
Den Kunden, der Goldschmuck kauft, interessiert vor allem der Goldgehalt, denn dieser bestimmt weitgehend den Preis. Deshalb werden Gold-Legierungen mit einem Prägestempel gekennzeichnet, der den Goldanteil in Tausendstel angibt: 585 bedeutet also, dass in 1000 g dieser Legierung 585 g Gold enthalten sind.

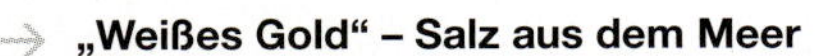

„Weißes Gold" – Salz aus dem Meer

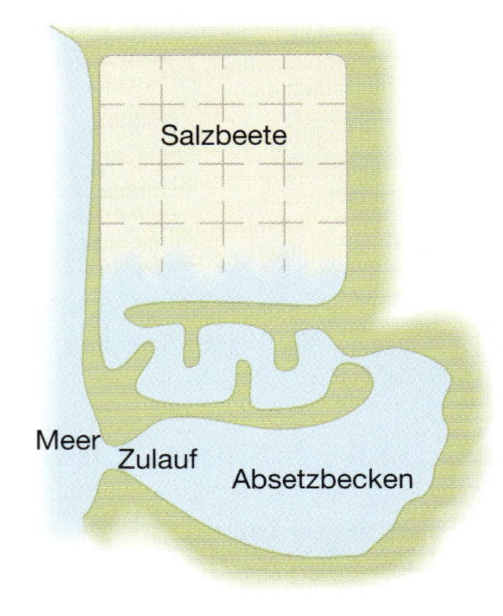

Salz war den Menschen früher fast so wertvoll wie Gold. Die Chinesen und die Azteken beteten sogar einen Salz-Gott an. Da sich Salz heute leicht und in großen Mengen gewinnen lässt, ist es für uns etwas Alltägliches. Fast ein Drittel des Salzes stammt aus dem Meer. Es „wächst" in Salzgärten.
An heißen und trockenen Küstenorten wird Meerwasser in ein System von Becken geleitet. Zunächst gelangt es in ein großes Absetzbecken und wird dort durch die Sonne erwärmt. Ein Teil des Wassers verdunstet, Sand und andere Verunreinigungen setzen sich ab. In den folgenden kleineren, flacheren Becken verdunstet so lange weiteres Wasser, bis eine gesättigte Salzlösung vorliegt. In den Salzbeeten, die nur etwa 2 cm tief sind, kristallisiert schließlich das Meersalz aus. Es wird vorsichtig zusammengeschoben und kann so geerntet werden.

Siedesalz – Salz aus Gestein

In Norddeutschland gibt es große Salzlagerstätten. Vor Millionen von Jahren trockneten dort ganze Meeresarme aus; zurück blieb Salz. Im Laufe der Zeit lagerte sich Sand darüber. Dieses Salz wird an einigen Stellen bergmännisch abgebaut.
In einem anderen Verfahren pumpt man einfach Wasser in die Salzlagerstätte und löst so das Salz auf. Die sich dabei bildende *Sole* leitet man in große Behälter. Das Wasser wird verdampft und zurück bleibt *Siedesalz.*

Smog – ein ungesundes Gemisch

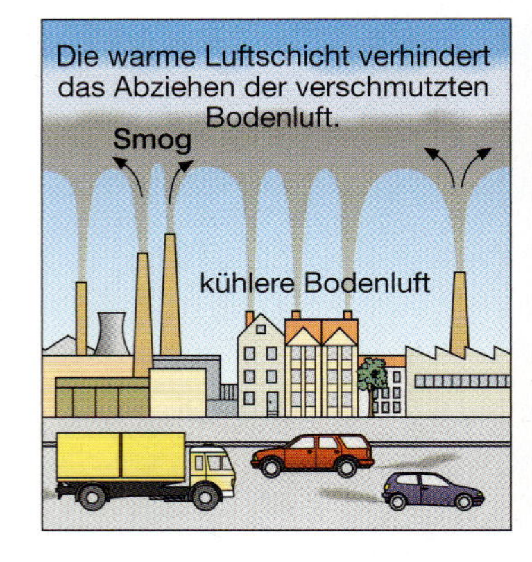

Die Luft in Ballungsgebieten bildet oft ein Gemisch mit Abgasen, Staubteilchen und Nebeltröpfchen. Normalerweise wird die Luft so rasch mit der Umgebung ausgetauscht, dass sich die Schadstoffe nicht zu sehr anreichern. An manchen Tagen liegt jedoch eine wärmere Luftschicht wie ein Deckel über der kälteren Bodenschicht, sodass kein Austausch möglich ist. Die Luft reichert sich stark mit Schadstoffen an, man spricht von Smog (engl. ***smoke:*** Rauch, ***fog:*** Nebel).
Smog kann vor allem bei älteren und kranken Menschen zu Beschwerden bei Atemwegen und Kreislauf führen.

Aufgaben

1 Wie viel Gramm Gold enthält eine 50 g schwere Brosche mit der Einprägung 750?

2 Lohnt es sich, einen Ring aus 585er Gold gegen ein doppelt so schweres Schmuckstück aus 333er Gold zu tauschen?

3 Suche im Atlas Orte, an denen Meersalz gewonnen wird.

4 Was bedeutet die Bezeichnung Siedesalz?

5 **a)** Welche Bedingungen führen zur Bildung von Smog?
b) Welche Maßnahmen müssen daher bei Smog-Alarm ergriffen werden? Besorge dir Informationsmaterial.

Trinkwasser aus dem Meer

Exkurs

In vielen Küstenregionen herrscht Mangel an Trinkwasser, obwohl es in den angrenzenden Meeren ausreichend Wasser gibt. Meerwasser ist jedoch wegen seines Salzgehaltes von etwa 3 % als Trinkwasser und zur Bewässerung unbrauchbar. Auch die Industrie kann Meerwasser nicht verwenden, da Rohre durch Salzwasser schnell rosten. Es wurden deshalb verschiedene Verfahren entwickelt, um Meerwasser zu entsalzen.

Verdunstungsverfahren. Das einfachste und preisgünstigste Verfahren, Meerwasser zu entsalzen, nutzt die Energie der Sonne aus. Dazu leitet man Meerwasser in große, mit schwarzer Folie ausgelegte Becken, die mit Glasscheiben überdacht sind.
Durch die Wärme verdunstet das Wasser allmählich. Es kondensiert dann an den kühleren Glasscheiben und wird als salzfreies Wasser aufgefangen.
Auf diese Weise können am Tag pro Quadratmeter nur etwa fünf Liter Trinkwasser gewonnen werden. Um größere Mengen Trinkwasser zu gewinnen, benötigt man neben ausreichend Sonnenschein daher ausgedehnte Flächen für solche Anlagen.

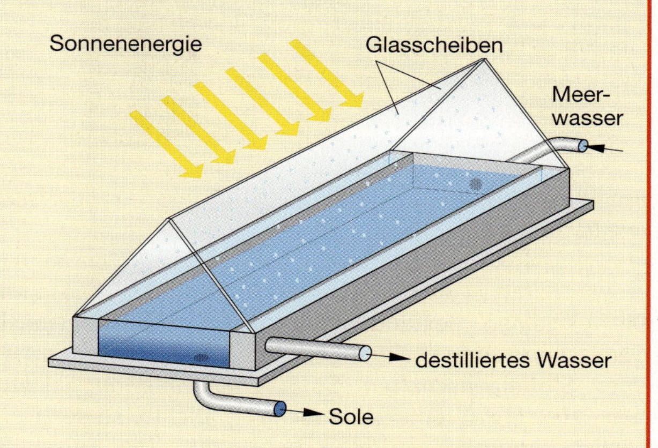

Destillationsverfahren. Um große Mengen Wasser zu entsalzen, wird Meerwasser in Kesseln zum Sieden erhitzt. Man erzeugt dazu mit Ölbrennern oder Gasbrennern Wasserdampf mit einer Temperatur von etwa 120 °C. Der heiße Wasserdampf wird durch ein System von mehreren hintereinander geschalteten Kesseln geleitet. Damit die so zugeführte Wärme ausreicht, das Wasser auch im zweiten und dritten Kessel zum Sieden zu bringen, greift man zu einem verfahrenstechnischen Trick: Man erzeugt einen Unterdruck in den Kesseln. Unter diesen Bedingungen siedet das Wasser bereits bei einer Temperatur unterhalb von 100 °C. Das Kondensat fängt man als Trinkwasser auf.

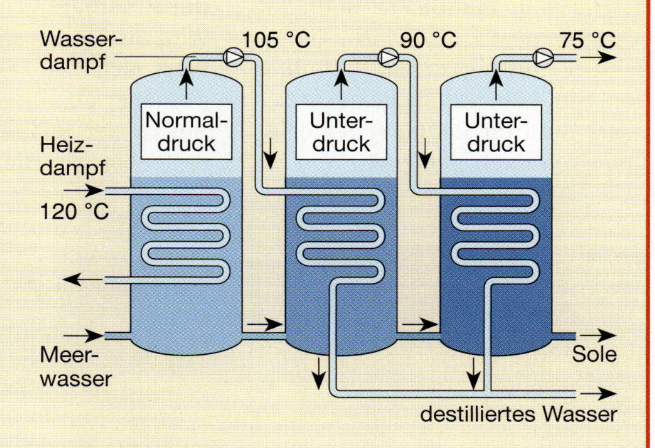

Membranverfahren. Bei dem modernsten Verfahren zur Trinkwassergewinnung wird Meerwasser unter hohem Druck durch dünne Kunststofffolien mit sehr feinen Poren gepresst. Diese Membranen sind für die Salz-Teilchen undurchlässig, nur die Wasser-Teilchen können durch die Poren hindurchtreten. Die Höhe des notwendigen Druckes hängt vom Salzgehalt des Wassers ab. Deshalb eignen sich diese Anlagen vor allem zur Entsalzung von salzarmem Brackwasser.
Das Membranverfahren hat einen wichtigen Vorteil: Man kann auch kleine transportable Anlagen bauen.

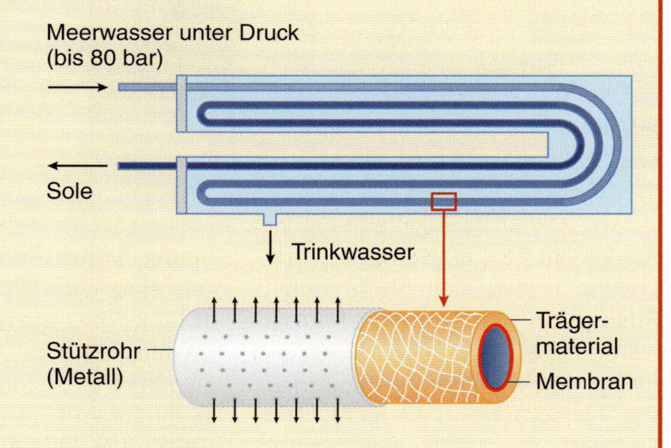

1 Stelle die Vor- und Nachteile der drei Methoden zur Trinkwassergewinnung aus dem Meer zusammen.
2 Warum wird beim Destillationsverfahren mit Unterdruck, beim Membranverfahren mit Überdruck gearbeitet?

3.3 Trennverfahren

Sedimentieren und Dekantieren

Die einzelnen Bestandteile von Gemischen unterscheiden sich in ihren Stoffeigenschaften. So haben sie etwa unterschiedliche Löslichkeiten oder sie unterscheiden sich in der Dichte oder der Siedetemperatur. Diese Unterschiede nutzt man zur Trennung von Stoffgemischen. Je nach Gemisch sind zur Trennung verschiedene Verfahren geeignet.

Eine Suspension lässt sich durch **Sedimentation** trennen.
Besitzt der Feststoff eine größere Dichte, so setzt er sich am Boden ab. Die Flüssigkeit kann dann **dekantiert** (abgegossen) werden. Wird die Suspension **zentrifugiert,** setzt sich der Feststoff sehr viel schneller ab.
Besitzt der Feststoff eine geringere Dichte als die Flüssigkeit, so schwimmt er an der Flüssigkeitsoberfläche und kann mit einem Sieb abgeschöpft werden. In der Technik wählt man deshalb die Dichte der Flüssigkeit häufig so, dass ein Teil der Feststoffe aufschwimmt und sich ein Teil absetzt. Dieses *Schwimm/Sink-Verfahren* wird zum Beispiel zur Trennung von Kunststoffabfällen verwendet.

Adsorbieren und Filtrieren

Aus einem Gasgemisch oder einer Lösung lassen sich Stoffe durch **Adsorption** abtrennen. Hierbei werden die Teilchen an die Oberfläche eines Feststoffs gebunden (lat. *adsorbere:* ansaugen). Der Feststoff muss dazu eine besonders große Oberfläche mit vielen kleinen Poren besitzen, in die sich andere Stoffe hineinsetzen können. So hat Aktivkohle, ein häufig benutztes *Adsorptionsmittel*, eine Oberfläche von bis zu 1000 m^2 pro Gramm.
Gasmasken, Kohletabletten gegen Durchfall und Filter von Dunstabzugshauben sind Beispiele für die Anwendung der Adsorption.

Um aus einer Suspension Feststoffe abzutrennen, wendet man häufig die **Filtration** an. Die Feststoffe werden im Filter zurückgehalten (Filterrückstand), die Flüssigkeit läuft als *Filtrat* durch den Filter. Um die Feststoffe vollständig zurückzuhalten, müssen die Poren des Filters kleiner sein als der Durchmesser der Feststoffpartikel. Als Filtermaterialien werden Papier, poröses Glas, poröse Keramik oder Kunststofffolien mit feinen Poren verwendet.

Eindampfen

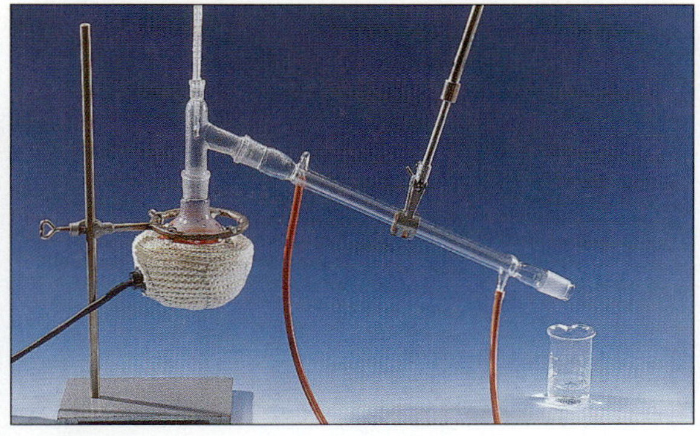

Destillieren

Meerwasser enthält in einem Liter etwa 35 g Salz. Um den gelösten Stoff zu gewinnen, lässt man das Wasser verdampfen. Das Salz bleibt dann als *Rückstand* zurück. Dieses Verfahren nennt man **Eindampfen.** Die Trennung beruht darauf, dass Wasser bei einer niedrigeren Temperatur verdampft als der gelöste Stoff.

Möchte man die Flüssigkeiten zurückgewinnen, setzt man einen Kühler auf das Siedegefäß. Durch den Kühler fließt Wasser im Gegenstrom und kühlt den Dampf ab. Im Kühler kondensiert der Dampf und tropft als *Destillat* in ein Gefäß. Dieses Trennverfahren wird als **Destillation** bezeichnet. Man benutzt es zur Trennung von Lösungen, die aus mehreren Flüssigkeiten bestehen. Zuerst verdampft die niedriger siedende Flüssigkeit, mit steigender Temperatur dann in zunehmendem Maße auch die Flüssigkeit mit der höheren Siedetemperatur. Nach ihrer Kondensation können die Flüssigkeiten auf diese Weise nacheinander aufgefangen werden.

Extrahieren und Chromatografieren

Die Bestandteile eines Gemisches lösen sich oft unterschiedlich gut in einem Lösungsmittel. Dadurch kann man gezielt Stoffe aus einem Gemisch herauslösen. Dieses Verfahren bezeichnet man als **Extraktion** (lat. *extrahere:* herausziehen). So werden zum Beispiel die Aromastoffe beim Aufbrühen von Kaffee durch heißes Wasser aus dem Kaffeepulver herausgelöst.

Will man einen Stoff aus einer Lösung extrahieren, benutzt man als Extraktionsmittel ein zweites Lösungsmittel, das sich nicht mit dem ersten mischt. Zur Extraktion schüttelt man die beiden Flüssigkeiten in einem Scheidetrichter. Dann lässt man die untere Flüssigkeit vorsichtig ablaufen.

Mit dem Trennverfahren der **Chromatografie** lassen sich auch kleinste Mengen ähnlicher Stoffe trennen. Dazu gibt man einen kleinen Tropfen des Stoffgemischs auf einen Streifen aus saugfähigem Papier. Dann taucht man den Streifen mit dem unteren Ende in ein Lösungsmittel. Das Lösungsmittel steigt in dem Papierstreifen hoch und nimmt die einzelnen Bestandteile des Gemischs unterschiedlich weit mit.

Die Auftrennung hängt davon ab, wie stark das Papier den Reinstoff adsorbiert und wie gut sich der Feststoff in dem Lösungsmittel löst. Schwach adsorbierte Stoffe, die sich gut lösen, wandern weit nach oben.

Praktikum

Trennung von Gemischen

V1: Woraus besteht Schokolade?

   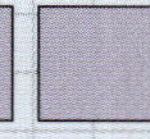  

Materialien: Waage, Messer, Messzylinder, Heizplatte, Erlenmeyerkolben (100 ml), 3 Bechergläser (100 ml), Glasstab, Wasserbad, Thermometer, Becherglas (150 ml), Trichter, Faltenfilter;
Schokolade, Aceton (F, Xi).

Durchführung:

1. Wiege 10 g zerkleinerte Schokolade ab.
2. *Fettanteil:* Gib 30 ml Aceton in den Erlenmeyerkolben, füge die Schokolade zu und löse sie unter Rühren. Erwärme dabei im Wasserbad.
3. Wiege ein leeres Becherglas. Filtriere die Schokoladenlösung in das Becherglas. Spüle den Erlenmeyerkolben mit 20 ml warmem Aceton aus und filtriere diese Lösung ebenfalls in das Becherglas. Stelle das Becherglas bis zur nächsten Stunde in den Abzug.
4. Wiege das Becherglas mit dem Rückstand, wenn das Aceton vollständig verdunstet ist.
5. *Zuckeranteil:* Bohre in die Spitze des Faltenfilters aus Arbeitsschritt 3 ein Loch. Erwärme 80 ml Wasser auf 60 °C und spüle den Filterrückstand in ein Becherglas.
6. Wiege ein leeres Becherglas. Rühre das Gemisch fünf Minuten und filtriere es in das Becherglas. Dampfe die Lösung vorsichtig ein und wiege das Becherglas danach erneut. Stelle beim Eindampfen einen Glasstab in die Lösung.
7. *Filterrückstand:* Trockne den Faltenfilter mit dem Filterrückstand aus Arbeitsschritt 6 und bestimme seine Masse. Wiege einen unbenutzten Faltenfilter und bilde die Differenz.

Aufgaben:

a) Notiere Messwerte und Versuchsbeobachtungen.
b) Berechne den Fettanteil und den Zuckeranteil in der Schokolade in Gramm.
c) Berechne die Massenanteile an Fett und Zucker in Prozent.
d) Welche Eigenschaften haben die Stoffe des Filterrückstandes?

Experimentelle Hausaufgabe: Schokolade – selbstgemacht

Materialien: Rührschüssel, Löffel, Waage, Stövchen, Kochtopf, Backpapier;
Kakaopulver, Puderzucker, Kokosfett (gehärtet), Kakaobutter (ersatzweise weiteres Kokosfett), Nüsse, Krokant oder Rosinen.

Durchführung:

1. Mische 50 g Kakao und 100 g Puderzucker in der Rührschüssel und füge etwas Wasser hinzu, bis ein zäher Brei entsteht.
2. Schmilz 50 g Kokosfett und 5 g Kakaobutter in dem Kochtopf über dem Stövchen.
3. Verrühre das geschmolzene Fett mit dem Inhalt der Rührschüssel, streiche die Masse auf Backpapier und lasse sie erstarren.
4. *Verfeinerung:* Rühre Nüsse, Krokant oder Rosinen unter die Schokoladenmasse.

V2: Vom Steinsalz zum Kochsalz

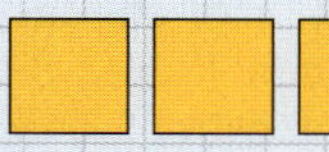   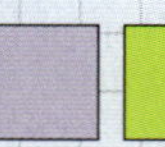  

Materialien: Waage, Plastikschale, Tuch, Hammer, Mörser, Pistill, Abdampfschale, Petrischale, Messzylinder (100 ml), Trichter, Faltenfilter, 2 Erlenmeyerkolben (100 ml) mit Stopfen, Tropfpipette, Gasbrenner;
Steinsalz.

Durchführung:

1. Wiege etwa 25 g Steinsalzstücke in der Plastikschale ab. Wickle die Stücke in das Tuch und zerkleinere sie in der Schale, indem du vorsichtig mit dem Hammer auf das Tuch schlägst.
2. Gib das zerkleinerte Salz in den Mörser und zerreibe es zu einem feinen Pulver.
3. Wiege auf einem Stück Papier 20 g Steinsalzpulver ab. Gib das Pulver in einen Erlenmeyerkolben mit 50 ml Wasser. Setze den Stopfen auf und löse durch Schütteln möglichst viel von dem Steinsalzpulver.
4. Stelle den Trichter in den zweiten Erlenmeyerkolben und lege den Faltenfilter ein. Filtriere nun die überstehende Flüssigkeit aus dem ersten Erlenmeyerkolben in den zweiten Erlenmeyerkolben.
5. Gib etwa 5 ml des Filtrats in die Petrischale und lass sie bis zur nächsten Chemiestunde offen stehen.
6. Dampfe den Rest des Filtrats in der Abdampfschale ein. Stelle gegen Ende des Eindampfens den Glastrichter umgestülpt in die Abdampfschale.

Aufgaben:

a) Notiere deine Beobachtungen.
b) Welche Eigenschaften der einzelnen Bestandteile wurden zur Trennung des Gemisches ausgenutzt?
c) Wie kann man die Anteile der einzelnen Bestandteile bestimmen?
d) Nenne Eigenschaften des gewonnenen Kochsalzes.

V3: Wir untersuchen ein Cola-Getränk

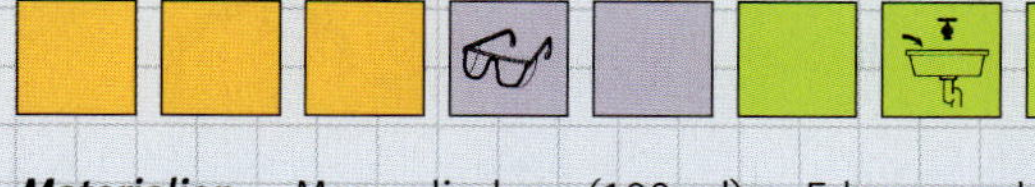

Materialien: Messzylinder (100 ml), Erlenmeyerkolben (200 ml), durchbohrter Stopfen mit gebogenem Glasrohr, Schlauch, Trichter, Heizplatte, Spatel, Glasstab, Faltenfilter, Waage, Abdampfschale;
Cola-Getränk, Kalkwasser, Aktivkohle.

Durchführung:
1. Gib 50 ml Cola-Getränk in den Erlenmeyerkolben und setze den Stopfen mit Glasrohr und Schlauch auf.
2. Erwärme die Lösung auf der Heizplatte und leite das entstehende Gas in ein Reagenzglas, das zur Hälfte mit Kalkwasser gefüllt ist.
3. Nimm nach einer Minute den Stopfen ab und erhitze die Lösung fünf Minuten lang zum Sieden.
4. Gib einen Spatel Aktivkohle in den Erlenmeyerkolben, rühre das Gemisch während des Abkühlens mit einem Glasstab.
5. Wiege eine Abdampfschale und filtriere die Suspension in diese Schale. Dampfe das Filtrat langsam und vorsichtig ein.
6. Wiege die Abdampfschale nach dem Abkühlen des Rückstandes.
7. *Zusatzversuch:* Bestimme die Dichte des Cola-Getränks.

Aufgaben:

a) Notiere deine Beobachtungen.

b) Wozu dient Arbeitsschritt 3?

c) Berechne den Feststoffanteil in dem Cola-Getränk.

d) Erläutere das Trennverfahren in Arbeitsschritt 4.

e) Ermittle mit Hilfe der Grafik den Zuckergehalt in dem Cola-Getränk.
Vergleiche mit dem Ergebnis von Aufgabe c).

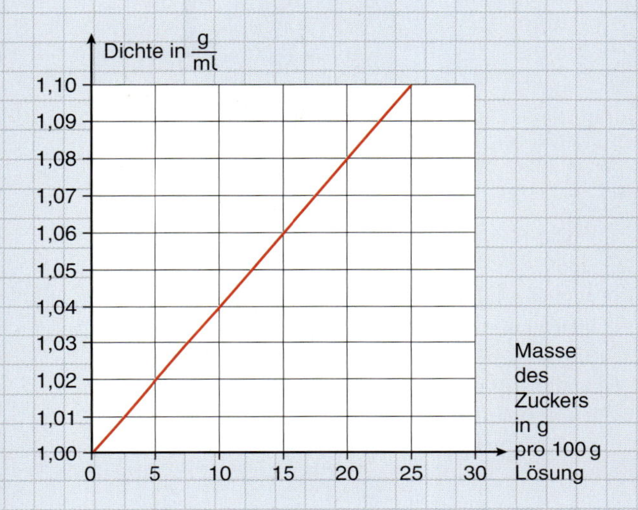

V4: Chromatografie von Lebensmittelfarben

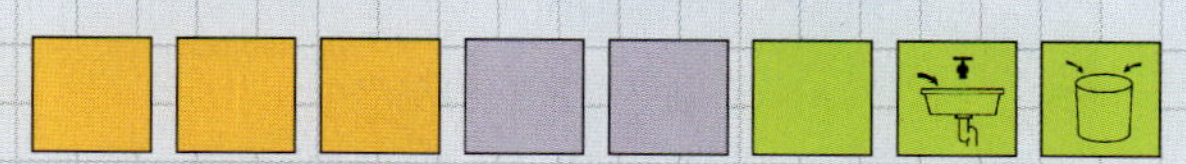

Materialien: Becherglas (100 ml), Becherglas (400 ml), Holzstäbchen, Kapillarröhrchen, Chromatografie-Papier (5 cm × 10 cm), Föhn, Tropfpipette, Messzylinder;
Schoko-Dragees gleicher Farbe (braun oder grün).

Durchführung:
1. Gib zwei Schoko-Dragees gleicher Farbe in ein Reagenzglas mit 1,5 ml Wasser und schüttle vorsichtig, bis sich der Farbstoffüberzug gelöst hat.
2. Dekantiere die Farbstoff-Lösung in ein zweites Reagenzglas.
3. Tauche das Kapillarröhrchen in die Farbstoff-Lösung und tupfe 2 cm vom unteren Rand einen Farbstofffleck auf das Chromatografie-Papier. Trockne den Fleck mit einem Föhn. Wiederhole das Auftragen der Probe noch dreimal.
4. Gib 10 ml Wasser in das Becherglas und hänge Chromatografie-Papier so über ein Holzstäbchen, dass das Ende des Streifens in das Wasser taucht.
5. Stülpe das große Becherglas über die Versuchsanordnung.

Aufgabe: Notiere deine Beobachtungen.

V5: Chromatografie von Filzstiftfarben

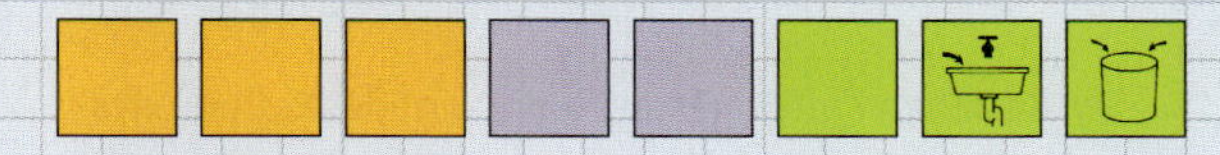

Materialien: Filtrierpapier oder Chromatografie-Papier (rund), Petrischale, Filzstifte.

Durchführung:
1. Stoße mit einem Bleistift ein Loch in die Mitte des Rundfilters und tupfe mit verschiedenen Filzstiftfarben Punkte rund um das Loch.
2. Rolle ein Stück Filtrierpapier und stecke es als Docht durch das Loch des Rundfilters.
3. Fülle die Petrischale zur Hälfte mit Wasser und lege die Papierscheibe so auf die Petrischale, dass der Docht in das Wasser eintaucht.

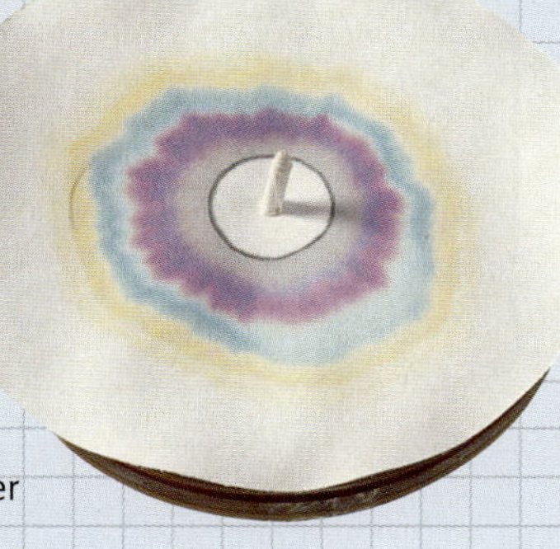

Aufgabe: Notiere deine Beobachtungen.

Exkurs

Kaffeeherstellung – ein technisches Trennverfahren

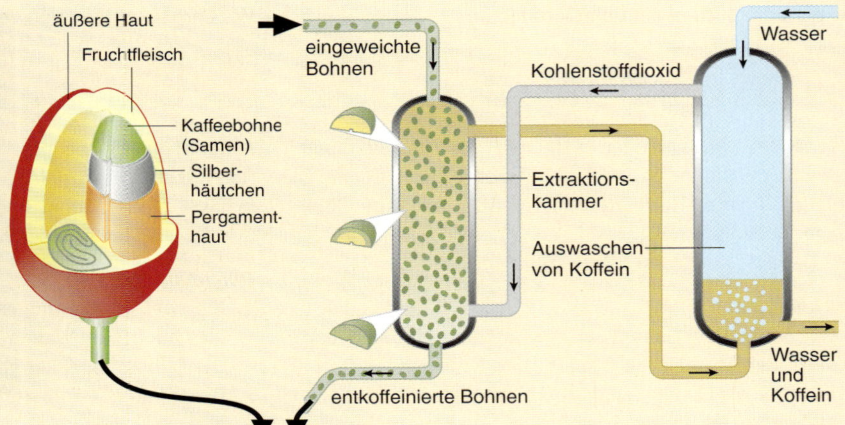

RÖSTEN

MAHLEN

Die Hauptanbaugebiete der Kaffeepflanze liegen in Südamerika und Indonesien. Nach der Ernte werden Haut und Fruchtfleisch der Kaffeefrüchte entfernt. Die Kaffeekirschen werden in der Sonne getrocknet und dann geschält. Der so hergestellte *Rohkaffee* wird nun in die Verbraucherländer verschifft und dort geröstet. Bei 200 °C bis 250 °C dauert das Rösten etwa zehn Minuten. Dabei färben sich die Bohnen dunkelbraun und das typische Aroma des Kaffees entfaltet sich.

Bei der Herstellung von **magenschonendem Kaffee** wird den noch grünen Bohnen ein Teil der magenreizenden Stoffe mit einem Lösungsmittel und mit heißem Wasserdampf entzogen.

Viele Menschen vertragen nur **koffeinfreien Kaffee.** Um den Kaffee zu entkoffeinieren wird das Koffein aus dem Rohkaffee herausgelöst. Die neueste Technik wendet Kohlenstoffdioxid als Extraktionsmittel an. Unter hohem Druck löst flüssiges Kohlenstoffdioxid Koffein heraus, ohne die Aromastoffe zu entfernen. Das gelöste Koffein wird mit Wasser aus dem Kohlenstoffdioxid ausgewaschen.

In einem anderen Verfahren werden die Bohnen mit heißem Wasser extrahiert. Wasser als Lösungsmittel ist zwar preiswerter, bei der hohen Temperatur gehen aber Aromastoffe verloren.

Das anfallende Koffein lässt sich zur Herstellung von Erfrischungsgetränken und Arzneimitteln nutzen.

Um **löslichen Kaffee** herzustellen, wird der Kaffee-Extrakt unter Druck mit 180 °C heißem Wasser aus den gerösteten und zerkleinerten Bohnen herausgelöst. Diese Lösung wird zunächst auf die Hälfte eingeengt. Das restliche Wasser wird schonend entfernt: Bei der *Sprühtrocknung* rieselt der Kaffee-Extrakt von oben in Trockentürme. Von unten wird Heißluft eingeblasen. Die *Gefriertrocknung* ist noch schonender. Der Kaffee-Extrakt wird eingefroren. Unter vermindertem Druck sublimiert das gefrorene Wasser und schlägt sich an kälteren Teilen der Apparatur als Raureif nieder. Zurück bleibt löslicher Kaffee.

Gewinnung von löslichem Kaffee:

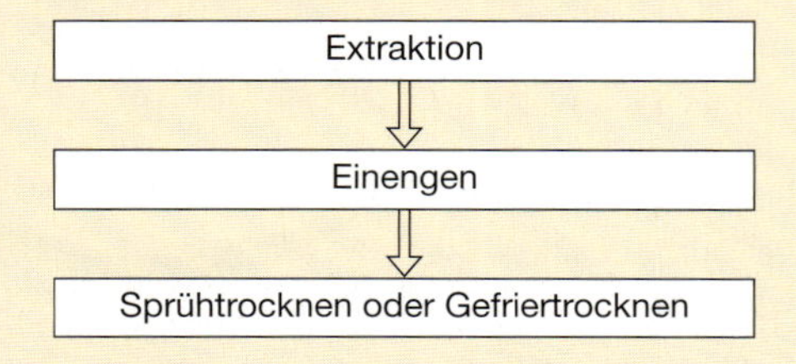

1 Welche Trennvorgänge laufen beim Kaffeekochen ab?

2 Wodurch unterscheiden sich Schonkaffee und koffeinfreier Kaffee?

3 Warum bleiben die Aromastoffe beim Gefriertrocknen besser erhalten als beim Sprühtrocknen?

4 Erläutere die Aussage: „Unter vermindertem Druck sublimiert das gefrorene Wasser."

Chemie-Recherche

Location: http://www.schroedel.de/chemie_heute.html

Suche:

Trennverfahren in der Technik

Ergebnisse:

Gewinnung von Speiseöl

Speiseöl wird aus Sonnenblumenkernen, Oliven, Nüssen, Soja, Raps und anderen Pflanzen gewonnen. Das Pflanzenmaterial wird dazu zerquetscht und gepresst. Das *kaltgepresste* Öl enthält hohe Anteile an Aromastoffen und Vitaminen. Aber fast ein Drittel des Pflanzenöls bleibt in dem Fruchtbrei zurück. Man kann die Öl-Ausbeute erhöhen, wenn das Pflanzenmaterial beim Pressen erwärmt wird. Noch mehr Öl lässt sich durch Extraktion mit einem fettlösenden Lösungsmittel herausholen. Das extrahierte Öl muss dann jedoch sehr sorgfältig vom Lösungsmittel befreit werden.

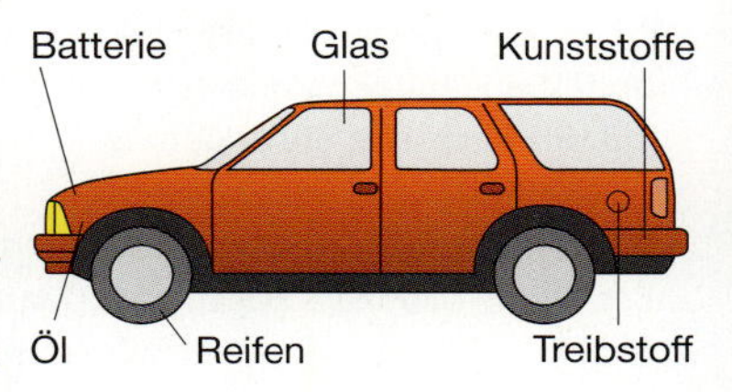

Lebensretter künstliche Niere

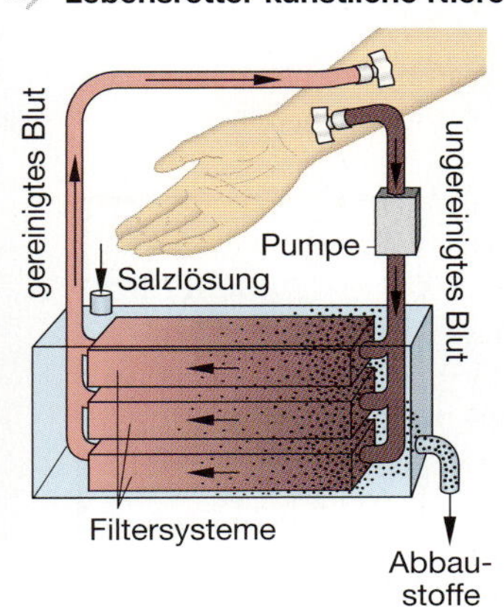

Die Nieren filtern die Endprodukte des Stoffwechsels aus dem Blut heraus. Menschen, deren Nieren nicht mehr funktionieren, können daher nur überleben, wenn sie ihr Blut regelmäßig reinigen lassen. Dazu müssen sie alle drei Tage für vier bis acht Stunden an ein Dialyse-Gerät angeschlossen werden.
Aus einer Arterie wird das Blut des Patienten in diese *künstliche Niere* geleitet. Dort fließt es durch hauchdünne Schläuche mit sehr feinen Poren. Durch die Poren können die Teilchen der Abfallstoffe nach außen hindurch treten, nicht aber die normalen Bestandteile des Bluts. Außerhalb der Schläuche werden die Abfallstoffe weggespült. Das gereinigte Blut wird in den Blutkreislauf des Patienten zurückgeführt.

Auto-Recycling

Millionen von Autos werden jährlich verschrottet. Voraussetzung für eine Wiederverwertung ist dabei die Trennung der einzelnen Bestandteile.
Zunächst baut man bestimmte Teile aus. Anschließend zerkleinert ein Schredder die Karosserie. Leichtmüll aus Kunststoff, Gummi und Textilien wird durch ein Gebläse abgetrennt und deponiert. Ein Magnet entfernt sodann die eisenhaltigen Teile. Sie werden in Stahlwerken wieder eingeschmolzen. Der Rest wird in ein Wasserbecken transportiert. Kunststoffe und Gummi mit einer geringeren Dichte als Wasser schwimmen auf und können abgeschöpft werden. Die Metallteile gelangen in eine hochkonzentrierte Salzlösung, in der Aluminium aufschwimmt. Kupferhaltige und zinkhaltige Restmetalle setzen sich ab. Im Schmelzofen wird das Zink herausgeschmolzen.
Ein Problem bei der Wiederverwertung ist der hohe Kunststoffanteil der Autos, der zurzeit noch deponiert werden muss. Um das Recycling zu verbessern, müssen zukünftige Autos mehr sortenreine Kunststoffteile enthalten, die vor dem Zerkleinern leicht abmontiert werden können.

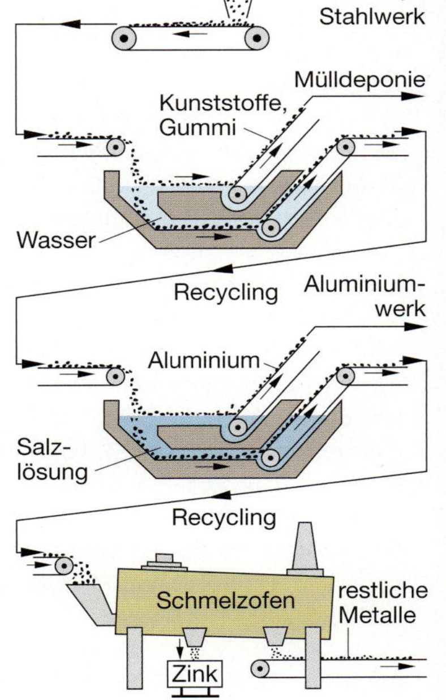

Aufgaben

1 Was versteht man unter kalt gepresstem Olivenöl? Weshalb ist es wertvoller als Öl, das beim Pressen erwärmt wird?

2 Welches Trennverfahren wird bei der künstlichen Niere angewendet?

3 **a)** Benenne alle Trennverfahren, die beim Auto-Recycling eine Rolle spielen.
b) Welche Dichte muss eine Salzlösung mindestens haben, damit sich Aluminium von anderen Metallen trennen lässt?

Prüfe dein Wissen

Quiz

A1 a) Erkläre die Begriffe des Fensters.
b) Notiere auf der Vorderseite von Karteikarten den Begriff, auf der Rückseite die Erklärung.

A2 Welche der folgenden Stoffe sind Gemische: Edelstahl, Diamant, Backpulver, Marmelade, Kaffeepulver, Aluminium, Leitungswasser, Mineralwasser, Benzin, Kupfer?

A3 Nenne je zwei Beispiele für eine Suspension, eine Emulsion, eine Legierung und eine Lösung.

A4 a) Ordne folgende Gemische einem Gemischtyp zu: Beton, Body-Lotion, Apfelsaft, Sekt, Tinte, Ketchup, Styropor, Hausmüll, Schlagsahne.
b) Zeichne für jedes der Gemische ein Teilchenmodell.

A5 Gib geeignete Trennmethoden an:
a) Kohlepulver/Kochsalz-Gemisch
b) Wasser/Alkohol/Farbstoff-Gemisch
c) Sand/Salz/Eisenspäne/Wasser-Gemisch.

Know-how

A6 *Experimentelle Hausaufgabe:*
a) Gib jeweils einen Teelöffel der folgenden Stoffe in ein Glas mit Wasser und rühre um: Zucker, Mehl, Öl, Essig, Grieß.
b) Welche Beobachtungen machst du? Gib für alle Gemische den Gemischtyp an.

A7 Wie kannst du ein Gemisch aus folgenden Kunststoffen und Gummi durch das Schwimm/Sink-Verfahren trennen? Polypropylen ($\varrho = 0{,}91\,\frac{g}{cm^3}$), Polyethylen ($\varrho = 0{,}95\,\frac{g}{cm^3}$), Polystyrol ($\varrho = 1{,}05\,\frac{g}{cm^3}$), Gummi ($\varrho = 1{,}23\,\frac{g}{cm^3}$), Polyvinylchlorid ($\varrho = 1{,}30\,\frac{g}{cm^3}$).
Als Flüssigkeiten stehen Wasser ($\varrho = 1{,}0\,\frac{g}{cm^3}$), Kochsalz-Lösung ($\varrho = 1{,}2\,\frac{g}{cm^3}$) und Fixiersalz-Lösung ($\varrho = 1{,}28\,\frac{g}{cm^3}$) zur Verfügung.

A8 Wasser ist durch Tinte blau gefärbt. Durch welche Verfahren könnte man den Farbstoff vom Wasser trennen? Gib die Vorteile und Nachteile der Verfahren an.

A9 a) Bildet fein verteilter Schwefel in Wasser eine Suspension oder eine Emulsion?
b) Wie kann man das Gemisch trennen?

A10 Wie kann die Luft in ihre einzelnen Bestandteile zerlegt werden?

Natur – Mensch – Technik

A11 Warum ist es unwirtschaftlich, Meersalz aus Nordseewasser in Salzgärten zu gewinnen?

A12 Warum macht es einen geschmacklichen Unterschied, ob du den Tee drei bzw. fünf Minuten ziehen lässt?

A13 Manche Flüsse führen im Sand und Schlamm kleine Goldkörnchen mit sich.
Beschreibe das Verfahren des Goldwaschens. Welche Eigenschaft wird zum Trennen genutzt?

A14 a) Warum müssen Autowaschanlagen mit Ölabscheidern ausgerüstet sein?
b) Erkläre das Trennprinzip.

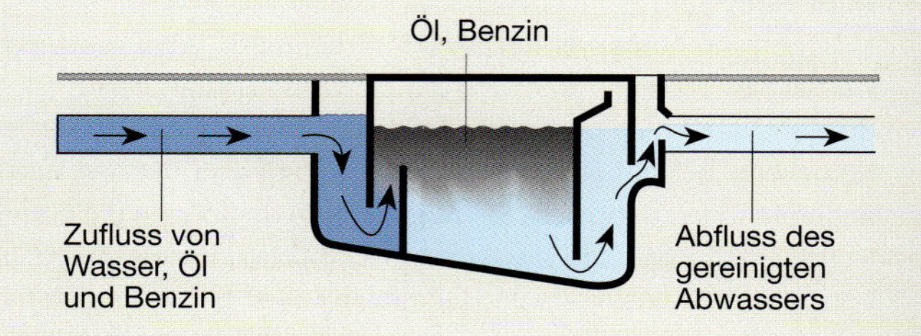

A15 Um mehrere Kunststoffsorten zu trennen, werden die Kunststoffe gemahlen und mit Wasser in einem Hydrozyklon umhergewirbelt. Beschreibe das Wirkungsprinzip eines Hydrozyklons.

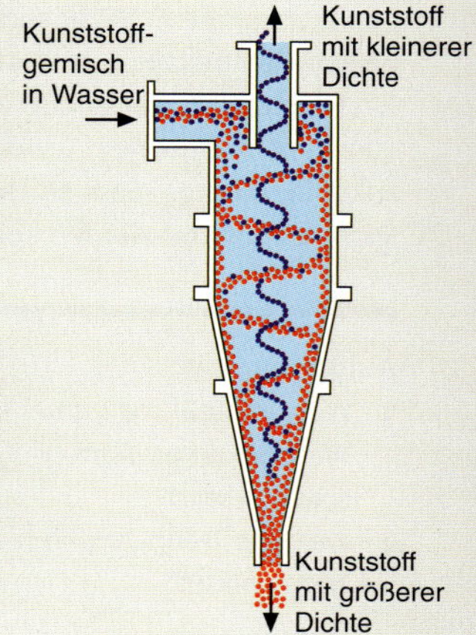

A16 Manche Medikamente muss man vor Gebrauch schütteln. Zu welchem Gemischtyp gehören sie? Was geschieht, wenn man sie längere Zeit stehen lässt?

Mischen und Trennen

Basiswissen

1. Reinstoffe und Gemische

Ein Reinstoff hat charakteristische Eigenschaften und ist einheitlich aufgebaut. Stoffgemische bestehen aus mehreren Reinstoffen. Ihre Eigenschaften hängen vom Mischungsverhältnis ab.

heterogene Gemische
Die Bestandteile sind erkennbar.

homogene Gemische
Die Bestandteile sind selbst mit dem stärksten Mikroskop nicht erkennbar.

Aggregatzustand der Bestandteile		Bezeichnung
fest	fest	Gemenge
fest	flüssig	Suspension
fest	gasförmig	Rauch, Schaum
flüssig	flüssig	Emulsion
flüssig	gasförmig	Nebel, Schaum

Aggregatzustand der Bestandteile		Bezeichnung
fest	fest	Legierung
fest	flüssig	Lösung
flüssig	flüssig	Lösung
gasförmig	fest	Lösung
gasförmig	flüssig	Lösung
gasförmig	gasförmig	Gasgemisch

2. Stofftrennungen

Stoffgemische können mit Hilfe unterschiedlicher Verfahren getrennt werden.

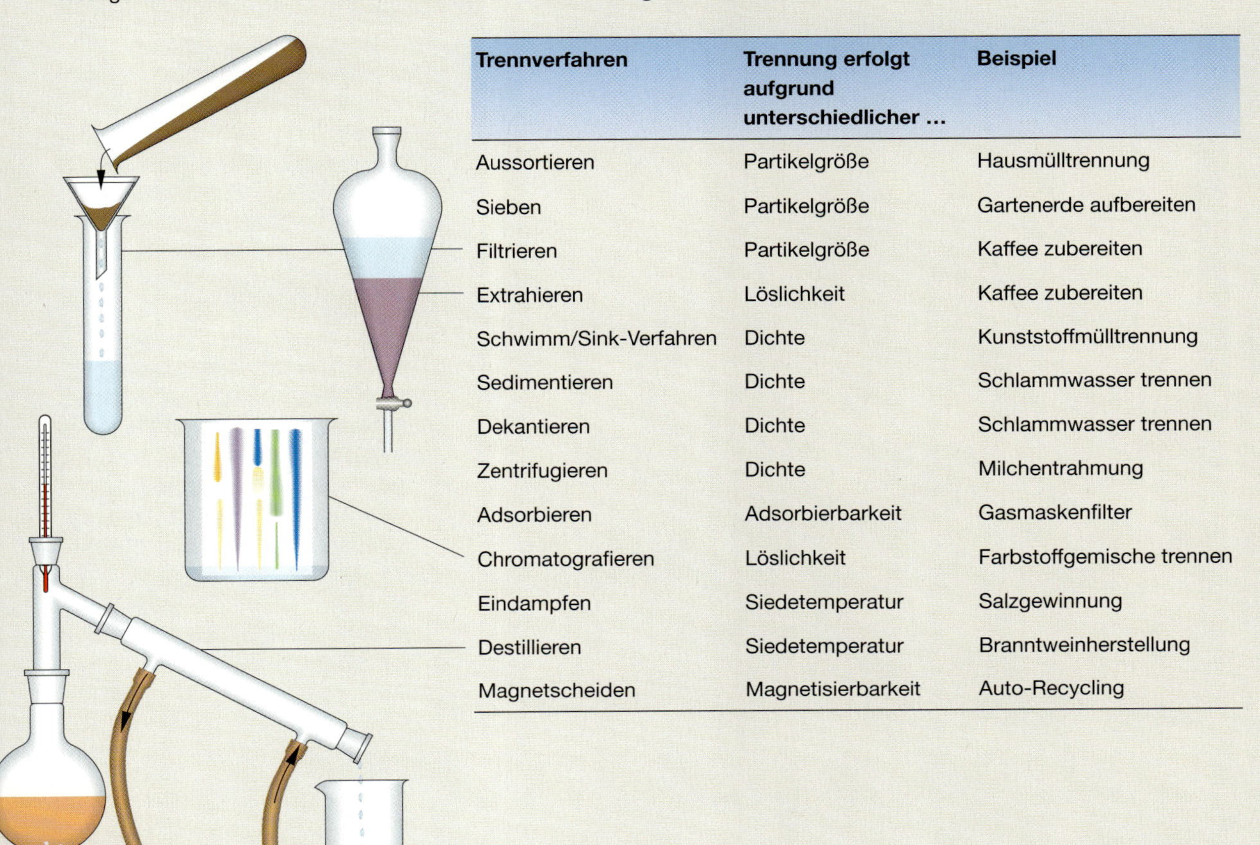

Trennverfahren	Trennung erfolgt aufgrund unterschiedlicher ...	Beispiel
Aussortieren	Partikelgröße	Hausmülltrennung
Sieben	Partikelgröße	Gartenerde aufbereiten
Filtrieren	Partikelgröße	Kaffee zubereiten
Extrahieren	Löslichkeit	Kaffee zubereiten
Schwimm/Sink-Verfahren	Dichte	Kunststoffmülltrennung
Sedimentieren	Dichte	Schlammwasser trennen
Dekantieren	Dichte	Schlammwasser trennen
Zentrifugieren	Dichte	Milchentrahmung
Adsorbieren	Adsorbierbarkeit	Gasmaskenfilter
Chromatografieren	Löslichkeit	Farbstoffgemische trennen
Eindampfen	Siedetemperatur	Salzgewinnung
Destillieren	Siedetemperatur	Branntweinherstellung
Magnetscheiden	Magnetisierbarkeit	Auto-Recycling

4 Chemische Reaktionen

Die Erkältungszeit steht vor der Tür – ein Vitaminstoß muss her. Obst ist zwar der beste Vitaminlieferant, aber auch Brausetabletten helfen weiter.

Die Tablette wird in ein Glas mit Wasser gegeben. An ihrer Oberfläche entstehen kleine Gasbläschen. Sie werden größer, lösen sich ab und steigen auf. Ihre Anzahl wächst, es werden immer mehr und mehr – schließlich bildet sich ein ganzer Wirbel von Gasblasen. Die Tablette wird dabei merklich kleiner. Schließlich tragen die Gasblasen die Reste nach oben. Und dann hat sich die Brausetablette auch schon ganz aufgelöst: Der Vitamintrunk ist fertig.

Wenn man das Auflösen der Brausetablette mit dem Lösen von Salz in Wasser vergleicht, stellt man schnell einen entscheidenden Unterschied fest: Während das Salz scheinbar einfach verschwindet, beobachtet man beim Auflösen der Brausetablette zusätzlich das Sprudeln. Dabei entsteht ein neuer, gasförmiger Stoff.

Die Chemiker sprechen bei einem solchen Vorgang, bei dem neue Stoffe entstehen, von einer chemischen Reaktion.

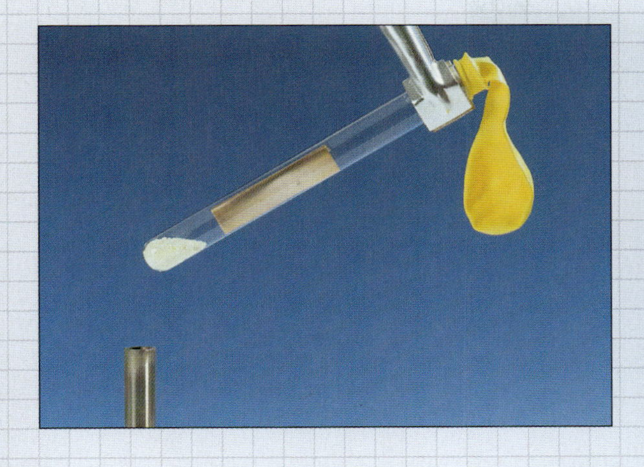

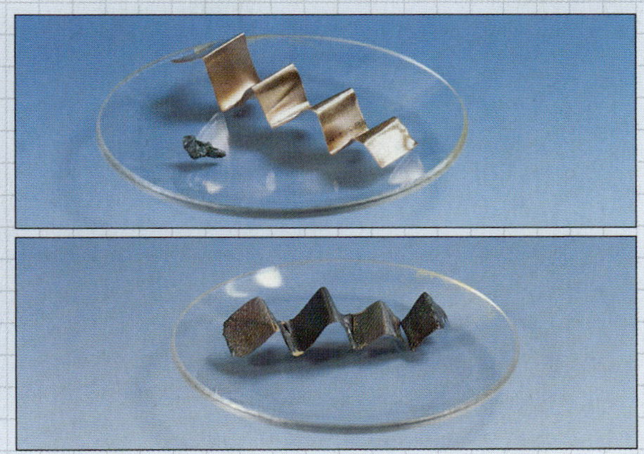

V1: Reaktion von Kupfer mit Schwefel

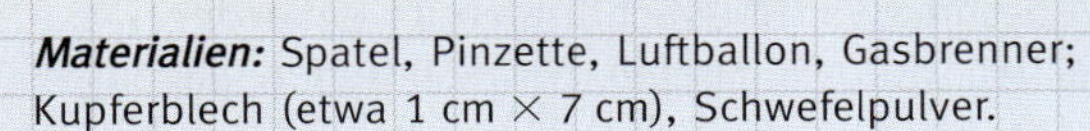

Materialien: Spatel, Pinzette, Luftballon, Gasbrenner; Kupferblech (etwa 1 cm × 7 cm), Schwefelpulver.

Durchführung:

1. Gib einige Spatel Schwefelpulver in ein Reagenzglas, füge dann einen Streifen Kupferblech hinzu und verschließe das Reagenzglas mit dem Luftballon.
2. Erhitze das Reagenzglas kräftig, bis die Reaktion zwischen Kupfer und Schwefel einsetzt.
3. Lass das Reagenzglas nach der Reaktion abkühlen und entnimm das Reaktionsprodukt.

Aufgaben:

a) Beschreibe den Ablauf der Reaktion zwischen Kupfer und Schwefel.

b) Wodurch unterscheidet sich das Reaktionsprodukt von den Ausgangsstoffen?

c) Woran erkennst du, dass eine chemische Reaktion stattgefunden hat?

d) Woran erkennst du, dass bei der Reaktion Energie frei wird?

V2: Reaktion von Kupfer mit Iod

Materialien: Pinzette, Luftballon, Gasbrenner; Kupferblech (etwa 1 cm × 10 cm), Iod (Xn, N).

Durchführung:

1. Gib einen Iod-Kristall mit Hilfe der Pinzette in ein Reagenzglas.
2. Falte einen Kupferblechstreifen ziehharmonikaförmig und klemme ihn in mittlerer Höhe in das Reagenzglas.
3. Verschließe das Reagenzglas mit dem Luftballon.
4. Erhitze zunächst den Iod-Kristall mit kleiner Flamme, bis die entstehenden Iod-Dämpfe das Kupferblech erreichen. Erhitze nun auch das Kupferblech.
5. Lass das Reagenzglas nach der Reaktion abkühlen und entnimmt vorsichtig das Reaktionsprodukt.

Aufgaben:

a) Beschreibe den Ablauf der Reaktion zwischen Kupfer und Iod.

b) Woran erkennst du, dass ein neuer Stoff entstanden ist?

c) Das Produkt der Reaktion von Kupfer mit Iod heißt Kupferiodid. Worauf deutet dieser Name hin?

Eisen

Schwefel

Eisen/Schwefel-Gemisch

Eisensulfid

4.1 Woran sind chemische Reaktionen zu erkennen?

Kupfer reagiert mit Schwefel zu Kupfersulfid.

Eigenschaften von Kupfer:
charakteristisch roter Metallglanz
Dichte: 8,9 $\frac{g}{cm^3}$
Schmelztemperatur: 1083 °C

Eigenschaften von Schwefel:
gelbe Farbe
Dichte: 2,1 $\frac{g}{cm^3}$
Schmelztemperatur: 113 °C

Eigenschaften von Kupfersulfid:
schwarze Farbe
Dichte: 5,8 $\frac{g}{cm^3}$
Schmelztemperatur: 1130 °C

Aus einem Lexikon:

Kupferglanz: Das Mineral ist eines der wichtigsten Kupfererze. Die chemische Bezeichnung lautet Kupfersulfid.
Man findet Kupferglanz in fast allen Kupfer-Lagerstätten, so etwa in Schlesien, Arizona, Utah, Mexico, Sibirien und Cornwall.

Kupfergewinnung: Kupfer wird aus Kupferglanz gewonnen. Das Metall ist in dem Mineral chemisch an Schwefel gebunden. Zuerst wird das Erz an der Luft erhitzt. Man erhält dabei Kupferstein, ein Gemisch aus Kupfersulfid und Kupferoxid, das bei etwa 900 °C geschmolzen wird. Durch Einblasen von Sauerstoff erhält man Rohkupfer, das noch gereinigt werden muss.

Wenn sich eine Brausetablette auflöst oder wenn ein Streichholz abbrennt, kann man Stoffänderungen beobachten. Neue Stoffe mit neuen Eigenschaften entstehen. Man spricht dann von einer **chemischen Reaktion.** Für die genannten Fälle ist es jedoch schwierig, die Stoffänderungen genau zu beschreiben. Beobachtungen an einfachen Experimenten zeigen deutlicher, was für chemische Reaktionen allgemein charakteristisch ist:
Erhitzt man ein Kupferblech in Schwefel-Dampf, so glüht das Blech rot auf und es entsteht ein blauschwarzes Produkt. Schon die Farbe zeigt an, dass kein Kupfer mehr vorliegt. Auch der Schwefel ist verschwunden. Der blauschwarze Streifen lässt sich nicht mehr biegen, er ist spröde und zerbricht sehr leicht in kleine Stücke. Die Masse des Produktes ist gleich der Masse der Ausgangsstoffe; bei chemischen Reaktionen gilt das Gesetz von der **Erhaltung der Masse.**

Stoffumwandlung. Aus *Kupfer* und *Schwefel* bildet sich ein neuer Stoff: *Kupfersulfid.* Es kommt dabei nicht darauf an, ob Kupferblech, Kupferdraht oder Kupferpulver mit Schwefel reagieren – in allen Fällen erhält man als Produkt blauschwarzes Kupfersulfid. Der Name *Kupfersulfid* weist darauf hin, dass sich der neue Stoff aus Kupfer und Schwefel (lat. *sulfur*) gebildet hat.
Kupfersulfid hat weder die Eigenschaften von Kupfer noch die Eigenschaften von Schwefel. Es unterscheidet sich von ihnen beispielsweise in der Farbe, der Dichte und der Schmelztemperatur. Kupfersulfid ist daher *kein Gemisch* der beiden Stoffe Kupfer und Schwefel. Kupfersulfid ist vielmehr ein neuer **Reinstoff,** der durch eine chemische Reaktion aus Kupfer und Schwefel gebildet wird.
Eine chemische Reaktion ist also dadurch gekennzeichnet, dass neue Stoffe mit eigenen charakteristischen Eigenschaften entstehen.
Nur durch chemische Reaktionen kann man aus Kupfersulfid wieder Kupfer zurückgewinnen. So wird Kupfer technisch aus Kupfersulfid hergestellt; man verwendet dazu das Mineral Kupferglanz.

Änderungen des Aggregatzustands sind keine chemischen Reaktionen, denn es entstehen keine neuen Stoffe. Erhitzt man Schwefel, so bildet sich erst eine Schmelze, dann Schwefel-Dampf. Ist die Probe wieder abgekühlt, so liegt der Schwefel wieder unverändert mit gelber Farbe vor.

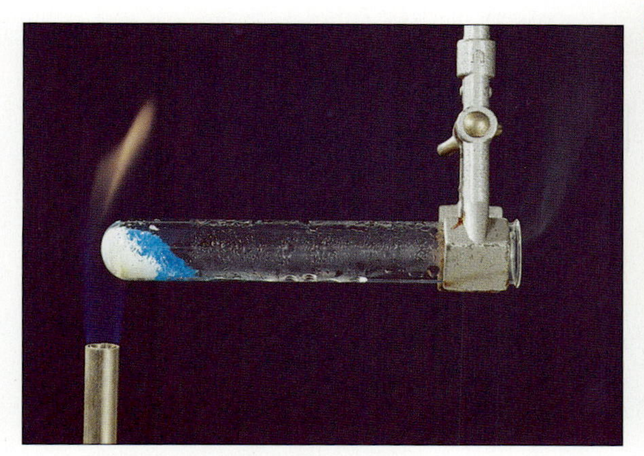

Blaues Kupfersulfat-Hydrat wird erhitzt.

Weißes Kupfersulfat reagiert mit Wasser.

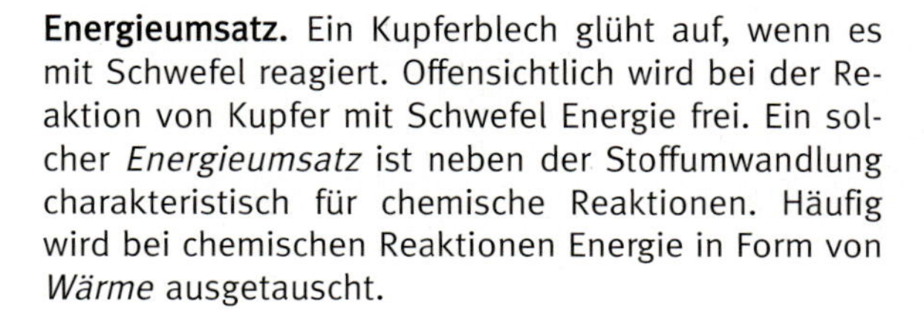

Energieumsatz. Ein Kupferblech glüht auf, wenn es mit Schwefel reagiert. Offensichtlich wird bei der Reaktion von Kupfer mit Schwefel Energie frei. Ein solcher *Energieumsatz* ist neben der Stoffumwandlung charakteristisch für chemische Reaktionen. Häufig wird bei chemischen Reaktionen Energie in Form von *Wärme* ausgetauscht.

Besonders einfach lassen sich Aufnahme und Abgabe von Wärme an Experimenten mit Kupfersulfat untersuchen:
Erhitzt man blaues *Kupfersulfat-Hydrat,* so verschwindet die blaue Farbe; gleichzeitig entstehen Tröpfchen einer farblosen Flüssigkeit. Sie erweist sich als Wasser. Außerdem bildet sich bei dieser Reaktion weißes *wasserfreies Kupfersulfat.*
Tropft man Wasser auf diesen neuen Stoff, so bildet sich der blaue Stoff zurück und die Temperatur steigt an. Eine solche Reaktion, bei der Wärme frei wird, bezeichnet man als **exotherme Reaktion.** Um Wasser aus dem blauen Kupfersulfat-Hydrat abzuspalten, muss dagegen ständig Wärme zugeführt werden. In diesem Fall spricht man von einer **endothermen Reaktion.**

Reaktionsschema. Eine chemische Reaktion wird in Kurzform durch ein Reaktionsschema beschrieben: Man notiert die Namen der **Ausgangsstoffe** und setzt ein Plus-Zeichen dazwischen. Es folgen der **Reaktionspfeil** und dann die Namen der **Endstoffe.** Der Pfeil gibt also die Richtung der Reaktion an. Angaben zum Energieumsatz werden nach einem Semikolon hinzugefügt:

Kupfer + Schwefel ⟶ Kupfersulfid; exotherm

Das Plus-Zeichen wird als „und" gelesen, der Reaktionspfeil als „reagieren zu".

Das Reaktionsschema heißt daher in Worten: „Kupfer und Schwefel reagieren zu Kupfersulfid; die Reaktion verläuft exotherm."

Das Reaktionsschema für die Bildung von weißem Kupfersulfat lautet:

Kupfersulfat-Hydrat ⟶
Kupfersulfat + Wasser; endotherm

„Kupfersulfat-Hydrat reagiert zu Kupfersulfat und Wasser; die Reaktion verläuft endotherm."

Bei chemischen Reaktionen bilden sich neue Stoffe mit charakteristischen Eigenschaften, die Masse bleibt erhalten. Gleichzeitig findet ein Energieumsatz statt: Bei exothermen Reaktionen wird Wärme abgegeben; bei endothermen Reaktionen wird Wärme aufgenommen.

1 Woran kann man chemische Reaktionen erkennen?
2 Nenne vier Beispiele für chemische Reaktionen.
3 **a)** Woran erkennst du, dass nach der Reaktion von Kupfer mit Schwefel ein neuer Stoff vorliegt?
b) Beschreibe die Reaktion von Kupfer mit Schwefel.
4 **a)** Was versteht man unter einer exothermen Reaktion, was unter einer endothermen Reaktion?
b) Nenne je zwei Beispiele für exotherme und für endotherme Reaktionen.
5 Gib das Reaktionsschema für die Reaktion von weißem Kupfersulfat mit Wasser an.
6 Welche Vorgänge sind chemische Reaktionen?
a) Zucker löst sich in Wasser.
b) Schnee schmilzt.
c) Eine Rakete wird gestartet.
d) Ein Wasser/Alkohol-Gemisch wird destilliert.
e) Eisen rostet.
7 Wie stellt man in der Technik Kupfer her?

4.2 Energie bei chemischen Reaktionen

Reaktion von Zink und Schwefel zu Zinksulfid

Energie

Kupfer + Schwefel

schwach exotherm

Wenig Energie wird frei.

Kupfersulfid

Zink + Schwefel

stark exotherm

Viel Energie wird frei.

Zinksulfid

Energiediagramm der Reaktionen von Kupfer und Zink mit Schwefel

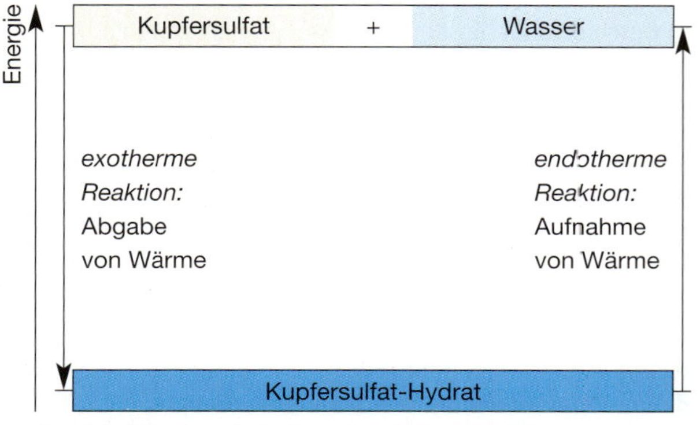

Energiediagramm bei einer chemischen Reaktion und ihrer Umkehrung

Bei der Reaktion von Kupfer mit Schwefel wird Energie in Form von Wärme frei:

Kupfer + Schwefel ⟶ Kupfersulfid; exotherm

Auch Zink reagiert mit Schwefel. Man muss dabei aufpassen, die Reaktion erfolgt fast explosionsartig:

Zink + Schwefel ⟶ Zinksulfid; exotherm

Vergleich des Energieumsatzes. Bei exothermen Reaktionen kann der Energieumsatz sehr unterschiedlich sein. Die Bildung von Kupfersulfid ist schwach exotherm, bei der Reaktion wird nur wenig Energie abgegeben. Die Bildung von Zinksulfid ist stark exotherm, bei der Reaktion wird viel Energie abgegeben. Stellt man den Energieumsatz der Reaktionen in einem Diagramm dar, so liegen die Ausgangsstoffe – Kupfer und Schwefel sowie Zink und Schwefel – auf einem hohen Energieniveau.
Bei beiden Reaktionen wird Energie abgegeben. Die Endstoffe sind daher weniger energiereich als die Ausgangsstoffe, sie haben ein *niedrigeres Energieniveau.* Da die Bildung von Zinksulfid stärker exotherm ist als die Bildung von Kupfersulfid, liegt Zinksulfid tiefer als Kupfersulfid. Diese Darstellung des Energieumsatzes bezeichnet man als **Energiediagramm.**

Erhaltung der Energie. Bei chemischen Reaktionen kann Energie in unterschiedlichen Formen auftreten. Neben Wärmeenergie beobachtet man oft die Freisetzung von Lichtenergie und gelegentlich auch – etwa bei Explosionen – von Bewegungsenergie. Es gibt auch chemische Reaktionen, bei denen elektrische Energie frei wird. Solche Reaktionen laufen in Batterien und in Akkus ab.

Wird ein Walkman eingeschaltet, so wird im Akku zunächst chemisch gespeicherte Energie, die *chemische Energie,* in elektrische Energie umgewandelt und diese dann in die Bewegungsenergie des Tonbandes. Ein Teil dieser Energie wird durch Reibung in Wärmeenergie überführt: Der Walkman wird im Laufe der Zeit warm. Generell wird Energie nie wirklich verbraucht oder vernichtet, sondern nur von einer Energieform in eine andere überführt: Es gilt der **Energieerhaltungssatz.**

Damit wird verständlich, warum die Bildung von wasserfreiem Kupfersulfat und Wasser aus Kupfersulfat-Hydrat endotherm ist: Die umgekehrte Reaktion ist exotherm. In wasserfreiem Kupfersulfat ist die beim Erhitzen zugeführte Energie als chemische Energie gespeichert; sie wird durch die exotherme Reaktion mit dem Wasser wieder frei.

Aktivierungsenergie. Die exotherme Reaktion von Kupfer mit Schwefel kommt erst dann in Gang, wenn man ein Kupfer/Schwefel-Gemisch kurz erhitzt. Man sagt auch: Man muss zunächst *Anregungsenergie* oder *Aktivierungsenergie* zuführen, um die Reaktion zu starten.

Aktivierungsenergie im Modell. Den Start einer exothermen Reaktion kann man sich durch ein einfaches *Modell* veranschaulichen:
Ein Tennisball ist in einer Dachrinne gelandet. Bevor er wieder auf den Boden gelangen kann, muss er bis über den Rand der Rinne gehoben werden. Dadurch erreicht der Ball einen energiereicheren Zustand, aus dem er dann zu Boden fällt. Ganz ähnlich läuft eine exotherme Reaktion erst dann ab, wenn die zu ihrem Start notwendige Energie zugeführt ist und die beteiligten Stoffe in einem *aktivierten, reaktionsfähigen Zustand* sind.

Eine chemische Reaktion kann nur ablaufen, wenn die Teilchen zusammenstoßen. Ein *Stoß* führt allerdings nur dann zu einer Reaktion, wenn die Teilchen heftig genug zusammenprallen. Die erforderliche Aktivierungsenergie wird durch Erwärmen zugeführt. Dadurch wird die Geschwindigkeit der Teilchen so weit erhöht, dass der Stoß heftig genug erfolgt und eine Reaktion abläuft.

Katalysatoren. Bei manchen Reaktionen ist die Aktivierungsenergie so hoch, dass sie in der Praxis nicht oder nur sehr langsam ablaufen. Ein Beispiel ist die Umwandlung von gefährlichen Autoabgasen in ungefährliche Stoffe. Um die Reaktion zu ermöglichen, benutzt man den „Kat". Er enthält feinverteiltes Platin, das die Aktivierungsenergie herabsetzt. Einen solchen Stoff bezeichnet man als *Katalysator.*
Ein Beispiel für eine Reaktion, die in Gegenwart eines Katalysators abläuft, ist die Spaltung von Wasserstoffperoxid in Wasser und Sauerstoff mit Hilfe von Braunstein. Wasserstoffperoxid zersetzt sich sonst nur bei hoher Temperatur. Gibt man jedoch etwas Braunsteinpulver hinzu, so kommt die Reaktion sofort in Gang. Der Katalysator vermindert die Aktivierungsenergie und die Reaktion kann rascher ablaufen. Ein Katalysator nimmt zwar an der Reaktion teil, wird aber selbst nicht dauerhaft verändert.

Bei chemischen Reaktionen wird chemische Energie in andere Energieformen umgewandelt. Es gilt der Energieerhaltungssatz.
Für viele Reaktionen benötigt man Aktivierungsenergie, um sie zu starten. Katalysatoren erniedrigen die Aktivierungsenergie.

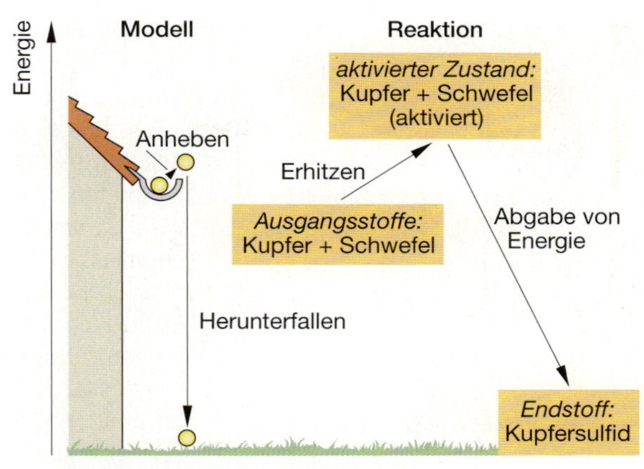

Energiediagramm mit Aktivierungsenergie.
Modell und Beispielreaktion

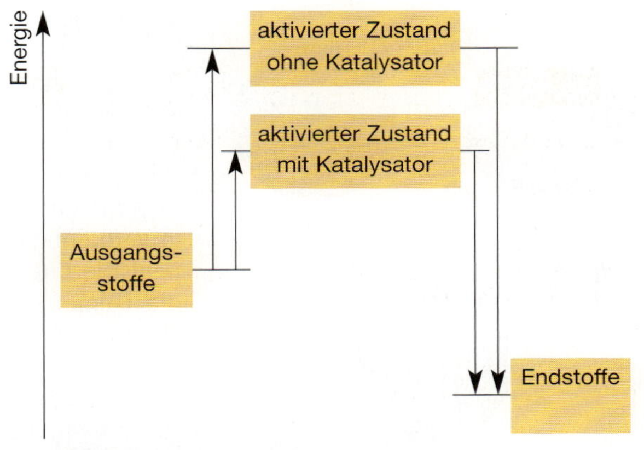

Energiediagramm einer exothermen Reaktion mit und ohne Katalysator

1 Gib für die Reaktionen von Kupfer mit Schwefel und von Zink mit Schwefel jeweils das Reaktionsschema an. Welche Reaktion ist stärker exotherm?
2 Was versteht man unter Aktivierungsenergie?
3 Was versteht man unter einem Katalysator?
4 Notiere das Reaktionsschema und das Energiediagramm für den Zerfall von Wasserstoffperoxid.
5 In einem Kraftwerk wird Kohle verbrannt. Informiere dich, welche Energieformen auftreten, bis schließlich elektrische Energie an den Kunden geliefert wird.
6 Für welche der folgenden Reaktionen benötigt man Aktivierungsenergie: Anzünden eines Streichholzes, Auflösen einer Brausetablette?
7 Wie wird die Aktivierungsenergie beim Verbrennen von Benzin im Automotor geliefert?
8 Im Stoffwechsel reagieren die Nährstoffe mit dem Sauerstoff, den wir einatmen. In welche Energieformen wird die dabei frei werdende Energie umgewandelt?

4.3 Elemente und Verbindungen

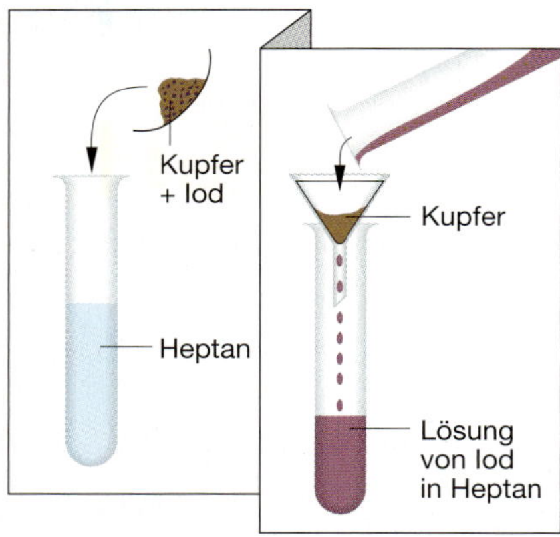
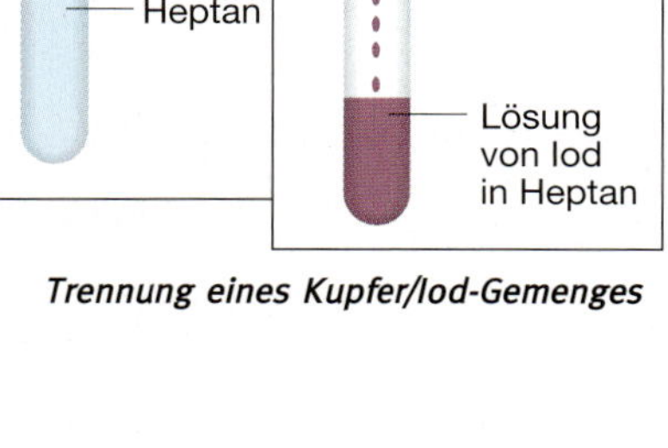

Trennung eines Kupfer/Iod-Gemenges

Ein Gemenge aus Kupfer und Iod ist etwas ganz anderes als Kupferiodid. Das zeigt ein einfacher Versuch: Schüttelt man ein Gemenge aus Kupfer und Iod mit Heptan, so löst sich das Iod. Man erhält eine violette Lösung. Das Kupfer setzt sich ab und lässt sich abfiltrieren. Das Gemenge aus Kupfer und Iod wird also voneinander getrennt. Aus Kupferiodid kann man dagegen mit Heptan kein Iod herauslösen: Kupferiodid ist also kein *Gemisch* aus Kupfer und Iod, sondern ein *Reinstoff,* der durch eine chemische Reaktion aus Kupfer und Iod entsteht.

Erhitzt man jedoch Kupferiodid, so bildet sich violetter Iod-Dampf. Der Reinstoff Kupferiodid lässt sich also bei höherer Temperatur zerlegen. Im Gegensatz zu Kupferiodid ist es aber unmöglich, Kupfer, Iod oder Schwefel in andere Stoffe zu zerlegen. Solche Reinstoffe, die man nicht weiter zerlegen kann, nennt man chemische **Elemente.**
Kupferiodid ist dagegen ein Reinstoff, aus dem man wieder Kupfer und Iod gewinnen kann. Solche Reinstoffe, die aus verschiedenen Elementen zusammengesetzt sind, bezeichnet man als **Verbindungen.** Die Zerlegung von Verbindungen in die jeweiligen Elemente ist nur durch chemische Reaktionen möglich.

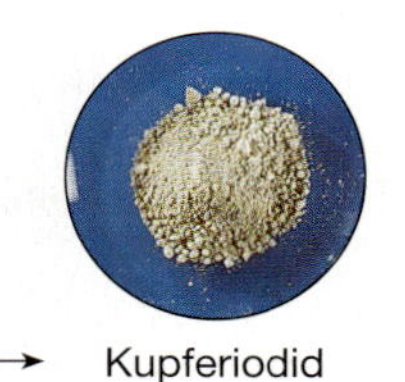

Bildung von Kupferiodid – eine chemische Reaktion

Chemiker haben sehr viele Stoffe untersucht und dabei in der Natur 90 Elemente entdeckt. Davon gehören 70 zu den Metallen und 20 zu den Nichtmetallen. Elf Elemente sind bei Raumtemperatur gasförmig. Nur zwei Elemente sind bei 20 °C flüssig: das Metall Quecksilber und das Nichtmetall Brom. Aus den 90 Elementen lassen sich unvorstellbar viele Verbindungen aufbauen: Bis heute kennt man mehr als zehn Millionen! Die Chemiker verwenden häufig eine tabellarische Übersicht über die Elemente, das *Periodensystem der Elemente,* das ganz hinten im Buch zu finden ist.

Im Mittelalter versuchte man, Metalle wie Kupfer oder Blei in Gold umzuwandeln. Die Alchemisten entdeckten auf diese Weise viele neue chemische Reaktionen – nur Gold ließ sich auf diesen Wegen nicht herstellen. Heute wissen wir, dass sich ein Element nur aus seinen Verbindungen gewinnen lässt, ein Element kann nicht in ein anderes umgewandelt werden. Aus diesem Grund konnte die Herstellung von Gold aus Kupfer oder Blei nicht gelingen.

Die Herstellung einer Verbindung aus den jeweiligen Elementen bezeichnet man als **Synthese.** Bei der Zerlegung einer Verbindung in ihre Elemente spricht man von einer **Analyse.** Heute versteht man unter Analyse auch ganz allgemein die Aufklärung der Zusammensetzung eines Stoffes oder eines Stoffgemisches.

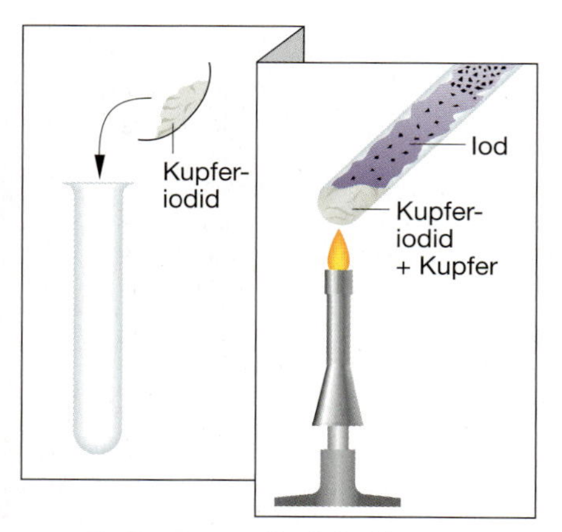

Zerlegung von Kupferiodid – eine chemische Reaktion

Elemente und Verbindungen sind Reinstoffe. Verbindungen lassen sich grundsätzlich in Elemente zerlegen. Elemente sind dagegen nicht in andere Stoffe zerlegbar.

1 Wie kann man Reinstoffe einteilen? Gib Beispiele an.
2 Wodurch unterscheiden sich Elemente und Verbindungen?
3 Was versteht man unter einer Synthese? Was ist eine Analyse?
4 Suche aus dem Periodensystem der Elemente (hintere Umschlagseite) die gasförmigen Elemente heraus.

Chemische Grundgesetze

Durch genaue Untersuchung der Massenverhältnisse bei chemischen Reaktionen ergeben sich zwei wichtige Gesetzmäßigkeiten: Das *Gesetz von der Erhaltung der Masse* und das *Gesetz der konstanten Massenverhältnisse.*

V1: Erhaltung der Masse

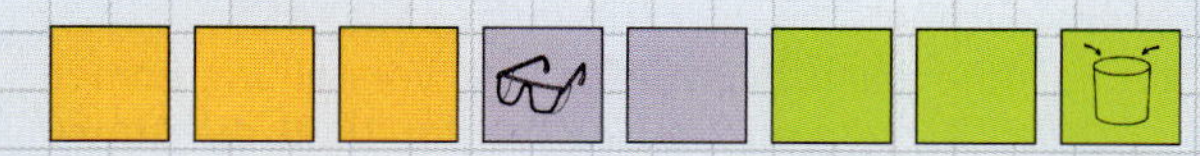

Materialien: Luftballon, Waage, Gasbrenner; Kupferpulver, Schwefelpulver.

Durchführung:

1. Vermische einen Spatel Kupferpulver und drei Spatel Schwefelpulver und gib das Gemisch in ein Reagenzglas.
2. Verschließe das Reagenzglas mit dem Luftballon.
3. Wiege das Reagenzglas mit dem Kupfer/Schwefel-Gemisch und dem Luftballon und notiere die Masse.
4. Erhitze das Reagenzglas, bis die Reaktion zwischen Kupfer und Schwefel einsetzt.
5. Warte, bis die Reaktion beendet ist und sich das Reagenzglas wieder abgekühlt hat. Wiege dann das Reagenzglas mit Inhalt und Luftballon erneut.

Hinweis: Das Gemisch aus Kupferpulver und Schwefelpulver sollte nicht aufbewahrt werden. Es neigt zur Selbstzündung und kann explosionsartig reagieren.

Aufgaben:

a) Vergleiche das Ergebnis der Wägung vor der Reaktion mit dem Ergebnis der Massenbestimmung nach der Reaktion.

b) Vergleiche dein Ergebnis mit dem deiner Mitschülerinnen und Mitschüler.

c) Fasse das Gesamtergebnis der Versuche zusammen.

d) Welche besondere Bedeutung kommt dem Luftballon bei diesem Versuch zu?

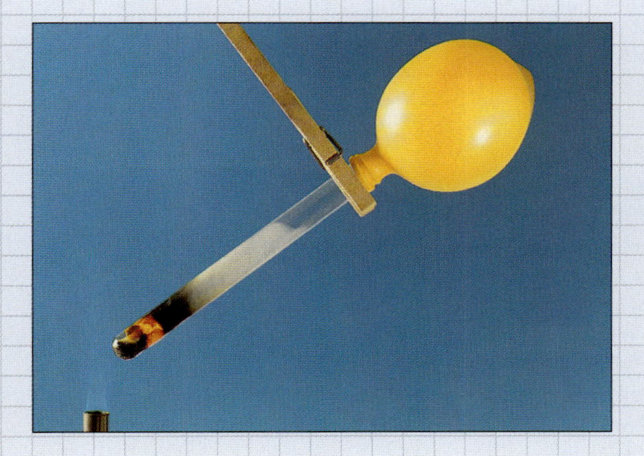

V2: Konstantes Massenverhältnis

Materialien: Gasbrenner, feuerfestes Reagenzglas, Waage, Schere, Pinzette, Glaswolle;
Kupferblech (0,1 mm), Schwefelpulver.

Durchführung:

1. Schneide aus Kupferblech einen etwa 1 cm breiten und 10 cm langen Streifen und falte ihn wie eine Ziehharmonika zusammen, um seine Länge auf etwa 2 cm zu reduzieren. Wiege den Kupferblechstreifen.
   Die Masse soll etwa 1 g betragen.
2. Gib etwa 0,5 g Schwefelpulver in das Reagenzglas.
3. Halte das Reagenzglas waagerecht und schiebe den Kupferblechstreifen in die Mitte des Reagenzglases.
4. Verschließe das Reagenzglas mit etwas Glaswolle.
5. Erhitze das Reagenzglas, sodass der Schwefel verdampft und mit dem heißen Kupfer reagiert.
6. Lass das Reagenzglas mit seinem Inhalt abkühlen und entnimm das Reaktionsprodukt mit der Pinzette. Falls überschüssiger Schwefel am Reaktionsprodukt haftet, wird er im Abzug mit dem Gasbrenner verdampft.
7. Wiege das Reaktionsprodukt.

Aufgaben:

a) Berechne aus der Differenz *m* (Produkt) – *m* (Kupfer) die Masse an Schwefel, die reagiert hat.

b) Berechne das Massenverhältnis, in dem Kupfer und Schwefel reagiert haben.

c) Stelle deine Werte in einer Tabelle zusammen.

d) Vergleiche dein Ergebnis mit dem deiner Mitschülerinnen und Mitschüler und berechne den Durchschnitt aller ermittelten Massenverhältnisse.

e) In welchem Massenverhältnis reagieren Kupfer und Schwefel miteinander?

f) Warum muss das Kupfer vollständig reagieren und woran kannst du erkennen, ob das der Fall ist?

g) Warum darf kein Schwefel am Kupfersulfid hängen und woran kannst du erkennen, dass das nicht der Fall ist?

Auswertungsbeispiel:

m (Kupfer)	*m* (Produkt)	*m* (Schwefel)	$\frac{m\text{ (Kupfer)}}{m\text{ (Schwefel)}}$
0,88 g	1,11 g	0,23 g	$\frac{0{,}88\text{ g}}{0{,}23\text{ g}} = \frac{3{,}83}{1}$
1,07 g	1,34 g	0,27 g	$\frac{1{,}07\text{ g}}{0{,}27\text{ g}} = \frac{3{,}96}{1}$
1,20 g	1,49 g	0,29 g	$\frac{1{,}20\text{ g}}{0{,}29\text{ g}} = \frac{4{,}14}{1}$

4.4 DALTONS Atommodell

John DALTON (1766 – 1844)

„Chemical analysis and synthesis go no farther than to the separation of particles one from another, and to their reunion. No new creation or destruction of matter is within the reach of chemical agency. We might as well attempt to introduce a new planet into the solar system, or to annihilate one already in existence, as to create or destroy a particle of hydrogen."

matter: Materie; agency: Wirkung; might as well attempt: könnten genauso gut versuchen; to annihilate: vernichten; hydrogen: Wasserstoff

Aus DALTONS „A New System of Chemical Philosophy" von 1808

Zu Beginn des 19. Jahrhunderts entwickelte der englische Naturforscher DALTON eine Modellvorstellung über die kleinsten Teilchen, aus denen die Stoffe aufgebaut sind. Die kleinsten Teilchen der Elemente bezeichnete er als **Atome** (griech. *atomos:* unteilbar).
Der Atombegriff stammt ursprünglich aus der Gedankenwelt der griechischen Naturphilosophie. Schon vor 2500 Jahren hatten die Philosophen LEUKIPP und DEMOKRIT angenommen, dass die Materie aus kleinsten, nicht weiter zerlegbaren Teilchen, den Atomen, aufgebaut sei.
Im Mittelalter und in der frühen Neuzeit wurde diese Vorstellung immer wieder aufgegriffen. Schließlich verknüpfte DALTON um 1800 die Atomtheorie mit den experimentellen Ergebnissen seiner Zeit.

DALTONS Atommodell. Die Überlegungen DALTONS lassen sich in folgenden vier Kernaussagen zusammenfassen:

1. Jedes Element besteht aus kleinsten, nicht weiter teilbaren Teilchen, den Atomen.
2. Alle Atome eines Elements haben die gleiche Größe und die gleiche Masse. Die Atome unterschiedlicher Elemente unterscheiden sich in ihrer Masse. Damit gibt es genau so viele Atomarten, wie es Elemente gibt.
3. Atome sind unzerstörbar. Sie können durch chemische Vorgänge weder vernichtet noch erzeugt werden.
4. Bei chemischen Reaktionen werden die Atome der Ausgangsstoffe neu angeordnet und in bestimmten Anzahlverhältnissen miteinander verknüpft.

Diese Vorstellung von den Atomen wird als *DALTONS Atommodell* bezeichnet. Dabei stellt man sich die Atome am einfachsten als winzig kleine Kugeln vor.

Die besondere Leistung DALTONS und seines Atommodells besteht zunächst darin, dass die praktisch unüberschaubare Vielzahl von Stoffen, die in der Natur vorkommen, auf relativ wenige unveränderliche Teilchen der Elemente, auf die Atome, zurückgeführt wurde.
Darüber hinaus ließen sich die experimentellen Untersuchungen der Massenverhältnisse bei chemischen Reaktionen und die chemischen Reaktionen selbst mit Hilfe des Atommodells deuten.

Exkurs

Atome und ihre Darstellung

Kohlenstoff-Atom
Sauerstoff-Atom
Wasserstoff-Atom
Schwefel-Atom
Stickstoff-Atom
Chlor-Atom

In Abbildungen und in Modellbaukästen stellt man die Atome der verschiedenen Elemente in unterschiedlichen Farben dar. So werden Schwefel-Atome meist als gelbe Kugeln abgebildet. Damit kann man sie leicht dem Element Schwefel mit seiner gelben Farbe zuordnen.
In Wirklichkeit haben Atome jedoch keine Farbe. Erst wenn unvorstellbar viele Schwefel-Atome in bestimmter Weise miteinander verknüpft sind, treten die Eigenschaften von Schwefel auf: die Farbe Gelb, eine bestimmte Dichte, eine bestimmte Schmelztemperatur. Ein *Verband* aus vielen Schwefel-Atomen hat charakteristische Stoffeigenschaften, ein *einzelnes* Schwefel-*Atom* kann solche Eigenschaften nicht haben.

Gesetz von der Erhaltung der Masse. Führt man eine Reaktion in einem geschlossenen System durch, so stellt man auch bei genauesten Wägungen niemals eine Massenänderung fest. Dieser Sachverhalt wird durch das *Gesetz von der Erhaltung der Masse* beschrieben: *Bei chemischen Reaktionen ist die Masse der Endstoffe gleich der Masse der Ausgangsstoffe.*

Mit Hilfe von DALTONS Atommodell lässt sich das Massenerhaltungsgesetz erklären: Wenn Kupfer mit Schwefel zu Kupfersulfid reagiert, finden sich alle Kupfer-Atome und alle Schwefel-Atome im Produkt wieder. Die Atome werden weder zerstört noch neu gebildet, sie bleiben bei der Reaktion erhalten. Die Masse ändert sich bei der chemischen Reaktion nicht.

Gesetz der konstanten Massenverhältnisse. Experimentelle Untersuchungen haben immer wieder gezeigt, dass die Massen der Ausgangsstoffe bei einer chemischen Reaktion stets in einem bestimmten Verhältnis zu einander stehen. So reagieren Kupfer und Schwefel bei der Synthese von Kupfersulfid stets im Massenverhältnis 4 : 1. In diesem Massenverhältnis sind dann die Kupfer-Atome und Schwefel-Atome auch in der Verbindung Kupfersulfid enthalten. Dieser Sachverhalt wird durch das *Gesetz der konstanten Massenverhältnisse* beschrieben: *In einer Verbindung sind die Elemente stets in einem bestimmten Massenverhältnis enthalten.*

Die chemische Reaktion – eine Umgruppierung von Atomen. Auf der Grundlage des Atommodells von DALTON lassen sich chemische Reaktionen deuten. So wird mit Hilfe dieses Modells verständlich, weshalb sich die Elemente aus Verbindungen wieder zurückgewinnen lassen:
Bei der Reaktion von Kupfer mit Schwefel zu Kupfersulfid lösen sich die Kupfer-Atome und die Schwefel-Atome aus dem jeweiligen Atomverband der Elemente und bilden dann in einer bestimmten Anordnung den Gitterverband der Verbindung Kupfersulfid. Die Atome werden also umgruppiert und in anderer Anordnung wieder miteinander verknüpft.

Die Atome, aus denen die Ausgangsstoffe aufgebaut sind, werden nach dieser Vorstellung durch eine chemische Reaktion voneinander getrennt und anschließend im Produkt neu angeordnet. Daher ist es leicht verständlich, dass man aus der Verbindung Kupfersulfid die Elemente Kupfer und Schwefel wiedergewinnen kann. Man muss nur die Atome erneut umgruppieren: Aus den Kupfer-Atomen bilden sich wieder Kupfer-Kristalle und aus den Schwefel-Atomen entstehen Schwefel-Kristalle.

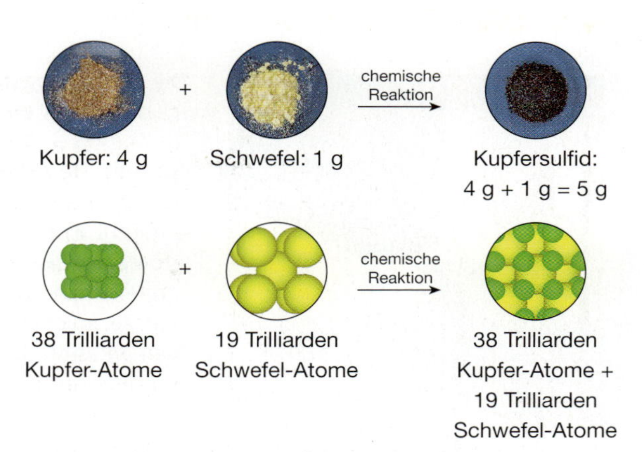

Massenverhältnisse bei chemischen Reaktionen

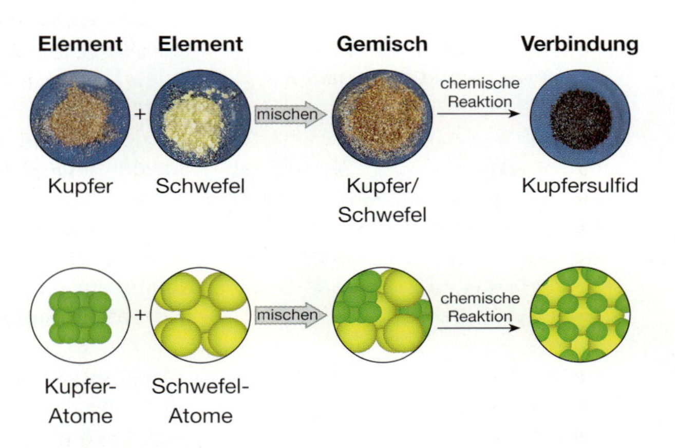

Chemische Reaktion als Umgruppierung von Atomen

Die Atome sind die kleinsten Teilchen der Elemente. Die Atome eines Elements haben alle die gleiche Masse. Atome können weder erzeugt noch vernichtet werden. Bei chemischen Reaktionen gilt das Gesetz von der Erhaltung der Masse. Die Ausgangsstoffe reagieren in einem bestimmten Massenverhältnis miteinander. Dabei werden die Atome der Ausgangsstoffe umgruppiert.

1 Gib das Gesetz von der Erhaltung der Masse und das Gesetz der konstanten Massenverhältnisse mit eigenen Worten wieder.
2 Welche vier Aussagen machte DALTON über die Atome?
3 Weshalb ist die Masse der Produkte einer chemischen Reaktion genauso groß wie die Masse der Ausgangsstoffe?
4 Wie erklärt das Atommodell die Bildung einer Verbindung aus den Elementen?
5 Weshalb ist es nicht möglich, durch eine chemische Reaktion ein Element in ein anderes umzuwandeln?

4.5 Graphit oder Diamant: Die Anordnung der Atome entscheidet

Graphit – schwarzer Kohlenstoff

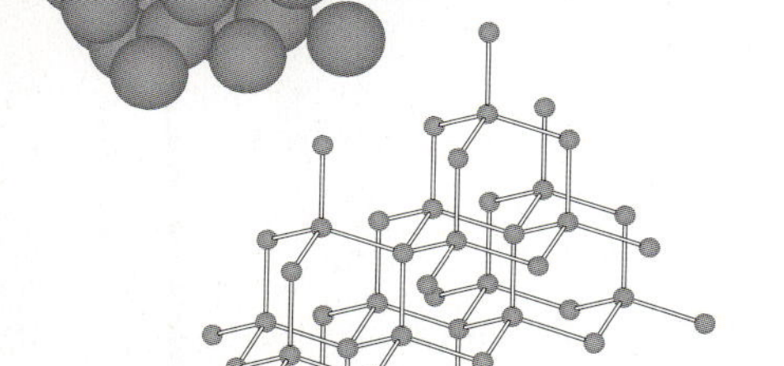

Diamant – funkelnder Kohlenstoff

Die Materie besteht aus kleinsten Teilchen, den Atomen. Jedes Element ist dabei aus einer eigenen Art von Atomen aufgebaut.

Graphit. Das Element Kohlenstoff kommt in der Natur als schwarz glänzender Graphit vor, ein weicher, brennbarer Stoff. Bei der Verbrennung entsteht Kohlenstoffdioxid. Graphit-Kristalle bestehen aus Kohlenstoff-Atomen. Obwohl Atome unsichtbar klein sind, ist es den Chemikern gelungen, sich ein Bild von der Anordnung der Kohlenstoff-Atome im Graphit zu machen. Die Anordnung lässt sich in *Gittermodellen* darstellen. Man erkennt, dass die Kohlenstoff-Atome im Graphit in einzelnen Schichten angeordnet sind. Innerhalb einer Schicht besitzt jedes Kohlenstoff-Atom drei Nachbaratome.

Diamant. Wertvoller Schmuck enthält oft Diamanten. Diese sehr harten, durchsichtigen und stark lichtbrechenden Kristalle verbrennen wie Graphit zu Kohlenstoffdioxid. Diamant muss also ebenfalls aus Kohlenstoff-Atomen aufgebaut sein. In einem Gittermodell des Diamanten erkennt man, dass die Kohlenstoff-Atome dichter angeordnet sind als im Graphit. Jedes Kohlenstoff-Atom ist hier von vier anderen Kohlenstoff-Atomen umgeben.

Sowohl Graphit als auch Diamant sind also aus Kohlenstoff-Atomen aufgebaut. Es handelt sich bei diesen Stoffen um verschiedene *Erscheinungsformen* des Elements Kohlenstoff. Die Unterschiede in den Eigenschaften von Graphit und Diamant können also *nicht* von der Atomart abhängen; sie sind vielmehr auf die unterschiedliche Anordnung der Kohlenstoff-Atome zurückzuführen.

Die Eigenschaften von Stoffen werden durch die jeweiligen Atomarten *und* durch die Anordnung der Atome bestimmt. Graphit und Diamant sind verschiedene Erscheinungsformen des Elements Kohlenstoff.

1 Notiere Gemeinsamkeiten und Unterschiede von Graphit und Diamant.
2 Erkläre die unterschiedliche Härte von Graphit und Diamant mit Hilfe der Gittermodelle.
3 Vergleiche die Atomanordnungen in Kohlenstoffdioxid und in Kupfersulfid.
4 Bleistiftminen bestehen nicht aus Blei, sondern aus Graphit.
a) Erkläre diese Verwendung von Graphit an Hand des Gittermodells.
b) Forsche nach, wie der irreführende Name zu Stande gekommen ist.

Theorie

Kohlenstoffdioxid

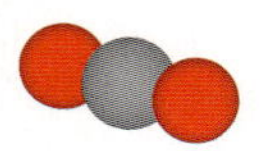

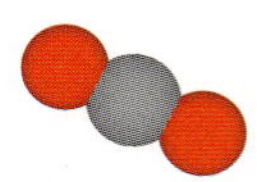

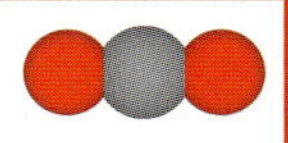

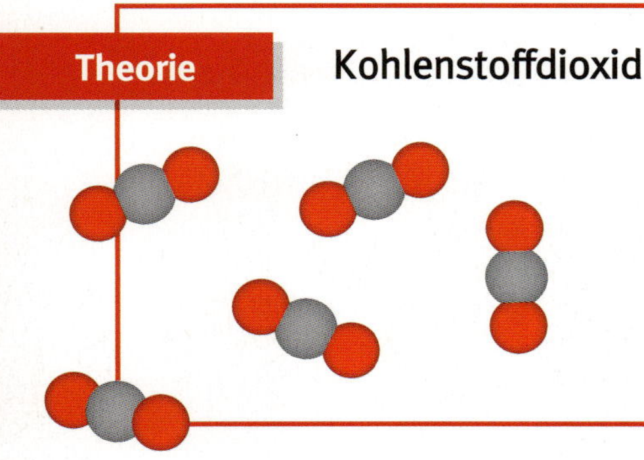

Bei der Verbrennung von Graphit und Diamant entsteht Kohlenstoffdioxid. Es handelt sich dabei um den gleichen gasförmigen Stoff, den wir bei der Atmung freisetzen. Kohlenstoffdioxid ist eine Verbindung aus den Elementen Kohlenstoff und Sauerstoff. Bei der Bildung von Kohlenstoffdioxid verbindet sich stets ein Kohlenstoff-Atom mit zwei Sauerstoff-Atomen zu einem neuen, dreiatomigen Teilchen. Solche Teilchen, die aus einer *bestimmten Anzahl* von Atomen bestehen, heißen **Moleküle.**

Chemie-Recherche

Location: http://www.schroedel.de/chemie_heute.html

Suche:

Chemische Reaktionen im Alltag

Ergebnisse:

Rosten von Eisen

Es ist ein alltäglicher Vorgang: Eisen rostet. Auf dem silberglänzenden Metall zeigen sich zunächst dunkle Punkte; nach einer Weile entwickeln sich daraus braune Flecken: *Rost.* Wenn man den Rost abkratzt, erhält man einen porösen Stoff, der sich deutlich von dem ursprünglichen Metall unterscheidet.
Voraussetzung für das Rosten ist der Kontakt des Eisens mit Luft. Feuchtigkeit begünstigt den Vorgang. Beim Rosten reagiert Eisen mit Sauerstoff und mit Wasser. Bei dem Reaktionsprodukt Rost handelt es sich um eine komplizierte chemische Verbindung.

Tinte „killen" – eine chemische Reaktion

Schon wieder verschrieben! Ein Tintenkiller muss her. Diese Stifte enthalten eine Flüssigkeit, die mit der blauen Tinte eine chemische Reaktion eingeht. Dabei wird die Tinte in einen farblosen Stoff umgewandelt, den man auf dem Papier fast nicht mehr sieht. Mit anderer als blauer Tinte reagiert der Tintenkiller nicht.

Vom Brotteig zum Zucker

Jeder kennt das: Kaut man lange genug auf einem Stück Brot, so schmeckt es süß. Aus dem Auftreten des süßen Geschmacks als neuer Eigenschaft kann man schließen, dass ein neuer Stoff entstanden ist. Dabei handelt es sich um Traubenzucker. Es muss also eine chemische Reaktion abgelaufen sein. Chemisch gesehen besteht Brot im Wesentlichen aus Stärke, einem wichtigen Nährstoff. Stärke ist aus sehr großen Molekülen aufgebaut, die durch Speichel in Traubenzucker-Moleküle gespalten werden.

Vom Sauerstoff zum Kohlenstoffdioxid

Wie alle Tiere und viele Pflanzen gewinnt der Mensch die Energie, die er benötigt, aus exothermen Reaktionen. Mit der Nahrung nehmen wir Nährstoffe wie Kohlenhydrate, Fette oder Eiweißstoffe auf. Die Atmung liefert den Reaktionspartner Sauerstoff. Nährstoffe und Sauerstoff werden mit dem Blut bis zu den einzelnen Zellen transportiert. Dort reagieren sie in einer exothermen Reaktion miteinander. Als Reaktionsprodukte entstehen Wasser und Kohlenstoffdioxid, die ausgeschieden werden.

vor 1900: 1969:

Wirkung von saurem Regen auf Kalkstein

Durch Abgase aus Kraftwerken, Industrie und Verkehr wird Regenwasser sauer: Es entsteht *saurer Regen.* Gebäude aus Kalkstein und Kunstwerke aus Marmor werden durch sauren Regen im Laufe der Zeit zerstört. Dabei läuft die gleiche chemische Reaktion ab wie beim Entkalken von Küchengeräten.

Experimentelle Hausaufgabe:
Wir machen Brausepulver

Materialien: Löffel, Trinkbecher;
Zucker, Zitronensäure, Natron.

Durchführung:

1. Gib nacheinander jeweils eine kleine Menge Zucker, Zitronensäure und Natron auf ein Stück Papier. Beschreibe das Aussehen der Stoffe und prüfe ihren Geschmack.
2. Zwei Teelöffel Zucker, zwei Teelöffel Zitronensäure und ein Teelöffel Natron werden in einem Glas durch Schütteln gut vermischt.
3. Schütte etwas von dem Gemisch auf ein Stück Papier und prüfe erneut Aussehen und Geschmack.
4. Stelle Brauselimonade her, indem du einen Teelöffel des Gemischs im Trinkbecher mit Wasser übergießt.

4.6 Wie schwer ist ein Atom?

Element	Atommasse	
	gerundeter Wert	genauer Wert
Wasserstoff	1 u	1,00794 u
Kohlenstoff	12 u	12,011 u
Sauerstoff	16 u	15,9994 u
Magnesium	24 u	24,3050 u
Aluminium	27 u	26,981539 u
Schwefel	32 u	32,066 u
Chlor	35,5 u	35,4527 u
Eisen	56 u	55,847 u
Kupfer	63,5 u	63,546 u
Zink	65 u	65,39 u
Silber	108 u	107,8682 u
Iod	127 u	126,90447 u
Blei	207 u	207,2 u
Uran	238 u	238,0289 u

Exkurs

Wie bestimmt man Atommassen?

Eine wichtige Methode zur exakten Bestimmung von Atommassen ist die *Massenspektroskopie.* Dabei wird die Stoffprobe zunächst verdampft. Die einzelnen Atome werden dann durch elektrische Energie auf eine hohe Geschwindigkeit beschleunigt. Nun lässt man von der Seite her eine Kraft einwirken und drängt dadurch die Atome aus ihrer geraden Flugbahn ab. Dies geschieht umso leichter, je kleiner die Masse eines Atoms ist. Aus dem Maß der Ablenkung kann man auf die Masse des Atoms schließen.

Modellversuch: Lässt man unterschiedlich schwere Kugeln aus einem Trichter rollen und bläst von der Seite her mit einem Föhn, so werden die leichten Kugeln stärker abgelenkt als die schweren.

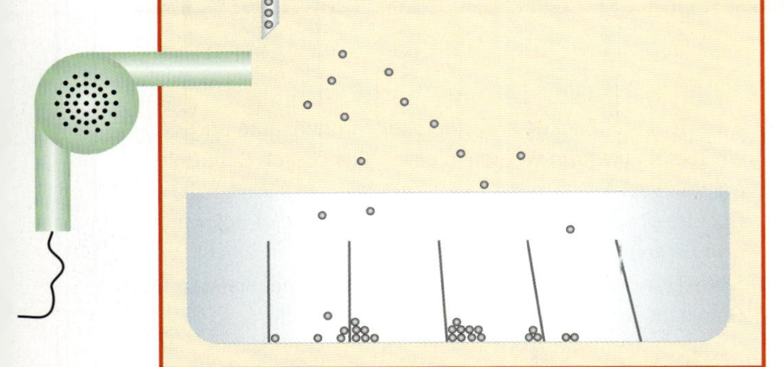

Nach DALTONS Atommodell besitzen alle Atome eines Elements die gleiche Masse. DALTON gelang es allerdings nie, die Massen der Atome direkt zu bestimmen. Heute kann man die Atommassen sehr genau ermitteln. Die Masse eines Schwefel-Atoms beträgt:
m (Schwefel-Atom) =
0,000 000 000 000 000 000 000 053 g

Atommassen sind also unvorstellbar klein. Deshalb ist es nicht sinnvoll, sie in der Einheit 1 Gramm anzugeben. Auch in der Einheit 1 Milligramm ergeben sich noch längst keine übersichtlichen Zahlen:
m (Schwefel-Atom) =
0,000 000 000 000 000 000 053 mg

Atomare Masseneinheit. Niemand rechnet gerne mit Zahlen, die 18 Nullen hinter dem Komma haben. Daher entschloss man sich, eine Masseneinheit einzuführen, die der Größenordnung der Atommassen angepasst ist. Als *atomare Masseneinheit* verwendet man die Einheit **1 u.** Sie entspricht ungefähr der Masse des leichtesten aller Atome, des Wasserstoff-Atoms. Zwischen der Einheit 1 g und der Einheit 1 u bestehen folgende Zusammenhänge:

$$1\ \text{g} = 602\,200\,000\,000\,000\,000\,000\,000\ \text{u} \approx 6 \cdot 10^{23}\ \text{u}$$

$$1\ \text{u} = \frac{1}{602\,200\,000\,000\,000\,000\,000\,000}\ \text{g} \approx 1{,}66 \cdot 10^{-24}\ \text{g}$$

Messen bedeutet immer Vergleichen: Gibt man eine Masse in der Einheit 1 kg an, so vergleicht man sie mit der Masse des Urkilogramm-Stücks. Verwendet man dagegen die Einheit 1 u, so vergleicht man praktisch mit der Masse eines Wasserstoff-Atoms: Die Masse eines Schwefel-Atoms beträgt 32 u. Die Masse eines Schwefel-Atoms ist also 32-mal so groß wie die Masse eines Wasserstoff-Atoms. Das schwerste in der Natur vorkommende Atom, das Uran-Atom, ist rund 238-mal so schwer wie ein Wasserstoff-Atom; es hat also eine Masse von 238 u.

Die Masse von Atomen wird in der atomaren Masseneinheit 1 u angegeben. Für die Umrechnung in die Masseneinheit 1 Gramm gilt: $1\ \text{g} \approx 6 \cdot 10^{23}\ \text{u}$.

1 Weshalb ist es sinnvoll, für Atommassen eine eigene Einheit einzuführen? Wie lautet sie?
2 Gib eine Definition der atomaren Masseneinheit 1 u.
3 Berechne die Masse eines Wasserstoff-Atoms in der Einheit 1 Milligramm.
4 Ein Sauerstoff-Atom hat die Masse
m (Sauerstoff-Atom) =
0,000 000 000 000 000 000 000 026 5 g.
Rechne in die atomare Masseneinheit um.

Wie groß ist ein Atom?

Durch einen einfachen Versuch ist es möglich, die Größe von Ölsäure-Teilchen zu bestimmen. Ölsäure-Teilchen bestehen aus 54 Atomen. Wenn man die Größe der Ölsäure-Teilchen kennt, kann man sich daher auch eine ungefähre Vorstellung von der Größe einzelner Atome machen.

Ölsäure bildet auf Wasser einen dünnen Film. Einen besonders dünnen Ölsäure-Film erhält man, wenn man eine Lösung von sehr wenig Ölsäure in Heptan auf die Wasseroberfläche gibt und dann das Heptan verdunsten lässt. Der Ölsäure-Film besteht dann nur aus einer einzigen Schicht von Ölsäure-Teilchen. Bestimmt man nun die Dicke des Ölsäure-Films, so hat man damit den Durchmesser eines einzigen Ölsäure-Teilchens gefunden.

V1: Durchmesser eines Ölsäure-Teilchens

      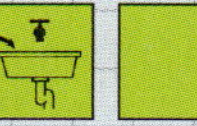

Materialien: Glaswanne (fettfrei, Durchmesser 30 cm), Bürette, Lineal;
Ölsäure/Heptan-Gemisch (1 : 1000; F, Xn, N), Bärlapp-Sporen.

Durchführung:

1. Bestimme das Volumen eines Tropfens des Ölsäure/Heptan-Gemischs, indem du 1 ml aus der Bürette tropfen lässt und dabei die Anzahl der Tropfen zählst.
2. Fülle die Glaswanne mit Wasser und bestreue die Wasseroberfläche hauchdünn mit Bärlapp-Sporen.
3. Lass einen Tropfen der Ölsäure-Lösung aus der Bürette in die Mitte der Wanne fallen. Die Lösung bildet einen kreisförmigen Fleck auf der Wasseroberfläche und schiebt dabei die Bärlapp-Sporen beiseite.
4. Warte einige Minuten, bis das Heptan verdunstet ist, und miss dann mit dem Lineal den Durchmesser des Ölsäure-Flecks.

Rechenbeispiel

Der Ölsäure-Fleck ist geometrisch gesehen ein flacher Zylinder. Seine Grundfläche kann aus dem Durchmesser berechnet werden. Sein Volumen ist gleich dem Volumen der Ölsäure in einem Tropfen der Lösung.

Da der Ölsäure-Fleck nur aus einer Schicht Ölsäure-Teilchen besteht, entspricht die Höhe des Zylinders etwa dem Durchmesser eines Teilchens.

Messwerte: 1 ml Gemisch = 50 Tropfen
d (Fleck) = 16 cm = 160 mm

1. Volumen der Ölsäure:

1 ml Ölsäure-Lösung ergibt 50 Tropfen.
1 Tropfen = 0,02 ml Lösung
$\frac{1}{1000}$ des Volumens der Lösung ist Ölsäure.
1 Tropfen = $\frac{0{,}02}{1000}$ ml Ölsäure
V (Ölsäure) = 0,000 02 ml = 0,02 mm^3
Hinweis: 1 ml = 1 cm^3 = 1000 mm^3

2. Fläche des Ölsäure-Flecks:

A (Fleck) = $\pi \cdot r^2 = 3{,}14 \cdot (80\text{ mm})^2$
A (Fleck) $\approx$ 20 000 mm^2

3. Höhe des Ölsäure-Flecks:

V (Ölsäure) = A (Fleck) · h (Fleck)
h (Fleck) = $\frac{0{,}02\text{ mm}^3}{20\,000\text{ mm}^2}$
h (Fleck) = 0,000 001 mm

Die Höhe des Zylinders entspricht dem Durchmesser eines Ölsäure-Teilchens. Er beträgt etwa 0,000 001 mm. Da ein Ölsäure-Teilchen aus 54 Atomen aufgebaut ist, muss der Durchmesser eines Atoms noch kleiner sein:
Atome sind also kleiner als ein Millionstel Millimeter.

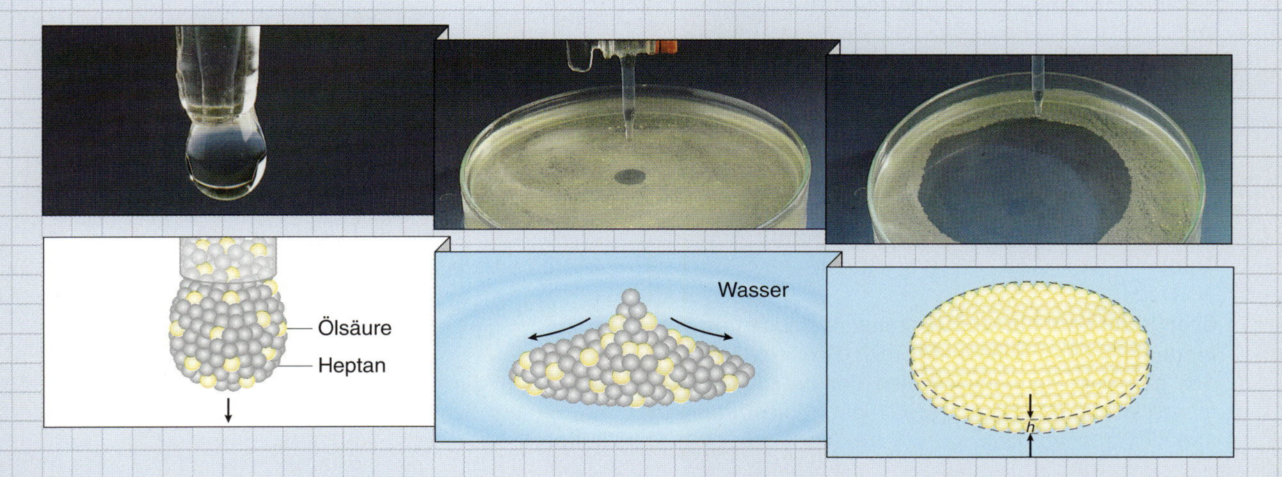

4.7 Die Formelsprache der Chemie

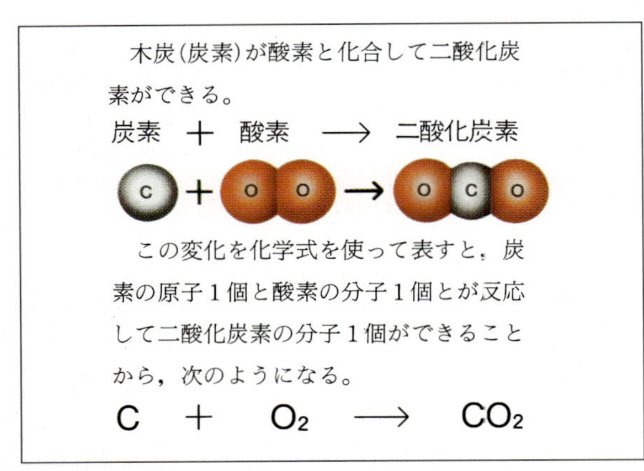

Die Zeichensprache der Chemie ist international.

Element	Symbol nach DALTON	heutiges Symbol
Wasserstoff		H
Kohlenstoff		C
Stickstoff		N
Phosphor		P
Schwefel		S
Gold		Au
Silber		Ag
Kupfer		Cu
Quecksilber		Hg
Eisen		Fe

Elementsymbole

In der Chemie benutzt man eine Formelsprache, die schwer verständlich erscheint. In Wirklichkeit sind die Zusammenhänge gar nicht so schwierig. So verwenden die Chemiker schon seit DALTONS Zeit **Elementsymbole.** Ebenso wie aus Buchstaben Wörter gebildet werden, kann man Elementsymbole zu Verbindungssymbolen zusammenfügen. Diese Verbindungssymbole sind die eigentlichen **chemischen Formeln.** Und wie man aus Wörtern Sätze bildet, so kann man mit Formeln **Reaktionsgleichungen** aufstellen. Die Formelsprache der Chemie wird weltweit einheitlich geschrieben, unabhängig davon, welche Schriftzeichen man sonst verwendet.

Elementsymbole. Bereits DALTON benutzte für jedes chemische Element ein eigenes Symbol. Viele dieser Symbole entstammten der Astronomie und wurden schon lange von den Alchemisten verwendet. BERZELIUS führte 1813 die noch heute benutzten Elementsymbole ein. Man verwendet dazu jeweils den ersten oder den ersten und einen weiteren Buchstaben des wissenschaftlichen Elementnamens:

Iod:	I	
Schwefel:	S	(von **S**ulfur)
Kohlenstoff:	C	(von **C**arboneum)
Calcium:	Ca	
Magnesium:	Mg	
Mangan:	Mn	
Eisen:	Fe	(von **Fe**rrum)
Silber:	Ag	(von **A**r**g**entum)
Gold:	Au	(von **Au**rum)

Chemische Formeln. Die Zusammensetzung von Verbindungen beschreibt man durch *Formeln.* Sie werden aus den Elementsymbolen der beteiligten Elemente gebildet. Man unterscheidet *Molekülformeln* und *Verhältnisformeln.*

Vom Massenverhältnis zum Atomanzahlverhältnis. Das Atomanzahlverhältnis einer Verbindung lässt sich aus dem Massenverhältnis der beteiligten Elemente berechnen. Kupfer und Schwefel reagieren miteinander im Massenverhältnis 4 : 1 zu Kupfersulfid. Das Atomanzahlverhältnis im Kupfersulfid lässt sich daher ermitteln, wenn man die Anzahl der Kupfer-Atome in 4 g Kupfer und die Anzahl der Schwefel-Atome in 1 g Schwefel berechnet.

1. Massenverhältnis:

$$\frac{m\text{ (Kupfer)}}{m\text{ (Schwefel)}} = \frac{4\text{ g}}{1\text{ g}}$$

2. Anzahl N der Kupfer-Atome:

$$N\text{ (Cu-Atome)} = \frac{m\text{ (Kupfer)}}{m\text{ (Cu-Atom)}} = \frac{4\text{ g}}{63{,}5\text{ u}}$$

$$= \frac{4 \cdot 6 \cdot 10^{23}\text{ u}}{63{,}5\text{ u}} = 3{,}8 \cdot 10^{22}$$

Hinweis: Für die Umrechnung der Masse in die atomare Masseneinheit gilt: $1\text{ g} = 6 \cdot 10^{23}\text{ u}$

3. Anzahl N der Schwefel-Atome:

$$N\text{ (S-Atome)} = \frac{m\text{ (Schwefel)}}{m\text{ (S-Atom)}} = \frac{1\text{ g}}{32\text{ u}}$$

$$= \frac{1 \cdot 6 \cdot 10^{23}\text{ u}}{32\text{ u}} = 1{,}9 \cdot 10^{22}$$

4. Atomanzahlverhältnis:

$$\frac{N\text{ (Cu-Atome)}}{N\text{ (S-Atome)}} = \frac{3{,}8 \cdot 10^{22}}{1{,}9 \cdot 10^{22}} = \frac{2}{1}$$

Bei der Bildung von Kupfersulfid reagieren Kupfer-Atome und Schwefel-Atome also im Atomanzahlverhältnis 2 : 1.

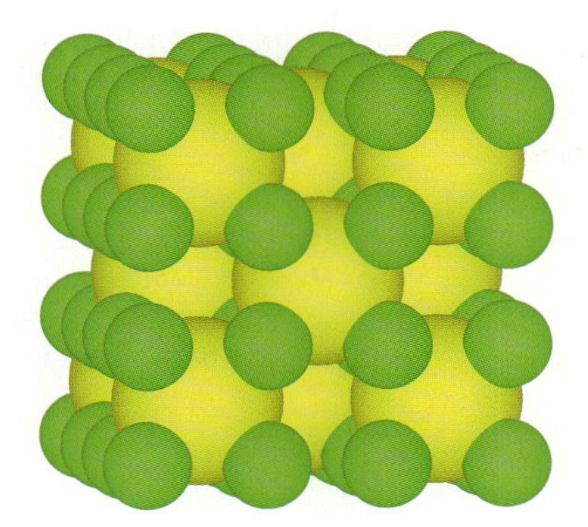

Verhältnisformel: Cu_2S

Kupfersulfid – eine Metall/Nichtmetall-Verbindung

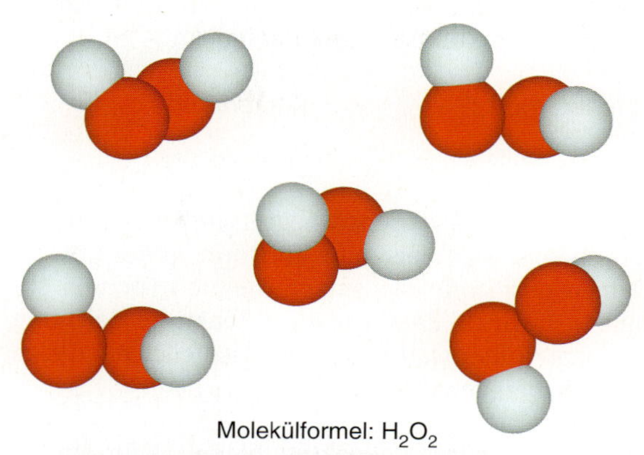

Molekülformel: H_2O_2

Wasserstoffperoxid – eine Molekülverbindung

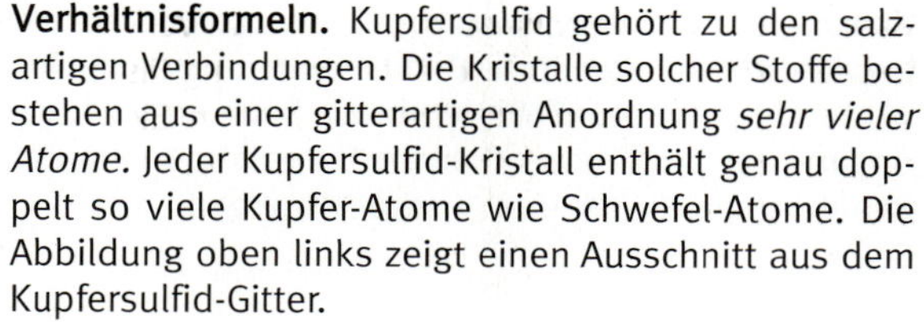

Verhältnisformeln. Kupfersulfid gehört zu den salzartigen Verbindungen. Die Kristalle solcher Stoffe bestehen aus einer gitterartigen Anordnung *sehr vieler Atome.* Jeder Kupfersulfid-Kristall enthält genau doppelt so viele Kupfer-Atome wie Schwefel-Atome. Die Abbildung oben links zeigt einen Ausschnitt aus dem Kupfersulfid-Gitter.

Die chemische Formel für salzartige Stoffe gibt das experimentell ermittelte Atomanzahlverhältnis wieder: Man schreibt es einfach durch tiefergestellte Zahlen *hinter* die jeweiligen Elementsymbole. Eine solche Formel bezeichnet man deshalb als *Verhältnisformel.* Die Verhältnisformel von Kupfersulfid lautet also Cu_2S_1. Die Chemiker lassen üblicherweise die Ziffer 1 weg und schreiben einfach Cu_2S.

In Formeln für Metall/Nichtmetall-Verbindungen steht das Metall immer an erster Stelle.

Molekülformeln. Gase, Flüssigkeiten und andere flüchtige Verbindungen bestehen im Gegensatz zu den salzartigen Stoffen aus kleinsten Teilchen, die aus einer *bestimmten, kleinen Anzahl von Atomen* aufgebaut sind. Solche Teilchen bezeichnet man als **Moleküle.** Für Moleküle werden *Molekülformeln* verwendet. Sie geben die Art und die genaue Anzahl der Atome in einem Molekül an.

Ein Beispiel für eine Molekülverbindung ist Wasserstoffperoxid: Ein Molekül ist aus zwei Wasserstoff-Atomen (H) und zwei Sauerstoff-Atomen (O) aufgebaut. Um dieses Teilchen zu beschreiben, verwendet man die Molekülformel H_2O_2. Die Verhältnisformel wäre einfach HO. Für Molekülverbindungen werden solche Verhältnisformeln aber nicht verwendet.

Bei vielen Molekülverbindungen stimmt die Molekülformel allerdings mit der Verhältnisformel überein. Beispiele sind die Verbindungen Wasser (H_2O) und Kohlenstoffdioxid (CO_2).

Viele nichtmetallische *Elemente* wie Schwefel oder Iod bestehen ebenfalls aus Molekülen. Auch hier gibt man oft Molekülformeln an. So steht I_2 für ein Iod-Molekül. Es ist aus zwei Iod-Atomen aufgebaut. Schwefel-Moleküle bestehen aus acht Atomen, die Molekülformel ist also S_8.

Die Formelsprache der Chemiker basiert auf Elementsymbolen. Für salzartige Stoffe verwendet man Verhältnisformeln. Sie geben das Anzahlverhältnis der Atomarten in einer Verbindung an.
Molekülformeln geben Art und Anzahl der Atome an, aus denen ein Molekül eines Stoffes aufgebaut ist.

1 Welche Elemente verbergen sich hinter folgenden Symbolen: Mg, H, C, Pb, Ge, Au?

2 Kläre mit Hilfe eines Lexikons, woher die Elementsymbole N (für Stickstoff), O (für Sauerstoff) und Sb (für Antimon) stammen.

3 **a)** Wodurch unterscheiden sich salzartige Stoffe von Molekülverbindungen?
b) Was ist der Unterschied zwischen einer Verhältnisformel und einer Molekülformel?

4 Ein Stoff besteht aus den Elementen Aluminium und Schwefel. Wie muss man vorgehen, um die Verhältnisformel zu bestimmen?

5 Kupfer und Iod reagieren im Massenverhältnis 1 : 2. Berechne die Verhältnisformel von Kupferiodid.

6 Eisensulfid hat die Verhältnisformel FeS. In welchem Massenverhältnis reagieren Eisen und Schwefel?

7 Bei der Ermittlung einer Verhältnisformel ist Alexander ein Fehler unterlaufen: Sein Ergebnis lautet $C_1H_{2,5}$. Was hat er falsch gemacht?

8 Traubenzucker hat die Formel $C_6H_{12}O_6$. Handelt es sich hierbei um eine Verhältnisformel oder um eine Molekülformel?

4.8 Reaktionsgleichungen: Reaktionen in der Formelsprache

Eine chemische Reaktion lässt sich übersichtlich durch ein **Reaktionsschema** darstellen:

Kupfer + Iod ⟶ Kupferiodid

Ausgangsstoffe — Endstoff (Produkt)

Anstelle eines Reaktionsschemas verwendet man in der Chemie aber meist eine Kurzform, in der statt der Namen der Stoffe die entsprechenden Formeln stehen. Man spricht dann von einer **Reaktionsgleichung,** weil man früher statt des Reaktionspfeiles ein Gleichheitszeichen verwendete.

Bei jeder chemischen Reaktion bleibt die Anzahl und die Art der beteiligten Atome unverändert. Damit auf der linken und der rechten Seite der Reaktionsgleichung gleiche Atomanzahlen stehen, werden vor den Formeln entsprechende Faktoren angegeben. Ebenso wie bei den tiefgestellten Zahlen in Formeln und wie in der Mathematik wird der Faktor 1 meist weggelassen.

Das Aufstellen einer Reaktionsgleichung lässt sich in die folgenden Einzelschritte aufteilen:

1. Aufstellen des Reaktionsschemas:

Kupfer + Iod ⟶ Kupferiodid

2. Einsetzen der korrekten Formeln bzw. der Elementsymbole:

□ Cu + □ I_2 ⟶ □ CuI

Hinweis: In den Formeln dürfen die tiefgestellten Zahlen bei den weiteren Schritten grundsätzlich nicht verändert werden!

3. Einrichten auf der Seite der Endstoffe:
Ein I_2-Molekül enthält 2 Iod-Atome. Damit auf der rechten Seite der Reaktionsgleichung ebenfalls 2 Iod-Atome stehen, muss auf der Seite des Endstoffes der Faktor 2 eingesetzt werden.

□ Cu + 1 I_2 ⟶ 2 CuI

4. Einrichten auf der Seite der Ausgangsstoffe:
Da auf der rechten Seite für 2 CuI-Einheiten 2 Cu-Atome benötigt werden, müssen diese auf der linken Seite bereitgestellt werden.

2 Cu + 1 I_2 ⟶ 2 CuI

Der Faktor 1 wird in der Regel weggelassen.

2 Cu + I_2 ⟶ 2 CuI

Die Abfolge der Schritte 3 und 4 kann auch vertauscht werden, wenn man dadurch die Zahlenverhältnisse besser überblickt.

5. Angabe der Aggregatzustände:
Oft ist es wichtig, die Aggregatzustände der beteiligten Stoffe zu kennen. Man verwendet deshalb bestimmte Abkürzungen um anzugeben, ob ein Stoff fest, flüssig oder gasförmig ist oder ob er in Wasser gelöst vorliegt:

s (engl. *solid*): fest;
l (engl. *liquid*): flüssig;
g (engl. *gaseous*): gasförmig;
aq (engl. *aqueous*): in Wasser gelöst.

2 Cu (s) + I_2 (g) ⟶ 2 CuI (s)

6. Angabe des Energieumsatzes:
Jede chemische Reaktion ist mit einem Energieumsatz verbunden. Diesen Energieumsatz kann man durch Angabe der Begriffe exotherm oder endotherm in der Reaktionsgleichung zum Ausdruck bringen.

2 Cu (s) + I_2 (g) ⟶ 2 CuI (s); exotherm

Auf die Angabe des Energieumsatzes in Reaktionsgleichungen wird oft verzichtet.

Chemische Reaktionen können durch ein Reaktionsschema oder durch eine Reaktionsgleichung beschrieben werden.
In Reaktionsgleichungen gibt man vor den Formeln Faktoren an, sodass auf jeder Seite der Gleichung gleich viele Atome jeder Sorte aufgeführt sind.

1 Wodurch unterscheiden sich Reaktionsschema und Reaktionsgleichung?
2 Gib die Reaktionsgleichung für die Zerlegung der Verbindung Kupferiodid in die Elemente an. Kennzeichne dabei auch die Aggregatzustände der beteiligten Stoffe. Gib den Energieumsatz an.
3 Entwickle die Reaktionsgleichung für die Bildung von Aluminiumiodid (AlI_3) aus Aluminium und Iod.
4 Kupfer reagiert mit Schwefel zu Kupfersulfid (Cu_2S). Stelle die Reaktionsgleichung auf. Verwende dabei für Schwefel (anstelle von S_8) einfach das Symbol S.
5 Warum lässt sich keine Reaktionsgleichung aufstellen, wenn man die Formel eines der an der Reaktion beteiligten Stoffes nicht kennt?
6 Pflanzen erzeugen unter Verwendung der Energie des Sonnenlichts aus Kohlenstoffdioxid (CO_2) und Wasser (H_2O) die Stoffe Traubenzucker ($C_6H_{12}O_6$) und Sauerstoff (O_2). Entwickle die Reaktionsgleichung. Gib dabei auch den Energieumsatz an.

Rechenbeispiel

Vom Massenverhältnis zur Verhältnisformel:

1. ***Massenverhältnis:***

$$\frac{m\ (\text{Aluminium})}{m\ (\text{Schwefel})} = \frac{1\ \text{g}}{1{,}78\ \text{g}}$$

2. ***Anzahl der Aluminium-Atome:***

$$N\ (\text{Al-Atome}) = \frac{m\ (\text{Aluminium})}{m\ (\text{Al-Atom})} = \frac{1\ \text{g}}{27\ \text{u}} = \frac{1 \cdot 6 \cdot 10^{23}\ \text{u}}{27\ \text{u}} = 2{,}2 \cdot 10^{22}$$

3. ***Anzahl der Schwefel-Atome:***

$$N\ (\text{S-Atome}) = \frac{m\ (\text{Schwefel})}{m\ (\text{S-Atom})} = \frac{1{,}78\ \text{g}}{32\ \text{u}} = \frac{1{,}78 \cdot 6 \cdot 10^{23}\ \text{u}}{32\ \text{u}} = 3{,}3 \cdot 10^{22}$$

4. ***Atomanzahlverhältnis:***

$$\frac{N\ (\text{Al-Atome})}{N\ (\text{S-Atome})} = \frac{2{,}2 \cdot 10^{22}}{3{,}3 \cdot 10^{22}} = \frac{2}{3}$$

5. ***Verhältnisformel:***

Al_2S_3

Rechenbeispiel

Von der Formel zum Massenverhältnis:

1. ***Verhältnisformel:***

Al_2S_3

2. ***Atomanzahlverhältnis:***

$$\frac{N\ (\text{Al-Atome})}{N\ (\text{S-Atome})} = \frac{2}{3}$$

3. ***Masse Aluminium:***

$$m\ (\text{Aluminium}) = m\ (\text{Al-Atom}) \cdot N\ (\text{Al-Atome}) = 27\ \text{u} \cdot 2 = 54\ \text{u}$$

4. ***Masse Schwefel:***

$$m\ (\text{Schwefel}) = m\ (\text{S-Atom}) \cdot N\ (\text{S-Atom}) = 32\ \text{u} \cdot 3 = 96\ \text{u}$$

5. ***Massenverhältnis:***

$$\frac{m\ (\text{Aluminium})}{m\ (\text{Schwefel})} = \frac{54\ \text{u}}{96\ \text{u}} = \frac{1}{1{,}78}$$

Von den Formeln zur Reaktionsgleichung

Übersicht

1. Aufstellen des Reaktionsschemas:

Aluminium + Sauerstoff ⟶ Aluminiumoxid

2. Einsetzen der Formeln und Elementsymbole:

□ Al + □ O_2 ⟶ □ Al_2O_3

3. Einrichten auf der Seite der Ausgangsstoffe (O-Atome):

□ Al + 3 O_2 ⟶ □ Al_2O_3

4. Einrichten auf der Seite der Endstoffe:

□ Al + 3 O_2 ⟶ 2 Al_2O_3

5. Einrichten auf der Seite der Ausgangsstoffe (Al-Atome):

4 Al + 3 O_2 ⟶ 2 Al_2O_3

6. Angabe der Aggregatzustände:

4 Al (s) + 3 O_2 (g) ⟶ 2 Al_2O_3 (s)

7. Angabe des Energieumsatzes:

4 Al (s) + 3 O_2 (g) ⟶ 2 Al_2O_3 (s); exotherm

1 Verändere die Schritte 3, 4 und 5, indem du vom Aluminium ausgehst.

2 Warum darf in der Formel Al_2O_3 keine der tiefergestellten Zahlen verändert werden?

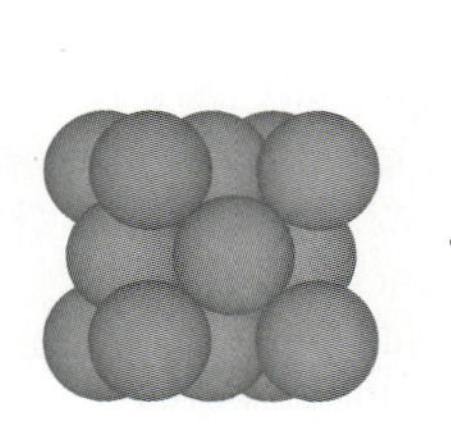

+

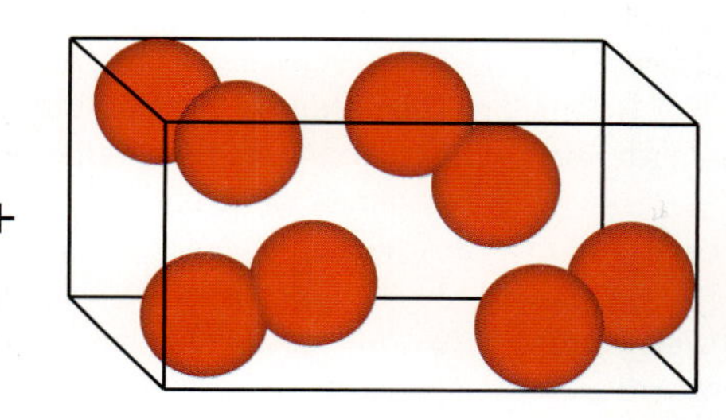

⟶

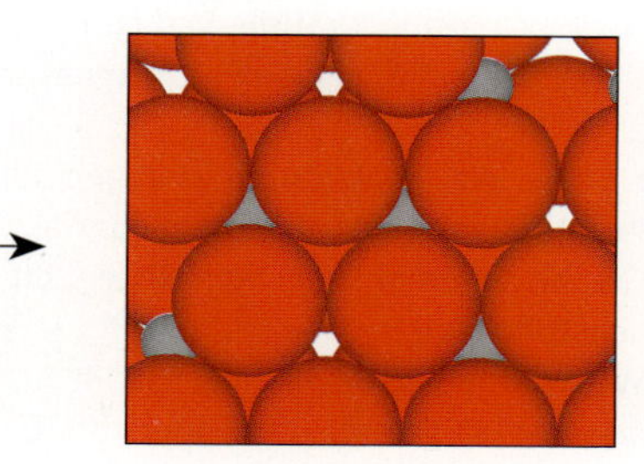

Prüfe dein Wissen

Quiz

A1 a) Erkläre die Begriffe des Fensters.
b) Notiere auf der Vorderseite von Karteikarten den Begriff, auf der Rückseite die Erklärung.

A2 In welchen Fällen läuft eine chemische Reaktion ab?
a) Kochsalz wird in Wasser gelöst.
b) Brausepulver wird in Wasser gerührt.
c) Wasser verdampft.
d) Diamant verbrennt.
e) Eisen wird mit Schwefel vermischt.
f) Kupfer bildet mit Iod Kupferiodid.
g) Wasserstoffperoxid wird gespalten.

A3 a) Gib die Elementsymbole an: Kupfer, Eisen, Zink, Schwefel, Iod, Aluminium, Sauerstoff, Silber, Gold.
b) Welche Elemente verbergen sich hinter: H, C, Ca, N, Cl?

A4 Die Formel für Benzol ist C_6H_6. Handelt es sich dabei um eine Verhältnisformel oder um eine Molekülformel? Begründe.

A5 Welche Aussagen macht das Atommodell von DALTON?

A6 a) Welche Beziehung besteht zwischen der Masseneinheit 1 Gramm und der atomaren Masseneinheit 1 u?
b) Suche die Atommasse von Eisen heraus und rechne in die Einheit 1 Gramm um.

Know-how

A7 Zeichne ein Energiediagramm für die Bildung von Zinksulfid aus den Elementen. Berücksichtige dabei auch die Aktivierungsenergie.

A8 Zink und Schwefel reagieren im Massenverhältnis 2,03 : 1 zu Zinksulfid. Ermittle die Verhältnisformel des Reaktionsproduktes. Entnimm die benötigten Atommassen aus dem Buch.

A9 Magnesiumsulfid hat die Verhältnisformel MgS. In welchem Massenverhältnis reagiert Magnesium mit Schwefel?

A10 Stelle die Reaktionsgleichungen auf. Gib auch die Aggregatzustände und die Energieumsätze an.
a) Graphit verbrennt mit dem Sauerstoff (O_2) der Luft zu Kohlenstoffdioxid.
b) Wasserstoffperoxid-Lösung zerfällt in Gegenwart eines Katalysators in Wasser und Sauerstoff. Dabei erwärmt sich die Lösung sehr stark.

A11 Vom Element Phosphor gibt es drei Erscheinungsformen: weißen Phosphor, roten Phosphor und schwarzen Phosphor. Wie ist das möglich?

Natur – Mensch – Technik

A12 Manche Menschen essen Traubenzucker ($C_6H_{12}O_6$), um Energie nachzuliefern. Im Stoffwechsel reagiert Traubenzucker mit Sauerstoff (O_2) zu Wasser (H_2O) und Kohlenstoffdioxid (CO_2). Entwickle die Reaktionsgleichung. Gib auch an, ob es sich um eine exotherme oder eine endotherme Reaktion handelt. Kennzeichne die Aggregatzustände der beteiligten Stoffe.

A13 Viele chemische Reaktionen unseres Stoffwechsels laufen nur in Gegenwart von Biokatalysatoren, den Enzymen, ab. Welche Funktion besitzen die Enzyme?

A14 Das Metall Zink wird aus dem Mineral Zinkblende gewonnen. Dabei handelt es sich um Zinksulfid (ZnS). Das Sulfid wird mit Sauerstoff (O_2) umgesetzt. Dabei entstehen Zinkoxid (ZnO) und Schwefeldioxid (SO_2). Zinkoxid reagiert in einem zweiten Schritt mit Kohlenstoff zu Zink und Kohlenstoffdioxid. Entwickle die Reaktionsgleichungen für die Herstellung von Zink aus Zinkblende.

A15 In einer Zeitschrift war unlängst zu lesen, dass es Alchemisten im 15. Jahrhundert gelungen wäre, Gold herzustellen. Ausgangsmaterial sei Kupfer gewesen, das man zusammen mit Zink erhitzt habe. Was hältst du von dieser Geschichte?

A16 Wie lassen sich die Beobachtungen beim Abbrennen einer Kerze mit dem Gesetz von der Erhaltung der Masse in Einklang bringen?

Chemische Reaktionen

Basiswissen

1. DALTONS Atommodell

— Jedes Element besteht aus kleinsten, nicht weiter teilbaren Teilchen, den Atomen.
— Die Atome eines Elements haben alle die gleiche Größe und die gleiche Masse. Die Atome unterschiedlicher Elemente unterscheiden sich in ihrer Masse. Damit gibt es genauso viele Atomarten, wie es Elemente gibt.
— Atome sind unzerstörbar. Sie können durch chemische Vorgänge weder vernichtet noch erzeugt werden.
— Bei chemischen Reaktionen werden die Atome der Ausgangsstoffe neu angeordnet und in bestimmten Anzahlverhältnissen miteinander verknüpft.

2. Kennzeichen chemischer Reaktionen

a) *Stoffumwandlung:* Bei chemischen Reaktionen entstehen neue Stoffe.

b) *Energieumsatz:* Chemische Reaktionen verlaufen exotherm oder endotherm.

c) *Massenerhaltung:* Die Masse der Endstoffe ist gleich der Masse der Ausgangsstoffe.

d) *konstante Massenverhältnisse:* Die Ausgangsstoffe reagieren in einem bestimmten Massenverhältnis. Die Produkte enthalten die Elemente in einem konstanten Atomanzahlverhältnis.

3. Einteilung von Stoffen

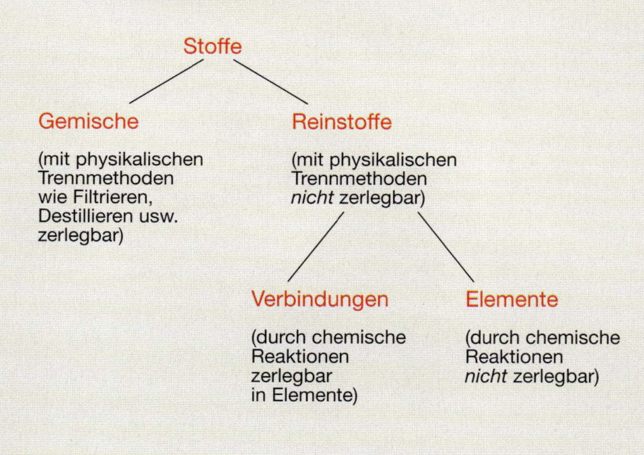

4. Elementsymbole, Formeln

Elementsymbole wie Cu (Kupfer) oder Fe (Eisen) stehen für die *Atomart* der betreffenden Elemente.

Bei vielen nichtmetallischen Elementen und bei Nichtmetall/Nichtmetall-Verbindungen liegen *Moleküle* vor. Moleküle sind Teilchen, die aus zwei oder mehreren Atomen bestehen. Moleküle werden durch **Molekülformeln** beschrieben.
Beispiele: I_2, S_8, H_2O_2, CO_2.

Metall/Nichtmetall-Verbindungen bestehen nicht aus Molekülen; sie besitzen eine gitterartige Anordnung der Atome. Man gibt das Atomanzahlverhältnis durch **Verhältnisformeln** an.
Beispiele: CuI, Al_2S_3.

5. Reaktionsgleichung

Ein *Reaktionsschema* beschreibt eine chemische Reaktion durch die Namen der Ausgangsstoffe und der Endstoffe:

Kupfer + Iod $\longrightarrow$ Kupferiodid

Eine **Reaktionsgleichung** ist eine Kurzbeschreibung einer chemischen Reaktion mit Elementsymbolen und Formeln. Die vor den Formeln stehenden Faktoren beschreiben das Verhältnis der Teilchenzahlen:

$2\ Cu\ (s) + I_2\ (g) \longrightarrow 2\ CuI\ (s)$; exotherm

6. Energiediagramm

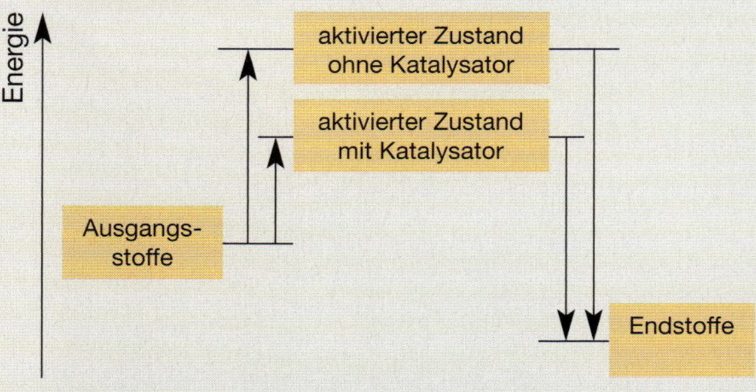

Für viele Reaktionen benötigt man **Aktivierungsenergie,** um sie zu starten.
Katalysatoren erniedrigen die Aktivierungsenergie.

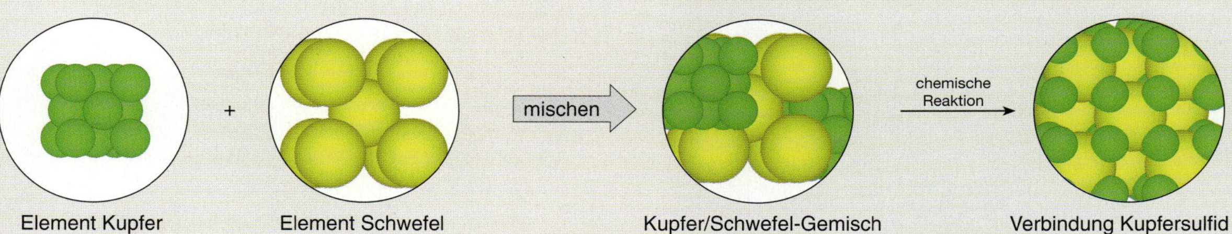

5 Luft – Chemie der Verbrennung

Das Lagerfeuer brennt und alle erfreuen sich an der Wärme und der romantischen Stimmung, die es verbreitet. Wann und wo das Feuer von den Menschen zuerst genutzt wurde, ist nicht genau bekannt. Es gibt aber Hinweise, dass man bereits vor 400 000 Jahren den Umgang mit dem Feuer beherrschte. Es spendete Wärme und Licht und diente der Zubereitung von Speisen. Funde aus späterer Zeit zeigen, dass man das Feuer auch nutzte um Metalle zu gewinnen.

Was geschieht bei der Verbrennung? Welche Rolle spielt die Luft dabei? Welche neuen Stoffe entstehen bei der Verbrennung und welche Bedeutung haben sie in unserem Leben? Das und viele weitere Fragen, die im Zusammenhang mit der Verbrennung stehen, sollen auf den nächsten Seiten näher betrachtet werden.

5.1 Reaktionspartner Luft

Um ein Feuer anzuzünden, benötigt man einen brennbaren Stoff wie Papier, Holz, Kohle, Heizöl oder Erdgas. **Brennstoffe** entzündet man durch ein Streichholz oder ein Feuerzeug, indem man sie an einer Stelle stark erhitzt. Einige Stoffe lassen sich dabei leichter, also bei niedrigerer Temperatur, entzünden als andere.

Besonders leicht lässt sich ein gasförmiger Brennstoff wie Erdgas entzünden. Bei der Verbrennung bilden sich hell leuchtende Flammen. Auch den Docht einer Kerze kann man sehr einfach mit dem Streichholz anzünden: In der heißen Streichholzflamme verdampft aus dem Docht etwas Wachs. Es ist schließlich dieser Dampf, der dann entzündet wird. Will man jedoch Kerzenwachs direkt zum Brennen bringen, reicht ein Streichholz nicht aus. Man benötigt vielmehr einen Gasbrenner, um die Zündtemperatur von Kerzenwachs zu erreichen.

Eine Verbrennung kann aber nur dann ablaufen, wenn genügend Luft als Reaktionspartner vorhanden ist. Bei mangelnder Luftzufuhr beobachtet man zunächst die Bildung von Ruß und Qualm; schließlich erstickt das Feuer.

Eine Verbrennung ist eine *chemische Reaktion:* Dabei entstehen Stoffe mit neuen Eigenschaften.
Oft wird die Asche, die bei vielen Verbrennungen zurückbleibt, als Verbrennungsprodukt angesehen. Es handelt sich dabei jedoch um einen Rückstand von nicht brennbaren Stoffen. Die eigentlichen Reaktionsprodukte sind meist gasförmige Stoffe wie Kohlenstoffdioxid und Wasserdampf, die man nicht direkt erkennen kann.

Auch Metalle brennen. Einrichtungen und Geräte für den Umgang mit Feuer werden oft aus Eisen hergestellt. Daraus könnte man folgern, dass Eisen nicht brennbar ist. Das gilt jedoch nur für kompakte Stücke. Erhöht man den **Zerteilungsgrad** und vergrößert damit die Oberfläche, so brennt auch Eisen: Hält man Eisenwolle in die Flamme eines Brenners, fängt sie an zu glühen. Bläst man Luft hinein, so glüht sie noch stärker auf. Bei der Reaktion bildet sich aus der hellgrauen Eisenwolle ein dunkelgrauer, stumpf aussehender Stoff, der zerbröselt, wenn man ihn zusammendrückt. Es handelt sich um *Eisenoxid.*

Führt man die Verbrennung von Eisenwolle an einer Waage durch, kann man eine **Zunahme der Masse** beobachten. Diese Beobachtung bestätigt, dass bei der Verbrennung ein weiterer Stoff beteiligt ist. Dabei handelt es sich um die Luft.

Eine Kerze verlischt bei Luftabschluss.

Verbrennung von Eisen

Auch viele andere Metalle sind brennbar. So brennt Magnesium an der Luft mit einer blendend hellen Flamme. Als Verbrennungsprodukt erhält man Magnesiumoxid, einen weißen pulverförmigen Feststoff, der auch als Magnesia bezeichnet wird.

Verbrennungsvorgänge verlaufen stets exotherm; dabei wird also Wärme an die Umgebung abgegeben. Man spricht von der **Verbrennungswärme.**

Die Verbrennung ist eine exotherme chemische Reaktion, bei der Luft mit einem brennbaren Stoff reagiert.

1 Warum erlischt eine Kerze unter einem Becherglas?
2 Warum lässt sich Holzkohle nicht mit einem Streichholz entzünden?
3 Wie kann man experimentell herausfinden, ob es sich bei einem farblosen Gas um Luft handelt?
4 Wie muss ein Lagerfeuer vorbereitet werden, damit man es mit einem Streichholz entzünden kann?
5 Nenne Beispiele für die Nutzung der Verbrennungswärme in Industrie und Haushalt.

5.2 Die Luft – ein Gasgemisch

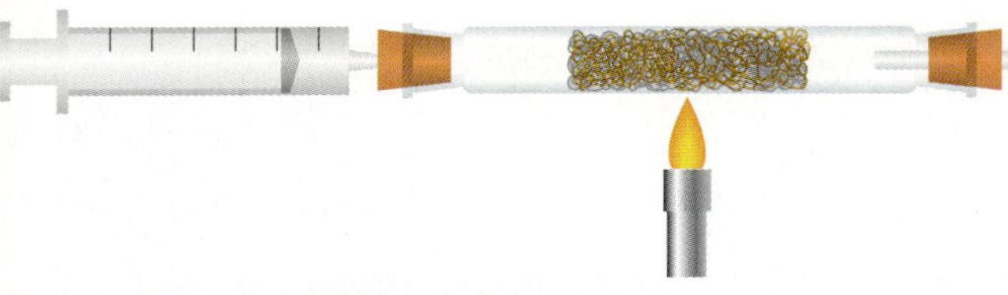

Mit einer großen Spritze wird ein bestimmtes Luftvolumen abgemessen und anschließend mehrfach über glühende Eisenwolle in den Luftballon gedrückt. Nach Abkühlen der Apparatur bleiben $\frac{4}{5}$ des Volumens der Luft zurück.

Verbrennt man Eisen in einem abgeschlossenen Luftraum, so verringert sich das Volumen um rund ein Fünftel. Bei diesem Anteil der Luft handelt es sich um Sauerstoff. Dieses Gas bildet mit Eisen Eisenoxid:

Eisen + Sauerstoff ⟶ Eisenoxid; exotherm

Die Luft enthält etwa 21 % **Sauerstoff.** Hauptbestandteil ist mit 78 % ein Element, das die Verbrennung nicht unterhält. Eine Flamme erstickt in diesem Gas. Man bezeichnet es als **Stickstoff.** Neben Stickstoff und Sauerstoff enthält Luft noch zu etwa 1 % **andere Gase.** Den größten Teil davon nimmt das Edelgas Argon ein. Kohlenstoffdioxid macht etwa 0,04 % des Luftvolumens aus.

Diese Angaben gelten nur für saubere und *trockene* Luft. Die Luft der Atmosphäre enthält aber immer einen gewissen Anteil an Wasserdampf: Bei 20 °C kann ein Liter Luft bis zu 23 ml Wasserdampf aufnehmen. Das entspricht 17 g Wasserdampf pro Kubikmeter Luft. Die Luft ist dann bei dieser Temperatur mit Wasserdampf gesättigt. Man sagt: Die *relative Luftfeuchtigkeit* beträgt 100 %.
Bei höheren Temperaturen kann die Luft noch mehr Wasserdampf aufnehmen. Kühlt man warme, feuchte Luft ab, so scheiden sich Wassertröpfchen ab: Es bilden sich Nebel, Tau oder Regen.

Auch viele andere gasförmige Bestandteile und große Mengen Staub gelangen auf natürliche Weise in die Atmosphäre: Bei Fäulnisprozessen bilden sich neben Kohlenstoffdioxid Gase wie Schwefelwasserstoff, Methan und Ammoniak. Wald- und Steppenbrände erzeugen Staub und Verbrennungsgase. Aus Vulkanen entweichen Staub, chlorhaltige Gase, Schwefeldioxid und Schwefelwasserstoff.
Ein erheblicher Anteil an Fremdstoffen wird jedoch auch durch Verkehr, Industrie und Haushalte in die Luft abgegeben. Dazu gehören auch gesundheitsschädliche Gase wie Kohlenstoffmonooxid, Stickstoffoxide, Schwefeldioxid und Kohlenwasserstoffe.

Die Luft ist ein Gasgemisch aus 78 % Stickstoff, 21 % Sauerstoff und 1 % sonstigen Gasen. Daneben enthält Luft stets Wasserdampf. Außerdem finden sich oft Schadstoffe in der Atmosphäre, die teils bei natürlichen und teils bei technischen Vorgängen entstehen.

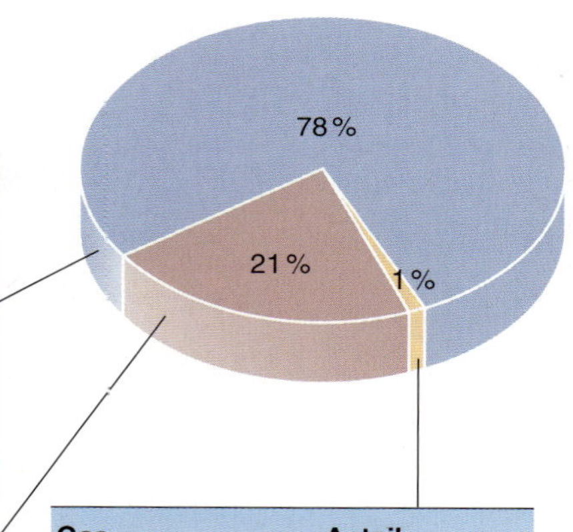

Steckbrief: Stickstoff

Entdeckung: 1772 RUTHERFORD, 1772 CAVENDISH
Eigenschaften: farbloses, geruchloses Gas
Dichte: 1,16 $\frac{g}{l}$ (bei 20 °C und 1013 hPa)
Schmelztemperatur: −210 °C
Siedetemperatur: −196 °C
erstickt Flammen, ist chemisch reaktionsträge
Verwendung: als Kältemittel (z. B. in der Lebensmitteltechnik), zur Herstellung von Ammoniak (für stickstoffhaltige Mineraldünger)

Steckbrief: Sauerstoff

Entdeckung: 1774 SCHEELE (Erhitzen von Salpeter); 1794 PRIESTLEY (Erhitzen von Quecksilberoxid)
Eigenschaften: farbloses, geruchloses Gas
Dichte: 1,33 $\frac{g}{l}$ (bei 20 °C und 1013 hPa)
Schmelztemperatur: −219 °C
Siedetemperatur: −183 °C
Löslichkeit in Wasser (bei 20 °C und 1013 hPa aus der Luft): 8,8 $\frac{mg}{l}$
reagiert mit fast allen Elementen zu Oxiden
Verwendung: als Atemgas in Atemgeräten; als Reaktionspartner beim Schweißen und beim Raketenantrieb
Nachweis: Glimmspanprobe

Gas	Anteil in 1000 ml Luft
Stickstoff	780,8 ml
Sauerstoff	209,5 ml
Argon	9,3 ml
Kohlenstoffdioxid	0,4 ml
Sonstige Edelgase	0,024 ml
Methan	0,0016 ml
Wasserstoff	0,0005 ml
Kohlenstoffmonooxid	0,0002 ml
Stickstoffoxide	0,0000005 ml
Ozon	0,0000004 ml

1 Gib die genauen Volumenanteile für die vier wichtigsten Bestandteile der Luft in Prozent an.
2 Vergleiche die Reaktionsfähigkeit von Sauerstoff und Stickstoff.
3 Wozu verwendet man Sauerstoff, wozu Stickstoff?
4 Schlage nach, was man unter Edelgasen versteht.
5 Warum bleiben bei der Reaktion von Eisen in einem abgeschlossenen Luftvolumen auch dann $\frac{4}{5}$ des Volumens der Luft zurück, wenn man sehr viel Eisen einsetzt?
6 Welche Gase gelangen durch die Aktivitäten des Menschen in die Luft?

Die Lufthülle

Von der Erde aus gesehen scheint die Lufthülle grenzenlos zu sein. Vom Weltraum aus zeigt sich aber nur ein dünner, blau schimmernder Gasmantel um die Erde. Dieser scheinbare Gegensatz erklärt sich aus dem Verhältnis zwischen dem Erddurchmesser von 12 740 km und der Höhe der erdnahen Lufthülle von nur etwa 100 km. Bei einem Globus mit einem Durchmesser von 25 cm wäre die Luftschicht nur 2 mm dick!

Die Lufthülle wird als ***Atmosphäre*** bezeichnet. Sie besitzt zum Weltall hin keine scharfe Grenze. Sie breitet sich bis über 1000 km weit in den Weltraum aus, ihre Dichte nimmt dabei aber sehr schnell ab. Bis zu einer Höhe von 100 km enthält die Atmosphäre bereits 99,999 99 % aller Gasteilchen.

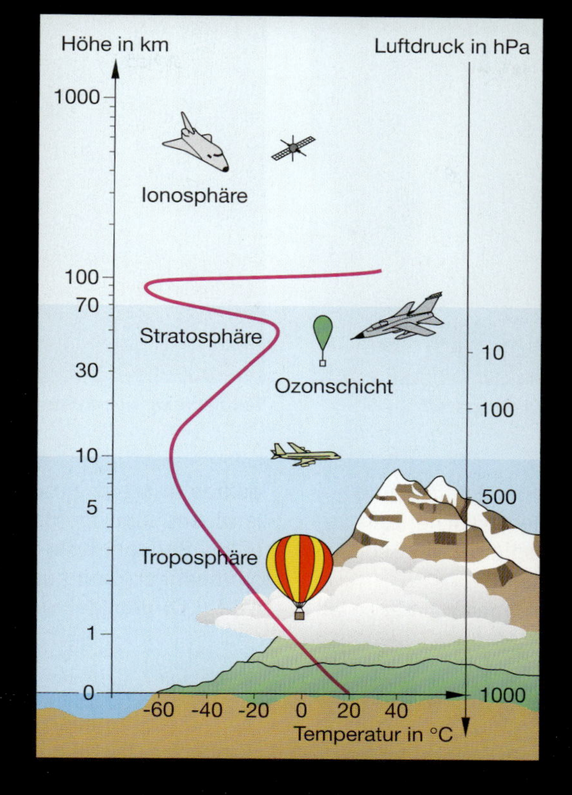

Die Atmosphäre übt einen Druck von etwa 1000 hPa (1 bar) auf die Erdoberfläche aus: Auf jeden Quadratzentimeter drückt eine Masse von 1 kg.
Mit zunehmender Höhe verringert sich der Luftdruck. Schon in 6000 m Höhe ist er nur noch halb so groß wie in Meereshöhe. Wer auf einen so hohen Berg steigen will, muss seinen Körper deshalb daran gewöhnen, mit nur der Hälfte an Sauerstoff pro Atemzug auszukommen. Diese Höhenanpassung dauert mehrere Tage. In 8000 m Höhe können sich Menschen ohne Sauerstoffversorgung nur maximal einen Tag aufhalten. Jede körperliche Leistung bereitet wegen des Sauerstoffmangels größte Mühe.

Man teilt die Lufthülle in mehrere ***Schichten*** ein:
Troposphäre: bis 10 km Höhe,
Stratosphäre: bis 70 km Höhe,
Ionosphäre: ab 70 km Höhe.

In der *Troposphäre* spielt sich das Wettergeschehen ab. Forschungsballons steigen bis in die *Stratosphäre* auf. In etwa 30 km Höhe befindet sich die oft genannte **Ozonschicht**, die uns vor den UV-Strahlen der Sonne schützt. Der Ozon-Anteil in dieser Schicht ist zwar nur sehr gering, die Zerstörung der Ozonschicht hätte aber schwerwiegende Folgen für das Leben auf der Erde.

In Verkehrsflugzeugen, die in 10 km Höhe fliegen, werden die Passagiere durch eine Druckkabine vor dem verminderten Druck geschützt. Sie hält einen Luftdruck aufrecht, wie er in 2200 m Höhe herrscht. Gleichzeitig wird die Luft noch mit Sauerstoff angereichert. Wegen einer Außentemperatur von –50 °C muss zusätzlich ständig geheizt werden.

1 Welche Gasteilchen befinden sich in der Lufthülle der Erde?
2 Welcher Luftdruck herrscht in 6000 m Höhe?
3 Wie ändert sich die Temperatur der Atmosphäre mit zunehmendem Abstand von der Erdoberfläche?
4 Warum muss die Luft im Flugzeug mit Sauerstoff angereichert werden?

5.3 Reaktionen mit Sauerstoff – Oxidation

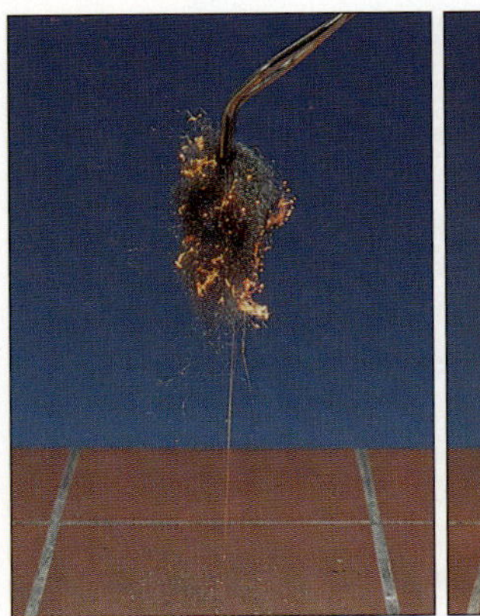

Verbrennung von Eisen in Luft und in Sauerstoff

Verbrennung von Kohlenstoff in Luft und in Sauerstoff

An zahlreichen Experimenten mit *Metallen* und mit *Nichtmetallen* lässt sich erkennen, welche Rolle der Sauerstoff für die Verbrennung spielt. Zwei Beispiele sollen hier näher erläutert werden.

Erhitzt man *Eisenwolle* in der Brennerflamme, so bildet sich ein schwarzgraues sprödes Eisenoxid (Fe_3O_4). An der Luft läuft die Reaktion recht langsam ab. Sie wird jedoch deutlich heftiger, wenn man die glühende Eisenwolle in einen Standzylinder mit reinem Sauerstoff hält.

Für die Reaktion gilt die folgende Reaktionsgleichung:

$$3\,Fe\,(s) + 2\,O_2\,(g) \longrightarrow Fe_3O_4\,(s);\ \text{exotherm}$$

Eisen — Sauerstoff — Eisenoxid

Ein Stück *Holzkohle* verbrennt, wenn man es erhitzt. Auch hier ist die Reaktion in reinem Sauerstoff sehr viel heftiger als an der Luft. Das Verbrennungsprodukt wird meist gar nicht wahrgenommen; es ist ein farbloses und geruchloses Gas: Kohlenstoffdioxid (CO_2). Bei sehr hohen Temperaturen oder bei Sauerstoffmangel kann auch das giftige Kohlenstoffmonooxid (CO) gebildet werden.

$$C\,(s) + O_2\,(g) \longrightarrow CO_2\,(g);\ \text{exotherm}$$

Kohlenstoff — Sauerstoff — Kohlenstoffdioxid

Die experimentellen Ergebnisse lassen sich zusammenfassen: Metalle und Nichtmetalle verbrennen an der Luft und in reinem Sauerstoff. Dabei wird Wärme frei. Diese chemische Reaktion mit Sauerstoff bezeichnet man als **Oxidation.** Die dabei gebildeten Sauerstoff-Verbindungen nennt man **Oxide.**

Metall + Sauerstoff ⟶ Metalloxid; exotherm

Nichtmetall + Sauerstoff ⟶ Nichtmetalloxid; exotherm

Eine Oxidation ist eine chemische Reaktion, bei der ein Stoff mit Sauerstoff zu einem Oxid reagiert.
Bei der Reaktion wird Wärme frei.

Exkurs

Die Glimmspanprobe

Sauerstoff ermöglicht und unterhält die Verbrennung. Diese Eigenschaft kann man nutzen, um Sauerstoff nachzuweisen: Hält man einen an der Luft nur glimmenden Holzspan in Sauerstoff, so flammt er auf und brennt mit großer, heller Flamme. Diese Nachweisreaktion bezeichnet man als Glimmspanprobe.

Mit anderen Gasen wie Stickstoff, Kohlenstoffdioxid oder Argon verläuft die Glimmspanprobe negativ.

1 Schwefel reagiert mit Sauerstoff zu Schwefeldioxid.
a) Wie nennt man eine solche Reaktion?
b) Gib das Reaktionsschema und die Reaktionsgleichung an.

2 Gib die Reaktionsgleichung für die Bildung von Kohlenstoffmonooxid an.

3 Wie weist man Sauerstoff nach?

4 Bei der exothermen Oxidation von Kupfer muss zuerst Wärme zugeführt werden, ehe ein Oxid entsteht.
a) Gib das Reaktionsschema und die Reaktionsgleichung für die Bildung von Kupferoxid (CuO) an.
b) Zeichne ein Energiediagramm. Wie nennt man die anfänglich zugeführte Energie?

Reaktion von Kohlenstoff und Sauerstoff im Teilchenmodell

Theorie

Mit Hilfe des Teilchenmodells lässt sich anschaulich darstellen, wie die Verbrennung von Kohlenstoff zu Kohlenstoffdioxid abläuft.

1. In Sauerstoff-Molekülen (O_2) sind zwei Sauerstoff-Atome miteinander verbunden. Diese Gas-Moleküle bewegen sich sehr schnell und ungeordnet. Sie stoßen häufig zusammen und prallen dabei wie Billardkugeln voneinander ab. Beim Erhitzen des Gases nimmt die Geschwindigkeit der Teilchen zu; die Zusammenstöße werden heftiger.

2. Kohlenstoff (C) ist ein Feststoff. Die Kohlenstoff-Atome sind auf festen Plätzen in einem dicht gepackten Gitter angeordnet. Sie schwingen auf ihren Plätzen nur wenig hin und her. Die Schwingungen verstärken sich um so mehr, je höher die Temperatur steigt. Dadurch wird der Zusammenhalt zwischen den Kohlenstoff-Atomen gelockert. Am Gitterrand sind die Atome weniger stark in das Gitter eingebunden. Sie können daher eine Reaktion eingehen.

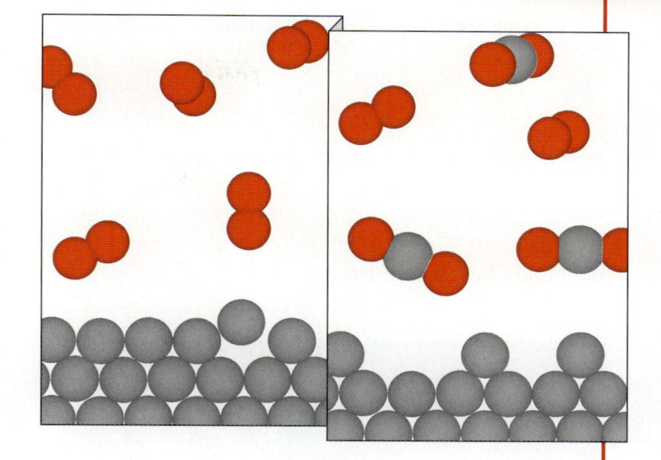

3. Bei hoher Temperatur prallen die Sauerstoff-Moleküle mit großer Geschwindigkeit auf das Gitter der Kohlenstoff-Atome. Sie reagieren mit den Kohlenstoff-Atomen am Gitterrand zu Kohlenstoffdioxid-Molekülen (CO_2), die sich als farbloses Gas im Raum verteilen.

Verflüssigung der Luft

Exkurs

Aus der Luft werden in großen Mengen reiner Sauerstoff und reiner Stickstoff gewonnen. Dazu muss die Luft zunächst verflüssigt werden.

Man wendet dazu das **LINDE-Verfahren** an. Im ersten Schritt wird die Luft zusammengepresst: Das Volumen nimmt ab, die Temperatur steigt. Die verdichtete Luft wird nun in einem Kühler abgekühlt. Anschließend wird der Druck verringert: Das Volumen nimmt zu, die Temperatur sinkt. Dieser Vorgang wird in einem Kreislauf mehrfach wiederholt, bis die Luft schließlich bei etwa –200 °C verflüssigt ist.

In einer *Destillationsanlage* lässt man die Temperatur der flüssigen Luft langsam ansteigen. Bei –196 °C siedet der *Stickstoff.* Das Gas wird aufgefangen. Bei einer Temperatur von –183 °C siedet schließlich der *Sauerstoff.* Auch dieses Gas wird aufgefangen und unter Druck in Stahlflaschen abgefüllt.
Auf die gleiche Weise kann das Edelgas Argon gewonnen werden: Es siedet bei –186 °C.

Sauerstoff wird zum Schneiden und Schweißen, in der Stahlgewinnung sowie in der Medizin genutzt. Flüssigen Sauerstoff benötigt man zum Beispiel in der Raumfahrt.

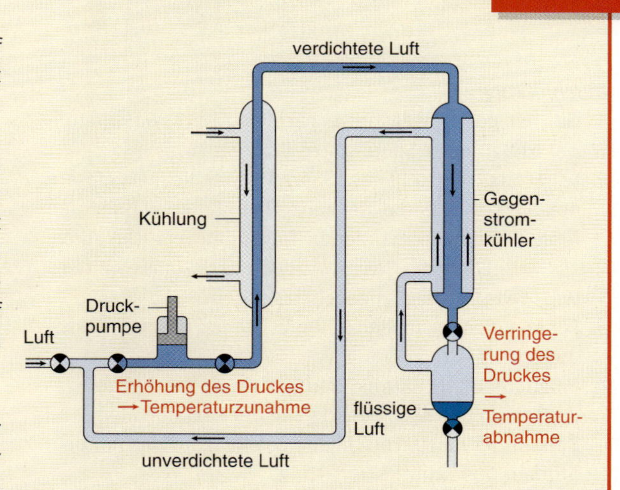

So reagieren in der ersten Brennstufe der Ariane-Rakete 120 t Sauerstoff mit 21 t Wasserstoff.
Flüssiger Stickstoff wird vor allem bei der Herstellung von Tiefkühlkost verwendet.

1 Warum können Sauerstoff und Stickstoff durch Destillation getrennt werden?
2 Durch welche Anstriche werden Stahlflaschen für Luft, Sauerstoff und Stickstoff gekennzeichnet?

Die Luft und ihre Bestandteile

V1: Darstellung und Untersuchung von Sauerstoff

Materialien: Reagenzglas mit seitlichem Ansatz, Schlauch, Gasableitungsrohr, pneumatische Wanne, Stopfen mit Kanüle und Einwegspritze (5 ml), Pinzette, Gasbrenner, Holzspan;
Braunstein (Xn), Wasserstoffperoxid (3 %), Holzkohle, Kalkwasser.

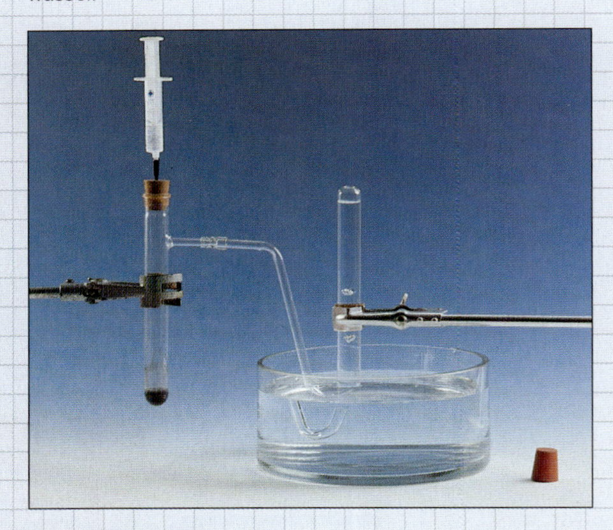

Durchführung:

1. Gib mit der Einwegspritze nach und nach Wasserstoffperoxid zu einer Spatelspitze Braunstein.
2. Fange das entstehende Gas mit zwei Reagenzgläsern auf. Verschließe die Reagenzgläser unter Wasser und führe damit nacheinander die folgenden Versuche durch. *Hinweis:* Lässt die Gasentwicklung nach, muss weiteres Wasserstoffperoxid zugegeben werden.
3. Führe einen glimmenden Holzspan in das erste Reagenzglas ein.
4. Entzünde die Holzkohle und gib sie in das zweite Reagenzglas. Füge nach Beendigung der Reaktion etwa 2 ml Kalkwasser hinzu, verschließe das Reagenzglas mit dem Stopfen und schüttle vorsichtig.

Aufgaben:

a) Notiere deine Beobachtungen.
b) Warum ist die Glimmspanprobe ein Nachweis für Sauerstoff?
c) Welche Aufgabe hat der Braunstein bei der Herstellung von Sauerstoff? Zeichne ein Energiediagramm für diese Reaktion.
d) Wozu dient das Kalkwasser?
e) Gib die Reaktionsgleichungen für die beiden Reaktionen an.

V2: Experimente mit einer Kerze

Materialien: Becherglas (250 ml, hoch), Glasrohr mit Spitze (5 cm), Tiegelzange;
Kerze oder Teelicht, Streichhölzer.

Durchführung:

1. Zünde die Kerze an und beobachte Flamme, Docht und Kerzenmaterial.
2. Bringe mit der Tiegelzange das weite Ende des Glasrohres mitten in die Flamme und halte es mit der Spitze schräg nach oben. Überprüfe mit der Streichholzflamme, ob aus dem spitzen Ende des Glasrohres ein brennbares Gas entweicht.
3. Stülpe ein Becherglas über die brennende Kerze. Versuche die Flamme durch Luftzufuhr vor dem Erlöschen zu retten.
4. Blase die Kerzenflamme aus. Entzünde den entstehenden Qualm mit einer darüber gehaltenen Streichholzflamme (Fernzündung).

Aufgaben:

a) Beschreibe das Aussehen der Kerzenflamme. Wo ist sie hell, wo dunkel?
b) Zeichne eine Kerze mit Flamme. Trage die beteiligten Stoffe und ihre Strömungen in verschiedenen Farben ein: festes, flüssiges und gasförmiges Kerzenwachs, frische Luft, Verbrennungsprodukt.
c) Erkläre deine Beobachtungen bei den Arbeitsschritten 3 und 4.

V3: Massenzunahme beim Erhitzen von Kupfer

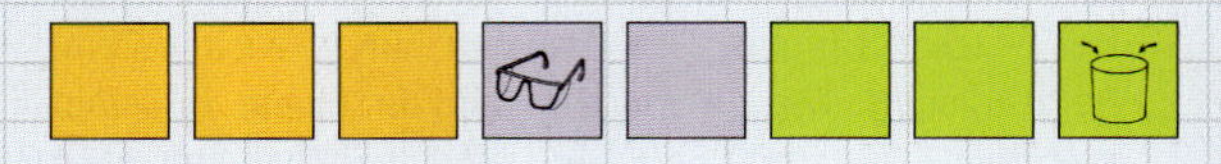

Materialien: Gasbrenner, Tondreieck, Porzellantiegel, Tiegelzange, Waage;
Kupferpulver, Eisendraht.

Durchführung:

1. Bestimme die Masse des Tiegels. Gib einen gehäuften Spatel Kupferpulver in den Tiegel und wiege erneut.
2. Erhitze den Tiegel. Rühre während des Erhitzens mit dem Eisendraht um.
3. Lass den Tiegel abkühlen und wiege erneut.

Aufgaben:

a) Notiere deine Beobachtungen.
b) Deute die Massenänderung.
c) Gib das Reaktionsschema und die Reaktionsgleichung für die Reaktion an.

Verbrennungsvorgänge

V1: Holzkohle aus Holz

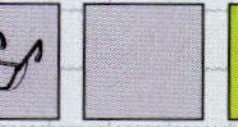

Materialien: Gasbrenner, Porzellanschälchen, Glasrohr mit Spitze, durchbohrter Stopfen, Tiegelzange; Holzstückchen.

Durchführung:

1. Baue die Apparatur nach der Abbildung auf.
2. Erhitze das Holz mit der nicht leuchtenden Brennerflamme. Entzünde den an der Glasspitze entweichenden Qualm.
3. Halte diese Flamme gegen den Boden des Porzellanschälchens.
4. Beende das Erhitzen, wenn die Gasflamme an der Glasspitze erlischt.
5. Nimm ein Stück Holzkohle aus dem Reagenzglas und halte es in die Brennerflamme.

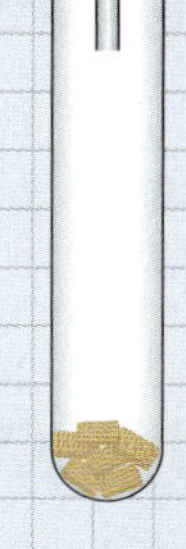

Aufgaben:

a) Notiere und deute deine Beobachtungen.
b) Warum verkohlt das Holz im Reagenzglas anstatt zu verbrennen?

V2: Der Kupferbrief

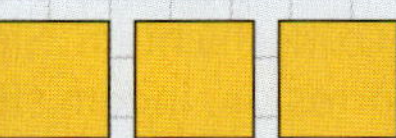

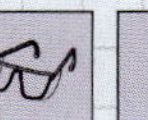

Materialien: Gasbrenner, Tiegelzange; Kupferblech (Dicke: 0,1 mm, Größe: 4 cm x 5 cm).

Durchführung:

1. Falte das Kupferblech zu einem Brief und knicke es an den Rändern um, sodass keine Luft eindringen kann.
2. Halte den Kupferbrief mit der Tiegelzange in die nicht leuchtende Brennerflamme und erhitze ihn bis zur Rotglut.
3. Öffne den Kupferbrief, wenn er vollständig abgekühlt ist.

Aufgaben:

a) Notiere deine Beobachtungen.
b) Erkläre das unterschiedliche Aussehen von Innenfläche und Außenfläche des Kupferbriefes.
c) Stelle fest, ob sich der Belag an der Außenseite abschaben lässt. Wie sieht der Kupferbrief unter dem Belag aus?
d) Gib die Reaktionsgleichung für die Reaktion an.

V3: Verbrennung von Schwefel

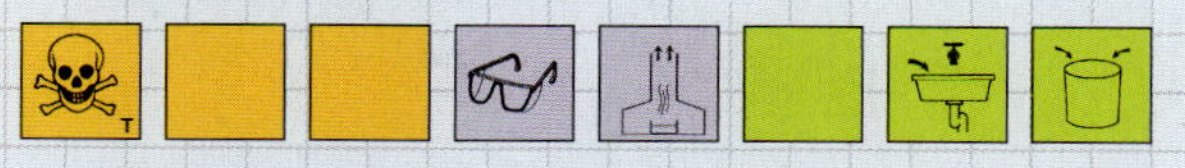

Materialien: Gasbrenner, Stopfen mit Nagel; Schwefel.

Durchführung:

1. Fülle einige Milliliter Wasser in ein Reagenzglas.
2. Befeuchte die Spitze des Nagels mit Wasser und tauche sie in den Schwefel.
3. Entzünde den an der Nagelspitze haftenden Schwefel in der Brennerflamme, stecke den Nagel mit dem brennenden Schwefel **sofort** in das Reagenzglas und verschließe es mit dem Stopfen. Schüttle kräftig, sodass sich das Produkt im Wasser löst.
   Hinweis: Bei der Reaktion entsteht ein giftiges Gas (T).

Aufgaben:

a) Beschreibe und deute deine Beobachtungen.
b) Gib die Reaktionsgleichung für die Reaktion an.

V4: Bestimmung der Zündtemperatur eines Zündholzes

Materialien: Erlenmeyerkolben (250 ml, eng), Gasbrenner, Digitalthermometer (bis 300 °C), durchbohrter Stopfen; Eisendraht (Blumendraht), Zündhölzer, Papier.

Durchführung:

1. Stecke den Temperaturfühler durch den Stopfen.
2. Binde mit dem Draht ein Zündholz so an das Thermometer, dass sich der Zündholzkopf 1 cm vor dem Fühler des Thermometers befindet.
3. Baue den Versuch entsprechend der Abbildung auf.
4. Erhitze die Glaswand vorsichtig mit dem Brenner. Wenn das Thermometer 80 °C erreicht hat, soll die Temperatur nur noch langsam ansteigen.
5. Stelle fest, bei welcher Temperatur sich der Zündholzkopf entzündet. Blase das Zündholz dann sofort aus.
6. Wiederhole den Versuch mit Papier.

Aufgabe: Notiere deine Beobachtungen.

5.4 Atmen und Rosten – langsame Oxidationen

Nachweis von Kohlenstoffdioxid

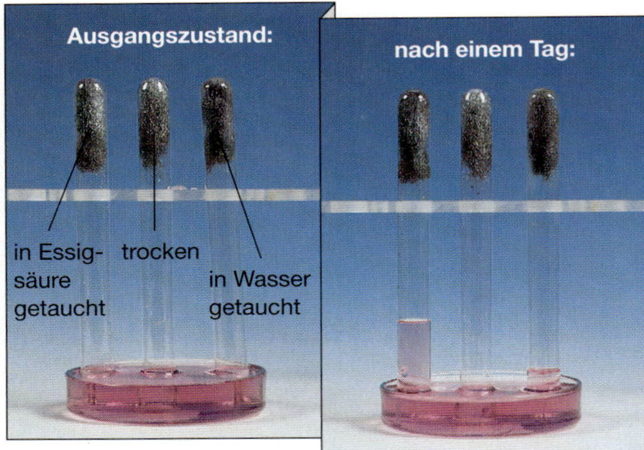

Rosten von Eisenwolle

Sauerstoff ist in der Luft allgegenwärtig. Er verleiht der Atmosphäre ihre oxidierende Eigenschaft. Viele Materialien reagieren jedoch nicht spontan und heftig mit dem Sauerstoff der Luft, sondern erst nach und nach in einer langsamen Oxidationsreaktion.

Atmung. Die Luft der Atmosphäre enthält etwa 21 % Sauerstoff und 0,035 % Kohlenstoffdioxid. In der ausgeatmeten Luft findet man dagegen nur noch 16 % Sauerstoff, aber bis zu 5 % Kohlenstoffdioxid. Unser Körper tauscht also beim Atmen einen Teil des Sauerstoffs gegen Kohlenstoffdioxid aus.
In der Lunge löst sich Sauerstoff aus der eingeatmeten Luft im Blut und wird so zu den einzelnen Körperzellen transportiert. Dort reagiert er mit den Nährstoffen, die vor allem aus Kohlenstoff-Atomen und Wasserstoff-Atomen aufgebaut sind. Diese Verbindungen werden in den Zellen zu Kohlenstoffdioxid und Wasser oxidiert. Das Kohlenstoffdioxid gelangt über das Blut zur Lunge und wird ausgeatmet.
Leitet man ausgeatmete Luft in Kalkwasser ein, so trübt sich die Lösung. Diese Reaktion benutzt man als *Nachweis für Kohlenstoffdioxid:* Kalkwasser bildet mit Kohlenstoffdioxid schwer lösliches Calciumcarbonat.

Die biologische Oxidation der Nährstoffe ist eine *langsame exotherme Reaktion.* Ein großer Teil der frei werdenden Energie dient dazu, die Körpertemperatur aufrecht zu erhalten. Den kleineren Anteil verwendet der Organismus für Stoffwechsel, Wachstum und Bewegung.

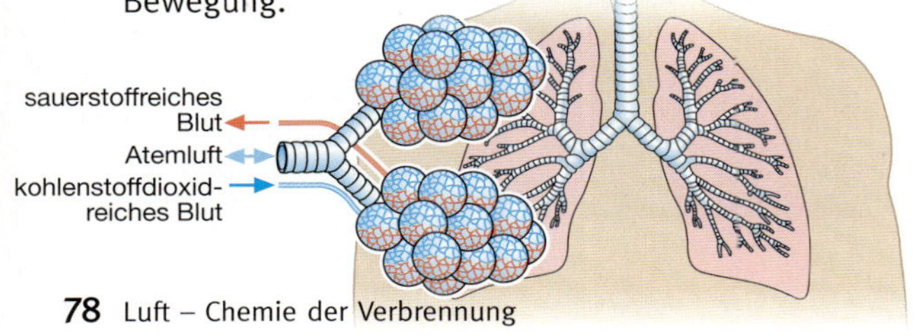

Rosten. Fein verteiltes Eisen reagiert lebhaft mit Sauerstoff; es verbrennt zu Eisenoxid. Die Oxidation des Eisens kann aber auch sehr langsam ablaufen. Man spricht dann vom Rosten des Eisens.
Vor allem bei Anwesenheit von Wasser bildet sich auf ungeschützten Eisenteilen ein Rostüberzug. Dieser besteht aus rotem, wasserhaltigem Eisenoxid; er ist *porös* und *durchlässig* für Luft und Wasser. Daher kann ein Eisenblech durch weitere langsame Oxidation nach und nach durchrosten. Die langsame Zerstörung von metallischen Werkstoffen bezeichnet man als *Korrosion.*

Anders als Eisen bilden Metalle wie Aluminium, Zink und Chrom *zusammenhängende* Oxidschichten. Sie schützen das Metall vor weiterer Korrosion, indem sie den Zutritt von Luft und Wasser verhindern.

Um die Korrosion von Werkstücken aus Metallen zu verhindern, muss der Kontakt mit Sauerstoff und Wasser unterbunden werden. Dazu bringt man Lackschichten oder schützende Metallüberzüge auf.

Korrosionsvorgänge bei Metallen und die Stoffwechselvorgänge bei der Atmung sind langsam ablaufende Oxidationsreaktionen.

1 Wie weist man Kohlenstoffdioxid nach?
2 Wie kann man experimentell nachweisen, dass die Stoffwechselvorgänge bei der Atmung Oxidationsreaktionen sind?
3 Erkläre das abgebildete Experiment zum Rosten von Eisen. Wie hoch kann das Wasser höchstens steigen?
4 Stelle die Reaktionsgleichung für die Oxidation des Nährstoffs Traubenzucker ($C_6H_{12}O_6$) im Körper auf.
5 Recherchiere Möglichkeiten des Rostschutzes.

Schwefel und Phosphor

Exkurs

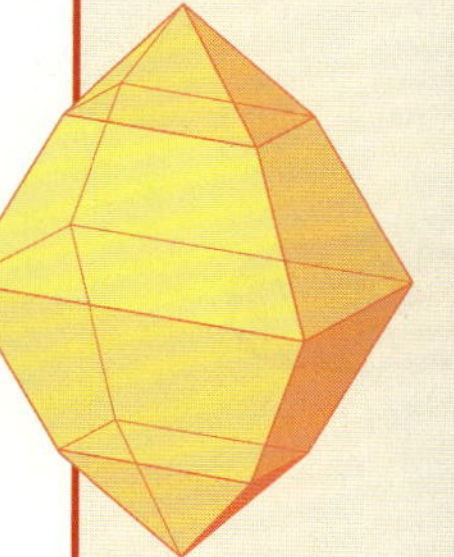

Rhombischer Schwefel

Monokliner Schwefel

Schwefel ist ein geruchloser, spröder gelber Stoff. Er ist in Wasser unlöslich, löst sich jedoch gut in Toluol. Die Schmelztemperatur liegt bei 119 °C, die Siedetemperatur bei 444 °C. Beim Verbrennen bildet sich Schwefeldioxid, ein giftiges Gas.

Schwefel tritt in verschiedenen Erscheinungsformen, so genannten **Modifikationen,** auf. Natürlich vorkommende Schwefel-Kristalle haben eine *rhombische Form.* Sie bilden kleine Doppelpyramiden. Man spricht von α-Schwefel. Aus einer heißen Lösung von Schwefel in Toluol oder aus einer Schwefelschmelze bilden sich dagegen nadelförmige Kristalle des *monoklinen Schwefels.* Hierbei handelt es sich um β-Schwefel. Er hat eine Dichte von 1,96 $\frac{g}{cm^3}$; die Dichte von α-Schwefel beträgt 2,07 $\frac{g}{cm^3}$. Sowohl im α-Schwefel als auch im β-Schwefel liegen ringförmige Moleküle aus acht Atomen vor.

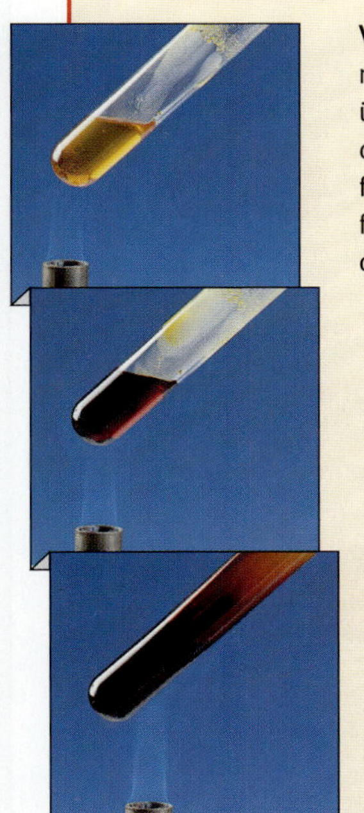

Verhalten beim Erwärmen. Erwärmt man festen Schwefel bis gerade über die Schmelztemperatur, so bildet sich eine klare, hellgelbe, dünnflüssige Schmelze. Sie enthält ringförmige S_8-Moleküle. Erhitzt man die Schmelze stärker, wird sie bei 160 °C rotbraun und zähflüssig. Die einzelnen S_8-Ringe zerbrechen und lagern sich zu langen Kettenmolekülen zusammen. Beim weiteren Erwärmen wird die Schmelze wieder dünnflüssig: Die Kettenmoleküle zerfallen in kleinere Moleküle. Gießt man eine sehr heiße Schwefelschmelze in Wasser, so entsteht ein brauner, gummiartig dehnbarer Stoff. Er wird als plastischer Schwefel bezeichnet. Nach einigen Tagen wandelt er sich wieder in kristallinen α-Schwefel um.

Steckbrief: Phosphor

Auch Phosphor tritt in mehreren Modifikationen auf. Die bekanntesten sind *roter* und *weißer Phosphor.*

	roter Phosphor	weißer Phosphor
Struktur	unregelmäßiges Netz aus miteinander verbundenen Atomen	Gitter aus tetraedrisch aufgebauten P_4-Molekülen
Dichte	2,35 $\frac{g}{cm^3}$	1,82 $\frac{g}{cm^3}$
Schmelztemperatur	etwa 600 °C	44 °C
Siedetemperatur	–	280 °C
weitere Eigenschaften	geringe Reaktionsfähigkeit; ungiftig	wachsweich; reaktionsfreudig; selbstentzündlich an der Luft; sehr giftig

Umwandlung durch Erhitzen unter Luftabschluss:

$$\text{roter Phosphor} \underset{200\,°C}{\overset{500\,°C}{\rightleftarrows}} \text{weißer Phosphor}$$

Früher wurden *Zündhölzer* mit weißem Phosphor hergestellt. Heute befindet sich roter Phosphor im Gemisch mit Glaspulver auf der Reibefläche einer Zündholzschachtel. Beim Anreißen entzündet sich etwas Phosphor und setzt den Zündholzkopf in Brand.

1 Beschreibe den Aufbau eines Schwefel-Moleküls.
2 Was versteht man unter einer Modifikation?
3 Schlage nach, wie ein Tetraeder aussieht. Zeichne dann ein P_4-Molekül.
4 Auch Kohlenstoff kommt in mehreren Modifikationen vor. Wie unterscheiden sie sich? Nimm dein Chemiebuch zu Hilfe.

Suche:

Spurengase in der Luft (1)

Ergebnisse:

Steckbrief: Kohlenstoffdioxid (CO_2)

Vorkommen: zu 0,035 % in der Atmosphäre, entsteht bei der Verbrennung kohlenstoffhaltiger Brennstoffe sowie bei der Atmung und der Gärung
Eigenschaften: farbloses, geruchloses Gas, schwerer als Luft; nicht brennbar, löscht Feuer, gut wasserlöslich, wirkt erstickend; festes Kohlenstoffdioxid (Kohlensäureschnee, Trockeneis) sublimiert bei –78 °C
Verwendung: in Getränken (Sekt, Mineralwasser), zur Brandbekämpfung, Trockeneis zum Kühlen

Steckbrief: Kohlenstoffmonooxid (CO)

Vorkommen: entsteht bei unvollständiger Verbrennung kohlenstoffhaltiger Brennstoffe, so z.B. in Heizungsanlagen und Verbrennungsmotoren
Eigenschaften: farbloses, geruchloses Gas, verbrennt mit blauer Flamme zu Kohlenstoffdioxid, wenig wasserlöslich, tödliches Atemgift
Verwendung: Rohstoff in der chemischen Industrie (Methanol-Synthese)

Steckbrief: Stickstoffoxide (NO_x)

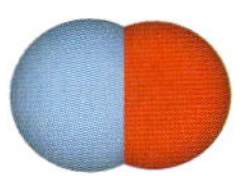

Stickstoffmonooxid (NO): farbloses, giftiges Gas; entsteht bei der Oxidation von Stickstoff (z.B. in Blitzen, in Kraftfahrzeug-Motoren, in der Glut von Zigaretten); reagiert mit Sauerstoff zu Stickstoffdioxid

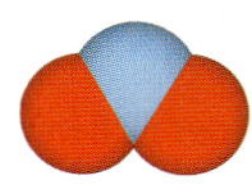

Stickstoffdioxid (NO_2): braunrotes, giftiges Gas; mit Wasser bildet sich eine saure Lösung
Verwendung: Herstellung von Salpetersäure (vor allem für die Produktion von Düngemitteln)

Steckbrief: Schwefeldioxid (SO_2)

Vorkommen: entsteht bei der Verbrennung von Schwefel und von schwefelhaltigen Brennstoffen
Eigenschaften: farbloses, stechend riechendes, giftiges Gas; gut löslich in Wasser, bildet dabei Schweflige Säure
Verwendung: Herstellung von Schwefelsäure; Bleichmittel für Papier und Stroh

Steckbrief: Ozon (O_3)

Ähnlich wie von Kohlenstoff gibt es von Sauerstoff verschiedene Erscheinungsformen: In etwa 30 km Höhe wird durch die Sonneneinstrahlung aus normalem Luftsauerstoff Ozon gebildet.
Eigenschaften: tiefblaues Gas mit charakteristischem Geruch; noch reaktionsfähiger als Sauerstoff; zerfällt auch bei tiefen Temperaturen explosionsartig; Atemgift
Verwendung: Entkeimung von Wasser in Schwimmbädern

Ozon in der Stratosphäre (Ozonschicht):
In der Stratosphäre absorbiert Ozon die für Lebewesen schädlichen UV-Strahlen der Sonne und schützt die Organismen dadurch vor Strahlenschäden. In einem Kreisprozess werden durch UV-Licht Sauerstoff-Moleküle (O_2) in Sauerstoff-Atome gespalten. Diese reagieren mit weiteren Sauerstoff-Molekülen zu Ozon-Molekülen (O_3). Unter Absorption von UV-Licht zerfallen Ozon-Moleküle wieder in Sauerstoff-Moleküle und Sauerstoff-Atome.

Ozon in Bodennähe (Sommersmog):
In Bodennähe bildet sich Ozon bei Einwirkung von intensiver Sonneneinstrahlung auf NO_x-haltige Luft: Das aus Kraftfahrzeug-Abgasen stammende Stickstoffmonooxid (NO) reagiert sehr schnell mit dem Luftsauerstoff (O_2) zu Stickstoffdioxid (NO_2). Dieses wandelt den Sauerstoff in Ozon (O_3) um, wenn UV-Licht der Sonne eingestrahlt wird. Es wird dabei selbst wieder zu Stickstoffmonooxid.

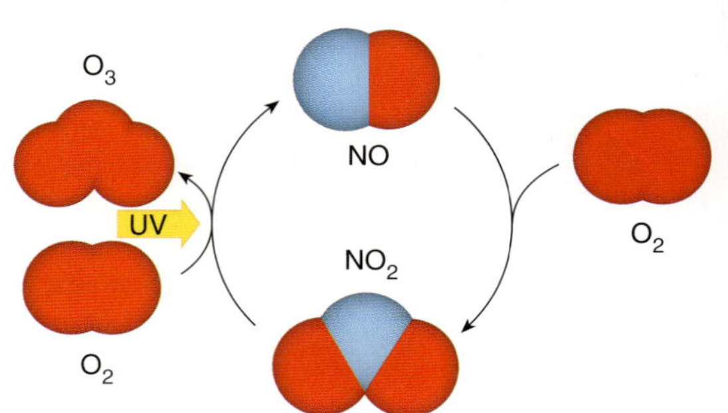

Spurengase in der Luft (2)

Rauchgasreinigung

In einem Kohlekraftwerk mit einer elektrischen Leistung von 400 Megawatt werden stündlich über 100 Tonnen Kohle verbrannt. Neben Kohlenstoff enthält Kohle etwa 0,7 % Schwefel und eine Reihe fester Bestandteile, die nicht brennbar sind.
In einer Stunde entsteht durch die Verbrennung die unvorstellbare Menge von 1 400 000 m^3 Abgas. Dieses *Rauchgas* enthält Staub und gasförmige Schadstoffe. Das Rauchgas wird zuerst entstaubt. Mit einem *Elektrofilter* werden über 99 % des Staubes entfernt. Das entspricht etwa zehn Lkw-Ladungen täglich. Eine *Entschwefelungsanlage* wandelt das Schwefeldioxid unter Zusatz von Kalkstein in Gips um. Dabei entstehen täglich etwa 13 Lkw-Ladungen Gips. Das Rauchgas wird so zu 85 % von Schwefeldioxid befreit.
Bei Verbrennungstemperaturen von 1200 °C verbindet sich ein Teil des reaktionsträgen Stickstoffs der Luft mit Sauerstoff zu Stickstoffmonooxid. In *Entstickungsanlagen* wandelt sich Stickstoffmonooxid durch Zusatz von Ammoniak-Gas zu mehr als 80 % in harmlosen Stickstoff und Wasser um.
Das gereinigte Rauchgas enthält zwar immer noch bis zu 50 mg Staub, 400 mg Schwefeldioxid und 200 mg Stickstoffoxid je Kubikmeter, insgesamt wird die Umweltbelastung durch die Rauchgasreinigung jedoch deutlich reduziert.

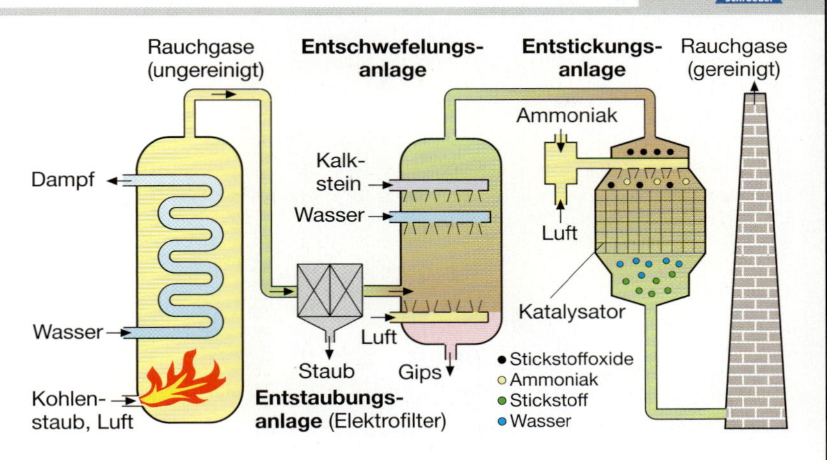

Schädigung von Bäumen durch Schadstoffe

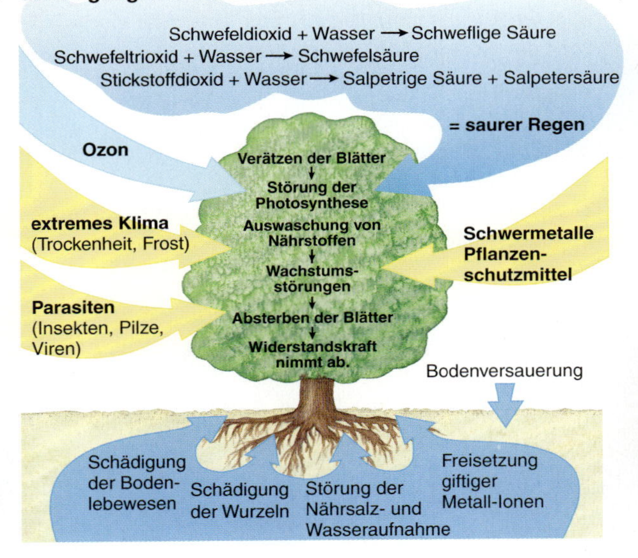

Schadstoffe im Pkw-Abgas (ohne Katalysator)

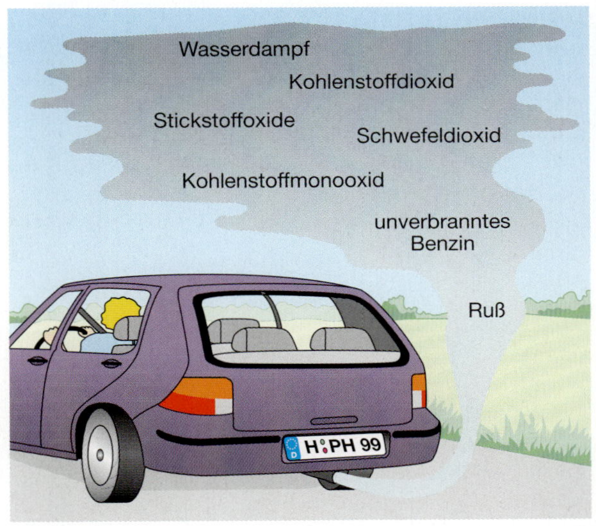

Aufgaben

1 Vergleiche die Eigenschaften der Oxide des Kohlenstoffs.
2 Vergleiche die Eigenschaften von Sauerstoff und Ozon.
3 Warum und wie wird Rauchgas im Kohlekraftwerk gereinigt?
4 Erkläre den Begriff Smog. Nimm ein Lexikon zu Hilfe.
5 In langen Tunneln und Tiefgaragen gibt es Gaswarngeräte. Wovor warnen sie? Begründe.
6 Aus Luftschadstoffen und Feuchtigkeit entsteht saurer Regen. Welche Wirkungen hat der saure Regen auf den Wald?
7 Warum werden in Autos Katalysatoren eingebaut?
8 Der Schornsteinfeger kontrolliert regelmäßig die Abgaswerte von Heizungen. Welchen Sinn hat das?
9 Erkundige dich nach den Aufgaben des TÜV.

Projekt Wir untersuchen die Luft

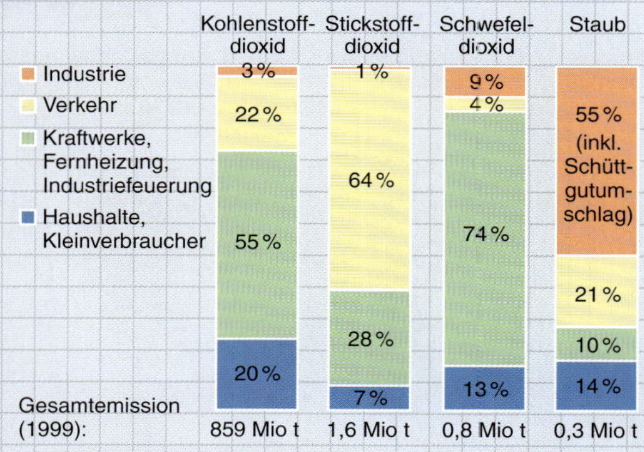

Quellen der Luftverschmutzung

Arbeitsaufträge:
Besprecht in der Projektgruppe, welche Qualität die Luft in eurer Stadt hat und welche Ursachen dafür verantwortlich sind.
Setzt euch mit der Behörde für Umweltschutz in Verbindung und erfragt, ob eure Vorstellungen von den Ursachen der Luftqualität mit denen der Behörde übereinstimmen.
Führt eine Befragung von Bürgern eurer Stadt zum gleichen Thema durch.
Stellt in einer Übersicht die Ergebnisse aus den drei Befragungen zusammen und vergleicht sie. Welche Schlussfolgerungen zieht ihr aus den Ergebnissen?

V1: Untersuchung der Staubbelastung

Materialien: Bechergläser, Klebefilm, Lupe oder Mikroskop.

Durchführung:

1. Spanne über ein Becherglas einen Klebefilmstreifen, sodass die Klebeseite nach oben zeigt.
2. Stelle mehrere so vorbereitete Gläser an ausgewählten Stellen 24 Stunden lang im Freien auf.

Aufgaben:

a) Untersuche die auf dem Klebstreifen haftenden Staubkörner auf Menge, Größe und Form.
b) Trage die Ergebnisse in einen Stadtplan ein.
c) Woher könnte der Staub stammen?
d) Lassen sich tageszeitliche Schwankungen in der Staubablagerung erkennen?
e) Informiere dich über gesundheitsschädigende Wirkungen von Staub.

V2: Bestimmung giftiger Gase

Materialien: Gasspürgerät, Prüfröhrchen für Kohlenstoffmonooxid, Stickstoffdioxid und Schwefeldioxid.

Durchführung: Untersuche die Luft mit dem Gasspürgerät an ausgewählten Standorten in der Stadt. Beachte dabei die Gebrauchsanweisung des Herstellers.
Hinweis: Die Konzentrationsangabe erfolgt in der Einheit ppm (engl. *parts per million*). 1 ppm entspricht einem Teilchen pro einer Million Luft-Teilchen.

Aufgaben:

a) Trage die Ergebnisse in einen Stadtplan ein.
b) Welche Emissionsquellen sind für die verschiedenen Gase verantwortlich?
c) Zu welchen Tageszeiten sind die Schadstoffwerte besonders hoch?

Arbeitsauftrag:
Es gibt sehr viele Verordnungen zum Bundes-Immissionsschutzgesetz.
Setzt euch mit dem Bezirksschornsteinfegermeister in Verbindung und lasst euch erklären, was man bei der Überprüfung von Heizungsanlagen beachten muss. Welche Verordnungen müssen berücksichtigt werden? Besorgt euch die Verordnungen in einer Bibliothek und sucht euch die Vorschriften heraus. Stellt eure Ergebnisse in einer Übersicht dar.

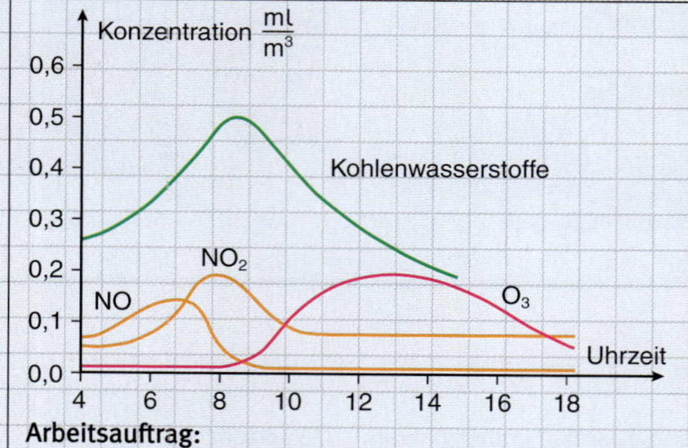

Arbeitsauftrag:
Beschreibe die Schadstoffbildung im Laufe eines Tages. Begründe das späte Auftreten des Ozons, für dessen Entstehung das UV-Licht nötig ist.

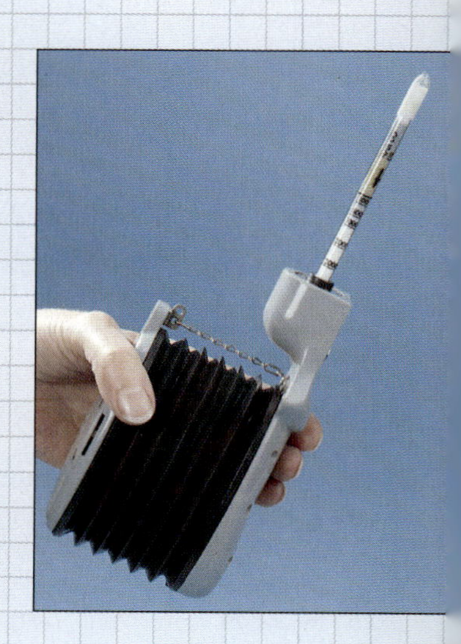

V3: Modellversuch zur Smog-Bildung

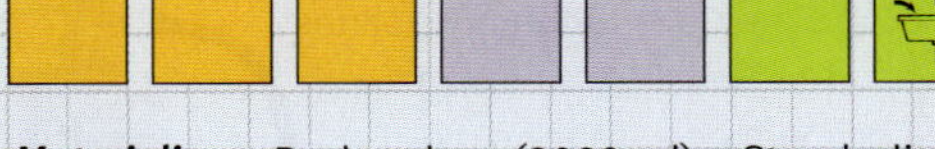

Materialien: Becherglas (2000 ml), Standzylinder (etwa 60 cm hoch), 3 Thermometer, Heizplatte, Eis/Kochsalz-Mischung, Räucherstäbchen.

Durchführung:

1. Befestige drei Thermometer in unterschiedlicher Höhe in dem Standzylinder.
2. Stelle den Standzylinder in ein Gemisch aus Eis und Kochsalz, sodass das untere Drittel gekühlt wird.
3. Zünde ein Stück eines Räucherstäbchens an und lege es auf den Boden des Standzylinders.
4. Wiederhole den Versuch mit dem Standzylinder auf einer Heizplatte.

Aufgabe: Trage die Temperaturen in Abhängigkeit von der Höhe in ein Diagramm ein. Beschreibe und erkläre die Verteilung des Rauchs im Standzylinder.

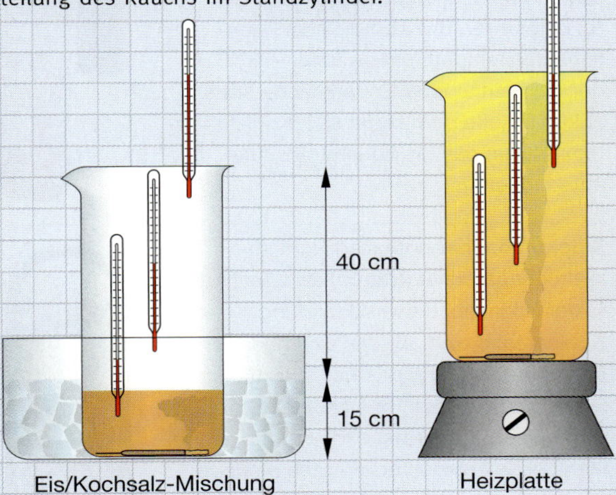

Emission: Abgabe von Stoffen aus Anlagen oder natürlichen Quellen in die Atmosphäre

Immission: Belastung der Luft durch Schadstoffe

MIK-Wert: **M**aximale **I**mmissions**k**onzentration

MAK-Wert: **M**aximale **A**rbeitsplatz**k**onzentration

Inversion: Wetterlage, bei der eine kalte Luftschicht am Boden durch eine warme Luftschicht überlagert wird. Die Grenze der Luftschichten wirkt als Sperrschicht, unter der sich die Abgase anreichern.

Smog: Mischung aus Abgasen (engl. *smoke:* Rauch) und Nebel (engl. *fog:* Nebel); verursacht Erkrankungen der Atemwege.

V4: Langzeitwirkung von Autoabgasen auf Pflanzen

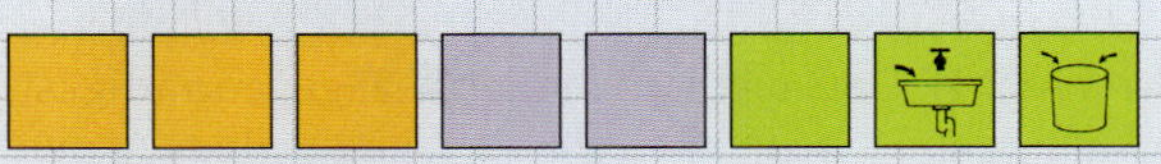

Materialien: Aquarium, Glasplatte, 3 Petrischalen, Watte; Kressesamen, Plastikbeutel, Natriumhydrogensulfit-Lösung.

Durchführung:

1. Ziehe Kressekeimlinge in zwei Petrischalen auf feuchter Watte heran.

Wirkung von Autoabgasen:

1. Fülle einen Plastikbeutel mit Autoabgasen.
2. Lege den Plastikbeutel und eine Petrischale mit Keimlingen in das Aquarium. Öffne den Beutel und decke das Aquarium mit der Glasplatte ab.

Aufgabe: Protokolliere während einer Woche täglich deine Beobachtungen.

Wirkung von Schwefeldioxid:

1. Stelle eine Petrischale mit Keimlingen neben eine offene Petrischale mit Natriumhydrogensulfit-Lösung in das Aquarium und decke es mit der Glasplatte ab.

Aufgabe: Protokolliere während einer Woche täglich deine Beobachtungen.

Schadstoff	Staub	CO	NO_x (als NO_2)	SO_2
allgemeine Regelung	50	–	600	450
feste Brennstoffe	50	250	550	450
flüssige Brennstoffe	50	175	450	400
gasförmige Brennstoffe	5	100	380	35

Grenzwerte für Emissionen aus Feuerungsanlagen mit einer Leistung von mehr als 50 MW (in $\frac{mg}{m^3}$)

Arbeitsaufträge:

1. Erkundigt euch bei einem Lungenfacharzt über Erkrankungen der Atemwege, die auf Luftverunreinigungen zurückzuführen sind.
2. Organisiert einen Besuch bei einem Förster. Welche Waldschäden beruhen auf Luftverunreinigungen?
3. Erkundet ein Kraftwerk und informiert euch über die Einrichtungen und Maßnahmen zur Luftreinhaltung.

5.5 Brände und Brandbekämpfung

Ein Brand bricht aus, wenn drei Bedingungen erfüllt sind: Ein ausreichend zerteilter *brennbarer Stoff* wird in Gegenwart von *Sauerstoff* auf seine *Zündtemperatur* erhitzt. Da Sauerstoff praktisch allgegenwärtig ist, kann schon eine unkontrollierte Zündquelle oder eine zu große Wärmeentwicklung durch Sonneneinstrahlung einen Stoff entzünden und so einen Brand entfachen.

Bei der **Brandbekämpfung** muss man daher eine oder mehrere der folgenden Maßnahmen ergreifen:
- Brennbare Stoffe entfernen, um dem Feuer die Nahrung zu entziehen.
- Den Zutritt von Sauerstoff durch Sand, eine Löschdecke oder mit einem Feuerlöscher unterbinden.
- Kühlen der brennenden und brennbaren Stoffe, bis die Zündtemperatur unterschritten ist.

Besondere Schwierigkeiten bereiten Brände von *Öl*, *Benzin* oder *Fett*. Versucht man, solche Brände mit Wasser zu löschen, sinkt das Löschwasser aufgrund seiner größeren Dichte unter die brennende Flüssigkeit und verdampft dabei sofort. Dadurch spritzt die brennende Flüssigkeit umher. Bei Fettbränden in der Pfanne hilft hier einfaches Abdecken.

Kleinere Brände löscht man mit **Handfeuerlöschern,** vorausgesetzt, man ist mit ihrer Handhabung vertraut. Man verwendet *Nasslöscher, Kohlenstoffdioxidschnee-Löscher, Trockenlöscher* oder *Schaumlöscher.* Dabei muss man prüfen, ob der Löscher für den jeweiligen Brand geeignet ist. Kennbuchstaben weisen auf die verschiedenen Brandklassen hin: A steht für brennbare feste Stoffe, B für brennbare Flüssigkeiten, C für brennbare Gase und D für brennbare Metalle. Bekommt man einen Brand nicht selbst unter Kontrolle, muss die **Feuerwehr** gerufen werden.

Brände entstehen, wenn ein brennbarer Stoff auf die Zündtemperatur erwärmt wird und Sauerstoff vorhanden ist. Um einen Brand zu löschen, können neben geeigneten Handfeuerlöschern Löschdecken oder Sand eingesetzt werden.

1 Welche Bedingungen führen zur Entstehung eines Brandes? Wie kann ein Brand gelöscht werden?

2 Beschreibe für jeden Handfeuerlöschertyp, nach welchem Prinzip der Brand gelöscht wird.

3 Warum dürfen Feuerlöscher nicht auf Menschen gerichtet werden? Wie kann brennenden Menschen geholfen werden?

4 Welche Brandbekämpfungsmittel befinden sich in eurem Chemieraum und wie funktionieren sie?

Feuerlöscher im Vergleich

Ein **Nasslöscher** enthält Wasser als Löschmittel. Nach Abziehen des Sicherungsstiftes und Druck auf den Hebel öffnet sich im Innern des Löschers eine Patrone mit komprimiertem Kohlenstoffdioxid-Gas. Durch den Druck des frei werdenden Gases wird das Löschwasser durch eine Düse gespritzt. Nasslöscher eignen sich zum Löschen einfacher Brände. Vorsicht jedoch bei brennenden elektrischen Anlagen! Es besteht die Gefahr, dass man einen elektrischen Schlag erhält.

In dem Druckbehälter eines **Kohlenstoffdioxidschnee-Löschers** (auch Kohlensäureschneelöscher genannt) befindet sich flüssiges Kohlenstoffdioxid. Nach dem Öffnen der Schneebrause entweicht es, kühlt sich dabei schlagartig sehr stark ab und erstarrt. So entsteht Kohlenstoffdioxidschnee mit einer Temperatur von unter –78 °C, der die brennenden Gegenstände stark abkühlt. Außerdem bildet sich Kohlenstoffdioxid-Gas, das die Sauerstoffzufuhr unterbindet.

Trockenlöscher enthalten Natriumhydrogencarbonat (Natron) als Löschpulver. In der Hitze gibt diese Verbindung Kohlenstoffdioxid ab, das sich über den Brandherd legt und das Feuer erstickt. Da keine Flüssigkeit vorhanden ist, eignen sich diese Löscher besonders dann, wenn elektrische Anlagen oder Autos brennen.

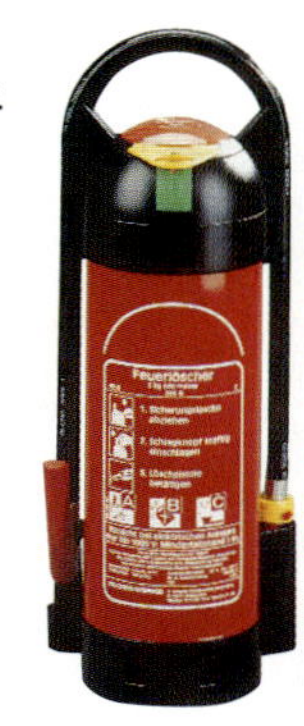

Schaumlöscher setzt man bei Kraftstoff-, Öl- und Fettbränden ein. Durch eine chemische Reaktion zwischen Aluminiumhydrogensulfat und Natriumhydrogencarbonat (Natron) entstehen bei diesem Löscher-Typ Kohlenstoffdioxid-Bläschen, die das Löschmittel aufschäumen. Der zähe Schaum überzieht den Brandherd, kühlt ihn ab und hält den Sauerstoff fern. Bei einer Notlandung von Flugzeugen wird oft ein solcher Schaumteppich gelegt, um einem Brand vorzubeugen.

Brandbekämpfung

V1: Möglichkeiten der Brandbekämpfung

Materialien: Tondreieck, Metalltiegel mit Deckel, Dreifuß, Gasbrenner, Becherglas (weit), Tiegelzange;
Paraffin, Sand.

Durchführung:

1. Gib eine erbsengroße Menge Paraffin in den Metalltiegel und erhitze ihn ohne Deckel, bis das Paraffin zu brennen beginnt. Stelle den Brenner dann beiseite.

2. Nimm den Deckel mit der Tiegelzange und verschließe den Tiegel vorsichtig. Hebe den Deckel nach wenigen Sekunden wieder ab. Wiederhole diesen Vorgang mehrfach.

3. Fülle das Becherglas mit wenig kaltem Wasser. Bringe das Paraffin im offenen Tiegel erneut zum Brennen und stelle den Tiegel vorsichtig in das Becherglas, ohne dass Wasser in den Tiegel gelangen kann.

4. Erhitze das Paraffin, bis es sich erneut entzündet. Stelle den Brenner beiseite und gib vorsichtig etwas Sand in den Tiegel.

Aufgaben:

a) Notiere deine Beobachtungen.

b) Welche verschiedenen Löschmöglichkeiten werden in den Versuchen genutzt?

V2: Wie funktioniert ein Schaumlöscher?

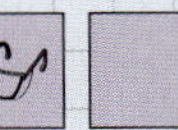
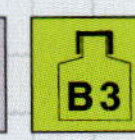

Materialien: Becherglas (200 ml), feuerfeste Unterlage, Porzellanschale, Tropfpipette;
Holzspan, Heptan (F, Xn, N; B3), Natriumhydrogencarbonat (Natron), Natriumhydrogensulfat, Spülmittel.

Durchführung:

1. Entzünde den Holzspan auf der feuerfesten Unterlage. Stelle das Becherglas neben den Span und gib schnell je einen Teelöffel Natriumhydrogencarbonat, Natriumhydrogensulfat und Spülmittel hinein.

2. Entzünde fünf Tropfen Heptan in der Porzellanschale. Wiederhole den Löschversuch.

Aufgaben:

a) Notiere deine Beobachtungen.

b) Worauf beruht die Wirkung des Schaumlöschers? Warum ist er auch für Benzinbrände geeignet?

V3: Wie funktioniert ein Trockenlöscher?

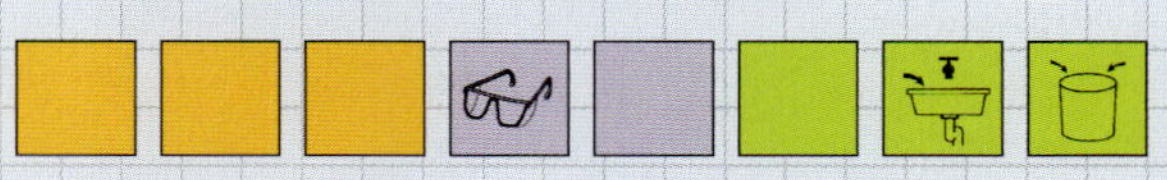

Materialien: durchbohrter Stopfen, Gasableitungsrohr, Becherglas, feuerfeste Unterlage, Gasbrenner, Holzspan; Natriumhydrogencarbonat, Teelicht.

Durchführung:

1. Baue die Apparatur zusammen und erhitze etwas Natriumhydrogencarbonat im Reagenzglas.

2. Leite das entstehende Gas auf die brennende Kerze.

3. Lege den brennenden Holzspan auf die feuerfeste Unterlage.
Streue fein pulverisiertes Natriumhydrogencarbonat darüber.

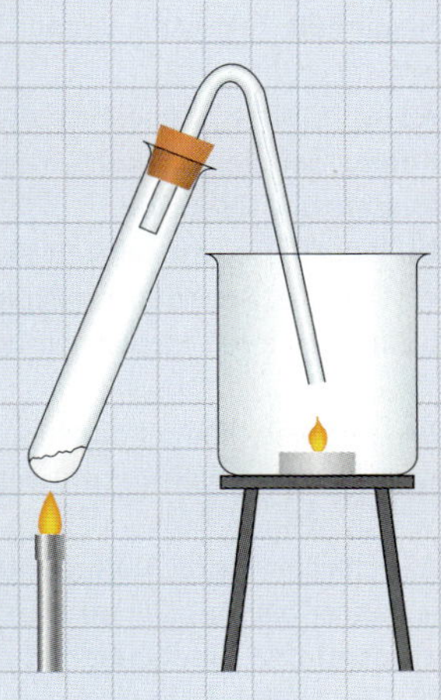

Aufgaben:

a) Notiere deine Beobachtungen.

b) Worauf beruht die Wirkung des Löschpulvers?

c) Für welche Art von Bränden ist dieser Löscher einsetzbar?

A1: In einer Möbelfabrik ist im Farblager ein Brand ausgebrochen. Einige Farbbehälter sind explodiert und brennen lichterloh.
Der Brand droht auf das benachbarte Holzlager und ein Holzdach überzugreifen.

a) Welche Maßnahmen ergreift die Feuerwehr?

b) Warum muss die Feuerwehr genau wissen, was im Gebäude gelagert wird?

c) Nach dem Abzug der Feuerwehr bleibt eine Feuerwache zurück. Welche Aufgabe hat sie?

Prüfe dein Wissen

Quiz

A1 a) Erkläre die Begriffe des Fensters.
b) Notiere auf der Vorderseite von Karteikarten den Begriff, auf der Rückseite die Erklärung.

A2 Gib die Symbole für die folgenden Elemente an: Sauerstoff, Stickstoff, Argon, Schwefel, Phosphor.

A3 a) Gib die Formeln für die folgenden Verbindungen an: Kohlenstoffdioxid, Kohlenstoffmonooxid, Schwefeldioxid, Kupferoxid, Eisenoxid
b) Welche Gemeinsamkeit weisen diese Stoffe auf?
c) Gib die Reaktionsgleichungen für die Bildung dieser Stoffe aus ihren Elementen an.

A4 Weshalb kann Luftsauerstoff nicht durch die Glimmspanprobe nachgewiesen werden?

A5 Calcium wird verbrannt. Das Reaktionsprodukt ist schwerer als das Calcium vor der Reaktion.
a) Begründe die Richtigkeit dieser Aussage.
b) Gib die Reaktionsgleichung für die Reaktion an.
c) Wie bezeichnet man diese Art einer chemischen Reaktion?

Know-how

A6 Axel versucht mit einem Zündholz Holzkohle zu entzünden. Warum kann ihm das nicht gelingen? Wie sollte er vorgehen, um die Holzkohle zu entzünden?

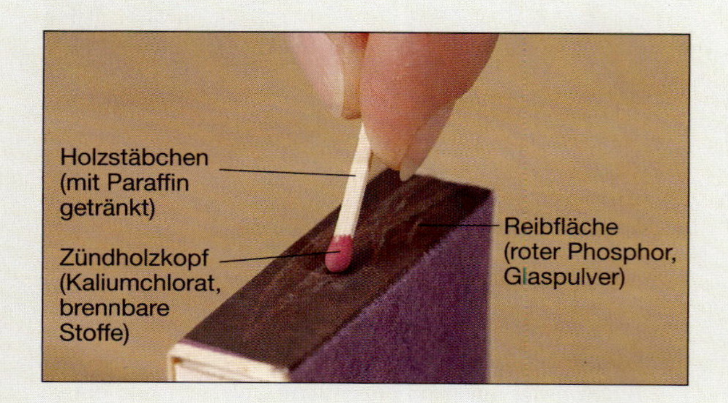

A7 Die Zündmasse des Zündholzkopfes enthält unter anderem Kaliumchlorat als Sauerstoffspender.
a) Was passiert, wenn man mit dem Zündholzkopf über die Reibfläche streicht?
b) Warum ist das Holz mit Paraffin getränkt?
c) Warum verwendet man nicht mehr wie früher weißen Phosphor für den Zündholzkopf?

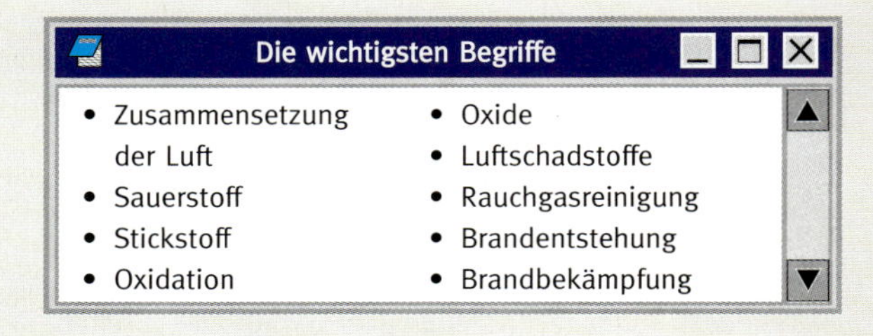

Natur – Mensch – Technik

A8 Eine Glühlampe wird an einer Stelle mit einem Brenner stark erhitzt, bis an der Stelle ein Loch entsteht. Eine zweite Glühlampe bleibt unverändert. Danach werden beide Lampen eingeschaltet. Welche Beobachtung ist zu erwarten?

A9 Früher wurde Blitzlicht durch Verbrennung von Magnesium erzeugt.
a) Warum eignet sich Magnesium dafür besonders gut? Gib die Reaktionsgleichung für die Reaktion an.
b) Warum steht auf der Verpackung vieler Metallpulver der Hinweis „Leicht entzündlich“?

A10 Bei normaler Wetterlage nimmt die Temperatur der Luft bis in 400 m Höhe gleichmäßig ab. Bei Inversionswetterlage besteht die dargestellte Temperaturverteilung.

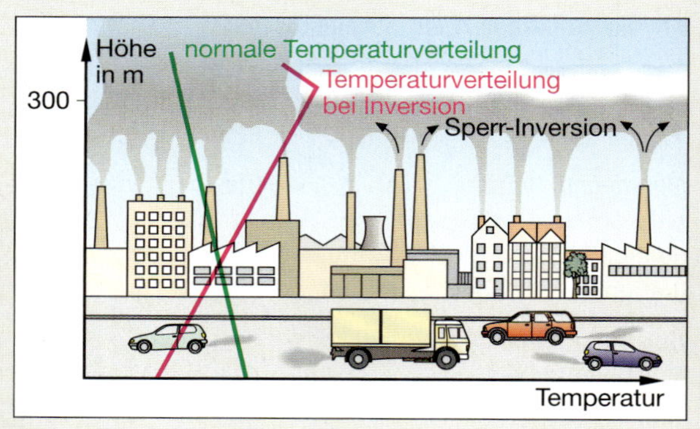

a) Warum ist der Luftaustausch in Bodennähe behindert?
b) Durch welche Maßnahmen können die schädlichen Auswirkungen einer solchen Wetterlage minimiert werden?

A11 Erläutere die folgenden Brandschutzmaßnahmen:
a) Brennbare Materialien dürfen nicht in der Nähe eines Ofens gelagert werden.
b) Eingeschaltete Bügeleisen müssen auf eine nicht brennbare Unterlage oder hochkant abgestellt werden.
c) An Tankstellen und in Farblagern ist das Rauchen und die Benutzung von offenem Feuer verboten.

Luft – Chemie der Verbrennung

Basiswissen

1. Zusammensetzung der Luft

Luft ist ein Gemisch verschiedener Gase:

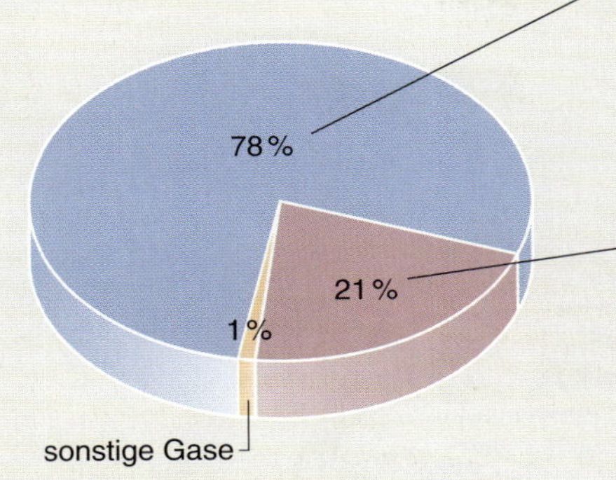

78 % Stickstoff (N_2):
Eigenschaften:
- farbloses und geruchloses Gas
- wenig wasserlöslich
- reaktionsträge
- erstickt Flammen

21 % Sauerstoff (O_2):
Eigenschaften:
- farbloses und geruchloses Gas
- wasserlöslich
- unterstützt die Verbrennung
- reagiert mit fast allen Elementen zu Oxiden

2. Nachweisreaktionen

Sauerstoff (O_2):
Ein glimmender Holzspan flammt in Sauerstoff auf (Glimmspanprobe).

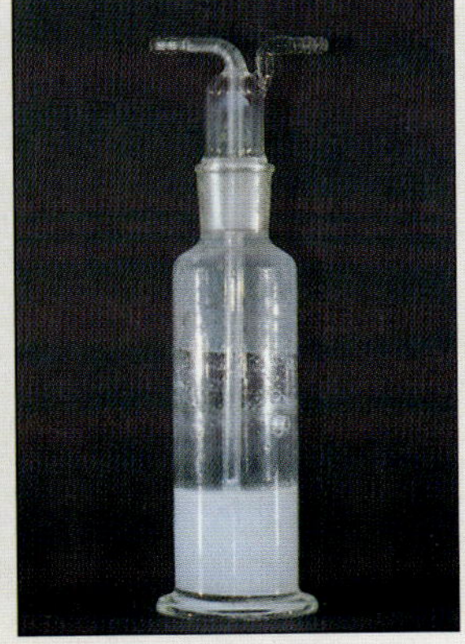

Kohlenstoffdioxid (CO_2):
Kohlenstoffdioxid bildet mit mit Kalkwasser eine weiße Trübung.

3. Oxidation

Die Verbrennung ist eine **chemische Reaktion.** Dabei reagiert der brennende Stoff mit Sauerstoff. Es bilden sich Stoffe mit neuen Eigenschaften, die **Oxide.** Die Verbrennung wird deshalb als **Oxidation** bezeichnet.

Metall + Sauerstoff ⟶ Metalloxid

Nichtmetall + Sauerstoff ⟶ Nichtmetalloxid

Verbrennungen liefern Wärme; sie verlaufen exotherm. Es gilt das Gesetz von der Erhaltung der Masse.

4. Voraussetzungen für einen Brand

Ein Brand kann entstehen, wenn ein **brennbarer Stoff** vorhanden ist, genügend **Luft** (Sauerstoff) zur Verfügung steht und die **Zündtemperatur** erreicht wird.

5. Brandschutz

Ein Feuer lässt sich löschen, wenn man die Luftzufuhr unterbindet und die Brennstoffe aus dem Bereich des Feuers entfernt oder sie unter die Zündtemperatur abkühlt.
Bei kleineren Bränden verwendet man Sand, Wasser, eine Feuerlöschdecke oder verschiedene Handfeuerlöscher.

6. Bei der Verbrennung entstehen Gase

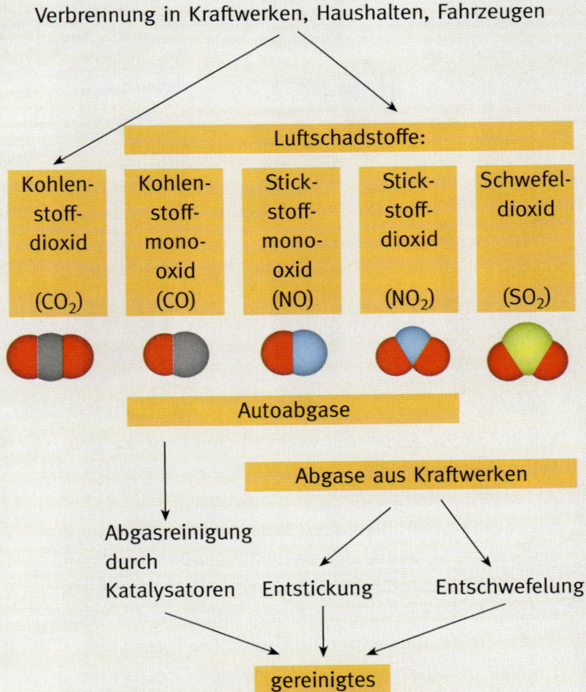

6 Vom Erz zum Metall – Redoxreaktionen

Vor etwa 6000 Jahren entwickelten die Menschen des Mittelmeerraumes die Technik Metalle zu bearbeiten und zu nutzen: Bereits damals wurde Schmuck aus Gold und Silber hergestellt. Die ersten Metallwerkzeuge bestanden aus *Kupfer.* So wurde das Gestein beim Bau der Pyramiden mit Kupferwerkzeugen bearbeitet. Bald verdrängte *Bronze,* eine Legierung aus Kupfer und Zinn, das Kupfer. Bronze ist deutlich härter als Kupfer. Die legendären Trojaner und die gegen sie kämpfenden Griechen waren Menschen der Bronzezeit (etwa 2000–1000 v. Chr.).

Danach kam *Eisen* in Gebrauch. Die Eisenzeit begann vor etwa 2000 Jahren. Eisen und vor allem der daraus gewonnene Stahl ermöglichten aufgrund ihrer Härte und Festigkeit Konstruktionen, die kein anderes Metall erlaubte. So entwickelten Ingenieure und Architekten im 19. Jahrhundert kühne Stahlkonstruktionen, die wir heute noch bewundern können. Weltberühmte Beispiele sind der 300 m hohe Eiffelturm in Paris und die Golden Gate Bridge bei San Francisco. Als mächtige Stahlhängekonstruktion über der Elbe wurde 1891 das „Blaue Wunder" in Dresden errichtet. Die ursprünglich grüne Farbe der Brücke wandelte sich durch das Sonnenlicht nach und nach in Blau um, wodurch die Brücke ihren Namen erhielt.

6.1 Eigenschaften der Metalle

Metalle sind auch heute die wichtigsten Werkstoffe. Mit ihren typischen Eigenschaften sind sie aus unserem Leben nicht mehr wegzudenken.

Glatte Metall-Oberflächen reflektieren das Licht fast vollständig. Dadurch erscheinen polierte Flächen der meisten Metalle silbrig glänzend. Man spricht vom *metallischen Glanz.*

Beim Anlegen einer elektrischen Spannung leiten Metalle den Strom. Ein besonders guter *elektrischer Leiter* ist Kupfer; die meisten elektrischen Leitungen bestehen daher aus Kupfer-Drähten.

Metalle sind außerdem gute *Wärmeleiter,* sie werden daher zur Herstellung von Kochtöpfen und Heizkörpern verwendet.

Metalle unterscheiden sich in ihrer *Härte* und *Verformbarkeit.* Natrium kann mit dem Messer geschnitten werden, Kupfer ist erst durch Hammerschläge plastisch verformbar.

Abgesehen von Quecksilber, das bereits bei Raumtemperatur flüssig ist, schmelzen die meisten Metalle erst bei höheren Temperaturen. Die *Schmelztemperatur* des Eisens beträgt 1535 °C, Zink schmilzt bereits bei 420 °C.

Die *Siedetemperaturen* der Metalle liegen ebenfalls relativ hoch. So siedet Zink bei 907 °C, Eisen bei 2750 °C und Platin sogar erst bei 3825 °C.

Nach ihrer unterschiedlichen Dichte werden die Metalle in *Leichtmetalle* und *Schwermetalle* eingeteilt. Leichtmetalle haben eine Dichte unter $5 \frac{g}{cm^3}$. Die bekanntesten Leichtmetalle sind Aluminium und Magnesium, sie spielen beispielsweise im Flugzeugbau eine wichtige Rolle. Zu den Schwermetallen gehören Eisen, Kupfer und Blei. Die Metalle mit der höchsten Dichte sind Iridium und Osmium ($\varrho = 22{,}6 \frac{g}{cm^3}$). Platin-Legierungen dieser beiden harten und korrosionsbeständigen Metalle werden in speziellen elektrischen Kontakten und in Zündkerzen für Flugzeugmotoren eingesetzt. Auch das Urkilogramm besteht aus einer Platin/Iridium-Legierung.

Die meisten Metalle sind Stoffe mit charakteristischem Glanz und relativ hohen Schmelztemperaturen und Siedetemperaturen. Sie sind plastisch verformbar, leiten den elektrischen Strom und die Wärme.

1 Nenne wichtige Eigenschaften der Metalle.

2 Stelle mit Hilfe von Nachschlagewerken in einer Tabelle die Schmelztemperaturen und Siedetemperaturen von Magnesium, Aluminium, Zinn, Kupfer, Silber, Gold und Quecksilber zusammen.

3 Nenne Beispiele für die Verwendung von Kupfer.

4 Wie kann man Aluminium und Blei unterscheiden?

Euromünzen

Exkurs

In den frühesten Kulturen wurde Ware gegen Ware getauscht. Als der Handel zunahm, einigte man sich auf bestimmte Wert- und Tauschverhältnisse. So dienten etwa Tiere, Waffen oder Schmuck als Tauschmittel. Gold, Silber und Kupfer gewannen im Laufe der Zeit immer mehr an Bedeutung. Etwa im 7. Jahrhundert vor unserer Zeitrechnung wurden in Kleinasien erste Edelmetallmünzen geprägt. Man achtete darauf, dass Metallwert und Münzwert übereinstimmten.

Heute sind Münzen nur noch staatlich anerkannte Wertmarken. Wichtig ist ihre Kreditwürdigkeit: Die Münze kann gegen entsprechend wertvolle Gegenstände oder Dienstleistungen eingetauscht werden. Der Materialwert heutiger Münzen liegt weit unter ihrem Handelswert.

Am häufigsten stellt man Münzen heute aus Kupfer, Zink, Nickel und Eisen her.

Die 50-Cent-Münze besteht aus einer Legierung von 89 % Kupfer, 5 % Aluminium, 5 % Zink und 1 % Zinn. Aus dem gleichen Legierungsmaterial werden die 10-Cent-Münzen sowie die 20-Cent-Münzen hergestellt. Die 1-, 2- und 5-Cent-Münzen bestehen aus Stahl mit einer dünnen Kupferauflage. Bei den Bicolor-Münzen (1 Euro und 2 Euro) wird nickelhaltiges Messing mit einer Kupfer/Nickel-Legierung kombiniert. Der Kern beider Münzen besteht aus reinem Nickel. Betrügereien werden dadurch erschwert: Ein Münzautomat nimmt nur solche Münzen, die aufgrund der eingeschlossenen Nickelschicht magnetisch sind.

6.2 Reduktion – Redoxreaktion

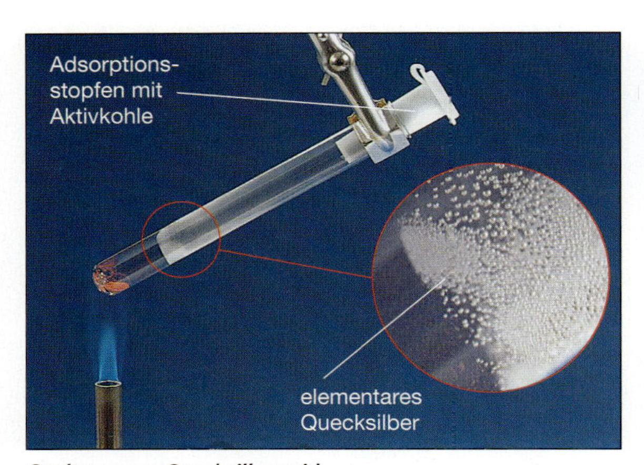

Spaltung von Quecksilberoxid

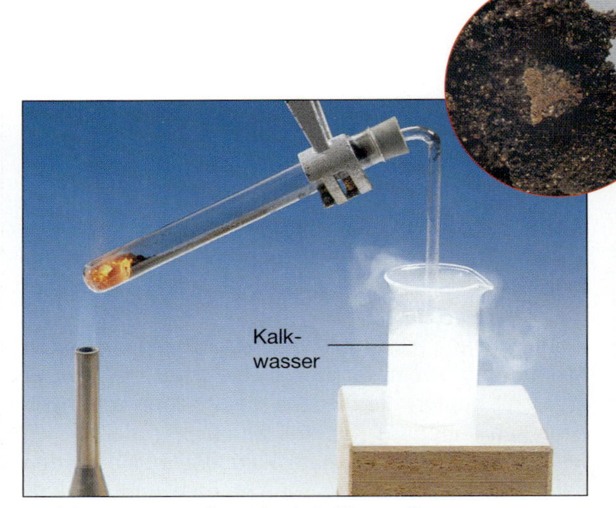

Reduktion von Kupferoxid mit Kohlenstoff

Viele Metalle reagieren mit Sauerstoff. Ein Beispiel ist die *Oxidation* von Quecksilber zu rotem Quecksilberoxid:

$2\ Hg\ (s) + O_2\ (g) \longrightarrow 2\ HgO\ (s)$; exotherm
Quecksilber Sauerstoff Quecksilberoxid

Reduktion. Erhitzt man eine Probe von Quecksilberoxid, so wird die Verbindung in metallisches Quecksilber und Sauerstoff gespalten. Eine solche chemische Reaktion, bei der aus einem Oxid Sauerstoff abgespalten wird, bezeichnet man als *Reduktion* (lat. *reducere:* zurückführen). Die Reduktion ist also die Umkehrung der Oxidation.

$2\ HgO\ (s) \longrightarrow 2\ Hg\ (s) + O_2\ (g)$; endotherm
Quecksilberoxid Quecksilber Sauerstoff

Redoxreaktion. Aus Kupferoxid lässt sich der Sauerstoff nicht durch Erhitzen abspalten. Man kann die Verbindung jedoch durch eine Reaktion mit Kohlenstoff zu Kupfer reduzieren. Der Kohlenstoff nimmt dabei den Sauerstoff auf; er wird zu Kohlenstoffdioxid oxidiert. Zusammenfassend spricht man von einer *Redoxreaktion.* Die Silbe *Red* deutet auf den *Red*uktionsvorgang hin, die Silbe *Ox* auf den *Ox*idationsvorgang. In einer Redoxreaktion laufen Oxidation und Reduktion also gleichzeitig ab.

Reduktion

$2\ CuO\ (s) + C\ (s) \longrightarrow 2\ Cu\ (s) + CO_2\ (g)$; exotherm
Kupferoxid Kohlenstoff Kupfer Kohlenstoffdioxid

Oxidation

Theorie

Die Redoxreaktion im Teilchenmodell

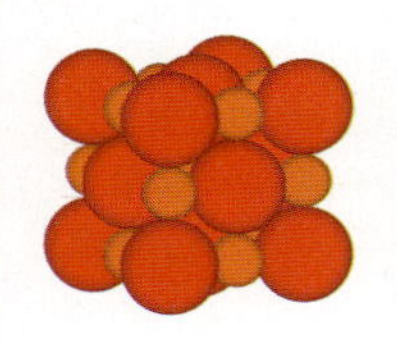 + 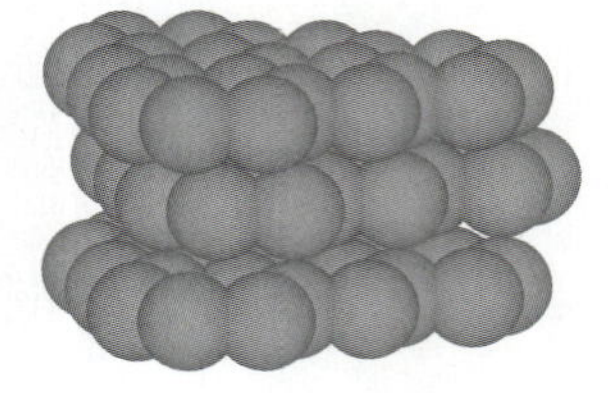 → 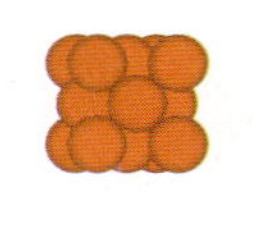 + 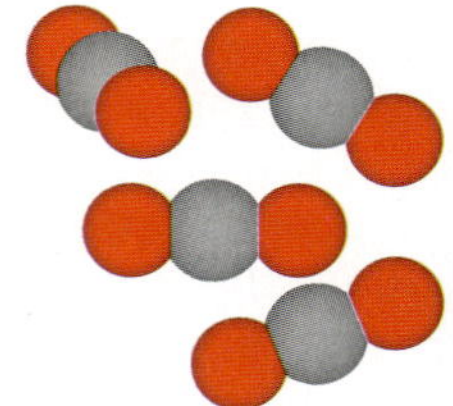

Kupferoxid + Kohlenstoff → Kupfer + Kohlenstoffdioxid

Kupferoxid besteht aus Kupfer-Atomen und Sauerstoff-Atomen. Kohlenstoff ist nur aus Kohlenstoff-Atomen aufgebaut. Bei der Reaktion zwischen Kupferoxid und Kohlenstoff werden Kupfer-Atome und Sauerstoff-Atome getrennt. Die Sauerstoff-Atome verbinden sich mit den Kohlenstoff-Atomen zu Kohlenstoffdioxid-Molekülen.

Reduktion von Eisenoxid durch Aluminium: a) Laborversuch, b) Verschweißen von Eisenbahnschienen

Oxidationsmittel und Reduktionsmittel. Kupferoxid reagiert mit Eisen in einer Redoxreaktion zu Kupfer und Eisenoxid. Dabei gibt Kupferoxid Sauerstoff ab, es wird zu Kupfer reduziert. Eisen nimmt Sauerstoff auf, es wird zu Eisenoxid oxidiert.
Stoffe wie Kupferoxid, die Sauerstoff an andere Stoffe abgeben, werden allgemein als *Oxidationsmittel* bezeichnet. Stoffe wie Eisen, die anderen Stoffen den Sauerstoff entreißen, bezeichnet man als *Reduktionsmittel.*

$$3\,CuO\,(s) + 2\,Fe\,(s) \longrightarrow 3\,Cu\,(s) + Fe_2O_3\,(s);\ \text{exotherm}$$

Kupferoxid Eisen Kupfer Eisenoxid

Oxidations-mittel **Reduktions-mittel**

Bei einer Redoxreaktion wird der Sauerstoff von einem Oxidationsmittel auf ein Reduktionsmittel übertragen. Das Oxidationsmittel wird dabei reduziert, das Reduktionsmittel wird oxidiert.

Wer reduziert wen? Eisen reduziert Kupferoxid. Umgekehrt kann Kupfer jedoch Eisenoxid nicht reduzieren. Man sagt, Eisen ist ein stärkeres Reduktionsmittel als Kupfer. Die Reduktion von Eisenoxid gelingt dagegen mit Aluminium. Aluminium ist also ein stärkeres Reduktionsmittel als Eisen. Ein Vergleich zwischen verschiedenen Metallen ergibt eine Rangfolge der Reduktionswirkung.
Man spricht dabei allgemein von der **Redoxreihe der Metalle:**

Mg	Al	Zn	Fe	Pb	Cu	Ag	Hg	Au
unedle Metalle								edle Metalle

stark Reduktionswirkung schwach

In der Redoxreihe stehen links starke Reduktionsmittel. Dazu gehören Magnesium, Aluminium und Eisen. Diese Metalle liefern bei der Umsetzung mit Sauerstoff viel Energie, sie werden leicht oxidiert. Solche Metalle bezeichnet man als **unedle Metalle.** Im Gegensatz dazu haben Silber, Gold und Platin praktisch keine Reduktionswirkung. Diese Metalle, die rechts in der Redoxreihe stehen, sind als **Edelmetalle** bekannt. Sie werden an der Luft nicht oxidiert.

Thermit-Verfahren. In der Technik nutzt man die Redoxreaktion von Aluminium mit Eisenoxid zum Verschweißen von Schienen. Hierzu füllt man das *Thermit-Gemisch,* eine Mischung aus Aluminiumgrieß und Eisenoxid, in ein feuerfestes Gefäß und zündet es mit Hilfe eines Zündstabes. In einer stark exothermen Reaktion bilden sich flüssiges Eisen und Aluminiumoxid. Aufgrund der höheren Dichte sinkt das Eisen in der Schmelze nach unten. Es fließt aus einem Loch im Boden in den Spalt zwischen den Schienen und verschweißt sie.

Eine chemische Reaktion, bei der einem Oxid Sauerstoff entzogen wird, nennt man Reduktion. In Redoxreaktionen laufen Oxidation und Reduktion gleichzeitig ab. Nach der Stärke ihres Reduktionsvermögens ordnet man die Metalle in der Redoxreihe.

1 Nenne einige unedle und einige edle Metalle.
2 Zink reagiert mit Silberoxid (Ag_2O).
a) Stelle die Reaktionsgleichung auf.
b) Ordne die Begriffe Oxidation, Reduktion, Oxidationsmittel und Reduktionsmittel zu.
3 Um Zinkoxid zu Zink zu reduzieren, stehen die Metalle Magnesium und Eisen zur Verfügung. Welches Metall ist geeignet? Begründe deine Antwort.

Praktikum

Redoxreaktionen

V1: Reduktion von Kupferoxid mit Holzkohle

Materialien: durchbohrter Stopfen mit Gasableitungsrohr, Gasbrenner, Waage;
schwarzes Kupferoxid, Holzkohlepulver, Kalkwasser.

Durchführung:
1. Mische in einem Reagenzglas 2 g schwarzes Kupferoxid mit 0,2 g Holzkohle.
2. Spanne das Reagenzglas in ein Stativ ein und verschließe es mit dem Stopfen mit Gasableitungsrohr.
3. Gib etwas Kalkwasser in ein zweites Reagenzglas.
4. Erhitze das Gemisch aus Kupferoxid und Holzkohle mit starker Flamme und leite das entstehende Gas in das Kalkwasser ein.

Aufgaben:
a) Notiere deine Beobachtungen.
b) Stelle das Reaktionsschema und die Reaktionsgleichung für die Reaktion zwischen Kupferoxid und Holzkohle auf.
c) Erläutere den Nachweis des entstandenen Gases.

V2: Reduktion von Kupferoxid durch Eisen und durch Zink

Materialien: Gasbrenner;
schwarzes Kupferoxid, Eisenpulver (Ferrum reductum; F), Zinkstaub (F).

Durchführung:
1. Mische gleiche Teile Kupferoxid und Eisenpulver in einem Reagenzglas.
2. Erhitze das Gemisch kräftig mit dem Gasbrenner.
3. Wiederhole den Versuch mit einer Mischung aus gleichen Teilen Kupferoxid und Zinkstaub.

Aufgaben:
a) Notiere deine Beobachtungen.
b) Erkläre und begründe deine Beobachtungen für die Reaktion des Kupferoxids mit dem Eisenpulver. Gib an, welcher Stoff als Oxidationsmittel und welcher Stoff als Reduktionsmittel reagiert.
c) Stelle die Reaktionsgleichung für diese Reaktion auf.
d) Stelle das Reaktionsschema und die Reaktionsgleichung für die Reaktion zwischen Kupferoxid und Zink auf. Kennzeichne Oxidation und Reduktion.
e) Können auch Zinkoxid und Kupfer miteinander reagieren? Begründe deine Antwort.

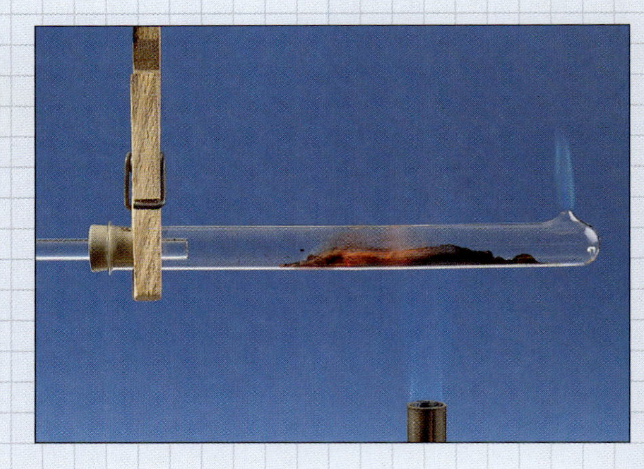

V3: Reduktion von Kupferoxid durch Erdgas

    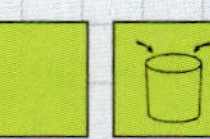

Materialien: Reagenzglas mit seitlichem Loch, durchbohrter Stopfen mit Glasrohr, Gasbrenner, Schlauch;
schwarzes Kupferoxid, Erdgas (F+).

Durchführung:
1. Baue die Versuchsapparatur entsprechend der Abbildung auf.
2. Fülle zwei Spatel Kupferoxid in das Reaktionsrohr und leite langsam Erdgas darüber.
3. Zünde nach einer Weile das ausströmende Gas an der Austrittsöffnung des Reaktionsrohres an. Erhitze das Kupferoxid mit der nicht leuchtenden Brennerflamme.

Aufgaben:
a) Notiere deine Beobachtungen.
b) Erdgas enthält Methan (CH_4). Diese Verbindung wirkt als Reduktionsmittel. Formuliere die Reaktionsgleichung für die Redoxreaktion von Kupferoxid mit Methan.
Hinweis: Bei der Reaktion entsteht neben Kohlenstoffdioxid-Gas (CO_2) auch Wasserdampf (H_2O).

A1: Magnesiumband, das an der Luft angezündet wird, brennt in Kohlenstoffdioxid-Gas weiter.
a) Formuliere das Reaktionsschema und die Reaktionsgleichung für die Reaktion von Magnesium mit Kohlenstoffdioxid.
b) Woran sind die Reaktionsprodukte zu erkennen?
c) Angezündetes Magnesium brennt auch unter Wasser (H_2O) weiter. Man setzt es deshalb für Unterwasserfackeln ein. Formuliere die Reaktionsgleichung für die dabei ablaufende Reaktion. Gib Oxidationsmittel und Reduktionsmittel an.

6.3 Gewinnung von Metallen

Kupfer kommt in der Natur nur selten als Element vor. Meist ist es an Sauerstoff oder Schwefel gebunden. Solche natürlich vorkommenden Verbindungen bezeichnet man als **Mineralien.** Mineralien mit besonders hohem Metallgehalt nennt man Erze. Ein bekanntes Kupfererz ist Kupferkies, eine Verbindung aus Kupfer, Eisen und Schwefel.

Gewinnung von Kupfer. Um aus Kupfererzen das Metall zu gewinnen, muss es von seinen Bindungspartnern Sauerstoff beziehungsweise Schwefel getrennt werden. Oxidische Kupfererze werden bei hohen Temperaturen mit Kohlenstoff reduziert. In einer exothermen Reaktion entstehen metallisches Kupfer und Kohlenstoffdioxid, das als Gas entweicht. Sulfidische Kupfererze müssen zuerst an der Luft erhitzt werden, man sagt, sie werden „geröstet". Dabei bilden sich Schwefeldioxid und Kupferoxid, das dann zum Metall reduziert wird.

Die Reduktion von Erzen mit Kohlenstoff war bereits im Altertum bekannt. Man füllte das Erz zusammen mit Holzkohle in Erdmulden. Um die erforderliche Reaktionstemperatur zu erreichen, wurde die Holzkohle entzündet. Dann blies man mit Hilfe von Blasebälgen Luft in das Gemisch.

Bronze. Kupfer ist ein verhältnismäßig weiches Metall; es nutzt sich als Werkstoff schnell ab. Deshalb verwendete man sehr bald einen wesentlich härteren Werkstoff für Waffen und Werkzeuge: die Bronze. Diese Legierung (lat. *ligare:* verbinden) besteht aus 90 % Kupfer und 10 % Zinn. Die Technik der Gewinnung und Verarbeitung von Metallen hatte vor vier Jahrtausenden im alten Ägypten einen hohen technologischen Stand erreicht. Das beweisen bis heute erhaltene Bronzegüsse aus Gräbern.

Eisen. Die frühesten Funde von eisernen Gebrauchsgegenständen stammen ebenfalls aus Ägypten. Sie gehen auf das 4. Jahrtausend vor unserer Zeitrechnung zurück, also in eine Zeit, die noch weit vor der Bronzezeit liegt. Diese Fundstücke bestehen aus *Meteoreisen,* einem Material, das im wahrsten Sinne vom Himmel fällt. Die Ägypter haben das Material wahrscheinlich einfach eingesammelt und daraus Eisenperlen für Schmuck hergestellt.

Erst als es gelang, in *Schachtöfen* sehr hohe Temperaturen zu erzeugen, konnte man Eisen aus Eisenerzen durch Reduktion mit Holzkohle gewinnen. Nachweislich wurden südlich des Kaukasus schon 1500 v. Chr. größere Mengen an Eisen hergestellt. Das neue Metall machte Karriere, denn es war dem Kupfer und der Bronze in vielen Eigenschaften überlegen. Auch in unserer Zeit wird Eisen in *Hochöfen* aus Eisenerzen durch Reduktion mit Kohlenstoff gewonnen. Die *Eisenzeit* ist also noch längst nicht zu Ende.

Wichtige Gebrauchsmetalle werden aus Metalloxiden gewonnen. Sulfidische Erze werden zunächst in Oxide überführt und dann mit Kohlenstoff zum Metall reduziert.

1 Was versteht man unter einem Erz?

2 Beschreibe die Gewinnung von Kupfer.

3 Aus Zinkoxid kann Zink hergestellt werden. Als Reaktionspartner verwendet man Kohlenstoff.

a) Stelle das Reaktionsschema und die Reaktionsgleichung auf.

b) Welche Funktion hat der Kohlenstoff bei der Reaktion?

c) Nenne zwei Metalle, die anstelle von Kohlenstoff eingesetzt werden könnten.

4 Welche Vorgänge sind in der Abbildung dargestellt?

Metallverarbeitung: Bronzeguss im alten Ägypten (1450 v. Chr.)

6.4 Vom Eisenerz zum Roheisen

Die wichtigsten Eisenerze sind **Magneteisenstein** (Magnetit, Fe_3O_4) und **Roteisenstein** (Hämatit, Fe_2O_3). Sie enthalten bis zu 70 % Eisen. Weitere Bestandteile sind Verbindungen von Mangan, Schwefel und Phosphor. Außerdem enthalten Erze mehr oder weniger „taubes" Gestein, die *Gangart.*

Eisenerze werden im **Hochofen** zu Roheisen verarbeitet. Als Reduktionsmittel benutzt man *Koks,* dabei handelt es sich um Kohlenstoff.
Zusätzlich werden *Kalkstein* und andere Zuschläge eingesetzt. Aus den Zuschlägen und der Gangart bildet sich eine leicht abtrennbare Schlacke. Daraus werden Mauersteine für die Bauindustrie und Hochofenzement hergestellt.

Aufbau eines Hochofens. Moderne Hochöfen sind bis zu 40 Meter hoch und haben einen Durchmesser von etwa 10 Metern. Die Wände bestehen aus dickem, hitzebeständigem Mauerwerk, das von einem Stahlmantel umgeben ist. Im Hochofen herrschen Temperaturen von bis 1800 °C. Ständig fließen große Kühlwassermengen durch die äußeren Wandungen, um Wärme abzuführen. Ein Hochofen benötigt rund 100 000 m^3 Kühlwasser täglich, das entspricht dem Wasserbedarf einer Großstadt mit etwa 350 000 Einwohnern.

Arbeitsweise des Hochofens. Der Hochofen wird von oben mit einem Gemisch aus Eisenerz, Zuschlägen und Koks gefüllt („beschickt"). Im unteren Teil wird Heißluft mit hohem Druck eingeblasen. Dort verbrennt der Koks mit dem Luftsauerstoff. Die Temperatur nimmt von unten nach oben ab, denn die Verbrennungsgase geben einen Teil ihrer Energie an die Feststoffe ab. In mittlerer Höhe des Hochofens wird das Eisenoxid zu Roheisen reduziert. Die Gase verlassen den Hochofen am oberen Abschluss, der **Gicht.** Dieses Gichtgas besitzt noch eine Temperatur von rund 200 °C.
Im unteren Teil des Hochofens sammeln sich Schlacke und Roheisen getrennt an. Da die Dichte der Schlacke geringer ist als die des Roheisens, schwimmt die Schlacke auf dem Roheisen. Dadurch können beide Stoffe einzeln entnommen werden.

Winderhitzer. Das Gichtgas strömt in einen Winderhitzer. Dort werden die im Gichtgas enthaltenen brennbaren Bestandteile verbrannt. Die frei werdende Energie wird von feuerfesten Steinen aufgenommen und gespeichert. Anschließend wird frische Kaltluft („Wind") eingeblasen und durch die glühenden Steine auf 1000–1300 °C erwärmt. Die Heißluft wird durch mehrere Düsen in den unteren Teil des Hochofens geleitet.

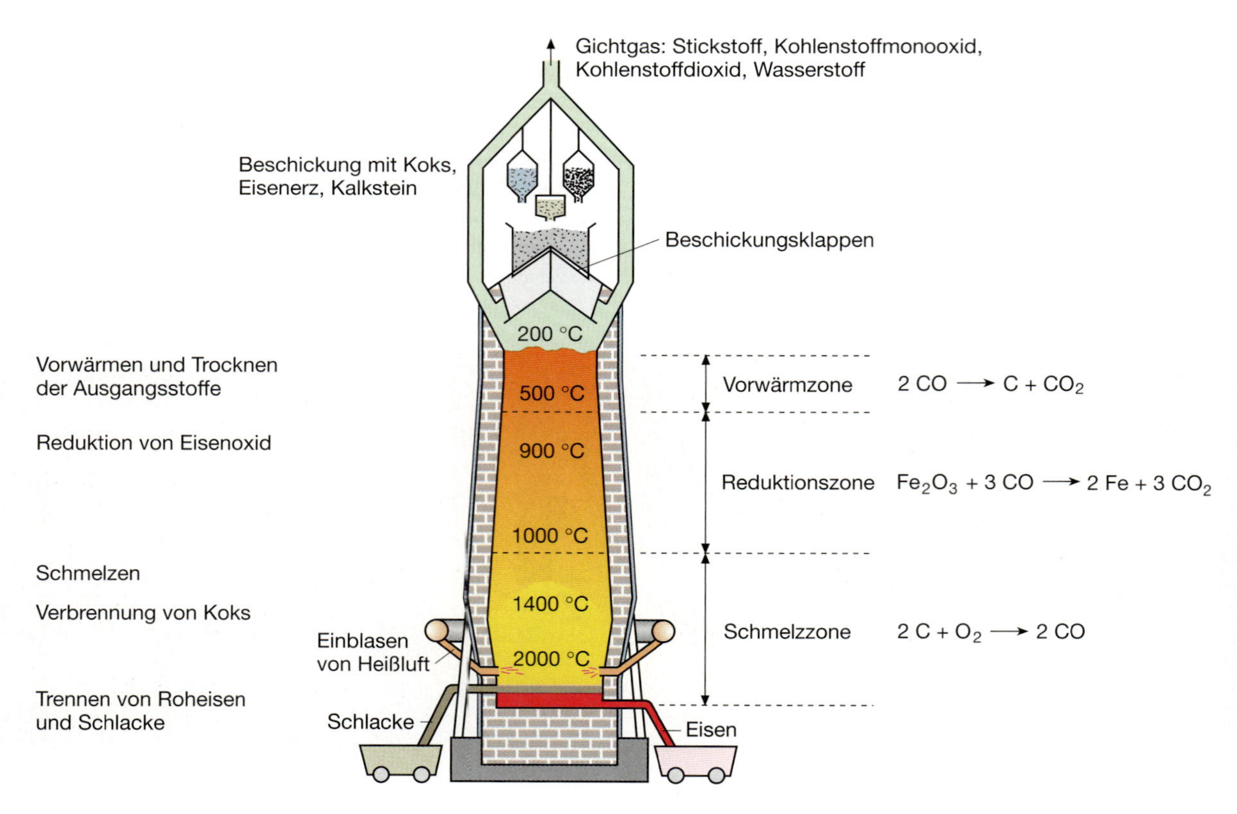

Redoxreaktionen im Hochofen. Nachdem die Ausgangsstoffe vorgewärmt wurden, laufen in der **Reduktionszone** in der Mitte des Hochofens die wesentlichen chemischen Reaktionen ab: Bei etwa 900 °C entsteht aus Eisenoxid Eisen. Das eigentliche Reduktionsmittel ist dabei Kohlenstoffmonooxid. Es bildet sich bei der Verbrennung von Koks:

$$\underset{\text{Kohlenstoff}}{2\,C\,(s)} + \underset{\text{Sauerstoff}}{O_2\,(g)} \longrightarrow \underset{\text{Kohlenstoffmonooxid}}{2\,CO\,(g)};\ \text{exotherm}$$

$$\underset{\text{Eisenoxid}}{Fe_2O_3\,(s)} + \underset{\text{Kohlenstoffmonooxid}}{3\,CO\,(g)} \longrightarrow \underset{\text{Eisen}}{2\,Fe\,(s)} + \underset{\text{Kohlenstoffdioxid}}{3\,CO_2\,(g)};\ \text{exotherm}$$

Ein Teil des Kohlenstoffmonooxids zerfällt zu Kohlenstoff und Kohlenstoffdioxid:

$$\underset{\text{Kohlenstoffmonooxid}}{2\,CO\,(g)} \longrightarrow \underset{\text{Kohlenstoff}}{C\,(s)} + \underset{\text{Kohlenstoffdioxid}}{CO_2\,(g)};\ \text{exotherm}$$

Im unteren Teil des Hochofens löst sich in dem Eisen ein Teil des Kohlenstoffs und eine geringe Menge anderer Elemente. Das entstehende Gemisch wird als *Roheisen* bezeichnet. Während reines Eisen erst bei 1535 °C schmilzt, wird Roheisen bereits bei Temperaturen ab 1200 °C flüssig. In der Schmelzzone tropft es durch die glühenden Koksstücke und sammelt sich unter der flüssigen Schlacke. Diese schützt das Eisen vor erneuter Oxidation.

Etwa alle vier Stunden wird das flüssige Roheisen abgestochen. Die Schlacke fließt dagegen dauernd ab. Ein Hochofen bleibt etwa zehn Jahre ununterbrochen in Betrieb. Er erzeugt bis zu 10 000 t Roheisen täglich. Dazu werden 20 000 t Eisenerz, 5000 t Koks, 3000 t Kalkstein und 15 000 t Heißwind benötigt. Dabei fallen 3000 t Schlacke und 30 000 t Gichtgas und Staub an. Um das fertige Roheisen und die Schlacke abzutransportieren, werden täglich mehr als 2000 Eisenbahnwagen benötigt.

Weltweit werden jährlich etwa 560 Millionen Tonnen Roheisen erzeugt. Dafür sind mehr als 200 Hochöfen ständig in Betrieb.

Roheisen wird durch Reduktion von oxidischen Eisenerzen in Hochöfen gewonnen. Als Reduktionsmittel wirkt dabei Kohlenstoffmonooxid, das bei der Verbrennung von Koks entsteht.

1 Welcher Stoff ist das eigentliche Reduktionsmittel für Eisenoxid im Hochofen? Wie entsteht er?

2 Schlacke, die auf dem Roheisen schwimmt, schützt das Eisen vor erneuter Oxidation. Erläutere diesen Zusammenhang.

3 Stelle die Reaktionsgleichung für die Reduktion von Magneteisenstein (Fe_3O_4) durch Kohlenstoffmonooxid auf.

4 Gereinigtes Gichtgas besteht zu etwa 21 % aus Kohlenstoffmonooxid, zu 23 % aus Kohlenstoffdioxid, zu 4 % aus Wasserstoff und zu 52 % aus Stickstoff. Welche Bestandteile des Gichtgases werden im Winderhitzer verbrannt? Stelle die Reaktionsgleichungen auf.

5 Im Hochofen laufen physikalische Vorgänge und chemische Reaktionen nebeneinander ab. Nenne je drei Beispiele.

6 Obwohl ständig von unten Heißluft in den Hochofen eingeblasen wird, bleibt das Temperaturgefälle von unten nach oben konstant. Wie lässt sich das erklären?

7 Vergegenwärtige dir die Bewegungsrichtungen der Stoffe im Hochofen. Warum spricht man wohl von einem Gegenstromprinzip?

8 Schlage im Atlas nach, an welchen Standorten in Deutschland Eisenhütten entstanden sind. Welche Standortfaktoren sind heute ausschlaggebend?

Entnahme einer Roheisenprobe

Hochofenanlage in einem Hüttenwerk

Exkurs

Vom Roheisen zum Stahl

Roheisen besteht nur zu etwa 90 % aus Eisen. Ein Anteil von bis zu 5 % Kohlenstoff und weitere Begleitstoffe wie Mangan, Silicium, Phosphor und Schwefel machen das Roheisen hart und brüchig. Versucht man es mit dem Hammer zu bearbeiten, so zerspringt es. Roheisen lässt sich weder schmieden noch schweißen, darum eignet es sich nur begrenzt als Werkstoff. Man stellt daraus beispielsweise Abwasserrohre und Heizungsradiatoren her. Etwa 90 % des erzeugten Roheisens werden jedoch zu Stahl verarbeitet.

Stahl. Unter Stahl versteht man eine Eisen-Legierung, die weniger als 2,1 % Kohlenstoff und nur noch sehr geringe Anteile an Mangan, Silicium, Phosphor und Schwefel enthält. Bei der Stahlerzeugung werden die im Roheisen enthaltenen unerwünschten Stoffe durch Sauerstoff oxidiert. Man bezeichnet diesen Vorgang als *Frischen.* Dieser Prozess wird in einem schwenkbaren, feuerfesten, birnenförmigen Tiegel, dem *Konverter,* durchgeführt (lat. *convertere:* umwandeln).

Bei dem heute üblichen **Sauerstoffaufblas-Verfahren** wird reiner Sauerstoff unter hohem Druck durch ein wassergekühltes Rohr auf eine Schmelze aus Roheisen und bis zu 30 % Eisen-Schrott geblasen. Sobald der Sauerstoff auf das Roheisen trifft, kocht und brodelt die sich erhitzende Schmelze. Unter ohrenbetäubendem Lärm sprüht ein Funkenregen aus der Tiegelöffnung. Es handelt sich hauptsächlich um Schlacke, in der ein Teil der Verbrennungsprodukte durch Kalksteinzusätze gebunden ist. Der Rest der Verbrennungsprodukte entweicht als gasförmiges Oxid. Nach etwa 20 Minuten ist der Frischvorgang beendet. Der Konverter wird geschwenkt und der fertige Stahl fließt in eine *Gießpfanne.* Von dort wird er zur Weiterverarbeitung in ein Walzwerk transportiert.

Stahlsorten. In der Technik unterscheidet man mehr als tausend verschiedene Stahlsorten, die sich in zwei große Gruppen einteilen lassen, die *unlegierten Stähle (Werkzeugstahl)* und die *Edelstähle.* In beiden Fällen handelt es sich um Eisen mit einem sehr geringen Kohlenstoffgehalt. Edelstähle enthalten zusätzlich Anteile anderer Metalle.

Werkzeugstahl. Nicht legierte Stahlsorten unterschiedlichen Kohlenstoffgehalts machen etwa 75 % des weltweit erzeugten Stahls aus.
Stahl mit weniger als 0,25 % Kohlenstoff ist leicht verformbar. Er lässt sich zu Drähten ausziehen oder zu dünnen Blechen walzen. Aus diesem Stahl fertigt man beispielsweise Spezialdrähte, Nägel, Konservendosen und Autokarosserien.
Stahl mit einem Kohlenstoffgehalt zwischen 0,25 % und 0,7 % ist weniger verformbar, dafür aber fester. Daraus stellt man Maschinenachsen, Eisenbahnschienen, Feilen, Zangen und Schraubendreher her. Noch härter ist Stahl mit einem Kohlenstoffgehalt von 0,7 % bis 1,5 %. Er wird für die Herstellung von Stahlfedern, Rasierklingen, Handsägen und Messern verwendet.

Edelstahl. Um die physikalischen und chemischen Eigenschaften von Stahl gezielt zu verbessern, werden der Stahlschmelze *Legierungsmetalle* wie Chrom, Nickel, Cobalt, Wolfram, Molybdän, Mangan, Vanadium oder Titan zugesetzt. Man spricht auch von *Stahlveredlern.*

Vanadium erhöht die Elastizität und Mangan vermindert die Abnutzung von Stahlwerkzeugen. Stähle mit Molybdän und Wolfram sind sehr hitzebeständig. Chrom verbessert die Korrosionsbeständigkeit und die Härte. Zusammen mit Nickel verhindert es das Rosten (Nirosta). Dieser Stahl wird vor allem zur Herstellung von Spültischen und Küchengeräten verwendet.

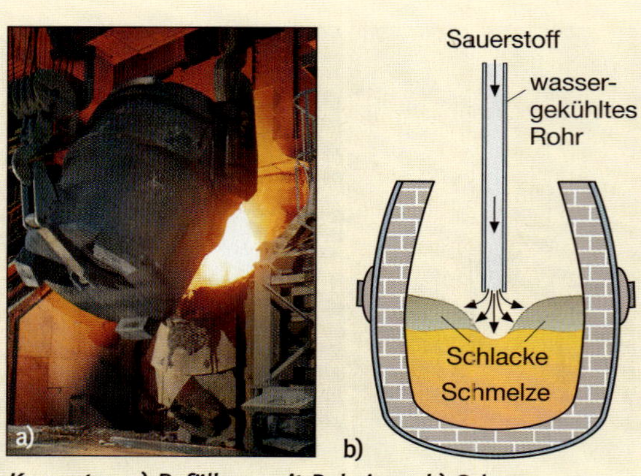

Konverter. a) Befüllung mit Roheisen, b) Schema

Walzwerk

Chemie-Recherche

Location: http://www.schroedel.de/chemie_heute.html

Suche:

Legierungen: Eigenschaften auf Wunsch

Ergebnisse:

→ **Legierungen**

Reine Metalle sind für technische Anwendungen meist zu weich. Um Werkstoffe mit besseren Eigenschaften zu gewinnen, werden Metalle im geschmolzenen Zustand miteinander vermischt. Nach dem Abkühlen erhält man eine *Legierung.* Diese Gemische von Metallen haben oft günstigere Werkstoffeigenschaften als die reinen Metalle.

→ **Bronze**

Bronze ist eine Kupfer/Zinn-Legierung. Sie ist deutlich härter als Kupfer. In der Bronzezeit (2000–1000 v. Chr.) wurden Werkzeuge und Gebrauchsgegenstände aus diesem Legierungsmaterial hergestellt. Noch heute bestehen viele Statuen, Denkmäler und Kirchenglocken aus Bronze.

→ **Messing**

Messing ist eine goldglänzende Legierung. Sie besteht zu 65 % aus Kupfer und zu 35 % aus Zink. Das Legierungsmaterial lässt sich leicht verarbeiten und ist vor allem gegen Witterungseinflüsse beständig. Aus Messing werden Blechblasinstrumente, Haltegriffe und Türklinken herstellt.

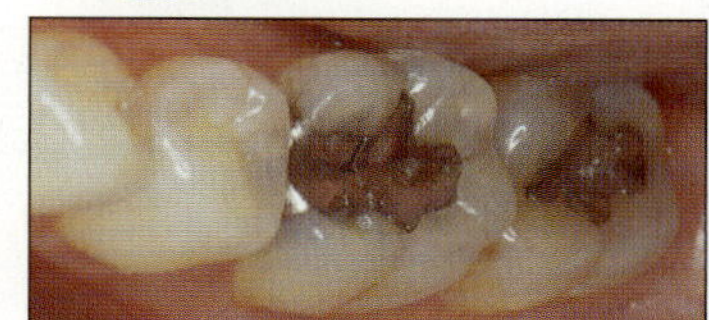

→ **Amalgam**

Quecksilber-Legierungen nennt man Amalgame. Das in der Zahnmedizin verwendete Amalgam enthält Quecksilber und Silber sowie geringe Mengen an Zinn, Kupfer und Zink. Beim Anmischen ist das Metallgemisch zunächst plastisch, danach härtet es aus. Amalgam ist ein noch immer oft verwendeter Werkstoff für Zahnfüllungen, wenngleich es inzwischen wegen möglicher Gesundheitsschäden umstritten ist.

→ **Gold-Legierungen**

Zur Herstellung von Schmuck verwendet man kein reines Gold, sondern Gold-Legierungen. Schmuckstücke aus Gold sind mit einem Prägestempel gekennzeichnet. Die Zahl 585 bedeutet, dass ein Gramm der vorliegenden Legierung 585 mg Gold enthält. Der Rest besteht im Falle von Rotgold vor allem aus Kupfer. Dieses Material ist im Vergleich mit reinem Gold härter und nicht so leicht verformbar. Bei Weißgold wird statt Kupfer Nickel oder Silber als Legierungsmetall verwendet.
Auch die Bezeichnung Karat wird häufig genutzt, um die Zusammensetzung einer Gold-Legierung anzugeben. Reines Gold hat 24 Karat. 18-karätiger Goldschmuck besteht demnach zu 75 % aus Gold. Das gute Stück trägt dann die Prägung 750.

→ **Aluminium-Legierungen**

Alu-Sportfelgen und Alu-Fahrradrahmen bestehen aus einer Legierung aus Aluminium und geringen Mengen von Kupfer, Magnesium und Silicium. Dieses Material ist im Gegensatz zu reinem Aluminium wesentlich härter.

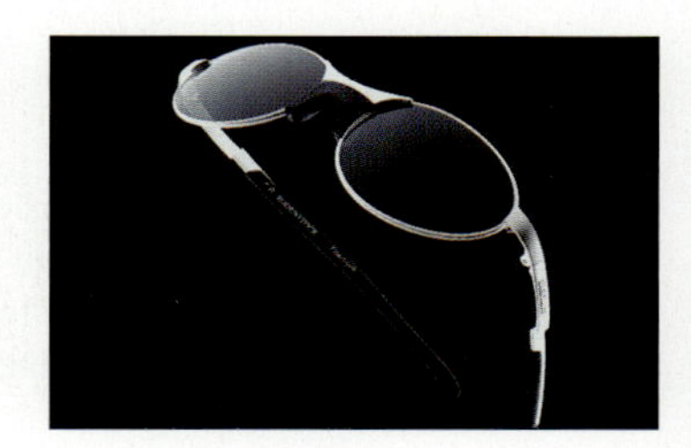

→ **Titan-Legierungen**

Titan-Legierungen zeichnen sich durch geringe Dichten, hohe Festigkeit und gute Korrosionsbeständigkeit aus. Sie werden in der Chemietechnik sowie in der Luftfahrt und in der Raumfahrt verwendet, daneben auch in der Medizin für künstliche Gelenke.

6.5 Bedeutung und Verwendung der Metalle

Verpackungsmetall Aluminium

Vorkommen: mit 7,5 % in der Erdrinde das häufigste metallische Element, Aluminiumoxid ist Bestandteil von Ton.
Eigenschaften: silberweißes Metall, guter Wärmeleiter und guter elektrischer Leiter, durch dünne undurchlässige Oxidschicht beständig an der Luft
Dichte: 2,7 $\frac{g}{cm^3}$ (Leichtmetall)
Schmelztemperatur: 660 °C
Siedetemperatur: 2467 °C
Herstellung: Reduktion von Aluminiumoxid durch elektrischen Strom
Verwendung: Fahrzeugbau, Flugzeugbau; Aluminiumfolie

Gebrauchsmetall Eisen

Vorkommen: als Oxid wie Roteisenstein (Fe_2O_3) und Magneteisenstein (Fe_3O_4) sowie als Sulfid (Pyrit, FeS_2)
Eigenschaften: silberweißes Metall, überzieht sich rasch mit einer Oxidschicht und bildet Rost
Dichte: 7,9 $\frac{g}{cm^3}$ (Schwermetall)
Schmelztemperatur: 1535 °C
Siedetemperatur: 2750 °C
Herstellung: Reduktion von Eisenoxid durch Kohlenstoffmonooxid (aus der Verbrennung von Koks) im Hochofen
Verwendung: als Stahl wichtigstes Gebrauchsmetall; Schiffsbau, Schienen, Stahlträger, Nägel, Bestecke

Überzugsmetall Zink

Vorkommen: als Zinksulfid in der Zinkblende und in anderen zinkhaltigen Erzen
Eigenschaften: bläulich weißes, stark glänzendes Metall; bildet an der Luft eine beständige Oxidschicht
Dichte: 7,14 $\frac{g}{cm^3}$ (Schwermetall)
Schmelztemperatur: 420 °C
Siedetemperatur: 907 °C
Herstellung: Reduktion von Zinkoxid durch Koks
Verwendung: Überzug auf eisernen Gegenständen wie Autokarosserien und Laternenmasten zum Rostschutz, Zinkblech für Dachrinnen und in Batterien

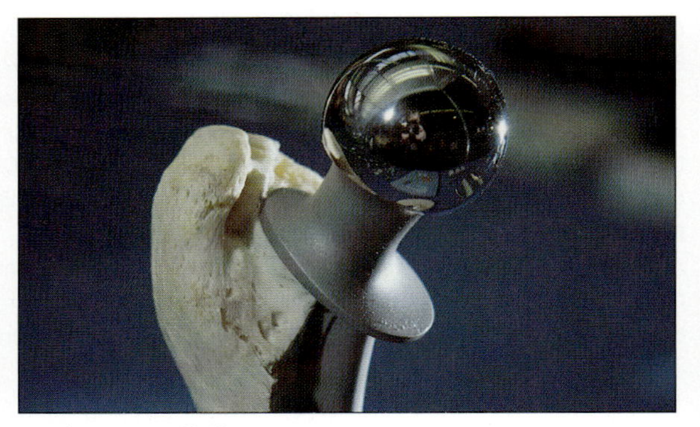

Prothesenmetall Titan

Vorkommen: in zahlreichen verschiedenen Mineralien
Eigenschaften: metallisch glänzende nadelförmige Kristalle
Dichte: 4,5 $\frac{g}{cm^3}$ (Leichtmetall)
Schmelztemperatur: 1660 °C
Siedetemperatur: 3287 °C
Herstellung: Reaktion von Titandioxid (TiO_2) mit Chlor zu Titanchlorid ($TiCl_4$), anschließend Umsetzung mit Magnesium
Verwendung: Werkstoff in der Luftfahrt und Raumfahrt, Endoprothesen (künstliche Gelenke, Knochennägel) in der Medizin, Schmuck, Uhrengehäuse, Brillengestelle

Leitermetall Kupfer

Vorkommen: meist als Kupferoxid und Kupfersulfid (Kupferglanz, Cu_2S; Kupferkies, $CuFeS_2$)
Eigenschaften: hellrot, dehnbar, leicht verformbar
Dichte: 8,96 $\frac{g}{cm^3}$ (Schwermetall)
Schmelztemperatur: 1085 °C
Siedetemperatur: 2572 °C
Herstellung: Rösten von Kupfersulfid, Reduktion von Kupferoxid durch Kohlenstoff
Verwendung: als elektrischer Leiter in der Elektrotechnik und Elektronik, Heizungs- und Sanitärinstallation

Schmuckmetall Silber

Vorkommen: vereinzelt gediegen, meist als Silbersulfid (Ag_2S) in sulfidischen Erzen
Eigenschaften: weiß glänzendes polierbares Edelmetall
Dichte: 10,5 $\frac{g}{cm^3}$ (Schwermetall)
Schmelztemperatur: 962 °C
Siedetemperatur: 2212 °C
Herstellung: als Nebenprodukt bei der Gewinnung anderer Metalle
Verwendung: Münzmetall, Schmuckwaren, Bestecke, elektrische Kontakte, Legierungen in der Zahnmedizin

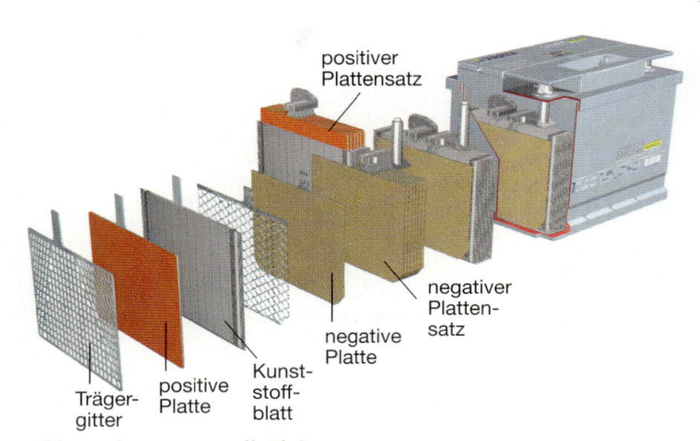

Akkumulatorenmetall Blei

Vorkommen: als Bleisulfid (Bleiglanz, PbS)
Eigenschaften: bläulichgraues, weiches Metall, sehr giftig
Dichte: 11,3 $\frac{g}{cm^3}$ (Schwermetall)
Schmelztemperatur: 327 °C
Siedetemperatur: 1740 °C
Herstellung: Rösten von Bleisulfid, Reduktion von Bleioxid durch Kohlenstoff
Verwendung: zur Herstellung von Akkumulatoren (Fahrzeugbatterien), im Strahlenschutz zur Absorption von Röntgenstrahlen, Schutz vor radioaktiven Strahlen

Schalterpreise 11.01.2002	**Ankauf (in €)**	**Verkauf (in €)**
Barrenplatin (1 kg)	16 360,00	17 710,00
Barrengold (1 kg)	10 150,00	10 670,00
Wiener Philharmoniker (1 Unze)	311,00	345,00
Krüger-Rand (31,1 g)	310,00	338,00
Barrensilber (1 kg)	150,00	196,00
Goldmünze 20 – Wilhelm II	66,30	81,00
Vreneli (5,8 g)	51,20	68,30

Edelmetalle sind besonders teuer. Sie dienten lange als Währungsreserve. Noch heute lagern große Mengen von Goldmünzen und Goldbarren in den Tresoren der Banken.
Der Begriff *Edelmetall* leitet sich aus den chemischen Eigenschaften dieser Metalle ab: Selbst beim Erhitzen reagieren sie nicht mit Sauerstoff. Sie können somit nicht ohne Weiteres oxidiert werden; in der Natur treten sie deshalb vorwiegend als Element auf.

Prüfe dein Wissen

Quiz

A1 **a)** Erkläre die Begriffe des Fensters.
b) Notiere auf der Vorderseite von Karteikarten den Begriff, auf der Rückseite die Erklärung.

A2 Erhitzt man Bleioxid (PbO_2) auf Holzkohle, so bildet sich Blei.
a) Stelle die Reaktionsgleichung auf.
b) Erläutere an diesem Beispiel die Begriffe Oxidation, Reduktion und Redoxreaktion.
c) Welcher Stoff ist bei dieser Reaktion das Reduktionsmittel, welcher das Oxidationsmittel?

A3 Stelle für die beim Thermit-Verfahren ablaufende chemische Reaktion die Reaktionsgleichung auf. Das eingesetzte Eisenoxid hat die Formel Fe_3O_4, das entstehende Aluminiumoxid hat die Formel Al_2O_3.

A4 Quarzsand besteht aus Siliciumdioxid (SiO_2). Aluminium ist ein stärkeres Reduktionsmittel als Silicium. Leite aus diesen Hinweisen ein Verfahren zur Gewinnung von Silicium ab und stelle die Reaktionsgleichung auf.

A5 Wie kann man die Eigenschaften von Metallen gezielt verändern?

A6 Um Roheisen in Stahl umzuwandeln, bläst man Sauerstoff auf die Schmelze.
a) Nenne die Bestandteile des Roheisens, die dadurch entfernt werden, und stelle für die ablaufenden Oxidationen die Reaktionsgleichungen auf.
b) Warum erhitzt sich die Schmelze, obwohl keine Wärme zugeführt wird?

A7 Wie kannst du Gold von Messing unterscheiden?

A8 In einem Goldring ist die Zahl 333 eingraviert.
a) Was kannst du daraus ableiten?
b) Berechne, wie viel Gramm reines Gold dieser Ring enthält, wenn er 5 g wiegt.

Know-how

A9 Entwickle einen Plan, wie du die Metalle Aluminium, Zink, Blei und Kupfer unterscheiden kannst.

A10 Prüfe Münzen von 2 Cent und 5 Cent mit einem Magneten. Was beobachtest du? Erkläre den Zusammenhang zwischen deiner Beobachtung und der Farbe der Münze.

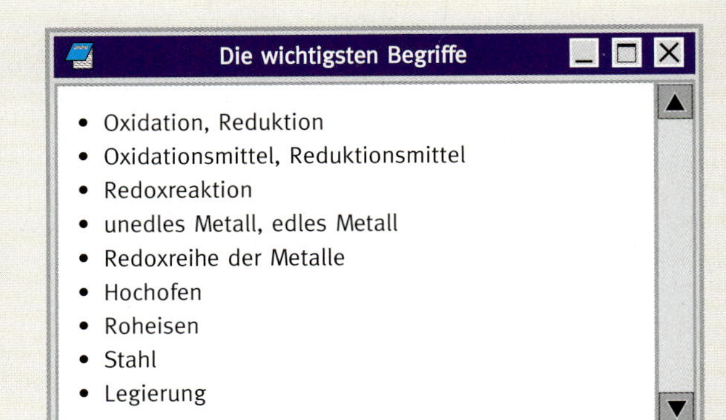
Die wichtigsten Begriffe

- Oxidation, Reduktion
- Oxidationsmittel, Reduktionsmittel
- Redoxreaktion
- unedles Metall, edles Metall
- Redoxreihe der Metalle
- Hochofen
- Roheisen
- Stahl
- Legierung

A11 Ein Reagenzglas wird zu etwa einem Viertel mit Kaliumnitrat (KNO_3) gefüllt. Es wird so lange kräftig erhitzt, bis eine Schmelze entstanden ist, aus der Gasbläschen aufsteigen. Dann wirft man Aktivkohle in die Schmelze. Die Aktivkohle verbrennt unter intensivem Aufglühen. Erkläre diese Beobachtung.

A12 Silberoxid (Ag_2O) wird durch Wärmezufuhr in Silber und Sauerstoff zerlegt.
a) Stelle die Reaktionsgleichung auf.
b) Warum lässt sich Silberoxid leichter zerlegen als die Oxide unedler Metalle?

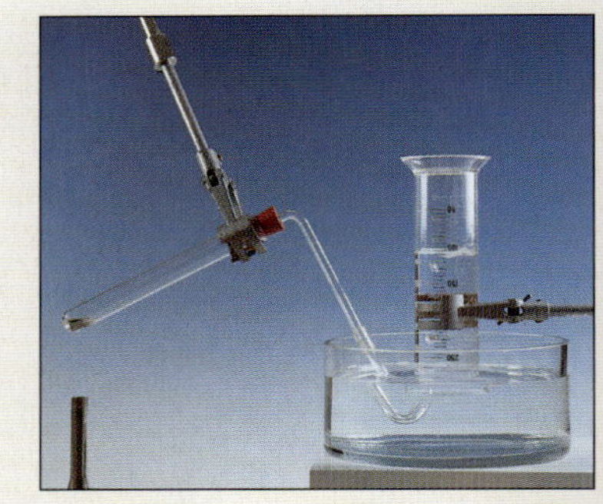

Natur – Mensch – Technik

A13 Warum verwendet man zur Herstellung von Heizkörpern, Bügeleisen und Kochplatten metallische Werkstoffe?

A14 Edelmetalle wie Gold, Silber und Kupfer wurden wesentlich früher vom Menschen genutzt als unedle Metalle wie Eisen oder Aluminium. Begründe diese Tatsache.

A15 Warum sollte man Ohrstecker möglichst aus Edelmetallen herstellen?

A16 Früher wurden Fahrradrahmen ausschließlich aus Stahl hergestellt. Warum verwendet man heute statt des Werkstoffs Stahl häufig Aluminium oder Titan?

A17 Oft klebt man hinter Heizkörpern Aluminiumfolie an das Mauerwerk. Begründe den Sinn dieser Maßnahme.

A18 Warum hat man Hochöfen häufig an Flüssen errichtet?

Vom Erz zum Metall – Redoxreaktionen

Basiswissen

1. Oxidation und Reduktion

a) Oxidation ist eine chemische Reaktion, bei der sich ein Stoff mit Sauerstoff verbindet. Dabei entsteht ein Oxid.

$2\,Cu + O_2 \longrightarrow 2\,CuO$; exotherm
Kupfer, Sauerstoff, Kupferoxid

b) Reduktion ist eine chemische Reaktion, bei der einem Oxid Sauerstoff entzogen wird. Sie ist die Umkehrung der Oxidation.

$2\,Ag_2O \longrightarrow 4\,Ag + O_2$; endotherm
Silberoxid, Silber, Sauerstoff

c) Bei einer **Redoxreaktion** laufen Oxidation und Reduktion gleichzeitig ab. **Oxidationsmittel** übertragen Sauerstoff auf andere Stoffe. Sie werden dabei reduziert. **Reduktionsmittel** entziehen einem Oxid den Sauerstoff. Sie werden oxidiert.

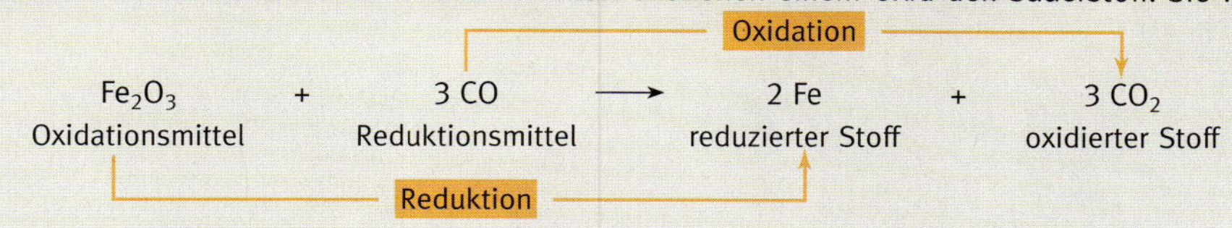

2. Redoxreihe der Metalle

Magnesium – Aluminium – Zink – Eisen – Blei – Kupfer – Silber – Quecksilber – Gold

Je weiter links die Metalle in der Redoxreihe stehen, desto unedler sind sie und desto größer ist ihre Reduktionswirkung.

Je weiter rechts die Metalle in der Redoxreihe stehen, desto edler sind sie. Ihre Oxide sind gute Oxidationsmittel, denn sie geben leicht Sauerstoff ab.

3. Legierungen

Legierungen sind metallische Werkstoffe, die durch Zusammenschmelzen mehrerer Metalle hergestellt werden. Sie besitzen günstigere Werkstoffeigenschaften als die reinen Metalle.

Legierung	Bestandteile
Bronze	Kupfer und Zinn
Messing	Kupfer und Zink
Stahl	Eisen und z. B. Chrom, Nickel
Amalgam	Quecksilber und z. B. Silber

4. Eisenerz – Roheisen – Stahl

Eisenerze sind Mineralien mit einem hohen Anteil oxidischer oder sulfidischer Eisen-Verbindungen.

Im Hochofen gewinnt man aus Eisenerz **Roheisen.** Als Reduktionsmittel dient dabei Kohlenstoffmonooxid, das bei der Verbrennung von Koks entsteht. Roheisen enthält bis zu 5 % Kohlenstoff und weitere Bestandteile.

Bei der Herstellung von **Stahl** werden Kohlenstoff und weitere Begleitstoffe durch Aufblasen von Sauerstoff auf die Roheisenschmelze zum großen Teil oxidiert und damit entfernt.

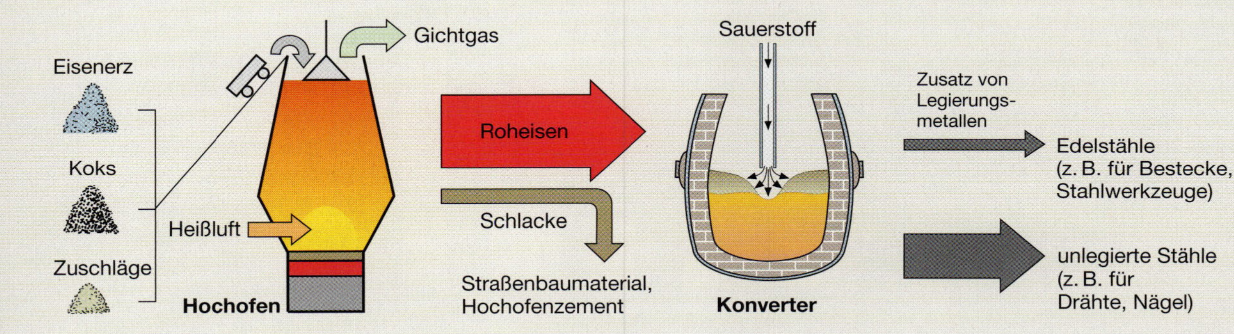

7 Wasser – Der Stoff Nummer Eins

Die Erde verdankt ihren Beinamen „blauer Planet" ausgedehnten Meeren, die drei Viertel der Erdoberfläche bedecken. Obwohl es den lebenswichtigen Stoff Wasser in Hülle und Fülle gibt, gilt er als kostbares Gut, denn das zum Leben benötigte Süßwasser ist knapp. Die Meere bestehen aus ungenießbarem Salzwasser. Nur 0,26 % des Wassers auf der Erde eignen sich als Trinkwasser.

Trinkwasser ist sehr ungleich auf der Erde verteilt. Wir leben in einem Land, das stets genügend Trinkwasservorräte besitzt. Wir verwenden sogar einen großen Anteil davon als Brauchwasser. Doch in vielen anderen Ländern können die Menschen kaum ihren täglichen Trinkwasserbedarf von zwei bis drei Litern decken. Der Kampf um das lebenswichtige Wasser bietet immer häufiger Anlass zu politischen Konflikten.

7.1 Der Kreislauf des Wassers

Das Wasser auf der Erde befindet sich in einem ständigen **Kreislauf:** Über den Meeren verdunsten große Wassermengen; sie steigen auf und kondensieren zu Wolken. Der größte Teil des Wassers gelangt als Niederschlag ins Meer zurück. Der Rest fällt als Regen oder Schnee auf das Land. Ein Drittel der Niederschläge versickert dort im Boden und bildet das Grundwasser. Dieses bewegt sich unterirdisch zu nahe liegenden Bächen und Flüssen. Zusammen mit dem Oberflächenwasser fließt es so in die Meere zurück. Ein großer Teil der auf den Boden fallenden Niederschläge verdunstet direkt oder auf dem Weg über die Pflanzen und verstärkt die Wolkenbildung.

Wassernutzung. Allein im *privaten Bereich* verwendet jeder von uns täglich 128 Liter Trinkwasser. Zusätzlich werden im *öffentlichen Bereich* für jeden Einwohner täglich 75 Liter Wasser bereitgestellt. Es geht dabei um Krankenhäuser, Schwimmbäder, Grünanlagen, Straßenreinigung oder das Kleingewerbe. Der Wasserbedarf im privaten und im öffentlichen Bereich entspricht zusammen aber nur 12 % der insgesamt genutzten Wassermenge. 60 % entfallen allein auf das von den *Kraftwerken* benötigte Kühlwasser.
Großverbraucher sind auch die meisten *Industriebetriebe.* So erfordert der Bau eines Autos fast 400 000 Liter Wasser; selbst für eine Getränkedose sind es drei Liter. Für die Herstellung eines Mikrochips sind 80 Liter Wasser erforderlich und bei der Produktion von 1 kg Zucker werden 120 Liter Trinkwasser zu Abwasser.

Das Wasser bewegt sich auf der Erde in einem ständigen Kreislauf. Bei der Wassernutzung haben Kraftwerke und Industrie den größten Anteil. Nur 12 % entfallen auf den privaten und öffentlichen Bereich.

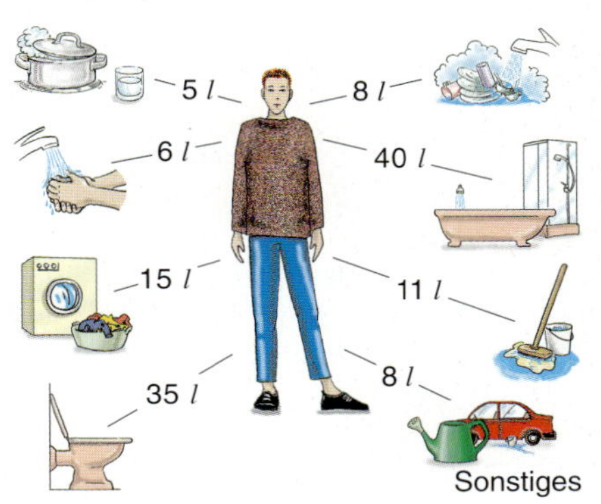

Private Wassernutzung (Durchschnittswerte pro Tag für eine Person)

1 Beschreibe den Kreislauf des Wassers auf der Erde.
2 Warum spricht man besser von der Wassernutzung als vom Verbrauch des Wassers?
3 Wie viele Liter Wasser sind in den Meeren enthalten?
4 Wo findet sich Süßwasser auf der Erde? Wie viel Prozent des Wassers auf der Erde ist Süßwasser?

7.2 Trinkwasser – (k)ein Naturprodukt?

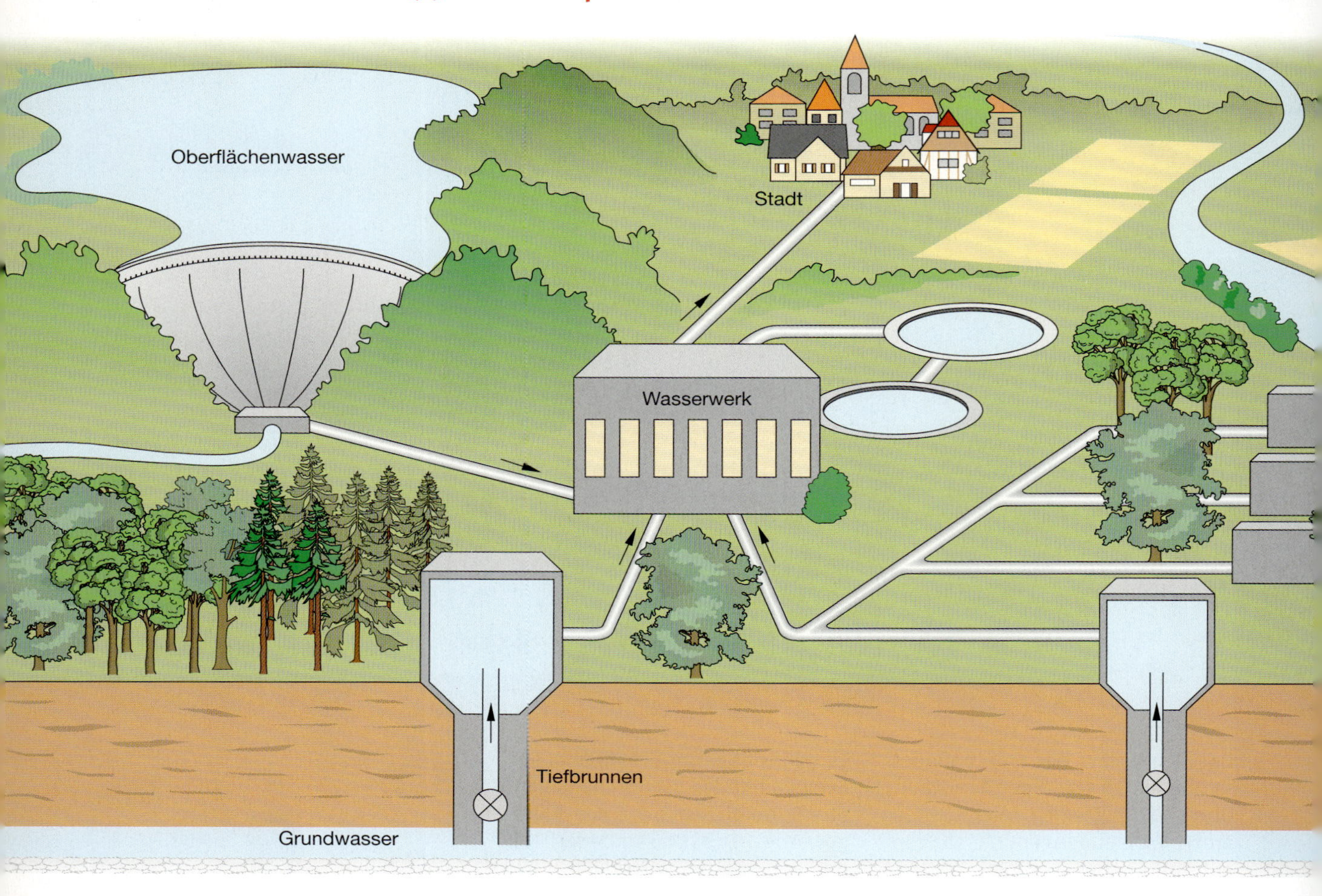

Um die Bevölkerung mit Trinkwasser zu versorgen, wird überwiegend Grundwasser aufbereitet. In manchen Regionen nutzt man auch Oberflächenwasser.

Trinkwasser aus Grundwasser. Grundwasser entsteht durch Versickern von Niederschlägen. Es ist in der Regel besonders rein, denn es wird auf seinem Weg von der Erdoberfläche bis zu den tief liegenden Tonschichten durch die feinen Poren des Untergrunds gefiltert. Die meisten im Grundwasser gelösten Stoffe sind salzartige Stoffe; sie sind unbedenklich und verbessern sogar den Geschmack des Wassers. In manchen Gegenden enthält das Grundwasser jedoch lösliche Eisen-Verbindungen. Das Wasser wird dadurch leicht braun gefärbt und schmeckt unangenehm.

Um Trinkwasser zu gewinnen wird das Grundwasser aus Tiefbrunnen hochgepumpt und in ein Wasserwerk geleitet. Hier werden die gelösten Eisensalze ausgeflockt und zusammen mit anderen Trübstoffen durch einen Sandfilter entfernt.

Trinkwasser aus Oberflächenwasser. Vor allem in großen Ballungsgebieten lässt sich nicht genügend Trinkwasser aus Grundwasser gewinnen. Man muss daher Wasser aus Talsperren, Flüssen und Seen verwenden. Dieses Oberflächenwasser enthält meist mehr Verunreinigungen als das Grundwasser. Es muss deshalb aufwändiger gereinigt werden: Mehrere dicke Kiesschichten und Sandschichten filtrieren zunächst das Rohwasser. Im nächsten Schritt leitet man Ozon-Gas in das Wasser ein. Ozon ist eine sehr reaktionsfähige Form des Sauerstoffs und tötet Bakterien und andere Krankheitserreger ab. Außerdem ballen sich in Gegenwart von Ozon kleinste Schmutzteilchen zu größeren Flocken zusammen. Eine dicke Aktivkohle-Schicht adsorbiert anschließend alle Verunreinigungen.

Bevor nun das gereinigte Oberflächenwasser in das Leitungsnetz eingespeist wird, kann Chlor oder Chlordioxid zugesetzt werden. Diese *Chlorung* bewirkt, dass sich in den langen Leitungen keine Bakterien oder andere Keime ansiedeln und vermehren können.

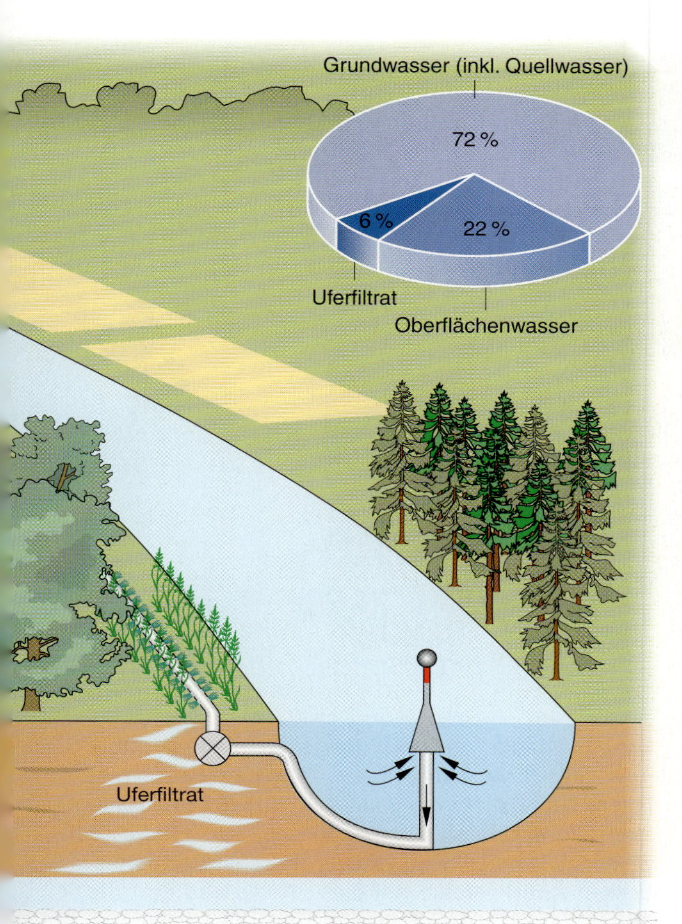

Trinkwasser aus Uferfiltrat. Wo Mangel an Grundwasser besteht, entnehmen die Wasserwerke Wasser aus einem Fluss und lassen es in der Uferzone versickern. Dabei wird es auf dem Weg durch den sandigen Untergrund auf natürliche Weise gereinigt. Einige hundert Meter vom Fluss entfernt fördern Pumpen das Wasser als *Uferfiltrat* aus Tiefbrunnen wieder herauf. Anschließend wird es zu Trinkwasser aufbereitet.

In manchen Gebieten leitet man das Uferfiltrat in Wasserschutzgebiete und versprüht es dort. Dabei reichert es sich mit Luftsauerstoff an. Die Bodenbakterien können dann Schadstoffe schneller abbauen. Das versickerte Wasser erhöht so den natürlichen Grundwasservorrat.

Trinkwasser kann aus Grundwasser, Oberflächenwasser und Uferfiltrat gewonnen werden. Oberflächenwasser muss weit aufwändiger als Grundwasser gereinigt werden. Zum Schutz vor Keimen wird das Trinkwasser oft mit Chlor versetzt.

Muscheln kontrollieren das Wasser

Exkurs

Abwasser darf nur dann in ein Gewässer eingeleitet werden, wenn der Schadstoffgehalt gesetzlich festgelegte Höchstwerte nicht überschreitet. Zur Kontrolle überwachen in Deutschland etwa 150 Messstellen die Gewässer rund um die Uhr.
Die Messstation entnimmt ständig Proben für die Wasserkontrolle. Die Messungen erfolgen vollautomatisch und können kleinste Mengen an Schadstoffen feststellen. Gemessen werden Temperatur, Sauerstoffgehalt, Wasserhärte, Leitfähigkeit, der Gehalt an Salzen, an Schwermetall-Verbindungen und an organischen Verbindungen wie Waschmitteln und Schädlingsbekämpfungsmitteln. Auch Art und Anzahl von Kleinlebewesen geben Hinweise auf die Wassergüte.

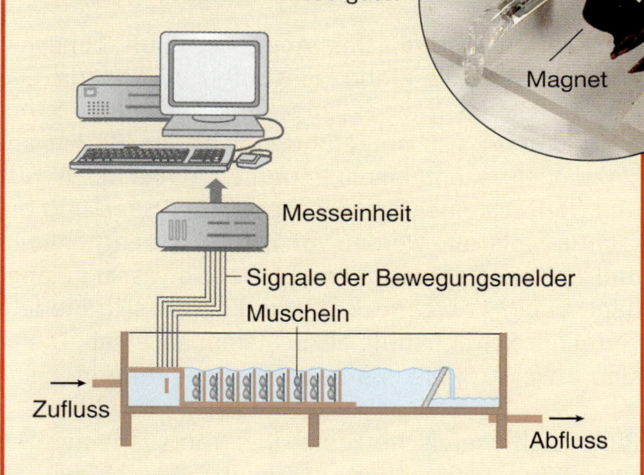

Eine sehr empfindliche Kontrolle des Wassers ermöglichen Muscheln: Sie schließen sofort ihre Schalen, wenn sie Schadstoffe im Wasser feststellen. Ein magnetisch gesteuerter Bewegungsmelder an der Muschelschale registriert, wie weit sie geschlossen ist. Über einen Zentralrechner kann dann gegebenenfalls Umweltalarm ausgelöst werden.

1 a) Beschreibe die verschiedenen Möglichkeiten der Trinkwassergewinnung.
b) Warum muss Oberflächenwasser aufwändiger gereinigt werden als Grundwasser?
2 Wie kann die Gewässergüte überwacht werden?
3 Erkundige dich über die Herkunft des Trinkwassers an deinem Wohnort.
4 Informiere dich über Möglichkeiten, den Trinkwasserverbrauch für die Toilettenspülung zu vermindern.

7.3 Kläranlagen reinigen Abwässer

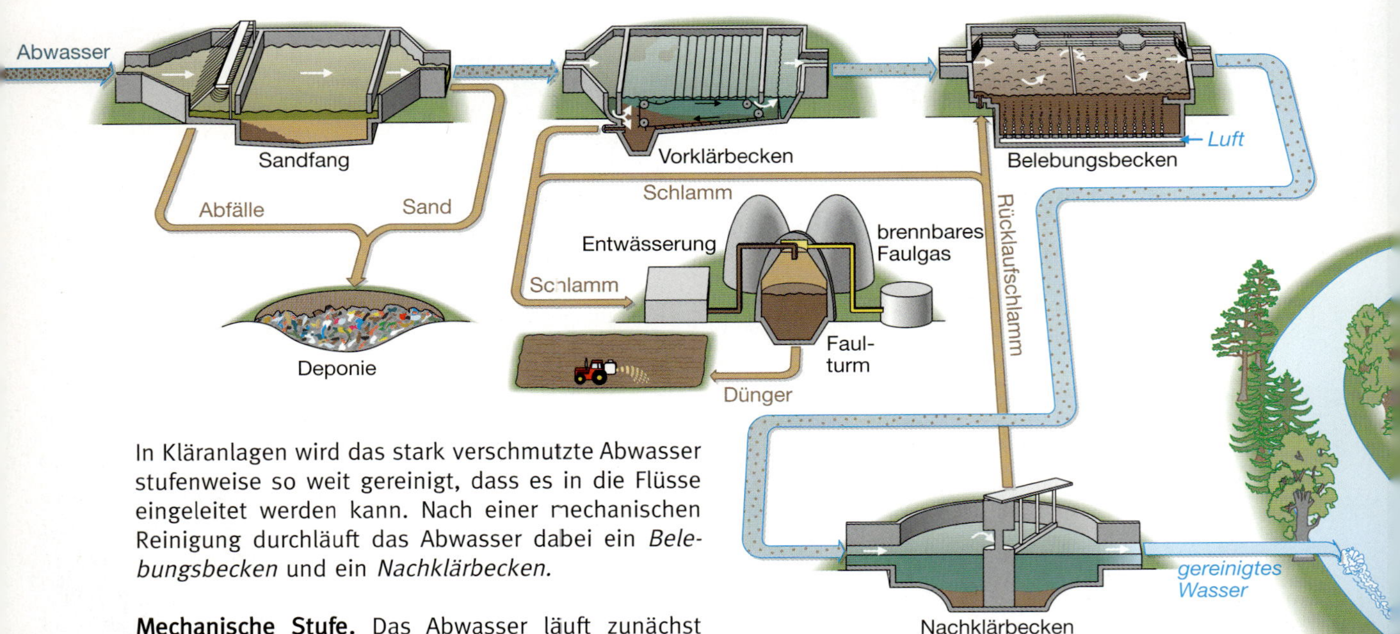

In Kläranlagen wird das stark verschmutzte Abwasser stufenweise so weit gereinigt, dass es in die Flüsse eingeleitet werden kann. Nach einer mechanischen Reinigung durchläuft das Abwasser dabei ein *Belebungsbecken* und ein *Nachklärbecken.*

Mechanische Stufe. Das Abwasser läuft zunächst durch *Rechen,* die grobe Feststoffe zurückhalten. Danach fließt das Wasser langsam durch einen *Sandfang,* in dem sich mitgeführter Sand am Boden absetzt. Viele Kläranlagen entfernen dabei auch Fett und Öl durch einen *Fettabscheider.* Der Sand und die groben Feststoffe werden von Zeit zu Zeit entnommen und zu einer Deponie gebracht. Das Abwasser gelangt dann in ein *Vorklärbecken.* Hier können sich die fein verteilten Schwebstoffe als Schlamm absetzen. Damit sind etwa 30 % der Verunreinigungen entfernt.

Biologisch-chemische Stufe. Das von suspendierten Feststoffen weitgehend gereinigte Wasser enthält noch eine Vielzahl von gelösten Stoffen. Es handelt sich dabei vor allem um Kohlenstoff-Verbindungen, die im *Belebungsbecken* biologisch entfernt werden müssen. Diese Aufgabe übernehmen bestimmte Bakterien und andere Mikroorganismen, die sich rasch vermehren. Sie nutzen die unerwünschten Stoffe als Nahrungsquelle. Für ihren Stoffwechsel benötigen sie aber auch Sauerstoff; durch große Rührwerke wird dem Abwasser daher Luft zugemischt.

In neueren Anlagen werden auch stickstoffhaltige Stoffe wie Nitrate und Ammonium-Salze abgebaut. Aus den Stickstoff-Verbindungen entsteht dabei letztlich elementarer Stickstoff. Durch andere Bakterien im Belebungsbecken wird auch der Phosphatgehalt erniedrigt. Um die Phosphate noch weiter zu entfernen setzt man Eisensalze zu. Dabei bildet sich schwer lösliches Eisenphosphat, das auf den Boden des Beckens absinkt.

Das durch die zahllosen Bakterien stark getrübte Abwasser fließt dann in ein *Nachklärbecken.* Hier lagern sich die Mikroorganismen zu Flocken zusammen und setzen sich am Boden ab. Ein Teil dieses *Belebtschlammes* wird wieder in das Belebungsbecken zurückgeführt. Auf diese Weise wird dort der Abbau der Kohlenstoff-Verbindungen beschleunigt.

Schlammbehandlung. Der überschüssige Schlamm aus dem Nachklärbecken wird mit Hilfe von Filterpressen eingedickt, bevor er in einem *Faulbehälter* bei 37 °C unter Luftausschluss von anderen Bakterien zersetzt wird. Dabei bildet sich *Faulgas,* das hauptsächlich aus Methan besteht. Es kann daher als Brennstoff verwendet werden. Der zurückbleibende *Klärschlamm* wird verbrannt oder als Dünger genutzt.

Das Abwasser wird durch eine Kombination von mechanischen und biologisch-chemischen Verfahren gereinigt. In neueren Anlagen wird durch besondere Mikroorganismen der Nitratgehalt und der Phosphatgehalt stark herabgesetzt.

1 Beschreibe die Funktionsweise einer Kläranlage.
2 Welche Trennverfahren werden bei der mechanischen Reinigung angewendet?
3 Welche Folgen hätte ein Ausfall einer Kläranlage?
4 Vergleiche die Kläranlage deiner Gemeinde mit der im Buch dargestellten Anlage.

Abwassertechnologien

Ergebnisse:

Abwasserabgabengesetz
Gemeinden und Industriebetriebe, die Abwasser in Flüsse einleiten, müssen dafür Abgaben zahlen. Die Höhe richtet sich nach dem Schadstoffgehalt des Abwassers. Der Schadstoffgehalt wird in Schadeinheiten (SE) gemessen. Seit 1999 kostet eine Schadeinheit 35 €. Die über die Abwasserabgabe eingenommenen Gelder dürfen nur für Maßnahmen verwendet werden, die zur Verbesserung der Wassergüte führen.

Abwasserzahlen eines Landkreises:

Erftkreis (Regierungsbezirk Köln) 1999:
Einwohner: 611 474
Abwasser: 57,5 Millionen m^3
Klärschlamm: 360 000 m^3
Betriebskosten der Kläranlagen: 25,1 Millionen €
Abwasserabgabe: 2,2 Millionen €

Mischsystem oder Trennsystem?
Das deutsche Kanalnetz ist etwa so lang wie die Strecke von der Erde bis zum Mond: rund 400 000 km! Bei den älteren Abwasserkanälen werden Abwasser und Regenwasser gemeinsam abgeleitet (Mischkanalisation). In den letzten Jahrzehnten wurden überwiegend getrennte Kanalsysteme für Abwasser und für Regenwasser angelegt.
Man entlastet dadurch die Kläranlagen und spart Betriebskosten bei gleicher Reinigungsleistung. Das nur wenig verschmutzte Regenwasser kann nämlich über Rückhaltebecken direkt in die Flüsse geleitet werden.

„Turmbiologie"
Der Bau von turmartigen biologischen Kläranlagen in der Industrie ist ein großer technischer Fortschritt. Die Belebungsbecken und Nachklärbecken werden in bis zu 30 m hohen Reaktoren angeordnet. Die Vorteile der Hochbauweise sind eine bessere Sauerstoffausnutzung, Energieeinsparung, ein schnellerer bakterieller Abbau der Schmutzstoffe und eine geringere Geruchsbelästigung als in einem offenen Belebungsbecken.

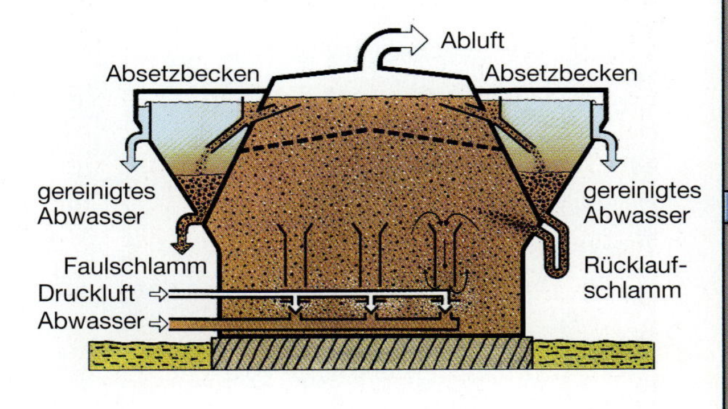

Schilf in einer Spezial-Kläranlage
Das Abwasser, das bei der Lackierung von Autos anfällt, durchläuft zwei Reinigungsstufen: In der ersten Stufe wird Luft eingeleitet, um das Wachstum von Mikroorganismen zu verbessern. Lacke enthalten nämlich Stickstoff-Verbindungen, die durch die Mikroorganismen in harmlose Mineralstoffe umgewandelt werden. In der zweiten Stufe durchläuft das Wasser mit Schilf bepflanzte Becken. Schilf ist eine schnell wachsende Pflanze, die dem Wasser viele Mineralstoffe entzieht. Wenn das Schilf eine bestimmte Größe erreicht hat, wird es abgeschnitten und kompostiert.

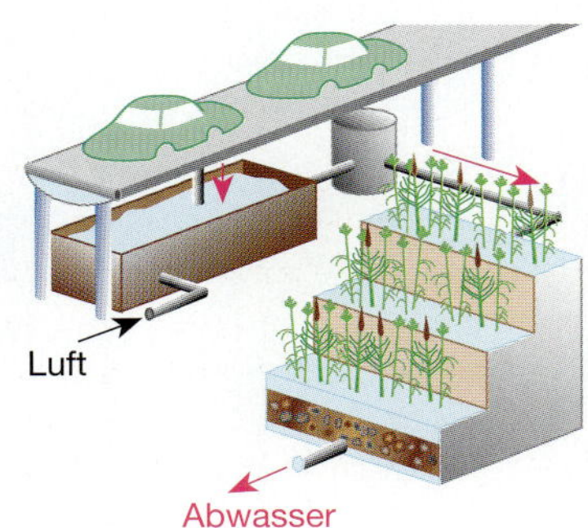

Aufgaben

1 Welche Nachteile hat die Mischkanalisation gegenüber einer getrennten Kanalisation? Bedenke auch den Einfluss des Wetters.

2 Berechne die Betriebskosten für die Säuberung eines Kubikmeters Abwasser. Vergleiche mit den Abwassergebühren in eurem Haushalt.

3 Wie viele Schadeinheiten wurden im Erftkreis im Jahr 1999 in die Flüsse eingeleitet?

4 Vergleiche die Kosten für das Trinkwasser und das Abwasser in eurem Haushalt. Wie kommt der Preisunterschied zu Stande?

7.4 Wasser – der etwas andere Stoff

Jeder Stoff besitzt charakteristische physikalische Eigenschaften wie Dichte, Schmelztemperatur und Siedetemperatur. Eine besondere Rolle spielen die Schmelztemperatur und die Siedetemperatur von Wasser: Sie bilden mit 0 °C und 100 °C die Fixpunkte der Celsius-Temperaturskala.

Dichte-Anomalie von Eis und Wasser. Im Allgemeinen hat ein Stoff im festen Zustand eine größere Dichte als im geschmolzenen Zustand: Ein Eisenstück sinkt in einer Eisenschmelze genau so auf den Boden wie eine Kerze in flüssigem Wachs. Eis dagegen schwimmt auf flüssigem Wasser, denn die Dichte von Eis ist mit $0{,}92\,\frac{g}{cm^3}$ geringer als die Dichte von flüssigem Wasser ($1\,\frac{g}{cm^3}$). Diese Anomalie lässt sich folgendermaßen erklären: Beim Gefrieren bildet sich eine Gitterstruktur mit Hohlräumen. Im Eis sind die Wasser-Teilchen dadurch weniger dicht gepackt als im flüssigem Wasser.

Dichte-Anomalie des flüssigen Wassers. Bei fast allen Stoffen nimmt die Dichte beim Erwärmen ab, da sich die Stoffe ausdehnen. Nur bei Wasser steigt die Dichte beim Erwärmen von 0 °C auf 4 °C zunächst etwas an und beginnt erst dann zu sinken. Wasser besitzt also bei 4 °C seine größte Dichte.

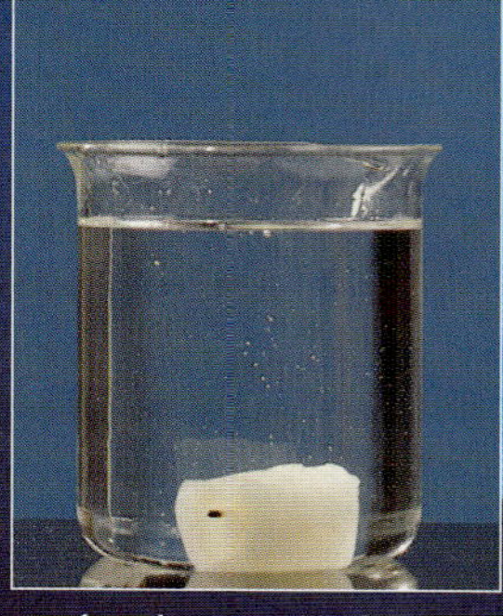

Eis in Wasser und Wachs in geschmolzenem Wachs

Wärmespeicherung. Am Strand merkt man, dass sich der Sand in der Sonne viel schneller aufheizt als das Wasser. Nachts kühlt er sich auch viel schneller ab als das Wasser. Wasser kann nämlich bei gleicher Temperaturerhöhung etwa sechsmal mehr Wärme aufnehmen und speichern als Sand oder auch Gestein. Deshalb verhalten sich die Wassermassen der Meere wie ein riesiger Wärmespeicher: Sie sorgen in den am Meer gelegenen Ländern für ein relativ ausgeglichenes Klima.

Verdampfungswärme. Beim Schwitzen verdunstet das Wasser auf der Haut und kühlt sie dabei ab. So schützt sich der Körper vor Überhitzung. Die für das Verdampfen erforderliche Energie wird direkt der Umgebung entzogen. Man spricht von der *Verdampfungswärme.*
Um eine bestimmte Menge zu verdampfen, benötigt man bei Wasser wesentlich mehr Energie als bei den meisten anderen Flüssigkeiten.

> Wasser ist ein Stoff mit ungewöhnlichen Eigenschaften: Wasser besitzt bei 4 °C seine größte Dichte. Eis hat eine geringere Dichte als flüssiges Wasser. Die Verdampfungswärme und die Wärmespeicherfähigkeit sind viel größer als bei anderen Stoffen.

1 Was versteht man unter den Dichte-Anomalien des Wassers?
2 Warum befindet sich Wasser mit einer Temperatur von 4 °C immer am Boden eines Sees?
3 Warum ändern sich die Lufttemperaturen über dem Meer nicht so stark wie über dem Festland?
4 a) Warum sollte man Badekleidung nicht am Körper trocknen lassen?
b) Erkläre an diesem Beispiel den Zusammenhang zwischen den Begriffen Verdampfungswärme und Verdunstungskälte.
5 Wie kann man mit Hilfe eines Handtuchs im Sommer am Strand seine Getränkeflasche kühl halten?

Chemie-Recherche

Location: http://www.schroedel.de/chemie_heute.html

Suche:

Wasser – alltäglich und doch außergewöhnlich

Ergebnisse:

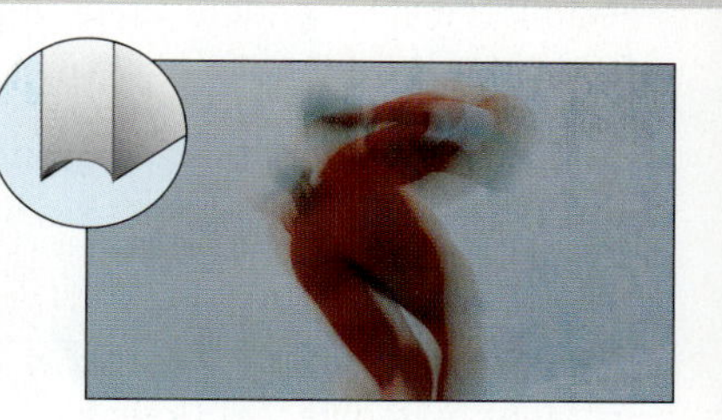

Hohlschliff

Schlittschuhläufer gleiten leicht über das Eis. Durch den Druck des Schlittschuhs werden die Wasser-Teilchen dichter zusammen gepresst, das Eis schmilzt dadurch, denn flüssiges Wasser hat eine größere Dichte als Eis. Unter dem Hohlschliff sammelt sich ein Wasserpolster, auf dem der Schlittschuh leicht gleitet.

Wasser formt die Erde

Wasser versickert in Spalten und Ritzen von Gesteinen und sprengt beim Gefrieren Gesteinsbrocken ab. Flüsse graben sich in die Landschaft und bilden Täler und Schluchten. Regen spült Erde fort und Flüsse schwemmen sie an anderer Stelle wieder an.

Dichte von Wasser

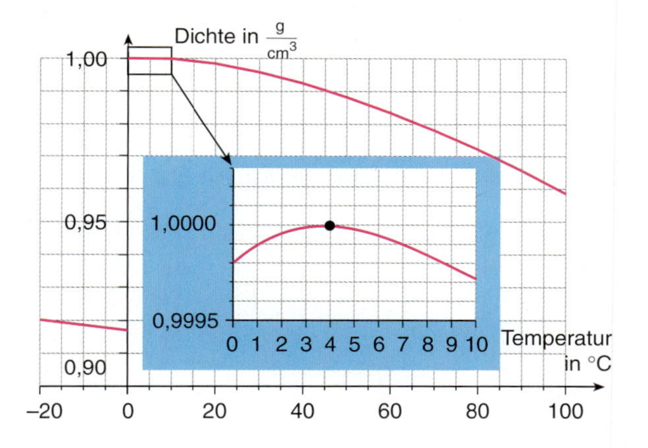

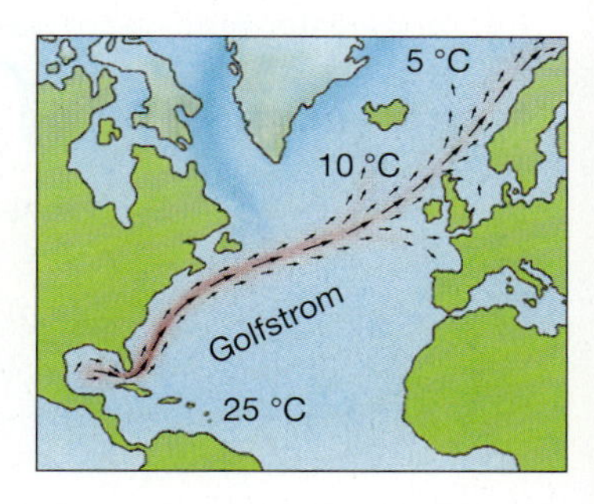

Golfstrom

Gewaltige Wärmemengen werden von dem Wasser der Ozeane gespeichert und mit den Meeresströmungen verteilt. So fließt der warme Golfstrom aus dem Golf von Mexiko nach Nordeuropa und beeinflusst unser Klima. Am Anfang ist der Golfstrom etwa 80 km breit, 640 m tief und 25 °C warm. Er transportiert Wärmeenergie von den Tropen bis zur Arktis.

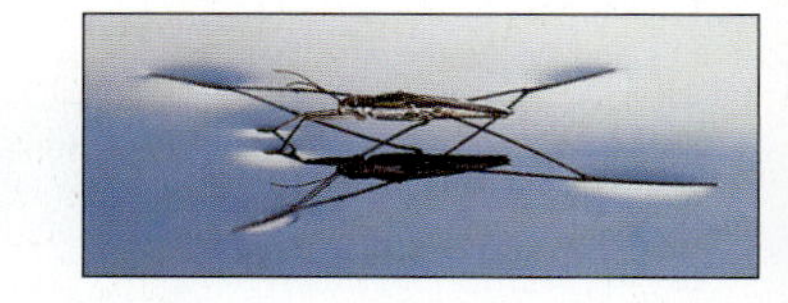

Oberflächenspannung

Wasserläufer flitzen über die Wasseroberfläche, als ob Wasser eine Haut hätte. Auch wenn sie ruhig sitzen bleiben, sinken sie nicht ein. Das liegt daran, dass sich die Wasser-Teilchen an der Oberfläche gegenseitig fest anziehen. Man spricht auch von der *Oberflächenspannung* des Wassers.

Aufgaben

1 Warum sind Schlittschuhkufen nicht wie ein Messer geschliffen?

2 Warum platzt eine Flasche Wasser in der Tiefkühltruhe?

3 Wie ändert sich das Volumen, wenn man einen Liter Wasser

a) von 20 °C auf 4 °C abkühlt,

b) bei 0 °C zu Eis erstarren lässt?

4 Welches Volumen hat ein Kilogramm Eis?

5 Nenne zwei Beispiele für die Verwendung von Wasser als Wärmeträger und als Wärmespeicher.

6 *Experimentelle Hausaufgabe:* Fülle ein Glas randvoll mit Wasser. Lasse vorsichtig so lange Münzen in das Glas gleiten, bis das Wasser überläuft. Erläutere deine Beobachtungen.

7.5 Wasser – das wichtigste Lösungsmittel

Eine Eigenschaft des Wassers spielt in Labor und Technik eine besondere Rolle: Wasser ist ein gutes Lösungsmittel für viele feste, flüssige und gasförmige Stoffe. Auch für Lebewesen ist diese Eigenschaft wichtig, denn jede Zelle enthält Wasser, in dem viele lebenswichtige Stoffe gelöst sind.

Die einzelnen Stoffe lösen sich in sehr unterschiedlichen Mengen. Unter der *Löslichkeit* einer Substanz versteht man, wie viel Gramm sich maximal in 100 g Wasser lösen lassen.

Löslichkeit *L*:

$$L = \frac{m\,(\text{gelöster Stoff})}{m\,(\text{Wasser})}; \quad \text{Einheit: } \frac{\text{g}}{100\ \text{g}}$$

Die Löslichkeit hängt von der Temperatur ab. Bei Feststoffen nimmt die Löslichkeit mit steigender Temperatur meist zu, bei Gasen sinkt die Löslichkeit mit steigender Temperatur.

Gehaltsangaben. Der Gehalt eines Stoffes in einer Lösung kann auf unterschiedliche Weise angegeben werden. Man benutzt oft die Größen **Massenanteil** und **Massenkonzentration.** Der Massenanteil wird in Prozent angegeben.

Massenanteil *w*:

$$w = \frac{m\,(\text{gelöster Stoff})}{m\,(\text{gelöster Stoff}) + m\,(\text{Wasser})} \cdot 100\ \%; \quad \text{Einheit: } \%$$

Massenkonzentration *β*:

$$\beta = \frac{m\,(\text{gelöster Stoff})}{V\,(\text{Lösung})}; \quad \text{Einheit: } \frac{\text{mg}}{\text{l}} \text{ oder } \frac{\text{g}}{\text{l}}$$

Wasser ist ein gutes Lösungsmittel für viele Stoffe.
Die Löslichkeit gibt an, welche Menge eines Stoffes sich maximal in 100 g Wasser löst.
Der Gehalt einer Lösung wird durch den Massenanteil *w* oder die Massenkonzentration *β* angegeben.

Substanz	Löslichkeit (in g in 100 g Wasser bei 20 °C)	Substanz	Löslichkeit (in g in 100 g Wasser bei 20 °C)
Rohrzucker	204	Chlor	0,73
Zitronensäure	163	Kohlenstoffdioxid	0,173
Harnstoff	108	Iod	0,03
Fruchtzucker	50	Sauerstoff	0,0044
Kochsalz	35,9	Bleisulfat	0,004
Soda	21,7	Stickstoff	0,0019
Bleichlorid	0,99	Kalkstein	0,002

Rechenbeispiel

Rechnen mit der Löslichkeit:
Die Löslichkeit von Kochsalz in Wasser beträgt $\frac{35{,}9\ \text{g}}{100\ \text{g}}$ bei 20 °C. Wie viel Kilogramm Wasser benötigt man, um ein Kilogramm Kochsalz zu lösen?

Gegeben: $L\,(\text{Kochsalz}) = \frac{m\,(\text{Kochsalz})}{m\,(\text{Wasser})} = \frac{35{,}9\ \text{g}}{100\ \text{g}}$

$$m\,(\text{Wasser}) = \frac{m\,(\text{Kochsalz})}{L\,(\text{Kochsalz})} = \frac{1000\ \text{g}}{\frac{35{,}9\ \text{g}}{100\ \text{g}}} = 2786\ \text{g}$$

Um ein Kilogramm Kochsalz zu lösen werden 2,786 kg Wasser benötigt.

Rechnen mit dem Massenanteil:
In 250 g Wasser werden 30 g Zucker gelöst. Berechne den Massenanteil an Zucker.

Gegeben: $m\,(\text{Wasser}) = 250\ \text{g}; \quad m\,(\text{Zucker}) = 30\ \text{g}$

$$w\,(\text{Zucker}) = \frac{m\,(\text{Zucker})}{m\,(\text{Zucker}) + m\,(\text{Wasser})} \cdot 100\ \%$$

$$w\,(\text{Zucker}) = \frac{30\ \text{g}}{30\ \text{g} + 250\ \text{g}} \cdot 100\ \% = 10{,}7\ \%$$

Der Massenanteil von Zucker beträgt 10,7 %.

Rechnen mit der Massenkonzentration:
Wie viel Liter Sauerstoff enthält ein Becken mit 100 l Wasser, wenn die Massenkonzentration an Sauerstoff $10{,}5\ \frac{\text{mg}}{\text{l}}$ beträgt? Die Dichte von Sauerstoff ist $1{,}33\ \frac{\text{g}}{\text{l}}$.

Gegeben: $\beta\,(\text{Sauerstoff}) = 10{,}5\ \frac{\text{mg}}{\text{l}}$;
$V\,(\text{Wasser}) = 100\ \text{l}; \quad \varrho\,(\text{Sauerstoff}) = 1{,}33\ \frac{\text{g}}{\text{l}}$

$$\beta = \frac{m\,(\text{Sauerstoff})}{V\,(\text{Wasser})} = 10{,}5\ \frac{\text{mg}}{\text{l}}$$

$$m\,(\text{Sauerstoff}) = V\,(\text{Wasser}) \cdot \beta\,(\text{Sauerstoff}) = 100\ \text{l} \cdot 10{,}5\ \frac{\text{mg}}{\text{l}} = 1050\ \text{mg}$$

$$V\,(\text{Sauerstoff}) = \frac{m\,(\text{Sauerstoff})}{\varrho\,(\text{Sauerstoff})} = \frac{1{,}05\ \text{g}}{1{,}33\ \frac{\text{g}}{\text{l}}} = 0{,}8\ \text{l}$$

In 100 l Wasser sind 0,8 l Sauerstoff gelöst.

1 Erläutere den Unterschied zwischen Massenanteil und Massenkonzentration.

2 Welcher Massenanteil ergibt sich, wenn man 9 g Kochsalz in 150 g Wasser bzw. in 1 l Wasser löst?

3 Wie viel Gramm Kalkstein können sich bei 20 °C in 250 g Wasser lösen?

4 Wie viel Sauerstoff ist in einem 75-l-Aquarium gelöst, wenn der Sauerstoffgehalt $9\ \frac{\text{mg}}{\text{l}}$ beträgt?

5 Die Dichte von Meerwasser beträgt bei 20 °C $1{,}025\ \frac{\text{g}}{\text{cm}^3}$. Wie viel Gramm Salz enthält ein Liter Meerwasser, wenn der Massenanteil bei 3,5 % liegt?

Löslichkeit

V1: Löslichkeit von Feststoffen

  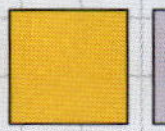  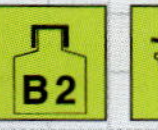 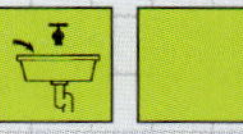

Materialien: Waage, Messzylinder (10 ml), Uhrglas, Stopfen, Becherglas (100 ml), Gasbrenner, Thermometer; Natriumchlorid, Kaliumnitrat (O), Kaliumaluminiumsulfat, Kupfersulfat-Hydrat (Xn; B2).

Durchführung:

1. Fülle 10 ml Wasser in ein Reagenzglas.
2. Gib 1 g Natriumchlorid hinzu, verschließe das Reagenzglas und schüttle, bis sich alles gelöst hat.
3. Wiege erneut 1 g ab und wiederhole den Lösungsvorgang, bis sich ein ungelöster Rest absetzt.
4. *Temperaturabhängigkeit:* Stelle die Probe in ein 50 °C warmes Wasserbad und prüfe, ob sich bei dieser Temperatur mehr Salz lösen lässt.
5. Wiederhole den Versuch mit den anderen Salzen.

Aufgaben:

a) Notiere deine Messergebnisse und berechne, wie viel sich von jedem Stoff in 100 ml Wasser löst.

b) Stelle die Ergebnisse für alle Stoffe in einer Tabelle zusammen und vergleiche sie mit den abgebildeten Löslichkeitskurven der Stoffe.

V2: Löslichkeit von Kohlenstoffdioxid in Wasser

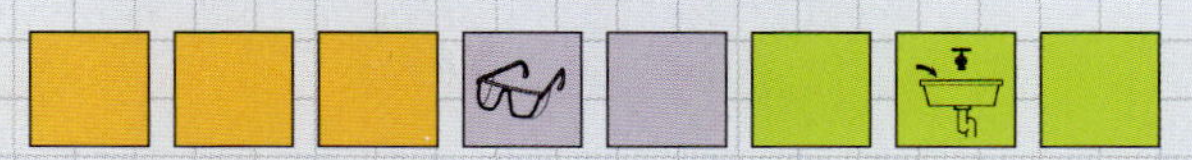

Materialien: Kolbenprober oder Einwegspritze (100 ml), Schlauchstück, Messzylinder (100 ml), Thermometer; Kohlenstoffdioxid.

Durchführung:

1. Lass dir 60 ml Kohlenstoffdioxid in den Kolbenprober einfüllen. Sauge aus einem Messzylinder 20 ml Wasser in den Kolbenprober und verschließe ihn.
2. Schüttle den Kolbenprober, bis sich das Volumen nicht mehr ändert. Lies das Gasvolumen ab.
3. *Druckabhängigkeit:* Erhöhe vorsichtig den Druck auf den Kolben und schüttle. Ziehe dann den Kolben langsam heraus und beobachte die Flüssigkeit.
4. *Temperaturabhängigkeit:* Wiederhole die Arbeitsschritte 1 und 2. Verwende dabei Wasser mit einer Temperatur von 50 °C.

Aufgaben:

a) Notiere deine Beobachtungen.

b) Welchen Einfluss hat der Druck auf die Löslichkeit von Kohlenstoffdioxid in Wasser?

c) Berechne die Masse an Kohlenstoffdioxid, die sich in einem Liter Wasser löst. *Hinweis:* Die Dichte von Kohlenstoffdioxid beträgt 1,84 $\frac{g}{l}$.

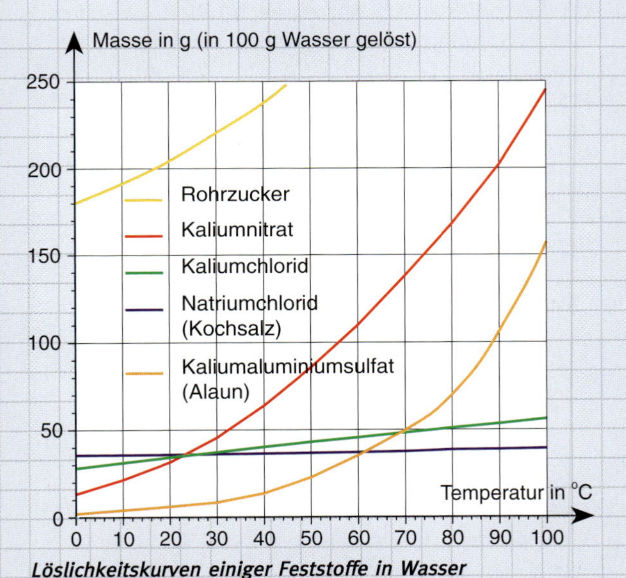

Löslichkeitskurven einiger Feststoffe in Wasser

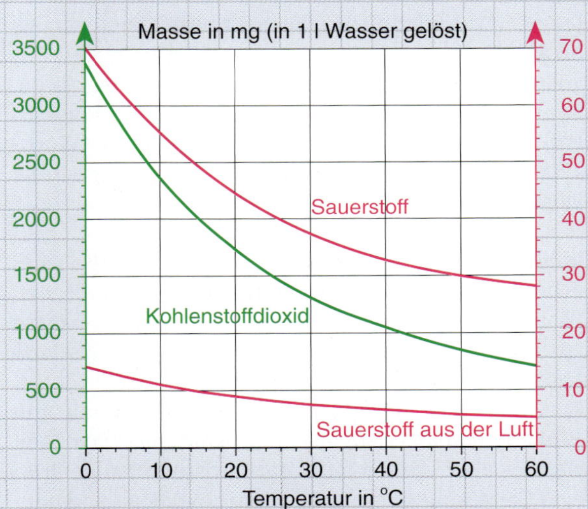

Löslichkeitskurven für Sauerstoff und Kohlenstoffdioxid in Wasser

A1: Ermittle mit Hilfe der Löslichkeitskurven

a) wie viel Gramm Kaliumnitrat sich bei 90 °C in 100 ml Wasser lösen,

b) wie viel Sauerstoff sich bei 0 °C in 10 l Wasser löst.

A2: Wie viel Gramm Rohrzucker und wie viel Gramm Kochsalz kann man maximal bei 20 °C in 20 ml Wasser lösen?
Überprüfe das Ergebnis experimentell.

7.6 Saure und alkalische Lösungen

0 1 2 3 4 5 6 7 8 9 10 11 12 13 14

stark sauer — schwach sauer — neutral — schwach alkalisch — stark alkalisch

Phenolphthalein

Bromthymolblau

Lackmus

Phenolphthalein

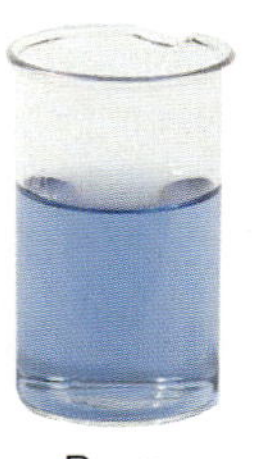

Bromthymolblau

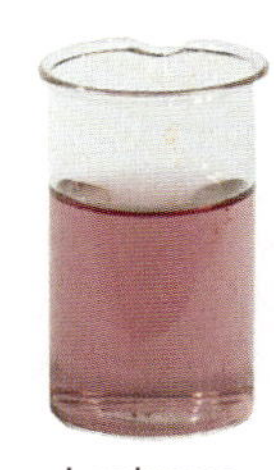

Lackmus

Rotkohl oder Blaukraut? Das hängt ganz von der Zubereitung ab. Kocht man den Kohl mit sauren Äpfeln oder gibt man Essig dazu, so sieht er hellrot aus. Mit Rotkohlsaft lässt sich daher feststellen, ob eine Lösung **sauer** reagiert.
Eine Prise Natron gibt dem Rotkohl eine blaue Färbung. Rotkohlsaft färbt sich ebenfalls blau, wenn man etwas Kalkwasser oder einige Tropfen Natronlauge hinzufügt. Solche Lösungen bezeichnet man als **alkalisch.**
Lösungen, die weder sauer noch alkalisch reagieren, nennt man **neutral.** Rotkohlsaft behält darin seine ursprüngliche rotviolette Farbe. Ein Beispiel ist Kochsalz-Lösung. Auch reines Wasser ist eine neutrale Flüssigkeit.

Indikatoren. Es gibt zahlreiche Farbstoffe, die – ähnlich wie der Farbstoff des Rotkohls – in alkalischen Lösungen eine andere Färbung zeigen als in sauren Lösungen. Solche Farbstoffe bezeichnet man als *Indikatoren* (lat. *indicare:* anzeigen).
Im Labor wird besonders häufig eine Lösung von *Bromthymolblau* eingesetzt. Alkalische Lösungen werden durch diesen Indikator-Farbstoff blau gefärbt, eine Gelbfärbung zeigt eine saure Lösung an und neutrale Lösungen färben sich grün. Weitere bekannte Indikatoren sind *Lackmus* und *Phenolphthalein.*
Universalindikatoren enthalten ein Gemisch aus verschiedenen Indikatorfarbstoffen. Mit einem Universalindikator lässt sich beispielsweise auch feststellen, ob eine Lösung stark sauer oder nur schwach sauer ist.

Der pH-Wert. Um anzugeben wie stark sauer oder alkalisch eine Lösung ist, benutzt man den pH-Wert. Die pH-Skala reicht von 0 bis 14.

In *sauren Lösungen* ist der pH-Wert kleiner als 7. Je stärker sauer eine Lösung ist, desto kleiner ist ihr pH-Wert: Magensaft hat einen pH-Wert zwischen 1 und 2, Sprudelwasser zeigt einen pH-Wert von 5.
In *alkalischen Lösungen* ist der pH-Wert größer als 7. Je stärker alkalisch eine Lösung reagiert, desto größer ist ihr pH-Wert: Die im Labor übliche verdünnte Natronlauge hat den pH-Wert 14, bei Seifenlösung ist der pH-Wert 9.
In *neutralen Lösungen* und in reinem Wasser beträgt der pH-Wert 7.

Mit Indikatoren lassen sich saure, neutrale und alkalische Lösungen unterscheiden. Der pH-Wert gibt an, wie stark sauer oder alkalisch eine Lösung ist.
Der pH-Wert 7 kennzeichnet neutrale Lösungen.

1 Wozu dient ein Indikator?
2 Was versteht man unter dem pH-Wert?
3 Der pH-Wert von Kaffee ist 5, der von Seewasser ist etwa 8. Welche Lösung ist sauer, welche alkalisch?
4 Wenn man die Oxide von Magnesium, Barium oder Aluminium in Wasser gibt, erhält man alkalische Lösungen. Löst man die Oxide von Stickstoff, Schwefel oder Phosphor in Wasser, bilden sich saure Lösungen. Versuche eine Regel aufzustellen: Welche Oxide bilden mit Wasser saure bzw. alkalische Lösungen?

Saure und alkalische Lösungen

Praktikum

V1: Oxide bilden saure und alkalische Lösungen

    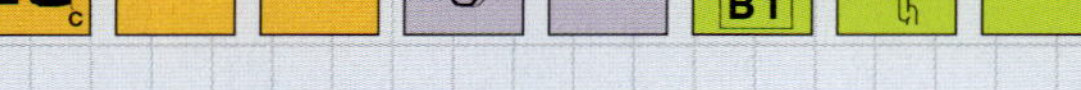   

Materialien: Trinkhalm, Tropfpipette;
Universalindikator-Lösung, Phosphorpentoxid (C; B1), Calciumoxid (Xi; B1), Magnesiumoxid (B1).

Durchführung:

1. Fülle in vier Reagenzgläser je 5 ml Leitungswasser.
2. Gib einige Tropfen Universalindikator hinzu.
3. Gib jeweils eine Spatelspitze eines der festen Stoffe in die ersten drei Reagenzgläser und schüttle vorsichtig.
4. Blase in das vierte Reagenzglas Atemluft ein.

Aufgaben:

a) Notiere deine Beobachtungen.
b) Welches Oxid ist in ausgeatmeter Luft enthalten?

V2: Saure und alkalische Lösungen im Haushalt

 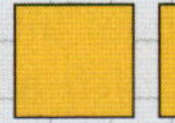 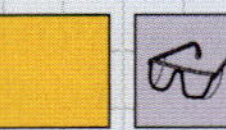  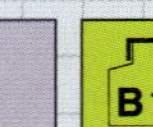 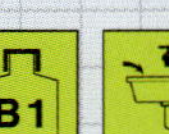 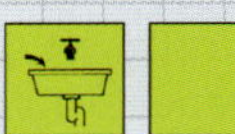

Materialien: Tropfpipette;
Kochsalz, Essig, Zitronensaft, Rhabarbersaft, Buttermilch, Waschpulver, Haushaltsreiniger, Entkalker, Jogurt, Sauerkraut, Natron, Abflussreiniger (C), Bromthymolblau.

Durchführung:

1. Gib jeweils eine kleine Probe in ein Reagenzglas mit 5 ml Wasser und schüttle vorsichtig um.
2. Tropfe in jedes Reagenzglas Bromthymolblau-Lösung und schüttle.

Aufgabe: Notiere deine Ergebnisse in Form einer Tabelle.

V3: Saure und alkalische Lösungen im Wettstreit

 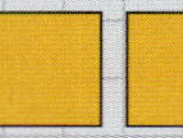  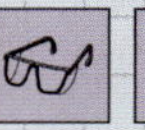  

Materialien: 2 Tropfpipetten;
Essigsäure (5 %; Xi), Kalkwasser, Bromthymolblau.

Durchführung:

1. Fülle 1 ml Essigsäure in ein Reagenzglas. Gib einige Tropfen Bromthymolblau-Lösung hinzu und schüttle.
2. Füge tropfenweise Kalkwasser hinzu und schüttle nach jeder Zugabe.
3. Gib zu 2 ml Kalkwasser etwas Bromthymolblau-Lösung und tropfe nach und nach Essigsäure zu.

Aufgabe: Notiere und erkläre deine Beobachtungen.

V4: Eigenschaften von Seifen

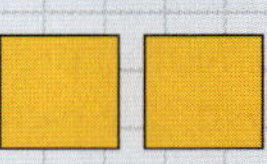    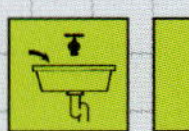 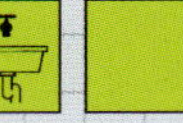

Materialien: Tropfpipetten, Stopfen;
Universalindikator-Lösung, Kernseife, hautneutrale Seife, Feinseife, Calciumchlorid-Lösung.

Durchführung:

1. Schabe von jeder Seifenart einige Flocken in ein Reagenzglas mit 10 ml Wasser, setze einen Stopfen auf und schüttle stark.
2. Gib Universalindikator hinzu und schüttle.
3. Gib 1 ml Calciumchlorid-Lösung zu 10 ml Wasser. Füge einige Seifenflocken hinzu, setze einen Stopfen auf und schüttle stark.

Aufgabe: Notiere deine Beobachtungen.

Wie neutral ist hautneutral?

Exkurs

Die oberste Schicht unserer Haut hat einen pH-Wert von etwa 5. Dieser *Säureschutzmantel* schützt die Haut vor Bakterien und Pilzen.
Da der pH-Wert einer Seifenlösung bei etwa 9 liegt, wird der Säureschutzmantel der Haut zeitweise zerstört, wenn man sich mit Seife wäscht. Bei gesunder Haut stellt sich der Schutz nach etwa einer Stunde wieder ein.
In den letzten Jahren erhielt die Seife Konkurrenz durch **synthetische waschaktive Substanzen,** für die mit der Bezeichnung *hautneutral* geworben wird. Hautneutral bedeutet, dass der pH-Wert der waschaktiven Substanz dem pH-Wert der Haut entspricht. Synthetische waschaktive Substanzen verändern den pH-Wert der Haut also nicht. Dafür sind sie aber stärker fettlösend als Seifen. Die Haut trocknet daher leichter aus.

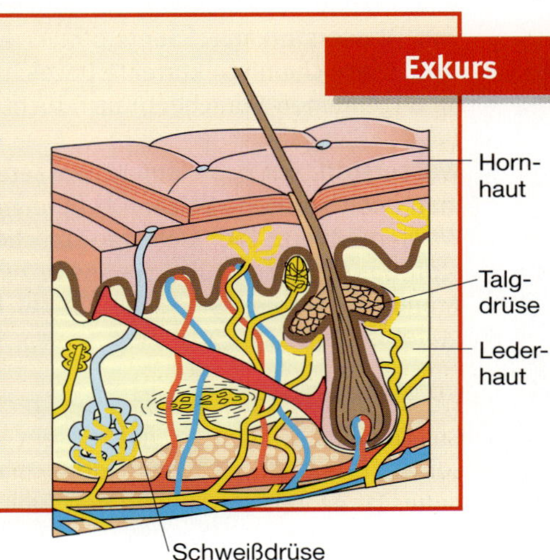

7.7 Wasser = Wasserstoffoxid

Wasserdampf reagiert mit Magnesium.

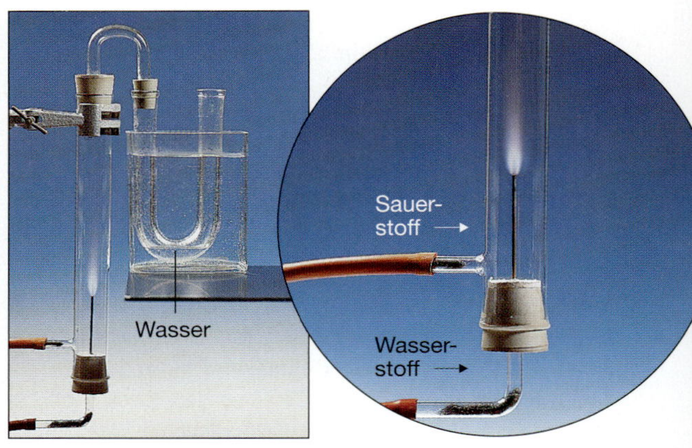

Synthese von Wasser

Im Altertum lehrten die griechischen Philosophen, dass sich alle Stoffe aus den vier Elementen Feuer, Erde, Wasser und Luft zusammensetzen. Noch heute sprechen wir vom Wasser als dem „nassen Element" und verwenden den Begriff dabei im Sinne der alten Griechen.
Ob Wasser aber auch im heutigen Sinne ein Element ist, kann durch ein einfaches Experiment gezeigt werden.

Analyse des Wassers. Leitet man Wasserdampf über erhitzte Magnesiumspäne, so glüht das Metall auf und reagiert zu weißem Magnesiumoxid. Gleichzeitig bildet sich ein farbloses, brennbares Gas. Es handelt sich dabei um das Element **Wasserstoff.** Das Reaktionsschema lautet also:

Wasser + Magnesium ⟶
Wasserstoff + Magnesiumoxid; exotherm

Wasser ist demnach zerlegbar. Es ist also im chemischen Sinne kein Element, sondern eine Verbindung von Wasserstoff mit Sauerstoff, es ist *Wasserstoffoxid.* Diese chemisch korrekte Bezeichnung ist jedoch im allgemeinen Sprachgebrauch nicht üblich.

Wasserstoff. Für das Element Wasserstoff verwendet man das chemische Zeichen **H** (griech. *hydrogenium:* Wasserbildner). Die kleinsten Teilchen im Wasserstoff-Gas sind Moleküle, die aus je zwei Wasserstoff-Atomen aufgebaut sind. Die Formel für Wasserstoff lautet daher $\mathbf{H_2}$.

Wasserstoff ist das Gas mit der geringsten Dichte: Erst 14 Liter wiegen so viel wie ein Liter Luft. Trotz seiner Brennbarkeit verwendete man Wasserstoff daher lange Zeit zur Füllung von Ballons.

Synthese des Wassers. Weil Wasser das Oxid des Wasserstoffs ist, muss es sich bei der Verbrennung von Wasserstoff bilden: Lässt man eine Wasserstoff-Flamme in reinem Sauerstoff brennen, so schlägt sich an den Wänden des Reaktionsgefäßes eine farblose Flüssigkeit nieder. Mit weißem Kupfersulfat bildet sie blaues Kupfersulfat-Hydrat, es handelt sich also um Wasser. Die Synthese von Wasser aus den Elementen Wasserstoff und Sauerstoff bestätigt damit das Ergebnis der Analyse des Wassers.

Wasser-Moleküle sind jeweils aus zwei Wasserstoff-Atomen und einem Sauerstoff-Atom aufgebaut. Wasser hat daher die Molekülformel $\mathbf{H_2O}$:

$$2\,H_2\,(g) \quad + \quad O_2\,(g) \longrightarrow 2\,H_2O\,(l);\ \text{exotherm}$$
Wasserstoff　　Sauerstoff　　Wasser

Wasserstoff-Gas verbrennt mit reinem Sauerstoff mit einer sehr heißen Flamme. Man verwendet daher Wasserstoff/Sauerstoff-Brenner zum Schweißen und zum Schneiden schwer schmelzbarer Metalle sowie für die Verarbeitung von Glas.

Wasser ist eine Verbindung aus den Elementen Wasserstoff und Sauerstoff, es ist Wasserstoffoxid. Die Molekülformel des Wassers lautet H_2O.

1 Warum Wasser ist kein chemisches Element?
2 An Stelle von Magnesium kann auch Eisen zur Reduktion von Wasser benutzt werden.
Formuliere die Reaktionsgleichungen für die Bildung von Magnesiumoxid (MgO) und von Eisenoxid (Fe_3O_4).
3 Beschreibe die Vorgehensweise der Chemiker, wenn sie die Zusammensetzung einer Verbindung ermitteln.
4 Warum kann man Wasserstoff als Brennstoff verwenden?

7.8 Wasserstoff in Labor und Technik

Leitet man ein Wasserstoff/Sauerstoff-Gemisch in eine Seifenlösung, so kann man die Seifenblasen mit einem brennenden Holzspan entzünden. Sie explodieren mit lautem Knall. Ein Wasserstoff/Sauerstoff-Gemisch wird daher als **Knallgas** bezeichnet. Reiner Wasserstoff brennt dagegen ruhig ab: Hält man eine brennende Kerze an die Öffnung eines mit Wasserstoff gefüllten Glaszylinders, entzündet sich das Gas und verbrennt mit kaum sichtbarer Flamme. Führt man die Kerze weiter in den Zylinder ein, so erlischt sie. Zieht man die Kerze langsam heraus, entzündet sie sich erneut an der Flammenfront. Wasserstoff ist also brennbar, unterhält die Verbrennung aber nicht.

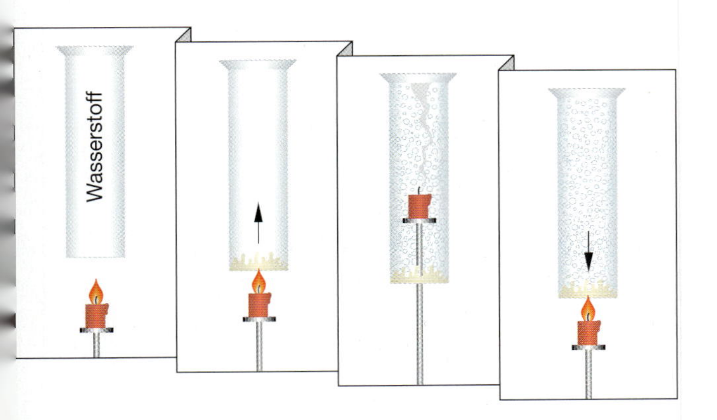

Knallgasprobe. Bei Reaktionen mit Wasserstoff muss man unbedingt prüfen, ob die Apparatur frei von Sauerstoff ist. Dazu führt man die *Knallgasprobe* durch: Man fängt eine Gasprobe in einem Reagenzglas auf und entzündet sie. Enthält die Gasprobe noch Sauerstoff, verbrennt sie mit einem pfeifenden Geräusch. Erst wenn die Probe ruhig abbrennt, die Knallgasprobe also negativ verläuft, kann man gefahrlos erhitzen.

Herstellung von Wasserstoff im Labor. Die Reaktion von Salzsäure mit einem unedlen Metall wie Zink oder Eisen ist die gebräuchlichste Methode, um Wasserstoff in kleinen Mengen herzustellen. Man tropft beispielsweise Salzsäure auf Zinkgranalien und fängt das entstehende Wasserstoff-Gas in einer pneumatischen Wanne auf. Will man einen gleichmäßigen Wasserstoff-Strom erzeugen, benutzt man einen *KIPPschen Apparat.* Falls Wasserstoff in größeren Mengen benötigt wird, verwendet man eine Druckgasflasche. Der auffällig rote Anstrich weist darauf hin, dass sie ein brennbares Gas enthält.

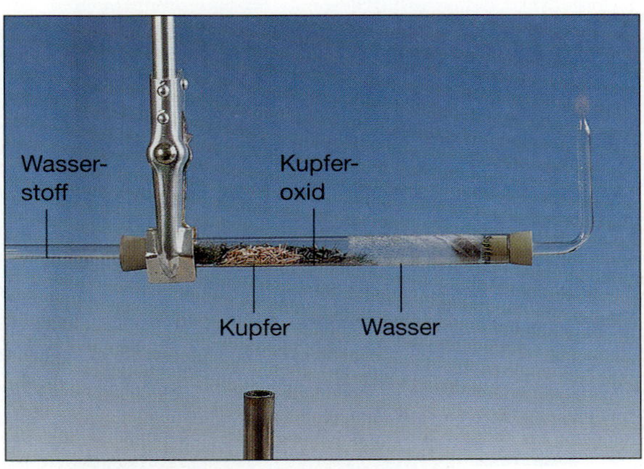

Reaktion von Wasserstoff mit Kupferoxid

Wasserstoff – ein Reduktionsmittel. Leitet man Wasserstoff über erhitztes Kupferoxid, so glüht das Kupferoxid auf und es bilden sich Kupfer und Wasser.

$$\underset{\text{Kupferoxid}}{CuO\ (s)} + \underset{\text{Wasserstoff}}{H_2\ (g)} \longrightarrow \underset{\text{Kupfer}}{Cu\ (s)} + \underset{\text{Wasser}}{H_2O\ (g)}; \text{ exotherm}$$

Ganz ähnlich reagiert Wasserstoff mit Oxiden anderer Metalle. Wasserstoff entzieht Oxiden Sauerstoff, es wirkt als *Reduktionsmittel.* Technisch bedeutsam ist die Reaktion von Wasserstoff mit Wolframoxid. Das so gewonnene Wolframpulver wird zu Drahtwendeln für Glühlampen verarbeitet.

Sehr unedle Metalle wie Magnesium und Zink können dagegen Wasser reduzieren. Bei hoher Temperatur bilden sich die entsprechenden Metalloxide und Wasserstoff-Gas.

$$\underset{\text{Zink}}{Zn\ (s)} + \underset{\text{Wasser}}{H_2O\ (g)} \longrightarrow \underset{\text{Zinkoxid}}{ZnO\ (s)} + \underset{\text{Wasserstoff}}{H_2\ (g)}; \text{ exotherm}$$

Wasserstoff bildet mit Sauerstoff ein explosives Gemisch (Knallgas). Reiner Wasserstoff brennt ruhig ab. Wasserstoff reduziert Metalloxide, dagegen reduzieren unedle Metalle Wasser unter Bildung von Wasserstoff. Im Labor kann Wasserstoff durch die Reaktion von Salzsäure mit unedlen Metallen hergestellt werden.

1 Warum erlischt eine Kerze in Wasserstoff-Gas?
2 Gib die Reaktionsgleichung für die Reaktion von Wasser mit Aluminium an.
3 Erkläre anhand der ersten Reaktionsgleichung im Text die Begriffe Oxidation, Reduktion und Reduktionsmittel.
4 Durch welche Versuche könnte man herausfinden, an welcher Stelle Wasserstoff in der Redoxreihe der Metalle steht (siehe auch S. 91)?

Chemie-Recherche

Location: http://www.schroedel.de/chemie_heute.html

Suche:

Wasserstoff – früher und heute

Ergebnisse:

Knallgas

Ein Wasserstoff/Luft-Gemisch ist explosiv, wenn es zwischen 4 % und 75 % Wasserstoff enthält.

DÖBEREINERS Feuerzeug

In dieser um 1820 gebauten Zündmaschine entzündet sich Wasserstoff-Gas „von allein". Ursache ist die Verwendung von Platinwolle: Normalerweise lässt sich Wasserstoff an der Luft erst bei 585 °C entzünden. An der Platinoberfläche setzt die exotherme Reaktion jedoch schon bei Raumtemperatur ein. Das Platin erwärmt sich und die Zündtemperatur ist bald erreicht. Platin wirkt also bei dieser Reaktion als **Katalysator.** Ein Katalysator beschleunigt eine chemische Reaktion. Er wird dabei jedoch nicht verbraucht und kann erneut verwendet werden.

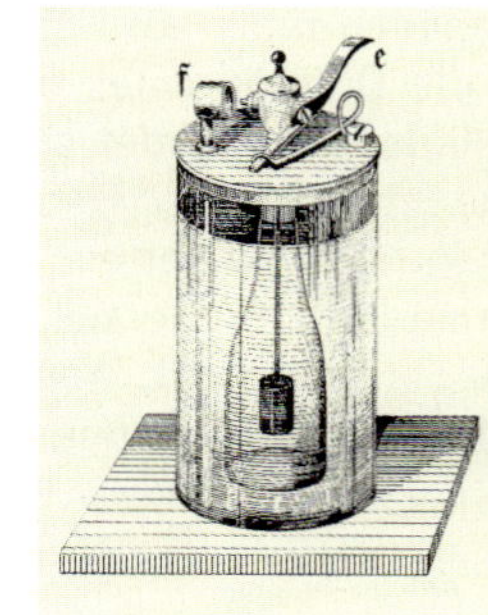

Ein Kloben Zink taucht in verdünnte Salzsäure. Es entsteht Wasserstoff. Öffnet man den Hahn (e), so strömt das Gas durch den Druck der Flüssigkeit nach außen auf den Platinschwamm (f). Dieser glüht auf, der Wasserstoff entzündet sich.

Der „Zeppelin" – ein Luftschiff

Ferdinand Graf ZEPPELIN entwickelte ab 1900 Luftschiffe mit einer Gondel für Lasten und Passagiere an der Unterseite. Die Luftschiffe waren mit Wasserstoff-Gas gefüllt. Da Wasserstoff sehr viel leichter ist als Luft, ist es als Ballongas gut geeignet und würde heute noch verwendet werden, wenn nicht das Unglück mit der „Hindenburg" passiert wäre.
Die „Hindenburg" war das größte jemals gebaute Luftschiff; sie fasste 200 000 m^3 Wasserstoff-Gas. Am 6. Mai 1937 fing das Luftschiff nach einem Flug von Frankfurt nach New York beim Landen Feuer und brannte vollständig aus. Mit dieser Katastrophe, bei der 35 Menschen ums Leben kamen, war das Kapitel Wasserstoff in der Luftfahrt praktisch beendet.

Der Raketentreibstoff

Spaceshuttle und Energija sind die leistungsstärksten Transporter der amerikanischen und russischen Raumfahrt. Ihre Schubkraft beziehen sie aus der Verbrennung von Wasserstoff. Der Treibstofftank des Spaceshuttle fasst 1,5 Millionen Liter flüssigen Wasserstoff. Ein weiterer Tank enthält den zur Verbrennung benötigten Sauerstoff ebenfalls in flüssiger Form. Die beiden Gase werden unter hohem Druck in die Brennkammer geleitet. Dort reagieren sie zu Wasserdampf, der mit bis zu 12 000 $\frac{km}{h}$ aus der Düse schießt und so den benötigten Schub liefert. Der gesamte Treibstoff ist in weniger als neun Minuten verbrannt.

Aufgaben

1 Erkläre die Funktionsweise des Feuerzeugs von DÖBEREINER.

2 Warum ist der Wasserstoff der „Hindenburg" verbrannt, aber nicht explodiert?

3 **a)** Welches Gas wird heutzutage statt Wasserstoff als Ballongas verwendet?
b) Wodurch erfolgt der Auftrieb in einem Heißluftballon?

4 **a)** Wie viel wiegen 1,5 Millionen Liter flüssiger Wasserstoff ($\varrho = 71 \frac{g}{l}$) in einem Spaceshuttle?
b) Wie viel würde das gleiche Volumen Flugzeugbenzin wiegen ($\varrho = 780 \frac{g}{l}$)?

Wasserstoff-Technologie

Gewinnung. Wasserstoff kommt auf der Erde nicht als Element vor. Er muss erst unter hohem Energieaufwand aus Wasserstoff-Verbindungen wie Erdgas oder Benzin oder durch die Zerlegung von Wasser hergestellt werden.
Die elektrische Energie für diese Reaktionen könnte man aus Sonnen-, Wind- und Wasserenergie gewinnen. Die Verwendung von Wasserstoff in großem Maßstab scheiterte bisher jedoch an den hohen Kosten für die Herstellung.

Speicherung und Transport. Wasserstoff kann als Gas in Druckbehältern oder in verflüssigter Form in Stahlbehältern aufbewahrt werden. Um Wasserstoff-Gas zu verflüssigen, muss es unter Druck auf –240 °C abgekühlt werden. Wasserstoff wird in Drucktanks per Bahn, Lkw oder Schiff oder über ein Pipeline-Netz transportiert.

Anwendung. Wasserstoff ist ein umweltfreundlicher Treibstoff für alle Fahrzeuge. Statt schädlicher Abgase bildet sich lediglich Wasserdampf. Wasserstoff kann auf verschiedene Weise als Treibstoff verwendet werden:
Auf den Straßen fahren bereits Versuchsautos mit *Wasserstoff-Motoren,* in denen Wasserstoff an Stelle von Benzin verbrannt wird. Die ersten Wasserstoff-Tankstellen sind auch schon eröffnet. Probleme bereitet jedoch noch die Größe der Tanks.
Eine zweite Art von Fahrzeugen hat einen Elektromotor als Antrieb. Der Strom wird in *Brennstoffzellen* erzeugt. Sie wandeln die Energie, die bei der Reaktion von Wasserstoff mit Sauerstoff frei gesetzt wird, direkt in elektrische Energie um. Getankt wird meist ein flüssiger Kraftstoff. Eine kleine chemische Fabrik an Bord des Fahrzeugs spaltet daraus den Wasserstoff ab.

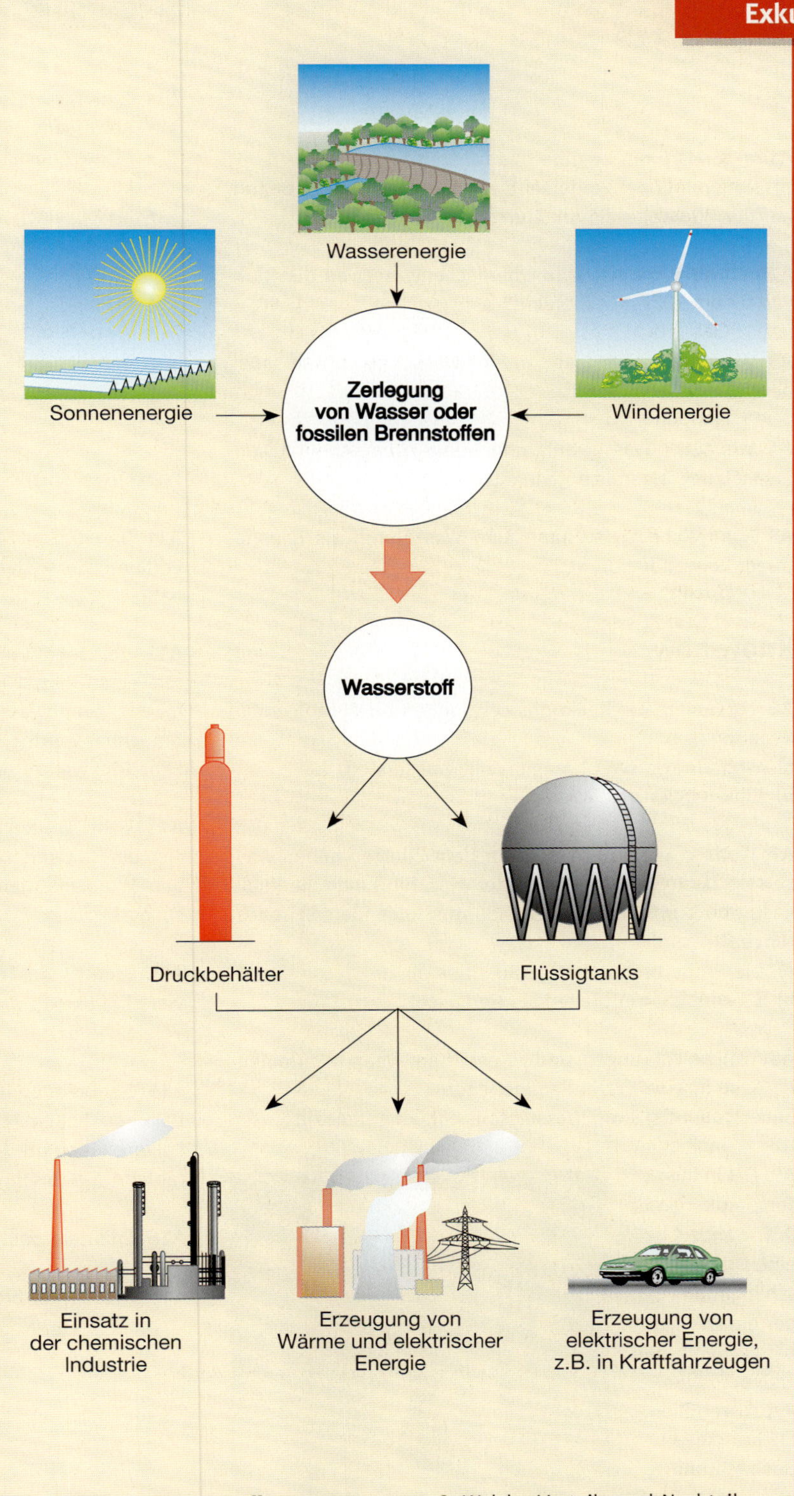

1 Wie kann Wasserstoff gewonnen und gespeichert werden? Wozu kann er genutzt werden?

2 Welche Vorteile und Nachteile hätte die Verwendung von Wasserstoff als Flugzeugtreibstoff?

Prüfe dein Wissen

Quiz

A1 **a)** Erkläre die Begriffe des Fensters.
b) Notiere auf der Vorderseite von Karteikarten den Begriff, auf der Rückseite die Erklärung.

A2 Auf welche Weise wird Oberflächenwasser für die Trinkwassergewinnung aufbereitet?

A3 Wie kann man prüfen, ob eine wässerige Lösung sauer, neutral oder alkalisch ist?

A4 Wie sollte Wasser aufgrund seiner chemischen Zusammensetzung eigentlich genannt werden?

A5 Auf welche Weise kann man Wasserstoff als Energieträger verwenden?

Know-how

A6 Formuliere die Reaktionsgleichungen für die folgenden Reaktionen:
a) Wolframoxid (WO_3) reagiert mit Wasserstoff.
b) Zink reagiert mit Wasser.

A7 Wenn in einer Apparatur vor dem Erhitzen neben Wasserstoff noch Sauerstoff vermutet wird, führt man die Knallgasprobe durch. Was folgerst du aus folgenden Beobachtungen?
a) Die Probe brennt fast geräuschlos ab.
b) Es entsteht ein pfeifendes Geräusch.

A8 Welche Wirkungen sind zu erwarten, wenn man folgende Gase in eine Kerzenflamme leitet:
Sauerstoff, Stickstoff, Wasserstoff, Kohlenstoffdioxid?

A9 Bei einer Temperatur unter 0 °C wandert eine Drahtschlinge, an der ein Gewicht hängt, durch den Eisblock ohne ihn zu zerteilen. Erkläre diese Beobachtung.

A10 In einem Liter Wasser wurden 80 g Zucker gelöst. Wie groß ist der Massenanteil des Zuckers in dieser Lösung?

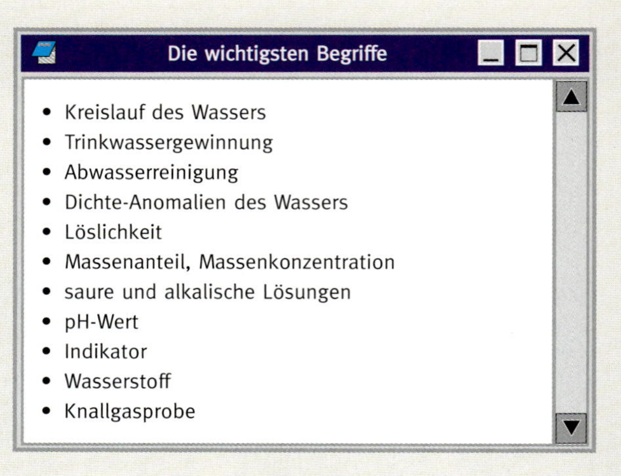

Die wichtigsten Begriffe

- Kreislauf des Wassers
- Trinkwassergewinnung
- Abwasserreinigung
- Dichte-Anomalien des Wassers
- Löslichkeit
- Massenanteil, Massenkonzentration
- saure und alkalische Lösungen
- pH-Wert
- Indikator
- Wasserstoff
- Knallgasprobe

Natur – Mensch – Technik

A11 Im Frühjahr zeigen sich oft Schäden im Straßenbelag. Erkläre, wie Regen und Frost diese Schäden verursacht haben.

A12 Bei einem Unfall erhält der Tank eines Heizöltransporters einen Riss. 10 % des Tankinhalts von 20 m^3 gelangen in das Grundwasser. Wie viel Grundwasser könnte unbrauchbar werden, wenn ein Liter Heizöl bis zu eine Million Liter Trinkwasser ungenießbar macht?

A13 Beim Erhitzen von Leitungswasser auf 60 °C bilden sich am Boden des Gefäßes Gasblasen, die nach oben steigen. Wie kann man das Gas untersuchen? Fertige eine Versuchsskizze an.

A14 Ermittle aus der Wasserrechnung deiner Familie, wie viel eine Person pro Tag durchschnittlich verwendet. Vergleiche mit den Angaben auf S. 103.

A15 Sodbrennen ist die Folge eines übersäuerten Magens. Dagegen helfen Magentabletten mit einem Stoff, dessen Lösung einen pH-Wert von 10 hat. Erkläre, wie die Magentablette die Beschwerden beseitigt.

A16 Erläutere das folgende Diagramm.

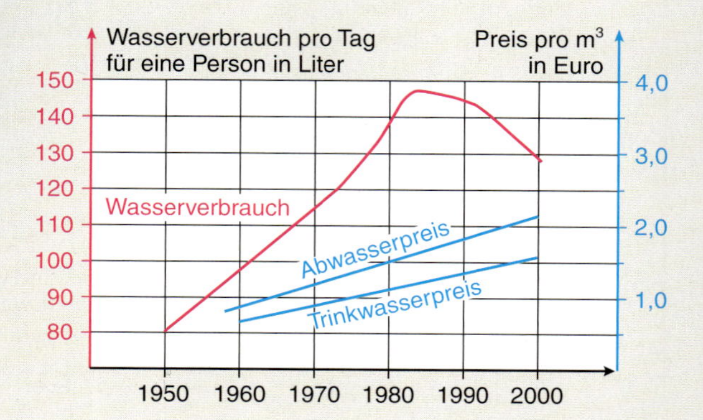

Wasser – Der Stoff Nummer Eins

Basiswissen

1. Trinkwasser

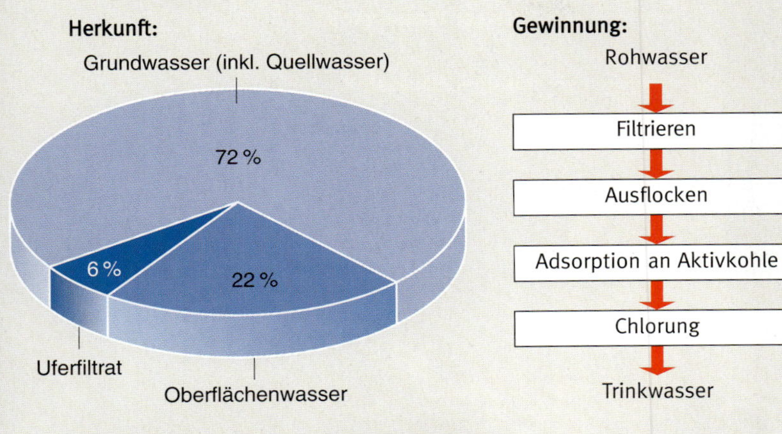

Private Nutzung im Haushalt:

5 *l*, 8 *l*, 6 *l*, 40 *l*, 15 *l*, 11 *l*, 35 *l*, 8 *l*

(pro Tag)

Sonstiges

2. Abwasserreinigung in der Kläranlage

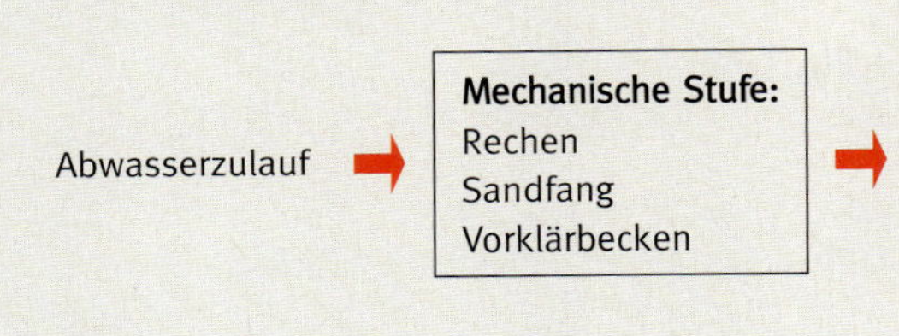

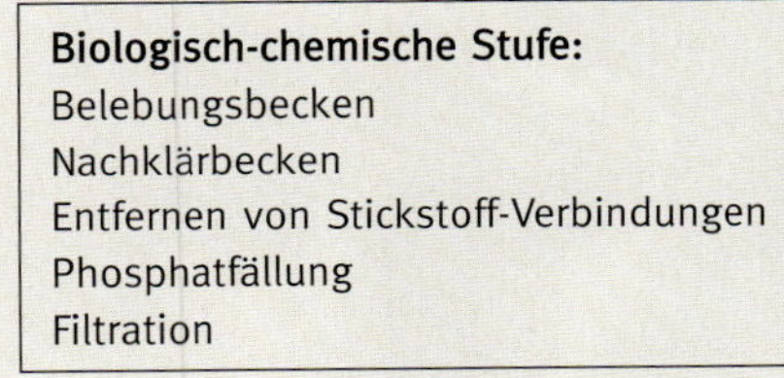

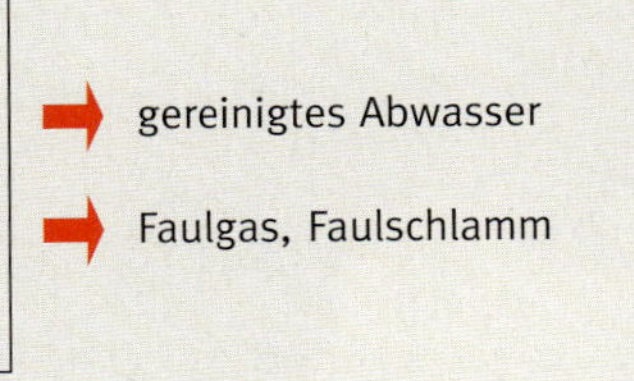

3. Wasser = Wasserstoffoxid

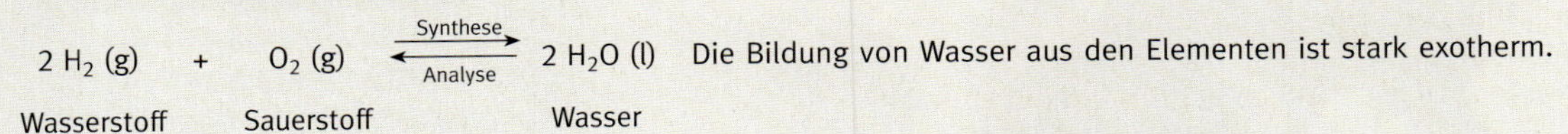

$$2\,H_2\,(g) + O_2\,(g) \underset{\text{Analyse}}{\overset{\text{Synthese}}{\rightleftarrows}} 2\,H_2O\,(l)$$

Wasserstoff, Sauerstoff, Wasser

Die Bildung von Wasser aus den Elementen ist stark exotherm.

4. Steckbriefe

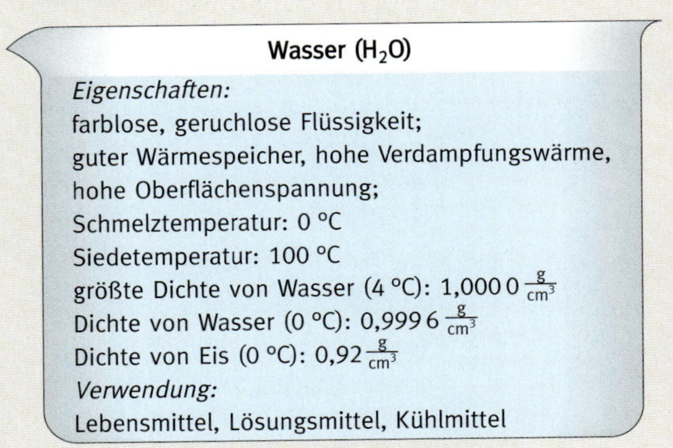

Wasser (H_2O)

Eigenschaften:
farblose, geruchlose Flüssigkeit;
guter Wärmespeicher, hohe Verdampfungswärme,
hohe Oberflächenspannung;
Schmelztemperatur: 0 °C
Siedetemperatur: 100 °C
größte Dichte von Wasser (4 °C): $1{,}000\,0\,\frac{g}{cm^3}$
Dichte von Wasser (0 °C): $0{,}999\,6\,\frac{g}{cm^3}$
Dichte von Eis (0 °C): $0{,}92\,\frac{g}{cm^3}$
Verwendung:
Lebensmittel, Lösungsmittel, Kühlmittel

Wasserstoff (H_2)

Eigenschaften:
farbloses, geruchloses Gas, leichter als Luft;
brennbar, mit Sauerstoff explosiv (Knallgas);
entsteht durch Reaktion eines Metalls mit einer Säure;
wichtige Verbindungen: Wasser, Methan (Erdgas)
Dichte (20 °C): $0{,}084\,\frac{g}{l}$
Schmelztemperatur: –259 °C
Siedetemperatur: –253 °C
Verwendung:
Brennstoff, Reduktionsmittel

5. Saure und alkalische Lösungen

Mit Hilfe von Indikatoren lassen sich wässerige saure und alkalische Lösungen nachweisen.
Der pH-Wert ist ein Maß, wie stark sauer oder alkalisch eine wässerige Lösung ist.

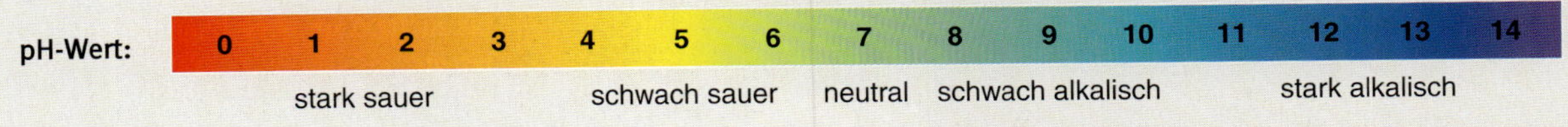

8 Stoffmengen und Teilchenzahlen

... four – three – two – one – zero: Mit ohrenbetäubendem Lärm, mit großen Dampfwolken und grellem Feuerschein hebt der Spaceshuttle ab. Dieses Mal bringt er einen Wettersatelliten in den Weltraum.

Der große zigarrenförmige Tank enthält in getrennten Kammern flüssigen Wasserstoff und flüssigen Sauerstoff. Beim Start fließen in einer Sekunde 15 Tonnen Wasserstoff und Sauerstoff zu den Triebwerken und reagieren dort zu Wasserdampf.

Wasserstoff und Sauerstoff reagieren in einem ganz bestimmten Verhältnis miteinander, sodass sie bei der Reaktion vollständig verbraucht werden.

Der Wasserdampf tritt mit sehr großer Geschwindigkeit aus den Triebwerken. So entsteht der gewaltige Schub, der die Raumfähre in ihre Umlaufbahn in bis zu 1000 km Höhe über der Erde bringt.

8.1 H_2O – die Zusammensetzung des Wasser-Moleküls

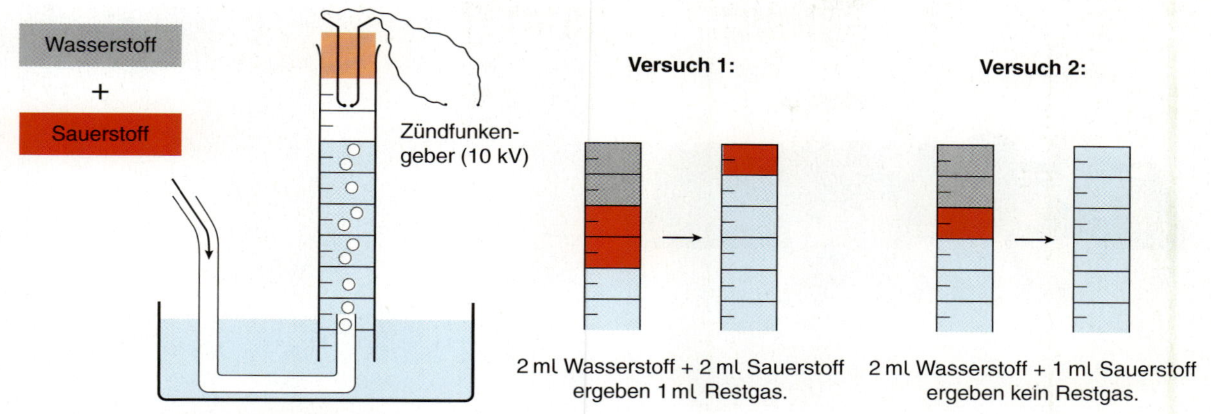

In welchem Volumenverhältnis reagieren Wasserstoff und Sauerstoff?

Anfang des 19. Jahrhunderts untersuchte der französische Forscher GAY-LUSSAC die Frage, in welchem *Volumenverhältnis* Wasserstoff-Gas und Sauerstoff-Gas miteinander zu Wasser reagieren. Dazu ließ er abgemessene Portionen beider Gase in einem mit Quecksilber gefüllten Glasrohr aufsteigen und löste die Knallgasreaktion durch einen elektrischen Funken aus. Immer wenn er *zwei* Volumenteile Wasserstoff mit *einem* Volumenteil Sauerstoff umsetzte, reagierte das Gasgemisch vollständig, es blieb *kein* Gas übrig. Bei diesem Volumenverhältnis setzen sich die Gase also vollständig zu Wasser um.
Dasselbe Volumenverhältnis liefert auch die Zerlegung von Wasser im HOFMANNschen Wasser-Zersetzungsapparat. Dabei scheidet sich an einem Pol genau doppelt so viel Wasserstoff-Gas ab, wie Sauerstoff-Gas am anderen Pol.
Das Volumenverhältnis zwischen Wasserstoff-Gas und Sauerstoff-Gas beträgt also sowohl bei der Synthese von Wasser als auch bei der Analyse von Wasser 2 zu 1.

$$\frac{V(\text{Wasserstoff})}{V(\text{Sauerstoff})} = \frac{2}{1}$$

Massenverhältnis. Dem Volumenverhältnis entspricht ein bestimmtes Massenverhältnis. Es lässt sich aus den Tabellenwerten für die Dichte der beiden Gase berechnen:
Bei 20 °C und normalem Luftdruck besitzen zwei Liter Wasserstoff-Gas eine Masse von 0,168 g; ein Liter Sauerstoff-Gas wiegt 1,33 g. Das Massenverhältnis zwischen der Wasserstoff-Portion und der Sauerstoff-Portion beträgt sowohl bei der Synthese als auch bei der Analyse von Wasser 1 zu 8.

$$\frac{m(\text{Wasserstoff})}{m(\text{Sauerstoff})} = \frac{0{,}168\ \text{g}}{1{,}33\ \text{g}} = \frac{1}{8}$$

Dasselbe Massenverhältnis besteht auch zwischen *zwei* Wasserstoff-*Atomen* und *einem* Sauerstoff-*Atom:*

$$\frac{2 \cdot m(\text{Wasserstoff-Atom})}{m(\text{Sauerstoff-Atom})} = \frac{2 \cdot 1{,}008\ \text{u}}{16\ \text{u}} = \frac{1}{8}$$

Daraus folgt: Wasser enthält doppelt so viele Wasserstoff-Atome wie Sauerstoff-Atome. Dieses *Atomanzahlverhältnis* wird durch die **Verhältnisformel** H_2O_1 oder kurz H_2O ausgedrückt.

In einer Verhältnisformel zeigen die Elementsymbole an, welche Elemente in der Verbindung enthalten sind. Die tief gestellten kleinen Zahlen geben das Atomanzahlverhältnis wieder. Die Zahl 1 wird dabei in der Regel nicht geschrieben.

Eine Verhältnisformel gibt das Atomanzahlverhältnis in einer chemischen Verbindung wieder. Wasser hat die Verhältnisformel H_2O.

1 **a)** Welches Restgas bleibt übrig, wenn 2 ml Wasserstoff und 3 ml Sauerstoff zur Reaktion gebracht werden?
b) Wie kann man experimentell bestätigen, dass die Überlegung richtig ist?
2 Wie lauten die Verhältnisformeln?
a) Kupferchlorid enthält halb so viele Kupfer-Atome wie Chlor-Atome.
b) Im Aluminiumoxid ist das Anzahlverhältnis zwischen Aluminium-Atomen und Sauerstoff-Atomen 2 : 3.

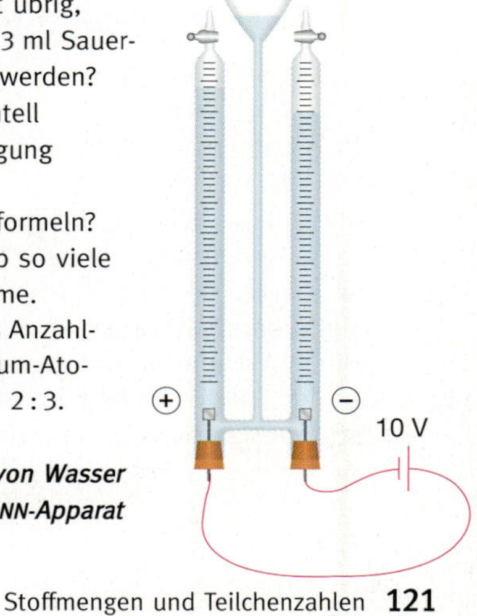

Zerlegung von Wasser im HOFMANN-Apparat

8.2 Mit der Waage „zählen“

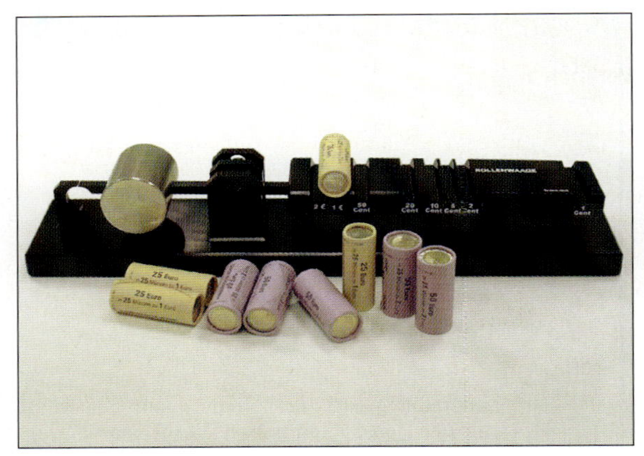
Geld wird mit der Waage „gezählt“.

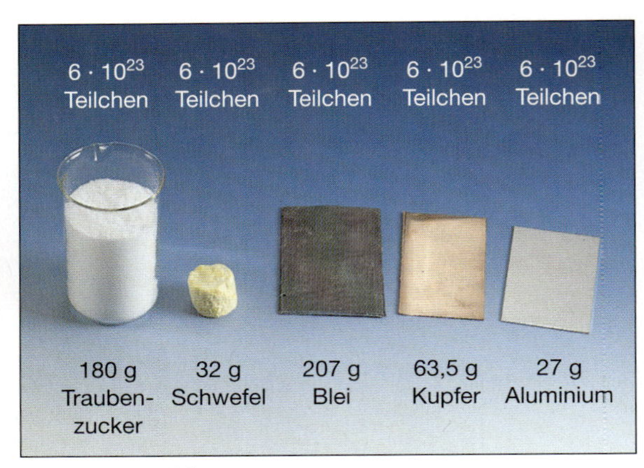

Ein Mol entspricht ...

In der Chemie will man oft wissen, wie viele Teilchen in einer Stoffportion enthalten sind. Doch die Teilchen sind viel zu klein und ihre Anzahl ist viel zu groß, um sie abzählen zu können. Eine Lösung bietet das Verfahren, mit dem in Banken das in Rollen gepackte Geld „nachgezählt“ wird: Das Gewicht einer einzelnen Münze ist bekannt; die Rolle aus 50 Münzen muss das 50fache Gewicht besitzen. Man wiegt die Münzrolle und prüft damit, ob die Anzahl der Münzen korrekt ist.
Analog dazu erhält man die Anzahl N der Kohlenstoff-Atome in einer Kohlenstoff-Portion, wenn man ihre Masse durch die Masse eines C-Atoms dividiert. Für 12 g Kohlenstoff gilt:

$$N(\text{C-Atome}) = \frac{m(\text{Kohlenstoff})}{m(\text{C-Atom})} = \frac{12\text{ g}}{12\text{ u}}$$

Für die Auswertung muss man wissen, wie die Einheit 1 g mit der atomaren Masseneinheit 1 u zusammenhängt:

$$1\text{ g} = 602\,200\,000\,000\,000\,000\,000\,000\text{ u} \approx 6 \cdot 10^{23}\text{ u}$$

$$N(\text{C-Atome}) = \frac{m(\text{Kohlenstoff})}{m(\text{C-Atom})} = \frac{12 \cdot 6 \cdot 10^{23}\text{ u}}{12\text{ u}}$$

$$N(\text{C-Atome}) = 6 \cdot 10^{23}$$

12 g Kohlenstoff enthalten also $6 \cdot 10^{23}$ C-Atome.

Die Zahl $6 \cdot 10^{23}$ hat für das Zählen von Teilchen dieselbe Bedeutung wie das *Dutzend* zum Zählen anderer Dinge. So spricht man von einem Dutzend und meint damit 12 Stück. In der Chemie spricht man von einem Mol und meint damit $6 \cdot 10^{23}$ Teilchen.
1 Mol ist die Einheit einer Zählgröße, die man als **Stoffmenge** bezeichnet; das Zeichen für die Stoffmenge ist *n:* Eine Stoffportion hat die Stoffmenge $n = 1$ mol, wenn sie $6 \cdot 10^{23}$ Teilchen enthält.

Die Teilchenanzahl N ist der Stoffmenge n direkt proportional: $N \sim n$
Den Proportionalitätsfaktor bezeichnet man als **AVOGADRO-Konstante N_A:**

$$N = N_A \cdot n$$

Für die AVOGADRO-Konstante gilt:

$$N_A = \frac{N}{n} = \frac{6 \cdot 10^{23}}{1\text{ mol}} = 6 \cdot 10^{23}\,\frac{1}{\text{mol}}$$

Mit Hilfe der AVOGADRO-Konstanten N_A kann man also die Stoffmenge n und die Teilchenanzahl N ineinander umrechnen.

Molare Masse. Die Teilchenanzahl in einer Stoffportion direkt anzugeben ist ziemlich umständlich. Meist betrachtet man daher nur die Stoffmenge n. Sie ist – wie die Teilchenanzahl N – direkt proportional zu der Masse m der Stoffportion: $m \sim n$
Den Proportionalitätsfaktor bezeichnet man als **molare Masse *M*:**

$$m = M \cdot n$$

Die molare Masse ist der Quotient aus der Masse m und der Stoffmenge n einer Stoffportion:

$$M = \frac{m}{n}; \quad \text{Einheit: } 1\,\frac{\text{g}}{\text{mol}}$$

Die molare Masse ist eine stoffspezifische Größe wie die Dichte oder die Schmelztemperatur.

Größe		Einheit	
Name	**Zeichen**	**Name**	**Zeichen**
Masse	m	Kilogramm	kg
Länge	l	Meter	m
Stoffmenge	n	Mol	mol

Einige Größen und ihre Einheiten

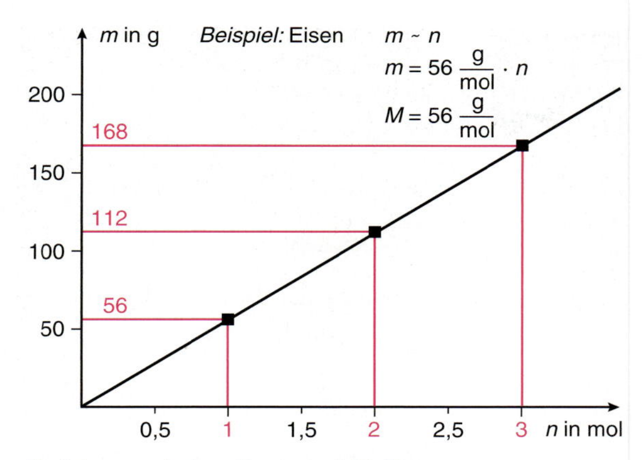

Beziehung zwischen Masse und Stoffmenge

Beispiel Kohlenstoff: Eine Kohlenstoff-Portion mit der Stoffmenge $n = 1$ mol hat die Masse 12 g. Es gilt:

$$M\text{(C)} = \frac{m}{n} = \frac{12\text{ g}}{1\text{ mol}} = 12\,\frac{\text{g}}{\text{mol}}$$

Beispiel Eisen: Ein Eisen-Atom besitzt die Masse 56 u. 1 mol Eisen wiegt:

$$m = 56 \cdot 6 \cdot 10^{23}\text{ u} = 56\text{ g}$$

Die molare Masse von Eisen ist also

$$M\text{(Fe)} = \frac{m}{n} = \frac{56\text{ g}}{1\text{ mol}} = 56\,\frac{\text{g}}{\text{mol}}$$

Es fällt auf, dass bei *Elementen* der Zahlenwert der *molaren Masse* mit dem Zahlenwert der *Atommasse* übereinstimmt. Nur die Einheiten sind verschieden.

Die molare Masse einer Verbindung erhält man durch Addition der molaren Massen der beteiligten Elemente. Dabei orientiert man sich an der jeweiligen Verhältnisformel oder Molekülformel.

Beispiel Kupfersulfid:

$$M(Cu_2S) = 2 \cdot M\text{(Cu)} + M\text{(S)}$$
$$= 2 \cdot 63{,}5\,\frac{\text{g}}{\text{mol}} + 1 \cdot 32\,\frac{\text{g}}{\text{mol}} = 159\,\frac{\text{g}}{\text{mol}}$$

Ein Mol ist die Einheit der Stoffmenge n. In der Stoffmenge $n = 1$ mol sind $6 \cdot 10^{23}$ Teilchen enthalten.
Die molare Masse M ist der Quotient aus der Masse m und der Stoffmenge n einer Stoffportion.

1 Was versteht man unter der Stoffmenge $n = 1$ mol?
2 Was ist die molare Masse? Wozu benötigt man sie?
3 Erkläre die Bedeutung der AVOGADRO-Konstanten mit eigenen Worten. Gib Größenzeichen und Zahlenwert an.
4 **a)** Gib die molare Masse von Gold, Zink und Chrom an.
b) Berechne die molare Masse von Ethanol (C_2H_5OH).

Rechenbeispiele

Berechnung der molaren Masse:
Welche molare Masse besitzt Traubenzucker ($C_6H_{12}O_6$)?

Gegeben: M (H-Atom) = $1\,\frac{\text{g}}{\text{mol}}$, M (O-Atom) = $16\,\frac{\text{g}}{\text{mol}}$, M (C-Atom) = $12\,\frac{\text{g}}{\text{mol}}$

$$M(C_6H_{12}O_6) = 6 \cdot 12\,\frac{\text{g}}{\text{mol}} + 12 \cdot 1\,\frac{\text{g}}{\text{mol}} + 6 \cdot 16\,\frac{\text{g}}{\text{mol}}$$
$$= 180\,\frac{\text{g}}{\text{mol}}$$

Traubenzucker besitzt die molare Masse $180\,\frac{\text{g}}{\text{mol}}$.

Berechnung der Stoffmenge:
Welche Stoffmenge an Kupfer-Atomen ist in 12,5 g Kupfer enthalten?

Gegeben: m (Kupfer) = 12,5 g, M (Cu) = $63{,}5\,\frac{\text{g}}{\text{mol}}$

$$n\text{(Cu)} = \frac{m\text{ (Kupfer)}}{M\text{ (Cu)}} = \frac{12{,}5\text{ g}}{63{,}5\,\frac{\text{g}}{\text{mol}}} = 0{,}20\text{ mol}$$

12,5 g Kupfer enthalten 0,20 mol Kupfer-Atome.

Berechnung der Masse:
Welche Masse hat eine Kohlenstoffdioxid-Portion mit der Stoffmenge 3,2 mol?

Gegeben: $n(CO_2) = 3{,}2$ mol, $M(CO_2) = 44\,\frac{\text{g}}{\text{mol}}$

$$m(CO_2) = M(CO_2) \cdot n(CO_2) = 44\,\frac{\text{g}}{\text{mol}} \cdot 3{,}2\text{ mol} = 140{,}8\text{ g}$$

Eine Kohlenstoffdioxid-Portion mit einer Stoffmenge von 3,2 mol hat eine Masse von 140,8 g.

Berechnung der Teilchenanzahl:
Wie viele Moleküle sind in 5,6 g Kohlenstoffmonooxid enthalten?

Gegeben: m (Kohlenstoffmonooxid) = 5,6 g, M (CO) = $28\,\frac{\text{g}}{\text{mol}}$

$$n\text{(CO)} = \frac{m\text{(Kohlenstoffmonooxid)}}{M\text{ (CO)}} = \frac{5{,}6\text{ g}}{28\,\frac{\text{g}}{\text{mol}}} = 0{,}2\text{ mol}$$

$$N\text{(CO)} = N_A \cdot n\text{ (CO)} = 6 \cdot 10^{23}\,\frac{1}{\text{mol}} \cdot 0{,}2\text{ mol} = 1{,}2 \cdot 10^{23}$$

In 5,6 g Kohlenstoffmonooxid sind $1{,}2 \cdot 10^{23}$ CO-Moleküle enthalten.

5 Wie viele Kohlenstoffdioxid-Moleküle sind in 25 g Kohlenstoffdioxid enthalten?
6 Für ein Experiment werden 1,5 mmol Natriumchlorid (NaCl) benötigt. Wie viel Natriumchlorid ist abzuwiegen?
7 14 g Eisen sollen vollständig mit Schwefel zu Eisensulfid (FeS) umgesetzt werden.
a) Formuliere die Reaktionsgleichung.
b) Berechne die Stoffmenge der Eisen-Atome und die Stoffmenge der benötigten Schwefel-Atome.
c) Welche Masse hat die erforderliche Schwefel-Portion?

8.3 AVOGADRO und die Gase

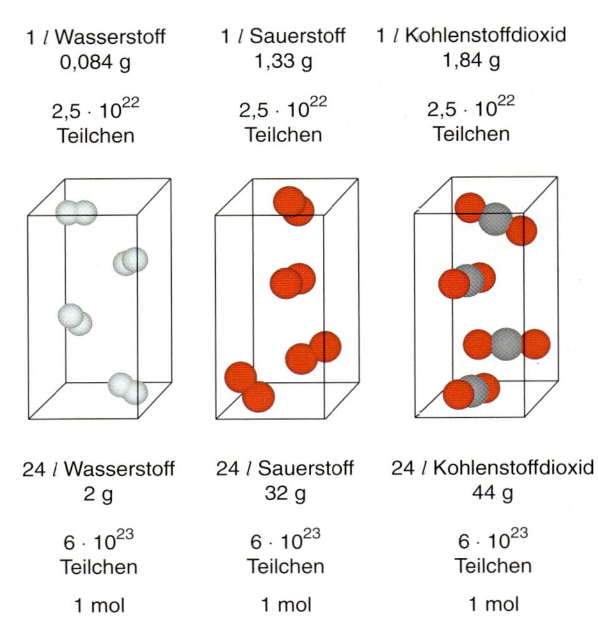

***AVOGADROsches Gesetz.** Die Werte gelten für 20 °C bei normalem Luftdruck (1013 hPa).*

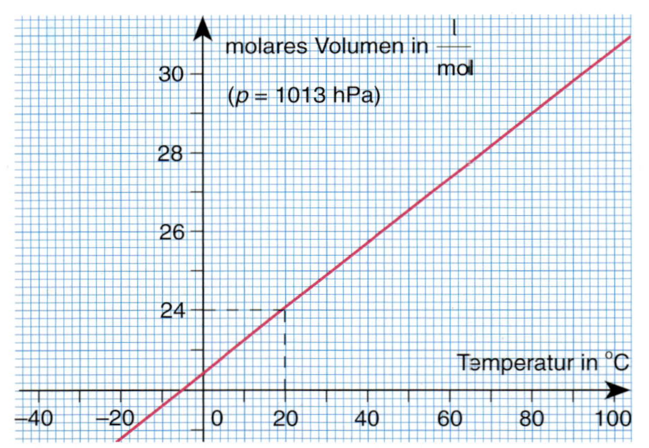

Temperaturabhängigkeit des molaren Volumens

1 Welchen Wert hat das molare Gasvolumen bei 100 °C?

2 Warum reagieren Gase stets in ganzzahligen Volumenverhältnisse miteinander?

3 Welche Stoffmenge an Sauerstoff-Teilchen ist in 10 Litern Sauerstoff bei 80 °C und normalem Luftdruck enthalten?

4 **a)** Übertrage das Diagramm für das molare Volumen auf Millimeterpapier und extrapoliere die Gerade nach rechts, bis man das molare Volumen bei 130 °C ablesen kann, und nach links bis zum Wert 0 $\frac{l}{mol}$.

b) Warum kann das molare Volumen eines Gases den Wert 0 $\frac{l}{mol}$ nicht erreichen?

Gase reagieren stets in einfachen ganzzahligen Volumenverhältnissen miteinander. Dabei fällt auf, dass das Volumenverhältnis dem Atomanzahlverhältnis in der Verhältnisformel des Produktes entspricht:

Ausgangsstoffe		**Produkt**	**Verhältnisformel**
Volumenverhältnis	**Massenverhältnis**		
$\frac{V\text{ (Wasserstoff)}}{V\text{ (Sauerstoff)}} = \frac{2}{1}$	$\frac{m\text{ (Wasserstoff)}}{m\text{ (Sauerstoff)}} = \frac{1}{8}$	Wasser	H_2O
$\frac{V\text{ (Wasserstoff)}}{V\text{ (Chlor)}} = \frac{1}{1}$	$\frac{m\text{ (Wasserstoff)}}{m\text{ (Chlor)}} = \frac{1}{35{,}5}$	Chlorwasserstoff	HCl
$\frac{V\text{ (Wasserstoff)}}{V\text{ (Stickstoff)}} = \frac{3}{1}$	$\frac{m\text{ (Wasserstoff)}}{m\text{ (Stickstoff)}} = \frac{3}{14}$	Ammoniak	NH_3

Schon im Jahr 1811 stellte der italienische Forscher AVOGADRO eine Hypothese auf, die schließlich zur Klärung dieser Volumenverhältnisse führte. Wegen der Allgemeingültigkeit dieser Hypothese spricht man heute vom **AVOGADROschen Gesetz:**
Gasförmige Stoffe enthalten bei gleichem Volumen, gleichem Druck und gleicher Temperatur gleich viele Teilchen.

Aus dem AVOGADROschen Gesetz ergibt sich, dass zwei Liter Wasserstoff genau doppelt so viele Teilchen enthalten wie ein Liter Sauerstoff. Damit wird verständlich, weshalb sich das Volumenverhältnis der Ausgangsstoffe im Atomanzahlverhältnis der Verhältnisformel des Produktes widerspiegelt.

Molares Volumen der Gase. Nach dem AVOGADROschen Gesetz nimmt die Stoffmenge n = 1 mol bei allen Gasen bei gleicher Temperatur und gleichem Druck dasselbe Volumen ein. Das *molare Volumen* V_m aller Gase ist also bei gleichen Bedingungen konstant. Das molare Volumen ist der Quotient aus dem Volumen und der Stoffmenge einer Stoffportion:

$$V_m = \frac{V}{n}; \quad \text{Einheit: } \frac{l}{mol}$$

Bei 20 °C und 1013 hPa beträgt das molare Volumen aller Gase $V_m = 24\ \frac{l}{mol}$. Mit steigender Temperatur dehnen sich Gase aus. Daher nimmt das molare Volumen mit steigender Temperatur zu.

Gase reagieren stets in ganzzahligen Volumenverhältnissen miteinander. Bei gleicher Temperatur und gleichem Druck haben alle Gase dasselbe molare Volumen. Gleiche Volumina enthalten dementsprechend bei gleicher Temperatur und gleichem Druck gleich viele Teilchen (AVOGADROsches Gesetz).

8.4 AVOGADRO und die Molekülformeln

Mit Hilfe des AVOGADROschen Gesetzes lassen sich Molekülformeln gasförmiger Stoffe auf einfache Weise aus den Eigenschaften der Gase ableiten. Dabei berechnet man zunächst über die Dichte ϱ und das molare Volumen V_m die molare Masse M und schließt dann auf die Molekülformel.

Die Molekülformel von Wasserstoff. Das molare Volumen der Gase ist der Quotient aus dem Volumen und der Stoffmenge einer Gasportion:

$$V_m = \frac{V(\text{Wasserstoff})}{n(\text{Wasserstoff})}$$

$$\Rightarrow n(\text{Wasserstoff}) = \frac{V(\text{Wasserstoff})}{V_m}$$

Für die molare Masse von Wasserstoff gilt:

$$M(\text{Wasserstoff}) = \frac{m(\text{Wasserstoff})}{n(\text{Wasserstoff})}$$

Setzt man den Ausdruck für n aus der ersten Gleichung in die zweite Gleichung ein, so ergibt sich:

$$M(\text{Wasserstoff}) = \frac{m(\text{Wasserstoff})}{V(\text{Wasserstoff})} \cdot V_m$$

Der Quotient $\frac{m}{V}$ entspricht der Dichte ϱ. Sie beträgt für Wasserstoff bei 20 °C und normalem Luftdruck $0{,}084\ \frac{\text{g}}{\text{l}}$. Damit lässt sich die molare Masse von Wasserstoff bestimmen:

$$M(\text{Wasserstoff}) = \varrho\ (\text{Wasserstoff}) \cdot V_m$$
$$= 0{,}084\ \frac{\text{g}}{\text{l}} \cdot 24\ \frac{\text{l}}{\text{mol}} \approx 2\ \frac{\text{g}}{\text{mol}}$$

Der Zahlenwert der molaren Masse stimmt mit dem Zahlenwert der Teilchenmasse überein. Die Wasserstoff-Moleküle haben also die Teilchenmasse 2 u. Da die Atommasse eines Wasserstoff-Atoms 1 u beträgt, besteht Wasserstoff also aus **zweiatomigen Molekülen;** die Molekülformel ist entsprechend $\mathbf{H_2}$.
Auf die gleiche Weise lässt sich zeigen, dass Sauerstoff aus O_2-Molekülen besteht.

Die Molekülformel von Wasser. Für Wasser ist die Bestimmung der Molekülformel etwas aufwändiger: Die *Flüssigkeit* muss zunächst in den *gasförmigen Zustand* überführt werden, damit man das Gesetz von AVOGADRO und die daraus hergeleiteten Zusammenhänge anwenden kann.
Dazu verdampft man eine kleine, genau abgewogene Menge Wasser und misst das Volumen des entstehenden Wasserdampfes. Aus der Masse und dem Volumen lässt sich die molare Masse des Wasserdampfes bestimmen.
Bei der Berechnung ist der Wert des molaren Volumens bei der erhöhten Temperatur einzusetzen.

Für das Ergebnis kann man schon Vorhersagen machen: Da die Verhältnisformel von Wasser H_2O lautet, muss die Molekülformel ebenfalls H_2O oder ein ganzzahliges Vielfaches davon sein:

molare Masse in $\frac{\text{g}}{\text{mol}}$	18	36	54	72
Molekülformel	H_2O	H_4O_2	H_6O_3	H_8O_4

Im Experiment ergibt sich die molare Masse $18\ \frac{\text{g}}{\text{mol}}$. Wasser besteht also aus $\mathbf{H_2O}$-Molekülen.

> Mit Hilfe des Gesetzes von AVOGADRO kann man Molekülformeln gasförmiger Stoffe aus der Dichte ableiten. Die Molekülformeln von Wasserstoff, Sauerstoff und Wasser lauten H_2, O_2 und H_2O.

1 a) Helium hat bei 20 °C und normalem Druck die Dichte $0{,}17\ \frac{\text{g}}{\text{l}}$. Aus welchen Teilchen besteht Helium?
b) Die Dichte von Stickstoff beträgt bei 20 °C $1{,}17\ \frac{\text{g}}{\text{l}}$. Aus welchen Teilchen besteht Stickstoff?

Rechenbeispiel

In einem Versuch werden 0,04 g Wasser bei 130 °C verdampft. Dabei bildet sich ein Volumen von 0,066 l Wasserdampf.

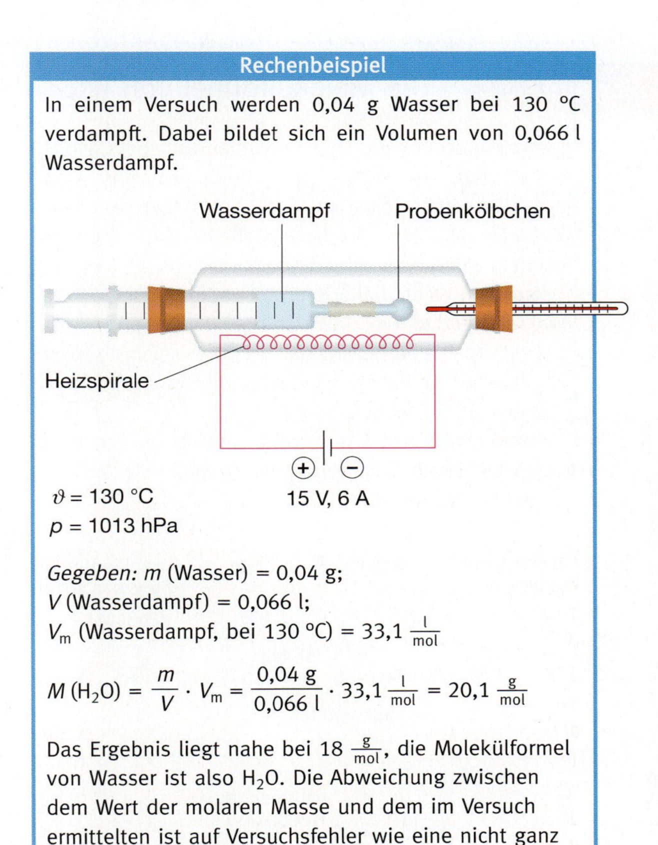

Gegeben: m (Wasser) = 0,04 g;
V (Wasserdampf) = 0,066 l;
V_m (Wasserdampf, bei 130 °C) = $33{,}1\ \frac{\text{l}}{\text{mol}}$

$$M(H_2O) = \frac{m}{V} \cdot V_m = \frac{0{,}04\ \text{g}}{0{,}066\ \text{l}} \cdot 33{,}1\ \frac{\text{l}}{\text{mol}} = 20{,}1\ \frac{\text{g}}{\text{mol}}$$

Das Ergebnis liegt nahe bei $18\ \frac{\text{g}}{\text{mol}}$, die Molekülformel von Wasser ist also H_2O. Die Abweichung zwischen dem Wert der molaren Masse und dem im Versuch ermittelten ist auf Versuchsfehler wie eine nicht ganz exakte Volumenmessung zurückzuführen.

Theorie

Moleküle

Moleküle sind Teilchen, die aus zwei oder mehreren Atomen aufgebaut sind. Zwischen den Molekülen eines Stoffes bestehen in der Regel nur schwache Anziehungskräfte. Daher ist nur wenig Energie notwendig, um die Moleküle beim Übergang vom flüssigen in den gasförmigen Zustand voneinander zu trennen. Viele Stoffe, die aus Molekülen bestehen, sind daher bei Raumtemperatur gasförmig oder lassen sich durch Erhitzen leicht verdampfen. Man spricht von *flüchtigen Stoffen.*

Viele nichtmetallische Elemente liegen molekular vor. So sind alle bei Raumtemperatur gasförmigen Elemente außer den Edelgasen aus Molekülen aufgebaut. Beispiele sind Wasserstoff (H_2), Stickstoff (N_2), Sauerstoff (O_2), Ozon (O_3) und Chlor (Cl_2).
Auch die meisten Verbindungen, die aus Nichtmetallen bestehen, sind Molekülverbindungen. *Beispiele:* Kohlenstoffdioxid (CO_2), Kohlenstoffmonooxid (CO), Wasser (H_2O), Chlorwasserstoff (HCl), Ammoniak (NH_3), Schwefeldioxid (SO_2) und Methan (CH_4).

Molekülformel. Die Zusammensetzung von Molekülen wird durch die Angabe der Molekülformel beschrieben. Verhältnisformeln spielen bei Molekülverbindungen nur eine untergeordnete Rolle.
Beispiel: Neben Wasser gibt es noch eine weitere Wasserstoff/Sauerstoff-Verbindung, die aus Molekülen besteht: **Wasserstoffperoxid.** Wasserstoffperoxid-Moleküle sind aus zwei Wasserstoff-Atomen und zwei Sauerstoff-Atomen aufgebaut. Die *Verhältnisformel* lautet daher HO. Die Chemiker verwenden aber ausschließlich die *Molekülformel* H_2O_2, da sie die Zusammensetzung der kleinsten Teilchen direkt wiedergibt.

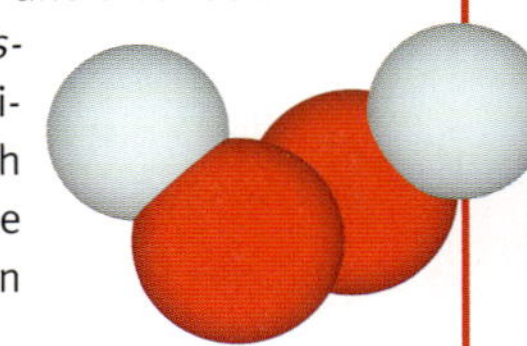

1 Welche der folgenden Stoffe sind aus Molekülen aufgebaut? Kohlenstoffdioxid, Kupferoxid, Eisen, Sauerstoff, Diamant, Helium.
2 Die Formel von Phosphoroxid ist P_4O_{10}. Handelt es sich um eine Verhältnis- oder eine Molekülformel?
3 Ist Traubenzucker ($C_6H_{12}O_6$) eine Molekülverbindung?

Exkurs

Die Molekülformel von Wasser: 2 + 1 = 2

Die Untersuchung der Volumenverhältnisse bei Gasreaktionen erlaubt direkte Rückschlüsse auf das Atomanzahlverhältnis und damit auf die Art der beteiligten Moleküle. Flüssige oder feste Stoffe können untersucht werden, wenn sie sich verdampfen lassen.
Beispiel: In einem beheizten Kolbenprober werden 8 ml Wasserstoff und 4 ml Sauerstoff bei der Temperatur von 120 °C durch einen elektrischen Funken explosionsartig zur Reaktion gebracht. Dabei entstehen aus 12 ml Knallgas genau 8 ml Wasserdampf.
Da Wasserstoff und Sauerstoff aus zweiatomigen Molekülen bestehen, folgt zwangsläufig, dass die Molekülformel für Wasser H_2O ist.

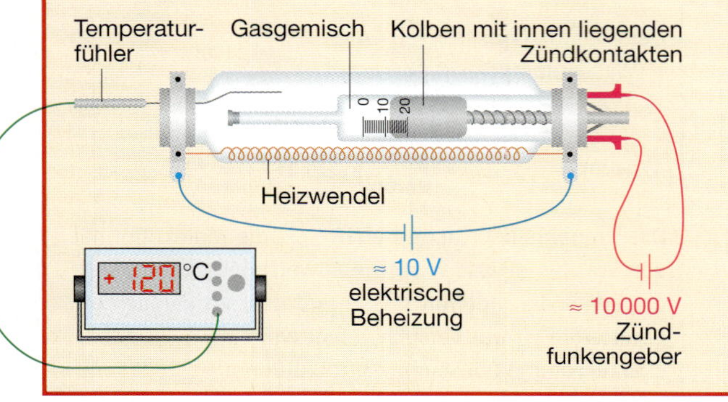

Versuchsergebnisse

1 *l* + 1 *l* → 1 *l* + 1 *l*; 1 *l*

2 *l* Wasserstoff + 1 *l* Sauerstoff → 2 *l* Wasserdampf

Deutung mit Molekülen

2 · *N* H_2-Moleküle + 1 · *N* O_2-Moleküle → 2 · *N* H_2O-Moleküle

Volumenverhältnisse bei der Bildung von Wasser

Vom Strukturmodell zur Verhältnisformel

Exkurs

Salzartige Verbindungen sind nicht aus Molekülen aufgebaut, vielmehr liegen *gitterartige Strukturen* vor. Solche Substanzen sind immer Feststoffe mit einer hohen Schmelztemperatur. Die Zusammensetzung von salzartigen Verbindungen lässt sich grundsätzlich nur mit *Verhältnisformeln* beschreiben.
Um den Aufbau salzartiger Stoffe zu veranschaulichen, verwendet man meist **Raumgittermodelle** oder **Kugelpackungsmodelle.** Diese Modelle beruhen auf der Auswertung experimenteller Untersuchungen: LAUE hatte bereits Anfang des 20. Jahrhunderts Röntgenstrahlen auf Salzkristalle gerichtet. Auf einer Fotoplatte hinter dem Kristall entstand ein charakteristisches Punktmuster. Aus solchen LAUE-Diagrammen lässt sich mit einigem mathematischen Aufwand die Struktur eines Kristalls berechnen. Moderne Methoden der *Röntgenstrukturanalyse* liefern inzwischen Strukturen mit Hilfe von Computerprogrammen.

Bleisulfid. Die Röntgenstrukturanalyse der grauschwarzen Bleisulfid-Kristalle führt zu würfelförmigen Anschauungsmodellen. Sie zeigen, dass im Bleisulfid jedes Atom jeweils von sechs Atomen des anderen Elementes umgeben ist.

Das Atomanzahlverhältnis *N* (Pb) : *N* (S) lässt sich ermitteln, wenn man einen bestimmten Ausschnitt aus der Kugelpackung genauer betrachtet. Man wählt dazu eine so genannte **Elementarzelle.** Legt man viele Elementarzellen in allen drei Raumrichtungen lückenlos aneinander, so ergibt sich ein Bild für den Aufbau des ganzen Kristalls.
Die würfelförmige Elementarzelle von Bleisulfid besteht aus einer vollständigen Kugel (Pb) im Zentrum und einer Reihe von Kugelteilen:
- sechs Halbkugeln (S) in der Mitte der Flächen,
- zwölf Viertelkugeln (Pb) an den Kanten,
- acht Achtelkugeln (S) an den Ecken.

Insgesamt enthält eine Elementarzelle damit vier Blei-Atome und vier Schwefel-Atome. Die Verhältnisformel für Bleisulfid lautet also Pb_1S_1 oder kurz PbS.

Urandioxid und Titandioxid. Die wichtigsten Erze zur Gewinnung von Uran und Titan sind die Oxide UO_2 und TiO_2. In beiden Fällen liegt also das gleiche Atomanzahlverhältnis vor. Die Röntgenstrukturanalyse führt jedoch zu sehr unterschiedlichen Ergebnissen für die Kristallstrukturen. Dementsprechend zeigt das Gittermodell für Urandioxid eine ganz andere Anordnung der Atome als das Gittermodell für Titandioxid.
Aus den Verhältnisformeln lassen sich also *keine* Schlüsse über die Gitterstrukturen ziehen.

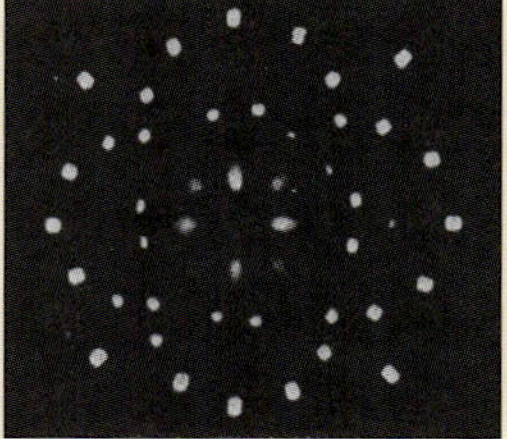

LAUE-Diagramm von Bleisulfid

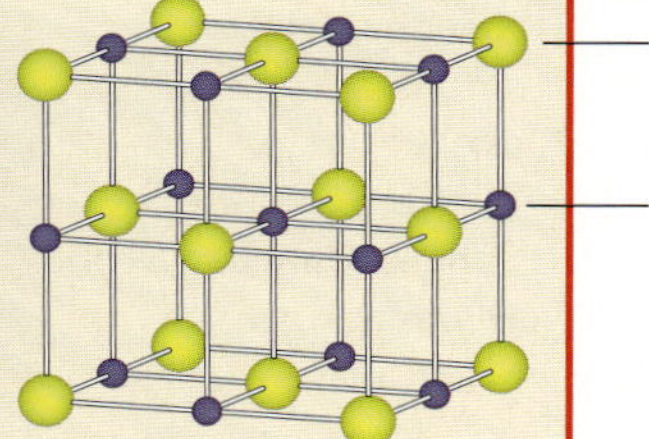

Raumgittermodell von Bleisulfid

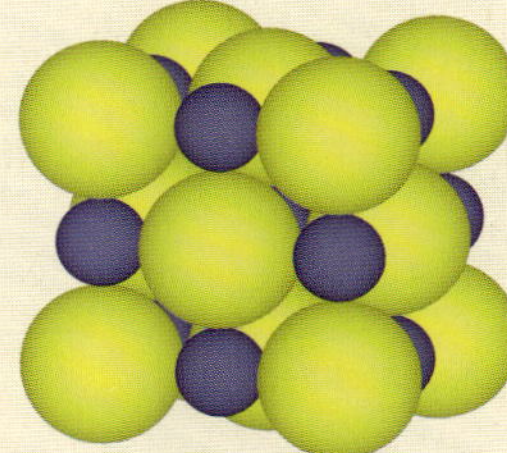

Kugelpackungsmodell von Bleisulfid

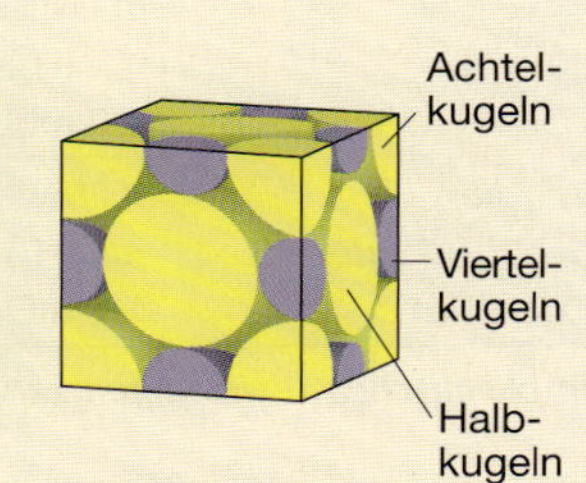

Elementarzelle von Bleisulfid

Für die **Elementarzelle** von Bleisulfid gilt:

Blei-Atome:

1 Atom im Zentrum:	$1 \cdot \frac{1}{1}$	= 1 Atom
12 Atome auf den Kanten:	$12 \cdot \frac{1}{4}$	= 3 Atome
gesamt:		4 Atome

Schwefel-Atome:

6 Atome auf den Flächen:	$6 \cdot \frac{1}{2}$	= 3 Atome
8 Atome auf den Ecken:	$8 \cdot \frac{1}{8}$	= 1 Atom
gesamt:		4 Atome

Elementarzelle: Pb_4S_4; Verhältnisformel: PbS

Uran-Atome:

$1 \cdot \frac{1}{1}$ = 1 Atom
$12 \cdot \frac{1}{4}$ = 3 Atome
gesamt: 4 Atome

Sauerstoff-Atome:

$8 \cdot \frac{1}{1}$ = 8 Atome
Elementarzelle: U_4O_8
Verhältnisformel: UO_2

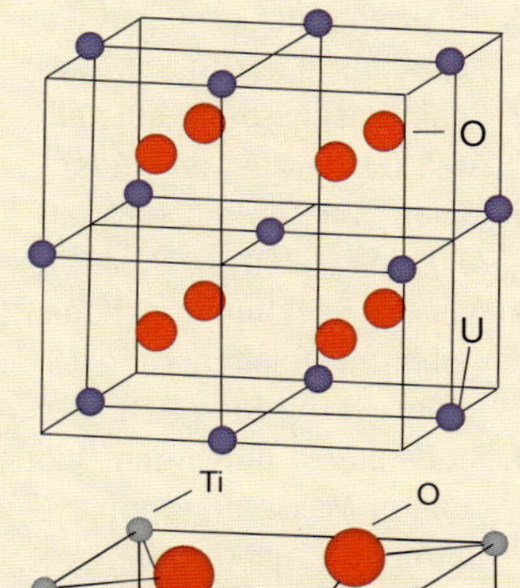

1 Das nebenstehende Gittermodell gehört zu einem Titanoxid. Stelle dir die Elementarzelle vor und zeige, dass die Verhältnisformel TiO_2 lautet.

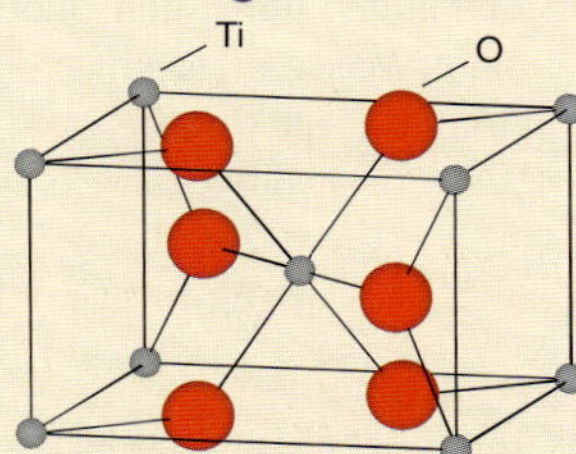

8.5 Von der Reaktionsgleichung zum Stoffumsatz

Reaktionsschema	Wasserstoff	+	Sauerstoff	⟶	Wasser
Reaktionsgleichung	**$2\,H_2$**	**+**	**O_2**	⟶	**$2\,H_2O$**
Modell		+		⟶	
Teilchenanzahl-verhältnis	2	:	1	:	2

Beispiel:

Stoffmengen	2 mol H_2	+	1 mol O_2	⟶	2 mol H_2O
Teilchenanzahlen	$2 \cdot 6 \cdot 10^{23}$ H_2-Moleküle	+	$1 \cdot 6 \cdot 10^{23}$ O_2-Moleküle	⟶	$2 \cdot 6 \cdot 10^{23}$ H_2O-Moleküle
Massen	m (Wasserstoff) $= n\,(H_2) \cdot M\,(H_2)$ $= 2\ \text{mol} \cdot 2\ \frac{\text{g}}{\text{mol}} = 4\ \text{g}$	+	m (Sauerstoff) $= n\,(O_2) \cdot M\,(O_2)$ $= 1\ \text{mol} \cdot 32\ \frac{\text{g}}{\text{mol}} = 32\ \text{g}$	⟶	m (Wasser) $= n\,(H_2O) \cdot M\,(H_2O)$ $= 2\ \text{mol} \cdot 18\ \frac{\text{g}}{\text{mol}} = 36\ \text{g}$
Volumen (bei 20 °C und 1013 hPa)	V (Wasserstoff) $= n\,(H_2) \cdot V_m$ $= 2\ \text{mol} \cdot 24\ \frac{\text{l}}{\text{mol}} = 48\ \text{l}$	+	V (Sauerstoff) $= n\,(O_2) \cdot V_m$ $= 1\ \text{mol} \cdot 24\ \frac{\text{l}}{\text{mol}} = 24\ \text{l}$	⟶	V (Wasserdampf) $= n\,(H_2O) \cdot V_m$ $= 2\ \text{mol} \cdot 24\ \frac{\text{l}}{\text{mol}} = 48\ \text{l}$

Mit chemischen Gleichungen kann man rechnen.

In **Reaktionsgleichungen** stehen *Verhältnisformeln* und *Molekülformeln* für die beteiligten Stoffe. *Faktoren* vor den Formeln geben das Verhältnis der Teilchenanzahlen oder *Stoffmengen* an, die an der Reaktion beteiligt sind. Mit Hilfe von Reaktionsgleichungen lassen sich die *Stoffmengen,* die *Massen* und das *Volumen* der beteiligten Stoffe ermitteln. Der Bereich der Chemie, der sich mit solchen Berechnungen beschäftigt, heißt *Stöchiometrie.*

Die wichtigsten Größen für chemische Berechnungen sind Masse *m,* Volumen *V,* Stoffmenge *n* und molare Masse *M.* Es gelten folgende Beziehungen:

$$n = \frac{m}{M} \Rightarrow m = M \cdot n \quad \text{und} \quad V_m = \frac{V}{n} \Rightarrow n = \frac{V}{V_m}$$

Auf der Grundlage chemischer Reaktionsgleichungen können Stoffmengen, Massen und Volumen der beteiligten Stoffportionen berechnet werden.

Rechenbeispiel

Berechnung der Masse eines entstehenden Stoffes:
Wie viel Gramm Silber (Ag) erhält man aus 150 g Silbersulfid (Ag_2S)?

1. Gegebene und gesuchte Werte festhalten:
   gegeben: $m\,(Ag_2S) = 150$ g; gesucht: m (Ag)
2. Reaktionsgleichung aufstellen:
   $Ag_2S\,(s) \longrightarrow 2\,Ag\,(s) + S\,(s)$
3. Molare Massen notieren:
   $M\,(Ag_2S) = 248\ \frac{\text{g}}{\text{mol}}$, $M\,(Ag) = 108\ \frac{\text{g}}{\text{mol}}$
4. Aus der Reaktionsgleichung das Stoffmengenverhältnis ableiten:
   $n\,(Ag) : n\,(Ag_2S) = 2 : 1 \Rightarrow n\,(Ag) = 2 \cdot n\,(Ag_2S)$
5. Stoffmengen durch den Quotienten aus Masse und molarer Masse ersetzen:

$$\frac{m\,(Ag)}{M\,(Ag)} = 2 \cdot \frac{m\,(Ag_2S)}{M\,(Ag_2S)}$$

$$m\,(Ag) = 2 \cdot \frac{m\,(Ag_2S)}{M\,(Ag_2S)} \cdot M\,(Ag) = 2 \cdot \frac{150\ \text{g}}{248\ \frac{\text{g}}{\text{mol}}} \cdot 108\ \frac{\text{g}}{\text{mol}} = 131\ \text{g}$$

Aus 150 g Silbersulfid erhält man 131 g Silber.

Rechenbeispiel

Berechnung der Masse eines Ausgangsstoffes:
Wie viel Quarzsand (SiO_2) benötigt man, um durch Reduktion mit Aluminium 1 kg Silicium (Si) zu gewinnen?

1. Gegebene und gesuchte Werte festhalten:
   gegeben: m (Si) = 1 kg; gesucht: $m\,(SiO_2)$
2. Reaktionsgleichung aufstellen:
   $3\,SiO_2\,(s) + 4\,Al\,(s) \longrightarrow 3\,Si\,(s) + 2\,Al_2O_3\,(s)$
3. Molare Massen notieren:
   $M\,(Si) = 28\ \frac{\text{g}}{\text{mol}}$, $M\,(SiO_2) = 60\ \frac{\text{g}}{\text{mol}}$
4. Aus der Reaktionsgleichung das Stoffmengenverhältnis ableiten:
   $n\,(SiO_2) : n\,(Si) = 3 : 3 = 1 : 1 \Rightarrow n\,(SiO_2) = n\,(Si)$
5. Stoffmengen durch den Quotienten aus Masse und molarer Masse ersetzen:

$$\frac{m\,(SiO_2)}{M\,(SiO_2)} = \frac{m\,(Si)}{M\,(Si)}$$

$$m\,(SiO_2) = \frac{m\,(Si)}{M\,(Si)} \cdot M\,(SiO_2) = \frac{1\ \text{kg}}{28\ \frac{\text{g}}{\text{mol}}} \cdot 60\ \frac{\text{g}}{\text{mol}} = 2{,}1\ \text{kg}$$

Man benötigt 2,1 kg Quarzsand, um 1 kg Silicium zu gewinnen.

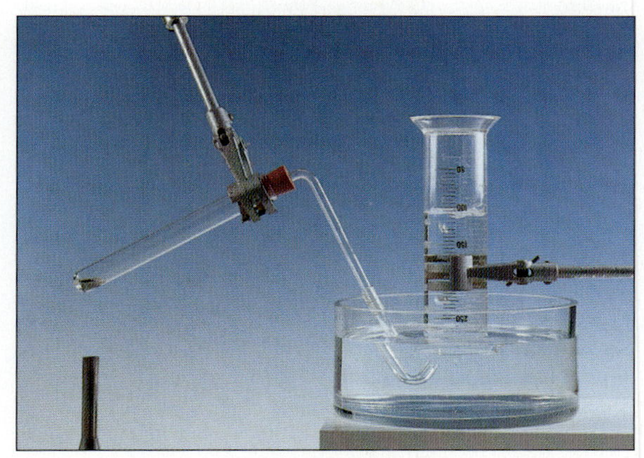

Silberoxid wird in der Hitze in Silber und Sauerstoff zerlegt:
$2\ Ag_2O\ (s) \longrightarrow 4\ Ag\ (s) + O_2\ (g)$
Man spricht von der Thermolyse des Silberoxids.

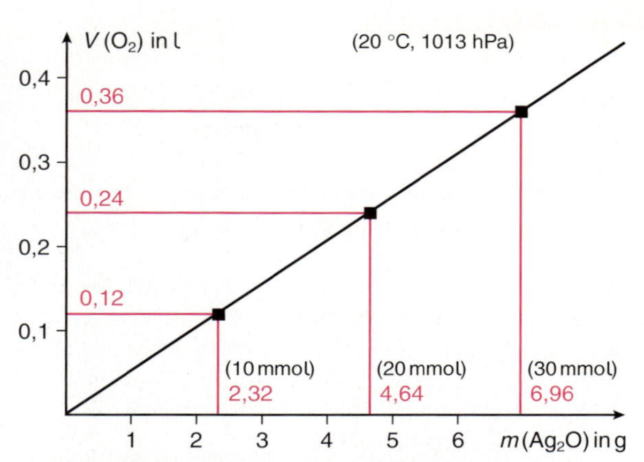

Zusammenhang zwischen Masse und Volumen bei der thermischen Zerlegung von Silberoxid. *Bei der Reaktion liefert die doppelte Masse an Silberoxid auch ein doppelt so großes Volumen Sauerstoff: m $(Ag_2O) \sim V (O_2)$.*

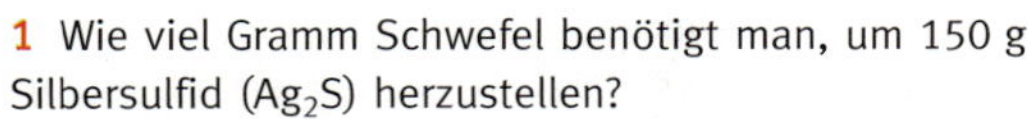

1 Wie viel Gramm Schwefel benötigt man, um 150 g Silbersulfid (Ag_2S) herzustellen?

2 Wie viel Gramm Aluminium sind in 100 g Aluminiumoxid (Al_2O_3) enthalten?

3 **a)** Magnesium reduziert Kohlenstoffdioxid. Wie viel Gramm Kohlenstoffdioxid reagieren, wenn 10 g Kohlenstoff entstehen?
b) Welches Volumen nimmt das benötigte Kohlenstoffdioxid-Gas bei 20 °C und normalem Luftdruck ein?

4 Wasserstoffperoxid (H_2O_2) zerfällt in Gegenwart eines Katalysators in Wasser und Sauerstoff.
a) Welches Volumen Sauerstoff erhält man aus 120 g einer 10%igen Lösung von Wasserstoffperoxid bei 20 °C und normalem Druck?
b) Wie viel Gramm Wasser entstehen bei dieser Reaktion?

5 Im Thermit-Verfahren sollen aus Aluminium und Eisenoxid (Fe_3O_4) 10 g Eisen hergestellt werden. Wie viel Aluminium benötigt man?

6 Traubenzucker ($C_6H_{12}O_6$) wird mit Kupferoxid (CuO) gemischt. Beim Erhitzen findet folgende Reaktion statt:
$C_6H_{12}O_6\ (s) + x\ CuO\ (s) \longrightarrow x\ Cu + y\ H_2O\ (l) + z\ CO_2\ (g)$
a) Bestimme die Werte der Faktoren x, y und z.
b) Wie viel Gramm Kupferoxid werden benötigt, um 5 g Traubenzucker umzusetzen?
c) Wie viel Gramm Wasser entstehen bei der Reaktion?
d) Welches Volumen an Kohlenstoffdioxid bildet sich bei 20 °C und normalem Druck?

7 Kupferoxid (CuO) wird von Wasserstoff-Gas (H_2) in der Hitze reduziert.
a) Formuliere das Reaktionsschema und die Reaktionsgleichung.
b) Welches Volumen an Wasserstoff wird benötigt, um 3,2 g Kupferoxid zu reduzieren? Das Gasvolumen wird bei 20 °C und normalem Druck gemessen.

8 Bei der Korrosion von Eisen bildet sich Fe_3O_4. Welches Volumen Luft wird benötigt, bis 1 kg Eisen völlig korrodiert ist?

Rechenbeispiel

Berechnung des Volumens eines gasförmigen Reaktionsproduktes:
Welches Volumen an Sauerstoff erhält man bei der Thermolyse von 3,5 g Silberoxid (Ag_2O)? Das Volumen wird bei 20 °C und normalem Luftdruck gemessen.

1. Gegebene und gesuchte Werte festhalten:
gegeben: $m\ (Ag_2O) = 3{,}5$ g; gesucht: $V\ (O_2)$

2. Reaktionsgleichung aufstellen:
$2\ Ag_2O\ (s) \longrightarrow 4\ Ag\ (s) + O_2\ (g)$

3. Molare Masse und molares Volumen notieren:
$M\ (Ag_2O) = 232\ \frac{g}{mol}, \quad V_m\ (O_2) = 24\ \frac{l}{mol}$

4. Aus der Reaktionsgleichung das Stoffmengenverhältnis ableiten:
$n\ (Ag_2O) : n\ (O_2) = 2 : 1 \Rightarrow n\ (O_2) = \frac{1}{2}\ n\ (Ag_2O)$

5. Stoffmengen durch den Quotienten aus Masse und molarer Masse bzw. Volumen und molarem Volumen ersetzen:

$$\frac{V\ (O_2)}{V_m\ (O_2)} = \frac{1}{2} \cdot \frac{m\ (Ag_2O)}{M\ (Ag_2O)}$$

$$V\ (O_2) = \frac{1}{2} \cdot \frac{m\ (Ag_2O)}{M\ (Ag_2O)} \cdot V_m\ (O_2)$$

$$= \frac{1}{2} \cdot \frac{3{,}5\ g}{232\ \frac{g}{mol}} \cdot 24\ \frac{l}{mol} = 0{,}18\ l$$

Aus 3,5 g Silberoxid erhält man durch Thermolyse 180 ml Sauerstoff-Gas.

Prüfe dein Wissen

Quiz

A1 a) Erkläre die Begriffe des Fensters.
b) Notiere auf der Vorderseite von Karteikarten den Begriff, auf der Rückseite die Erklärung.

A2 Man betrachtet eine Portion Sauerstoff mit der Stoffmenge an Sauerstoff-Molekülen von 2 mol.
a) Wie viele Sauerstoff-Moleküle sind in dem Gas enthalten?
b) Wie viele Sauerstoff-Atome liegen darin vor?
c) Erkläre den Zusammenhang.

A3 Warum kann man für das molare Volumen der Gase keinen allgemeingültigen Wert angeben?

Know-how

A4 Kohlenstoffmonooxid-Gas (CO) und Sauerstoff-Gas (O_2) reagieren miteinander zu Kohlenstoffdioxid-Gas (CO_2). Stelle das Volumenverhältnis und das Verhältnis der Teilchenanzahlen schematisch dar.

A5 In der Abbildung ist die *Dichte* einiger gasförmiger Elemente gegen ihre *Atommasse* aufgetragen. Es ergeben sich zwei Geraden mit unterschiedlicher Steigung.
a) Warum ist die Steigung der oberen Geraden genau doppelt so groß wie die der unteren Geraden?
b) Auf welcher Geraden und an welcher Stelle liegt der Punkt für das Element Sauerstoff?
c) Erkläre die direkte Proportionalität zwischen Dichte und Atommasse auf Grundlage des AVOGADROschen Gesetzes.
d) Die an der unteren Gerade aufgeführten Elemente gehören zu der Gruppe der so genannten Edelgase. Welche weiteren Edelgase gibt es? Vergleiche dazu das Periodensystem am Ende des Buches.

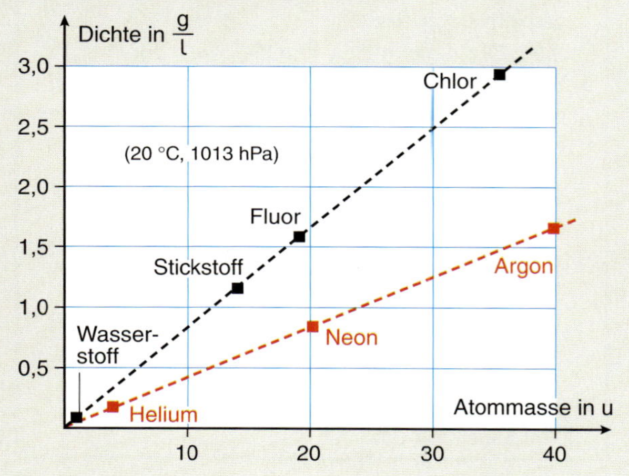

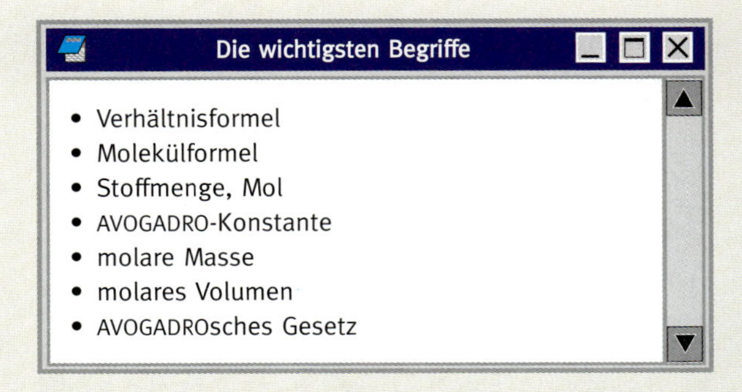

A6 a) Stickstoff besteht wie Sauerstoff aus zweiatomigen Molekülen. Berechne mit Hilfe dieser Angabe die Dichte von Stickstoff bei 20 °C und normalem Luftdruck.
b) Das giftige Gas Blausäure hat die Verhältnisformel HCN. Die Dichte von Blausäure ist genauso groß wie die von Stickstoff. Welche Molekülformel besitzt Blausäure?

Natur – Mensch – Technik

A7 Schmelzen von Gold und Kupfer lassen sich in jedem Massenverhältnis mischen. Bei der Kristallisation können dann zwei Gold/Kupfer-Legierungen (Rotgold) hergestellt werden, die ganz bestimmte Anordnungen der Au-Atome und Cu-Atome aufweisen: 750er Gold und 500er Gold.

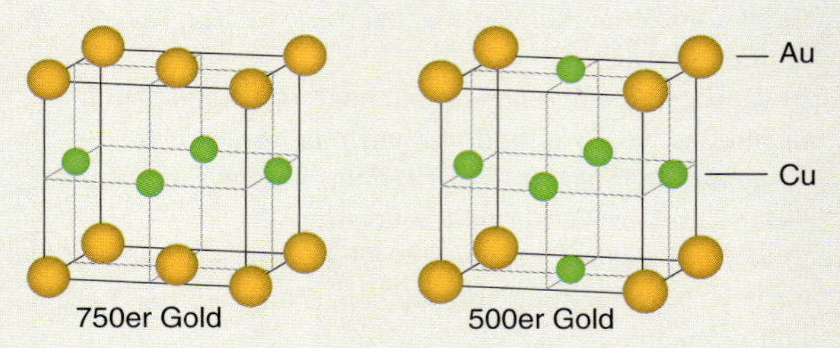

a) Stelle gedanklich die Elementarzellen aus den abgebildeten Modellen her. Leite aus den Elementarzellen die Verhältnisformeln beider Legierungen ab.
b) Erkläre mit Hilfe der Verhältnisformeln und der Atommassen die Bezeichnungen 750er Gold und 500er Gold.

A8 In Mexiko und Peru behandelt man Silbererze mit Quecksilber. Dabei bildet sich ein Amalgam mit der Zusammensetzung Ag_3Hg. Beim Erhitzen auf 350 °C verdampft das in dem Amalgam gelöste Quecksilber und Silber bleibt zurück. Wie viel Kilogramm Silber kann man maximal in einer Tonne Quecksilber lösen?

A9 In der Frühzeit der Luftfahrt füllte man Ballons und Luftschiffe mit Wasserstoff. Der Wasserstoff wurde durch Umsetzung von Eisenspänen mit Salzsäure erzeugt. Dabei bildet sich aus 1 mol Eisen 1 mol Wasserstoff-Gas.
a) Formuliere die Reaktionsgleichung.
b) Welche Masse an Eisen ist erforderlich, um 10 m^3 Wasserstoff bei 20 °C und normalem Luftdruck herzustellen?

Stoffmengen und Teilchenzahlen

Basiswissen

1. Volumenverhältnisse bei Gasreaktionen

Gase reagieren stets in ganzzahligen Volumenverhältnissen miteinander.
Beispiel: Synthese von Wasserdampf
$V(H_2) : V(O_2) : V(H_2O) = 2 : 1 : 2$

2. AVOGADROsches Gesetz

Gasförmige Stoffe enthalten bei gleichem Volumen, gleichem Druck und gleicher Temperatur gleich viele Teilchen.

3. Stoffmenge und Mol

Das Mol ist die Einheit der Stoffmenge n. Eine Stoffportion hat die Stoffmenge $n = 1$ mol, wenn sie $6 \cdot 10^{23}$ Teilchen (Atome oder Moleküle) enthält.
Mit der AVOGADRO-Konstanten N_A lassen sich Stoffmenge n und Teilchenanzahl N ineinander umrechnen:

$$N_A = \frac{N}{n} = 6 \cdot 10^{23} \frac{1}{\text{mol}}$$

4. Molare Masse und molares Volumen

a) Die molare Masse ist der Quotient aus der Masse und der Stoffmenge einer Stoffportion:

$$M = \frac{m}{n}; \quad \text{Einheit: } \frac{\text{g}}{\text{mol}}$$

Die molare Masse eines Elementes stimmt in ihrem Zahlenwert mit der Atommasse überein. Nur die Einheiten sind verschieden. Die molare Masse einer Verbindung erhält man durch Addition der molaren Massen der Elemente.

b) Das molare Volumen ist der Quotient aus dem Volumen und der Stoffmenge einer Stoffportion:

$$V_m = \frac{V}{n}; \quad \text{Einheit: } \frac{\text{l}}{\text{mol}}$$

Das molare Volumen der Gase nimmt bei konstantem Druck mit steigender Temperatur zu. Bei Raumtemperatur und normalem Druck hat das molare Volumen den Wert:

$$V_m \text{ (Gase, 20 °C, 1013 hPa)} = 24 \frac{\text{l}}{\text{mol}}$$

5. Molekülformeln

Molekülformeln geben die Zusammensetzung von Molekülen an. Sie lassen sich bei gasförmigen Verbindungen über die Bestimmung der Dichte ermitteln.
Beispiele: H_2 (Wasserstoff); O_2 (Sauerstoff); H_2O (Wasser)

6. Stöchiometrisches Rechnen

Auf der Grundlage chemischer Gleichungen lassen sich die Stoffmenge n, die Masse m und das Volumen V der an einer Reaktion beteiligten Stoffe berechnen. Dabei kann das folgende Schema verwendet werden:

1. Gegebene und gesuchte Größen notieren.
2. Allgemeingültige Größen wie molare Massen notieren.
3. Die Reaktionsgleichung aufstellen.
4. Das Stoffmengenverhältnis notieren.
5. Gegebene Größen einsetzen.
6. Die Verhältnisgleichung nach der gesuchten Größe auflösen und die gesuchte Größe berechnen.

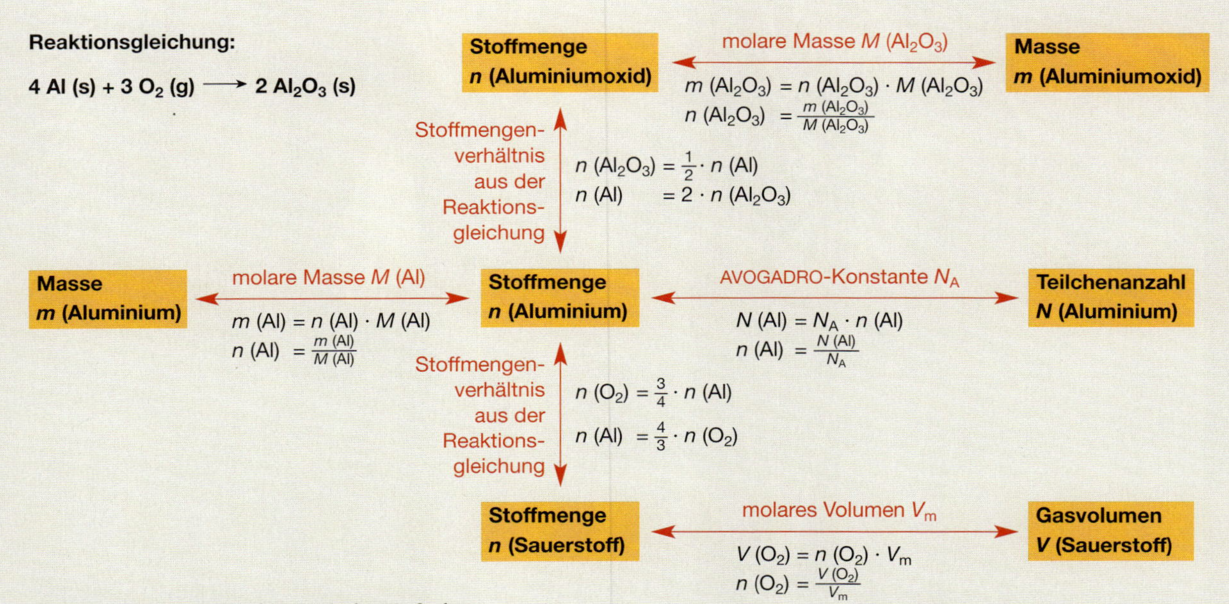

Schema zur Lösung stöchiometrischer Aufgaben

9 Chemische Verwandtschaften

Seit mehr als tausend Jahren lassen sich Menschen durch Feuerwerke faszinieren. Die ältesten Berichte stammen aus China. In Europa entwickelte sich das Feuerwerk seit dem 16. Jahrhundert. Damit wurde aus der kriegerischen Anwendung von Schießpulver ein erfreuliches Spektakel.
Die Geheimnisse des Feuerwerks wurden lange von einigen wenigen Familien gehütet. Erst im 19. Jahrhundert stellten Chemiker ihr Wissen in den Dienst der Feuerwerkerei – der Pyrotechnik.
Die Pyrotechnik ist heutzutage durchaus ein wichtiger Wirtschaftsfaktor: Allein in Deutschland werden mehr als 150 Millionen Euro für das jährliche Silvesterfeuerwerk in die Luft gejagt.

Der Laie sei jedoch gewarnt! Mancher hat schwere Verletzungen davongetragen, als er versuchte mit Schwarzpulver und allerlei Zusätzen Raketen zu basteln.

Die Papphülle einer Feuerwerksrakete enthält drei wichtige Bestandteile: den *Treibsatz*, den *Sprengsatz* und den *Leuchtsatz*.

- Der Treibsatz besteht meistens aus Schwarzpulver. Er befördert die Rakete in die Höhe.
- Der Sprengsatz lässt den Feuerwerkskörper explodieren.
- Im Leuchtsatz sorgen Metalle und Metallsalze für die leuchtende Farbenpracht.

3 Lithium	
11 Natrium	
	20 Calcium
	38 Strontium
	56 Barium

9.1 Natrium – ein ungewöhnliches Metall

Natrium ist eines der häufigsten Elemente in der Erdkruste. Dennoch ist den meisten Menschen das Metall Natrium unbekannt. Natrium-Verbindungen wie Kochsalz, Natron oder Soda begegnet man dagegen in vielen Bereichen des täglichen Lebens.

Reines Natrium besitzt die typischen Eigenschaften eines Metalls: Es glänzt silberhell und ist ein guter Leiter für Wärme und den elektrischen Strom. Aber Natrium hat auch recht ungewöhnliche Eigenschaften: Die Dichte von Natrium ist geringer als die Dichte von Wasser. Natrium wird zu den *Leichtmetallen* gezählt. Es ist so weich, dass man es mit einem Messer schneiden kann. Die frische Schnittfläche bleibt nur kurze Zeit silbrig-glänzend, dann überzieht sie sich mit einem grauen Belag. Dieser Belag bildet sich noch schneller, wenn man auf die Schnittfläche haucht. Natrium ist nämlich sehr reaktionsfreudig und reagiert an der Luft mit Sauerstoff und Luftfeuchtigkeit. Metallisches Natrium kommt daher in der Natur nicht vor. Es wird technisch aus Steinsalz hergestellt und muss anschließend vor Luft und Feuchtigkeit geschützt werden. Dazu bewahrt man Natrium unter Paraffinöl auf.

Paraffin

Unter dem schützenden Paraffinöl lässt sich Natrium problemlos erhitzen. Die Natriumstücke schmelzen bereits bei 98 °C. An der Luft entzündet sich geschmolzenes Natrium leicht und verbrennt dann mit einer leuchtend gelben Flamme. Die gleiche Färbung tritt auf, wenn man eine Natrium-Verbindung in eine Flamme bringt. An der *Flammenfärbung* kann man daher sofort erkennen, ob ein Gemisch Natrium-Verbindungen enthält.

Natrium ist ein reaktionsfreudiges, weiches Leichtmetall. Natrium und Natrium-Verbindungen färben Flammen gelb.

1 Nenne drei ungewöhnliche Eigenschaften von Natrium.
2 Wie könnte man ohne Geschmacksprobe überprüfen, ob man dem Wasser zum Kochen der Nudeln bereits Salz zugesetzt hat?
3 Suche im Internet: Wozu verwendet man Natron?

Chemie-Recherche

Location: http://www.schroedel.de/chemie_heute.html

Suche: **Natrium**

Ein Grundstoff verliert an Bedeutung

Über lange Zeit wurde der größte Teil des produzierten Natriums eingesetzt, um die Blei-Verbindungen herzustellen, die Otto-Kraftstoffen zugesetzt wurden. Da Benzin aus Umweltschutzgründen in den meisten Ländern nicht mehr verbleit wird, ist die Produktion von Natrium in den letzten Jahren stark zurückgegangen.

Weltweite Produktion von Natrium in 1000 t

Natriumdampf leuchtet gelb

Viele Straßenkreuzungen und Fußgängerüberwege werden mit *Natriumdampf-Lampen* beleuchtet. Der Lampenkörper enthält metallisches Natrium. Wird die Lampe eingeschaltet, so verdampft etwas Natrium und sendet intensiv gelbes Licht aus. Gerade gelbes Licht durchdringt Nebel und Dunst besonders gut. So hat man selbst bei schlechtem Wetter relativ gute Sichtverhältnisse.

Natrium als Kühlmittel

In Hochleistungsmotoren verwendet man Ventilverschlüsse, die mit Natrium gefüllt sind. Wird der Motor warm, so begünstigt das geschmolzene Natrium die Ableitung der Wärme. Das Ventil wird dadurch nicht so heiß und setzt sich nicht fest.
Auch bei dem so genannten „Schnellen Brüter", einem besonderen Kernkraftwerkstyp, verwendet man Natrium zur Kühlung. Für ein Kraftwerk werden dabei mehrere tausend Tonnen hochreines Natrium benötigt. Da Natrium leicht brennt und heftig mit Wasser reagiert, bedeuten Lecks in Natriumkühlern jedoch eine große Gefahr.

9.2 Vom Natrium zur Natronlauge

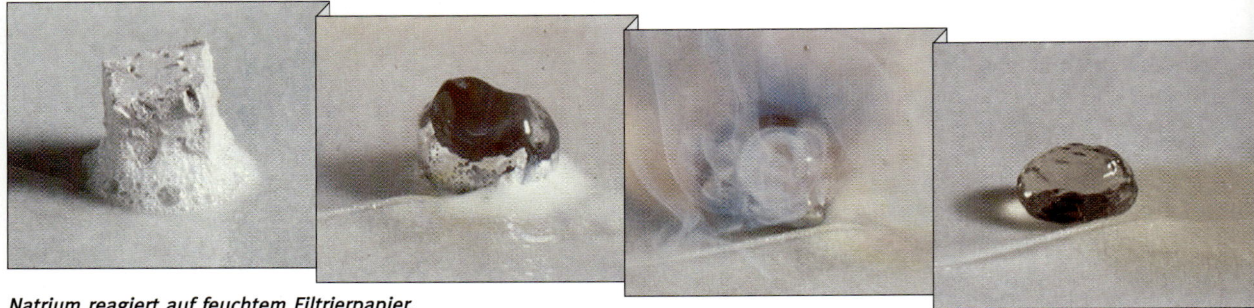

Natrium reagiert auf feuchtem Filtrierpapier.

Legt man ein Stück Natrium auf nasses Filtrierpapier, so reagiert es sofort mit dem Wasser. Dabei wird so viel Wärme frei, dass das Natriumstück rasch zu einer Kugel zusammenschmilzt. Gleichzeitig entweicht zischend ein farbloses Gas, das sich an dem glühenden Natrium entzündet. Nach der Reaktion erstarrt das Reaktionsprodukt zu **Natriumhydroxid,** einem farblosen, durchscheinenden Feststoff.
Der Name weist darauf hin, dass diese Verbindung aus den Elementen Natrium, Wasserstoff (Hydrogenium) und Sauerstoff (Oxygenium) besteht. Natriumhydroxid enthält gleich viele Natrium-Atome, Wasserstoff-Atome und Sauerstoff-Atome. Die Verhältnisformel ist daher **NaOH.**

Gibt man ein kleines Stück Natrium in Wasser, so schmilzt es zu einer Kugel, die auf dem Wasser hin und her gleitet. Die antreibende Kraft ist hierbei der Rückstoß durch das entweichende Gas. Drückt man das Natrium unter Wasser, so steigen Gasbläschen auf. Eine Knallgasprobe zeigt, dass es sich um *Wasserstoff* handelt. Berücksichtigt man, dass Wasserstoff aus zweiatomigen Molekülen besteht, so ergibt sich folgende Reaktionsgleichung:

$2\,Na\,(s) + 2\,H_2O\,(l) \longrightarrow$
Natrium Wasser
$2\,NaOH\,(aq) + H_2\,(g)$; exotherm
Natriumhydroxid Wasserstoff

Natriumhydroxid kommt in Form kleiner Plätzchen oder Schuppen in den Handel. Löst man Natriumhydroxid in Wasser, so entsteht **Natronlauge.**

Stark verdünnte Natronlauge fühlt sich glitschig an wie Seifenlauge. Konzentrierte Natronlauge wirkt stark ätzend und zerstört die Haut. In der Technik ist deshalb für Natriumhydroxid die Bezeichnung *Ätznatron* gebräuchlich.

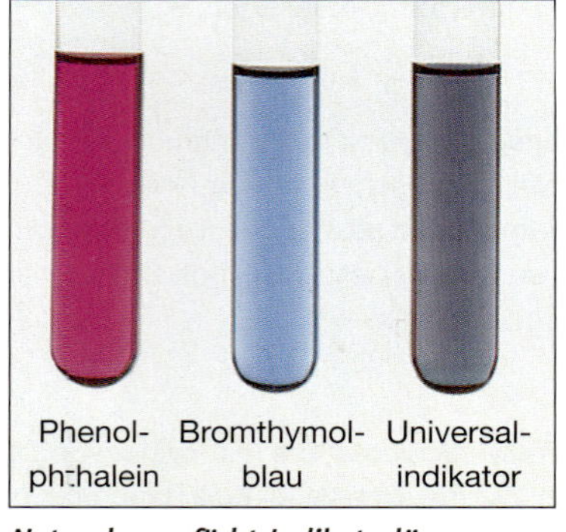

Natronlauge färbt Indikatorlösungen.

Natronlauge färbt Universalindikator blauviolett; Phenolphthalein wird rot. Die Indikatoren zeigen damit an, dass die Lösung **alkalisch** reagiert. Beim Lösen von Natriumhydroxid in Wasser steigt der pH-Wert. Während neutrales Wasser einen pH-Wert von 7 hat, erreicht man schon in verdünnter Natronlauge einen pH-Wert von 14.

Bei der Reaktion von Natrium mit Wasser bilden sich Wasserstoff-Gas und Natriumhydroxid.
Natronlauge (NaOH (aq)) ist eine wässerige Lösung von Natriumhydroxid (NaOH (s)).

1 Beschreibe und erkläre die abgebildete Reaktion von Natrium auf feuchtem Filtrierpapier.

2 Welches Gas entsteht bei der Reaktion von Natrium mit Wasser? Wie weist man es nach?

3 Woran kann man erkennen, dass bei der Reaktion von Natrium mit Wasser Energie frei wird?

4 Beschreibe den Unterschied zwischen Natriumhydroxid und Natronlauge.

5 Nimm Stellung zu folgendem Satz aus einem Schülerprotokoll: „Bei der Reaktion von Natrium auf nassem Filtrierpapier wird mehr Energie frei als bei der Reaktion auf der Wasseroberfläche."

6 Warum zerfließen Natriumhydroxid-Plätzchen an der Luft? Nimm auch die rechte Seite zu Hilfe.

7 Wie könnte man brennendes Natrium löschen?

Suche:

Natronlauge

Ergebnisse:

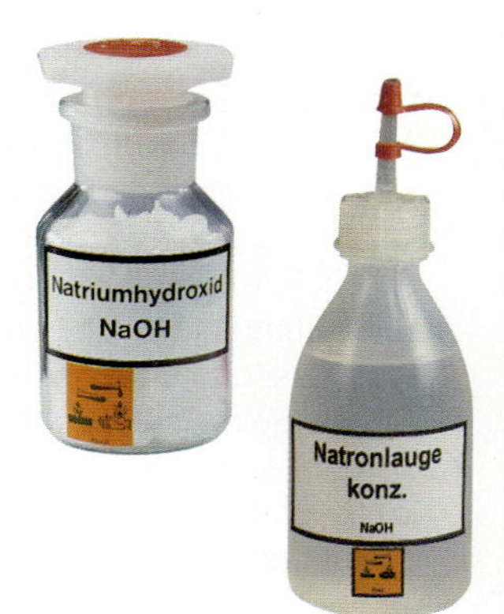

→ **Natriumhydroxid: NaOH (s)**
Natriumhydroxid ist ein weißer Feststoff, der bei 322 °C schmilzt. Die Schmelze leitet den elektrischen Strom. Natriumhydroxid nimmt aus der Luft Wasser auf, es ist *hygroskopisch*. Natriumhydroxid-Plätzchen zerfließen deshalb an feuchter Luft. In Wasser löst sich Natriumhydroxid unter starker Wärmeentwicklung.

→ **Natronlauge: NaOH (aq)**
Als konzentrierte Natronlauge wird im Labor meist eine wässerige Lösung mit einem Massenanteil von 33 % Natriumhydroxid verwendet. Verdünnte Natronlauge enthält meist 7,5 %. Da die stark ätzende Natronlauge auch Glas angreift, wird sie in Kunststoffflaschen aufbewahrt. Natronlauge reagiert stark alkalisch. Bereits ein Tropfen verdünnter Natronlauge reicht aus, um in einem Becherglas mit Wasser (pH-Wert = 7) eine Universalindikator-Lösung blau zu färben (pH-Wert > 10).

Vorsicht ätzend!

R 35	Verursacht schwere Verätzungen
S 1/2	Unter Verschluss und für Kinder unzugänglich aufbewahren
S 26	Bei Berührung mit den Augen sofort gründlich mit Wasser abspülen und Arzt konsultieren
S 37/39	Bei der Arbeit geeignete Schutzhandschuhe und Schutzbrille/Gesichtsschutz tragen
S 45	Bei Unfall oder Unwohlsein Arzt hinzuziehen

→ **Natriumhydroxid – eine Industriechemikalie**
Natriumhydroxid wird weltweit in sehr großen Mengen produziert. Allein in Deutschland sind es jährlich mehr als drei Millionen Tonnen. Nur ein kleiner Anteil davon wird im Labor eingesetzt oder im Alltag genutzt. So enthalten chemisch wirkende Abflussreiniger Natriumhydroxid und die Anstriche alter Möbel werden mit Natronlauge abgebeizt. Der größte Teil des Natriumhydroxids wird in der chemischen Industrie verbraucht. Meist geht es darum, störende Säuren in Stoffgemischen zu neutralisieren. Natronlauge wird aber auch in großen Mengen bei der Gewinnung von Aluminium benötigt. Weitere Einsatzbereiche sind die Produktion von Kunstseide, Filmmaterialien, Waschmitteln und Bleichmitteln.

→ **Mercerisieren**
Von dem englischen Chemiker MERCER 1844 eingeführtes Verfahren zur Veredelung von Baumwolle. In gespanntem Zustand werden Garne oder Gewebe in verdünnte Natronlauge getaucht. Die Außenhaut der Fasern platzt dabei ab, die Fasern werden glatt und die Oberfläche erhält einen seidigen Glanz. Gleichzeitig wird das Material reißfester und lässt sich besser anfärben.

Aufgaben

1 Weshalb müssen Laborgefäße aus Glas, in denen mit Natronlauge gearbeitet wurde, besonders gründlich gespült werden?

2 Beim Backen von Laugenbrezeln reagiert überschüssige Natronlauge mit Kohlenstoffdioxid zu Soda (Na_2CO_3) und Wasser. Stelle die Reaktionsgleichung auf.

→ **Laugenbrezeln**
Vor dem Backen wird das Laugengebäck in Brezellauge getaucht. Sie enthält etwa 3 % Natriumhydroxid. Beim Backen werden die Brezeln dann schön braun. Überschüssige Natronlauge reagiert dabei mit Kohlenstoffdioxid zu unschädlichen Verbindungen.

→ **Natriumhydroxid als Abflussreiniger**
Abflussreiniger wirken stark ätzend, denn sie enthalten Natriumhydroxid. Bei der Anwendung bildet sich daher heiße konzentrierte Natronlauge. Sie löst Seifenablagerungen und zersetzt organische Stoffe wie Fett oder Haare. Meist enthalten die Reiniger auch etwas körniges Aluminium, das mit der Lauge unter Entwicklung von Wasserstoff reagiert. Die Gasblasen sollen die Verstopfungen lockern.

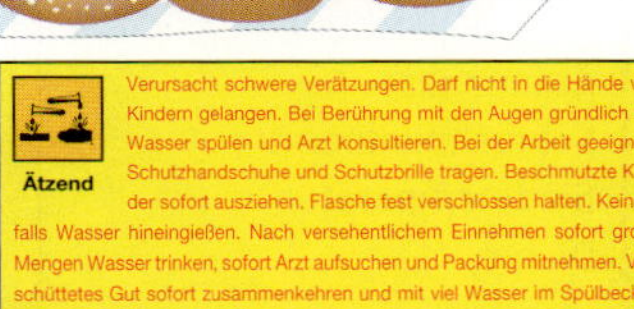
Ätzend

Verursacht schwere Verätzungen. Darf nicht in die Hände von Kindern gelangen. Bei Berührung mit den Augen gründlich mit Wasser spülen und Arzt konsultieren. Bei der Arbeit geeignete Schutzhandschuhe und Schutzbrille tragen. Beschmutzte Kleider sofort ausziehen. Flasche fest verschlossen halten. Keinesfalls Wasser hineingießen. Nach versehentlichem Einnehmen sofort große Mengen Wasser trinken, sofort Arzt aufsuchen und Packung mitnehmen. Verschüttetes Gut sofort zusammenkehren und mit viel Wasser im Spülbecken wegspülen. Neigt bei Berührung mit brennbaren Stoffen zur Selbstentzündung. Keinesfalls in den Papierkorb oder Abfalleimer werfen. Gegenstände, die mit Rohr-Reinigern in Berührung gekommen sind, gründlich spülen.
Enthält: 54% Natriumhydroxid, Aluminium und Salze.
Flasche aus Polyethylen (PE)
Flasche nur vollständig entleert in die Wert-Tonne geben.

9.3 Die Elementfamilie der Alkalimetalle

Das Element **Lithium** hat ähnliche Eigenschaften wie Natrium: Es besitzt eine niedrige Schmelztemperatur und eine geringe Dichte. Wie Natrium wird es unter Paraffinöl aufbewahrt, um es vor Oxidation zu schützen. Lithium ist allerdings etwas härter als Natrium, lässt sich aber noch mit einem Messer schneiden. Ebenso wie Lithium ähnelt auch das Element **Kalium** in seinen Eigenschaften dem Natrium.

Wegen ihrer Ähnlichkeit werden diese Elemente zu einer **Elementfamilie** oder **Elementgruppe** zusammengefasst. Man bezeichnet die Elemente dieser Elementgruppe als **Alkalimetalle.** Der Name leitet sich aus dem arabischen *alqaljan* (Holzasche) ab. Tatsächlich besteht Holzasche zu einem großen Teil aus Alkalimetall-Verbindungen.
Neben Lithium, Natrium und Kalium gehören auch **Rubidium** und **Caesium** zu den Alkalimetallen. Rubidium und Caesium sind so reaktionsfähig, dass sie zur Aufbewahrung in luftleere Glasampullen eingeschmolzen werden müssen.
Bei aller Übereinstimmung in den Eigenschaften der Alkalimetalle gibt es aber auch deutliche Abstufungen. So nehmen die Schmelztemperatur und die Härte in der Reihe Lithium, Natrium, Kalium, Rubidium, Caesium ab, die Dichte und die Reaktionsfähigkeit nehmen dagegen zu.

Reaktion mit Wasser. Bei der Reaktion der Alkalimetalle mit Wasser entstehen neben Wasserstoff die Lösungen der Hydroxide. Man bezeichnet sie als **Laugen.** Verwendet man für die Metalle das Symbol Me, so kann man eine allgemeine Reaktionsgleichung aufstellen:

$$\underset{\text{Alkalimetall}}{2\,Me} + 2\,H_2O \longrightarrow \underset{\text{Alkalimetallhydroxid}}{2\,MeOH} + H_2;\ \text{exotherm}$$

Die **Alkalimetallhydroxide** sind farblose, hygroskopische Feststoffe. Sie lösen sich gut in Wasser. Die Lösungen sind sehr stark ätzend; daher muss man besonders vorsichtig mit ihnen umgehen und dabei stets eine Schutzbrille tragen.

Reaktion mit Sauerstoff. Alle Alkalimetalle reagieren bereits bei Raumtemperatur mit Sauerstoff. Daher kommen die Alkalimetalle in der Natur nicht als Elemente, sondern nur in Verbindungen vor.
Verbrennt man Alkalimetalle, so färbt sich die Flamme. Die *Flammenfärbung* ist typisch für die einzelnen Elemente. Die gleichen Farben treten auf, wenn man Alkalimetall-Verbindungen in einer Flamme erhitzt. Besonders auffällig sind die gelbe Flammenfärbung des Natriums und die rote Flammenfärbung des Lithiums. Die blassviolette Flammenfärbung von Kalium-Verbindungen lässt sich durch ein Cobaltglas gut beobachten: Das blaue Glas filtert das gelbe Licht von Natrium-Verunreinigungen heraus.

Zur Elementfamilie der Alkalimetalle gehören Lithium, Natrium, Kalium, Rubidium und Caesium. Diese Metalle reagieren sehr leicht mit Sauerstoff. Bei der Reaktion mit Wasser entstehen leicht lösliche Hydroxide der allgemeinen Formel MeOH.

1 Welche Elemente gehören zur Familie der Alkalimetalle?
2 Gib die Reaktionsgleichung für die Reaktion von Lithium mit Wasser an.
3 Wie verändern sich die Eigenschaften der Alkalimetalle vom Lithium zum Caesium? Nimm auch den Steckbrief zu Hilfe.
4 Warum ist es schwierig, bei der allgemeinen Reaktionsgleichung in der linken Spalte Aggregatzustände anzugeben?

Steckbrief: Alkalimetalle

Element, Elementsymbol	Lithium, Li	Natrium, Na	Kalium, K	Rubidium, Rb	Caesium, Cs
Flammenfärbung	karminrot	gelb	blassviolett	rotviolett	blauviolett
Atommasse	6,9 u	23,0 u	39,1 u	85,5 u	132,9 u
Schmelztemperatur	180 °C	98 °C	64 °C	39 °C	28 °C
Siedetemperatur	1370 °C	883 °C	776 °C	696 °C	708 °C
Dichte	0,53 $\frac{g}{cm^3}$	0,97 $\frac{g}{cm^3}$	0,86 $\frac{g}{cm^3}$	1,53 $\frac{g}{cm^3}$	1,87 $\frac{g}{cm^3}$
Härte	mäßig hart				sehr weich
Reaktion mit Wasser	lebhaft				explosionsartig

9.4 Die Elementfamilie der Erdalkalimetalle

Die Elemente **Beryllium, Magnesium, Calcium, Strontium, Barium** und **Radium** bilden die Elementfamilie der **Erdalkalimetalle.** Der Name weist darauf hin, dass Verbindungen von Calcium und Magnesium häufig in der Erdkruste zu finden sind. Die Erdalkalimetalle sind den Alkalimetallen sehr ähnlich.

Calcium. Ein typisches Erdalkalimetall ist Calcium. Es ist ein silberglänzendes Leichtmetall. Calcium ist etwas härter als Lithium, das härteste Alkalimetall. Zu den Verbindungen des Calciums gehören viele Mineralien wie Kalkstein, Marmor und Gips.
An der Luft reagiert Calcium allmählich mit Sauerstoff und Feuchtigkeit; beim Erhitzen verbrennt es mit ziegelroter Flamme zu Calciumoxid.

Magnesium. Das Element Magnesium ist wie Calcium ein silberglänzendes Leichtmetall. Bei der Reaktion mit Luftsauerstoff bildet sich eine dünne undurchlässige Schicht von Magnesiumoxid. Sie schützt das Magnesium vor weiterer Oxidation. Magnesium und Magnesium-Legierungen werden daher vielseitig als Werkstoffe genutzt. Besonders wichtig sind diese Leichtmetall-Legierungen für den Flugzeugbau. Aber auch Gegenstände des Alltags wie Bleistiftspitzer werden aus Magnesium hergestellt.

Strontium und Barium. Die Salze von Strontium und Barium bewirken die roten und grünen Leuchtspuren von Feuerwerkskörpern. Strontiumoxid und Bariumoxid sind wichtige Bestandteile von Gläsern für Bildschirme. Sie halten die gesundheitsschädliche Röntgenstrahlung zurück.

Reaktion mit Wasser. Erdalkalimetalle reagieren mit Wasser zu Erdalkalimetallhydroxiden und Wasserstoff. Diese Reaktion verläuft deutlich langsamer als bei Alkalimetallen.
Calcium reagiert bei Raumtemperatur: Dabei steigen Wasserstoff-Blasen auf, die Lösung erwärmt sich und ein Indikator zeigt das entstandene Hydroxid an.

$$\underset{\text{Calcium}}{Ca} + 2\,H_2O \longrightarrow \underset{\text{Calciumhydroxid}}{Ca(OH)_2} + H_2\text{; exotherm}$$

Bei Magnesium zeigt sich die Reaktion erst, wenn man das Gemisch erwärmt.

Die Erdalkalimetallhydroxide enthalten Erdalkalimetall-Atome, Sauerstoff-Atome und Wasserstoff-Atome im Verhältnis 1 : 2 : 2. Die allgemeine Verhältnisformel der Erdalkalimetallhydroxide lautet daher $Me(OH)_2$.

Kalkwasser. Erdalkalimetallhydroxide sind in Wasser nur wenig löslich. Die wässerige Lösung von Calciumhydroxid wird *Kalkwasser* genannt, sie reagiert stark alkalisch. Leitet man Kohlenstoffdioxid in Kalkwasser, so trübt sich die Lösung, Calciumcarbonat ($CaCO_3$) fällt aus. Diese Reaktion dient zum *Nachweis von Kohlenstoffdioxid.*

Die Erdalkalimetalle sind reaktionsfreudige Leichtmetalle. Mit Wasser bilden sie wenig lösliche Hydroxide mit der allgemeinen Formel $Me(OH)_2$.

1 Gib die Reaktionsgleichung für die Reaktion von Magnesium mit Wasser an.
2 Welches Erdalkalimetall weist die größte chemische Ähnlichkeit zu den Alkalimetallen auf?
3 Welches Volumen an Wasserstoff entsteht, wenn 250 mg Calcium mit Wasser reagieren (20 °C, 1013 hPa)?
4 Früher wurden Kellerwände gekalkt, wobei eine Aufschlämmung von Calciumhydroxid als weißer Anstrich aufgetragen wurde. Warum war diese Arbeit gefährlich?

Steckbrief: Erdalkalimetalle

Element, Elementsymbol	Beryllium, Be	Magnesium, Mg	Calcium, Ca	Strontium, Sr	Barium, Ba
Flammenfärbung	keine	keine	ziegelrot	karminrot	fahlgrün
Atommasse	9,0 u	24,3 u	40,0 u	87,6 u	137,3 u
Schmelztemperatur	1285 °C	650 °C	845 °C	771 °C	726 °C
Siedetemperatur	2477 °C	1105 °C	1483 °C	1385 °C	1686 °C
Dichte	1,85 $\frac{g}{cm^3}$	1,74 $\frac{g}{cm^3}$	1,54 $\frac{g}{cm^3}$	2,63 $\frac{g}{cm^3}$	3,62 $\frac{g}{cm^3}$
Härte	hart				mäßig weich
Reaktion mit Wasser	keine Reaktion				lebhaft

Exkurs – Leuchtspuren der Elemente

Wenn Sonnenlicht durch ein Prisma fällt, erhält man ein Spektrum aller Farben des Regenbogens. Die einzelnen Farben gehen dabei fließend ineinander über. Man spricht von einem *kontinuierlichen Spektrum.* Bringt man eine Natrium-Verbindung in eine Flamme, so wird gelbes Licht ausgestrahlt. Das Spektrum besteht hier nur aus einer einzigen gelben Linie. Zur Betrachtung eines Spektrums benutzt man ein *Spektroskop.*

Die anderen Alkalimetalle und einige Erdalkalimetalle haben Spektren mit charakteristischen Linienmustern. Um festzustellen, ob eine Stoffprobe bestimmte Alkalimetalle oder Erdalkalimetalle enthält, braucht man daher nur die Flammenfärbung der Probe mit einem Spektroskop zu betrachten und das Spektrum mit den *Linienspektren* der Elemente zu vergleichen.

Die deutschen Wissenschaftler BUNSEN und KIRCHHOFF fanden 1860 bei der spektroskopischen Untersuchung des Bad Dürkheimer Mineralwassers Spektrallinien von zwei bis dahin noch unbekannten Elementen. Die Namen der neuen Elemente gehen auf die Farben der Spektrallinien zurück: Rubidium (lat. *ruber:* rot) und Caesium (lat. *caesius:* himmelblau).

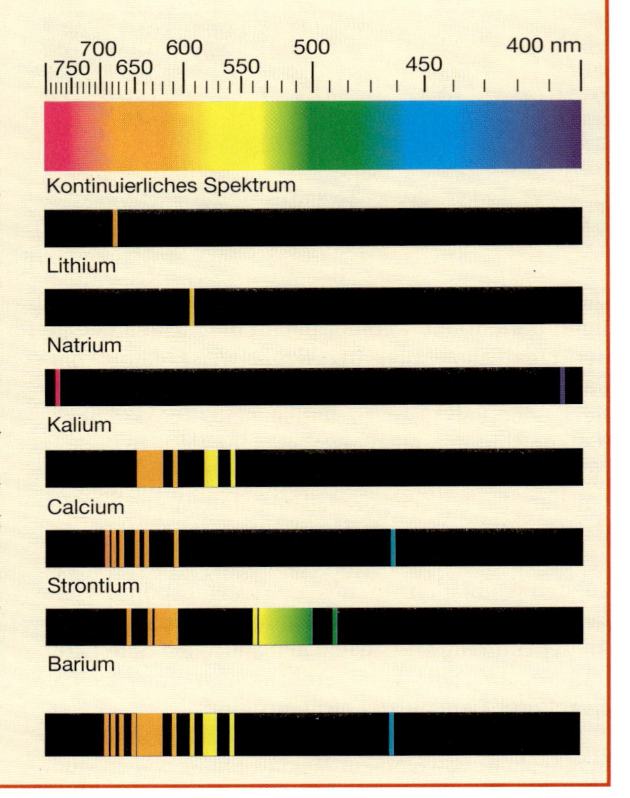

1 Welche Elemente werden durch das nebenstehende Spektrum nachgewiesen?

Exkurs – Karies – ein Säureanschlag auf die Zähne

Zähne enthalten schwer lösliche Calciumsalze. Sie sorgen für die nötige Härte der Zähne. Besonders hart ist die äußere Schicht des Zahns, der Zahnschmelz.

Der Körper gleicht die natürliche Abnutzung der Zähne mit Calcium-Verbindungen aus der Nahrung aus. Es gibt aber auch Vorgänge, die den Zahnschmelz verstärkt abbauen. Besonders schlimm ist es, wenn Säuren auf die Zähne einwirken. Jeder kennt das unangenehme Gefühl, wenn man unverdünnten Zitronensaft an die Zähne bekommt. Die Zahnoberfläche wird stumpf, weil die Zitronensäure den Zahnschmelz anätzt.

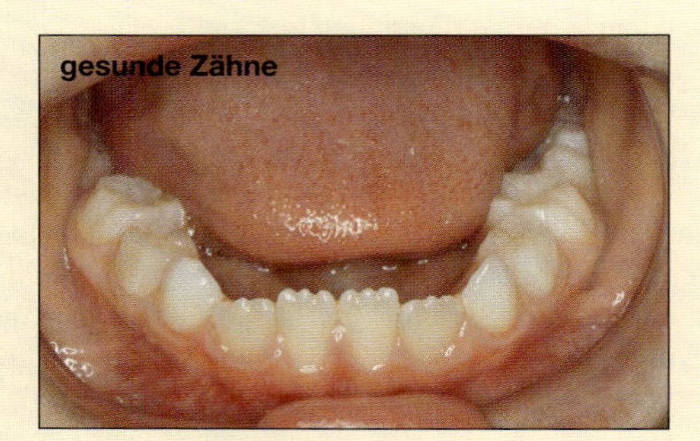
gesunde Zähne

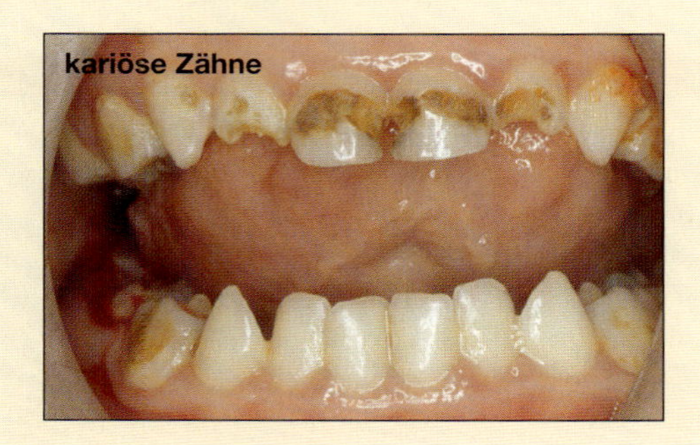
kariöse Zähne

Auch bei Karies ist eine Säure für den Zahnverfall verantwortlich. Verursacher dieser Krankheit sind Bakterien, die sich von Zucker ernähren. Als Stoffwechselprodukt entsteht Milchsäure. Diese Säure wandelt die schwer löslichen Calciumsalze in leicht lösliche Salze um. Schließlich wird der Zahnschmelz durchbrochen und das weichere Zahnbein wird dann rasch zerstört.

Das beste Mittel gegen Karies ist eine gute Zahnpflege. Vor allem nach dem Genuss zuckerhaltiger Nahrungsmittel müssen die Zähne geputzt werden.

Alkalimetalle und Erdalkalimetalle

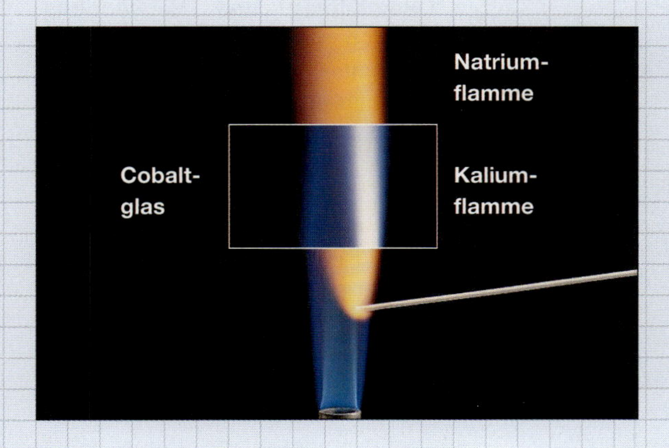

V1: Flammenfärbung

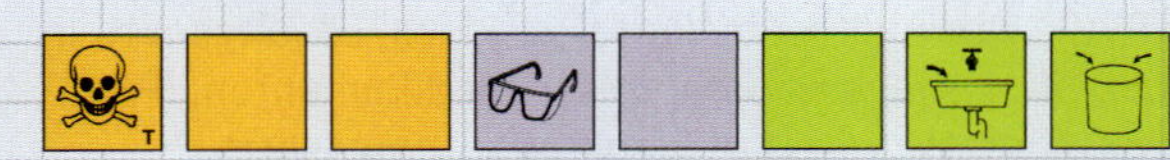

Materialien: Gasbrenner, Magnesiastäbchen, Becherglas (100 ml), Uhrgläser, Cobaltglas, Spektroskop; Lithiumchlorid (Xn), Natriumchlorid, Kaliumchlorid, Strontiumchlorid, Bariumchlorid (T), Salzsäure (verd.).

Durchführung:

1. Tauche das Magnesiastäbchen in das Becherglas mit Salzsäure. Erhitze das Stäbchen dann so lange, bis keine Flammenfärbung mehr zu erkennen ist.
2. Feuchte das Stäbchen noch einmal mit Salzsäure an. Nimm damit etwas Lithiumchlorid vom Uhrglas auf und halte es in die Flamme.
3. Betrachte die Flamme durch ein Spektroskop.
4. Wiederhole den Versuch mit den anderen Salzen. Beobachte die Flamme bei Kaliumchlorid auch mit dem Cobaltglas.

Aufgabe: Notiere deine Beobachtungen.

V2: Reaktion von Magnesium mit Wasser

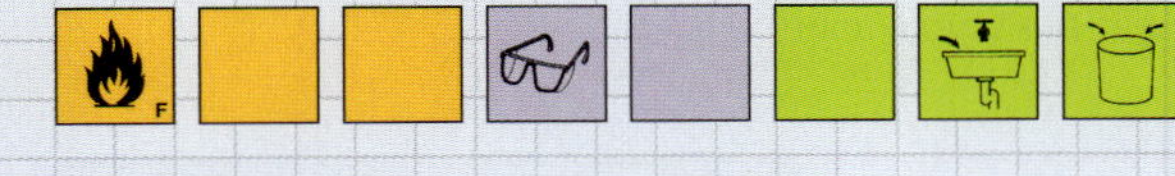

Materialien: Gasbrenner, Schmirgelpapier; 4 Magnesiumstreifen (2 cm; F), Phenolphthalein-Lösung (F).

Durchführung:

1. Reibe zwei der vier Magnesiumstreifen blank.
2. Verteile die Streifen auf vier Reagenzgläser, die jeweils 5 ml Wasser und drei Tropfen Phenolphthalein-Lösung enthalten.
3. Erhitze ein Reagenzglas mit einem blanken Streifen und eines mit einem ungereinigten Streifen.

Aufgabe: Notiere deine Beobachtungen.

Rechenbeispiel

Die Reaktion von Metallen mit Wasser – ein Weg zur Reaktionsgleichung

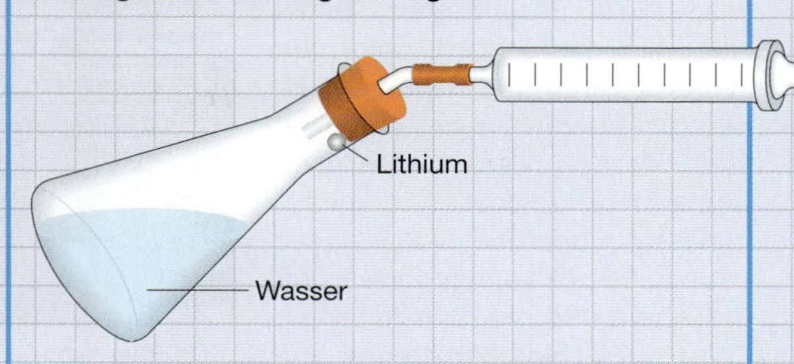

Bei der Reaktion von Alkalimetallen und Erdalkalimetallen mit Wasser setzen die Metall-Atome Wasserstoff frei. Das Verhältnis n (Metall-Atome) : n (H-Atome) kann in einem Versuch bestimmt werden. Hierzu wird ein Metallstück abgewogen und so in ein Gefäß mit Wasser gelegt, dass es nicht mit Wasser in Berührung kommt. Dann verschließt man das Gefäß und lässt das Metallstück ins Wasser gleiten. Das Volumen des entstehenden Wasserstoffs wird gemessen.

Auswertung: 30 mg Lithium reagieren mit Wasser unter Bildung von 50 ml Wasserstoff.

1. Stoffmenge an Lithium:

$m(\text{Li}) = 30\text{ mg};\quad M(\text{Li}) = 7\,\frac{\text{g}}{\text{mol}}$

$$n(\text{Li}) = \frac{m(\text{Li})}{M(\text{Li})} = \frac{30\text{ mg}}{7\,\frac{\text{g}}{\text{mol}}} = 4{,}3\text{ mmol}$$

2. a) Stoffmenge an Wasserstoff-Molekülen:

$V(H_2) = 50\text{ ml};\quad V_m(H_2;\ 20\,°\text{C}) = 24\,\frac{\text{l}}{\text{mol}}$

$$n(H_2) = \frac{V(H_2)}{V_m(H_2)} = \frac{50\text{ ml}}{24\,\frac{\text{l}}{\text{mol}}} = 2{,}1\text{ mmol}$$

b) Stoffmenge an Wasserstoff-Atomen:

$n(\text{H}) = 2 \cdot n(H_2) = 4{,}2\text{ mmol}$

3. Ergebnis:

Die Stoffmengen an Wasserstoff-Atomen und an Lithium-Atomen sind gleich. Jedes Lithium-Atom setzt ein Wasserstoff-Atom aus einem Wasser-Molekül frei. Die Formel von Lithiumhydroxid ist daher LiOH.

$$\underset{\text{Lithium}}{2\,\text{Li}} + \underset{\text{Wasser}}{2\,H_2O} \longrightarrow \underset{\text{Lithiumhydroxid}}{2\,\text{LiOH}} + \underset{\text{Wasserstoff}}{H_2}$$

A1: a) Bei der Reaktion von 275 mg Barium mit Wasser werden 48 ml Wasserstoff frei. Berechne die Stoffmengen an Barium und Wasserstoff.
b) Stelle das Reaktionsschema und die Reaktionsgleichung für die Reaktion von Barium mit Wasser auf.

9.5 Chlor – ein aggressives Nichtmetall

Jeder kennt aus dem Hallenbad den charakteristischen Geruch nach **Chlor.** Man verwendet diesen Stoff, um das Schwimmbadwasser zu desinfizieren. Dabei zeigt sich das reaktive Chlor von seiner guten Seite: Schon bei einer Zugabe von 0,3 mg Chlor pro Liter Wasser werden Bakterien und andere Krankheitserreger zuverlässig abgetötet. Auch diese geringe Menge kann jedoch schon die Augen und die Haut reizen.
Chlor oder chlorabspaltende Verbindungen werden vielfach auch dem Trinkwasser in geringer Konzentration zugesetzt. So sorgt man dafür, dass sich im Leitungsnetz keine Krankheitserreger halten können und unser Trinkwasser keimarm bleibt.

Chlor im Schwimmbad

Das Element Chlor (griech. *chloros:* grün) ist ein gelbgrünes, stechend riechendes, nicht brennbares Gas. Die kleinsten Teilchen des Elementes Chlor sind zweiatomige Moleküle. Chlor hat daher die **Molekülformel Cl_2.** Da Chlor-Moleküle schwerer sind als Stickstoff-Moleküle oder Sauerstoff-Moleküle, hat Chlor eine größere Dichte als Luft. Im Labor wird gelegentlich *Chlorwasser* benutzt, eine gesättigte Lösung von Chlor in Wasser.

Gefahrstoff Chlor. Beim Umgang mit Chlor sind besondere Sicherheitsmaßnahmen erforderlich, denn Chlor ist umweltgefährlich und giftig. Selbst in großer Verdünnung wirkt Chlor stark hustenreizend. Bereits ein Anteil von etwa 1 % Chlor in der Atemluft ist für Menschen tödlich. Das stark ätzende Gas zerstört die Lungenbläschen. Immer wieder kommt es zu gefährlichen Zwischenfällen in Desinfektionsanlagen, in denen Wasser mit Chlor versetzt wird.

Herstellung und Verwendung. Wegen seiner hohen Reaktivität kommt Chlor in der Natur nicht elementar vor, sondern nur in Verbindungen. Elementares Chlor wird aus Kochsalz gewonnen. Allein in Deutschland sind es jährlich mehr als 3,5 Millionen Tonnen. Fast das gesamte Chlor wird in der chemischen Industrie verarbeitet: Etwa die Hälfte dient zur Synthese von reaktiven Zwischenprodukten für die Herstellung chlorfreier Endprodukte. Etwa ein Viertel des Chlors verarbeitet man zu Kunststoffen wie Polyvinylchlorid (PVC). Das restliche Viertel wird zu Lösungsmitteln und in geringem Umfang zu Medikamenten, Pflanzenschutzmitteln und Farbstoffen umgesetzt.

Chlor ist ein sehr reaktionsfähiges, gelbgrünes, giftiges Gas mit der Molekülformel Cl_2. Es wird zum Desinfizieren von Wasser verwendet. In der chemischen Industrie ist Chlor ein wichtiger Grundstoff für Synthesen.

1 Erstelle einen Steckbrief mit den wichtigsten Eigenschaften des Elements Chlor.
2 Berechne die Dichte des Elementes Chlor.
(V_m (20 °C) = 24 $\frac{l}{mol}$)
3 Der Kunststoff PVC wird aus Vinylchlorid hergestellt. Beide Verbindungen haben die Verhältnisformel C_2H_3Cl. Berechne den Massenanteil des Chlors in einem Vinylchlorid-Molekül. Damit erhältst du auch den Massenanteil an Chlor im PVC.
4 **a)** Warum wird Schwimmbadwasser gechlort?
b) Warum riecht es in einem Hallenbad stärker nach Chlor als in einem Freibad?
5 Die Verarbeitung von Chlor in der Industrie ist nicht unumstritten. Suche im Internet Argumente zur Diskussion über die Chlorchemie.

Exkurs

Bleichen mit Chlor – ein Umweltproblem

Viele Naturfasern sind im Rohzustand gelblich. Beim Färben erhält man nur dann reine Farbtöne, wenn Garne und Tuche zuvor gebleicht werden. Chlor eignet sich als Bleichmittel: Es zerstört viele Farbstoffe. Chlor hatte daher in der Textil- und Papierindustrie für über 100 Jahre eine große Bedeutung.
Bei der Chlorbleiche bilden sich allerdings gefährliche Chlor-Verbindungen, die ins Abwasser gelangen. Um die Umwelt zu schonen, arbeitet man inzwischen zunehmend ohne Chlor.

Auch das Papier dieses Buches wurde chlorfrei gebleicht.

1 Recherchiere, welche Bleichmittel an Stelle von Chlor eingesetzt werden.

9.6 Chlor reagiert mit Natrium

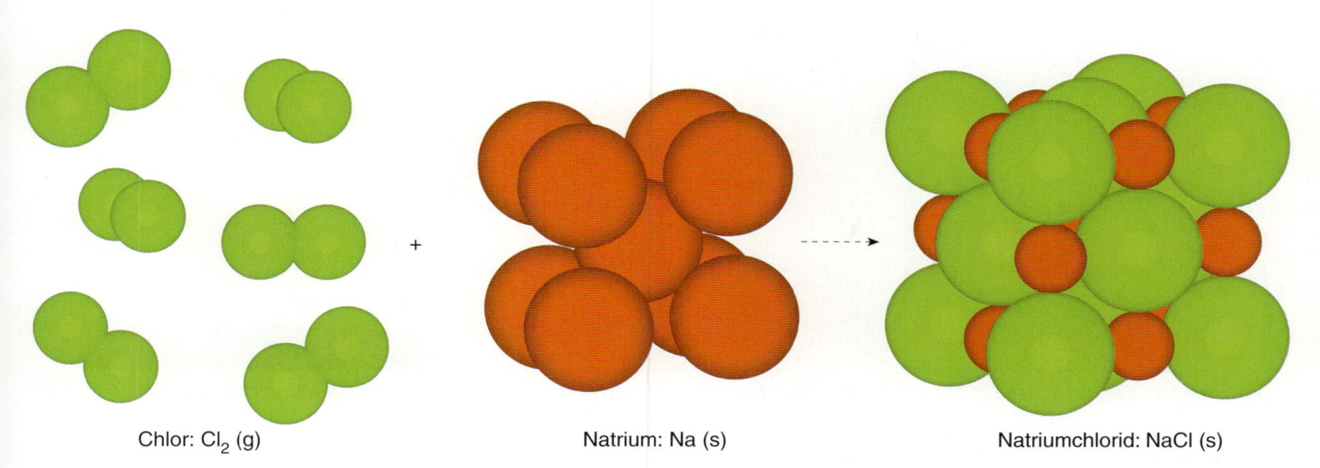

Leitet man Chlor auf geschmolzenes Natrium, so reagiert das Metall mit einer grellen gelben Flamme. Die Reaktion ist stark exotherm. An der Glaswand setzt sich ein weißer Feststoff als Reaktionsprodukt ab. Es handelt sich um Natriumchlorid.
Nach dem Abkühlen kann man das weiße Pulver abkratzen. Es löst sich gut in Wasser. Beim Eindampfen der wässerigen Lösung scheiden sich kleine würfelförmige Kristalle ab. Natriumchlorid schmeckt salzig, es ist im Alltag als *Kochsalz* bekannt.
Die Natriumchlorid-Kristalle sind aus gleich vielen Natrium-Atomen und Chlor-Atomen entstanden. Die Verhältnisformel für Natriumchlorid ist also NaCl.

$2\,Na\,(s) + Cl_2\,(g) \longrightarrow 2\,NaCl\,(s)$; exotherm
Natrium Chlor Natriumchlorid

Bei der Reaktion des Metalls Natrium mit dem Nichtmetall Chlor entsteht Natriumchlorid, der Stoff, mit dem wir als Kochsalz unsere Speisen würzen.

1 Die folgenden Reaktionsgleichungen sind nicht korrekt. Korrigiere sie und begründe dein Vorgehen.
a) $Na + Cl \longrightarrow NaCl$; **b)** $Na + Cl_2 \longrightarrow NaCl$

2 Bei der Reaktion von Chlor mit Eisen entsteht Eisenchlorid mit der Verhältnisformel $FeCl_3$. Gib das Reaktionsschema und die Reaktionsgleichung an.

3 Bestimme die Verhältnisformel von Aluminiumchlorid mit Hilfe der folgenden Messergebnisse:
m (Reagenzglas) = 16,00 g
m (Reagenzglas mit Aluminium) = 16,93 g
m (Reagenzglas mit Aluminiumchlorid) = 20,60 g

4 Das Kochsalz, das wir in der Küche verwenden, wird nicht durch die chemische Reaktion von Natrium mit Chlor hergestellt. Erkundige dich, woher unser Speisesalz stammt, schlage auch hier im Chemiebuch nach.

Rechenbeispiel

Bestimmung einer Verhältnisformel

Zur Ermittlung der Verhältnisformel von Natriumchlorid wird zuerst ein Reagenzglas genau abgewogen. Dann gibt man ein Stück Natrium in das Reagenzglas und wiegt erneut. Nun lässt man das Natrium mit Chlor reagieren und wiegt danach noch einmal:
m (Reagenzglas) = 16,00 g
m (Reagenzglas mit Natrium) = 16,46 g
m (Reagenzglas mit Natriumchlorid) = 17,17 g

Auswertung:

1. ***Masse an Natrium:***
$m\,(\text{Natrium}) = 16{,}46\ g - 16{,}00\ g = 0{,}46\ g$

2. ***Masse an Natriumchlorid:***
$m\,(\text{Natriumchlorid}) = 17{,}17\ g - 16{,}00\ g = 1{,}17\ g$

3. ***Masse an Chlor:***
$m\,(\text{Chlor}) = m\,(\text{Natriumchlorid}) - m\,(\text{Natrium}) = 1{,}17\ g - 0{,}46\ g = 0{,}71\ g$

4. ***Stoffmenge an Natrium-Atomen in 0,46 g Natrium:***
$$n\,(Na) = \frac{m\,(Na)}{M\,(Na)} = \frac{0{,}46\ g}{23\ \frac{g}{mol}} = 0{,}02\ mol$$

5. ***Stoffmenge an Chlor-Atomen in 0,71 g Chlor:***
$$n\,(Cl) = \frac{m\,(Cl)}{M\,(Cl)} = \frac{0{,}71\ g}{35{,}5\ \frac{g}{mol}} = 0{,}02\ mol$$

6. ***Atomanzahlverhältnis und Verhältnisformel:***
$$\frac{N\,(Na)}{N\,(Cl)} = \frac{n\,(Na)}{n\,(Cl)} = \frac{0{,}02\ mol}{0{,}02\ mol} = 1:1$$

Die Verhältnisformel von Natriumchlorid ist NaCl.

9.7 Halogene bilden Salze

Reaktion von Chlor mit Eisen

Reaktion von Brom mit Aluminium

Reaktion von Iod mit feuchtem Zink

Chlor reagiert mit Natrium zu Natriumchlorid (Kochsalz). Auch mit anderen Metallen bilden sich Chloride, die ähnliche Eigenschaften haben wie Kochsalz. Man spricht daher allgemein von **Salzen.**
Eisenwolle glüht in Chlor auf. Dabei entsteht braunes Eisenchlorid. Die Reaktion ist weniger exotherm als die mit Natrium, denn Eisen ist reaktionsträger.

$2\ Fe\ (s) + 3\ Cl_2\ (g) \longrightarrow 2\ FeCl_3\ (s)$; exotherm
Eisen   Chlor   Eisenchlorid

Ebenso wie **Chlor** reagieren auch die Elemente **Fluor, Brom** und **Iod** mit Metallen zu Salzen. Da sich diese Elemente auch sonst ähneln, werden sie zur Elementfamilie der **Halogene** (griech. *hals:* Salz; griech. *gennan:* bilden) zusammengefasst.

Brom reagiert mit Aluminium bereits bei Raumtemperatur. Dabei wird so viel Wärme frei, dass glühendes Aluminium umher geschleudert wird.

$2\ Al\ (s) + 3\ Br_2\ (l) \longrightarrow 2\ AlBr_3\ (s)$; exotherm
Aluminium   Brom   Aluminiumbromid

Iod ist das reaktionsträgste Halogen, es reagiert mit Zink nur langsam. Gibt man jedoch einige Tropfen Wasser zu, wird die Reaktion so lebhaft, dass ein Teil des Iods durch die Reaktionswärme verdampft.

$Zn\ (s) + I_2\ (s) \longrightarrow ZnI_2\ (s)$; exotherm
Zink   Iod   Zinkiodid

Salze. Die Reaktion von Metallen mit Halogenen unter Bildung von *Metallhalogeniden* ist ein typisches Beispiel für die Bildung von Salzen. Auch andere Nichtmetalle reagieren mit Metallen zu salzartigen Stoffen: Aus Sauerstoff und Metallen bilden sich *Metalloxide.* Aus Schwefel und Metallen entstehen *Metallsulfide.*
Im **Namen eines Salzes** wird zuerst das Metall genannt. Dann folgen die Silbe für das Nichtmetall und die Endung **-id.** *Beispiel:* Zinkbromid.

Halogene reagieren mit Metallen zu Metallhalogeniden. Die Reaktionsfähigkeit innerhalb der Elementfamilie der Halogene nimmt dabei vom Fluor zum Iod ab. Metalle reagieren mit Nichtmetallen zu Salzen.

1 Warum reagiert Zink mit Iod langsamer als mit Chlor?
2 Wie heißt das Salz, das aus Fluor und Kalium entsteht?
3 Brom reagiert mit Eisen zu Eisenbromid ($FeBr_3$). Gib die Reaktionsgleichung an.
4 Mit den Elementen Natrium, Brom, Eisen, Schwefel, Aluminium und Sauerstoff gibt es neun Möglichkeiten, dass ein Nichtmetall mit einem Metall reagiert. Formuliere für jede Möglichkeit das Reaktionsschema.
5 Ähnlich wie beim Wort Halogen weisen die Silben Hall oder Hell in geografischen Angaben auf Salz hin. Suche im Atlas nach solchen Beispielen.

Steckbrief: Halogene

	Atommasse	Schmelztemperatur	Siedetemperatur	Dichte bei 20 °C	Reaktion mit Wasserstoff	Reaktion mit Metallen
Fluor, F_2	19,0 u	−220 °C	−188 °C	1,58 $\frac{g}{l}$	explosionsartig	explosionsartig
Chlor, Cl_2	35,5 u	−101 °C	−34 °C	2,95 $\frac{g}{l}$		
Brom, Br_2	79,9 u	−7 °C	59 °C	3,12 $\frac{g}{cm^3}$		
Iod, I_2	126,9 u	114 °C	185 °C	4,94 $\frac{g}{cm^3}$	sehr langsam	mäßig

Chemie-Recherche

Location: http://www.schroedel.de/chemie_heute.html

Suche:

Halogene

Ergebnisse:

Fluor

Elementares Fluor ist das reaktionsfähigste Element überhaupt. Fluor ist ein blassgelbes Gas, es reagiert mit fast allen Stoffen, selbst mit Glas. Deshalb kann man mit Fluor nur in speziellen Apparaturen experimentieren.
Fluor-Verbindungen dienen zur Herstellung von Kunststoffen. Zum Schutz gegen Karies enthalten viele Zahnpasten geringe Mengen an Fluorsalzen. Sie härten den Zahnschmelz.

Brom

Neben Quecksilber ist Brom das einzige bei Raumtemperatur flüssige Element.
Der Name weist auf den üblen Geruch von Brom hin (griech. *bromos:* Gestank).
Die wässerige Lösung wird Bromwasser genannt.
Die wichtigste Brom-Verbindung ist Silberbromid. Man verwendet es vor allem für die Herstellung von Filmen und Fotopapieren.

Iod

Als einziges Halogen ist Iod bei Raumtemperatur fest. Es erhielt seinen Namen nach der Farbe des Dampfs (griech. *ioeides:* veilchenfarbig). Mit der gleichen Farbe löst sich Iod auch in Benzin. In Wasser löst sich nur wenig Iod. Die wässerige Lösung ist gelblich-braun.
Iod ist weniger giftig als Chlor. Früher war die alkoholische Lösung als *Iodtinktur* ein bekanntes Desinfektionsmittel für kleine Wunden.
Gibt man eine Lösung von Iod zu Stärke, so tritt eine tiefblaue Färbung auf. Mit dieser **Iod/Stärke-Reaktion** kann man sowohl Stärke als auch elementares Iod nachweisen.

Iod und Fluor im Salz

Immer mehr Menschen kaufen „iodiertes Speisesalz mit Zusatz von Fluorid". In der Zutatenliste erfährt man, dass das Salz die Iod-Verbindung Kaliumiodat (KIO_3) und die Fluor-Verbindung Kaliumfluorid (KF) enthält.
Iodiertes Speisesalz soll die Iodversorgung des Körpers verbessern. Jeder Mensch benötigt täglich etwa 0,2 mg Iod, damit in der Schilddrüse genug von dem Hormon Thyroxin gebildet werden kann. Die bei uns übliche Nahrung enthält aber zu wenig Iod. Im Körper fehlt es dann an Thyroxin. Die Folgen sind Stoffwechselstörungen mit Übergewicht und Müdigkeit. Bei Iodmangel vergrößert sich die Schilddrüse zu einem Kropf. Der Zusatz von Kaliumfluorid soll die Fluoridversorgung des Körpers verbessern. Täglich benötigt man etwa 1 mg. Das Fluorid härtet den Zahnschmelz und dient so der Kariesvorsorge.

BEILSTEIN-Probe

Erhitzt man Kupfer mit Halogenen oder Halogen-Verbindungen, so entstehen leicht flüchtige Kupferhalogenide. Diese Reaktion wird in der BEILSTEIN-Probe zum Nachweis von Halogen-Verbindungen genutzt: Man glüht einen Kupferdraht in der nicht leuchtenden Brennerflamme aus und taucht ihn dann in die Probe. Die Brennerflamme färbt sich grün, wenn es sich bei der Probe um eine Halogen-Verbindung handelt.

Nachweis von Halogeniden in Lösungen

Ein geeignetes Nachweisreagenz für Halogenide ist Silbernitrat-Lösung. Tropft man diese Lösung in eine Probe, die ein Chlorid enthält, so trübt sich die Lösung. Später schlägt sich das farblose, unlösliche Silberchlorid nieder.
Auch Bromid-Lösungen und Iodid-Lösungen trüben sich: Silberbromid ist blassgelb, Silberiodid ist gelb.

Aufgaben

1 Die Silbe Chlor tritt in vielen Wörtern auf. Suche nach einigen Beispielen und gib an, ob sich das jeweilige Wort vom Elementnamen Chlor ableitet.

2 Wozu benötigt unser Körper Iod-Verbindungen, wozu Fluor-Verbindungen?

3 Recherchiere, welche Nahrungsmittel einen besonders hohen Gehalt an Iod-Verbindungen aufweisen und welche besonders fluoridhaltig sind.

Chlorid

Bromid

Iodid

9.8 Chlorwasserstoff und Salzsäure

Wasserstoff verbrennt in Chlor.

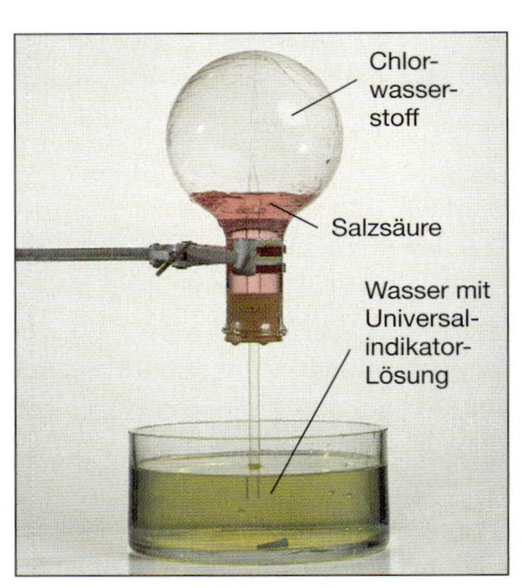

Chlorwasserstoff löst sich sehr gut in Wasser.

Salzsäure bildet an der Luft Nebel.

Die Gase Chlor und Wasserstoff lassen sich mischen, ohne dass eine Reaktion eintritt. Ein einziger Funken lässt das Gemisch jedoch explodieren. Man bezeichnet das Gemisch daher als **Chlorknallgas.** Die Zündung kann auch durch Hitze oder durch Licht erfolgen.

Gefahrloser verläuft die Reaktion, wenn man eine Wasserstoff-Flamme in ein Gefäß mit Chlor taucht. Der Wasserstoff brennt mit fahlweißer Flamme weiter, und die grüne Farbe des Chlors verschwindet. Bei der Reaktion entsteht ein farbloses Gas, das stechend riecht und an der feuchten Luft Nebel bildet. Bei dem Gas handelt es sich um die Molekülverbindung **Chlorwasserstoff.**

$$H_2 (g) + Cl_2 (g) \longrightarrow 2\,HCl (g);\ \text{exotherm}$$

Wasserstoff — Chlor — Chlorwasserstoff

Salzsäure. Chlorwasserstoff löst sich sehr gut in Wasser. Bei Raumtemperatur und normalem Druck kann ein Liter Wasser knapp 500 Liter Chlorwasserstoff-Gas aufnehmen. Die Lösung färbt Universalindikator rot, sie reagiert also stark sauer. Die wässerige Lösung von Chlorwasserstoff wird als **Salzsäure** bezeichnet. Dieser Name geht auf eine alte Labormethode zur Herstellung von Salzsäure zurück: Man tropft konzentrierte Schwefelsäure auf Kochsalz. Dabei bildet sich Chlorwasserstoff-Gas, das dann in Wasser eingeleitet wird.

Die Reaktion von Chlorwasserstoff mit Wasser verläuft stark exotherm.

$$HCl (g) \xrightarrow{\text{Wasser}} HCl (aq);\ \text{exotherm}$$

Chlorwasserstoff-Gas — Salzsäure

Konzentrierte Salzsäure enthält bis zu 37 % Chlorwasserstoff. In 100 g einer 37%igen Salzsäure sind 37 g Chlorwasserstoff gelöst. Die Angabe „37 %" bezieht sich also auf den *Massenanteil* an gelöstem Chlorwasserstoff.

Im Labor arbeitet man häufig mit **verdünnter Salzsäure.** Sie enthält 7 % Chlorwasserstoff. Das entspricht fast 50 Litern Chlorwasserstoff-Gas in einem Liter Lösung.

Salzsäure ist eine der wichtigsten Säuren im Labor und in der chemischen Industrie. Viele in Wasser schwer lösliche Salze können durch Reaktion mit Salzsäure gelöst werden. So lassen sich beispielsweise Kalkablagerungen mit Salzsäure entfernen. In der Industrie verwendet man Salzsäure, um Metalloberflächen zu reinigen.

Chlor reagiert mit Wasserstoff in einer exothermen Reaktion zu Chlorwasserstoff. Die Lösung von Chlorwasserstoff in Wasser heißt Salzsäure.

1 Was bedeuten die Angaben (s), (l), (g) und (aq) in einer Reaktionsgleichung?

2 Was bedeutet die Bezeichnung 7 % bei verdünnter Salzsäure?

3 Wie ist der Name Salzsäure entstanden?

4 Wozu wird Salzsäure in der Industrie hauptsächlich verwendet?

5 Woraus bestehen die Nebeltröpfchen, die sich beim Ausströmen von Chlorwasserstoff bilden können?

6 In zwei gleich schweren Messkolben befinden sich je 100 ml Salzsäure.
Wie kann man ohne die Kolben zu öffnen erkennen, in welchem Messkolben sich die Salzsäure mit der höheren Konzentration befindet? Nimm auch die rechte Seite zu Hilfe.

Suche:

Salzsäure

Ergebnisse:

Steckbrief: Chlorwasserstoff

farbloses, sehr gut wasserlösliches Gas

Molekülformel	HCl
molare Masse	36,5 $\frac{g}{mol}$
Dichte (20 °C, 1013 hPa)	1,52 $\frac{g}{l}$
Schmelztemperatur	–114 °C
Siedetemperatur	–85 °C
Löslichkeit in 100 g Wasser (25 °C)	75 g

Salzsäure

konzentrierte Salzsäure: w (HCl) = 36 %
c (HCl) = 12 $\frac{mol}{l}$
ϱ (HCl) = 1,18 $\frac{g}{cm^3}$

farblose, stechend riechende Flüssigkeit, die an der Luft Salzsäure-Nebel bildet (rauchende Salzsäure)

Vorsicht ätzend!

- R 34 Verursacht Verätzungen
- R 37 Reizt die Atemorgane
- S 2 Darf nicht in die Hände von Kindern gelangen
- S 26 Bei Berührung mit den Augen gründlich mit Wasser abspülen und Arzt konsultieren
- S 45 Bei Unfall oder Unwohlsein sofort Arzt hinzuziehen

Dichte ϱ und Massenanteil w von Salzsäure bei 20 °C

ϱ (HCl) in $\frac{g}{ml}$	w (HCl) in %
1,050	10,5
1,075	15,5
1,100	20,4
1,110	22,3
1,120	24,3
1,130	26,2

ϱ (HCl) in $\frac{g}{ml}$	w (HCl) in %
1,140	28,2
1,150	30,1
1,160	32,1
1,170	34,2
1,180	36,2
1,190	38,3

Magensäure ist Salzsäure

Unser Magensaft besteht aus etwa 0,3%iger Salzsäure. Der pH-Wert liegt zwischen 1 und 2. Die Salzsäure ermöglicht es dem Magen, eiweißhaltige Nahrung zu verdauen. Zugleich hemmt sie schädliches Bakterienwachstum. Enthält der Magen zu viel Salzsäure, entsteht oft ein brennendes Gefühl in der Speiseröhre, das man Sodbrennen nennt. Gegen Sodbrennen kann es schon helfen, wenn man Wasser trinkt und so die Magensäure verdünnt. Bei stärkeren Beschwerden muss man säurebindende Stoffe wie Magnesiumoxid einnehmen.

Herstellung von Chlorwasserstoff

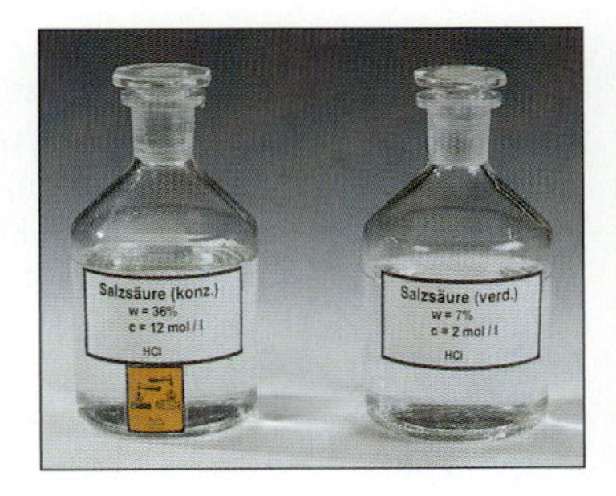

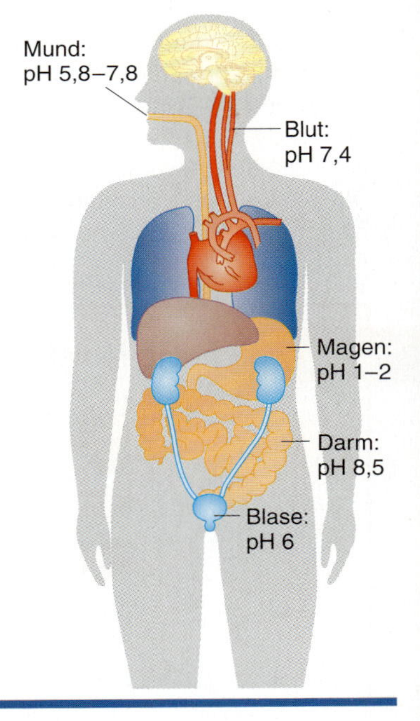

Aufgabe

1 Bei der Einnahme von Magnesiumoxid-Präparaten gegen Sodbrennen bilden sich Magnesiumchlorid ($MgCl_2$) und Wasser. Stelle die Reaktionsgleichung auf.

9.9 Halogenwasserstoffe

Brom reagiert mit Wasserstoff.

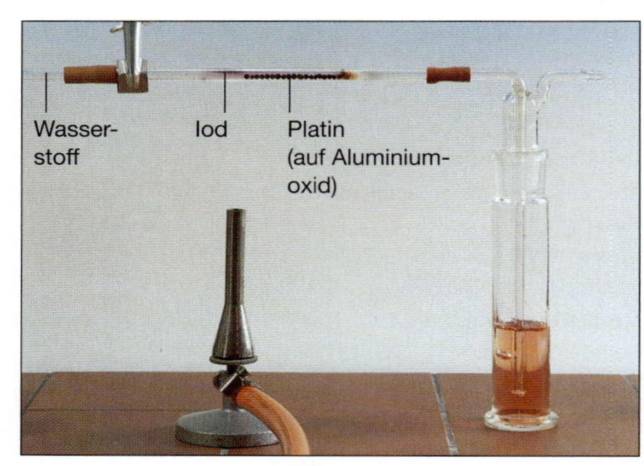

Iod und Wasserstoff benötigen einen Katalysator.

So wie Chlor mit Wasserstoff Chlorwasserstoff bildet, so setzen sich auch die anderen Halogene mit Wasserstoff zu gasförmigen *Halogenwasserstoffen* um.
Ein Gemisch von Brom-Dampf mit Wasserstoff reagiert zu **Bromwasserstoff.** Die Reaktion verläuft deutlich langsamer als beim Chlor und es wird weniger Wärme frei.

$$H_2 (g) + Br_2 (g) \longrightarrow 2\ HBr (g);\ \text{exotherm}$$

Wasserstoff Brom Bromwasserstoff

Iod-Dampf reagiert mit Wasserstoff nur sehr langsam zu **Iodwasserstoff.** Die Reaktion lässt sich aber beschleunigen, wenn man fein verteiltes Platin als **Katalysator** zusetzt.

Fluor reagiert noch heftiger mit Wasserstoff als Chlor. Die Reaktionen von Fluor sind so heftig, dass mit Fluor nur in Speziallabors experimentiert werden darf.

Flusssäure. Fluorwasserstoff löst sich ebenso wie die anderen Halogenwasserstoffe gut in Wasser und ergibt dabei eine saure Lösung. Man bezeichnet sie als *Flusssäure.* Flusssäure kann sogar Glas auflösen. Man nutzt diese Eigenschaft, um Beschriftungsflächen oder Kennzeichnungen dauerhaft in Glas zu ätzen.

Halogene reagieren mit Wasserstoff zu Halogenwasserstoffen. Die Heftigkeit der Reaktion nimmt vom Fluor zum Iod ab. Halogenwasserstoffe lösen sich in Wasser als Säuren.

1 Formuliere die Reaktionsgleichung für die Bildung von Fluorwasserstoff.
2 Was ist das Besondere an Flusssäure?
3 Welcher Unterschied besteht zwischen Bromwasserstoff und Bromwasserstoffsäure?

Theorie

Die Molekülformel von Bromwasserstoff

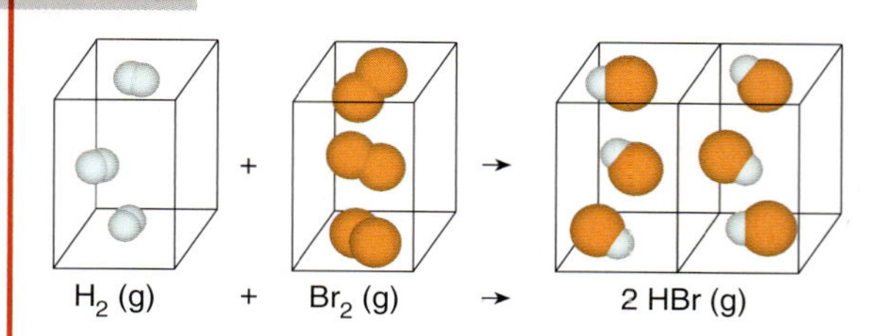

Bei der Reaktion von 10 ml gasförmigem Brom mit 10 ml Wasserstoff entstehen 20 ml Bromwasserstoff-Gas. Mit Hilfe des **Gesetzes von AVOGADRO** kann man aus diesem Versuchsergebnis in wenigen Schritten die Molekülformel von Bromwasserstoff ableiten.

1. Die Ausgangsvolumina sind gleich; sie werden daher durch zwei gleich große Kästchen dargestellt. Das Endvolumen entspricht dann einem Doppelkästchen.
2. Nach dem Gesetz von AVOGADRO müssen in jedes Kästchen gleich viele Teilchen eingezeichnet werden.
3. Man zeichnet in das Wasserstoff-Kästchen drei H_2-Moleküle, in das Brom-Kästchen drei Br_2-Moleküle.
4. Nun sind sechs Wasserstoff-Atome und sechs Brom-Atome auf die beiden Kästchen des Produktes zu verteilen. In jedes Kästchen müssen daher drei HBr-Moleküle eingezeichnet werden.
Ergebnis: Die Molekülformel von Bromwasserstoff lautet also HBr.

Halogene und ihre Salze

V1: Nachweis von Halogenen mit der BEILSTEIN-Probe

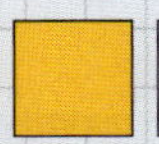
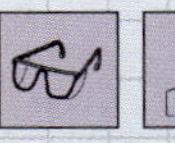

Hinweis: Bei diesem Nachweis können Spuren von Krebs erzeugenden halogenierten Kohlenwasserstoffen entstehen.

Materialien: Tiegelzange, Gasbrenner, Uhrgläser; Kupferblech, Chlorwasser (Xn), Bromwasser (gesättigte Lösung, zuvor verdünnt auf das vierfache Volumen; Xn), Iodtinktur (F), Magnesiumchlorid, Paraffin, Glycerin, PVC-Pulver.

Durchführung:

1. Glühe das Kupferblech in der nicht leuchtenden Flamme aus, bis die Flamme farblos ist.
2. Tauche das Kupferblech kurz in Chlorwasser. Halte es dann in die Flamme.
3. Wiederhole den Versuch mit den übrigen Proben.

Aufgabe: Notiere und erkläre deine Beobachtungen.

V2: Nachweis von Halogeniden durch Fällung

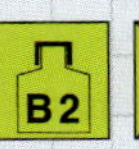

Materialien: Tropfpipetten; Silbernitrat-Lösung (1 %), Salpetersäure (5 %; Xi), Natriumchlorid-Lösung, Natriumbromid-Lösung, Natriumiodid-Lösung, Salzsäure (verd.), Leitungswasser.

Durchführung:

1. Gib einige Milliliter Natriumchlorid-Lösung in ein Reagenzglas.
2. Gib zwei Tropfen Salpetersäure und einige Tropfen Silbernitrat-Lösung hinzu.
3. Betrachte das Reagenzglas vor einem dunklen Hintergrund.
4. Wiederhole den Versuch mit den übrigen Salzlösungen sowie mit Salzsäure und mit Leitungswasser.

Aufgaben:

a) Notiere deine Beobachtungen.

b) Lässt sich die Reaktion einer Chlorid-Lösung von der Reaktion einer Iodid-Lösung unterscheiden?

c) Vergleiche den Chloridgehalt des Leitungswassers mit dem Chloridgehalt der Natriumchlorid-Lösung.

Reaktivitätsreihe der Halogene. *Die Halogene Chlor, Brom und Iod reagieren unterschiedlich heftig mit Natrium. Bei diesem Versuch müssen alle Halogene gasförmig sein, damit man die Heftigkeit der Reaktion vergleichen kann.*

V3: Reaktivität der Halogene

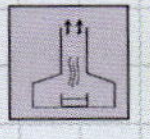

Materialien: Stopfen, Tropfpipetten; Chlorwasser (Xn), Bromwasser (gesättigte Lösung, zuvor verdünnt auf das vierfache Volumen; Xn), Iod gelöst in Kaliumiodid-Lösung, Natriumchlorid-Lösung, Natriumbromid-Lösung, Natriumiodid-Lösung, Petroleumbenzin (F).

Durchführung:

Gib zu je 2 ml Salzlösung und 1 ml Lösung eines Halogens entsprechend der folgenden Auflistung je 1 ml Petroleumbenzin. Verschließe das Reagenzglas und schüttle es. Notiere die Farbe der Benzinschicht.

1. Natriumchlorid-Lösung und Bromwasser
2. Natriumchlorid-Lösung und Iod-Lösung
3. Natriumbromid-Lösung und Chlorwasser
4. Natriumbromid-Lösung und Iod-Lösung
5. Natriumiodid-Lösung und Chlorwasser
6. Natriumiodid-Lösung und Bromwasser

Aufgaben:

a) Erkläre die Farben der Benzinschichten.

b) In welchen Fällen hat eine chemische Reaktion stattgefunden?

c) Formuliere jeweils Reaktionsschema und Reaktionsgleichung.

d) Ordne die Halogene nach ihrer Reaktivität. Begründe deine Anordnung.

9.10 Edelgase

In keiner Elementfamilie ähneln sich die Elemente in ihren chemischen und physikalischen Eigenschaften so sehr wie bei den **Edelgasen.** So lassen sich die zugehörigen Elemente **Helium, Neon, Argon, Krypton** und **Xenon** erst bei sehr tiefen Temperaturen verflüssigen. Alle Edelgase sind farblos und geruchlos. Im Allgemeinen reagieren sie nicht mit anderen Elementen. Diese Eigenschaft hat ihnen den Namen *Edel*gase eingetragen. Auch untereinander verbinden sich die Atome dieser Elemente nicht: Edelgase bestehen aus einzelnen, unverbundenen Atomen.

Gewinnung. Die Luft enthält etwa 1 % Argon und kleine Anteile der übrigen Edelgase. Durch mehrfache Destillation von flüssiger Luft lassen sich die einzelnen Edelgase gewinnen.
Helium ist im Erdgas enthalten. Besonders groß ist der Anteil an Helium bei Erdgasvorkommen in der Nähe von Uranerzlagern, denn beim radioaktiven Zerfall von Uran bildet sich Helium. Wenn man das Erdgas verflüssigt, bleibt gasförmiges Helium zurück. Da Helium vielfach genutzt wird, wurde in den USA ein Vorrat von mehr als 100 Millionen Kubikmetern unterirdisch in ausgebeuteten Erdgasfeldern eingelagert.
Auf der Erde kommt Helium nur in geringen Mengen vor, im Weltall ist es nach Wasserstoff jedoch das häufigste Element.

Die Edelgase sind eine Elementfamilie mit sehr reaktionsträgen Elementen. Edelgase kommen nur als einzelne Atome vor, sie bilden keine Moleküle.

1 Wie gewinnt man Helium?
2 Warum hat trockene Luft, aus der man den Sauerstoff entfernt hat, eine höhere Dichte als Stickstoff?
3 Warum wurden die Edelgase erst so spät entdeckt?
4 Informiere dich im Internet über die Anwendung von Xenon.
5 Welche Vorteile bietet Argon als Schutzgas beim Elektroschweißen?

Die Entdeckung der Edelgase

Exkurs

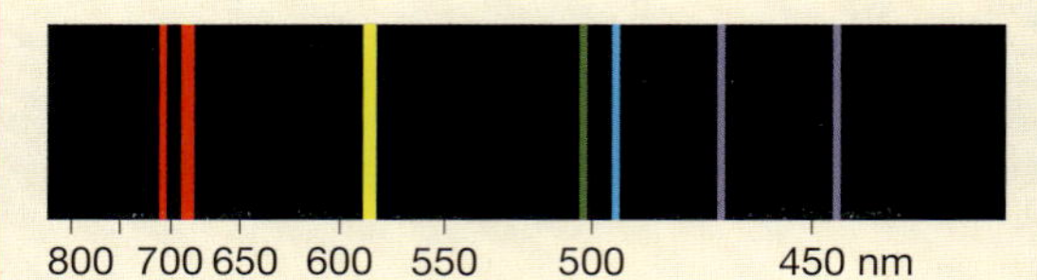

Spektrallinien des Heliums

Zerlegt man Sonnenlicht durch ein Prisma, so kann man einzelne besonders helle Linien beobachten, die nachweisen, welche Elemente in der Sonne vorhanden sind.
1868 entdeckte der französische Astronom JANSSEN während einer Sonnenfinsternis in der Sonnenkorona Spektrallinien, die sich nicht mit den bis dahin bekannten Linien in Einklang bringen ließen. Es musste ein weiteres Element in der Sonne vorkommen. Schließlich gelang es dem Engländer RAMSAY und dem Schweden CLEVE, das gesuchte Element aus Uranerz zu isolieren. Es war ein Gas, das **Helium** (griech. *helios:* Sonne) genannt wurde.

Der Engländer RAYLEIGH wollte die Dichte von Stickstoff bestimmen. Das Gas erhielt er einmal aus der Luft, zum anderen Mal aus Stickstoff-Verbindungen. Zu seiner großen Überraschung stellte er fest, dass die Dichte des Stickstoff aus der Luft etwas größer war als beim Stickstoff aus Stickstoff-Verbindungen. RAYLEIGH und RAMSAY schlossen daraus, dass der Stickstoff aus der Luft mit einem schwereren Gas verunreinigt sein musste. Als sie aus einer Luftprobe auch noch den Stickstoff entfernten, blieb tatsächlich eine kleine Blase eines unbekannten Gases übrig. Sie nannten es **Argon** (griech. *argos:* träge). Tatsächlich ist Argon zu etwa 1 % in der Luft enthalten.
Innerhalb von drei Jahren wurden auch **Neon** (griech. *neos:* neu), **Krypton** (griech. *kryptos:* verborgen) und **Xenon** (griech. *xenos:* fremdartig) in der Luft aufgespürt.

Steckbrief: Edelgase

Element, Elementsymbol	Helium, He	Neon, Ne	Argon, Ar	Krypton, Kr	Xenon, Xe
Atommasse	4,0 u	20,2 u	39,9 u	83,8 u	131,3 u
Schmelztemperatur	–272 °C	–249 °C	–189 °C	–157 °C	–112 °C
Siedetemperatur	–269 °C	–246 °C	–186 °C	–153 °C	–108 °C
Dichte bei 20 °C	$0{,}16 \frac{g}{l}$	$0{,}83 \frac{g}{l}$	$1{,}64 \frac{g}{l}$	$3{,}44 \frac{g}{l}$	$5{,}42 \frac{g}{l}$
Anteil in 1000 l Luft	0,5 ml	1,5 ml	9,3 l	0,1 ml	0,008 ml
Leuchtfarbe	gelb	rot	violett	gelbgrün	blaugrün
Verwendung	Ballongas	Leuchtröhren	Schutzgas	Glühlampen	Leuchtröhren

Chemie-Recherche

Location: http://www.schroedel.de/chemie_heute.html

Suche:

Edelgase

Ergebnisse:

Edelgase sorgen für edles Licht

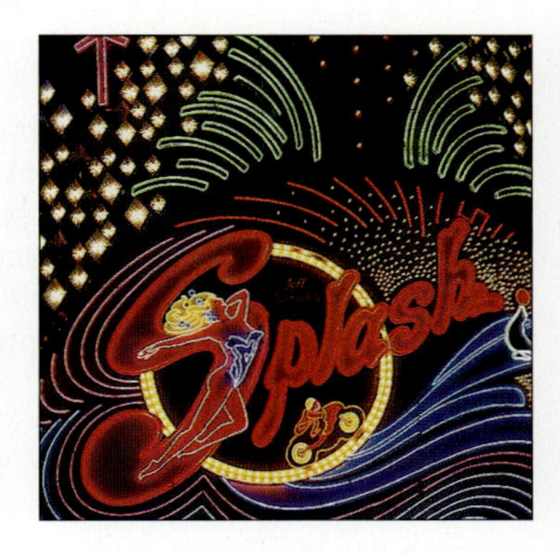

Leuchtreklamen enthalten Glasröhren, die mit Edelgasen gefüllt sind. Unabhängig von der Farbe spricht man oft von Neonröhren. Tatsächlich mit Neon gefüllte Röhren erkennt man an ihrem roten Leuchten. Helium liefert gelbes und Argon violettes Licht. Krypton gibt gelbgrünes und Xenon blaugrünes Licht.
Die Leuchtröhren bestehen aus dickwandigen Glasröhren mit eingeschmolzenen Metallpolen. Die Röhren werden luftleer gepumpt und dann mit einer geringen Menge des jeweiligen Edelgases gefüllt. Legt man eine Spannung von 5000 Volt an, so fließt ein Strom zwischen den beiden Polen der Leuchtröhre. Er regt die Edelgas-Atome zum Leuchten an.
Die normalen Leuchtstoffröhren bei der Raumbeleuchtung enthalten anstelle von Edelgasen Quecksilber-Dampf.

Ballongas Helium

Seit vielen Jahren werden mit Helium gefüllte Ballons in der Wetterforschung eingesetzt. Die Hülle eines modernen Gasballons ist nur 0,02 mm dick. Der Ballon kann aber trotzdem eine Last von etwa 4000 kg tragen und Flughöhen von bis zu 50 km erreichen. Beim Start wird der Ballon nur teilweise mit Helium gefüllt. In größerer Höhe herrscht ein geringerer Druck, dadurch bläht sich der Ballon auf. Nach einem Flug von bis zu einem Tag werden die Messinstrumente durch ein Funksignal abgeworfen und gelangen an einem Fallschirm zur Erde zurück.

Helium als Kühlmittel

Flüssigkeiten, die bei niedriger Temperatur sieden, eignen sich als Kühlmittel: Die Temperatur bleibt konstant, bis die Flüssigkeit vollständig verdampft ist. Mit flüssigem Stickstoff erreicht man eine Kühltemperatur von –196 °C. Benötigt man noch tiefere Temperaturen, muss man zu dem viel teureren flüssigen Helium übergehen. Man erreicht damit –269 °C. Etwa 30 % des Helium-Umsatzes entfällt auf den Gebrauch als Kühlmittel. Dieses Gas ist so teuer, dass es sich oft lohnt, das verdampfte Helium aufzufangen und wieder zu verflüssigen.

Helium – gegen Tiefenrausch und Taucherkrankheit

Arbeiten unter Wasser ist teuer und gefährlich: Jeder Atemzug eines Tauchers in 400 m Tiefe kostet etwa 2 €. Das Atemgas besteht aus einem speziellen Helium/Sauerstoff-Gemisch. Doch weshalb nimmt man nicht einfach preiswerte Pressluft?
Atmet ein Taucher normale Luft ein, so löst sich nicht nur der lebenswichtige Sauerstoff im Blut, sondern auch Stickstoff. Taucht er anschließend zu schnell wieder auf, so perlen Stickstoffbläschen aus Blut und Gewebe wie Kohlenstoffdioxid aus einer gerade geöffneten Mineralwasserflasche. Die Bläschen verstopfen die Blutgefäße und schädigen die Körperzellen. Die Folgen können tödlich sein. Helium löst sich weniger gut im Blut als Stickstoff. Die Gefahr der Bläschenbildung ist deshalb geringer.
Unter Druck kann Stickstoff außerdem eine berauschende Wirkung auf den Menschen ausüben. Schon ab 30 m Wassertiefe droht deshalb die Gefahr eines Tiefenrausches. Der Taucher wird leichtsinnig und verliert die Selbstkontrolle. Das kann dazu führen, dass er immer tiefer taucht und das Auftauchen vergisst. Ersetzt man den Stickstoffanteil im Atemgas durch Helium, tritt der Tiefenrausch nicht auf.

Edelgase zur Reaktion „gezwungen"

Durch eine elektrische Entladung in einem Gemisch von Fluor und Xenon wurde 1962 die erste Edelgas-Verbindung hergestellt. Inzwischen sind einige weitere Verbindungen des Xenons, des Kryptons und des Argons bekannt.

9.11 Das Periodensystem der Elemente

Das Periodensystem der Elemente ist eine Tabelle, in der alle bekannten Elemente aufgeführt sind. In einer vereinfachten Form werden nur die so genannnten *Hauptgruppenelemente* berücksichtigt. Die Tabelle besteht dann aus acht Spalten und sieben Zeilen.

Die Spalten des Periodensystems bezeichnet man als **Gruppen.** In jeder Gruppe steht eine *Elementfamilie.* Dabei sind die Elemente nach steigender Atommasse angeordnet. In der ersten Hauptgruppe stehen die Alkalimetalle, in der zweiten die Erdalkalimetalle. Die Halogene bilden die VII. Hauptgruppe, die Edelgase die VIII. Hauptgruppe.

Jede Zeile des Periodensystems beginnt so mit einem Alkalimetall und endet mit einem Edelgas. Da die Elemente der gleichen Familie periodisch wiederkehren, werden diese Zeilen **Perioden** genannt. Wasserstoff und Helium bilden die erste Periode. Die anderen Perioden bestehen aus acht Elementen.

Im Periodensystem werden die Elemente periodenweise von links nach rechts durchnummeriert. So erhält jedes Element seine **Ordnungszahl.** Diese Reihenfolge weicht an einigen Stellen von der Anordnung der Elemente nach steigender Atommasse ab: Kalium steht hinter Argon, obwohl es die geringere Atommasse hat. Aufgrund seiner chemischen Eigenschaften gehört Kalium jedoch eindeutig in die Gruppe der Alkalimetalle, Argon in die Gruppe der Edelgase. Die chemische Verwandtschaft ist also wichtiger als die Ordnung nach der Atommasse.

Zahlreiche wichtige Elemente wie Eisen, Kupfer oder Gold sind in dieser vereinfachten Form des Periodensystems nicht erfasst. Um alle Elemente zu berücksichtigen, werden zwischen der II. und III. Hauptgruppe Nebengruppen eingefügt.

Im Periodensystem der Elemente sind die Elemente tabellarisch geordnet. Die Spalten werden als Gruppen bezeichnet, die Zeilen als Perioden. Die Elemente einer Gruppe bilden eine Elementfamilie.

1 Ordne den Gruppen I, II, VII und VIII die Namen der Elementfamilien zu.

2 Welche Ordnungsprinzipien bestimmen den Aufbau des Periodensystems?

3 Wo stehen im Periodensystem die Metalle und wo die Nichtmetalle?

4 Nenne zwei Elementpaare, deren Ordnungszahlen nicht der Aufeinanderfolge der Atommassen gehorchen.

5 Die Ähnlichkeiten zwischen den Elementen sind in den Gruppen I, II, VII und VIII sehr stark ausgeprägt. Warum ist das bei den anderen Gruppen nicht der Fall? Betrachte dabei die Elemente der IV. Gruppe.

6 Natrium reagiert mit Sauerstoff zu Natriumoxid (Na_2O). Stelle die Reaktionsgleichung für die Reaktion auf. Zu welchem Verbindungstyp ist das Produkt zu rechnen?

Ordnungsprinzip Gruppe (Elementfamilie):
Die Elemente einer Elementfamilie stehen untereinander. Innerhalb einer solchen Gruppe nimmt die Atommasse von oben nach unten zu. Insgesamt gibt es acht Gruppen. Sie werden mit den römischen Zahlen I (Alkalimetalle) bis VIII (Edelgase) gekennzeichnet.

Atommasse in u → 19,00
Elementsymbol → F
Ordnungszahl → 9

Ordnungsprinzip Periode:
Die Elemente einer Periode stehen nebeneinander. Die Perioden werden mit den Zahlen 1 bis 7 bezeichnet.

	I	II	III	IV	V	VI	VII	VIII
1	1,008 $_{1}H$							4,003 $_{2}He$
2	6,94 $_{3}Li$	9,01 $_{4}Be$	10,81 $_{5}B$	12,01 $_{6}C$	14,00 $_{7}N$	16,00 $_{8}O$	19,00 $_{9}F$	20,18 $_{10}Ne$
3	22,99 $_{11}Na$	24,31 $_{12}Mg$	26,98 $_{13}Al$	28,09 $_{14}Si$	30,97 $_{15}P$	32,07 $_{16}S$	35,45 $_{17}Cl$	39,94 $_{18}Ar$
4	39,10 $_{19}K$	40,08 $_{20}Ca$	69,72 $_{31}Ga$	72,61 $_{32}Ge$	74,92 $_{33}As$	78,96 $_{34}Se$	79,90 $_{35}Br$	83,80 $_{36}Kr$
5	85,47 $_{37}Rb$	87,62 $_{38}Sr$	114,8 $_{49}In$	118,71 $_{50}Sn$	121,75 $_{51}Sb$	127,60 $_{52}Te$	126,90 $_{53}I$	131,2 $_{54}Xe$
6	132,91 $_{55}Cs$	137,33 $_{56}Ba$	204,38 $_{81}Tl$	207,2 $_{82}Pb$	208,98 $_{83}Bi$	$_{84}Po$	$_{85}At$	$_{86}Rn$
7	$_{87}Fr$	$_{88}Ra$						

Metalle

Nichtmetalle

Metall oder Nichtmetall?
Metalle stehen im Periodensystem links und unten, Nichtmetalle stehen rechts und oben. Metalle und Nichtmetalle werden durch eine Diagonale getrennt, die vom Bor über Arsen zum Astat verläuft.

Salz oder Molekülverbindung?
Mit Hilfe des Periodensystems lässt sich vorhersagen, ob bei der Reaktion ein Salz oder eine Molekülverbindung entsteht:

Metall + Nichtmetall ⟶ Salz

Nichtmetall + Nichtmetall ⟶ Molekülverbindung

Der lange Weg zum Periodensystem der Elemente

Exkurs

BOHRsches Atommodell:
Der tiefere Zusammenhang der Ordnung der Elemente im Periodensystem offenbarte sich erst ein halbes Jahrhundert nach MENDELEJEWS Periodensystem: Im Jahre 1913 gelang BOHR die Entschlüsselung der Struktur der Atomhülle.

MENDELEJEWS Periodensystem:
Unabhängig von MEYER veröffentlichte der russische Chemiker MENDELEJEW 1869 eine Übersicht, in der chemisch ähnliche Elemente – geordnet nach steigender Atommasse – jeweils *nebeneinander* aufgeführt sind. An einigen Stellen setzte er ein Fragezeichen, um auf noch unbekannte Elemente hinzuweisen, z.B. die auf Aluminium bzw. Silicium folgenden Elemente. Zwei Jahre später machte er einen verbesserten Vorschlag, in dem chemisch ähnliche Elemente jeweils *untereinander* stehen. Seine gleichzeitig gemachten Voraussagen über die Eigenschaften der unbekannten Elemente wurden nach wenigen Jahren mit der Entdeckung von Gallium und Germanium glänzend bestätigt.

MEYERS Periodensystem:
In einem 1864 erschienenen Brief wies der deutsche Chemiker MEYER nach, dass sich die Dichten der Elemente *periodisch* ändern, wenn man sie nach der Atommasse ordnet. Außerdem machte er in zwei Übersichten für die damals bekannten 60 Elemente einen Zusammenhang zwischen den chemischen Eigenschaften und den Atommassen deutlich. Chemisch ähnliche Elemente sind dabei – wie heute – nach steigender Atommasse *untereinander* angeordnet.

NEWLANDS und die Oktaven:
Der englische Chemiker NEWLANDS wagte sich noch einen Schritt weiter und erntete dafür den Spott seiner Zeitgenossen: Er ordnete die Elemente nach steigender Atommasse und stellte chemisch verwandte Elemente untereinander. Es gelang ihm nach diesem Schema 35 Elemente in einer übersichtlichen Tabelle einzuordnen. Die Tabelle hatte nur sieben Spalten, die Edelgase waren noch nicht entdeckt. In jedem achten Feld stand so ein verwandtes Element. In Anlehnung an die Musik beschrieb er diese Harmonie der Elemente als „Law of Octaves" (1865).

DÖBEREINER und die Triaden:
Der deutsche Chemiker DÖBEREINER ordnete immer drei Elemente nach chemisch ähnlichem Verhalten und stellte überrascht in diesen Triaden (griech. *treis:* drei) einen mathematischen Zusammenhang fest: Die Atommasse des mittleren Elementes entsprach dem Mittelwert der Atommassen der beiden äußeren Elemente (1816). Aber erst 13 Jahre später wagte er es, seine Theorie zu einer mathematischen Ordnung der Natur zu veröffentlichen.

BERZELIUS und die Bestimmung der Atommassen:
Der schwedische Arzt und Chemiker BERZELIUS präzisierte die DALTONschen Atommassen mit verfeinerten experimentellen Methoden. Im Laufe von zehn Jahren bestimmte er die Atommassen aller damals bekannten 46 Elemente (1814). Auf BERZELIUS gehen auch die noch heute benutzten Elementsymbole zurück.

DALTON und die Einführung des Begriffes Atom:
Der englische Lehrer und Naturforscher DALTON verstand unter den Atomen die kleinsten Teilchen der von LAVOISIER beschriebenen chemischen Elemente: „Die chemische Synthese und Analyse geht nicht weiter als bis zur Trennung der Atome und ihrer Wiedervereinigung" (1808).
Zuvor hatte DALTON als erster die Atommassen von Elementen bestimmt (1805). Er gab der Masse des leichtesten Atoms (Wasserstoff) willkürlich den Wert 1. Bei der experimentellen Ermittlung der Atommassen unterliefen ihm zwar grobe Fehler, aber er war auf dem richtigen Weg.

LAVOISIER und die Klärung des Begriffes Element:
Der französische Chemiker LAVOISIER schrieb: „... so sind alle Substanzen, die wir noch durch keinen Weg haben zerlegen können, für uns Elemente."

Prüfe dein Wissen

Quiz

A1 **a)** Erkläre die Begriffe des Fensters.
b) Notiere auf der Vorderseite von Karteikarten den Begriff, auf der Rückseite die Erklärung.

A2 Gib die Symbole für folgende Elemente an: Argon, Wasserstoff, Brom, Natrium, Strontium, Schwefel, Lithium.

A3 Wo sind die Metalle und die Nichtmetalle im Periodensystem eingeordnet? Nenne Beispiele.

A4 Nenne drei Elementfamilien und je drei zugehörige Elemente.

A5 Alkalimetalle reagieren mit Halogenen. Welcher Stoffklasse wird das Reaktionsprodukt zugeordnet? Gib das Reaktionsschema und die Reaktionsgleichung für die Reaktion von Kalium mit Iod an.

A6 Warum kommen Alkalimetalle und Halogene in der Natur nicht elementar vor?

Know-how

A7 Gibt man ein Stück Natrium auf ein feuchtes Blatt Papier, so entwickeln sich nach kurzer Zeit Flammen.
a) Welcher Stoff verbrennt?
b) Warum entzündet sich das Reaktionsgemisch nicht, wenn man Natrium in einer Glasschale mit Wasser reagieren lässt?
c) Setzt man dem Wasser in der Glasschale Phenolphthalein zu, so bilden sich rote Schlieren. Erkläre diese Beobachtung.

A8 Ergänze die folgende Tabelle durch Schätzwerte für das Erdalkalimetall Strontium.

Element	Mg	Ca	Sr	Ba
Ordnungszahl	12	20	?	56
Dichte in $\frac{g}{cm^3}$	1,7	1,5	?	3,7
Schmelztemperatur in °C	649	839	?	714
Atommasse in u	24,3	39,1	?	137,3

A9 Konzentrierte Salzsäure bildet an der Luft Nebel. Erkläre dieses Phänomen und gib die Reaktionsgleichung an.

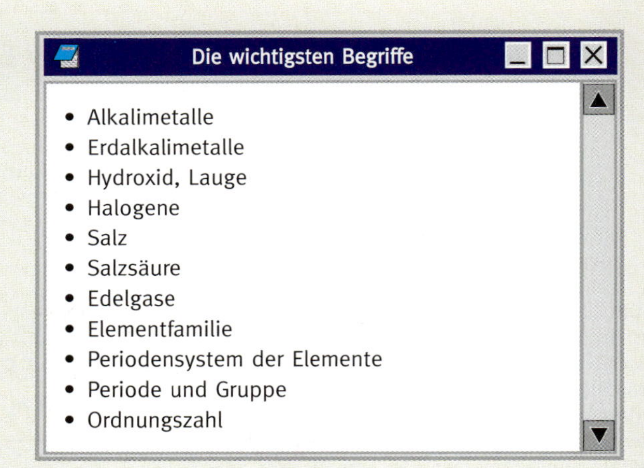
Die wichtigsten Begriffe

- Alkalimetalle
- Erdalkalimetalle
- Hydroxid, Lauge
- Halogene
- Salz
- Salzsäure
- Edelgase
- Elementfamilie
- Periodensystem der Elemente
- Periode und Gruppe
- Ordnungszahl

Natur – Mensch – Technik

A10 Beton stellt man aus Wasser, Sand, Kies und Zement her. Gibt man noch Calciumspäne hinzu, entsteht poröser Gasbeton. Welche chemische Reaktion läuft dabei ab?

A11 Für ein Feuerwerk sollen grüne, rote und violette Raketen gezündet werden. Welche Elemente könnten in den Leuchtsätzen der Raketenfüllung enthalten sein?

A12 Brom gewinnt man, indem man Chlor in Meerwasser leitet, das auch geringe Mengen an Bromiden enthält.
a) Gib das Reaktionsschema und die Reaktionsgleichung für die ablaufende Reaktion an.
b) Welche Eigenschaft der Halogene Chlor und Brom kann man diesem Reaktionsverhalten entnehmen?

A13 Eine herkömmliche Glühlampe hat nur eine sehr begrenzte Lebensdauer, da ständig Wolfram aus der Glühwendel verdampft. Das Metall schlägt sich am Glaskolben nieder. Bei Halogenlampen ist der Edelgasfüllung etwas Brom oder Iod zugesetzt.
Erkläre die größere Lebensdauer einer solchen Lampe mit Hilfe der Abbildung.

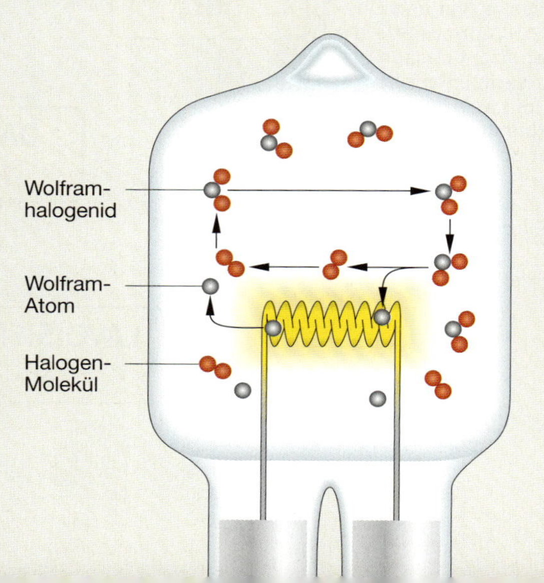

Chemische Verwandtschaften

1. Alkalimetalle

Die wichtigsten Alkalimetalle sind:
Lithium (Li), Natrium (Na) und Kalium (K).
Die Alkalimetalle sind reaktionsfreudige Leichtmetalle mit niedrigen Schmelztemperaturen und geringer Härte.
Die Alkalimetalle und ihre Verbindungen geben charakteristische Flammenfärbungen.

a) Reaktion mit Wasser:

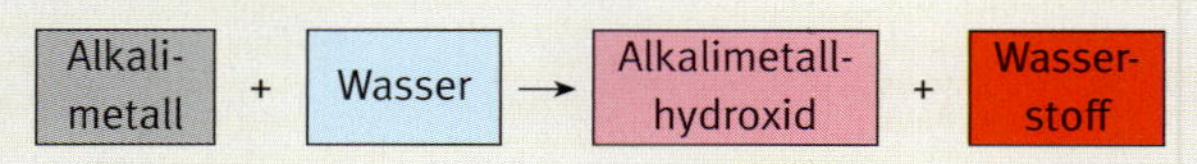

Beispiel:
2 Na (s) + 2 H_2O (l) ⟶ 2 NaOH (aq) + H_2 (g); exotherm

Die Reaktionsfähigkeit nimmt vom Lithium zum Caesium zu.

b) Alkalimetallhydroxide lösen sich sehr gut in Wasser und bilden dabei **Laugen.**

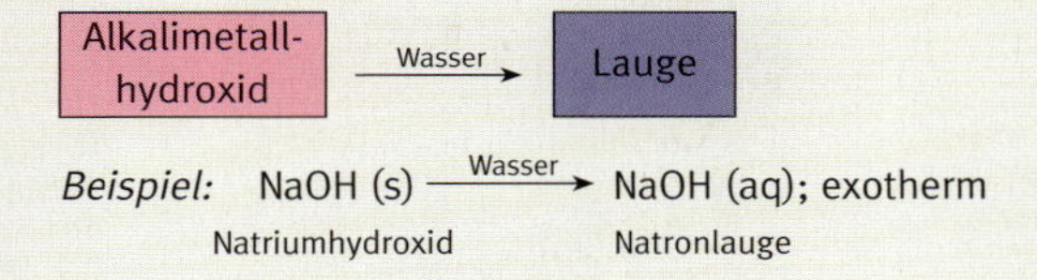

2. Erdalkalimetalle

Die wichtigsten Erdalkalimetalle sind:
Magnesium (Mg) und Calcium (Ca).
Die Erdalkalimetalle ähneln den Alkalimetallen, sie sind aber härter und reagieren weniger heftig mit Wasser. Erdalkalimetallhydroxide wie $Mg(OH)_2$ und $Ca(OH)_2$ sind in Wasser schwer löslich.

3. Halogene

Halogene sind reaktionsfreudige Nichtmetalle. Die Reaktionsfreudigkeit nimmt vom Fluor zum Iod ab.
Die Halogene bestehen aus zweiatomigen Molekülen:
Fluor (F_2), Chlor (Cl_2), Brom (Br_2) und Iod (I_2).

a) Reaktion mit Wasserstoff:

Beispiel: Cl_2 (g) + H_2 (g) ⟶ 2 HCl (g); exotherm

b) Halogenwasserstoffe: Diese Gase lösen sich sehr gut in Wasser. Dabei bilden sich Säuren.

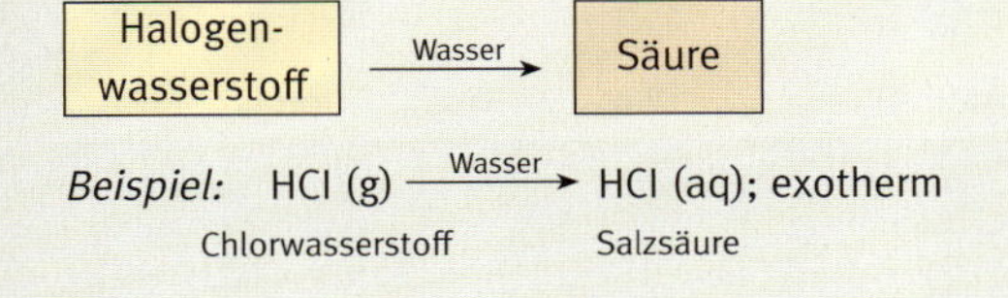

c) Reaktion mit Metallen:
Halogene reagieren mit Metallen zu Metallhalogeniden. - Metallhalogenide gehören zur Stoffgruppe der Salze.

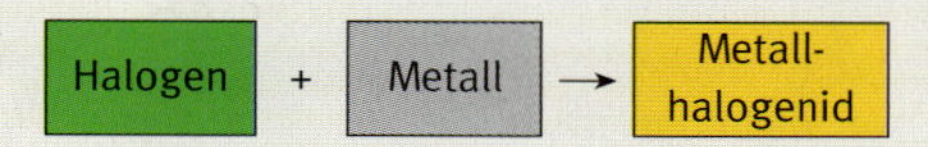

d) Salze: Ein Salz ist eine Verbindung eines Metalls mit einem Nichtmetall. Salze sind kristalline Feststoffe mit hohen Schmelztemperaturen. Bei der Benennung eines Salzes wird dem Namen des Metalls eine Bezeichnung für das Nichtmetall angefügt. Der Name endet mit der Silbe -id.

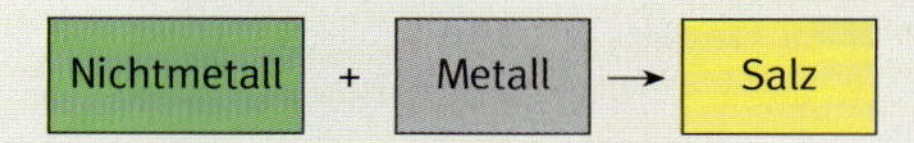

4. Edelgase

Die wichtigsten Edelgase sind:
Helium (He), Neon (Ne) und Argon (Ar).
Edelgase kommen nur als einzelne, unverbundene Atome vor. Sie gehen praktisch keine Verbindungen ein.

5. Periodensystem

- Die Einordnung eines Elements in das Periodensystem wird durch die **Ordnungszahl** angegeben.
- Elemente einer Elementfamilie bilden eine **Gruppe** und stehen untereinander.
- Elemente einer **Periode** stehen nebeneinander.
- Der Platz eines jeden Elements ist durch seine Gruppe und seine Periode eindeutig festgelegt.
- Die Metalle stehen im Periodensystem links und unten. Die Nichtmetalle stehen rechts und oben.

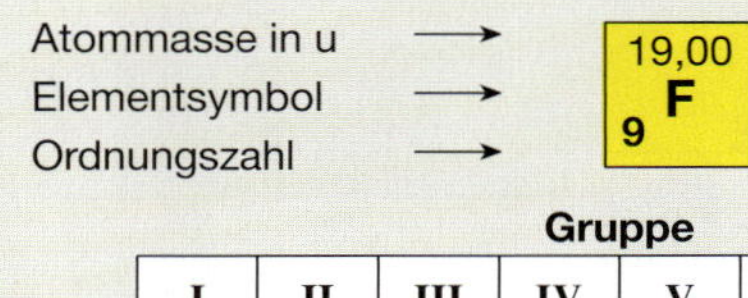

Gruppe

Periode	I	II	III	IV	V	VI	VII	VIII
1								E
2	A L K	E R D					H A	D E
3	A L	A L K					L O	L
4	I M E	A L I M					G E	G
5	T A L	E T A					N E	A S
6	L E	L L E						E

Nicht-metalle

Metalle

10 Atome und Ionen

Schon um 450 v. Chr. entwickelten die griechischen Naturphilosophen LEUKIPP und DEMOKRIT die Vorstellung, die Materie sei aus kleinsten unteilbaren Teilchen, den **Atomen**, aufgebaut (griech. *atomos:* unteilbar).
Im Jahre 1808 veröffentlichte DALTON seine Atomtheorie: Die chemische Analyse führt nicht weiter als bis zu kleinsten, unteilbaren Teilchen, den Atomen.

Auch die Elektrizität ist seit dem Altertum bekannt. Man entdeckte sie am Bernstein (griech. *elektron:* Bernstein), der durch Reiben elektrisch aufgeladen wird und dann Papierstückchen anzieht. Reibt man eine Folie, die auf einem Blatt Papier liegt, so wird das Papier von der Folie angezogen. Ursache ist eine entgegengesetzte elektrische Aufladung: Das Papier ist elektrisch positiv, die Folie elektrisch negativ geladen.
Zwei *gleichartig* geladene Folienstreifen stoßen sich ab.

Seit der zweiten Hälfte des 19. Jahrhunderts mehrten sich die Hinweise, dass es neben den elektrisch neutralen Atomen und Molekülen eine dritte weit verbreitete Teilchensorte gibt, die Ionen. Dies sind positiv oder negativ geladene Teilchen, etwa so groß wie Atome und Moleküle. Ionen sind wichtige Bausteine der Materie. Sie bauen ganze Gebirge auf, und auch das Salz der Meere besteht aus Ionen.

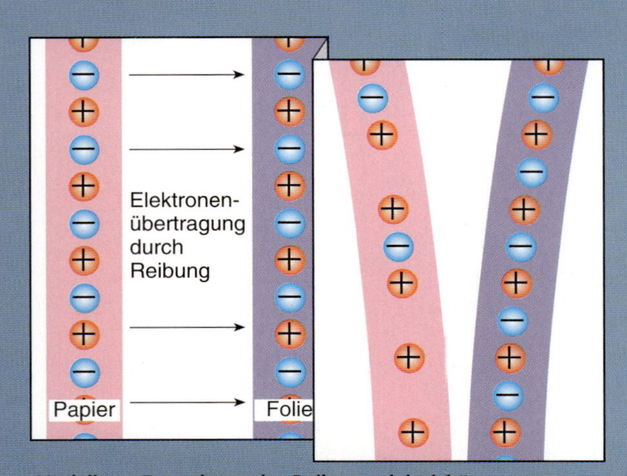

Modell zur Entstehung der Reibungselektrizität

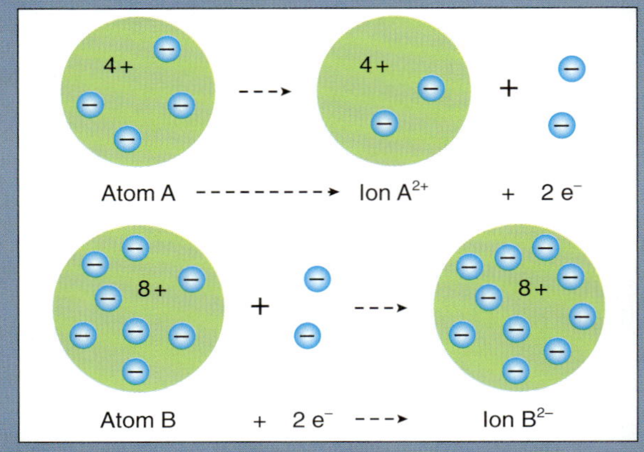

Bildung von Ionen aus Atomen im Rosinenkuchen-Modell

10.1 Ionen transportieren Ladungen

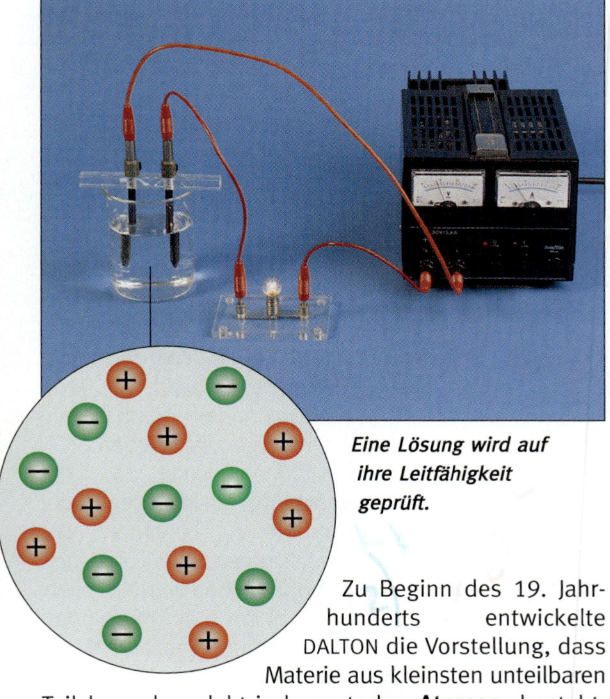

Eine Lösung wird auf ihre Leitfähigkeit geprüft.

Zu Beginn des 19. Jahrhunderts entwickelte DALTON die Vorstellung, dass Materie aus kleinsten unteilbaren Teilchen, den elektrisch neutralen **Atomen,** besteht. Mitte des 19. Jahrhunderts ergaben jedoch Untersuchungen, dass viele Stoffe aus elektrisch geladenen Teilchen, den **Ionen,** aufgebaut sind. Man erkannte dies beispielsweise an der elektrischen Leitfähigkeit der Schmelzen und wässerigen Lösungen von *Salzen.* Hier fließt die elektrische Ladung anders als in Metallen: In Metallen sind es Elektronen, die die elektrische Ladung transportieren, in Schmelzen und Lösungen von Salzen sind dagegen Ionen die Ladungsträger. Es gibt positiv geladene und negativ geladene Ionen.

Ionenladung. Die Ladung eines Elektrons ist die kleinste bekannte Ladungsmenge. Man bezeichnet sie als *Elementarladung* (e). Die Ladung eines Ions entspricht jeweils dem einfachen oder dem mehrfachen Betrag einer Elementarladung. Man sagt: Ionen sind einfach oder mehrfach elektrisch geladen. Dabei bilden Metalle stets positiv geladene Ionen, die Ionen der Nichtmetalle sind meist negativ geladen. Positiv geladene Ionen heißen **Kationen,** negativ geladene Ionen bezeichnet man als **Anionen.**

Ob Ionen einfach oder mehrfach geladen sind, lässt sich bei den Elementen der Hauptgruppen von ihrer Stellung im Periodensystem ablesen. So sind die Ionen der *Alkalimetalle* (I. Gruppe) stets *einfach* positiv geladen: Lithium-Ion (Li^+), Natrium-Ion (Na^+) und Kalium-Ion (K^+). Die Ionen der *Erdalkalimetalle* (II. Gruppe) tragen eine *zweifach* positive Ladung: Calcium-Ionen (Ca^{2+}) und Magnesium-Ionen (Mg^{2+}). Aluminium, das in der dritten Hauptgruppe steht, bildet *dreifach* positiv geladene Aluminium-Ionen (Al^{3+}).

Auch bei den Ionen der Nichtmetalle gibt es einen Zusammenhang zwischen ihrer *Ladungszahl* und ihrer Stellung im Periodensystem der Elemente. Die Ionen der *Halogene* (VII. Gruppe), die Halogenid-Ionen, sind stets *einfach* negativ geladen: F^- (Fluorid-Ion), Cl^- (Chlorid-Ion), Br^- (Bromid-Ion) und I^- (Iodid-Ion). Die zweifach negativ geladenen Ionen des Sauerstoffs (VI. Gruppe) heißen Oxid-Ionen (O^{2-}), die des Schwefels heißen Sulfid-Ionen (S^{2-}). Vom Stickstoff (V. Gruppe) kennt man das dreifach negativ geladene Nitrid-Ion (N^{3-}). Die Elemente der VIII. Gruppe (Edelgase) bilden keine Ionen.

Elektroneutralität. Stoffe, die aus Ionen aufgebaut sind, sind *elektrisch neutral.* Sie enthalten stets gleich viele positive und negative Ladungen. So besteht Natriumchlorid (NaCl) aus einfach positiv geladenen Natrium-Ionen und einfach negativ geladenen Chlorid-Ionen im Anzahlverhältnis 1 : 1. Magnesiumchlorid ($MgCl_2$) enthält doppelt so viele einfach negativ geladene Chlorid-Ionen wie zweifach positiv geladene Magnesium-Ionen. Im Aluminiumchlorid ($AlCl_3$) kommt ein dreifach positiv geladenes Aluminium-Ion (Al^{3+}) auf drei Chlorid-Ionen.

Schmelzen und wässerige Lösungen von Salzen leiten den elektrischen Strom. Sie enthalten positiv geladene Kationen und negativ geladene Anionen.

1 Wie untersucht man Stoffe auf ihre elektrische Leitfähigkeit?

2 Metallische Leiter transportieren elektrische Ladungen anders als Schmelzen und wässerige Lösungen von Salzen. Worin besteht der Unterschied?

3 Welche Schlussfolgerung ist zu ziehen, wenn festgestellt wird, dass eine wässerige Lösung oder eine Schmelze den elektrischen Strom nicht leitet?

4 Stelle im *Rosinenkuchen-Modell* dar, wie Calcium-Ionen und Chlorid-Ionen bei der Bildung von Calciumchlorid ($CaCl_2$) aus den Atomen der Elemente entstehen (siehe linke Seite).

5 In welchem Anzahlverhältnis sind positive und negative Ionen in folgenden Verbindungen enthalten: Kaliumbromid, Calciumsulfid, Magnesiumnitrid, Aluminiumbromid?

6 **a)** Welche Elemente bilden positiv geladene und welche Elemente negativ geladene Ionen?
b) Gib je sechs Elemente an, deren Atome positiv geladene Ionen bzw. negative geladene Ionen bilden.

10.2 Die Elektrolyse

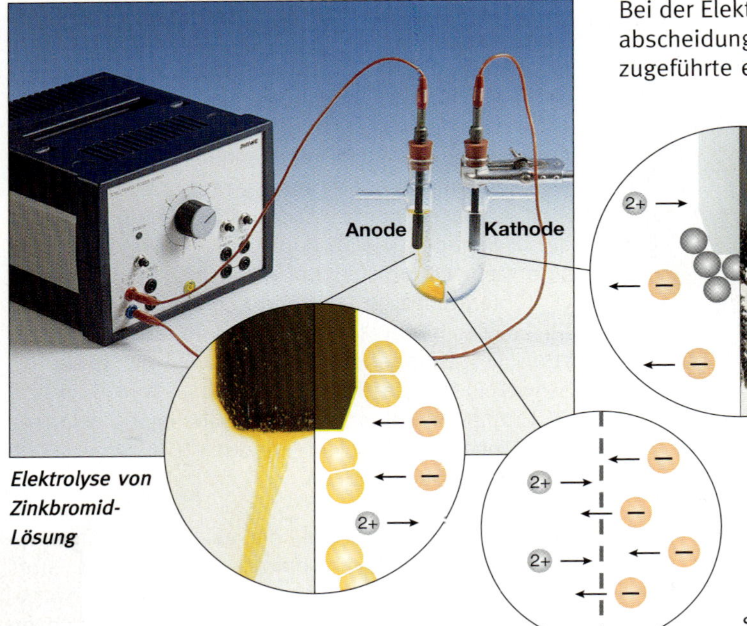

Elektrolyse von Zinkbromid-Lösung

Im Jahre 1803 berichtete BERZELIUS von einer besonderen Wirkung des elektrischen Stroms auf Salze: „Die Bestandteile der Salze werden beim Stromdurchgang getrennt und je nach ihrer Natur bei der einen oder anderen Polspitze gesammelt". Eine solche Zerlegung eines Stoffes durch elektrischen Gleichstrom nennt man **Elektrolyse.** Den Minuspol bezeichnet man **Kathode** und den Pluspol als **Anode.** Zusammenfassend spricht man von **Elektroden.** Stoffe, die sich elektrolysieren lassen, heißen **Elektrolyte.** Zu ihnen gehören Salzlösungen sowie saure und alkalische Lösungen.

Elektrolyse von Zinkbromid. Taucht man zwei Graphit-Stäbe in eine wässerige Lösung von Zinkbromid ($ZnBr_2$) und legt eine Gleichspannung an, so scheidet sich am negativ geladenen Pol metallisches Zink ab. Gleichzeitig bildet sich am positiv geladenen Pol gelbbraunes Brom. Am Minuspol nimmt jedes Zink-Ion zwei Elektronen ($2\,e^-$) von der Kathode auf. Am Pluspol geben Bromid-Ionen je ein Elektron an die Anode ab. Dabei verlieren die Ionen ihre elektrische Ladung, sie werden *entladen.* Es entstehen Zink-Atome und Brom-Moleküle (Br_2).
Durch diese Vorgänge nimmt im Bereich der Kathode die Konzentration der Zink-Ionen und im Bereich der Anode die Konzentration der Bromid-Ionen ab. Aufgrund der elektrischen Anziehung wandern aber weitere Zink-Ionen aus der Lösung zur Kathode, während weitere Bromid-Ionen zur Anode wandern. Nur durch diese **Ionenwanderung** kann die Stoffabscheidung weiterlaufen.

Bei der Elektrolyse laufen Ionenwanderung und Stoffabscheidung nicht freiwillig ab. Sie werden durch die zugeführte elektrische Energie erzwungen.

Die Vorgänge, die an den Elektroden gleichzeitig ablaufen, lassen sich gedanklich voneinander trennen und durch einzelne Reaktionsgleichungen beschreiben. Auf diese Weise ergeben sich so genannte *Teilgleichungen.* Sie werden mit einem gestrichelten Reaktionspfeil geschrieben.
Für die Zusammenfassung zu einer Reaktionsgleichung ist die Regel der **Elektroneutralität** zu beachten: Die Anzahl der Elektronen, die insgesamt von den Anionen abgeben werden, muss stets mit der Anzahl der Elektronen übereinstimmen, die insgesamt von den Kationen aufgenommen werden. Für die Elektrolyse von Zinkbromid-Lösung gilt:

Minuspol (Kathode): $Zn^{2+}(aq) + 2\,e^- \dashrightarrow Zn\,(s)$

Pluspol (Anode): $2\,Br^-(aq) \dashrightarrow Br_2(aq) + 2\,e^-$

Gesamtreaktion: $Zn^{2+}(aq) + 2\,Br^-(aq) \longrightarrow Zn\,(s) + Br_2(aq)$

Elektrolysen sind elektrisch erzwungene chemische Reaktionen, bei denen sich an den Elektroden Stoffe abscheiden. Während eine Elektrolyse abläuft, findet eine Ionenwanderung statt.

1 Wie bezeichnet man positiv geladene Ionen und negativ geladene Ionen?
2 Wie nennt man die positiv geladene und wie die negativ geladene Elektrode bei der Elektrolyse?
3 Zu welchen Elektroden wandern Kationen und Anionen?
4 Welche Vorgänge laufen bei einer Elektrolyse ab?
5 Formuliere für die folgenden Elektrolysen die Teilgleichungen und die Gesamtreaktion:
a) Elektrolyse einer Kochsalz-Schmelze,
b) Elektrolyse einer Calciumchlorid-Schmelze.
6 Wende die Regel der Elektroneutralität auf die Elektrolyse von geschmolzenem Aluminiumchlorid ($AlCl_3$) an. Entwickle die Gleichung für die Gesamtreaktion.
7 Gib einige Beispiele für Elektrolyte an.
8 Elektrolysen laufen nicht von selbst ab, sie müssen erzwungen werden. Erläutere diesen Zusammenhang.

Ionen – kalt erwischt

Exkurs

Um im Winter auf der Straße Eis aufzutauen, streut man Salz. Man könnte meinen, das Eis/Salz-Gemisch erwärme sich dabei. Doch das Gegenteil ist der Fall. Es bildet sich eine Lösung, deren Temperatur noch niedriger ist als die Umgebungstemperatur. Mit Leichtigkeit erzielt man Temperaturen von – 15 °C. Darum nennt man ein Eis/Salz-Gemisch auch **Kältemischung.** Salzwasser gefriert dementsprechend je nach Salzgehalt mehr oder weniger weit unter 0 °C. Allgemein gilt: Gelöste Stoffe erniedrigen die **Gefriertemperatur** des Lösungsmittels.

1888 untersuchte BECKMANN, wie die Gefriertemperaturen von Lösungen von der *Konzentration* der gelösten Stoffe abhängen. Dazu stellte er unterschiedlich konzentrierte Lösungen in eine Kältemischung, rührte die Lösung fortwährend um und wartete ab, bis sich die ersten Eiskristalle bildeten. Die in der Lösung gemessene Temperatur notierte er als Gefriertemperatur. Als Ergebnis seiner Untersuchungen stellte er fest: Die Erniedrigung der Gefriertemperatur ist um so größer, je größer der Anteil des gelösten Stoffes ist. Es zeigte sich, dass nicht die Masse, sondern die *Stoffmenge* des gelösten Stoffes entscheidend ist. So gefriert eine Lösung, die 180 g Traubenzucker in einem Liter Wasser enthält, ebenso bei – 1,9 °C wie eine Lösung von 60,1 g Harnstoff in einem Liter Wasser. In beiden Fällen ist nämlich *ein Mol* der Stoffe gelöst.

Wenn Lösungen von Salzen verwendet werden, ergeben sich aber starke Abweichungen: Eine Lösung, die ein Mol Natriumchlorid (NaCl) in einem Liter Wasser enthält, gefriert bei – 3,8 °C und eine gleich konzentrierte Lösung von Magnesiumchlorid ($MgCl_2$) sogar erst bei – 5,7 °C. Die Erniedrigung der Gefriertemperatur ist also doppelt beziehungsweise dreimal so groß wie bei Traubenzucker. BECKMANN zog aus diesen Beobachtungen folgenden Schluss: Wässerige Lösungen von Salzen enthalten zweimal beziehungsweise dreimal so viele gelöste Teilchen wie Traubenzucker-Lösungen derselben Konzentration. In der betrachteten Natriumchlorid-Lösung sind insgesamt *zwei Mol* Teilchen gelöst, ein Mol Natrium-Ionen und ein Mol Chlorid-Ionen.

1 Was ist eine Kältemischung?

2 Wovon ist die Gefriertemperatur von Lösungen abhängig?

3 Woran erkannte BECKMANN, dass Salze aus Ionen bestehen?

4 Welche Gefriertemperatur ist bei einer Lösung zu erwarten, die ein Mol Aluminiumchlorid ($AlCl_3$) in einem Liter Wasser enthält?

Ionen in wässeriger Lösung

Praktikum

V1: Elektrolyse von Zinkbromid-Lösung

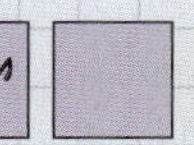

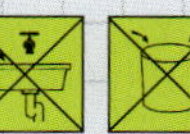

Materialien: Messzylinder (50 ml), U-Rohr, 2 Graphit-Stäbe, 2 Klemmen, Gleichspannungsquelle (10 V), Kabel; Zinksulfat-Lösung ($1 \frac{mol}{l}$), Kaliumbromid-Lösung ($1 \frac{mol}{l}$).

Durchführung:

1. Stelle eine Mischung aus 10 ml Zinksulfat-Lösung und 20 ml Kaliumbromid-Lösung her und fülle damit das U-Rohr zu Dreiviertel.
2. Stelle je einen Graphit-Stab in die Schenkel des U-Rohrs. Verbinde jeden Stab mit einem Pol der Gleichspannungsquelle und lege eine Spannung von 10 V an.
3. Elektrolysiere etwa eine halbe Minute lang.

Aufgaben:

a) Notiere deine Beobachtungen.

b) Beschreibe die Vorgänge, die während der Elektrolyse in der Lösung und an den Elektroden ablaufen.

c) Formuliere die Reaktionsgleichungen.

V2: Ermittlung der Gefriertemperatur von Lösungen

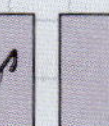

Materialien: Becherglas (250 ml), Thermometer (Teilung 0,1 °C), Löffel; Traubenzucker-Lösung ($1 \frac{mol}{l}$), Natriumchlorid-Lösung ($1 \frac{mol}{l}$), Eisstückchen oder Schnee, Streusalz.

Durchführung:

1. Fülle das Becherglas zur Hälfte mit Eis oder Schnee. Füge Streusalz hinzu und rühre um.
2. Miss die Temperatur dieser Kältemischung.
3. Gib etwa 5 ml der Traubenzucker-Lösung in ein Reagenzglas und stelle das Glas in die Kältemischung.
4. Rühre vorsichtig mit dem Thermometer und miss die Temperatur in der Traubenzucker-Lösung.
5. Notiere die Temperatur, bei der sich erste Eiskristalle in der Lösung bilden.

Aufgabe: Erläutere die Ergebnisse.

10.3 Ionen in Salzsäure und in Natronlauge

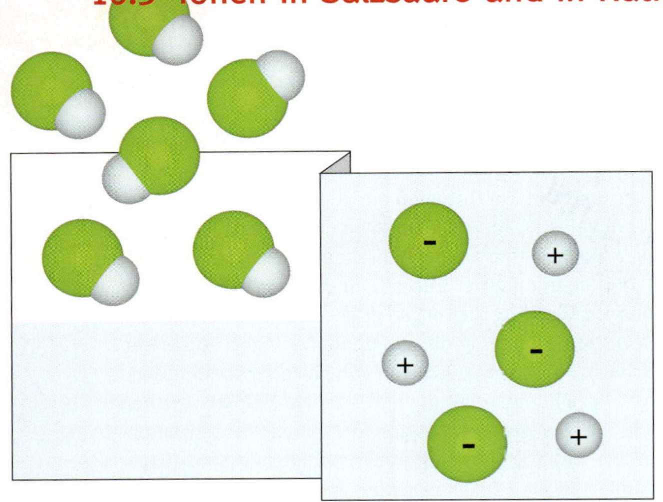
Chlorwasserstoff löst sich in Wasser.

Chlorwasserstoff ist bei Zimmertemperatur ein Gas, das aus HCl-Molekülen besteht. Dieses Gas löst sich außerordentlich gut in Wasser: Bei Raumtemperatur und normalem Luftdruck kann ein Liter Wasser bis zu 400 Liter Chlorwasserstoff aufnehmen. Die dabei entstehende Lösung heißt **Salzsäure.**
Chlorwasserstoff löst sich auch in Heptan; die Löslichkeit ist hier allerdings wesentlich geringer. Chlorwasserstoff löst sich in Heptan auf andere Weise als in Wasser: Salzsäure leitet den elektrischen Strom; es liegen also Ionen vor. Die Lösung von Chlorwasserstoff in Heptan leitet den Strom nicht; in Heptan bleiben die Chlorwasserstoff-Moleküle also erhalten.
Wird Chlorwasserstoff in Wasser gelöst, findet eine chemische Reaktion statt. Dabei bilden sich positiv geladene **Wasserstoff-Ionen** (H^+ (aq)) und negativ geladene Chlorid-Ionen (Cl^- (aq)). Die Ionen werden von Wasser-Molekülen umhüllt, sie werden *hydratisiert*. Verdünnte Salzsäure ist also eine wässerige Lösung von Wasserstoff-Ionen und Chlorid-Ionen:

$$\underset{\text{Chlorwasserstoff}}{HCl\,(g)} \xrightarrow{\text{Wasser}} \underset{\text{Salzsäure}}{H^+(aq) + Cl^-(aq)}\text{; exotherm}$$

In Übereinstimmung mit dieser Vorstellung bildet sich bei der Elektrolyse der Salzsäure an der Kathode Wasserstoff-Gas und an der Anode Chlor-Gas. Da beide Gase aus zweiatomigen Molekülen bestehen, ergeben sich für die Elektrolyse von Salzsäure die folgenden Gleichungen:

Minuspol (Kathode): $2\,H^+(aq) + 2\,e^- \dashrightarrow H_2(g)$

Pluspol (Anode): $2\,Cl^-(aq) \dashrightarrow Cl_2(g) + 2\,e^-$

Gesamtreaktion: $2\,H^+(aq) + 2\,Cl^-(aq) \longrightarrow H_2(g) + Cl_2(g)$

Auch **Natronlauge,** die wässerige Lösung von Natriumhydroxid (NaOH), leitet den elektrischen Strom. Folglich sind auch in Natronlauge Ionen enthalten. Die Ionen bilden sich aber nicht erst beim Lösen von Natriumhydroxid in Wasser, sie sind schon im Feststoff vorhanden. Festes Natriumhydroxid besteht aus Natrium-Ionen (Na^+) und **Hydroxid-Ionen** (OH^-).

Wasser ist offensichtlich in der Lage, die Ionen voneinander zu trennen. Auch in Natronlauge sind die Ionen hydratisiert. Deswegen schreibt man $Na^+(aq)$ und $OH^-(aq)$. Der Lösungsvorgang lässt sich folgendermaßen darstellen:

$$\underset{\text{Natriumhydroxid}}{NaOH\,(s)} \xrightarrow{\text{Wasser}} \underset{\text{Natronlauge}}{Na^+(aq) + OH^-(aq)}\text{; exotherm}$$

Verdünnte Salzsäure enthält Wasserstoff-Ionen (H^+ (aq)) und Chlorid-Ionen (Cl^- (aq)).
In Natronlauge sind Natrium-Ionen (Na^+ (aq)) und Hydroxid-Ionen (OH^- (aq)) enthalten.

1 **a)** Welche Ionen sind in verdünnter Salzsäure und in verdünnter Natronlauge enthalten?
b) Wie kann man die Existenz dieser Ionen nachweisen?
2 **a)** Was versteht man unter hydratisierten Ionen?
b) Durch welches Symbol werden hydratisierte Ionen gekennzeichnet?
3 Die wässerige Lösung von Calciumhydroxid leitet den elektrischen Strom. Gib die Reaktionsgleichung für den Vorgang an, bei dem sich Calciumhydroxid in Wasser löst.
4 Wasserstoff-Gas und Chlor-Gas entstehen bei der Elektrolyse der Salzsäure im Volumenverhältnis 1 : 1. Warum folgt daraus, dass stets genauso viele Wasserstoff-Ionen wie Chlorid-Ionen entladen sind?

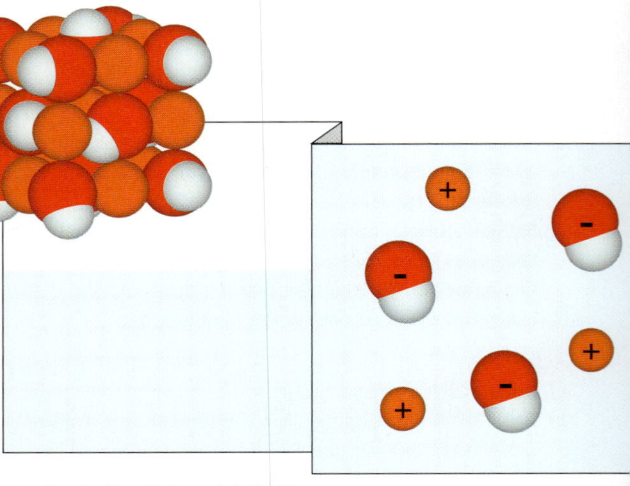
Natriumhydroxid löst sich in Wasser.

ARRHENIUS und die elektrolytische Dissoziation

Exkurs

Der schwedische Forscher ARRHENIUS arbeitete 1882 an einer Theorie „über die Dissoziation der in Wasser gelösten Stoffe". Das Wort **Dissoziation** bezeichnet zunächst einen chemischen Vorgang, bei dem Moleküle in Bruchstücke zerfallen. ARRHENIUS fand heraus, dass Stoffe, die den elektrischen Strom in wässeriger Lösung gut leiten, weitgehend in **Ionen** zerfallen. Das gilt für alle Elektrolyt-Lösungen, also für Salzlösungen sowie für saure oder alkalische Lösungen. Damit wurde ARRHENIUS zum Begründer der **Ionen-Theorie** wässeriger Lösungen. 1897 veröffentlichte er die „Theorie der elektrolytischen Dissoziation".

Svante ARRHENIUS (1859–1927)

Bevor sich ARRHENIUS mit der elektrolytischen Dissoziation beschäftigte, war nicht bekannt, ob die Ionen in Lösungen und Schmelzen von Anfang an vorhanden sind oder ob sie erst durch die Wirkung des elektrischen Stroms erzeugt werden. Schon vor ihm hatte CLAUSIUS vermutet, dass „elektrische Moleküle" in wässeriger Lösung bereits in Ionen geteilt seien, auch wenn kein Strom durch die Lösung fließt. ARRHENIUS bestätigte diese Annahme. Für seine außerordentlichen Verdienste erhielt er 1903 den Nobelpreis für Chemie.

Elementarladung. Seit der zweiten Hälfte des 19. Jahrhunderts war bereits bekannt, dass Materie drei Arten von Bausteinen enthält: *Atome, Moleküle* und *Ionen.* Die Ionen-Theorie zeigte nun, dass es für die elektrische Ladung eine kleinste Einheit gibt, die Elementarladung (e). Danach tragen Ionen nachweislich immer nur die einfache oder die mehrfache Elementarladung, aber niemals Teile davon. Größere Ladungsmengen setzen sich stets aus Elementarladungen zusammen.

Bedeutung der Ionen. Im Laufe der Zeit wurde klar, dass Ionen in der Natur sehr häufig vorkommen. Alle Salze sind aus Ionen aufgebaut. Die meisten gasförmigen und flüssigen Stoffe bestehen dagegen aus Molekülen. Nur Edelgase bilden freie Atome.

Säuren und Basen. Auf der Grundlage der Ionen-Theorie können die Begriffe *Säure* und *Base* neu definiert werden:
Säuren sind Stoffe, die beim Auflösen in Wasser in Wasserstoff-Ionen (H^+-Ionen) und Säurerest-Ionen dissoziieren. **Basen** bilden alkalische Lösungen, die neben Hydroxid-Ionen (OH^--Ionen) Metall-Ionen enthalten.

Gibt man saure und alkalische Lösungen zusammen, so reagieren Wasserstoff-Ionen mit Hydroxid-Ionen zu Wasser:

$$H^+(aq) + Cl^-(aq) + Na^+(aq) + OH^-(aq) \longrightarrow Na^+(aq) + Cl^-(aq) + H_2O\ (l)$$

Dampft man solch eine Lösung ein, so bilden sich aus Metall-Ionen und Säurerest-Ionen die festen **Salze.** Metall-Ionen aus der Base und Säurerest-Ionen sind also die Bausteine der Salze.

Formel der Säure	Name	Säurerest-Ion
HF	Fluorwasserstoff	F^-
HCl	Chlorwasserstoff	Cl^-
HBr	Bromwasserstoff	Br^-
HI	Iodwasserstoff	I^-
Formel der Base	**Name**	**Metall-Ion**
NaOH	Natriumhydroxid	Na^+
KOH	Kaliumhydroxid	K^+
$Ca(OH)_2$	Calciumhydroxid	Ca^{2+}
$Mg(OH)_2$	Magnesiumhydroxid	Mg^{2+}
$Al(OH)_3$	Aluminiumhydroxid	Al^{3+}
Formel des Salzes	**Name**	**Ionen**
NaI	Natriumiodid	$Na^+ + I^-$
KBr	Kaliumbromid	$K^+ + Br^-$
CaF_2	Calciumfluorid	$Ca^{2+} + 2\,F^-$
$MgCl_2$	Magnesiumchlorid	$Mg^{2+} + 2\,Cl^-$
$AlBr_3$	Aluminiumbromid	$Al^{3+} + 3\ Br^-$

Anorganische Säuren, Basen und Salze

1 Nenne zwei Merkmale, an denen Elektrolyte zu erkennen sind.
2 Was verstand CLAUSIUS unter „elektrischen Molekülen"?
3 Wie definierte ARRHENIUS Säuren und Basen?
4 Aus welchen Ionensorten bilden sich Salze?
5 Welche Reinstoffe sind aus Atomen, Molekülen oder Ionen aufgebaut?
6 **a)** Nenne vier Halogenwasserstoff-Säuren, notiere ihre Formeln.
b) Gib die Säurerest-Ionen der Halogenwasserstoff-Säuren an.
7 Gib die Metall-Ionen an, die in Natriumhydroxid, Kaliumhydroxid und Calciumhydroxid enthalten sind.
8 Gib für folgende Salze die Formeln an: Natriumbromid, Kaliumchlorid, Aluminiumiodid.

Exkurs

Radioaktivität

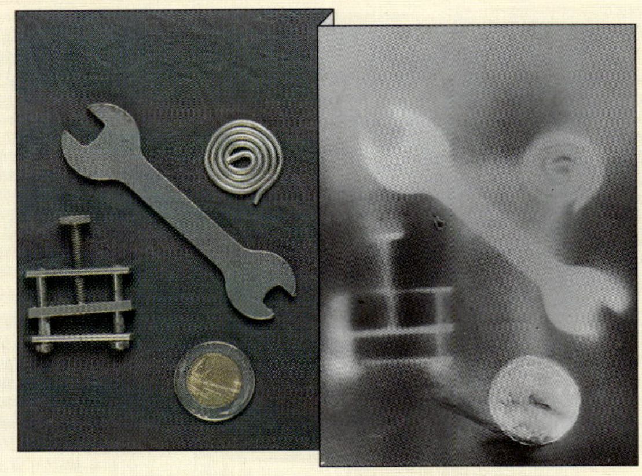

Radioaktive Strahlung durchdringt die Papierhülle einer Fotoplatte.

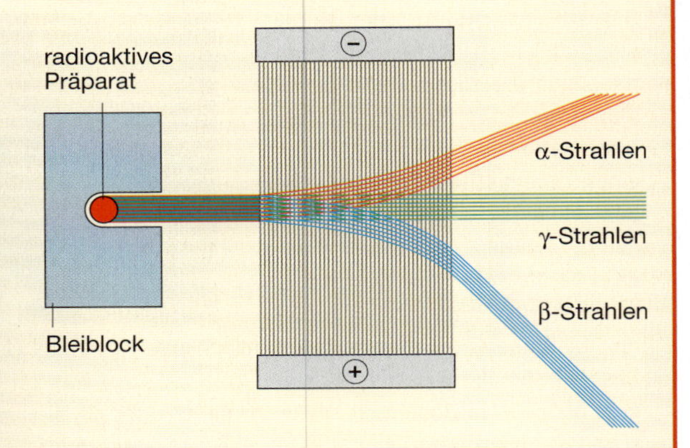

Ablenkung der radioaktiven Strahlen in einem elektrischen Feld

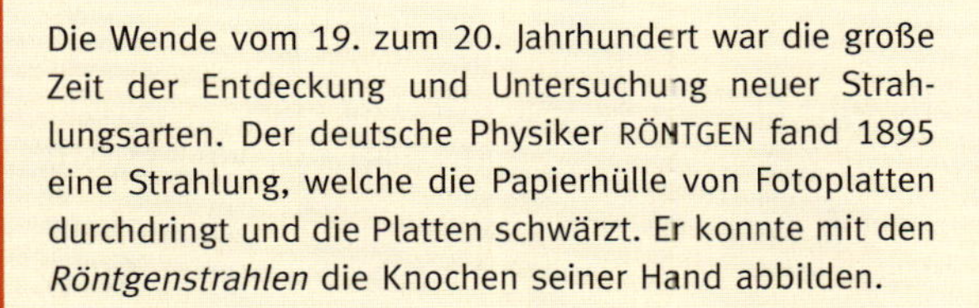

Die Wende vom 19. zum 20. Jahrhundert war die große Zeit der Entdeckung und Untersuchung neuer Strahlungsarten. Der deutsche Physiker RÖNTGEN fand 1895 eine Strahlung, welche die Papierhülle von Fotoplatten durchdringt und die Platten schwärzt. Er konnte mit den *Röntgenstrahlen* die Knochen seiner Hand abbilden.

Der französische Physiker BECQUEREL vermutete, dass Kristalle Röntgenstrahlen aussenden, wenn man sie dem Sonnenlicht aussetzt. Dazu stellte er Proben verschiedener Salze zusammen mit gut eingepackten Fotoplatten auf eine Fensterbank. Die erwartete Strahlung sollte die Platten durch die Verpackung hindurch belichten. BECQUEREL fand diesen Effekt allerdings nur bei **Uran-Verbindungen** und zu seiner Überraschung auch bei schlechtem Wetter. Daher nannte man diese neue Strahlung zunächst „Uranstrahlen".
Angeregt durch BECQUERELS Bericht über die Strahlung von Uransalzen beschäftige sich die in Paris lebende polnische Wissenschaftlerin Marie CURIE seit 1897 mit diesem Thema.
Bei der Untersuchung von Uranerzen entdeckte sie zwei Elemente, die ebenso wie Uran ohne jede Einwirkung von außen Strahlen aussenden: Das eine nannte sie nach ihrem Geburtsland **Polonium,** das andere **Radium** (lat.: der Strahl). Die neuartige Erscheinung bezeichnete sie als **Radioaktivität.** Man versteht darunter die Eigenschaft einiger Stoffe, ionisierende Strahlen auszusenden.

Für die Reindarstellung des Elementes Radium erhielt Marie CURIE 1911 den Nobelpreis für Chemie. 1903 war sie bereits gemeinsam mit ihrem Ehemann Pierre CURIE und BECQUEREL durch den Nobelpreis für Physik geehrt worden.

Um die chemischen Eigenschaften und die Atommasse von Radium zu bestimmen, musste Marie CURIE zunächst neue Trennverfahren entwickeln. In vier Jahren mühseliger Arbeit isolierte sie aus eineinhalb Tonnen Uranerz schließlich 0,1 g reines Radiumsalz.

Unabhängig voneinander hatten Pierre CURIE und RUTHERFORD gezeigt, dass radioaktive Strahlung nicht einheitlich ist: Sie besteht aus positiv geladenen α-Teilchen und negativ geladenen β-Teilchen. Begleitet werden beide Strahlungsarten von γ-Strahlen, die mit Röntgenstrahlen vergleichbar sind. α-Teilchen bestehen aus Helium-Ionen (He^{2+}), β-Teilchen dagegen sind Elektronen.

Strahlenschäden. Marie CURIE starb 1934 an einer Erkrankung, die von den Ärzten auf die jahrzehntelange Einwirkung radioaktiver Strahlung zurückgeführt wurde. Heute weiß man, dass die verschiedenen Strahlenarten unterschiedlich stark wirken. Entscheidend ist dabei, in welchem Ausmaß durch die Strahlung in den Körperzellen Ionen gebildet werden. Die durchdringenden γ-Strahlen verursachen nur geringe Schäden. Die weniger tief eindringenden β-Strahlen wirken stärker ionisierend. Ein α-Teilchen schädigt eine Zelle noch 20-mal mehr als ein β-Teilchen gleicher Energie.

1 Was versteht man unter den folgenden Begriffen: Radioaktivität, α-Strahlen, β-Strahlen, γ-Strahlen?
2 Wo wird radioaktive Strahlung genutzt?

10.4 Das Kern/Hülle-Modell des Atoms

Die Vorgänge bei der Elektrolyse von wässerigen Lösungen und Schmelzen hatten Ende des 19. Jahrhunderts gezeigt, dass Atome und Ionen Elektronen aufnehmen und abgeben können. Nach dem *Rosinenkuchen-Modell* von W. THOMSON waren die negativ geladenen Elektronen in die positiv geladene Grundmasse des Atoms eingebettet.

RUTHERFORDS Streuversuch. Wie viele andere Wissenschaftler experimentierte RUTHERFORD am Anfang des 20. Jahrhunderts mit radioaktiver Strahlung. 1908 erkannte er, dass α-Teilchen positiv geladene Helium-Ionen (He^{2+}) sind.

α-Teilchen können Metallfolien leicht durchdringen. An einer Goldfolie untersuchte RUTHERFORD, ob α-Teilchen durch Gold-Atome abgelenkt werden. Die Folie war zwar nur 0,000 4 mm dick, enthielt aber immerhin noch 1000 Atomschichten.

Die α-Teilchen wurden mit Hilfe eines Zinksulfid-Schirms beobachtet. Jedes α-Teilchen erzeugt beim Auftreffen einen winzigen Lichtblitz, der sich mit einer Lupe erkennen lässt.

Im Juni 1909 berichtete RUTHERFORDS Mitarbeiter GEIGER, der inzwischen mehr als 100 000 Lichtblitze gezählt hatte, von unerwarteten Beobachtungen: „Es zeigt sich, dass α-Teilchen manchmal sehr stark abgelenkt werden. Etwa jedes Zehntausendste wird sogar zurückgeworfen, so als sei es auf ein festes Hindernis geprallt".

Dieses Ergebnis kam völlig überraschend. „Es war fast genau so unglaublich, als ob Sie eine 15-Zoll-Granate gegen ein Stück Seidenpapier abfeuern und sie kommt zurück und trifft Sie", meinte RUTHERFORD. Er folgerte, dass es im Atom einen Ort geben müsste, in dem die positive Ladung konzentriert ist. Anders ließ sich die starke Ablenkung der positiven α-Teilchen nicht erklären. Zwei Jahre später veröffentlichte er dann seine bahnbrechende Theorie vom Aufbau der Atome, das Kern/Hülle-Modell.

Kern/Hülle-Modell. Ein Atom hat ein Massenzentrum mit positiver Ladung, den **Atomkern.** Er enthält mehr als 99,9 % der Masse des Atoms, ist aber 10 000-mal kleiner als das Atom selbst. Er gleicht damit einem Stecknadelkopf mitten in einem Heißluftballon.

Um den Atomkern bewegen sich die negativ geladenen, fast masselosen Elektronen. Sie bilden die **Atomhülle.** Insgesamt ist ein Atom **elektrisch neutral,** denn die negative Ladung in der Atomhülle stimmt mit der positiven Ladung des Kerns überein. Das ganze Atom entspricht einer Kugel mit einem Radius von etwa einem zehnmillionstel Millimeter (0,000 000 1 mm).

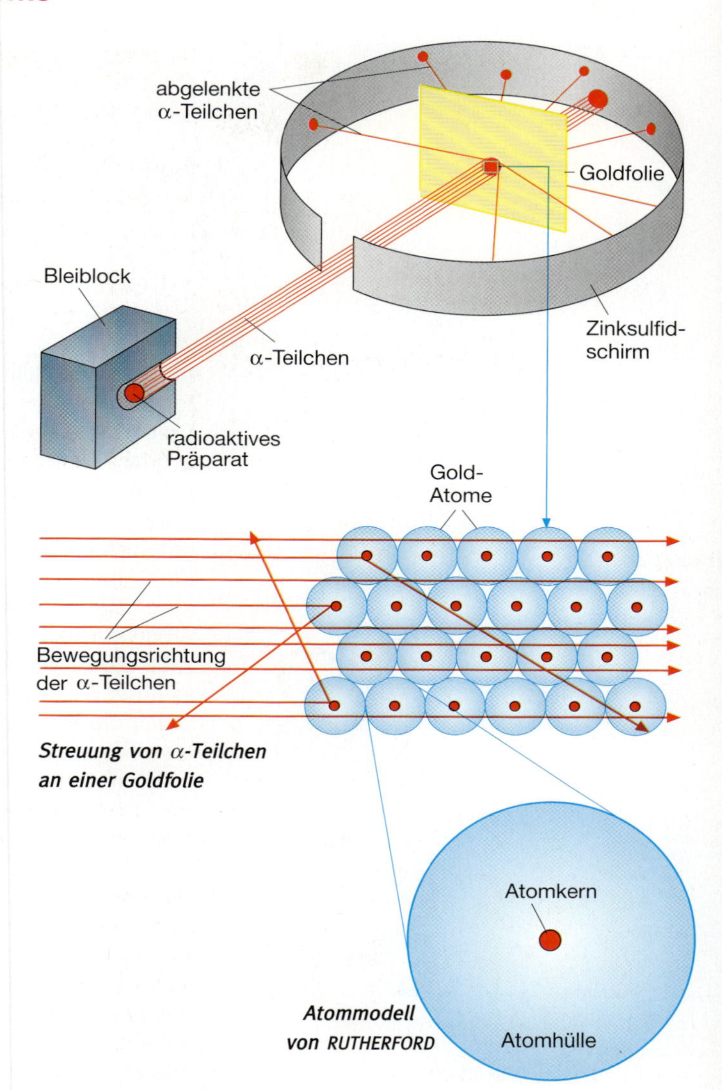

Streuung von α-Teilchen an einer Goldfolie

Atommodell von RUTHERFORD

Nach dem Kern/Hülle-Modell besteht das Atom aus einem winzigen Atomkern und der Atomhülle.
Der Atomkern ist positiv geladen und enthält fast die gesamte Masse des Atoms. In der Atomhülle befinden sich die Elektronen.

1 Welche Atom-Vorstellung hat RUTHERFORD entwickelt?

2 Beschreibe und erkläre mit Hilfe der Abbildung die Ergebnisse des RUTHERFORDschen Streuversuchs.

3 Wie groß wäre ein Atom, wenn der Atomkern etwa die Größe eines Tischtennisballs (d = 3 cm) hätte?

4 Wie kannst du mit Hilfe des Kern/Hülle-Modells die Bildung positiv und negativ geladenener Ionen erklären?

5 Der Name Atom ist griechischen Ursprungs und bedeutet „unteilbares Teilchen". Warum ist diese Bedeutung nur noch historisch zu verstehen?

10.5 Modell des Atomkerns

Teilchen	Symbol	Ladung	Masse
Proton	p^+	+1	1 u
Neutron	n	0	1 u
Elektron	e^-	−1	0,000 5 u

Elementarteilchen und ihre Eigenschaften

Nach dem Kern/Hülle-Modell von RUTHERFORD enthalten die winzigen Atomkerne die gesamte positive Ladung und über 99,9 % der Masse des Atoms. Die Atomkerne bestehen ebenfalls aus kleinsten Teilchen.

Proton. Wasserstoff-Atome sind die kleinsten, am einfachsten gebauten Atome. Der Atomkern des Wasserstoff-Atoms besteht nur aus einem einzigen Teilchen, dem **Proton** (griech.: das Erste). Dieses Teilchen ist positiv geladen; die Ladung stimmt dem Betrage nach mit der Ladung des Elektrons überein. Die Masse des Protons entspricht etwa der atomaren Masseneinheit 1 u.

Der Kern des Helium-Atoms enthält zwei Protonen, der Kern des Lithium-Atoms drei. Ordnet man alle Elemente nach steigender Protonenzahl, so nimmt die Zahl der Protonen in den Atomkernen jeweils um *eins* zu. Das schwerste natürlich vorkommende Atom ist das Uran-Atom. Es hat 92 Protonen im Kern. Die Anzahl der Protonen im Atomkern heißt auch **Kernladungszahl.** Sie ist genau so groß wie die Anzahl der Elektronen in der Atomhülle. Durch die Kernladungszahl wird eindeutig festgelegt, zu welchem Element ein Atom gehört: Jedes Atom mit sechs Protonen ist ein Kohlenstoff-Atom. Die Kernladungszahl entspricht also der **Ordnungszahl** eines Elements im Periodensystem.

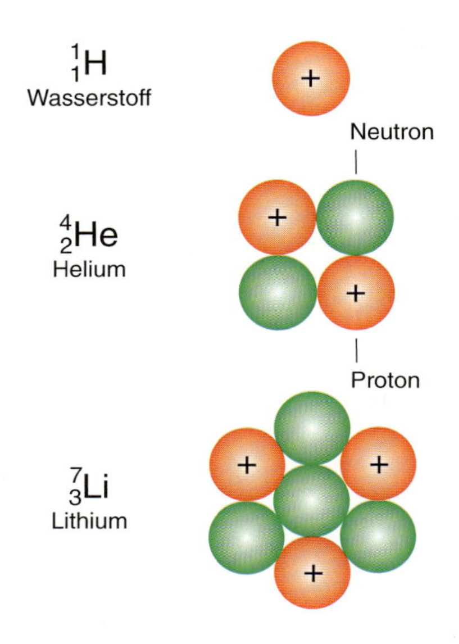

Bau einiger Atomkerne

Neutron. Mit Ausnahme des Wasserstoffs haben die Atome aller Elemente eine deutlich größere Masse als die in ihrem Atomkern enthaltenen Protonen. So hat ein Lithium-Atom mit drei Protonen eine Masse von 7 u. Da ein Elektron so gut wie keine Masse trägt, muss der Kern neben den Protonen noch weitere Bausteine enthalten. Es handelt sich dabei um Teilchen, die keine elektrische Ladung haben, die **Neutronen.** Ihre Masse stimmt praktisch mit der von Protonen überein.

Die Bausteine der Atomkerne bezeichnet man zusammenfassend als **Nukleonen** (lat. *nucleus:* Kern). Die Anzahl aller Nukleonen in einem Atomkern bestimmt die **Massenzahl** eines Atoms. Mit der folgenden Schreibweise symbolisiert man den Aufbau eines Atoms:

$$^{23}_{11}\mathrm{Na} \quad \frac{\text{Massenzahl}}{\text{Kernladungszahl}}\ \text{Atomart}$$

Zahl der Protonen
\+ Zahl der Neutronen

Massenzahl
(= Nukleonenzahl)

$^{7}_{3}\mathrm{Li}$ $\quad$ $^{31}_{15}\mathrm{P}$

Zahl der Protonen
= **Kernladungszahl**
(= Ordnungszahl)
(= Zahl der Elektronen)

Symbolische Schreibweise für den Aufbau eines Atoms

Kernkraft. Das Modell des Atomkerns gab den Physikern lange Zeit Rätsel auf. Protonen, die auf den engen Raum eines Atomkerns konzentriert sind, stoßen sich als gleichartig geladene Teilchen ab. Atomkerne müssten also auseinanderfliegen. Das geschieht jedoch nicht, da eine viel stärkere Kraft, die *Kernkraft,* zwischen den Kernteilchen wirkt. Sie garantiert die Stabilität der meisten Teilchen. Nur in verhältnismäßig großen Atomkernen wie bei den Elementen Uran oder Radium reicht die Kernkraft nicht aus, um die Bausteine des Kernes dauerhaft zusammenzuhalten. Die Atomkerne zerfallen. Dies ist die Ursache der Radioaktivität.

Isotope. Jeder Kernbaustein hat etwa die Masse 1 u. Atommassen sollten daher nur unwesentlich von ganzzahligen Werten abweichen. Ein Blick in das Periodensystem zeigt jedoch beispielsweise für Chlor die Atommasse 35,5 u. Halbe Kernbausteine gibt es aber nicht. Wie lässt sich dieser Widerspruch klären?

Eine genaue Untersuchung von Chlor ergibt, dass 75 % aller Chlor-Atome die Masse 35 u und 25 % die Masse 37 u haben. Der für Chlor angegebene Wert von 35,5 u beschreibt also nicht die Masse jedes einzelnen Chlor-Atoms, sondern die *durchschnittliche Masse* von Chlor-Atomen. Die leichteren Chlor-Atome haben neben den 17 Protonen 18 Neutronen im Kern, die schwereren dagegen 20 Neutronen.
Atome ein und desselben Elements, die sich nur in der Anzahl ihrer Neutronen unterscheiden, bezeichnet man als **Isotope** eines Elements. Um Isotope zu kennzeichnen, gibt man mit dem Elementsymbol und der Kernladungszahl die Massenzahl an: ${}^{35}_{17}Cl$, ${}^{37}_{17}Cl$.

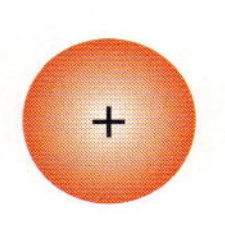

Auch Wasserstoff-Atome können sich in ihrer Masse unterscheiden. Neben den Wasserstoff-Atomen ${}^{1}_{1}H$, die nur ein Proton im Kern enthalten, gibt es auch solche, die zusätzlich ein oder zwei Neutronen aufweisen.

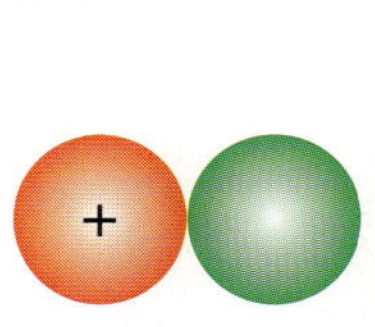

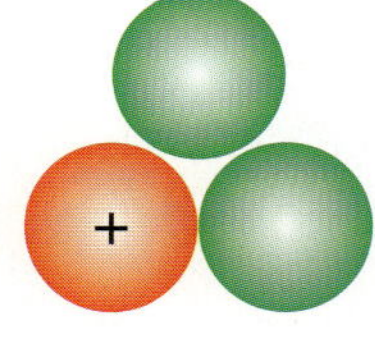

Den Wasserstoff-Isotopen hat man sogar besondere Namen gegeben: *Deuterium* (D) (griech.: das Andere) für das Isotop ${}^{2}_{1}H$ und *Tritium* (T) (griech.: das Dritte) für ${}^{3}_{1}H$. Natürlich vorkommender Wasserstoff enthält nur einen sehr kleinen Anteil an Deuterium, Tritium tritt in der Natur nicht auf. Die durchschnittliche Atommasse ist deshalb nur wenig größer als 1 u (genau: 1,008 u).

Wie die meisten Elemente sind Chlor und Wasserstoff *Isotopengemische.* Nur 19 Elemente bestehen aus einer einzigen Atomart. Dazu gehören Natrium, Fluor und Aluminium.

Protonen und Neutronen sind die Bausteine der Atomkerne. Die Zahl der Protonen wird Kernladungszahl oder Ordnungszahl genannt. Sie bestimmt eindeutig das zugehörige Element. Isotope sind Atome eines Elements, die sich in der Neutronenzahl unterscheiden.

Ursprünglich bezog man Atommassen auf die durchschnittliche Masse von Wasserstoff-Atomen. Im Jahr 1961 wurde international vereinbart, die atomare Masseneinheit auf das Kohlenstoff-Isotop ${}^{12}_{6}C$ zu beziehen.

Die atomare Masseneinheit 1 u ist definiert als $\frac{1}{12}$ der Masse eines Atoms des Kohlenstoff-Isotops ${}^{12}_{6}C$:

$$1\ u = \frac{1}{12} \cdot m({}^{12}_{6}C)$$

Definition der atomaren Masseneinheit

1 Gib für die folgenden Atome die Anzahl der Protonen, Neutronen und Elektronen und die Ordnungszahl an: ${}^{1}_{1}H$, ${}^{2}_{1}H$, ${}^{3}_{1}H$, ${}^{12}_{6}C$, ${}^{13}_{6}C$, ${}^{14}_{6}C$, ${}^{16}_{8}O$, ${}^{23}_{11}Na$, ${}^{27}_{13}Al$, ${}^{31}_{15}P$, ${}^{32}_{16}S$, ${}^{40}_{20}Ca$, ${}^{127}_{53}I$, ${}^{137}_{56}Ba$, ${}^{235}_{92}U$, ${}^{238}_{92}U$.

2 Warum gibt es für das Element Wasserstoff zwei weitere Bezeichnungen?

3 Berechne mit Hilfe der Tabelle die durchschnittliche Atommasse für Magnesium, Silicium und Schwefel. Vergleiche deine Ergebnisse mit den angegebenen Werten.

4 Vergleiche die Atommassen von Tellur (${}_{52}Te$) und Iod (${}_{53}I$) im Periodensystem. Warum hat Iod trotz der kleineren Atommasse die größere Ordnungszahl?

5 Deuteriumoxid ist die Bezeichnung für *schweres Wasser.* Gib die Molekülformel, die Molekülmasse und die molare Masse von schwerem Wasser an.

6 Welche Aussagen macht das Atommodell von DALTON? Sind diese Aussagen nach dem Kern/Hülle-Atommodell noch gültig?

7 Wie lässt sich erklären, dass Neutronen erst 1932 nachgewiesen werden konnten?

8 Informiere dich, welche Rolle das Kohlenstoff-Isotop ${}^{14}_{6}C$ für die Altersbestimmung von archäologischen Funden spielt. (*Hinweis:* In der Literatur wird häufig auch die Schreibweise C-14 gewählt.)

Element	Isotope (Anteil in %)			durchschnittliche Atommasse
Wasserstoff	${}^{1}_{1}H$ (99,98)	${}^{2}_{1}H$ (0,02)		1,008 u
Lithium	${}^{6}_{3}Li$ (7,4)	${}^{7}_{3}Li$ (92,6)		6,94 u
Kohlenstoff	${}^{12}_{6}C$ (98,9)	${}^{13}_{6}C$ (1,1)		12,01 u
Sauerstoff	${}^{16}_{8}O$ (99,8)	${}^{18}_{8}O$ (0,2)		16,00 u
Magnesium	${}^{24}_{12}Mg$ (78,7)	${}^{25}_{12}Mg$ (10,1)	${}^{26}_{12}Mg$ (11,2)	24,31 u
Silicium	${}^{28}_{14}Si$ (92,2)	${}^{29}_{14}Si$ (4,7)	${}^{30}_{14}Si$ (3,1)	28,09 u
Schwefel	${}^{32}_{16}S$ (95,0)	${}^{33}_{16}S$ (0,8)	${}^{34}_{16}S$ (4,2)	32,06 u

Isotopenverteilung und durchschnittliche Atommasse

10.6 Modell der Atomhülle

Von besonderem Interesse für die Chemie ist die Atomhülle, in der sich die Elektronen aufhalten. Im Jahr 1913 veröffentlichte der dänische Physiker BOHR seine Theorie über den *schalenartigen* Aufbau der Atomhülle.

Schalenmodell der Atomhülle. Die Elektronen verteilen sich nicht beliebig in der Atomhülle, sondern ordnen sich schalenartig um den Atomkern an. In diesen *Elektronenschalen* bewegen sich die Elektronen mit hoher Geschwindigkeit um den Atomkern.

Schalenmodell der Atomhülle

Man bezeichnet die Elektronenschalen von innen nach außen mit den Buchstaben **K, L, M, N, O ...** Jede der bis zu sieben Schalen eines Atoms kann nur eine begrenzte Zahl von Elektronen aufnehmen. Für die maximale Anzahl z einer Schale gilt die Beziehung: $z = 2 \cdot n^2$. Dabei ist n die Nummer der Schale.

Bezeichnung der Schale	maximale Anzahl der Elektronen
K	2
L	8
M	18
N	32
O	50

Elektronenverteilung. Um die Verteilung der Elektronen auf die Schalen zu ermitteln, geht man folgendermaßen vor:

1. Aus der Ordnungszahl des Elements liest man ab, wie viele Elektronen insgesamt zu berücksichtigen sind.
2. Die Schalen werden dann von *innen nach außen* mit Elektronen besetzt. Dabei dürfen die Maximalwerte nicht überschritten werden.

Das einzige Elektron des *Wasserstoff-Atoms* befindet sich in der inneren Schale, der **K-Schale.** Das Atom des *Heliums* besitzt zwei Elektronen auf dieser Schale. Damit ist die innere Schale **voll besetzt.**

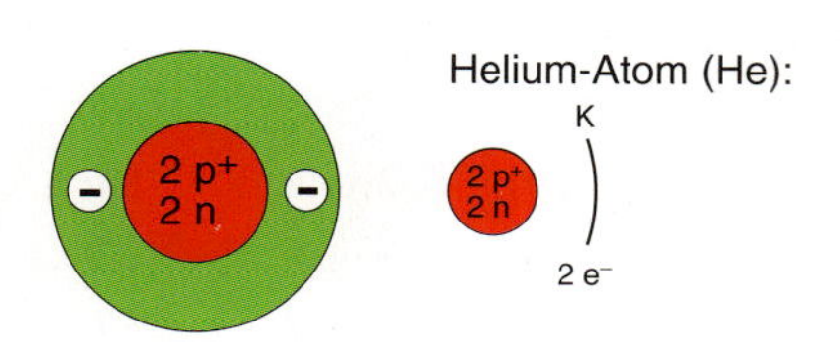

Schalenmodell des Helium-Atoms

Ein neu hinzu kommendes drittes Elektron gehört bereits zur zweiten Schale, der **L-Schale.** In einem *Lithium-Atom* befinden sich daher zwei Elektronen in der K-Schale und ein Elektron in der L-Schale. Die L-Schale wird bei den in der Periode folgenden Elementen weiter mit Elektronen aufgefüllt, bis sie mit acht Elektronen besetzt ist. Im *Neon-Atom* mit insgesamt zehn Elektronen ist neben der K-Schale (2 e⁻) auch die L-Schale (8 e⁻) vollständig besetzt.

Die dritte Schale, die **M-Schale,** kann maximal 18 Elektronen aufnehmen. Nach den gleichen Regeln wie bisher wird vom *Natrium-Atom* bis zum *Argon-Atom* die dritte Schale besetzt. Von den 18 Elektronen eines Argon-Atoms gehören zwei zur K-Schale und je acht zur L-Schale und zur M-Schale. Die neu hinzu kommenden Elektronen der beiden folgenden Elemente *Kalium* und *Calcium* besetzen bereits die vierte Schale, die **N-Schale.** Erst *danach* werden für die nächsten Elemente von *Scandium* bis *Zink* die fehlenden Elektronen der M-Schale aufgefüllt.

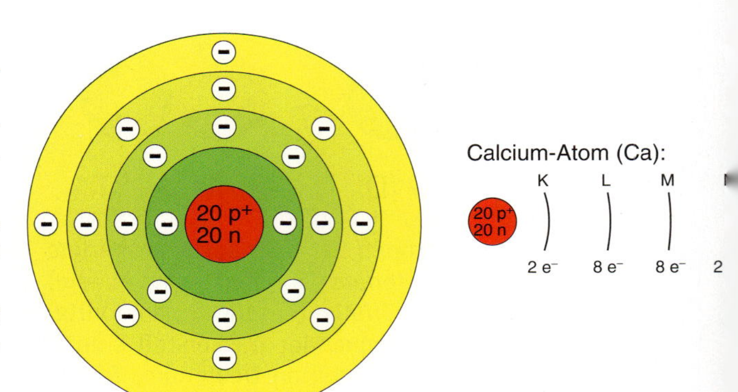

Schalenmodell des Calcium-Atoms

In der Atomhülle bewegen sich die Elektronen in Schalen (K, L, M ...) um den Kern. Jede Schale kann maximal nur eine bestimmte Anzahl an Elektronen aufnehmen. Die Besetzung erfolgt von innen nach außen.

1 Beschreibe das Schalenmodell der Atomhülle.

2 Gib die Verteilung der Elektronen in den Atomen der folgenden Elemente an: B, C, N, O, Mg, Al, Si, P und S. Welche Schalen sind jeweils voll besetzt?

Ionisierungsenergie und Schalenmodell

Theorie

Das Schalenmodell der Atomhülle liefert ein Bild, das zahlreiche Eigenschaften der Atome erklärt. Das gilt beispielsweise für die Ionenbildung: Durch Abspaltung von Elektronen entstehen aus neutralen Atomen positiv geladene Ionen. Die Energie, die erforderlich ist, um ein Elektron vollständig aus der Atomhülle zu entfernen, nennt man **Ionisierungsenergie.**

Für die Ionisierungsenergien des Natrium-Atoms gilt:
- Von den elf Elektronen lässt sich das erste sehr viel leichter aus der Hülle entfernen als alle anderen.
- Dann folgen acht Elektronen mit leicht ansteigender, aber etwa gleich großer Ionisierungsenergie.
- Die Abspaltung der beiden letzten Elektronen erfordert wesentlich größere Energiebeträge.

Energiestufen. Diese Abstufung der Ionisierungsenergien legt es nahe, dass es für die Elektronen eines Natrium-Atoms drei verschiedene **Energiestufen** gibt: Ein Elektron befindet sich auf der *dritten* Energiestufe. Es ist am weitesten vom Atomkern entfernt, wird am wenigsten angezogen und lässt sich daher am leichtesten abtrennen. Dann folgen die acht Elektronen mittlerer Ionisierungsenergie auf der *zweiten* Energiestufe. Hier steigt die Ionisierungsenergie an, weil die verbleibenden Elektronen nach der Abspaltung eines Elektrons stärker vom Kern angezogen werden. Ihre Abspaltung erfordert deshalb mehr Energie. Die beiden Elektronen mit den größten Ionisierungsenergien befinden sich auf der *ersten* Energiestufe. Sie haben den geringsten Abstand vom Atomkern. Um diese Elektronen zu entfernen, muss die größte Energie aufgewendet werden.

Schalenmodell. Anschaulich entsprechen die drei Energiestufen den drei Schalen, in denen sich die Elektronen um den Kern des Natrium-Atoms verteilen: Die dritte Energiestufe bildet die äußere Schale, die **M-Schale.** Die acht Elektronen der zweiten Energiestufe bilden die **L-Schale.** Die Elektronen der ersten Energiestufe befinden sich in der **K-Schale.**
Bei den Atomen der anderen Elemente findet man ähnliche Abstufungen der Ionisierungsenergien wie beim Natrium-Atom. Insgesamt lassen sich auf diese Art und Weise sieben Energiestufen unterscheiden. Gleichzeitig ergeben sich auch Hinweise auf die maximale Anzahl der Elektronen in einer Schale.

1 Erkläre den Begriff der Ionisierungsenergie.
2 Warum steigen die Ionisierungsenergien im Natrium-Atom an?
3 Zeichne Energiestufen-Diagramme für Argon, Calcium und Chlor.

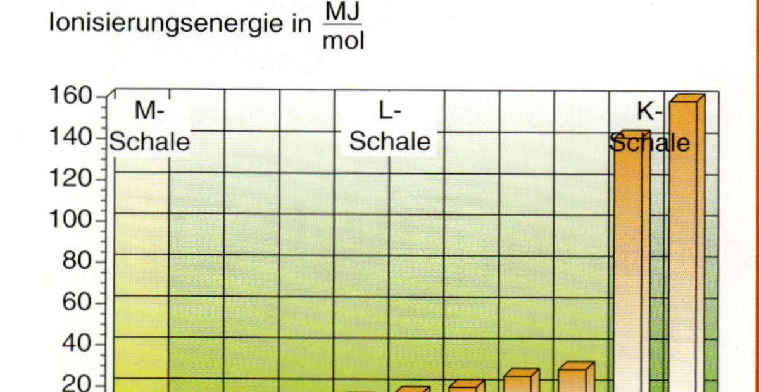

Ionisierungsenergie-Diagramm für die ersten elf Elektronen des Natrium-Atoms

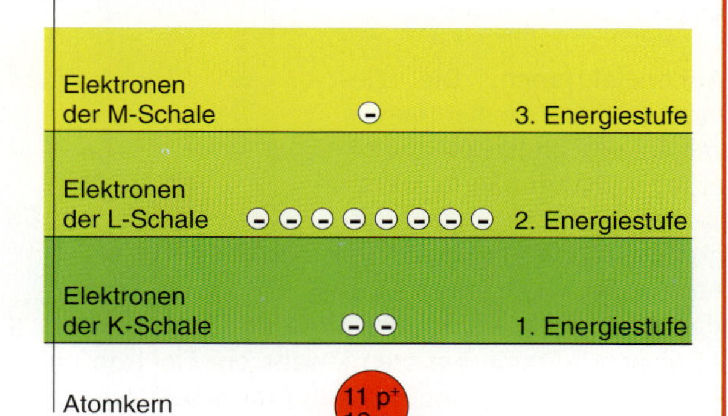

Energiestufen-Diagramm für die ersten elf Elektronen des Natrium-Atoms

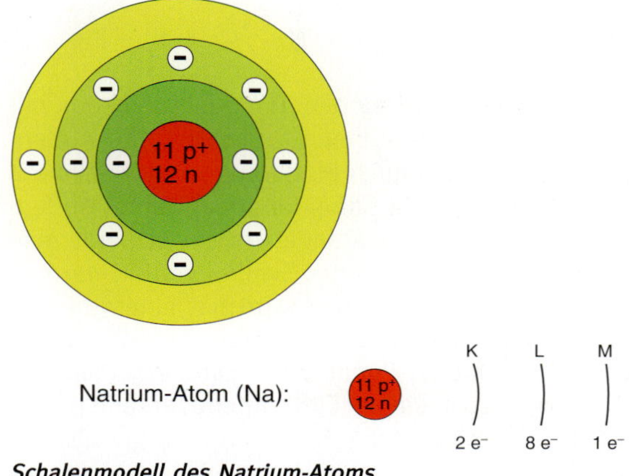

Schalenmodell des Natrium-Atoms

10.7 Atombau und Periodensystem

Hauptgruppe

Periode	I	II	III	IV	V	VI	VII	VIII
1	1 p⁺; K: 1 e⁻; $^{1}_{1}H$							2 p⁺, 2 n; K: 2 e⁻; $^{4}_{2}He$
2	3 p⁺, 4 n; K L: 2 e⁻ 1 e⁻; $^{7}_{3}Li$	4 p⁺, 5 n; K L: 2 e⁻ 2 e⁻; $^{9}_{4}Be$	5 p⁺, 6 n; K L: 2 e⁻ 3 e⁻; $^{11}_{5}B$	6 p⁺, 6 n; K L: 2 e⁻ 4 e⁻; $^{12}_{6}C$	7 p⁺, 7 n; K L: 2 e⁻ 5 e⁻; $^{14}_{7}N$	8 p⁺, 8 n; K L: 2 e⁻ 6 e⁻; $^{16}_{8}O$	9 p⁺, 10 n; K L: 2 e⁻ 7 e⁻; $^{19}_{9}F$	10 p⁺, 10 n; K L: 2 e⁻ 8 e⁻; $^{20}_{10}Ne$
3	11 p⁺, 12 n; K L M: 2 e⁻ 8 e⁻ 1 e⁻; $^{23}_{11}Na$	12 p⁺, 12 n; K L M: 2 e⁻ 8 e⁻ 2 e⁻; $^{24}_{12}Mg$	13 p⁺, 14 n; K L M: 2 e⁻ 8 e⁻ 3 e⁻; $^{27}_{13}Al$	14 p⁺, 14 n; K L M: 2 e⁻ 8 e⁻ 4 e⁻; $^{28}_{14}Si$	15 p⁺, 16 n; K L M: 2 e⁻ 8 e⁻ 5 e⁻; $^{31}_{15}P$	16 p⁺, 16 n; K L M: 2 e⁻ 8 e⁻ 6 e⁻; $^{32}_{16}S$	17 p⁺, 18 n; K L M: 2 e⁻ 8 e⁻ 7 e⁻; $^{35}_{17}Cl$	18 p⁺, 22 n; K L M: 2 e⁻ 8 e⁻ 8 e⁻; $^{40}_{18}Ar$

Zwischen dem Atombau und der Stellung der Elemente im Periodensystem besteht ein enger Zusammenhang.

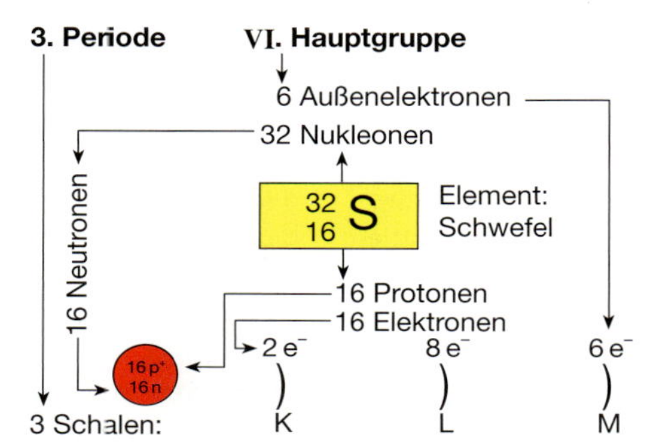

Außenelektronen. Die Elemente einer Elementfamilie zeigen ein ähnliches chemisches Verhalten. So reagieren die Alkalimetalle (I. Hauptgruppe) alle in gleicher Weise. Auch die Halogene (VII. Hauptgruppe) gleichen sich in ihren Eigenschaften. Alkalimetall-Atome besitzen jeweils ein Elektron auf der äußeren Schale und Halogen-Atome besitzen sieben Elektronen auf der äußeren Schale. Offensichtlich bestimmt die Zahl der *Außenelektronen* der Atome das chemische Verhalten der Stoffe. Man kennzeichnet die Außenelektronen deshalb durch besondere Symbole:

Li· ·Be· ·Ḃ· ·Ċ· |Ṅ· |Ō· |F̄· |Ne|

Die Elementsymbole stehen für den Atomkern mit den abgeschlossenen inneren Schalen. Die Außenelektronen werden durch Punkte und Striche symbolisiert. Ein Punkt steht dabei für ein einzelnes Außenelektron. Bis zu vier Außenelektronen schreibt man als Einzelpunkte, die um das Symbol verteilt werden. Jedes weitere Außenelektron wird mit einem bereits vorhandenen Punkt zu einem Punktepaar zusammengefasst. Jedes Punktepaar schreibt man als Strich, der damit einem **Elektronenpaar** entspricht. Für Schwefel mit sechs Außenelektronen gilt also:

:Ṡ· ⟹ |Ṡ·

Atombau und Periodensystem. Die Grundlage für die Anordnung der Elemente im Periodensystem ist die Anzahl der Protonen. Schreibt man alle Elemente mit gleicher Anzahl an besetzten Schalen in eine Zeile und alle Elemente mit gleicher Anzahl an Außenelektronen in eine Spalte, so erhält man eine Anordnung, die dem Periodensystem entspricht. Die *Periodennummer* stimmt mit der Anzahl der besetzten Schalen überein. Die *Hauptgruppennummer* ist gleich der Anzahl der Außenelektronen.

Atombau	Periodensystem
Anzahl der Protonen = Anzahl der Elektronen	Ordnungszahl
Anzahl der Protonen + Anzahl der Neutronen	Massenzahl
Anzahl der Außenelektronen	Hauptgruppennummer
Anzahl der besetzten Schalen	Periodennummer

1 Gib die Anzahl der Außenelektronen für die Elemente der 3. Periode in der Symbol-Schreibweise an.

2 Wie werden die Elemente der II. Hauptgruppe genannt? Warum haben sie ähnliche chemische Eigenschaften?

3 **a)** Beschreibe für das Element Schwefel den schematisch dargestellten Zusammenhang von Atombau und Stellung im Periodensystem mit eigenen Worten.
b) Gib für die Elemente Li, C, Mg und Al den Zusammenhang zwischen Atombau und Stellung im Periodensystem schematisch an.

Periodische Eigenschaften

Übersicht

Atomradien, Ionenradien und Ionisierungsenergien ändern sich mit steigender Ordnungszahl der Elemente periodisch.

Atomradien. In einer *Hauptgruppe* des Periodensystems nehmen die Atomradien von oben nach unten zu, denn je mehr Schalen in einem Atom besetzt sind, desto größer ist es.
In einer *Periode* nehmen die Atomradien von links nach rechts ab, denn bei gleicher Anzahl der Elektronenschalen, aber steigender Kernladung werden die Anziehungskräfte zwischen dem Kern und den Elektronen in der Atomhülle größer.

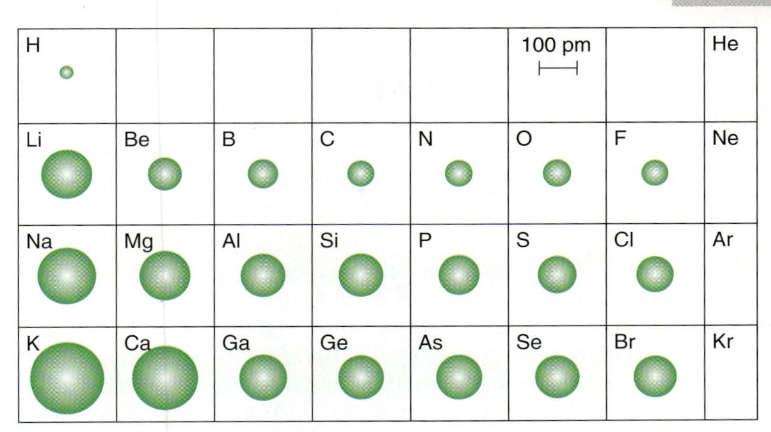

Atomradien. *Die Radien der Atome werden aus den Abständen der Atome in Molekülverbindungen ermittelt. Da es nur sehr wenige Edelgas-Verbindungen gibt, werden für die Elemente der VIII. Hauptgruppe keine Atomradien angegeben.*

Ionenradien. *Positiv geladene Ionen* sind immer kleiner als die Atome, aus denen sie sich bilden: Die Kationen besitzen eine Schale weniger als die Atome.
Negativ geladene Ionen sind dagegen größer als die zugehörigen Atome: Ihre Hüllen enthalten bei gleicher Kernladung mehr Elektronen in der gleichen Schale als die neutralen Atome. Da sich die Elektronen untereinander abstoßen, beanspruchen die Elektronen im Anion mehr Raum als im Atom.

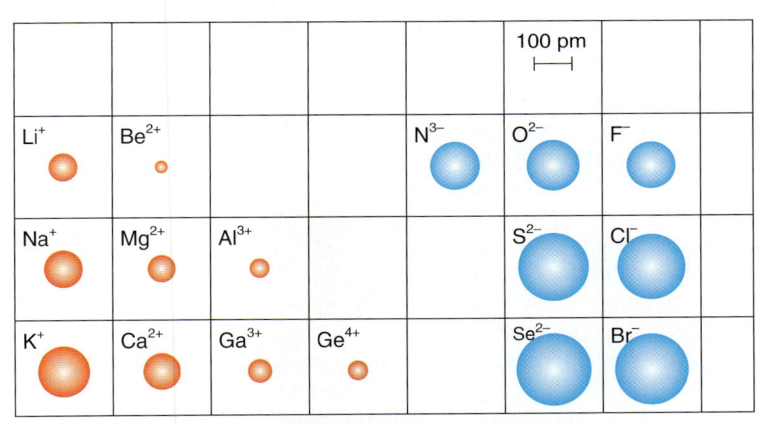

Ionenradien. *Die Radien der Ionen werden aus den Abständen der Ionen in Ionenverbindungen ermittelt.*

Ionisierungsenergien. Die Ionisierungsenergie für das erste Elektron nimmt in einer *Hauptgruppe* von oben nach unten ab, denn das erste Elektron der Außenschale lässt sich wegen der wachsenden Entfernung vom Kern immer leichter abspalten.
In einer *Periode* steigt die Ionisierungsenergie von links nach rechts an, denn das Elektron lässt sich wegen der größer werdenden Kernladung schwerer abspalten.

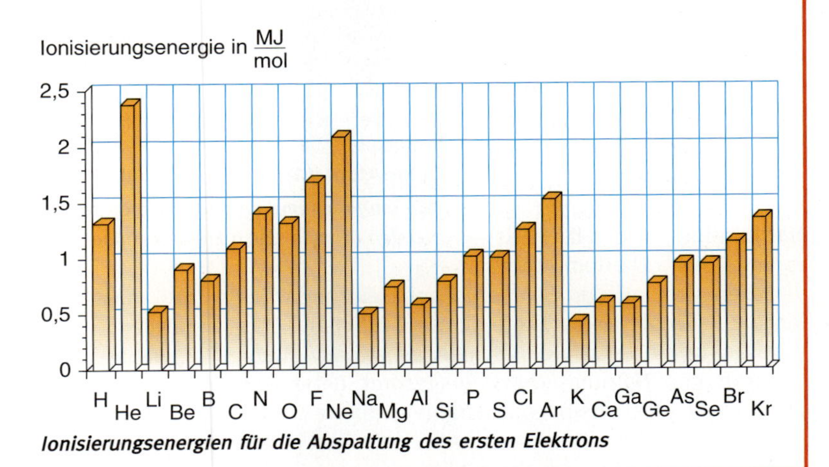

Ionisierungsenergien für die Abspaltung des ersten Elektrons

1 Beschreibe die in den Abbildungen dargestellten Zusammenhänge mit eigenen Worten.

10.8 Ionen und Edelgaskonfigurationen

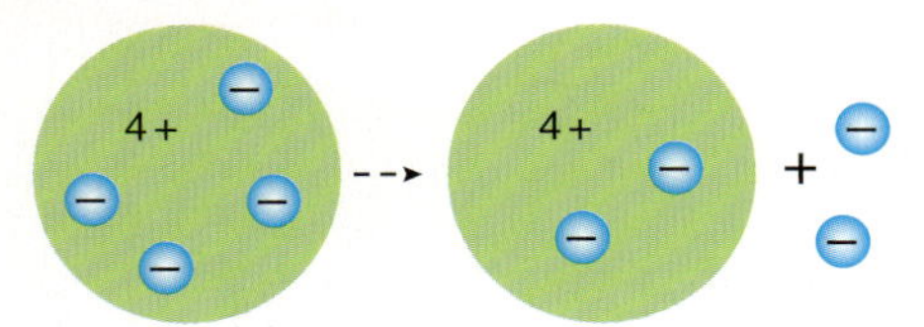

Bildung eines Kations im Rosinenkuchen-Modell

Wie sich Ionen bilden, lässt sich bereits mit dem *Rosinenkuchen-Modell* erklären: Atome geben Elektronen ab oder sie nehmen zusätzliche Elektronen auf. Das Modell erklärt aber nicht, warum einige Ionen *einfach* geladen sind, andere aber *zweifach* oder *dreifach* geladen. Erst als RUTHERFORD und BOHR 1913 das **Kern/Hülle-Modell** des Atombaus entwickelt hatten, konnte eine Antwort auf diese Frage gefunden werden. Zwar beschrieb das Kern/Hülle-Modell zunächst nur den Aufbau von Atomen, es lieferte aber die Grundlagen für Regeln, die den Aufbau von Ionen festlegen.

Edelgaskonfiguration. KOSSEL fand bereits 1916 eine Regel, nach der sich die Ladungszahlen der Ionen ergeben: Ionen besitzen oft dieselbe Anzahl von Außenelektronen wie die Atome des Edelgases, das ihnen im Periodensystem der Elemente am nächsten steht. Man sagt, die Ionen haben eine *Edelgaskonfiguration.* Meist befinden sich *acht* Elektronen auf der Außenschale. Die Ionen der Elemente Lithium und Beryllium besitzen die Elektronenkonfiguration des Helium-Atoms und haben deshalb nur zwei Außenelektronen.

Die von KOSSEL aufgestellte Regel bezeichnet man auch als **Edelgasregel.** Sie lässt sich aber streng genommen nur für die Ionen der Elemente anwenden, die im Periodensystem in den Hauptgruppen stehen. Wie jede Regel kennt also auch die Edelgasregel Ausnahmen.

Natrium-Ion. Die elf Elektronen des Natrium-Atoms verteilen sich auf drei Schalen. Zwei Elektronen füllen die K-Schale und weitere acht die L-Schale. Das elfte Elektron besetzt die M-Schale; es ist das Außenelektron des Natrium-Atoms. Insgesamt entspricht die Anzahl der positiven Ladungen, die sich im Atomkern befinden, der Anzahl der Elektronen in der Atomhülle. Das Atom ist also elektrisch neutral.

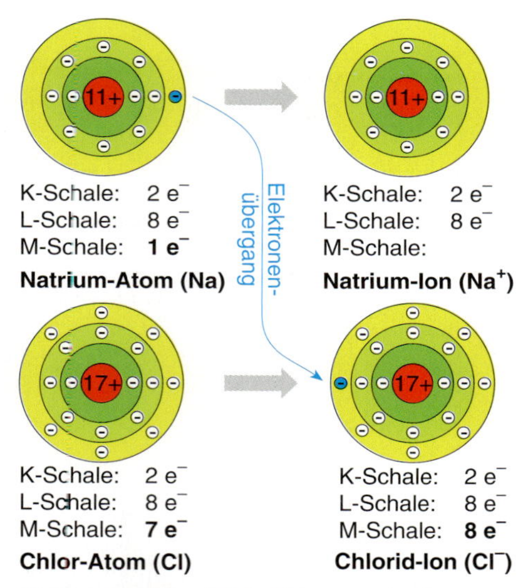

Natrium-Ionen und Chlorid-Ionen entstehen aus den Atomen durch Elektronenübergang.

Im Natrium-Ion ist die M-Schale unbesetzt. Den *elf* positiven Ladungen des Atomkerns stehen *zehn* negative Ladungen in der Atomhülle gegenüber, das Natrium-Ion ist also *einfach positiv* geladen (Na^+).

Chlorid-Ion. Das Chlor-Atom hat zwei Elektronen auf der K-Schale, acht Elektronen auf der L-Schale und sieben Außenelektronen auf der M-Schale. Die 17 negativen Ladungen der Elektronen werden durch die positiven Ladungen der 17 Protonen im Atomkern ausgeglichen.
Das Chlorid-Ion enthält ein zusätzliches Elektron, sodass die M-Schale mit acht Elektronen vollständig besetzt ist. Chlorid-Ionen sind daher *einfach negativ* geladen (Cl^-).

Ionenbildung bei Reaktionen. Die Bildung von Ionen erfolgt bei chemischen Reaktionen. So reagieren Metalle mit Nichtmetallen zu Ionenverbindungen. Der entscheidende Schritt ist ein *Elektronenübergang:* Metall-Atome geben Elektronen ab, bis sie eine Edelgaskonfiguration erreicht haben. Diese Elektronen werden von den Nichtmetall-Atomen aufgenommen, sodass gleichzeitig Anionen mit einer Edelgaskonfiguration entstehen.

Zwischen Metall-Atomen und Nichtmetall-Atomen findet ein Elektronenübergang statt. Es bilden sich Ionen, die bei den Hauptgruppenelementen in den Außenschalen eine Edelgaskonfiguration besitzen.

1 **a)** Erläutere auf der Grundlage des Schalenmodells die Bildung von Kalium-Ionen und Fluorid-Ionen.
b) Stelle im Schalenmodell dar, wie sich Calcium-Ionen und Sulfid-Ionen bei einer Reaktion der beiden Elemente bilden.

2 **a)** Warum sind alle Alkalimetall-Ionen einfach positiv geladen?
b) Warum sind alle Halogenid-Ionen einfach negativ geladen?

3 Welches Alkalimetall-Ion besitzt die Edelgaskonfiguration des Heliums?

4 Welches Halogenid-Ion besitzt die Neon-Konfiguration?

5 Warum gibt es kein Halogenid-Ion mit Helium-Konfiguration?

Ionenladung und Periodensystem

Übersicht

Das Periodensystem ist nicht nur ein Ordnungssystem für die Elemente, sondern auch für ihre Ionen.

- Die Elemente der I. bis III. Hauptgruppe sind Metalle und bilden *positiv* geladene Ionen. Ihre Ladungszahl stimmt mit der Gruppennummer überein.
- Die nichtmetallischen Elemente der fünften bis siebten Hauptgruppe bilden *negativ* geladene Ionen. Um ihre Ladungszahl zu berechnen, zieht man die Gruppennummer von der Zahl *acht* ab.

I. Hauptgruppe. Die Alkalimetalle bilden *einfach positiv* geladene Ionen wie Na^+ und K^+. NaCl und KCl sind Verbindungen, in denen diese Ionen enthalten sind.

II. Hauptgruppe. Die Erdalkalimetalle bilden *zweifach positiv* geladene Ionen wie Mg^{2+} und Ca^{2+}. Man findet sie im Magnesiumchlorid ($MgCl_2$) und im Calciumchlorid ($CaCl_2$).

III. Hauptgruppe. Aluminium bildet *dreifach positiv* geladene Ionen (Al^{3+}). Sie sind beispielsweise im Aluminiumchlorid ($AlCl_3$) enthalten.

IV. Hauptgruppe. Kohlenstoff und Silicium bilden in der Regel keine Ionen. Vom Blei sind Pb^{2+}-Ionen und Pb^{4+}-Ionen bekannt.

V. Hauptgruppe. Stickstoff bildet *dreifach negativ* geladene Nitrid-Ionen (N^{3-}). Man findet sie im Magnesiumnitrid (Mg_3N_2).

VI. Hauptgruppe. Die Ionen des Sauerstoffs und des Schwefels sind *zweifach negativ* geladen. Oxid-Ionen (O^{2-}) sind Bausteine der Oxide wie Kupferoxid (CuO) und Aluminiumoxid (Al_2O_3). Sulfid-Ionen (S^{2-}) sind in Natriumsulfid (Na_2S) und Kupfersulfid (CuS) enthalten.

VII. Hauptgruppe. Halogene bilden *einfach negativ* geladene Ionen: F^-, Cl^-, Br^- und I^-. Sie sind Bestandteile der Halogenide wie Natriumchlorid (NaCl) oder Kaliumbromid (KBr).

VIII. Hauptgruppe. Edelgase bilden keine Ionen.

Ionen der Nebengruppen-Elemente. Von den Elementen der Nebengruppen sind vor allem die Edelmetalle Silber, Gold und Platin bekannt. Aber auch viele Gebrauchsmetalle wie Eisen und Chrom stehen in den Nebengruppen. Die meisten Nebengruppen-Elemente bilden mehrere Ionensorten. So gibt es beim Eisen sowohl Fe^{2+}-Ionen als auch Fe^{3+}-Ionen. Mit welcher Ionensorte man es im Einzelfall zu tun hat, lässt sich an der Verhältnisformel erkennen. Fe^{2+}-Ionen sind im Eisenchlorid $FeCl_2$ enthalten. Fe^{3+}-Ionen findet man im Eisenchlorid $FeCl_3$.

1 Welche Elemente bilden positiv bzw. negativ geladene Ionen?

2 Begründe die Regeln, nach denen die Ladungszahlen der Ionen metallischer und nichtmetallischer Elemente abgeleitet werden können.

3 Welche Ionen sind im grünen Chromoxid (Cr_2O_3) und im braunen Bleioxid (PbO_2) enthalten?

4 Wie lauten die Verhältnisformeln von Natriumoxid und von Bismutsulfid?

Hauptgruppe	I	II											III	IV	V	VI	VII	VIII
1 K-Schale	H^+																	He
2 L-Schale	Li^+	Be^{2+}	Nebengruppen-Elemente										B	C	N^{3-}	O^{2-}	F^-	Ne
3 M-Schale	Na^+	Mg^{2+}	III	IV	V	VI	VII	VIII			I	II	Al^{3+}	Si	P^{3-}	S^{2-}	Cl^-	Ar
4 N-Schale	K^+	Ca^{2+}	Sc^{3+}	Ti^{3+} Ti^{4+}	V^{3+}	Cr^{3+}	Mn^{2+}	Fe^{2+} Fe^{3+}	Co^{2+}	Ni^{2+}	Cu^+ Cu^{2+}	Zn^{2+}	Ga^{3+}	Ge	As^{3+}	Se^{2-}	Br^-	Kr
5 O-Schale	Rb^+	Sr^{2+}	Y^{3+}	Zr^{4+}	Nb	Mo	Tc	Ru	Rh	Pd^{2+}	Ag^+	Cd^{2+}	In^{3+}	Sn^{2+} Sn^{4+}	Sb^{3+}	Te	I^-	Xe
6 P-Schale	Cs^+	Ba^{2+}	La^{3+}–Lu^{3+}	Hf^{4+}	Ta	W	Re	Os	Ir	Pt^{2+}	Au^+ Au^{3+}	Hg_2^{2+} Hg^{2+}	Tl^+	Pb^{2+} Pb^{4+}	Bi^{3+}	Po	At^-	Rn
7 Q-Schale	Fr^+	Ra^{2+}	Ac–Lr															

10.9 Salze – Ionen hinter Gittern

Kochsalz (NaCl)

Wenn das Wasser einer Kochsalz-Lösung verdunstet, bilden sich viele kleine, meist würfelförmige Kristalle. Schon früh machte man sich Gedanken, warum ohne äußere Einwirkung Kristalle mit regelmäßig angeordneten Flächen, Kanten und Ecken entstehen.

Im Jahre 1912 erforschte LAUE den Aufbau der Kristalle. Hierzu durchstrahlte er sie mit Röntgenlicht. Hinter den Kristallen entstand auf einer Fotoplatte ein regelmäßiges Muster von Punkten. Aus diesem Bild ließen sich die Abstände berechnen, die zwischen den Mittelpunkten der Ionen bestehen.

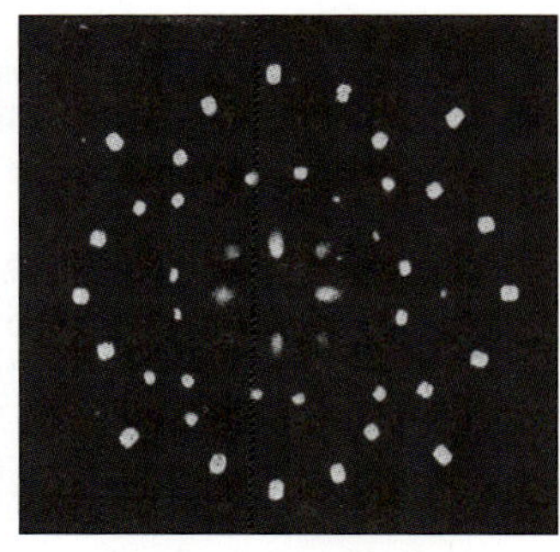
LAUE-Diagramm von Kochsalz

Gittermodelle. Den Aufbau von Ionenverbindungen stellt man in unterschiedlichen Modellen dar. Sollen lediglich die Positionen der Ionen im Kristall gezeigt werden, so verwendet man ein **Raumgittermodell.** Hier werden die Ionen durch kleine, mit Stäben verbundene Kugeln dargestellt. Möchte man aber die Radienverhältnisse der Ionen wiedergeben und zeigen, wie die Ionen den Raum ausfüllen, so benutzt man das **Kugelpackungsmodell.** Hier liegen die Kugeln jedoch so dicht beieinander, dass man die Anordnung im Inneren nicht direkt erkennen kann.

Natriumchlorid-Struktur. Chlorid-Ionen sind doppelt so groß wie Natrium-Ionen. Darum bestimmen sie im Natriumchlorid-Kristall den Aufbau des Kristallgitters. Untereinander bilden sie eine dichteste Kugelpackung. Die kleineren Natrium-Ionen liegen versteckt in den Lücken, die zwischen den Chlorid-Ionen frei bleiben. Dabei wird jedes Natrium-Ion von sechs Chlorid-Ionen berührt, aber auch jedes Chlorid-Ion ist von sechs Natrium-Ionen umgeben. Einem Teilchen der einen Ionensorte sind also jeweils sechs Ionen der anderen Sorte *zugeordnet.* Eine solche Zuordnung wird auch als *Koordination* bezeichnet. Darum heißt es: Im Natriumchlorid-Kristall haben beide Ionensorten die **Koordinationszahl** sechs.

Ionenbindung. Im Natriumchlorid-Kristall zieht jedes Natrium-Ion die sechs benachbarten Chlorid-Ionen an, wie auch jedes Chlorid-Ion die sechs benachbarten Natrium-Ionen an sich bindet. Zwischen den verschiedenartig geladenen Ionen wirken starke elektrische Anziehungskräfte. Diese Art der chemischen Bindung bezeichnet man als Ionenbindung.
Alle Stoffe, in denen dieser Bindungstyp vorliegt, gehören zu den Salzen. Der gemeinsame Bindungstyp erklärt auch die gemeinsamen Eigenschaften von Salzen:

- Salze besitzen in der Regel hohe Schmelztemperaturen und hohe Siedetemperaturen.
- Salze lösen sich meist gut in Wasser.
- Die wässerigen Lösungen und Schmelzen von Salzen leiten den elektrischen Strom.
- Schlägt man hart auf einen Salzkristall, so zerbricht er in Stücke, die meist wieder die charakteristische Kristallform besitzen.

Ionen bilden Kristalle mit regelmäßigen Gitterstrukturen. Dabei halten elektrische Kräfte die Ionen zusammen, man spricht von der Ionenbindung.

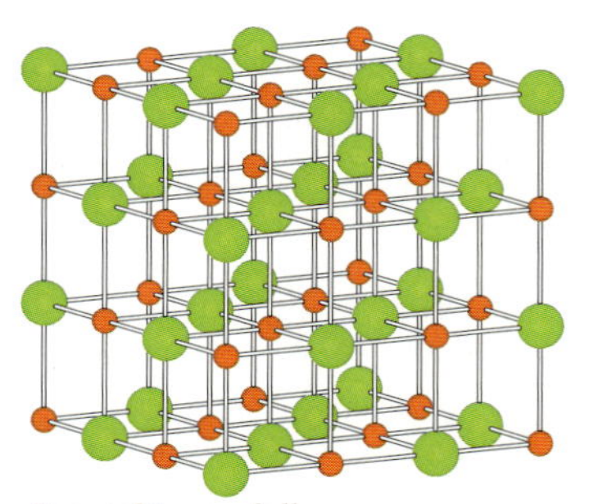
Raumgittermodell

1 Was versteht man unter einem Kristallgitter?

2 Erläutere den Begriff der Koordinationszahl.

3 Welche Eigenschaften des Kristallbaus kann das Raumgittermodell und welche das Kugelpackungsmodell besonders deutlich wiedergeben?

4 **a)** Warum kann ein Ionen-Kristall im Prinzip beliebig groß werden?
b) Weshalb werden Kristalle aber nur selten sehr groß?

5 **a)** Warum sind Kristalle stets regelmäßig aufgebaut?
b) Warum bilden sich regelmäßige Kristalle nur, wenn sie frei schwebend – beispielsweise an einem Wollfaden – in einer Lösung wachsen?

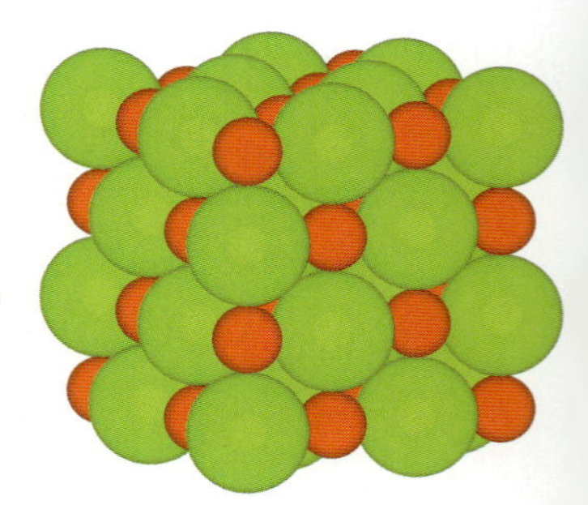
Kugelpackungsmodell

Welcher Gittertyp liegt vor?

Exkurs

Wer eine Kristallsammlung betrachtet, bewundert die Vielfalt der Kristallformen. Die Formenvielfalt kann aber auch verwirren. Darum schafft man Ordnung, indem man die vielen Kristallformen relativ wenigen **Gittertypen** zuordnet. Diese werden nach bekannten Beispielen wie nach dem Natriumchlorid-Gitter benannt. Die **Verhältnisformel** eines Stoffes und das **Radienverhältnis** seiner Ionen bestimmen den jeweiligen Gittertyp mit seiner charakteristischen Anordnung der Ionen. Besonders einfach lassen sich Gittertypen erfassen, wenn nur zwei Ionensorten am Aufbau beteiligt sind.

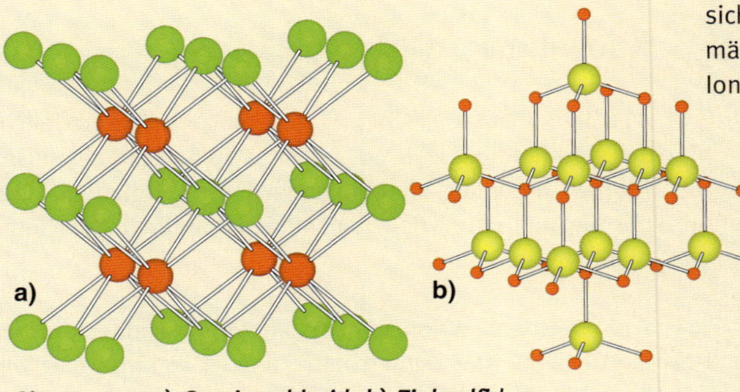

Gittertypen: a) Caesiumchlorid, b) Zinksulfid

Caesiumchlorid-Typ. Caesium-Ionen sind beinahe so groß wie Chlorid-Ionen. Sie passen also nicht in die Lücken zwischen den Chlorid-Ionen. Insgesamt ergibt sich eine *würfelförmige* Gitterstruktur, in der sowohl Caesium-Ionen als auch Chlorid-Ionen die acht Ecken von Würfeln besetzen. Im Zentrum eines solchen Würfels befindet sich immer ein Ion der anderen Ionensorte. In der Caesiumchlorid-Struktur ist die Koordinationszahl also für beide Ionensorten *acht*.

Zinksulfid-Typ. Sulfid-Ionen sind etwa 2,5-mal größer als Zink-Ionen. Bei diesem Radienverhältnis bildet sich ein Gitter, in dem jedes Ion die Mitte eines regelmäßigen Tetraeders besetzt. Vier Ionen der anderen Ionensorte befinden sich an den Ecken des Tetraeders. Die Koordinationszahl ist demnach für beide Ionensorten *vier*.

1 **a)** Wie lauten die Verhältnisformeln für Caesiumchlorid und für Zinksulfid?
b) Aus welchen Ionensorten bestehen diese Verbindungen?
c) Vergleiche die Strukturen mit der Struktur des Natriumchlorid-Gitters.

Rubine werden wegen ihrer Härte als Lagersteine in Uhren verwendet. Sie bestehen hauptsächlich aus farblosem Aluminiumoxid. Im Kristallgitter wird ein kleiner Teil der Aluminium-Ionen durch ebenfalls dreifach positiv geladene Chrom-Ionen (Cr^{3+}) ersetzt. Sie verleihen dem Kristall die schöne rote Farbe.

Beim Eindunsten einer Kupfersulfat-Lösung erhält man die blauen Kristalle von Kupfersulfat-Pentahydrat ($CuSO_4 \cdot 5\ H_2O$). In diesen Kristallen sind Wasser-Moleküle in die Gitterstruktur eingebaut. Werden solche Kristalle erhitzt, entweicht das Kristallwasser und die Kristalle zerfallen.

Aus einer gesättigten Lösung von Kaliumaluminiumsulfat-Hydrat ($KAl(SO_4)_2 \cdot 12\ H_2O$) entstehen Alaun-Kristalle, wenn das Wasser verdunstet. Die Kristalle haben die Form von zwei Pyramiden, die sich mit ihren quadratischen Grundflächen berühren.

Kaliumnitrat

Aus einer heiß gesättigtem Lösung von Kaliumnitrat fallen beim Abkühlen farblose, nadelförmige Kristalle aus. Beim Erhitzen gehen die Kristalle wieder in Lösung. An diesem Beispiel lässt sich das Kristallwachstum besonders leicht beobachten.

Prüfe dein Wissen

Quiz

A1 a) Erkläre die Begriffe des Fensters.
b) Notiere auf der Vorderseite von Karteikarten den Begriff, auf der Rückseite die Erklärung.

A2 Notiere die Formeln folgender Ionen:
Natrium-Ion, Calcium-Ion, Aluminium-Ion, Zink-Ion, Chlorid-Ion, Sulfid-Ion, Nitrid-Ion.

A3 a) Leite aus dem Symbol des Phosphors ${}^{31}_{15}P$ den Aufbau des Phosphor-Atoms ab.
b) Worin stimmen Phosphor-Atome mit der Bezeichnung ${}^{31}_{15}P$ und ${}^{30}_{15}P$ überein? Worin unterscheiden sie sich?

A4 Bestimme für die Atome mit 6, 17 und 34 Protonen
a) die Zahl der Elektronen und Neutronen,
b) die Anzahl der Außenelektronen und die Elektronenschreibweise,
c) die Zahl der besetzten Eletronenschalen.

A5 Gib für die Elemente Aluminium, Calcium, Schwefel und Stickstoff
a) die Anzahl der Außenelektronen,
b) die Formeln der zugehörigen Ionen an.

A6 a) Welche Atome sind im Bild dargestellt?
b) Welche dieser Atome können Ionen bilden?
Begründe deine Antwort und gib die Formeln der Ionen an.

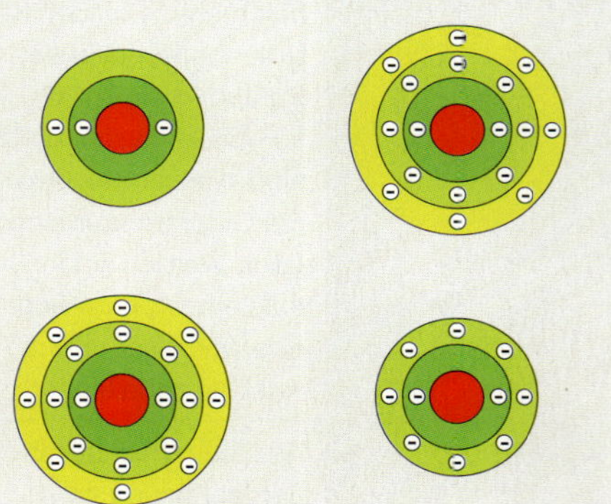

A7 Was versteht man im Sinne von ARRHENIUS unter einer Säure und einer Base?

A8 Stelle die Bildung von Calcium-Ionen und Chlorid-Ionen im Kern/Hülle-Modell dar.

A9 Chlorwasserstoff-Gas wird in Wasser gelöst. Formuliere die Reaktionsgleichung.

A10 Zeichne das Schalenmodell eines Sauerstoff-Atoms.

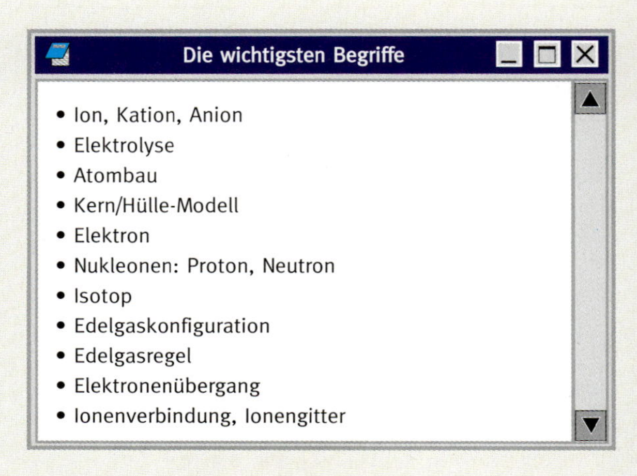

Die wichtigsten Begriffe

- Ion, Kation, Anion
- Elektrolyse
- Atombau
- Kern/Hülle-Modell
- Elektron
- Nukleonen: Proton, Neutron
- Isotop
- Edelgaskonfiguration
- Edelgasregel
- Elektronenübergang
- Ionenverbindung, Ionengitter

Know-how

A11 Im RUTHERFORDschen Streuversuch werden α-Teilchen auf eine Goldfolie gelenkt, in der 1000 Schichten von Gold-Atomen lückenlos hintereinander liegen. Trotzdem fliegen die meisten α-Teilchen ungehindert hindurch. Was folgert man daraus?

A12 Welche Reaktionen laufen an den Elektroden ab, wenn eine Lösung von Kupferchlorid ($CuCl_2$) elektrolysiert wird? Formuliere die Elektronenübergänge an den Elektroden und die Gesamtreaktion.

A13 a) Vergleiche das Atommodell von DALTON mit dem Kern/Hülle-Modell von RUTHERFORD.
b) Erläutere den Begriff Isotop am Beispiel des Wasserstoffs.
c) Welche Annahme DALTONS wurde durch den Nachweis von Isotopen widerlegt?

A14 Erläutere wesentliche Zusammenhänge zwischen dem Bau der Atome und der Anordnung der Elemente im Periodensystem.

A15 Müssen Atome, die die gleiche Atommasse besitzen, zum gleichen Element gehören? Begründe deine Antwort.

A16 Wie lauten die Verhältnisformeln von Lithiumoxid, Bariumchlorid und Aluminiumsulfid? Begründe mit Hilfe der Regel der Elektroneutralität.

Natur – Mensch – Technik

A17 Elektrolysen werden großtechnisch genutzt, um Metallgegenstände wie Bestecke mit einer Edelmetallschicht zu überziehen. Dabei geht man von Rohlingen aus, die aus einem weniger edlen Metall wie z. B. Eisen bestehen. Wie muss man bei einem solchen Verfahren, das als Galvanisieren bezeichnet wird, grundsätzlich vorgehen?

Atome und Ionen

Basiswissen

1. Atombau

a) Ein Atom ist aus **Atomkern** und **Atomhülle** aufgebaut.

b) Der Atomkern ist positiv geladen und enthält fast die gesamte Masse des Atoms.

c) Die Atomhülle wird durch negativ geladene **Elektronen** gebildet.

Beispiel: Bor-Atom

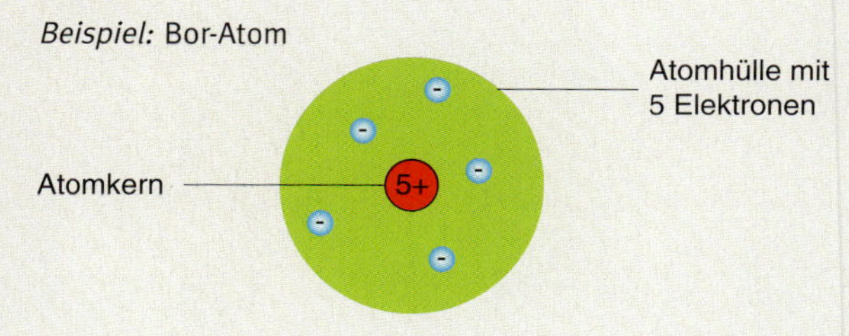

2. Bau des Atomkerns

a) Der Atomkern besteht aus **Nukleonen: Protonen** und **Neutronen.**

b) Die **Ordnungszahl** der Elemente stimmt mit der Protonenzahl **(Kernladungszahl)** überein.

c) **Isotope** sind Atome eines Elements, die sich in der Neutronenzahl unterscheiden.

d) Symbolschreibweise für Elemente: $^{\text{Massenzahl}}_{\text{Protonenzahl}}\,{}^{23}_{11}\text{Na}$

Protonenzahl = Ordnungszahl = Zahl der Elektronen

3. Schalenbau der Atomhülle

a) Die Atomhülle ist in Schalen gegliedert.

b) Die Elektronenschalen werden von innen nach außen mit **K, L, M, N, O, P** und **Q** bezeichnet.

c) Die K-Schale nimmt maximal 2 Elektronen auf, die L-Schale 8 Elektronen und die M-Schale 18 Elektronen.

d) Die Elektronen der äußeren Schale heißen **Außenelektronen;** sie bestimmen das chemische Verhalten der Elemente.

Beispiel: Phosphor-Atom

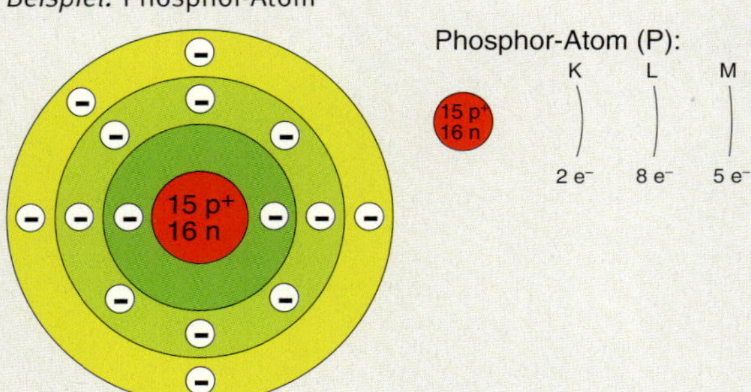

4. Atombau und Periodensystem

Das Periodensystem enthält alle wichtigen Informationen zum Atombau eines Elements:

Periodennummer: Zahl der Elektronenschalen
Gruppennummer: Zahl der Außenelektronen
Ordnungszahl: Zahl der Protonen = Zahl der Elektronen
Massenzahl – Ordnungszahl = Neutronenzahl

Beispiel: Phosphor

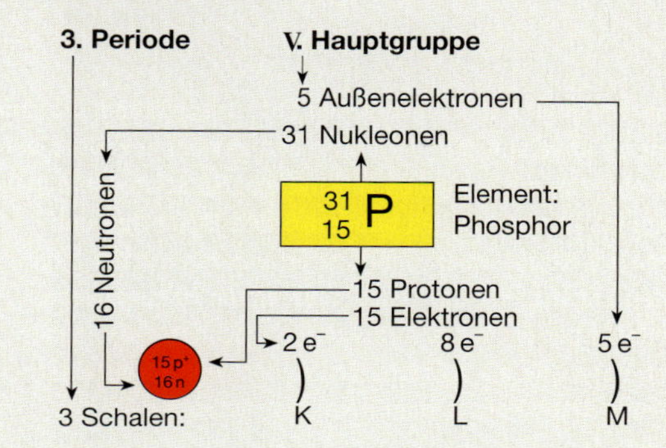

5. Ionen und Ionenverbindungen

a) Ionen sind elektrisch geladene Teilchen. Metalle bilden *positiv* geladene **Kationen,** Nichtmetalle (außer Wasserstoff) bilden *negativ* geladene **Anionen.**
Ionen sind die Bausteine der **Salze.** In Kristallgittern werden sie durch die **Ionenbindung** zusammengehalten.

b) Für Ionen der Hauptgruppen-Elemente gilt die **Edelgasregel.** Wie Edelgas-Atome haben sie eine vollbesetzte Außenschale:
Bei den Elementen der I. bis III. Hauptgruppe stimmt die Ladungszahl der Kationen mit der Gruppennummer überein. Für die Elemente der V. bis VII. Hauptgruppe berechnet man die Ladungszahl der Anionen, indem man die jeweilige Gruppennummer von der Zahl *acht* abzieht.

6. Elektrolyse

Elektrolysen sind durch äußere elektrische Spannung erzwungene chemische Reaktionen. Dabei scheiden sich an den Elektroden Stoffe ab. Kationen wandern zur **Kathode** (Minuspol) und nehmen Elektronen auf. Anionen wandern zur **Anode** (Pluspol) und geben Elektronen ab.

Beispiel: Elektrolyse von Zinkbromid-Lösung

Minuspol: $Zn^{2+}(aq) + 2\,e^- \dashrightarrow Zn\ (s)$

Pluspol: $2\,Br^-(aq) \dashrightarrow Br_2(aq) + 2\,e^-$

Gesamtreaktion: $Zn^{2+}(aq) + 2\,Br^-(aq) \longrightarrow Zn\ (s) + Br_2(aq)$

11 Metalle – Struktur und Reaktionen

Schon vor Beginn des eigentlichen Industriezeitalters wurden *Eisenerze* abgebaut und verhüttet. Das gewonnene Eisen verarbeitete man mit einfachen Hilfsmitteln. So schmiedete man bereits im 12. und 13. Jahrhundert Gitter, Beschläge und Waffen aus Eisen. Im 14. Jahrhundert wurden mit der beginnenden Entwicklung der Technik die ersten Hammerwerke errichtet. Über ein Wasserrad wurden mächtige Fallhämmer angetrieben, die bis zu sechs Zentner schwer waren. Das glühende Eisen konnte damit auf dem Amboss verformt werden.

Im 19. Jahrhundert verdrängten Dampfmaschinen den Wasserantrieb. Es entstanden die ersten Dampfhämmer, mit denen sich die Metalle wesentlich leichter bearbeiten ließen. Die Energie der Dampfmaschine wurde in die Schlagenergie des fallenden Hammers überführt. Auf diese Weise konnten bereits vor über 150 Jahren große Maschinenteile wie Schiffskurbelwellen geschmiedet werden.

11.1 Metallbindung

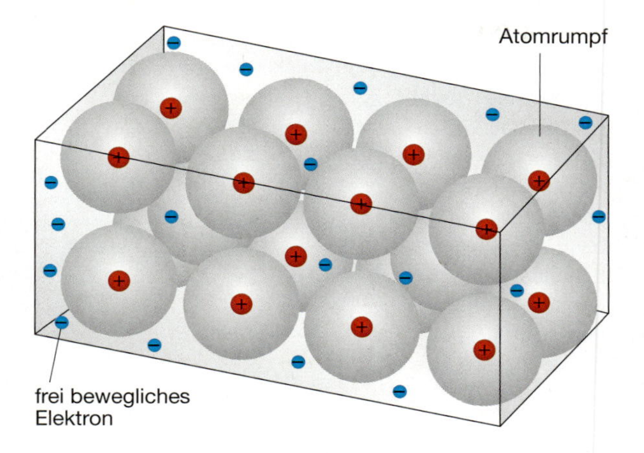

Die meisten chemischen Elemente sind Metalle. Dazu gehören die Hälfte der Hauptgruppenelemente sowie sämtliche Nebengruppenelemente. Charakteristisch für Metalle ist ihre gute Leitfähigkeit für den elektrischen Strom und für Wärme. Typisch sind auch die plastische Verformbarkeit und der metallische Glanz.

Elektronengas-Modell. Aufbau und Eigenschaften der Metalle lassen sich durch das Elektronengas-Modell beschreiben. Es geht von der Annahme aus, dass die *Außenelektronen* der Metall-Atome im Metallgitter nicht fest gebunden sind. Sie lassen sich nicht mehr einzelnen Atomen zuordnen, sondern sind frei beweglich zwischen den positiv geladenen *Atomrümpfen.* In Analogie zu der ungeordneten Bewegung von Gasteilchen spricht man deshalb von einem **Elektronengas.**

Nach diesem Modell wird das Metallgitter durch elektrische Anziehungskräfte zwischen den positiv geladenen Metall-Ionen und den negativ geladenen, beweglichen Elektronen zusammengehalten. Diese Art der chemischen Bindung bezeichnet man als **Metallbindung.** Mit dem Elektronengas-Modell lassen sich die typischen Eigenschaften der Metalle erklären.

Elektrische Leitfähigkeit: Fließt ein elektrischer Strom durch einen Metalldraht, so werden die frei beweglichen Elektronen von der Stelle des Elektronenüberschusses (Minuspol) zu der Stelle des Elektronenmangels (Pluspol) verschoben. Ein elektrischer Leiter verhält sich also ähnlich wie ein gefüllter Wasserschlauch: Dreht man den Hahn auf, so fließt Wasser in den Schlauch hinein, gleichzeitig werden im Schlauch die Wasser-Moleküle verschoben und am Ende des Schlauches tritt Wasser aus.

Die elektrische Leitfähigkeit der Metalle nimmt mit steigender Temperatur ab: Bei niedriger Temperatur schwingen die Gitterbausteine nur wenig hin und her, die Bewegung der Elektronen wird kaum behindert. Mit steigender Temperatur werden die Schwingungen stärker. Der Elektronenfluss wird dadurch behindert und der elektrische Widerstand nimmt zu.

Wärmeleitfähigkeit: Berührt man Metalle bei Raumtemperatur mit der Hand, so fühlen sie sich kalt an. Die frei beweglichen Elektronen können unsere Körperwärme leicht als Bewegungsenergie aufnehmen und ins Innere des Metalls transportieren.

Verformbarkeit: Beim Biegen oder plastischen Verformen eines Metallstücks werden die Kationenschichten des Metallgitters gegeneinander verschoben. Die Zahl der Nachbarn eines Kations bleibt dabei gleich und auch das Elektronengas verändert sich nicht. Die Metallbindung bleibt also erhalten, das Metall zerbricht nicht.

> Nach dem Elektronengas-Modell ist ein Metall aus positiv geladenen Kationen und frei beweglichen Elektronen aufgebaut.

1 Beschreibe den Aufbau eines Metallgitters.

2 Vergleiche die elektrische Leitfähigkeit eines Kupfer-Drahts und einer Kupfersalz-Lösung.

3 Wie ändert sich die elektrische Leitfähigkeit eines Drahtes, wenn man ihn abkühlt? Gib eine Erklärung.

4 **a)** Ein Eisenstab und ein Holzstab haben beide eine Temperatur von 50 °C. Welcher Stab fühlt sich wärmer an?
b) Warum werden zur Ausstattung einer Sauna keine Metallgegenstände verwendet?

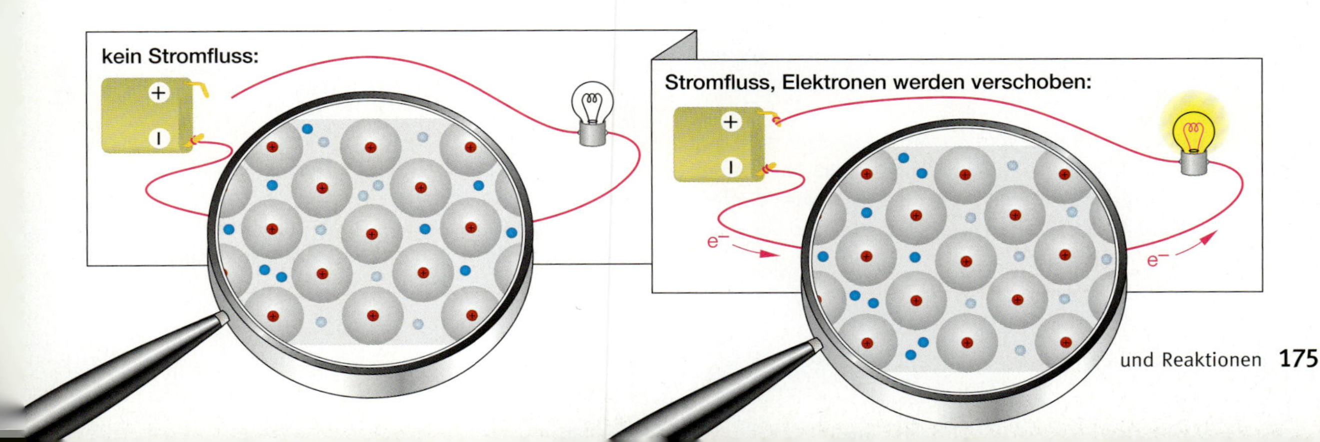

Exkurs

Metallgitter

In einem Metallkristall sind die Metall-Kationen so dicht und so raumsparend wie möglich gepackt. Das kann gut durch ein Kugelmodell veranschaulicht werden.

Magnesium-Typ
Koordinationszahl: 12
Beispiele: Cobalt, Zink, Titan, Osmium

Werden Kugeln in einer Schicht dicht aneinander gelegt, so ist jede Kugel von sechs Nachbarn umgeben.

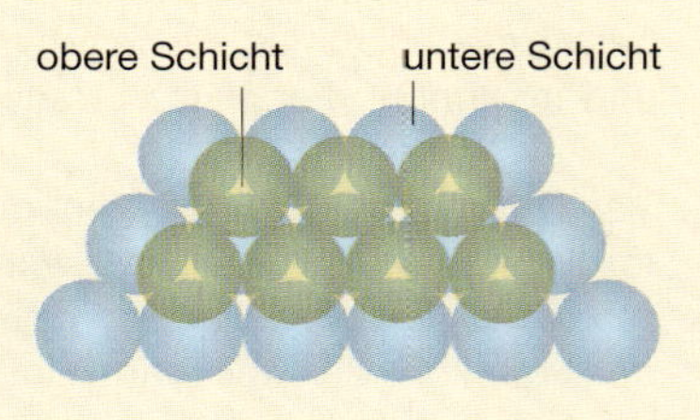

Schüttet man weitere Kugeln darauf, so bildet sich eine zweite dicht gepackte Schicht. Die Kugeln liegen in den Lücken der ersten Schicht. Eine dritte Schicht lässt sich so anordnen, dass diese Kugeln über den Kugeln der ersten Schicht liegen. Eine solche Anordnung liegt beispielsweise im Magnesium-Gitter vor. Fachleute bezeichnen sie als *hexagonal dichteste Kugelpackung.* Auch andere Metalle sind so aufgebaut. Man spricht bei dieser Anordnung allgemein vom **Magnesium-Typ.**

Koordinationszahl. Beim Magnesium-Typ ist jedes Metall-Kation von insgesamt zwölf nächsten Nachbarn umgeben: sechs in der gleichen Schicht und je drei in der Schicht darüber und darunter. Man sagt, die *Koordinationszahl* ist zwölf.
Auch andere Metalle wie Kupfer weisen die Koordinationszahl zwölf auf. Kupfer-Kristalle sind jedoch anders aufgebaut als Magnesium-Kristalle, man spricht vom *Kupfer-Typ.* In diesem Fall sind die dicht gepackten Schichten so angeordnet, dass erst die vierte Schicht genau über der ersten liegt. Etwa 80 % aller Metalle sind nach dem Magnesium-Typ oder Kupfer-Typ aufgebaut, allen gemeinsam ist die dichteste Kugelpackung.

In den übrigen Fällen sind die Atome weniger dicht gepackt. Die Koordinationszahl ist meist acht. Jedes Atom hat acht nächste Nachbarn, die die Ecken eines Würfels besetzen. Diese Struktur liegt beim Wolfram vor, man spricht vom *Wolfram-Typ.*

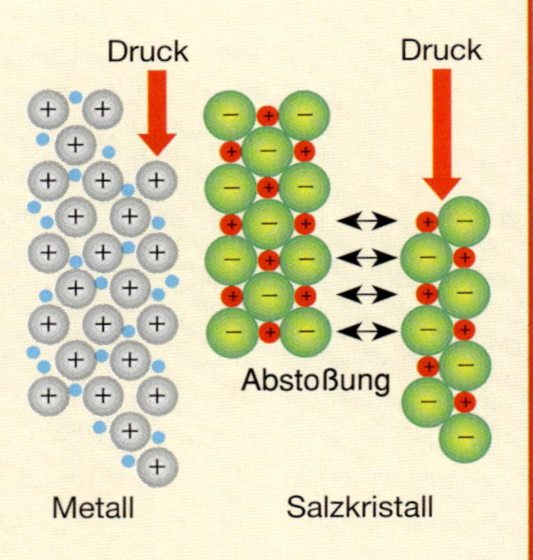

Vergleich zwischen Metallkristall und Ionenkristall. Metallgitter und Ionengitter sind aus Kugelpackungen aufgebaut, in denen die Kationen feste Gitterplätze einnehmen. In Metallkristallen ist die negative Ladung als Elektronengas gleichmäßig über das ganze Gitter verteilt. In Ionenkristallen ist sie dagegen auf die Anionen konzentriert: Die Anionen besetzen abwechselnd mit den Kationen feste Gitterplätze. Ionenkristalle lassen sich im Gegensatz zu Metallen nicht plastisch verformen, sie sind hart und spröde: Wird ein Schlag auf einen Ionenkristall ausgeübt, so zersplittert er sofort. Durch den Schlag verschieben sich zwei Gitterebenen gegeneinander. Dabei geraten kurzfristig gleichartig geladene Ionen nebeneinander. Sie stoßen sich ab und der Kristall zerbricht.
Der Ionenkristall leitet im Gegensatz zum Metallkristall nicht den elektrischen Strom. Die Ionen sind im Kristall auf festen Gitterplätzen gebunden und können daher keine Ladungen transportieren. In den Metallen fungieren dagegen die frei beweglichen Elektronen als Ladungsträger.

1 Nenne Gemeinsamkeiten und Unterschiede zwischen Metallgittern und Ionengittern.
2 Leiten die Schmelzen von Salzen oder Metallen den elektrischen Strom? Begründe deine Antwort.
3 Vergleiche, wie sich eine Temperaturerhöhung auf die elektrische Leitfähigkeit eines Kupferdrahtes und einer Natriumchlorid-Schmelze auswirkt.

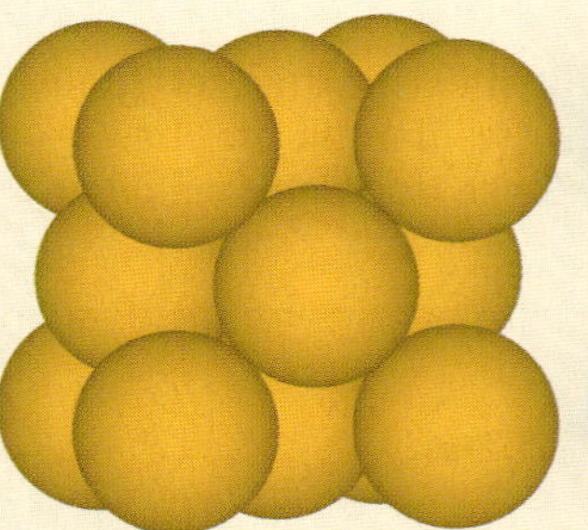

Kupfer-Typ
Koordinationszahl: 12
Beispiele: Aluminium, Gold, Silber, Blei, Nickel

Wolfram-Typ
Koordinationszahl: 8
Beispiele: Natrium, Vanadium, Chrom, Eisen

Technische Gewinnung von Reinkupfer (Kupfer-Raffination)

Exkurs

Aus Erzen hergestellte Metalle sind in der Regel nicht rein. So enthält Rohkupfer etwa 2 % Verunreinigungen. Dabei handelt es sich neben unedlen Metallen wie Eisen oder Zink auch um Edelmetalle wie Silber, Gold und Platin. Diese Edelmetalle werden bei der Reinigung des Rohkupfers als wertvolle Nebenprodukte gewonnen.
Die Reinigung des Rohkupfers geschieht durch Elektrolyse. Als Elektrolyt wird Kupfersulfat-Lösung verwendet. Dabei schaltet man das Rohkupfer als Anode (Pluspol). Als Kathode (Minuspol) dient eine dünne Reinkupfer-Platte. Bei der Elektrolyse löst sich das Rohkupfer nach und nach auf, und an der Kathode scheidet sich reines Kupfer mit einem Kupferanteil von 99,9 % ab.

Anode (Pluspol): Cu (s; roh) $\dashrightarrow$ Cu^{2+} (aq) + 2 e^-

Kathode (Minuspol): Cu^{2+} (aq) + 2 e^- $\dashrightarrow$ Cu (s; rein)

Die unedlen Metalle, die im Rohkupfer enthalten waren, lösen sich auf. Ihre Ionen werden jedoch nicht an der Kathode abgeschieden. Die Edelmetalle lösen sich dagegen nicht, sie fallen als *Anodenschlamm* zu Boden. Zur Gewinnung von Gold und Silber löst man den Anodenschlamm in einem Gemisch aus konzentrierter Salzsäure und konzentrierter Salpetersäure auf. Aus dieser Lösung scheidet man die Edelmetalle elektrolytisch ab.

Kathoden werden aus dem Elektrolysetrog gezogen.

1 Stelle die Reaktionsgleichungen für die Entladung von Ag^+-Ionen und von Au^{3+}-Ionen auf.

2 **a)** Erstelle eine Skizze zur Kupfer-Raffination. Trage die Elektroden, die Spannungsquelle, die Bewegungsrichtung der Elektronen und die Ionenbewegung ein.
b) Könnte man statt Kupfersulfat-Lösung auch Wasser als Elektrolyt verwenden? Begründe deine Antwort.

3 Was versteht man allgemein unter dem Begriff Raffination? Schlage in einem Lexikon nach.

Natrium aus Steinsalz

Exkurs

Das Alkalimetall Natrium wird durch Elektrolyse aus Steinsalz (Natriumchlorid) gewonnen. Die Elektrolyse lässt sich allerdings nicht mit einer wässerigen Lösung durchführen. Denn dabei entsteht an der Anode (Pluspol) zwar Chlor-Gas, aber an der Kathode (Minuspol) scheidet sich kein Natrium ab. Stattdessen bildet sich aus dem Wasser Wasserstoff.
Elektrolysiert man jedoch eine Natriumchlorid-Schmelze, so scheidet sich an der Kathode metallisches Natrium ab. Eine solche Elektrolyse bezeichnet man als **Schmelzfluss-Elektrolyse.**

In der Technik wird eine spezielle Elektrolysezelle verwendet, die *DOWNS-Zelle*. Der Pluspol besteht aus Graphit. Als Minuspol verwendet man einen Eisenring. Beide Elektroden tauchen ganz in die Salzschmelze ein. Die Natrium-Ionen wandern in der Schmelze zum Eisenring und werden dort entladen. Das elementare Natrium steigt in der Schmelze auf und sammelt sich unter einer dachartigen Abdeckung des Minuspols als flüssiges Natrium. Chlorid-Ionen wandern zur Graphit-Elektrode und werden dort zu Chlor-Molekülen umgesetzt.

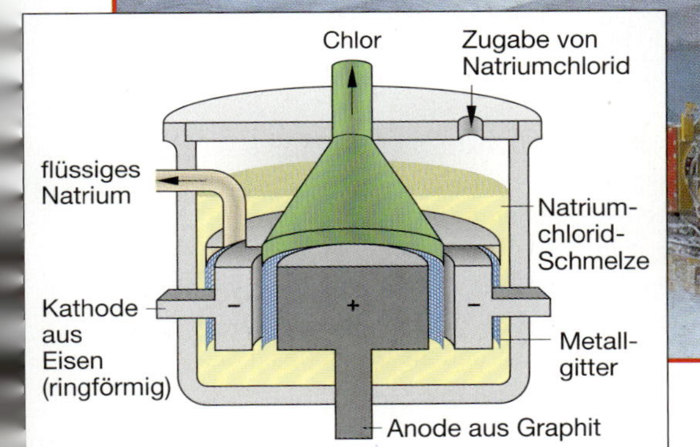

1 **a)** An welchen Elektroden laufen die Elektronenabgabe bzw. die Elektronenaufnahme ab? Begründe.
b) Stelle die Reaktionsgleichungen für die ablaufenden Reaktionen auf.

11.2 Verbrennung – auch ohne Sauerstoff

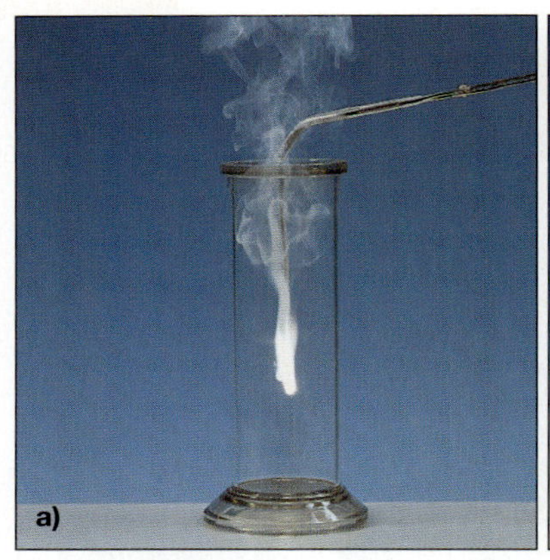

Magnesium verbrennt a) in Sauerstoff, b) in Chlor und c) in Stickstoff.

Magnesium verbrennt nicht nur in Sauerstoff-Gas, sondern auch in Chlor-Gas und sogar in Stickstoff-Gas. Äußerlich gleichen sich diese Reaktionen: Energie wird in Form von Wärme und Licht frei. Die Produkte Magnesiumoxid, Magnesiumchlorid und Magnesiumnitrid entstehen also in *exothermen* Reaktionen. Aber auch im atomaren Bereich sind die Vorgänge vergleichbar. In allen drei Fällen bilden sich nämlich aus den elektrisch neutralen Teilchen der Ausgangsstoffe Produkte, die Mg^{2+}-Ionen enthalten. Nur die Anionen sind verschieden: Beim Magnesiumoxid sind es Oxid-Ionen (O^{2-}), beim Magnesiumchlorid Chlorid-Ionen (Cl^-) und beim Magnesiumnitrid Nitrid-Ionen (N^{3-}).

Allgemein gilt: Wenn ein Metall mit einem Nichtmetall reagiert, bilden sich positiv geladene Metall-Ionen und negativ geladene Nichtmetall-Ionen.

Elektronenabgabe:	$2\,Mg \dashrightarrow 2\,Mg^{2+} + 4\,e^-$
Elektronenaufnahme:	$O_2 + 4\,e^- \dashrightarrow 2\,O^{2-}$
Gesamtreaktion:	$2\,Mg\,(s) + O_2\,(g) \longrightarrow 2\,MgO\,(s)$
Elektronenabgabe:	$Mg \dashrightarrow Mg^{2+} + 2\,e^-$
Elektronenaufnahme:	$Cl_2 + 2\,e^- \dashrightarrow 2\,Cl^-$
Gesamtreaktion:	$Mg\,(s) + Cl_2\,(g) \longrightarrow MgCl_2\,(s)$
Elektronenabgabe:	$3\,Mg \dashrightarrow 3\,Mg^{2+} + 6\,e^-$
Elektronenaufnahme:	$N_2 + 6\,e^- \dashrightarrow 2\,N^{3-}$
Gesamtreaktion:	$3\,Mg\,(s) + N_2\,(g) \longrightarrow Mg_3N_2\,(s)$

Elektronenübertragungsreaktionen

Elektronenübertragung. Bei der Bildung einer Ionenverbindung gehen Elektronen von den Atomen des Metalls auf die Atome des Nichtmetalls über. Das Metall-Atom ist der Elektronenspender oder **Elektronendonator** (lat. *donare:* schenken), das Nichtmetall-Atom ist der Elektronenempfänger oder **Elektronenakzeptor** (lat. *accipere:* empfangen). Insgesamt spricht man von einer **Elektronenübertragungsreaktion.**

Für Elektronenübertragungsreaktionen kann man zunächst die *Elektronenabgabe* und *Elektronenaufnahme* getrennt formulieren und dann zur *Gesamtreaktion* zusammenfassen. Dabei ist die Regel der Elektroneutralität zu beachten: Die Anzahl der insgesamt abgegebenen Elektronen ist gleich der Anzahl der insgesamt aufgenommenen Elektronen. Wie viele Elektronen jeweils aufgenommen oder abgegeben werden, bestimmt vielfach die *Edelgasregel.* In anderen Fällen wie bei Zink-Ionen (Zn^{2+}) oder Kupfer-Ionen (Cu^{2+}) muss man sich die Ionenladung merken.

Bei der Reaktion zwischen Metallen und Nichtmetallen findet eine Elektronenübertragung statt. Es bilden sich positiv geladene Metall-Ionen und negativ geladene Nichtmetall-Ionen.

1 Erläutere die Begriffe Elektronendonator und Elektronenakzeptor.
2 Bei welchen Reaktionen findet eine Elektronenübertragung statt?
3 Aluminium reagiert **a)** mit Chlor, **b)** mit Sauerstoff und **c)** mit Stickstoff. Formuliere die Elektronenübertragungsreaktionen in Teilschritten und als Gesamtreaktion.

Redoxreaktionen – früher und heute

Theorie

Oxidation und Reduktion in herkömmlicher Sicht

Am Ende des 18. Jahrhunderts veröffentlichte der französische Forscher LAVOISIER seine **Oxidationstheorie** und leitete damit eine neue Ära der wissenschaftlichen Chemie ein. Er hatte herausgefunden, dass Stoffe mit Sauerstoff zu Oxiden reagieren. Seither bezeichnet man chemische Vorgänge, bei denen sich ein Metall oder ein Nichtmetall mit Sauerstoff verbindet, als *Oxidation* und sagt:
Oxidation ist die Aufnahme von Sauerstoff.

Oxidation von Kohlenstoff: $C + O_2 \longrightarrow CO_2$

Die Umkehrung der Oxidation ist die *Reduktion* (lat. *reducere:* zurückführen). Man versteht darunter einen chemischen Vorgang, bei dem einem Oxid Sauerstoff entzogen wird:
Reduktion ist die Abgabe von Sauerstoff.

Reduktion von Quecksilberoxid: $2\,HgO \longrightarrow 2\,Hg + O_2$

Bei vielen chemischen Reaktionen laufen Oxidation und Reduktion gleichzeitig ab. So führt die Umsetzung von Kupferoxid mit Magnesium zur Reduktion des Kupfers und zur Oxidation des Magnesiums. Diesen Sachverhalt drückt man zusammenfassend durch den Begriff *Redoxreaktion* aus:
Redoxreaktionen sind Sauerstoffübertragungsreaktionen.

Reduktion des Kupferoxids (Abgabe von Sauerstoff)

$CuO + Mg \longrightarrow Cu + MgO$

Oxidation des Magnesiums (Aufnahme von Sauerstoff)

Allgemein gilt: Ein *Oxidationsmittel* überträgt Sauerstoff auf einen anderen Stoff. Ein *Reduktionsmittel* übernimmt von einer anderen Verbindung Sauerstoff.

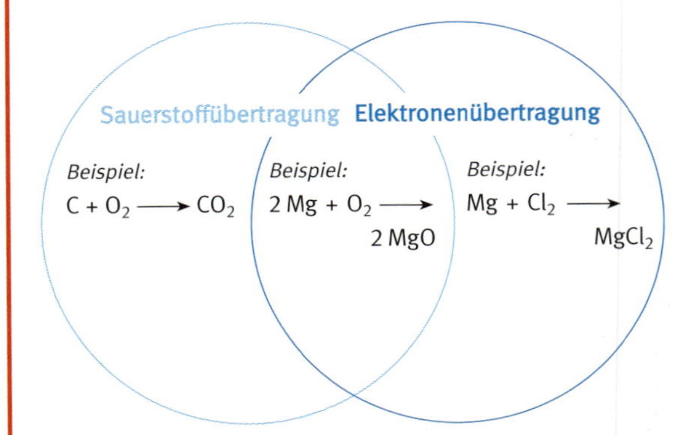

Neue Definition von Oxidation und Reduktion

In neuerer Zeit erkannte man, dass Sauerstoff bei der Bildung von Oxiden als *Elektronenakzeptor* reagiert. Dabei gibt der Stoff, der oxidiert wird, Elektronen an Sauerstoff ab. Er verhält sich also als *Elektronendonator.* Die Umsetzung eines Metalls mit Sauerstoff ist eine **Elektronenübertragungsreaktion:**

Elektronenabgabe: $2\,Mg \dashrightarrow 2\,Mg^{2+} + 4\,e^-$

Elektronenaufnahme: $O_2 + 4\,e^- \dashrightarrow 2\,O^{2-}$

Redoxreaktion: $2\,Mg + O_2 \longrightarrow 2\,MgO$

Auch Chlor, Stickstoff und andere Nichtmetalle reagieren mit Metallen als Elektronenakzeptoren. Der Oxidationsbegriff wurde deshalb neu definiert:
Oxidation ist die Abgabe von Elektronen.

Wenn man Quecksilberoxid thermisch spaltet, wird Quecksilber vom Sauerstoff getrennt, es wird reduziert. Auch dies ist eine Elektronenübertragungsreaktion: Die im Quecksilberoxid enthaltenen Quecksilber-Ionen (Hg^{2+}) nehmen Elektronen auf, es entsteht metallisches Quecksilber. Auch der Reduktionsbegriff wurde neu festgelegt:
Reduktion ist die Aufnahme von Elektronen.

Elektronenabgabe: $2\,O^{2-} \dashrightarrow O_2 + 4\,e^-$

Elektronenaufnahme: $2\,Hg^{2+} + 4\,e^- \dashrightarrow 2\,Hg$

Redoxreaktion: $2\,Hg^{2+} + 2\,O^{2-} \longrightarrow 2\,Hg + O_2$

Da Elektronenabgabe und Elektronenaufnahme stets miteinander verknüpft sind, gilt dementsprechend:
Redoxreaktionen sind Elektronenübertragungsreaktionen.

Teilchen, die Elektronen aufnehmen, sind *Oxidationsmittel.* Teilchen, die Elektronen abgeben, sind *Reduktionsmittel.*

1 Kupferoxid reagiert mit Eisen zu Kupfer und Eisenoxid (Fe_2O_3). Formuliere die Reaktion als
a) Sauerstoffübertragungsreaktion,
b) Elektronenübertragungsreaktion.
c) Welcher Stoff wird in dem einen und anderen Fall oxidiert, welcher wird reduziert?
d) Welcher Stoff ist jeweils das Oxidationsmittel, welcher das Reduktionsmittel?
2 Das Schaubild stellt den Zusammenhang zwischen beiden Redoxtheorien mit Hilfe zweier Kreise dar. Warum kann man die Bildung von Magnesiumoxid beiden Theorien zuordnen?

11.3 Edle und unedle Metalle

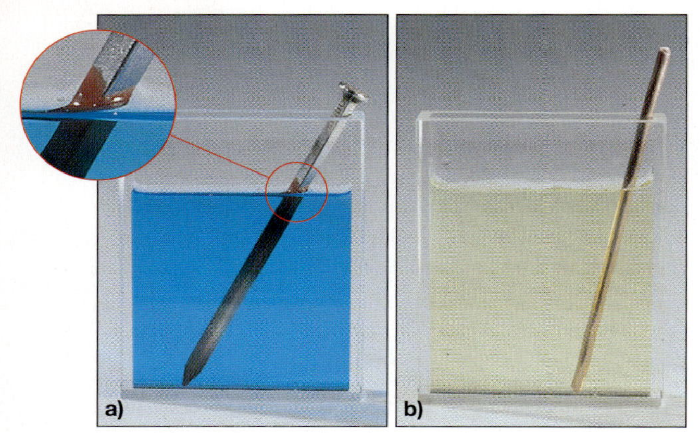

Ein Eisenstab wird in Kupfersulfat-Lösung getaucht (a); ein Kupferstab wird in Eisensulfat-Lösung getaucht (b).

Taucht man einen Eisennagel in eine blaue Lösung von Kupfersulfat, so überzieht er sich mit einer Schicht aus rotem Kupfer. Es handelt sich um eine chemische Reaktion, bei der durch Übertragung von Elektronen Kupfer-Ionen zu Kupfer und Eisen zu Eisen-Ionen umgewandelt werden. Die Atome des Eisens geben Elektronen ab, sie wirken als *Elektronendonator.* Die Ionen des Kupfers nehmen die Elektronen auf; sie wirken als *Elektronenakzeptor.*

Elektronenabgabe: $Fe\ (s) \dashrightarrow Fe^{2+}\ (aq) + 2\ e^-$

Elektronenaufnahme: $Cu^{2+}\ (aq) + 2\ e^- \dashrightarrow Cu\ (s)$

Elektronenübertragung:

$$Fe\ (s) + Cu^{2+}\ (aq) \longrightarrow Fe^{2+}\ (aq) + Cu\ (s)$$

Stellt man umgekehrt einen Kupferstab in eine Eisensalz-Lösung, so erfolgt keine Reaktion; die Kupfer-Atome geben keine Elektronen an die Eisen-Ionen ab. Die Neigung unter Bildung von Ionen in Lösung zu gehen ist also beim Kupfer weniger ausgeprägt als beim Eisen.

Fällungsreihe der Metalle. Bei Reaktionen mit anderen Paaren von Metallen und ihren Salzlösungen macht man ähnliche Beobachtungen wie im Falle von Kupfer und Eisen: Nur bei der Kombination eines unedleren Metalls mit der Salzlösung eines edleren Metalls wird aus der Salzlösung das edlere Metall abgeschieden, also *ausgefällt.* Ordnet man die Metalle auf der Grundlage solcher Versuche in einer *Fällungsreihe,* so ergibt sich die gleiche Reihenfolge wie in der Redoxreihe der Metalle gegenüber Sauerstoff:

K Na Mg Al Zn Cr Fe Ni Sn Pb ... Cu Ag Hg Pt Au
unedel **edel**

In dieser Reihe stehen links die *unedlen Metalle,* sie geben leicht Elektronen ab. Die Tendenz Ionen zu bilden und in Lösung zu gehen nimmt von links nach rechts ab.
Die *Edelmetalle* stehen rechts, sie geben nur schwer Elektronen ab. Ihre Ionen dagegen nehmen leicht Elektronen auf und das Metall scheidet sich ab.

So löst sich Zink in einer Kupfersulfat-Lösung auf und Kupfer scheidet sich ab: Zink ist unedler als Kupfer. Mit einer Magnesiumsulfat-Lösung reagiert Zink jedoch nicht, denn Magnesium ist noch unedler als Zink.

Edel oder unedel? Will man im Labor kleine Mengen Wasserstoff herstellen, so lässt man Zink mit verdünnter Salzsäure reagieren: Gasblasen steigen auf und das Metall löst sich auf. Es bildet sich eine Zinkchlorid-Lösung. Bei dieser Reaktion wirken die Zink-Atome als Elektronendonator, die Wasserstoff-Ionen als Elektronenakzeptor. Die Chlorid-Ionen sind nicht an der Reaktion beteiligt.

Elektronenabgabe: $Zn\ (s) \dashrightarrow Zn^{2+}\ (aq) + 2\ e^-$

Elektronenaufnahme: $2\ H^+\ (aq) + 2\ e^- \dashrightarrow H_2\ (g)$

Elektronenübertragung:

$$Zn\ (s) + 2\ H^+\ (aq) \longrightarrow Zn^{2+}\ (aq) + H_2\ (g)$$

Grundsätzlich gilt: Unedle Metalle reagieren mit verdünnten Säuren zu einer Salzlösung und gasförmigem Wasserstoff.
Stellt man dagegen ein Kupferblech oder ein Silberblech in verdünnte Salzsäure, so findet keine Reaktion statt: Edle Metalle reagieren nicht mit verdünnten Säuren.

Je weiter links ein Metall in der Fällungsreihe steht, desto unedler ist es. Unedle Metalle geben leicht Elektronen ab; sie lösen sich in verdünnten Säuren unter Wasserstoffentwicklung auf und bilden Metall-Ionen.

1 Wie unterscheiden sich unedle und edle Metalle?

2 Wird ein Kupferstab in eine Silbersalz-Lösung getaucht, so scheidet sich Silber ab.
Stelle die Reaktionsgleichungen für die Elektronenabgabe und die Elektronenaufnahme auf und fasse sie zur Elektronenübertragungsreaktion zusammen.

3 Eisen, Silber, Platin und Aluminium werden mit verdünnter Schwefelsäure untersucht.
a) Welche Metalle reagieren mit der Säure? Begründe deine Antwort und stelle Reaktionsgleichungen auf.
b) Ordne die Begriffe Oxidation und Reduktion zu. Nimm den THEORIE-Text auf S. 179 zu Hilfe.

11.4 Korrosion kostet Millionen

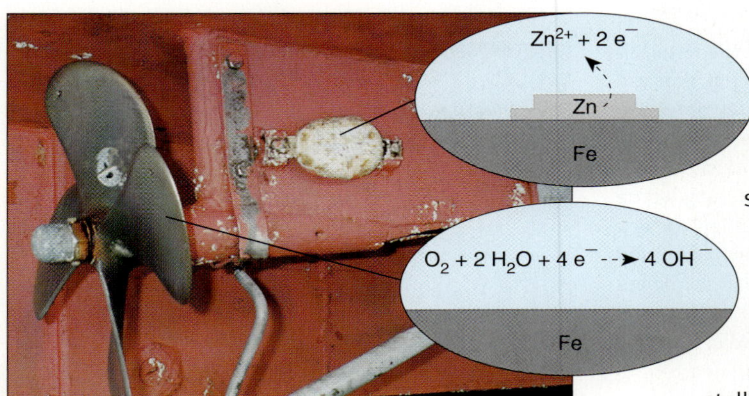

Opferanode an einem Schiff

Kaum ist ein aus Stahl errichtetes Bauwerk fertiggestellt, beginnt schon der Kampf gegen den Rost. Jährlich kostet es viele Millionen, um Bauwerke aus Stahl zu erhalten. Ursache ist die fast unaufhaltsame **Korrosion** (lat. *corrodere:* zernagen). Darunter versteht man die langsame Oxidation von Metallen durch Wasser und Luft.

Eisen rostet. Die bekannteste Korrosionserscheinung ist das Rosten von Eisen und Stahl. Jährlich verrosten in Deutschland Eisenwerkstoffe im Wert von mehreren Milliarden Euro. Unter dem Einfluss von Sauerstoff und Wasser wird das Eisen zu einem wasserhaltigen rotbraunen Eisenoxid oxidiert. Dieser *Rost* bildet eine poröse, bröcklige Schicht, in die weiteres Wasser und Sauerstoff eindringen können. Deshalb kann ein Eisengegenstand im Laufe der Zeit völlig durchrosten.

Chemische Reaktionen beim Rosten. Die von der Oberfläche des Metalls ausgehende Korrosion beruht auf Elektronenübertragungsreaktionen, an denen Sauerstoff und Wasser beteiligt sind. Als unedles Metall gibt Eisen leicht Elektronen ab und bildet zweifach positiv geladene Eisen-Ionen. Der entscheidende Reaktionspartner beim Rosten ist in Wasser gelöster Sauerstoff. Er nimmt die Elektronen auf und bildet zusammen mit Wasser Hydroxid-Ionen. In trockener Luft kann sich dagegen kein Rost bilden.

$$Fe\ (s) \rightarrow Fe^{2+}\ (aq) + 2\,e^-$$

$$O_2\ (aq) + 2\,H_2O\ (l) + 4\,e^- \rightarrow 4\,OH^-\ (aq)$$

Die Eisen-Ionen reagieren mit den Hydroxid-Ionen und weiterem Sauerstoff zu rotbraunem Rost mit dreifach positiv geladenen Eisen-Ionen. Die Korrosion wird durch *saure Lösungen* und aggressive Gase zusätzlich gefördert.

Korrosionsschutz. Damit die aus Stahl bestehenden Schiffsrümpfe im salzigen Meerwasser nicht korrodieren, werden sie mit Blöcken aus Zink versehen. Das unedlere Metall Zink gibt Elektronen ab und geht in Lösung, während der Stahlrumpf nicht angegriffen wird.

Um die Schäden durch Korrosion möglichst gering zu halten, wird Eisen oft auch durch Überzüge mit anderen Metallen geschützt. So werden Laternenmasten aus verzinktem Stahl hergestellt. Nach einiger Zeit sieht die Zinkschicht grau und matt aus. An der Oberfläche hat sich eine dünne Schicht von Zinkoxid gebildet. Sie haftet fest auf dem Metall und schützt es vor weiterer Korrosion. Eisen wird sogar dann vor Korrosion geschützt, wenn die Zinkschicht beschädigt ist. Gelangt feuchte Luft an die Schadstelle, so löst sich zunächst nur das unedlere Metall Zink auf. Das Eisen bleibt erhalten.

Beim Korrosionsschutz kommt es vor allem darauf an, den Kontakt des korrosionsfähigen Metalls mit Wasser, Luft und aggressiven Stoffen zu verhindern. Das kann durch *Einfetten* oder *Lackieren* der Oberflächen erfolgen. Auch durch *Beschichtung mit Kunststoffen* erreicht man einen dauerhaften Korrosionsschutz. So wird Maschendraht aus Stahl oft mit einer Kunststoffschicht überzogen.

Die Korrosion ist eine Zerstörung von unedlen Metallen durch Einwirkung von Wasser und Luft. Sie beruht auf Elektronenübertragungsreaktionen.

1 Beschreibe, wie es zur Bildung von Rost kommt.
2 Welche Maßnahmen können die Korrosion an Werkstoffen aus Eisen verhindern?
3 Pipelines aus Stahl korrodieren im feuchten Erdreich. Man verbindet sie deshalb mit Magnesiumblöcken im Erdboden. Erkläre diese Maßnahme.
4 Warum bezeichnet man die Zinkblöcke an Schiffsrümpfen auch als *Opferanoden*?
5 Eine Blumengießkanne besteht aus verkupfertem Stahlblech. Was geschieht, wenn die Kupferschicht beschädigt wird?
6 Recherchiere, womit Konservendosen auf der Innenseite beschichtet werden, damit sie nicht korrodieren.
7 *Experimentelle Hausaufgabe:* Stecke drei Eisennägel, von denen einer mit Rostschutzfarbe gestrichen ist, einer eingefettet und einer unbehandelt ist, in feuchte Watte. Prüfe nach einigen Tagen, wie stark sich die Eisennägel verändert haben. Welche Folgerungen kannst du ziehen?

Exkurs

Galvanische Zellen – eine Zufallsentdeckung

Im Jahre 1786 experimentierte der italienische Naturforscher GALVANI mit Froschschenkeln. Ihm fiel auf, dass die Muskeln zuckten, wenn bei der zufällig in der Nähe stehenden Elektrisiermaschine ein Funken übersprang. GALVANI folgerte, dass der Organismus die Muskeln über „tierische Elektrizität" bewegt. Diese Vermutung wurde durch eine zweite Zufallsentdeckung bestätigt: GALVANI spießte Froschschenkel-Präparate auf Kupferhaken und hängte sie an ein eisernes Geländer. Im Wind pendelten die Froschschenkel hin und her und zuckten jedes Mal, wenn sie an das Geländer stießen.

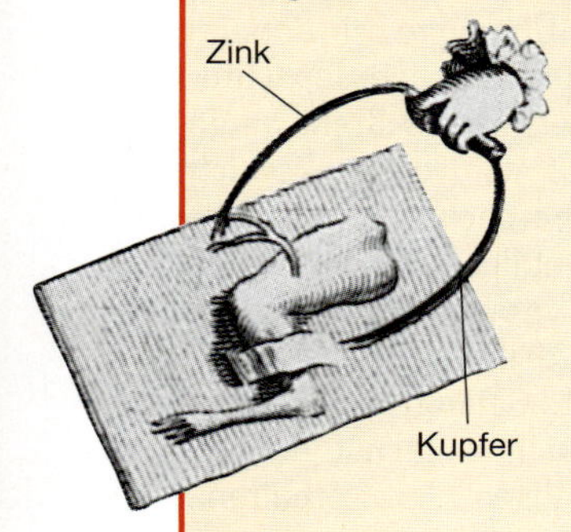

GALVANI vermutete, dass jede Kombination zweier Metalle eine elektrische Spannung liefert. Tatsächlich zuckte ein Froschschenkel auch, wenn er den Nerv des Muskels mit einem *Zinkstab* und die Zehen mit einem *Kupferstab* berührte.

GALVANI hatte damit eine elektrische Spannungsquelle entdeckt, die man heute als *galvanisches Element* bezeichnet.

VOLTA konstruierte um 1800 eine leistungsfähigere Spannungsquelle, die VOLTAsche Säule. Sie besteht aus zahlreichen, übereinander gestapelten Metallplatten. Dabei wechseln Zinkplatten und Silberplatten miteinander ab. Zwischen ihnen befindet sich jeweils ein mit verdünnter Schwefelsäure getränkter Filz. In den ersten Jahrzehnten des 19. Jahrhunderts war die VOLTAsche Säule die wichtigste Spannungsquelle für wissenschaftliche Untersuchungen. Später wurde sie dann durch galvanische Zellen verdrängt, die schon ähnlich aufgebaut waren wie unsere heutigen Batterien.

DANIELL-Element. Ein leicht überschaubares galvanisches Element ist das DANIELL-Element. Es besteht aus einem U-Rohr, das durch eine poröse Wand in zwei Räume geteilt ist. Im einen Schenkel ist Kupfersulfat-Lösung enthalten, im anderen Schenkel Zinksulfat-Lösung. In die Kupfersulfat-Lösung taucht ein Kupferstab, in die Zinksulfat-Lösung ein Zinkstab. Zwischen den beiden Metallstäben besteht eine Spannung von 1 Volt. Dabei bildet der Zinkstab den *Minuspol* und der Kupferstab den *Pluspol*. Ein DANIELL-Element kann einen kleinen Elektromotor antreiben oder ein Lämpchen zum Leuchten bringen. Dabei fließen Elektronen durch den äußeren Leiter vom Minuspol zum Pluspol. Auch im Innern des DANIELL-Elements werden elektrische Ladungen transportiert: Aus dem Zinkstab gehen zweifach positiv geladene Zink-Ionen in Lösung. Dabei bleiben zwei Elektronen im Metall zurück. Am Kupferstab nehmen zweifach positiv geladene Kupfer-Ionen je zwei Elektronen aus dem Kupferstab auf. Es scheidet sich Kupfer ab:

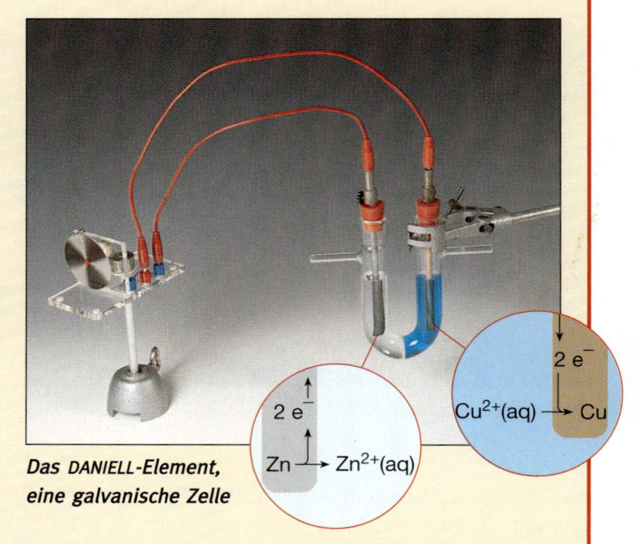

Das DANIELL-Element, eine galvanische Zelle

Minuspol: $Zn\,(s) \rightarrow Zn^{2+}(aq) + 2\,e^-$ (Elektronenabgabe)

Pluspol: $Cu^{2+}(aq) + 2\,e^- \rightarrow Cu\,(s)$ (Elektronenaufnahme)

Gesamtreaktion: $Zn\,(s) + Cu^{2+}(aq) \longrightarrow Zn^{2+}(aq) + Cu\,(s)$

Laden und entladen. Die Vorgänge in einem galvanischen Element erinnern an die Vorgänge bei einer Elektrolyse. In beiden Fällen erfolgen Elektronenübergänge zwischen den Ionen der Lösung und den Elektroden. Bei einer Elektrolyse werden diese Vorgänge durch eine äußere Spannungsquelle *erzwungen*, Energie wird aufgenommen. Galvanische Zellen sind dagegen selbst elektrische Spannungsquellen. Sie liefern elektrische Energie, die chemischen Vorgänge laufen *freiwillig* ab. Dabei wird das Metall des Minuspols aufgelöst, und die Konzentration der Ionen, die zum Pluspol wandern, nimmt ab. Man sagt, die Zelle wird *entladen*. Verbindet man jedoch eine galvanische Zelle mit einer äußeren Spannungsquelle, die eine höhere Spannung besitzt, so erzwingt man die Umkehrung aller Vorgänge. Die Zelle wird durch die Elektrolyse wieder *geladen*.

1 Beschreibe den Aufbau eines DANIELL-Elements.

2 Eine Zinkbromid-Lösung wird elektrolysiert. Anschließend besteht zwischen den Elektroden eine elektrische Spannung. Stelle die Teilreaktionen und die Gesamtreaktionen für die Elektrolyse und für die Entladung der galvanischen Zelle dar.

Knopfzellen – klein, aber oho!

Exkurs

Für besonders kleine elektrische Geräte gibt es noch kleinere Batterien, die Knopfzellen. Das sind galvanische Zellen, die wie ein Knopf aussehen. Sie besitzen einen zweiteiligen Stahlmantel. Ein Kunststoffring verbindet die beiden Schalen und isoliert sie gleichzeitig elektrisch voneinander. Die eine Schale bildet den Minuspol, die andere den Pluspol. Im Innern der Knopfzelle werden zwei Räume durch ein poröses Kunststoffplättchen voneinander getrennt. Unter der Schale, der ein Pluszeichen eingeprägt ist, befindet sich pulverförmiges Silberoxid. Unter dem Minuspol befindet sich Zinkpulver. Alle Stoffe sind mit Kalilauge durchtränkt. Wenn die Zink/Silberoxid-Knopfzelle ein elektrisches Gerät antreibt, laufen die folgenden Vorgänge ab:

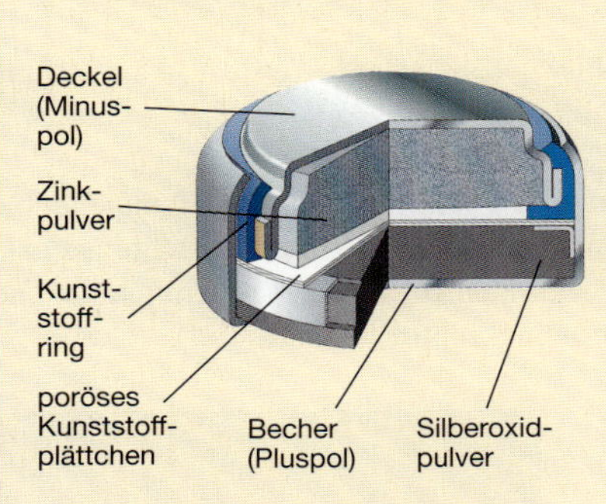

Minuspol: $Zn \dashrightarrow Zn^{2+} + 2\,e^-$

Pluspol: $Ag_2O + 2\,e^- + H_2O \dashrightarrow 2\,Ag + 2\,OH^-$

$$Zn\,(s) + Ag_2O\,(s) + H_2O\,(l) \longrightarrow Zn(OH)_2\,(s) + 2\,Ag\,(s)$$

1 Beschreibe den Aufbau einer Zink/Silberoxid-Knopfzelle.

2 Beschreibe die Vorgänge, die sich in einer Zink/Silberoxid-Knopfzelle abspielen, wenn sie Strom liefert.

3 Warum müssen die beiden Metallschalen einer Knopfzelle gegeneinander isoliert sein?

Ein Blei-Akkumulator erleichtert den Start

Exkurs

In den Anfängen des Automobil-Zeitalters musste der Motor vor jeder Fahrt mit einer Kurbel mühsam in Schwung gebracht werden. Heute drehen wir nur den Zündschlüssel um, und schon läuft der Motor. Eine Batterie liefert die notwendige Energie. Diese Batterie ist ein Blei-Akkumulator, kurz „Akku" genannt. Akkumulator heißt „Sammler", ein Akkumulator sammelt Energie.

Bau des Blei-Akkumulators. Ein Akku besteht aus einem Behälter mit sechs Kammern. In jeder Kammer befinden sich zwei Pakete aus Blei-Gitterplatten. Die Gitter des einen Pakets bilden den *Minuspol.* Sie enthalten poröses Blei. Die Gitter des anderen Pakets bilden den *Pluspol.* Sie sind mit braunem Bleidioxid-Pulver (PbO_2) gefüllt. Die beiden Pakete sind so ineinander gesteckt, dass eine Blei-Platte mit einer Bleidioxid-Platte abwechselt.

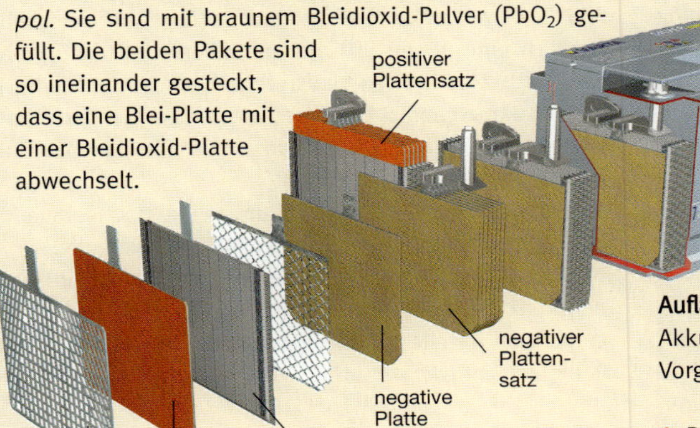

Eingeschobene, poröse Kunststoffblätter verhindern, dass sich die Platten berühren. Alle Platten stehen in 27%iger Schwefelsäure (H_2SO_4). Jede der Kammern ist eine galvanische Zelle und liefert eine Spannung von 2 Volt. Sechs Zellen hintereinander geschaltet erzeugen also 12 Volt.

Entladen. Wenn der Anlasser gestartet wird, liefert der Blei-Akkumulator einen elektrischen Strom von etwa 120 Ampere. Dabei wird der Akku *entladen:*

Minuspol: $Pb \dashrightarrow Pb^{2+} + 2\,e^-$

Pluspol: $PbO_2 + 2\,e^- \dashrightarrow Pb^{2+} + 2\,O^{2-}$

An beiden Polen entstehen Blei-Ionen, die mit den Sulfat-Ionen der Schwefelsäure zu schwer löslichem Bleisulfat ($PbSO_4$) reagieren. Die Sauerstoff-Ionen bilden mit Wasserstoff-Ionen Wasser.

$$Pb\,(s) + PbO_2\,(s) + 2\,H_2SO_4\,(aq) \longrightarrow 2\,PbSO_4\,(s) + 2\,H_2O\,(l)$$

Aufladen. Während der Fahrt lädt die Lichtmaschine den Akku wieder auf. Dabei laufen die umgekehrten Vorgänge ab.

1 Beschreibe den Aufbau eines Blei-Akkumulators.

2 Formuliere die Reaktionen, die beim Laden eines Blei-Akkumulators ablaufen.

Prüfe dein Wissen

Quiz

A1 a) Erkläre die Begriffe des Fensters.
b) Notiere auf der Vorderseite von Karteikarten den Begriff, auf der Rückseite die Erklärung.

A2 Nenne Eigenschaften der Metalle, die mit Hilfe des Elektronengas-Modells erklärt werden können.

A3 Stelle in einer Tabelle wichtige Eigenschaften von Magnesium und Silber gegenüber und vergleiche sie.

A4 Eine Zinkplatte wird **a)** in eine Silbernitrat-Lösung und **b)** in eine Magnesiumsulfat-Lösung gestellt.
Welche Reaktion erwartest du? Begründe deine Antwort.

A5 Aluminium und Zink sind unedlere Metalle als Eisen. Warum sind sie trotzdem weniger korrosionsanfällig als Eisen?

A6 Beschreibe das Rosten von Eisen mit Reaktionsgleichungen für die Elektronenaufnahme und Elektronenabgabe.

Know-how

A7 Blei reagiert mit Kupfersulfat-Lösung.
a) Stelle die Reaktionsgleichungen für die Teilreaktionen der Elektronenabgabe und Elektronenaufnahme auf.
b) Ordne den Teilreaktionen die Begriffe Oxidation und Reduktion sowie den Ausgangsstoffen die Begriffe Oxidationsmittel und Reduktionsmittel zu.
c) Fasse die Teilreaktionen zur Redoxreaktion zusammen.

A8 Eine galvanische Silber/Zink-Zelle liefert eine Spannung von bis zu 1,6 Volt. Formuliere die Reaktionsgleichungen, die beim Betrieb an den beiden Elektroden ablaufen.

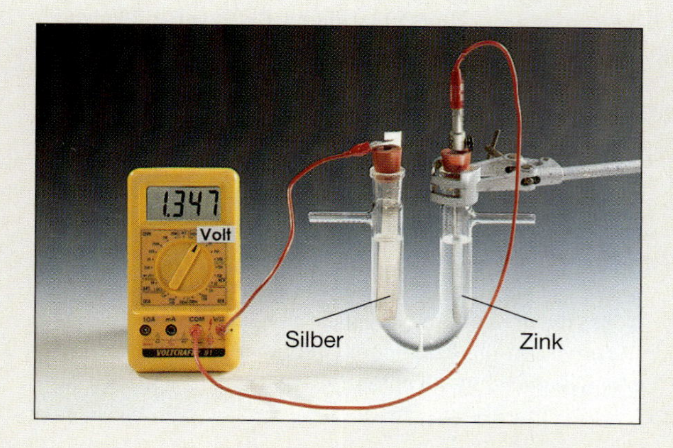

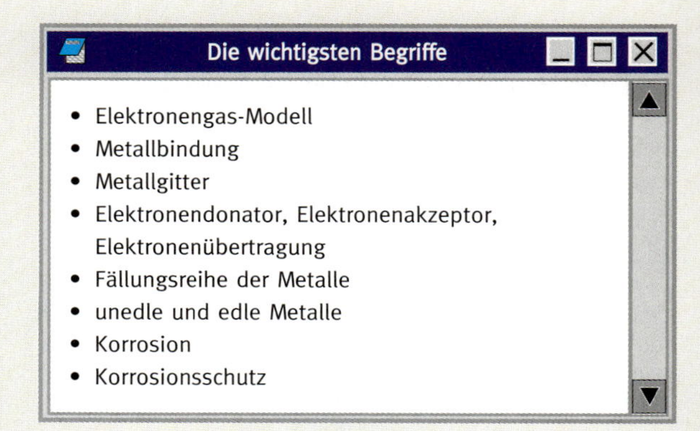

A9 Zinkspäne reagieren mit Bromwasser. Formuliere die Reaktionsgleichung für die Elektronenübertragungsreaktion. Gib an, welches Element als Elektronendonator und welches als Elektronenakzeptor fungiert.

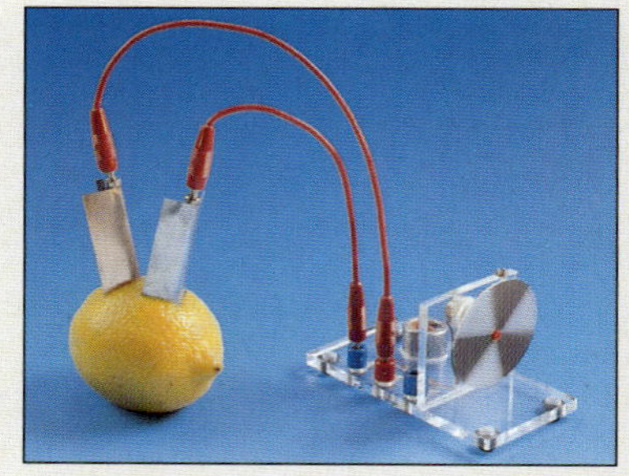

A10 Ein Eisenblech und ein Kupferblech werden in eine Zitrone gesteckt, ohne dass sich die Metalle berühren. Beim Anschließen eines Spannungsmessgerätes an beide Metalle wird eine Spannung von rund einem Volt abgelesen. Damit kann ein kleiner Motor betrieben werden.
a) Weshalb tritt eine Spannung auf? Welches Metall gibt Elektronen ab, welches Metall nimmt Elektronen auf? Beschreibe den Stromfluss.
b) Formuliere die Reaktionsgleichungen für die an den Elektroden ablaufenden Reaktionen.

Natur – Mensch – Technik

A11 Silberbestecke sind oft „angelaufen". Auf dem Silber hat sich eine dünne Schicht aus Silbersulfid (Ag_2S) gebildet. Nach einem alten Hausrezept können sie wieder zu neuem Glanz gebracht werden, wenn man die Bestecke in Kochsalzlösung legt, die sich in einem mit Aluminiumfolie ausgekleideten Gefäß befindet.
a) Erläutere mit Hilfe der Fällungsreihe der Metalle die chemischen Grundlagen für diese Art der Reinigung.
b) Formuliere die Reaktionsgleichungen für die ablaufenden Reaktionen.
c) Welche Vorteile hat diese Methode gegenüber anderen Reinigungsmöglichkeiten?

A12 Im Handel sind drei Arten von Maschendraht aus Eisen erhältlich: lackiert, mit Kunststoff beschichtet und verzinkt. Welcher Maschendraht ist auf Dauer der Haltbarste? Begründe deine Antwort.

Metalle – Struktur und Reaktionen

Basiswissen

1. Metalle – Metallgitter

Metalle sind gute elektrische Leiter und gute Wärmeleiter. Sie besitzen metallischen Glanz und sind plastisch verformbar.
Im Metallgitter besetzen die positiv geladenen Metall-Ionen die Gitterplätze. Die Außenelektronen sind als **Elektronengas** im Metallgitter frei beweglich.

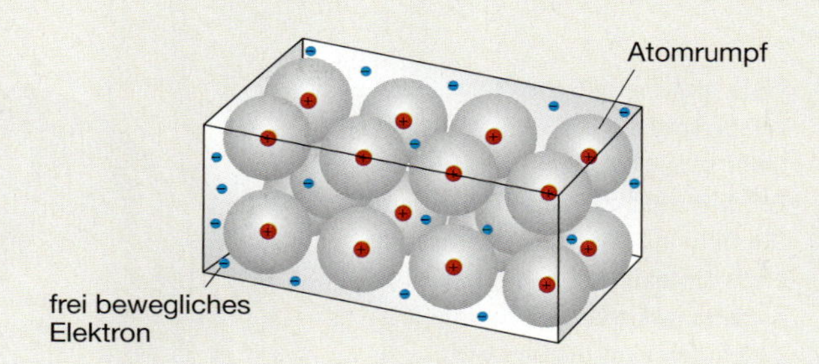

2. Fällungsreihe der Metalle

K Na Mg Al Mn Zn Cr Fe Ni Sn Pb ... Cu Ag Hg Pt Au

unedel
Metalle geben leicht Elektronen ab und bilden Kationen.
Metalle wirken als Elektronendonator.
Metalle lösen sich in verdünnten Säuren.

edel
Metall-Ionen nehmen leicht Elektronen auf.
Metall-Ionen wirken als Elektronenakzeptor.
Metalle lösen sich nicht in verdünnten Säuren.

Jedes *Metall* scheidet das rechts von ihm stehende aus der Lösung ab.
Beispiel: Zink löst sich in Kupfersulfat-Lösung auf, dabei bilden sich Zink-Ionen. Zink gibt Elektronen ab und wirkt somit als **Elektronendonator.**
Kupfer-Ionen bilden unter Elektronenaufnahme Kupfer.

Elektronenübertragungsreaktion:
$Zn\ (s) + Cu^{2+}\ (aq) \longrightarrow Zn^{2+}\ (aq) + Cu\ (s)$

Jedes *Metall-Ion* löst das links von ihm stehende Metall auf.
Beispiel: Silber-Ionen reagieren mit Kupfer, dabei bildet sich Silber. Silber-Ionen nehmen dabei Elektronen auf, sie wirken als **Elektronenakzeptor.**
Aus Kupfer entstehen durch Elektronenabgabe Kupfer-Ionen.

Elektronenübertragungsreaktion:
$2\ Ag^{+}\ (aq) + Cu\ (s) \longrightarrow 2\ Ag\ (s) + Cu^{2+}\ (aq)$

3. Korrosion und Korrosionsschutz

Die Korrosion ist eine langsame, oxidative Zerstörung von Metallen durch Einwirkung von Luft und Wasser.

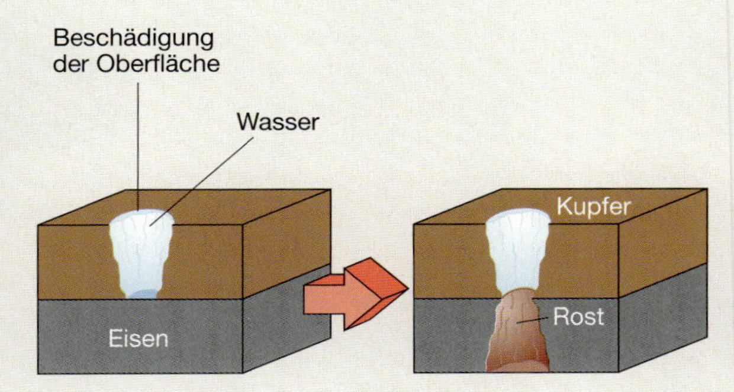

Das unedlere Metall Eisen bildet bei der Beschädigung der Kupferschicht unter Elektronenabgabe Eisen-Ionen. Eisen wird zerstört, es verrostet. Die verletzte Kupferschicht wirkt somit korrosionsfördernd.

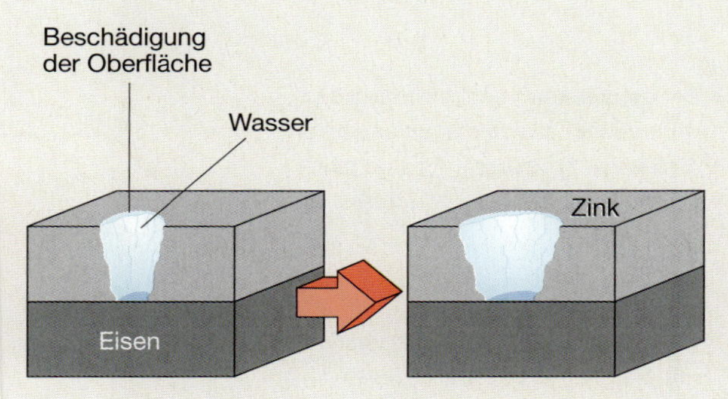

Bei Beschädigung der Zinkschicht geben Zink-Atome Elektronen ab und bilden Zink-Ionen. Eisen-Atome geben keine Elektronen ab. Das metallische Eisen bleibt somit erhalten. Die Zinkschicht wirkt also als *Korrosionsschutz.*

12 Vom Atom zum Molekül

Viele nichtmetallische Elemente wie Wasserstoff, Sauerstoff, Stickstoff und Chlor sind gasförmig. Die kleinsten Teilchen sind *zweiatomige Moleküle.* Die Bindung zwischen den Atomen eines Moleküls ist sehr stark, die Anziehungskräfte zwischen den Molekülen sind nur schwach.

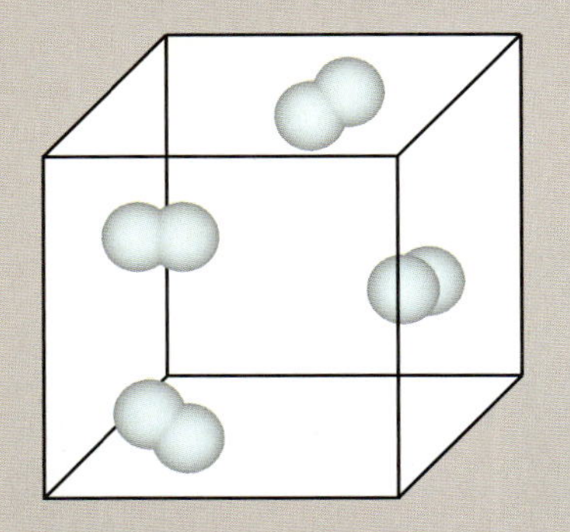

Der amerikanische Chemiker LEWIS stellte 1916 ein Modell vor, mit dem sich die Bildung von Molekülen auf einfache Regeln zurückführen lässt. Im Zentrum des LEWIS-Konzepts steht die Elektronenpaarbindung zwischen den Atomen.

Edelgase wie Helium, Neon und Argon bilden keine Moleküle. Ihre kleinsten Teilchen sind *einzelne Atome,* die sich weder untereinander noch mit Atomen anderer Elemente verbinden.

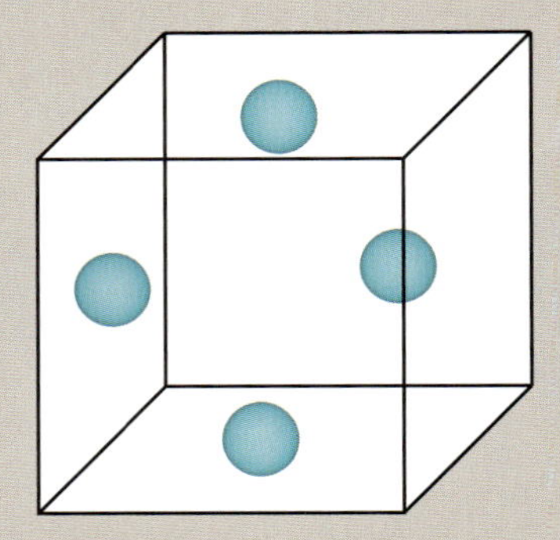

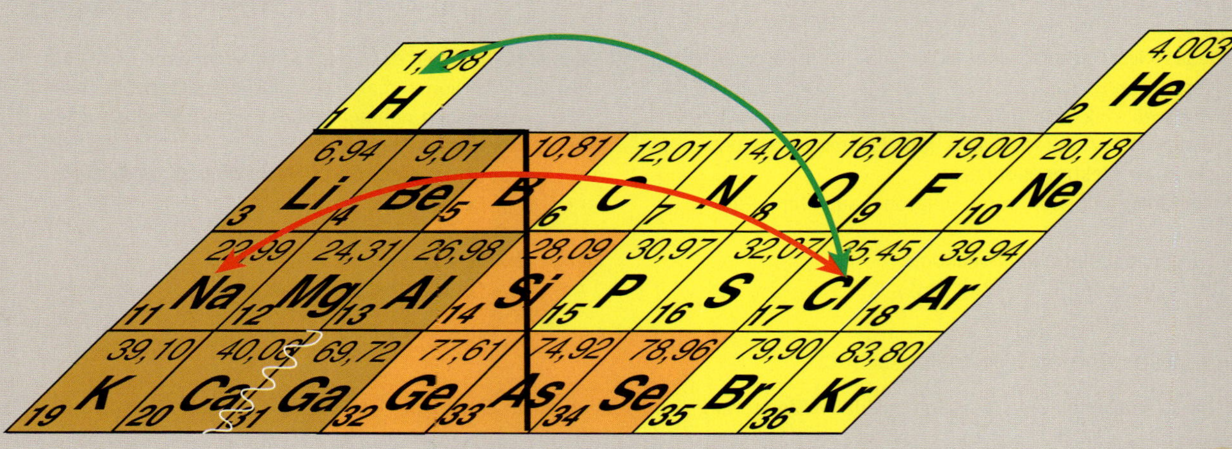

Bei der Reaktion von *Nichtmetallen mit anderen Nichtmetallen* entstehen *Molekülverbindungen.* Es sind meist gasförmige oder flüssige Stoffe.

Beispiel:
H_2 (g) + Cl_2 (g) ⟶ 2 HCl (g)

Bei der Reaktion von *Nichtmetallen mit Metallen* entstehen dagegen *Ionenverbindungen.* Es sind Feststoffe mit hoher Schmelztemperatur.

Beispiel:
2 Na (s) + Cl_2 (g) ⟶ 2 NaCl (s)

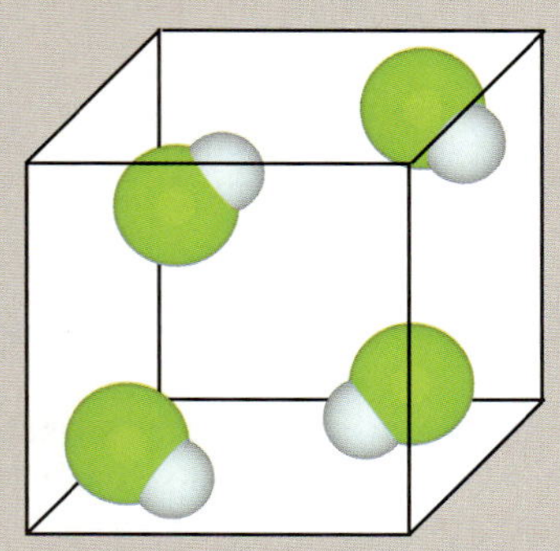

Wasserstoff verbrennt in Chlor. *Es bilden sich Chlorwasserstoff-Moleküle (HCl).*

12.1 Was Atome in Molekülen zusammenhält

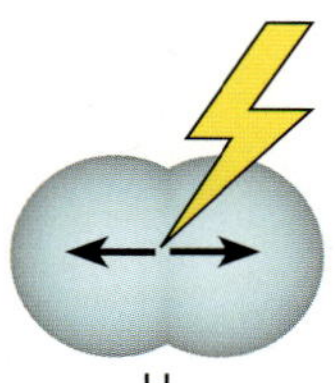

Die Spaltung der Bindung erfordert viel Energie.

Millionen verschiedener Stoffe bestehen aus Molekülen, also ungeladenen Teilchen, die aus zwei oder mehr Atomen aufgebaut sind. Das einfachste Molekül ist das **Wasserstoff-Molekül (H_2).**
Die beiden Wasserstoff-Atome sind in dem Molekül fest miteinander verbunden. Nur mit sehr großem Energieaufwand lässt sich die **chemische Bindung** spalten. Wenn sich zwei Wasserstoff-Atome zu einem Wasserstoff-Molekül vereinigen, wird die entsprechende **Bindungsenergie** wieder frei.

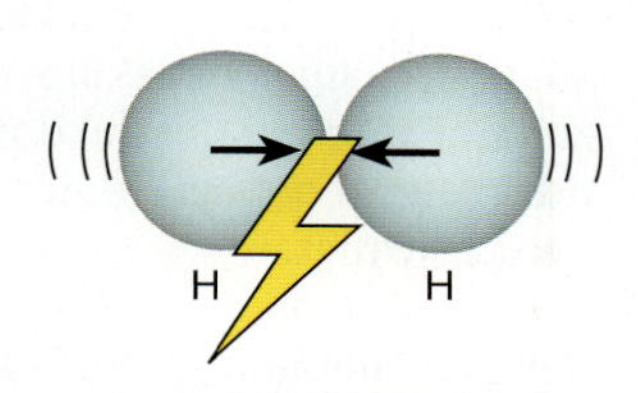

Bei der Bildung der Bindung wird viel Energie frei.

Was die beiden Atome in dem Molekül so fest zusammenhält, ist die Anziehung zwischen den negativ geladenen Elektronen und den beiden positiv geladenen Atomkernen. Aber warum verbinden sich gerade *zwei* Wasserstoff-Atome miteinander?
Um das zu verstehen, hilft ein Vergleich mit den Edelgas-Atomen: Edelgas-Atome besitzen eine Elektronenhülle mit vollständig besetzter Außenschale. Diese Elektronenverteilung, die **Edelgaskonfiguration,** ist besonders günstig. Edelgas-Atome gehen daher kaum Bindungen ein. Andere Nichtmetall-Atome können dagegen eine Edelgaskonfiguration erreichen, indem sie sich mit anderen Atomen verbinden.

Edelgaskonfiguration

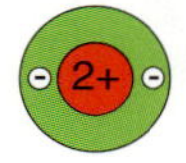

K-Schale: **2 e⁻**

Elektronenanordnung des Helium-Atoms

Edelgaskonfiguration

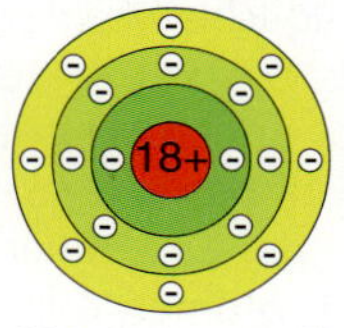

K-Schale: 2 e⁻
L-Schale: 8 e⁻
M-Schale: **8 e⁻**

Elektronenanordnung des Argon-Atoms

Wasserstoff-Molekül. Zur vollständig besetzten K-Schale fehlt dem Wasserstoff-Atom noch ein Elektron. Im Wasserstoff-Molekül besitzen zwei H-Atome insgesamt zwei Elektronen. Es fällt auf, dass jedes H-Atom für sich betrachtet mit den zwei Elektronen eine vollbesetzte K-Schale hat, ähnlich wie die Atome des Edelgases Helium. Bei dieser Zählweise wird allerdings jedes Elektron doppelt gezählt. Man sagt: Im Wasserstoff-Molekül haben die beiden Wasserstoff-Atome ein *gemeinsames Elektronenpaar.* Diese Art der chemischen Bindung wird daher **Elektronenpaarbindung** genannt. Es ist also das gemeinsame Elektronenpaar, das die beiden Wasserstoff-Atome im Wasserstoff-Molekül zusammenhält. Wenn genau zwei Wasserstoff-Atome eine Elektronenpaarbindung eingehen und ein H_2-Molekül bilden, erreichen beide Atome die Edelgaskonfiguration des Heliums.

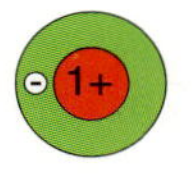

K-Schale: 1 e⁻

Elektronenanordnung des H-Atoms

Edelgaskonfiguration

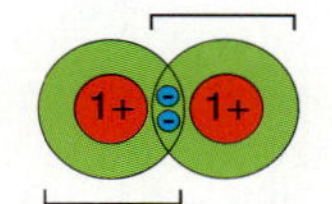

Edelgaskonfiguration

Elektronenanordnung des H_2-Moleküls

Chlor-Molekül. Chlor ist ein Nichtmetall, das aus zweiatomigen Molekülen besteht: Cl_2. Zur vollständig besetzten M-Schale fehlt dem Chlor-Atom noch ein Elektron. Im Chlor-Molekül hat jedes Chlor-Atom durch das gemeinsame Elektronenpaar acht Außenelektronen. Es erreicht so die Edelgaskonfiguration.

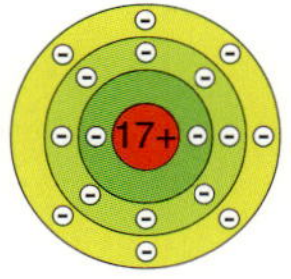

K-Schale: 2 e⁻
L-Schale: 8 e⁻
M-Schale: 7 e⁻

Elektronenanordnung des Cl-Atoms

Edelgaskonfiguration

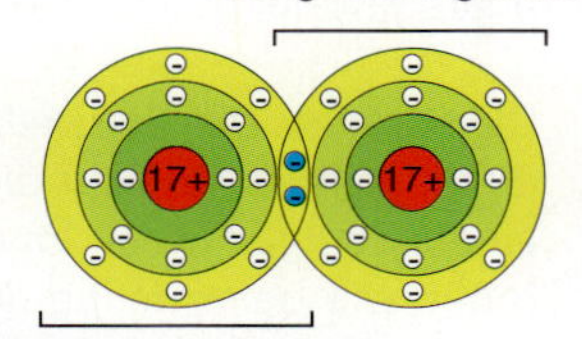

Edelgaskonfiguration

Elektronenanordnung des Cl_2-Moleküls

In Molekülen sind Atome über gemeinsame Elektronenpaare miteinander verbunden. Diese Art der chemischen Bindung wird als Elektronenpaarbindung bezeichnet.

1 **a)** Zeichne das Schalenmodell des Fluor-Atoms. Wie viele Elektronen fehlen zur Edelgaskonfiguration?
b) Zeichne das Schalenmodell des Fluor-Moleküls. Markiere das gemeinsame Elektronenpaar. Warum besteht Fluor aus Molekülen?

2 **a)** Entsteht bei der Reaktion von Wasserstoff mit Chlor eine Molekülverbindung oder eine Ionenverbindung? Begründe deine Entscheidung.
b) Stelle die Elektronenverteilung in dem Chlorwasserstoff-Teilchen dar.

12.2 LEWIS-Formeln für Moleküle

Der amerikanische Chemiker LEWIS hat Regeln aufgestellt, wie man Moleküle durch Formeln darstellen kann. Für die Konstruktion dieser Molekülformeln oder *LEWIS-Formeln* werden nur die Außenelektronen berücksichtigt.

H–H

H–Ō–Ō–H

⟨O=O⟩

H–C≡N|

|Cl–Cl|

H–F|

|Br–Br|

|C≡O|

H–S–H

H–O–C–C–H

Beispiel Methan. Methan ist der Hauptbestandteil des Erdgases. Das Methan-Molekül ist sehr einfach aufgebaut: Ein Kohlenstoff-Atom ist mit vier Wasserstoff-Atomen verknüpft. Die Molekülformel ist CH_4.
Das C-Atom hat in der Außenschale *vier* Elektronen. Die vier Punkte im Bild entsprechen diesen vier Elektronen der L-Schale. Die Punkte werden üblicherweise über, unter, links und rechts vom Elementsymbol gesetzt. Die voll besetzte innere Schale (K-Schale) mit zwei Elektronen bleibt unberücksichtigt.
Zur voll besetzten L-Schale – wie beim Neon-Atom – fehlen dem C-Atom noch vier Elektronen. Es bildet daher vier Elektronenpaarbindungen mit vier H-Atomen aus. Jedes H-Atom trägt ein Elektron zu einer Elektronenpaarbindung bei.
Die LEWIS-Formel des Methan-Moleküls ergibt sich, wenn man die beiden Punkte jedes Elektronenpaares durch einen Bindungsstrich ersetzt.

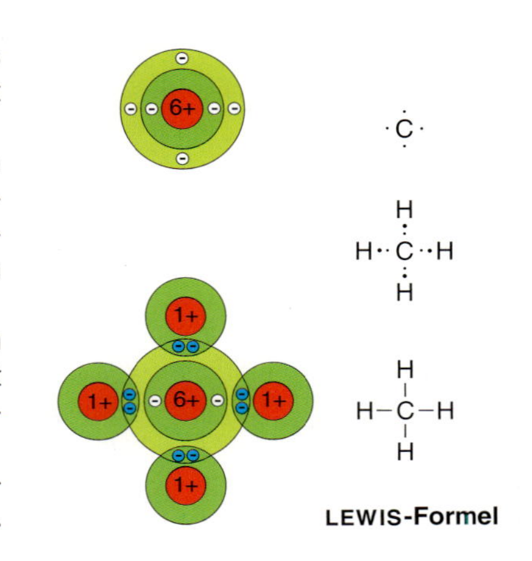

Beispiel Wasser. Das Wasser-Molekül ist aus einem Sauerstoff-Atom und zwei Wasserstoff-Atomen aufgebaut: H_2O.
Das Sauerstoff-Atom hat in der Außenschale sechs Elektronen. Für die ersten vier Elektronen wird ein Punkt über, unter, links und rechts vom Elementsymbol gesetzt. Die Punkte für die beiden restlichen Elektronen bilden mit je einem schon vorhandenen Punkt ein Punktepaar. Die voll besetzte K-Schale bleibt unberücksichtigt.
Zur voll besetzten L-Schale – wie beim Neon-Atom – fehlen dem O-Atom zwei Elektronen. Es bildet daher mit seinen beiden ungepaarten Elektronen zwei Elektronenpaarbindungen zu zwei H-Atomen aus. Jedes H-Atom trägt ein Elektron zur Elektronenpaarbindung bei.
Die LEWIS-Formel des Wasser-Moleküls ergibt sich, wenn man die *bindenden (gemeinsamen)* und die *nicht bindenden (freien)* Elektronenpaare jeweils durch einen Strich ersetzt.

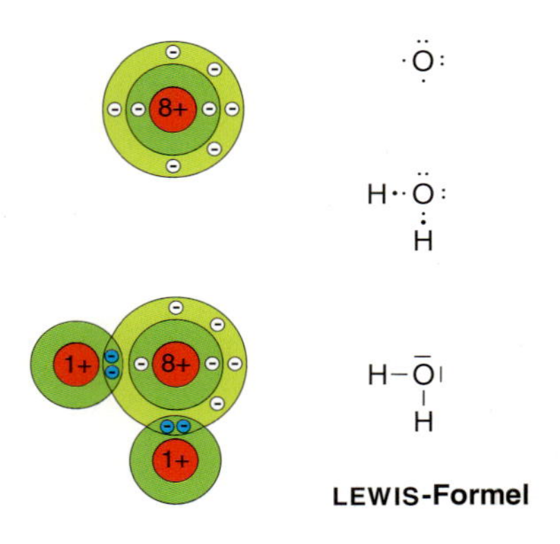

Oktettregel. Die Beispiele zeigen eine Gemeinsamkeit: Für jedes Atom ergibt sich im Molekül die gleiche Anzahl von Außenelektronen wie bei einem Edelgas-Atom. Im Falle des Wasserstoff-Atoms sind es zwei Elektronen wie beim Helium-Atom. Beim Kohlenstoff-Atom und beim Sauerstoff-Atom sind es **acht** Elektronen wie beim Neon-Atom. Die *Oktettregel* (lat. *octo:* acht) hilft bei der Konstruktion von LEWIS-Formeln:
In einem stabilen Molekül muss jedes Atom von vier Elektronenpaaren umgeben sein, nur das H-Atom hat ein Elektronenpaar.

Der Aufbau von Molekülen lässt sich mit LEWIS-Formeln beschreiben. Dabei muss die Oktettregel beachtet werden.

1 Stelle schrittweise die LEWIS-Formel des Chlorwasserstoff-Moleküls (HCl) auf, kennzeichne freie und bindende Elektronenpaare und erläutere an diesem Beispiel die Oktettregel.

2 Kohlenstoffdioxid-Moleküle (CO_2) enthalten *Mehrfachbindungen*. Stelle Schritt für Schritt die LEWIS-Formel auf und überprüfe die Gültigkeit der Oktettregel.

3 Kochsalz (NaCl) ist eine Ionenverbindung.
a) Welche Teilchen liegen im Kochsalz vor?
b) Erkläre die chemische Bindung im Kochsalz-Gitter.
c) Warum gibt es für Ionenverbindungen keine LEWIS-Formeln?

4 a) Suche dir drei der ganz oben dargestellten Moleküle aus und benenne sie.
b) Gib Vorkommen oder Verwendung der Stoffe an.

LEWIS-Formeln

Übersicht

Atom	Kohlenstoff	Stickstoff	Sauerstoff	Fluor	Neon
Elektronenkonfiguration	6+	7+	8+	9+	10+
Außenelektronen	4 e⁻	5 e⁻	6 e⁻	7 e⁻	8 e⁻
Punkt-Schreibweise	·C·	·N·	·O:	·F:	:Ne:

Regeln zum Aufstellen von LEWIS-Formeln

1. Die Elementsymbole werden entsprechend der Verknüpfung der Atome im Molekül angeordnet.

2. Man zeichnet an jedem Elementsymbol die Außenelektronen als Punkte ein. Die Elektronen der inneren Schalen bleiben unberücksichtigt.

3. Die Punkte für die Elektronen stehen über, unter sowie rechts und links neben dem Elementsymbol. Der fünfte bis achte Punkt bildet mit einem schon vorhandenen Punkt ein Punktepaar.

4. Zwischen den Atomen werden nun so viele bindende Elektronenpaare gebildet, dass für alle Atome die Oktettregel erfüllt ist. Dabei sind Einfachbindungen und Mehrfachbindungen möglich.
H-Atome gehen nur Einfachbindungen ein.

5. In der endgültigen LEWIS-Formel werden bindende und nicht bindende Elektronenpaare schließlich durch einen Strich dargestellt.

Molekül	Punkt-Schreibweise	Oktettregel	LEWIS-Formel
Methan	H ·· C ·· H (mit H oben und unten)	H–C–H (mit H oben und unten)	H–C–H (mit H oben und unten)
Ammoniak	H ·· N̈ ·· H (mit H unten)	H–N̄–H (mit H unten)	H–N̄–H (mit H unten)
Wasser	H ·· Ö: (mit H unten)	H–Ō| (mit H unten)	H–Ō| (mit H unten)
Fluorwasserstoff	H ·· F̤̈:	H–F̄|	H–F̄|
Sauerstoff	Ö::Ö	Ō=Ō	⟨O=O⟩
Stickstoff	:N⋮⋮N:	|N≡N|	|N≡N|
Kohlenstoffdioxid	Ö::C::Ö	Ō=C=Ō	⟨O=C=O⟩

12.3 Die räumliche Struktur der Moleküle

Beispiel:
Methan-Molekül

Wolkenmodell

Kalottenmodell

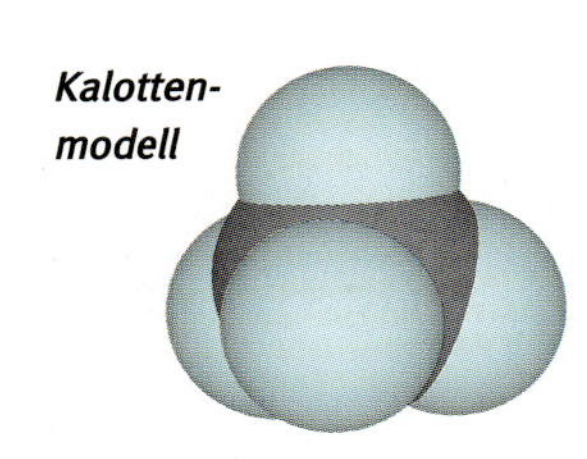

Kugel/Stab-Modell

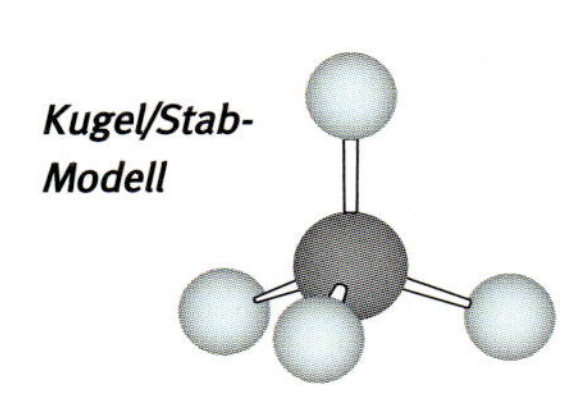

Molekülstruktur

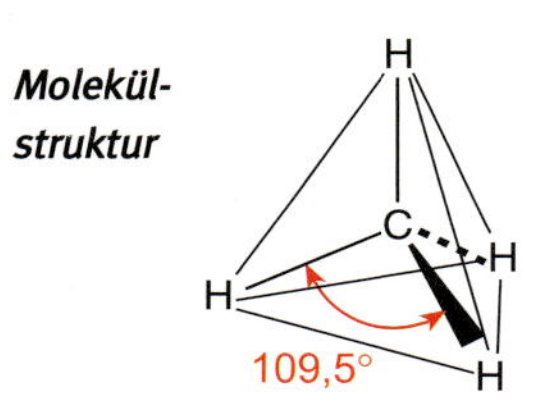

LEWIS-Formel

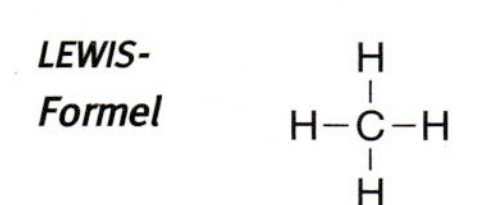

Ein Ziel der Chemie ist es, Eigenschaften und Reaktionen der Stoffe vorhersagen und erklären zu können. Dazu ist es wichtig, die räumliche Struktur der Teilchen zu kennen. Ein einfaches Modell, mit dessen Hilfe sich die Struktur direkt aus der Molekülformel ableiten lässt, ist das **Elektronenpaarabstoßungs-Modell.** Es basiert auf zwei Annahmen:

1. Die Außenelektronen halten sich *paarweise* in bestimmten Bereichen um den Atomkern auf. Man stellt sich das modellhaft wie eine Wolke vor und spricht von einer *Elektronenwolke.*

2. Die negativ geladenen Elektronenpaare stoßen sich gegenseitig ab. Dadurch ergibt sich für jede Elektronenpaarbindung eine bestimmte Richtung und für jedes Molekül eine eindeutige Struktur.

***Beispiel Methan:* ein tetraederförmiges Molekül.** Im Methan-Molekül (CH_4) ist das zentrale Kohlenstoff-Atom durch vier Elektronenpaare mit vier Wasserstoff-Atomen verbunden. Die Abstoßung zwischen den vier Elektronenpaaren ist dann am kleinsten, wenn der Abstand zwischen ihnen am größten ist. Sie richten sich deshalb nach den Ecken eines Tetraeders aus. Das Kohlenstoff-Atom bildet das Zentrum des Tetraeders, die Wasserstoff-Atome besetzen die vier Ecken. Der H–C–H-Bindungswinkel beträgt 109,5°.

***Beispiel Wasser:* ein gewinkeltes Molekül.** Im Wasser-Molekül (H_2O) ist das zentrale Sauerstoff-Atom von zwei bindenden und zwei nicht bindenden Elektronenpaaren umgeben. Die vier Elektronenpaare richten sich nach den Ecken eines Tetraeders aus. Im Zentrum des Tetraeders befindet sich das Sauerstoff-Atom. An zwei Ecken des Tetraeders sind die Wasserstoff-Atome, die beiden nicht bindenden Elektronenpaare weisen in die noch freien Ecken. Der H–O–H-Bindungswinkel beträgt hier nur 105°. Man nimmt an, dass sich die nicht bindenden Elektronenpaare stärker abstoßen als die bindenden.

***Beispiel Kohlenstoffdioxid:* ein lineares Molekül.** Im Kohlenstoffdioxid-Molekül (CO_2) ist das zentrale Kohlenstoff-Atom über zwei Zweifachbindungen mit den beiden Sauerstoff-Atomen verbunden.
Für die Ermittlung der Struktur werden **Mehrfachbindungen** wie Einfachbindungen behandelt. Es ergibt sich eine lineare Struktur mit dem O–C–O-Bindungswinkel von 180°.

Das Elektronenpaarabstoßungs-Modell erklärt die räumliche Struktur von Molekülen durch die Abstoßung von Elektronenpaaren. Bei vier Elektronenpaaren ergibt sich eine Tetraeder-Geometrie.

1 **a)** Beschreibe die Grundannahmen des Elektronenpaarabstoßungs-Modells.
b) Zeichne einen Tetraeder und beschreibe seine Form.

2 **a)** Stelle die LEWIS-Formel von Ammoniak (NH_3) auf und überprüfe die Gültigkeit der Oktettregel.
b) Leite aus der LEWIS-Formel die räumliche Struktur her.

Beispiel:
Wasser-Molekül

Wolkenmodell

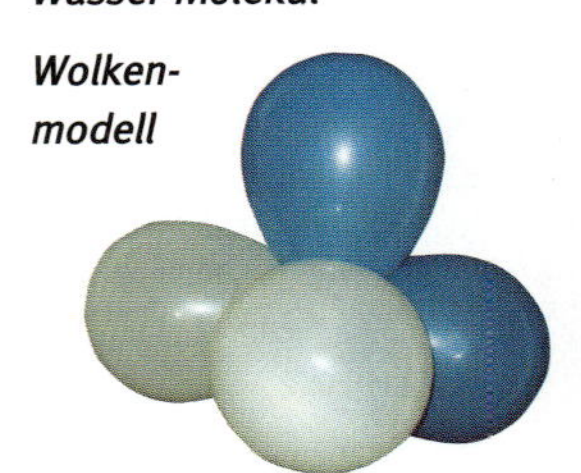

Kalottenmodell

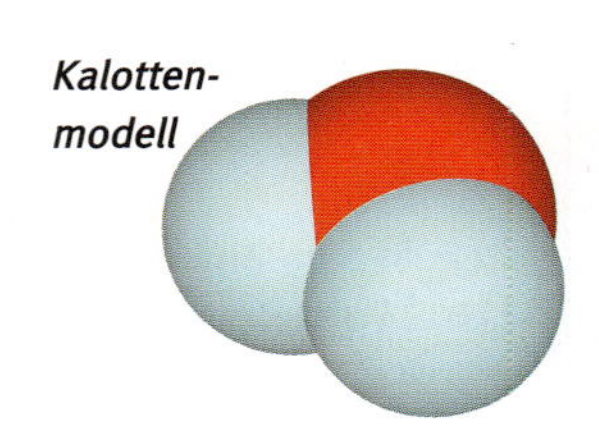

Kugel/Stab-Modell

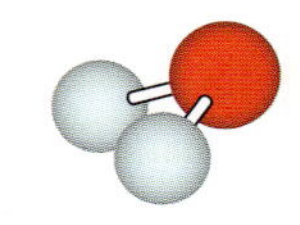

Molekülstruktur

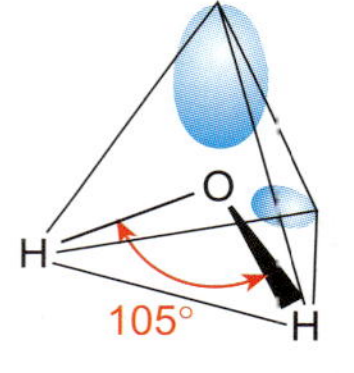

LEWIS-Formel

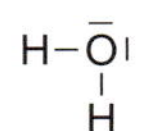

3 Lachgas (N_2O) ist ein Stickstoffoxid. Das Gas wird als Narkosemittel verwendet.
a) Gib den chemischen Namen an.
b) Stelle die LEWIS-Formel auf. In dem Molekül kommen zwei Zweifachbindungen vor.
c) Überprüfe die Gültigkeit der Oktettregel.
d) Leite aus der LEWIS-Formel die räumliche Struktur her.

Das Elektronenpaarabstoßungs-Modell

Übersicht

Verbindung LEWIS-Formel	Elektronenpaare am zentralen Atom	Räumliche Struktur Bindungswinkel	Molekülmodell
Methan 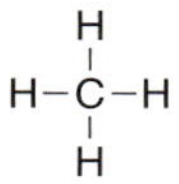 H H–C–H H	4 Einfachbindungen	tetraedrisch 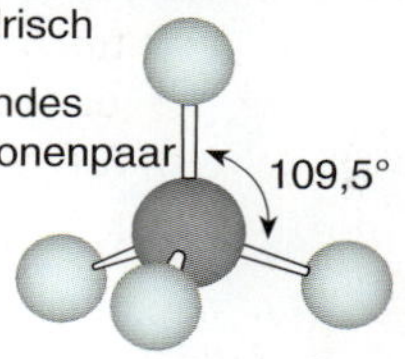 bindendes Elektronenpaar 109,5°	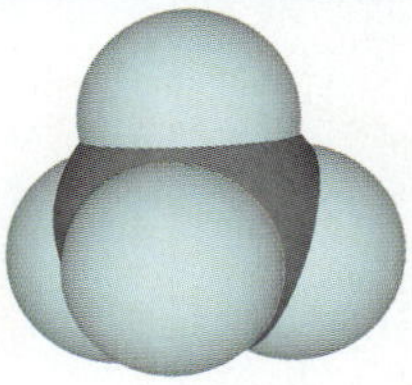
Ammoniak H–N̄–H H 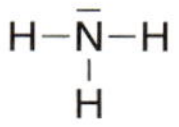	3 Einfachbindungen 1 nicht bindendes Elektronenpaar	pyramidal 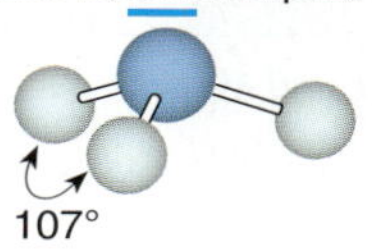 freies Elektronenpaar 107°	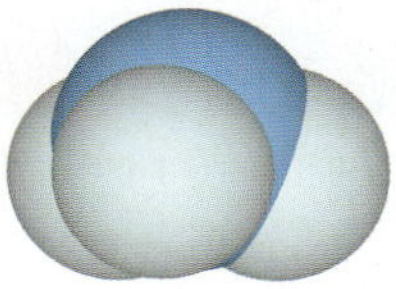
Wasser ⟨O⟩ H H 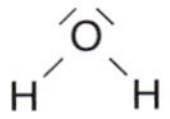	2 Einfachbindungen 2 nicht bindende Elektronenpaare	gewinkelt 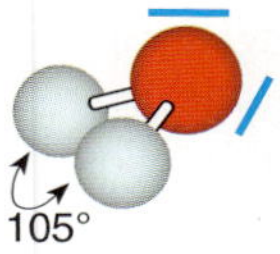 105°	
Fluorwasserstoff H–F̲̄l 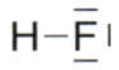	1 Einfachbindung 3 nicht bindende Elektronenpaare	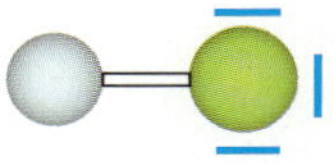	
Kohlenstoffdioxid 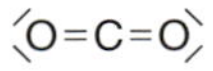 ⟨O=C=O⟩	2 Zweifachbindungen	linear 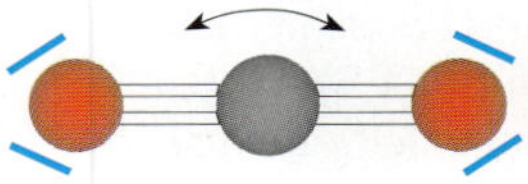 180°	
Blausäure H–C≡Nl 	1 Einfachbindung 1 Dreifachbindung	linear 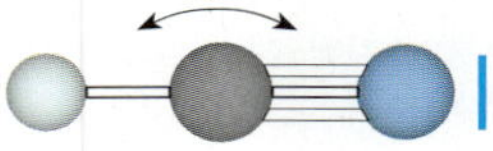 180°	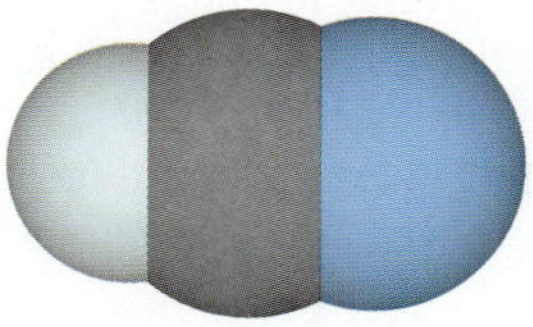
Formaldehyd H C=O⟩ H 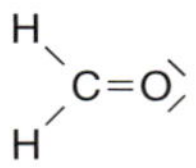	2 Einfachbindungen 1 Zweifachbindung	trigonal 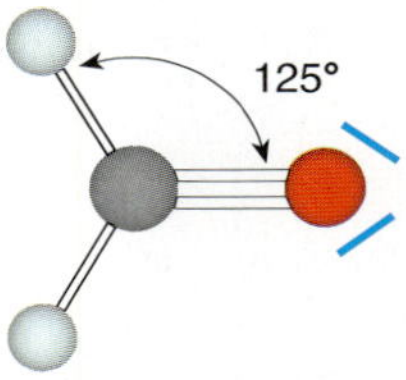 125°	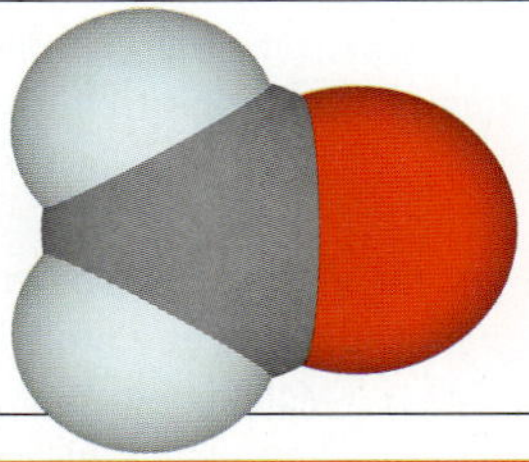

12.4 Das Wasser-Molekül – neutral oder geladen?

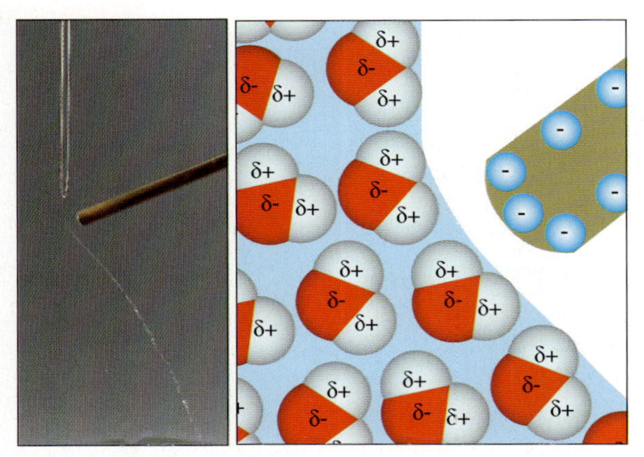

Anziehung eines Wasserstrahls – Experiment und Modell

Ein Kunststoffstab wird mit einem Wolltuch gerieben und so elektrisch aufgeladen. Bringt man den Stab in die Nähe eines feinen Wasserstrahls, wird dieser angezogen. Das Wasser-Molekül ist jedoch insgesamt elektrisch neutral, denn die Anzahl der Protonen im Molekül entspricht der Anzahl der Elektronen.

Dipol-Moleküle. Um die Ablenkung des Wasserstrahls erklären zu können, geht man davon aus, dass die positiven und negativen Ladungen in dem Wasser-Molekül ungleichmäßig verteilt sind. Die acht Protonen des Sauerstoff-Atoms ziehen das gemeinsame Elektronenpaar einer O–H-Bindung viel stärker an als das eine Proton des Wasserstoff-Atoms. Die gleiche Betrachtung gilt für die zweite O–H-Bindung im Wasser-Molekül. Das Sauerstoff-Atom erhält daher einen größeren Anteil der Bindungselektronen als die beiden Wasserstoff-Atome. Die Ladungsverschiebung in der Bindung kennzeichnet man mit den Symbolen für *Teilladungen* δ+ und δ– (delta plus, delta minus). Wie das Elektronenpaarabstoßungs-Modell zeigt, sind Wasser-Moleküle gewinkelt gebaut. Durch die Ladungsverschiebungen in den Bindungen ist eine Seite des Moleküls (das O-Atom) negativ aufgeladen, die Seite, auf der sich die H-Atome befinden, ist entsprechend positiv aufgeladen. Wegen der beiden Pole spricht man von einem **Dipol-Molekül.**

Dipol-Moleküle sind elektrisch neutrale Moleküle mit polaren Elektronenpaarbindungen, in denen die Ladung nicht symmetrisch verteilt ist.

unpolare Elektronenpaarbindung

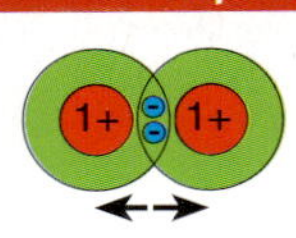

unpolare Bindung

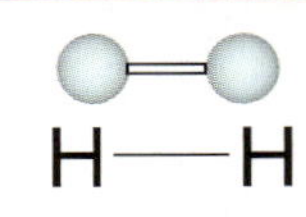

Im Wasserstoff-Molekül werden die beiden negativ geladenen Elektronen der H–H-Bindung gleich stark von den positiv geladenen Atomkernen angezogen. Man spricht in diesem Fall von einer *unpolaren Elektronenpaarbindung.*

polare Elektronenpaarbindung

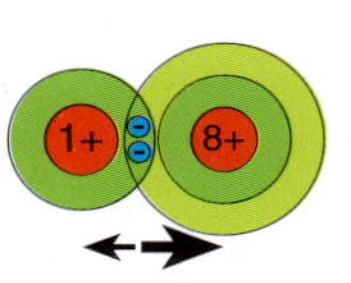

polare Bindung

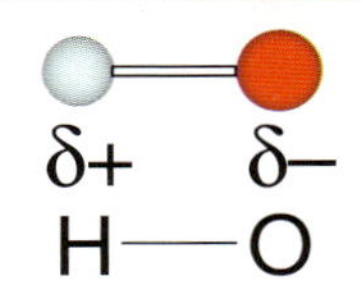

In einer O–H-Bindung werden die beiden Elektronen des bindenden Elektronenpaares von den acht Protonen des Sauerstoff-Atomkerns viel stärker angezogen als von dem einen Proton des Wasserstoff-Atomkerns. Es kommt zu einer Ladungsverschiebung. Man bezeichnet diese Bindung als eine *polare Elektronenpaarbindung.*

Dipol-Molekül? Die Struktur entscheidet.

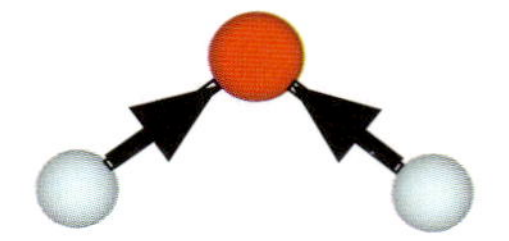

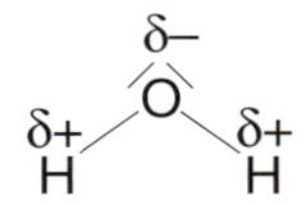

Das Wasser-Molekül hat eine *gewinkelte* Struktur. In diesem Fall verstärken sich die Ladungsverschiebungen der beiden polaren O–H-Bindungen. Das Wasser-Molekül ist daher ein *Dipol-Molekül.*

δ– δ+ δ–
O=C=O

Das Kohlenstoffdioxid-Molekül hat eine *lineare* Struktur. Die Ladungsverschiebungen der beiden polaren C–O-Bindungen sind deswegen genau entgegengesetzt gerichtet. Ihre Wirkungen heben sich gegenseitig auf. Das Kohlenstoffdioxid-Molekül ist daher *kein* Dipol-Molekül.

1 **a)** Erstelle eine Ladungsbilanz aller positiven und negativen Ladungen im Chlorwasserstoff-Molekül (HCl).
b) Ist das HCl-Molekül ein Dipol-Molekül? Begründe deine Antwort und kennzeichne die Ladungsverschiebungen.

2 Reibt man einen Plexiglasstab mit Watte, lädt er sich positiv auf. Was erwartest du, wenn man ihn vor einen Wasserstrahl hält? Fertige eine Skizze an.

Elektronegativität

Das Modell der polaren und unpolaren Elektronenpaarbindung ist ein wichtiges Hilfsmittel bei der Erklärung von Eigenschaften und Reaktionen von Stoffen.
Der amerikanische Chemiker PAULING hat bereits 1932 eine Größe eingeführt, mit der sich abschätzen lässt, welches Atom das Bindungselektronenpaar stärker anzieht: die **Elektronegativität.**

Die Elektronegativität ist ein Maß für die Fähigkeit eines Atoms, das gemeinsame Elektronenpaar in einer Bindung anzuziehen. Je stärker die Anziehung ist, desto größer ist der Elektronegativitätswert. Die Skala der Werte reicht von 0,7 beim Caesium-Atom bis 4,0 beim Fluor-Atom. Für Edelgas-Atome gibt es keine Werte, da es nur sehr wenige Edelgas-Verbindungen gibt.

Die Elektronegativität hängt von der *Kernladung* und von der *Größe* der Atome ab:
1. Bei gleichem Abstand des Elektronenpaares von dem positiv geladenen Atomkern nimmt die Anziehung mit der Größe der Kernladung zu.
Innerhalb einer *Periode* des Periodensystems befinden sich die für die Elektronenpaarbindungen verantwortlichen Außenelektronen alle in der gleichen Schale, gleichzeitig nimmt die Kernladung von links nach rechts zu: Die Anziehung nimmt zu, die Elektronegativität steigt.
2. Je weiter das Elektronenpaar vom Atomkern entfernt ist, desto schwächer wird die Anziehung.
Innerhalb einer *Hauptgruppe* des Periodensystems wird zwar die Kernladung in 8er-Schritten größer, die Entfernung der Außenelektronen vom Atomkern wächst aber noch stärker an: Die Anziehung nimmt ab, die Elektronegativität sinkt.

Nach diesen Überlegungen haben Fluor-Atome die größte Elektronegativität. Sie sind sehr klein und haben mit neun Protonen schon eine hohe Kernladung. Auch die Atome der übrigen Halogene haben sehr hohe Elektronegativitätswerte, ebenso Sauerstoff- und Stickstoff-Atome. Die Atome der Alkalimetalle haben dagegen die niedrigsten Elektronegativitätswerte. Sie haben innerhalb einer Periode jeweils die kleinsten Kernladungen.

1 a) Beschreibe und erkläre am Beispiel der 2. Periode den Verlauf der Elektronegativitätswerte.
b) Beschreibe und erkläre am Beispiel der VII. Hauptgruppe den Verlauf der Elektronegativitätswerte.
2 Warum gibt man für Edelgas-Atome keine Elektronegativitätswerte an?
3 Sind die folgenden Elektronenpaarbindungen polar oder unpolar: N–H, C–H, Cl–Cl, H–Cl?
Kennzeichne die Ladungsverschiebungen.

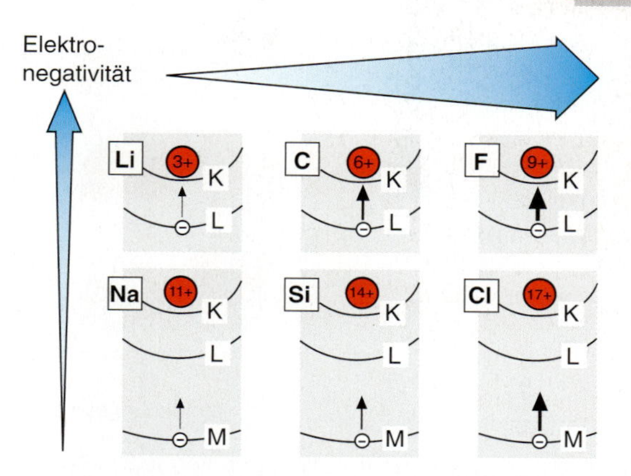

Wer zieht stärker: Abhängigkeit der Elektronegativität eines Atoms von Kernladung und Größe

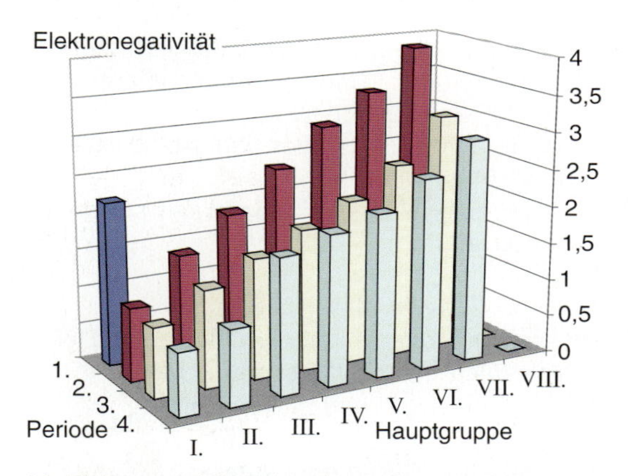

Die Elektronegativität eines Atoms hängt von der Stellung des Elements im Periodensystem ab.

	I	II	III	IV	V	VI	VII	VIII
1	2,1 $_1$H							-- $_2$He
2	1,0 $_3$Li	1,5 $_4$Be	2,0 $_5$B	2,5 $_6$C	3,0 $_7$N	3,5 $_8$O	4,0 $_9$F	-- $_{10}$Ne
3	0,9 $_{11}$Na	1,2 $_{12}$Mg	1,5 $_{13}$Al	1,8 $_{14}$Si	2,1 $_{15}$P	2,5 $_{16}$S	3,0 $_{17}$Cl	-- $_{18}$Ar
4	0,8 $_{19}$K	1,0 $_{20}$Ca	1,6 $_{31}$Ga	1,8 $_{32}$Ge	2,0 $_{33}$As	2,4 $_{34}$Se	2,8 $_{35}$Br	-- $_{36}$Kr
5	0,8 $_{37}$Rb	1,0 $_{38}$Sr	1,7 $_{49}$In	1,8 $_{50}$Sn	1,9 $_{51}$Sb	2,1 $_{52}$Te	2,5 $_{53}$I	-- $_{54}$Xe
6	0,7 $_{55}$Cs	0,9 $_{56}$Ba	1,8 $_{81}$Tl	1,8 $_{82}$Pb	1,9 $_{83}$Bi	2,0 $_{84}$Po	2,2 $_{85}$At	-- $_{86}$Rn

Elektronegativitätswerte nach PAULING

12.5 Die Wasserstoffbrückenbindung – eine Basis des Lebens

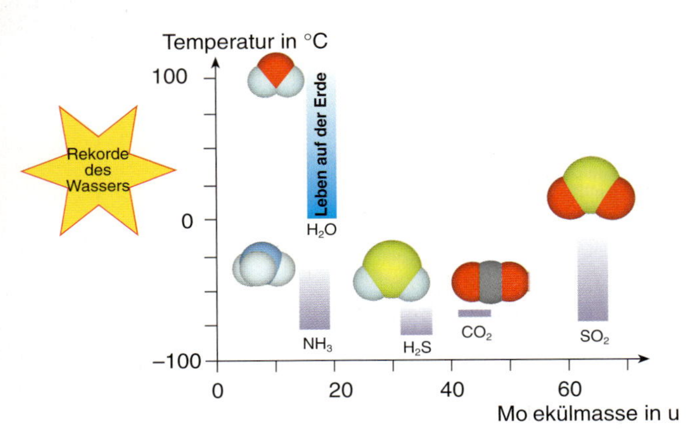

Temperaturbereiche von Flüssigkeiten im Vergleich

Eisgitter mit Hohlräumen

Bei der Vorhersage von Stoffeigenschaften kann man sich in der Chemie durchweg auf drei Faustregeln verlassen:

– Bei chemisch ähnlichen Verbindungen nehmen Schmelztemperatur und Siedetemperatur mit wachsender Molekülgröße zu.
– Die Dichte eines Feststoffes ist größer als die Dichte der Flüssigkeit.
– Die Dichte einer Flüssigkeit nimmt mit steigender Temperatur ab.

Auf Wasser trifft keine dieser Regeln zu:

– Gemessen an Stoffen mit ähnlich kleinen und leichten Molekülen sollte Wasser bei etwa –100 °C schmelzen und schon bei –80 °C sieden. Es gäbe auf der Erde keine Gletscher, Flüsse oder Meere, sondern nur noch Wasserdampf und wahrscheinlich kein Leben.
– Ähnlich wie eine Kerze in geschmolzenem Kerzenwachs sollte Eis in Wasser zum Boden sinken. Gewässer würden dann von unten nach oben zufrieren, die Fische würden allmählich an die Oberfläche gedrückt. Glücklicherweise ist es genau umgekehrt: Eis schwimmt auf dem Wasser.
– Wasser hat seine größte Dichte nicht bei 0 °C, sondern bei 4 °C. Im Winter sammelt sich deshalb Wasser von 4 °C am Grund eines zugefrorenen Sees – das reicht den Fischen zum Überleben.

Ursache für die auffallenden Eigenschaften des Wassers sind schwache Bindungen *zwischen* den Wasser-Molekülen, die *Wasserstoffbrückenbindungen.*

Wasserstoffbrückenbindung. Die besondere Struktur des Wasser-Moleküls ist die Voraussetzung für die Ausbildung von Wasserstoffbrückenbindungen:

1. Die O–H-Bindung ist stark polar.

2. Das Sauerstoff-Atom ist stark elektronegativ und hat zwei freie Elektronenpaare.

Bei einer Wasserstoffbrückenbindung im Wasser befindet sich ein H-Atom zwischen einem O-Atom, an das es durch eine Elektronenpaarbindung gebunden ist, und einem O-Atom eines anderen Wasser-Moleküls, von dem es über ein freies Elektronenpaar angezogen wird. Jedes Wasser-Molekül kann so über seine beiden H-Atome und über die beiden freien Elektronenpaare seines O-Atoms insgesamt vier O–H···O-Brücken ausbilden.

Im Eis ergibt sich so ein regelmäßig gebautes Gitter mit Hohlräumen zwischen den Wasser-Molekülen. Mit steigender Temperatur brechen Wasserstoffbrückenbindungen auf, das Eis schmilzt. Frei gewordene Wasser-Moleküle können dann Hohlräume besetzen, die Dichte nimmt daher bis 4 °C zu. Über 4 °C steigt der Anteil frei beweglicher Wasser-Moleküle an: Die Dichte sinkt wieder.

Wasserstoffbrückenbindungen sind zwischenmolekulare Bindungen. Die Eigenschaften des Wassers werden durch solche O–H···O-Brücken bestimmt.

1 **a)** Beschreibe am Beispiel des Wassers den Zusammenhang zwischen Temperatur, Aggregatzustand und zwischenmolekularen Bindungen.
b) Warum ist Methan bei Raumtemperatur ein Gas?

2 **a)** Erkläre, wie sich das Kristallgitter von Eis ausbildet.
b) Warum geht ein Eiswürfel in Wasser nicht unter?

Rekorde des Wassers

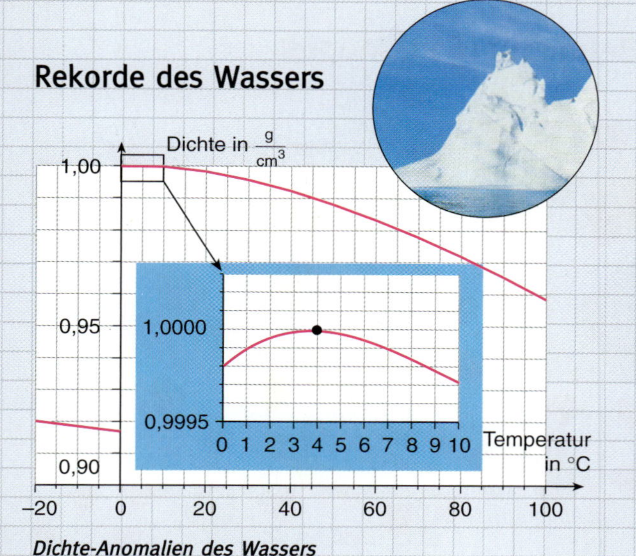

Dichte-Anomalien des Wassers

V1: Dichte-Anomalien

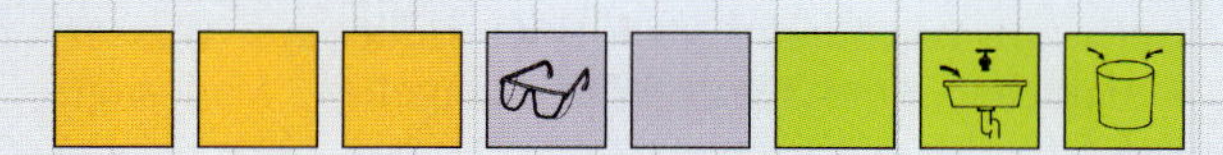

Materialien: 2 Bechergläser (100 ml, hoch), Gasbrenner, Plastikflasche (1,5 l) mit Kragen aus Aluminiumfolie, Thermometer oder Temperaturfühler, Eiswürfel, Kerze.

Durchführung:

Anomalie 1:

1. Lasse einen Eiswürfel in ein Glas Wasser fallen.
2. Schmilz $\frac{4}{5}$ der Kerze in dem zweiten Becherglas. Gib dann den Rest der Kerze in die Schmelze.

Anomalie 2:

1. Fülle die Plastikflasche mit Wasser und kühle sie im Gefrierfach auf 0 °C ab.
2. Fülle den Kragen der Flasche mit Eis, decke es mit einem Tuch ab.
3. Miss *vorsichtig* die Temperaturschichtung im Wasser: über dem Boden, in der Höhe des Eis-Kragens und kurz vor der Öffnung.
   Achtung: Das Wasser darf dabei nicht umgerührt werden.
4. Wiederhole die Messungen nach einer und nach zwei Stunden.

Eis

Aufgaben:

a) Notiere und erkläre deine Beobachtungen.

b) Stelle die Temperaturschichtungen grafisch dar.

c) Welcher Anomalie-Typ ist Ursache für die folgenden Phänomene? Begründe jeweils deine Entscheidung.
- Ein Eisberg schwimmt auf dem Wasser.
- Ein See friert von oben her zu.
- Ein Wasserflasche platzt im Gefrierfach.

V2: Wärmespeicher

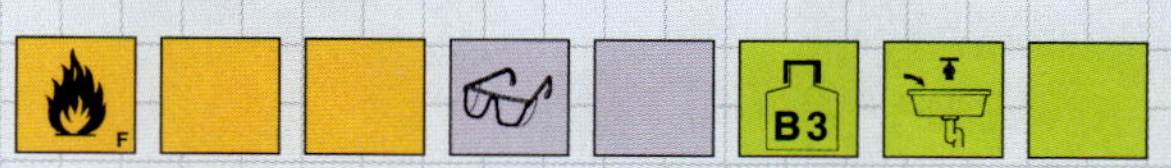

Materialien: Becherglas, Thermometer, Heizplatte; Brennspiritus (F).

Durchführung:

1. Erhitze 100 ml Wasser von Raumtemperatur auf 60 °C und notiere die Aufheizzeit.
2. Wiederhole den Versuch mit 100 ml Brennspiritus (B3).

Aufgaben:

a) Notiere und erkläre deine Beobachtungen.

b) Über einen Sandstrand in der Mittagshitze kann man kaum gehen, während sich das Meer in der Mittagssonne nur geringfügig aufheizt. Woran liegt das?

c) Beschreibe die Wirkung des Golfstroms auf das Klima in Europa.

V3: Mikrowellen heizen Molekülen ein

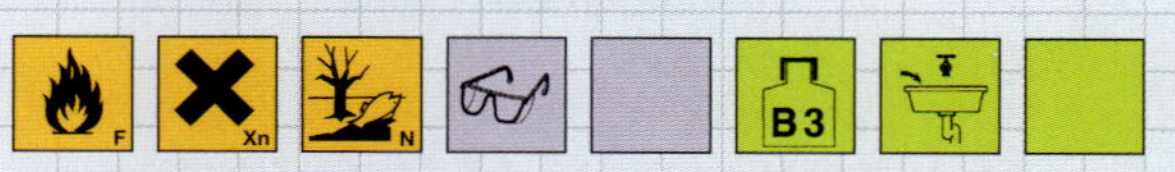

Materialien: 2 Bechergläser (250 ml, weit), 2 Thermometer, Mikrowellenherd;
Heptan (F, Xn, N).

Durchführung:

1. Fülle jeweils 100 ml Wasser und Heptan (B3) in die Bechergläser.
2. Erhitze die beiden Gläser gleichzeitig im Mikrowellenherd. Vergleiche anschließend die Temperaturen.

Aufgaben:

a) Notiere und erkläre deine Beobachtungen.
Hinweis: Heptan-Moleküle sind unpolar.

b) Warum sagt man, dass Mikrowellen die Speisen von innen her aufheizen?

12.6 Das Salz in der Suppe – eine Betrachtung im Modell

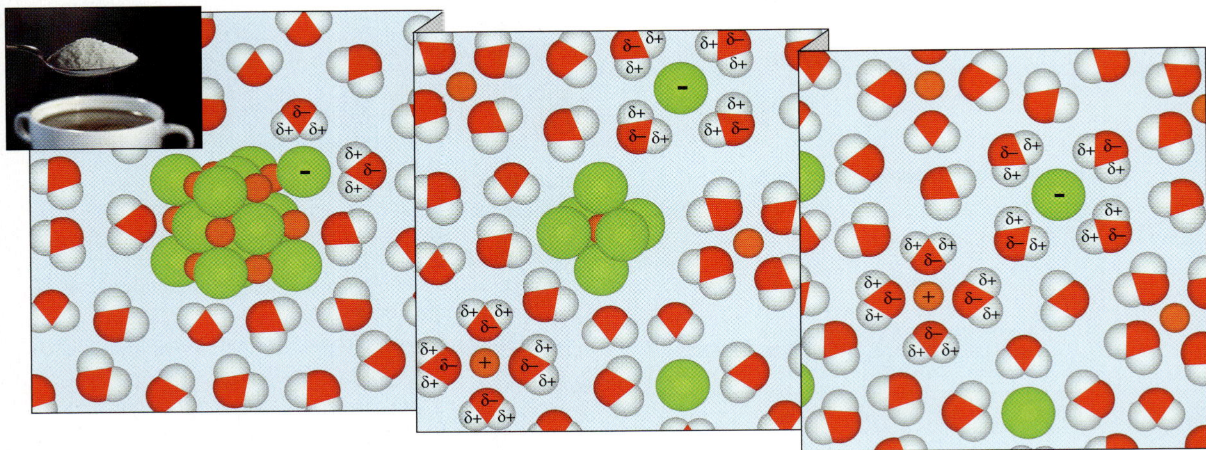

Der Lösungsvorgang von Kochsalz im Modell

Über zu viel oder zu wenig Salz in der Suppe haben sich schon viele Leute Gedanken gemacht. Wer hat aber schon einmal darüber nachgedacht, was eigentlich mit dem Salz geschieht, wenn es plötzlich spurlos, aber nicht geschmacklos in der Suppe verschwindet?

Der **Lösungsvorgang** lässt sich als Wechselspiel der verschiedenen Teilchen beschreiben:
Wasser besteht aus Dipol-Molekülen. Die Wasser-Moleküle sind gewinkelt. Das Sauerstoff-Atom trägt eine negative Teilladung, die Wasserstoff-Atome haben eine positive Teilladung.
Kochsalz ist dagegen eine Ionenverbindung aus Natrium-Ionen (Na^+) und Chlorid-Ionen (Cl^-). Im Inneren des Kochsalz-Kristalls wird jedes positiv geladene Natrium-Ion von sechs negativ geladenen Chlorid-Ionen auf seinem Gitterplatz gehalten. Umgekehrt ist jedes Chlorid-Ion durch sechs Natrium-Ionen fixiert.
An der Oberfläche des Kristalls sind die Ionen dagegen von weniger entgegengesetzt geladenen Nachbarn umgeben. Daher sitzen Ionen besonders an Ecken und Kanten weniger fest auf ihren Gitterplätzen als solche im Innern des Kristalls.

Abbau des Ionengitters. Die Dipol-Moleküle des Wassers greifen zuerst die Ionen an den Ecken und Kanten des Kristalls an: Aufgrund ihrer Teilladung (δ–) lagern sich dabei die Sauerstoff-Atome der Wasser-Moleküle an die Na^+-Ionen an. Die Wasserstoff-Atome mit ihrer positiven Teilladung δ+ treten umgekehrt mit den Cl^--Ionen in Wechselwirkung. So werden die einzelnen Ionen abgespalten und gehen in Lösung.
Der Lösungsvorgang schreitet von außen nach innen voran, bis das Ionengitter völlig abgebaut ist.

Hydratisierung der Ionen. In der Lösung ist jedes freie Ion vollständig von einer Hülle aus Wasser-Molekülen, einer **Hydrathülle,** umgeben. Man sagt: Die Ionen sind *hydratisiert.*

Die Wasser-Moleküle der Hydrathülle haben eine bestimmte Orientierung: Bei den positiv geladenen Natrium-Ionen weisen die negativ geladenen Enden der Dipol-Moleküle nach innen und die positiv geladenen Seiten nach außen. Bei den negativ geladenen Chlorid-Ionen ist es gerade umgekehrt.

Beim Lösen von Ionenverbindungen in Wasser bilden sich hydratisierte Ionen. Ursache ist der Dipol der Wasser-Moleküle.

1 **a)** Erkläre am Beispiel des Wasser-Moleküls, was man unter einem Dipol-Molekül versteht.
b) Zeichne ein hydratisiertes Natrium-Ion und ein hydratisiertes Chlorid-Ion. Trage alle Ladungen ein.
2 Beantworte die folgende Frage mit Hilfe des Raumgittermodells von Natriumchlorid auf S. 170:
Wie viele entgegengesetzt geladene Nachbarn besitzt jedes Natrium-Ion im Inneren, auf einer Fläche, an einer Kante des Natriumchlorid-Kristalls?
3 **a)** Die blauen Kristalle von Kupfersulfat enthalten *Kristallwasser:* $CuSO_4 \cdot 5\ H_2O$. Was sagt diese Formel aus?
b) Beim Erhitzen bildet sich ein weißes Pulver. Stelle eine Reaktionsgleichung auf.
4 Man gibt 100 g Kochsalz in einen 500-ml-Messkolben und füllt bis zur Markierung mit Wasser auf. Wenn man anschließend schüttelt, bis sich das Salz gelöst hat, sinkt der Wasserstand. Gib eine Erklärung an.
5 Warum sieht man das Salz in der Suppe nicht, schmeckt es aber trotzdem?

Wasser – ein ideales Lösungsmittel

V1: Kalt oder heiß?

  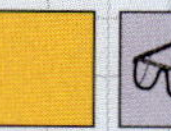  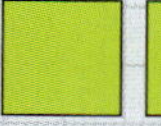 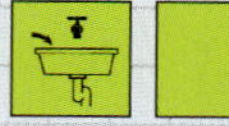 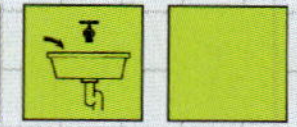

Materialien: Becherglas (250 ml), Thermometer; Calciumchlorid wasserfrei ($CaCl_2$; Xi) und mit Kristallwasser ($CaCl_2 \cdot 6\ H_2O$; Xi), Eiswürfel.

Durchführung:

1. Fülle ein Reagenzglas etwa 1 cm hoch mit wasserfreiem Calciumchlorid, gib die gleiche Menge an Wasser hinzu, schüttle gut und beobachte die Temperaturänderung.
2. Wiederhole den Versuch mit kristallwasserhaltigem Calciumchlorid.
3. Mische in dem Becherglas etwa im Verhältnis 1 : 3 kristallwasserhaltiges Calciumchlorid mit Eisstückchen und miss die Temperaturänderung.

Aufgaben:

a) Notiere deine Beobachtungen.

b) Der Abbau eines Kristallgitters ist endotherm. Die Hydratisierung von Ionen ist exotherm. Erkläre mit Hilfe dieser Informationen die Temperaturänderungen bei den Versuchen.

V2: Hochprozentiges – chemisch betrachtet

 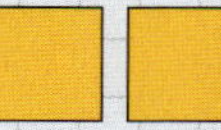  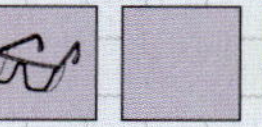   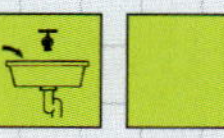

Materialien: Tropfpipette; reiner Alkohol (F), klarer Schnaps, Ouzo.

Durchführung:

1. Fülle ein Reagenzglas etwa 1 cm hoch mit reinem Alkohol und tropfe in vier Schritten jeweils 1 ml Wasser hinzu. Schüttle immer gut.
2. Wiederhole den Versuch mit klarem Schnaps.
3. Wiederhole den Versuch mit Ouzo.

Aufgabe: Notiere und erkläre deine Beobachtungen.
Hinweis: Ouzo enthält als Geschmacksstoff Anisöl.

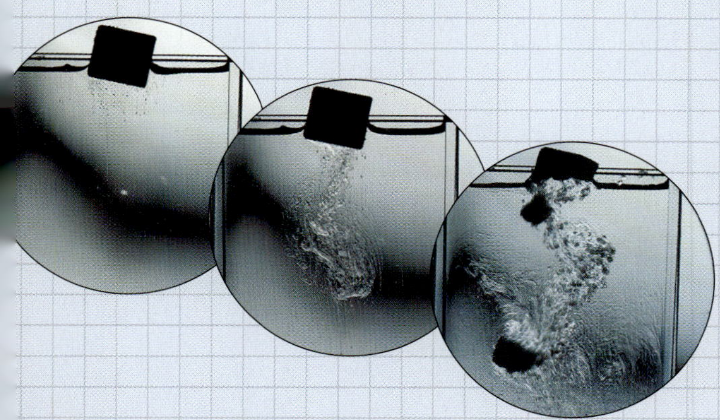

V3: Löslichkeit

   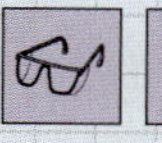 

Materialien: Spatel, Pipette; Heptan (F, Xn, N), Zucker, Speiseöl.

Durchführung:

1. Fülle zwei Reagenzgläser zu einem Drittel mit Wasser. Gib in das eine Reagenzglas eine Spatelspitze Zucker und in das andere einige Tropfen Speiseöl. Schüttele dann die Reagenzgläser.
2. Wiederhole die Versuche mit Heptan statt Wasser als Lösungsmittel (B3).
3. Mische im letzten Reagenzglas gleiche Mengen an Wasser und Heptan (B3).

Aufgaben:

a) Notiere und erkläre deine Beobachtungen.
Hinweis: Speiseöl und Heptan sind unpolare Verbindungen.

b) Wie kommt es zu Fettaugen auf der Suppe?

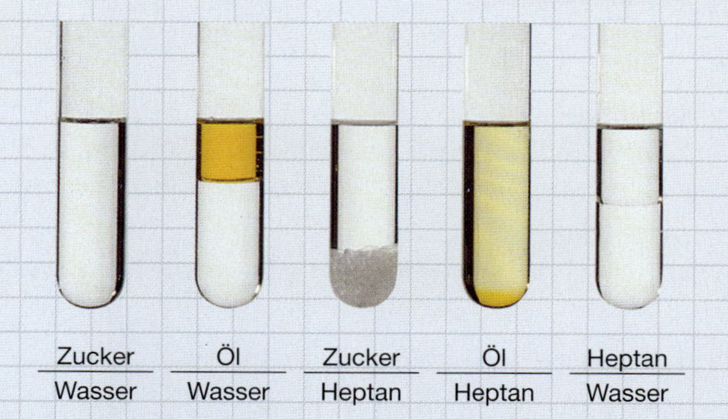

Zucker im Kaffee. Zuckerkristalle bestehen *nicht* aus Ionen, sie sind aus *Zucker-Molekülen* aufgebaut. Die Zucker-Moleküle kann man sich als flache Scheibchen vorstellen. Zwischen den Scheibchen gibt es wie zwischen den Wasser-Molekülen Wasserstoffbrücken. Diese Bindungen sind zwar nicht so stark wie die Anziehungskräfte zwischen den Ionen in Ionenkristallen, sie reichen aber trotzdem aus, die Zucker-Moleküle auf festen Gitterplätzen in einem Kristallgitter zu halten. Zuckerkristalle sind also **Molekülkristalle.**

A1: Beschreibe ähnlich wie beim Salz in der Suppe den Lösungsvorgang von Zucker im Kaffee.

Praktikum

Kochsalz und Kerzenwachs – ein Vergleich

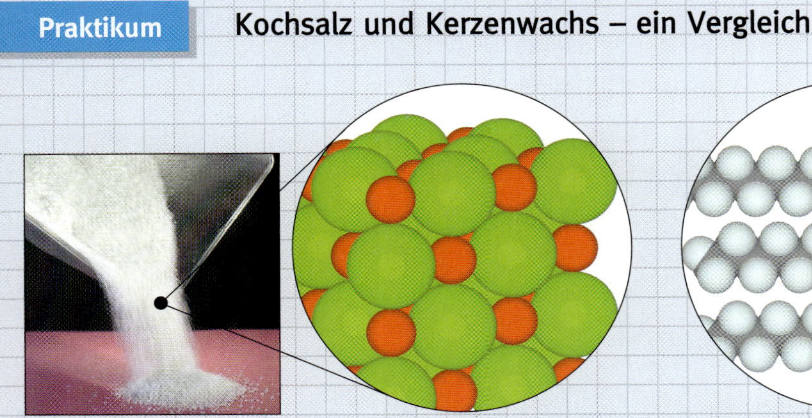

Kochsalz besteht aus Ionen.

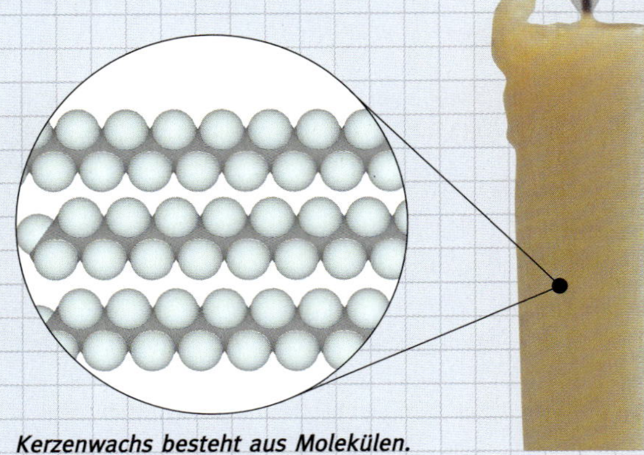

Kerzenwachs besteht aus Molekülen.

V1: Eigenschaften von Kochsalz und Kerzenwachs

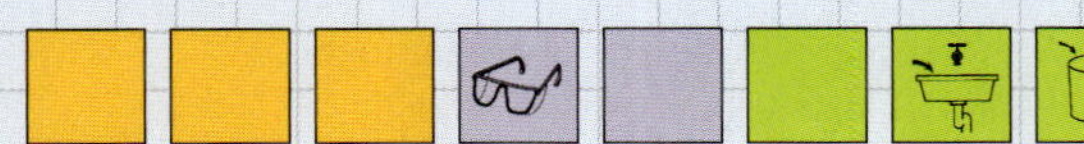

Materialien: Spatel, Gasbrenner, Leitfähigkeitsprüfer; Kochsalz, Kerzenwachs.

Durchführung:

Fingerprobe:

1. Zerreibe ein Salzklümpchen zwischen den Fingern.

Schmelztemperatur:

2. Erhitze in einem Reagenzglas eine kleine Probe des Salzes, bis es schmilzt.

Löslichkeit:

3. Gib eine Spatelspitze des Salzes in ein Reagenzglas, fülle es zu einem Drittel mit Wasser. Schüttle kräftig.

Leitfähigkeit:

4. Prüfe die Leitfähigkeit von Kochsalz und der Lösung des Salzes.

5. Wiederhole alle Versuche mit Kerzenwachs.

Aufgabe: Notiere und erkläre jeweils deine Beobachtungen. Gehe dabei auch auf die Struktur der Teilchen ein.
Hinweis: Kerzenwachs ist ein Gemisch aus Kohlenwasserstoffen. Die Kohlenwasserstoff-Moleküle sind unpolar. Sie bestehen aus Ketten von Kohlenstoff-Atomen. Die restlichen Bindungen sind mit Wasserstoff-Atomen besetzt.
Molekülausschnitt:

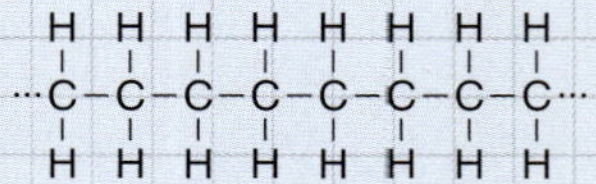

A1: Erstelle jeweils einen Steckbrief für Ionenverbindungen und für Molekülverbindungen.

A2: Moleküle oder Ionen: CH_4, CaF_2, H_2O, CsI, HI, $MgCl_2$, Na_2S, PCl_3, RbBr und $SiCl_4$?

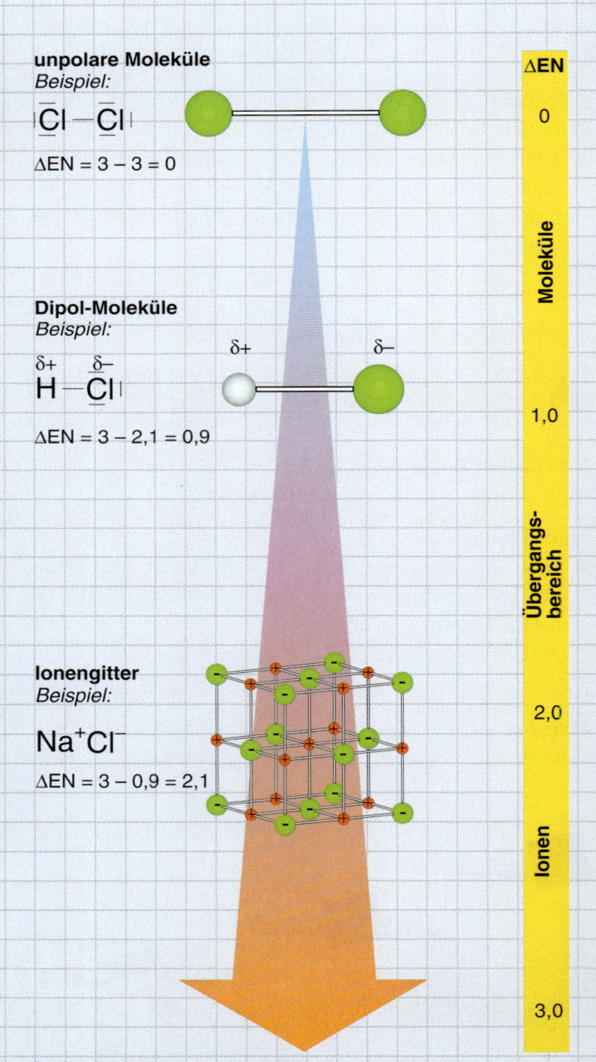

Molekül oder Ion? *Der Unterschied in der Elektronegativität der Bindungspartner (ΔEN) liefert die Antwort.*

Chemische Bindungen im Vergleich

Theorie

Metallbindung. Natrium-Kristalle sind aus dicht gepackten, positiv geladenen Natrium-Ionen aufgebaut. Jedes Natrium-Atom hat acht Nachbaratome. Die negativ geladenen Außenelektronen bilden ein frei bewegliches *Elektronengas*. Metalle leiten den elektrischen Strom sehr gut, haben eine hohe Wärmeleitfähigkeit und sind plastisch verformbar.

Elektronenpaarbindung. Chlor-Gas besteht aus Cl_2-Molekülen. Die beiden Chlor-Atome im Molekül sind durch eine Elektronenpaarbindung fest miteinander verbunden. Zwischen den Molekülen liegen nur schwache Bindungen vor. Deshalb siedet Chlor bereits bei −34 °C. Festes Chlor erhält man erst bei Temperaturen unter −101 °C.

Übergang zwischen Metallbindung und Elektronenpaarbindung. Silicium-Kristalle (Si) haben Diamant-Struktur, leiten aber als Halbleiter im Gegensatz zum Diamanten geringfügig den elektrischen Strom. Die Leitfähigkeit steigt mit zunehmender Temperatur.

Na 0,9 892 °C 98 °C
Mg 1,2 1110 °C 650 °C
Al 1,5 2450 °C 660 °C
Si 1,8 2680 °C 1410 °C
P_4 2,1 280 °C 44 °C
S_8 2,5 445 °C 119 °C
Cl_2 3,0 −34 °C −101 °C
Metalle
Halbmetall
Nichtmetalle
Metallbindung
Elektronenpaarbindung
SCl_2 59 °C 0,5 −80 °C
EN Siedetemperatur in °C
Stoff
ΔEN Schmelztemperatur in °C
unpolare Verbindungen
PCl_3 74 °C 0,9 −91 °C
NaSi 0,9
$SiCl_4$ 57 °C 1,2 −68 °C
polare Verbindungen
Na_3P 1,2
Ionenbindung
$AlCl_3$ 180 °C (sublimiert) 1,5 193 °C (unter Druck)
Na_2S 1,6 1180 °C
$MgCl_2$ 1418 °C 1,8 712 °C
Salze
NaCl 1465 °C 2,1 801 °C

Übergang zwischen Metallbindung und Ionenbindung. Im Natriumsilicid (NaSi) liegt weder eine reine Metallbindung noch eine reine Ionenbindung vor. Natriumphosphid (Na_3P) dagegen ist bereits ionisch aufgebaut.

Übergang zwischen Elektronenpaarbindung und Ionenbindung (ΔEN ≈ 1,5). $AlCl_3$-Kristalle sind aus Ionen aufgebaut. Unter Druck lässt sich Aluminiumchlorid schmelzen. Die Schmelze besteht aus Molekülen und leitet den elektrischen Strom nicht. Bei Normaldruck sublimiert Aluminiumchlorid bei 180 °C, dabei bilden sich Al_2Cl_6-Moleküle.

Ionenbindung. NaCl-Kristalle sind aus Ionen aufgebaut. Jedes Na^+-Ion hat sechs Cl^--Ionen als nächste Nachbarn und jedes Cl^--Ion hat sechs Na^+-Ionen als nächste Nachbarn. Natriumchlorid-Kristalle leiten den elektrischen Strom nicht.

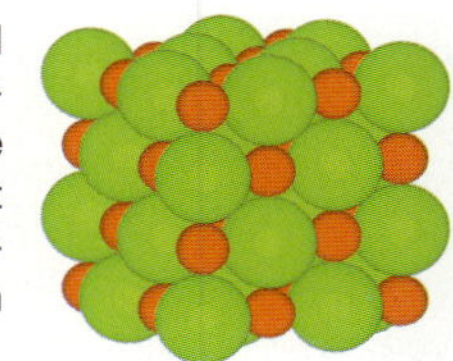

Natriumchlorid ist wasserlöslich. Beim Lösen in Wasser werden die Ionen hydratisiert. Sowohl die Lösung als auch die Schmelze von Natriumchlorid enthält frei bewegliche Ionen, beide leiten daher den elektrischen Strom.

Prüfe dein Wissen

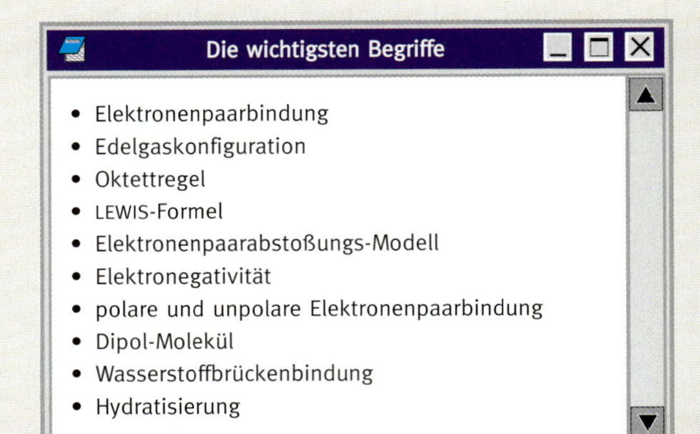

- Elektronenpaarbindung
- Edelgaskonfiguration
- Oktettregel
- LEWIS-Formel
- Elektronenpaarabstoßungs-Modell
- Elektronegativität
- polare und unpolare Elektronenpaarbindung
- Dipol-Molekül
- Wasserstoffbrückenbindung
- Hydratisierung

Quiz

A1 a) Erkläre die Begriffe des Fensters.
b) Notiere auf der Vorderseite von Karteikarten den Begriff, auf der Rückseite die Erklärung.

A2 a) Zeichne das Schalenmodell des N^{3-}-Ions. Gib auch die Punkt-Schreibweise an.
b) Beschreibe die Elektronenkonfiguration des Ions.

A3 a) Wie viele Elektronenpaarbindungen geht das Stickstoff-Atom in Molekülen ein?

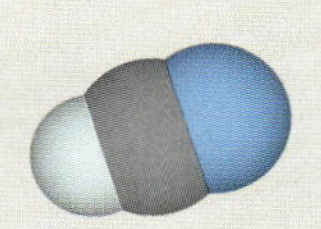

b) Stelle die LEWIS-Formel von Blausäure (HCN) auf und überprüfe die Gültigkeit der Oktettregel.
c) Warum ist das Molekül linear gebaut?

A4 a) Welche der folgenden LEWIS-Formeln sind korrekt? Korrigiere gegebenenfalls.

|O=C=O| |C≡O| $H-\overline{S}-H$ H–N–H (mit H an N)

b) Gib Namen und Vorkommen der Verbindungen an.

A5 Zeichne die Schalenmodelle von Ne, Na^{+} und O^{2-}. Was fällt dir auf?

A6 Aus welchen Teilchen sind folgende Stoffe aufgebaut: Kochsalz, Zucker, Speiseöl, Eisen, Eisenoxid, Wasser, Eis, Sauerstoff, Neon?

A7 Warum haben Molekülverbindungen niedrigere Siedetemperaturen als Ionenverbindungen?

Know-how

A8 a) Welche der folgenden Elementkombinationen ergeben Ionenverbindungen, welche Molekülverbindungen: Schwefel/Sauerstoff, Natrium/Brom, Magnesium/Sauerstoff, Kohlenstoff/Wasserstoff, Stickstoff/Wasserstoff?
b) Benenne die Verbindungen.

A9 a) Stelle die LEWIS-Formel von Schwefeldioxid auf.

b) Überprüfe die Gültigkeit der Oktettregel.
c) Begründe mit dem Elektronenpaarabstoßungs-Modell die gewinkelte Struktur des Moleküls.
d) Liegt ein Dipol-Molekül vor? Kennzeichne Ladungsverschiebungen.
e) Schwefeldioxid löst sich sehr gut in Wasser. Dieser Prozess ist ein wichtiger Schritt bei der Entstehung von saurem Regen. Begründe die gute Löslichkeit.

A10 a) Trage in einem Diagramm die Siedetemperaturen der Wasserstoffverbindungen der VI. Hauptgruppe gegen die Molekülmasse auf (H_2S: –62 °C, H_2Se: –41 °C, H_2Te: –2 °C). Welche Siedetemperatur hätte Wasser, wenn es sich in diese Reihe einordnen würde?
b) Weshalb hat Wasser eine höhere Siedetemperatur?

Natur – Mensch – Technik

A11 Die Ozonschicht schützt uns vor der gefährlichen UV-Strahlung der Sonne. Über der Antarktis wird die Ozonschicht immer dünner.
a) Ozon ist chemisch gesehen ein naher Verwandter des Sauerstoffs. Seine Moleküle bestehen aus drei Sauerstoff-Atomen. Gib die LEWIS-Formel an.

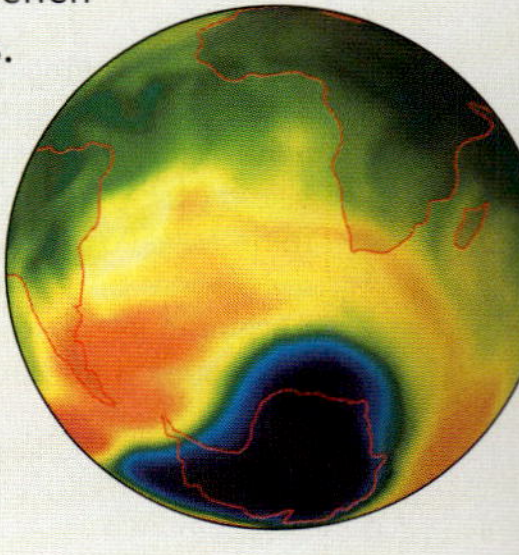

b) Überprüfe die Gültigkeit der Oktettregel.
c) Begründe die gewinkelte Struktur des Moleküls mit dem Elektronenpaarabstoßungs-Modell.

A12 Ein Hauptbestandteil der schädlichen Autoabgase ist Stickstoffdioxid. Seine Gefährlichkeit beruht auf der großen Reaktivität seiner Moleküle.
a) Stelle die LEWIS-Formel des Moleküls auf.
b) Überprüfe die Gültigkeit der Oktettregel.
c) Begründe die besondere Reaktivität der Moleküle.
Hinweis: Teilchen mit ungepaartem Elektron bezeichnet man als **Radikale.**

A13 Alljährlich kommt es zu Katastrophen durch Öltankerunfälle. Erdöl ist ein Gemisch aus unpolaren Kohlenwasserstoff-Verbindungen. Es bildet einen dünnen Ölteppich auf der Wasseroberfläche. Warum löst sich das Öl nicht im Wasser?

Vom Atom zum Molekül

Basiswissen

Kalottenmodell

Schalenmodell

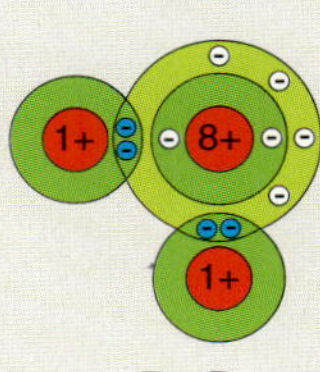

Punkt-Schreibweise

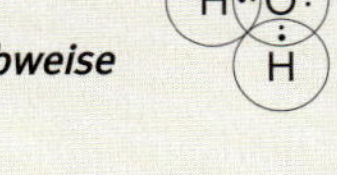

LEWIS-Formel

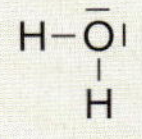

Tetraeder-Geometrie

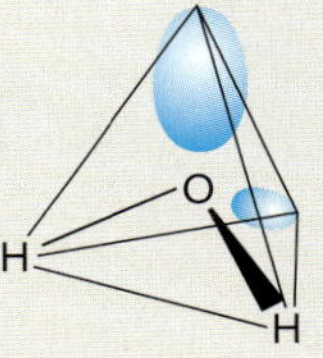

Kugel/Stab-Modell

Elektronegativität

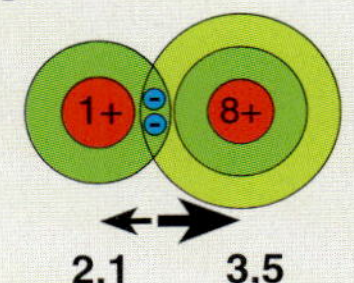

polare Bindung

$\delta+$ $\delta-$
H–O

Dipol-Molekül

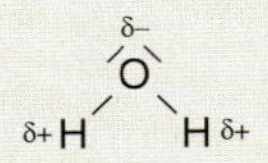

Wasserstoffbrücken

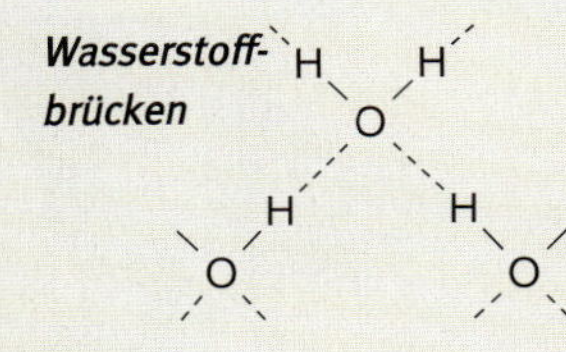

1. Elektronenpaarbindung

Moleküle bestehen aus *Nichtmetall-Atomen,* die durch *gemeinsame Elektronenpaare* miteinander verbunden sind. Diese Art der Bindung heißt *Elektronenpaarbindung.*

2. Oktettregel

Die Atome in den Molekülen erreichen durch gemeinsame Elektronenpaare eine *Edelgaskonfiguration.* Sie besitzen dann insgesamt **acht** Elektronen in der Außenschale (Wasserstoff-Atom: zwei Elektronen). Die bindenden Elektronenpaare zählen bei jedem Bindungspartner mit.

3. LEWIS-Formel

In den LEWIS-Formeln für Moleküle werden *bindende* und *nicht bindende* Elektronenpaare durch Striche gekennzeichnet. Wenn die Oktettregel erfüllt ist, sind die Atome von vier Elektronenpaaren umgeben. Neben *Einfachbindungen* sind auch *Mehrfachbindungen* zwischen den Atomen möglich.
Für Ionenverbindungen gibt es **keine** LEWIS-Formeln!

4. Elektronenpaarabstoßungs-Modell

Mit dem Elektronenpaarabstoßungs-Modell lässt sich die räumliche Struktur von Molekülen aus der LEWIS-Formel herleiten. Nach der Oktettregel sind die Atome im Molekül von vier Elektronenpaaren umgeben, die sich gegenseitig abstoßen. Vielfach ergibt sich eine *Tetraeder-Geometrie.*
Mehrfachbindungen werden in der Art der Abstoßung der Elektronenpaare wie Einfachbindungen behandelt.

5. Elektronegativität und polare Bindung

Atome verschiedener Elemente ziehen das gemeinsame Elektronenpaar einer Bindung unterschiedlich stark an. Sie unterscheiden sich in ihrer **Elektronegativität.** Solche Bindungen sind *polar.* Elektronenpaarbindungen zwischen gleichartigen Atomen sind *unpolar.*

6. Dipol-Molekül

In Dipol-Molekülen ist die elektrische Ladung nicht symmetrisch verteilt: Auf einer Seite besteht ein kleiner Überschuss an positiver Ladung ($\delta+$), auf der anderen Seite ein gleichgroßer Überschuss an negativer Ladung ($\delta-$).

7. Wasserstoffbrückenbindung

Zwischen Wasser-Molekülen liegen zwischenmolekulare Bindungen vor. Sie bestehen aus O–H···O-Brücken.

Kalottenmodell

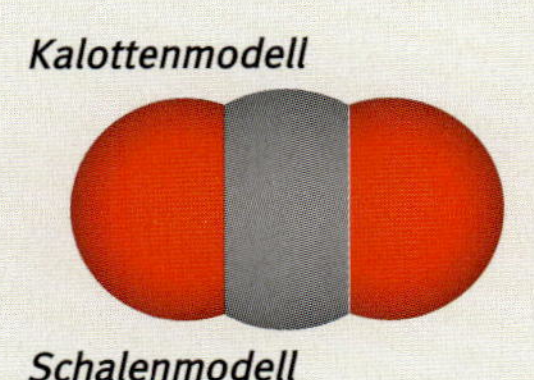

Schalenmodell

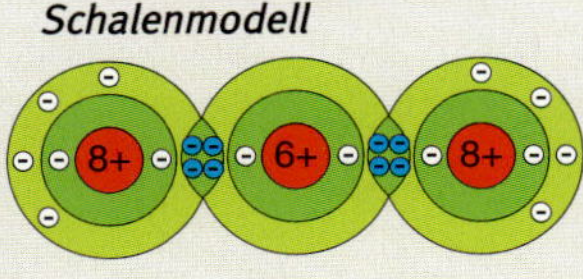

Punkt-Schreibweise

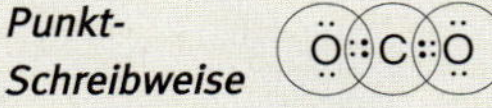

LEWIS-Formel

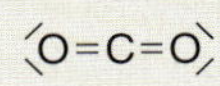

lineare Geometrie

Kugel/Stab-Modell

Elektronegativität

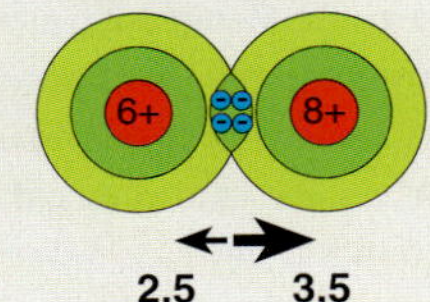

polare Bindung

$\delta+$ $\delta-$
C=O

kein Dipol-Molekül

$\delta-$ $\delta+$ $\delta-$
O=C=O

13 Säuren, Laugen, Salze

Kein Mensch beißt gern in eine Zitrone, sie schmeckt viel zu sauer. Die Früchte enthalten nämlich bis zu 5 % ihrer Masse an Zitronensäure. In reiner Form ist Zitronensäure ein weißer Feststoff, im Zitronensaft liegt sie gelöst vor. Wegen des fruchtig-sauren Geschmacks verwendet man Zitronensaft in der Küche zum Würzen und Säuern von Speisen und Getränken. Ein beliebtes Getränk ist Tee mit Zitrone. Träufelt man den Zitronensaft in den Tee, so beobachtet man eine deutliche Farbänderung.

In der Lebensmittelindustrie benötigt man große Mengen Zitronensäure für Fruchtbonbons, Limonaden, Marmeladen, Brausepulver und Speiseeis, weit mehr als die landwirtschaftliche Produktion auf der Erde liefern kann. Daher werden jährlich etwa 350 000 Tonnen Zitronensäure durch ein biotechnologisches Verfahren hergestellt. Dabei geht man von Melasse aus, einem Abfallprodukt der Zuckergewinnung. Der Restzucker in der Melasse wird durch den Stoffwechsel des Schimmelpilzes *Aspergillus niger* zu Zitronensäure umgebaut.

Zitronensäure kommt in allen Zitrusfrüchten vor.

13.1 Sauer macht haltbar

Lässt man Milch zu lange stehen, wird sie sauer: Mit der Zeit vermehren sich die vorhandenen Milchsäurebakterien. Durch ihren Stoffwechsel wandeln sie den Milchzucker der Milch zu *Milchsäure* um. In der nun sauren Lösung gerinnt das Milcheiweiß und flockt aus. Man erhält Dickmilch.

Um die Entwicklung der Milchsäurebakterien zu verhindern, erhitzt man die Milch vor dem Abfüllen in der Molkerei für kurze Zeit auf 68 °C. Diesen Vorgang bezeichnet man als *Pasteurisieren.*

Zur Herstellung von Sauermilchprodukten wie Jogurt, Quark und Kefir setzt man der Milch hingegen *gezielt* bestimmte Stämme von Milchsäurebakterien zu, damit sie rascher säuert. In saurer Lösung können Fäulniserreger die Lebensmittel nur schwer angreifen. Sauermilchprodukte sind deshalb haltbarer als Frischmilchprodukte.

Den sauren Geschmack von Früchten empfindet jeder als angenehm frisch. Ein Apfel schmeckt fruchtigsauer, weil in seinem Saft *Äpfelsäure* und *Weinsäure* gelöst sind. Fast alle Früchte enthalten Fruchtsäuren.

Eine besondere Bedeutung für die Gesundheit hat *Ascorbinsäure,* die besser unter der Bezeichnung *Vitamin C* bekannt ist. Größere Mengen dieser Säure sind in Zitrusfrüchten, schwarzen Johannisbeeren, Holunderbeeren und Hagebutten enthalten. Es wird empfohlen, mit der täglichen Nahrung 75 mg Vitamin C aufzunehmen. Die Früchte sollte man möglichst frisch verzehren, da Ascorbinsäure durch Sauerstoff und Hitze zerstört wird.

Seit mindestens 5000 Jahren verwenden die Menschen *Essig* als Gewürz und Konservierungsmittel; Essig verbessert den Geschmack und macht Speisen haltbarer.

Man gewinnt mit Hilfe von Essigbakterien Essig durch Vergärung alkoholischer Lösungen mit Luftsauerstoff. Dabei spielen Wein und Apfelwein die größte Rolle. Speiseessig ist eine Lösung, die etwa 5 % *Essigsäure* enthält. Reine Essigsäure wird technisch produziert. Sie ist eine klare, ätzende, stechend riechende Flüssigkeit.

Säuren wie *Propionsäure, Sorbinsäure* und *Benzoesäure* verhindern, dass sich Bakterien und Schimmelpilze entwickeln. Häufig werden sie daher Lebensmitteln als Konservierungsstoffe zugesetzt. Der Zusatz ist gesetzlich geregelt. So darf ein Kilogramm Schnittbrot maximal zwei Gramm Sorbinsäure enthalten.

Außer in Lebensmitteln gehen wir auch in anderen Bereichen unseres täglichen Lebens mit Säuren um. Entkalker für die Kaffeemaschine und WC-Reiniger enthalten *Zitronensäure, Essigsäure* oder *Ameisensäure,* und ohne die *Schwefelsäure* in der Batterieflüssigkeit ließe sich kein Auto starten.

Früchte enthalten Säuren. Lebensmitteln werden häufig Säuren zugesetzt, um sie haltbarer zu machen.

1 Nenne einige Säuren, die in Früchten vorkommen.
2 Worin besteht der Unterschied zwischen Essig und Essigsäure?
3 Welche Information lässt sich aus der Bezeichnung Weinessig entnehmen?
4 Nenne Lebensmittel, die mit Essig konserviert werden. Worauf beruht die konservierende Wirkung?
5 Informiere dich auf den Etiketten von Lebensmittelverpackungen über den Zusatz von Säuren.
6 Welche Putzmittel im Haushalt enthalten Säuren?
7 Kläre im Internet, woher der Name Ascorbinsäure kommt.

13.2 Säuren und saure Lösungen

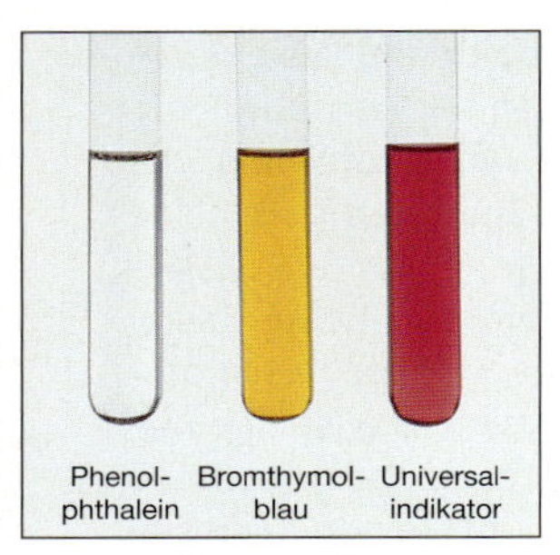

Indikatoren in sauren Lösungen

Der Begriff **Säure** wird nicht einheitlich verwendet. So spricht man von Zitronensäure und meint damit einmal den festen Reinstoff, ein anderes Mal aber seine wässerige Lösung. Diese Doppeldeutigkeit findet man auch bei der Bezeichnung anderer Säuren; oft wird nicht klar zwischen der *reinen Säure* und der *sauren Lösung* unterschieden. Bei der *Salzsäure* besteht dieses Problem allerdings nicht. Sie ist eine Lösung von *Chlorwasserstoff-Gas* in Wasser. Einen Reinstoff Salzsäure gibt es nicht.

Saure Lösungen zeigen eine Reihe gemeinsamer Eigenschaften:

- In Lebensmitteln erkennt man sie an ihrem sauren Geschmack.
- Sie färben Universalindikator rot. So kann man sie im Chemielabor problemlos nachweisen.
- Saure Lösungen leiten den elektrischen Strom, sie enthalten also Ionen.
- Elektrolysiert man saure Lösungen, so bildet sich am Minuspol stets Wasserstoff. Alle sauren Lösungen enthalten demnach positiv geladene *Wasserstoff-Ionen* (Protonen). Die zugehörigen Anionen bezeichnet man allgemein als *Säurerest-Ionen. Beispiel:*

$$\underset{\text{Chlorwasserstoff}}{HCl\,(g)} \xrightarrow{\text{Wasser}} \underbrace{\underset{\text{Wasserstoff-Ion}}{\mathbf{H^+\,(aq)}} + \underset{\text{Chlorid-Ion}}{Cl^-\,(aq)}}_{\text{Salzsäure}}\text{; exotherm}$$

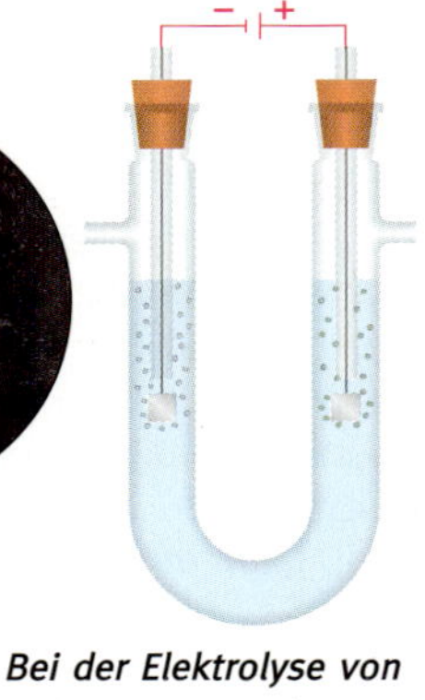

Wasserstoff-Ionen lagern sich in wässeriger Lösung an Wasser-Moleküle an: Es entstehen hydratisierte Wasserstoff-Ionen: $\mathbf{H^+\,(aq)}$. Diese Ionen sind für die gemeinsamen Eigenschaften aller sauren Lösungen verantwortlich.

Bei der Elektrolyse von Salzsäure entstehen Wasserstoff und Chlor.

Saure Lösungen entstehen auch durch die Reaktion von Nichtmetalloxiden mit Wasser. So bildet sich beim Einleiten von Schwefeltrioxid in Wasser Schwefelsäure, die in Wasserstoff-Ionen und Sulfat-Ionen zerfällt. Diese Reaktion trägt in der Atmosphäre zur Bildung des sauren Regens bei.

Säuren zerfallen beim Lösen in Wasser in hydratisierte Wasserstoff-Ionen H^+ (aq) und Säurerest-Ionen.

1 **a)** Worin besteht der Unterschied zwischen einer Säure und einer sauren Lösung?
b) Wieso zeigen alle sauren Lösungen ähnliche Eigenschaften?

2 Welche Stoffe leiten den elektrischen Strom?
a) Zitronensaft, **b)** feste Zitronensäure, **c)** geschmolzene Zitronensäure, **d)** Essig, **e)** Essigsäure, **f)** Salzsäure.
Gib jeweils eine Begründung an.

3 Leitet man Kohlenstoffdioxid in Wasser, so entsteht eine saure Lösung. Gib eine Erklärung.

4 Bei sauren Lösungen gibt es große Unterschiede in ihrer Gefährlichkeit. Woran könnte das liegen?

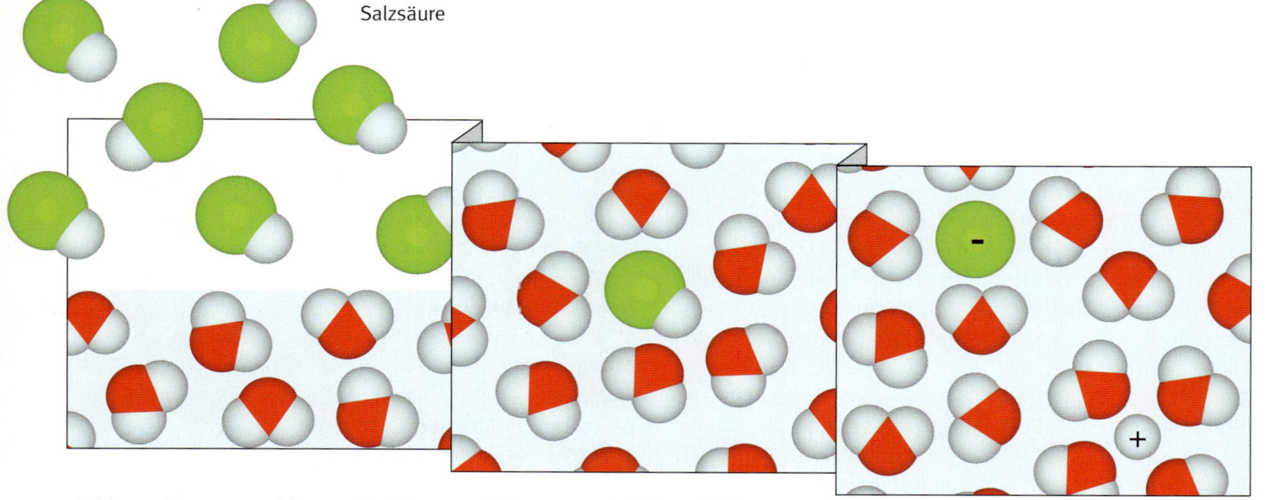

Bildung einer sauren Lösung: Reaktion von Chlorwasserstoff-Gas mit Wasser zu Salzsäure

13.3 Laugen – alkalische Lösungen

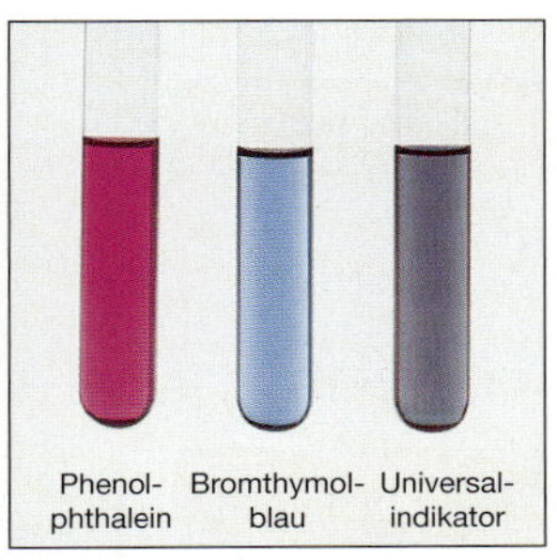

Indikatoren in alkalischen Lösungen

Festes Natriumhydroxid löst sich gut in Wasser. Dabei erwärmt sich die Lösung stark. Es entsteht *Natronlauge*. Auch die Hydroxide der anderen Alkalimetalle und die Hydroxide der Erdalkalimetalle bilden in wässeriger Lösung *Laugen*. Solche Laugen sind wichtige Beispiele für *alkalische Lösungen.*

Laugen haben eine Reihe gemeinsamer Eigenschaften:

- Auf der Haut fühlt sich ein Tropfen Lauge seifig und glitschig an. Das beruht auf der ätzenden Wirkung, Laugen zersetzen organische Substanzen.
- Gibt man Universalindikator-Lösung zu, so zeigt sich eine typische violette Färbung.
- Laugen leiten den elektrischen Strom genauso wie die geschmolzenen Alkalihydroxide. Sowohl in den Lösungen als auch in den Feststoffen liegen also Ionen vor.
- Alkalihydroxide bilden Ionengitter, die aus positiv geladenen Metall-Ionen und negativ geladenen Hydroxid-Ionen (OH^-) aufgebaut sind. Beim Lösen in Wasser wird das Ionengitter abgebaut. Wasser-Moleküle lagern sich um die Ionen und bilden eine Hydrathülle. *Beispiel:*

$$\underset{\text{Natriumhydroxid}}{NaOH\ (s)} \xrightarrow{\text{Wasser}} \underbrace{\underset{\text{Natrium-Ion}}{Na^+\ (aq)} + \underset{\text{Hydroxid-Ion}}{\mathbf{OH^-\ (aq)}}}_{\text{Natronlauge}};\ \text{exotherm}$$

- Laugen können die Wirkung von sauren Lösungen schwächen oder aufheben.

Alkalische Lösungen entstehen auch bei der Reaktion von Alkalimetallen, Erdalkalimetallen oder deren Oxiden mit Wasser.

Phenolphthalein beweist: Waschlauge ist alkalisch.

> Alkalische Lösungen enthalten hydratisierte Hydroxid-Ionen: OH^- (aq).
> Hydroxid-Ionen sind Bausteine der festen Hydroxide der Alkalimetalle und der Erdalkalimetalle.

1 Alkalische Lösungen haben eine Reihe gemeinsamer Eigenschaften. Gib einige Eigenschaften an und begründe.

2 Warum muss man beim Experimentieren mit Laugen eine Schutzbrille tragen?

3 Formuliere die Reaktionsgleichungen für die Herstellung von Laugen:

a) Natrium + Wasser
b) Magnesium + Wasser
c) Kaliumhydroxid + Wasser
d) Calciumoxid + Wasser

4 Warum brennt Seifenschaum in den Augen?

5 Die Anstriche alter Möbel werden mit Natronlauge abgebeizt. Welche Eigenschaft der Natronlauge wird hierbei ausgenutzt?

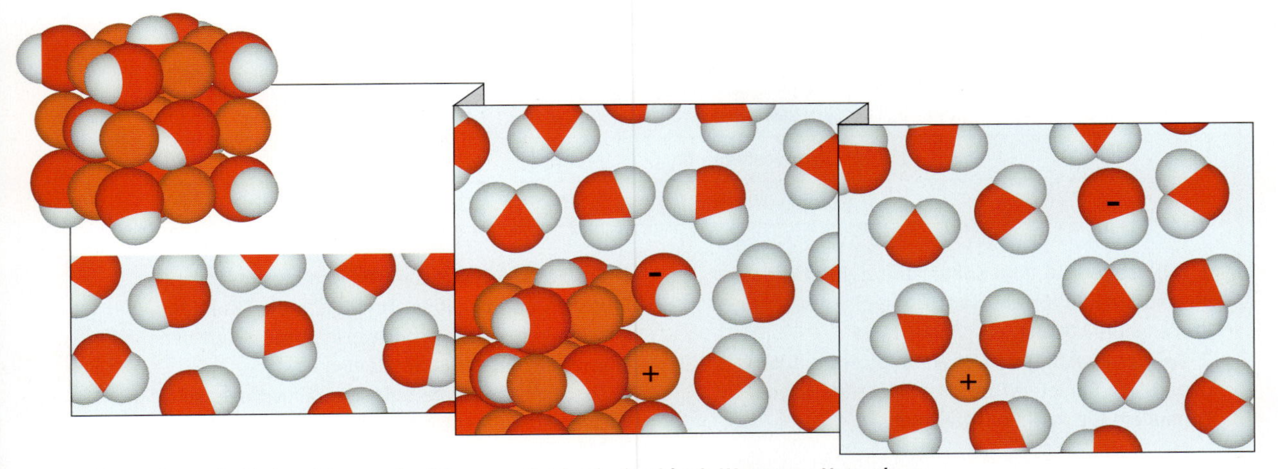

Bildung einer alkalischen Lösung: Reaktion von Natriumhydroxid mit Wasser zu Natronlauge

Übersicht

Säuren und saure Lösungen

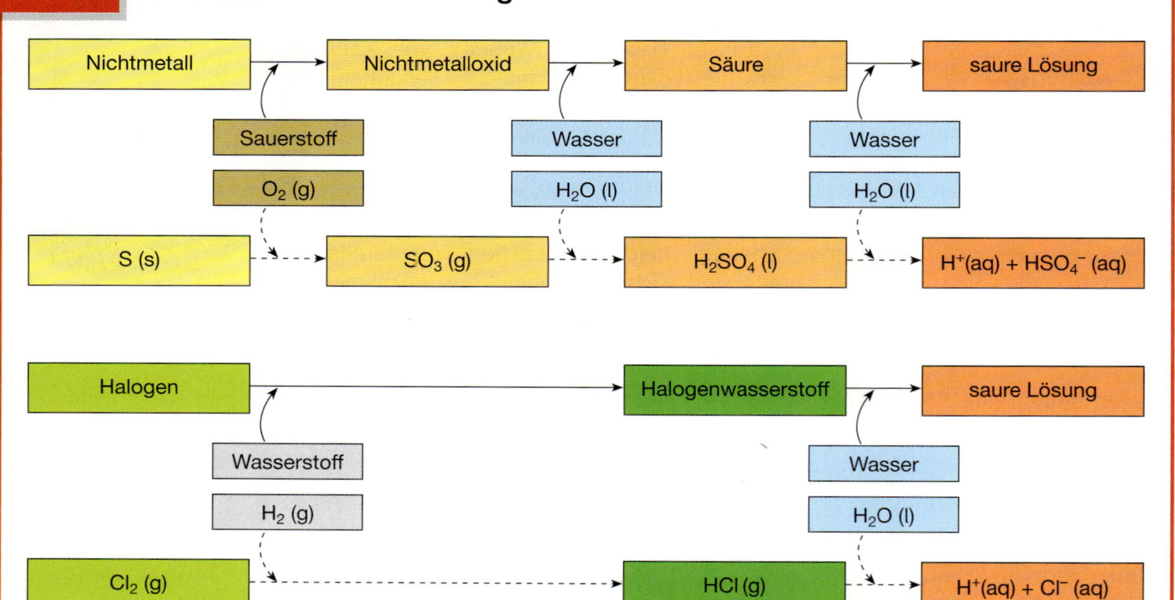

Nichtmetalloxid		Säure		Säurerest-Ion	
Name	**Formel**	**Name**	**Formel**	**Name**	**Formel**
Kohlenstoffdioxid	CO_2	Kohlensäure	H_2CO_3	Hydrogencarbonat-Ion Carbonat-Ion	HCO_3^- CO_3^{2-}
Schwefeldioxid	SO_2	Schweflige Säure	H_2SO_3	Hydrogensulfit-Ion Sulfit-Ion	HSO_3^- SO_3^{2-}
Schwefeltrioxid	SO_3	Schwefelsäure	H_2SO_4	Hydrogensulfat-Ion Sulfat-Ion	HSO_4^- SO_4^{2-}
Phosphoroxid	P_4O_{10}	Phosphorsäure	H_3PO_4	Dihydrogenphosphat-Ion Hydrogenphosphat-Ion Phosphat-Ion	$H_2PO_4^-$ HPO_4^{2-} PO_4^{3-}
Stickstoffdioxid	NO_2	Salpetrige Säure	HNO_2	Nitrit-Ion	NO_2^-
		Salpetersäure	HNO_3	Nitrat-Ion	NO_3^-
–		Chlorwasserstoff	HCl	Chlorid-Ion	Cl^-
–		Bromwasserstoff	HBr	Bromid-Ion	Br^-

1 Gib ausgehend vom Kohlenstoff die Reaktionsgleichungen an für die Herstellung einer wässerigen Kohlensäure-Lösung.

2 Bei der Reaktion von Stickstoffdioxid mit Wasser bilden sich Salpetersäure *und* Salpetrige Säure. Formuliere die Reaktionsgleichung.

3 Ein Schwefelsäure-Molekül kann insgesamt zwei Protonen (H^+) abgeben. Formuliere die Reaktionsgleichungen für die schrittweise Abgabe und benenne jeweils die entstehenden Ionen.

4 Löst man das feste Salz Natriumhydrogensulfat in Wasser, so entsteht eine saure Lösung. Gib eine Erklärung anhand einer Reaktionsgleichung.

Saure und alkalische Lösungen

V1: Sauer oder alkalisch?

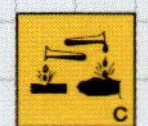  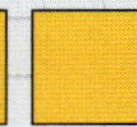      

Materialien: Tropfpipette;
Salzsäure (verd.), Schwefelsäure (verd.; Xi), Salpetersäure (verd.; Xi), Essig, Zitronensaft, Natronlauge (verd.; C), Calciumhydroxid-Lösung, wässerige Lösung von Kernseife, Bromthymolblau-Lösung, Phenolphthalein-Lösung (F), Universalindikator-Lösung.

Durchführung:
1. Gib von allen Proben jeweils etwa 2 ml Lösung in ein Reagenzglas. Tropfe überall Bromthymolblau-Lösung zu.
2. Wiederhole die Versuche mit Phenolphthalein-Lösung.
3. Prüfe alle Lösungen mit Universalindikator-Lösung.

Aufgaben:
a) Notiere die Färbungen der Lösungen in einer Tabelle.
b) Was lässt sich aus den Färbungen des Universalindikators schließen?

V2: Reaktion von Nichtmetalloxiden mit Wasser

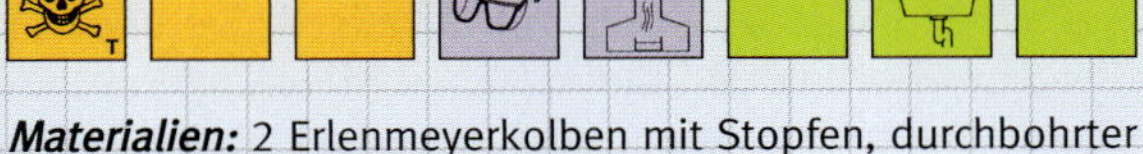     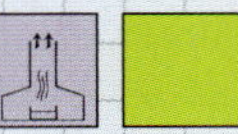  

Materialien: 2 Erlenmeyerkolben mit Stopfen, durchbohrter Stopfen mit Verbrennungslöffel;
Schwefel, Kohlenstoffdioxid, Universalindikator-Lösung.

Durchführung:
Umsetzung von Schwefel:
1. Gib etwa 1 cm hoch Wasser in den Erlenmeyerkolben. Setze einige Tropfen Universalindikator-Lösung zu.
2. Entzünde unter dem Abzug etwas Schwefel im Verbrennungslöffel. Achtung! Es entsteht ein giftiges Gas (T)!
   Bringe den Löffel in den Erlenmeyerkolben und verschließe ihn mit dem Stopfen. Warte, bis die Flamme erlischt. Schüttle dann den Kolben.

Umsetzung von Kohlenstoffdioxid:
1. Gib etwas Leitungswasser in einen Erlenmeyerkolben und setze einige Tropfen Universalindikator-Lösung zu.
2. Fülle den Kolben mit Kohlenstoffdioxid, verschließe ihn und schüttle kräftig um.

Aufgaben:
a) Notiere deine Beobachtungen.
b) Formuliere die Reaktionsgleichungen.

V3: Reaktion von sauren Lösungen mit Metallen

       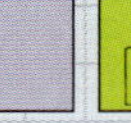  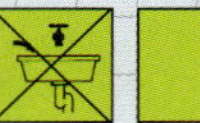 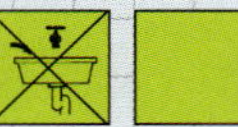

Materialien: Gasbrenner;
Salzsäure (verd.), Magnesiumpulver (F), Zinkpulver, Eisenpulver, Kupferpulver.

Durchführung:

1. Gib jeweils eine Spatelspitze Metallpulver in ein Reagenzglas.
2. Fülle in jedes Reagenzglas etwa 5 ml Salzsäure und beobachte die Gasentwicklung. Prüfe, ob Wärme frei wird.
3. Fange das Gas in einem darüber gehaltenen Reagenzglas auf und führe damit die Knallgasprobe durch.

Aufgaben:
a) Notiere deine Beobachtungen.
b) Stelle die Reaktionsgleichungen auf.
c) Ordne die Metalle nach zunehmender Heftigkeit der Reaktion.

V4: Reaktion von Calcium und von Calciumoxid mit Wasser

     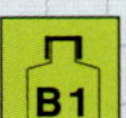 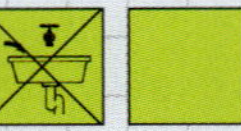

Materialien: Trichter, Filtrierpapier, Becherglas, Gasbrenner;
Calcium (F), Calciumoxid (C), Universalindikator-Lösung.

Durchführung:
1. Fülle etwa 2 ml Wasser in ein Reagenzglas und gib ein kleines Stück Calcium dazu. Fange das entstehende Gas in einem umgekehrt darüber gehaltenen Reagenzglas auf und führe damit die Knallgasprobe durch. Prüfe die entstandene Lösung mit Universalindikator-Lösung.
2. Gib etwas Calciumoxid in ein Reagenzglas mit Wasser, schüttle gut durch und filtriere die Lösung. Prüfe das Filtrat mit Universalindikator-Lösung.

Aufgaben:
a) Notiere deine Beobachtungen.
b) Formuliere die Reaktionsgleichungen.

A1: Magnesium reagiert heftig mit verdünnter Schwefelsäure, aber kaum mit konzentrierter, reiner Schwefelsäure. Erkläre diese Beobachtungen.

13.4 Neutralisation – Gegensätze heben sich auf

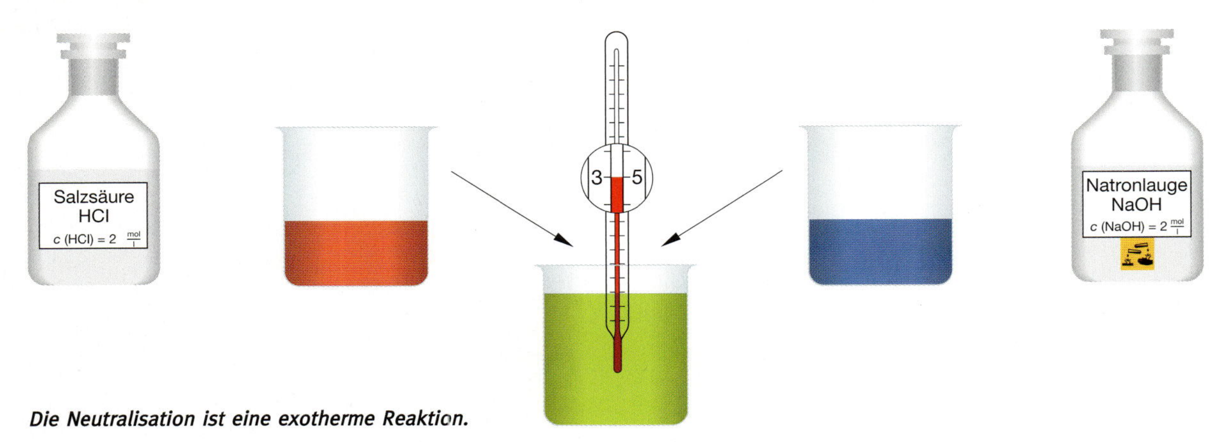

Die Neutralisation ist eine exotherme Reaktion.

Gießt man Salzsäure und Natronlauge zusammen, so erhöht sich die Temperatur der Lösung. Setzt man den Lösungen vorher Universalindikator zu, so entstehen beim Vermischen der sauren und der alkalischen Lösung grüne Schlieren. Beide Beobachtungen zeigen, dass eine Reaktion stattfindet. Im Bereich der grünen Schlieren sind die Wirkungen sowohl der sauren als auch der alkalischen Lösung aufgehoben. Dort ist die Lösung weder sauer noch alkalisch, sondern *neutral*. Die Reaktion zwischen der sauren und der alkalischen Lösung nennt man daher **Neutralisation.**

Gibt man einander entsprechende Mengen Salzsäure und Natronlauge zusammen, entsteht eine neutrale Lösung, aus der sich beim Verdampfen des Wassers Kochsalz abscheidet. Bei der Neutralisation von Salzsäure und Natronlauge ist also eine Kochsalz-Lösung entstanden. Die in ihr enthaltenen Natrium-Ionen stammen aus der Natronlauge, die Chlorid-Ionen aus der Salzsäure. Die Wasserstoff-Ionen und die Hydroxid-Ionen reagieren bei der Neutralisation zu Wasser:

$$\underbrace{H^+ (aq) + Cl^- (aq)}_{\text{Salzsäure}} + \underbrace{Na^+ (aq) + OH^- (aq)}_{\text{Natronlauge}} \longrightarrow \underbrace{Na^+ (aq) + Cl^- (aq)}_{\text{Kochsalz-Lösung}} + \underbrace{H_2O (l)}_{\text{Wasser}}; \text{exotherm}$$

Die bei der Reaktion frei werdende Wärme bezeichnet man als *Neutralisationswärme*.

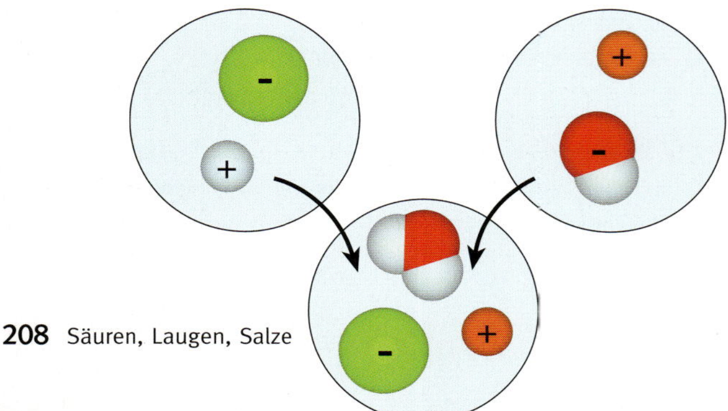

Die bei der Neutralisation entstehenden Salzlösungen enthalten positiv geladene Metall-Ionen aus der alkalischen Lösung und negativ geladene Säurerest-Ionen aus der sauren Lösung:

$$\text{alkalische Lösung} + \text{saure Lösung} \xrightarrow{\text{Neutralisation}} \text{Salzlösung} + \text{Wasser}$$

Neutralisation in Technik und Alltag. Abwässer aus Produktionsanlagen der chemischen Industrie sind vielfach stark sauer oder stark alkalisch. Sie würden die Lebewesen in den biologischen Kläranlagen schädigen, wenn man sie direkt einleitete. Industrielle Abwässer werden daher ständig auf ihren pH-Wert überprüft und automatisch durch gezielte Zugabe von Lauge oder Säure neutralisiert.

Auch im Chemielabor dürfen stark saure oder stark alkalische Lösungen nicht direkt in den Ausguss geschüttet werden. Denn auf Dauer könnten die Abwasserrohre beschädigt werden. Größere Mengen könnten sich sogar störend in der Kläranlage bemerkbar machen.

Die Neutralisationsreaktion hilft auch bei Magenbeschwerden. Ist zu viel Salzsäure im Magensaft vorhanden, kann es zu Sodbrennen und schließlich auch zu Magengeschwüren kommen. Hier helfen Mittel, die die Magensäure teilweise neutralisieren. Sie enthalten oft Magnesiumhydroxid oder Aluminiumhydroxid.

Bei der Neutralisation reagieren die Wasserstoff-Ionen der sauren Lösung mit den Hydroxid-Ionen der alkalischen Lösung zu Wasser-Molekülen:
$H^+ (aq) + OH^- (aq) \longrightarrow H_2O (l)$
Die Reaktion ist stark exotherm. Dabei entsteht eine neutrale Salzlösung.

Bildung und Benennung von Salzen

Übersicht

Metall + Nichtmetall

$$Ca\ (s) + Cl_2\ (g) \longrightarrow CaCl_2\ (s)$$

Calcium Chlor

Metall + saure Lösung

$$Ca\ (s) + 2\ H^+\ (aq) + 2\ Cl^-\ (aq) \longrightarrow \underbrace{Ca^{2+}\ (aq) + 2\ Cl^-\ (aq)}_{CaCl_2\ (aq)} + H_2\ (g)$$

Calcium Salzsäure

Calciumchlorid-Kristalle $CaCl_2 \cdot 6\ H_2O$

Calciumoxid Salzsäure

$$CaO\ (s) + 2\ H^+\ (aq) + 2\ Cl^-\ (aq) \longrightarrow \underbrace{Ca^{2+}\ (aq) + 2\ Cl^-\ (aq)}_{CaCl_2\ (aq)} + H_2O\ (l)$$

Metalloxid + saure Lösung

Calciumhydroxid Salzsäure

$$Ca(OH)_2\ (s) + 2\ H^+\ (aq) + 2\ Cl^-\ (aq) \longrightarrow \underbrace{Ca^{2+}\ (aq) + 2\ Cl^-\ (aq)}_{CaCl_2\ (aq)} + 2\ H_2O\ (l)$$

Metallhydroxid + saure Lösung

Salz	Ionen	Formel
Natriumchlorid	Na^+, Cl^-	$NaCl$
Kaliumiodid	K^+, I^-	KI
Ammoniumchlorid	NH_4^+, Cl^-	NH_4Cl
Natriumsulfat	2 Na^+, SO_4^{2-}	Na_2SO_4
Bariumsulfat	Ba^{2+}, SO_4^{2-}	$BaSO_4$

Salz	Ionen	Formel
Natriumhydrogensulfat	Na^+, HSO_4^-	$NaHSO_4$
Calciumcarbonat	Ca^{2+}, CO_3^{2-}	$CaCO_3$
Natriumhydrogencarbonat	Na^+, HCO_3^-	$NaHCO_3$
Natriumphosphat	3 Na^+, PO_4^{3-}	Na_3PO_4
Kaliumnitrat	K^+, NO_3^-	KNO_3

1 Welche Reaktion läuft bei jeder Neutralisation ab? Formuliere die Reaktionsgleichung.

2 Stelle die Reaktionsgleichungen für folgende Reaktionen auf:

a) Salzsäure + Kaliumhydroxid-Lösung

b) Schwefelsäure + Natronlauge

c) Kohlensäure + Calciumhydroxid-Lösung

d) Phosphorsäure + Natronlauge

e) Salpetersäure + Bariumhydroxid-Lösung

3 Wie kann man Magnesiumnitrat durch eine Neutralisation herstellen? Formuliere die Reaktionsgleichung.

4 Warum darf man keinesfalls konzentrierte Schwefelsäure mit konzentrierter Natronlauge neutralisieren?

5 Aluminiumchlorid soll auf verschiedenen Wegen hergestellt werden. Gib dazu die Reaktionsgleichungen an.

6 Bei Magenbeschwerden kann man Präparate einnehmen, die Aluminiumhydroxid ($Al(OH)_3$) enthalten. Gib eine Reaktionsgleichung für die Reaktion im Magen an.

7 Wenn bei einem Unfall Säure auf die Haut gelangt, darf man die betroffenen Stellen nicht mit Natronlauge behandeln, sondern muss sie mit viel Wasser abspülen. Gib dafür eine Begründung.

Praktikum Salze

V1: Metall und Säure

      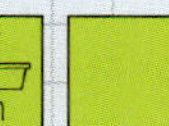

Materialien: Becherglas (150 ml), Gasbrenner; Salzsäure (verd.), Calcium (gekörnt; F).

Durchführung:
1. Gib etwa 3 ml verdünnte Salzsäure in ein Reagenzglas.
2. Gib wenige Körnchen Calcium in die Salzsäure.
3. Halte das Reagenzglas während der Reaktion mit der Mündung an die Flamme des Gasbrenners.
4. Gieße den Inhalt des Reagenzglases in ein Becherglas und dampfe die Lösung vorsichtig ein.

Aufgaben:
a) Notiere deine Beobachtungen.
b) Stelle die Reaktionsgleichung auf.

V2: Metalloxid und Säure

   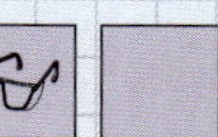   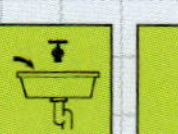

Materialien: Bechergläser (150 ml), Gasbrenner, Trichter, Filtrierpapier; Calciumoxid (C), Kupferoxid, Salzsäure (verd.), Schwefelsäure (verd.; Xi).

Durchführung:
1. Gib in einem Reagenzglas etwas Salzsäure zu einer Spatelspitze Calciumoxid.
2. Schüttle vorsichtig um und filtriere gegebenenfalls restliches Calciumoxid ab.
3. Dampfe die Lösung in einem Becherglas vorsichtig ein.
4. Wiederhole den Versuch mit Kupferoxid und Schwefelsäure. Die Mischung muss dabei etwas erwärmt werden (B2).

Aufgaben:
a) Notiere deine Beobachtungen.
b) Wie kann man in beiden Fällen beweisen, dass eine Reaktion stattgefunden hat?
c) Stelle die Reaktionsgleichungen auf.

A1: Gib alle Methoden zur Herstellung von Magnesiumbromid und von Aluminiumsulfat an. Stelle jeweils die Reaktionsgleichungen auf.

V3: Lauge und Säure

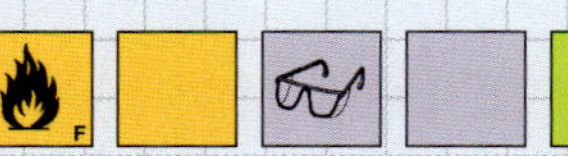

Materialien: Bechergläser (150 ml), Tropfpipetten, Gasbrenner; Natronlauge (verd.; C), Calciumhydroxid-Lösung, Salzsäure (verd.), Schwefelsäure (verd.; Xi), Phenolphthalein-Lösung (F).

Durchführung:
1. Gib 10 ml Natronlauge in ein Becherglas.
2. Setze einige Tropfen Phenolphthalein-Lösung hinzu.
3. Gib tropfenweise Schwefelsäure zu, bis der Indikator umschlägt.
4. Dampfe die Lösung vorsichtig ein.
5. Wiederhole den Versuch mit Calciumhydroxid-Lösung und Salzsäure.

Aufgaben:
a) Notiere deine Beobachtungen. Wie lässt sich zeigen, dass Reaktionen stattgefunden haben?
b) Formuliere die Reaktionsgleichungen.

V4: Salz und Säure

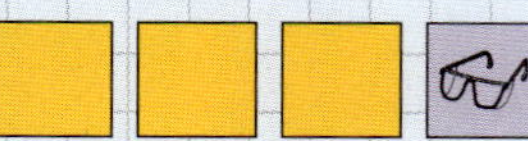   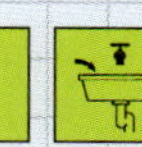 

Materialien: Reagenzglas mit seitlichem Ansatz, Stopfen mit Bohrung, Winkelrohr, Schlauchstück, Tropfpipette, Trichter, Filtrierpapier, Gasbrenner; Calciumcarbonat, Salzsäure (verd.), Calciumhydroxid-Lösung.

Durchführung:
1. Setze den Versuchsaufbau gemäß der Abbildung zusammen.
2. Tropfe Salzsäure auf das Calciumcarbonat.
3. Tauche das Gasableitungsrohr in ein Reagenzglas mit Calciumhydroxid-Lösung.
4. Filtriere unverbrauchtes Calciumcarbonat ab, dampfe das Filtrat vorsichtig ein.

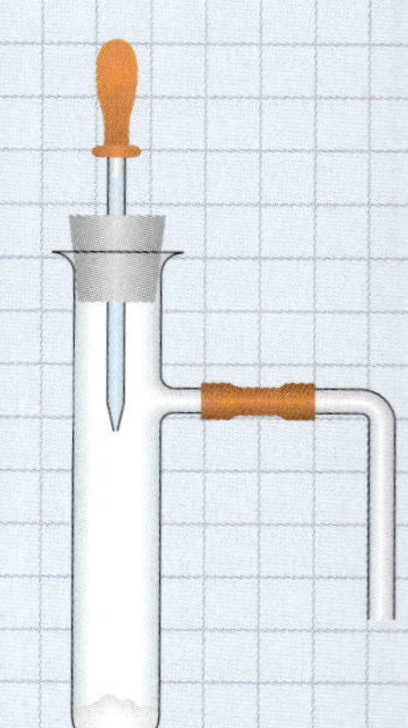

Aufgaben:
a) Notiere deine Beobachtungen.
b) Formuliere die Reaktionsgleichung für die Bildung des Salzes.

Chemie-Recherche

Location: http://www.schroedel.de/chemie_heute.html

Suche:

Salze

Ergebnisse:

→ **Natriumchlorid (NaCl)**
Ionen im Kristallgitter: Na^+; Cl^-
$2\ Na\ (s) + Cl_2\ (g) \longrightarrow 2\ NaCl\ (s)$
Vorkommen: Steinsalz in Salzlagerstätten, Meerwasser, Salzseen
Verwendung: Kochsalz, Konservierung von Lebensmitteln, Streusalz, Gewinnung von Natrium, Chlor und Natronlauge

→ **Natriumhydrogensulfat ($NaHSO_4$)**
Ionen im Kristallgitter: Na^+; HSO_4^-
Technische Herstellung: $NaCl\ (s) + H_2SO_4\ (l) \longrightarrow NaHSO_4\ (s) + HCl\ (g)$
Verwendung: saure Reinigungsmittel

→ **Natriumhydrogencarbonat ($NaHCO_3$)**
Ionen im Kristallgitter: Na^+; HCO_3^-
$Na_2CO_3\ (aq) + H_2O\ (l) + CO_2\ (g) \longrightarrow 2\ NaHCO_3\ (s)$
Verwendung: Backpulver, Brausepulver, Feuerlöscher, Medikament (bindet Magensäure)

→ **Kaliumnitrat (KNO_3)**
Ionen im Kristallgitter: K^+; NO_3^-
Gewinnung aus Natriumnitrat (Chilesalpeter): $NaNO_3\ (aq) + KCl\ (aq) \xrightarrow{\text{Kälte}} KNO_3\ (aq) + NaCl\ (s)$
Verwendung: Düngemittel, Schwarzpulver, Pökelsalz

→ **Calciumsulfat ($CaSO_4$)**
Ionen im Kristallgitter: Ca^{2+}; SO_4^{2-}
$Ca\ (s) + 2\ H^+\ (aq) + SO_4^{2-}\ (aq) \longrightarrow CaSO_4\ (s) + H_2\ (g)$
Vorkommen: Gipsgestein, $CaSO_4 \cdot 2\ H_2O$ (mit Kristallwasser)
Verwendung: Gips als Baustoff, Modellgips ($CaSO_4 \cdot \frac{1}{2}\ H_2O$), Herstellung von Wandtafelkreide

→ **Calciumcarbonat ($CaCO_3$)**
Ionen im Kristallgitter: Ca^{2+}; CO_3^{2-}
$Ca(OH)_2\ (aq) + CO_2\ (g) \longrightarrow CaCO_3\ (s) + H_2O\ (l)$
Vorkommen: Kalkgestein, Marmor, Muschelkalk
Verwendung: Düngemittel, Kalkmörtel, Baustoffe

→ **Calciumdihydrogenphosphat ($Ca(H_2PO_4)_2$)**
Ionen im Kristallgitter: Ca^{2+}; $2\ H_2PO_4^-$
$Ca(OH)_2\ (aq) + 2\ H_3PO_4\ (aq) \longrightarrow Ca(H_2PO_4)_2\ (aq) + 2\ H_2O\ (l)$
Verwendung: Düngemittel, Zusatz in Backpulver

Aufgaben

1 Für die Salze NaCl, $CaSO_4$, $CaCO_3$ und $Ca(H_2PO_4)_2$ ist jeweils eine mögliche Herstellungsmethode angegeben.
a) Welches allgemeine Reaktionsschema gehört jeweils zu den Beispielen?
b) Formuliere jeweils die Reaktionsgleichungen für zwei weitere Methoden zur Herstellung dieser Salze.

2 Benenne folgende Salze und gib die Ionen an: LiCl, K_2HPO_4, $Mg(HSO_4)_2$, K_2CO_3, $Ca(NO_3)_2$.

3 Stelle die Reaktionsgleichung für die Reaktion von Magnesium mit verdünnter Schwefelsäure auf.

4 Kaliumnitrat-Lösung soll durch Neutralisation hergestellt werden. Gib die Reaktionsgleichung an.

5 Magnesiumoxid reagiert mit Salzsäure. Stelle die Reaktionsgleichung auf.

6 Woher stammt der Wasserstoff, der bei der Reaktion eines Metalls mit einer sauren Lösung entsteht?

7 Gib die Reaktionsgleichungen für alle Methoden zur Herstellung von Aluminiumbromid an.

8 Gibt man reine Schwefelsäure auf Natriumchlorid, so entsteht ein stechend riechendes Gas. Stelle die Reaktionsgleichung auf.

9 Tropft man Salzsäure auf ein Stück Kalk, so bildet sich an der Auftropfstelle Schaum. Ein geruchloses Gas entweicht. Gib die Reaktionsgleichung an.

13.5 Wie konzentriert ist die Lösung?

Gibt man gleiche Volumina Salzsäure und Natronlauge zusammen, so ist die entstehende Lösung meist nicht neutral. Eine neutrale Lösung erhält man nur, wenn in der Säure genau so viele Wasserstoff-Ionen enthalten sind wie Hydroxid-Ionen in der Lauge. Um die für eine Neutralisation notwendigen Volumina an Säure und Lauge zu ermitteln, muss man daher wissen, wie viele Teilchen in der Lösung vorliegen.

Herstellen einer Maßlösung

Stoffmengenkonzentration. Eine Gehaltsangabe für Lösungen, die sich direkt auf die Teilchenzahl bezieht, ist die *Stoffmengenkonzentration c* (engl. *concentration*). Sie gibt an, welche Stoffmenge eines Stoffes in einem bestimmten Volumen vorliegt:

$c = \frac{n}{V}$; Einheit: $\frac{\text{mol}}{\text{l}}$

Beispiel: Man löst 8 g Natriumhydroxid in Wasser und füllt auf 100 ml Lösung auf. Die Stoffmengenkonzentration der Natronlauge ergibt sich folgendermaßen:

1. Man ermittelt die molare Masse *M* von Natriumhydroxid:

$M\,(\text{NaOH}) = (23 + 16 + 1)\,\frac{\text{g}}{\text{mol}} = 40\,\frac{\text{g}}{\text{mol}}$

2. Man berechnet die verwendete Stoffmenge *n:*

$n\,(\text{NaOH}) = \frac{m\,(\text{NaOH})}{M\,(\text{NaOH})} = \frac{8\text{ g}}{40\,\frac{\text{g}}{\text{mol}}} = 0{,}2\text{ mol}$

3. Die Stoffmengenkonzentration ist der Quotient aus der Stoffmenge und dem Volumen der Lösung:

$c\,(\text{NaOH}) = \frac{n\,(\text{NaOH})}{V\,(\text{Lösung})} = \frac{0{,}2\text{ mol}}{0{,}1\text{ l}} = 2\,\frac{\text{mol}}{\text{l}}$

Titration. Im Labor verwendet man häufig Lösungen mit genau bekannter Stoffmengenkonzentration, so genannte *Maßlösungen*. Mit ihrer Hilfe lassen sich unbekannte Konzentrationen anderer Lösungen ermitteln. Soll die Konzentration einer Natronlauge ermittelt werden, entnimmt man mit der Pipette ein bestimmtes Volumen. Dieser Probe setzt man in einem Erlenmeyerkolben einige Tropfen Indikator-Lösung zu. Dann lässt man aus einer Bürette eine Maßlösung von Salzsäure so lange zutropfen, bis der Indikator gerade umschlägt. Das Volumen der benötigten Maßlösung wird abgelesen.

Die Lösung ist neutral, wenn gleiche Stoffmengen an Wasserstoff-Ionen und Hydroxid-Ionen reagiert haben. Da die Stoffmenge der Wasserstoff-Ionen in dem Volumen der zugetropften Maßlösung bekannt ist, lässt sich die Stoffmenge und die Konzentration der Hydroxid-Ionen in der Probe berechnen. Das geschilderte Analyseverfahren nennt man *Titration*.

Die Stoffmengenkonzentration *c* ist der Quotient aus der Stoffmenge des gelösten Stoffes und dem Volumen der Lösung.
Die Stoffmengenkonzentration lässt sich durch eine Titration ermitteln. Man tropft dabei eine Maßlösung zur Probelösung, bis ein Indikator umschlägt.

1 5 g Natriumhydroxid werden in Wasser gelöst und die Lösung mit Wasser auf 500 ml aufgefüllt. Bestimme die Stoffmengenkonzentration der Natronlauge.

2 500 ml Lösung enthalten 1 g Kaliumnitrat (KNO_3). Berechne die Stoffmengenkonzentration.

3 **a)** Welche Stoffmenge an Wasserstoff-Ionen ist in 25 ml Salzsäure mit der Konzentration 0,1 $\frac{\text{mol}}{\text{l}}$ enthalten?
b) Wie viele Milliliter Natronlauge mit der Konzentration 0,125 $\frac{\text{mol}}{\text{l}}$ benötigt man, um die saure Lösung von a) zu neutralisieren?

4 20 ml Salzsäure werden mit Natronlauge ($c = 0{,}1\,\frac{\text{mol}}{\text{l}}$) titriert. Bis zum Umschlag des Indikators werden 15,8 ml Maßlösung verbraucht. Berechne die Stoffmengenkonzentration der Säure.

5 Natronlauge mit dem Massenanteil $w = 10\,\%$ enthält 10 g Natriumhydroxid in 100 g Lösung. Die Dichte beträgt $\varrho = 1{,}075\,\frac{\text{g}}{\text{ml}}$. Rechne in die Stoffmengenkonzentration um.

6 Bei der Titration von je 25 ml Natronlauge werden einmal 20 ml Schwefelsäure ($c\,(H_2SO_4) = 1\,\frac{\text{mol}}{\text{l}}$), ein andermal 40 ml Salzsäure ($c\,(\text{HCl}) = 1\,\frac{\text{mol}}{\text{l}}$) verbraucht. Erkläre den Unterschied.

Titration

Praktikum

V1: Titration von Natronlauge

Materialien: Erlenmeyerkolben (200 ml, weit), Pipette (20 ml), Pipettierhilfe, Bürette, kleiner Trichter, Becherglas (100 ml);
Probelösung: Natronlauge ($c \approx 0{,}1 \frac{mol}{l}$),
Maßlösung: Salzsäure ($0{,}1 \frac{mol}{l}$), Phenolphthalein-Lösung (F).

Durchführung:

1. Miss mit der Pipette 20 ml Natronlauge genau ab und lass die Lösung in den Erlenmeyerkolben laufen.
   Hinweis: Die Pipette darf *nicht* ausgeblasen werden, sie ist auf Auslauf geeicht.
2. Setze einige Tropfen Indikator-Lösung zu.
3. Fülle die Bürette mit Salzsäure-Maßlösung. Lass einige Tropfen in das Becherglas ablaufen, damit der Bürettenauslauf gefüllt ist. Lies den Flüssigkeitsstand in der Bürette ab.
4. Unter ständigem Umschwenken des Erlenmeyerkolbens lässt man nun Salzsäure in die Natronlauge tropfen, bis die Farbe des Indikators umschlägt. Lies das Volumen an der Bürette ab.

Aufgabe: Berechne die Stoffmengenkonzentration der Natronlauge.

Rechenbeispiel

1. ***Reaktionsgleichung:***
   $Na^+ (aq) + \mathbf{OH^- (aq) + H^+ (aq)} + Cl^- (aq) \longrightarrow Na^+ (aq) + Cl^- (aq) + \mathbf{H_2O (l)}$
2. ***Volumen der zugegebenen Maßlösung:***
   V (Salzsäure) = 23,8 ml
3. ***Stoffmenge der Wasserstoff-Ionen in der zugegebenen Maßlösung:***
   $$c (H^+) = \frac{n (H^+)}{V (\text{Salzsäure})}$$
   $$n (H^+) = c (H^+) \cdot V (\text{Salzsäure}) = 0{,}1 \frac{mol}{l} \cdot 0{,}0238 \, l = 0{,}00238 \text{ mol} = 2{,}38 \text{ mmol}$$
4. ***Stoffmenge der Hydroxid-Ionen in der Probelösung:***
   Aus der Reaktionsgleichung folgt:
   $n (OH^-) = n (H^+) = 2{,}38$ mmol
5. ***Stoffmengenkonzentration der Lauge in der Probelösung:***
   V (Natronlauge) = 20 ml
   $$c (OH^-) = \frac{n (OH^-)}{V (\text{Natronlauge})} = \frac{2{,}38 \text{ mmol}}{20 \text{ ml}} = 0{,}119 \frac{mol}{l}$$
   $$\mathbf{c (\text{Natronlauge}) = 0{,}119 \frac{mol}{l}}$$

A1: **a)** Bei der Titration von 50 ml Natronlauge verbraucht man 25 ml Salzsäure ($c = 1 \frac{mol}{l}$). Bestimme die Stoffmengenkonzentration der Hydroxid-Ionen in der Lauge.
b) Begründe, warum zur Auswertung einer Säure/Base-Titration folgende Formel verwendet werden darf:
$c (H^+) \cdot V (\text{Säure}) = c (OH^-) \cdot V (\text{Lauge})$

A2: Ein Stückchen Calcium wird in 100 ml Salzsäure ($c = 0{,}1 \frac{mol}{l}$) gegeben. Nach Beendigung der Reaktion werden 20 ml der Lösung mit Natronlauge ($c = 0{,}1 \frac{mol}{l}$) neutralisiert. Man benötigt 12 ml.
a) Welche Stoffmenge an Salzsäure ist durch die Reaktion mit Calcium verbraucht worden?
b) Welche Masse hatte das Calcium-Stück?

13.6 Der pH-Wert – ein Gradmesser für Säuren und Laugen

Süßwasseraquarium, pH = 6,5

Meerwasseraquarium, pH = 8,5

Aquarienfreunde müssen regelmäßig die Wasserqualität im Aquarium prüfen. Süßwasserfische kann man nur in Leitungswasser halten, das fast neutral ist, dagegen benötigen Meerwasserfische leicht alkalisches Wasser. Wird das Wasser zu sauer, sterben die Fische. Die Konzentration von Wasserstoff-Ionen und Hydroxid-Ionen im Wasser ist also von größter Bedeutung, sie muss daher immer wieder mit Hilfe von Teststreifen gemessen werden. Da die Konzentrationen recht klein sind, gibt man das Ergebnis der Messungen üblicherweise nicht als Stoffmengenkonzentration, sondern in übersichtlicheren Zahlenwerten als **pH-Wert** an. Der pH-Wert einer Lösung ist ein Maß für die Konzentration an Wasserstoff-Ionen oder Hydroxid-Ionen.

pH-Skala. Die pH-Skala umfasst die Zahlen von 0 bis 14. *Neutrale Lösungen* haben den pH-Wert 7. Sie enthalten Wasserstoff-Ionen und Hydroxid-Ionen in sehr geringen, *gleich großen Konzentrationen,* sodass sich ihre Wirkungen aufheben. Saure Lösungen besitzen pH-Werte kleiner als 7, alkalische Lösungen größer als 7.

Je kleiner der pH-Wert ist, desto stärker sauer ist eine Lösung. Salzsäure mit der Konzentration $1 \frac{mol}{l}$ hat den pH-Wert 0. Verdünnt man sie auf das zehnfache Volumen, so sinkt die Konzentration auf $0{,}1 \frac{mol}{l}$, der pH-Wert steigt auf 1. Verdünnt man eine Lösung mit pH = 1 auf das zehnfache Volumen, so erhöht sich der pH-Wert auf 2. Eine Konzentrationsänderung um den Faktor 10 bedeutet also eine Änderung des pH-Werts um eine Einheit.

Natronlauge mit der Konzentration $1 \frac{mol}{l}$ besitzt den pH-Wert 14. Verdünnt man sie auf das zehnfache Volumen, sinkt der pH-Wert auf 13. Verdünnt man diese Lösung wiederum auf das zehnfache Volumen, fällt der pH-Wert auf 12. Die Konzentration der Hydroxid-Ionen beträgt nach dem zweiten Verdünnen nur noch ein Hundertstel der ursprünglichen Konzentration. Je größer der pH-Wert ist, desto stärker alkalisch ist also eine Lösung.

Der pH-Wert einer Lösung ist ein Maß für die Konzentration an Wasserstoff-Ionen oder Hydroxid-Ionen. Ein Unterschied von einer Einheit auf der pH-Skala bedeutet einen Konzentrationsunterschied um den Faktor 10.

1 Erkläre den Aufbau der pH-Skala.

2 **a)** Aus einem Liter Salzsäure mit pH = 2 will man Salzsäure mit pH = 3 herstellen. Wie muss man vorgehen?
b) Aus einem Liter Natronlauge mit pH = 13 will man Natronlauge mit pH = 11 herstellen. Wie muss man vorgehen?

3 10 ml Salzsäure mit pH = 1 werden auf 10 Liter verdünnt. Wie ändert sich der pH-Wert?

4 **a)** Wie viele Liter Wasser würden benötigt, um den pH-Wert von 250 Litern durch Salzsäure verunreinigtes Abwasser von pH = 1 auf pH = 6 anzuheben?
b) Wie beurteilst du die Methode, Abwasser auf diese Weise unschädlich zu machen?

5 In einem Schwimmbecken von 25 m Länge, 20 m Breite und 2 m Tiefe ist der pH-Wert auf pH = 4 gesunken. Wie viele Liter Natronlauge mit pH = 14 benötigt man, damit der pH-Wert des Wassers auf pH = 7 steigt?

6 Regen hat normalerweise einen pH-Wert von 4,5. In saurem Regen hat man schon den pH-Wert 3,5 gemessen. Welcher Konzentrationsunterschied an Wasserstoff-Ionen liegt vor? Was bedeutet saurer Regen für die Umwelt?

7 Die Oberfläche der Haut hat einen pH-Wert von 5,5.
a) Was passiert beim Waschen mit Seife?
b) In der Werbung werden *pH-neutrale* oder *hautneutrale* Reinigungsmittel angepriesen. Erkundige dich, was man darunter versteht.

Die pH-Skala

Übersicht

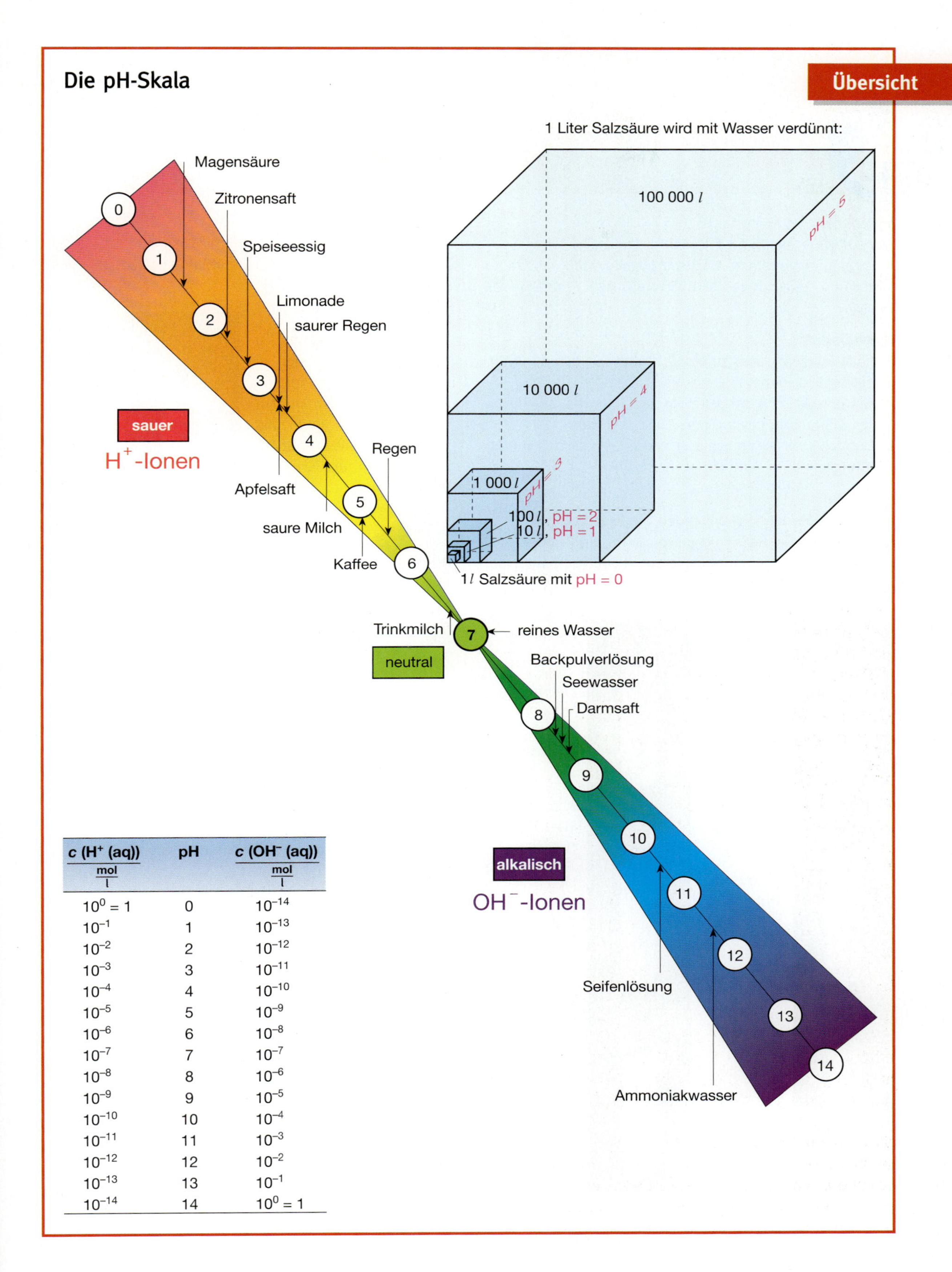

$c(H^+(aq))$ $\frac{mol}{l}$	pH	$c(OH^-(aq))$ $\frac{mol}{l}$
$10^0 = 1$	0	10^{-14}
10^{-1}	1	10^{-13}
10^{-2}	2	10^{-12}
10^{-3}	3	10^{-11}
10^{-4}	4	10^{-10}
10^{-5}	5	10^{-9}
10^{-6}	6	10^{-8}
10^{-7}	7	10^{-7}
10^{-8}	8	10^{-6}
10^{-9}	9	10^{-5}
10^{-10}	10	10^{-4}
10^{-11}	11	10^{-3}
10^{-12}	12	10^{-2}
10^{-13}	13	10^{-1}
10^{-14}	14	$10^0 = 1$

Praktikum Welche Ionen sind vorhanden? Nachweisreaktionen für Anionen

V1: Chlorid-Ionen

  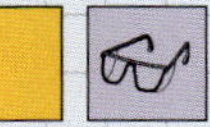 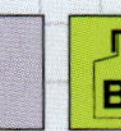 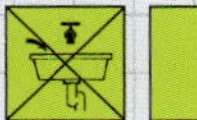 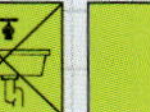 

Materialien: Tropfpipetten;
Salpetersäure (verd.; C), Silbernitrat-Lösung (1 %),
Proben: stark verdünnte Kochsalz-Lösung, stark verdünnte Salzsäure, Leitungswasser, Mineralwasser, destilliertes Wasser.

Durchführung:
1. Fülle Reagenzgläser zu einem Drittel mit den zu untersuchenden Proben.
2. Gib jeweils zehn Tropfen Salpetersäure und zehn Tropfen Silbernitrat-Lösung hinzu und schüttle.
3. Betrachte die Reagenzgläser vor einem dunklen Hintergrund.

Aufgaben:
a) Beschreibe den sich bildenden Niederschlag.
b) Formuliere die Reaktionsgleichung für die Reaktion.
c) Bestimme den Chloridgehalt der Proben mit Hilfe der folgenden Abbildung.

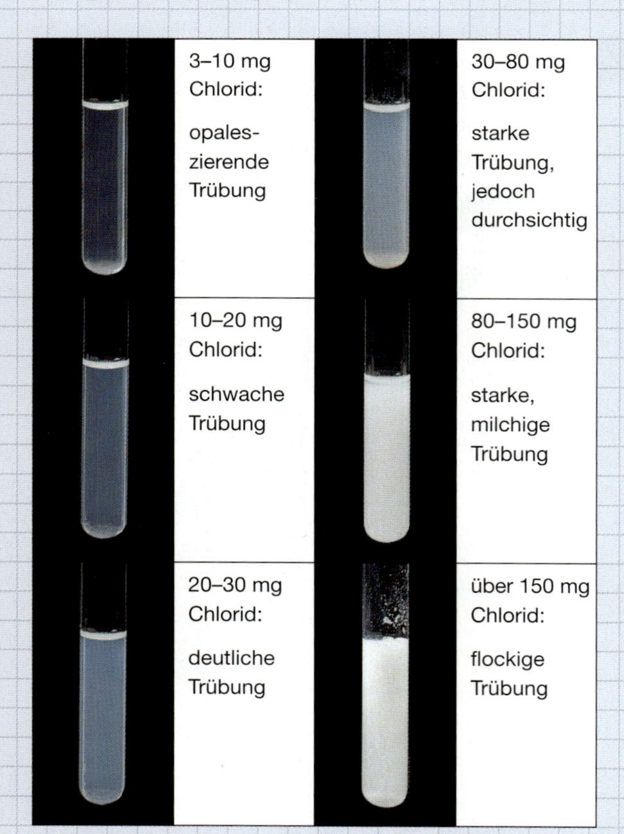

Bestimmung des Chloridgehalts. *Die Zahlenangaben beziehen sich auf einen Liter Lösung.*

V2: Bromid-Ionen und Iodid-Ionen

 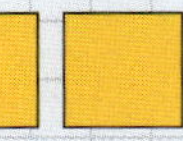    

Materialien: Tropfpipetten;
Salpetersäure (verd.; C), Silbernitrat-Lösung (1 %),
Proben: stark verdünnte Kaliumbromid-Lösung, stark verdünnte Kaliumiodid-Lösung.

Durchführung:
1. Fülle Reagenzgläser zu einem Drittel mit den zu untersuchenden Proben.
2. Gib jeweils zehn Tropfen Salpetersäure und zehn Tropfen Silbernitrat-Lösung hinzu und schüttle.
3. Vergleiche die Niederschläge in beiden Lösungen.

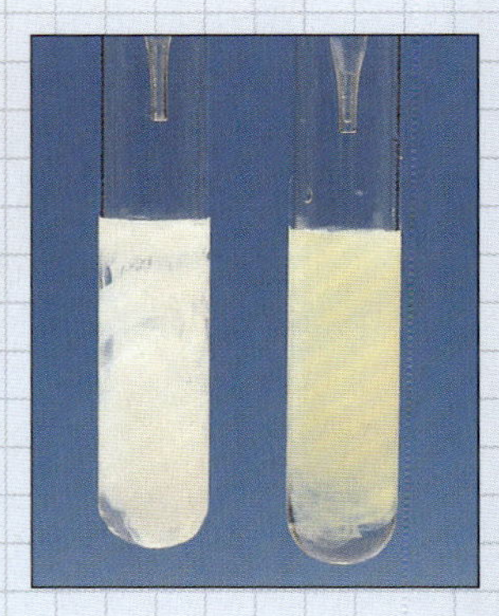

Aufgaben:
a) Beschreibe die sich bildenden Niederschläge.
b) Formuliere die Reaktionsgleichungen.
c) Worin unterscheiden sich die Niederschläge von Silberchlorid, Silberbromid und Silberiodid?

V3: Löslichkeit von Silberhalogeniden in Ammoniak-Lösung

    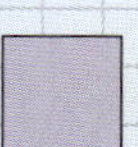  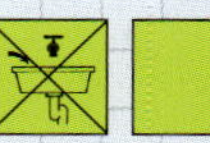

Materialien: Tropfpipetten;
Salpetersäure (verd.; C), Silbernitrat-Lösung (1 %), Ammoniak-Lösung (verd.),
Proben: stark verdünnte Kaliumchlorid-Lösung, stark verdünnte Kaliumiodid-Lösung.

Durchführung:
1. Fülle ein Reagenzglas zu einem Viertel mit Kaliumchlorid-Lösung.
2. Gib zehn Tropfen Salpetersäure und zehn Tropfen Silbernitrat-Lösung hinzu und schüttle.
3. Versetze den Niederschlag tropfenweise mit Ammoniak-Lösung und schüttle vorsichtig.
4. Tropfe Salpetersäure zu der klaren Lösung.
5. Überprüfe die Kaliumiodid-Lösung ebenso.

Aufgaben:
a) Beschreibe und deute deine Beobachtungen.
b) Eine Laborantin ist sich nicht sicher, ob in einer Lösung Chlorid-Ionen oder Iodid-Ionen vorliegen. Wie muss sie vorgehen, um Klarheit zu erlangen?

V4: Sulfat-Ionen

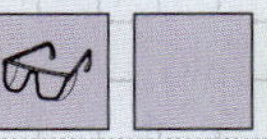

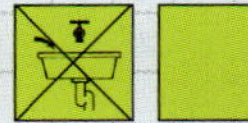

Materialien: Tropfpipetten;
Salzsäure (verd.), Bariumchlorid-Lösung (Xn),
Proben: Natriumsulfat-Lösung (verd.), Schwefelsäure (verd.; Xi), Leitungswasser, Mineralwasser.

Durchführung:

1. Fülle Reagenzgläser zu einem Drittel mit den zu untersuchenden Proben.
2. Gib einige Tropfen Salzsäure und einige Tropfen Bariumchlorid-Lösung hinzu und schüttle.

Aufgaben:

a) Beschreibe den sich bildenden Niederschlag.
b) Formuliere die Reaktionsgleichung für die Reaktion.
c) Carbonat-Ionen bilden mit Barium-Ionen ebenfalls einen weißen Niederschlag. Wieso kann man bei diesem Nachweis dennoch sicher sein, dass es sich um Sulfat-Ionen und nicht um Carbonat-Ionen handelt?

V5: Nitrat-Ionen

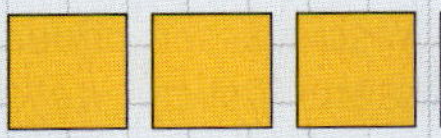

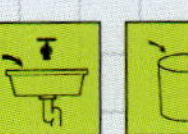
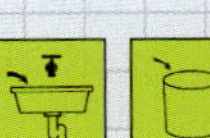

Materialien: Reibschale, Nitrat-Teststäbchen;
Proben: Flüssigdünger, Karotten, Kopfsalat.

Durchführung:

1. Zerkleinere Kopfsalat und Karotten und mische mit etwas Wasser.
2. Tauche ein Teststäbchen kurz in die Probe.
3. Vergleiche nach zwei Minuten die Farbe des Stäbchens mit der Farbskala.
4. Verdünne den Flüssigdünger gegebenenfalls so weit mit Wasser, bis der Farbton des Teststäbchens innerhalb des Messbereichs liegt.

Aufgabe: Beschreibe und deute deine Beobachtungen.

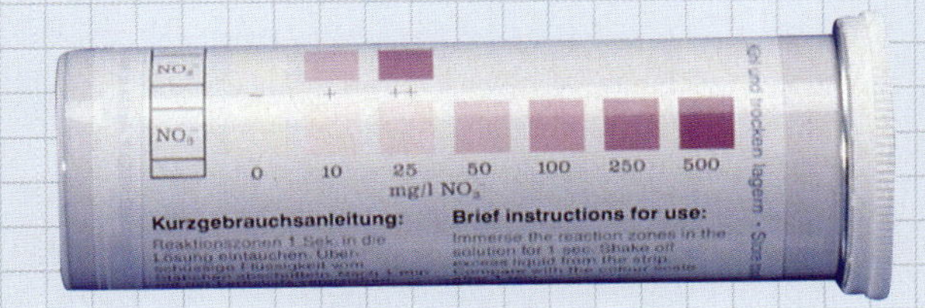

V6: Phosphat-Ionen

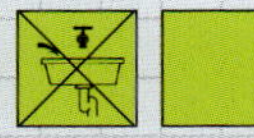
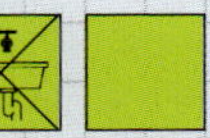

Materialien: Gasbrenner, Tropfpipetten;
Phosphat-Reagenz (C; zuvor zubereitet aus: 15 g Ammoniummolybdat, 40 g Ammoniumnitrat in 100 ml Wasser gelöst und mit 100 ml Salpetersäure (halbkonz.) gemischt),
Proben: Natriumphosphat, Waschpulver, Milch, Mineralwasser.

Durchführung:

1. Stelle verdünnte Lösungen der zu untersuchenden Stoffe her.
2. Gib zu 3 ml jeder verdünnten Lösung 20 Tropfen Phosphat-Reagenz und erhitze vorsichtig.

Aufgaben:

a) Welche Beobachtung weist auf Phosphate hin?
b) In welchen Proben lassen sich Phosphat-Ionen nachweisen?

V7: Carbonat-Ionen

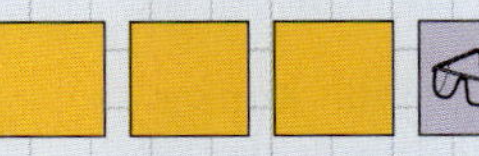
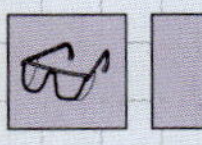
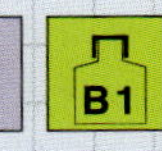
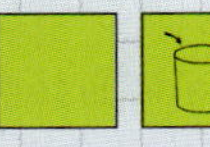

Materialien: durchbohrter Gummistopfen mit gewinkeltem Glasrohr;
Salzsäure (verd.), Kalkwasser,
Proben: Natriumcarbonat, Marmor, Tafelkreide.

Durchführung:

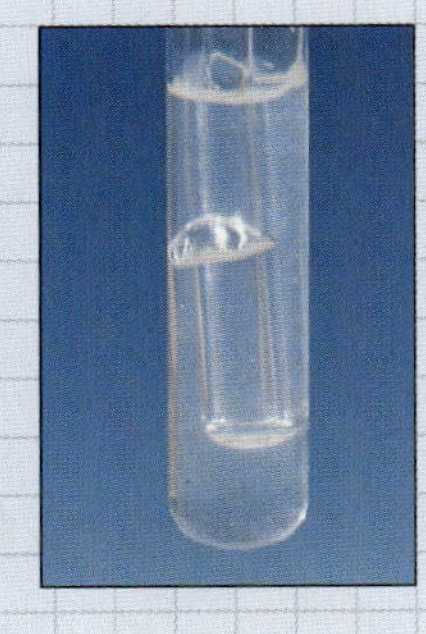

1. Gib die zu untersuchende Probe in ein Reagenzglas.
2. Fülle ein zweites Reagenzglas zu einem Drittel mit Kalkwasser.
3. Versetze die Probe mit etwas Salzsäure und setze rasch den Gummistopfen mit dem Glasrohr auf. Leite das entstehende Gas in das Kalkwasser ein.

Aufgaben:

a) Beschreibe und deute deine Beobachtungen.
b) Welche Beobachtung weist auf Carbonate hin?
c) Warum dauert es einige Zeit, bis sich das Kalkwasser trübt?
d) Warum sollte man eine Flasche mit Kalkwasser nicht offen an der Luft stehen lassen?

13.7 Wasserhärte

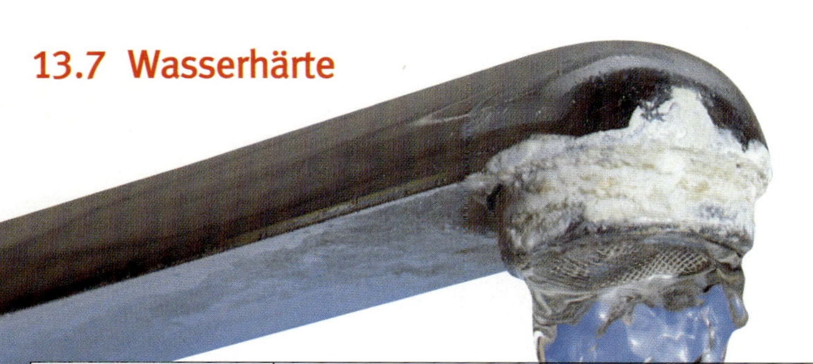

Sie erhalten von uns: **Trinkwasser**	Härtebereich:			
	2 Mittel			
	8,5 Grad deutscher Härte			
Härtebereich	**1**	**2**	**3**	**4**
Wasserhärte in $\frac{mmol}{l}$	bis 1,3	1,3 bis 2,5	2,5 bis 3,8	über 3,8
in °d	0 bis 7	7 bis 14	14 bis 21	über 21
Bezeichnung	weich	mittel	hart	sehr hart
Bitte mit Trinkwasser sparsam umgehen!				

Ein Grad deutscher Härte (1 °d) bedeutet:
100 Liter Wasser enthalten ebenso viele Calcium-Ionen wie ein Gramm Calciumoxid, das entspricht $c\,(Ca^{2+}) = 0{,}18\ \frac{mmol}{l}$.

Na^+, Ca^{2+}, HCO_3^-, Mg^{2+}, Cl^-, SO_4^{2-}

Aus der Dusche rieseln nur noch dünne Wasserstrahlen, denn weißliche Ablagerungen verstopfen teilweise die Düsen des Duschkopfs. Die Ursache dafür ist *hartes Wasser:* Es enthält neben anderen Ionen viele Calcium-Ionen und Magnesium-Ionen. Schädliche Wirkungen von hartem Wasser gehen auf diese Ionen zurück.
Die **Wasserhärte** ist ein Maß für die Konzentration an Calcium-Ionen und Magnesium-Ionen. Sie hängt von den Bodenschichten und Gesteinen ab, durch die das Wasser ins Grundwasser gelangt. Sickert es durch kalkhaltige Schichten, so gehen Calcium-Ionen in Lösung und hartes Wasser entsteht.

Erhitzt man hartes Wasser, so fällt Kalk aus. Er setzt sich als *Kesselstein* an den Wänden von Rohren, Heißwasserspeichern oder Heizspiralen ab und behindert dort den Wärmeaustausch. Der chemische Name für Kalk ist Calciumcarbonat. Es entsteht, wenn beim Erhitzen des Wassers Calcium-Ionen mit Hydrogencarbonat-Ionen reagieren:

$$Ca^{2+}\,(aq) + 2\,HCO_3^-\,(aq) \xrightarrow{\text{erhitzen}} CaCO_3\,(s) + CO_2\,(g) + H_2O\,(l)$$

Hartes Wasser erkennt man auch beim Händewaschen. Die glitschige Seifenschicht ist schnell abgewaschen und im Waschwasser bilden sich weiße Flocken. Dies sind wasserunlösliche *Kalkseifen,* die sich aus den Calcium-Ionen des harten Wassers und den Anionen der Seife bilden. Erst wenn alle Calcium-Ionen gebunden sind, kann die Seife schäumen und ihre volle Waschwirkung entfalten. Beim Waschen mit weichem Wasser entsteht sofort Schaum und es dauert länger, die Seifenschicht abzuspülen. Textilien sollte man nicht mit Seife in hartem Wasser waschen, da sich die Kalkseifen im Gewebe festsetzen. Moderne Waschmittel enthalten daher *Enthärter,* die Calcium-Ionen binden.

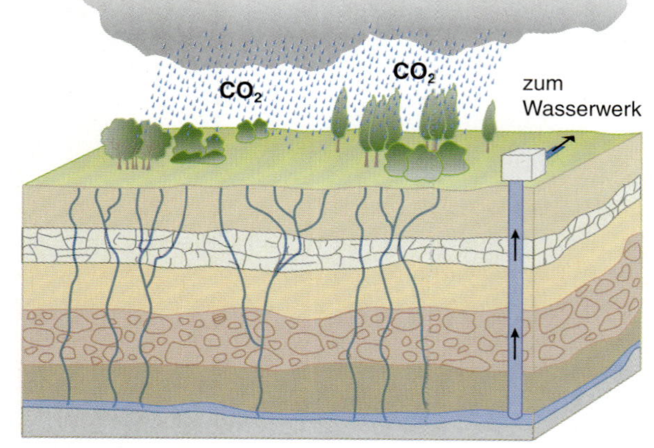

Hartes Wasser entsteht.

Die Wasserhärte ist ein Maß für den Gehalt von Calcium-Ionen und Magnesium-Ionen im Wasser.

1 Welche Nachteile hat hartes Wasser im Haushalt?
2 Wie lässt sich eine Kaffemaschine „entkalken"?
3 Früher setzte man hartem Wasser vor dem Waschen Soda (Natriumcarbonat) als Wasserenthärter zu. Gib eine Erklärung an Hand einer Reaktionsgleichung.
4 In der Schwäbischen Alb ist das Trinkwasser hart, im Schwarzwald weich. Gib eine Erklärung.
5 Warum verkalken die Heizstäbe in Waschmaschinen weniger als die in Heißwassergeräten?

Exkurs

Weiches Wasser für den Haushalt

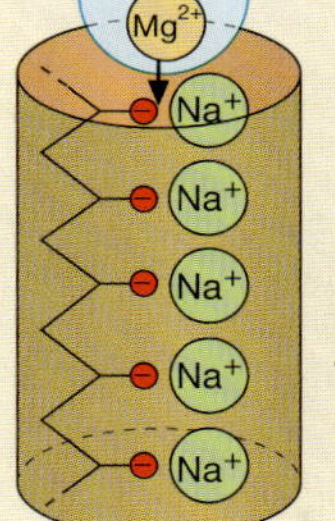

Für den Waschvorgang benötigt man weiches Wasser. Früher enthielten die Vollwaschmittel als **Enthärter** spezielle Phosphate, die Calcium-Ionen an sich binden. Zu viel Phosphat im Abwasser schadet jedoch der Umwelt. „Phosphatfrei“ verkünden heute die Aufschriften auf den Waschmittelpackungen. Als Wasserenthärter verwendet man jetzt bestimmte wasserunlösliche Mineralstoffe, die als pulverförmige Produkte technisch hergestellt werden. Sie gehören zur Stoffgruppe der *Zeolithe,* die auch natürlich vorkommen. Zeolithe bilden Kristalle mit Kanälen und Hohlräumen, in denen Natrium-Ionen eingelagert sind. Die Wirkung der Zeolithe beruht darauf, dass die Natrium-Ionen aus den Hohlräumen gegen die Calcium-Ionen und Magnesium-Ionen des harten Wassers ausgetauscht werden. Beim Spülvorgang werden die Zeolithe vollständig aus der Wäsche heraus gespült.

In Geschirrspülmaschinen verwendet man zur Wasserenthärtung Kunststoffharze als **Ionenaustauscher.** Auch hier werden Calcium-Ionen gegen Natrium-Ionen ausgetauscht. Im Kunststoffharz sind Natrium-Ionen locker gebunden. Fließt das harte Wasser durch die Hohlräume zwischen den Kunstharzkügelchen, setzen sich Calcium-Ionen und Magnesium-Ionen an die Stellen der im Harz gebundenen Natrium-Ionen.

Der Ionenaustauscher muss immer wieder regeneriert werden. Dazu gibt man Natriumchlorid in einen Vorratsbehälter des Geschirrspülers. Es löst sich im Wasser, bis eine konzentrierte Lösung entstanden ist. Wird diese Lösung durch den Ionenaustauscher geleitet, verdrängen die dann in hoher Konzentration vorliegenden Natrium-Ionen wieder Calcium-Ionen und Magnesium-Ionen. Der Austauscher ist wieder einsatzbereit.

Tropfsteinhöhlen

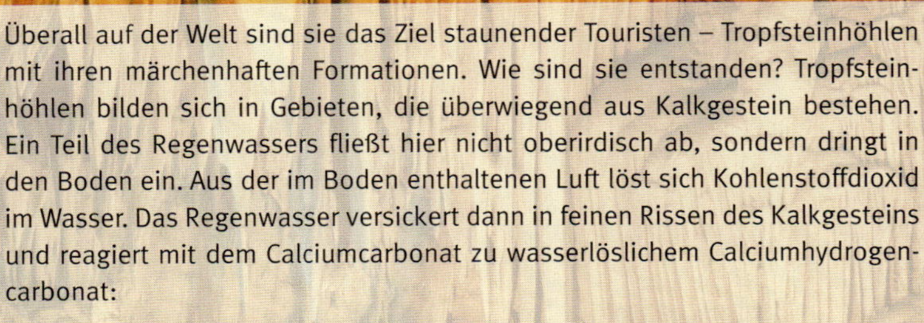

Überall auf der Welt sind sie das Ziel staunender Touristen – Tropfsteinhöhlen mit ihren märchenhaften Formationen. Wie sind sie entstanden? Tropfsteinhöhlen bilden sich in Gebieten, die überwiegend aus Kalkgestein bestehen. Ein Teil des Regenwassers fließt hier nicht oberirdisch ab, sondern dringt in den Boden ein. Aus der im Boden enthaltenen Luft löst sich Kohlenstoffdioxid im Wasser. Das Regenwasser versickert dann in feinen Rissen des Kalkgesteins und reagiert mit dem Calciumcarbonat zu wasserlöslichem Calciumhydrogencarbonat:

$$CaCO_3\ (s) + H_2O\ (l) + CO_2\ (aq) \longrightarrow Ca^{2+}\ (aq) + 2\ HCO_3^-\ (aq)$$

Die Risse erweitern sich zu Spalten und Höhlen, in denen das Wasser unterirdisch abfließt.

Tropfsteine bilden sich, wenn Sickerwasser mit gelöstem Calciumhydrogencarbonat von der Decke einer Höhle tropft. Sowohl an der Decke als auch an der Auftropfstelle am Boden wird aus den Wassertropfen wieder Kohlenstoffdioxid an die Höhlenluft abgegeben. Dabei entsteht wieder festes Calciumcarbonat. Die obige Reaktion läuft also umgekehrt ab.

Man unterscheidet die von der Decke der Höhle wachsenden *Stalaktiten* und die vom Boden aufwärts wachsenden *Stalagmiten.* Sie wachsen nur Bruchteile eines Millimeters im Jahr, nach langer Zeit können sie jedoch zu mächtigen Säulen werden. Enthält das herabtropfende Wasser Eisen-Verbindungen oder Kupfer-Verbindungen, so entstehen gefärbte Tropfsteine.

Projekt

Chemie im Haushalt

	Härtebereich	mmol · l^{-1}	°d
	1 (weich)	0–1,3	0–7
	2 (mittelhart)	1,3–2,5	7–14
	3 (hart)	2,5–3,8	14–21
	4 (sehr hart)	> 3,8	> 21

Arbeitsaufträge: 1. Fertige eine Karte für eure Region an. Trage die Angaben über die Wasserhärte ein. Informiere dich dazu auch beim Wasserwerk.
2. Lies die Erläuterungen auf Waschmittelpackungen: Wie kann man ein und dasselbe Waschmittel bei unterschiedlichen Wasserhärten einsetzen? Welche Stoffe enthärten das Wasser? Wird ein zusätzlicher Wasserenthärter empfohlen?

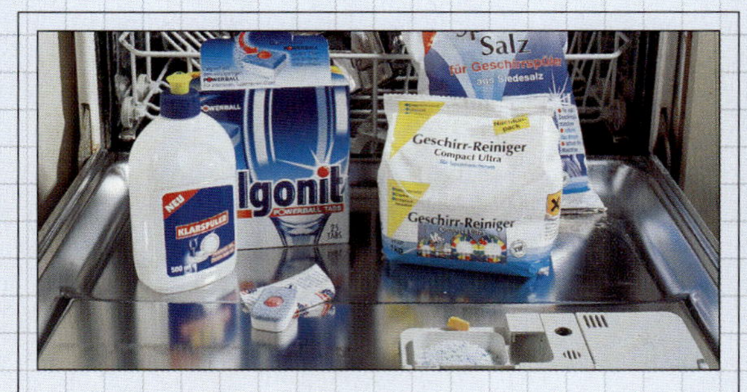

Arbeitsaufträge: 1. Sammle Informationen über die Inhaltsstoffe von *Reiniger, Klarspüler* und *Regeneriersalz* und stelle sie in einer Tabelle zusammen. Welche Information erhält man über ihre Funktion? Vergleiche dabei Produkte unterschiedlicher Hersteller.
2. Stelle Vorteile und Nachteile eines Geschirrspülers einander gegenüber. Ist das Spülen mit der Hand umweltfreundlicher?

Arbeitsaufträge:
1. Sammle verkalkte Küchengeräte, beschaffe ein Glas mit Kalkflecken.
2. Überprüfe an diesen Gegenständen die Wirksamkeit eines Klarspülers und eines handelsüblichen Entkalkers.
3. Stelle selbst einen Entkalker her. Prüfe auch seine Wirksamkeit.
4. Besorge handelsübliche flüssige Entkalker und vergleiche, welche Inhaltsstoffe auf der Flasche angegeben sind. Hängen die Anwendungshinweise von den Inhaltsstoffen ab? Einige Entkalker enthalten einen Indikator. Wird dadurch die Anwendung erleichtert?

Vollentsalzer

Teilenthärter

Arbeitsaufträge: 1. Wie arbeitet ein handelsüblicher Vollentsalzer? Woran erkennt man, dass er verbraucht ist? Ist die Entsorgung problematisch?
2. Wie könnte man seine Wirkung überprüfen?
3. Informiere dich über die Arbeitsweise von Vollentsalzern und Teilenthärtern. Wo setzt man sie ein?

V1: Wie wirkt ein Entkalker?

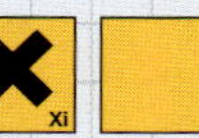

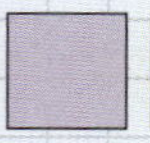

Materialien: Ameisensäure (verd.; Xi), Salzsäure (verd.), Calciumcarbonat.

Durchführung:
1. Fülle in zwei Reagenzgläser etwa die gleiche Menge Calciumcarbonat, sodass der Boden gerade bedeckt ist.
2. Gib in das eine Reagenzglas Ameisensäure und in das andere Salzsäure, bis die Reagenzgläser zu einem Drittel gefüllt sind.
3. Vergleiche die beiden Proben.

V2: Härte von Leitungswasser

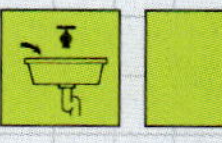

Materialien: Messzylinder;
handelsübliche Teststäbchen, alkoholische Seifenlösung (F), Leitungswasser, destilliertes Wasser.

Durchführung:
1. Fülle jeweils 10 ml destilliertes Wasser und Leitungswasser in ein Reagenzglas.
2. Bestimme in beiden Proben die Wasserhärte mit den Teststäbchen.
3. Füge jeweils fünf Tropfen Seifenlösung hinzu.
4. Schüttle beide Reagenzgläser gleich lange.

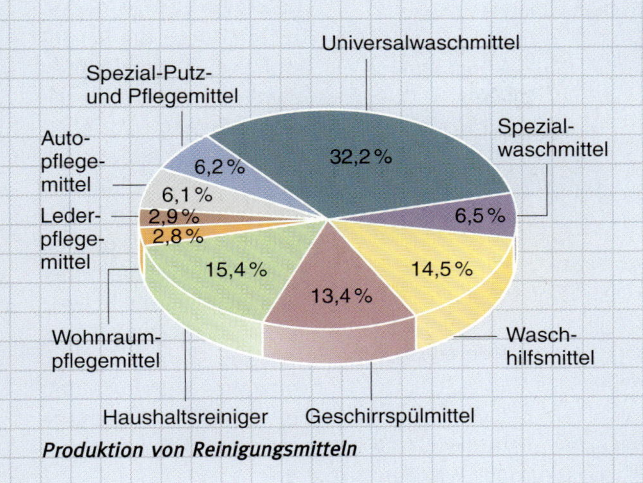

Produktion von Reinigungsmitteln

Wirkstoffe	Beispiele	Wirkung
Säuren	Ameisensäure, Essigsäure, Zitronensäure	Entfernung von Kalk und Metalloxiden
Laugen	Natriumhydroxid	Abbau organischer Stoffe
Salze	Soda	Schmutz wird leichter abgelöst.
Tenside	Seifen	Schmutz wird von der Unterlage gelöst, bleibt in der Schwebe, wird weggeschwemmt.
Bleichmittel	Hypochlorite, Wasserstoffperoxid	Oxidation von Farbstoffen und Obstflecken; töten Bakterien
Quarzmehl, Marmormehl		mechanische Entfernung von Schmutz
Lösungsmittel	Ethanol, Glykol	Lösen von Fetten, Wachs und Farbflecken

Wirkstoffe in Reinigungsmitteln

V3: Abflussreiniger

Materialien: Uhrgläser, Pinzette, Bechergläser (100 ml), Thermometer;
Abflussreiniger (C), Indikatorpapier, Haare, Papier, Kunststoff.

Durchführung:

1. Gib auf ein Uhrglas einen Löffel Abflussreiniger; sortiere die Körnchen nach Aussehen mit der Pinzette. Gib gleichartige Körnchen jeweils in ein Reagenzglas mit Wasser und miss den pH-Wert.
2. Gib einen gehäuften Spatel Abflussreiniger in ein Reagenzglas. Füge etwas Wasser hinzu und miss sofort den Temperaturverlauf *(Schutzbrille!)*.
3. Gib Proben von Haaren, Papier und Kunststoff jeweils in ein Becherglas und übergieße mit einer Lösung des Abflussreinigers (1 Löffel in 50 ml Wasser). Überprüfe die Beschaffenheit der Proben nach einer Stunde.

V4: Sanitärreiniger

Materialien: Sanitärreiniger (Xi), Indikatorpapier, schwarze Tinte.

Durchführung:

1. Gib etwa 1 ml Sanitärreiniger in ein Reagenzglas, gib etwas Wasser hinzu und bestimme den pH-Wert.
2. Gib etwas Sanitärreiniger in ein Reagenzglas und verdünne mit wenig Wasser. Füge dann etwas schwarze Tinte hinzu.

Test	Allzweckreiniger (Konzentrate)			
Fabrikat	Aktiv	Multi	Rein	Clean
Inhalt in ml	500	250	500	540
Preis in Euro	1,89	1,85	1,63	5,08
Preis für 5 l Reinigungslösung in Cent	9,7	7,2	4,1	24,5
Qualitätsurteil	**gut**	**gut**	**gut**	**zufriedenstellend**
Gebrauchseigenschaften	gut	gut	gut	gut
Reinigungsleistung	+	+	+	+
Materialschonung	o	o	+	+
Hautverträglichkeit	++	+	+	++
Umwelteigenschaften	gut	gut	gut	zufriedenstellend
Dosiergenauigkeit	+	+	o	o
Abwasserbelastung	+	+	+	+
Abfallbelastung (Verpackung)	o	+	+	o

++ sehr gut + gut o zufriedenstellend – mangelhaft – – sehr mangelhaft

Arbeitsaufträge:

1. Bringe Reinigungsmittel mit und sortiere sie nach Gruppen.
2. Stelle auf einer Liste die Inhaltsstoffe vergleichbarer Reiniger zusammen.
3. Sammle Informationen über die Wirkungsweise der einzelnen Inhaltsstoffe.
4. Was muss man beim Umgang mit den Reinigern beachten? Gibt es Hinweise auf der Verpackung?
5. Stelle sinnvolle Kriterien auf, mit denen man Reiniger unterschiedlicher Marken vergleichen kann.
6. Schreibe Hersteller und Verbraucherverbände an und bitte um Informationen über Haushaltsreiniger und ihre Umweltverträglichkeit.
7. Recherchiere in den Archiven von Tageszeitungen und im Internet über Unfälle mit Haushaltschemikalien. Wie kann man sich gegen Gefährdungen schützen?

13.8 Saurer Regen – Entstehung und Folgen

„pH = 3,5: Regen fast so sauer wie Essig!“ Solche Pressemeldungen führen uns eindringlich vor Augen, dass die Umwelt belastet ist.

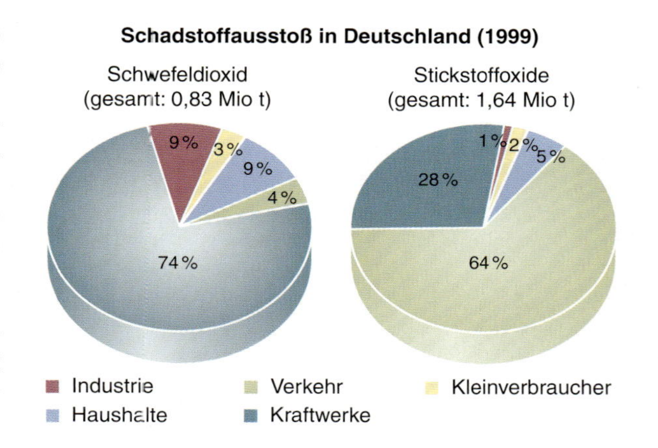

Reines Wasser, in dem nur Kohlenstoffdioxid gelöst ist, hätte einen pH-Wert von 5,5. Regen hat aber bereits natürlicherweise einen pH-Wert um 4,5: Durch Vulkanausbrüche und durch den Stoffwechsel von Bodenbakterien gelangen neben Kohlenstoffdioxid geringe Mengen Schwefeldioxid und Stickstoffoxide in die Atmosphäre.

Durch die Nutzung von Kohle, Kraftstoffen und Heizöl wird die Atmosphäre zusätzlich stark mit Schadstoffen belastet. Diese Energieträger enthalten immer Schwefel-Verbindungen; bei der Verbrennung bildet sich daher Schwefeldioxid. So gelangen über die Abgase von Kraftwerken und privaten Haushalten große Mengen *Schwefeldioxid* in die Atmosphäre. Autoabgase belasten die Atmosphäre vor allem mit *Stickstoffoxiden,* die sich im Motor aus dem Stickstoff und dem Sauerstoff der Luft bilden.

Die Atmosphäre wirkt wie ein großes Reaktionsgefäß. Unter dem Einfluss des Sonnenlichts reagieren die Schadstoffe mit Sauerstoff und Wasser in vielfältiger Weise.

Dies lässt sich gut beobachten, wenn die Schadstoffe bei bestimmten Wetterlagen nicht aus einem Gebiet abziehen können. Es bildet sich Smog (engl. *smoke:* Rauch; engl. *fog:* Nebel). Bei den Reaktionen in der Atmosphäre bildet sich letztlich aus Schwefeldioxid Schwefelsäure und aus Stickstoffoxiden entsteht Salpetersäure. Je nach Wetterlage schwanken die pH-Werte der Niederschläge in Nordwesteuropa zwischen 3 und 5.

Auswirkungen auf Boden und Wasser. Saurer Regen kann weitab von der Quelle der Luftverschmutzung niedergehen. Von der Zusammensetzung des Bodens am Niederschlagsort hängt es ab, wie weit die pH-Werte im Boden und in den Gewässern absinken. Auf kalkhaltigen Böden reagieren die Säuren mit Calciumcarbonat und verursachen zunächst kaum eine Änderung des pH-Werts. In kalkarmen Gegenden kommt es schnell, in kalkreichen Gegenden nach längerer Zeit zu einer Versauerung des Bodens.

In kalkarmen Gebieten versauern durch den sauren Regen auch rasch die Gewässer. Sinkt der pH-Wert in einem See unter pH = 4, so sterben die meisten Wasserorganismen ab.

Schadstoff-Emission
(Schadstoffausstoß)
SO_2
CO_2
NO
NO_2
CO
O_3
O_2
O
HO_2
OH
NO_2
HNO_3
NO_2
NO
CO
CO_2
O_2
O_2
SO_2
SO_3
H_2O
HO_2
HO_2
O_2
H_2SO_4
SO_2
H_2O_2
Schadstoff-Immission
(Schadstoffeinwirkung)
Saurer Regen

Chemische Prozesse in der Atmosphäre. *Bei den Reaktionen spielen kurzlebige, sehr reaktionsfähige Zwischenprodukte wie das ungeladene Hydroxyl-Teilchen (OH) eine zentrale Rolle.*

Bei dieser Umwandlung von Kalk in Gips nimmt das Volumen erheblich zu. Dadurch wird das Steingefüge allmählich aufgebrochen. Viele alte Baudenkmäler sind durch diese Steinkorrosion stark angegriffen.

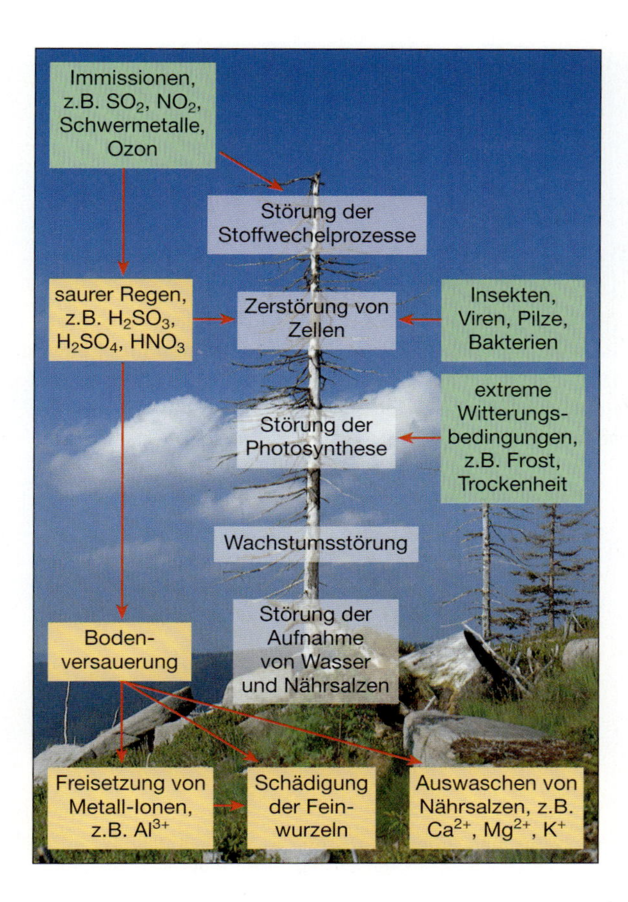

Waldsterben. Laut Waldschadensbericht sind 21 % der Bäume in Deutschland deutlich geschädigt. Die Rolle des sauren Regens beim Waldsterben ist noch nicht eindeutig geklärt. Eine Hypothese besagt, dass durch den sauren Regen die Versorgung der Bäume mit Calcium-Ionen und Magnesium-Ionen gestört ist: Wasserstoff-Ionen aus dem sauren Regen werden im Boden gebunden, gleichzeitig werden Calcium-Ionen und Magnesium-Ionen aus dem Boden freigesetzt und ausgewaschen. Somit fehlen den Bäumen wichtige Nährstoffe. Daneben können aus dem Boden Aluminium-Ionen in Lösung gehen, die für Bäume giftig sind. Bei pH-Werten unterhalb von 4 werden Mikroorganismen geschädigt, die für das Ökosystem im Waldboden wichtig sind.
Die Luftschadstoffe wirken nicht nur über den sauren Regen, sondern schädigen die Bäume auch direkt.

Zerstörung von Bauwerken. Saurer Regen greift Gesteine an. Besonders gefährdet sind Sandsteine, in denen die Sandkörner durch Kalk zusammengehalten werden. Kalk reagiert mit Schwefelsäure zu Gips:

$$CaCO_3\ (s) + H_2O\ (l) + 2\ H^+\ (aq) + SO_4^{2-}\ (aq) \longrightarrow CaSO_4 \cdot 2\ H_2O\ (s) + CO_2\ (g)$$

Maßnahmen gegen den sauren Regen. Wichtigste Aufgabe des Umweltschutzes ist es, die Emission von Schadstoffen zu verringern. Kraftwerke werden dazu mit *Entschwefelungsanlagen* ausgerüstet. Dort besprüht man die Rauchgase unter Luftzufuhr mit einer Kalk-Suspension. Das Schwefeldioxid wird dabei zu Calciumsulfat umgesetzt, das in der Bauindustrie zu Gips weiter verwendet werden kann.
Durch *Entstickungsanlagen* lassen sich auch die Stickstoffoxide beseitigen. Man setzt die Stickstoffoxide mit Ammoniak zu Stickstoff und Wasser um.

Autoabgase lassen sich wirkungsvoll nur mit einem *Katalysator* reinigen. Die Schadstoffe (CO, NO, NO_2, Kohlenwasserstoffe) reagieren dabei an fein verteiltem Platin zu Kohlenstoffdioxid, Stickstoff und Wasser.
Abgase aus Haushalten lassen sich bisher nicht reinigen. Die Verbraucher sollten daher schwefelarme Brennstoffe wie Erdgas verwenden und die Heizungsanlagen regelmäßig warten lassen.

Schwefeldioxid und Stickstoffoxide aus Abgasen reagieren in der Atmosphäre zu Schwefelsäure und Salpetersäure. Der Regen wird dadurch stärker sauer. Rauchgasreinigungsanlagen und Pkw-Katalysatoren verringern die Schadstoffemissionen.

1 Wieso ist auch natürlicher Regen immer leicht sauer?
2 Woher kommen die einzelnen Luftschadstoffe zur Bildung des sauren Regens?
3 Stelle in Reaktionsgleichungen vereinfacht dar, wie die Luftschadstoffe mit dem Luftsauerstoff und dem Regenwasser saure Lösungen bilden.
4 Wie schädigt saurer Regen die Bäume?
5 Wieso schädigt saurer Regen Regenrinnen aus Zink?
6 Das Kalken von Waldböden wird als eine Maßnahme gegen die Wirkungen des sauren Regens durchgeführt. Begründe die Wirkung an Hand einer Reaktionsgleichung.
7 Bäume erkranken häufig durch den Befall von Schädlingen. Inwiefern könnte der saure Regen dafür mitverantwortlich sein?

13.9 Protonen auf Wanderschaft: Säure/Base-Reaktionen

Das Gas Chlorwasserstoff löst sich unter Erwärmung sehr gut in Wasser. Dabei bildet sich Salzsäure. Die Lösung leitet den elektrischen Strom, sie enthält also Ionen. Die Ionen entstehen in einer exothermen Reaktion der Chlorwasserstoff-Moleküle mit den Wasser-Molekülen:

$$HCl\ (g) + H_2O\ (l) \longrightarrow H_3O^+\ (aq) + Cl^-\ (aq)$$

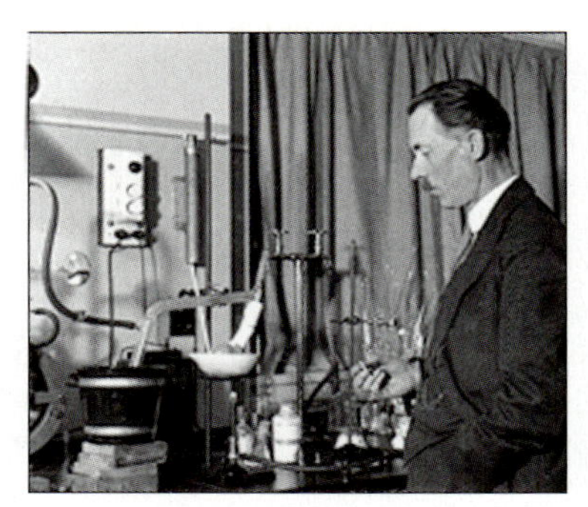

BRÖNSTED *(1879–1947)*
Säure: Protonendonator
Base: Protonenakzeptor

Bei dieser Reaktion wird ein Wasserstoff-Ion, also ein Proton, vom Chlorwasserstoff-Molekül auf ein Wasser-Molekül übertragen. Das Chlorwasserstoff-Molekül gibt demnach ein Proton ab, es ist also ein **Protonendonator.** Solche Teilchen werden nach BRÖNSTED als **Säuren** bezeichnet. Das Wasser-Molekül ist bei dieser Reaktion ein **Protonenakzeptor,** nach BRÖNSTED eine **Base.** BRÖNSTED entwickelte damit einen völlig neuen Säure/Base-Begriff.

Es gibt auch Reaktionen, bei denen Wasser als Protonendonator, also als BRÖNSTED-Säure reagiert. Das Gas Ammoniak (NH_3) löst sich unter Erwärmung sehr gut in Wasser. Die Lösung leitet den elektrischen Strom und färbt Universalindikator blau. Es liegen also Ionen, insbesondere Hydroxid-Ionen, vor. Die Ionen entstehen in einer exothermen Reaktion der Ammoniak-Moleküle mit den Wasser-Molekülen:

$$NH_3\ (g) + H_2O\ (l) \longrightarrow NH_4^+\ (aq) + OH^-\ (aq)$$

Bei dieser Reaktion wird ein Proton von einem Wasser-Molekül auf ein Ammoniak-Molekül übertragen. Das Proton lagert sich an das freie Elektronenpaar des Ammoniak-Moleküls an. Es entsteht ein Ammonium-Ion. Das Ammoniak-Molekül nimmt bei der Reaktion ein Proton auf, es ist ein Protonenakzeptor.

Nach BRÖNSTED bezeichnet man eine *Protonenübertragungsreaktion* als **Säure/Base-Reaktion.** Ob ein Stoff als BRÖNSTED-Säure oder als BRÖNSTED-Base reagiert, hängt jeweils vom Reaktionspartner ab. Teilchen wie Wasser-Moleküle, die einerseits als BRÖNSTED-Base, andererseits als BRÖNSTED-Säure reagieren können, bezeichnet man als *Ampholyte.*

Reagieren Teilchen gegenüber Wasser als BRÖNSTED-Säure, so erhält man eine saure Lösung, in der Hydronium-Ionen ($H_3O^+(aq)$) vorliegen. Oft wird für diese Ionen vereinfachend $H^+(aq)$ geschrieben. Ein Proton kommt allerdings in wässeriger Lösung nicht frei vor. Es lagert sich immer an ein freies Elektronenpaar eines Wasser-Moleküls. Um das H_3O^+-Ion bildet sich wie auch bei anderen Ionen eine Hydrathülle: Es entsteht H_3O^+ (aq). Reagieren Teilchen gegenüber Wasser als BRÖNSTED-Base, so entsteht eine alkalische Lösung, die Hydroxid-Ionen (OH^-) enthält.

Säure/Base-Reaktionen im Sinne von BRÖNSTED können nicht nur in wässeriger Lösung, sondern auch in der Gasphase ablaufen. So reagiert Ammoniak-Gas mit Chlorwasserstoff-Gas zu festem Ammoniumchlorid:

$$NH_3\ (g) + HCl\ (g) \longrightarrow NH_4Cl\ (s)$$

Hier ist das Chlorwasserstoff-Molekül die BRÖNSTED-Säure, das Ammoniak-Molekül die BRÖNSTED-Base.

Teilchen, die Protonen abgeben, heißen BRÖNSTED-Säuren. Die Teilchen, die Protonen aufnehmen, heißen BRÖNSTED-Basen. Protonenübertragungsreaktionen nennt man nach BRÖNSTED Säure/Base-Reaktionen.

1 Leitet man Bromwasserstoff-Gas (HBr) in Wasser, entsteht eine saure Lösung. Formuliere die Reaktionsgleichung und benenne Säure und Base.

2 Schwefelsäure reagiert mit Wasser in zwei Schritten. Gib für die beiden nacheinander ablaufenden Säure/Base-Reaktionen die Reaktionsgleichungen an und benenne jeweils Säure und Base.

3 Tropft man Natronlauge auf Ammoniumchlorid, entweicht Ammoniak-Gas. Stelle die Reaktionsgleichung auf. Handelt es sich um eine Säure/Base-Reaktion?

4 Magnesium reagiert mit verdünnter Salzsäure unter Bildung von Wasserstoff. Prüfe anhand der Reaktionsgleichung, ob eine Säure/Base-Reaktion vorliegt.

5 Zeige, dass die Reaktion einer sauren Lösung mit einer alkalischen Lösung eine Säure/Base-Reaktion ist.

6 NH_4^+/NH_3 nennt man ein *Säure/Base-Paar.* Die beiden Teilchen unterscheiden sich nur um ein Proton voneinander. Gib zu folgenden Teilchen jeweils das Säure/Base-Paar an (beachte auch mehrere Möglichkeiten): HNO_3, NH_3, I^-, OH^-, HCO_3^-, H_2O

7 Eine Lösung von Chlorwasserstoff-Gas in Benzin leitet den elektrischen Strom nicht. Was folgerst du daraus?

8 Bei der Reaktion von Magnesiumoxid mit Salzsäure entsteht eine Lösung von Magnesiumchlorid. Liegt eine Säure/Base-Reaktion vor?

9 Erkläre, wieso beim Lösen von Ammoniumchlorid in Wasser eine saure Lösung entsteht.

Protonenübertragungen

Übersicht

$$HCl + H_2O \longrightarrow Cl^- + H_3O^+$$

__Chlorwasserstoff reagiert mit Wasser.__ Es entsteht eine saure Lösung.

$$NH_3 + H_2O \longrightarrow NH_4^+ + OH^-$$

__Ammoniak reagiert mit Wasser.__ Es entsteht eine alkalische Lösung.

$$NH_3 + HCl \longrightarrow (NH_4)^+Cl^-$$

__Ammoniak reagiert mit Chlorwasserstoff.__ Es entsteht Ammoniumchlorid, eine Ionenverbindung.

Prüfe dein Wissen

Quiz

A1 **a)** Erkläre die Begriffe des Fensters.
b) Notiere auf der Vorderseite von Karteikarten den Begriff, auf der Rückseite die Erklärung.

A2 Welche Ionen liegen jeweils in verdünnter Salzsäure, in verdünnter Schwefelsäure und in Natronlauge vor?

A3 Welche Eigenschaften besitzen alle sauren Lösungen?

A4 Nenne drei Indikatoren und gib jeweils die Färbung in saurer und alkalischer Lösung an.

A5 Gib die Formeln für folgende Salze an: Kaliumiodid, Natriumsulfat, Magnesiumcarbonat, Calciumnitrat, Natriumphosphat, Natriumhydrogencarbonat.

A6 Welche Ionen bewirken die Härte des Wassers?

A7 Eine saure Lösung hat den pH-Wert 0, eine andere den pH-Wert 3. Welche Lösung ist gefährlicher?

Know-how

A8 Nenne zwei Methoden, wie man im Labor Wasserstoff in kleinen Mengen herstellen kann. Gib dazu die Reaktionsgleichungen an.

A9 Hält man ein trockenes Stück Indikatorpapier in Chlorwasserstoff-Gas, zeigt sich nur sehr langsam eine Veränderung; ein angefeuchtetes Stück Indikatorpapier wird dagegen sofort rot. Erkläre die Vorgänge.

A10 In welchem der abgebildeten Versuche leuchtet die Glühlampe? Begründe deine Antwort.

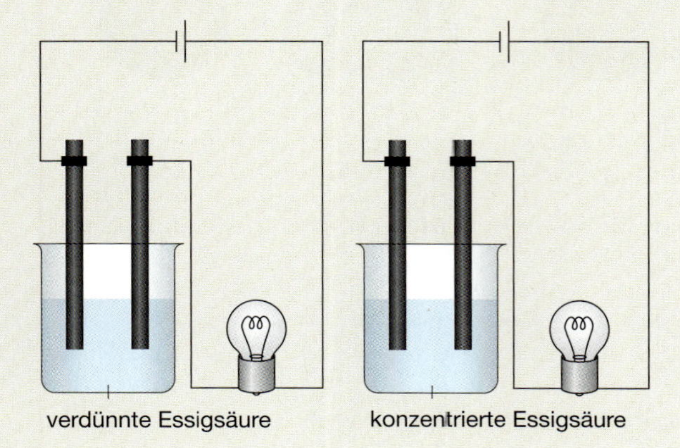

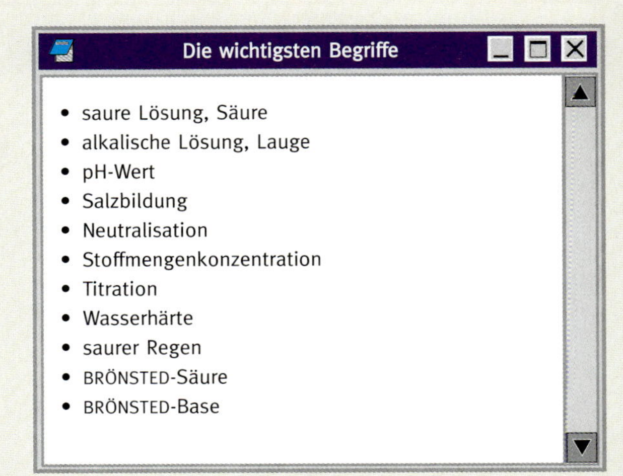

A11 **a)** Zur Neutralisation von 20 ml Salzsäure unbekannter Konzentration verbraucht man 27,2 ml Natronlauge ($0{,}1\,\frac{mol}{l}$). Berechne die Konzentration der Salzsäure.
b) 25 ml Natronlauge werden mit Schwefelsäure ($0{,}1\,\frac{mol}{l}$) titriert. Der Verbrauch beträgt 20 ml. Berechne die Konzentration der Natronlauge.
c) Eine Probe von 20 ml Calciumhydroxid-Lösung wird mit Salzsäure ($0{,}1\,\frac{mol}{l}$) titriert. Bis zum Indikatorumschlag werden 5,3 ml Salzsäure verbraucht. Berechne die Konzentration der Calciumhydroxid-Lösung. Wie viel Milligramm Calciumhydroxid enthält die Probe?

A12 Verdünnte Salpetersäure reagiert mit Kalilauge.
a) Stelle die Reaktionsgleichung auf.
b) Handelt es hier um eine Säure/Base-Reaktion im Sinne von BRÖNSTED? Begründe deine Antwort.

Natur – Mensch – Technik

A13 **a)** Warum verkalken vor allem Warmwasserleitungen?
b) Formuliere eine Reaktionsgleichung.

A14 Geologen führen für Gesteinsuntersuchungen stets ein Fläschchen Salzsäure mit sich. Was können sie mit der Säure überprüfen?

A15 Pulverförmige WC-Reiniger enthalten Natriumhydrogensulfat. Wieso reagiert eine wässerige Lösung des Salzes sauer?

A16 In Haushaltsessig beträgt die Konzentration an Essigsäure etwa $1\,\frac{mol}{l}$. Der pH-Wert liegt bei pH = 3. Mit Essig kann man ohne Probleme Speisen würzen. Salzsäure mit der Konzentration $1\,\frac{mol}{l}$ hat dagegen den pH-Wert 0, man sollte eine Schutzbrille tragen. Erkläre den Unterschied.

1. Saure Lösungen

a) Saure Lösungen sind wässerige Lösungen, die hydratisierte Wasserstoff-Ionen ($H^+(aq)$) enthalten.

b) Säuren sind Verbindungen, die beim Lösen in Wasser Wasserstoff-Ionen (Protonen) abspalten.

c) Säurerest-Ionen sind negativ geladene Ionen, die durch Abspaltung eines oder mehrerer Wasserstoff-Ionen (Protonen) aus Säure-Molekülen entstehen.

d) Bildung saurer Lösungen:

Halogenwasserstoff $\xrightarrow{\text{Wasser}}$ $\underbrace{\text{Halogenid-Ion + Wasserstoff-Ion}}_{\text{saure Lösung}}$

Nichtmetalloxid + Wasser $\longrightarrow$ $\underbrace{\text{Säurerest-Ion + Wasserstoff-Ion}}_{\text{saure Lösung}}$

2. Alkalische Lösungen

a) Alkalische Lösungen sind wässerige Lösungen, die *Hydroxid-Ionen* (OH^- (aq)) enthalten.

b) Hydroxide sind Feststoffe. Es sind Ionenverbindungen aus positiv geladenen Metall-Ionen und negativ geladenen Hydroxid-Ionen (OH^-).

c) Bildung alkalischer Lösungen:

Metallhydroxid $\xrightarrow{\text{Wasser}}$ Metall-Ionen + Hydroxid-Ionen

Metalloxid + Wasser $\longrightarrow$ Metall-Ionen + Hydroxid-Ionen

Alkalimetall/Erdalkalimetall + Wasser $\longrightarrow$ Metall-Ionen + Hydroxid-Ionen + Wasserstoff

3. Säure/Base-Definition nach BRÖNSTED

BRÖNSTED-Säure: Teilchen, das ein Proton abgibt (Protonendonator).
BRÖNSTED-Base: Teilchen, das ein Proton aufnimmt (Protonenakzeptor). Reagiert das Wasser-Molekül als BRÖNSTED-Base, so entstehen **Hydronium-Ionen:** H_3O^+ (aq).
Säure/Base-Reaktion: Protonenübertragungsreaktion

4. Neutralisation

Die Reaktion zwischen Wasserstoff-Ionen ($H^+(aq)$) und Hydroxid-Ionen (OH^- (aq)) bezeichnet man als Neutralisation. Sie läuft ab, wenn man eine saure und eine alkalische Lösung zusammengibt:

$H^+ (aq) + OH^- (aq) \longrightarrow H_2O$ (l)

Gleichzeitig bildet sich eine neutrale Salzlösung.

5. pH-Wert

Der pH-Wert ist ein Maß für den Gehalt einer Lösung an Wasserstoff-Ionen oder Hydroxid-Ionen.

6. Salze

a) Verbindungen aus positiv geladenen Metall-Ionen und negativ geladenen Säurerest-Ionen bezeichnet man als Salze.

b) Bildung von Salzen:
Metall + Nichtmetall $\longrightarrow$ Salz
Metall + saure Lösung $\longrightarrow$ Salzlösung + Wasserstoff
Metalloxid + saure Lösung $\longrightarrow$ Salzlösung + Wasser
Metallhydroxid + saure Lösung $\longrightarrow$ Salzlösung + Wasser

7. Wasserhärte

Die Härte von Wasser wird durch Calcium-Ionen und Magnesium-Ionen verursacht. Beim Erhitzen von hartem Wasser wird ein Teil dieser Ionen als Carbonat gefällt.

8. Saurer Regen

Verursacher	Schadstoffe	Folgen
Kraftwerke Industrie Haushalte Verkehr	Schwefeldioxid bildet Schwefelsäure. Stickstoffoxide bilden Salpetersäure.	Versauerung von Böden und Gewässern; Waldsterben; Zerstörung von Bauwerken

9. Stoffmengenkonzentration

Die **Stoffmengenkonzentration** c ist der Quotient aus der Stoffmenge n des gelösten Stoffs und dem Volumen V der Lösung:

$$c\,(\text{Stoff}) = \frac{n\,(\text{Stoff})}{V\,(\text{Lösung})}; \quad \text{Einheit: } \frac{\text{mol}}{\text{l}}$$

10. Titration

Die Titration ist eine Methode zur Ermittlung der Stoffmengenkonzentration. Dabei tropft man eine Maßlösung genau bekannter Konzentration zu einem bestimmten Volumen an Probelösung, bis ein Indikator umschlägt.

14 Verlauf chemischer Reaktionen

Chemische Reaktionen verlaufen unterschiedlich schnell. Zündet man zum Beispiel einen mit Wasserstoff gefüllten Luftballon durch einen brennenden Baumwollfaden, so verbrennt der Wasserstoff in einer heftigen Stichflamme. Andere Stoffe reagieren wesentlich langsamer miteinander, so zum Beispiel Salzsäure mit Zink. Bis ein Eisenblech durchgerostet ist, dauert es sogar Jahre.

In der Produktion der chemischen Industrie sollen Reaktionen möglichst wirtschaftlich, also in kürzester Zeit mit hoher Ausbeute ablaufen. Die Untersuchung der Faktoren, die den zeitlichen Ablauf chemischer Reaktionen beeinflussen, spielt deshalb eine wichtige Rolle.

14.1 Reaktionsgeschwindigkeit

Reaktion von Marmor mit Salzsäure

Zeitlicher Verlauf der Reaktion

Um den zeitlichen Verlauf einer Reaktion zu beschreiben, benutzt man messbare Größen, die sich mit dem Verbrauch der Ausgangsstoffe oder der Bildung der Produkte ändern.

Bei Reaktionen, die nicht allzu schnell und auch nicht allzu langsam verlaufen, kommt man schon mit einfachen Hilfsmitteln aus. Ein gutes Beispiel ist die Reaktion von Marmor-Stücken (Calciumcarbonat) mit Salzsäure:

$$CaCO_3\ (s) + 2\ HCl\ (aq) \longrightarrow CaCl_2\ (aq) + H_2O\ (l) + CO_2\ (g)$$

Gibt man die beiden Stoffe in einem Erlenmeyerkolben zusammen, so kann das entstehende Kohlenstoffdioxid entweichen. Die Masse des Reaktionsgemisches nimmt daher ab. Der zeitliche Verlauf der Reaktion kann also mit der Waage verfolgt werden. Der Massenverlust entspricht dabei der Masse des gebildeten Kohlenstoffdioxids; gleichzeitig ist er auch ein Maß für die umgesetzten Mengen von Marmor und Salzsäure.
Eine grafische Darstellung der Messwerte liefert einen ersten Eindruck über den zeitlichen Verlauf: Man trägt dazu die ermittelten Daten für die Masse an Kohlenstoffdioxid gegen die Reaktionszeit auf. Es ergibt sich eine ansteigende Kurve, die immer flacher wird. Die pro Zeiteinheit entweichende Menge an Kohlenstoffdioxid nimmt also im Verlauf der Reaktion ab; die Reaktion wird langsamer.

Reaktionsgeschwindigkeit. Wie viel Gas bei einer Reaktion pro Zeiteinheit entweicht, hängt auch davon ab, ob die Reaktionspartner in einem Experiment in größeren oder in kleineren Mengen eingesetzt werden. Allgemeiner gültige Aussagen über den Reaktionsverlauf ergeben sich, wenn man die Änderung der *Konzentration* eines Stoffes in der Lösung betrachtet. Die *Geschwindigkeit v* einer Reaktion wird definiert als der Quotient aus dem Betrag der Konzentrationsänderung eines Stoffes ($|\Delta c|$) und dem zugehörigen Zeitintervall (Δt):

$$v = \frac{|\Delta c|}{\Delta t} = \frac{|c_2 - c_1|}{t_2 - t_1}$$

Auf diese Weise ergeben sich auch dann positive Werte für die Reaktionsgeschwindigkeit, wenn man sich auf die abnehmende Konzentration eines Ausgangsstoffes bezieht ($\Delta c = c_2 - c_1 < 0$).

Bei der Reaktion von Marmor mit Salzsäure werden Wasserstoff-Ionen verbraucht, ihre Konzentration nimmt daher ab; gleichzeitig nimmt die Konzentration der Calcium-Ionen in der Lösung zu:

$$CaCO_3\ (s) + 2\ H^+\ (aq) \longrightarrow Ca^{2+}\ (aq) + H_2O\ (l) + CO_2\ (g)$$

Die Reaktionsgeschwindigkeit ist am Anfang der Reaktion am größten, da die Konzentration der Ausgangsstoffe groß ist. Mit abnehmender Konzentration wird die Geschwindigkeit immer kleiner. Man erkennt diesen Zusammenhang besonders deutlich in einem *Konzentrations/Zeit-Diagramm.*

Die Reaktionsgeschwindigkeit ist der Quotient aus dem Betrag der Konzentrationsänderung eines Stoffes $|\Delta c|$ und dem zugehörigen Zeitintervall Δt.

1 **a)** Beschreibe mit Hilfe des Konzentrations/Zeit-Diagramms den Verlauf der Reaktion von Calciumcarbonat mit Salzsäure.
b) Warum ist bei dieser Reaktion die Geschwindigkeit in Bezug auf die Wasserstoff-Ionen jeweils doppelt so groß wie in Bezug auf die Calcium-Ionen?
2 Nenne Beispiele für langsame und schnelle Reaktionen aus dem Alltag.

14.2 Wovon hängt die Reaktionsgeschwindigkeit ab?

Die Geschwindigkeit chemischer Reaktionen hängt nicht nur von der Art der reagierenden Stoffe ab, sondern auch von einer Reihe weiterer Faktoren: Bei festen Stoffen kommt es auf den *Zerteilungsgrad* an und bei Stoffen in Lösung auf ihre *Konzentration.* Bei Gasreaktionen spielt der *Druck* eine Rolle. In allen Fällen hat auch die *Temperatur* einen Einfluss. Oft kann man eine Reaktion mit *Katalysatoren* beschleunigen.

Zerteilungsgrad. Setzt man bei der Reaktion von Calciumcarbonat mit Salzsäure Marmorpulver ein, so verläuft die Reaktion wesentlich schneller als mit Marmorstücken. Dieser Effekt ist kaum überraschend, denn nur die Teilchen an der Oberfläche des Feststoffs können mit den Teilchen der Lösung reagieren. Ein Pulver hat bei gleicher Masse eine vielfach größere Oberfläche als ein kompaktes Stück: Macht man aus einem Würfel von 1 cm Kantenlänge kleine Würfel mit einer Kantenlänge von 0,1 mm, so wächst die Gesamtoberfläche auf das Hundertfache.

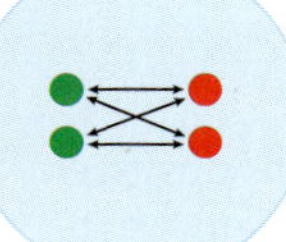

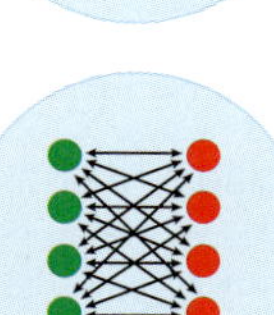

Konzentration und Druck. Mit konzentrierter Salzsäure reagiert Calciumcarbonat wesentlich heftiger als mit verdünnter Salzsäure. Auch das lässt sich einfach erklären: Voraussetzung für eine chemische Reaktion ist, dass die entsprechenden Teilchen zusammenstoßen. Mit der Anzahl der Teilchen in der Lösung erhöht sich auch die Anzahl der Zusammenstöße. Die Reaktionsgeschwindigkeit nimmt daher allgemein mit steigender Konzentration zu.
Bei *Gasreaktionen* erreicht man eine Erhöhung der Konzentration durch die Erhöhung des Druckes.

Temperatur. Praktisch alle Reaktionen lassen sich beschleunigen, indem man die Temperatur erhöht. Das lässt sich folgendermaßen verstehen: Nicht jeder Zusammenstoß der Teilchen führt zu einer Reaktion. Erst wenn die Teilchen mit einer bestimmten *Mindestgeschwindigkeit* aufeinander treffen, können sich die bestehenden Bindungen lösen, sodass neue Teilchen gebildet werden. Da die Geschwindigkeit der Teilchen mit steigender Temperatur zunimmt, erhöht sich auch die Zahl der erfolgreichen Stöße: Die Reaktionsgeschwindigkeit steigt.
Für viele Reaktionen gilt als Faustregel die **Reaktionsgeschwindigkeits/Temperatur-Regel** (RGT-Regel): Erhöht man die Temperatur um 10 °C, so steigt die Geschwindigkeit auf das Doppelte bis Vierfache.

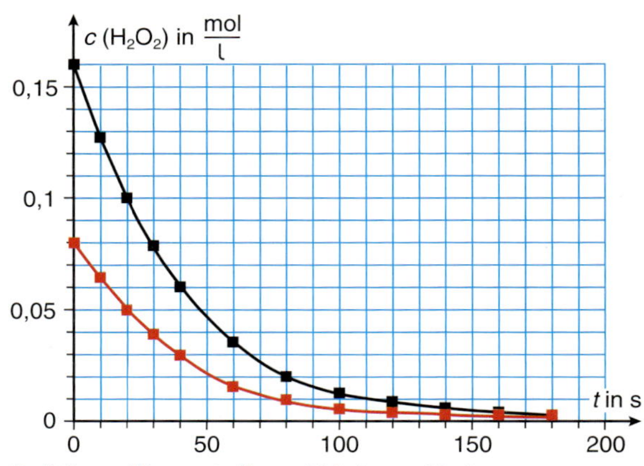

Zerfall von Wasserstoffperoxid bei verschiedenen Anfangskonzentrationen *(Konzentrations/Zeit-Diagramm)*

Katalysator. Viele Reaktionen verlaufen bei Raumtemperatur nur sehr langsam. Ein Beispiel ist die Bildung von Sauerstoff durch den Zerfall von Wasserstoffperoxid (H_2O_2). Fügt man Braunstein hinzu, so setzt eine lebhafte Gasentwicklung ein. Braunstein wirkt dabei als Katalysator, wird also bei der Reaktion nicht verbraucht.
Ein Katalysator beschleunigt eine Reaktion, indem er die Aktivierungsenergie – also die für eine Reaktion erforderliche Mindestenergie – erniedrigt: An seiner Oberfläche können auch Teilchen mit relativ geringer Geschwindigkeit Zwischenprodukte bilden. Diese reagieren dann weiter zu den Endprodukten. Nach Beendigung der Reaktion liegt der Katalysator unverändert vor.

Die Reaktionsgeschwindigkeit nimmt zu, wenn man die Konzentration, den Druck (bei Gasen) oder die Temperatur erhöht oder wenn man einen Katalysator einsetzt.

1 Welche Faktoren beeinflussen die Reaktionsgeschwindigkeit? Erläutere ihren Einfluss.
2 Bei Raumtemperatur dauert eine bestimmte Reaktion 100 s. In welchem Bereich liegen voraussichtlich die Reaktionszeiten, wenn man die Temperatur bei sonst gleichen Bedingungen um **a)** 10 °C; **b)** 20 °C erhöht?
3 **a)** Formuliere die Reaktionsgleichung für die Bildung von Sauerstoffgas aus einer wässerigen Wasserstoffperoxid-Lösung. Als zweites Reaktionsprodukt entsteht Wasser.
b) Wie verändert sich das Konzentrations/Zeit-Diagramm im Vergleich zu der obigen Abbildung, wenn man die Temperatur um 10 °C erhöht?
c) Wie ändert sich die Reaktionsgeschwindigkeit, wenn man die Katalysatormenge verdoppelt?
4 Warum sind tiefgekühlte Lebensmittel lange haltbar?

Reaktionsgeschwindigkeit

Praktikum

V1: Reaktionsgeschwindigkeit

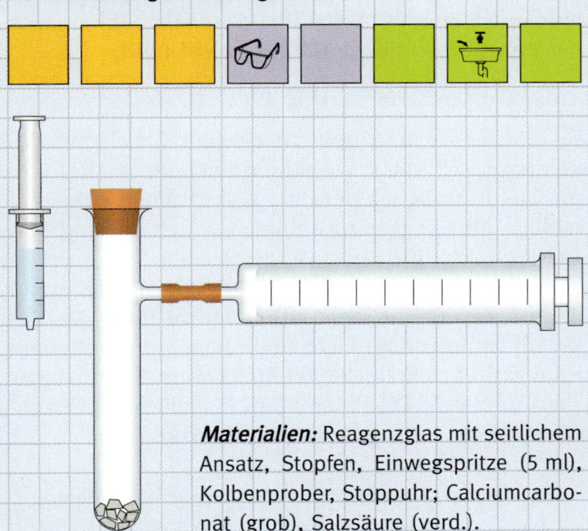

Materialien: Reagenzglas mit seitlichem Ansatz, Stopfen, Einwegspritze (5 ml), Kolbenprober, Stoppuhr; Calciumcarbonat (grob), Salzsäure (verd.).

Durchführung:

1. Baue die Apparatur zusammen und bringe den Kolbenprober in Null-Stellung.
2. Gib über die Einwegspritze 4 ml Salzsäure in das Reagenzglas und setze sofort den Stopfen auf.
3. Lies alle zehn Sekunden das Volumen des gebildeten Kohlenstoffdioxids ab.

Aufgaben:

a) Stelle die Reaktionsgleichung auf.

b) Vergleiche die Volumina an Kohlenstoffdioxid, die in jeweils zehn Sekunden entstanden sind.

c) Welcher Zusammenhang besteht zwischen den Messergebnissen und der Reaktionsgeschwindigkeit?

d) Wie ändert sich die Reaktionsgeschwindigkeit im Verlauf der Reaktion?

V2: Modellexperiment für den zeitlichen Verlauf einer chemischen Reaktion

Materialien: 2 Messzylinder (25 ml), Glasrohr (8 mm Durchmesser).

Durchführung:

1. Fülle 15 ml Wasser in einen Messzylinder. Übertrage mit dem Glasrohr Wasser in den zweiten Messzylinder und lies das im ersten Messzylinder verbleibende Wasservolumen ab.
2. Wiederhole den Vorgang, bis das Wasser nahezu vollständig in den zweiten Zylinder übertragen ist.

Aufgaben:

a) Trage die Werte in ein Diagramm ein:
Abszisse: Anzahl der Übertragungsschritte;
Ordinate: Volumen des Wassers.
Die Wassermenge entspricht der Konzentration der Ausgangsstoffe. Vergleiche Beginn und Ende der „Reaktion“.

b) Welche Größen im Modell entsprechen der Reaktionszeit, der Reaktionsgeschwindigkeit bzw. der Konzentration der Produkte? Skizziere ein Konzentrations/Zeit-Diagramm für die „Reaktion“.

V3: Beeinflussung der Reaktionsgeschwindigkeit

Materialien: Gasbrenner, Wasserbad, Thermometer, Einwegspritze (5 ml), 2 Tropfpipetten, Glasstab, Stoppuhr; Oxalsäure-Lösung ($0{,}1 \frac{mol}{l}$, gelöst in Schwefelsäure (verd.; Xi)), Kaliumpermanganat-Lösung ($0{,}02 \frac{mol}{l}$), Mangansulfat-Lösung ($0{,}02 \frac{mol}{l}$).

Durchführung:

1. Gib in drei Reagenzgläser je 3 ml der Oxalsäure-Lösung und 3 ml Wasser.
2. ***Einfluss der Konzentration:*** Gib zwei Tropfen Kaliumpermanganat-Lösung in eines der Reagenzgläser. Starte die Uhr und rühre um, bis sich die Mischung entfärbt. Notiere die Reaktionszeit. Wiederhole den Versuch mit etwa 5 ml Oxalsäure-Lösung ohne Zusatz von Wasser.
3. ***Einfluss der Temperatur:*** Erwärme eine der Proben im Wasserbad auf etwa 50 °C. Füge dann zwei Tropfen Kaliumpermanganat-Lösung hinzu und ermittle die Reaktionszeit.
4. ***Einfluss eines Katalysators:*** Gib zur dritten Probe zunächst einen Tropfen Mangansulfat-Lösung und anschließend zwei Tropfen Kaliumpermanganat-Lösung. Starte die Uhr und rühre rasch um.

Aufgabe: Vergleiche die gemessenen Zeiten. Wie wirken sich die veränderten Reaktionsbedingungen auf die Reaktionsgeschwindigkeit aus? Begründe.

A1: Gleiche Mengen Magnesium werden in verdünnte und stärker verdünnte Salzsäure gegeben.

a) Stelle die Reaktionsgleichung für diese Reaktion auf.

b) Wie unterscheiden sich die Reaktionsgeschwindigkeiten?

c) Skizziere beide Konzentrations/Zeit-Diagramme.

A2: Der zeitliche Verlauf einer chemischen Reaktion kann auch über die Bildung der Produkte verfolgt werden. Skizziere ein Konzentrations/Zeit-Diagramm.

14.3 Chemisches Gleichgewicht

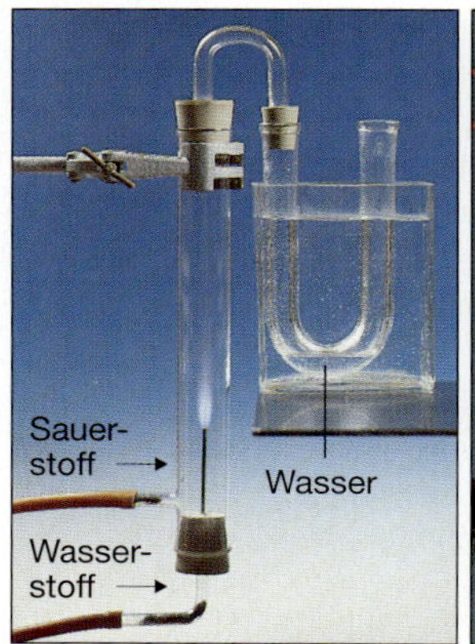

Reaktionen sind umkehrbar: Wasserstoff verbrennt zu Wasser – Wasserdampf wird zerlegt.

Am Beispiel des Wassers lässt sich eine grundlegende Eigenschaft chemischer Reaktionen erkennen: Bei der Verbrennung von Wasserstoff bildet sich Wasser in einer exothermen Reaktion. Wenn man genügend Energie zuführt, kann aber auch die umgekehrte Reaktion ablaufen. In einer endothermen Reaktion entsteht dann aus Wasser ein Gemisch aus Wasserstoff und Sauerstoff.

Wasserbildung und Wasserzersetzung sind damit ein System *umkehrbarer Reaktionen.* Allgemein bezeichnet man die eine Reaktionsrichtung als die **Hinreaktion,** die gegenläufige als die **Rückreaktion:**

$$2\,H_2\,(g) + O_2\,(g) \underset{\text{Rückreaktion (endotherm)}}{\overset{\text{Hinreaktion (exotherm)}}{\rightleftarrows}} 2\,H_2O\,(g)$$

Chemisches Gleichgewicht. Die Zersetzung von Wasserdampf läuft erst bei sehr hohen Temperaturen ab, aber auch dann verläuft sie *nicht vollständig.* Hält man beispielsweise die Temperatur in einem geschlossenen Gefäß mit Wasserdampf konstant auf 1700 °C, so zerfallen nur etwa 4 % aller Wasser-Moleküle.

Führt man die Synthese von Wasserdampf unter den gleichen Bedingungen durch, so reagieren die Ausgangsstoffe zu 96 %. Man erhält also das gleiche Mischungsverhältnis wie für die Zersetzung von Wasserdampf.

So wie in diesem Beispiel werden die Reaktionspartner bei vielen chemischen Reaktionen nicht vollständig umgesetzt. Neben den Produkten liegt im Reaktionsgemisch noch ein Teil der Ausgangsstoffe vor. Man spricht von einem *chemischen Gleichgewicht.* Bei gleicher Temperatur und gleichem Druck führen Hinreaktion und Rückreaktion in einer geschlossenen Apparatur zum gleichen Zustand. Man sagt daher: Das Gleichgewicht kann sich von beiden Seiten der Reaktion einstellen. In der Reaktionsgleichung weist man durch einen *Gleichgewichtspfeil* darauf hin, dass die Reaktion zu einem Gleichgewicht führt:

$$2\,H_2\,(g) + O_2\,(g) \rightleftharpoons 2\,H_2O\,(g)$$

Bis zur Einstellung des chemischen Gleichgewichts verringert sich die Konzentration der Ausgangsstoffe; die Geschwindigkeit der Hinreaktion nimmt daher allmählich ab. Gleichzeitig erhöht sich die Konzentration der Produkte; die Geschwindigkeit der Rückreaktion steigt also fortlaufend an. Im Gleichgewichtszustand ändern sich die Konzentrationen nicht mehr. Die Reaktion ist dann aber nicht zum Stillstand gekommen: Hinreaktion und Rückreaktion laufen jetzt mit gleicher Geschwindigkeit ab. Das chemische Gleichgewicht ist also ein *dynamisches* Gleichgewicht.

> Eine chemische Reaktion kann bei veränderten Bedingungen auch in umgekehrter Richtung ablaufen.
> Im Gleichgewichtszustand verlaufen Hinreaktion und Rückreaktion mit gleicher Geschwindigkeit, die Konzentrationen ändern sich nicht mehr.

1 Nenne Beispiele für umkehrbare Reaktionen.

2 a) Wie ändern sich Konzentrationen und Reaktionsgeschwindigkeiten bis zur Einstellung des Gleichgewichtszustandes?

b) Inwiefern ist das chemische Gleichgewicht ein dynamisches Gleichgewicht?

c) Erläutere am Beispiel der Reaktion von Iod mit Wasserstoff die Einstellung des chemischen Gleichgewichts von beiden Seiten.

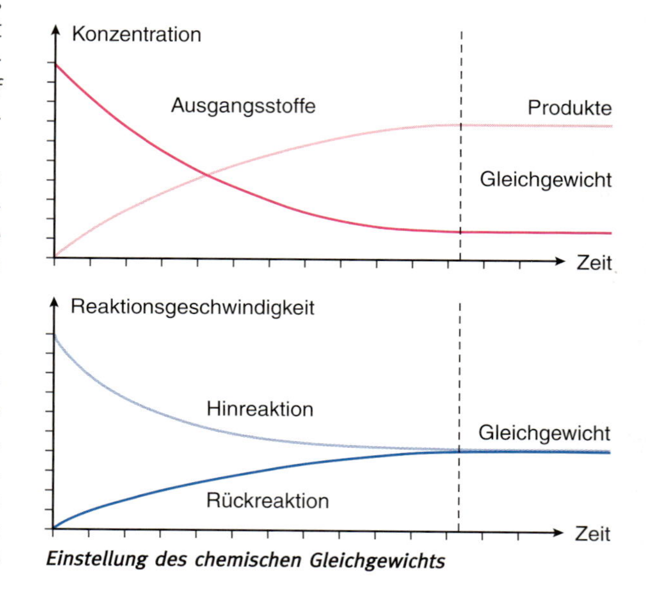

Einstellung des chemischen Gleichgewichts

Gleichgewichte lassen sich verschieben

Theorie

Welche Mengenverhältnisse sich in einem chemischen Gleichgewicht einstellen, hängt auch von den Reaktionsbedingungen ab. Ändert man die Temperatur, den Druck oder die Konzentration eines Stoffes, so wird das Gleichgewicht zunächst gestört. Nach kurzer Zeit stellt sich das Gleichgewicht mit veränderten Mengenverhältnissen aber neu ein. Man spricht von einer **Verschiebung der Gleichgewichtslage.**
Ein Katalysator beschleunigt dabei die Einstellung des Gleichgewichts; er hat aber *keinen* Einfluss auf die *Lage* des Gleichgewichts.

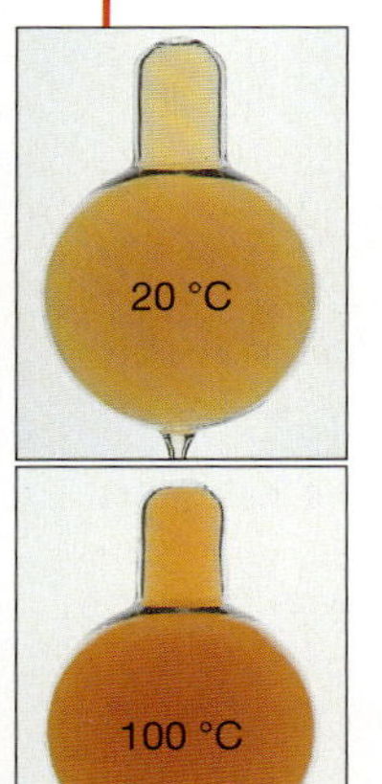

Temperaturänderung. Aus dem braunen Stickstoffdioxid-Gas (NO_2) bildet sich in einer *exothermen* Reaktion das farblose Distickstofftetraoxid (N_2O_4). Im Gleichgewichtszustand überwiegt bei Raumtemperatur das farblose Gas:

$$2\ NO_2\ (g) \underset{\text{(endotherm)}}{\overset{\text{(exotherm)}}{\rightleftharpoons}} N_2O_4\ (g)$$

braun farblos

Erhöht man die Temperatur, so färbt sich die Mischung stärker braun, da ein Teil der N_2O_4-Moleküle zerfällt.
Allgemein gilt: **Bei Erhöhung der Temperatur verschiebt sich das Gleichgewicht in Richtung der endothermen Reaktion.**

Druckänderung. Vergrößert man bei einem farbigen Gas wie Bromdampf das Volumen und erniedrigt auf diese Weise den Druck, so hellt es sich durch den Verdünnungseffekt auf. Bei einer NO_2/N_2O_4-Mischung ist dieser Effekt jedoch deutlich geringer als erwartet. Ursache ist eine Verschiebung des Gleichgewichts unter Bildung der braunen NO_2-Moleküle.
Für Gleichgewichtsreaktionen, bei denen sich die *Zahl* der Gas-Teilchen ändert, gilt allgemein:
Druckerniedrigung führt zu einer Vergrößerung der Teilchenzahl, Druckerhöhung zu einer Verminderung.

Konzentrationsänderung. Tropft man konzentrierte Salzsäure zu einer blauen Kupferchlorid-Lösung, so färbt sich die Mischung grün: Chlorid-Ionen lagern sich direkt an Kupfer-Ionen, es entstehen grüne $CuCl^+$-Teilchen:

$$Cu^{2+}\ (aq) + Cl^-\ (aq) \rightleftharpoons CuCl^+\ (aq)$$

Verdünnt man diese Lösung, so verschwindet die Grünfärbung, da die $CuCl^+$-Teilchen wieder zerfallen.

Allgemein gilt: **Stört man ein chemisches Gleichgewicht, indem man die Konzentration eines der beteiligten Stoffe erhöht, so schreitet die Reaktion in der Richtung fort, in der dieser Stoff verbraucht wird.**

Das Prinzip von LE CHATELIER. Im Jahre 1884 versuchte der französische Chemiker LE CHATELIER umfassend zu beschreiben, wie die Lage eines Gleichgewichts durch veränderte Reaktionsbedingungen beeinflusst wird. Das Ergebnis seiner theoretischen Überlegungen wird meist als *Prinzip von LE CHATELIER* oder als *Prinzip vom kleinsten Zwang* bezeichnet. Eine mögliche Formulierung lautet:
Jede Störung eines Gleichgewichts durch eine Änderung der Reaktionsbedingungen führt zu einer Verschiebung der Lage des Gleichgewichts, die der Störung entgegenwirkt.

1 Welche Wirkungen haben die Veränderungen der Reaktionsbedingungen auf die Lage eines Gleichgewichts?
2 Welche Veränderungen der Reaktionsbedingungen ergeben für das SO_2/SO_3-Gleichgewicht eine Verschiebung der Gleichgewichtslage zum Produkt? Begründe deine Antwort.
3 Auf welche Weise könnte man beim Löslichkeitsgleichgewicht von Kalkwasser die Konzentration der Ca^{2+}-Ionen **a)** erniedrigen, **b)** erhöhen?
4 Warum verwendet man in der Technik oft erhöhte Temperaturen trotz ungünstiger Gleichgewichtslage?

1. Temperaturänderung:

Temperatur**erniedrigung:** *exotherme Reaktion* →

$$2\ SO_2 + O_2 \rightleftharpoons 2\ SO_3;\ \text{exotherm}$$

← Temperatur**erhöhung:** *endotherme Reaktion*

2. Druckänderung (nur bei Reaktionen mit Gasen):

Druck**erhöhung:** *Verringerung der Teilchenzahl* →

$$N_2\ (g) + 3\ H_2\ (g) \rightleftharpoons 2\ NH_3\ (g)$$

← Druck**erniedrigung:** *Vergrößerung der Teilchenzahl*

3. Konzentrationsänderung:

Konzentrations**erniedrigung:** *Nachbildung dieser Teilchenart* →

$$Ca(OH)_2\ (s) \rightleftharpoons Ca^{2+}\ (aq) + 2\ OH^-\ (aq)$$

← Konzentrations**erhöhung:** *Verbrauch dieser Teilchenart*

Praktikum Chemisches Gleichgewicht

V1: Modellexperiment zum chemischen Gleichgewicht

Dieses Experiment veranschaulicht die Einstellung eines Gleichgewichts und zeigt, dass auch im Gleichgewichtszustand Hin- und Rückreaktion weiter ablaufen.

Materialien: 2 Messzylinder (25 ml), je ein Glasrohr mit 6 mm und 8 mm Außendurchmesser.

Durchführung:

1. Fülle 25 ml Wasser in Messzylinder 1 (M1). Messzylinder 2 (M2) bleibt zunächst leer. Zwei Glasrohre werden als Stechheber verwendet.
2. Tauche das 8-mm-Glasrohr in M1 bis auf den Boden und übertrage Wasser von M1 in M2.
3. Lies die Wasserstände in M1 und M2 ab.
4. Tauche nun das 6-mm-Glasrohr in M2 bis auf den Boden und das 8-mm-Glasrohr wiederum in M1. Übertrage nun *gleichzeitig* Wasser von M1 in M2 und von M2 in M1.
5. Lies erneut die Wasserstände ab.
6. Wiederhole den Vorgang so lange, bis sich das Wasservolumen in beiden Messzylindern nicht mehr ändert.

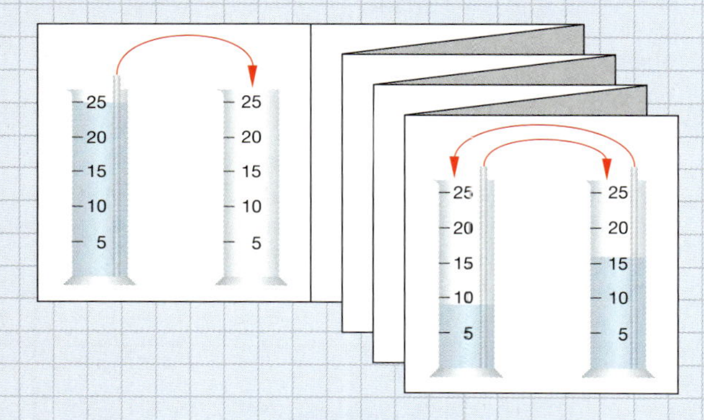

Aufgaben:

a) Trage die Werte in ein Diagramm ein:
Abszisse: Anzahl der Übertragungsschritte;
Ordinate: Wasserstand von M1 und von M2.
Verbinde die Werte für M1 und für M2 jeweils durch eine Kurve.

b) Kennzeichne im Diagramm die Einstellung des Gleichgewichts. Welcher Anteil der Ausgangsstoffe ist umgesetzt worden?

c) Vergleiche die im Modell *beobachteten* Größen mit den realen Größen für das chemische Gleichgewicht
$I_2\,(g) + H_2\,(g) \rightleftharpoons 2\,HI\,(g)$.

d) Gib Unterschiede zwischen einer vollständig ablaufenden Reaktion und einer Gleichgewichtsreaktion an.

e) Wie kann mit Hilfe dieses Modellexperiments die Einstellung eines Gleichgewichts durch die Rückreaktion – ausgehend von den Produkten – dargestellt werden?

V2: Verschiebung der Gleichgewichtslage

Materialien: Becherglas (150 ml), Gasbrenner, Tropfpipette; Kupfernitrat-Lösung (0,5 $\frac{mol}{l}$), Salzsäure (konz; C), Kupfernitrat-Lösung (0,1 $\frac{mol}{l}$ mit 5 g Natriumchlorid auf 100 ml).

Durchführung:

Einfluss der Konzentration:

1. Gib einige Milliliter Kupfernitrat-Lösung (0,5 $\frac{mol}{l}$) in ein Reagenzglas und tropfe konzentrierte Salzsäure hinzu, bis sich die Färbung deutlich verändert.
2. Verdünne diese Lösung, bis sie wieder blau erscheint.

Einfluss der Temperatur:

1. Erhitze etwa 5 ml der NaCl-haltigen Kupfernitrat-Lösung in einem Reagenzglas bis zum Sieden.
2. Stelle die Probe in ein Becherglas mit kaltem Wasser.

Aufgaben:

a) Notiere deine Beobachtungen. Vergleiche die Farben der entstehenden Lösungen.

b) Ordne die Farben Blau und Grün jeweils einer Teilchenart zu: Cu^{2+} bzw. $CuCl^{+}$.

c) Welchen Einfluss hat die Konzentration der Chlorid-Ionen auf die Lage des Gleichgewichts?

d) Welchen Einfluss hat die Temperatur auf die Gleichgewichtslage? In welcher Richtung verläuft die Reaktion exotherm bzw. endotherm?

A1: Gibt man Iodwasser – also eine wässerige Lösung von Iod (I_2 (aq)) – zu einer Stärkelösung, so bildet sich tiefblau gefärbte Iodstärke. Die Lösung entfärbt sich, wenn man sie auf etwa 60 °C erhitzt. Beim Abkühlen wird sie wieder blau.
a) Formuliere ein Reaktionsschema für diese Gleichgewichtsreaktion.
b) Verläuft die Bildung von Iodstärke exotherm oder endotherm?

A2: Der Sauerstofftransport im Blut beruht auf der folgenden Gleichgewichtsreaktion:
Hämoglobin + Sauerstoff $\rightleftharpoons$ Oxyhämoglobin; exotherm
a) Welchen Einfluss hat eine erhöhte Temperatur, beispielsweise bei Fieber, auf den menschlichen Organismus? Begründe mit Hilfe des Prinzips von LE CHATELIER.
b) Warum setzt man bei bestimmten Operationen die Körpertemperatur herab?
c) Ein geringerer Sauerstoffdruck im Hochgebirge führt zur so genannten Höhenkrankheit. Gib eine Begründung an.

Prüfe dein Wissen

Quiz

A1 a) Erkläre die Begriffe des Fensters.
b) Notiere auf der Vorderseite von Karteikarten den Begriff, auf der Rückseite die Erklärung.

A2 a) Beschreibe und begründe, wie sich die Reaktionsgeschwindigkeit während einer vollständig ablaufenden Reaktion ändert.
b) Wie kann man die Reaktionsgeschwindigkeit beeinflussen?

A3 Wie verändern sich die Konzentrationen und Reaktionsgeschwindigkeiten bei einer Gleichgewichtsreaktion und bei einer vollständig ablaufenden Reaktion?

Know-how

A4 Das Auflösen von Salzen in Wasser und das Verdunsten des Wassers aus Salzlösungen sind umkehrbare Reaktionen. Unter welchen Bedingungen führen sie zu einem Gleichgewicht?

A5 Warum flammt ein an der Luft glimmender Holzspan in *reinem* Sauerstoff auf?

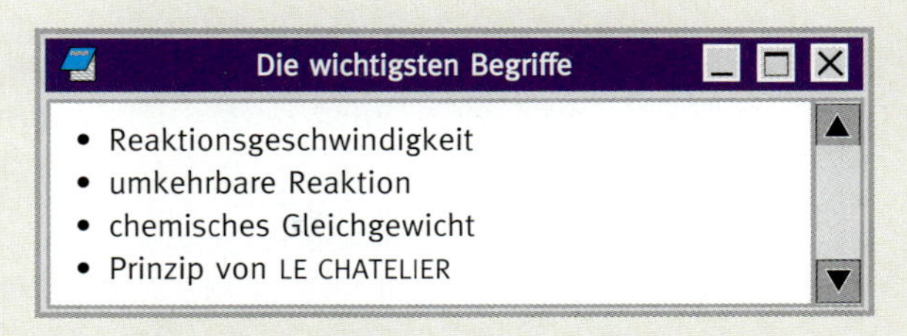

A6 Die Neutralisationsreaktion verläuft exotherm. Gib die Reaktionsgleichung an. Wie ändert sich die Lage des Gleichgewichts, wenn man die Temperatur erhöht (erniedrigt)?

Natur – Mensch – Technik

A7 Die Bildung von Tropfsteinen in Höhlen lässt sich auf die folgenden chemischen Zusammenhänge zurückführen: Versickert Wasser, das aus der Humusschicht viel Kohlenstoffdioxid aufgenommen hat, löst sich darin Calciumcarbonat als Calciumhydrogencarbonat.

$$CaCO_3\text{ (s)} + CO_2\text{ (aq)} + H_2O\text{ (l)} \rightleftharpoons Ca^{2+}\text{ (aq)} + 2\ HCO_3^-\text{ (aq)}$$

In der Höhle wird das Kohlenstoffdioxid an die Luft abgegeben und Wasser verdunstet. Durch welchen Vorgang wird das Gleichgewicht gestört, sodass sich Tropfsteine bilden?

Verlauf chemischer Reaktionen

Basiswissen

1. Reaktionsgeschwindigkeit

Die Reaktionsgeschwindigkeit v ist der Quotient aus dem Betrag der Konzentrationsänderung eines Stoffes $|\Delta c|$ und dem zugehörigem Zeitintervall Δt:

$$v = \frac{|\Delta c|}{\Delta t}$$

Die Geschwindigkeit einer Reaktion lässt sich vergrößern durch:
- *Erhöhung der Konzentration* (bei einer Reaktion in Lösung) oder *Erhöhung des Druckes* (bei einer Gasreaktion);
- *Erhöhung der Temperatur.* Eine um 10 °C höhere Temperatur verdoppelt bis vervierfacht die Reaktionsgeschwindigkeit (RGT-Regel);
- *Einsatz von Katalysatoren.* Ein Katalysator beschleunigt die Einstellung des Gleichgewichts, er hat aber keinen Einfluss auf die Lage des Gleichgewichts.

2. Chemisches Gleichgewicht

$$A + B \underset{\text{Rückreaktion (endotherm)}}{\overset{\text{Hinreaktion (exotherm)}}{\rightleftharpoons}} C + D$$

Im Gleichgewichtszustand liegen Ausgangsstoffe und Reaktionsprodukte nebeneinander vor. Hinreaktion und Rückreaktion verlaufen dabei mit gleicher Geschwindigkeit (dynamisches Gleichgewicht).

Nach dem **Prinzip von LE CHATELIER** lässt sich die Lage des Gleichgewichts durch folgende Faktoren beeinflussen:
Temperatur: Temperaturerniedrigung begünstigt die exotherme Reaktion, Temperaturerhöhung begünstigt die endotherme Reaktion.
Konzentration: Erhöht man die Konzentration eines Stoffes, so begünstigt das die Reaktion, bei der dieser Stoff verbraucht wird.
Druck: Ändert sich bei einer *Gasreaktion* die Teilchenzahl, so begünstigt ein erhöhter Druck die Reaktion, bei der sich die Zahl der Teilchen verringert.

15 Chemie und Technik

So sieht eine großtechnische Anlage zur Produktion von Schwefelsäure aus: ein Labyrinth aus Rohren unterschiedlichen Querschnitts, scheinbar ohne Anfang und Ende, unterbrochen von Kesseln und Türmen. Von Ausgangsstoffen und Endprodukten keine Spur!
Warum muss eine technische Anlage so kompliziert gebaut sein? Wozu die langen Transportwege in den Röhrensystemen? Welche Bedeutung haben die Kessel? Wo läuft die eigentliche Reaktion ab? Wo entweichen die Abgase?

Für die Produktion im industriellen Maßstab gelten andere Bedingungen als im Labor: Die Ausgangsstoffe müssen ausreichend verfügbar und preisgünstig sein. Nebenprodukte des Verfahrens sollten weiter verwertbar sein. Nicht umgesetzte Ausgangsstoffe müssen in den Produktionskreislauf rückführbar sein und die Umwelt muss vor gefährlichen Stoffen geschützt werden.

15.1 Schwefel – ein wichtiger Rohstoff der Chemie

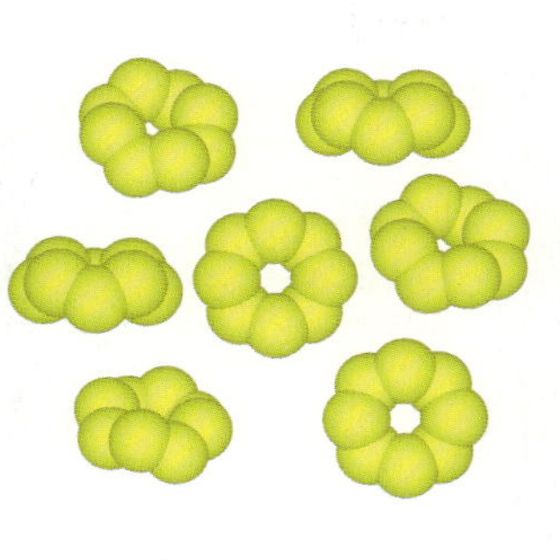

Verladen von Schwefel aus der Erdgasaufbereitung

Pressluft → Schwefel ← Wasserdampf

Schwefel gehört zu den häufigsten Elementen der Erdkruste. Elementaren Schwefel findet man in den Gesteinen von Vulkanen. Auch heute noch kann man beobachten, wie sich Schwefel aus den vulkanischen Gasen abscheidet.

Eigenschaften. Schwefel ist bei Raumtemperatur ein gelbes, kristallines, sprödes, geruchloses Nichtmetall. Beim Erhitzen zeigen sich einige ungewöhnliche Eigenschaften: Schwefel schmilzt bei 113 °C zu einer dünnflüssigen gelben Flüssigkeit. Die Schmelze färbt sich beim weiteren Erwärmen orange bis rotbraun und wird immer zähflüssiger, bis sie bei etwa 180 °C zäh wie Honig ist. Bei 300 °C wird sie noch dunkler aber wieder dünnflüssig. Bei 444 °C siedet Schwefel und bildet ein dunkelbraunes Gas.

Molekülbau. Das Verhalten des Schwefels beim Erhitzen lässt sich auf Änderungen im Bau der Moleküle zurückführen. Im festen Schwefel liegen ringförmige S_8-Moleküle vor. Diese Ringe öffnen sich beim Erhitzen zu Ketten mit ungepaarten Elektronen an den Enden. Diese Moleküle reagieren dann zu größeren Ringen und langen Ketten. Da die großen Moleküle nicht so leicht beweglich sind und sich ineinander verhaken, wird die Schmelze immer zähflüssiger. Bei noch höherer Temperatur zerbrechen diese Ketten und der Schwefel wird wieder dünnflüssig. Gasförmiger Schwefel enthält neben S_8-Molekülen auch kleinere Moleküle. Beim Abkühlen des Gases entsteht feinpulvriger Schwefel (Schwefelblume), der wieder aus S_8-Molekülen besteht.

Schwefelgewinnung. Schwefel kann leicht aus schwefelhaltigem Gestein ausgeschmolzen werden. Im *FRASCH-Verfahren* wird dazu überhitzter Wasserdampf in die unterirdischen Schwefellager geleitet. Der aus dem Gestein herausgeschmolzene Schwefel wird dann durch Pressluft nach oben gefördert.

Der größte Teil des in der Industrie benötigten Schwefels entsteht bei der Aufbereitung von Erdgas und Erdöl. Erdgas enthält meist einen gewissen Anteil an **Schwefelwasserstoff** (H_2S). Dieses giftige, nach faulen Eiern riechende Gas entsteht auch bei der *Entschwefelung* von Erdölprodukten. In so genannten *CLAUS-Öfen* reagiert es bei 500 °C mit Luft zu Schwefel und Wasser; dabei dient Aluminiumoxid als Katalysator.

Verwendung. Schwefel wird vor allem zur Herstellung von Schwefelsäure verwendet. Als Element ist er wegen seiner leichten Brennbarkeit ein Bestandteil von Feuerwerkskörpern. Außerdem wird er für die Gewinnung von Gummi aus Kautschuk benötigt.

> Schwefel ist ein gelbes, sprödes, kristallines Nichtmetall, das zur Schwefelsäure-Herstellung verwendet wird. Fester Schwefel besteht aus ringförmigen S_8-Molekülen.

1 Beschreibe und erkläre die ungewöhnlichen Veränderungen des Schwefels beim Erhitzen.

2 **a)** Gib die Reaktionsgleichung für die Bildung von Schwefel aus vulkanischen Gasen (H_2S, SO_2) an.
b) Gib die Reaktionsgleichung für die Gewinnung von Schwefel im CLAUS-Verfahren an.

3 Informiere dich, in welchen Ländern Schwefel gefördert wird.

flüssiger Schwefel

fester Schwefel

15.2 Vom Schwefel zur Schwefelsäure

Im Jahre 1999 wurden in Deutschland vier Millionen Tonnen Schwefelsäure (H_2SO_4) hergestellt. Sie ist damit das mengenmäßig wichtigste Produkt der chemischen Industrie. Der größte Teil der Schwefelsäure wird für die Produktion von Düngemitteln gebraucht. Aber auch für die Herstellung von Kunststoffen, Waschmitteln und vielen weiteren Stoffen benötigt man Schwefelsäure.

Im Labor erhält man Schwefelsäure, indem man zunächst Schwefel verbrennt. Dabei entsteht in einer stark exothermen Reaktion *Schwefeldioxid* (SO_2), ein farbloses, stechend riechendes, giftiges Gas.

$$S\ (s) + O_2\ (g) \longrightarrow SO_2\ (g);\ \text{exotherm}$$

Im nächsten Schritt wird Schwefeldioxid zu *Schwefeltrioxid* (SO_3) oxidiert. Man leitet dazu Schwefeldioxid zusammen mit Luft über einen Platin-Katalysator, der auf etwa 400 °C erhitzt werden muss.

Bei deutlich höheren Temperaturen zerfällt Schwefeltrioxid wieder unter Rückbildung von Schwefeldioxid und Sauerstoff. Aus diesem Grund kann sich in der heißen Schwefelflamme nur wenig Schwefeltrioxid bilden. Erst der Katalysator sorgt für geeignete Reaktionsbedingungen: Auch wenn die Temperatur nicht so hoch ist, läuft die Reaktion trotzdem schnell genug ab.

$$2\ SO_2\ (g) + O_2\ (g) \xrightarrow{\text{Katalysator}} 2\ SO_3\ (g);\ \text{exotherm}$$

Schwefeltrioxid bildet mit Wasser Schwefelsäure:

$$SO_3\ (g) + H_2O\ (l) \longrightarrow H_2SO_4\ (l);\ \text{exotherm}$$

Die Reaktion mit Wasser verläuft allerdings sehr langsam. Leitet man das Gas in eine Waschflasche mit Wasser, bildet sich ein dichter, weißer Nebel.

Steckbrief: Schwefelsäure (H_2SO_4)

Ätzend
($w \geq 15$ %)

Xi (5 % $\leq w <$ 15 %)

w = 98 %

R 35 Verursacht schwere Verätzungen
S 2 Darf nicht in die Hände von Kindern gelangen
S 26 Bei Berührung mit den Augen gründlich mit Wasser abspülen und den Arzt konsultieren
S 30 Niemals Wasser hinzugießen

Massenanteil der konzentrierten Säure: 98,3 %
Dichte: 1,84 $\frac{g}{ml}$
Siedetemperatur: 338 °C

Konzentrierte Schwefelsäure (C für $w \geq 15$ %):
- reagiert mit Wasser unter starker Wärmeentwicklung
- ist hygroskopisch: zieht Wasser aus der Luft an
- zersetzt Holz, Baumwolle, Papier und Zucker durch Abspaltung von Wasser zu kohleartigen Produkten
- reagiert mit Metallen beim Erwärmen unter Abgabe von Schwefeldioxid
- reagiert mit Wasser stark sauer und bildet dabei Hydrogensulfat-Ionen (HSO_4^-) und Sulfat-Ionen (SO_4^{2-}):

$$H_2SO_4\ (l) \xrightarrow{\text{Wasser}} H^+\ (aq) + HSO_4^-\ (aq)$$

$$HSO_4^-\ (aq) \xrightarrow{\text{Wasser}} H^+\ (aq) + SO_4^{2-}\ (aq)$$

Verdünnte Schwefelsäure (Xi für 5 % $\leq w <$ 15 %):
- reagiert mit unedlen Metallen wie Eisen, Zink oder Magnesium unter Bildung von Wasserstoff zu Metallsulfat-Lösungen
- Säure im Bleiakkumulator (Autobatterie), $w \approx 25$ %

Herstellung von Schwefelsäure im Labor

Bildung von Schwefeltrioxid bei verschiedenen Temperaturen

Elementarer Schwefel | Pyrit (FeS_2) | Erdgasaufbereitung | Abfallschwefelsäure

Technische Herstellung von Schwefelsäure. Bei der großtechnischen Herstellung von Schwefel verbrennt man meist geschmolzenen Schwefel in einem *Verbrennungsofen* mit einem Überschuss an Luft. Das Gemisch aus Schwefeldioxid und Luft wird dann in einem *Abhitzekessel* auf 400 °C abgekühlt.

Nun gelangt das Gemisch in den so genannten *Kontaktofen*. Dieser enthält Vanadiumoxid (V_2O_5) als Katalysator, das auf mehreren porösen Böden fein verteilt aufgetragen ist. Hierdurch können Schwefeldioxid und Sauerstoff gut mit dem Katalysator in Kontakt treten und zu Schwefeltrioxid reagieren.
Da die Reaktion stark exotherm ist, muss das Gasgemisch nach jedem Boden in *Wärmetauschern* gekühlt werden. Nur so kann das Schwefeldioxid weitgehend umgesetzt werden.

Anschließend kühlt man das Gas auf 70 °C ab und leitet es in *Absorptionstürme*. Hier wird Schwefeltrioxid in konzentrierter Schwefelsäure gelöst, da die Reaktion mit Wasser zu langsam verläuft. Diese Lösung von Schwefeltrioxid in Schwefelsäure wird als *Oleum* oder *rauchende Schwefelsäure* bezeichnet. Durch Zugabe von Wasser erhält man hieraus als Produkt konzentrierte Schwefelsäure.
Das Restgas enthält noch etwa 5 % Schwefeldioxid. Da Schwefeldioxid giftig ist und zur Bildung des sauren Regens beiträgt, darf es nicht in die Luft gelangen.

Beim heute üblichen **Doppel-Kontakt-Verfahren** wird das Restgas daher noch einmal in Wärmetauschern erhitzt und in einen weiteren Kontaktofen geleitet. Dadurch erhöht sich der Umsatz des Schwefeldioxids auf insgesamt 99,5 %. Das Abgas ist damit weitgehend frei von diesem umweltschädlichen Stoff.

Schwefelsäure (H_2SO_4) entsteht bei der Reaktion von Schwefeltrioxid mit Wasser. Schwefeltrioxid erhält man durch Oxidation von Schwefeldioxid an einem Katalysator im Doppel-Kontakt-Verfahren.

1 Warum entsteht bei der Verbrennung von Schwefel kaum Schwefeltrioxid?

2 Durch welche Verfahrensschritte versucht man bei der Schwefelsäure-Synthese die Umwelt weniger zu belasten?

3 Beim Erhitzen von Pyrit (FeS_2) an der Luft entsteht neben Schwefeldioxid Eisenoxid (Fe_2O_3). Stelle die Reaktionsgleichung auf.

4 Nenne mögliche Gründe, warum in der Technik Vanadiumoxid statt Platin als Katalysator verwendet wird.

5 Abfallschwefelsäure (Dünnsäure) wird zur Wiederaufbereitung in einer heißen Brennerflamme zersetzt. Dabei entsteht Schwefeldioxid.

a) Formuliere die Reaktionsgleichung.

b) Wie kann das Schwefeldioxid weiterverarbeitet werden?

c) Recherchiere, wie Dünnsäure früher entsorgt wurde. Wieso geht man heute anders vor?

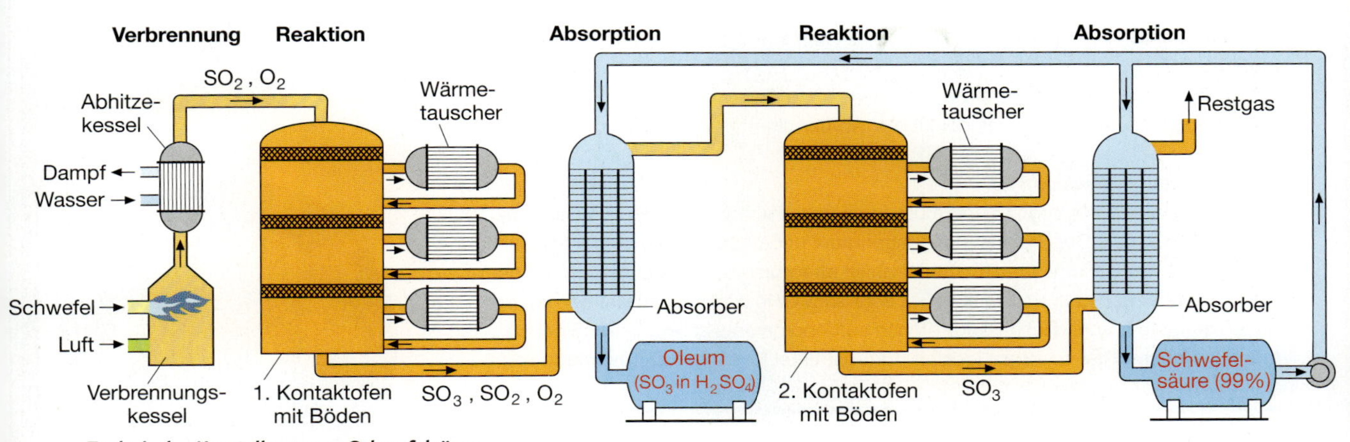

Technische Herstellung von Schwefelsäure

Chemie-Recherche

Location: http://www.schroedel.de/chemie_heute.html

Suche:

Sulfate, Salze der Schwefelsäure

Ergebnisse:

Hydrate enthalten Kristallwasser

Viele Sulfate und andere Salze enthalten Wasser-Moleküle, die in das Kristallgitter eingebaut sind. Den Kristallwassergehalt solcher *Hydrate* gibt man in der Formel an. *Beispiel:* Kupfersulfat bildet ein Hydrat, das pro Kupfer-Ion fünf Wasser-Moleküle enthält. Dieses *Kupfersulfat-Pentahydrat* hat die Formel $CuSO_4 \cdot 5\ H_2O$.

Gips (Calciumsulfat)

Gips ($CaSO_4 \cdot 2\ H_2O$) bildet als Gestein ganze Gebirgsstöcke. In Gängen und Spalten findet man dort auch Gips-Kristalle, die prismenförmig oder tafelig (Marienglas) sein können.

Was im Baumarkt als Gips verkauft wird, ist ein technisches Produkt, das aus Gipsgestein gewonnen wird:

Beim Erhitzen auf etwa 150 °C entweicht das Kristallwasser teilweise. Dabei entsteht *gebrannter Gips* ($CaSO_4 \cdot \frac{1}{2}\ H_2O$). Zum Gebrauch verrührt man ihn mit Wasser zu einem dicken Brei. Nach kurzer Zeit erstarrt der Brei, da das Wasser als Kristallwasser gebunden wird. Es bilden sich feine Gipsnadeln, die zu einem harten Werkstoff verfilzen. Darauf beruht die Verwendung von gebranntem Gips in der Medizin und im Baugewerbe.

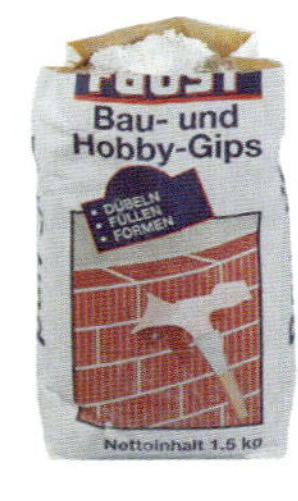

Kupfersulfat (Kupfervitriol)

$CuSO_4 \cdot 5\ H_2O$

Vorkommen: Verwitterungsprodukt von schwefelhaltigen Kupfererzen

Verwendung: Pflanzenschutzmittel im Wein- und Obstbau, Kunstseideherstellung

Eisensulfat (Eisenvitriol)

$FeSO_4 \cdot 7\ H_2O$

Vorkommen: Verwitterungsprodukt von schwefelhaltigen Eisenerzen

Verwendung: Beizmittel in der Textilfärberei, Gerben von Leder, Moostod für Zierrasen

Natriumsulfat (Glaubersalz)

$Na_2SO_4 \cdot 10\ H_2O$

Vorkommen: in Salzstöcken, Mineralquellen und Salzseen

Verwendung: Glasherstellung, Färberei, mildes Abführmittel

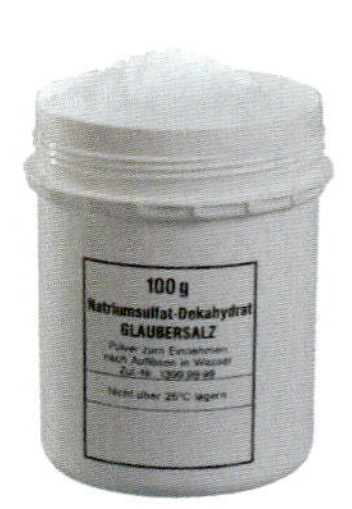

Magnesiumsulfat (Bittersalz)

$MgSO_4 \cdot 7\ H_2O$

Vorkommen: in Kalisalzlagern, Mineralquellen

Verwendung: Düngemittel für Nadelbäume, Abführmittel

Bariumsulfat (Schwerspat)

Wer sich den Magen röntgen lässt, muss zunächst einen weißen Brei aus Bariumsulfat ($BaSO_4$) schlucken. Der Brei füllt den Magenraum und überzieht die Magenschleimhaut gleichmäßig. Da Bariumsalze Röntgenstrahlen absorbieren, wird der Magen auf dem Röntgenbild abgebildet. Bariumsulfat ist sehr schwer löslich; es verlässt den Körper daher, ohne dass schädliche Barium-Ionen aufgenommen werden. Beide Eigenschaften machen Bariumsulfat zu einem idealen Kontrastmittel für Magen/Darmuntersuchungen.

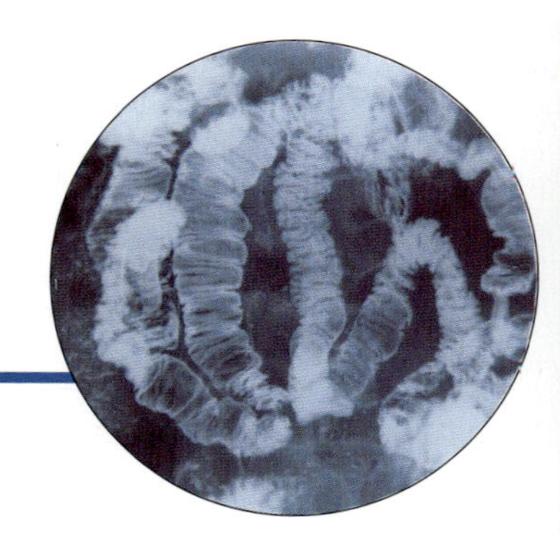

Aufgabe

1 Forsche nach, woher der Name Marienglas stammt.

Herstellung und Eigenschaften der Sulfate

V1: Reaktion von Metallen mit Schwefelsäure

  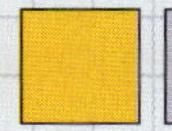 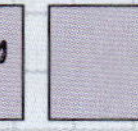 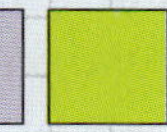 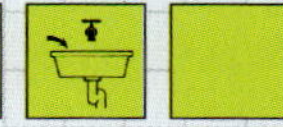

Materialien: Tropfpipette, Gasbrenner;
Magnesiumband (F), grobes Zinkpulver (F), Kupferblech, Schwefelsäure (verd.; Xi).

Durchführung:

1. Gib jeweils eine Probe des Metalls in ein Reagenzglas.
2. Fülle in jedes Reagenzglas etwa 5 ml Schwefelsäure und beobachte. Prüfe, ob Wärme frei wird.
3. Fange das entstehende Gas mit einem Reagenzglas auf. Führe die Knallgasprobe durch.

Aufgaben:

a) Beschreibe und deute deine Beobachtungen.
b) Gib jeweils die Reaktionsgleichung an.

V2: Bildung von Kupfersulfat

   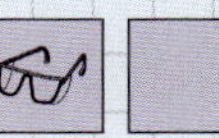 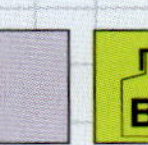 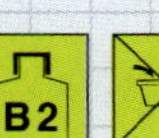 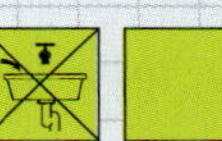

Materialien: Tropfpipette, Gasbrenner, Trichter, Filtrierpapier, Petrischale, Lupe;
Kupferoxidpulver, Schwefelsäure (verd.; Xi).

Durchführung:

1. Gib einen Spatel Kupferoxidpulver in ein Reagenzglas und füge etwa 5 ml Schwefelsäure zu.
2. Erwärme das Gemisch mit kleiner Brennerflamme vorsichtig zum schwachen Sieden. Bewege dabei das Reagenzglas in der Flamme, um einen Siedeverzug zu vermeiden.
3. Falls sich das Kupferoxid vollständig gelöst hat, füge noch weiteres Kupferoxid hinzu. Filtriere die noch heiße Lösung in die Petrischale.
4. Stelle das Filtrat bis zur nächsten Chemiestunde zum Kristallisieren auf.
5. Untersuche die Kristalle mit der Lupe.

Aufgaben:

a) Protokolliere und deute deine Beobachtungen.
b) Gib die Reaktionsgleichung für die Reaktion von Kupferoxid mit Schwefelsäure an.
c) Durch welche Teilchen ist die Blaufärbung der Lösung zu erklären?

V3: Erhitzen von Marienglas

Materialien: Gasbrenner;
Marienglas.

Durchführung:

1. Untersuche die Eigenschaften von Marienglas.
2. Gib einige Stücke Marienglas in ein trockenes Reagenzglas und erhitze sie mit der Brennerflamme.
3. Beobachte, wie sich das Marienglas verändert. Was erkennst du im oberen Bereich des Reagenzglases?
4. Beende das Erhitzen, wenn die Dampfentwicklung abnimmt, und lasse das Reagenzglas abkühlen.

Aufgabe: Beschreibe und deute deine Beobachtungen.

V4: Abbinden von Gips

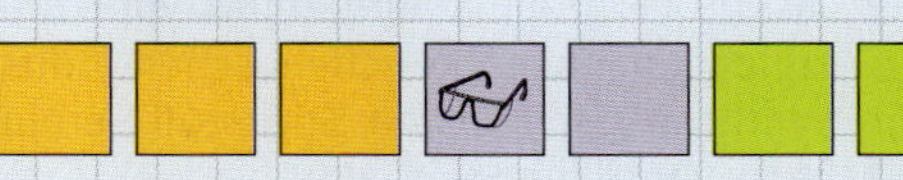

Materialien: Kunststoffbecher, Glasstab, Thermometer;
gebrannter Gips (Modellgips), Vaseline.

Durchführung:

1. Verrühre in dem Kunststoffbecher Gips mit wenig Wasser zu einem dicken Brei.
2. Fette die Spitze des Thermometers mit Vaseline ein. Forme eine Kugel aus dem Gipsbrei und stecke die Thermometer-Spitze hinein.
3. Beobachte den Temperaturverlauf während des Abbindevorgangs.

Aufgaben:

a) Beschreibe deine Beobachtungen.
b) Deute die Temperaturänderung.
c) Formuliere eine Reaktionsgleichung.

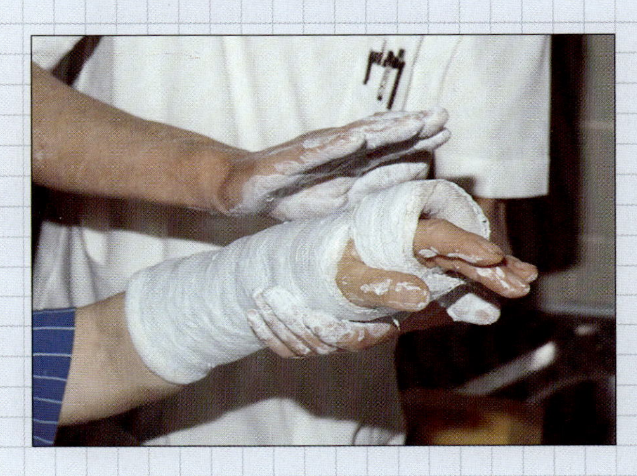

15.3 Vom Stickstoff zum Ammoniak

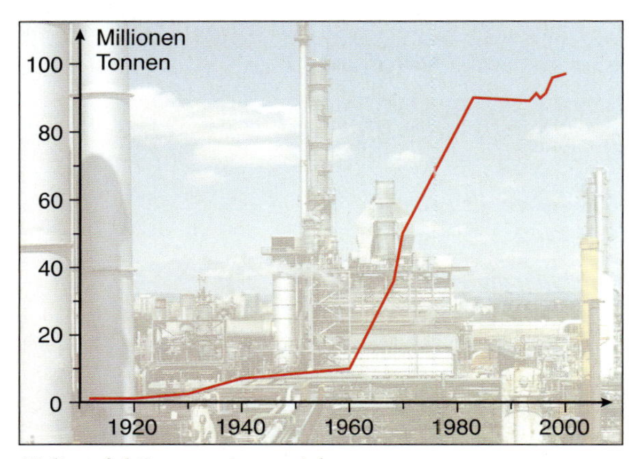

Weltproduktion von Ammoniak

Als PRIESTLEY 1774 erstmals Ammoniak (NH_3) synthetisierte, konnte er nicht ahnen, welche große Bedeutung dieses farblose, stechend riechende Gas einst haben würde. Heute ist Ammoniak eine der wichtigsten Grundchemikalien der chemischen Industrie. Für die Synthese der meisten Stickstoff-Verbindungen geht man von Ammoniak aus.
Man benötigt Ammoniak als Ausgangsstoff für die Herstellung von Kunststoffen, Farbstoffen und Sprengstoffen. 85 % der Ammoniak-Produktion gehen jedoch in die Produktion von Stickstoffdüngern, ohne die sich die wachsende Weltbevölkerung nicht ernähren ließe.

Anfang des 20. Jahrhunderts entwickelten der Chemiker HABER und der Ingenieur BOSCH ein großtechnisches Verfahren, mit dem Ammoniak aus dem Stickstoff der Luft und Wasserstoff hergestellt wird. HABER und BOSCH erhielten für diesen „Griff in die Luft" den Nobelpreis für Chemie.

Ausgangsstoffe. In der Technik gewinnt man Stickstoff und Wasserstoff, indem man das überwiegend aus Methan (CH_4) bestehende Erdgas zunächst mit Wasserdampf und dann mit Luft an Katalysatoren reagieren lässt:

$$CH_4\ (g) + H_2O\ (g) \xrightarrow{\text{Katalysator}} CO\ (g) + 3\ H_2\ (g);\ \text{endotherm}$$

$$2\ CH_4\ (g) + \underbrace{O_2\ (g) + 4\ N_2\ (g)}_{\text{Luft}} \xrightarrow{\text{Katalysator}}$$

$$2\ CO\ (g) + 4\ N_2\ (g) + 4\ H_2\ (g);\ \text{exotherm}$$

Das Nebenprodukt Kohlenstoffmonooxid wird mit Wasserdampf an einem Katalysator umgesetzt:

$$CO\ (g) + H_2O\ (g) \xrightarrow{\text{Katalysator}} CO_2\ (g) + H_2\ (g);\ \text{exotherm}$$

Das dabei gebildete Kohlenstoffdioxid muss anschließend ausgewaschen werden.

Synthese. Die Bereitstellung der Ausgangsstoffe wird so gesteuert, dass nur Stickstoff und Wasserstoff im Volumenverhältnis 3 : 1 für die eigentliche Ammoniak-Synthese übrig bleiben:

$$N_2\ (g) + 3\ H_2\ (g) \longrightarrow 2\ NH_3\ (g),\ \text{exotherm}$$

So einfach wie die Reaktionsgleichung ist die technische Durchführung der Synthese nicht. Stickstoff ist sehr reaktionsträge und reagiert daher nur bei hohen Temperaturen. Ammoniak zerfällt aber bei diesen Temperaturen wieder in die Elemente. Mit Hilfe eines Katalysators gelang es HABER, die Synthese bei etwa 450 °C hinreichend zu beschleunigen, doch die Ausbeute war immer noch äußerst gering. Erst durch eine drastische Erhöhung des Drucks auf über 10 MPa (100 bar) konnte er die Ausbeute auf über 10 % steigern. BOSCH entwickelte auf dieser Grundlage Anlagen, mit denen sich diese extrem hohen Drücke technisch bewältigen ließen.

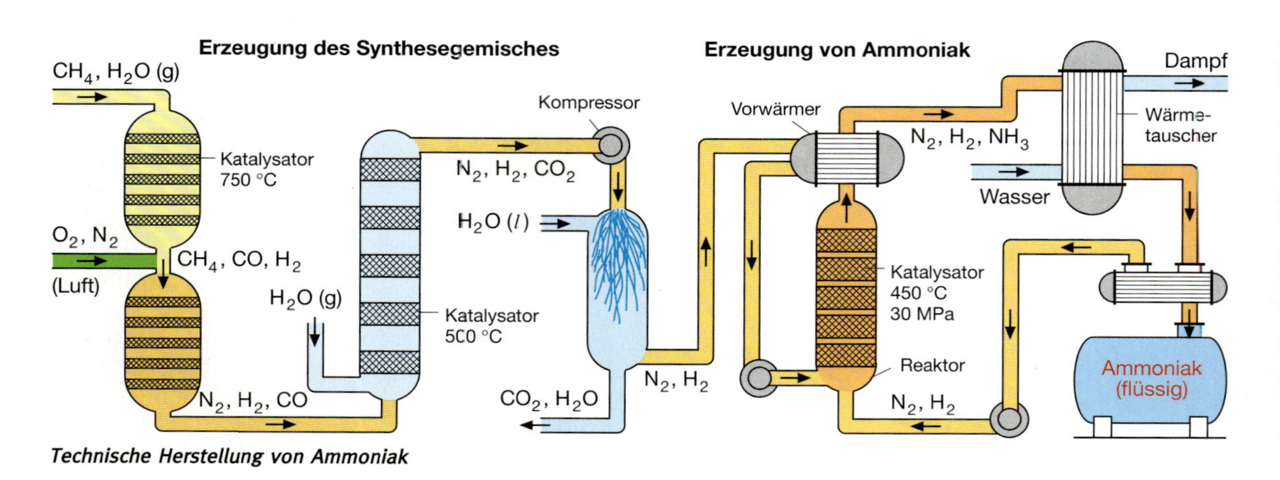

Technische Herstellung von Ammoniak

Nach der Reaktion, die heute bei etwa 30 MPa (300 bar) in 30 m bis 40 m hohen Synthesetürmen abläuft, wird das Gasgemisch so weit abgekühlt, dass sich das gebildete Ammoniak verflüssigt und abgetrennt werden kann. Das Restgas wird in den Syntheseturm zurückgeleitet.

Ammoniak (NH_3) wird im HABER-BOSCH-Verfahren aus Stickstoff und Wasserstoff bei sehr hohem Druck und etwa 450 °C mit Hilfe von Katalysatoren synthetisiert. Es wird vor allem für die Herstellung von Stickstoffdüngern benötigt.

1 Welche Probleme mussten bei der Ammoniak-Synthese gelöst werden?
2 Beschreibe die Bindung im Stickstoff-Molekül und erkläre dadurch die Reaktionsträgheit des Stickstoffs.
3 Erläutere die Herstellung des Synthesegemischs anhand der Abbildung auf der linken Seite.
4 Ammoniak reagiert mit Wasser zu einer alkalischen Lösung. Wie können die Hydroxid-Ionen entstanden sein?
5 Beschreibe die Entwicklung der Weltproduktion von Ammoniak und erkläre die Veränderung.

Steckbrief: Ammoniak (NH_3)

Giftig

Umwelt-gefährlich

R: 10–23–34–50
S: 1/2–9–16–26–36/37/39–45–61

Eigenschaften:
- farbloses, stechend riechendes, giftiges Gas
- Dichte: 0,71 $\frac{g}{l}$
- verflüssigt sich bei –33 °C
- reagiert mit Wasser alkalisch
- Löslichkeit in Wasser: In 1 Liter der gesättigten Lösung sind bei 20 °C 427 l Gas gelöst.

Verwendung:
- Herstellung von Düngemitteln und Salpetersäure
- Herstellung von Kunststoffen
- Kühlmittel in Großkühlanlagen

Ammoniak-Lösung:
Xi (5 % ≤ w < 10 %)
C (10 % ≤ w < 25 %)
C, N (w ≥ 25 %)

Das Ammoniak-Gleichgewicht

Theorie

Bei der Ammoniak-Synthese stellt sich ein chemisches Gleichgewicht ein. Die Lage des Gleichgewichts hängt von den Reaktionsbedingungen Temperatur und Druck ab.
Bei der Wahl der Temperatur spielen zwei Gesichtspunkte eine Rolle: Bei niedrigen Temperaturen wird nach dem *Prinzip von LE CHATELIER* die energieliefernde, exotherme Reaktion gefördert. Daher ist bei niedrigen Temperaturen der Anteil des Ammoniaks im Gleichgewicht höher als bei hohen Temperaturen. Allerdings ist die Reaktionsgeschwindigkeit unterhalb von 400 °C für ein großtechnisches Verfahren zu gering. Man arbeitet daher meist bei 450 °C und setzt Eisen-Katalysatoren ein, um die Reaktion zu beschleunigen.

Bei 450 °C und Normaldruck enthält das Gemisch nur etwa 1 % Ammoniak. Da sich aber bei der Synthese die Zahl der Gasteilchen stark verringert, ergibt sich bei höherem Druck ein größerer Anteil an Ammoniak. Bei 10 MPa liegen nach Einstellung des Gleichgewichts bereits 18 % und bei 100 MPa sogar 70 % Ammoniak vor. Da es sehr aufwändig ist, extrem hohe Drücke zu erzeugen, arbeitet man heute meist bei einem Druck von 30 MPa.

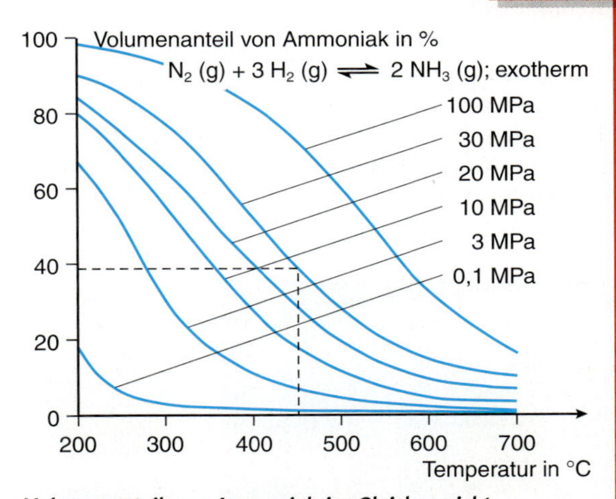

Volumenanteil von Ammoniak im Gleichgewicht

1 Wie ändert sich der Anteil von Ammoniak im Gleichgewicht bei Änderung von Druck und Temperatur?
2 **a)** Zu welchem Anteil kann sich Ammoniak bei 400 °C und 20 MPa bzw. bei 500 °C und 30 MPa bilden?
b) Welche Vorteile und Nachteile haben diese beiden Reaktionsbedingungen?

15.4 Vom Ammoniak zur Salpetersäure

Salpetersäure (HNO_3) ist nach Schwefelsäure die wichtigste Säure in der chemischen Industrie. Der Name weist auf die alte Herstellungsmethode hin, bei der *Chilesalpeter* (Natriumnitrat, $NaNO_3$) mit konzentrierter Schwefelsäure erhitzt wurde.

Salpetersäure wurde schon zu Beginn des 20. Jahrhunderts in immer größeren Mengen zur Herstellung von Stickstoffdüngern, Sprengstoffen, Farbstoffen und Kunststoffen benötigt. Die natürlichen Vorkommen an Nitraten, die vor allem in der Atacama-Wüste in Chile abgebaut wurden, reichten bald nicht mehr aus, um den gestiegenen Bedarf zu decken. Man entwickelte daher Verfahren zur Herstellung von Salpetersäure aus Stickstoffoxiden.

Herstellung. Nachdem mit der Einführung des HABER-BOSCH-Verfahrens genügend Ammoniak zur Verfügung stand, wurde Ammoniak zum Ausgangsstoff für die Synthese von Salpetersäure.
Man wendet dazu das **OSTWALD-Verfahren** an. Dabei wird zunächst ein Gemisch aus Ammoniak und Luft bei Temperaturen über 800 °C zu Stickstoffmonooxid und Wasser umgesetzt. Als Katalysator wirkt ein feinmaschiges Netz aus einer Platin/Rhodium-Legierung.

$$4\ NH_3\ (g) + 5\ O_2\ (g) \xrightarrow{\text{Katalysator}} 4\ NO\ (g) + 6\ H_2O\ (g); \text{ exotherm}$$

Stickstoffmonooxid, ein farbloses Gas, reagiert beim Abkühlen mit Sauerstoff weiter zu braunem Stickstoffdioxid:

$$4\ NO\ (g) + 2\ O_2\ (g) \longrightarrow 4\ NO_2\ (g); \text{ exotherm}$$

Stickstoffdioxid wird dann zusammen mit überschüssiger Luft in Wasser eingeleitet. Dabei bildet sich Salpetersäure.

$$4\ NO_2\ (g) + 2\ H_2O\ (l) + O_2\ (g) \longrightarrow 4\ HNO_3\ (aq); \text{ exotherm}$$

Die so erzeugte Salpetersäure kann direkt zur Herstellung von Düngemitteln wie *Ammoniumnitrat* (NH_4NO_3) eingesetzt werden.

Reaktion mit Metallen. *Konzentrierte Salpetersäure* reagiert mit fast allen Metallen. Dabei entstehen *Stickstoffdioxid* und die Lösungen der entsprechenden *Nitrate,* der Salze der Salpetersäure. Konzentrierte Salpetersäure reagiert sogar mit edlen Metallen wie Kupfer und Silber:

$$Cu\ (s) + 4\ HNO_3\ (aq) \longrightarrow 2\ NO_2\ (g) + Cu^{2+}\ (aq) + 2\ NO_3^-\ (aq) + 2\ H_2O\ (l); \text{ exotherm}$$

Bei der Reaktion von Kupfer mit *halbkonzentrierter Salpetersäure* entsteht dagegen Stickstoffmonooxid.

Gold und Platin werden von konzentrierter Salpetersäure nicht angegriffen. Diese Metalle lassen sich nur durch *Königswasser,* ein Gemisch aus konzentrierter Salpetersäure und konzentrierter Salzsäure, in Lösung bringen.

Verdünnte Salpetersäure reagiert dagegen wie andere Säuren mit Metallen: Unedle Metalle lösen sich unter Wasserstoff-Entwicklung auf.

$$2\ H^+\ (aq) + 2\ NO_3^-\ (aq) + Zn\ (s) \longrightarrow H_2\ (g) + Zn^{2+}\ (aq) + 2\ NO_3^-\ (aq); \text{ exotherm}$$

Salpetersäure (HNO_3) wird durch das OSTWALD-Verfahren über die katalytische Verbrennung von Ammoniak hergestellt. Sie dient vor allem zur Produktion von Düngemitteln. Konzentrierte Salpetersäure reagiert mit Metallen unter Bildung von Stickstoffdioxid.

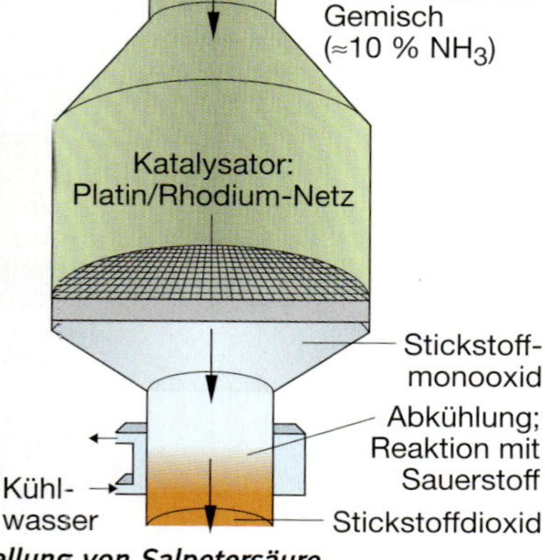

Ammoniak-Verbrennungsanlage zur Herstellung von Salpetersäure nach dem OSTWALD-Verfahren

1 Salpetersäure wurde früher aus Chilesalpeter hergestellt.
a) Gib die Reaktionsgleichung an.
b) Warum wird dieses Verfahren nicht mehr verwendet?

2 Was ist Königswasser? Auf welche Eigenschaft weist der Name hin?

3 Warum wird konzentrierte Salpetersäure auch als *Scheidewasser* bezeichnet?

4 Salpetersäure (konz.) reagiert mit Silber zu Silbernitrat ($AgNO_3$). Gib die Reaktionsgleichung an.

5 Zeichne die LEWIS-Formeln von **a)** Salpetersäure, **b)** Stickstoffmonooxid, **c)** Stickstoffdioxid.

Steckbrief: Salpetersäure (HNO_3)

Reine Salpetersäure (rauchende Salpetersäure):
- Dichte: $1{,}52 \frac{g}{ml}$
- Siedetemperatur: 84 °C
- bildet Nebel an der Luft, durch Stickstoffdioxid gelbbraun gefärbt
- zerstört sehr schnell Haut und Gummi
- reagiert mit Wasser stark sauer und bildet dabei Nitrat-Ionen: $HNO_3\ (l) \xrightarrow{\text{Wasser}} H^+\ (aq) + NO_3^-\ (aq)$

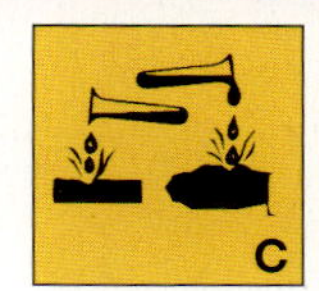

Ätzend
($w \geq 5$ %)

Xi (1 % $\leq w <$ 5 %)
C, O ($w \geq$ 70 %)

w = 65 %

R 35 Verursacht schwere Verätzungen
S 2 Darf nicht in die Hände von Kindern gelangen
S 23 Dämpfe nicht einatmen
S 26 Bei Berührung mit den Augen gründlich mit Wasser spülen und Arzt konsultieren
S 37 Beschmutzte, getränkte Kleidung sofort ausziehen

Konzentrierte Salpetersäure ($w \approx$ 65 %):
- greift organische Materialien an und bildet auf Haut und Wolle gelbe Flecken
- reagiert mit den meisten Metallen außer Gold und Platin unter Bildung von Stickstoffdioxid und löslichen Nitraten
- ein Gemisch aus konzentrierter Salzsäure und konzentrierter Salpetersäure im Verhältnis von 3 : 1 (Königswasser) reagiert auch mit Gold
- reagiert im Gemisch mit konzentrierter Schwefelsäure *(Nitriersäure)* mit Baumwolle zu Nitrocellulose, die als Sprengstoff (Schießbaumwolle) genutzt wird

Verdünnte Salpetersäure ($w \approx$ 12 %):
- reagiert mit unedlen Metallen unter Bildung von Wasserstoff und Nitraten

Schwarzpulver

Wer das Pulver erfunden hat, wird wohl auf ewig umstritten bleiben. Dass der Freiburger Mönch Berthold SCHWARZ um 1300 bei alchemistischen Versuchen in einem Mörser als Erster das gefährliche Pulver zufällig zur Explosion brachte, wird heute allgemein bezweifelt.

Schon zu Beginn unserer Zeitrechnung kannten die Chinesen Schwarzpulver. Sie setzten es zunächst vor allem für Feuerwerkskörper ein. Auch in Europa findet man bereits im 13. Jahrhundert in der Literatur Hinweise auf Brandsätze, die Kohlepulver, Pech, Schwefel und Petroleum enthielten. Auch Salpeter wird als Bestandteil von explosiven Mischungen erwähnt.
Möglicherweise gelangte die Rezeptur für Schwarzpulver aber auch aus China über Indien nach Europa.

Schwarzpulver ist ein Gemisch aus etwa 75 % Kaliumnitrat, 10 % Schwefel und 15 % Kohlenstoff. Bis in das 19. Jahrhundert hatte Schwarzpulver große Bedeutung als Treibmittel für Geschosse aus Kanonen und Gewehren, ehe es durch rauchloses Schießpulver ersetzt wurde.

Schwarzpulver reagiert sehr heftig, wenn man es zündet. In einer stark exothermen Reaktion oxidiert Kaliumnitrat Kohlenstoff und Schwefel. Dabei bilden sich neben festen Salzen gasförmige Stoffe wie Stickstoff und Kohlenstoffdioxid. Die heißen Gase nehmen etwa das 3000-fache Volumen des festen Pulvers ein. In einer verschlossenen Papphülse wird der Druck dadurch so groß, dass sie mit einem lauten Knall zerplatzt.

Da die Explosionskraft von Schwarzpulver im Vergleich zu modernen Sprengstoffen relativ gering ist, wird es heute fast nur noch in Feuerwerkskörpern eingesetzt.

Salpetersäure und Nitrate

In einer Hochspannungsfunkenstrecke reagiert Stickstoff mit Sauerstoff bei Temperaturen über 3000 °C zu Stickstoffmonooxid. Mit zusätzlichem Sauerstoff bildet sich dann braunes Stickstoffdioxid.
Diese Reaktion läuft auch in Verbrennungsmotoren von Pkw und in Wärmekraftwerken ab. Die dabei entstehenden Stickstoffoxide tragen zum sauren Regen und zur Überdüngung der Gewässer bei. Stickstoffoxide sind außerdem an der Entstehung des bodennahen Ozons *(Sommersmog)* beteiligt.
Anfang des 20. Jahrhunderts machte man sich die Reaktion zu Nutze, um mit elektrischem Strom Salpetersäure aus Luft herzustellen. Der Weg über das HABER-BOSCH-Verfahren und das OSTWALD-Verfahren ist jedoch wesentlich günstiger.

A1 Gib die Reaktionsgleichungen zur Oxidation von Stickstoff zu Stickstoffmonooxid und von Stickstoffmonooxid zu Stickstoffdioxid an.

V1: Eigenschaften von Kaliumnitrat

Materialien: Thermometer, Gasbrenner, Folienstift; Kaliumnitrat (O), Aktivkohle (gekörnt).

Löslichkeit von Kaliumnitrat:
Durchführung:
1. Gib etwa 2 cm Kaliumnitrat in ein Reagenzglas und markiere die Höhe der Salzschicht mit dem Folienstift.
2. Gib etwa das doppelte Volumen Wasser hinzu und miss die Temperatur.
3. Rühre mit dem Thermometer, bis sich die Temperatur nicht mehr ändert und vergleiche die Höhe der Salzschicht mit dem Anfangsstand.
4. Erhitze das Gemisch vorsichtig und langsam, bis das Salz vollständig gelöst ist. Miss die Temperatur erneut.
5. Lasse die Lösung abkühlen und beobachte.

Aufgaben:
a) Beschreibe und deute die Temperaturänderung beim Lösen.
b) Wie ändert sich die Löslichkeit des Kaliumnitrats?
c) Warum kristallisiert das Salz beim Abkühlen aus?

Erhitzen von Kaliumnitrat:
Durchführung:
1. Gib 1 cm hoch Kaliumnitrat in ein Reagenzglas.
2. Erhitze das Kaliumnitrat langsam, bis eine Gasentwicklung einsetzt.
3. Gib zwei bis drei Körner Aktivkohle in die Schmelze.
4. Falls keine Reaktion eintritt, erhitze weiter, bis ein deutlicher Effekt auftritt.

Aufgaben:
a) Beschreibe und deute deine Beobachtungen.
b) Bei der Reaktion bleibt Kaliumnitrit (KNO_2) zurück. Gib die Reaktionsgleichung an.

V2: Reaktion von Metallen mit Salpetersäure

      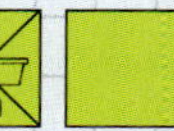

Materialien: Gasbrenner, Tropfpipette; Salpetersäure (6 %; Xi), Eisenpulver, Magnesiumband (F).

Durchführung:
1. Gib eine Spatelspitze Eisenpulver in ein Reagenzglas.
2. Fülle etwa 5 ml Salpetersäure hinzu und beobachte. Prüfe, ob Wärme frei wird.
3. Gieße, nachdem die Gasentwicklung aufgehört hat, etwa 1 ml der Lösung in ein sauberes Reagenzglas.
4. Dampfe die Lösung bis zur Trockene ein.
5. Wiederhole den Versuch mit Magnesiumband.

Aufgaben:
a) Beschreibe und deute deine Beobachtungen.
b) Gib jeweils die Reaktionsgleichung an.

Chemie-Recherche

Location: http://www.schroedel.de/chemie_heute.html

Suche:

Stickstoff-Verbindungen

Ergebnisse:

Salmiak (Ammoniumchlorid, NH_4Cl)
Salmiakpastillen enthalten Ammoniumchlorid. Wegen seines scharfen Geschmacks und seiner schleimlösenden Wirkung wird Ammoniumchlorid häufig Hustenmitteln zugesetzt.
In reiner Form ist Ammoniumchlorid ein weißer, kristalliner Stoff, der in größerer Menge gesundheitsschädlich ist. Es löst sich sehr gut in Wasser, wobei sich die Lösung stark abkühlt. Durch ein Gemisch aus einem Teil Ammoniumchlorid, 1,5 Teilen Kristallsoda ($Na_2CO_3 \cdot 10\ H_2O$) und drei Teilen Wasser erreicht man eine Temperatur von unter –10 °C. Diese Mischung kann daher als *Kältemischung* verwendet werden.

Das Nitrat-Problem
Nitrat-Ionen, die durch übermäßige Düngung mit Gülle in die Gewässer gelangen, stellen ein Umweltproblem dar:
- Die Zufuhr an Nitraten trägt dazu bei, dass sich Algen in Seen extrem stark vermehren. Nach ihrem Absterben kann es zu einem Sauerstoffmangel kommen, der das Leben im See gefährdet.
- Wenn zu viele Nitrat-Ionen ins Grundwasser ausgewaschen werden, ist die Trinkwasserversorgung gefährdet.Trinkwasser darf maximal 50 Milligramm Nitrat pro Liter enthalten.

Um den Nitratgehalt von Gewässerproben zu prüfen, kann man Nitrat-Teststäbchen verwenden, die durch ihre Färbung den Gehalt an Nitrat-Ionen anzeigen.

Ammoniumnitrat: Ein Düngemittel als Sprengstoff
Am 21. September 1921 explodierte in einem Düngemittelwerk in Oppau bei Ludwigshafen ein Düngemittellager. Bei der Explosion kamen 600 Menschen ums Leben; es entstand ein Krater mit einem Durchmesser von mehr als 50 m. In dem Düngemittelwerk war Ammoniumnitrat (NH_4NO_3) gelagert worden, das als sehr wirksamer Stickstoffdünger aus Ammoniak und Salpetersäure hergestellt wird. Da sich das Salz bei der Lagerung stark verfestigt hatte, wurde es durch Sprengung gelockert. Das ging lange Zeit gut, bis eines Tages das Unglück geschah. Erst dadurch wurde bekannt, dass Ammoniumnitrat unter ungünstigen Bedingungen explosionsartig in Stickstoff, Wasser und Sauerstoff zerfallen kann. Deshalb gelten heute für die Lagerung und den Transport von Ammoniumnitrat strenge Sicherheitsauflagen.

Lachgas – ein ungefährliches Stickstoffoxid?
Bei Operationen setzt man ein Gemisch aus Lachgas (*Distickstoffmonooxid,* N_2O) und Sauerstoff ein, um die Narkose zu unterstützen. Lachgas wirkt sehr schnell und ist im Gemisch mit ausreichend Sauerstoff ungiftig. Der Name Lachgas weist darauf hin, dass das Einatmen zu Halluzinationen führen kann, die sich häufig in Heiterkeit und Lachlust äußern.
Distickstoffmonooxid ist ein farbloses, leicht süßlich riechendes Gas. Es ist nicht brennbar, unterhält aber die Verbrennung. Es wird auch im Haushalt benutzt, um Sahne aufzuschäumen. In letzter Zeit wird Lachgas als so genannte Partydroge missbraucht. Da man dabei das reine Gas einatmet, kommt es leicht zu gefährlichen Überdosierungen. Aufgrund des Sauerstoffmangels kann man bewusstlos werden, Organ- und Hirnschäden sind die Folge.
Regelmäßiger Lachgaskonsum führt dazu, dass sich der Körper an die Wirkung gewöhnt. Daher benötigen die Nutzer immer größere Mengen. Dies kann bis zur psychischen Abhängigkeit führen.

Aufgaben

1 a) Ermittle den Nitratgehalt deines Trinkwassers.
b) Erkundige dich beim Wasserwerk, wie dort der Nitratgehalt im Trinkwasser bestimmt wird und wie er beeinflusst werden kann.

2 Gib die Reaktionsgleichung für den explosionsartigen Zerfall von Ammoniumnitrat an.

3 Stelle die LEWIS-Formel für Distickstoffmonooxid auf. Beachte dabei, dass in dem Molekül zwei Zweifachbindungen vorkommen.

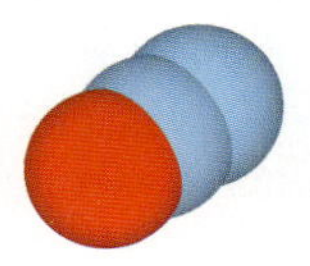

15.5 Vom Rohphosphat zur Phosphorsäure

Abbau von Rohphosphat in Florida

In der Natur kommt Phosphor vor allem in Phosphaten vor. Große Lagerstätten befinden sich in Florida und in Nordafrika. Hauptbestandteil der Rohphosphate, die dort im Tagebau abgebaut werden, ist Apatit, das im Wesentlichen aus unlöslichem *Calciumphosphat* ($Ca_3(PO_4)_2$) besteht.

Durch die Reaktion mit Schwefelsäure erhält man das besser lösliche *Calciumdihydrogenphosphat* ($Ca(H_2PO_4)_2$) und Calciumsulfat. Dieses Salzgemisch kommt unter den Namen Superphosphat als Dünger in den Handel.

Herstellung von Phosphorsäure. Um Phosphorsäure (H_3PO_4) zu gewinnen, wird Apatit mit einem großen Überschuss an Schwefelsäure umgesetzt:

$$Ca_3(PO_4)_2\ (s) + 3\ H_2SO_4\ (aq) \longrightarrow 3\ CaSO_4\ (s) + 2\ H_3PO_4\ (aq);\ \text{exotherm}$$

Die so gewonnene verdünnte Phosphorsäure wird vom schwer löslichen Calciumsulfat und dem nicht umgesetzten Apatit durch Filtration getrennt. Durch Eindampfen kann man die Konzentration erhöhen. Dabei werden auch die aus dem Rohphosphat stammenden Verunreinigungen ausgefällt. In den Handel kommt hauptsächlich 85%ige Phosphorsäure, eine wasserklare sirupartige Flüssigkeit.

Verwendung. Phosphorsäure wird vor allem zur Herstellung von Düngemitteln eingesetzt. Sie dient aber auch als Korrosionsschutzmittel bei Kraftfahrzeugen: Auf Stahlblech bildet sich unlösliches Eisenphosphat, das sehr fest auf dem Blech haftet und so das Rosten verhindert. Außerdem ist das Eisenphosphat ein guter Untergrund für die Lackierung. Die wässerige Lösung von Phosphorsäure wird auch als Säuerungsmittel in Lebensmitteln verwendet, vor allem in Cola-Getränken.

Steckbrief: Phosphorsäure (H_3PO_4)

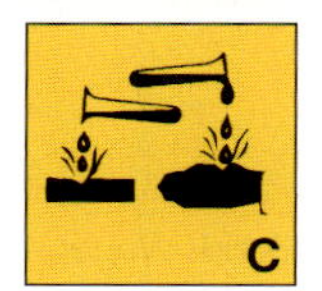

Ätzend
($w \geq 25$ %)

$w = 85$ %

R 34 Verursacht Verätzungen
S 26 Bei Berührung mit den Augen gründlich abspülen und den Arzt konsultieren

Xi (10 % $\leq w <$ 25 %)

Eigenschaften:
kristallin, Schmelztemperatur: 42 °C
farblos, geruchlos, sehr gut wasserlöslich
Salze der Phosphorsäure können $H_2PO_4^-$-Ionen, HPO_4^{2-}-Ionen oder PO_4^{3-}-Ionen als Anionen enthalten.

Verwendung:
Herstellung von Düngemitteln und Phosphaten, Korrosionsschutz, Säuerungsmittel in Lebensmitteln

An starke Basen wie das Hydroxid-Ion kann das Phosphorsäure-Molekül schrittweise drei Protonen abgeben und so drei verschiedene Säurerest-Ionen bilden: Dihydrogenphosphat-Ionen ($H_2PO_4^-$), Hydrogenphosphat-Ionen (HPO_4^{2-}) und Phosphat-Ionen (PO_4^{3-}).

Beim Erhitzen auf über 200 °C entstehen aus Phosphorsäure unter Wasserabspaltung Diphosphorsäure ($H_4P_2O_7$) und weitere Polyphosphorsäuren. Deren Salze wurden früher in Waschmitteln eingesetzt, um Ca^{2+}-Ionen zu binden und so das Wasser zu enthärten. Heute sind Waschmittel *phosphatfrei.* Sie enthalten unlösliche Silicate als Enthärtungsmittel, die Ca^{2+}-Ionen gegen Na^+-Ionen austauschen.

Phosphorsäure (H_3PO_4) wird aus Calciumphosphat hergestellt. Sie wird vor allem für die Herstellung von Düngemitteln verwendet.

1 a) Was ist Apatit?
b) Warum ist Apatit als Düngemittel ungeeignet?
c) Wie lässt sich aus Apatit ein geeigneter Dünger herstellen?
2 Zeichne die LEWIS-Formeln für Phosphorsäure und Diphosphorsäure.
3 Erstelle die Reaktionsgleichungen für die schrittweise Reaktion von Phosphorsäure-Molekülen mit OH^--Ionen.
4 Gib die Verhältnisformeln folgender Salze an: Zinkphosphat, Zinkhydrogenphosphat, Zinkdihydrogenphosphat.

Chemie-Recherche

Location: http://www.schroedel.de/chemie_heute.html

Suche:

Biologische Bedeutung der Phosphate

Phosphate in Lebensmitteln

Der menschliche Körper benötigt Phosphate für Wachstum und Stoffwechsel. Kinder und Jugendliche müssen pro Tag etwa ein bis eineinhalb Gramm Phosphat mit der Nahrung aufnehmen. Da Phosphate in allen eiweißreichen Nahrungsmitteln wie Fleisch, Käse und Nüssen in genügender Menge vorkommen, tritt ein Phosphatmangel praktisch nie auf.

Ein Überangebot ist eher möglich, weil vielen Nahrungsmitteln Phosphate zugesetzt werden. Dies kann vor allem bei Jugendlichen zu Schäden führen, da Phosphate die Aufnahme von Calcium-Ionen behindern. Eine zu hohe Phosphataufnahme kann zu Störungen des Knochenaufbaus führen, wenn man gleichzeitig zu wenig calciumhaltige Nahrungsmittel wie Milchprodukte zu sich nimmt.

Cola-Getränke enthalten ganz besonders viel Phosphorsäure: Bis zu 700 mg werden pro Liter als Säuerungsmittel zugesetzt!

Adenosintriphosphat (ATP) – Eine Schlüsselsubstanz im Energiestoffwechsel

Im Energiestoffwechsel jeder Zelle spielt *Adenosintriphosphat* (ATP) eine entscheidende Rolle. Im ATP-Molekül sind drei Phosphat-Gruppen miteinander verknüpft. Synthetisiert wird diese energieliefernde Verbindung in den *Mitochondrien,* den Kraftwerken der Zelle. Die bei der Oxidation der Nahrungsbestandteile frei werdende Energie wird genutzt, um die Phosphat-Gruppen in einer endothermen Reaktion miteinander zu verbinden.

Das ATP wird dann an andere Stellen der Zelle transportiert, wo unter Mitwirkung eines Enzyms als zelleigenem Katalysator die letzte Phosphat-Gruppe unter Wasseranlagerung wieder abgespalten wird. Dabei entsteht Adenosindiphosphat (ADP). Die frei werdende Energie kann dann zum Beispiel von Muskelzellen in Bewegungsenergie umgewandelt werden.

Phosphate

Praktikum

V1: Nachweis von Phosphat-Ionen

      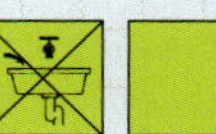 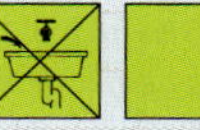

Materialien: Tropfpipette, Gasbrenner; Natriumhydrogenphosphat, Backpulver, Blumendünger, Phosphat-Reagenz (C) (zuvor zubereitet aus: 15 g Ammoniummolybdat, 40 g Ammoniumnitrat in 100 ml Wasser gelöst und mit 100 ml Salpetersäure (halbkonz.) gemischt).

Durchführung:

1. Gib jeweils eine Spatelspitze oder 1 ml der Probe in ein Reagenzglas mit etwa 5 ml Wasser.
2. Gib in jedes Reagenzglas 1 ml Phosphat-Reagenz.
3. Erwärme die Lösungen vorsichtig, bis ein gelber Niederschlag entsteht.

Aufgaben:

a) Beschreibe und deute deine Beobachtungen.

b) Erkundige dich über die Inhaltsstoffe des Backpulvers. Welche Funktion haben sie?

V2: Eigenschaften der Phosphate

  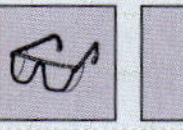  

Materialien: Tropfpipette; Natriumphosphat, Natriumhydrogenphosphat, Kaliumdihydrogenphosphat, Universalindikator-Lösung, Calciumchlorid-Lösung.

Durchführung:

1. Gib jeweils eine Spatelspitze der Salze in ein Reagenzglas und löse sie in etwa 5 ml Wasser.
2. Versetze jede Lösung mit Indikator-Lösung und bestimme den pH-Wert.
3. Füge zu jeder Lösung etwa 5 ml Calciumchlorid-Lösung hinzu.

Aufgaben:

a) Beschreibe und deute deine Beobachtungen.

b) Erkläre den pH-Wert der Salzlösungen durch die Reaktion der Anionen mit Wasser.

c) Formuliere die Reaktionsgleichungen für die Reaktionen der Salze mit Calciumchlorid. (*Hinweis:* Der Niederschlag besteht jeweils aus Calciumphosphat.)

15.6 Der Stickstoffkreislauf

Zwischen dem Stickstoff der Luft, den Nitraten und Ammoniumsalzen im Boden und dem Stickstoff, der im Eiweiß von Bakterien, Pflanzen und Tieren gebunden ist, besteht ein ständiger *Kreislauf.* Der Luftstickstoff stellt eine unerschöpfliche Quelle dar. Er ist allerdings sehr reaktionsträge und kann deshalb nicht direkt von Pflanzen aufgenommen werden. Er kann aber auf folgenden Wegen in den Boden gelangen:

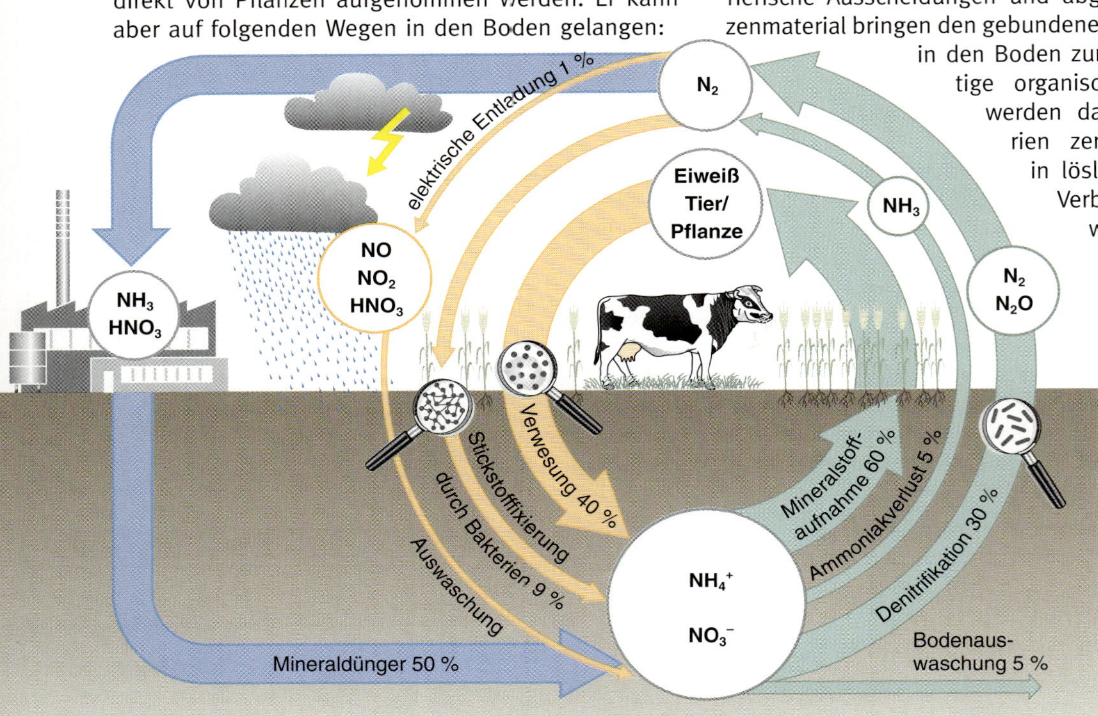

- In den Blitzen der Gewitter reagieren Stickstoff und Sauerstoff zu Stickstoffmonooxid (NO). Dieses Gas reagiert mit Sauerstoff und Wasser zu Salpetersäure (HNO_3). Durch Niederschläge gelangt so pro Hektar jährlich etwa ein Kilogramm chemisch gebundener Stickstoff in den Boden.
- Stickstoff bindende Bodenbakterien erhöhen den Stickstoffgehalt des Bodens jährlich um bis zu 25 Kilogramm pro Hektar.
- Die bekanntesten Stickstoff fixierenden Bakterien sind die *Knöllchenbakterien,* die in Symbiose mit Schmetterlingsblütlern wie Klee oder Lupinen leben. Sie nehmen elementaren Stickstoff aus der Bodenluft auf, bauen ihn in anorganische Stickstoff-Verbindungen ein und geben diese an ihre Wirtspflanzen weiter. Pro Hektar können auf diese Weise jährlich bis zu 400 Kilogramm Stickstoff gebunden werden. Schmetterlingsblütler werden daher häufig als Zwischenfrucht ausgesät und anschließend untergepflügt. So lassen sich ausgelaugte Äcker auf natürliche Weise mit Stickstoff-Verbindungen anreichern.

Pflanzen können Stickstoff nur in Form von Ammonium- oder Nitrat-Ionen aus dem Bodenwasser aufnehmen. Sie verwenden diese Ionen, um Eiweißstoffe und Erbmaterial aufzubauen. Tiere und Menschen erhalten ihr lebensnotwendiges Eiweiß über die Nahrung und bauen es in körpereigenes Eiweiß um.
Tierische Ausscheidungen und abgestorbenes Pflanzenmaterial bringen den gebundenen Stickstoff wieder in den Boden zurück. Stickstoffhaltige organische Verbindungen werden dabei durch Bakterien zersetzt und damit in lösliche anorganische Verbindungen umgewandelt. Diese können dann erneut von anderen Pflanzen aufgenommen werden.

Ein Teil der anorganischen Stickstoff-Verbindungen wird durch *denitrifizierende* Bakterien in elementaren Stickstoff zurück verwandelt. Dieser gelangt wieder in die Luft; der Kreislauf schließt sich damit.
Dieser Kreislauf ist aber nur in der freien Natur weitgehend geschlossen. Durch Ackerbau entzieht der Mensch dem Boden einen großen Teil der Stickstoff-Verbindungen. Diesen Teil ersetzt der Landwirt durch *Stickstoffdünger.* Er verwendet dazu Produkte, in denen Luftstickstoff durch die Ammoniak-Synthese chemisch gebunden wurde.

Stickstoff-Verbindungen befinden sich in der Natur in einem ständigen Kreislauf. Beim Ackerbau greift der Mensch durch Ernte und Düngung in diesen Kreislauf ein.

1 Beschreibe den Stickstoffkreislauf. Gehe dabei vom Wachstum der Pflanzen aus.

2 Erläutere die Bedeutung der Bodenbakterien für den Stickstoffkreislauf.

3 Weizen nimmt im Jahr etwa 120 kg Stickstoff pro Hektar auf. Berechne aus den Prozentzahlen in der Abbildung den Umsatz der verschiedenen Prozesse.

15.7 Chemie und Landwirtschaft – Düngemittel

Pflanzen benötigen zum Wachstum neben Licht und Wärme vor allem *Wasser* und *Kohlenstoffdioxid.* Daneben entnehmen sie dem Boden mit den Wurzeln *Mineralsalze.*

Die Mineralsalze liefern den Pflanzen alle weiteren benötigten Elemente. Besonders wichtig sind die im Bodenwasser gelösten Nitrat-Ionen und Phosphat-Ionen, sowie Kalium-Ionen, Calcium-Ionen und Magnesium-Ionen. Außerdem sind noch weitere Elemente in Spuren notwendig. Fehlt einer der Hauptnährstoffe oder auch nur eines der *Spurenelemente,* treten charakteristische Mangelkrankheiten auf.

In einer natürlichen Landschaft gelangen die Mineralsalze durch die Zersetzung von Pflanzenmaterial und von tierischen Ausscheidungen in den Boden zurück. Der Verlust durch Auswaschung ins Grundwasser wird durch die Verwitterung von Gesteinsmaterial ausgeglichen.

Der Chemiker Justus von LIEBIG entdeckte um 1840 den Zusammenhang zwischen Bodenfruchtbarkeit und Mineralsalzgehalt. Er fand heraus, dass man dem Boden die durch die Ernte entzogenen Mineralstoffe zurückgeben muss, um die Fruchtbarkeit zu erhalten.

Mineraldüngung. Seit 1840 werden daher Mineraldünger eingesetzt, die dem Boden die notwendigen Salze wieder zuführen. Für das Wachstum benötigen die Pflanzen vor allem Stickstoff-Verbindungen wie Nitrate und Ammoniumsalze. Bei Blütenbildung und Fruchtansatz spielen Phosphat-Ionen eine besonders große Rolle. Kaliumsalze und Calciumsalze regulieren den Wasserhaushalt. Die Düngemittelindustrie liefert heute eine Vielzahl von Düngemittelmischungen, die an den Bedarf der Pflanzen in den verschiedenen Wachstumsstadien angepasst sind. Man unterscheidet *Stickstoffdünger (N), Phosphatdünger (P), Kalidünger (K)* und *Volldünger (NPK).* Da die Mineralsalze gut wasserlöslich sind, müssen sie zum richtigen Zeitpunkt eingesetzt werden, damit sie von den Pflanzen aufgenommen werden können. Anderenfalls werden sie ins Grundwasser ausgewaschen.

Gesetz vom Wachstumsminimum. Bereits LIEBIG hatte erkannt, dass es nutzlos ist *ein* Nährsalz in besonders großen Mengen einzusetzen. Das Wachstum der Pflanzen wird nämlich durch das Nährsalz bestimmt, das – bezogen auf den Bedarf – im geringsten Anteil vorliegt. Überschüssige Mineralsalze werden nicht aufgenommen.

Vor der Düngung muss daher zunächst eine Bodenanalyse durchgeführt werden, damit man den Nährstoffgehalt des Bodens in die Berechnung der optimalen Düngerzusammensetzung einbeziehen kann. Dadurch sparen die Landwirte nicht nur Geld, sie vermeiden auch eine Belastung des Grundwassers durch überschüssige Düngemittel.

Pflanzen benötigen Mineralsalze als Nährstoffe zum Wachstum. Der bezogen auf den Bedarf am wenigsten vorhandene Nährstoff begrenzt dabei das Wachstum. Nährstoffentzug durch Ernte muss durch Düngung ausgeglichen werden.

1 Benenne die in der Abbildung angegebenen Spurenelemente.
2 Auf welche Weise kann man den Einsatz von Mineraldüngern möglichst gering halten?
3 Was verbirgt sich hinter der Abkürzung NPK-Dünger?
4 Benenne die Salze in der Tabelle.

Was braucht die Pflanze zum Leben?

Mineraldünger	Salze
Stickstoffdünger *(N-Dünger)*	$(NH_4)_2SO_4$ NH_4NO_3
Phosphatdünger *(P-Dünger)*	$Ca(H_2PO_4)_2$ $(NH_4)_2HPO_4$
Kalidünger *(K-Dünger)*	KCl K_2SO_4
Volldünger *(NPK-Dünger)*	NH_4NO_3 $(NH_4)_2HPO_4$ $CaHPO_4$, $Ca(H_2PO_4)_2$ KCl $CaSO_4$

Zusammensetzung von Mineraldüngern

15.8 Glas – ein technisches Silicat

Mehrere günstige Eigenschaften machen Glas zu einem verbreiteten Werkstoff: Glas ist durchsichtig, sehr hart, druckfest und chemisch sehr beständig. Da geschmolzenes Glas zähflüssig ist, lässt es sich in beliebige Formen bringen. Die Eigenschaften können außerdem durch Zusatzstoffe gezielt verändert werden.

Quarzglas. Das chemisch einfachste Glas ist Quarzglas. Es ist ein teures Spezialglas, das erst bei 1700 °C weich wird. Quarzglas zerspringt selbst dann nicht, wenn man es rot glühend in heißes Wasser taucht. Um dieses Glas herzustellen, wird *Quarz* (SiO_2) geschmolzen und dann wieder abgekühlt.
Quarz besteht aus miteinander verknüpften SiO_4-Tetraedern. Beim Schmelzen brechen Si–O-Bindungen auf und beim Abkühlen werden wieder neue Bindungen geknüpft. Die SiO_4-Tetraeder sind dann aber nicht mehr so regelmäßig verknüpft wie in einem Kristallgitter. Die Struktur entspricht eher der Anordnung in der Schmelze. Man bezeichnet diese Struktur als *amorph*. Glas hat deshalb keine feste Schmelztemperatur, sondern erweicht über einen größeren Temperaturbereich.

SiO_4-Tetraeder in a) Quarz, b) Quarzglas, c) Kalknatronglas

Kalknatronglas. Fensterglas und Gebrauchsgläser bestehen aus Kalknatronglas. Es beginnt bereits bei 700 °C zu fließen. Als Rohstoffe werden *Quarzsand* (SiO_2), *Soda* (Na_2CO_3) und gemahlener *Kalkstein* ($CaCO_3$) gemischt und langsam auf etwa 1300 °C erhitzt. Dabei entweicht Kohlenstoffdioxid und es bildet sich eine Schmelze.
Anders als im Quarzglas können in Kalknatrongläsern nicht alle Silicium-Atome über Sauerstoff-Atome miteinander verbunden werden. Zahlreiche SiO_4-Tetraeder weisen an einer Ecke ein Sauerstoff-Atom mit einer negativen Ladung auf. Ausgeglichen werden die negativen Ladungen durch eingelagerte Natrium-Ionen und Calcium-Ionen.

Die weitere Verarbeitung der zähflüssigen Schmelze erfolgt bei 900 °C. Um Hohlkörper wie Flaschen herzustellen, bläst man einen dicken Glastropfen in einer Form auf. Für einfache Gebrauchsgegenstände wie Gläser und Schüsseln wird die Glasschmelze in die gewünschte Form gepresst. Fensterglas wird kontinuierlich als breite Glasbahn aus der Schmelze gezogen.
Bei der Herstellung dieser Gläser wird heute bis zu 70 % Altglas eingesetzt. Dadurch wird die Schmelztemperatur herabgesetzt und die Rohstoffvorräte werden geschont.

Auch in der Natur kommen Mineralien vor, in denen die SiO_4-Tetraeder nicht vollständig miteinander verknüpft sind und die deshalb noch Alkali-Ionen und Erdalkali-Ionen zum Ladungsausgleich enthalten. Diese **Silicate** sind kristalline Stoffe. Sie bestehen aus *regelmäßig* in Schichten oder in Ketten verknüpften SiO_4-Tetraedern und unterscheiden sich in Struktur und Eigenschaften von Gläsern.

Glas besteht aus unregelmäßig verbundenen SiO_4-Tetraedern und verschiedenen Kationen, vor allem Natrium-Ionen und Calcium-Ionen. Gebrauchsglas wird aus Quarzsand, Soda und Kalkstein hergestellt.

1 Vergleiche den Aufbau von Kalknatronglas und Quarzglas.
2 Warum ist es sinnvoll Altglas zu sammeln?
3 Welche Vorteile und welche Nachteile hat Glas als Verpackungsmaterial?

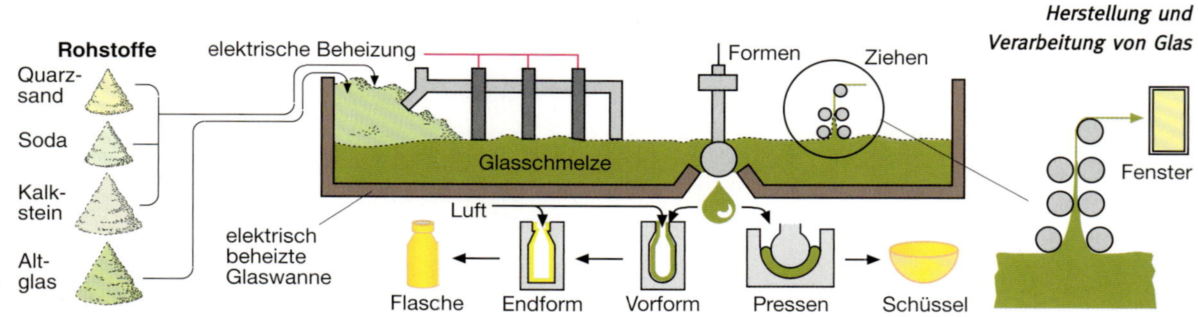

Herstellung und Verarbeitung von Glas

Silicium – *das* Element der Elektronik

Silicium ist nach Sauerstoff das häufigste Element der Erdkruste, da es als Silicat oder als Quarz in den meisten Gesteinen enthalten ist. Elementares Silicium hat heute große wirtschaftliche Bedeutung, denn man benötigt es für die Herstellung von elektronischen Geräten. Zur Produktion von Mikrochips und Solarzellen ist Silicium von höchster Reinheit erforderlich.

Reduktion. Ausgangsstoff für die Produktion von Silicium ist Quarzsand (SiO_2). Zunächst wird der Quarzsand mit Kohlenstoff in Reaktionsöfen zu *elementarem Silicium* reduziert. Für diese stark endotherme Reaktion ist eine Temperatur von 2100 °C erforderlich.

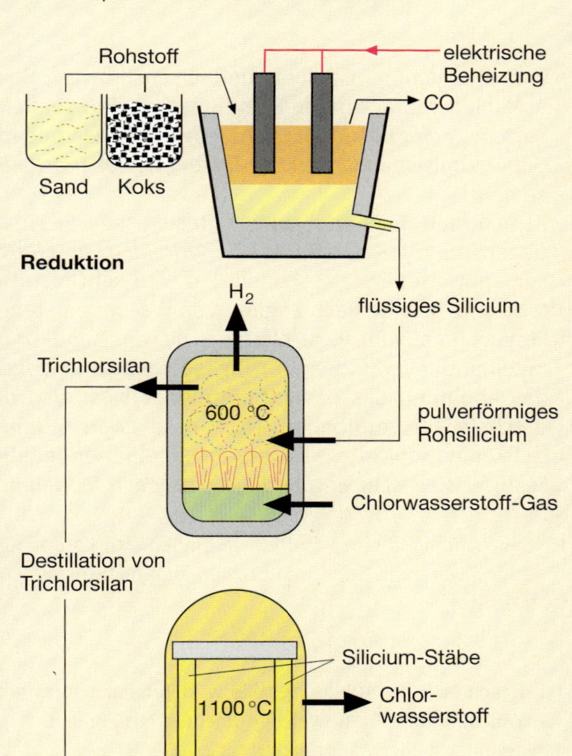

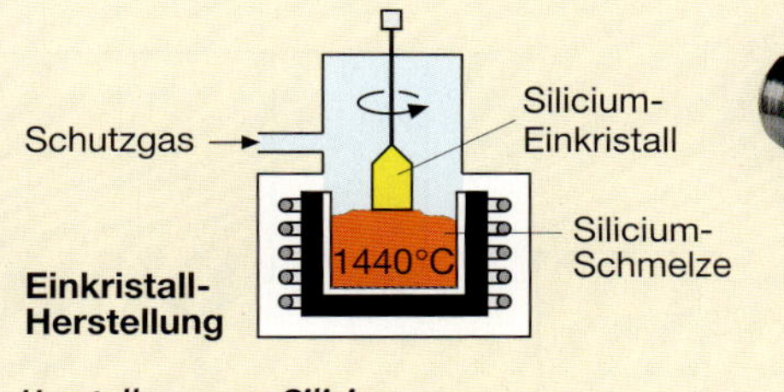

Herstellung von Silicium

SiO_2 (s) + 2 C (s) ⟶ Si (s) + 2 CO (g); endotherm

Das Rohsilicium lässt sich nicht in der Elektronik-Industrie verwenden, da es noch rund 2 % Verunreinigungen wie Eisen, Aluminium, Calcium und Magnesium enthält.

Reinigung. Im zweiten Produktionsschritt bläst man das fein gemahlene Rohsilicium in einen Reaktionsofen. Es reagiert dort bei 600 °C mit Chlorwasserstoff zu *Trichlorsilan* ($SiHCl_3$):

Si (s) + 3 HCl (g) ⟶ $SiHCl_3$ (g) + H_2 (g); exotherm

Trichlorsilan hat eine Siedetemperatur von nur 31 °C und kann deshalb in Destillationsanlagen leicht von allen Verunreinigungen getrennt werden.

Das hochreine Trichlorsilan wird anschließend wieder zerlegt. Dazu mischt man dem gasförmigen Trichlorsilan Wasserstoff zu. Das Gasgemisch strömt an 1100 °C heißen Silicium-Stäben vorbei. Dabei bilden sich *reinstes Silicium* und Chlorwasserstoff. Diese Reaktion ist also die Umkehrung der Bildung von Trichlorsilan. Das Silicium setzt sich auf den Stäben ab, die dadurch immer dicker werden.
Das Silicium erreicht so eine Reinheit von 99,9999999 %: Auf eine Milliarde Silicium-Atome kommt gerade noch 1 Fremdatom!
In diesem Produktionsschritt können dem Silicium auch genau definierte kleine Anteile an Bor, Phosphor oder Arsen zugesetzt werden. Durch dieses *Dotieren* kann die Leitfähigkeit des Siliciums für die Herstellung von speziellen Halbleiter-Bauteilen gezielt gesteuert werden.

Herstellung von Einkristallen. Das abgeschiedene Reinstsilicium besteht aus vielen kleinen Kristallen. Für die Chip-Produktion benötigt man aber große Silicium-Kristalle.
Damit sich solche *Einkristalle* bilden, wird das Silicium bei 1440 °C geschmolzen. Dann taucht man einen kleinen Impfkristall ein, der an einem Stab befestigt ist. Der Impfkristall wird unter ständigem Drehen langsam aus der Silicium-Schmelze herausgezogen. An ihm erstarrt weiteres Silicium zu einem Kristall von bis zu 20 cm Durchmesser und 70 kg Gewicht.

Aus den stabförmigen Kristallen lassen sich rund 1000 Scheiben von 1 Millimeter Dicke schneiden, die so genannten *Wafer.* Ein Wafer reicht für bis zu 100 Chips. Auch Solarzellen lassen sich auf diese Weise gewinnen.

15.9 Mörtel

Mörtel besteht aus einem Gemisch von Sand mit einem Bindemittel. Man unterscheidet zwischen *Kalkmörtel* und *Zementmörtel.*

Kalkmörtel. Ausgangsstoff für die Herstellung von Kalkmörtel ist **Kalkstein.** Chemisch handelt es sich dabei um Calciumcarbonat. Der Kalkstein wird auf Temperaturen von etwa 1000 °C erhitzt. Dabei zersetzt sich das Calciumcarbonat zu Calciumoxid und Kohlenstoffdioxid. Calciumoxid bezeichnet man daher als **gebrannten Kalk** oder *Branntkalk.*

Noch im Kalkwerk wird der Branntkalk mit Wasser versetzt. Er reagiert in exothermer Reaktion zu Calciumhydroxid, das als **gelöschter Kalk** oder *Löschkalk* bezeichnet wird. Auf der Baustelle wird Löschkalk mit Sand und Wasser zu Kalkmörtel angerührt.

Kalkmörtel nimmt aus der Luft allmählich Kohlenstoffdioxid auf. Dabei reagiert Calciumhydroxid zu Calciumcarbonat-Kristallen. Sie verbinden die Sandkörner zu einem festen Baustoff. Dieser Umwandlungsprozess heißt *Abbinden.* Kalkmörtel erhärtet nur an der Luft, nicht jedoch unter Wasser; er ist ein *Luftmörtel.*

Zementmörtel. Um Zement herzustellen, wird ein Gemisch aus Ton und Kalk fein vermahlen und in einem Drehrohrofen auf bis zu 1450 °C erhitzt. Die Rohstoffe reagieren dabei zu einem Gemisch von Aluminium-, Calcium- und Eisensilicaten. Beim Abkühlen verbacken die Reaktionsprodukte zu steinhartem *Zementklinker.* Er wird fein zermahlen und mit Gips vermischt. Man erhält *Zementmörtel (Portlandzement).*

Zementmörtel erhärtet auch unter Wasser. Er ist im Gegensatz zu Kalkmörtel ein *hydraulischer Mörtel.* Zementmörtel erstarrt schnell und wird sehr fest. Bereits eine Stunde nach Zugabe von Wasser entstehen längliche Calciumsilicat-Kristalle, die die Sandkörner miteinander verbinden. Der zugesetzte Gips verzögert das Abbinden des Zementmörtels. Er lässt sich dadurch länger verarbeiten. Nach rund zwölf Stunden ist Zementmörtel völlig erstarrt, seine endgültige Festigkeit erreicht er allerdings erst nach Monaten.

Beim Abbinden eines Mörtels verbinden sich Carbonate oder Silicate mit Sand und Steinen zu einem festen Werkstoff.

Der technische Kalkkreislauf

1 Beschreibe die Abbildung: Wie wird Zement hergestellt?
2 Welchen Vorteil und welchen Nachteil hat Zement gegenüber gelöschtem Kalk?
3 Gib die Reaktionsgleichung für das Abbinden von Kalkmörtel an.

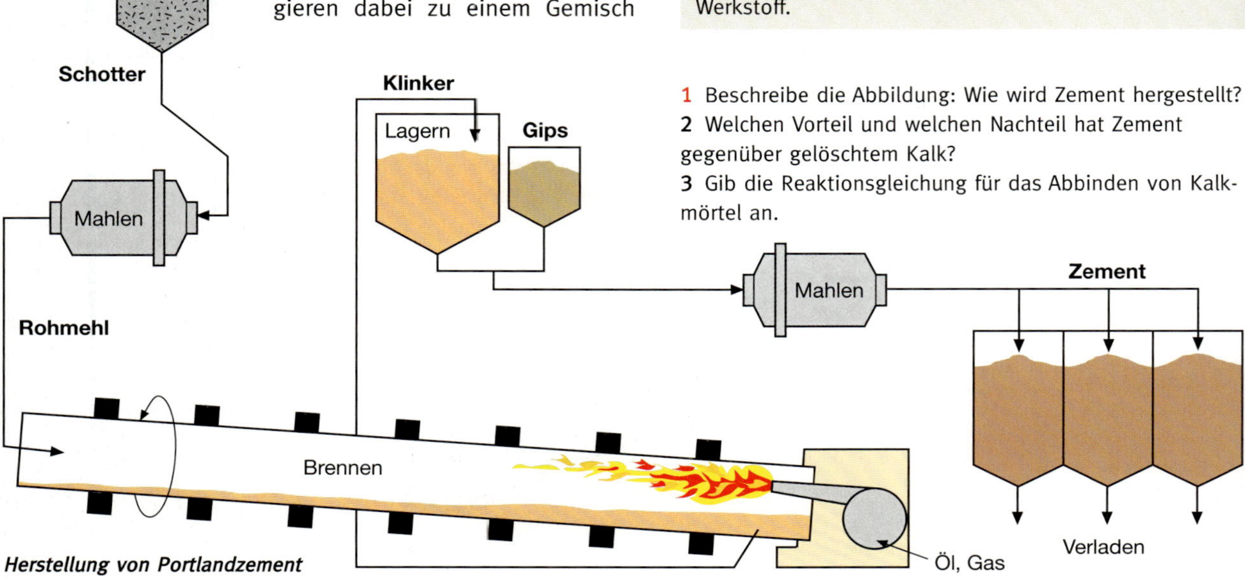

Herstellung von Portlandzement

Mörtel und Glas

V1: Kalklöschen

   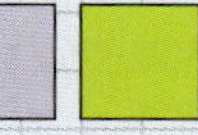 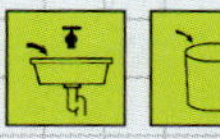

Materialien: Porzellanschale, Glasstab, Becherglas, Trichter, Filtrierpapier, Thermometer;
Calciumoxid (Xi), Indikator-Papier.

Durchführung:

1. Gib in der Porzellanschale zu Calciumoxid (Branntkalk) zunächst tropfenweise Wasser und rühre mit dem Glasstab um. Achte auf die Temperaturänderung.

2. Füge nun mehr Wasser zu und prüfe die Aufschlämmung (Kalkmilch) mit dem Indikator-Papier.

3. Filtriere die Kalkmilch und prüfe das klare Filtrat (Kalkwasser) ebenfalls mit dem Indikator-Papier.

Aufgaben:

a) Beschreibe und deute deine Beobachtungen.

b) Stelle die Reaktionsgleichung auf.

V2: Kalkmörtel und Zementmörtel im Vergleich

 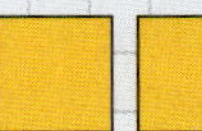  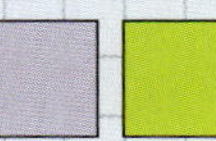 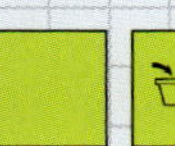  

Materialien: 2 Porzellanschalen, 2 Bechergläser;
gelöschter Kalk (Xi), Zement, Sand.

Durchführung:

1. Mische in jeweils einer Porzellanschale einen Teil gelöschten Kalk beziehungsweise Zement mit zwei Teilen Sand.

2. Gib unter Rühren langsam wenig Wasser hinzu, sodass ein dicker Brei entsteht.

3. Forme aus dem Kalkmörtel und dem Zementmörtel jeweils zwei Kugeln und kennzeichne sie.

4. Gib jeweils eine Kugel in ein Becherglas mit Wasser, lasse die anderen Kugeln an der Luft erhärten.

5. Prüfe nach einigen Tagen die Härte der Kugeln.

Aufgabe: Beschreibe und deute deine Beobachtungen.
Wie unterscheiden sich Kalkmörtel und Zementmörtel?

V3: Schmelzen einer Glasmischung

  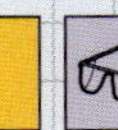 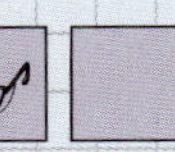   

Materialien: Magnesiarinne, Magnesiastäbchen, Gasbrenner, Pinzette;
Glasmischung (10,6 g Borsäure, 1 g Quarz (gemahlen), 1,7 g Calciumcarbonat, 1,8 g Soda, 2,5 g Lithiumcarbonat), Cobaltchlorid (T).

Durchführung:

1. Gib einen Spatel der Glasmischung auf das vordere Drittel der Magnesiarinne.

2. Erhitze die Mischung in der Brennerflamme direkt oberhalb des blauen Kegels, bis sich eine Schmelze bildet; füge dann weitere Glasmischung hinzu.

3. Versuche außerhalb der Flamme mit dem Magnesiastäbchen einen Glasfaden aus der Schmelze zu ziehen.

4. Gib wenige Kristalle Cobaltchlorid auf die Schmelze und erhitze weiter, bis sie gleichmäßig gefärbt ist.

Aufgaben:

a) Beschreibe deine Beobachtungen.

b) Wie unterscheidet sich die benutzte Mischung von einer normalen Glasmischung?

V4: Glasbearbeitung

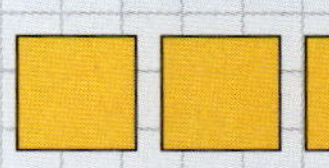   

Materialien: Gasbrenner, Glasrohr (Durchmesser 8 mm), Glasschneider.

Durchführung:

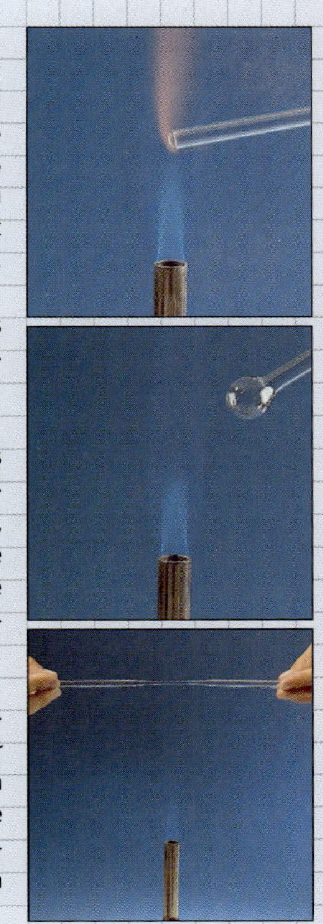

1. Schneiden und Brechen:
Ritze ein Glasrohr mit dem Glasschneider. Drehe das Rohr dabei so, dass mehr als die Hälfte des Umfangs angeritzt wird. Brich das Rohr an der geritzten Stelle, indem du beide Daumen aneinander legst und vorsichtig von dir weg drückst.

2. Rundschmelzen:
Erhitze das abgetrennte Ende des Rohrs unter Drehen in der rauschenden Brennerflamme.

3. Zuschmelzen und Kugelblasen:
Erhitze das Ende eines Glasrohrs bis zum Erweichen. Drücke das Ende auf eine feuerfeste Unterlage, sodass es sich schließt. Erhitze diesen Bereich erneut und blase das Glasrohr außerhalb der Flamme langsam auf.

4. Ausziehen:
Halte das Glasrohr an beiden Enden. Erhitze es in der Mitte unter ständigem Drehen, bis es weich wird. Ziehe außerhalb der Flamme an den Enden des Rohrs. Lass abkühlen und brich es nach Anritzen an der dünnsten Stelle.

Prüfe dein Wissen

Quiz

A1 a) Erkläre die Begriffe des Fensters.
b) Notiere auf der Vorderseite von Karteikarten den Begriff, auf der Rückseite die Erklärung.

A2 Gib die Formeln für folgende Stoffe an:
a) Schwefeldioxid, Schwefeltrioxid, Calciumsulfat;
b) Ammoniumnitrat, Stickstoffdioxid;
c) Distickstoffmonooxid, Stickstoffmonooxid;
d) Calciumphosphat, Kaliumdihydrogenphosphat;
e) Calciumhydroxid, Calciumcarbonat.

A3 Welche Vorgänge laufen beim Brennen und Abbinden von Gips ab?

Know-how

A4 Ammoniak wird in einer Kolbenprober-Apparatur bei Anwesenheit eines Katalysators vollständig in seine Elemente zerlegt. Nach dem Abkühlen vergleicht man das Gasvolumen nach der Reaktion mit dem vor der Reaktion.
a) Was wird man beobachten?
b) Formuliere die Reaktionsgleichung.

A5 Ammoniumnitrat (NH_4NO_3) und Ammoniumsulfat ($(NH_4)_2SO_4$) sind wichtige Stickstoffdünger. Berechne jeweils den Massenanteil von Stickstoff und vergleiche.

A6 LIEBIG verglich den Nährstoffgehalt des Bodens mit einem Holzfass. Dabei symbolisiert die kürzeste Daube das Element im Boden, das am meisten fehlt (Minimumstoff).

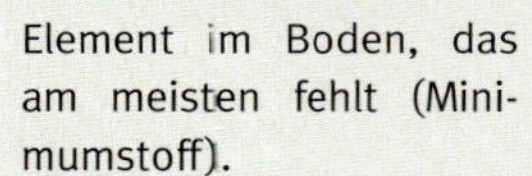

a) Welche Bedeutung hat der Minimumstoff für das Pflanzenwachstum?
b) Welche Wirkung hat eine Düngung mit anderen Elementen?
c) Wie müsste der Landwirt in dem abgebildeten Beispiel reagieren?

A7 Viele Landwirte lassen vor dem Düngen eine Bodenuntersuchung durchführen. Welchen Vorteil hat dieses Vorgehen?

A8 Auf welches Säurerest-Ion der Phosphorsäure könnte sich die Angabe „Säuerungsmittel Phosphat“ beziehen, die auf manchen Lebensmittelverpackungen zu finden ist?

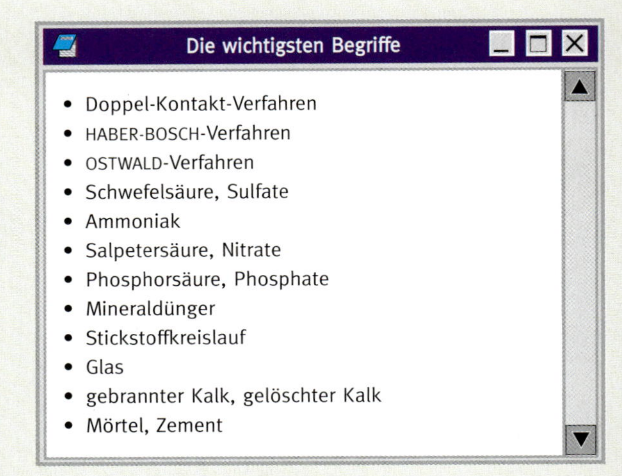

Die wichtigsten Begriffe

- Doppel-Kontakt-Verfahren
- HABER-BOSCH-Verfahren
- OSTWALD-Verfahren
- Schwefelsäure, Sulfate
- Ammoniak
- Salpetersäure, Nitrate
- Phosphorsäure, Phosphate
- Mineraldünger
- Stickstoffkreislauf
- Glas
- gebrannter Kalk, gelöschter Kalk
- Mörtel, Zement

Natur – Mensch – Technik

A9 In Neubauten, die mit Kalkmörtel gemauert sind, stellt man oft Koksöfen auf.
a) Welche Vorteile bieten die Koksöfen?
b) Welche Probleme können entstehen, wenn die Häuser zu früh bezogen werden?

A10 Warum entsteht bei Gewittern Salpetersäure im Regen? Welche Bedeutung hat dieser Vorgang für den Stickstoffkreislauf?

A11 In Wärmekraftwerken entstehen stets auch Stickstoffoxide im Abgas. Um diese zu entfernen, leitet man die Abgase in Entstickungsanlagen. Hier reagieren die Stickstoffoxide mit Ammoniak an Katalysatoren zu Stickstoff und Wasser.
a) Wie werden Stickstoffoxide in Kraftwerken gebildet?
b) Formuliere die Reaktionsgleichung für die Umsetzung von Stickstoffmonooxid mit Ammoniak.

A12 Eine Düngemittelfabrik stellt den Dünger Ammoniumnitrat her.
a) Beschreibe die notwendigen Anlagen. Welche Reaktionen laufen dabei ab?
b) Wie viel Kilogramm Ammoniak müssen für eine Tonne Ammoniumnitrat hergestellt werden?

1. Schwefelsäure (H_2SO_4)

Herstellung: Doppel-Kontakt-Verfahren
Ausgangsstoffe: Schwefel, sulfidische Erze, schwefelwasserstoffhaltiges Erdgas, Dünnsäure

$$S\ (s) \xrightarrow{\text{Luft}} SO_2\ (g) \xrightarrow{\text{Luft, Kat.}} SO_3\ (g) \xrightarrow{\text{Wasser}} H_2SO_4\ (l)$$

Verwendung: Herstellung von Düngemitteln, Farbstoffen, Waschmitteln, Elektrolyt in der Autobatterie
Wichtige Salze: Kupfersulfat ($CuSO_4 \cdot 5\ H_2O$), Natriumhydrogensulfat ($NaHSO_4 \cdot H_2O$), Calciumsulfat ($CaSO_4 \cdot 2\ H_2O$)

2. Ammoniak (NH_3)

Herstellung: HABER-BOSCH-Verfahren
Ausgangsstoffe: Luft, Wasser, Erdgas

$$N_2\ (g) + 3\ H_2\ (g) \xrightarrow{\text{Kat., 30 MPa, 450 °C}} 2\ NH_3\ (g)$$

Eigenschaften: farbloses, stechend riechendes Gas, bildet alkalische Lösungen (Ammoniakwasser)
Verwendung: Herstellung von Salpetersäure und Düngemitteln
Wichtige Salze: Ammoniumchlorid (NH_4Cl), Ammoniumsulfat ($(NH_4)_2SO_4$), Ammoniumnitrat (NH_4NO_3)

5. Düngemittel

Nährsalze zum Ausgleich der Nährstoffverluste im Boden durch Ernte
Phosphatdünger: Calciumdihydrogenphosphat
Stickstoffdünger: Ammoniumnitrat, Ammoniumsulfat
Kalidünger: Kaliumchlorid

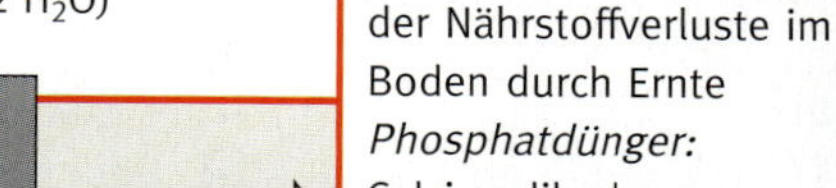

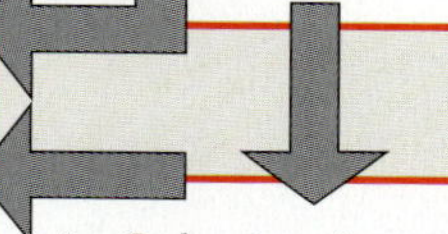

3. Phosphorsäure (H_3PO_4)

Herstellung: Umsetzung von Apatit
Ausgangsstoffe: Rohphosphat (Apatit), Schwefelsäure

$$Ca_3(PO_4)_2\ (s) + 3\ H_2SO_4\ (aq) \longrightarrow 3\ CaSO_4\ (s) + 2\ H_3PO_4\ (aq)$$

Eigenschaften: farblose Kristalle, gut wasserlöslich, bildet saure Lösungen
Verwendung: Düngemittel, Lebensmittelindustrie, Rostschutz
Wichtige Salze: Calciumhydrogenphosphat ($CaHPO_4$), Kaliumdihydrogenphosphat (KH_2PO_4)

4. Salpetersäure (HNO_3)

Herstellung: OSTWALD-Verfahren
Ausgangsstoffe: Ammoniak, Luft

$$NH_3\ (g) \xrightarrow{\text{Luft, Kat.}} NO\ (g) \xrightarrow{\text{Luft}} NO_2\ (g) \xrightarrow{\text{Luft, Wasser}} HNO_3\ (aq)$$

Eigenschaften: Konzentrierte Salpetersäure reagiert mit Kupfer und Silber unter Bildung von Stickstoffdioxid.
Verwendung: Düngemittel, Farbstoffe, Lacke, Sprengstoffe
Wichtige Salze: Kaliumnitrat (KNO_3), Silbernitrat ($AgNO_3$)

6. Glas

Gebrauchsglas:
Herstellung: Zusammenschmelzen von Quarzsand (Siliciumdioxid) mit Natriumcarbonat und Calciumcarbonat

Eigenschaften: durchsichtig, spröde, amorph, erweicht beim Erwärmen, beständig gegen die meisten Chemikalien

Verwendung: Fensterscheiben, Flaschen, Gläser

Quarzglas wird aus reinem Siliciumdioxid (Bergkristall) hergestellt.

7. Mörtel

Herstellung des Bindemittels:
a) *Kalk:* Brennen von Kalkstein und Löschen des Branntkalks; $CaCO_3 \dashrightarrow CaO \dashrightarrow Ca(OH)_2$
b) *Zement:* Brennen von Kalkstein und Ton, Mahlen des Zementklinkers und Mischen mit Gips

Herstellung des Mörtels: Das Bindemittel wird mit Sand oder Kies und Wasser gemischt.

Abbinden: Beim Abbinden bildet das Bindemittel Kristalle aus, die fest miteinander verwachsen.

16 Chemie der Kohlenwasserstoffe

Experten schätzen, dass jährlich weltweit bis zu 800 Millionen Tonnen Methan in die Luft gelangen. *Methan* ist ein gasförmiger Kohlenwasserstoff, der den Hauptbestandteil des Biogases ausmacht.

Methanbakterien produzieren dieses Gas bei der Vergärung und der Fäulnis pflanzlichen Materials. So steigen große Mengen an Methan aus dem sumpfigen Untergrund von Reisfeldern auf.

Auch das Rind ist eine Art „Biogasanlage“. Im Rindermagen helfen Methanbakterien bei der Verdauung von Cellulose und bewirken, dass ein Rind täglich bis zu 200 Liter Methan in die Luft rülpst.

Methan gehört zu den Spurengasen der Atmosphäre und wirkt auch als Treibhausgas. So führt die weltweit zunehmende Rinderhaltung nicht nur zu immer mehr Gülle und Mist, sondern sie verstärkt auch den Treibhauseffekt.

16.1 Organische Stoffe – Organische Chemie

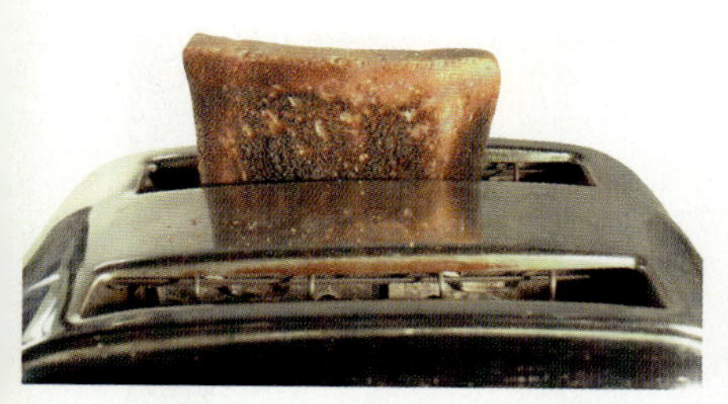

Ein einfacher chemischer Nachweis für organische Stoffe

Verkohltes Toastbrot beim Frühstück oder schwarze Würstchen bei der Grillparty sind ein ärgerliches Missgeschick. Ungewollt hat man dabei einen wichtigen chemischen Nachweis durchgeführt: Brot und Fleisch zersetzen sich bei hohen Temperaturen; übrig bleibt eine ungenießbare, kohleartige Masse. Diese *Verkohlung* ist typisch für viele Verbindungen, an deren Aufbau *Kohlenstoff-Atome* beteiligt sind. Allgemein bezeichnet man solche Substanzen als *organische Stoffe*.

Zucker und Kochsalz sehen zum Verwechseln ähnlich aus. Beides sind farblose kristalline Substanzen. Beim Erhitzen zeigt sich, dass Zucker eine organische Verbindung ist: Bei 185 °C bildet sich eine braune, zähe Schmelze, Gase entweichen und bei weiterem Erhitzen bleibt schließlich poröse Zuckerkohle zurück. Kochsalz schmilzt dagegen erst bei einer Temperatur von etwa 800 °C. Es entsteht eine klare Schmelze, aus der beim Abkühlen das Salz ohne erkennbare Veränderung wieder auskristallisiert; eine Zersetzung findet nicht statt. Kochsalz gehört zu den *anorganischen Stoffen.*

Holz, Bienenwachs, Medikamente, Farbstoffe und Kunststoffe sind weitere Beispiele für organische Stoffe. Die Chemie der Kohlenstoff-Verbindungen wird allgemein als **organische Chemie** bezeichnet. Nur einige Kohlenstoff-Verbindungen rechnet man zur **anorganischen Chemie.** Dazu gehören Kohlenstoffmonooxid und Kohlenstoffdioxid sowie die Kohlensäure und ihre Salze, die Carbonate.

Organische Stoffe sind Kohlenstoff-Verbindungen.
Die organische Chemie ist die Chemie der Kohlenstoff-Verbindungen.

1 Welche Atom-Art ist immer am Aufbau organischer Verbindungen beteiligt? Gib Elementsymbol, Atommasse, Ordnungszahl, Anzahl und Art der Elementarteilchen sowie Stellung im Periodensystem an.
2 Was versteht man unter Zuckerkohle?
3 Wie lässt sich experimentell zeigen, dass Kunststoffe organische Verbindungen sind?

Die Anfänge der organischen Chemie

Exkurs

Bis ins 18. Jahrhundert untersuchten die Naturforscher vor allem Stoffe aus der unbelebten Natur. Viele dieser Verbindungen konnten synthetisiert werden. Um 1800 wurden dann auch viele Reinstoffe aus der belebten Natur isoliert und analysiert. Der schwedische Chemiker BERZELIUS schlug für sie 1807 die Bezeichnung **organische Stoffe** vor. Zu dieser Zeit ließ sich keine dieser Verbindungen im Labor herstellen. Man führte ihre Bildung deshalb auf eine besondere „Lebenskraft“ des Organismus zurück.

WÖHLERS Harnstoff-Synthese. Im Jahre 1828 berichtete der deutsche Chemiker WÖHLER in einem Brief an BERZELIUS über seine Untersuchungen: „Ich kann, so zu sagen, mein chemisches Wasser nicht halten und muß ihnen sagen, daß ich Harnstoff machen kann, ohne dazu Nieren oder überhaupt ein Thier, sey es Mensch oder Hund, nöthig zu haben. Ich fand, daß immer wenn man Cyansäure mit Ammoniak zu verbinden sucht, eine kristallisierte Substanz entsteht, die ... weder auf Cyansäure noch Ammoniak reagierte ..., und es bedurfte nun weiter Nichts als einer vergleichenden Untersuchung mit Pisse-Harnstoff, den ich in jeder Hinsicht selbst gemacht hatte, und dem Cyan-Harnstoff. Wenn nun ... kein anderes Produkt als Harnstoff entstanden war, so mußte endlich ... der Pisse-Harnstoff genau dieselbe Zusammensetzung haben, wie das cyansaure Ammoniak. Und dies ist in der That der Fall ...“
WÖHLER hatte mit dem Harnstoff die erste organische Verbindung synthetisiert und so den Einstieg in die organische Chemie gefunden.

1 Wie hat BERZELIUS die Verbindungen pflanzlicher und tierischer Herkunft von den Stoffen der unbelebten Natur unterschieden?
2 Warum erwähnt WÖHLER die Nieren im Zusammenhang mit Harnstoff?
3 Nenne je zwei Beispiele für Stoffe aus der belebten und unbelebten Natur.

16.2 Methan – Kohlenwasserstoff Nummer Eins

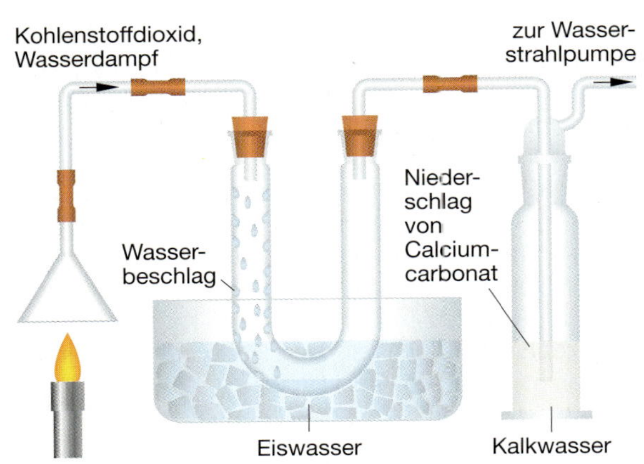

Qualitative Analyse von Methan

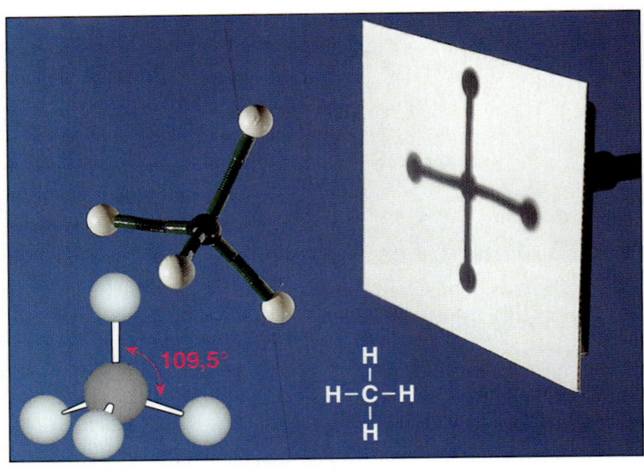

Das Methan-Molekül

Erdgas besteht fast ausschließlich aus Methan. Bei der Verbrennung von Erdgas bilden sich als Reaktionsprodukte Wasserdampf und Kohlenstoffdioxid. Methan-Moleküle müssen also Kohlenstoff-Atome und Wasserstoff-Atome enthalten. Allgemein bezeichnet man alle Verbindungen, die nur aus Kohlenstoff-Atomen und Wasserstoff-Atomen aufgebaut sind, als **Kohlenwasserstoffe.** Methan ist die einfachste Verbindung dieser Art.

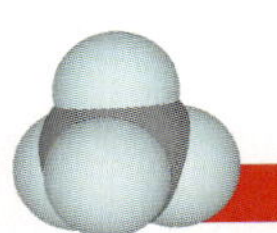

Steckbrief: Methan (CH_4)

Vorkommen: Hauptbestandteil des Erdgases; entsteht durch Abbau pflanzlichen Materials in Sümpfen, Deponien, Faultürmen oder Kläranlagen, Wiederkäuermägen und Biogasanlagen.

Eigenschaften: farbloses, geruchloses und brennbares Gas; brennt mit bläulicher Flamme; Methan/Luft-Gemische sind explosiv (Schlagwetter in Bergwerken);
Dichte: 0,67 $\frac{g}{l}$ (bei 20 °C und 1013 hPa)
Schmelztemperatur: – 182 °C
Siedetemperatur: – 161 °C

Verwendung: Heizgas in Kraftwerken und Haushalten; wichtiger Rohstoff für die chemische Industrie

Hoch entzündlich

R 12 Hoch entzündlich
S 9 Behälter an einem gut gelüfteten Ort aufbewahren
S 16 Von Zündquellen fern halten
S 33 Maßnahmen gegen elektrostatische Aufladungen treffen

Molekülformel von Methan. Das Atomanzahlverhältnis im Molekül ergibt sich aus der *quantitativen Analyse:* Dazu oxidiert man in einer geschlossenen Apparatur Methan mit Kupferoxid vollständig zu Wasser und Kohlenstoffdioxid.
Aus der Masse des entstandenen Wassers und dem Volumen des gebildeten Kohlenstoffdioxids ergibt sich das Atomanzahlverhältnis $N(C) : N(H) = 1 : 4$ und damit die *Verhältnisformel* C_1H_4. Die Volumina von eingesetztem Methan und erhaltenem Kohlenstoffdioxid sind gleich groß. Daraus erhält man für die **Molekülformel** von Methan **CH_4**.

Struktur des Methan-Moleküls. Im Methan-Molekül sind die vier Wasserstoff-Atome jeweils über eine Elektronenpaarbindung mit dem Kohlenstoff-Atom verbunden. Nach dem Elektronenpaarabstoßungs-Modell ordnen sich die Atome tetraederförmig an. Im Zentrum des Tetraeders befindet sich das Kohlenstoff-Atom, an den vier Ecken sind die Wasserstoff-Atome. Der H–C–H-Bindungswinkel beträgt 109,5°. Diesen Winkel bezeichnet man als **Tetraederwinkel.** Am *Kugel/Stab-Modell* lässt sich der räumliche Bau des Moleküls sehr gut erkennen. Die übliche *LEWIS-Formel* entspricht der Projektion des Modells in die Zeichenebene.

Kohlenwasserstoffe sind Verbindungen, deren Moleküle nur aus Kohlenstoff-Atomen und Wasserstoff-Atomen aufgebaut sind. Methan, der einfachste Kohlenwasserstoff, besteht aus tetraederförmigen CH_4-Molekülen.

1 Formuliere die Reaktionsgleichungen für **a)** die Verbrennung von Methan; **b)** die Oxidation von Methan mit Kupferoxid; **c)** den Nachweis von Kohlenstoffdioxid mit Calciumhydroxid-Lösung.

Die Molekülformel von Methan

Theorie

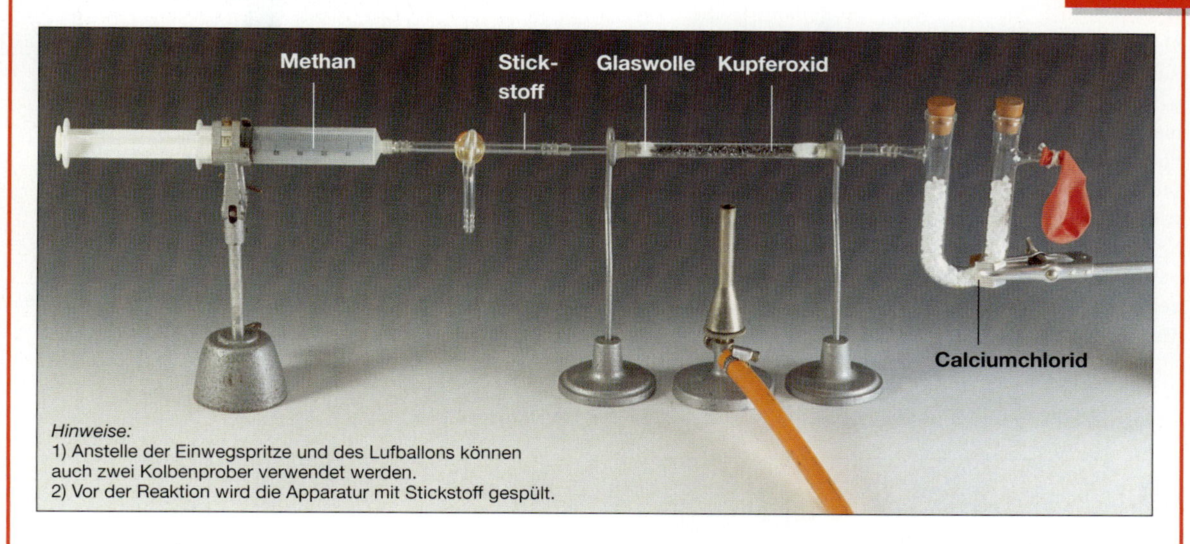

Auf Rotglut erhitztes Kupferoxid oxidiert Methan vollständig zu Wasserdampf und Kohlenstoffdioxid. Dieses Verfahren geht auf LIEBIG zurück und wird als **quantitative Elementaranalyse** bezeichnet.

Aus 50 ml Methan entstehen 50 ml Kohlenstoffdioxid. 75 mg Wasserdampf werden von wasserfreiem Calciumchlorid gebunden, die Masse ergibt sich aus der Massendifferenz des U-Rohres vor und nach dem Versuch.

Aus den Versuchsergebnissen lässt sich die *Verhältnisformel* und die *Molekülformel* von Methan ermitteln:

1. Wasserstoffanteil:
Die Stoffmenge des Wasserstoffs erhält man aus der Masse des gebildeten Wassers:

$$n(H_2O) = \frac{m(H_2O)}{M(H_2O)} = \frac{75\ \text{mg}}{18\ \frac{\text{mg}}{\text{mmol}}} = 4{,}2\ \text{mmol}$$

$$n(H) = 2 \cdot n(H_2O) = 8{,}4\ \text{mmol}$$

2. Kohlenstoffanteil:
Die Stoffmenge des Kohlenstoffs lässt sich aus dem Volumen und der Dichte berechnen:

$$m(CO_2) = V(CO_2) \cdot \varrho\,(CO_2) = 50\ \text{ml} \cdot 1{,}84\ \frac{\text{mg}}{\text{ml}} = 92\ \text{mg}$$

$$n(CO_2) = \frac{m(CO_2)}{M(CO_2)} = \frac{92\ \text{mg}}{44\ \frac{\text{mg}}{\text{mmol}}} = 2{,}09\ \text{mmol}$$

$$n(C) = n(CO_2) = 2{,}09\ \text{mmol}$$

3. Atomanzahlverhältnis und Verhältnisformel:
Als Verhältnisformel ergibt sich:

$$n(C) : n(H) = \frac{2{,}1\ \text{mmol}}{8{,}4\ \text{mmol}} = 1 : 4 \Longrightarrow \mathbf{C_1H_4}$$

4. Von der Verhältnisformel zur Molekülformel:
Aus 50 ml Methan entstehen 50 ml Kohlenstoffdioxid:
$V(\text{Methan}) : V(CO_2) = 1 : 1$
Gleiche Gasvolumina enthalten nach dem Gesetz von AVOGADRO bei gleichen Bedingungen gleich viele Teilchen. Daraus ergibt sich, dass in *einem* Methan-Molekül wie in *einem* Kohlenstoffdioxid-Molekül *ein* Kohlenstoff-Atom enthalten ist.
Die Molekülformel von Methan lautet daher CH_4.

5. Experimentelle Überprüfung durch Gaswägung:
Man wiegt eine Gaswägekugel mit der darin befindlichen Luft. Anschließend drückt man aus dem Kolbenprober 100 ml Methan hinein und wiegt erneut.
Als Differenz der beiden Wägungen ergibt sich als Masse von 100 ml Methan 67 mg.

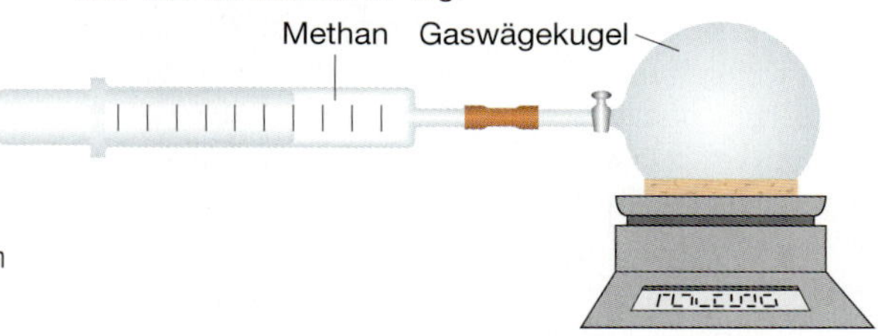

Aus dem Volumen und der Masse lassen sich die Stoffmenge und die molare Masse berechnen:

$$n = \frac{V}{V_m} = \frac{0{,}1\ \text{l}}{24\ \frac{\text{l}}{\text{mol}}} = 0{,}0042\ \text{mol}$$

$$M = \frac{m}{n} = \frac{0{,}067\ \text{g}}{0{,}0042\ \text{mol}} = 16\ \frac{\text{g}}{\text{mol}}$$

Die Molekülformel von Methan ist damit bestätigt.

Projekt

Biogas ... Methan aus Mist

Methanbakterien gewinnen lebensnotwendige Energie durch Zersetzung organischen Materials. Das dabei gebildete **Biogas** besteht vorwiegend aus Methan (etwa 60 %) und Kohlenstoffdioxid (etwa 35 %). Außerdem enthält es noch Wasserstoff, Stickstoff und Schwefelwasserstoff. Große Mengen an Methan entweichen durch solche Vorgänge aus dem sumpfigen Untergrund von Reisfeldern.
Im Rindermagen ermöglichen Methanbakterien die Verdauung von Cellulose. Für die Zersetzung organischer Stoffe benötigen die Methanbakterien keinen Sauerstoff. Die *Methan-Gärung* verläuft *anaerob*.

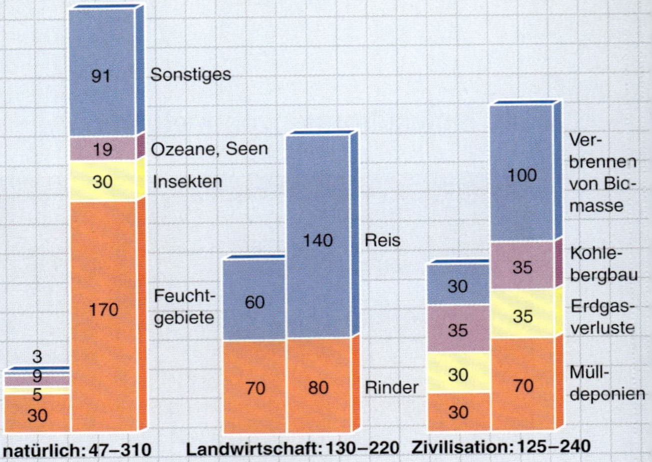

Methan-Quellen *(Emission in Millionen Tonnen pro Jahr)*

V1: Biogas (F+) aus der Thermosflasche

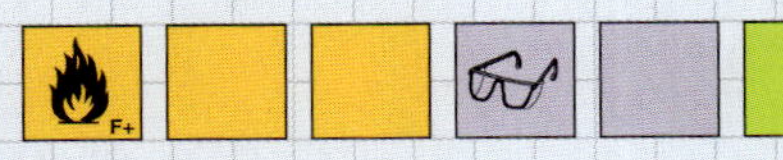

Materialien: Erlenmeyerkolben (300 ml) mit Stopfen, Waage, Wasserbad, Thermosflasche (mindestens 700 ml), Stopfen mit zwei Löchern, Thermometer, gewinkeltes Glasrohr, Kolbenprober mit Hahn (100 ml);
Kohlenstoffdioxid, frische Pferdeäpfel, Kochsalzlösung (0,9 %).

Durchführung:
1. Gib etwa 150 g der frischen Pferdeäpfel und 130 ml der Kochsalzlösung in den Erlenmeyerkolben.
2. Erwärme den Ansatz im Wasserbad auf 40 °C.
3. Spüle die Thermosflasche mit Kohlenstoffdioxid und fülle den Inhalt des Erlenmeyerkolbens in die Thermosflasche. Dabei muss zwischen Substanz und Stopfen ein Zwischenraum von 2 cm bleiben.
4. Baue nun die Apparatur nach der Abbildung zusammen.
5. Notiere über einige Tage den Temperaturverlauf und das gebildete Gasvolumen. Schüttle die Thermosflasche dabei gelegentlich, ohne sie aber zu öffnen. Beende den Versuch, wenn die Gasentwicklung merklich nachlässt.
6. *Zusatz:* Verschließe den Kolbenprober mit dem Hahn und verwende das Biogas für Versuch 2.

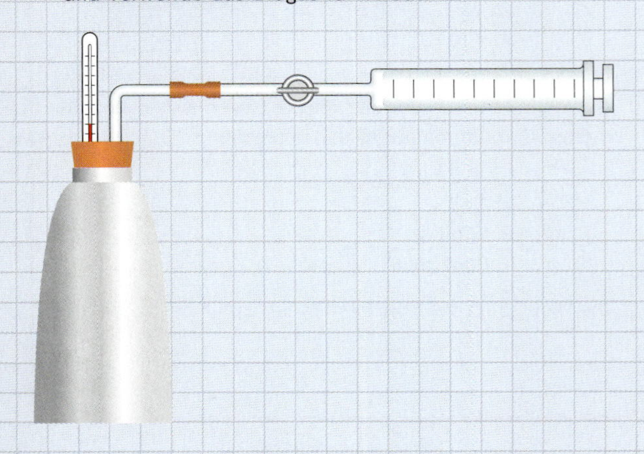

V2: Analyse von Biogas

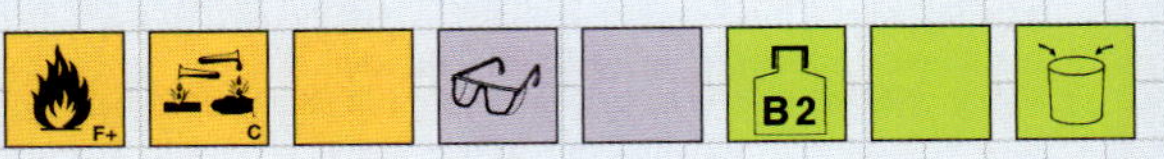

Materialien: Luftballon, Absorptionsrohr mit Natronkalk (C), Schlauchstück, Glasrohre, Bleiacetat-Papier (Müll);
Kolbenprober mit Hahn mit Biogas (F+) aus Versuch 1.

Durchführung:
Quantitative Bestimmung von Kohlenstoffdioxid:
1. Baue die Apparatur nach der Abbildung zusammen.
2. Öffne den Hahn am Kolbenprober und schiebe das Biogas in die Apparatur.
3. Bewege das Gas so lange mit dem Kolbenprober hin und her, bis sich das Volumen nicht mehr ändert. Die Volumenabnahme entspricht dem Anteil an Kohlenstoffdioxid.

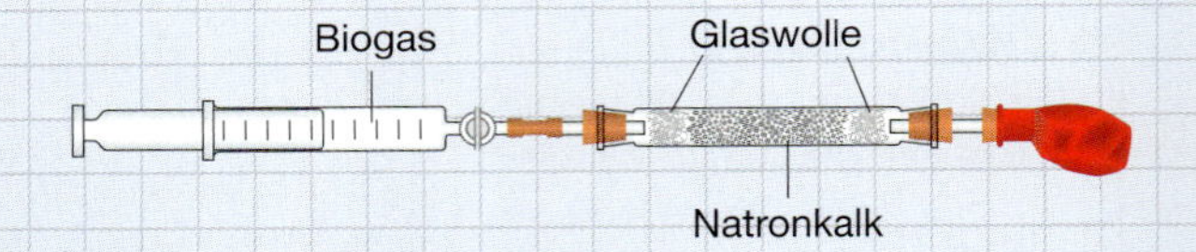

Nachweis von Schwefelwasserstoff:
1. Leite etwas Biogas über feuchtes Bleiacetat-Papier.

Arbeitsaufträge:
1. Besorge Anschriften von landwirtschaftlichen Betrieben, die Biogas produzieren.
2. Informiere dich vor Ort über den Aufbau einer Biogasanlage sowie über die Nutzung des Biogases und des vergorenen Materials.

V3: Biogas als Energieträger

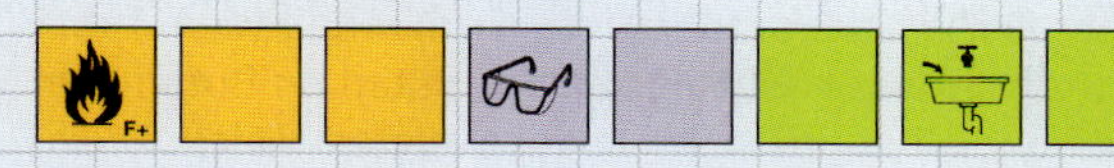

Materialien: Weithalsflasche (250 ml) mit Graduierung, Stopfen mit zwei Löchern, Dreiwegehahn, Ausgleichsbehälter mit Glasrohr mit kapillarer Spitze, gewinkeltes Glasrohr mit Spitze, leere Getränkedose (Blechdose), Thermometer (Einteilung 0,1 °C), Messzylinder (100 ml);
Erdgas oder Methan (F+), Biogas (F+).

Durchführung:

1. Fülle die graduierte Glasflasche mit Wasser und baue die Apparatur nach der Abbildung zusammen.
2. Leite über den Dreiwegehahn 250 ml Erdgas oder Methan in die Flasche. Dabei wird das Wasser in den Ausgleichsbehälter verdrängt.
3. Fülle 75 ml Wasser in die Getränkedose und lies die Temperatur des Wassers auf 0,1 °C genau ab.
4. Stelle nun den Dreiwegehahn so ein, dass Gas durch die Glasspitze strömt und entzünde das Gas.
5. Bringe die Getränkedose mit dem Wasser und dem Thermometer über die Flamme. Stelle den Gasstrom ab, wenn ein Gasvolumen von 150 ml verbrannt ist.
6. Durchmische das Wasser in der Dose und lies die Temperatur ab. Ermittle die Temperaturänderung.
7. Ersetze das Wasser in der Blechdose durch 75 ml frisches Wasser und führe den Versuch mit Biogas erneut durch.

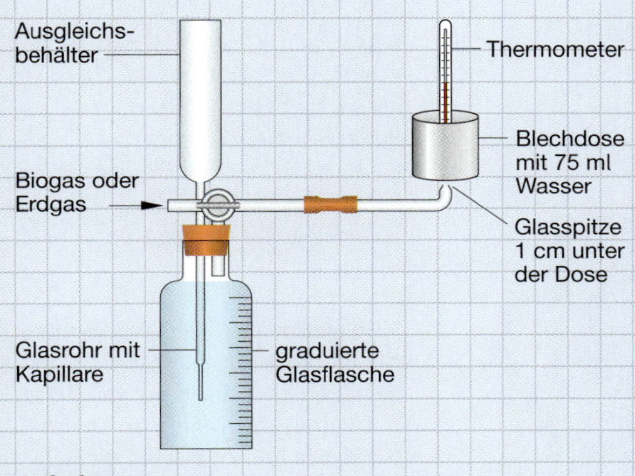

Aufgaben:

a) Vergleiche deine Werte mit den folgenden Durchschnittswerten: Temperaturerhöhung bei Biogas 7 °C; bei Erdgas 11,4 °C (jeweils bei 150 ml Gas).

b) Vergleiche die Heizwerte von Biogas und Erdgas.

Heizkosten, Heizwerte und CO_2-Emission

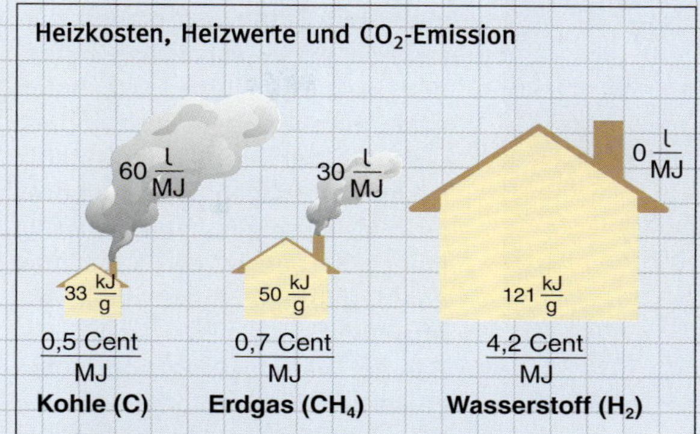

Aufgaben: 1. Vergleiche die Heizwerte der Brennstoffe und die CO_2-Produktion bei ihrer Verbrennung.
2. Vergleiche die Brennstoffe unter ökologischen und wirtschaftlichen Gesichtspunkten.

Biogas als Energieträger

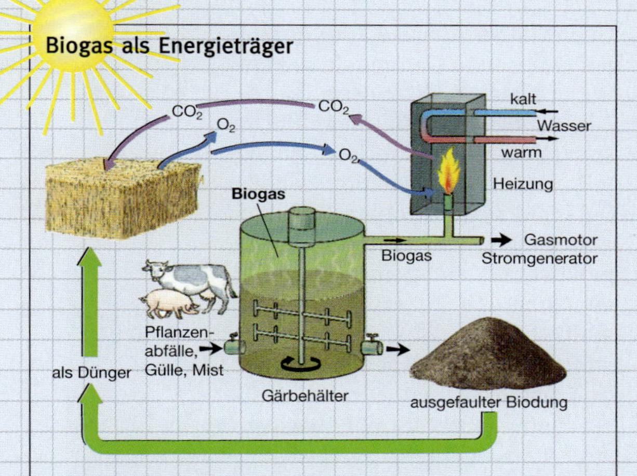

Aufgabe: Aus fast allen organischen Abfällen lässt sich Biogas gewinnen. Wieso kann man das Methan im Biogas als *regenerativen Energieträger* bezeichnen?

Bereits um 1930 gewannen die Städte Halle, Pforzheim, Essen, Heilbronn, Erfurt und München im Bereich ihrer Kläranlagen Biogas für ihren Fuhrpark. Heute könnte man aus den organischen Abfällen eines Einwohners etwa 35 Liter Biogas pro Tag gewinnen. Umgerechnet auf die Einwohnerzahl Deutschlands ließen sich so jährlich 650 Millionen Kubikmeter Biogas erzeugen. Bei einem durchschnittlichen Heizwert von 25000 $\frac{kJ}{m^3}$ könnten dadurch 600 Millionen Liter Heizöl ersetzt werden.

Aufgaben: 1. Warum lassen sich durch Biogas Rohstoffe einsparen und Umweltschäden vermindern?
2. Wieso wird die Biogasproduktion trotzdem nicht umfassend realisiert?

16.3 Feuerzeuggas – Was ist das?

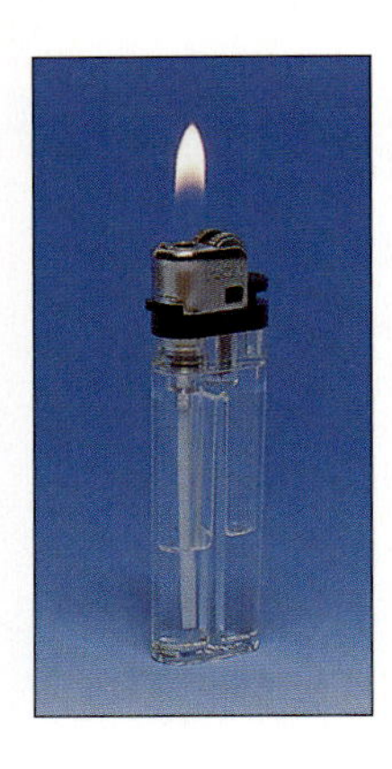

Beim Camping werden Gaskocher meist mit **Butan** aus blauen Kartuschen oder Gasflaschen betrieben. Bei Normaldruck ist Butan gasförmig; es lässt sich jedoch durch Druck verhältnismäßig leicht verflüssigen. Daher wird es auch als Flüssiggas bezeichnet. In manchen Feuerzeugen kann man das verflüssigte Butan direkt beobachten.
Bei der Verbrennung von Butan entstehen Kohlenstoffdioxid und Wasserdampf. Butan-Moleküle enthalten also Kohlenstoff-Atome und Wasserstoff-Atome; andere Atome lassen sich nicht nachweisen. Butan ist daher ein *Kohlenwasserstoff.*

Quantitative Analyse. Die Anzahl der Wasserstoff-Atome in einem Butan-Molekül lässt sich durch Zersetzung mit Hilfe einer Hochspannungsfunkenstrecke ermitteln. Bei dieser Reaktion zerfällt Butan in festen Kohlenstoff und gasförmigen Wasserstoff. Das experimentell ermittelte Volumenverhältnis V(Butan) : V(Wasserstoff) beträgt 1 : 5. Da Wasserstoff aus zweiatomigen Molekülen (H_2) besteht, folgt daraus, dass ein Butan-Molekül zehn Wasserstoff-Atome enthält.
Die Anzahl der Kohlenstoff-Atome pro Molekül ergibt sich über eine Gaswägung: Bei 20 °C und normalem Luftdruck kommt man für Butan auf etwa 2,4 $\frac{g}{l}$. Da ein Mol eines Gases bei diesen Bedingungen ein Volumen von 24 l einnimmt, hat Butan eine molare Masse von:
$2{,}4\,\frac{g}{l} \cdot 24\,\frac{l}{mol} \approx 58\,\frac{g}{mol}$.
Ein Butan-Molekül hat also eine Masse von 58 u, es enthält neben zehn Wasserstoff-Atomen vier Kohlenstoff-Atome. Die Molekülformel lautet demnach $\mathbf{C_4H_{10}}$.

Struktur des Butan-Moleküls. Durch Kombination von vier Kohlenstoff-Atomen und zehn Wasserstoff-Atomen lassen sich zwei verschiedene Strukturen aufbauen: Im ersten Fall erhält man ein Molekül, in dem die Kohlenstoff-Atome in einer Kette angeordnet sind. Es handelt sich dabei um die Struktur von normalem Butan (*n*-Butan). Im zweiten Fall ergibt sich ein verzweigtes Molekül: *iso*-Butan.
Feuerzeuggas enthält neben *n*-Butan stets einen kleinen Anteil an *iso*-Butan.

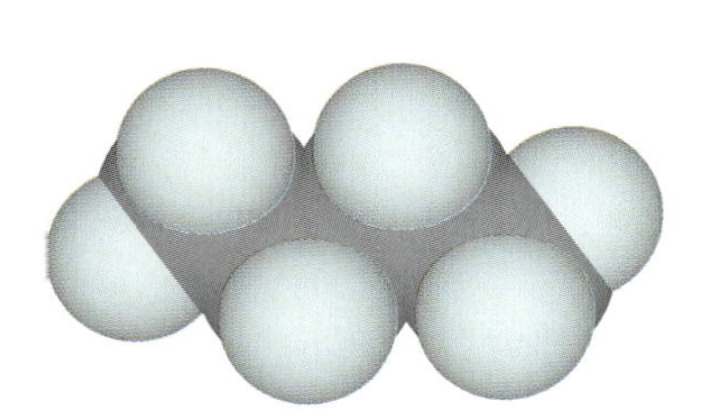

```
    H   H   H   H
    |   |   |   |
H - C - C - C - C - H
    |   |   |   |
    H   H   H   H
```

n-Butan

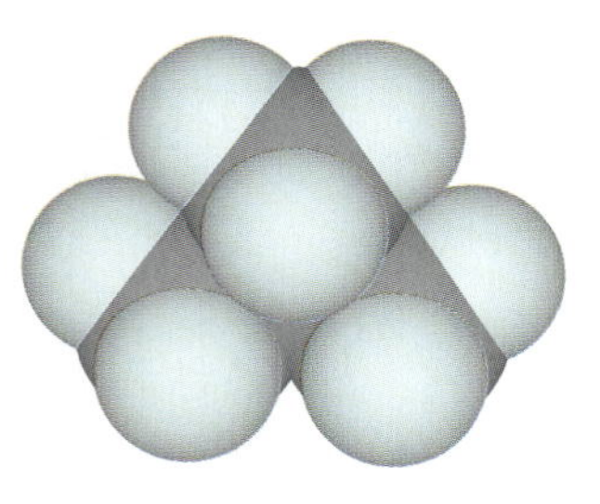

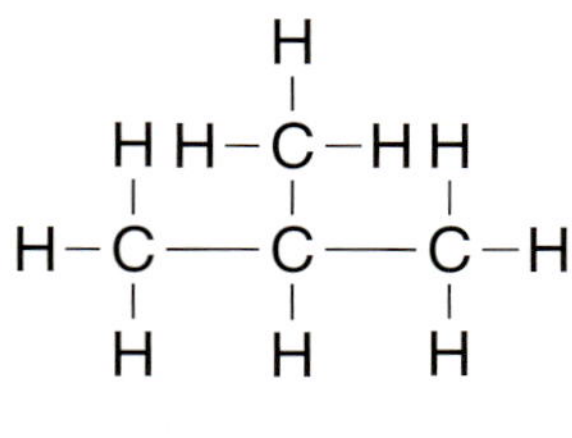

iso-Butan

Gas-Chromatografie. *n*-Butan und *iso*-Butan unterscheiden sich kaum in ihren Eigenschaften. Ein geeignetes Verfahren zur Trennung von Feuerzeuggas in seine Bestandteile ist die Gas-Chromatografie. Hierbei erfolgt die Trennung in einem langen dünnen Glasrohr, das mit einem porösen Feststoff gefüllt ist. Die Oberfläche des Feststoffs ist mit einer Flüssigkeit bedeckt, in der sich die Bestandteile des Feuerzeuggases unterschiedlich gut lösen.
Zur Trennung wird ein geringes Volumen Feuerzeuggas in das Glasrohr gespritzt und mit Hilfe eines Trägergases durch das Rohr transportiert. *n*-Butan löst sich besser in der Flüssigkeit und wird stärker zurückgehalten als *iso*-Butan. Am Ende des Glasrohres tritt deshalb zuerst *iso*-Butan aus, gefolgt von *n*-Butan.

Butan hat die Molekülformel C_4H_{10}.
Es gibt zwei Butan-Moleküle mit unterschiedlicher Strukturformel: *n*-Butan und *iso*-Butan.
Ein Gemisch von *n*-Butan und *iso*-Butan lässt sich durch Gas-Chromatografie trennen.

1 Formuliere die Reaktionsgleichungen für die Verbrennung und für die thermolytische Zersetzung von Butan.
2 Berechne die Mengen an Kohlenstoffdioxid und an Wasser, die bei der Verbrennung von 10 g Butan entstehen.
3 Meist enthalten Campinggas und Feuerzeuggas noch etwas Propan (C_3H_8). Wie macht sich das bei der Gas-Chromatografie bemerkbar?
4 Welche Vorgänge laufen im Einzelnen ab, wenn du ein Gasfeuerzeug benutzt?

Chemiker auf Spurensuche

Exkurs

Für viele chemische Verbindungen mit schädlichen Wirkungen auf Mensch und Umwelt werden gesetzlich zulässige Höchstmengen festgelegt. Bei den meisten Umweltchemikalien liegen diese Konzentrationen im ppm-Bereich (engl. *parts per million*): Wie bei der Nadel im Heuhaufen ist dann unter einer Million Teilchen ein Schadstoff-Teilchen aufzuspüren. Man sucht also nach kleinsten Spuren.

Gas-Chromatografie. Ein wichtiges Verfahren in der *Spurenanalytik* ist die Gas-Chromatografie. Mit ihrer Hilfe lassen sich gasförmige und leicht verdampfbare Substanzen trennen und identifizieren.

Kernstück eines Gas-Chromatografen ist ein langes, dünnes Rohr, die *Trennsäule.* Sie ist mit einem porösen Stoff gefüllt. Auf der großen Oberfläche dieses Stoffes befindet sich als *stationäre Phase* ein dünner Film eines schwer verdampfbaren Lösungsmittels. Durch die Trennsäule strömt als *mobile Phase* ein Trägergas, meist Helium oder Stickstoff.

Zur Analyse wird nun eine kleine Probe des zu untersuchenden Stoffgemisches in die Trennsäule gespritzt. Der kontinuierliche Trägergasstrom nimmt die Moleküle der Probe auf und strömt als mobile Phase an der stationären Phase vorbei. Die verschiedenartigen Moleküle der Probe treten in Wechselwirkung mit den Molekülen des Lösungsmittels. Art und Stärke der Anziehungskräfte hängen entscheidend von der Polarität der Moleküle ab. Am Ende der Trennsäule kommen zuerst die Moleküle an, die nur schwach an das Lösungsmittel gebunden werden. Je nach Stärke der Anziehungskräfte folgen die übrigen Molekülen in gewissen zeitlichen Abständen.

Ein *Detektor* am Ende der Trennsäule erkennt verschiedene Substanzen an einer Änderung der Wärmeleitfähigkeit. Jede Änderung wird als Signal an einen Computer übertragen. Ein Programm stellt die Signale grafisch als Ausschläge (Peaks) dar: Man erhält ein *Gas-Chromatogramm.* Die Zeit bis zum Erscheinen des Ausschlages ist für jede Substanz charakteristisch. Aus Lage und Höhe der Peaks lassen sich Art und Menge der Substanz bestimmen. Elektronisch gespeicherte Vergleichsdaten erleichtern die Auswertung.

1 Beschreibe und erkläre am Beispiel von Feuerzeuggas das Prinzip der Trennung von Substanzen im Gas-Chromatografen.

2 Bei der Gas-Chromatografie wird bevorzugt Helium als Trägergas eingesetzt. Welche Vorteile hat dies im Vergleich zur Verwendung von Wasserstoff?

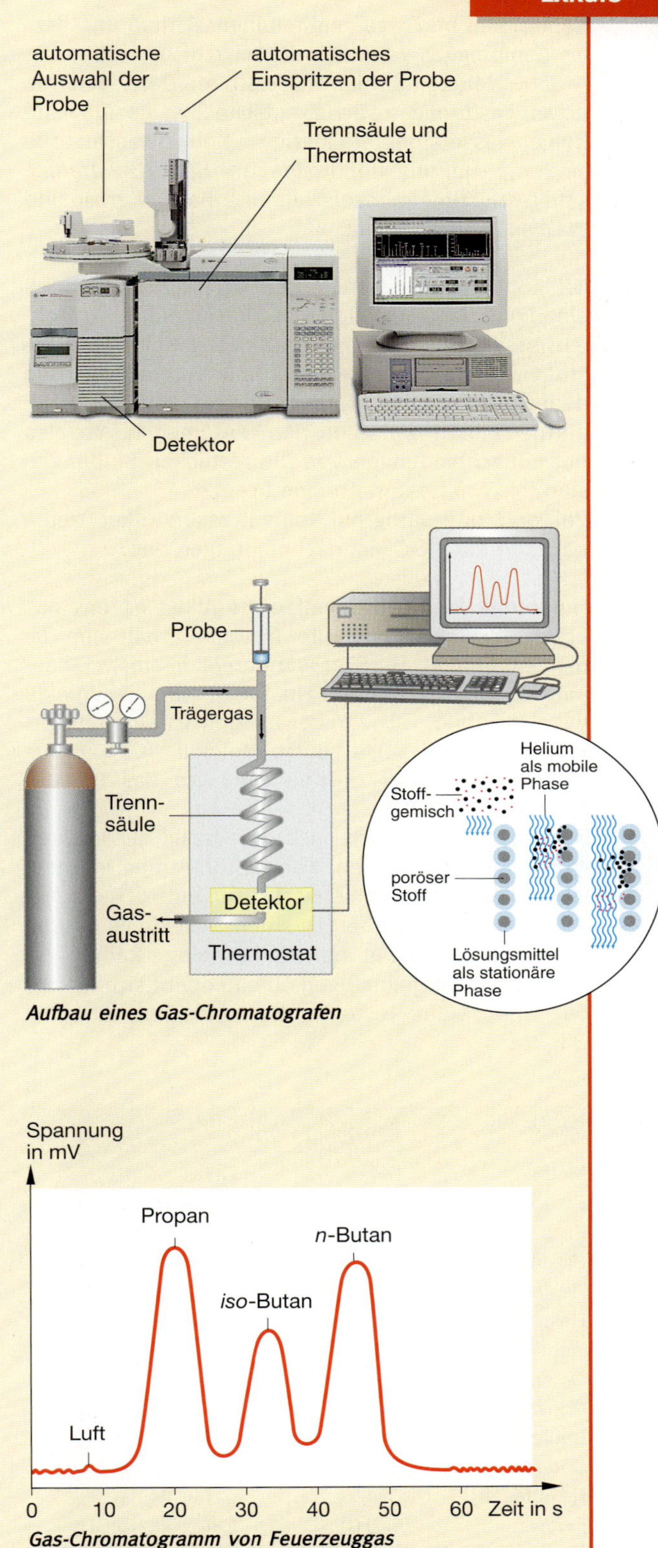

Aufbau eines Gas-Chromatografen

Gas-Chromatogramm von Feuerzeuggas

16.4 Die Alkane – eine homologe Reihe

Neben dem im Erdgas enthaltenen Methan und dem als Campinggas genutzten Butan gibt es eine große Anzahl weiterer Kohlenwasserstoffe. Dazu gehören neben gasförmigen auch zahlreiche flüssige und feste Kohlenwasserstoffe. Flüssige Kohlenwasserstoffe sind die Hauptbestandteile von *Benzin; Paraffine* sind feste Kohlenwasserstoffe, die man in Kerzen und Wachsmalstiften findet.

Die Kohlenwasserstoffe lassen sich in zwei Gruppen einteilen: die *gesättigten* und die *ungesättigten* Kohlenwasserstoffe. Zu den gesättigten Kohlenwasserstoffen oder **Alkanen** gehören alle Verbindungen, in denen die Kohlenstoff-Atome jeweils vier Bindungspartner haben. Zwischen den C-Atomen liegen also nur Einfachbindungen vor. Die restlichen Bindungen sind mit Wasserstoff-Atomen besetzt.
Bei den ungesättigten Kohlenwasserstoffen treten dagegen auch C/C-Mehrfachbindungen auf.

Homologe Reihe. Das einfachste Alkan ist das aus CH_4-Molekülen aufgebaute Methan. Ethan hat die Molekülformel C_2H_6. Fügt man formal in einem Ethan-Molekül eine CH_2-Gruppe ein, erhält man ein Molekül mit der Formel C_3H_8. Dabei handelt es sich um das Propan-Molekül. Das Butan-Molekül (C_4H_{10}) hat wiederum eine CH_2-Gruppe mehr als das Propan-Molekül.
Die Alkane lassen sich nach der Anzahl der in ihren Molekülen enthaltenen Kohlenstoff-Atome ordnen. Jedes Glied dieser Reihe wächst um eine CH_2-Gruppe gegenüber dem vorhergehenden Molekül; eine solche Reihe bezeichnet man als **homologe Reihe.**
Durch diesen regelmäßigen Aufbau ergibt sich für alle Glieder der Alkan-Reihe die allgemeine Molekülformel C_nH_{2n+2}.

Name	Formel	
Methan	CH_4	CH_4
Ethan	C_2H_6	$CH_3–CH_3$
Propan	C_3H_8	$CH_3–CH_2–CH_3$
Butan	C_4H_{10}	$CH_3–(CH_2)_2–CH_3$
Pentan	C_5H_{12}	$CH_3–(CH_2)_3–CH_3$
Hexan	C_6H_{14}	$CH_3–(CH_2)_4–CH_3$
Heptan	C_7H_{16}	$CH_3–(CH_2)_5–CH_3$
Octan	C_8H_{18}	$CH_3–(CH_2)_6–CH_3$
Nonan	C_9H_{20}	$CH_3–(CH_2)_7–CH_3$
Decan	$C_{10}H_{22}$	$CH_3–(CH_2)_8–CH_3$
Dodecan	$C_{12}H_{26}$	$CH_3–(CH_2)_{10}–CH_3$
Hexadecan	$C_{16}H_{34}$	$CH_3–(CH_2)_{14}–CH_3$
Eicosan	$C_{20}H_{42}$	$CH_3–(CH_2)_{18}–CH_3$

Namen und Formeln von Alkanen

Benennung von Alkanen. Die Namen der ersten vier Glieder der homologen Reihe der Alkane (Methan bis Butan) entstanden zu einer Zeit, als der systematische Aufbau der Alkane noch nicht bekannt war. Auch heute noch werden diese *Trivialnamen* verwendet. Die Namen der weiteren Glieder werden gebildet, indem man vor die Endung **-an** ein lateinisches oder griechisches Zahlwort setzt, das die Anzahl der Kohlenstoff-Atome im Molekül angibt: Pentan (C_5H_{12}), Hexan (C_6H_{14}), Heptan (C_7H_{16}).

Alkyl-Gruppen. Spaltet man formal von einem Alkan-Molekül ein Wasserstoff-Atom ab, erhält man eine Alkyl-Gruppe. So leitet sich die Methyl-Gruppe (CH_3-Gruppe) vom Methan ab. Man spricht auch vom Methyl-Rest oder allgemein von *Alkyl-Resten.* In Formeln bezeichnet man Alkyl-Reste kurz durch **–R.**

Alkane sind gesättigte Kohlenwasserstoffe. In ihren Molekülen liegen zwischen den Kohlenstoff-Atomen nur Einfachbindungen vor. Die Alkane bilden eine homologe Reihe mit der allgemeinen Molekülformel C_nH_{2n+2}.

1 Wodurch unterscheiden sich gesättigte und ungesättigte Kohlenwasserstoffe?
2 Gib Namen und Formel des Alkans mit 15 C-Atomen an.
3 Unter den Alkanen, die als reine Stoffe synthetisiert wurden, hält das Alkan mit einer Kette aus 390 Kohlenstoff-Atomen den Rekord. Gib die Molekülformel an.
4 Auch die Alkyl-Gruppen bilden eine homologe Reihe. Gib Namen und Formeln der ersten vier Glieder an. Wie lautet ihre allgemeine Formel?

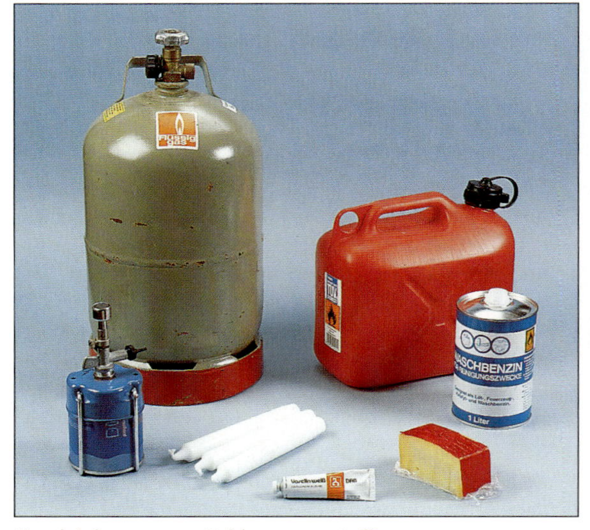

Handelsformen von Kohlenwasserstoffen

Molekülmodelle und Strukturformeln

Theorie

Molekülformel: C_4H_{10}

Strukturformeln:

$CH_3-CH_2-CH_2-CH_3$

LEWIS-Formel

Keil/Strich-Formel

Kugel/Stab-Modell

Kalottenmodell

Das n-Butan-Molekül: Formeln

Freie Drehbarkeit führt zu verschiedenen Konformationen.

Die Eigenschaften der Stoffe hängen in starkem Maße vom räumlichen Bau der Moleküle ab. Durch viele Experimente ist es gelungen, gesicherte Daten über den Aufbau der Alkan-Moleküle zu gewinnen:

- Bei einer C–C-Einfachbindung haben die Atomkerne einen Abstand von 154 pm voneinander (1 pm = 10^{-12} m).
  Eine C–H-Bindung hat eine Länge von 108 pm.
- Bei Kohlenstoff-Atomen mit vier Bindungspartnern beträgt der Bindungswinkel 109,5° (Tetraederwinkel).
- Bei einer C–C-Einfachbindung sind die Molekülteile um die C–C-Achse gegeneinander drehbar. Deshalb sind verschiedene räumliche Anordnungen der Atome möglich, die man als *Konformationen* bezeichnet.

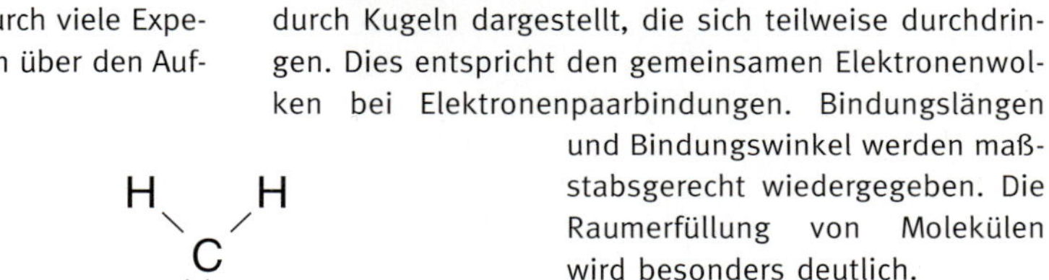

Konformationen des Ethans

Kugel/Stab-Modell. Beim Kugel/Stab-Modell stellt man die Atome durch kleine Kugeln und die Elektronenpaarbindungen durch Stäbchen dar. Für das Kohlenstoff-Atom wird eine schwarze Kugel mit vier Bindungsstellen im Winkel von 109,5° benutzt. Eine weiße Kugel mit einer Bindungsstelle steht für ein Wasserstoff-Atom. Die Stäbchen werden nach der Bindungslänge zugeschnitten. Das Kugel/Stab-Modell gibt *Bindungswinkel* und *Bindungslängen* sehr anschaulich wieder. Auch die freie Drehbarkeit um die C–C-Einfachbindung lässt sich gut demonstrieren. Die Raumerfüllung und damit die äußere Form der Moleküle wird aber nicht deutlich.

Kalottenmodell. In diesem Modell werden die Atome durch Kugeln dargestellt, die sich teilweise durchdringen. Dies entspricht den gemeinsamen Elektronenwolken bei Elektronenpaarbindungen. Bindungslängen und Bindungswinkel werden maßstabsgerecht wiedergegeben. Die Raumerfüllung von Molekülen wird besonders deutlich.

Strukturformeln. Die zeichnerische Darstellung von Alkan-Molekülen ist wegen der tetraedrischen Anordnung der Bindungen am C-Atom schwierig.
Bei der Keil/Strich-Formel legt man die Kohlenstoff-Kette in die Papierebene. Der Tetraederwinkel wird richtig eingezeichnet. Die aus der Papierebene ragenden Bindungen werden durch einen ausgefüllten Keil, die hinter die Papierebene ragenden Bindungen durch einen gestrichelten Keil dargestellt.
Meist verzichtet man aber auf eine exakte räumliche Darstellung und zeichnet in den **LEWIS-Formeln** statt des Tetraederwinkels einen rechten Winkel. Es wird also nur dargestellt, welche Atome miteinander verknüpft sind.
Die Strukturformeln großer Moleküle sind übersichtlicher, wenn man die Kohlenstoff-Atome mit den direkt daran gebundenen Wasserstoff-Atomen zu CH_2-Gruppen oder CH_3-Gruppen zusammenfasst.

1 Zeichne die LEWIS-Formeln der ersten fünf Alkane.
2 Beschreibe die beiden dargestellten Ethan-Konformationen. Welche ist wohl energetisch stabiler?

16.5 Vielfalt – Verzweigung und Ringbildung

Hexan wird häufig als Lösungsmittel eingesetzt. Man beobachtet einen Siedebereich von 50 °C bis 70 °C. Diese Flüssigkeit hat also keine einheitliche Siedetemperatur. Somit kann es sich nicht um einen Reinstoff, sondern nur um ein Gemisch handeln.

Isomerie. Das Gemisch besteht aus unterschiedlich gebauten Hexan-Molekülen. Während im unverzweigten Hexan-Molekül (*n*-Hexan) alle sechs Kohlenstoff-Atome eine Kette bilden, zeigen die anderen Hexan-Moleküle eine verzweigte Anordnung der Kohlenstoff-Atome. Die verschiedenartigen Hexan-Moleküle haben die gleiche Molekülformel C_6H_{14}, unterscheiden sich aber in ihrer Struktur. Man bezeichnet diese Erscheinung als **Isomerie** und die einzelnen Verbindungen als *Isomere.*
Die Zahl der möglichen Isomeren einer Verbindung nimmt mit der Anzahl der Kohlenstoff-Atome stark zu: Vom Butan (C_4H_{10}) gibt es zwei Isomere, vom Hexan (C_6H_{14}) schon fünf und beim Decan ($C_{10}H_{22}$) sind es bereits 75 Isomere. Beim Eicosan ($C_{20}H_{42}$) beträgt die Zahl der möglichen Isomeren 366 319.

In der Regel ist die Siedetemperatur eines Isomers um so niedriger, je stärker verzweigt seine Molekülstruktur ist. So siedet 2,2-Dimethylbutan bei 50 °C, während die Siedetemperatur von *n*-Hexan bei 69 °C liegt.

Cycloalkane. Gesättigte Kohlenwasserstoffe können auch ringförmige Moleküle bilden, die Cycloalkane. In ihren Eigenschaften sind die Cycloalkane mit den Alkanen vergleichbar. Ihre Moleküle enthalten aber zwei Wasserstoff-Atome weniger als die Alkane mit gleicher Anzahl an Kohlenstoff-Atomen.
Das wichtigste Cycloalkan ist *Cyclohexan* (C_6H_{12}). Es hat ähnliche Eigenschaften wie Hexan und wird ebenfalls als Lösungsmittel verwendet. Wie in allen gesättigten Kohlenwasserstoffen betragen die Bindungswinkel im Molekül 109,5°. Cyclohexan-Moleküle sind daher nicht eben gebaut. Hierbei gibt es verschiedene Strukturmöglichkeiten mit unterschiedlichen räumlichen Stellungen der Atome zueinander.
Allgemein bezeichnet man verschiedene räumliche Anordnungen von Atomen in Molekülen als *Konformationen.* Bei den Cyclohexanen ist die *Sesselkonformation* die stabilste Form, weil hier alle Wasserstoff-Atome den größtmöglichen Abstand voneinander haben.

Isomere haben die gleiche Molekülformel, unterscheiden sich aber in ihrer Strukturformel und somit auch in ihren Eigenschaften. Cycloalkane sind gesättigte Kohlenwasserstoffe mit ringförmigen Molekülen.

$CH_3-CH_2-CH_2-CH_2-CH_2-CH_3$

Hexan

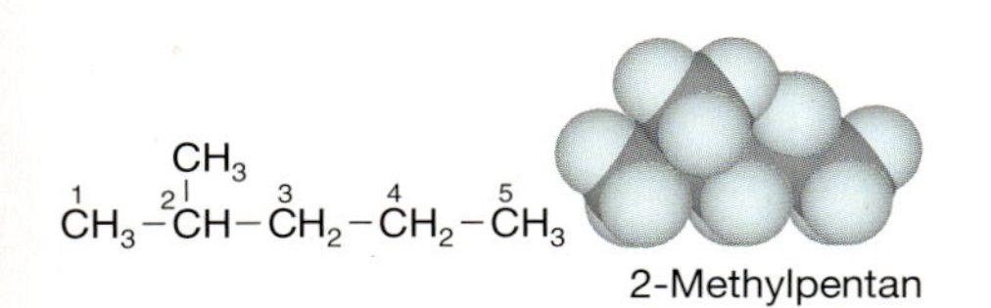

2-Methylpentan

$CH_3-CH_2-CH(CH_3)-CH_2-CH_3$

3-Methylpentan

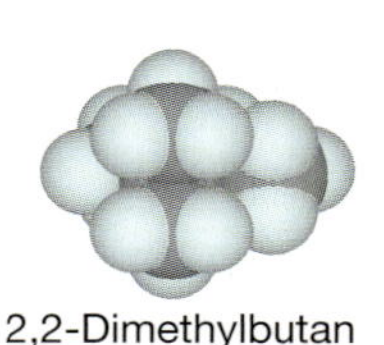

$CH_3-C(CH_3)_2-CH_2-CH_3$

2,2-Dimethylbutan

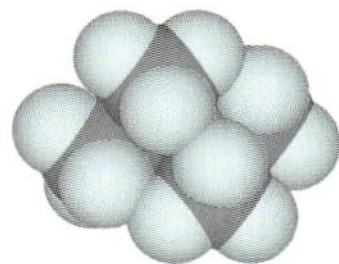

$CH_3-CH(CH_3)-CH(CH_3)-CH_3$

2,3-Dimethylbutan

Die isomeren Hexane

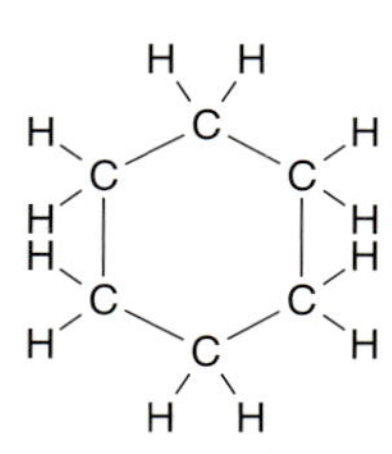

Sesselkonformation:

Cyclohexan

1 Zeichne die LEWIS-Formeln der isomeren Heptane.

2 Warum kann man Hexan mit Hilfe der Gas-Chromatografie in verschiedene Isomere trennen?

3 Zeichne die Strukturformeln von Cyclopropan, Cyclobutan und Cyclopentan.

4 Butan lässt sich durch Druck oder Abkühlen verflüssigen. Bei –1 °C kondensiert ein Teil des Gases, während der übrige Teil erst bei –12 °C flüssig wird. Erkläre diese Erscheinung und ordne die verschiedenen Siedetemperaturen zu.

5 Bei der Wannenkonformation von Cyclohexan sind die Kohlenstoff-Atome in Form einer Wanne angeordnet. Zeichne das Kugel/Stab-Modell für die Wannenkonformation. Warum ist die Wannenkonformation weniger stabil als die Sesselkonformation?

16.6 Nomenklatur – Namen leicht zu finden

Bis heute wurden bereits mehr als zehn Millionen organische Verbindungen näher untersucht, darunter zahlreiche isomere Alkane. Damit trotz dieser Vielzahl der Überblick nicht verloren geht, war es notwendig, ein eindeutiges und möglichst rationelles System der Namensgebung, eine *Nomenklatur,* einzuführen. Heute halten sich die Chemiker bei der Benennung organischer Verbindungen weltweit an Regeln, die von besonderen Nomenklatur-Kommissionen der **IUPAC** (**I**nternational **U**nion of **P**ure and **A**pplied **C**hemistry) erarbeitet werden.

Für die wissenschaftlich exakte Benennung der isomeren Alkane gelten folgende IUPAC-Regeln:
Zuerst wird die längste Kohlenstoff-Kette im Molekül, die *Hauptkette,* bestimmt. Dann betrachtet man die Verzweigungen. Diese *Seitenketten* bezeichnet man allgemein als Alkyl-Gruppen. Die Namen der Alkyl-Gruppen ergeben sich, indem man die Silbe -an des zugehörigen Alkans durch die Endung **-yl** ersetzt. Die einfachsten Alkyl-Reste sind der Methyl-Rest (CH_3-Rest) und der Ethyl-Rest (C_2H_5-Rest).

Nomenklaturregeln für Alkane:

1. Alkane haben die Endung **-an.** Der Name des Alkans, das die Hauptkette bildet, liefert den *Stammnamen* der Verbindung.

1 2 3 4 5
$CH_3-CH_2-CH_2-CH_2-CH_3$

Beispiel: Pentan

2. Die Namen der Seitenketten werden dem Stammnamen vorangestellt.
Um anzuzeigen, an welches C-Atom die Seitenkette gebunden ist, wird die Hauptkette nummeriert. Die Verzweigungsstellen sollen dabei möglichst kleine Zahlen erhalten. Diese Zahlen werden den Namen der Seitenketten vorangestellt.

CH_3 (an C-Atom 2)
1 2 3 4 5
$CH_3-CH-CH_2-CH_2-CH_3$

Beispiel: 2-Methylpentan

Vorsicht! 2-Methylpentan ist ein isomeres *Hexan.* Die Benennung erfolgt aber nach der Anzahl der Kohlenstoff-Atome in der längsten Kette: Der Stammname ist deshalb *-pentan.*

$CH_3-CH_2-CH_2-CH_2-CH_3$

$CH_3-CH(CH_3)-CH_2-CH_3$

$CH_3-C(CH_3)_2-CH_3$

Die isomeren Pentane

3. Treten gleiche Seitenketten mehrfach in einem Molekül auf, so wird ein entsprechendes Zahlwort (di-, tri-, tetra-, penta-) vorangestellt.
Unterschiedliche Seitenketten werden alphabetisch nach den Namen der Alkyl-Gruppen geordnet.

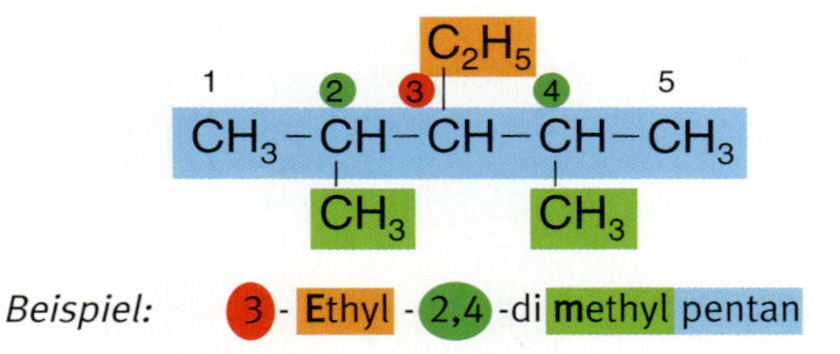

1 Benenne die oben dargestellten isomeren Pentane.
2 Welches *n*-Alkan ist ein Isomeres von 2,2-Dimethylpropan? Begründe.
3 Gib die Strukturformeln folgender Verbindungen an: 3-Ethylpentan, 3-Ethyl-2-methylhexan, 2,2,4-Trimethylpentan und 2,2,3-Trimethyl-4-propylheptan.
4 Auch unter den Alkyl-Resten finden sich isomere Gruppen. Zeige dies am Beispiel der Propyl-Gruppe.
5 Benenne folgende Alkane:

a) $CH_3-CH(CH_3)-CH(CH_2-CH_2-CH_3)-CH_3$

b) $CH_3-CH(CH_3)-C(CH_3)_2-CH(CH_3)-CH_3$

c) $CH_3-CH(CH_3)-CH(CH_2-CH_2-CH_3)-C(CH_2-CH_3)(CH_2-CH_2-CH_3)-CH(CH_3)-CH_3$

16.7 VAN-DER-WAALS-Bindung und Stoffeigenschaften

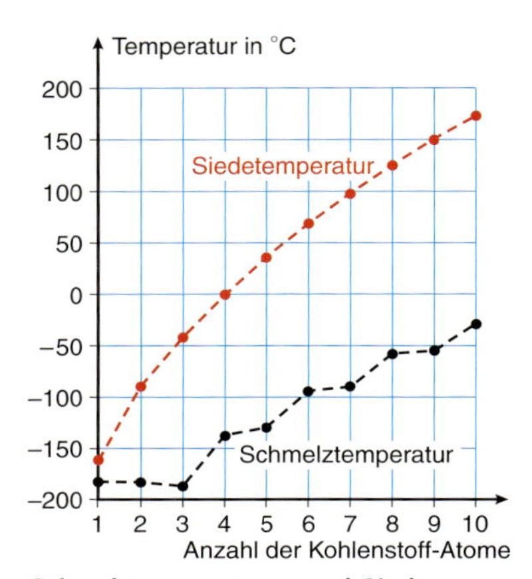

Schmelztemperaturen und Siedetemperaturen unverzweigter Alkane

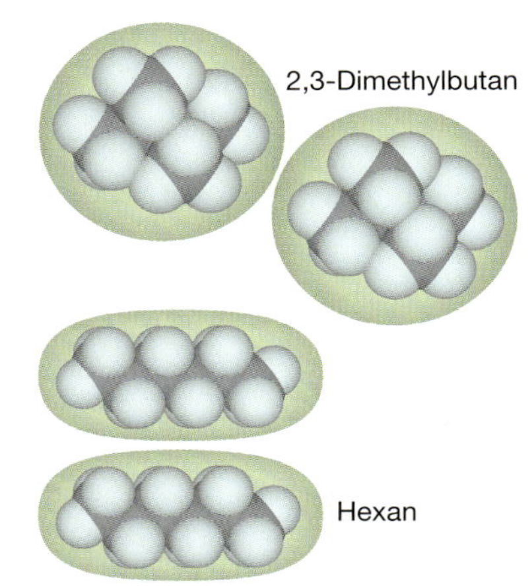

Verzweigungsgrad und Berührungsfläche

	Schmelztemperatur in °C	Siedetemperatur in °C
2-Methylbutan	−159,9	27,9
2,2-Dimethylpropan	−16,6	9,5
2-Methylpentan	−153,7	60,3
3-Methylpentan	−162,9	63,3
2,2-Dimethylbutan	−99,9	49,7
2,3-Dimethylbutan	−128,5	58,0

Schmelztemperaturen und Siedetemperaturen verzweigter Alkane

Aufgrund des gleichartigen Aufbaus ihrer Moleküle haben Alkane ähnliche chemische Eigenschaften. Die Abstufungen der physikalischen Eigenschaften weisen auf Unterschiede in den Anziehungskräften zwischen den Molekülen hin. Größe und Form der Moleküle spielen dabei eine Rolle.

VAN-DER-WAALS-Bindung. Die Moleküle der Kohlenwasserstoffe sind nahezu unpolar, denn Kohlenstoff-Atome und Wasserstoff-Atome haben eine ähnliche Elektronegativität. Trotzdem wirken Anziehungskräfte zwischen den Molekülen.
Diese zwischenmolekularen Bindungen bezeichnet man nach dem niederländischen Physiker VAN DER WAALS als *VAN-DER-WAALS-Bindungen.* Verglichen mit Elektronenpaarbindungen sind VAN-DER-WAALS-Bindungen viel schwächer, doch summieren sie sich bei größeren Molekülen in ihrer Stärke.

Schmelztemperaturen und Siedetemperaturen. Die kurzkettigen Alkane von Methan bis Butan sind bei Raumtemperatur Gase. Ab Pentan folgen flüssige Kohlenwasserstoffe. Alkane mit 18 und mehr Kohlenstoff-Atomen im Molekül sind fest. Weil lange Moleküle mehr Berührungsstellen untereinander besitzen als kurze, wirken sich die VAN-DER-WAALS-Bindungen bei ihnen besonders stark aus. Das erklärt, warum die Siedetemperatur mit der Kettenlänge der Alkan-Moleküle ansteigt.
Bei isomeren Alkanen hat meist der Stoff die niedrigere Siedetemperatur, dessen Moleküle stärker verzweigt sind. Auch hier spielt die Kontaktmöglichkeit zwischen den Molekülen eine Rolle: Je mehr sich Moleküle der Kugelform nähern, desto kleiner ist ihre Berührungsfläche und desto weniger wirken sich die VAN-DER-WAALS-Bindungen aus.

Löslichkeit. Untereinander sind Alkane in jedem Verhältnis mischbar. Auch weitgehend unpolare Stoffe wie Fett oder Iod lösen sich gut in den unpolaren Alkanen. In diesen Fällen bilden sich zwischen den Molekülen VAN-DER-WAALS-Bindungen aus. Dagegen sind Alkane mit Wasser nicht mischbar, man bezeichnet sie als wasserabstoßend oder **hydrophob.**

Stark polare Stoffe wie Zucker oder Ionenverbindungen wie Kochsalz sind in Alkanen unlöslich, da die VAN-DER-WAALS-Bindungen zu schwach sind, um den Kristallverband aufzulösen. Zucker und Kochsalz lösen sich dagegen leicht in Wasser. Es gilt die Regel: *Stoffe ähnlicher Polarität lösen sich ineinander.*

Die Schmelztemperaturen und Siedetemperaturen der Alkane steigen mit zunehmender Kettenlänge.
Zwischen unpolaren Molekülen liegen VAN-DER-WAALS-Bindungen vor. Unpolare Stoffe lösen sich in unpolaren Lösungsmitteln, nicht aber in polaren Lösungsmitteln.

1 a) Zeichne die Strukturformeln von 2-Methylpentan und 2,2-Dimethylbutan.
b) Warum handelt es sich um Isomere?
c) Begründe die unterschiedlichen Siedetemperaturen.
2 Warum löst sich Brom gut in Heptan? Warum ist Kaliumbromid dagegen unlöslich in Heptan?
3 Beschreibe den Unterschied zwischen VAN-DER-WAALS-Bindungen und Wasserstoffbrückenbindungen.
4 Vergleiche am Beispiel des Heptans die Bindungen zwischen den Atomen eines Moleküls mit den zwischenmolekularen Bindungen.
5 Beschreibe und erkläre den in der Grafik oben links dargestellten Verlauf der Siedetemperaturen für die *n*-Alkane.

Eigenschaften gesättigter Kohlenwasserstoffe

V1: Qualitative Analyse eines Alkans (F+)

   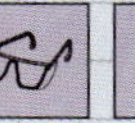  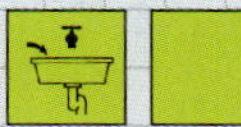 

Materialien: Trichter, Glasrohre, Schlauchverbindungen, U-Rohr mit zwei durchbohrten Stopfen, Waschflasche, Wasserstrahlpumpe, Eiswasserbad, Gasbrenner;
Kalkwasser.

Durchführung:

1. Baue die Versuchsapparatur nach der Abbildung auf S. 260 zusammen.
2. Ziehe mit Hilfe der Wasserstrahlpumpe die Verbrennungsprodukte des Gasbrenners durch die Apparatur.

Aufgaben:

a) Notiere deine Beobachtungen.
b) Formuliere die Reaktionsgleichungen für die Verbrennung des Alkans und für die Nachweisreaktion mit Kalkwasser.

V2: Untersuchung flüssiger Alkane

    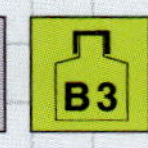  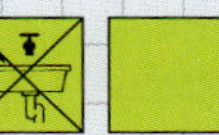

Materialien: Tropfpipetten, Stopfen, Stoppuhr, 2 Bechergläser (25 ml), 2 Messpipetten (10 ml) mit Pipettierhilfe;
Heptan (F, Xn, N), Dodecan oder Paraffinöl,
zu lösende Stoffe: Speisefett, Kerzenwachs, Natriumchlorid, Iod (Xn), Sudanrot, Methylenblau (Xn).

Durchführung:

Alkane als Lösungsmittel:

1. Gib in sechs Reagenzgläser kleine Proben der zu lösenden Stoffe und füge jeweils 3 ml Heptan zu.
2. Verschließe die Reagenzgläser und schüttle kräftig.
3. Gib zu den gefärbten Lösungen etwa gleich viel Wasser und schüttle erneut.

Viskositätsvergleich flüssiger Alkane:

1. Ziehe Heptan mit der Pipettierhilfe bis zur Nullmarke der Pipette.
2. Starte den Auslauf, indem du die Pipettierhilfe abziehst. Miss die Zeit, bis der Auslauf beendet ist.
3. Wiederhole den Versuch mit Dodecan oder Paraffinöl.

Aufgaben:

a) Welche Stoffe lösen sich in Heptan?
b) Warum unterscheiden sich Natriumchlorid und Iod so stark in ihrer Löslichkeit in Heptan und Wasser?
c) Begründe die unterschiedlichen Auslaufzeiten der Alkane beim Viskositätsvergleich.

V3: Entflammbarkeit von Alkanen

     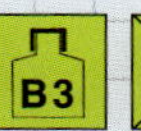 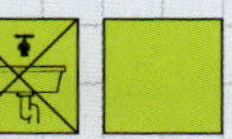

Materialien: Tropfpipetten, 3 kleine Porzellantiegel, Tiegelzange, Holzspan, Becherglas (400 ml), Gasbrenner;
Heptan (F, Xn, N), Petroleum, Paraffinöl.

Durchführung:

1. Gib jeweils etwa 2 ml der Flüssigkeit in einen Porzellantiegel. Versuche, die Flüssigkeit mit einem brennenden Holzspan zu entzünden.
2. Die Tiegel mit den Stoffen, die sich bei Zimmertemperatur nicht entzünden lassen, werden erwärmt, indem man sie mit der Tiegelzange in ein Becherglas mit heißem Wasser hält. Versuche erneut, die Flüssigkeit mit einem brennenden Holzspan zu entzünden.

Aufgabe: Notiere deine Beobachtungen.

Hannover, Juli 2002 (SV). Erst schaute ein 18-Jähriger zu tief ins Glas, dann schaute er mit angezündetem Feuerzeug in die Tanköffnung, wodurch er eine kleine Explosion verursachte. Nur weil der mit dem 18-Jährigen befreundete Autobesitzer rasch den Tankwart der nächsten Tankstelle alarmierte, konnte mit einem Feuerlöscher Schlimmeres vermieden werden.

Auf die richtige Temperatur kommt es an!

Flammpunkt: Temperatur, bei der der Dampf über einer Flüssigkeit bei Annäherung einer Zündquelle zum ersten Mal kurz aufflammt und wieder erlischt.	Heizöl Diesel Cyclohexan Benzin Hexan	60 °C > 55 °C −18 °C −20 °C −22 °C
Zündtemperatur: Temperatur, bei der sich der Stoff an der Luft selbst entzündet und weiterbrennt.	Methan Ethan Butan Heizöl	600 °C 515 °C 365 °C 220 °C
Zündgrenzen: Volumenanteil des Gases in einem Gas/Luft-Gemisch, bei dem eine Zündung möglich ist.	Methan Benzindampf	5,0 % bis 15,0 % 0,6 % bis 8,0 %

16.8 Reaktionen der Alkane

Erdgasexplosionen können verheerende Auswirkungen haben!

Reaktion von Heptan mit Brom. Erst bei Belichtung entfärbt sich das Gemisch.

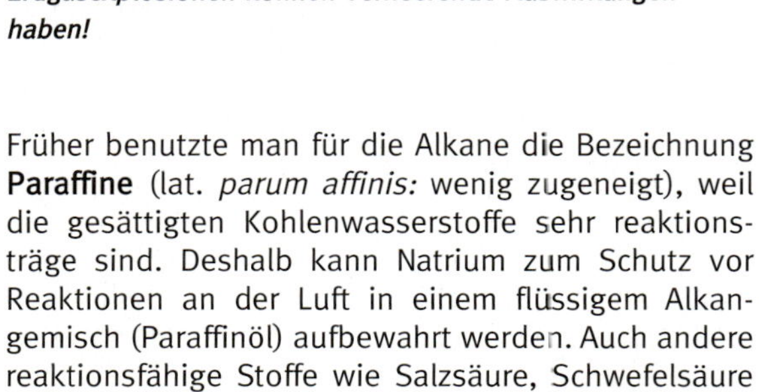

Früher benutzte man für die Alkane die Bezeichnung **Paraffine** (lat. *parum affinis:* wenig zugeneigt), weil die gesättigten Kohlenwasserstoffe sehr reaktionsträge sind. Deshalb kann Natrium zum Schutz vor Reaktionen an der Luft in einem flüssigem Alkangemisch (Paraffinöl) aufbewahrt werden. Auch andere reaktionsfähige Stoffe wie Salzsäure, Schwefelsäure und Natronlauge reagieren nicht mit Alkanen.
Alkane können aber auch äußerst heftig reagieren: Öltanker geraten in Brand oder Häuser werden durch Erdgasexplosionen zerstört.

Reaktion mit Sauerstoff – Oxidation. Wie die Beispiele zeigen, reagieren Alkane mit Sauerstoff. Chemisch betrachtet handelt es sich dabei um eine Oxidationsreaktion. Die bei der Reaktion frei werdende Energie nutzt man zum Heizen und zum Antrieb von Maschinen. Als Verbrennungsprodukte entstehen Kohlenstoffdioxid und Wasser:

$$C_7H_{16}\ (l) + 11\ O_2\ (g) \longrightarrow 7\ CO_2\ (g) + 8\ H_2O\ (g);\ \text{exotherm}$$

Reaktion mit Halogenen – Substitution. Auch die Halogene Chlor und Brom reagieren nicht spontan mit Alkanen: Gibt man einige Tropfen Brom zu Heptan, so bleibt die braune Farbe des Broms erhalten. Das Gemisch entfärbt sich jedoch, wenn man es belichtet. Dabei entsteht ein farbloses Gas, das mit feuchter Luft Nebel bildet. Feuchtes Universalindikator-Papier färbt sich rot, die wässerige Lösung des Gases reagiert also sauer. Mit Silbernitrat-Lösung erhält man eine hellgelbe Fällung von Silberbromid. Bei dem gasförmigen Reaktionsprodukt handelt es sich um Bromwasserstoff. Außerdem entsteht Bromheptan.

$$C_7H_{16}\ (l) + Br_2\ (l) \xrightarrow{\text{Licht}} C_7H_{15}Br\ (l) + HBr\ (g)$$

Bei dieser Reaktion ist ein Wasserstoff-Atom des Heptan-Moleküls durch ein Brom-Atom ersetzt worden. Eine solche Reaktion wird daher als **Substitution** bezeichnet (lat. *substituere:* ersetzen).

Bei der Reaktion von Heptan mit Brom entstehen verschiedene Substitutionsprodukte. Die Wasserstoff-Atome können in unterschiedlicher Stellung und in unterschiedlicher Anzahl durch Brom-Atome ersetzt werden. Bei der Benennung der **Halogenalkane** werden die Halogen-Atome wie die Alkyl-Gruppen bei den verzweigten Alkanen behandelt.

Alkane sind reaktionsträge. Mit Sauerstoff gehen sie Oxidationsreaktionen und mit Halogenen Substitutionsreaktionen ein. Bei einer Substitution wird in einem Molekül ein Atom durch ein anderes Atom ersetzt.

1 Wieso hießen die Alkane früher Paraffine?
2 Was versteht man unter einer Substitutionsreaktion?
3 Formuliere die Reaktionsgleichung für folgende Reaktionen von Pentan: Verbrennung; Substitution mit Chlor.
4 Bei der Bromierung von Heptan entstehen verschiedene Substitutionsprodukte.
a) Gib die Strukturformeln und die Namen der Monobromheptane an.
b) Gib jeweils ein Beispiel für Di-, Tri-, Tetra- und Pentabromheptan mit Namen und Strukturformel an.
c) Wie beurteilst du die praktische Bedeutung der Halogenierung von Alkanen zur Herstellung einer ganz bestimmten Verbindung?
5 Ein Liter Heptan ($\varrho = 0{,}68\ \frac{g}{ml}$) wird verbrannt. Wie viel Liter Luft sind dazu bei 20 °C erforderlich?
6 Erdgas ist geruchlos. Welcher Stoff wird dem Erdgas zugesetzt, damit man vor ausströmendem Gas gewarnt wird?

Die radikalische Substitution

Theorie

Hinter den Reaktionsgleichungen für organische Reaktionen verbirgt sich oftmals ein komplizierter Reaktionsablauf. Die modellhafte Darstellung einer Reaktion in verschiedenen Teilschritten bezeichnet man als **Reaktionsmechanismus.**

Bei der Reaktion von Chlor mit Methan treten als Zwischenstufen *Radikale* auf, reaktive Teilchen mit ungepaarten Elektronen. Man spricht deshalb vom *Mechanismus der radikalischen Substitution.*

1. Startreaktion: Chlor-Moleküle werden durch Licht in Atome gespalten. Der Punkt in der LEWIS-Formel steht für das ungepaarte Elektron dieses Radikals.

$$|\overline{Cl}-\overline{Cl}| \xrightarrow{\text{Licht}} |\overline{Cl}\cdot + \cdot\overline{Cl}|$$

Chlor → Chlor-Radikale

2. Kettenreaktionen: Chlor-Radikale entreißen Methan-Molekülen Wasserstoff-Atome. Es entstehen Chlorwasserstoff-Moleküle und Methyl-Radikale.

$$CH_4 + \cdot\overline{Cl}| \longrightarrow \cdot CH_3 + H-\overline{Cl}|$$

Methan + Chlor-Radikale → Methyl-Radikal + Chlorwasserstoff

Durch die Reaktion von Methyl-Radikalen mit Chlor-Molekülen werden Monochlormethan-Moleküle und neue Chlor-Radikale gebildet.

$$\cdot CH_3 + |\overline{Cl}-\overline{Cl}| \longrightarrow |\overline{Cl}-CH_3 + \cdot\overline{Cl}|$$

Methyl-Radikal + Chlor → Monochlormethan + Chlor-Radikal

Solche Reaktionsfolgen werden als *Radikalkettenreaktionen* bezeichnet, weil bei jedem Teilschritt ein Radikal reagiert und ein neues Radikal entsteht, das dann die Reaktionskette fortsetzt.

3. Abbruchreaktionen: Stoßen zwei Radikale zusammen, so können die beiden ungepaarten Elektronen eine Elektronenpaarbindung bilden. Es entsteht ein Molekül, das nicht mehr weiterreagiert.

$$|\overline{Cl}\cdot + \cdot\overline{Cl}| \longrightarrow |\overline{Cl}-\overline{Cl}| \quad \text{Chlor}$$

$$|\overline{Cl}\cdot + \cdot CH_3 \longrightarrow |\overline{Cl}-CH_3 \quad \text{Monochlormethan}$$

$$H_3C\cdot + \cdot CH_3 \longrightarrow CH_3-CH_3 \quad \text{Ethan}$$

1 Bei der Chlorierung von Methan können auch Dichlormethan, Trichlormethan und Tetrachlormethan entstehen. Formuliere dafür die Reaktionsgleichungen.
2 Ethan reagiert mit Brom. Gib Namen und Strukturformeln aller möglichen Reaktionsprodukte an.

Startreaktion: *Bildung von Chlor-Radikalen durch die Einwirkung von Licht auf ein Chlor-Molekül*

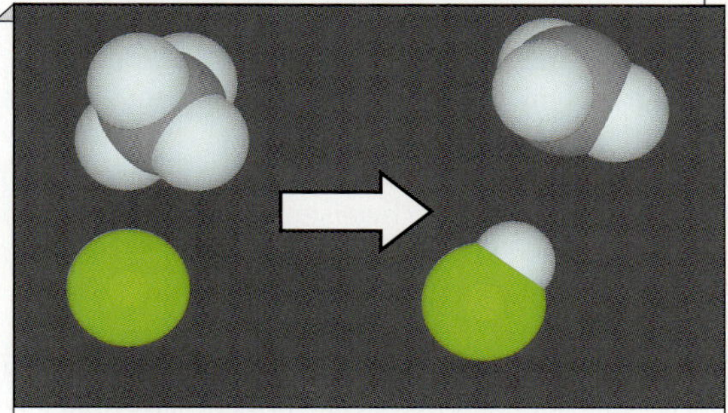

Kettenreaktion: *Bildung von Methyl-Radikalen und Entstehung von Chlorwasserstoff*

Kettenreaktion: *Bildung von Chlor-Radikalen und Entstehung von Monochlormethan*

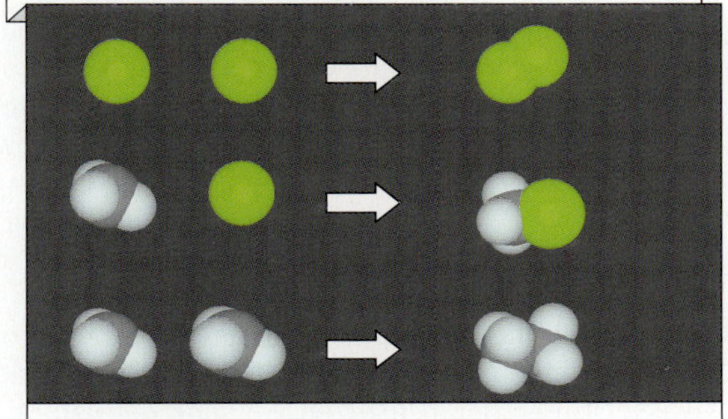

Abbruchreaktion: *Reaktion von Radikalen zu Molekülen*

16.9 Halogenkohlenwasserstoffe

Werden in Kohlenwasserstoff-Molekülen Wasserstoff-Atome durch Halogen-Atome ersetzt, so erhält man *Halogenkohlenwasserstoffe.* Man bezeichnet diese Produkte daher auch als Halogen-*Derivate* der Kohlenwasserstoffe (lat. *derivare:* ableiten).

Eigenschaften. Halogenkohlenwasserstoffe haben höhere Schmelztemperaturen und Siedetemperaturen als Kohlenwasserstoffe. Ursache sind stärkere zwischenmolekulare Bindungen. Halogenkohlenwasserstoff-Moleküle sind im Gegensatz zu den unpolaren Kohlenwasserstoff-Molekülen schwach polar. Die VAN-DER-WAALS-Bindungen zwischen Halogenwasserstoff-Molekülen sind deshalb stärker.
Mit zunehmender Zahl der Halogen-Atome in einem Molekül nimmt die Brennbarkeit ab. Außerdem sind Halogenkohlenwasserstoffe ausgezeichnete Lösungsmittel für hydrophobe Stoffe.
Organische Halogen-Verbindungen lassen sich durch die **BEILSTEIN-Probe** nachweisen: Gibt man ein Halogenalkan auf ein Kupferblech und hält es in die Brennerflamme, so färbt sich die Flamme grün.

Verwendung. Aufgrund ihrer Eigenschaften ergaben sich für die Halogenkohlenwasserstoffe viele Einsatzmöglichkeiten in Industrie und Technik: In chemischen Reinigungen verdrängte *Tetrachlorethen* (PER, $CCl_2{=}CCl_2$) das feuergefährliche Waschbenzin. In Büros wurden Korrekturlacke verwendet, die in *1,1,1-Trichlorethan* gelöst waren. Die Oberfläche von Metallen entfettete man mit *Tetrachlormethan,* das auch als Feuerlöschmittel Verwendung fand. *Halothan* ($CF_3{-}CHBrCl$) und *Trichlormethan* (Chloroform) dienten als Narkosemittel. **F**luor**c**hlor**k**ohlen**w**asserstoffe (FCKW) wurden als Treibgase für Sprays und Kunststoffschäume sowie als Kühlmittel in Kühlgeräten verwendet.

Probleme. Durch den Einsatz der Halogenkohlenwasserstoffe konnten also giftige Verbindungen ersetzt und Gefahren durch Brände oder Explosionen vermindert werden. Heute weiß man aber, dass Bromkohlenwasserstoffe und Chlorkohlenwasserstoffe Gesundheit und Umwelt gefährden: Sie sind schwer abbaubar und reichern sich daher in der Nahrungskette an, viele sind Krebs erregend und können Missbildungen hervorrufen. Außerdem zerstören sie die schützende Ozonschicht.
Die chemische Industrie unternimmt daher große Anstrengungen, den Verbrauch an Halogenkohlenwasserstoffen herabzusetzen. So sank der Verbrauch des Lösungsmittels *Dichlormethan* in Deutschland von 1986 bis 1997 auf ein Viertel. Halogenkohlenwasserstoffe werden durch weniger gefährliche Stoffe ersetzt. Als Treibgas wird heute bevorzugt Butan und als Kühlmittel werden Cyclopentan und Fluorkohlenwasserstoffe eingesetzt. Die Herstellung von vollhalogenierten FCKWs ist inzwischen verboten.

Seit 1998 sind chlorhaltige Kältemittel in Pkw-Klimaanlagen verboten: Dichlordifluormethan wurde durch 1,1,1,2-Tetrafluorethan ersetzt.

Halogenkohlenwasserstoff-Moleküle enthalten ein oder mehrere Halogen-Atome, sie sind dadurch schwach polar. Halogenkohlenwasserstoffe fanden vielfältige Verwendung in Industrie und Technik. Umweltschädliche Stoffe sind inzwischen ersetzt worden.

1 Gib Formeln und wenn möglich die Verwendung folgender Halogenkohlenwasserstoffe an:
a) Dichlordifluormethan, **b)** Trichlorfluormethan, **c)** Bromtrifluormethan (Halon), **d)** Triiodmethan (Iodoform), **e)** 1,1,1-Trichlorethan, **f)** 2-Brom-2-chlor-1,1,1-trifluorethan (Halothan) und **g)** Chlorethan.

2 Erkläre die Abkürzungen CKW, FKW, FCKW, H-FCKW und H-FKW.

3 Informiere dich im Internet über die neuesten Entwicklungen bei den Halogenkohlenwasserstoffen.

Ozon – Gefahr und Schutz

Exkurs

Journalisten schlagen Alarm: Unter Berufung auf Experten warnen sie davor in der sommerlichen Mittagszeit im Freien Sport zu treiben, weil die Ozonwerte zu *hoch* sind. Gleichzeitig wird aber beklagt, dass die Ozon-Konzentration in der Ozonschicht zu *niedrig* ist und immer weiter sinkt.

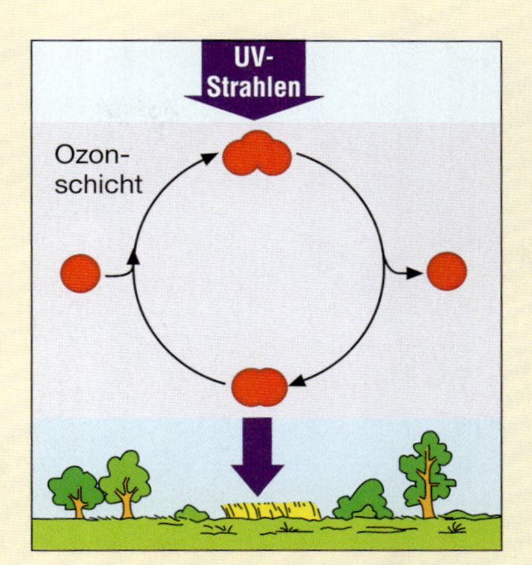

Die Ozonschicht als Schutzschild: Abnahme der gefährlichen UV-Strahlung

Gefahr durch Ozon. Im Gegensatz zu gewöhnlichem Sauerstoff (O_2) sind Ozon-Moleküle (O_3) aus *drei* Sauerstoff-Atomen aufgebaut. Ozon ist äußerst reaktiv. Viele Stoffe werden von Ozon angegriffen. Ozon reizt die Augen, die Schleimhäute und die Lunge. Auch Pflanzen werden stark geschädigt. Ozon ist deshalb in bodennahen Luftschichten unerwünscht.
Hauptursache für die Bildung von *bodennahem Ozon* sind menschliche Aktivitäten: Abgase von Autos und Industrieanlagen enthalten Stickstoffoxide. Durch die UV-Strahlung der Sonne werden von Stickstoffdioxid-Molekülen Sauerstoff-Radikale abgespalten, die mit Sauerstoff-Molekülen der Luft zu Ozon-Molekülen reagieren.

Schutz durch Ozon. Im Bereich der Stratosphäre bildet sich Ozon in 20 bis 30 Kilometer Höhe durch Einwirkung von energiereicher *UV-Strahlung* auf Sauerstoff-Moleküle. Durch die Spaltung von Sauerstoff-Molekülen wird UV-Strahlung absorbiert. Auch das Ozon selbst nimmt UV-Strahlung auf. So schützt die Ozonschicht die Lebewesen auf der Erde vor zu intensiver UV-Strahlung. Ohne die Filterwirkung der Ozonschicht würde die UV-Strahlung beim Menschen verstärkt zu Augenerkrankungen, zu einer erhöhten Hautkrebsrate und zur Schwächung des Immunsystems führen. Durch eine massive Schädigung von Algen und Kleinstlebewesen im Meer könnte die Nahrungskette gestört und damit die Ernährungsgrundlage des Menschen gefährdet werden.

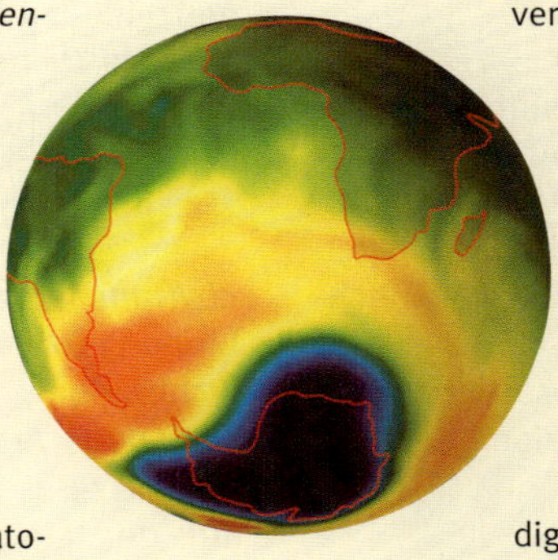

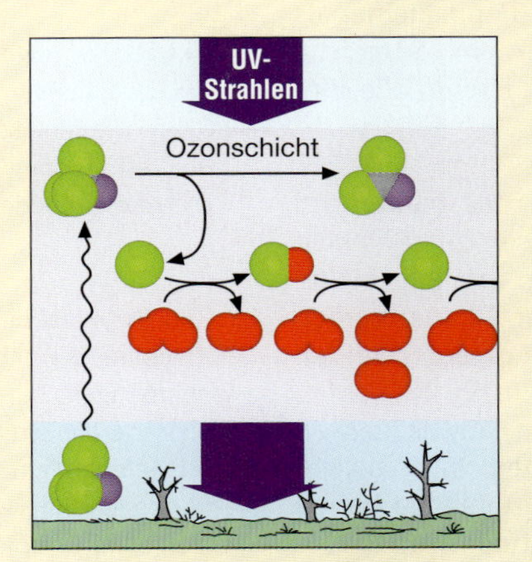

Zerstörung der Ozonschicht durch Fluorchlorkohlenwasserstoffe

Zerstörung der Ozonschicht. Die Fluorchlorkohlenwasserstoffe (FCKW) galten lange Zeit als ideale Treibgase und Kühlflüssigkeiten. Sie sind chemisch sehr reaktionsträge und ungiftig. Gerade weil sie so stabil sind und sich so schlecht in Wasser lösen, haben sie sich zum *Ozonkiller* entwickelt. Einmal frei gesetzt gelangen sie im Laufe der Jahre bis in 30 Kilometer Höhe. Dort spaltet die UV-Strahlung Chlor-Atome ab. Jedes dieser aggressiven Chlor-Radikale kann dann in einer *Radikalkettenreaktion* mit Ozon reagieren und bis zu 10 000 Ozon-Moleküle zerstören, ehe es selbst wieder gebunden und damit unschädlich wird. Durch den Abbau des Ozons entstehen in der Stratosphäre zeitweise Bereiche mit auffällig verminderter Ozon-Konzentration. Diese Erscheinung bezeichnet man auch als **Ozonloch.**
Schon 1974 warnten amerikanische Chemiker vor einer möglichen Schädigung des Ozons durch Fluorchlorkohlenwasserstoffe. Jahrelang wurde jedoch die Berechtigung dieser Warnung immer wieder in Zweifel gezogen.
Erst 1990 wurde in London ein vollständiger Ausstieg bis zum Jahr 2000 vorgesehen. 1992 folgte auf der UNO-Ozonkonferenz in Kopenhagen der Beschluss, dass alle unterzeichnenden Industriestaaten bis zum Jahr 1996 aus Produktion und Verbrauch der FCKWs aussteigen. Seit 1995 dürfen daher nach geltendem EU-Recht vollhalogenierte FCKW weder hergestellt noch verwendet werden.
Doch auch das hilft erst langfristig: Es dauert 20 Jahre, bis FCKW-Moleküle vom Boden bis in die Stratosphäre gelangen und dort die Ozonschicht zerstören.

1 Gib für die in den Abbildungen dargestellten Umsetzungen die Reaktionsgleichungen an.
2 Suche im Internet die neuesten Angaben zu Produktion und Verbrauch ozonabbauender Stoffe.

16.10 Ethen – ein Alken

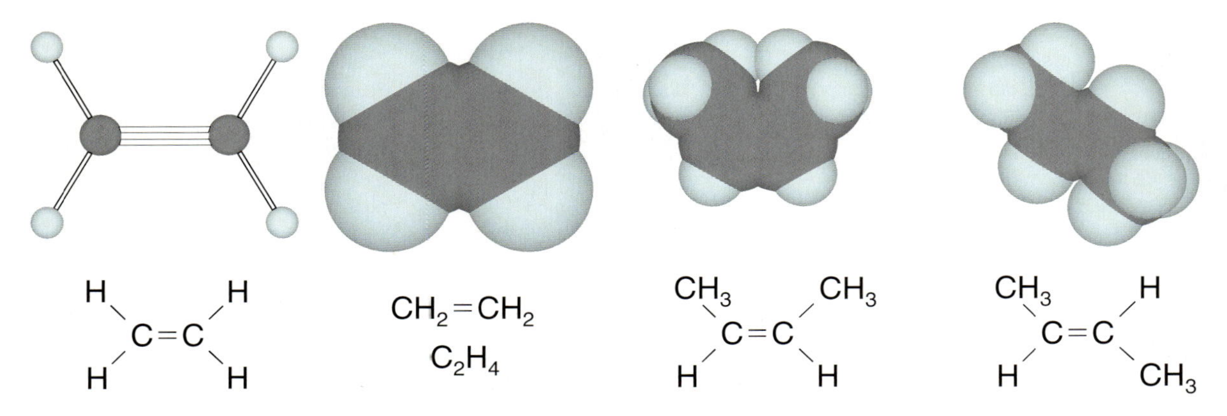

Das Ethen-Molekül

cis-But-2-en und trans-But-2-en

Erhitzt man Paraffinöl in Gegenwart eines Katalysators, so entsteht ein Produktgemisch aus dünnflüssigen und gasförmigen Kohlenwasserstoffen. Der Hauptbestandteil des Gasgemisches ist **Ethen,** ein farbloses Gas.

Struktur des Ethen-Moleküls. Die Bestimmung der Molekülformel von Ethen ergibt C_2H_4. An jedes Kohlenstoff-Atom sind zwei Wasserstoff-Atome gebunden. Da ein Kohlenstoff-Atom immer vier Bindungen eingeht, muss im Ethen-Molekül eine **C=C-Zweifachbindung** vorliegen. Ethen ist daher ein **ungesättigter Kohlenwasserstoff.** Die Moleküle ungesättigter Kohlenwasserstoffe enthalten mindestens eine C/C-Mehrfachbindung.

Die beiden C-Atome sind durch *zwei* gemeinsame Elektronenpaare verbunden. Die Oktettregel ist damit für beide Atome erfüllt. Der Abstand zwischen den beiden Kohlenstoff-Atomen ist mit 134 pm kleiner als in der C–C-Einfachbindung mit 154 pm. Sämtliche Atome des Moleküls liegen in einer Ebene, alle Bindungswinkel betragen 120°.

Alkene. Ethen ist das erste Glied der *homologen Reihe der Alkene.* Diese Kohlenwasserstoff-Moleküle haben je *eine* C=C-Zweifachbindung; ihre allgemeine Formel lautet C_nH_{2n}. Die Namen der Alkene werden gebildet, indem die Endung -an des entsprechenden Alkans durch **-en** ersetzt wird.

Alkene unterscheiden sich in ihren physikalischen Eigenschaften kaum von den Alkanen. Ihre Löslichkeit ist ähnlich und bei gleicher Kettenlänge haben sie fast identische Schmelztemperaturen und Siedetemperaturen. Alken-Moleküle sind wie Alkan-Moleküle unpolar und gehen untereinander VAN-DER-WAALS-Bindungen ein.

Von Buten an gibt es isomere Moleküle, sie unterscheiden sich in der Lage der C=C-Zweifachbindung. Die Stellung der C=C-Zweifachbindung wird durch eine Ziffer vor der Silbe -en angegeben. Verbindungen mit *zwei* C=C-Zweifachbindungen bezeichnet man als *Di*ene.

1 2 3 4	1 2 3 4	1 2 3 4
CH_2=CH–CH_2–CH_3	CH_3–CH=CH–CH_3	CH_2=CH–CH=CH_2
But-1-en	But-2-en	Buta-1,3-dien

***cis/trans*-Isomerie.** Im Gegensatz zur C–C-Einfachbindung können die Molekülteile um die C=C-Zweifachbindung nicht gedreht werden. Dadurch entsteht eine neue Art von Isomerie, die ***cis/trans*-Isomerie:** Beim *cis*-But-2-en liegen die beiden Methyl-Gruppen auf der gleichen Seite der C=C-Zweifachbindung, beim *trans*-But-2-en stehen sie einander gegenüber. *cis/trans*-Isomere unterscheiden sich in ihren Eigenschaften, beispielsweise in den Siedetemperaturen.

Alkene sind ungesättigte Kohlenwasserstoffe mit einer C=C-Zweifachbindung und der allgemeinen Formel C_nH_{2n}. Die Molekülteile sind nicht frei um die C=C-Zweifachbindung drehbar. Dadurch kommt es zur *cis/trans*-Isomerie.

1 Gib die Molekülformel von Propen an.

2 Benenne die nebenstehenden Verbindungen.

CH_2=CH–CH=CH–CH_3

H, H, C=C, CH_3, CH_2–CH_3

3 Zeichne die Strukturformeln der isomeren Pentene und benenne die Verbindungen.

4 Zeige am Beispiel des Ethen-Moleküls, dass die Oktettregel für beide Kohlenstoff-Atome erfüllt ist.

5 Grüne Bananen werden mit Ethen begast. Suche in einem Lexikon nach dem Nutzen dieser Behandlung.

16.11 Addition und Eliminierung

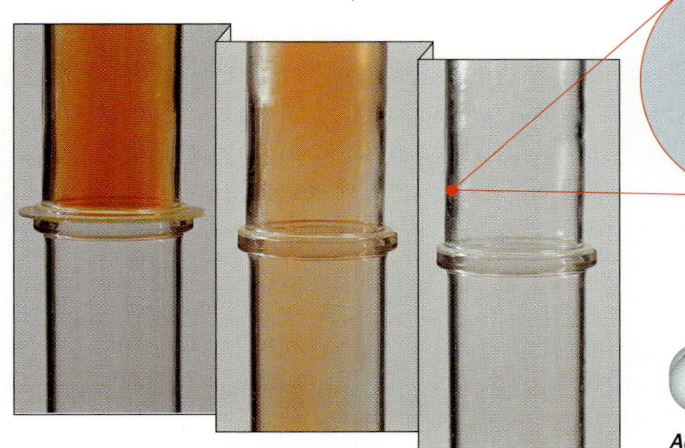

Reaktion von Ethen mit Brom

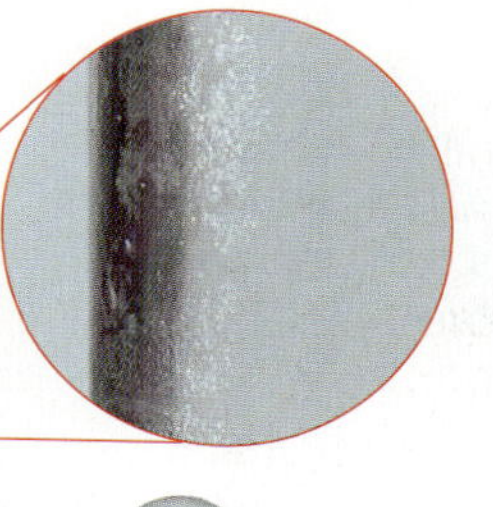

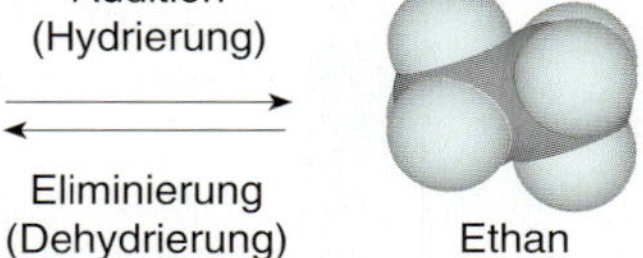

Additionsreaktionen sind umkehrbar, dabei läuft eine Eliminierungsreaktion ab.

Alkene sind wesentlich reaktionsfähiger als Alkane. Dies zeigt sich besonders deutlich bei der Reaktion mit Brom: Ein Standzylinder wird mit Ethen gefüllt und mit einer Glasscheibe abgedeckt. Dann setzt man einen mit Brom-Dampf gefüllten Standzylinder umgekehrt darauf. Sobald man die Glasscheiben entfernt, mischen sich die beiden Gase. Das Gemisch entfärbt sich und an der Glaswand bilden sich farblose Tropfen von 1,2-Dibromethan.

Addition. Bei der Reaktion wird jedes Kohlenstoff-Atom der C=C-Zweifachbindung mit einem Brom-Atom verknüpft. Gleichzeitig bildet sich eine C–C-Einfachbindung aus. Man sagt, Brom wird an die C=C-Zweifachbindung addiert. Solche Reaktionen, bei denen sich zwei Moleküle zu *einem* Molekül vereinigen, bezeichnet man als **Additionsreaktionen.**

$CH_2{=}CH_2\ (g) + Br_2\ (g) \longrightarrow CH_2Br{-}CH_2Br\ (l)$; exotherm
Ethen, Brom, 1,2-Dibromethan

Die rasche Entfärbung bei der Reaktion mit Brom dient auch als *Nachweisreaktion für Alkene.*

Durch die Addition von Wasser an Alkene lassen sich Alkohole herstellen. So entsteht durch die Reaktion von Ethen mit Wasser Ethanol:

$CH_2{=}CH_2\ (g) + H_2O\ (l) \xrightarrow{\text{Katalysator}} CH_3{-}CH_2OH\ (l)$; exotherm
Ethen, Wasser, Ethanol

Wird Wasserstoff an Ethen addiert, so bildet sich Ethan. Bei dieser als **Hydrierung** bezeichneten Reaktion entsteht somit aus einem ungesättigten Kohlenwasserstoff ein gesättigter Kohlenwasserstoff:

$CH_2{=}CH_2\ (g) + H_2\ (g) \longrightarrow CH_3{-}CH_3\ (g)$; exotherm
Ethen, Wasserstoff, Ethan

Eliminierung. Additionsreaktionen sind *umkehrbar.* Bei hohen Temperaturen lassen sich aus den Molekülen von gesättigten Kohlenwasserstoff-Verbindungen kleine Moleküle abspalten. Solche Reaktionen bezeichnet man als **Eliminierungsreaktionen.**

Besonders wichtig ist die Abspaltung von Wasserstoff-Molekülen aus Alkan-Molekülen. Eine Eliminierung von Wasserstoff nennt man **Dehydrierung.** Aus dem gesättigten Kohlenwasserstoff Ethan bildet sich auf diese Weise Ethen:

$CH_3{-}CH_3\ (g) \longrightarrow CH_2{=}CH_2\ (g) + H_2\ (g)$; endotherm
Ethan, Ethen, Wasserstoff

Aus Halogenalkan-Molekülen lassen sich Halogenwasserstoff-Moleküle eliminieren. Aus Bromethan erhält man so Ethen und Bromwasserstoff:

$CH_3{-}CH_2Br\ (l) \longrightarrow CH_2{=}CH_2\ (g) + HBr\ (g)$; endotherm
Bromethan, Ethen, Bromwasserstoff

Bei einer Additionsreaktion wird ein Molekül an eine C/C-Mehrfachbindung eines ungesättigten Kohlenwasserstoff-Moleküls addiert.

1 Folgende Stoffe werden an Propen addiert: Chlor, Wasserstoff, Chlorwasserstoff. Formuliere die Reaktionsgleichungen und gib die Namen der Produkte an.
2 Gib eine Reaktionsgleichung für die Dehydrierung von Butan an. Wie viele verschiedene Produkte sind möglich?
3 Welches Produkt erwartest du bei der Dehydrierung von Ethen? Schlage eine Molekülformel vor.
4 Ethen-Moleküle können auch miteinander reagieren. Dabei entsteht der Kunststoff Polyethen (PE). Zeichne einen Formelausschnitt mit sechs kettenförmig angeordneten Kohlenstoff-Atomen.

16.12 Ethin – ein Alkin

Tropft man Wasser auf festes Calciumcarbid, so entsteht ein farbloses Gas, das mit rußender Flamme verbrennt. Es handelt sich um **Ethin.**

CaC_2 (s) + 2 H_2O (l) ⟶
Calciumcarbid Wasser

C_2H_2 (g) + $Ca(OH)_2$ (s); exotherm
Ethin Calciumhydroxid

In Museen kann man noch die großen Scheinwerfer von alten Fahrrädern und Autos bewundern. Es handelt sich dabei um Carbidlampen, die mit Calciumcarbid und Wasser betrieben wurden. Das frei werdende Ethin wurde entzündet und man verfügte so über eine transportable Lichtquelle.

Ethin ist der einfachste Vertreter der homologen Reihe der **Alkine.** Darunter versteht man ungesättigte Kohlenwasserstoffe mit *einer* C≡C-Dreifachbindung und der allgemeinen Formel C_nH_{2n-2}.

Struktur des Ethin-Moleküls. Die starke Rußentwicklung bei der Acetylenflamme deutet auf einen geringen Wasserstoffanteil im Molekül hin. Die Bestimmung der molaren Masse ergibt 26 $\frac{g}{mol}$. Daraus leitet sich die *Molekülformel* C_2H_2 ab. Wegen der Vierbindigkeit des Kohlenstoff-Atoms muss zwischen den beiden Kohlenstoff-Atomen eine *C≡C-Dreifachbindung* vorliegen. Die beiden Kohlenstoff-Atome sind also durch drei gemeinsame Elektronenpaare miteinander verbunden.

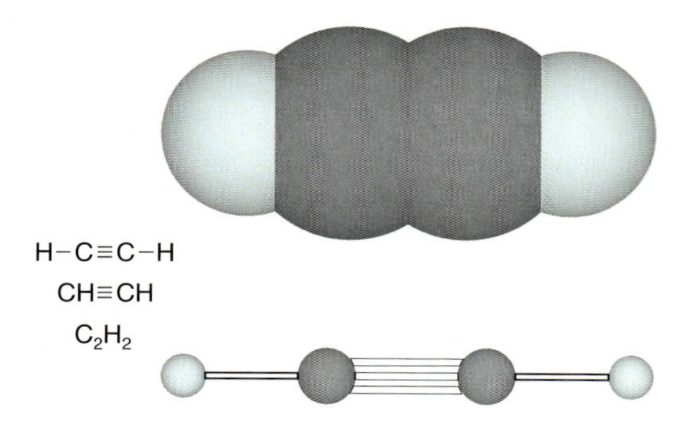

Die Bindungslänge der C≡C-Dreifachbindung ist mit 120 pm noch geringer als bei der C=C-Zweifachbindung mit 134 pm. Da die Kohlenstoff-Atome im Ethin-Molekül jeweils nur ein Wasserstoff-Atom als Bindungspartner haben, liegen sämtliche Atome des Moleküls auf einer Geraden. Das Ethin-Molekül ist linear gebaut, der H–C–C-Bindungswinkel beträgt 180°.

Eigenschaften und Verwendung. Ethin wird auch als *Acetylen* bezeichnet. Gemische mit Luft, die zwischen 1,5 % und 82 % Ethin enthalten, können explodieren. In der Technik wird Ethin zum Schweißen und Schneiden von Eisen oder Stahl verwendet. Dabei wird das Gas im Schweißbrenner mit Sauerstoff verbrannt:

$$2\ C_2H_2\ (g) + 5\ O_2\ (g) \longrightarrow 4\ CO_2\ (g) + 2\ H_2O\ (g);\ \text{exotherm}$$

Diese Reaktion ist stark exotherm, es werden Temperaturen über 3000 °C erreicht, sodass Eisen und Stahl schmelzen.

Ethin zerfällt unter Druck explosionsartig in die Elemente. Es kann daher nicht wie Ethan und Ethen direkt in Stahlflaschen gepresst werden. Das Gas wird zuerst in Aceton gelöst und dann unter einem verhältnismäßig geringen Druck von 12 bar in Stahlflaschen gefüllt, die Kieselgur zum Aufsaugen der Lösung enthalten. Unter diesen Bedingungen lösen sich 300 Liter Ethin-Gas in einem Liter Aceton.

An der C≡C-Dreifachbindung der Alkin-Moleküle sind Additionsreaktionen möglich. Die Addition von Wasserstoff führt zu Alkenen und zu Alkanen. Auch Halogene oder Halogenwasserstoffe können an die C≡C-Dreifachbindung addiert werden.

Ethin ist der einfachste ungesättigte Kohlenwasserstoff mit einer C≡C-Dreifachbindung. Er gehört zur homologen Reihe der Alkine mit der allgemeinen Formel C_nH_{2n-2}.

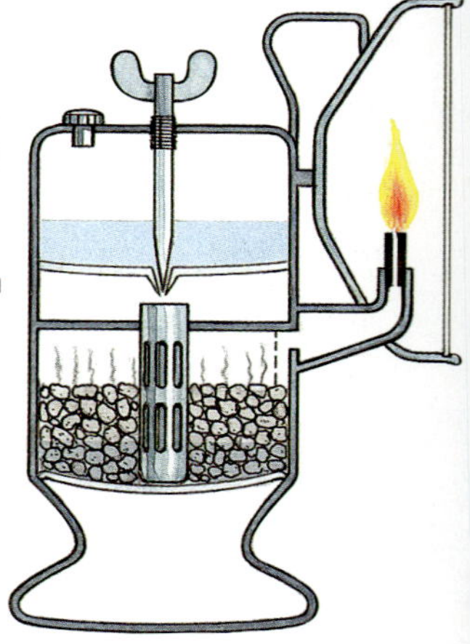

1 Gib die Strukturformeln von Propin und von Butin an.
2 Formuliere die Reaktionsgleichungen für **a)** die Addition von Brom an Ethin, **b)** die Reaktion von Ethin zu Ethen und dann zu Ethan, **c)** die Herstellung von Chlorethen aus Ethin.
3 Gibt es bei den Alkinen *cis/trans*-Isomere?
4 Ethin wird heute vorwiegend durch unvollständige Verbrennung von Methan hergestellt. Formuliere die Reaktionsgleichung.
5 Erkläre die Funktionsweise der Carbidlampe.

Eigenschaften ungesättigter Kohlenwasserstoffe

V1: Nachweis mit BAEYER-Reagenz

   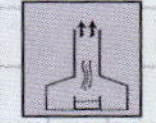   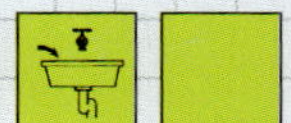 

Materialien: Einwegspritze (20 ml) mit abgestumpfter Kanüle, Stopfen;
BAEYER-Reagenz (Kaliumpermanganat-Lösung mit Zusatz von Natriumcarbonat), Ethen (F+).

Durchführung:

1. Baue die Versuchsapparatur nach der Abbildung auf.
2. Drücke das Ethen-Gas in kleinen Blasen langsam in die BAEYER-Reagenzlösung. Die Kanüle sollte dabei etwa bis zur halben Höhe in die Lösung eintauchen.
   Eventuell muss nach dem Einspritzen des Gases etwa eine Minute lang vorsichtig geschüttelt werden.
   Achtung! Dabei muss die Spritze festgehalten werden!

Aufgaben:

a) Notiere deine Beobachtungen.
b) Kaliumpermanganat ist ein in der Praxis häufig verwendetes Oxidationsmittel. Welcher Reaktionstyp liegt der BAEYER-Probe zu Grunde? Welche Beobachtung stützt deine Annahme?
c) Das Kaliumpermanganat reagiert mit einer C/C-Mehrfachbindung. Mit der BAEYER-Probe kann somit der ungesättigte Charakter einer Verbindung nachgewiesen werden. Wie würde daher Ethin mit dem BAEYER-Reagenz reagieren?

A1: a) Ethin kann durch Reaktion von Calciumcarbid mit Wasser hergestellt werden. Formuliere die Gleichung für die Reaktion von Calciumcarbid mit Wasser. In welchem Bereich müsste der pH-Wert der Lösung am Ende der Reaktion liegen?
b) Formuliere die Reaktionsgleichung für die Verbrennung von Ethin. Warum rußt die Flamme bei der Verbrennung von Ethin stärker als bei der Verbrennung von Ethen?
c) Calciumcarbid kann aus Calciumoxid (Branntkalk) und Kohlenstoff (Koks) hergestellt werden. Formuliere die Reaktionsgleichung.
d) Das Ethin-Molekül kann als *Protonendonator* wirken und zwei Protonen abgeben. Zeichne die LEWIS-Formel des gebildeten Anions.
e) Salze mit dem Säurerest-Ion C_2^{2-} bezeichnet man als *Acetylide*. Formuliere die Reaktionsgleichung für die Bildung von Silberacetylid durch die Reaktion von Ethin mit Silbernitrat-Lösung.

V2: Nachweis mit Brom

 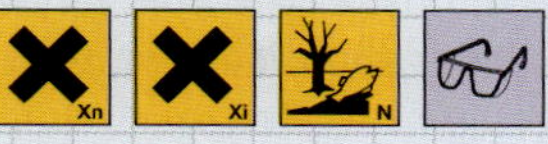  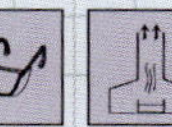  

Materialien: Tropfpipetten, Stopfen;
Bromwasser (gesättigte Lösung zuvor auf das vierfache Volumen verdünnen; Xn), Oct-1-en (F, N), Oct-1-in (F, Xi).

Durchführung:

1. Gib einen Tropfen Oct-1-en in ein Reagenzglas und füge einige Tropfen Bromwasser hinzu.
2. Verschließe das Reagenzglas mit dem Stopfen und schüttle.
3. Wiederhole den Versuch mit Oct-1-in.

Aufgaben:

a) Notiere deine Beobachtungen.
b) Formuliere die Reaktionsgleichungen.

V3: Bananenreifung

Materialien: 2 Einwegspritzen (20 ml), Kanüle, 3 PE-Gefrierbeutel (1 l), 3 Gefrierbeutelverschlüsse, Klebeband;
4 Bananen (möglichst grün), 1 Banane (möglichst reif), Ethen (F+).

Durchführung:

1. Gib in jeden der drei Gefrierbeutel eine unreife Banane und lagere die vierte offen.
2. Füge in einen der drei Beutel die reife Banane hinzu.
3. Verschieße die Gefrierbeutel gasdicht mit dem Verschluss.
4. Spritze 40 ml Ethen in einen Gefrierbeutel mit einer unreifen Banane. Verschließe die Einstichstelle möglichst schnell mit dem Klebeband und kennzeichne diesen Beutel entsprechend.
5. Lagere die vier Bananen unter gleichen Bedingungen, bis ein deutlicher Unterschied im Reifungsgrad bemerkbar ist (etwa drei Tage).

Aufgaben:

a) Notiere deine Beobachtungen.
b) Wieso ist aus der Versuchsreihe zu schließen, dass reife Bananen Ethen abgeben?
c) Bananen werden in den Herkunftsländern im grünen Zustand geerntet und in Kühlräumen gelagert. Erst bei Bedarf lässt man sie durch Begasung mit einem Gemisch aus 5 % Ethen und 95 % Stickstoff reifen und bringt sie in den Handel. Warum werden die Bananen nicht schon reif geerntet und dann zum Verbraucher gebracht?

16.13 Benzol – ein aromatischer Kohlenwasserstoff

An Benzinzapfsäulen sind drei Gefahrensymbole angebracht: F+ (hoch entzündlich), T (giftig) und N (umweltgefährlich). Das Symbol F+ ist sofort verständlich. Das Symbol T muss angegeben werden, weil Benzin bis zu 1 % Krebs erzeugendes **Benzol** enthält.
Benzol entsteht bei der Verarbeitung von Erdöl. In der chemischen Industrie sind Benzol und Benzol-Derivate wichtige Lösungsmittel sowie Zwischenprodukte für die Herstellung von Farbstoffen und Kunststoffen.

Benzol gehört zur Stoffklasse der **aromatischen Kohlenwasserstoffe.** Die Bezeichnung „aromatisch" geht auf den süßlich-aromatischen Geruch vieler Naturstoffe zurück, die sich vom Benzol ableiten. Alle aromatischen Kohlenwasserstoffe enthalten als gemeinsames Merkmal mindestens einen Benzol-Rest.

Struktur des Benzol-Moleküls. Die Molekülformel C_6H_6 lässt vermuten, dass im Benzol-Molekül C/C-Mehrfachbindungen vorliegen. Der deutsche Chemiker KEKULÉ schlug daher 1866 eine Sechseckformel mit abwechselnden C–C-Einfachbindungen und C=C-Zweifachbindungen vor. Versetzt man Benzol mit Brom, so findet jedoch keine Additionsreaktion statt. Strukturuntersuchungen haben ergeben, dass die sechs Kohlenstoff-Atome einen ebenen Ring bilden. Alle Bindungen im Ring sind gleichartig und der Abstand zwischen zwei Kohlenstoff-Atomen beträgt immer 139 pm. Damit liegt er zwischen den Bindungslängen der C–C-Einfachbindung (154 pm) und der C=C-Zweifachbindung (134 pm).
Jedes Kohlenstoff-Atom ist durch zwei Einfachbindungen mit den benachbarten Kohlenstoff-Atomen und durch eine Einfachbindung mit einem Wasserstoff-Atom verbunden. An jedem C-Atom ist damit noch ein Außenelektron übrig. Diese sechs Elektronen bilden ein ringförmiges Elektronensystem, das die Bindungen zwischen den Kohlenstoff-Atomen verstärkt. Als Strukturformel zeichnet man deshalb ein regelmäßiges Sechseck mit Innenkreis.

Reaktionsverhalten. Das Benzol-Molekül ist infolge der besonderen Bindungsverhältnisse so stabil, dass es Brom-Moleküle nicht addiert. Benzol verhält sich fast wie ein gesättigter Kohlenwasserstoff. Fügt man dem Gemisch jedoch einen Katalysator wie Aluminiumbromid ($AlBr_3$) hinzu, so bilden sich Monobrombenzol und Bromwasserstoff. Dabei wird ein Wasserstoff-Atom des Benzol-Moleküls durch ein Brom-Atom ersetzt, es findet also eine **Substitution** statt.

Benzol ist der einfachste aromatische Kohlenwasserstoff. Seine Formel lautet C_6H_6. Benzol geht Substitutionsreaktionen ein.

Steckbrief: Benzol (C_6H_6)

Eigenschaften: farblose Flüssigkeit mit süßlich-aromatischem Geruch;
Dichte: 0,874 $\frac{g}{ml}$;
Schmelztemperatur: 5,5 °C;
Siedetemperatur: 80 °C;
Flammpunkt: –11 °C.

Verwendung: Ausgangsstoff zur Herstellung von Textilfasern, Kunststoffen, Farbstoffen, Arzneimitteln, Aromastoffen, Pflanzenschutzmitteln.

Gefahren: Benzol ist giftig und Krebs erzeugend; Benzoldämpfe verursachen Schwindelgefühl, Übelkeit, Atemlähmung; Benzol schädigt Leber, Nieren und Knochenmark; Benzol kann auch durch die Haut aufgenommen werden.

Leicht entzündlich

F
Giftig

R 45 Kann Krebs erzeugen
R 46 Kann vererbbare Schäden verursachen
R 11 Leicht entzündlich
R 23/24/25 Giftig beim Einatmen, Verschlucken und Berührung mit der Haut
R 36/38 Reizt die Augen und die Haut
R 48 Gefahr ernster Gesundheitsschäden bei längerer Exposition
R 65 Gesundheitsschädlich: Kann beim Verschlucken Lungenschäden verursachen
S 53 Exposition vermeiden
S 44 Bei Unfall oder Unwohlsein sofort Arzt hinzuziehen

Strukturformel:

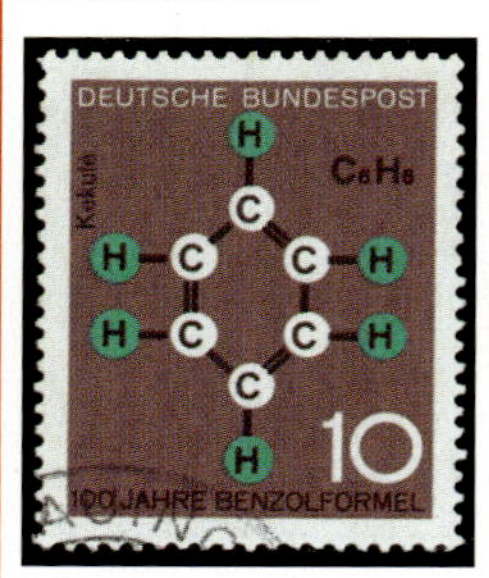

Benzolformel von KEKULÉ (1866)

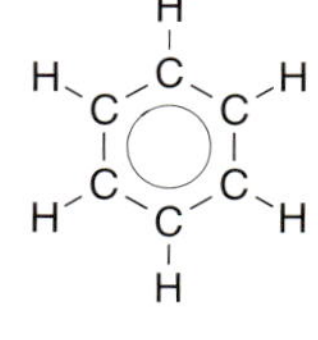

Benzolformel heute

1 Gib die Reaktionsgleichung für die Verbrennung von Benzol an.
2 Cyclohexen reagiert mit Brom in einer Additionsreaktion, Benzol dagegen in einer Substitutionsreaktion. Gib dafür eine Erklärung und formuliere die beiden Reaktionsgleichungen mit Strukturformeln.
3 Warum ist an Tankstellen das Symbol F+ angebracht, obwohl Benzol das Symbol F trägt?

Chemie-Recherche

Location: http://www.schroedel.de/chemie_heute.html

Suche:

Aromatische Kohlenwasserstoffe

Ergebnisse:

→ **Toluol (Methylbenzol)**

Formel: $C_6H_5–CH_3$

Eigenschaften: farblose, leicht entzündliche Flüssigkeit; aromatischer Geruch; gesundheitsschädlich

Verwendung: Lösungsmittel, z. B. in Klebstoffen; Ausgangsstoff für die Herstellung organischer Verbindungen wie Farben und Sprengstoffe sowie Saccharin (Süßstoff)

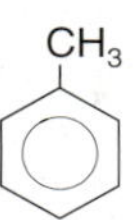

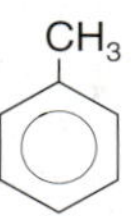

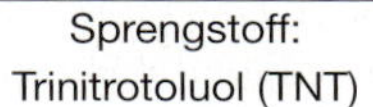

CH3, O2N, NO2, NO2

→ **Xylol (Dimethylbenzol)**

Formel: $C_6H_4(CH_3)_2$

Eigenschaften: farblose Flüssigkeit; bildet gesundheitsschädliche Dämpfe

Verwendung: Lösungsmittel für Wachse, Kunstharze, Kautschuk; Verdünnungsmittel für Lacke und Anstrichstoffe; Weichmacher für Kunststoffe und Kunstfasern; Zusatz zu Flugzeugbenzin

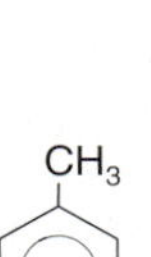

→ **Styrol (Phenylethen)**

Formel: $C_6H_5–CH{=}CH_2$

Eigenschaften: farblose, stechend riechende Flüssigkeit; in Wasser unlöslich; wirkt reizend auf Haut und Augen; geht Additionsreaktionen ein

Verwendung: Herstellung von Polystyrol und Gießharzen

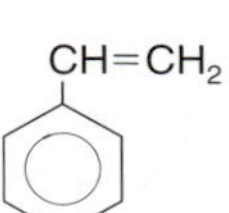

→ **Biphenyl**

Formel: $H_5C_6–C_6H_5$

Eigenschaften: farblose, glänzende Blättchen; wirkt reizend auf Haut, Augen und Atemwege; pilztötende Wirkung

Verwendung: Konservierung von Zitrusfrüchten (E 230); Herstellung von Pharmaka; Färbebeschleuniger in Färbereien; Schädlingsbekämpfungsmittel; Heizbadflüssigkeit

→ **Naphthalin**

Formel: $C_{10}H_8$

Eigenschaften: glänzende, farblose Kristalle; Dämpfe wirken reizend auf Augen und Atemwege; keimtötende Wirkung; Geruch nach Mottenkugeln

Verwendung: Ausgangsstoff für die Herstellung von Heilmitteln und Farben; Gerbstoff für Felle und Pelze; Insektizid; früher: Mottenkugeln

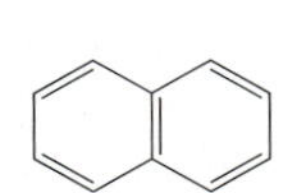

→ **Benzpyren**

kann Krebs erzeugen

Formel: $C_{20}H_{12}$

Eigenschaften: gelbe, nadelförmige Kristalle; Krebs erzeugende Substanz

Vorkommen: entsteht bei der unvollständigen Verbrennung organischer Stoffe; in Auto- und Industrieabgasen; beim Grillen durch die Zersetzung von herabtropfendem Fett und beim Rauchen in der Tabakbrennzone

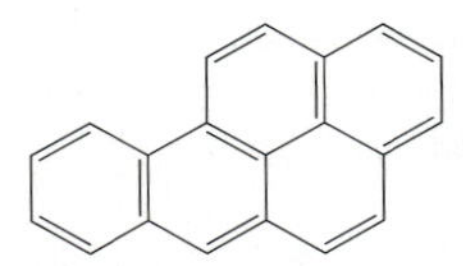

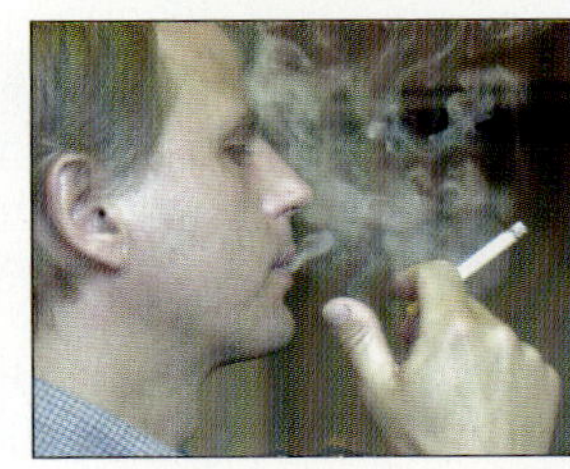

„Die EU-Gesundheitsminister: Rauchen kann tödlich sein."

Prüfe dein Wissen

Quiz

A1 a) Erkläre die Begriffe des Fensters.
b) Notiere auf der Vorderseite von Karteikarten den Begriff, auf der Rückseite die Erklärung.

A2 Was versteht man unter gesättigten Kohlenwasserstoffen, was sind ungesättigte Kohlenwasserstoffe?

A3 Welche Kohlenstoff-Verbindungen rechnet man nicht zu den organischen Verbindungen sondern zu den anorganischen Stoffen? Gib Namen und Formeln an.

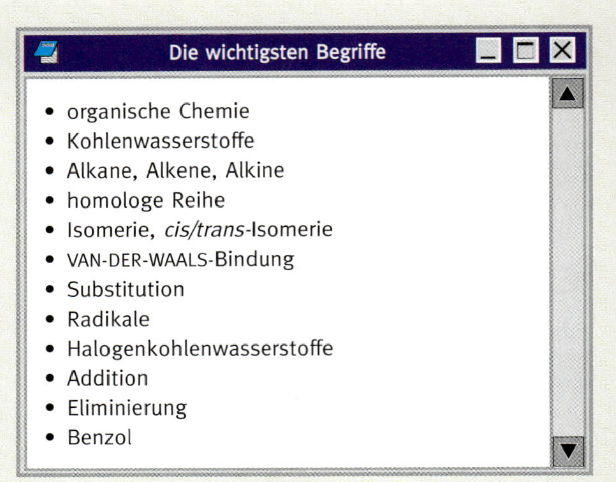

- organische Chemie
- Kohlenwasserstoffe
- Alkane, Alkene, Alkine
- homologe Reihe
- Isomerie, *cis/trans*-Isomerie
- VAN-DER-WAALS-Bindung
- Substitution
- Radikale
- Halogenkohlenwasserstoffe
- Addition
- Eliminierung
- Benzol

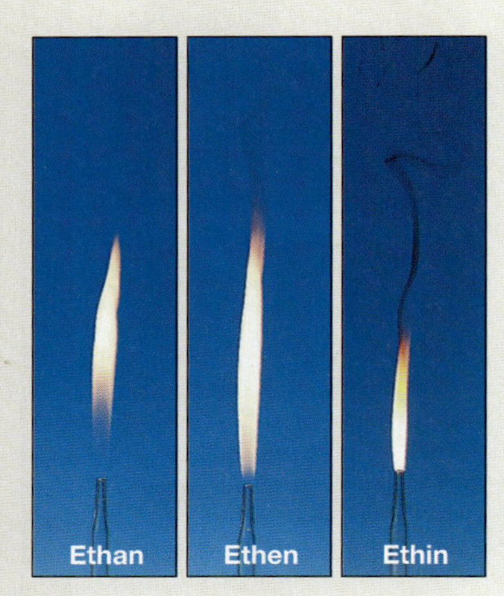

A4 a) Was ist der Hauptbestandteil von Ruß?
b) Erkläre, warum die Flammen von Ethan, Ethen und Ethin unterschiedlich rußen.

A5 Welches Octan-Isomer hat die kürzeste Hauptkette und gleichzeitig die meisten Methyl-Gruppen in den Seitenketten?
Zeichne die Strukturformel und gib den systematischen Namen der Verbindung an.

A6 Benenne die folgenden Verbindungen:

$CH_3-CH(CH_3)-CH(Cl)-CH_3$ $\qquad$ $CH_3-CH(CH_2-CH_3)-CH_3$

Know-how

A7 Brom reagiert mit Propan, mit Propen und mit Propin. Formuliere jeweils die Reaktionsgleichungen. Benenne die Reaktionsprodukte und den jeweiligen Reaktionstyp.

A8 a) Wieso lässt sich Chlor in Trichlormethan nicht mit Hilfe von Silbernitrat-Lösung nachweisen?
b) Welche Nachweisreaktion bietet sich stattdessen an? Beschreibe kurz die Vorgehensweise.

A9 Gib die Reaktionsgleichung für die Hydrierung von Propen und für die Dehydrierung von Propan an. Benenne den jeweiligen Reaktionstyp.

A10 Bei der Addition von Chlorwasserstoff an Propen können verschiedene Isomere entstehen. Formuliere die möglichen Reaktionsgleichungen und benenne die Produkte.

A11 Bei Dienen unterscheidet man *kumulierte* (benachbarte), *konjugierte* (durch eine Einfachbindung getrennte) und *isolierte* (durch mehr als eine Einfachbindung getrennte) Zweifachbindungen. Gib als Beispiel jeweils ein Pentadien mit Strukturformel und Namen an.

A12 *cis*-1,2-Dichlorethen siedet bei 60 °C, während *trans*-1,2-Dichlorethen bei 48 °C siedet.
a) Zeichne die Strukturformeln der beiden Halogenalkene.
b) Erkläre die unterschiedlichen Siedetemperaturen. Welches der beiden Moleküle ist polar, welches ist unpolar?

Natur – Mensch – Technik

A13 Welches Missgeschick in der Küche zeigt, dass Milch organische Verbindungen enthält?

A14 a) Erkläre das Vorkommen von Methan im Sumpfgas, im Faulgas und im Grubengas.
b) Was sind Schlagende Wetter?
c) Wie kommt es zu Irrlichtern im Moor?

A15 Propan und Butan werden als Heizgase verwendet. Warum werden sie als Flüssiggase bezeichnet?

A16 Wie lässt sich ein Ölfleck aus der Kleidung entfernen? Beschreibe und erkläre das Vorgehen. Begründe die Wirkung des Lösungsmittels.

A17 Bei starkem Frost können Dieselkraftstoff und Heizöl ausflocken. Erkläre diesen Vorgang. Welche unangenehmen Folgen hat das Ausflocken bei Dieselfahrzeugen?

Chemie der Kohlenwasserstoffe

Basiswissen

1. Einteilung und Merkmale

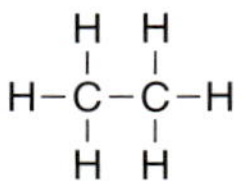 Ethan: $H_3C{-}CH_3$ (H–C–C–H mit je zwei H)	Ethen: $H_2C{=}CH_2$	Ethin: $H{-}C{\equiv}C{-}H$	Benzol: C_6H_6
homologe Reihe der Alkane C_nH_{2n+2} gesättigt C–C-Einfachbindung	homologe Reihe der Alkene C_nH_{2n} ungesättigt C=C-Zweifachbindung	homologe Reihe der Alkine C_nH_{2n-2} ungesättigt C≡C-Dreifachbindung	Aromaten aromatisch besonderes Bindungssystem

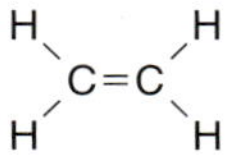

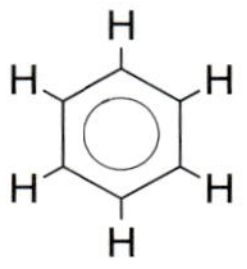

2. Isomerie und Nomenklatur

Isomere Verbindungen haben die gleiche Molekülformel, besitzen aber unterschiedliche Strukturformeln. Die Benennung organischer Verbindungen erfolgt nach internationalen Nomenklaturregeln.

C_4H_{10}	C_4H_8		C_6H_{12}
$CH_3{-}CH_2{-}CH_2{-}CH_3$ Butan $CH_3{-}CH(CH_3){-}CH_3$ 2-Methylpropan	$CH_2{=}CH{-}CH_2{-}CH_3$ But-1-en $CH_3{-}CH{=}CH{-}CH_3$ But-2-en	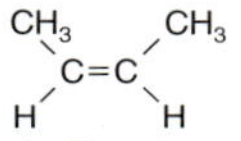 $(CH_3)HC{=}CH(CH_3)$ *cis*-But-2-en 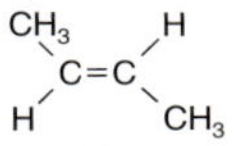 $(CH_3)HC{=}CH(CH_3)$ *trans*-But-2-en	$CH_2{=}CH{-}CH_2{-}CH_2{-}CH_2{-}CH_3$ Hex-1-en 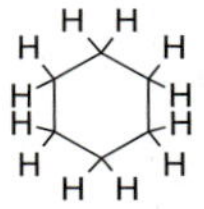 Cyclohexan
unterschiedliche Verzweigung	unterschiedliche Lage der C=C-Zweifachbindung	unterschiedliche Stellung der CH_3-Gruppen	Kette oder Ring

3. Eigenschaften

VAN-DER-WAALS-Bindungen. Zwischen den unpolaren Molekülen der Kohlenwasserstoffe wirken schwache Anziehungskräfte, die VAN-DER-WAALS-Bindungen. Sie nehmen mit der Molekülgröße zu.

Schmelz- und Siedetemperaturen. Kohlenwasserstoffe schmelzen und sieden bei niedrigen Temperaturen. Mit steigender Molekülgröße nehmen die Schmelz- und Siedetemperaturen wegen der stärker werdenden VAN-DER-WAALS-Bindungen zu.

Löslichkeit. Stoffe ähnlicher Polarität sind ineinander löslich. Kohlenwasserstoffe mischen sich mit anderen unpolaren Stoffen, lösen sich aber nicht in polaren Lösungsmitteln wie Wasser. Kohlenwasserstoffe sind **hydrophob.**

4. Reaktionen

Substitution: In einem Molekül wird ein Atom durch ein anderes Atom ersetzt. Substitutionsreaktionen sind charakteristisch für **gesättigte** und **aromatische** Kohlenwasserstoffe.

$$C_6H_{14} + Br_2 \xrightarrow{\text{Licht}} C_6H_{13}Br + HBr$$

Hexan, Brom → Bromhexan, Bromwasserstoff

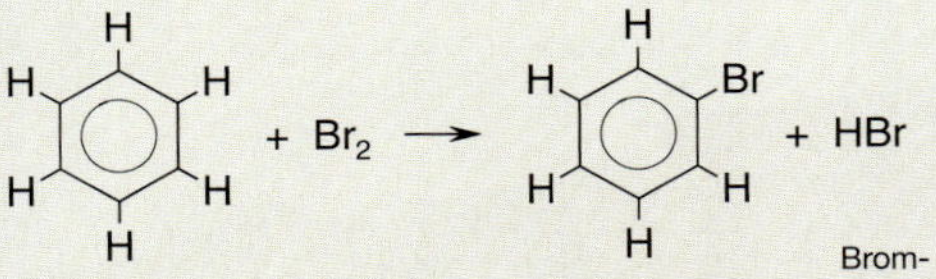

$$C_6H_6 + Br_2 \longrightarrow C_6H_5Br + HBr$$

Benzol, Brom → Brombenzol, Bromwasserstoff

Addition: Ein Molekül wird an eine C/C-Mehrfachbindung eines **ungesättigten** Kohlenwasserstoffs addiert.

Eliminierung: Aus einem Molekül wird unter Ausbildung einer C/C-Mehrfachbindung ein Molekül abgespalten.

$$CH_2{=}CH_2 + Br_2 \underset{\text{Eliminierung}}{\overset{\text{Addition}}{\rightleftarrows}} CH_2Br{-}CH_2Br$$

Ethen, Brom, 1,2-Dibromethan

$$CH_2{=}CH_2 + H_2 \underset{\text{Dehydrierung}}{\overset{\text{Hydrierung}}{\rightleftarrows}} CH_3{-}CH_3$$

Ethen, Wasserstoff, Ethan

17 Energie und Umwelt

Sonnenenergie 200 000 · 10^{12} Watt

30 % werden ins All reflektiert.

70 % Wärmestrahlung

25 % werden von der Atmosphäre absorbiert.

45 % gelangen zur Erdoberfläche.

Weniger als 1% treibt Winde und Strömungen an.

Auf die Photosynthese entfallen gerade 0,02 %.

Fossile Brennstoffe – gespeicherte Sonnenenergie.

Viele Naturvölker beten die Sonne als Gottheit an, die das Leben auf der Erde ermöglicht und erhält. Aber auch die moderne Naturwissenschaft weiß, dass Leben auf der Erde ohne Sonnenlicht unmöglich wäre.

Die Sonnenstrahlung, die insgesamt die Erdoberfläche erreicht, ist unvorstellbar groß; sie entspricht der Leistung von 200 Millionen Kraftwerken mit einer Leistung von je 1000 Megawatt. Die Sonnenenergie gelangt aber weder konzentriert noch gleichmäßig genug auf die Erde, um sie überall und ständig als Energiequelle verwenden zu können. Dennoch arbeitet man heute weltweit daran die Sonnenenergie zu nutzen: Moderne Solarzellen wandeln Sonnenlicht unmittelbar in elektrischen Strom um, und Sonnenkollektoren sammeln Sonnenenergie, um Wasser zu erwärmen.

Fossile Brennstoffe wie Kohle, Erdöl und Erdgas und die Kernenergie sind immer noch die wichtigsten Energieträger. Die Verbrennung von Kohle, Erdöl und Erdgas und der Einsatz der Kernenergie schaffen allerdings viele ernsthafte ökologische Probleme. So bleibt zu hoffen, dass die Menschheit in naher Zukunft lernt, die Sonnenenergie in größerem Umfang zu nutzen.

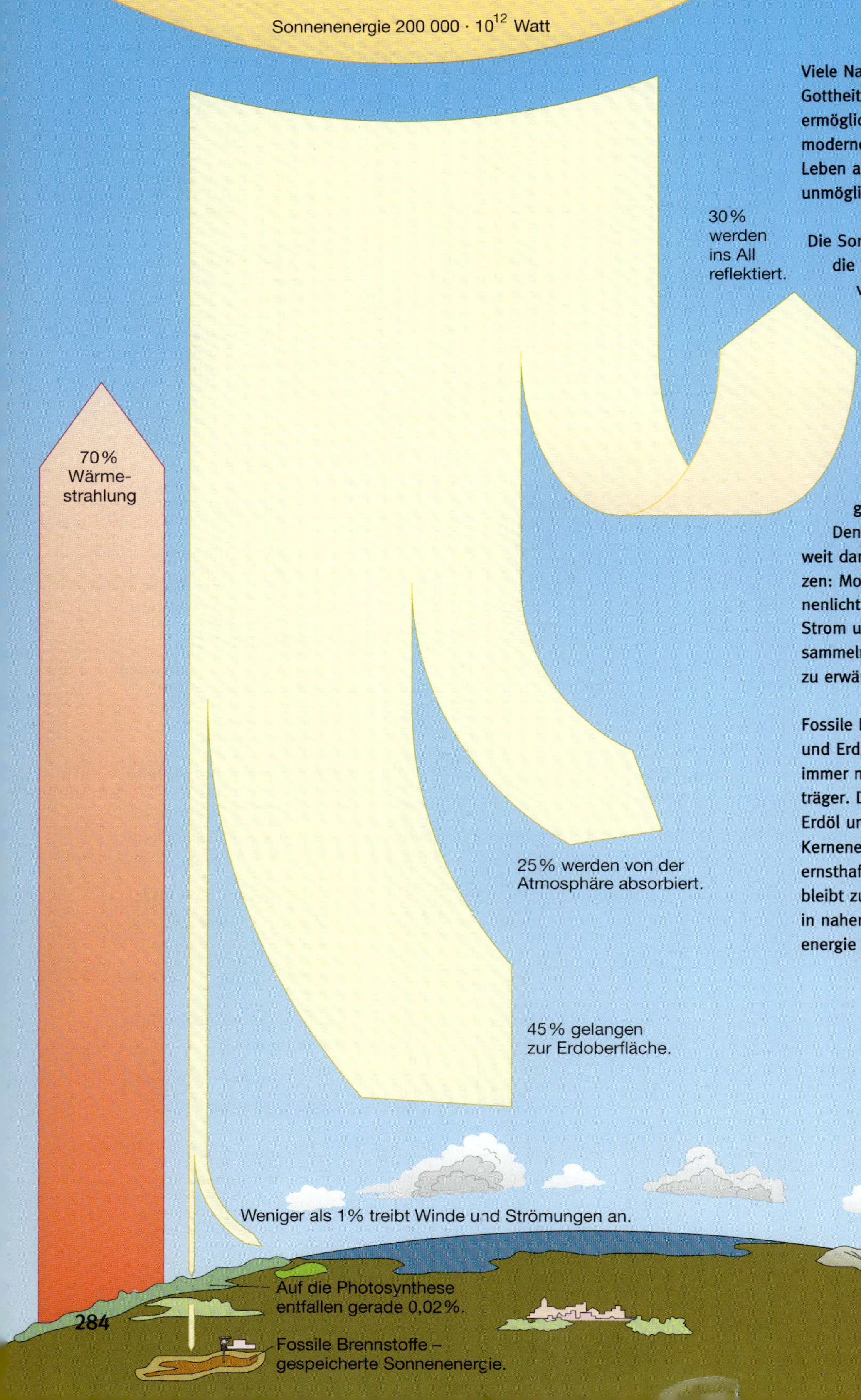

Die wichtigsten Energieträger

- noch für einige Jahrhunderte verfügbar
- hohe Energieausnutzung
- bei der Verbrennung Bildung von Kohlenstoffdioxid und Umweltbelastung durch Abgase

- zeitlich unbegrenzt verfügbar, aber standort- und witterungsabhängig
- keine Bildung von Abgasen
- großer Flächenbedarf
- teuer, da geringer Wirkungsgrad

- noch für einige Jahrzehnte verfügbar
- gut zu lagern und gut zu transportieren
- hohe Energieausnutzung
- bei der Verbrennung Bildung von Kohlenstoffdioxid und Umweltbelastung durch Abgase

- zeitlich unbegrenzt verfügbar, aber standortabhängig
- keine Bildung von Abgasen
- jahreszeitenabhängig
- Stauwerke können die Umwelt beeinträchtigen

- noch für einige Jahrzehnte verfügbar
- bei der Verbrennung Bildung von Kohlenstoffdioxid, weniger Umweltbelastung durch Abgase als bei Kohle und Erdöl

- zeitlich unbegrenzt verfügbar, aber standort- und witterungsabhängig
- keine Bildung von Abgasen
- geringe Kapazität
- großer Flächenbedarf
- Geräuschbelästigung in der näheren Umgebung

- noch für einige Jahrhunderte verfügbar
- hohe Kapazität
- keine Bildung von Abgasen
- Entsorgung von radioaktiven Abfällen ungeklärt
- Akzeptanzprobleme
- Sicherheitsprobleme

- zeitlich unbegrenzt verfügbar
- erneuert sich immer wieder im natürlichen Kreislauf
- bei der Verbrennung Bildung von Kohlenstoffdioxid und Umweltbelastung durch Abgase
- massive Nutzung kann die Umwelt schädigen

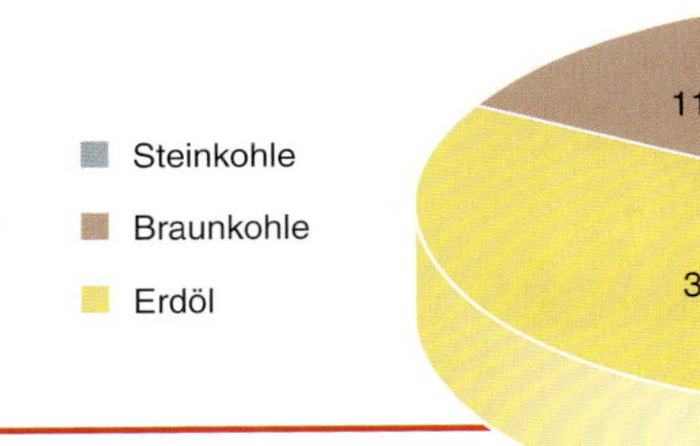

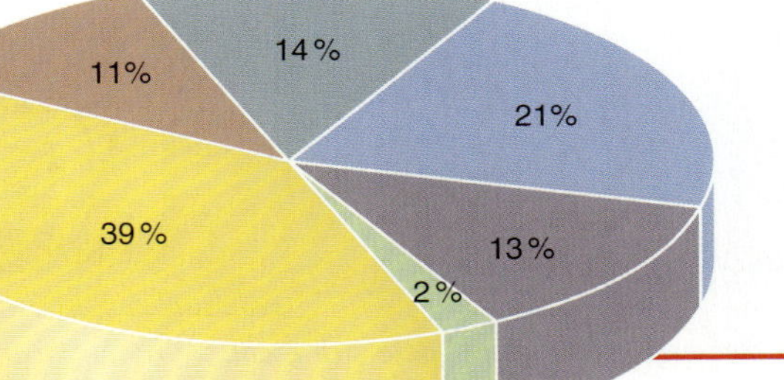

Erdgas
Kernenergie
Regenerative Energien

17.1 Entstehung von Kohle, Erdöl und Erdgas

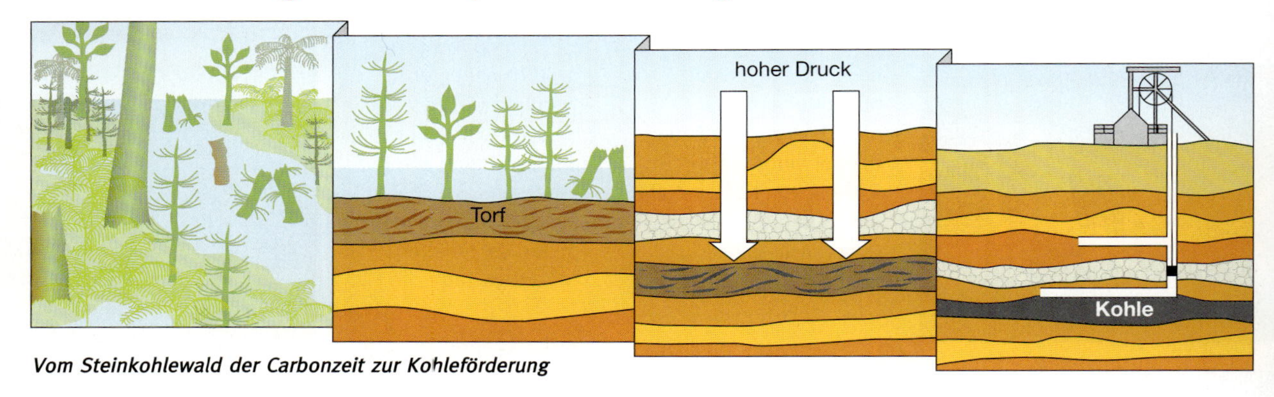

Vom Steinkohlewald der Carbonzeit zur Kohleförderung

Naturkundemuseen zeigen versteinerte Abdrücke und Teile von Pflanzen und Tieren aus Urzeiten. Weil man diese Versteinerungen häufig bei Ausgrabungen findet, bezeichnet man sie als *Fossilien* (lat. *fossa:* Graben). Auch Kohle, Erdöl und Erdgas sind aus abgestorbenen Lebewesen entstanden. Deshalb spricht man auch von *fossilen Energieträgern.*

Kohle. Vor rund 300 Millionen Jahren bedeckten tropische Sumpfwälder große Landstriche unserer Erde. Bäume stürzten um und sanken in den sumpfigen Untergrund. Unter Luftabschluss wurde daraus zunächst *Torf.* Erdbewegungen verlagerten diese Schichten in die Tiefe, Wasser und Wind schichteten Sand und Ton darüber. Heute findet man das ehemalige Pflanzenmaterial bis zu 1000 m tief als *Steinkohle* oder weniger tief als *Braunkohle.*
Die Umwandlung von Holz in Kohle erfolgte im Laufe mehrerer Millionen Jahre unter hohem Druck und bei hohen Temperaturen. Dabei stieg der Kohlenstoffanteil von 55 % beim Torf auf über 70 % bei der Braunkohle und bis auf 85 % bei der Steinkohle. Anthrazit weist sogar einen Kohlenstoffanteil von 92 % auf. Steinkohle wird meist bergmännisch im Unter-Tage-Betrieb gewonnen, Braunkohle wird mit riesigen Baggern im Tagebau abgebaut.

Erdöl und Erdgas. Vor 200 Millionen Jahren bildeten sich in tropischen Meeren riesige Planktonmengen. Diese Kleinlebewesen sanken nach dem Absterben auf den Meeresgrund, wo sie unter Luftabschluss zersetzt wurden. Dadurch entstand eine Faulschlammschicht mit einem hohen Anteil an Kohlenwasserstoffen.
Durch Bewegungen der Erdkruste gelangte der mit Sand und Ton abgedeckte Faulschlamm in die Tiefe. Dort bildeten sich unter hohem Druck und bei hohen Temperaturen Erdöl und Erdgas. Sie verdrängten das Wasser aus den Poren des darüber liegenden Gesteins und stiegen auf. Unter undurchlässigen Schichten bildeten sich große Lagerstätten.

Kohle, Erdöl und Erdgas entstanden unter Luftabschluss und hohem Druck aus abgestorbenen Lebewesen. Man bezeichnet sie als fossile Energieträger.

1 Wie sind Kohle, Erdöl und Erdgas entstanden?
2 Warum steigt der Kohlenstoffanteil, wenn aus Holz Torf, Braunkohle und schließlich Steinkohle entsteht?
3 Informiere dich in einem Atlas über das weltweite Vorkommen von Erdgas und Erdöl. Stelle eine Liste der Länder und Fördermengen auf.

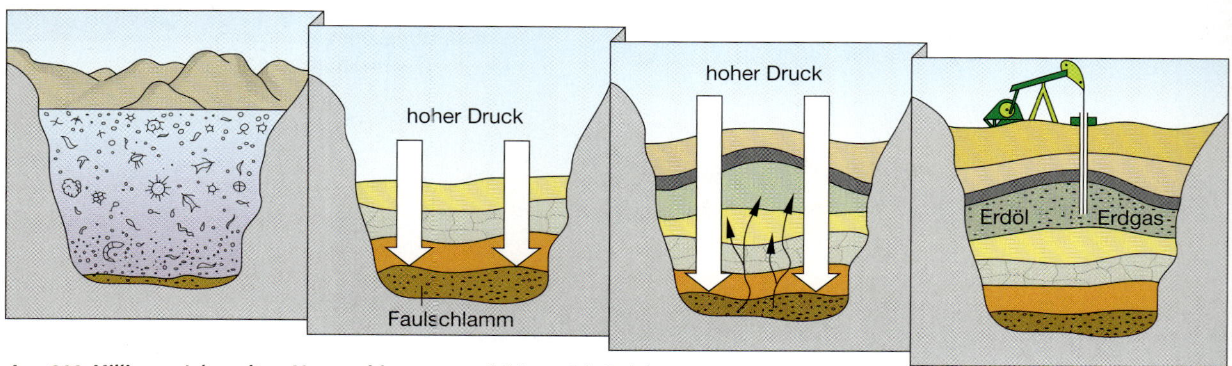

Aus 200 Millionen Jahre alten Meeresablagerungen bildete sich Erdöl.

17.2 Gewinnung von Erdöl und Erdgas

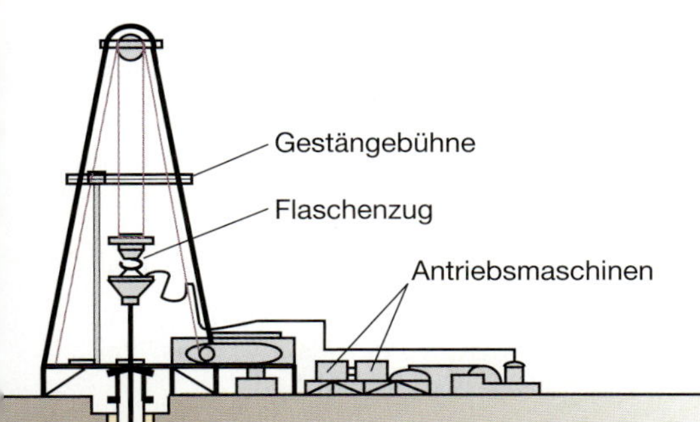

Die Lagerstätten von Erdöl und Erdgas sind weit über die Erde verteilt. Um Öl und Gas führende Schichten in einer Tiefe von mehreren Kilometern aufzuspüren, werden seismografische Untersuchungen durchgeführt. Hierzu bohrt man Löcher von etwa 10 m Tiefe und löst dort eine Sprengung aus. Die Erschütterungswellen, die vom Explosionsherd ausgehen, pflanzen sich durch das Gestein fort und werden an Schichtgrenzen reflektiert. Sie kommen mit unterschiedlicher Verzögerung an die Oberfläche zurück. Die Auswertung der Signale liefert ein Bild vom Aufbau des Untergrunds. Fachleute lesen in diesen Bildern wie in einem Buch und sagen voraus, wo Erdöl oder Erdgas zu vermuten ist.

Erdölförderung. Zuerst werden Probebohrungen durchgeführt und Gesteinsproben aus großer Tiefe heraufgeholt. Wenn schließlich Öl aus einem dieser so genannten Bohrkerne tropft, besteht Hoffnung auf ein ergiebiges Erdöllager. Mit einem einzigen Bohrloch kann man aber kein Erdölfeld erschließen. Darum wächst bald ein ganzer Wald von Bohrtürmen. Eines Tages ist es so weit, Erdöl sprudelt an die Oberfläche. Die Bohrtürme werden abgebaut, und Pumpen, die das „flüssige Gold" Tag und Nacht heraufholen, nehmen ihren Platz ein.

Der Druck, der das Öl anfänglich wie von selbst heraufbringt, lässt mit der Zeit nach, und auch die Pumpen können schließlich kaum noch etwas nach oben befördern. Nun wird Wasser in das Gestein gepresst, um das Öl aus den Poren auszutreiben. Aber selbst mit den besten Methoden lassen sich meist nicht mehr als 30 % des tatsächlich vorhandenen Öls gewinnen.

Über Pipelines gelangt das Erdöl zu Aufbereitungsanlagen oder zu Häfen, wo es in Tankern gepumpt und über die Meere transportiert wird.

Förderplattform in der Nordsee

Erdgas aus der Nordsee. In den letzten Jahrzehnten wurden riesige Erdgasfelder in der Nordsee erschlossen. Mächtige Plattformen stehen mit bis zu 300 m hohen Stelzen auf dem Meeresgrund.

Über unterseeische Pipelines strömt das Gas zu den Verarbeitungsstellen an der Küste. Hier reinigt man es zunächst von Feuchtigkeit und Staub. Außerdem wird Schwefelwasserstoff-Gas entfernt, aus dem sich bei der Verbrennung umweltschädliches Schwefeldioxid-Gas bilden würde.
Um den vermehrten Bedarf in den Wintermonaten decken zu können, wird ein großer Teil des im Sommer geförderten Erdgases gespeichert. In Norddeutschland werden die Erdgas-Vorräte unter einem Druck von bis zu 8 MPa (80 bar) in Salzstöcken gelagert, nachdem dort das Salz herausgelöst wurde.

Etwa 30 % unseres Erdgases stammt aus der Nordsee, 37 % werden aus Russland importiert.
Erdgas besteht hauptsächlich aus Methan. Es besitzt als Brennstoff Vorteile gegenüber Kohle und Erdöl: Bei der Verbrennung entstehen weniger Schadstoffe und man braucht keine kostspieligen Tanks.

Erdöllager und Erdgaslager werden durch Bohrungen erschlossen. Erdgas ist als Brennstoff umweltverträglicher als Erdöl.

1 Informiere dich im Internet über folgende Themen:
a) Wie lange reichen die Erdöl-Reserven?
b) Welche Staaten fördern Erdgas in der Nordsee?
c) Welche Umweltprobleme können sich ergeben, wenn Erdöl aus dem Meer gefördert wird?

17.3 Erdölaufbereitung – eine raffinierte Sache

Erdöl kann nicht direkt weiterverarbeitet werden, weil es noch mit Salz, Sand, Wasser und verschiedenen Gasen vermischt ist. Diese Verunreinigungen werden entfernt und man erhält **Rohöl.**
Das Rohöl wird in einer **Erdölraffinerie** (franz. *raffiner:* verfeinern) destilliert. Dabei zerlegt man es in Stoffgemische, die einen bestimmten *Siedebereich* besitzen. Solche Produkte bezeichnet man als *Erdöl-Fraktionen.* Sie bestehen aus Kohlenwasserstoffen unterschiedlicher Molekülgröße.

Fraktionierte Destillation. Im großtechnischen Raffinerie-Verfahren wird Rohöl auf 300 °C erhitzt, sodass ein großer Teil des Erdöls verdampft. Die Dämpfe strömen in eine *Destillationskolonne.* Diese turmartige Anlage enthält etwa 40 Etagen, die *Böden.* Der heiße Dampf strömt durch kurze Röhren, die die Böden miteinander verbinden, nach oben. Auf dem Wege von Boden zu Boden kühlt sich der Dampf nach und nach ab. In der Destillationskolonne kondensieren daher auf den unteren Böden höher siedende, langkettige und weiter oben niedriger siedende, kurzkettige Kohlenwasserstoffe. Am Kopf des Destillationsturms entweichen gasförmige Kohlenwasserstoffe. Die Kondensate mehrerer Böden werden zu Fraktionen zusammengefasst. So erhält man folgende Produkte: **Schweröl, leichtes Heizöl** (Dieselöl), **Petroleum, Kerosin** und **Benzin.**

Vakuumdestillation. Bei der Rohöl-Destillation bleibt eine schwarze, zähe Flüssigkeit zurück. Sie besteht überwiegend aus besonders langkettigen Kohlenwasserstoffen. Eine Destillation bei höherer Temperatur ist nicht möglich, weil die Moleküle dabei gespalten werden. Man arbeitet deshalb bei Unterdruck. **Schweres Heizöl** und die noch höher siedenden **Schmieröle** verdampfen dann unzersetzt. Nach dieser *Vakuumdestillation* bleibt **Bitumen** übrig, das im Straßenbau als Asphalt verwendet wird.

Rohöl wird durch fraktionierte Destillation in Fraktionen zerlegt, die aus Kohlenwasserstoffen unterschiedlicher Molekülgröße bestehen.

1 Erläutere den Begriff *fraktionierte* Destillation.
2 Was versteht man unter einer Vakuumdestillation?
3 **a)** Welche Kohlenwasserstoffe enthält Benzin?
b) Gib die Strukturformeln der gasförmigen Kohlenwasserstoffe an, die aus der Destillationskolonne entweichen.
4 Informiere dich über den Begriff Petrochemie.
5 Warum streicht man beim Hausbau Bitumenmasse an die äußeren Kellerwände?

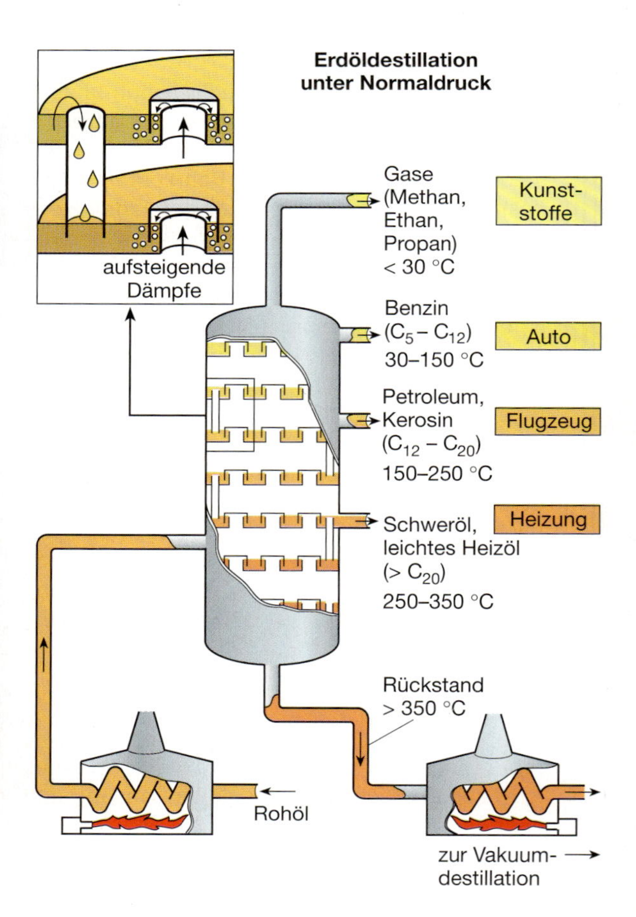

17.4 Cracken

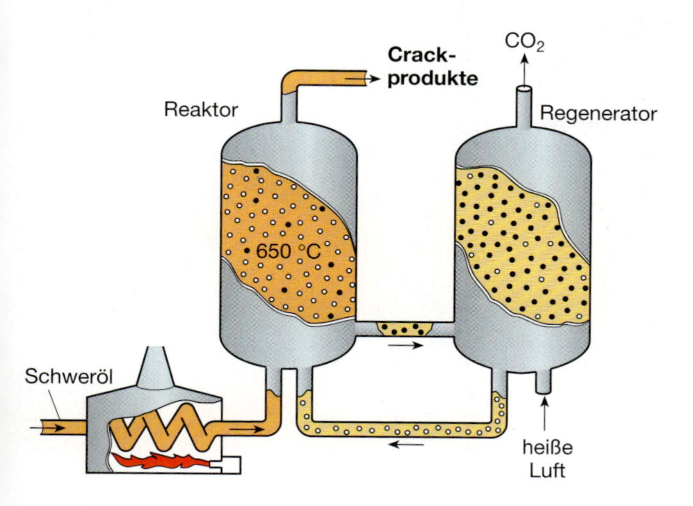

Um die Nachfrage nach Benzin auf dem Weltmarkt befriedigen zu können, sollten 40 % des Rohöls aus Benzin bestehen. Diese Bedingung erfüllt Rohöl in der Regel aber nicht. So enthält Rohöl aus Niedersachsen nur 22 % dieser Rohöl-Fraktion. Rohöl aus Venezuela liefert bei der Destillation fast gar kein Benzin. Um aus höher siedenden Fraktionen zusätzliches Benzin zu gewinnen, wurde die Technik des *Crackens* (engl. *crack:* spalten) entwickelt.

Cracken. Lässt man *Schweröl* auf eine heiße Eisenplatte tropfen, so entstehen Dämpfe von niedrig siedenden Kohlenwasserstoffen. Plötzliches Erhitzen lässt also langkettige Alkan-Moleküle in kürzere Moleküle zerbrechen. Diese Möglichkeit nutzt man großtechnisch beim *Crack-Prozess.* Dabei leitet man 650 °C heiße Schweröl-Dämpfe in einen Reaktor mit umherwirbelnden Katalysator-Perlen, an deren Oberfläche die Moleküle gecrackt werden. Gleichzeitig scheidet sich Ruß ab und macht den Katalysator nach und nach unwirksam. Darum bläst man stets einen bestimmten Anteil der Katalysator-Perlen zusammen mit Luft in einen Regenerator. Dort verbrennt der Ruß mit Luftsauerstoff.

Cracken im Molekül-Modell. Unter dem Einfluss hoher Temperaturen zerbrechen längere Kohlenwasserstoff-Moleküle an einer oder an mehreren Stellen. Die entstehenden Bruchstücke tragen *ungepaarte Elektronen.* Diese Teilchen sind sehr reaktiv. Man bezeichnet sie als **Alkyl-Radikale.**

Alkyl-Radikale entreißen anderen Molekülen Wasserstoff-Atome, sodass wieder vollständige Kohlenwasserstoff-Moleküle entstehen. Verliert ein Molekül auf diese Weise sämtliche Wasserstoff-Atome, so bleibt elementarer Kohlenstoff als *Ruß* zurück.

Zerbricht ein Molekül aber an *zwei* Stellen, so entsteht ein **Di-Radikal.** Diese Teilchen mit zwei ungepaarten Elektronen können ringförmige Moleküle bilden, indem sich die offenen Enden des Bruchstücks miteinander verbinden. Es entstehen *Cycloalkane.* Befinden sich die beiden ungepaarten Elektronen an benachbarten Kohlenstoff-Atomen, so kann sich eine *C=C-Zweifachbindung* ausbilden. Dabei entstehen ungesättigte Kohlenwasserstoffe (Alkene).

> Beim Crack-Prozess werden höher siedende Rohöl-Fraktionen in Benzin umgewandelt. Dabei zerbrechen langkettige Kohlenwasserstoff-Moleküle in kurzkettige Moleküle. Die als Zwischenprodukte gebildeten Radikale sind reaktive Teilchen mit ungepaarten Elektronen.

1 Beschreibe den technischen Ablauf des Crack-Prozesses.

2 a) Was versteht man unter einem Radikal?
b) Welche Rolle spielen Radikale beim Crack-Prozess?

3 a) Warum wird die helle Oberfläche des Perl-Katalysators beim Cracken schwarz?
b) Stelle die Regeneration des Katalysators in einer Reaktionsgleichung dar.

4 Beim Cracken können auch verzweigte Kohlenwasserstoffe entstehen. Gib eine Erklärung.

5 Wie erreicht man beim Crack-Prozess einen kontinuierlichen Betrieb?

6 Stelle mit einem Molekülbaukasten unterschiedliche Kohlenwasserstoff-Moleküle her, die beim Cracken entstehen können.

7 Beim *Hydrocracken* fügt man den Ausgangsstoffen Wasserstoff hinzu. Was wird hiermit bezweckt?

Undecan ($C_{11}H_{24}$)

Methyl-Radikal | Ethyl-Diradikal | Hexyl-Diradikal | Ethyl-Radikal

$C_{11}H_{24}$ → $\cdot C_{11}H_{23}$

Methan | Ethen | Cyclohexan | Ethan

Cracken, molekular betrachtet

Exkurs

Der richtige Kraftstoff

Der Klopfvorgang im Motor?

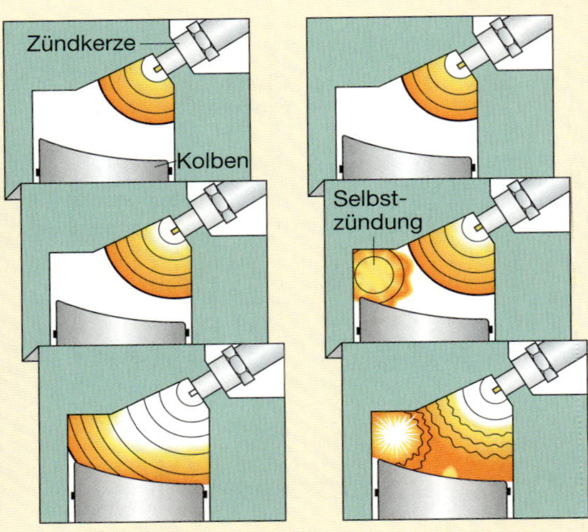

Normale und klopfende Verbrennung im Vergleich

Benzin oder Diesel? Nicht selten füllt man den falschen Treibstoff in den Tank, und dann gibt es Probleme, denn jeder Motortyp braucht einen besonderen Kraftstoff.

Benzin. Otto-Motoren benötigen *Benzin.* Darunter versteht man ein Gemisch aus Alkanen mit fünf bis zwölf Kohlenstoff-Atomen im Molekül. Doch Benzin wird erst durch bestimmte Zusätze zu einem Kraftstoff. Dabei entscheiden Art und Menge der Zusätze, ob *Normalbenzin* oder *Superbenzin* entsteht.

Normalbenzin und Superbenzin unterscheiden sich hauptsächlich in ihrer **Klopffestigkeit.** Ein Motor „klopft", wenn sich das Benzin/Luft-Gemisch in der Verdichtungsphase von selbst entzündet, bevor der Zündfunke ausgelöst wird. Durch diese Frühzündung erhält der Kolben in der Aufwärtsbewegung einen Schlag, der ein klopfendes Geräusch erzeugt.

Als Maß für die Klopffestigkeit eines Kraftstoffs gilt die **Oktanzahl:** Reines Isooctan (2,2,4-Trimethylpentan) besitzt eine hohe Klopffestigkeit. Ihm ordnet man die Oktanzahl 100 zu. Reines *n*-Heptan lässt den Motor dagegen besonders leicht klopfen. Es erhält die Oktanzahl 0. Normalbenzin hat in der Regel die Oktanzahl 92, das heißt, es verhält sich hinsichtlich seiner Klopffestigkeit wie ein Gemisch aus 92 % Isooctan und 8 % *n*-Heptan. Die Oktanzahl von Superbenzin liegt bei 95. Die höhere Klopffestigkeit ist erforderlich, da das Kraftstoff/Luft-Gemisch in Superbenzin-Motoren stärker verdichtet wird. Solche Motoren erzeugen also einen höheren Druck und sind deshalb empfindlicher für Frühzündungen.

Antiklopfmittel. Die erforderlichen Mengen klopffesten Benzins lassen sich nur gewinnen, wenn man *Antiklopfmittel* verwendet. Jahrzehnte lang wurde dem Benzin daher *Bleitetraethyl* ($Pb(C_2H_5)_4$) beigemischt. Die im Abgas enthaltenen Blei-Verbindungen belasteten jedoch die Umwelt und schädigen die Abgaskatalysatoren. Heute setzt man daher überwiegend **Methyl-*tert*-butylether** (MTBE) ein: Ein Zusatz von etwa 10 % garantiert die geforderte Klopffestigkeit. Umweltschützer weisen aber darauf hin, dass Methyl-*tert*-butylether heute schon in manchen Gewässern nachweisbar ist.

Diesel-Öl. Diesel-Motoren verdichten das Kraftstoff/Luft-Gemisch besonders stark. Dadurch steigt die Temperatur des Kraftstoff/Luft-Gemischs so stark an, dass es sich selbst entzündet. Bei diesen Bedingungen eignet sich Diesel-Öl als Kraftstoff, ein Gemisch aus Alkanen mit zehn bis zwanzig Kohlenstoff-Atomen im Molekül. Aber auch dieser Kraftstoff kommt nicht ohne Zusätze aus. So verhindert ein Additiv, dass an kalten Tagen ein Teil als Paraffin ausflockt und die Kraftstoffzufuhr behindert.

Bio-Kraftstoffe. An immer mehr Tankstellen gibt es *Bio-Diesel*, einen Kraftstoff, der aus Rapsöl gewonnen wird; er stammt damit aus *nachwachsenden Rohstoffen.* Jährlich werden in Deutschland etwa 45 000 t Bio-Diesel verbraucht. In Südamerika wird in großem Maße Bio-Alkohol aus der Vergärung von Zucker als Kraftstoff verwendet.

1 **a)** Informiere dich über Bau und Arbeitsweise eines Viertakt-Motors und eines Diesel-Motors.
b) Was versteht man unter einer Frühzündung?
c) Warum ist das Klopfen eines Motors schädlich?

2 **a)** Was versteht man unter Bio-Kraftstoffen?
b) Vergleiche die Preise von Bio-Diesel und normalem Dieselkraftstoff. Begründe den Unterschied.

3 Zeichne die Strukturformel von 2,2,4-Trimethylpentan. Warum nennt man diesen Stoff Isooctan?

4 In Brasilien wird Bio-Alkohol getankt. Welche Vorteile und welche Probleme sind damit verbunden?

Auto-Abgaskatalysator

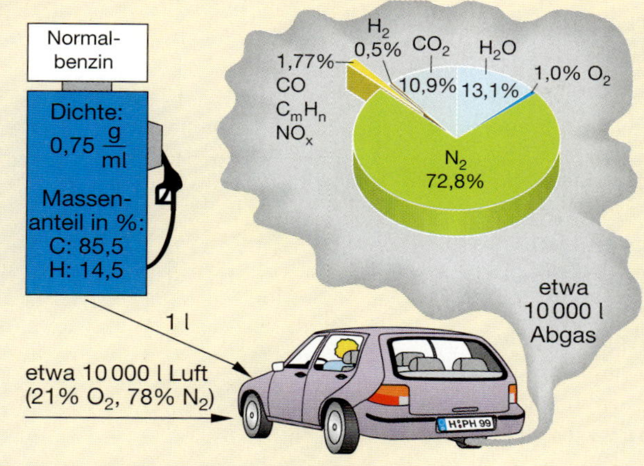

Abgase des Otto-Motors ohne Katalysator

Bei einer Geschwindigkeit von 130 $\frac{km}{h}$ benötigt ein 1,8-Liter-Motor in jeder Minute fast zwei Kubikmeter gasförmiges Kraftstoff/Luft-Gemisch. In dieser Zeit verlässt etwa dieselbe Menge Abgas den Auspuff. Das Abgas eines Pkw-Motors besteht zu 98 % aus Stickstoff, Wasserdampf und Kohlenstoffdioxid. Die restlichen 2 % sind umweltschädliche Stoffe wie unverbrannte Kohlenwasserstoffe, Kohlenstoffmonooxid und Stickstoffoxide. Bei Diesel-Motoren kommt noch die Emission von Rußpartikeln hinzu.

Auto-Katalysator. Der Abgaskatalysator (Auto-Kat) wandelt umweltschädliche Stoffe des Abgases in umweltverträgliche Verbindungen um. Der Auto-Kat befindet sich bei einem Pkw im mittleren Abschnitt des Auspuffrohrs. Er besteht aus einem länglichen Keramikkörper, der von zahlreichen Kanälen durchzogen ist. Deren Oberfläche wird durch eine Schicht aus porösem Aluminiumoxid auf das 6000fache vergrößert. Als chemisch wirksamer Katalysator dient eine Platin/Rhodium-Legierung. Zwei Gramm davon sind sehr fein auf dem Aluminiumoxid verteilt. An der Oberfläche dieser Edelmetall-Körnchen laufen die chemischen Reaktionen ab.

Werden die drei Schadstoffe Kohlenwasserstoffe, Kohlenstoffmonooxid und Stickstoffmonooxid in einem einzigen Schritt aus dem Abgas entfernt, so spricht man von einem **Dreiwegekatalysator.**
Aus Kohlenwasserstoffen und Sauerstoff entstehen dabei Kohlenstoffdioxid und Wasser. Kohlenstoffmonooxid und Stickstoffmonooxid reagieren miteinander in einer Redoxreaktion. Zwei umweltschädliche Stoffe vernichten sich somit gegenseitig. Es bilden sich Kohlenstoffdioxid und Stickstoff:

$$2\,CO\,(g) + 2\,NO\,(g) \longrightarrow 2\,CO_2\,(g) + N_2\,(g)$$

Geregelter Katalysator. Für die Oxidation der Kohlenwasserstoffe und des Kohlenstoffmonooxids wird Sauerstoff benötigt. Der Sauerstoffgehalt darf jedoch nicht zu hoch sein, da Stickstoffmonooxid sonst nicht vollständig reduziert wird. Außerdem ändert sich der Sauerstoffbedarf bei den wechselnden Betriebsbedingungen einer Fahrt ständig. Bei einem geregelten Katalysator misst die so genannte **λ-Sonde** („Lambda-Sonde") die Konzentration des Sauerstoffs im Abgas, bevor es den Katalysator erreicht. Ein elektronisches Regelsystem wertet die Informationen der Sonde aus und stellt den Sauerstoffgehalt des Kraftstoff/Luft-Gemischs optimal ein.

Betriebsbedingungen. Da die Abgase den Katalysator sehr schnell durchströmen, müssen die chemischen Prozesse innerhalb eines Zeitraumes von nur 0,03 Sekunden ablaufen. Doch nur unter bestimmten Betriebsbedingungen kann der Katalysator das Abgas optimal reinigen: Die Temperatur des Katalysators muss etwa 500 °C betragen und man darf nicht viel schneller als 130 $\frac{km}{h}$ fahren, weil die Abgase sonst nicht lange genug im Katalysator verweilen. Werden die optimalen Betriebsbedingungen eingehalten, verlassen hauptsächlich umweltneutrale Stoffe den Auspuff. Allein das Kohlenstoffdioxid schafft dann noch Umweltprobleme, denn es verstärkt den *Treibhauseffekt.*

1 Formuliere die Reaktionsgleichung für die vollständige Oxidation von Kraftstoff zu Wasser und Kohlenstoffdioxid. Setze dabei als Kraftstoff vereinfachend Octan ein.
2 Erläutere die Arbeitsweise eines Abgaskatalysators.
3 **a)** Welche Aufgabe besitzt die λ-Sonde?
b) Welche Aufgabe hat das elektronische Regelsystem?
4 Warum ist die Umsetzung von Kohlenstoffmonooxid mit Stickstoffmonooxid eine Redoxreaktion?
5 Welche Probleme ergeben sich, wenn der Sauerstoffgehalt im Kraftstoff/Luft-Gemisch zu hoch oder zu niedrig ist?

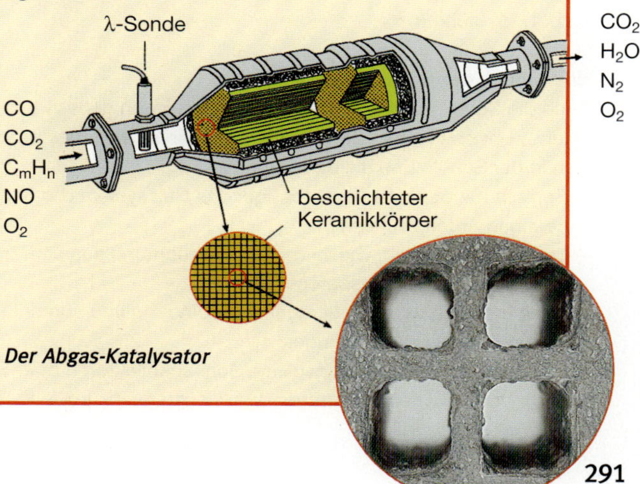

Der Abgas-Katalysator

Chemie-Recherche

Location: http://www.schroedel.de/chemie_heute.html

Suche:

Umweltprobleme und Lösungsansätze

Ergebnisse:

Sofort jeder Ölspur auf der Spur

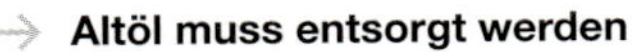

hs **Wilhelmshaven/Oldenburg.** „Laserfluoro-Sensor" [...] – das ist das zentrale Stichwort bei der Suche nach Ölverschmutzern über der Nordsee. [...]
Die Methode beruht darauf, dass mit Laserlicht bestrahlte Oberflächen das Licht unterschiedlich reflektieren und absorbieren – Wasser anders als Öl, Erdöl anders als Pflanzenöl und sogar Erdöl aus Norwegen anders als Öl aus dem Nahen Osten.
Aus bis zu 500 Metern Höhe erkennt die Besatzung einer Do-228 mit der Laserfluoreszenz-Methode abgelassenes Öl selbst dann, wenn es hinter der Schiffsschraube mit Wasser verwirbelt ist. Ein Vergleich der Spektralanalyse aus der Luft mit Analysen von an Bord gezogenen Ölproben überführt den Ölsünder. Sogar die Menge des abgelassenen Öls kann die [...] Besatzung mit ihren feinen Instrumenten abschätzen. *(Nordwest-Zeitung, 16.04.1990)*

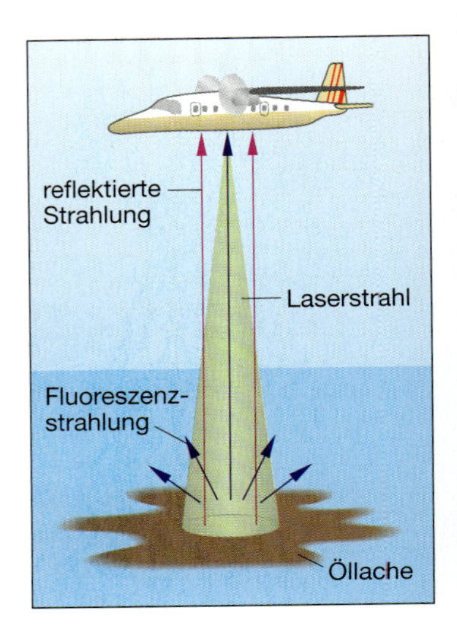

Altöl muss entsorgt werden

Bei jedem Hub werden die Zylinderwände eines Motors mit Öl geschmiert. Aber starker Temperaturwechsel und mechanische Belastungen zerstören die Schmieröl-Moleküle. Verbrennungsrückstände wie Ruß und Crackprodukte lösen sich im Öl. Im Laufe der Zeit wird aus dem Motoröl eine pechschwarze Brühe, die kaum noch schmierfähig ist. Ein Ölwechsel ist fällig.
Altöl ist aber umweltschädlich. Darum darf es nicht in den Erdboden oder ins Abwasser gelangen. Händler sind daher verpflichtet Altöl zurückzunehmen. Es ist jedoch nicht billig, die anfallenden Altölmengen wieder aufzubereiten.

Kernkraftwerke – ihre Tage sind gezählt

Im Jahre 1961 ging in Kahl am Main der erste Kernreaktor der Bundesrepublik mit einer Leistung von 16 MW ans Netz. Im Jahre 2000 waren 20 Kernreaktoren in Deutschland in Betrieb. Sie liefern rund 30 % unserer elektrischen Energie.
Von Anfang an meldeten sich aber auch Kernkraftgegner zu Wort. Sie warnen vor den Risiken, die mit dem Betrieb von Kernreaktoren verbunden sind. Schlimme Unfälle wie die von Tschernobyl (Ukraine) und Harrisburgh (USA), aber auch zahlreiche Störfälle weltweit in Kernkraftwerken und Wiederaufbereitungsanlagen bedrohen Mensch und Umwelt. Zudem ist die sichere Endlagerung radioaktiver Abfallstoffe nicht völlig geklärt.

Vor dem Hintergrund dieser Problematiken haben sich die deutsche Bundesregierung und die Energieversorgungsunternehmen im Sommer 2000 darauf geeinigt, die Restlaufzeiten der bestehenden Kernkraftwerke zu befristen und ein gesetzliches Neubauverbot einzuführen.

Wie man in der Schule Energie spart

Auch die Schule benötigt Energie: Räume werden geheizt und beleuchtet, Duschen liefern warmes Wasser. Denkt doch einmal in einer *Projektgruppe* darüber nach, wie sich in der Schule Energie einsparen lässt:
- Sprecht mit dem Hausmeister über das Heizsystem der Schule. Entspricht es den heutigen Anforderungen?
- Lasst euch erklären, wie ihr mit der Beleuchtung sparsam umgehen könnt und wie ihr die Räume energiesparend lüftet.
- Setzt euch mit dem Schulträger in Verbindung und sprecht mit ihm über die Wärmeisolierung des Schulgebäudes.
- Erkundigt euch, ob es sinnvoll ist, Sonnenkollektoren oder Solarzellen zu installieren.
- Fragt nach, ob der Schulträger durch Kostensenkung eingespartes Geld der Schule zur Verfügung stellt.

Aufgaben

Löse die folgenden Aufgaben mit Hilfe des Internets:

1 Wie können Ölverschmutzungen auf den Meeren und an den Stränden bekämpft werden?

2 Wie wird Altöl entsorgt?

3 Welche Argumente fallen in der Diskussion für und gegen einen Ausstieg aus der Kernenergie?

Kohlenstoffkreislauf und Treibhauseffekt

Exkurs

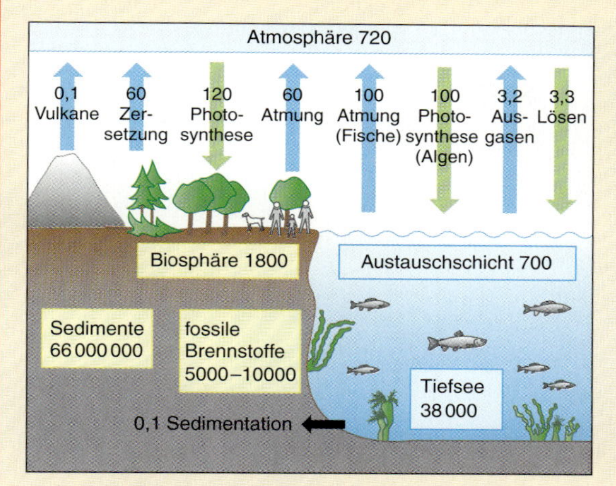

Kohlenstoffkreislauf *(Werte in Milliarden Tonnen)*

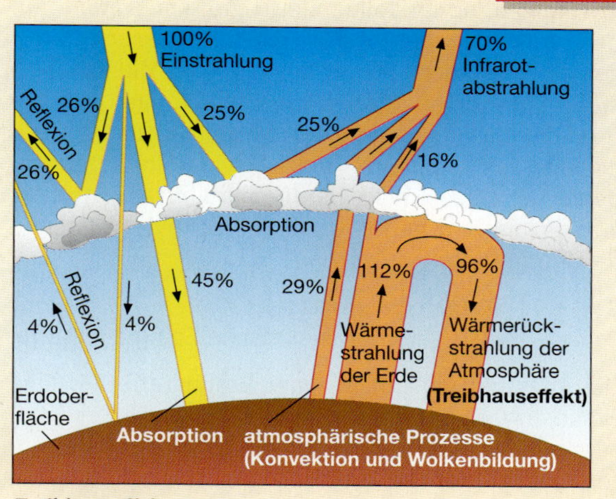

Treibhauseffekt

Das Element Kohlenstoff befindet sich auf der Erde vor allem als Kohlenstoffdioxid (CO_2) in der Luft und im Wasser der Ozeane sowie im Kalkstein ($CaCO_3$) der Erdkruste. Bedeutsam ist auch der Kohlenstoffgehalt der organischen Substanzen in der belebten Natur und der fossilen Brennstoffe.

Kohlenstoffkreislauf. Zwischen der Luft, dem Wasser, der Biosphäre und dem Gestein findet ein ständiger Austausch von Kohlenstoff statt. Man unterscheidet folgende Teil-Kreisläufe:

- Kohlenstoffdioxid der Luft löst sich im Wasser der Weltmeere. Aus diesen entweicht es wieder in die Luft. Dieser Austausch verläuft sehr langsam.
- Pflanzen nehmen bei der Photosynthese Kohlenstoffdioxid auf. Der darin enthaltene Kohlenstoff dient zum Aufbau von Kohlenhydraten, Fetten und Eiweißstoffen. Durch die Atmung von Pflanzen und Tieren und durch Fäulnis und Verwesung gelangt Kohlenstoffdioxid zurück in die Atmosphäre oder ins Wasser.
- In den Meeren lagert sich im Laufe von Jahrmillionen Kalkstein als Sediment ab.
- Durch vulkanische Aktivität wird Kohlenstoffdioxid wieder aus Gestein freigesetzt.

Vor Jahrmillionen bildeten sich aus Organismen fossile Ablagerungen wie Kohle, Erdöl und Erdgas. Die Verbrennung dieser fossilen Brennstoffe erzeugt freies Kohlenstoffdioxid, das den natürlichen Kohlenstoffkreislauf erheblich beeinflusst.

Treibhauseffekt. Der Anteil von Kohlenstoffdioxid in der Luft beträgt nur 0,035 %. Trotzdem spielt dieses Gas für den Wärmehaushalt der Erde eine wichtige Rolle: Sonnenlicht erwärmt die Erdoberfläche. Die von dort zurückgestrahlte Wärme wird durch Kohlenstoffdioxid und Wasserdampf der Luft zurückgehalten. Ohne diesen Effekt läge die Durchschnittstemperatur der Erdoberfläche nicht bei +15 °C, sondern bei –18 °C. Weil die eingestrahlte Wärme wie in Treibhäusern zurückgehalten wird, spricht man vom *Treibhauseffekt.*

Durch die Verbrennung von fossilen Brennstoffen gelangen zusätzlich große Mengen an Kohlenstoffdioxid und Wasserdampf in die Atmosphäre, wodurch der natürliche Treibhauseffekt verstärkt wird. Nach Modellrechnungen könnte sich die Durchschnittstemperatur der Erde dadurch innerhalb von 100 Jahren um bis zu 3 °C erhöhen. Schwerwiegende Klimaänderungen wären die Folge.

Auf internationalen *Klimakonferenzen* wurde deshalb beschlossen, den Ausstoß an Kohlenstoffdioxid weltweit zu verringern. Aber es ist nicht leicht, solche Beschlüsse auch durchzusetzen. Hinzu kommt, dass nicht allein Kohlenstoffdioxid als Treibhausgas wirkt. Auch *Methan* (CH_4) und *Distickstoffmonooxid* (N_2O) sind Treibhausgase. Beide Gase bilden sich bei intensiv betriebener Landwirtschaft. So steigt Methan aus überschwemmten Reisfeldern auf und Distickstoffoxid bildet sich durch vermehrten Einsatz von Stickstoffdüngern.

1 In welchen Stoffen findet sich das Element Kohlenstoff auf der Erde?

2 Beschreibe den Kohlenstoffkreislauf, der durch Lebewesen hervorgerufen wird.

3 **a)** Was versteht man unter dem Treibhauseffekt?
b) Welche Stoffe sind am Treibhauseffekt der Erde beteiligt?

4 Die möglichen Folgen eines hohen CO_2-Ausstoßes sind nicht unumstritten. Suche im Internet nach Beiträgen zu der aktuellen Diskussion und erstelle eine Übersicht über die vorgebrachten Argumente.

17.5 Autos fahren mit Wasserstoff

In wenigen Jahren sollen sie in großem Umfang auf den Markt kommen: Autos, die mit *Wasserstoff* angetrieben werden. Schon heute testen die Autohersteller Prototypen unter Alltagsbedingungen auf den Straßen. Das Besondere an diesen Kraftfahrzeugen ist, dass sie praktisch keine Schadstoffe erzeugen, denn sie setzen Wasserstoff mit Luftsauerstoff zu Wasser um und gewinnen dabei elektrische Energie für den Antrieb:

$2\ H_2\ (g) + O_2\ (g) \longrightarrow 2\ H_2O\ (g)$; elektrische Energie wird frei

Die Reaktion verläuft in einer **Brennstoffzelle.** Eine Brennstoffzelle kehrt damit die Elektrolyse des Wassers um: An einer Elektrode, die mit einem Katalysator beschichtet ist, werden Wasserstoff-Moleküle zunächst in Wasserstoff-Atome gespalten, die dann ihr Elektron abgeben. Die so gebildeten Wasserstoff-Ionen (H^+) durchdringen eine Membran, die als Elektrolyt dient. Sie gelangen an eine zweite Elektrode, die ebenfalls mit einem Katalysator beschichtet ist, aber von Luft umspült wird. Sauerstoff-Moleküle nehmen dort Elektronen auf und werden zu Oxid-Ionen (O^{2-}). Zusammen mit den Wasserstoff-Ionen bilden sie das Endprodukt Wasserdampf.

Minuspol: $2\ H_2\ (g) \dashrightarrow 4\ H^+\ (aq) + 4\ e^-$

Pluspol: $O_2\ (g) + 4\ e^- \dashrightarrow 2\ O^{2-}$

Gesamtreaktion:
$2\ H_2 + O_2 \longrightarrow 2\ H_2O$; elektrische Energie wird frei

Woher kommt der Wasserstoff? In der Industrie erprobt man verschiedene Verfahren, um den für die Brennstoffzelle benötigten Wasserstoff im Auto bereit zu stellen. Die ersten Versuchsfahrzeuge führten *Wasserstoff in Druckgasflaschen* mit. Das ist mit erheblichen Nachteilen verbunden: Ein großer Teil des Laderaums wird blockiert und wegen des hohen Gewichts der Stahlbehälter steigt der Kraftstoffverbrauch.
Seit einigen Jahren arbeitet man an der Entwicklung so genannter *Reformer.* Das sind praktisch kleine chemische Fabriken, die Wasserstoff direkt im Fahrzeug produzieren. Als Ausgangsstoff wird vor allem das preisgünstige **Methanol** (CH_3OH) verwendet:

$CH_3OH\ (l) \xrightarrow{250\ °C,\ Katalysator} 2\ H_2\ (g) + CO\ (g)$

Das gleichzeitig gebildete Kohlenstoffmonooxid stört in der Brennstoffzelle. Es wird daher mit Hilfe einer Membran vom Wasserstoff abgetrennt und katalytisch mit Wasserdampf zu Kohlenstoffdioxid oxidiert. Dabei bildet sich weiterer Wasserstoff.

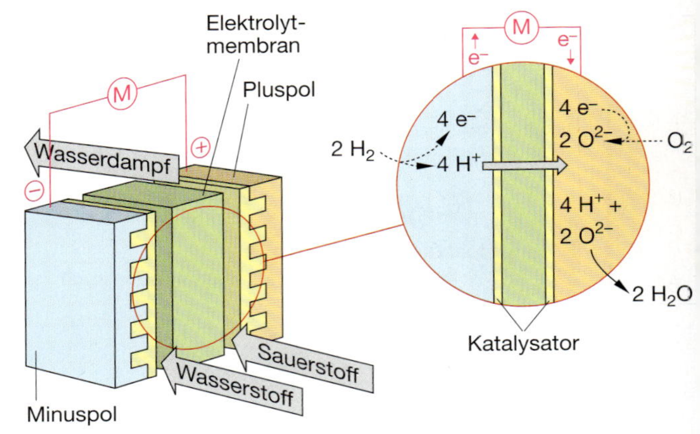

Aufbau einer Brennstoffzelle

Statt von Methanol kann man auch von bestimmten *Kohlenwasserstoff-Gemischen* ausgehen, um Wasserstoff frei zu setzen. Die bisher bekannten Katalysatoren arbeiten allerdings erst bei 800 °C:

$C_6H_{14}\ (l) + 3\ O_2\ (g) \xrightarrow{800\ °C,\ Katalysator} 6\ CO\ (g) + 7\ H_2\ (g)$

Auch bei diesem Verfahren muss das Kohlenstoffmonooxid entfernt werden.

Unabhängig von der Entscheidung über die Wasserstoffquelle könnten Fahrer eines Wasserstoff-Autos weiterhin eine Tankstelle ansteuern: Entweder tankt man Methanol oder ein geeignetes Spezialbenzin. Das bestehende Tankstellennetz könnte so noch für Jahrzehnte als Kraftstoffverteiler dienen.

Wasserstoff gilt als Kraftstoff für die Fahrzeuge der Zukunft. Er liefert in Brennstoffzellen elektrischen Strom. Konverter setzen aus Methanol oder Kohlenwasserstoffen Wasserstoff frei.

1 Erläutere die Funktionsweise einer Brennstoffzelle.
2 Warum ist Wasserstoff der ideale Kraftstoff für Pkws, Busse und Lastwagen?
3 Durch welche Verfahren kann Wasserstoff aus Methanol oder Kohlenwasserstoffen gewonnen werden?
4 Warum hat die Raumfahrt besonders zur Entwicklung von Brennstoffzellen beigetragen?
5 Es gibt schon Autos, die mit Wasserstoff fahren. Erkundige dich im Internet bei Fahrzeugherstellern nach dieser Technologie. Welche Kraftstoffe werden verwendet?

17.6 Energie aus Sonnenlicht

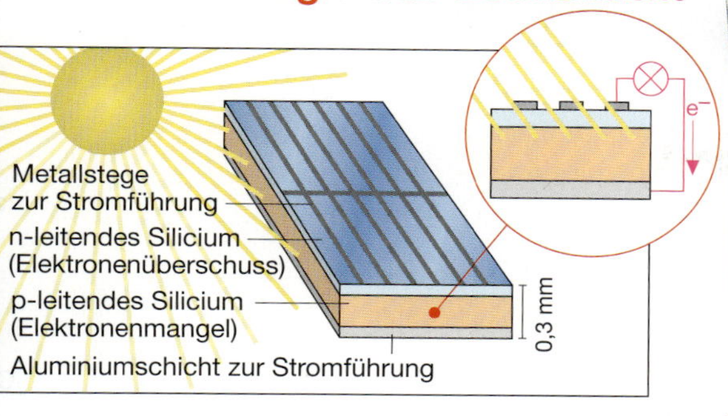

Immer häufiger sieht man elektronische Parkscheinautomaten mit Solarzellen (lat. *sol:* Sonne). Sobald die Zellen von der Sonne beschienen werden, liefern sie Strom. Um möglichst viel Licht aufzufangen, sind die Platten mit den Solarzellen nach Süden ausgerichtet.

Solarzellen. Die bläulich glänzenden Silicium-Schichten der Solarzellen wandeln Sonnenlicht direkt in elektrische Energie um: Wird das Material beleuchtet, so entsteht zwischen seiner Oberseite und der Unterseite eine elektrische Spannung. Um höhere Spannungen zu erzielen, bestehen Solaranlagen meist aus vielen Einzelzellen. Damit für die Nacht ein Energievorrat vorhanden ist, sammelt man tagsüber elektrische Energie in Akkumulatoren.

An der Solarzellen-Technik wird intensiv gearbeitet. Ein wichtiges Forschungsgebiet beschäftigt sich mit der Kopplung von Solarzellen-Technologie und Brennstoffzellen-Technologie. Dabei liefern Solarzellen die erforderliche Energie für die Erzeugung von Wasserstoff durch Elektrolyse von Wasser. In der Brennstoffzelle reagiert der Wasserstoff wiederum mit Sauerstoff. Dabei wird elektrische Energie frei, die zum Betrieb von Fahrzeugen oder technischen Anlagen genutzt werden kann.
Noch ist Solarstrom wegen der hohen Produktionskosten der Zellen jedoch relativ teuer. Weite Verbreitung wird diese Technik daher erst finden, wenn die Effektivität der Solarzellen steigt und die Preise durch eine anlaufende Massenproduktion sinken.

Sonnenkollektoren. Gelegentlich sieht man auf Dächern von Häusern und Hallen eine andere Form der Nutzung der Sonnenenergie: Sonnenkollektoren speichern *Wärme.* Sonnenkollektoren bestehen im einfachsten Fall aus einem mehrfach in einer Ebene gewundenen Kupferrohr, das auf einer schwarzen Platte liegt. Sobald die Sonne auf die Platte scheint, wird sie erwärmt und überträgt die Wärme auf eine im Kupferrohr zirkulierende Flüssigkeit. Ein Wärmetauscher gibt die Wärme an die Warmwasserversorgung des Hauses ab.

In südlichen Ländern wie Griechenland wird diese Technik schon intensiv genutzt. Auf den Dächern vieler Häuser stehen zur Sonne ausgerichtete Kollektoren. Daneben stehen Vorratsbehälter für das erwärmte Wasser. In nördlichen Ländern lässt sich diese Technik nur im Sommer effektiv einsetzen. Eine solche Investition macht sich in Mitteleuropa erst nach etwa 15 Jahren bezahlt.

Solarzellen bestehen aus dünnen Silicium-Schichten, die bei Belichtung eine elektrische Spannung erzeugen. Sonnenkollektoren sammeln Sonnenwärme und übertragen sie an eine Flüssigkeit.

1 Beschreibe den Bau einer Solarzelle und erläutere ihr Funktionsprinzip.
2 Erläutere den Unterschied zwischen einer Solarzelle und einem Sonnenkollektor.
3 Informiere dich über staatliche Förderungsmaßnahmen für Hauseigentümer, die Solarzellen oder Sonnenkollektoren auf ihren Dächern anbringen.
4 Man rechnet damit, dass ein Sonnenkollektor im Laufe von 15 Jahren seine Anschaffungskosten erwirtschaftet. Wie „verdient" dieses Gerät sein Geld?
5 Vergleiche: Eine Kilowattstunde Solarstrom kostet zurzeit etwa 1 Euro. Was zahlt man für eine Kilowattstunde Strom, der vom Stromversorger geliefert wird?

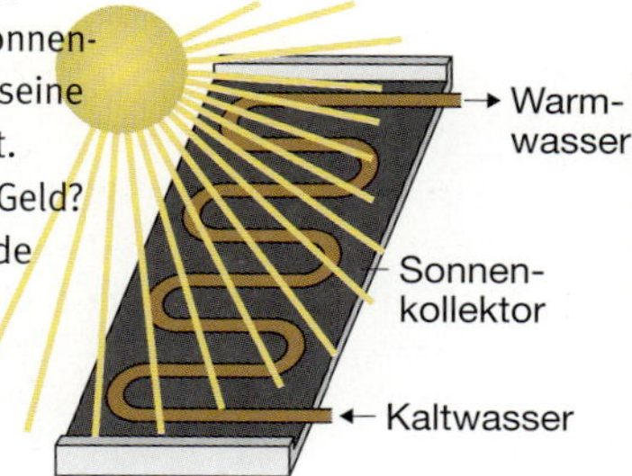

Haus mit Solarzellen und Sonnenkollektoren

Prüfe dein Wissen

Quiz

A1 a) Erkläre die Begriffe des Fensters.
b) Notiere auf der Vorderseite von Karteikarten den Begriff, auf der Rückseite die Erklärung.

A2 Wie sind Kohle, Erdöl und Erdgas entstanden?

A3 Worin unterscheiden sich Braunkohle und Steinkohle?

A4 Wie erkundet man unterirdische Lagerstätten von Erdöl und Erdgas?

A5 An die fraktionierte Destillation des Rohöls, die bei normalem Druck durchgeführt wird, schließt sich eine Vakuumdestillation an. Warum kann man nicht einfach die Temperatur erhöhen, um weitere Rohölprodukte zu gewinnen?

A6 Warum kann das Crack-Verfahren ohne Unterbrechung durchgeführt werden, obwohl der Perlkatalysator durch Rußablagerungen inaktiv wird?

A7 Worin unterscheiden sich Solarzellen und Sonnenkollektoren?

Know-how

A8 In den Medien wird häufig von Energieerzeugern und Energieverbrauchern gesprochen. Warum sind diese Begriffe im Grunde nicht richtig?

A9 Beim Crack-Prozess entstehen kurzfristig so genannte *Radikale*.

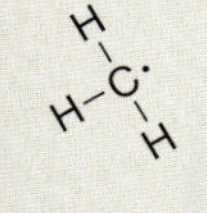

$\dot{C}H_2-CH_2-\dot{C}H_2$

$\dot{C}H_2-\dot{C}H_2$

$H_2\dot{C}-CH_3$ (H H / ·C–C–H / H H)

$CH_3-CH(\dot{C}H_2)-CH_2-CH_3$

$CH_3-\dot{C}H-\dot{C}H-CH_2-CH_3$

a) Was versteht man unter solchen Teilchen?
b) Welche Rolle spielen Radikale beim Cracken?
c) Wie wird das Di-Radikal $CH_3-\dot{C}H-\dot{C}H-CH_2-CH_3$ weiterreagieren? Benenne das Produkt.

A10 a) Gib drei Kohlenstoff-Verbindungen an, die in der Natur vorkommen.
b) Beschreibe den natürlichen Kohlenstoffkreislauf.
c) Weshalb stört das Verbrennen fossiler Energieträger den natürlichen Kohlenstoffkreislauf, das Verbrennen von Holz dagegen nicht?

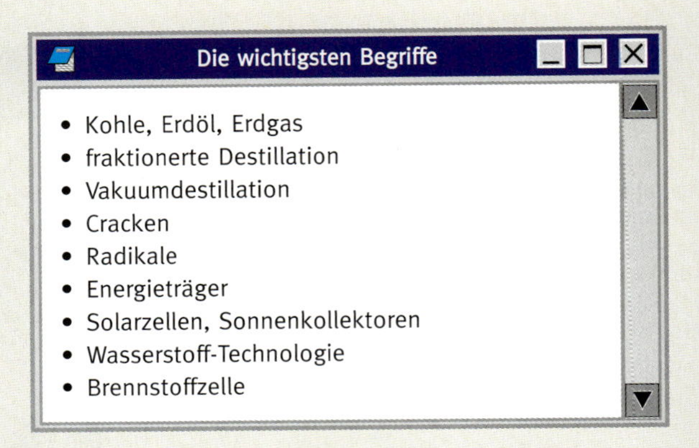

Natur – Mensch – Technik

A11 Ausgediente Autokatalysatoren werden aus Schrottautos entfernt und der Wiederverwertung zugeführt. Welcher Bestandteil ist in diesem Zusammenhang besonders gefragt?

A12 Auf den Straßen und auf den Teststrecken der Autofirmen fahren Pkws, die mit Brennstoffzellen ausgerüstet sind.
a) Welche Aufgabe erfüllen die Brennstoffzellen?
b) Wie funktioniert eine Brennstoffzelle?
c) Beschreibe die verschiedenen Möglichkeiten, den Wasserstoff für die Brennstoffzelle im Auto bereit zu stellen.
d) Warum sind diese Pkws als besonders umweltfreundlich anzusehen?

A13 Auf ihrem Weg um die Erde richten Raumstationen große Sonnenpaddel zur Sonne, auf denen Solarzellen angebracht sind. Außerdem wird das Wasser, das die Astronauten durch Atmung, als Ausdünstung und im Urin abgeben, immer wieder aufbereitet.
Warum ist durch diese Maßnahmen gesichert, dass für längere Zeit Sauerstoff zum Atmen und Wasserstoff zur Energieversorgung zur Verfügung stehen?

Energie und Umwelt

Basiswissen

1. Erdöl und Erdgas

Erdöl und Erdgas sind fossile Energieträger. Sie entstanden durch Umwandlungsprozesse aus organischem Material. Erdöl enthält hauptsächlich flüssige und feste Kohlenwasserstoffe, Erdgas besteht im Wesentlichen aus Methan.

2. Aufarbeitung von Rohöl

Rohöl entsteht durch Reinigung aus Erdöl. Es enthält Kohlenwasserstoff-Verbindungen mit unterschiedlicher Kettenlänge. Die Aufarbeitung des Rohöls erfolgt zunächst durch **fraktionierte Destillation** bei gewöhnlichem Luftdruck. Danach schließt sich eine **Vakuumdestillation** an, die unter vermindertem Druck abläuft.

Fraktionierte Destillation: Heiße Rohöldämpfe steigen in einem Destillationsturm auf, der durch Böden unterteilt ist. Da die Temperatur von unten nach oben abnimmt, kondensieren die Produkte mit den niedrigsten Siedetemperaturen auf den obersten Böden. Höhersiedende Anteile sammeln sich auf den unteren Böden. Am oberen Ende des Turms entweichen gasförmige Kohlenwasserstoffe.

Cracken: Die Destillation von Rohöl liefert zu wenig Benzin. Um mehr Benzin zu erhalten, werden langkettige Kohlenwasserstoffe an einem Katalysator auf über 600 °C erhitzt. Dabei zerbrechen längere Kohlenwasserstoff-Moleküle, es bilden sich kurzkettige Moleküle. Der Crack-Prozess verläuft über kurzlebige **Radikale** als Molekülbruchstücke mit ungepaarten Elektronen. Sie reagieren zu kurzkettigen gesättigten oder ungesättigten Kohlenwasserstoffen.

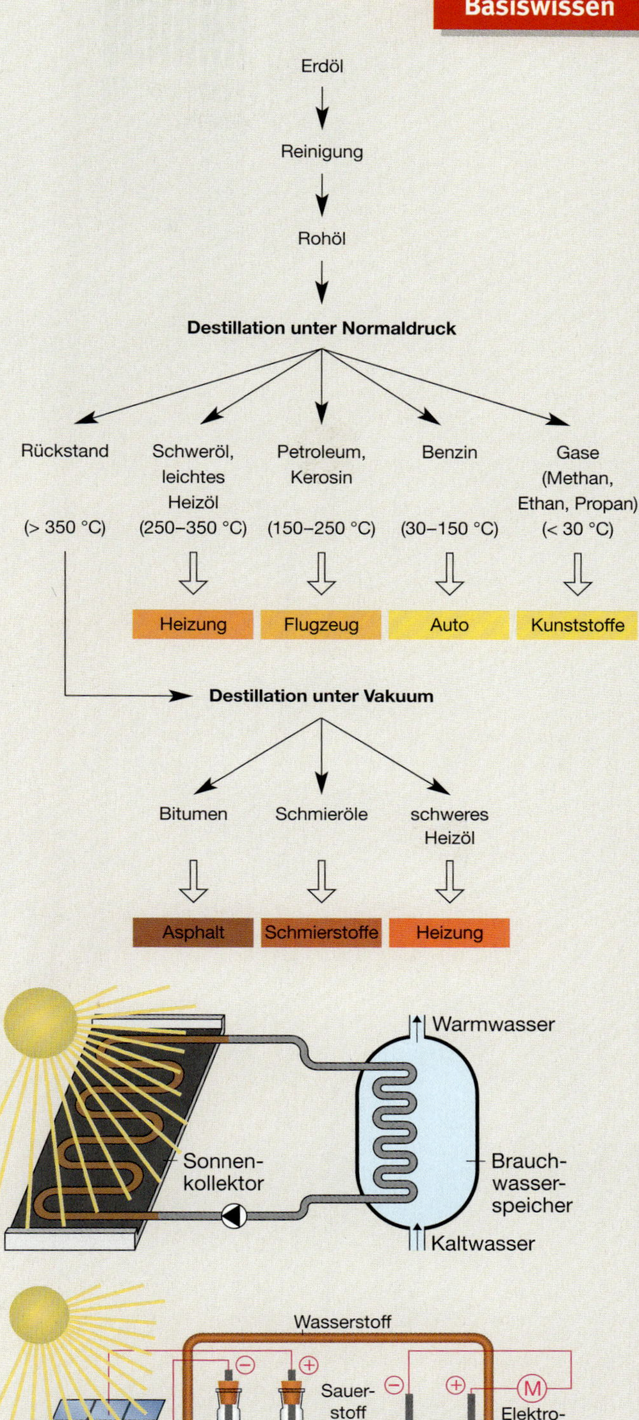

3. Energie aus Sonnenlicht

Die Energie der Sonne lässt sich mit Hilfe von **Solarzellen** und **Sonnenkollektoren** nutzen. Solarzellen erzeugen eine elektrische Spannung, wenn sie mit Licht bestrahlt werden. Über Leitungen fließt Strom zu elektrischen Geräten.
Sonnenkollektoren nehmen Wärme aus dem Sonnenlicht auf. Die gesammelte Wärme wird genutzt, um Wasser zu erhitzen.

4. Wasserstoff-Technologie

Wasserstoff reagiert in **Brennstoffzellen** mit Sauerstoff zu Wasser. Die Reaktionsenergie wird als elektrische Energie frei. In Kraftfahrzeugen wird der hierfür benötigte Wasserstoff aus Methanol oder Kohlenwasserstoffen gewonnen.

In Zukunft denkt man aber daran, die Wasserstoffproduktion mit der Solarzellen-Technologie zu verbinden. Dabei liefern Solarzellen die erforderliche Energie für die Elektrolyse des Wassers.

18 Alkohole

Frisch gepresste Fruchtsäfte wie Traubensaft oder Apfelsaft verändern nach einigen Tagen ihren Geruch und ihren Geschmack, weil sich Alkohol gebildet hat.
Chemiker bezeichnen den Alkohol in alkoholischen Getränken als Ethylalkohol oder Ethanol. Neben Ethylalkohol gibt es eine Vielzahl weiterer Alkohole, die allerdings alle giftig oder ungenießbar sind. Viele dieser Verbindungen werden im Alltag und in der Technik verwendet.

18.1 Ethanol – der bekannteste Alkohol

In Traubensaft und anderen Fruchtsäften steigen nach einigen Tagen Gasbläschen auf. Ursache dafür ist die Reaktion von Traubenzucker zu Alkohol und Kohlenstoffdioxid. Gesteuert wird diese *alkoholische Gärung* durch die Enzyme von Hefepilzen. Durch Gärung bildet sich aus Traubensaft Wein mit einem Alkoholgehalt von bis zu 14 %.

Um aus Wein hochprozentigen Alkohol zu gewinnen, muss der Alkohol herausdestilliert werden. Diesen Vorgang nennt man auch *Brennen.* Durch mehrfache Destillation erhält man schließlich 96%igen Alkohol. Der Rest ist Wasser. Das Destillat wird als *Weingeist* bezeichnet. Der chemische Name ist **Ethanol** oder **Ethylalkohol.**

Struktur des Ethanol-Moleküls. Ethanol brennt mit bläulicher Flamme, als Reaktionsprodukte bilden sich Wasser und Kohlenstoffdioxid. Ethanol-Moleküle enthalten also mit Sicherheit Wasserstoff-Atome und Kohlenstoff-Atome.
Bei der Reaktion von Magnesium mit Ethanol bilden sich Magnesiumoxid und Wasserstoff. Im Ethanol-Molekül ist demnach auch Sauerstoff gebunden. Andere Elemente sind nicht nachweisbar.

Durch eine quantitative Analyse ergibt sich für Ethanol die **Molekülformel C_2H_6O.** Für diese Molekülformel sind zwei isomere Strukturformeln möglich:

$$\begin{array}{ccccccc} & H & & H & & & \\ & | & & | & & & \\ H- & C & - & C & - & \overline{\underline{O}} & -H \\ & | & & | & & & \\ & H & & H & & & \end{array} \qquad \begin{array}{ccccccc} & H & & & & H & \\ & | & & & & | & \\ H- & C & - & \overline{\underline{O}} & - & C & -H \\ & | & & & & | & \\ & H & & & & H & \end{array}$$

Mit einem einfachen Experiment lässt sich entscheiden, welche der beiden Strukturen richtig ist: Ähnlich wie Wasser reagiert Ethanol mit Natrium unter Bildung von Wasserstoff. Außerdem entsteht ein salzartiger Stoff mit einfach geladenen Anionen. Diese Reaktion weist darauf hin, dass im Ethanol-Molekül *ein* Wasserstoff-Atom besonders reaktiv ist. Nur die linke Struktur weist ein solches Wasserstoff-Atom auf. Bei der anderen Struktur sind alle sechs Wasserstoff-Atome gleichartig.
Moderne analytische Untersuchungen bestätigen, dass das Ethanol-Molekül eine **OH-Gruppe** oder **Hydroxyl-Gruppe** enthält, die an einen Ethyl-Rest (C_2H_5-Rest) gebunden ist.
Ethanol hat also die Strukturformel **CH_3–CH_2–OH.**

> Ethanol ist das Produkt der alkoholischen Gärung.
> Das Ethanol-Molekül besteht aus einem Ethyl-Rest und einer Hydroxyl-Gruppe (OH-Gruppe).

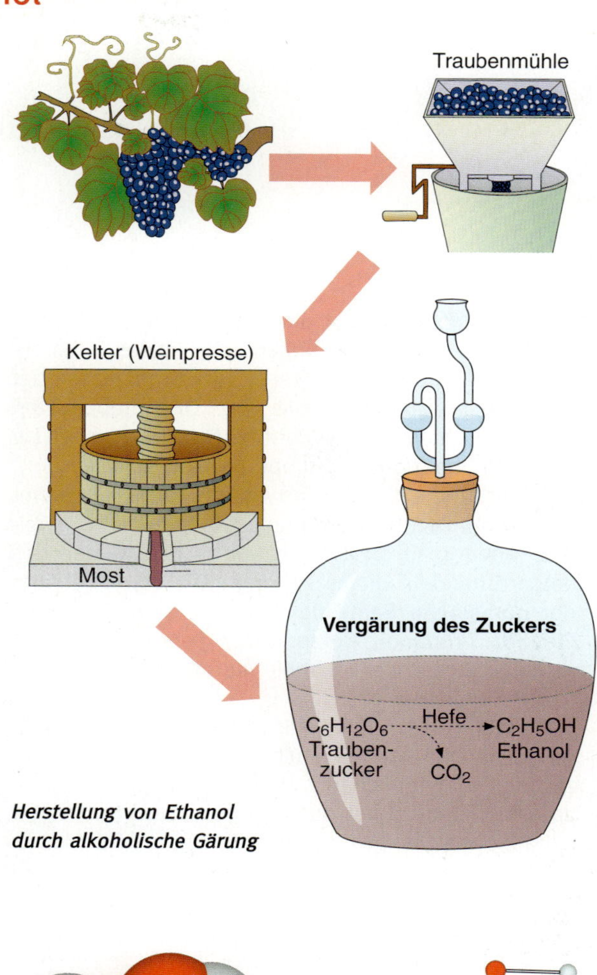

Herstellung von Ethanol durch alkoholische Gärung

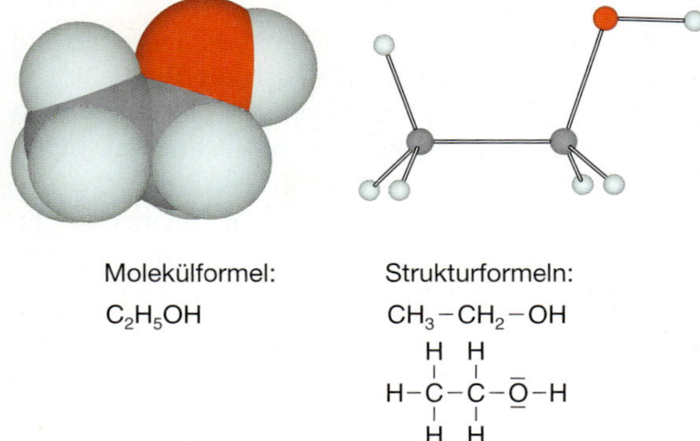

Das Ethanol-Molekül

1 Beschreibe den Ablauf der alkoholischen Gärung.
2 Berechne die molare Masse von Ethanol.
3 Formuliere die Reaktionsgleichung für die Reaktion zwischen Natrium und Ethanol (Formeln der Produkte: NaC_2H_5O; H_2).
4 Warum darf man frisch gepressten Apfelsaft nicht in geschlossenen Flaschen aufbewahren?

18.2 Alkanole – homologe Alkohole

```
    H           H H            H H H            H H H H
    |           | |            | | |            | | | |
  H-C-O-H     H-C-C-O-H      H-C-C-C-O-H      H-C-C-C-C-O-H
    |           | |            | | |            | | | |
    H           H H            H H H            H H H H
  Methanol     Ethanol        Propanol         Butanol
```

In der Chemie werden alle Verbindungen, die wie Ethanol in ihren Molekülen eine oder mehrere Hydroxyl-Gruppen enthalten, zur Stoffklasse der **Alkohole** zusammengefasst. Die OH-Gruppe prägt die Eigenschaften der Alkohole. Man bezeichnet sie daher als *funktionelle Gruppe* der Alkohole.
Alkohole, die sich von den Alkanen ableiten, nennt man **Alkanole.** Der Name eines Alkanols wird gebildet, indem man die Endung **-ol** an den Namen des entsprechenden Alkans anhängt. Die ersten Glieder der homologen Reihe der Alkanole sind Methanol, Ethanol, Propanol, Butanol und Pentanol. Die allgemeine Formel der Alkanole lautet $\mathbf{C_nH_{2n+1}OH}$.

Methanol. Das einfachste Alkanol ist Methanol (CH_3OH). Oft wird es auch als *Methylalkohol* bezeichnet. Der Trivialname *Holzgeist* weist darauf hin, dass Methanol früher durch Erhitzen von Holz unter Luftabschluss hergestellt wurde. Heute wird Methanol industriell aus Kohlenstoffmonooxid und Wasserstoff synthetisiert:

$$CO + 2\ H_2 \xrightarrow{\text{Katalysator}} CH_3OH$$

Methanol dient als Lösungsmittel in der Industrie und als Kraftstoffzusatz. Es kann auch als Brennstoff in Brennstoffzellen eingesetzt werden. Mit Hilfe von Mikroorganismen lassen sich aus Methanol biologisch wichtige Stoffe wie Eiweiße gewinnen.
Methanol ist sehr giftig. Schon kleine Mengen führen zur Erblindung und anderen Dauerschäden, bereits 25 g können tödlich wirken.

Ethanol. Im Labor und in der Industrie wird Ethanol als vielseitiges *Lösungsmittel* und als Ausgangsstoff für chemische Synthesen genutzt. In Form von *Brennspiritus* dient Ethanol im Alltag als Reinigungsmittel und zum Warmhalten von Speisen. Im Gegensatz zu Alkohol in alkoholischen Getränken wird auf Spiritus keine Alkoholsteuer erhoben. Um zu verhindern, dass Spiritus zum Trinken missbraucht wird, macht man ihn durch Zusatz von Vergällungsmitteln übelschmeckend und ungenießbar.

> **86 Tote durch Methylwhisky**
> **NARSINGDI.** Mindestens 86 Menschen sind in Bangladesch gestorben, nachdem sie gestreckten Whisky getrunken hatten. Das auf dem Schwarzmarkt von Narsingdi rund 40 Kilometer östlich der Hauptstadt Dhaka angebotene Getränk war mit Methylalkohol verlängert worden. Rund 200 Menschen hatten Flaschen gekauft. Dutzende Menschen wurden in ernstem Zustand in die Kliniken eingeliefert. In Bangladesch ist der Verkauf von Alkohol verboten.

Der Bedarf an Ethanol als Chemikalie kann nur gedeckt werden, weil diese Verbindung – außer durch alkoholische Gärung – auch industriell aus Ethen und Wasser hergestellt wird:

$$CH_2{=}CH_2 + H_2O \xrightarrow{\text{Katalysator}} C_2H_5OH$$

Im Labor lässt sich Methanol leicht von Ethanol unterscheiden: Methanol reagiert mit Borsäure zu einer brennbaren, flüchtigen Verbindung. Beim Verbrennen ist die Flamme grün gefärbt. Ethanol reagiert unter diesen Bedingungen nicht mit Borsäure.

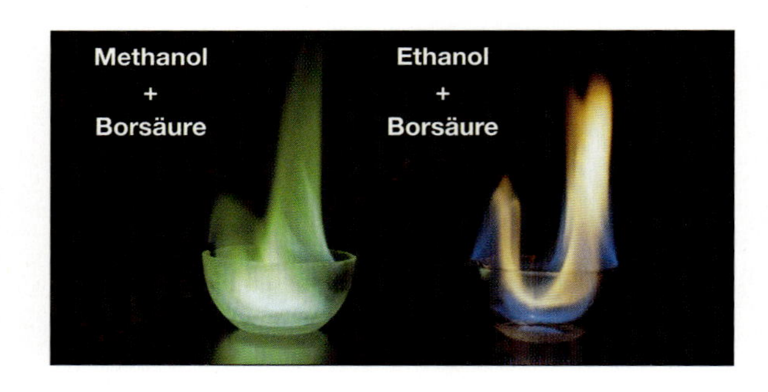

Propanol, Butanol und Pentanol. Propanol (C_3H_7OH) hat große industrielle Bedeutung. Er wird als Frostschutzmittel in Scheibenwaschanlagen und als Desinfektionsmittel in der Medizin eingesetzt.
Butanol (C_4H_9OH) fällt bei der Vergärung von Stärke und Zuckerrüben an. Es wird bei der industriellen Herstellung von Aromastoffen und als Zusatz in Treibstoffen verwendet.
Pentanol ($C_5H_{11}OH$) ist ein unerwünschtes Nebenprodukt der alkoholischen Gärung. Es ist gesundheitsschädlich und gehört zu den so genannten *Fuselölen,* die bei Fehlgärungen entstehen.
Butanole und Pentanole werden auch als Lösungsmittel für Fette, Öle und Harze verwendet.

Pentanol

Hexanol

Dodecanol

Isomerie bei Alkanolen. Es gibt zwei isomere Propanole. Im einen Fall ist die OH-Gruppe an ein *endständiges* C-Atom gebunden, im anderen Fall befindet sie sich am *mittleren* C-Atom. Man bezeichnet die Isomere als *n*-Propanol (*normal*-Propanol) und *iso*-Propanol.
Vom **Butanol** gibt es insgesamt *vier* Isomere, denn der Alkyl-Rest kann auch verzweigt sein. Beim Pentanol treten bereits acht Isomere auf.

Nomenklatur der Alkanole. Wissenschaftlich wird *n*-Propanol als Propan-1-ol und *iso*-Propanol als Propan-2-ol bezeichnet. Bei der Benennung steht allgemein die Nummer des C-Atoms, das mit der OH-Gruppe verbunden ist, zwischen dem Namen des Alkans und der Endung **-ol.** Dabei ist die Hauptkette immer die längste C–C-Kette, an die die OH-Gruppe gebunden ist.

Primäre, sekundäre und tertiäre Alkanole. Beim Propan-1-ol ist das C-Atom, das die OH-Gruppe trägt, mit *einem* weiteren C-Atom verbunden. Man spricht in diesem Fall von einem *primären* Alkanol. Propan-2-ol ist ein Beispiel für ein *sekundäres* Alkanol: Das C-Atom, das die OH-Gruppe trägt, ist mit *zwei* weiteren C-Atomen verbunden. 2-Methylpropan-2-ol ist ein *tertiäres* Alkanol: Hier ist das C-Atom mit der OH-Gruppe mit *drei* weiteren C-Atomen verknüpft.

Die funktionelle Gruppe der Alkohole ist die Hydroxyl-Gruppe (OH-Gruppe). Alkanole bilden eine homologe Reihe mit der allgemeinen Formel $C_nH_{2n+1}OH$.
Man unterscheidet primäre, sekundäre und tertiäre Alkanole.

Butan-1-ol (primäres Alkanol) – primäres C-Atom

2-Methylpropan-1-ol (primäres Alkanol) – primäres C-Atom

Butan-2-ol (sekundäres Alkanol) – sekundäres C-Atom

2-Methylpropan-2-ol (*tert*-Butanol) (tertiäres Alkanol) – tertiäres C-Atom

Isomere Butanole

1 Erstelle anhand der Abbildung zu den isomeren Butanolen Regeln zur Benennung der Alkanole.
2 Zeichne die Strukturformeln aller isomeren Pentanole und benenne sie.
3 Früher bezeichnete man die isomeren Propanole als Propylalkohol und Isopropylalkohol.
Erkläre anhand der Strukturformeln, wie diese Namen zu verstehen sind.
4 Warum gibt es isomere Alkanol-Moleküle?

Exkurs

Fettalkohole für Waschmittel und Cremes

Alkanole mit Kettenlängen von zehn bis zwanzig Kohlenstoff-Atomen werden Fettalkohole genannt. Sie sind in Wasser nahezu unlöslich, lösen sich aber gut in Heptan.
Beispiel: Dodecanol ($C_{12}H_{25}OH$, $\vartheta_m = 23{,}8\ °C$).
Fettalkohole werden aus Fetten gewonnen.
Sie sind Grundstoffe für die Herstellung von Waschmitteln. In Hautcremes dienen Fettalkohole als Rückfetter und Emulgatoren.

5 Propan-2-ol entsteht bei der Reaktion von Propen mit Wasser. *tert*-Butanol bildet sich entsprechend durch Reaktion von Isobuten mit Wasser.
a) Gib die Reaktionsgleichungen mit Strukturformeln an.
b) Welcher Reaktionstyp liegt vor?
6 Wie hoch ist die Alkoholsteuer?

18.3 Stoffeigenschaften und Molekülstruktur

Die Stoffeigenschaften der Alkanole werden durch die hydrophile Hydroxyl-Gruppe und den hydrophoben Kohlenwasserstoff-Rest bestimmt.

Löslichkeit. Die ersten Alkanole der homologen Reihe – Methanol, Ethanol und Propanol – mischen sich in jedem Verhältnis mit Wasser. Bei den darauf folgenden Alkanolen nimmt die Löslichkeit mit steigender Anzahl der Kohlenstoff-Atome stark ab. Schon Hexanol ist in Wasser nahezu unlöslich.

Die Bindung in der OH-Gruppe eines Alkohol-Moleküls ist ähnlich polar wie die Bindung in einem Wasser-Molekül. Zwischen den OH-Gruppen der Alkohol-Moleküle und den Wasser-Molekülen können sich daher Wasserstoffbrücken bilden. Die Hydroxyl-Gruppe vermittelt damit die Löslichkeit der Alkohole in Wasser, man bezeichnet sie als *hydrophil* (wasseranziehend). Für die schlechte Löslichkeit von Hexanol in Wasser ist dagegen der *unpolare* Alkyl-Rest verantwortlich. Man sagt, der Alkyl-Rest ist *hydrophob* (wasserabstoßend).
Zwischen den Alkyl-Resten der Alkanol-Moleküle und den Alkan-Molekülen bilden sich *VAN-DER-WAALS-Bindungen* aus. Ethanol und die höheren Alkanole sind deshalb mit Hexan mischbar. Beim Methanol überwiegt der Einfluss der polaren OH-Gruppe, es löst sich daher nicht in Hexan.

Einfluss der Molekülstruktur auf die Löslichkeit

Siedetemperaturen. Ethanol ist bei Raumtemperatur flüssig, es siedet bei 78 °C. Propan, ein Alkan ähnlicher molarer Masse, ist dagegen gasförmig.
Zwischen den unpolaren Alkan-Molekülen wirken nur schwache VAN-DER-WAALS-Bindungen. Zwischen den polaren Hydroxyl-Gruppen der Alkanole bilden sich zusätzlich Wasserstoffbrückenbindungen aus. Alkanole sieden daher erst bei deutlich höheren Temperaturen als Alkane vergleichbarer Molekülmasse.

Die Hydroxyl-Gruppe ist hydrophil, der Alkyl-Rest ist hydrophob. Kurzkettige Alkohole lösen sich in Wasser, Ethanol und höhere Alkanole lösen sich in Alkanen. Die Siedetemperatur von Alkanolen ist höher als die von vergleichbaren Alkanen.

1 Warum sind Alkyl-Reste hydrophob und Hydroxyl-Gruppen hydrophil?
2 Warum unterscheiden sich Methanol und Heptanol in ihrer Löslichkeit in Wasser?
3 Gib den Inhalt des Schemas zur Löslichkeit mit eigenen Worten wieder. Welche Kernaussagen werden gemacht?
4 Vergleiche die Siedetemperaturen von Methan/Methanol und Decan/Decanol. Warum unterscheiden sich die Differenzen zwischen den Siedetemperaturen der Stoffpaare?
5 Warum werden in Tabellenwerken für höhere Alkanole keine Siedetemperaturen angegeben?

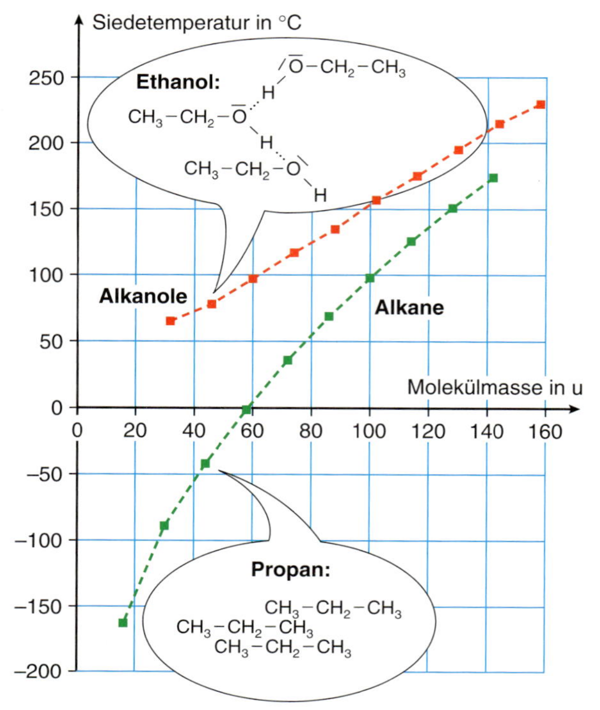

Siedetemperaturen der Alkane und Alkanole

Alkanole

Übersicht

Alkanol	Isomere	Strukturformel	Molekülmodell	Schmelz-temperatur	Siede-temperatur	Löslichkeit in 100 g Wasser
Methanol CH_3OH	–	$\overset{1}{C}H_3-OH$ primär		–97 °C	65 °C	∞
Ethanol C_2H_5OH	–	$\overset{2}{C}H_3-\overset{1}{C}H_2-OH$ primär		–114 °C	78 °C	∞
Propanole C_3H_7OH	Propan-1-ol	$\overset{3}{C}H_3-\overset{2}{C}H_2-\overset{1}{C}H_2-OH$ primär		–126 °C	97 °C	∞
	Propan-2-ol	$\overset{1}{C}H_3-\overset{2}{C}H(OH)-\overset{3}{C}H_3$ sekundär		–89 °C	82 °C	∞
Butanole C_4H_9OH	Butan-1-ol	$\overset{4}{C}H_3-\overset{3}{C}H_2-\overset{2}{C}H_2-\overset{1}{C}H_2-OH$ primär		–89 °C	118 °C	8,3 g
	Butan-2-ol	$\overset{4}{C}H_3-\overset{3}{C}H_2-\overset{2}{C}H(OH)-\overset{1}{C}H_3$ sekundär		–115 °C	100 °C	12,5 g
	2-Methyl-propan-1-ol	$\overset{3}{C}H_3-\overset{2}{C}H(CH_3)-\overset{1}{C}H_2-OH$ primär		–108 °C	108 °C	9 g
	2-Methyl-propan-2-ol (*tert*-Butanol)	$\overset{1}{C}H_3-\overset{2}{C}(CH_3)(OH)-\overset{3}{C}H_3$ tertiär		26 °C	83 °C	∞

1 Gib die Strukturformel von 3-Ethylhexan-2-ol an.
2 Zeige an der Strukturformel von 2-Methylpropan-2-ol, wie der systematische Name gebildet wird.
3 Baue Strukturmodelle von Butan-2-ol, 2-Methylpropan-1-ol und 2-Methylpropan-2-ol.
Wodurch unterscheiden sich die C-Atome, die die OH-Gruppe tragen?
4 Die Viskosität ist ein Maß für die Zähigkeit einer Flüssigkeit. Alkane und Alkanole mit langkettigen Molekülen sind viskoser als Alkane und Alkanole mit kurzkettigen Molekülen. Begründe diese Beobachtung.
5 Zeichne acht Wasser-Moleküle, die durch Wasserstoffbrückenbindungen miteinander verbunden sind. Ersetze dann drei Wasser-Moleküle durch Methanol-Moleküle.
Erkläre mit Hilfe der Abbildung, warum Wasser und Methanol mischbar sind.
6 Tertiäres Butanol ist im Gegensatz zu primärem Butanol vollständig mit Wasser mischbar. Suche nach einer Begründung.
7 Schätze mit Hilfe der Übersicht ab, wie gut sich die angegebenen Alkanole in Heptan lösen.

Praktikum Untersuchung von Alkoholen

V1: Bestimmung der molaren Masse von Ethanol

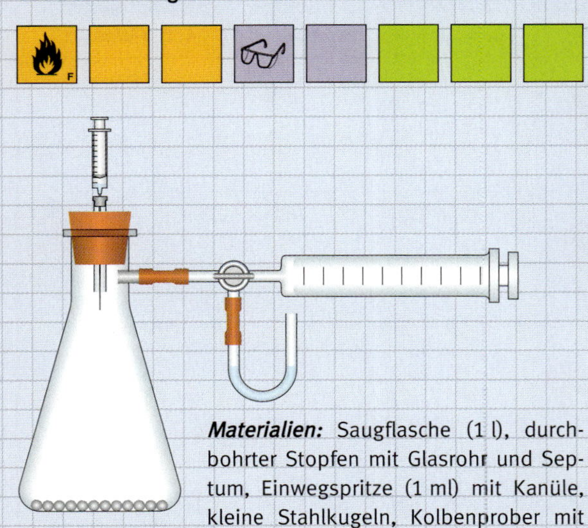

Materialien: Saugflasche (1 l), durchbohrter Stopfen mit Glasrohr und Septum, Einwegspritze (1 ml) mit Kanüle, kleine Stahlkugeln, Kolbenprober mit Dreiwegehahn (100 ml), Schlauchstücke, Manometerrohr, Waage; Ethanol (F).

Durchführung:
1. Baue die Apparatur nach der Abbildung auf.
2. Prüfe auf Dichtigkeit durch vorsichtiges Ziehen am Kolben.
3. Ziehe etwa 0,1 ml Ethanol in die Spritze auf. Wiege die Spritze und stecke sie durch das Septum.
4. Spritze das Ethanol auf die Stahlkugeln.
5. Verdampfe das Ethanol durch vorsichtiges Schwenken.
6. Sorge für Druckausgleich und lies die Volumenzunahme am Kolbenprober ab.
7. Wiege die Spritze erneut.

Aufgaben:

a) Beschreibe deine Beobachtungen.
b) Berechne die molare Masse von Ethanol.
c) Warum darf nur eine sehr kleine Portion Ethanol genommen werden?
d) Welche Volumenzunahme würde man messen, wenn 0,1 g Ethanol verdampft werden?

Rechenbeispiel

Berechnung der molaren Masse von Ethanol

m (Ethanol) = 0,077 g; V (Ethanol-Dampf) = 40 ml

$$n\,(\text{Ethanol}) = \frac{V}{V_m} = \frac{40\ \text{ml}}{24\,000\ \frac{\text{ml}}{\text{mol}}} = 0{,}001\,67\ \text{mol}$$

$$M\,(\text{Ethanol}) = \frac{m\,(\text{Ethanol})}{n\,(\text{Ethanol})} = \frac{0{,}077\ \text{g}}{0{,}001\,67\ \text{mol}} = 46{,}1\ \frac{\text{g}}{\text{mol}}$$

Die molare Masse von Ethanol beträgt 46 $\frac{\text{g}}{\text{mol}}$.

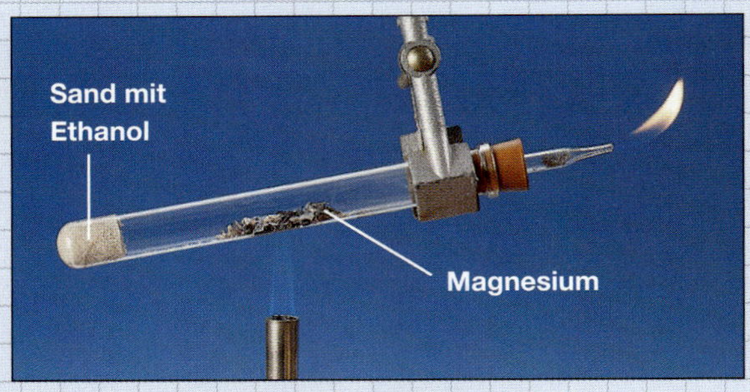

Ethanol-Dampf reagiert mit Magnesium. Es bildet sich weißes Magnesiumoxid.

V2: Löslichkeit der Alkanole

Materialien: Tropfpipette;
Ethanol (F), Butan-1-ol (Xn), Hexadecan-1-ol (Cetylalkohol), Heptan (F, Xn, N).

Durchführung:
1. Prüfe die Mischbarkeit der Alkohole mit Wasser, indem du einige Tropfen bzw. eine Spatelspitze der Alkohole zu einigen Millilitern Wasser gibst.
2. Wiederhole den Versuch mit Heptan (B3) statt Wasser.
3. Prüfe die Mischbarkeit von Butan-1-ol mit Ethanol (B3).

Aufgabe: Stelle deine Versuchsergebnisse in einer Tabelle dar. Begründe die Unterschiede.

V3: Alkoholische Gärung von Traubenzucker

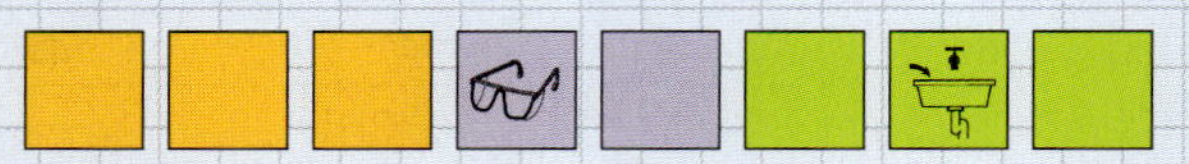

Materialien: Erlenmeyerkolben (250 ml), Stopfen mit Gärrohr, Waage, Glasstab;
Wasser, Traubenzucker, Hefe, Kalkwasser.

Durchführung:
1. Löse 20 g Traubenzucker in 150 ml Wasser und verrühre die Lösung mit etwa 5 g Hefe.
2. Fülle das Gärrohr mit Kalkwasser und setze es mit dem Stopfen auf den Erlenmeyerkolben.
3. Stelle den Ansatz für einige Tage an einen warmen Platz.

Aufgaben:

a) Was ist in den folgenden Tagen zu beobachten?
b) Wie lässt sich beweisen, dass die Hefe für die Gärung von Bedeutung ist?
c) Beschreibe ein Verfahren, mit dem reiner Alkohol (absolut, 100 %) aus Wein gewonnen werden kann.

Suche:

Alkohol – ein Genussmittel?

Ergebnisse:

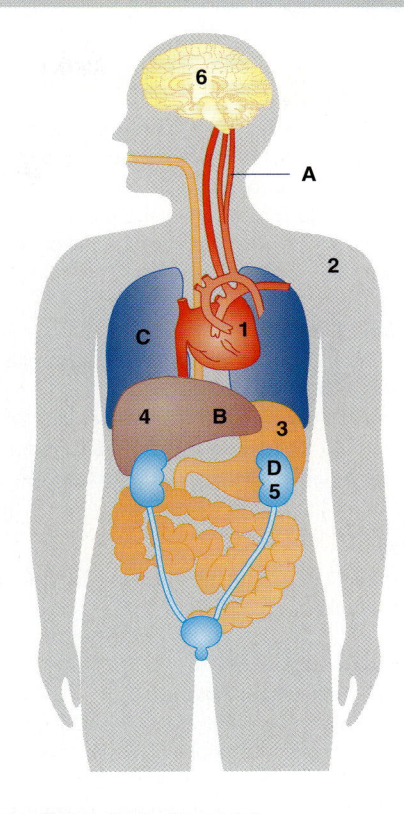

Wege des Alkohols im Körper

A) Alkohol wird über den Blutkreislauf im Körper verteilt.
B) Der Hauptanteil des Alkohols wird in der Leber abgebaut. Dabei entstehen Kohlenstoffdioxid und Wasser.
C) Bis zu 3 % werden unverändert über die Lunge ausgeschieden.
D) Etwa 2 % werden unverändert über die Niere ausgeschieden.

Folgen des Alkoholkonsums

1) Erhöhung des Blutdrucks
2) Erhöhung der Hauttemperatur und Auskühlung
3) Reizung der Magenschleimhaut, Magenschleimhautentzündung
4) Reizung der Leber, Bildung einer Fettleber, Leberzirrhose
5) Behinderung des Nierenstoffwechsels
6) Schädigung des Gehirns

Stadien der Alkoholvergiftung

0,5–1,5 ‰: Erregungszustand mit Wärmegefühl, Hautrötung, schwindende Selbstkritik
1–2 ‰: Schlafstadium mit Muskelerschlaffung, Sprachstörungen, Gehstörungen
2–3 ‰: Narkosestadium, das Großhirn ist narkotisiert, Vollrausch
über 3 ‰: Atemlähmung. Der Tod tritt durch Lähmung des Atemzentrums im Gehirn ein.

Blutalkoholgehalt

Zur Berechnung des Blutalkoholgehalts kann man die unten stehende **Näherungsformel** verwenden.
Für Frauen gilt $r = 0{,}6$; für Männer gilt $r = 0{,}7$.
Pro Stunde sinkt der Blutalkoholgehalt bei Frauen um 0,1 ‰, bei Männern um etwa 0,15 ‰.

$$w\text{ (Alkohol im Blut in ‰)} = \frac{m\text{ (Alkohol) (in g)}}{r \cdot m\text{ (Körper) (in kg)}}$$

Alkoholische Getränke im Vergleich

	2 Weinbrände (je 0,02 l)	1 Weißwein (0,125 l)	1 Bier (0,3 l)
Volumenkonzentration $\sigma = \frac{V\text{ (Alkohol)}}{V\text{ (Getränk)}}$	40 %	10 %	5 %
Masse der enthaltenen Alkoholportion	12,5 g	15,6 g	11,7 g

Aufgaben

1 Berechne mit Hilfe der Tabelle den Blutalkoholgehalt einer Frau (50 kg), die kurz hintereinander drei Schnäpse (je 0,02 l) getrunken hat.

2 **a)** Welches Volumen Bier kann ein Mann mit 70 kg Körpergewicht theoretisch innerhalb einer Stunde trinken, ohne die 0,5-Promille-Grenze zu überschreiten?
b) Warum ist es wichtig zu betonen, dass es sich hierbei um ein theoretisches Ergebnis handelt?

3 Nach einem Unfall wird ein Blutalkoholgehalt von 0,3 ‰ festgestellt. Welche rechtlichen Folgen kann das haben?

4 Stelle Informationen zusammen, welche Gefahren im Straßenverkehr durch Alkoholgenuss auftreten, auch wenn die gesetzliche Promille-Grenze nicht überschritten wird.

5 Erstelle einen Flyer oder ein Poster mit Hinweisen auf die Gefahren durch Alkohol.

Löse die folgenden Aufgaben mit Hilfe des Internets:

6 Suche nach Statistiken zur Entwicklung des Alkoholverbrauchs in verschiedenen Staaten. Unterscheide dabei auch die Art der konsumierten Alkoholika.

7 Suche nach der europäischen Charta zum Thema „Alkohol“.

Suche:

Mehrwertige Alkohole

Ergebnisse:

Mehrwertige Alkohole

Die Moleküle der mehrwertigen Alkohole enthalten mehrere Hydroxyl-Gruppen, dabei ist jeweils nur eine Hydroxyl-Gruppe an ein C-Atom gebunden.
Mehrwertige Alkohole schmecken süß. Darauf weist auch die Silbe *gly-* im Trivialnamen mehrwertiger Alkohole hin (griech. *glykys:* süß).

Glykol (Ethan-1,2-diol)

Glykol oder *Ethylenglykol* ist ein **zweiwertiger Alkohol.** Seine Moleküle haben zwei OH-Gruppen.
Eine Mischung von gleichen Mengen Wasser und Glykol gefriert erst bei –40 °C. Glykol kann daher als Frostschutzmittel in wassergekühlten Anlagen und Motoren verwendet werden.

Eigenschaften:
Siedetemperatur: 198 °C; gut mit Wasser mischbar; zähflüssig; hygroskopisch

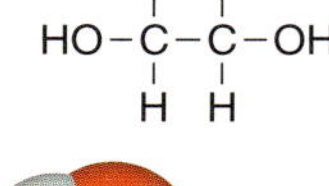

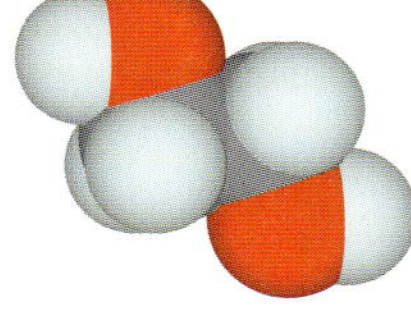

Glycerin (Propan-1,2,3-triol)

Glycerin ist ein **dreiwertiger Alkohol.**
Überreife Weintrauben enthalten bis zu 2 % Glycerin.
Da bei der alkoholischen Gärung auch Glycerin entsteht, enthält ein Liter Wein bis zu 9 g Glycerin. Technisch wird Glycerin aus Olivenöl und anderen Fetten hergestellt.

Eigenschaften:
Siedetemperatur: 290 °C (beginnende Zersetzung); gut mit Wasser mischbar; sehr zähflüssig; hygroskopisch

H H H
H–C–C–C–H
OH OH OH

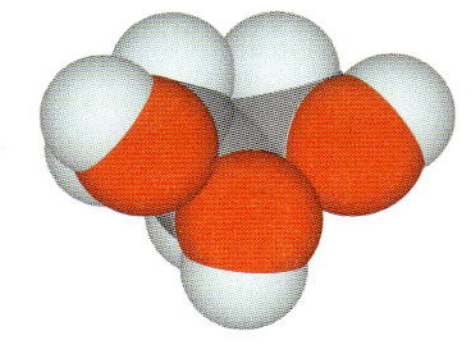

Sorbit

Sorbit ist ein **sechswertiger Alkohol,** der in vielen Beeren vorkommt. Die Beeren der Eberesche (Vogelbeere) enthalten besonders viel Sorbit. Sorbit wird von Diabetikern als *Zuckeraustauschstoff* genutzt.

Eigenschaften:
Schmelztemperatur: 97 °C;
kristalliner Stoff;
sehr gut wasserlöslich

H H H H H H
H–C–C–C–C–C–C–H
OH OH OH OH OH OH

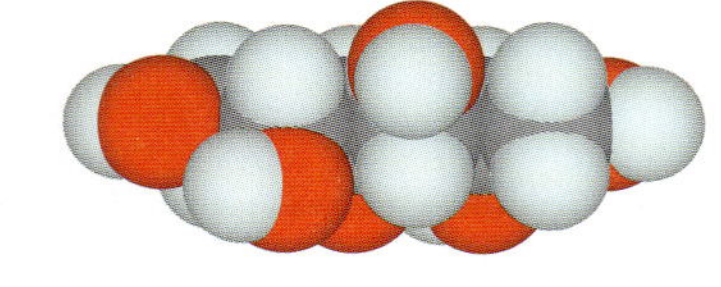

Verwendung von Glycerin:

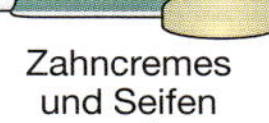
Zahncremes und Seifen

Hautcremes und Lippenstifte

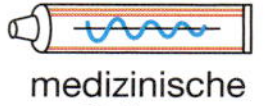
medizinische Salben

Schuhcremes

Lebensmittel

Kunstharzlacke

Weichmacher in Kunststoffen

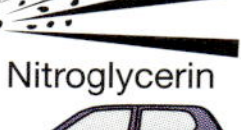
Nitroglycerin

Bremsflüssigkeit und Frostschutzmittel

Aufgaben

1 Welcher Alkohol ist zweiwertig: 2-Methylpropan-2-ol oder Propan-1,2-diol?

2 Warum sind Glykol und Glycerin gut mit Wasser mischbar?

3 Vergleiche und erkläre die Siedetemperaturen von Ethanol, Ethan-1,2-diol und Propan-1,2,3-triol.

4 **a)** Pentaerythrit ($C(CH_2OH)_4$) wird zur Herstellung von Kunststoffen und Sprengstoffen eingesetzt. Zeichne die Strukturformel. Zu welcher Gruppe der Alkohole gehört dieser Stoff?
b) Weshalb sind Sorbit und Pentaerythrit bei Raumtemperatur fest?

18.4 Vom Alkohol zum Ether

Erhitzt man Ethanol in Gegenwart von konzentrierter Schwefelsäure auf 140 °C, so erhält man eine hoch entzündliche Verbindung, die bereits bei 35 °C siedet. Es handelt sich um *Diethylether.* Diethylether-Moleküle bilden sich aus zwei Ethanol-Molekülen unter Abspaltung eines Wasser-Moleküls:

$$C_2H_5OH + HOC_2H_5 \xrightarrow{H_2SO_4} C_2H_5{-}O{-}C_2H_5 + H_2O$$

Zur Stoffklasse der **Ether** gehören alle Verbindungen, in deren Molekülen zwei Kohlenwasserstoff-Reste über ein Sauerstoff-Atom miteinander verbunden sind: $\mathbf{R_1{-}O{-}R_2}$.
Die Namen der Ether werden aus der Bezeichnung der Alkyl-Reste und der Endung **-ether** gebildet.

Zwischen Ether-Molekülen können sich *keine Wasserstoffbrückenbindungen* ausbilden. Ether haben daher im Allgemeinen sehr viel niedrigere Siedetemperaturen als Alkohole mit vergleichbarer Molekülgröße. So siedet das zu Diethylether isomere Butan-1-ol erst bei 118 °C.
Ähnlich wie zwischen Alkan-Molekülen wirken zwischen Ether-Molekülen nur *VAN-DER-WAALS-Bindungen.* Daher sind die Siedetemperaturen bei diesen Stoffklassen vergleichbar: Pentan hat mit 36 °C fast die gleiche Siedetemperatur wie Diethylether.

Eine Mischung von Ether und Wasser bildet zwei Phasen. Dadurch entsteht der Eindruck, Ether sei wasserunlöslich. Tatsächlich löst sich jedoch sowohl etwas Ether in Wasser als auch etwas Wasser in Ether. Die Löslichkeit beruht auf Wasserstoffbrückenbindungen zwischen den Sauerstoff-Atomen der Ether-Moleküle und den Wasserstoff-Atomen der Wasser-Moleküle.

Die meisten Ether sind leicht entzündlich, ihre Dämpfe sind im Gemisch mit Luft explosiv. Dennoch werden sie häufig als Lösungsmittel eingesetzt.

Technisch wichtige Ether. Werden zwei Ethandiol-Moleküle unter Abspaltung *eines* Wasser-Moleküls verknüpft, erhält man die Verbindung *Diethylenglykol.* Man verwendet diesen Stoff, um die Tragflächen von Flugzeugen oder die Startbahnen von Flughäfen von Eis zu befreien.
Verknüpft man dagegen zwei Ethandiol-Moleküle unter Abspaltung von *zwei* Wasser-Molekülen, so entsteht ein *Dioxan*-Molekül. Es handelt sich dabei um einen cyclischen Ether, der mit polaren und unpolaren Lösungsmitteln mischbar ist und daher als vielseitiges Lösungsmittel eingesetzt wird.
Zur Verbesserung der Klopffestigkeit von Kraftstoffen verwendet man seit einigen Jahren *Methyl-tert-butylether* (MTBE).

Steckbrief: Diethylether

Eigenschaften: klare, leicht bewegliche Flüssigkeit von süßlichem Geruch, die äußerst leicht verdampft.
Dichte: $0{,}71\ \frac{g}{cm^3}$
Schmelztemperatur: –116 °C
Siedetemperatur: 35 °C
Zündbereich (im Gemisch mit Luft): 1,7 % bis 48 %
An der Luft und bei Licht können sich hochexplosive Peroxide bilden.
Löslichkeit: 6,5 g in 100 g Wasser; mischbar mit unpolaren Lösungsmitteln

Herstellung: aus Ethanol durch Wasserabspaltung mit Hilfe von konzentrierter Schwefelsäure

Verwendung: wichtiges Lösungs- und Extraktionsmittel; früher als „Äther" zur Narkose verwendet.

Hochentzündlich

Gesundheitsschädlich

R: 12–19–22–66–67
S: 9–16–29–33

```
   H  H     H  H
   |  |     |  |
H–C–C–O–C–C–H
   |  |     |  |
   H  H     H  H
```

$C_2H_5{-}\overline{O}{-}C_2H_5$

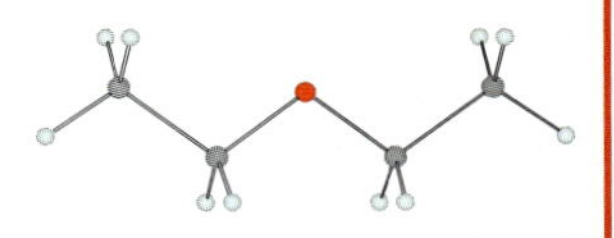

Ether bilden sich aus Alkoholen unter Abspaltung von Wasser. Sie haben die allgemeine Strukturformel $R_1{-}O{-}R_2$. Ether sind leicht flüchtig und lösen sich kaum in Wasser.

1 Welche Ether können sich aus Ethanol und Methanol in Gegenwart von Schwefelsäure bilden? Gib die Strukturformeln der drei möglichen Verbindungen an.
2 Warum hat Dimethylether eine niedrigere Siedetemperatur als Ethanol?
3 Warum löst sich bei einer Ether/Wasser-Mischung etwas Ether im Wasser? Zeichne Strukturformeln.
4 Stelle die Reaktionsgleichungen für die Synthesen von Diethylenglykol und von Dioxan mit Strukturformeln auf.
5 2-Methylpropen wird mit Methanol zu Methyl-*tert*-butylether (MTBE; $(CH_3)_3C{-}O{-}CH_3$) umgesetzt.
Formuliere die Reaktionsgleichung mit Strukturformeln.
6 Warum ist es im Labor strengstens untersagt, Ether in den Ausguss zu schütten?

Prüfe dein Wissen

Quiz

A1 a) Erkläre die Begriffe des Fensters.
b) Notiere auf der Vorderseite von Karteikarten den Begriff, auf der Rückseite die Erklärung.

A2 Gib die Strukturformeln und die systematischen Namen für die ersten vier Alkanole der homologen Reihe an.

A3 Wie lassen sich Methanol und Ethanol experimentell unterscheiden?

A4 a) Zeichne die Strukturformeln von Butan-1-ol, Butan-2,3-diol, Butan-1,2,3-triol, 2-Methylpropan-2-ol. Markiere primäre, sekundäre und tertiäre Kohlenstoff-Atome.
b) Welche Alkanole sind einwertig, zweiwertig bzw. dreiwertig?

A5 Butan-1-ol und und Diethylether sind Isomere.
a) Gib die Strukturformeln der Verbindungen an.
b) Überlege Experimente, mit deren Hilfe die beiden Verbindungen unterschieden werden können.
c) Gib jeweils zwei weitere isomere Alkanole und Ether an.

A6 Warum hat Ethanol eine höhere Siedetemperatur als Ethan?

Know-how

A7 a) Welche Alkanole kann man durch eine Reaktion von Prop-1-en mit Wasser herstellen?
b) Welcher Reaktionstyp liegt vor?

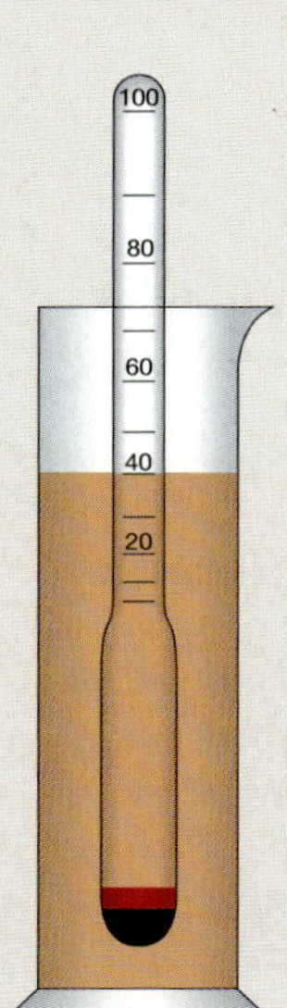

A8 a) Was versteht man unter der Zündtemperatur eines Stoffes?
b) Weshalb hat Diethylether eine niedrigere Zündtemperatur als das isomere Butan-1-ol?

A9 Mit einem Aräometer prüft der Kellermeister den Alkoholgehalt einer wässerigen Lösung: Man kann direkt die Volumenkonzentration des Ethanols in % ablesen.
a) Bei einem Weinbrand wird eine Volumenkonzentration von 38 % bestimmt. Wie viel Gramm Ethanol ($\varrho = 0{,}78\ \frac{g}{cm^3}$) sind in einem Liter des Weinbrands enthalten?
b) Erkläre anhand der Abbildung, wie ein Aräometer funktioniert.

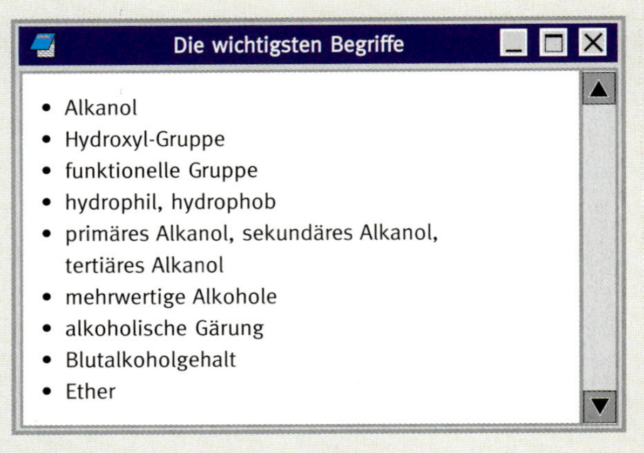

A10 Durch Destillation kann man nur 96%iges Ethanol herstellen. Das Destillat enthält immer mindestens 4 % Wasser. Wie könnte man im Labor mit Hilfe von wasserfreiem Kupfersulfat aus dem Destillat reines Ethanol gewinnen?

A11 Natriumabfälle werden oft beseitigt, indem man sie mit Ethanol reagieren lässt. Formuliere die Reaktionsgleichung.

A12 Warum gibt man einen Tropfen Glycerin auf ein Glasrohr, wenn man es durch die Bohrung eines Gummistopfens stecken will?

A13 Wie wurde Methanol vor Einführung der technischen Synthese gewonnen?

A14 In einem Raum mit den Maßen 5 m x 5 m x 2,5 m wurde Diethylether verschüttet. Welches Volumen Ether darf höchstens verdampfen, damit der Zündbereich nicht erreicht wird?

Natur – Mensch – Technik

A15 a) Spiritusbrände lassen sich mit Wasser löschen. Warum ist das bei brennenden Fettalkoholen nicht möglich?
b) Wie könnte man solche Brände stattdessen löschen?

A16 Warum verschließt man ein Weinfass während der Gärung mit einem Gärrohr? Erkläre die Funktion des Gärrohres.

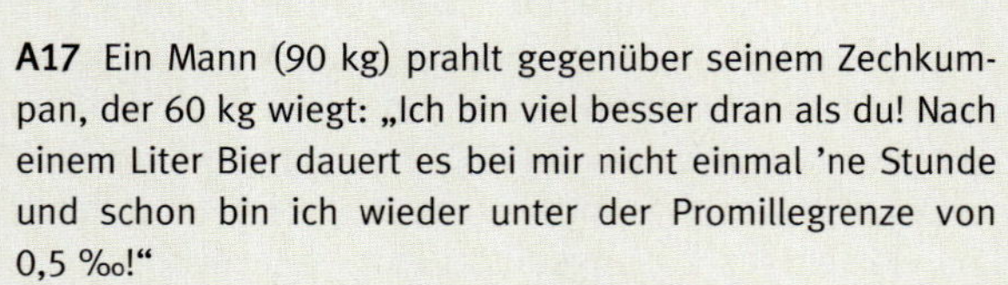

A17 Ein Mann (90 kg) prahlt gegenüber seinem Zechkumpan, der 60 kg wiegt: „Ich bin viel besser dran als du! Nach einem Liter Bier dauert es bei mir nicht einmal 'ne Stunde und schon bin ich wieder unter der Promillegrenze von 0,5 ‰!"
a) Rechne nach, ob die Behauptung stimmt.
b) Weshalb sollte der Mann, unabhängig vom Rechenergebnis, weder Rad noch Auto fahren?

Alkohole

Basiswissen

1. Alkanole

Alle Alkanole gehören zur Stoffklasse der Alkohole. Die funktionelle Gruppe der Alkohole ist die **Hydroxyl-Gruppe (OH-Gruppe)**.
Die allgemeine Molekülformel der Alkanole lautet **$C_nH_{2n+1}OH$**.
Das bekannteste Alkanol ist **Ethanol** (Ethylalkohol) mit der Molekülformel **C_2H_5OH**.

2. Struktur der Alkanole

Kohlen-wasserstoff-Rest (Alkyl-Rest) — Hydroxyl-Gruppe

Beispiel: Ethanol
$CH_3–CH_2–OH$

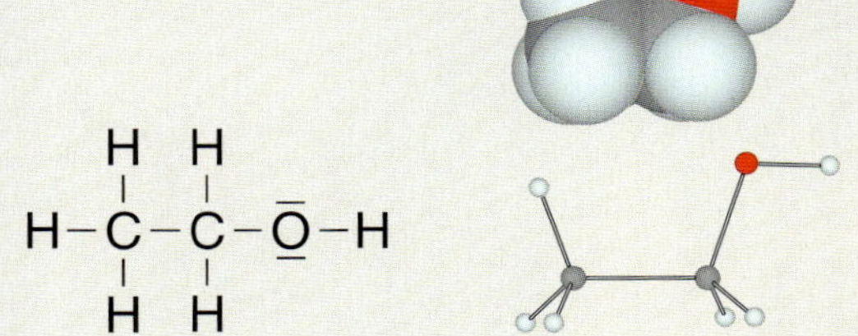

3. Nomenklatur der Alkanole

Bei der Benennung der Alkanole wird dem Namen des Alkans, von dem sich das Alkanol ableitet, die Endung **-ol** angehängt. Die Stellung der Hydroxyl-Gruppe wird durch eine Ziffer vor der Endung angegeben.

4. Homologe Reihe der Alkanole

Die ersten vier Glieder der homologen Reihe der Alkanole sind *Methanol, Ethanol, Propanol* und *Butanol.* Fettalkohole sind langkettige Alkanole.
In der homologen Reihe kann die Hydroxyl-Gruppe ab Propanol an unterschiedliche Kohlenstoff-Atome gebunden sein. Man unterscheidet zwischen *primären, sekundären* und *tertiären* Alkanolen:

R–CH(OH)–H	R_1–CH(OH)–R_2	R_1–C(R_2)(OH)–R_3
primäres Alkanol	sekundäres Alkanol	tertiäres Alkanol

5. Mehrwertige Alkohole

Alkohole mit mehreren Hydroxyl-Gruppen bezeichnet man als *mehrwertige* Alkohole:

$CH_2OH–CH_2OH$ Ethan-1,2-**diol** (Glykol)
$CH_2OH–CHOH–CH_2OH$ Propan-1,2,3-**triol** (Glycerin)

6. Eigenschaften der Alkanole

a) Zwischenmolekulare Wechselwirkungen:

unpolar, hydrophob — polar, hydrophil

Der Alkyl-Rest geht VAN-DER-WAALS-Bindungen ein: — Die Hydroxyl-Gruppe geht Wasserstoffbrückenbindungen ein:

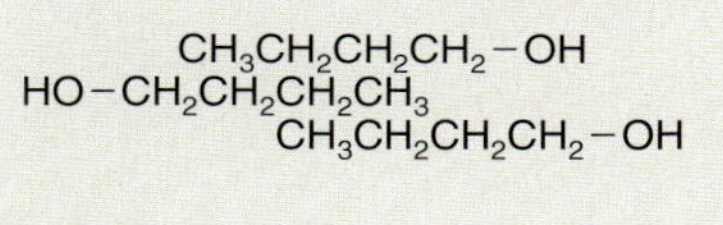

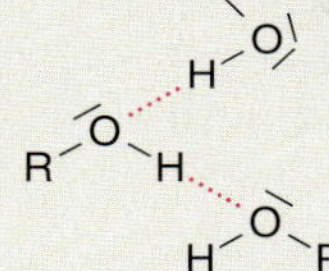

b) Schmelztemperaturen und Siedetemperaturen:
Alkanole schmelzen und sieden bei wesentlich höheren Temperaturen als Alkane vergleichbarer Molekülmasse.

c) Löslichkeit/Mischbarkeit:

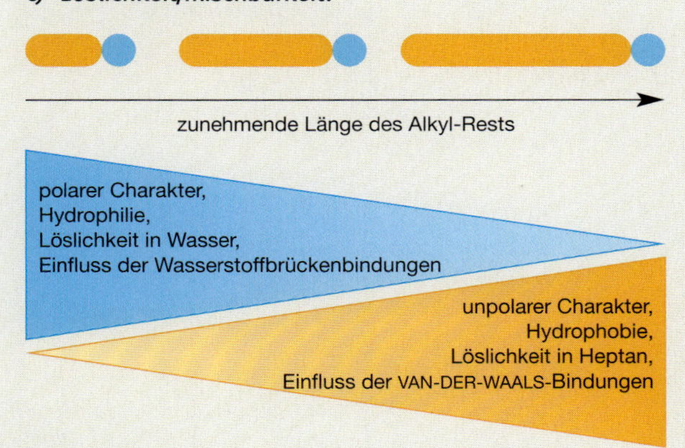

7. Ether

Ether bilden sich unter Abspaltung von Wasser aus Alkoholen in Gegenwart von konzentrierter Schwefelsäure. Im Ether-Molekül sind zwei Alkyl-Reste über ein Sauerstoff-Atom verbunden: **$R_1–O–R_2$**.
Die Namen der Ether werden aus der Bezeichnung der Alkyl-Reste und der Endung *-ether* gebildet.
Beispiel: Ethylmethylether $CH_3–O–CH_2–CH_3$

19 Oxidationsprodukte der Alkohole

Wein enthält neben Ethanol auch Oxidationsprodukte verschiedener Alkohole. Diese machen zusammen mit anderen Stoffen die Blume – den typischen Geruch – eines Weines aus.
Bleibt der Wein allerdings längere Zeit offen stehen, nimmt man einen deutlichen Essiggeruch wahr. Aus Wein ist „Weinessig“ entstanden.
Zunächst wird dabei Ethanol zu Acetaldehyd oxidiert.
Als weiteres Oxidationsprodukt bildet sich daraus dann Essigsäure.
Auch andere Alkohole und Aldehyde lassen sich zu Säuren oxidieren. Viele dieser Verbindungen kann man in Früchten nachweisen.

19.1 Vom Alkohol zum Aldehyd

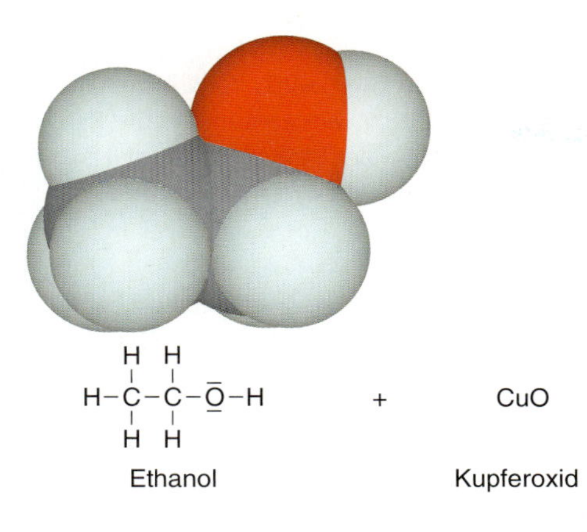

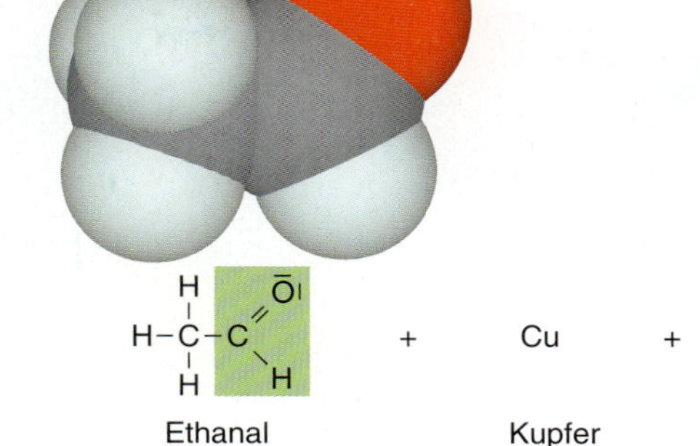

$$H_3C-CH_2-\overline{\underline{O}}-H \quad + \quad CuO \quad \longrightarrow \quad H_3C-C\overset{\overline{O}|}{\underset{H}{\diagdown}} \quad + \quad Cu \quad + \quad H_2O$$

Ethanol		Kupferoxid		Ethanal (Acetaldehyd)		Kupfer		Wasser

Heißes oxidiertes Kupferblech wird sofort blank, wenn man es in Ethanol-Dampf hält. Als Reaktionsprodukt macht sich dabei ein stechend riechendes Gas bemerkbar. Es handelt sich um einen **Aldehyd.** Dieser Name weist darauf hin, dass der **Al**kohol **dehyd**riert wurde, dass also Wasserstoff-Atome abgespalten wurden. Dabei handelt es sich um eine besondere Art der Oxidation. Insgesamt liegt eine *Redoxreaktion* vor: Kupferoxid wird zu Kupfer reduziert und Ethanol wird zu Acetaldehyd oxidiert.

Aldehyde entstehen immer, wenn die OH-Gruppe primärer Alkanole oxidiert wird. Das endständige Kohlenstoff-Atom eines Aldehyd-Moleküls trägt ein Wasserstoff-Atom und ein zweifach gebundenes Sauerstoff-Atom: **–CHO.** Diese funktionelle Gruppe der Aldehyde nennt man **Aldehyd-Gruppe.**
In der systematischen Bezeichnung werden Aldehyde durch die Endsilbe **-al** gekennzeichnet. Aldehyde, die sich von Alkanen ableiten lassen, heißen dementsprechend **Alkanale;** der systematische Name für Acetaldehyd ist daher *Ethanal.* Wie die Alkane und die Alkanole bilden die Alkanale eine homologe Reihe.

Nachweisreaktionen. Aldehyde wirken reduzierend. Man nutzt diese Reduktionswirkung um eine Stoffprobe auf Aldehyde zu prüfen. Bei der *TOLLENS-Probe* reduziert der Aldehyd Ag^+-Ionen zu Silber, das sich auf einer Glaswand als Silberspiegel abscheiden kann. Bei der *FEHLING-Probe* werden Cu^{2+}-Ionen zu ziegelrotem Kupferoxid (Cu_2O) reduziert.
Einen spezifischen Nachweis von Aldehyden ermöglicht die *SCHIFFsche Probe:* Nur Aldehyde bilden mit der farblosen Reagenzlösung einen roten Farbstoff.

> Aldehyde entstehen durch Oxidation primärer Alkohole: Aus Alkanolen entstehen Alkanale. Sie enthalten als funktionelle Gruppe die CHO-Gruppe (Aldehyd-Gruppe). Aldehyde wirken reduzierend.

oxidiertes Kupferblech

blankes Kupferblech

1 Gib die funktionellen Gruppen der Alkanole und der Alkanale an.
2 Aus welchem Alkohol kann Methanal hergestellt werden?
3 Was beobachtet man, wenn Propanol-Dampf über heißes Kupferoxid geleitet wird?
4 Notiere die Formeln der isomeren Pentanale.
5 Wie lassen sich farblose wässerige Lösungen von Ethanol und Ethanal experimentell unterscheiden?
6 Verbrennt man Ethanol unter Sauerstoffmangel, kann man auch immer etwas Ethanal nachweisen.
Gib die Reaktionsgleichung für die Bildung von Ethanal an, notiere die Reaktionsgleichung für die *vollständige* Verbrennung von Ethanol.
7 In welchem Zusammenhang hast du im Biologieunterricht die FEHLING-Probe kennen gelernt?

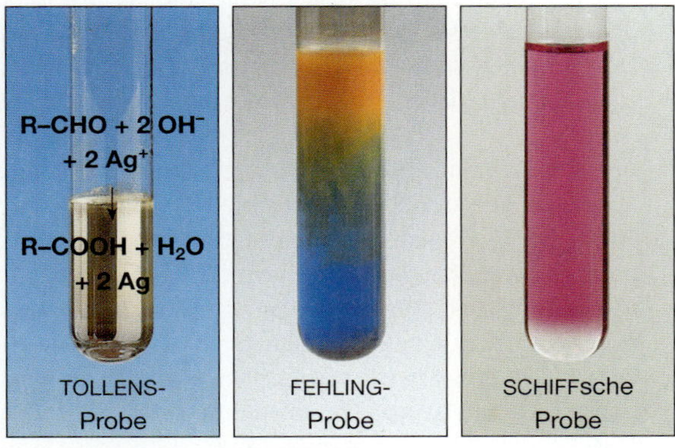

Nachweisreaktionen für Aldehyde

Exkurs Aldehyde – nützlich, aber nicht unproblematisch

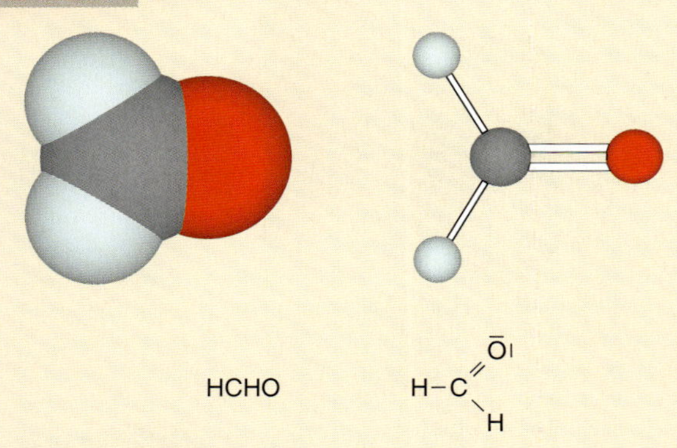

Das Formaldehyd-Molekül

Von den zahlreichen Aldehyden aus der *homologen Reihe der Alkanale* sind zwei Verbindungen von besonderer Bedeutung: **Acetaldehyd** und **Formaldehyd.** Acetaldehyd ist ein Zwischenprodukt des Stoffwechsels von Pflanzen, Tieren und Menschen. Als Nebenprodukt der alkoholischen Gärung ist Acetaldehyd in geringer Konzentration in allen alkoholischen Getränken enthalten. In größeren Mengen wirkt es giftig, es schädigt vor allem die Atemwege.
Das technisch in großem Maßstab produzierte Formaldehyd oder *Methanal* (HCHO) ist der einfachste Aldehyd. Beide Aldehyde sind Ausgangsstoffe für viele Synthesen.

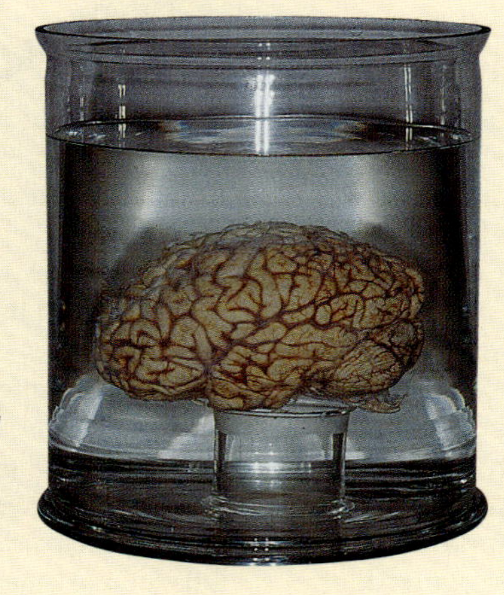

Verwendung von Formaldehyd. Formaldehyd ist ein farbloses, stechend riechendes Gas; es löst sich sehr leicht in Wasser. Im Labor wird daher meist mit *Formalin* gearbeitet, einer 37%igen wässerigen Lösung.

Zu den traditionsreichen Anwendungen gehörte die Konservierung anatomischer Präparate in Formalin. Formaldehyd stabilisiert die Zellstruktur und schützt das Präparat vor Befall durch Bakterien und Pilze. Da Formaldehyd giftig ist, werden anatomische Präparate heutzutage mit speziellen Kunststoffen ausgegossen.

Der Trockenbrennstoff *Esbit* ist das Reaktionsprodukt aus Formaldehyd und Ammoniak.
Früher wurde Formaldehyd in großem Ausmaß verwendet, um durch Reaktion mit Phenol *Bakelit,* den ersten vollsynthetischen Kunststoff, herzustellen. In Museen findet man noch die braunen Radiogehäuse oder Steckdosen aus Bakelit. Heute bestehen Steckdosen und Lichtschalter meist aus *Melaminen,* für deren Synthese ebenfalls Formaldehyd benötigt wird. Kunststoffe aus der Gruppe der Melaminharze werden auch für die Herstellung von Lacken verwendet. Außerdem dienen sie als Bindemittel bei der Produktion von Spanplatten.

Gesundheitsgefahren. Formaldehyd ist giftig und kann Allergien auslösen. Schon lange ist bekannt, dass Formaldehyd bereits in geringer Konzentration die Augen, die Atemwege und die Haut reizt. Menschen, die mit formaldehydhaltigen Desinfektionsmitteln arbeiten, erkranken häufig an Hautekzemen.

Vor einigen Jahren erhielt man durch Tierversuche Hinweise, Formaldehyd könne Krebs auslösen. Dabei wurden Ratten sehr hohen Konzentrationen an Formaldehyd ausgesetzt. Auf den Menschen kann man die dabei gefundenen Ergebnisse jedoch nicht ohne Weiteres übertragen: Bei den hohen Konzentrationen des stechend riechenden Gases wäre jeder längst geflüchtet.

Damit das gesundheitliche Risiko dennoch möglichst klein gehalten wird, gelten für die Verwendung von Formaldehyd strenge Auflagen.
Am Arbeitsplatz darf die Konzentration an Formaldehyd den Wert 0,5 ppm $(0{,}5\frac{cm^3}{m^3})$ nicht überschreiten, in Wohnräumen muss ein Grenzwert von 0,1 ppm eingehalten werden. Spanplatten, die man für den Bau von Möbeln und für den Innenausbau verwendet, dürfen deshalb nur sehr wenig freies, ungebundenes Formaldehyd enthalten, das an die Raumluft abgegeben werden könnte.

Die Raumluft wird aber auch durch Zigarettenrauch mit Formaldehyd belastet. Der zulässige Grenzwert von Formaldehyd wird bereits überschritten, wenn in einem normalen Raum drei Zigaretten geraucht werden.

1 Zeichne die Strukturformeln von Methanal und Ethanal.
2 Warum ist Methanal gut in Wasser löslich?
3 Wie viel Methanal darf höchstens in einem Wohnraum (5 m x 6 m x 2,5 m) freigesetzt werden?
4 Schneckenkorn enthält bis zu sechs Prozent Metaldehyd, eine Verbindung, deren Moleküle durch Reaktion von vier Acetaldehyd-Molekülen entstehen. Schlage die Strukturformel von Metaldehyd nach und stelle die Reaktionsgleichung für die Bildung von Metaldehyd auf.

19.2 Aceton – das einfachste Keton

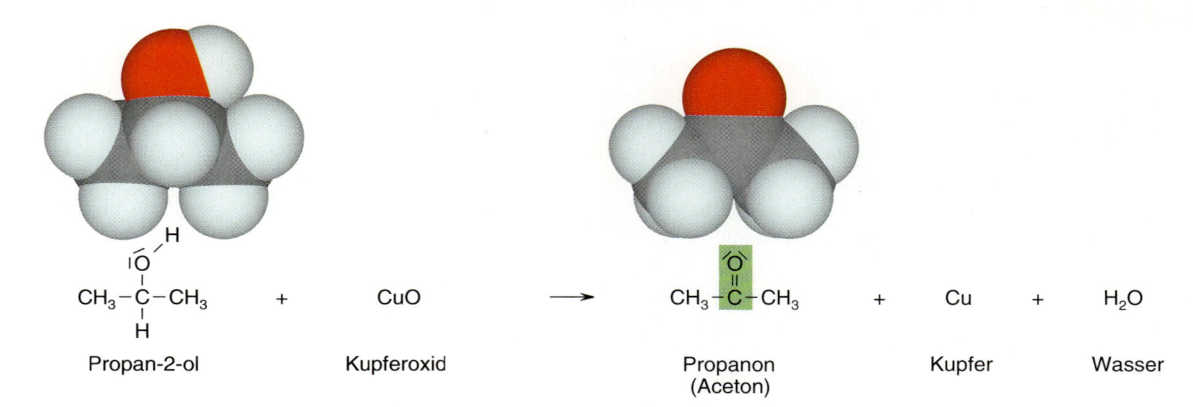

Ähnlich wie primäre Alkohole lassen sich auch sekundäre Alkohole durch Kupferoxid oxidieren. Aus Propan-2-ol erhält man dabei *Aceton,* eine Flüssigkeit aus der Stoffklasse der **Ketone.**

In der systematischen Benennung werden Ketone durch die Endsilbe **-on** gekennzeichnet. Ketone, die sich von den sekundären Alkanolen ableiten, heißen **Alkanone.** Aceton ist das erste Glied der homologen Reihe der Alkanone. Es hat den systematischen Namen *Propanon.*

Die funktionelle Gruppe der Ketone ist die **Keto-Gruppe.** Sie besteht aus einem C-Atom mit einem zweifach gebundenen Sauerstoff-Atom. Das C-Atom trägt zwei Alkyl-Reste:

$$R_1, R_2 \; C=O$$

Die TOLLENS-Probe und die FEHLING-Probe verlaufen bei den Ketonen negativ. Die Keto-Gruppe kann also nicht weiter oxidiert werden. Im Gegensatz zu Aldehyden wirken Ketone daher nicht reduzierend.

Verwendung. Aceton ist das wichtigste Keton. Es siedet bei 56 °C und ist ein sehr gutes Lösungsmittel sowohl für hydrophile als auch für hydrophobe Stoffe. So kann Aceton mit Wasser, Ethanol oder Alkanen beliebig gemischt werden. Im Alltag wird Aceton als Nagellackentferner und zum Enteisen von Türschlössern verwendet. In der Industrie dient es als Lösungsmittel für Lacke, Harze und Klebstoffe.

Carbonyl-Gruppe. Sowohl in Aldehyden als auch in Ketonen tritt die Carbonyl-Gruppe auf:

$$\overset{\delta+}{C}=\overset{\delta-}{O}$$

Das Kohlenstoff-Atom der Carbonyl-Gruppe wird als *Carbonyl-C-Atom* bezeichnet. In Aldehyden ist es mit einem Wasserstoff-Atom und einem Alkyl-Rest verbunden, in Ketonen dagegen mit zwei Alkyl-Resten.

Die Carbonyl-Gruppe ist wegen der hohen Elektronegativität des Sauerstoff-Atoms stark polar, sie bestimmt die Eigenschaften von Ketonen und Aldehyden.

Aufgrund der Polarität der Moleküle ergeben sich stärkere zwischenmolekulare Bindungen. Alkanale und Alkanone sieden daher um etwa 50 °C höher als Alkane mit ähnlich großen Molekülen. Ihre Siedetemperaturen sind jedoch wesentlich niedriger als die der entsprechenden Alkanole, denn zwischen Aldehyd-Molekülen oder Keton-Molekülen sind keine Wasserstoffbrückenbindungen möglich.

Mit Wasser-Molekülen können Carbonyl-Gruppen dagegen durchaus Wasserstoffbrückenbindungen ausbilden. Daher sind kurzkettige Aldehyde und Ketone gut in Wasser löslich.

Aceton ist das einfachste Keton. Die funktionelle Gruppe der Ketone ist die Keto-Gruppe. Die Keto-Gruppe ist eine Carbonyl-Gruppe, deren C-Atom mit zwei Alkyl-Resten verbunden ist. Ketone wirken nicht reduzierend.

1 Gib für die Reaktionsgleichung in der oberen Bildleiste an, welcher Stoff oxidiert und welcher reduziert wird.

2 Zeichne die Strukturformeln der folgenden Stoffe: Butan-1-ol, Butan-2-ol, 2-Methylpropan-2-ol.

a) Entscheide, ob eine Dehydrierung möglich ist.

b) Gib die Strukturformeln der Produkte an.

3 Ordne die folgenden Stoffe nach steigenden Siedetemperaturen: Butan-1-ol, Butanon, Butan. Begründe deine Entscheidung und überprüfe sie mit einem Tabellenbuch.

4 Pentan-3-on hat die Strukturformel $CH_3CH_2COCH_2CH_3$. Benenne analog $CH_3CH_2COCH_3$ und $CH_3COCH_2CH_2CH_3$.

5 Warum lässt sich Aceton gut mit Heptan und mit Wasser mischen?

6 Die Carbonyl-Gruppe ist stark polar.

a) Berechne den Elektronegativitätsunterschied (ΔEN).

b) Welche Folgen hat diese Polarität?

Theorie

Oxidationszahl und Redoxreaktionen

Zwei Theorien beschreiben, was man unter einer **Redoxreaktion** versteht. Die ältere der beiden Theorien bezeichnet eine Oxidation als *Sauerstoffaufnahme* und eine Reduktion als *Sauerstoffabgabe*. In der neueren Theorie wird eine Oxidation als *Elektronenabgabe* und eine Reduktion als *Elektronenaufnahme* definiert.
Aber auch die Dehydrierung von Alkoholen oder Alkanalen ist eine Oxidationsreaktion. Deshalb ist es notwendig, das Theoriegebäude so zu erweitern, dass alle Redoxreaktionen zu einer einheitlichen Redoxtheorie zusammengefasst werden können.

Oxidationszahl. Damit alle Redoxreaktionen als Elektronenübertragungsreaktionen beschrieben werden können, hat man die *Oxidationszahl* eingeführt. Sie gibt die Anzahl der Ladungen an, die eine Atomart in einer Verbindung erhält, wenn man sich vorstellt, die Verbindung sei aus Ionen aufgebaut. Für diese *formale* Überlegung ordnet man die bindenden Elektronenpaare vollständig dem Bindungspartner mit der größeren *Elektronegativität* zu. Die Oxidationszahlen für die einzelnen Atomarten werden als römische Zahlen über die Elementsymbole geschrieben.

Beispiel: Im Chlorwasserstoff-Molekül ordnet man dem elektronegativeren Chlor-Atom *formal* beide Bindungselektronen der H–Cl-Bindung zu. Dadurch erhöht sich die Zahl seiner Außenelektronen von sieben auf acht. Das Chlor-Atom im HCl-Molekül hat damit im Vergleich zu einem freien Chlor-Atom formal ein Elektron aufgenommen: Es wurde reduziert. Die Erhöhung der negativen Ladung wird durch die Oxidationszahl **–I** angezeigt.
Das Wasserstoff-Atom im HCl-Molekül hat entsprechend ein Elektron abgegeben: Es wurde also oxidiert. Die formale Abgabe des Elektrons wird durch die Oxidationszahl **I** angezeigt:

$\overset{\mathrm{I}}{\mathrm{H}}–\overset{\mathrm{-I}}{\mathrm{Cl}}$

Regeln. Die Oxidationszahlen in Verbindungen lassen sich mit den folgenden Regeln ermitteln:

1. Bindungselektronen zwischen gleichartigen Atomen werden gleichmäßig aufgeteilt. Elemente haben daher die Oxidationszahl Null. *Beispiele:*

$\overset{0}{\mathrm{Ar}}$ $\overset{0}{\mathrm{H}}–\overset{0}{\mathrm{H}}$ $\overset{0}{\mathrm{H_2}}$ $\overset{0}{\mathrm{O}}=\overset{0}{\mathrm{O}}$ $\overset{0}{\mathrm{O_2}}$ $\overset{0}{\mathrm{S_8}}$ $\overset{0}{\mathrm{C}}$ $\overset{0}{\mathrm{Fe}}$

2. In Verbindungen ist die Oxidationszahl von Metallen positiv. Bei Alkalimetallen ist sie immer I, bei Erdalkalimetallen II.
Wasserstoff: immer I (*Ausnahme:* Metallhydride)
Sauerstoff: immer –II (*Ausnahme:* Wasserstoffperoxid)

3. In einer polaren Elektronenpaarbindung werden die Bindungselektronen jeweils ganz dem elektronegativeren Atom zugeordnet.

$\overset{\mathrm{IV}}{\mathrm{C}}\overset{\mathrm{-II}}{\mathrm{O_2}}$ $\overset{\mathrm{I}}{\mathrm{H_2}}\overset{\mathrm{-II}}{\mathrm{O}}$ $\overset{\mathrm{-IV}}{\mathrm{C}}\overset{\mathrm{I}}{\mathrm{H_4}}$ $\overset{\mathrm{-II}}{\mathrm{C_2}}\overset{\mathrm{I}}{\mathrm{H_6}}\overset{\mathrm{-II}}{\mathrm{O}}$

Elektronegativitäten: O: 3,5; C: 2,5; H: 2,1

4. In neutralen Teilchen ist die Summe der Oxidationszahlen aller Atome gleich Null.
CO_2: $1 \cdot \mathrm{IV} + 2 \cdot (-\mathrm{II}) = 0$
H_2O: $2 \cdot \mathrm{I} + 1 \cdot (-\mathrm{II}) = 0$

5. In Ionen entspricht die Summe der Oxidationszahlen aller Atome der Ionenladung.
Beispiel Natriumsulfat:
Na^+: Oxidationszahl I; Ionenladung 1+
SO_4^{2-}: Oxidationszahlen: S VI; O –II;
Summe der Oxidationszahlen: $\mathrm{VI} + 4 \cdot (-\mathrm{II}) = -\mathrm{II}$;
Ionenladung: 2–.

Oxidationszahlen einzelner Atome. Eine pauschale Betrachtung der Kohlenstoff-Atome im Ethanol-Molekül ergibt die Oxidationszahl –II. Die beiden C-Atome sind jedoch mit unterschiedlichen Bindungspartnern verbunden. Eine Berechnung für jedes einzelne Kohlenstoff-Atom ergibt daher unterschiedliche Oxidationszahlen:

```
      +I  +I
      H   H
+I    |-III|-I  -II  +I
H  –  C  – C  – O  – H
      |    |
      H    H
      +I   +I
```

Elektronegativitäten: O: 3,5; C: 2,5; H: 2,1

linkes C-Atom:
C–C-Bindung: unpolar ⇒ 0
C–H-Bindung: C elektronegativer als H ⇒ $3 \cdot (-\mathrm{I})$
Oxidationszahl: $3 \cdot (-\mathrm{I}) = -\mathrm{III}$

rechtes C-Atom:
C–C-Bindung: unpolar ⇒ 0
C–H-Bindung: C elektronegativer als H ⇒ $2 \cdot (-\mathrm{I})$
C–O-Bindung: O elektronegativer als C ⇒ $1 \cdot \mathrm{I}$
Oxidationszahl: $2 \cdot (-\mathrm{I}) + 1 \cdot \mathrm{I} = -\mathrm{I}$

Der Mittelwert beider Oxidationszahlen (–II) stimmt mit dem Ergebnis der pauschalen Betrachtung der Molekülformel C_2H_6O überein.

Nomenklatur. Oxidationszahlen werden auch bei der Benennung von Verbindungen verwendet. *Beispiele:*

$\overset{\mathrm{I}}{\mathrm{Cu_2}}\overset{\mathrm{-II}}{\mathrm{O}}$: Kupfer(I)-oxid, lies „Kupfer-eins-oxid“.

$\overset{\mathrm{II}}{\mathrm{Cu}}\overset{\mathrm{-II}}{\mathrm{O}}$: Kupfer(II)-oxid, lies „Kupfer-zwei-oxid“.

Aufstellen von Redoxgleichungen. Alle Reaktionen, bei denen sich die Oxidationszahlen ändern, sind Redoxreaktionen.

Oxidation: Erhöhung der Oxidationszahl
Reduktion: Erniedrigung der Oxidationszahl

Bei der Bildung von Ionen entspricht die Oxidation einer *tatsächlichen Abgabe* von Elektronen und die Reduktion einer *tatsächlichen Aufnahme* von Elektronen.

Beispiel: Bildung von Natriumchlorid

Oxidation: $2\ \overset{0}{Na} \dashrightarrow 2\ \overset{I}{Na^+} + 2\ e^-$

Reduktion: $\overset{0}{Cl_2} + 2\ e^- \dashrightarrow 2\ \overset{-I}{Cl^-}$

Redoxreaktion: $2\ \overset{0}{Na} + \overset{0}{Cl_2} \longrightarrow 2\ \overset{I}{Na}\overset{-I}{Cl}$

Bei der Bildung einer Molekülverbindung entspricht die Oxidation nur *formal* einer Abgabe von Elektronen und die Reduktion nur *formal* einer Aufnahme von Elektronen. Auch die Redoxreaktionen *organischer Verbindungen* lassen sich mit Hilfe von Oxidationszahlen beschreiben.

Beispiel: Bildung von Aceton durch Oxidation von Propan-2-ol

Oxidation: $CH_3\overset{0}{C}HOHCH_3 \dashrightarrow CH_3\overset{II}{C}OCH_3 + 2\ H^+ + 2\ e^-$

Reduktion: $\overset{II}{Cu}\overset{-II}{O} + 2\ H^+ + 2\ e^- \dashrightarrow \overset{0}{Cu} + H_2\overset{-II}{O}$

Gesamtreaktion:

$CH_3CHOHCH_3 + CuO \longrightarrow CH_3COCH_3 + Cu + H_2O$

1 Nach welchen Regeln wurden die folgenden Oxidationszahlen ermittelt?

a) $\overset{0}{O_2}$; **b)** $\overset{I}{H}\overset{-I}{Cl}$; **c)** $\overset{-II}{C}\overset{I}{H_3}\overset{-II}{O}\overset{I}{H}$; **d)** $\overset{IV}{S}\overset{-II}{O_3}{}^{2-}$; **e)** $\overset{-III}{C}\overset{I}{H_3}\overset{I}{C}\overset{I}{H}\overset{-II}{O}$;
f) $\overset{I}{Na}\overset{V}{N}\overset{-II}{O_3}$; **g)** $\overset{-III}{C}\ \overset{I}{H_3}\ \overset{III}{C}\ \overset{-II}{O}\ \overset{-II}{O}\ \overset{I}{H}$

2 Gib für alle Atome die Oxidationszahlen an:
H_2O, NH_3, NaCl, O_2, CH_4, CH_3CH_2OH, FeS, Na_2CO_3, H_2SO_4, H_2O_2, CO_2

3 Ethanol wird mit Kupfer(II)-oxid zu Ethanal oxidiert. Formuliere die Reaktionsgleichung mit Oxidationszahlen.

4 Formaldehyd reagiert in der TOLLENS-Reaktion mit Ag^+-Ionen in alkalischer Lösung. Entwickle mit Hilfe der Teilgleichungen für die Oxidation und für die Reduktion die Gesamtgleichung der Reaktion.

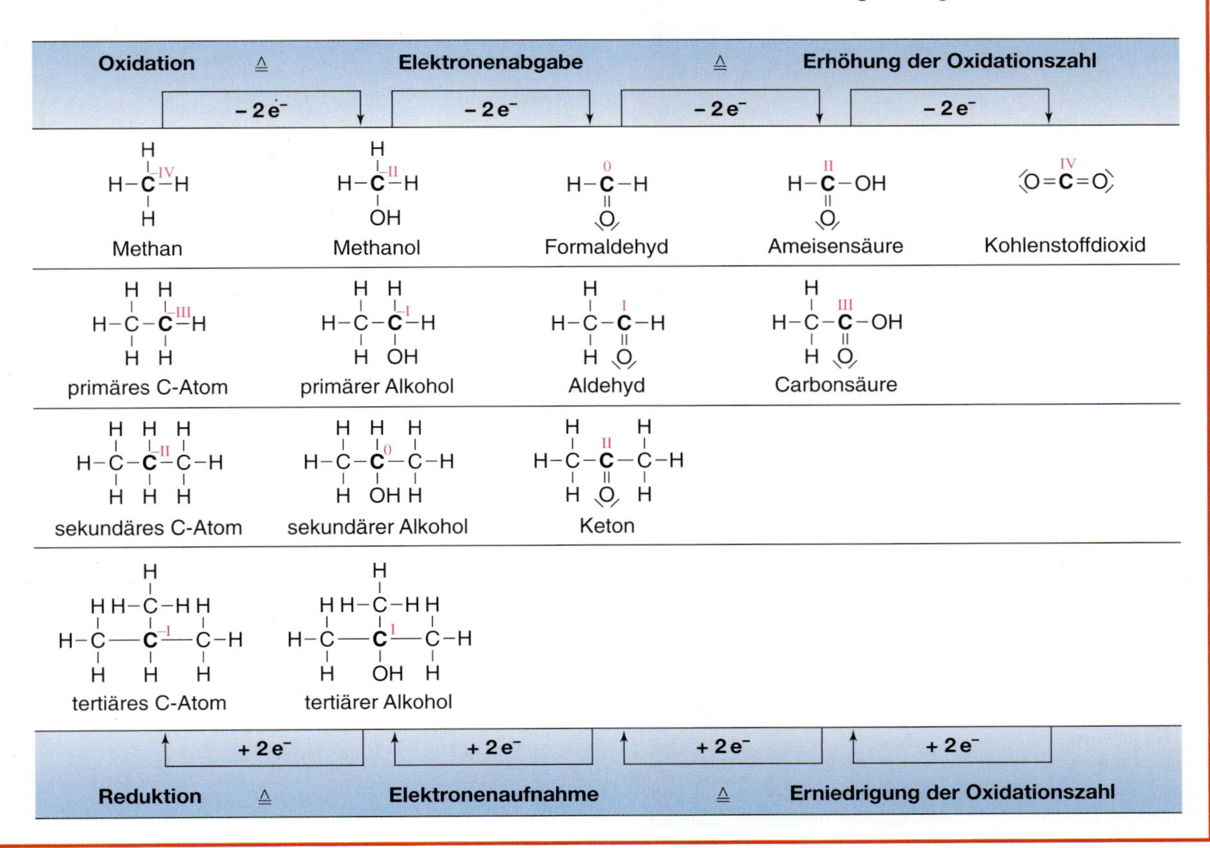

Praktikum

Oxidationsprodukte der Alkohole

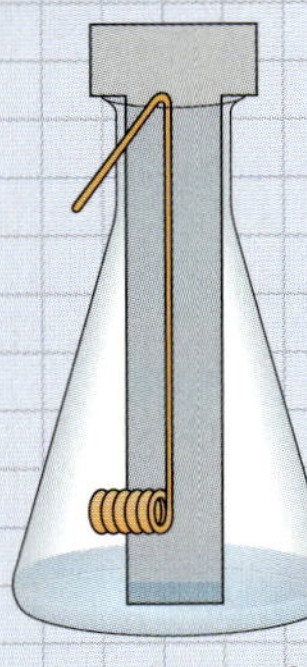

Man gibt etwas Ethanol in einen Erlenmeyerkolben und bringt ein T-förmiges Blech in das Gefäß, um es in zwei Räume zu teilen. Nun erwärmt man den Kolben und hängt eine glühende Kupferwendel in eine Hälfte des Kolbens. Es kommt zu einer Verpuffung des Ethanol/Luft-Gemisches.
In der anderen Hälfte des Kolbens strömt Luft nach. An der als Katalysator wirkenden Kupferwendel wird weiterer Ethanol-Dampf oxidiert. Die Wendel glüht aufgrund der frei werdenden Energie wieder auf und löst so eine erneute Verpuffung aus.

V1: Oxidation von Propanol

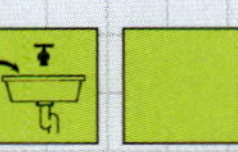

Materialien: Rundkolben (100 ml), Kupferdrahtnetz, Tiegelzange, Gasbrenner;
Propan-1-ol (F, Xi).

Durchführung:
1. Fülle etwas Propanol in den Rundkolben.
2. Oxidiere das Kupferdrahtnetz in der Flamme des Gasbrenners.
3. Tauche das heiße Netz in das Propanol.

Aufgaben:
a) Notiere deine Beobachtungen.
b) Formuliere die Reaktionsgleichung.

V2: Aldehyd-Nachweise

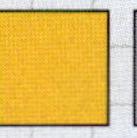

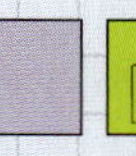
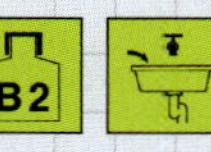

Materialien: Tropfpipetten, Wasserbad;
Propanal (F, Xi), Aceton (F, Xi), Silbernitrat-Lösung ($0,1 \frac{mol}{l}$), Ammoniak-Lösung (verd.), FEHLING-Lösung I, FEHLING-Lösung II (C), SCHIFF-Reagenz.

Durchführung:

TOLLENS-Probe:
1. Gib etwa 1 ml Silbernitrat-Lösung in ein *neues* Reagenzglas. Tropfe so lange Ammoniak-Lösung dazu, bis sich der entstehende Niederschlag gerade wieder auflöst.
2. Gib einige Tropfen Propanal hinzu. Erwärme im siedenden Wasserbad (B2).
3. Wiederhole das Experiment mit Aceton (B2).

FEHLING-Probe:
1. Mische je 1 ml FEHLING-Lösung I und FEHLING-Lösung II in einem Reagenzglas.
2. Gib einige Tropfen Propanal zu der Lösung und erwärme im siedenden Wasserbad (B2).
3. Wiederhole das Experiment mit Aceton (B2).

SCHIFFsche Probe:
1. Gib zu 1 ml SCHIFF-Reagenz einige Tropfen Propanal.
2. Wiederhole den Versuch mit Aceton.

Aufgaben:
a) Notiere deine Beobachtungen zu allen sechs Versuchen.
b) Formuliere eine Reaktionsgleichung für die TOLLENS-Probe mit Propanal.
c) Begründe deine Beobachtung bei der TOLLENS-Probe mit Aceton.

V3: Oxidation primärer, sekundärer und tertiärer Alkohole

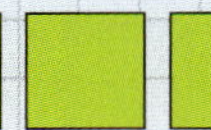

Materialien: Tropfpipetten;
Butan-1-ol (Xn), Butan-2-ol (Xi), 2-Methylpropan-2-ol (F, Xn), Kaliumpermanganat-Lösung (1 %; angesäuert mit verdünnter Schwefelsäure).

Durchführung:
1. Fülle jeweils etwa 1,5 ml von jedem Alkohol in ein Reagenzglas.
2. Gib je drei Tropfen Kaliumpermanganat-Lösung zu den Proben. Schüttle die Reagenzgläser erst nach einer kurzen Beobachtungsphase.
3. Tropfe nun in jedes Glas weitere zehn Tropfen der Lösung. Beobachte.
4. Gib zum Schluss noch 1 ml der Kaliumpermanganat-Lösung zu jeder Probe.

Aufgaben:
a) Stelle deine Versuchsergebnisse in einer Tabelle dar.
b) Zeichne die Strukturformeln der Alkohole auf.
c) Begründe das unterschiedliche Reaktionsverhalten mit Hilfe der Strukturformeln.
d) Das violette Kaliumpermanganat hat die Formel $KMnO_4$. Nach vollständiger Reaktion mit Butan-1-ol in saurer Lösung hat es zu Mn^{2+}-Ionen reagiert. Weshalb wird Kaliumpermanganat als *Oxidationsmittel* bezeichnet?

V4: Aldehyde im Zigarettenrauch

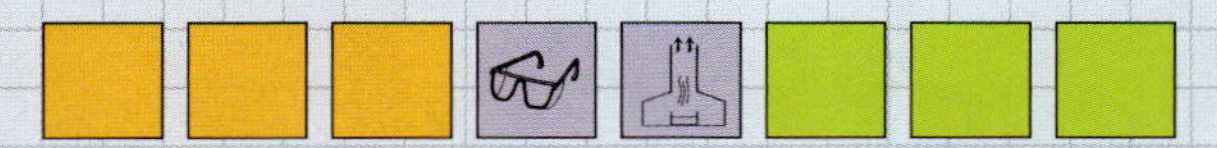

Materialien: Kolbenprober, Trockenrohr mit Kochsalzfüllung und durchbohrtem Stopfen, Schlauchstück, DC-Fertigfolie (Kieselgel), Zigarette (ohne Filter);
SCHIFF-Reagenz.

Durchführung:
1. Zünde die Zigarette an.
2. Stecke die Zigarette in den Stopfen des Trockenrohres und verbinde das Trockenrohr mit den Kolbenprober.
3. Ziehe den Rauch in den Kolbenprober.
4. Tauche die DC-Folie kurz etwa 1 cm tief in das SCHIFF-Reagenz und leite den Inhalt des Kolbenprobers über den nassen Teil der Folie.

Aufgaben:
a) Was beobachtest du?
b) Was kannst du aus deiner Beobachtung schließen?
c) Wie verändert sich die Kochsalzfüllung? Wodurch kommt die Änderung zu Stande?

V5: Oxidation von Ethanol zu Essigsäure

Materialien: Destillationsapparatur, Becherglas (250 ml), Erlenmeyerkolben (100 ml), Messzylinder (50 ml), Tropfpipette, Waage, Siedesteinchen, Universalindikator-Papier; Ethanol (F), Kaliumpermanganat (Xn, O, N), Schwefelsäure (konz.; C), SCHIFF-Reagenz, DC-Folie (Kieselgel), Eis.

Durchführung:
1. Baue die Destillationsapparatur auf.
2. Gib Eis und Wasser in das Becherglas und setze den Erlenmeyerkolben zur Kühlung in das Becherglas ein.
3. Mische im Erlenmeyerkolben vorsichtig 30 ml Wasser, 5 ml Ethanol und 10 ml Schwefelsäure.
4. Fülle etwas von dem Gemisch in ein Reagenzglas.
5. Gib eine Spatelspitze Kaliumpermanganat in das Reagenzglas. Tauche die DC-Folie in das SCHIFF-Reagenz und prüfe den Raum über der Lösung im Reagenzglas.
6. Gib das restliche Gemisch zusammen mit einigen Siedesteinchen in den Destillationskolben und füge portionsweise etwa 4 g Kaliumpermanganat hinzu.
7. Setze die Destillationsapparatur dicht zusammen, erhitze das Reaktionsgemisch und destilliere etwa 10 ml Flüssigkeit in die Vorlage. Prüfe das Produkt mit Universalindikator-Papier.

Aufgaben:
a) Notiere deine Beobachtungen.
b) Wozu dient die Voruntersuchung der Probe mit dem SCHIFF-Reagenz?
c) Vergleiche die gemessene Siedetemperatur der Essigsäure mit dem Literaturwert (118 °C) und erkläre die Abweichungen.

A1: a) Benenne die folgenden Stoffe:
CO_2, CH_3OH, CH_3COCH_3, HCHO, CuO, NaCl, CH_3CH_2OH, HCOOH, Na_2SO_4, C, CH_4, SO_2, Cu_2O, C_2H_6, SO_3, H_2.
b) Welche Verbindungen sind Ionenverbindungen? Gib jeweils die Kationen und die Anionen an.
c) Gib in allen Formeln die Oxidationszahlen an.
d) Ordne, wo möglich, die Stoffe in so genannten Oxidationsreihen an, aus denen ersichtlich wird, welche Stoffe durch Oxidation nacheinander entstehen.

A2: Formuliere die Reaktionsgleichung für die vollständige Verbrennung von Aceton. Gib die Oxidationszahlen an.

A3: Lange Zeit verwendete die Polizei bei Alkoholkontrollen ausschließlich eine chemische Testmethode. Der Verkehrsteilnehmer musste in ein Röhrchen blasen, das Kaliumdichromat und Schwefelsäure enthielt.

Alkohol in der Atemluft reduziert das Kaliumdichromat und die gelbe Farbe schlägt nach grün um. Dabei laufen die folgenden Teilreaktionen ab:

$CH_3CH_2OH\ (g) \dashrightarrow CH_3CHO\ (aq) + 2\ H^+\ (aq) + 2\ e^-$

$Cr_2O_7^{2-}\ (aq) + 14\ H^+\ (aq) + 6\ e^- \dashrightarrow 2\ Cr^{3+}\ (aq) + 7\ H_2O\ (l)$

a) Ordne den Teilreaktionen die Begriffe Oxidation und Reduktion zu und kombiniere die Teilgleichungen zur Gesamtgleichung.
b) Wie heißt das Oxidationsprodukt des Alkohols?
c) Stelle die Teilgleichungen für Oxidation und Reduktion bei der Reaktion zwischen Ethanol und Kupferoxid auf.

Exkurs

Wenn der Wein sauer wird

Schon im Altertum war bekannt, dass Wein in offenen Gefäßen nach einiger Zeit *sauer* wird und nach Essig riecht. An der Oberfläche bildet sich eine Schicht aus *Essigbakterien.* Ihre Enzyme katalysieren die Umwandlung des im Wein enthaltenen Alkohols in Essigsäure. Dabei reagiert Ethanol mit dem Sauerstoff der Luft zu Acetaldehyd, der weiter zu Essigsäure oxidiert wird. Der gesamte Vorgang wird als Essigsäuregärung bezeichnet. Im Gegensatz zur alkoholischen Gärung wird für die Essigsäuregärung Sauerstoff benötigt.

Verwendung. Essig wird schon seit mehr als 6000 Jahren zum Würzen von Speisen und zum Konservieren von Lebensmitteln genutzt. In Essig eingelegte Lebensmittel wie Gewürzgurken oder Bratheringe sind haltbar, weil Keime oder Bakterien in der sauren Lösung nicht lebensfähig sind.

Biotechnische Herstellung von Essigsäure. Moderne Anlagen bestehen aus großen Reaktionsgefäßen, in denen Luft in feinsten Bläschen in eine Lösung eingepresst wird, die etwa 5 % Alkohol enthält. Dabei löst sich Sauerstoff in der Flüssigkeit und kann so von den Essigbakterien für eine rasche Oxidation des Ethanols genutzt werden:

$$\underset{\text{Ethanol}}{CH_3{-}CH_2{-}OH} + O_2 \xrightarrow{\text{Essigsäuregärung}} \underset{\text{Essigsäure}}{CH_3{-}COOH} + H_2O$$

Durch die Lagerung in Holzfässern erhält der Essig dann oft eine gelbliche bis braune Färbung.

Handelsformen. *Haushaltsessig* ist eine wässerige Lösung von Essigsäure mit einem Massenanteil von etwa 5 %. In der „Verordnung über den Verkehr mit Essig und Essigsäure" ist festgelegt, dass bei Gärungsessig die Ausgangsprodukte und die Rohstoffe angegeben werden müssen: *Weinessig* wird aus Wein hergestellt, *Obstessig* meist aus Apfelwein. *Branntweinessig* gewinnt man aus Agraralkohol, der durch alkoholische Gärung von landwirtschaftlichen Produkten wie Getreide, Kartoffeln und Rückständen der Zuckerproduktion erzeugt wird. Durch Zusatz von Kräutern oder Kräuterauszügen erhält man *Kräuteressig.*
Synthetische Essigsäure kann man aus Ethanal (CH_3CHO) sowie aus Methanol (CH_3OH) und Kohlenstoffmonooxid herstellen. Sie wird als *Syntheseessig* oder in konzentrierter Form als Essigessenz angeboten. Essigessenz hat einen Essigsäuregehalt von bis zu 25 %.

1 Erkläre die Bedeutung der Essigsäurebakterien bei der Essigherstellung.

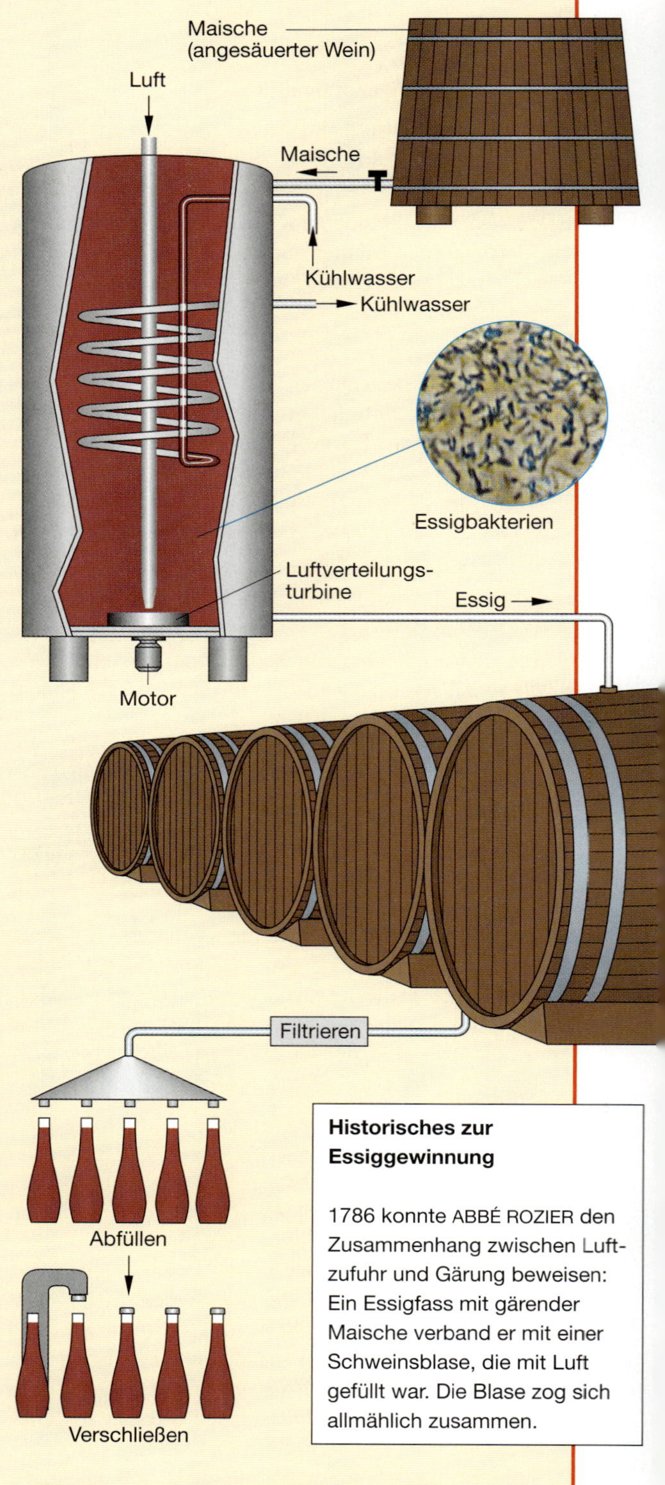

Historisches zur Essiggewinnung

1786 konnte ABBÉ ROZIER den Zusammenhang zwischen Luftzufuhr und Gärung beweisen: Ein Essigfass mit gärender Maische verband er mit einer Schweinsblase, die mit Luft gefüllt war. Die Blase zog sich allmählich zusammen.

2 Wie wird die Essigsäuregärung bei der biotechnischen Herstellung beschleunigt?

3 Erläutere, wie ABBÉ ROZIER nachwies, dass für die Essiggärung Luftzufuhr notwendig ist.

19.3 Essigsäure chemisch betrachtet

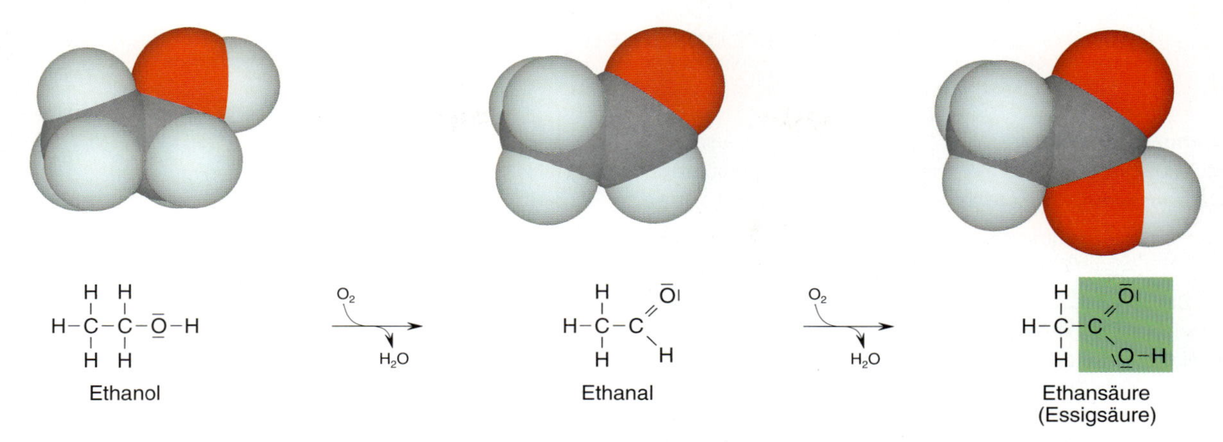

Essigsäure bildet sich bei der Oxidation von Ethanol oder von Ethanal. Durch die Reaktion entsteht eine neue funktionelle Gruppe, die *Carboxyl-Gruppe (COOH-Gruppe).* Man spricht allgemein von **Alkansäuren,** wenn diese Gruppe mit einem Alkyl-Rest verknüpft ist. Der systematische Name für Essigsäure ist daher Ethansäure.

Carboxyl-Gruppe. Die Carboxyl-Gruppe bestimmt weitgehend die Eigenschaften und das Reaktionsverhalten der Essigsäure. Sie ist stark polar und kann Wasserstoffbrückenbindungen ausbilden. Essigsäure löst sich daher gut im polaren Lösungsmittel Wasser. Der Einfluss der unpolaren Methyl-Gruppe auf die Eigenschaften der Essigsäure ist dagegen gering.

Reine Essigsäure ist eine wasserklare Flüssigkeit. Sie erstarrt schon bei 17 °C zu einer eisartigen Masse; man bezeichnet sie daher auch als **Eisessig.** Essigsäure riecht stechend. In konzentrierter Form ist sie eine aggressive, ätzende Substanz.

Die wässerige Lösung von Essigsäure verhält sich ganz ähnlich wie verdünnte Salzsäure:
- Universalindikator färbt sich rot.
- Die Lösung leitet den elektrischen Strom.
- Mit unedlen Metallen bildet sich Wasserstoff.
- Bei der Neutralisation mit alkalischen Lösungen erhält man eine Salzlösung.

Aus diesen Beobachtungen ergibt sich, dass Essigsäure mit Wasser unter Bildung einer sauren Lösung reagiert. Die O–H-Bindung in der Carboxyl-Gruppe ist stärker polar als die O–H-Bindung im Alkohol-Molekül. Daher gibt ein Teil der Essigsäure-Moleküle ein H^+-Ion aus der COOH-Gruppe ab. Wie bei anorganischen Säuren bilden sich dabei Wasserstoff-Ionen (H^+ (aq)). Als Säurerest-Ionen entstehen **Acetat-Ionen** (CH_3COO^-).

Essigsäure ist eine *schwache Säure:* In einer verdünnten Lösung wie im Haushaltsessig haben nur etwa 0,4 % der Essigsäure-Moleküle ein H^+-Ion abgegeben.
Bei der Neutralisation von Essigsäure mit Natronlauge entsteht eine Lösung von *Natriumacetat.* Beim Eindampfen der Lösung kristallisiert dieses Natriumsalz der Essigsäure aus.

$$CH_3COOH\ (aq) + Na^+\ (aq) + OH^-\ (aq) \xrightarrow{\text{Neutralisation}}$$
Essigsäure — Natronlauge

$$CH_3COO^-\ (aq) + Na^+\ (aq) + H_2O\ (l)$$
Acetat-Ion — Natrium-Ion — Wasser

> Essigsäure (CH_3–COOH) ist eine schwache Säure. Für die saure Wirkung ist die Carboxyl-Gruppe (COOH-Gruppe) verantwortlich. Die Salze der Essigsäure heißen Acetate.

1 Wovon leitet sich der Name Eisessig ab?
2 Warum reagiert Essigsäure sauer?
3 Was versteht man unter einer „schwachen Säure"?
4 Warum kann man selbst bei starker Verdünnung den Geruch der Essigsäure wahrnehmen?
5 Gib eine Reaktionsgleichung für die Bildung von Magnesiumacetat an.

Sapa: Der erste künstliche Süßstoff

Plinius (23–79 n.Chr.) beschrieb die Herstellung eines in der Antike verbreiteten Süßstoffes so: „Sauer gewordener Wein wird in Pfannen aus Blei eingedampft, bis Wasser und Alkohol entfernt sind."
Als man im 18. Jahrhundert diesen süßen, kristallinen Stoff als Bleiacetat identifiziert hatte, prägte man den Namen Bleizucker. Die Giftigkeit von Bleiacetat wird als ein Grund für die zunehmende Unfruchtbarkeit in der römischen Oberschicht in der Antike angesehen.

Chemie-Recherche

Location: http://www.schroedel.de/chemie_heute.html

Suche:

Essigsäure und verwandte Carbonsäuren

Ergebnisse:

Carbonsäuren
Moleküle mit einer oder mehreren Carboxyl-Gruppen bezeichnet man allgemein als **Carbonsäuren.** *Alkansäuren* leiten sich von Alkanen ab.

Trivialname (systematischer Name)	Strukturfomel	Schmelz-temperatur	Siede-temperatur	Stoff-klasse
Ameisensäure (Methansäure)	H–COOH	8 °C	101 °C	Alkan-säure
Essigsäure (Ethansäure)	CH_3–COOH	17 °C	118 °C	
Propionsäure (Propansäure)	C_2H_5–COOH	–21 °C	141 °C	
Buttersäure (Butansäure)	C_3H_7–COOH	–5 °C	163 °C	
Valeriansäure (Pentansäure)	C_4H_9–COOH	–34 °C	186 °C	
Benzoesäure	C_6H_5–COOH	122 °C	249 °C	aromatische Carbonsäure

Ameisensäure (HCOOH)
Ameisen, Brennnesseln und Quallen sondern bei Berührung die schmerzhaft brennende Ameisensäure ab. Sie ist die einfachste Carbonsäure, riecht stechend und reizt die Haut. Von den anderen Carbonsäuren unterscheidet sie sich dadurch, dass sie reduzierend wirkt und dabei selbst zu Kohlenstoffdioxid oxidiert wird.
Ameisensäure wird bei der Wollfärberei, zur Konservierung von Lebensmitteln und als Entkalker im Haushalt verwendet.
Im Labor benutzt man Ameisensäure, um Kohlenstoffmonooxid herzustellen:

$$HCOOH\ (l) \xrightarrow{H_2SO_4} CO\ (g) + H_2O\ (l)$$

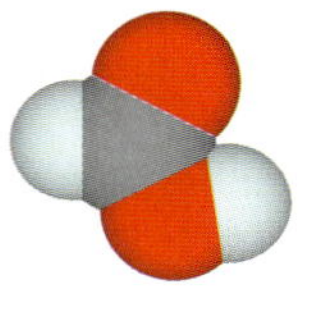

Essigsäure (CH_3COOH)
Der im Haushalt verwendete *Speiseessig* ist eine etwa 5%ige Lösung von Essigsäure. In der Industrie dient Essigsäure als wichtige Grundchemikalie zur Herstellung von Kunstseide, Arzneimitteln, Lösungsmitteln und Duftstoffen.
Als altes Hausmittel wird *Aluminiumacetat (essigsaure Tonerde)* für Umschläge genutzt. Es fördert die Wundheilung, da es desinfizierend und entzündungshemmend wirkt.

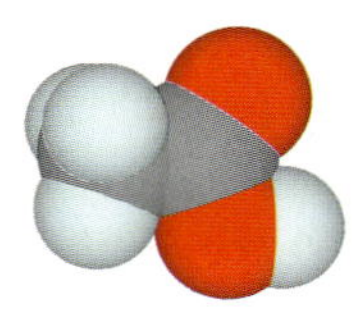

Propionsäure (C_2H_5COOH)
Propionsäure dient als Konservierungsmittel für Backwaren sowie zur Herstellung von Duftstoffen, Aromastoffen, Kunststoffen und Unkrautvertilgungsmitteln.

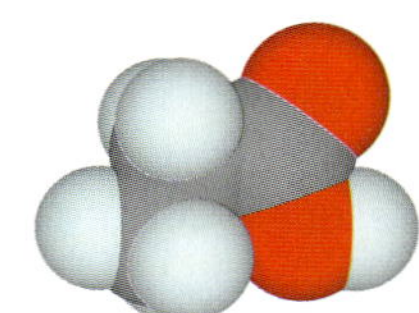

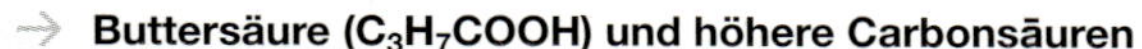

Buttersäure (C_3H_7COOH) und höhere Carbonsäuren
Buttersäure, Valeriansäure und Capronsäure (Hexansäure, $C_5H_{11}COOH$) haben einen unangenehmen Geruch. Sie kommen in ranziger Butter und im Schweiß vor. Längerkettige Carbonsäuren sind in *Fetten* chemisch an Glycerin gebunden. Sie werden daher auch als **Fettsäuren** bezeichnet. **Palmitinsäure** (Hexadecansäure, $C_{15}H_{31}COOH$) und **Stearinsäure** (Octadecansäure, $C_{17}H_{35}COOH$) werden zur Herstellung von Kerzen sowie von kosmetischen und pharmazeutischen Präparaten verwendet.

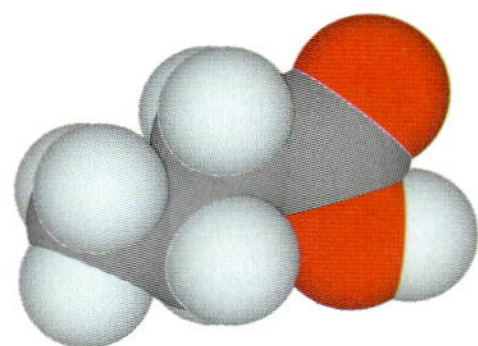
Buttersäure

Aufgaben

1 Wovon leitet sich der Name Ameisensäure ab?
2 Wenn du einen Bleistiftspitzer aus Magnesium in Essig legst, steigen kleine Gasbläschen auf und an der Oberfläche des Anspitzers scheidet sich ein weißes Salz ab. Gib die Reaktionsgleichung an. Wie heißt dieses Salz?
3 Was ist essigsaure Tonerde? Gib die Formel an.
4 Wenn man Ameisensäure zum Entkalken verwendet, setzt sofort eine starke Gasentwicklung ein. Formuliere die Reaktionsgleichung.
5 Gib die Strukturformeln von zwei isomeren Pentansäuren an.

19.4 Stoffeigenschaften und Molekülstruktur

Die Eigenschaften der Stoffe beruhen auf der Art und Struktur ihrer Teilchen. Das gilt auch für das Löslichkeitsverhalten, die Schmelztemperaturen und die Siedetemperaturen der Carbonsäuren.

Löslichkeit. Sowohl der unpolare Alkyl-Rest als auch die polare Carboxyl-Gruppe beeinflussen die Löslichkeit der Carbonsäuren. Der Alkyl-Rest wirkt wasserabstoßend oder *hydrophob,* die Carboxyl-Gruppe wirkt wasseranziehend oder *hydrophil.*

Ameisensäure, Essigsäure, Propionsäure und Buttersäure mischen sich in jedem Verhältnis mit Wasser. Pentansäure löst sich nur noch geringfügig und Hexansäure ist in Wasser nahezu unlöslich. Mit zunehmender Größe des Alkyl-Rests verliert also die hydrophile Carboxyl-Gruppe an Einfluss.

Alle Carbonsäuren lösen sich dagegen in unpolaren Lösungsmitteln wie Benzin oder Heptan: Zwischen den Carboxyl-Gruppen zweier Carbonsäure-Moleküle bilden sich dabei stabile Wasserstoffbrückenbindungen aus. Auf diese Weise entstehen Doppelmoleküle, die nach außen hin unpolar sind.

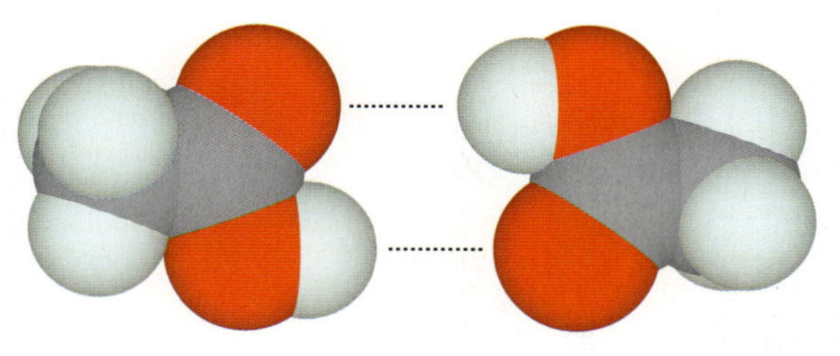

Schmelztemperaturen. Auch in den reinen Carbonsäuren liegen solche Doppelmoleküle vor. Zwischen den Alkyl-Resten benachbarter Doppelmoleküle bilden sich VAN-DER-WAALS-Bindungen aus.
Bei kleineren Molekülen sind diese Bindungen relativ schwach: Essigsäure ist daher bei Raumtemperatur flüssig. Die Stabilität der VAN-DER-WAALS-Bindungen nimmt aber mit der Anzahl der Kohlenstoff-Atome und der dadurch wachsenden Oberfläche der Moleküle zu. Carbonsäuren mit mehr als neun Kohlenstoff-Atomen wie Decansäure oder Stearinsäure sind daher bei Raumtemperatur fest.

Siedetemperaturen. Der Kohlenwasserstoff Butan (C_4H_{10}) siedet bei –0,5 °C. Essigsäure mit ähnlich großer Molekülmasse siedet dagegen erst bei 118 °C. Dies entspricht etwa der Siedetemperatur des Kohlenwasserstoffs Octan (C_8H_{18}; Siedetemperatur: 126 °C). Die hohe Siedetemperatur der Essigsäure weist darauf hin, dass auch in diesem Temperaturbereich noch Doppelmoleküle vorliegen.

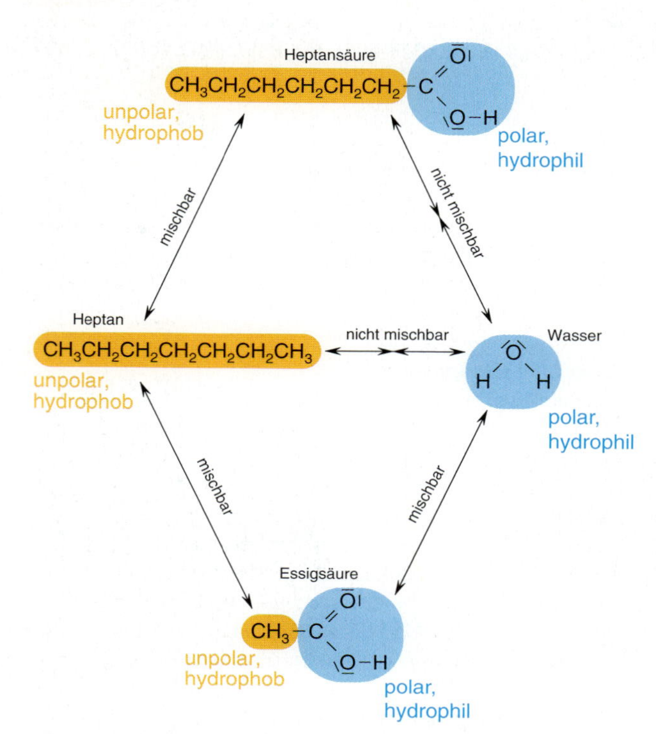

Einfluss der Molekülstruktur auf die Löslichkeit

Die Eigenschaften der Carbonsäuren werden durch die hydrophile Carboxyl-Gruppe und den hydrophoben Alkyl-Rest bestimmt. Mit zunehmender Kettenlänge nimmt der Einfluss des Alkyl-Rests zu. Im flüssigen Zustand und in unpolaren Lösungsmitteln liegen Carbonsäuren als Doppelmoleküle vor.

1 Durch welche Faktoren wird die Löslichkeit von Carbonsäuren bestimmt?
2 Gib den Inhalt des Schemas zur Löslichkeit mit eigenen Worten wieder. Welche Kernaussagen werden in dem Schema gemacht?
3 Begründe die vergleichsweise hohe Siedetemperatur der Essigsäure.
4 Weshalb ist die Schmelztemperatur von Hexadecan (18,2 °C) niedriger als die von Hexadecansäure (63 °C)?
5 Was beobachtet man, wenn Stearinsäure mit Wasser vermischt wird, das Universalindikator-Lösung enthält?
6 Stearinsäure und Propionsäure werden in Heptan gelöst. Die Lösung wird auf eine Wasseroberfläche gegossen.
a) Was lässt sich jeweils beobachten?
b) Wo werden sich die Stearinsäure-Moleküle anreichern?

Carbonsäuren mit mehreren funktionellen Gruppen

Ergebnisse:

Dicarbonsäuren und Hydroxycarbonsäuren

Carbonsäuren mit zwei oder mehr Carboxyl-Gruppen sind in der Natur weit verbreitet. Sie sind stärker sauer und schwerer flüchtig als die entsprechenden Carbonsäuren mit nur einer Carboxyl-Gruppe.

Carbonsäuren mit einer oder mehreren Hydroxyl-Gruppen bezeichnet man als *Hydroxycarbonsäuren.*

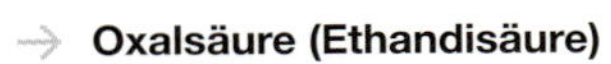

Oxalsäure (Ethandisäure)

Der saure Geschmack von Sauerampfer, Sauerklee und Rhabarber wird durch Oxalsäure hervorgerufen. Oxalsäure ist die einfachste Dicarbonsäure.

Aufgrund der stark polaren Carboxyl-Gruppen herrschen zwischen Oxalsäure-Molekülen starke zwischenmolekulare Kräfte. Oxalsäure ist daher ein kristalliner Feststoff, der sich gut in Wasser löst.

Oxalsäure und ihre Salze sind giftig. Schon 5 g können tödlich wirken: Oxalsäure stört den Calcium-Stoffwechsel, weil Oxalat-Ionen mit Calcium-Ionen ein schwer lösliches Salz bilden. Calciumoxalat ist auch für die Bildung von bestimmten Nierensteinen oder Blasensteinen verantwortlich.

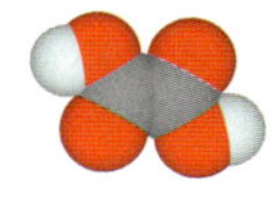

Malonsäure und weitere Dicarbonsäuren

Malonsäure (Propandisäure) ist ein Oxidationsprodukt der *Äpfelsäure* (Hydroxybernsteinsäure); daher leitet sich auch der Name ab (lat. *malum:* Apfel). Sie ist in der Natur wesentlich seltener als Oxalsäure.

Bernsteinsäure (Butandisäure) tritt als wichtiges Zwischenprodukt im Zellstoffwechsel auf. *Adipinsäure* (Hexandisäure) dient als Ausgangsstoff zur Herstellung von Nylonfasern.

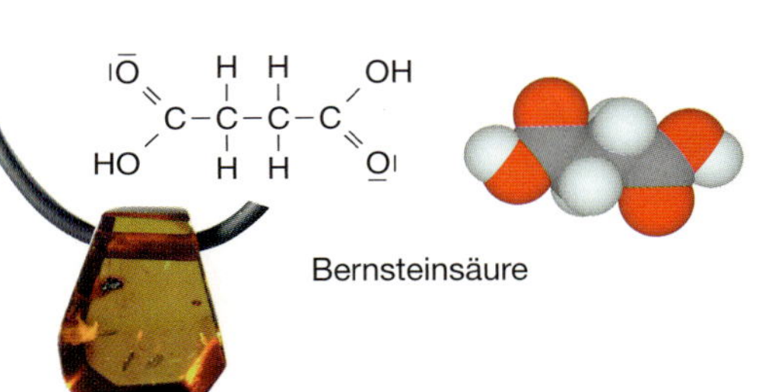

Bernsteinsäure

Milchsäure (2-Hydroxypropansäure)

Milchsäure entsteht beim bakteriellen Abbau von Milchzucker. Durch diese *Milchsäuregärung* wird die Milch sauer und gerinnt. Die Milchsäuregärung spielt auch eine wichtige Rolle bei der Zubereitung von Sauerkraut, Salzgurken und Silofutter. Auch beim enzymatischen Abbau von Glucose (Traubenzucker) im Stoffwechsel unserer Muskulatur kann sich Milchsäure bilden.

Weinsäure (2,3-Dihydroxybutandisäure)

Weinsäure ist eine Dicarbonsäure mit zwei Hydroxyl-Gruppen. Sie ist in vielen reifen Früchten enthalten, vor allem in Weintrauben. Ein schwer lösliches Salz der Weinsäure, das *Kaliumhydrogentartrat,* setzt sich in Weinfässern als Weinstein ab.

Zitronensäure (2-Hydroxypropan-1,2,3-tricarbonsäure)

Zitronensäure kommt nicht nur in Zitronen vor, sondern auch in vielen anderen Früchten wie Johannisbeeren oder Stachelbeeren. In der Lebensmittelindustrie wird Zitronensäure vielfältig als Säuerungsmittel verwendet. Sie ist auch in Backpulver und Brausepulver enthalten.

Aufgaben

1 Warum sollte man Rhabarber in größeren Mengen nicht roh, sondern nur gekocht essen?

2 Notiere die Formel von Kaliumhydrogentartrat.

3 0,9 g Oxalsäure werden in Wasser gelöst. Wie viele Milliliter Natronlauge ($1 \frac{mol}{l}$) werden benötigt, um diese Lösung zu neutralisieren?

Exkurs

Organische Säuren – Zusatzstoffe für Lebensmittel

Die meisten Lebensmittel verderben, wenn sie länger gelagert werden. Die in den Lebensmitteln enthaltenen Nährstoffe und Vitamine gehen dabei verloren. Dieser Abbau erfolgt durch Bakterien und Pilze oder durch Oxidationsprozesse, an denen der Sauerstoff der Luft beteiligt ist. Außerdem sind viele der von Bakterien und Pilzen gebildeten Stoffwechselprodukte für den Menschen giftig. So produzieren bestimmte Schimmelpilze Aflatoxine, die Krebs auslösen können. Das Botulinusbakterium erzeugt in unsachgemäß verarbeiteten und gelagerten Fleischkonserven ein tödliches Gift.
Seit Jahrhunderten werden Lebensmitteln daher Säuren zugesetzt, um sie haltbar zu machen. Säuren dienen in diesem Fall zur *Konservierung.* Häufig werden Säuren aber auch einfach nur als *Säuerungsmittel* eingesetzt, um den Geschmack zu verbessern. Solche Zusatzstoffe müssen auf der Verpackung angegeben werden. Häufig werden nur die entsprechenden **E-Nummern** aufgeführt. Die genauen Angaben zu den E-Nummern lassen sich in Broschüren von Verbraucherdiensten nachschlagen.

E-Nr.	Konservierungsstoff
200	Sorbinsäure
201	Na-Salz
202	K-Salz
203	Ca-Salz
210	Benzoesäure
300	Ascorbinsäure

E-Nr.	Säuerungsmittel
233	Weinsäure
236	Ameisensäure
260	Essigsäure
270	Milchsäure
300	Ascorbinsäure

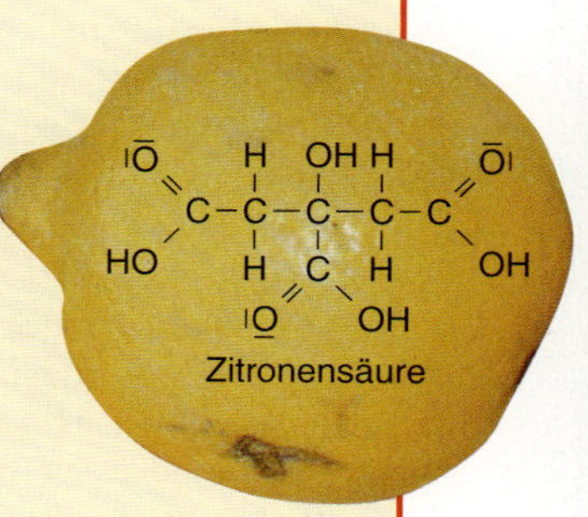

Konservierung. Ein wichtiger Konservierungsstoff ist *Sorbinsäure* (C_5H_7COOH), eine zweifach ungesättigte Carbonsäure. Sie verhindert die Bildung von Brotschimmel. Neben Essigsäure und Sorbinsäure wird auch *Benzoesäure* (C_6H_5COOH) als Konservierungsstoff verwendet. *Benzoesäure* wird häufig Fleischsalaten und Fischmarinaden zugesetzt.

Säuerung. Viele Getränke erscheinen uns erst dann richtig erfrischend, wenn sie säuerlich schmecken. Deshalb setzt man vielen Getränken *Zitronensäure, Weinsäure* oder *Äpfelsäure* zu.
Als feste Säure ist die Weinsäure Bestandteil von Brausepulver, das außerdem noch Natriumhydrogencarbonat enthält. Mit Wasser sprudelt das Pulver auf, weil die Säure mit Hydrogencarbonat-Ionen reagiert und Kohlenstoffdioxid freisetzt.

Hemmung der Oxidation. Apfelmus verfärbt sich schnell unansehnlich braun, wenn man es an der Luft stehen lässt. Ein Zusatz von *Ascorbinsäure* (Vitamin C) kann diese Reaktion verhindern. Auch Orangensaft behält mit Ascorbinsäure seine typische Farbe.
Ascorbinsäure ist *keine* Carbonsäure. Sie reagiert aber trotzdem sauer und wirkt stark reduzierend. Daher wird sie manchen Lebensmitteln als *Antioxidationsmittel* zugesetzt. Zusätzlich wird so der Vitamin-C-Bedarf des Menschen gedeckt.

1 Wird Wasser auf Brausepulver gegeben, setzt sofort eine heftige Gasentwicklung ein. Welche Reaktion läuft dabei ab? Notiere die Reaktionsgleichung.

2 Gib die Strukturformel der Sorbinsäure (*trans-trans*-Hexa-2,4-diensäure) an.

3 Welche Strukturformel hat Benzoesäure? Zeichne sie in dein Heft.

4 Ascorbinsäure wirkt reduzierend. Sie reagiert dabei zu Dehydroascorbinsäure.

$$\text{Ascorbinsäure} \longrightarrow \text{Dehydroascorbinsäure} + 2\,H^+ + 2\,e^-$$

Ascorbinsäure (Vitamin C) — Dehydroascorbinsäure

Zeichne die Strukturformeln ab und trage über den C-Atomen, an denen während der Reaktion Veränderungen stattfinden, die Oxidationszahlen ein. Erläutere die reduzierende Wirkung der Ascorbinsäure.

5 Warum träufelt man beim Zubereiten von Obstsalat Zitronensaft auf die Apfel- und Bananenstücke?

6 Mit welchen Methoden wurden bereits im Mittelalter Lebensmittel konserviert?

Praktikum Carbonsäuren

V1: Untersuchung von Essigsäure

    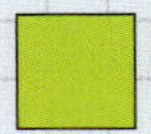  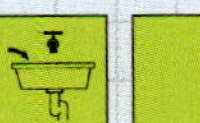

Materialien: Netzgerät, Leitfähigkeitsprüfer, Pipette (5 ml) mit Pipettierhilfe, Erlenmeyerkolben (50 ml), Bürette (25 ml), Porzellanschale, Gasbrenner, Dreifuß mit Drahtnetz; Universalindikator-Papier, Essigsäure (verd.), Magnesiumpulver (F), Natronlauge ($1 \frac{mol}{l}$; C), Phenolphthalein-Lösung (F).

Durchführung:
1. Prüfe vorsichtig den Geruch der Essigsäure.
2. Ermittle den pH-Wert mit Universalindikator-Papier.
3. Untersuche die elektrische Leitfähigkeit.
4. Gib zu 5 ml Essigsäure eine Spatelspitze Magnesiumpulver, fange das entstehende Gas auf und führe die Knallgasprobe durch. Dampfe die Lösung anschließend in der Porzellanschale vorsichtig ein.
5. Gib 5 ml Essigsäure, etwa 10 ml Wasser und einige Tropfen Phenolphthalein in den Erlenmeyerkolben. Titriere die Lösung mit Natronlauge bis zur bleibenden Rosafärbung.
6. Neutralisiere 5 ml Essigsäure in der Porzellanschale mit *der* Menge an Natronlauge, die bei der Titration verbraucht wurde. Dampfe die Lösung anschließend vorsichtig ein.

Aufgaben:
a) Welchen pH-Wert hat die Essigsäure? Formuliere die Reaktionsgleichung für die Reaktion von Essigsäure mit Wasser. Welche Teilchen liegen in der wässerigen Lösung vor?
b) Formuliere die Reaktionsgleichung für die Reaktion von Essigsäure mit Magnesium.
c) Formuliere die Reaktionsgleichung für die Neutralisation von Essigsäure mit Natronlauge und benenne die Reaktionsprodukte.

Experimentelle Hausaufgabe:

1. Suche in der Küche nach Stoffen, die zur Konservierung von Lebensmitteln geeignet erscheinen.
2. Entwickle eine Versuchsreihe, mit der sich die Wirkung der gewählten Konservierungsmittel prüfen lässt.
3. Protokolliere die Ergebnisse und vergleiche die konservierende Wirkung der verschiedenen Stoffe.

V2: Essigsäure in Essig

 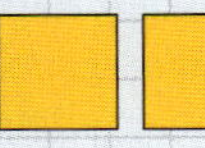 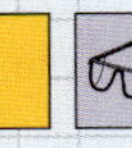 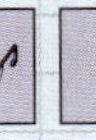 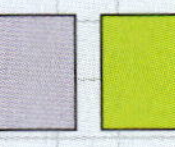  

Materialien: Vollpipetten (10 ml und 20 ml), Pipettierhilfe, Messkolben (100 ml), Becherglas (100 ml), Erlenmeyerkolben (200 ml, weit), Bürette;
Natronlauge ($0{,}1 \frac{mol}{l}$), Essig, Phenolphthalein-Lösung (F).

Durchführung:
1. Gib 10 ml Speiseessig in den Messkolben, fülle mit Wasser bis zur Marke auf und vermische den Inhalt.
2. Entnimm aus dem Messkolben 20 ml der Lösung und fülle die Probe in den Erlenmeyerkolben.
3. Gib drei Tropfen Phenolphthalein-Lösung zu der Probe.
4. Fülle die Bürette mit Natronlauge und titriere die Probe bis zum Farbumschlag.

Aufgaben:
a) Berechne die Stoffmengenkonzentration der Essigsäure in Essig nach der folgenden Gleichung:

$$c\,(CH_3COOH) = \frac{c\,(NaOH) \cdot V\,(\text{Natronlauge})}{V\,(\text{Essig})}$$

b) Auf dem Etikett einer Essigflasche ist der Säuregehalt in Prozent angegeben. Berechne aus deinem Ergebnis den Massenanteil der Essigsäure im Essig in Prozent.
Hinweis: Speiseessig hat etwa die Dichte $\varrho = 1 \frac{g}{cm^3}$.

V3: Bestimmung des Säuregehalts von Jogurt

Materialien: Erlenmeyerkolben (200 ml, weit), Bürette, Waage, Löffel;
Magermilch-Jogurt, Natronlauge ($0{,}1 \frac{mol}{l}$), Phenolphthalein-Lösung (F).

Durchführung:
1. Gib etwa 50 ml Wasser in den Erlenmeyerkolben und rühre 20 g Jogurt ein. Gib einige Tropfen Indikator-Lösung zu.
2. Befestige die Bürette an einem Stativ, fülle sie mit der Natronlauge-Maßlösung und titriere die Jogurt-Probe, bis die Mischung rosa gefärbt bleibt.

Aufgaben:
a) Welche Stoffmenge an OH^--Ionen wird benötigt?
b) Welche Stoffmenge an Säure ist demnach in 100 g Jogurt enthalten?
c) Welchem Massenanteil an Milchsäure ($CH_3–CHOH–COOH$) entspricht dieser Säuregehalt?

Aromatische Sauerstoff-Verbindungen

Ergebnisse:

Aromatische Sauerstoff-Verbindungen

Die Moleküle von Alkoholen, Aldehyden, Ketonen und Carbonsäuren können auch einen Benzol-Ring enthalten. In diesen aromatischen Sauerstoff-Verbindungen bestimmen sowohl der Benzol-Ring als auch die funktionelle Gruppe das Reaktionsverhalten. Die einfachsten aromatischen Sauerstoff-Verbindungen sind Phenol, Benzylalkohol, Benzaldehyd und Benzoesäure.

Phenol (Hydroxybenzol)

Molekülformel: C_6H_5OH

Eigenschaften: Phenol bildet farblose Nadeln mit typischem Geruch. Es ist giftig und wirkt ätzend.

In Wasser ist es nur wenig löslich. Die wässerige Lösung (Carbolsäure) reagiert schwach sauer: Durch die Wechselwirkung von Benzol-Ring und funktioneller Gruppe verhält sich Phenol wie eine Säure und nicht wie ein Alkohol.

Verwendung: Phenol ist ein wichtiger Ausgangsstoff für die Herstellung von Farbstoffen, Arzneimitteln, Insektiziden, Sprengstoffen und Kunststoffen (Phenoplaste).

Geschichte des Phenols: Ende des 19. Jahrhunderts war es nicht ungefährlich, sich im Krankenhaus einer Operation zu unterziehen. Weniger die Operation selbst, sondern die sich oft anschließende Wundinfektion war die eigentliche Gefahr. Nachdem PASTEUR Bakterien als Verursacher der Infektionen gefunden hatte, wurde Phenol als Desinfektionsmittel eingesetzt.

Da Phenol gesundheitsschädlich ist, wird es heute nicht mehr zur Desinfektion verwendet.

Benzylalkohol ($C_6H_5–CH_2OH$)

Benzylalkohol ist eine farblose, ölige Flüssigkeit, die zu etwa 6 % im Jasminblütenöl enthalten ist. Er riecht angenehm und wird wegen ihrer antiseptischen Wirkung in Medizin und Kosmetik verwendet. Benzylalkohol wird an der Luft langsam zu Benzaldehyd oxidiert.

Benzaldehyd ($C_6H_5–CHO$)

Benzaldehyd ist eine farblose, stark lichtbrechende Flüssigkeit, die nach bitteren Mandeln riecht. Er wird als Ersatz für das teure natürliche Bittermandelöl in der Lebensmittelindustrie verwendet. Bittermandelöl ist eine Verbindung aus Glucose, Blausäure und Benzaldehyd. An der Luft wird Benzaldehyd zu Benzoesäure oxidiert.

Benzoesäure ($C_6H_5–COOH$)

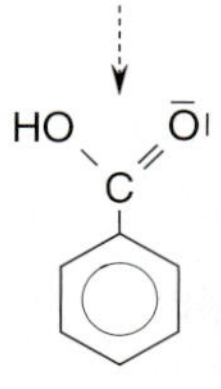

Benzoesäure bildet farblose glänzende Nadeln, die sich in heißem Wasser lösen.

In der Natur kommt Benzoesäure in vielen tropischen Harzen und in vielen Beeren vor. Benzoesäure hemmt das Wachstum von Mikroorganismen, sie wird daher als Konservierungsstoff für Lebensmittel und zum Frischhalten von Tabak und Seifen verwendet.

Aufgabe

1 Formuliere die Reaktionsgleichungen für die Oxidationen von Benzylalkohol mit Sauerstoff zu Benzaldehyd und zu Benzoesäure.

19.5 Ester – Produkte aus Alkoholen und Säuren

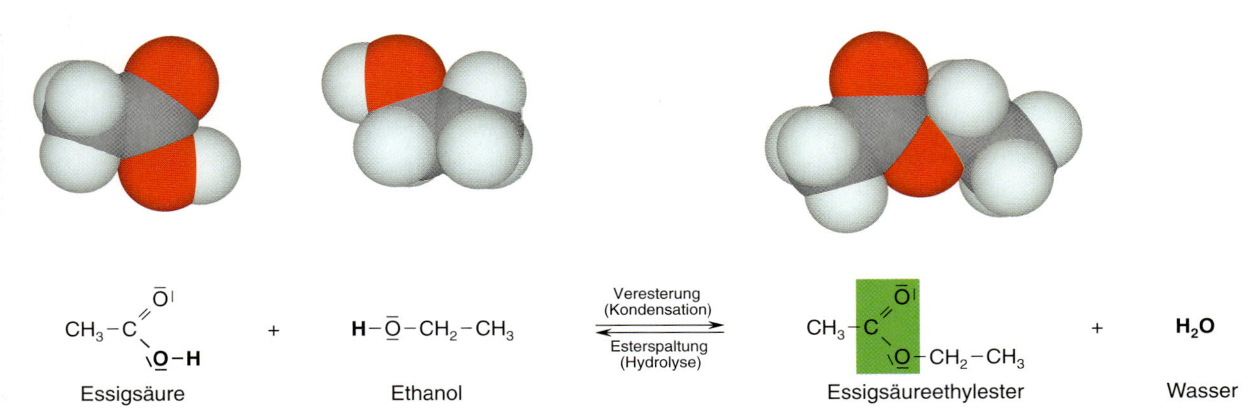

Ein Gemisch aus Essigsäure und Ethanol riecht zunächst stechend nach Essigsäure, aber schon am nächsten Tag kommt der Geruch von Klebstoff hinzu. Ein neuer Stoff ist entstanden: ein **Ester.**
Die Reaktion zwischen einer Carbonsäure und einem Alkohol nennt man **Veresterung.** Den Namen des Esters bildet man aus dem Namen der Säure und dem Namen des Alkyl-Restes des Alkohols. Die Endung lautet auf **-ester:** Aus Essigsäure und Ethanol entsteht *Essigsäureethylester* (Ethansäureethylester).

Die Formel von Essigsäureethylester lautet $CH_3COOCH_2CH_3$. Daraus lässt sich die allgemeine Formel für Carbonsäureester ableiten: $\mathbf{R_1COOR_2}$. Die funktionelle Gruppe der Carbonsäureester ist die **Ester-Gruppe: –COOR.**

Die Veresterung gehört zu einem Reaktionstyp, der in der organischen Chemie häufiger vorkommt: Zwei Moleküle verbinden sich und gleichzeitig wird dabei ein kleineres Molekül abgespalten. Man bezeichnet diesen Reaktionstyp als *Kondensation.* Bei der Veresterung bildet sich als Nebenprodukt Wasser. Deshalb wird häufig Schwefelsäure zugesetzt, die das Wasser bindet und gleichzeitig als Katalysator wirkt. Die Veresterung lässt sich umkehren. Diesen Vorgang der **Esterspaltung** bezeichnet man auch als *Hydrolyse.* Zur Esterspaltung benutzt man oft Natronlauge.

Ester aus kurzkettigen Carbonsäuren und kurzkettigen Alkoholen sind farblose, flüchtige Flüssigkeiten mit erfrischendem Geruch. Viele von ihnen kommen in Früchten vor. Solche Ester werden daher als *Aromastoffe* verwendet. *Wachse* sind Ester langkettiger Carbonsäuren und langkettiger Alkohole.
Die wichtigsten natürlichen Ester sind die *Fette.* Dabei handelt es sich um Ester aus längerkettigen Carbonsäuren, den sogenannten *Fettsäuren,* und Glycerin, einem dreiwertigen Alkohol.

Ester sind Reaktionsprodukte von Säuren und Alkoholen. Ihre funktionelle Gruppe ist die Ester-Gruppe (–COOR). Viele Ester riechen erfrischend und werden als Aromastoffe eingesetzt.

1 Wie heißt der Ester, der aus Propansäure und Methanol entsteht? Gib die Strukturfomel an.
2 Formuliere die Reaktionsgleichung für die Synthese des Ananasesters. Markiere die Ester-Gruppe und benenne die Verbindung.
3 Ester-Moleküle sind erheblich größer als die Moleküle der Ausgangstoffe.
Weshalb haben Ester trotzdem niedrigere Siedetemperaturen als die jeweiligen Ausgangsstoffe?
4 Warum lösen sich Ester besser in Heptan als in Wasser?

Säure	Alkohol	Ester
CH_3COOH Ethansäure	$HOCH_2CH_3$ Ethanol	$CH_3COOCH_2CH_3$ Ethansäure-ethylester
CH_3COOH Ethansäure	$HOCH_2C_4H_9$ Pentan-1-ol	$CH_3COOCH_2C_4H_9$ Ethansäure-pentylester
C_3H_7COOH Butansäure	$HOCH_3$ Methanol	$C_3H_7COOCH_3$ Butansäure-methylester
C_3H_7COOH Butansäure	$HOCH_2CH_3$ Ethanol	$C_3H_7COOCH_2CH_3$ Butansäure-ethylester
C_3H_7COOH Butansäure	$HOCH_2C_4H_9$ Pentan-1-ol	$C_3H_7COOCH_2C_4H_9$ Butansäure-pentylester
C_4H_9COOH Pentansäure	$HOCH_2C_4H_9$ Pentan-1-ol	$C_4H_9COOCH_2C_4H_9$ Pentansäure-pentylester

Ester

V1: Synthese von Essigsäureethylester (F, Xi)

     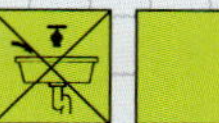 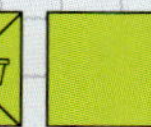 

Materialien: Destillationsapparatur, Messzylinder (10 ml), Erlenmeyerkolben (100 ml), Tropfpipette, Siedesteinchen, Becherglas (50 ml);
Essigsäure (C), Ethanol (Spiritus; F), Schwefelsäure (konz.; C), Heptan (F, Xn, N).

Durchführung:

1. Mische im Erlenmeyerkolben vorsichtig unter Kühlung 10 ml Essigsäure, 10 ml Ethanol und etwa 2 ml konzentrierte Schwefelsäure.
2. Gib das Gemisch in den Destillationskolben und füge einige Siedesteinchen hinzu.
3. Baue die Destillationsapparatur auf und destilliere etwa 5 ml Flüssigkeit in die wassergekühlte Vorlage. Beobachte dabei den Temperaturverlauf.
4. Gieße das Destillat in ein Becherglas mit Wasser, prüfe vorsichtig den Geruch und füge dann etwas Heptan hinzu.

Aufgaben:

a) Notiere deine Beobachtungen.
b) Formuliere die Reaktionsgleichung.
c) Vergleiche die gemessene Siedetemperatur des Essigsäureethylesters mit dem Literaturwert von 77 °C und erkläre eventuelle Abweichungen.
d) Begründe das Löslichkeitsverhalten des Esters.

V2: Hydrolyse von Essigsäureethylester

  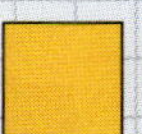  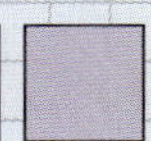 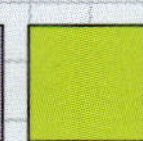 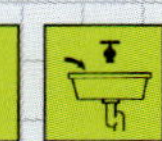

Materialien: Messzylinder (50 ml), Erlenmeyerkolben (300 ml), Pipette (10 ml) mit Pipettierhilfe, Heizplatte;
Essigsäureethylester (F, Xi), Natronlauge (0,1 $\frac{mol}{l}$), Universalindikator-Lösung.

Durchführung:

1. Mische im Erlenmeyerkolben 20 ml Wasser, 5 ml Essigsäureethylester und 8 ml Natronlauge und füge einige Tropfen der Universalindikator-Lösung hinzu.
2. Erwärme das Gemisch einige Zeit auf der Heizplatte.

Aufgaben:

a) Prüfe vorsichtig den Geruch und notiere deine Beobachtungen.
b) Formuliere die Reaktionsgleichung für die Esterspaltung.
c) Warum nennt man diese Reaktion alkalische *Verseifung?*

V3: Synthese von Aromastoffen

    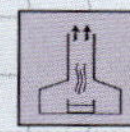  

Materialien: Tropfpipetten, Bechergläser (100 ml);
Methansäure (C), Ethansäure (C), Butansäure (C), Methanol (T, F), Ethanol (F), 2-Methylpropan-1-ol (F, Xn), Pentan-1-ol (Xn), Schwefelsäure (konz.; C).

Durchführung:

1. Mische in einem Reagenzglas jeweils 3 ml Alkansäure mit der gleichen Menge Alkanol. Folgende Kombinationen sind sinnvoll: Methansäure/Ethanol, Ethansäure/2-Methylpropan-1-ol, Ethansäure/Pentan-1-ol, Butansäure/Methanol und Butansäure/Ethanol.
2. Füge anschließend vorsichtig jeweils etwa 1 ml konzentrierte Schwefelsäure hinzu.
3. Verschließe die Gläser mit einem Stopfen und lasse sie mindestens eine Stunde stehen.
4. Gieße dann jede Mischung in ein halb voll mit Wasser gefülltes Becherglas und prüfe vorsichtig den Geruch.

Aufgaben:

a) Wonach riechen die verschiedenen Ester?
b) Formuliere die Reaktionsgleichungen für die Bildung der verschiedenen Ester.

Bio-Diesel – ein Produkt aus nachwachsenden Rohstoffen

Ein Teil der Treibstoffe, die aus Erdöl hergestellt werden, kann durch landwirtschaftliche Produkte ersetzt werden. Eine Möglichkeit ist die Verwendung von modifiziertem Rapsöl. Rapsöl ist ein Fett, also ein Ester aus längerkettigen Carbonsäuren und Glycerin. Als Kraftstoff kann jedoch nur der *Methylester* der Fettsäuren verwendet werden. Deshalb wird Rapsöl mit Methanol zu Rapsölmethylester umgesetzt.
Zurzeit wird dieser Bio-Diesel etwa zum gleichen Preis wie herkömmlicher Dieselkraftstoff verkauft, obwohl seine Produktionskosten erheblich größer sind. Dies ist nur möglich, weil er von der Mineralölsteuer befreit ist.
Für die Verwendung von Bio-Diesel spricht, dass er aus einem nachwachsenden Rohstoff gewonnen wird. Er ist biologisch gut abbaubar, falls er versehentlich in das Erdreich oder in Gewässer gelangt. Der Anbau von Raps und die Verarbeitung zu einem motorentauglichen Öl ist jedoch mit einem hohen Energieeinsatz verbunden.

Prüfe dein Wissen

Quiz

A1 a) Erkläre die Begriffe des Fensters.
b) Notiere auf der Vorderseite von Karteikarten den Begriff, auf der Rückseite die Erklärung.

A2 Wie heißt die Carbonsäure, die man aus Propanol herstellen kann?

A3 Justus von LIEBIG benannte eine Verbindung „alcoholus dehydrogenatus“. Wie heißt der moderne, systematische Name?

A4 Stelle die Reaktionsgleichung für die Bildung von Butanon aus Butanol auf.

A5 Methansäure löst sich sehr gut in Wasser, Pentansäure dagegen nicht. Woran liegt das?

A6 Gib die Strukturformel und den Namen der einfachsten Dicarbonsäure an.

A7 a) Gib die Strukturformel von Butansäurebutylester an.
b) Formuliere die Reaktionsgleichung für die Bildung des Esters und für die Hydrolyse.

Know-how

A8 Versucht man eine glasklare Kunststoffscheibe mit Aceton zu reinigen, so wird sie matt. Wie lässt sich das erklären?

A9 Propansäure und Propanol werden in einem Becherglas im Volumenverhältnis eins zu eins gemischt und dann mit einigen Tropfen Schwefelsäure versetzt. Nach einigen Tagen wird der Inhalt des Becherglases mit Salzwasser gemischt und geschüttelt. Nach kurzer Zeit trennt sich die Flüssigkeit in eine Oberphase und Unterphase auf.
a) Woraus besteht die Oberphase?
b) Gib die Reaktionsgleichung für die Bildung des Stoffes der Oberphase an.

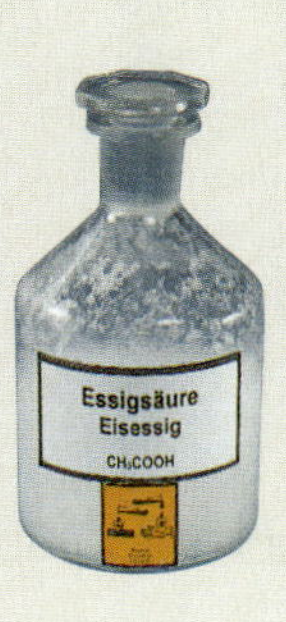

A10 Eisessig schmilzt erst bei 17 °C. Weshalb hat Eisessig eine so hohe Schmelztemperatur?

A11 Warum reagiert Ethansäure im Gegensatz zu Ethanol als Säure?

A12 Welche Oxidationszahlen kannst du den einzelnen Atomen des Essigsäure-Moleküls zuordnen?

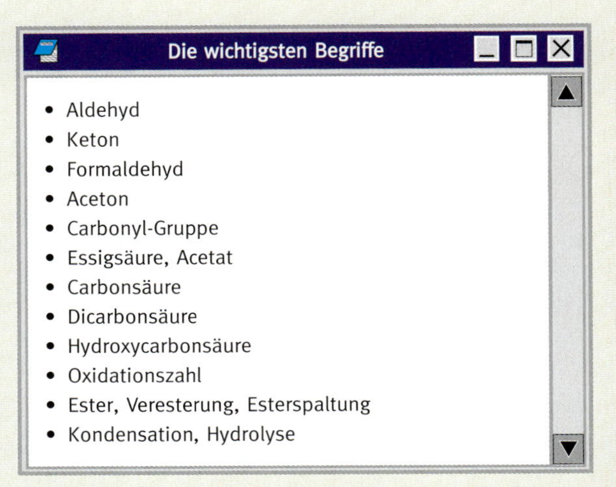
Die wichtigsten Begriffe

- Aldehyd
- Keton
- Formaldehyd
- Aceton
- Carbonyl-Gruppe
- Essigsäure, Acetat
- Carbonsäure
- Dicarbonsäure
- Hydroxycarbonsäure
- Oxidationszahl
- Ester, Veresterung, Esterspaltung
- Kondensation, Hydrolyse

A13 Oft verwendet man Ester, um einen Alkohol zu identifizieren. Dazu lässt man den Alkohol mit einem Carbonsäurechlorid zum Ester reagieren.

$$R_1{-}C(=\overline{O}|){-}Cl + H{-}\overline{\underline{O}}{-}R_2 \longrightarrow R_1{-}C(=\overline{O}|){-}O{-}R_2 + ???$$

Carbonsäurechlorid — Alkohol — Ester

Welche lösliche Verbindung bildet sich bei diesem Vorgang? Gib die vollständige Reaktionsgleichung an.

Natur – Mensch – Technik

A14 Warum verwendete man für die Konservierung anatomischer Präparate immer eine Lösung von Formaldehyd in Wasser und nie reines Formaldehyd?

A15 Im Haushalt wird oft eine heiße Lösung von Kleesalz (Kaliumhydrogenoxalat) verwendet, um Blutflecken oder Rostflecken zu entfernen. Das „Reaktionsprodukt“ lässt sich problemlos auswaschen.
Recherchiere, welche lösliche Verbindung sich bei diesem Vorgang bildet.

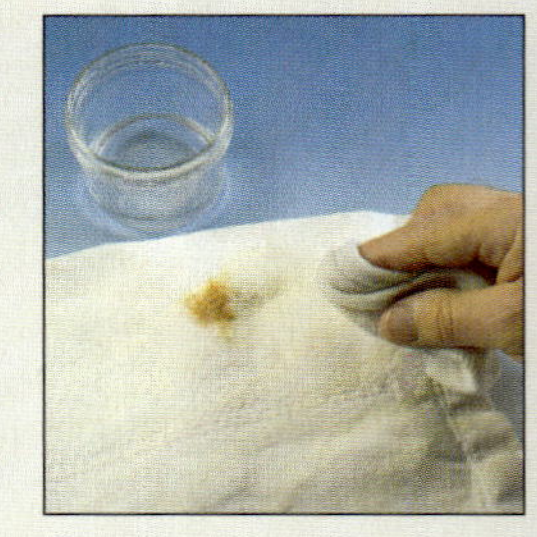

A16 Bio-Diesel ist ein Gemisch aus Methylestern der Fettsäuren (Rapsölmethylester), die man aus Rapsöl gewinnen kann. Rapsöl ist ein Fett.
a) Suche in diesem Buch nach der allgemeinen Formel für Fette.
b) Schreibe die Reaktionsgleichung für die Hydrolyse eines Fettes auf.
c) Gib in allgemeiner Form eine Reaktionsgleichung an, die die Bildung des Methylesters einer Fettsäure darstellt.

Oxidationsprodukte der Alkohole

Basiswissen

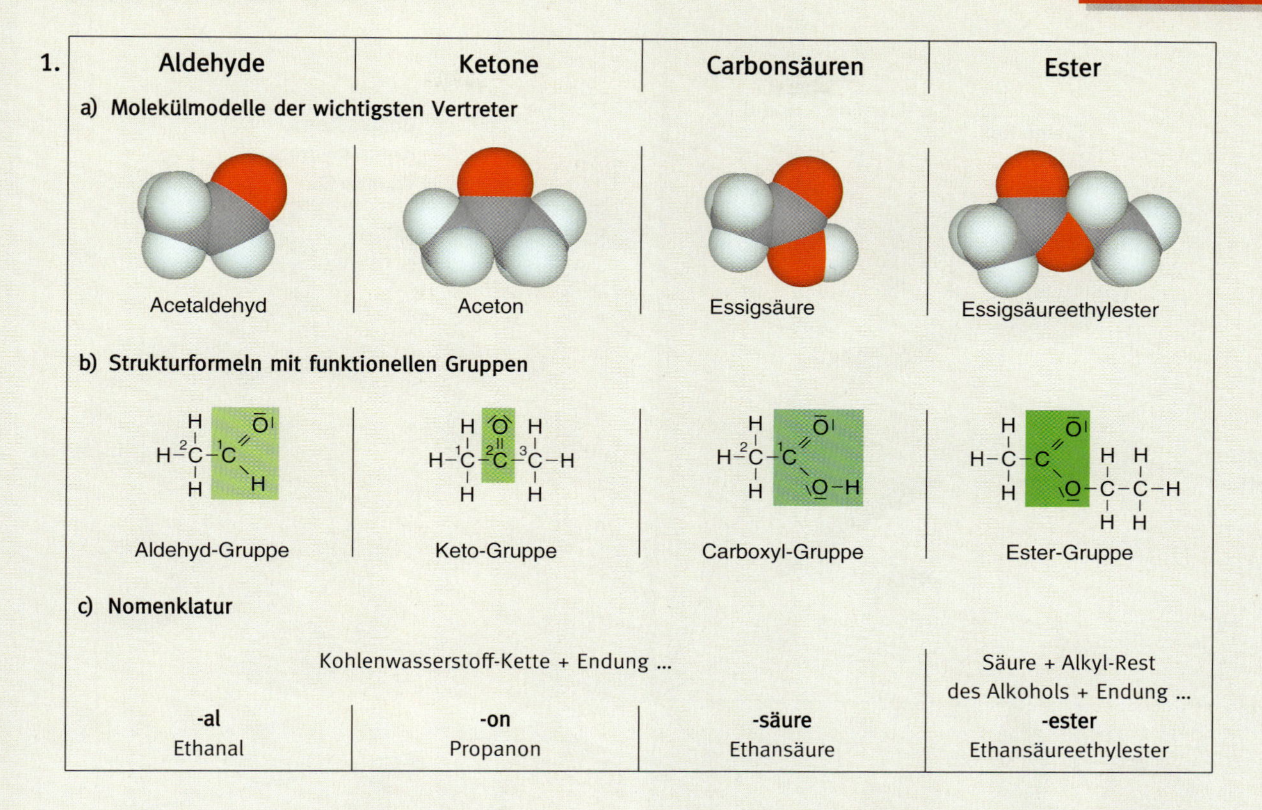

2. Eigenschaften der Aldehyde und Ketone

a) Schmelztemperaturen und Siedetemperaturen

Aldehyde und Ketone schmelzen und sieden höher als vergleichbare Alkane, aber deutlich niedriger als Alkohole ähnlicher Molekülgröße.

Ursache: Zwischen den polaren Molekülen der Carbonyl-Verbindungen herrschen stärkere zwischenmolekulare Bindungen, es können sich jedoch keine Wasserstoffbrückenbindungen zwischen den Molekülen ausbilden.

b) Löslichkeit/Mischbarkeit

Die kurzkettigen Vertreter der homologen Reihen sind mit Wasser mischbar, die langkettigen mischen sich mit Heptan.

Ursache: Mit Wasser-Molekülen können sich Wasserstoffbrückenbindungen ausbilden. Bei langkettigen Verbindungen sind die unpolaren Kohlenwasserstoff-Reste jedoch so groß, dass der Einfluss der VAN-DER-WAALS-Bindungen überwiegt.

c) Redoxreaktionen

Aldehyde lassen sich zu Carbonsäuren oxidieren. Daher wirken sie reduzierend, Ketone dagegen nicht.

Auf ihrer Reduktionswirkung beruhen typische Reaktionen der Aldehyde wie die **FEHLING-Probe** und die **TOLLENS-Probe**.

3. Eigenschaften der Carbonsäuren und Ester

a) Schmelztemperaturen und Siedetemperaturen

Carbonsäuren haben hohe Schmelz- und Siedetemperaturen. Ester haben niedrigere Schmelz- und Siedetemperaturen als Alkohole und Carbonsäuren.

Ursache: Zwischen den Carboxyl-Gruppen zweier Carbonsäure-Moleküle bilden sich Wasserstoffbrückenbindungen aus, sodass Doppelmoleküle entstehen.
Ester sind insgesamt kaum polar. Untereinander können sie keine Wasserstoffbrücken ausbilden.

b) Saure Reaktion

Das Wasserstoff-Atom der O–H-Bindung der Carboxyl-Gruppe ist positiviert. Deshalb geben Carbonsäuren das Wasserstoff-Atom ihrer Carboxyl-Gruppe leicht als H^+-Ion ab und zeigen somit das typische Verhalten von Säuren. Mit Laugen reagieren sie zu Salzen.

$$R{-}COOH \xrightarrow{\text{Wasser}} R{-}COO^- + H^+$$
$$R{-}COOH + NaOH \longrightarrow R{-}COO^- + Na^+ + H_2O$$

c) Veresterung und Esterspaltung

Ester entstehen bei der Reaktion von Säuren mit Alkoholen unter Abspaltung von Wasser.

$$R_1{-}CO\mathbf{OH} + \mathbf{H}O{-}R_2 \underset{\text{Esterspaltung}}{\overset{\text{Veresterung}}{\rightleftharpoons}} R_1{-}COO{-}R_2 + \mathbf{H_2O}$$

20 Chemie und Ernährung

Wer täglich jede der sieben Lebensmittelgruppen zu sich nimmt, ernährt sich gesund. Doch nicht aus jeder Gruppe benötigt man gleich viel – die Größe der Kreisabschnitte verdeutlicht dies.

20.1 Lebensmittel haben es in sich

Lebensmittel enthalten zahlreiche Stoffe, die nach ihrer Bedeutung für den Körper zu verschiedenen Gruppen zusammengefasst werden.

Nährstoffe. Der menschliche Körper wächst, erneuert sich ständig und ist immer in Bewegung. Nährstoffe bilden hierfür eine unverzichtbare Grundlage. Sie sind entweder *Baustoffe* der Zellen und Organe oder sie wirken als *Energielieferanten* für Arbeitsleistungen und wichtige Funktionen wie Atmung und Kreislauf. Man unterteilt die Nährstoffe in drei Gruppen: Fette, Kohlenhydrate und Eiweiße.

Fette sind in erster Linie Energielieferanten. Als längerfristige Energiereserve werden sie im Fettgewebe des Körpers gespeichert.
Kohlenhydrate sind ebenfalls wichtige Energiespender. Wir finden sie in der Leber und der Muskulatur. Ein kleiner Anteil wird zum Aufbau von Knorpelgewebe und Knochen benötigt.
Eiweiße übernehmen im Körper vielfältige Aufgaben als Baustoffe. Sie bilden die schützende Haut, bauen die Haare auf und sind in den Muskeln für die Bewegung mitverantwortlich. Außerdem stabilisieren sie Knorpeln und Bindegewebe.

Wirkstoffe. Zu den unentbehrlichen Bestandteilen der Nahrung gehören als Wirkstoffe *Mineralstoffe* und *Vitamine.* Obwohl der Körper sie nur in geringen Mengen benötigt, spielen sie eine wesentliche Rolle bei der Regulierung des Stoffwechsels. Im Gegensatz zu den Nährstoffen liefern Wirkstoffe jedoch keine Energie. Einige Mineralstoffe sind Baustoffe für den Aufbau der Knochen, vor allem Calcium-Ionen und Phosphat-Ionen (PO_4^{3-}).

Wasser. Im menschlichen Körper erfüllt Wasser verschiedene Aufgaben: Es ist Baustoff, Transportmittel und Lösungsmittel. Man sollte täglich etwa 3 Liter Wasser aufnehmen, 2 Liter davon mit den Getränken, den Rest liefert die Nahrung.

Ballaststoffe. Pflanzenfasern enthalten Ballaststoffe. Diese Stoffe sind ein unverdaulicher, aber dennoch notwendiger Bestandteil unserer Nahrung: Ballaststoffe nehmen im Darm Wasser auf und quellen auf. Dadurch wird die Darmtätigkeit verstärkt und die Verdauung verbessert.

Würzmittel. Gewürze dienen vor allem als Appetitanreger, ihr Nährwert ist eher gering. Viele Gewürze fördern die Verdauung, weil sie eine vermehrte Absonderung von Speichel bewirken. Zu den Würzmitteln gehören auch Speisesalz, Essig, Geschmacksverstärker und Saucen.

Nährstoffe wie Fette, Kohlenhydrate und Eiweiße sind wichtige Energielieferanten und Baustoffe.
Mineralstoffe und Vitamine werden als Baustoffe und zur Regulierung des Stoffwechsels benötigt.
Ballaststoffe fördern die Verdauung.

1 Nenne Inhaltsstoffe der Nahrung. Unterscheide zwischen energieliefernden Stoffen und solchen, die keine Energie liefern.
2 Welche Funktionen erfüllen die verschiedenen Inhaltsstoffe der Nahrung im menschlichen Körper?
3 Welche Lebensmittel des abgebildeten Hamburgers sollten den größten Anteil in der täglichen Nahrung ausmachen, welche den geringsten Anteil?

Der Mix macht's

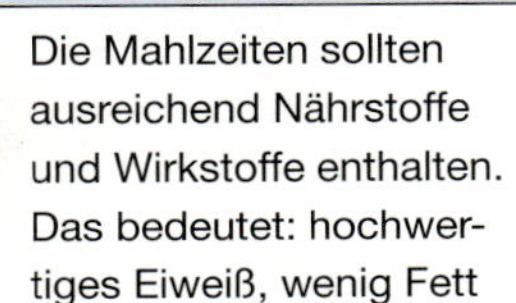

Die Mahlzeiten sollten ausreichend Nährstoffe und Wirkstoffe enthalten. Das bedeutet: hochwertiges Eiweiß, wenig Fett und Zucker, aber viele Ballaststoffe, Vitamine und Mineralstoffe.

Den Energiegehalt anpassen

Der Energiegehalt der Nahrung muss auf den persönlichen Bedarf abgestimmt sein. Wer schwer arbeitet oder viel Sport treibt, benötigt viel Energie. Junge Menschen haben einen höheren Bedarf als ältere.

Süße Sünden vermeiden

Süßigkeiten enthalten viel Zucker. Ballaststoffe und Wirkstoffe fehlen häufig. Übermäßiger Zuckerkonsum führt zu Übergewicht und fördert die Bildung von Karies.

Gesunde Ernährung: 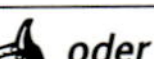 *oder*  

20.2 Nahrung und Energie

Alle Lebewesen benötigen Energie. Pflanzen beziehen sie aus dem Sonnenlicht. Menschen und Tiere sind auf eine andere Energiequelle angewiesen: Sie erhalten die lebensnotwendige Energie durch den Abbau von Nährstoffen. Der Energiegewinn ist hierbei unterschiedlich groß. Ein Gramm Fett liefert etwa 39 kJ, ein Gramm Kohlenhydrate und ein Gramm Eiweiß jeweils etwa 17 kJ.

Energiebedarf. Selbst wenn wir schlafen, verbrauchen wir Energie, denn wir müssen atmen und die Körpertemperatur konstant halten. Die Energie, die ein Mensch bei völliger Ruhe im Liegen benötigt, bezeichnet man als **Grundumsatz.** Nach einer Faustregel werden pro Kilogramm Körpergewicht in einer Stunde 4,2 kJ als Grundumsatz verbraucht.

Der Grundumsatz ist vor allem vom Alter und vom Geschlecht abhängig. So haben jüngere Menschen einen höheren Grundumsatz, da bei ihnen die Stoffwechselvorgänge schneller ablaufen als bei älteren Menschen. Bei Frauen ist der Grundumsatz niedriger, weil sie durch einen höheren Anteil an Unterhautfettgewebe weniger Wärme abgeben als Männer.

Wenn wir arbeiten oder Sport treiben, steigt unser Energiebedarf an. Die Energiemenge, die ein Mensch für zusätzliche Leistungen über den Grundumsatz hinaus benötigt, bezeichnet man als **Leistungsumsatz.** Er hängt von der Art und von der Dauer der Tätigkeit ab. Für eine Stunde Chemieunterricht braucht man beispielsweise 210 kJ, für eine Stunde Spazierengehen 800 kJ und für eine Stunde Fußball spielen 2000 kJ.

Frauen	Empfohlene Aufnahme	Durchschnittliche Aufnahme
Energie	8800 kJ	10042 kJ
Eiweiß	67 g	77 g
Fett	79 g	90 g
Kohlenhydrate	269 g	307 g
Männer	**Empfohlene Aufnahme**	**Durchschnittliche Aufnahme**
Energie	12100 kJ	12552 kJ
Eiweiß	93 g	96 g
Fett	109 g	113 g
Kohlenhydrate	370 g	384 g

Energie- und Nährstoffaufnahme pro Tag *(15–18 Jahre)*

Energiebilanz. Essen wir zu viel, so übersteigt die Energiezufuhr den Energiebedarf. Die Energiebilanz ist nicht mehr ausgeglichen und überschüssige Energie wird in Form von Körperfett gespeichert. *Übergewicht* mit zahlreichen gesundheitlichen Risiken ist die Folge. Ein wesentliches Ziel einer ausgewogenen Ernährung liegt also in einer ausgeglichenen Energiebilanz.

Um das Gewicht zu reduzieren kann man die Energieaufnahme verringern, indem man weniger isst oder indem man seine Ernährung umstellt. Gleichzeitig empfiehlt es sich den Energiebedarf durch mehr Sport und körperliche Arbeit zu steigern.

Nährstoffbedarf. Für eine ausgewogene Ernährung ist es nicht damit getan, den tatsächlichen Energiebedarf zu decken. Die Nährstoffe müssen auch in der richtigen Zusammensetzung aufgenommen werden. Es wird empfohlen, den Gesamtenergiebedarf zu 52 % aus Kohlenhydraten, zu 35 % aus Fetten und zu 13 % aus Eiweißen zu decken.

Der durchschnittliche erwachsene Bundesbürger nimmt zu viel Fett und Eiweiß, aber zu wenig Kohlenhydrate auf. Bei den Kohlenhydraten handelt es sich zudem häufig um Zucker, der weder Vitamine noch Mineralstoffe enthält. Auf dem täglichen Speiseplan sollten folglich verstärkt hochwertige stärkehaltige Kohlenhydrate stehen.

Der Gesamtenergiebedarf des Menschen ergibt sich aus dem Grundumsatz und dem Leistungsumsatz. Die Energiezufuhr sollte mit dem Gesamtenergiebedarf übereinstimmen.

1 **a)** Was versteht man unter Grundumsatz und Leistungsumsatz?
b) Berechne deinen täglichen Grundumsatz.
2 Gib Faktoren neben Alter und Geschlecht an, die den Grundumsatz beeinflussen können.
3 Nenne Faktoren, die Einfluss auf unseren täglichen Energiebedarf haben.
4 Ein Cheeseburger enthält durchschnittlich 14 g Eiweiß, 27 g Kohlenhydrate und 11 g Fett. Berechne den Gesamtenergiegehalt des Cheeseburgers.
5 Vergleiche die Empfehlungen für Jugendliche zur täglichen Energie- und Nährstoffaufnahme in der Tabelle mit den tatsächlichen Durchschnittswerten.

Chemie-Recherche

Location: http://www.schroedel.de/chemie_heute.html

Suche:

Besondere Ernährungsformen

Ergebnisse:

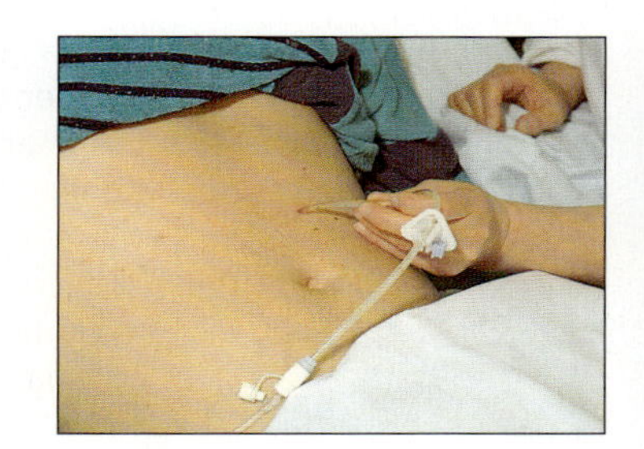

Künstliche Ernährung
Manche Patienten müssen künstlich ernährt werden. Die Versorgung erfolgt über Schläuche von einem halben Zentimeter Durchmesser, die die Ärzte ihnen durch die Bauchdecke direkt bis in den Magen oder in den Darm legen. Daneben besteht die Möglichkeit Infusionslösung über Kanülen direkt ins Blut zu bringen. Bei der künstlichen Ernährung dienen Traubenzucker (Glucose) und Fett-Emulsionen als Energiequellen.

Vegetarier – fleischlos glücklich?
Vegetarier verzichten bewusst auf Fleisch und Fisch. Ovo-Lacto-Vegetarier ernähren sich vorwiegend von pflanzlicher Kost, essen aber auch Eier und Milchprodukte. Wissenschaftliche Studien bescheinigen ihnen eine höhere Lebenserwartung. Wer jedoch wie die Veganer auch auf Eier und Milchprodukte verzichtet, muss mit Mangelerscheinungen durch eine Unterversorgung mit Eisen, Calcium und Vitamin B12 rechnen.

Sportlernahrung – durch pflanzliche Stärke zu tierischer Kraft
Sowohl Sportler als auch Bewegungsmuffel sollten den größten Teil ihres Energiebedarfs durch Kohlenhydrate decken. Kohlenhydrate sind in Form von Stärke in pflanzlichen Nahrungsmitteln wie Nudeln, Kartoffeln und Brot enthalten. Im Körper werden die Kohlenhydrate umgewandelt und in Muskeln und in der Leber gespeichert. Aus diesen Kohlenhydrat-Speichern können die Muskeln dann schnell Energie gewinnen. Wer sich allerdings beim Krafttraining müht, der sollte eiweißreiche Kost zu sich nehmen, denn mehr Muskeln baut man nur durch zusätzliche Eiweißzufuhr auf.

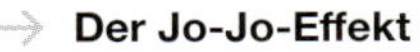

Der Jo-Jo-Effekt
Viele Übergewichtige versuchen ihr Körpergewicht durch Diäten zu verringern.
Die meisten Diäten sind jedoch einseitig und führen nur zu kurzfristigen Erfolgen.
Im Gegenteil: Häufig kommt es nach einer Blitzdiät wieder zu einem Gewichtsanstieg.
Die Folge ist ein erneuter Diätversuch. Das ständige Auf und Ab des Körpergewichts, der Jo-Jo-Effekt, hat schließlich Stoffwechselstörungen und Herz/Kreislauf-Erkrankungen zur Folge. Das Ziel einer dauerhaft erfolgreichen Diät kann also nur in der langfristigen Veränderung des Essverhaltens liegen.

Diätformen
Bei *energiereduzierten Diäten* wird auf eine ausgewogene Mischkost mit verringertem Kaloriengehalt geachtet (*Beispiel:* FdH-Diät, „Friss die Hälfte"). Eine längerfristige Gewichtsabnahme ist wegen des verbesserten Ernährungsverhaltens möglich.
Bei *Diäten mit extremem Nährstoffverhältnis* ist die Nährstoffverteilung einseitig.
So werden entweder nur Eiweiße oder nur Kohlenhydrate oder eine Kombination beider Nährstoffe aufgenommen (*Beispiele:* Kartoffel-Diät, Quark-Diät). Diese Diäten zeigen nur geringe Langzeiterfolge und können zu Mangelernährung führen.
Bei einer *Nulldiät* lassen sich durch totales Fasten zwar rasche Erfolge erzielen.
Eine Langzeitwirkung ist jedoch nicht zu erwarten.

Astronautennahrung
Unter den Bedingungen der Schwerelosigkeit wird die Verdauung zum Problem. Astronauten erhalten daher eine Nahrung, die besonders leicht verdaulich ist. Magen und Darm werden so entlastet. Der Proviant für Reisen ins All ist jedoch nichts für Feinschmecker. Die zu einem einheitlichen Brei verarbeitete Kost wird in Tuben und kleinen Plastikbeuteln verpackt und erinnert kaum an ein schmackhaftes Mahl. Astronauten haben überdies mit einem weiteren Problem zu kämpfen: Längerer Aufenthalt in der Schwerelosigkeit macht die Geschmacksknospen der Zunge unempfindlicher, sodass auch gut gewürzte Speisen eintönig schmecken.

20.3 Fette – chemisch betrachtet

In Suppen schwimmen die Fettaugen stets oben, sie vermischen sich nicht mit dem Wasser. Zwei wichtige Eigenschaften von Fetten lassen sich aus dieser Beobachtung erschließen: Fette besitzen eine geringere Dichte als Wasser und sie sind wasserunlöslich (hydrophob). In Heptan, einem unpolaren Lösungsmittel, lösen sie sich hingegen gut. Fett-Moleküle müssen also unpolar sein.

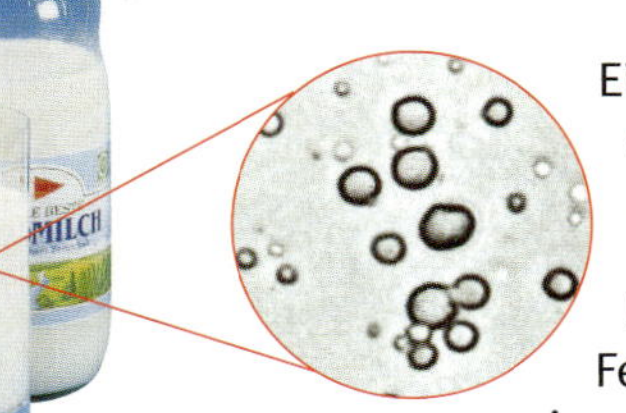

Milch – eine Emulsion aus Fett und Wasser

Ein Blick auf das Verpackungsetikett zeigt, dass auch Milch Fett enthält. Unter dem Mikroskop erkennt man gut die kleinen Fetttröpfchen in der wässerigen Flüssigkeit. Die fein verteilten Fetttropfen und das Wasser bilden eine *Emulsion.* Emulsionen entmischen sich jedoch wieder. Bei der Milch verhindern Eiweiß-Moleküle die Entmischung. Solche Stoffe nennt man **Emulgatoren.** Die Eiweiß-Moleküle umhüllen die kleinen Fetttröpfchen und wirken so als Vermittler zwischen den unpolaren Fetttröpfchen und dem polaren Wasser.

Fette und Öle. Nahrungsfette unterscheiden sich in der Konsistenz. Manche sind bei Raumtemperatur fest, andere streichbar, viele sind flüssig. Flüssige Fette werden als *Öle* bezeichnet. Fette eignen sich gut zum Garen von Speisen, weil man so höhere Temperaturen erreichen kann als mit Wasser. Oberhalb von 300 °C können sich Fette jedoch an der Luft selbst entzünden. Fettbrände dürfen keinesfalls mit Wasser gelöscht werden, denn das Wasser sinkt wegen seiner höheren Dichte im Öl ab und verdampft dann sofort. Brennendes Fett wird nach allen Seiten geschleudert. Fettbrände löscht man daher durch Abdecken.

Fettbrände sind gefährlich!

Bau eines Fett-Moleküls. Fett-Moleküle bilden sich bei der Reaktion des dreiwertigen Alkohols Glycerin mit Fettsäuren. Fette gehören also zur Stoffklasse der *Ester.* Ein Glycerin-Molekül kann mit drei gleichartigen Fettsäure-Molekülen verestert sein. Häufiger sind jedoch Fett-Moleküle mit zwei oder drei verschiedenen Fettsäure-Resten. Fette sind also Gemische verschiedener Glycerinester.

Bei der Bildung von Fett-Molekülen werden Wasser-Moleküle abgespalten. Man spricht von einer *Kondensationsreaktion.*
Behandelt man Fette mit heißem Wasserdampf, so bilden sich wieder Glycerin und Fettsäuren. Eine solche Molekülspaltung durch Reaktion mit Wasser ist eine *Hydrolysereaktion.*
Fette können auch durch Kochen mit Natronlauge zerlegt werden. Hierbei entstehen neben Glycerin die Natrium-Salze der Fettsäuren, die Seifen. Die Fettspaltung mit Laugen bezeichnet man daher auch als *Verseifung.*

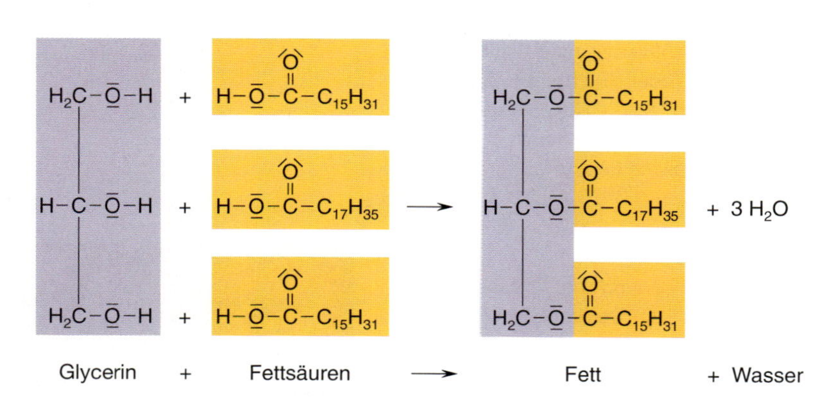

Bildung eines Fett-Moleküls

Glycerin-Rest	Fettsäure-Rest
	Fettsäure-Rest
	Fettsäure-Rest

Fett-Molekül, schematisch

Fettsäuren. Die in Fetten gebundenen Fettsäuren sind meist langkettig und enthalten stets eine gerade Anzahl an Kohlenstoff-Atomen. Besonders häufig sind die *Palmitinsäure* mit 16 C-Atomen und die *Stearinsäure* mit 18 C-Atomen im Molekül. Diese **gesättigten Fettsäuren** sind bei Raumtemperatur fest. Daneben treten in Fetten auch **ungesättigte Fettsäuren** auf. Ihre Moleküle enthalten eine oder mehrere C=C-Zweifachbindungen. Die *Ölsäure* ist eine einfach ungesättigte Fettsäure, die *Linolsäure* gehört zu den mehrfach ungesättigten Fettsäuren.

Eigenschaften der Fette. Die in der Natur vorkommenden Fette sind keine Reinstoffe, sondern stets Gemische verschiedener Ester, die sich in den Fettsäure-Resten unterscheiden. Fette haben daher keine bestimmte Schmelztemperatur. Sie werden beim Erwärmen allmählich weich. Gesättigte Fettsäure-Reste erhöhen die Schmelztemperatur des Fettes. Fette mit einem hohen Anteil an Stearinsäure-Resten und Palmitinsäure-Resten sind daher bei Raumtemperatur fest.
Öle enthalten einen höheren Anteil an ungesättigten Fettsäure-Resten. Dabei sind die beiden Kohlenwasserstoff-Reste an den C=C-Zweifachbindungen immer zur gleichen Seite hin gerichtet: Es liegt eine *cis*-Anordnung vor. Die Kohlenwasserstoff-Kette ist dadurch geknickt. Ungesättigte Fettsäuren bilden im Vergleich zu gesättigten Fettsäuren gleicher Kettenlänge daher nicht so leicht eine geordnete Struktur. Öle sind deshalb bei Raumtemperatur flüssig.

Die C=C-Zweifachbindungen in ungesättigten Verbindungen können durch Addition von Brom oder Iod nachgewiesen werden. In der Lebensmittelchemie gibt man durch die *Iodzahl* an, wie viel Gramm Iod von 100 Gramm eines Fettes gebunden werden.

Fette sind Glycerinester, die bei der Reaktion von Glycerin mit Fettsäuren entstehen. Die Fettsäure-Reste können gesättigt oder ungesättigt sein. Die Konsistenz der Fette wird durch die Fettsäure-Reste bestimmt.

1 Erkläre folgende Begriffe: Kondensation, Hydrolyse, Emulgator, Verseifung, ungesättigte Fettsäuren.
2 Warum werden Fette zur Stoffklasse der Ester gezählt?
3 Glycerin reagiert mit einem Gemisch aus Stearinsäure und Linolsäure.
a) Formuliere eine Reaktionsgleichung.
b) Wie viele verschiedene Produkte können entstehen?
4 Kocht man Fett mit Natronlauge, so entstehen wasserlösliche Stoffe. Formuliere die Reaktionsgleichung und benenne die Produkte.

gesättigte Fettsäuren	Beispiele	Vorkommen
kurzkettig	Buttersäure C_3H_7COOH	Butter
mittelkettig	Caprylsäure $C_7H_{15}COOH$	Kokosfett
langkettig	Palmitinsäure $C_{15}H_{31}COOH$ Stearinsäure $C_{17}H_{35}COOH$	in allen Nahrungsfetten

Palmitinsäure

Stearinsäure

Gesättigte Fettsäuren

ungesättigte Fettsäuren	Beispiele	Vorkommen
mit 1 C=C-Zweifachbindung	Ölsäure $C_{17}H_{33}COOH$	Olivenöl, Margarine
mit 2 C=C-Zweifachbindungen	Linolsäure $C_{17}H_{31}COOH$	Maiskeimöl, Sojaöl
mit 3 C=C-Zweifachbindungen	Linolensäure $C_{17}H_{29}COOH$	Leinöl

Ölsäure

Linolsäure

Ungesättigte Fettsäuren

20.4 Fette in unserer Nahrung

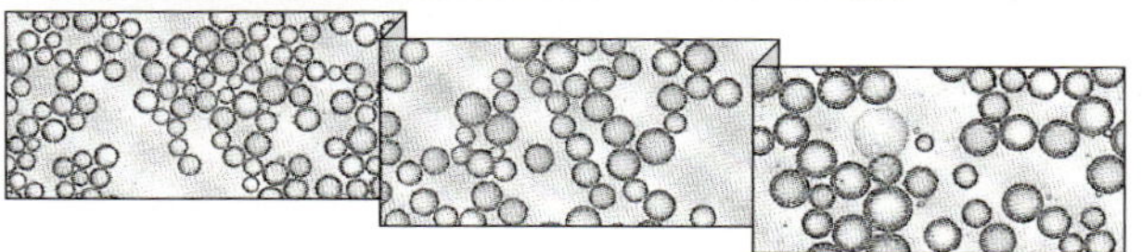

Fettzellen wachsen mit dem Körpergewicht.

	Fettsäure-Reste in %		
	gesättigt	einfach ungesättigt	mehrfach ungesättigt
Distelöl	10	14	76
Sonnenblumenöl	11	25	64
Sojaöl	13	23	64
Erdnussöl	16	56	28
Olivenöl	14	77	9
Margarine	20	47	33
Kokosfett	91	7	2
Schweineschmalz	42	48	10
Butter	65	31	4

Fettsäure-Reste einiger Nahrungsfette

Gehärtete Fette meiden

Gehärtete Fette finden sich in Pommes frites, Chips, Keksen, Fertiggerichten und Nuss-Nougat-Cremes.

Ungesättigte Fettsäuren bevorzugen

Olivenöl, Avocados und Geflügel sind reich an ungesättigten Fettsäuren. Omega-3-Fettsäuren finden sich in Fischen, Walnüssen und Blattgemüse.

Auf versteckte Fette achten!

Fette findet man nicht nur in Streichfetten und Ölen, sondern auch in Wurst, Fleisch, Käse oder Süßwaren.

Ernährungstipps: Fette

Unser Gesamtenergiebedarf sollte zu 35 % durch Fette gedeckt werden. Überschüssige Fette werden in den Zellen des Fettgewebes als Depot angelegt. Sie bilden eine wichtige Energiereserve.
Das Fettgewebe schützt daneben empfindliche Organe wie Augen und Nieren vor Druck und Stoß. Fette sorgen außerdem für die Aufnahme der fettlöslichen Vitamine A, D, E und K im Darm. Daneben sind sie Träger von Geschmacksstoffen, bereits eine geringe Menge Fett verbessert den Geschmack von Speisen.

Gute Fette – böse Fette. Die Qualität eines Fettes wird im Wesentlichen von den Fettsäure-Resten bestimmt: Fette mit *gesättigten Fettsäure-Resten* sind weniger wertvoll. Sie kommen vor allem in tierischen Fetten vor und können bei übermäßiger Aufnahme zu einem Risikofaktor für Herz/Kreislauf-Erkrankungen werden.

Eine hohe Qualität besitzen dagegen Fette mit *ungesättigten Fettsäure-Resten.* Ungesättigte Fettsäuren kommen vor allem in Pflanzenölen vor. Mehrfach ungesättigte Fettsäuren sind sogar lebensnotwendig. Der Mensch kann sie nicht selbst synthetisieren und muss sie daher mit der Nahrung aufnehmen.
Eine besondere Gruppe mehrfach ungesättigter Fettsäuren sind die Omega-3-Fettsäuren. Sie kommen vor allem in Fischölen vor. Merkmal dieser Fettsäuren ist eine C=C-Zweifachbindung zwischen dem dritten und vierten C-Atom vom Molekülende her gesehen. Omega-3-Fettsäuren sollen die Blutgerinnung hemmen und so vor Gefäßverschlüssen schützen. Manche Lebensmittel werden mit solchen Fettsäuren angereichert.

Fetthärtung. Für die Herstellung von Backfetten und Margarine werden flüssige Fette gezielt gehärtet: Wasserstoff wird an die C=C-Zweifachbindungen der ungesättigten Fettsäure-Reste angelagert, sodass gesättigte Fettsäure-Reste entstehen.

Fette sind unsere energiereichsten Nährstoffe. Sie werden als Depotfette gespeichert, schützen Organe gegen Druck und Stoß und sind Träger fettlöslicher Vitamine.

1 Nenne die wesentlichen Aufgaben von Nahrungsfetten.
2 Vergleiche Butter, Margarine und Olivenöl im Hinblick auf ihren Anteil an den jeweiligen Fettsäure-Resten. Welches Fett ist als Nahrungsfett optimal?
3 **a)** Erkläre das Prinzip der Fetthärtung. Warum verändert sich die Schmelztemperatur des Fettes?
b) Welcher Reaktionstyp liegt vor?

Von der Kakaobohne zur Schokolade

Exkurs

Der Weg von der Kakaobohne zur Schokolade beginnt mit der Ernte der Kakaofrüchte im tropischen Regenwald. Die Früchte enthalten 20 bis 40 mandelförmige Bohnen, die in das Fruchtfleisch eingebettet sind. Nach der Ernte werden die Früchte zerkleinert und in dicken Lagen an der Luft übereinander geschichtet. In zehn Tagen ist das Fruchtfleisch vergoren und die Kakaobohnen erhalten ihre typische braune Farbe.
Die Kakaobohnen werden nun bei 150 °C geröstet. Hierdurch kommen Aroma und Farbe der Bohnen endgültig zur Entfaltung. Anschließend werden die Kakaobohnen gebrochen und zur Kakaomasse zermahlen. Durch Pressen bei hohem Druck erhält man goldgelbes, klares Kakaofett, die Kakaobutter.

Neben der Kakaomasse gehören Milch oder Sahne, Kakaobutter, Zucker sowie Gewürze zu den Grundzutaten einer Schokolade. Durch maschinelles Mischen und Kneten erhält man die Schokoladengrundmasse. Für feine Schokoladen muss diese Masse noch veredelt werden. Dies geschieht durch stundenlanges Verreiben, Rühren und Kneten, die Fachleute sprechen von *Conchieren*. Dauer und Sorgfalt dieses Vorgangs haben großen Einfluss auf Qualität und Preis der Schokolade.

1 Erstelle ein Fließschema, das die verschiedenen Arbeitsabläufe von der Kakaobohne bis zur fertigen Schokolade darstellt.

Schokolade: Gute Seiten – schlechte Seiten

Exkurs

„Schokolade macht glücklich". Als Mittel gegen den kleinen Frust greifen wir schon mal gern zu Schokoriegeln und anderen Schokoladenprodukten. Verantwortlich sind hierfür der Zucker und der Duftstoff Phenylethylamin, der beruhigend wirkt. Doch der Genuss von Schokolade hat auch eine Schattenseite: 100 g Schokolade haben einen durchschnittlichen Energiegehalt von 2300 kJ. Um diese Energie zu verbrauchen, müsste man schon eine Stunde schwimmen. Daher gilt für die Schokolade: Allzu viel ist ungesund.

Vollmilch-Schokolade muss nach den gesetzlichen Regelungen mindestens 30 % Kakaobestandteile und 18 % Milchtrockenmasse enthalten. Der Zuckeranteil liegt bei 55 %. Durch die hohen Anteile an Milch und Zucker ist Vollmilch-Schokolade besonders bei Kindern beliebt.

Weiße Schokolade enthält nur Kakaobutter, aber keine sonstigen Kakaobestandteile. Die gelblich-weiße Farbe rührt von der Kakaobutter her.

Halbbitter-Schokolade hat einen Kakaogehalt von mindestens 50 %. Wegen des hohen Kakaogehalts und des geringeren Energiegehalts ist sie Vollmilch-Schokolade vorzuziehen.

Diabetiker-Schokolade enthält statt des normalen Haushaltszuckers Zuckeraustauschstoffe und künstliche Süßstoffe. Sie ist damit besonders für Zuckerkranke (Diabetiker) geeignet. Als Diät-Schokolade ist sie ungeeignet, da ihr Energiegehalt unverändert hoch ist.

Luft-Schokolade besitzt eine schaumartige Struktur, die durch Einblasen von Luft in die Schokoladenmasse entsteht.

Suche:

Schlank = Gesund?

Ergebnisse:

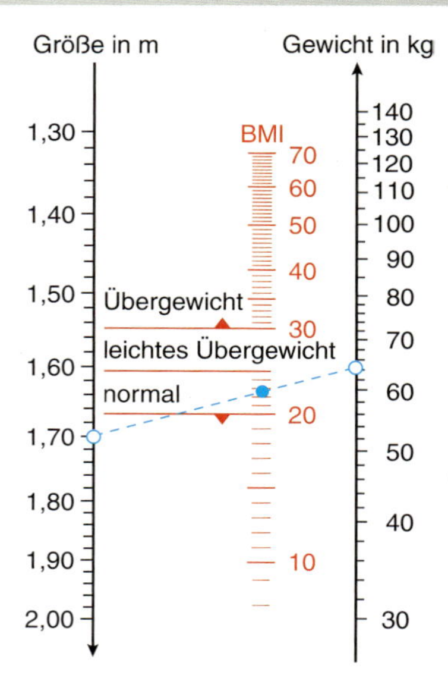

Vom Normalgewicht zum Body-Mass-Index

Ein gestörtes Essverhalten kann zu Untergewicht oder Übergewicht führen. Zur Berechnung des idealen Körpergewichts wurde eine Vielzahl von Methoden entwickelt.

Als *Normalgewicht* galt lange Zeit:

Normalgewicht in kg = Körpergröße in cm – 100.

Der bei Frauen und Männern unterschiedliche Muskelanteil wurde dabei jedoch nicht berücksichtigt.
Zur Ermittlung des *Idealgewichts* wurden daher bei Männern zusätzlich 15 % und bei Frauen 10 % vom Normalgewicht abgezogen.

Heute bezieht man sich auf den Body-Mass-Index (BMI).

$$\text{BMI} = \frac{\text{Körpergewicht in kg}}{(\text{Körpergröße in m})^2}$$

Ein BMI von 20 bis 25 ist normal. Ein BMI von 22 soll die höchste Lebenserwartung gewährleisten.

Die Körperfettwaage – eine ideale Waage

Fettpolster sind eine wichtige Reserve für Notzeiten, zu viel davon ist jedoch gefährlich. Das Risiko für Herzerkrankungen, Schlaganfall, Diabetes und Krebs wächst.
Für die Gesundheit ist es nicht so entscheidend, wie viel man wiegt, sondern wie hoch der Anteil an Körperfett ist. Der Anteil von Fett- und Muskelgewebe kann bei zwei Menschen mit gleichem Gesamtgewicht deutlich variieren.
Mit Hilfe der Körperfettwaage lässt sich der Fettanteil bestimmen. Dazu stellt man sich mit bloßen Füßen auf die Waage, die über Elektroden den elektrischen Widerstand des Körpers misst. Da Fett im Gegensatz zu den Elektrolyten im Körper den Strom nicht leitet, ergibt sich je nach Verhältnis zwischen Fett und Wasser ein spezifischer Wert. Der Körperfettanteil sollte zwischen 14 % und 23 % liegen.

Cholesterin – Fluch oder Segen?

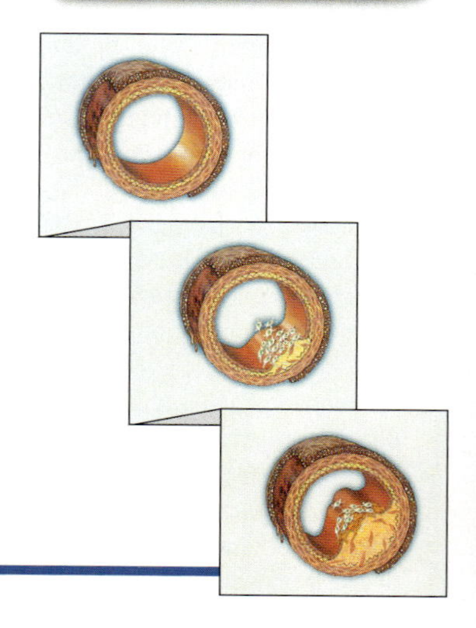

Pressemeldungen weisen häufig auf den Zusammenhang zwischen dem Blutfett Cholesterin und einem erhöhten Risiko für Herzinfarkte hin. Wie erklären sich diese Meldungen?
Cholesterin ist am Aufbau der Zellwände und an der Synthese von Hormonen beteiligt. Im menschlichen Körper wird Cholesterin in ausreichenden Mengen gebildet. Wir nehmen es aber auch mit der Nahrung auf: Cholesterin kommt als Fettbegleitstoff in tierischen Nahrungsmitteln vor. Innereien und Eier enthalten besonders viel Cholesterin. Eine zu fette Ernährung, die zudem viele versteckte tierische Fette enthält, lässt den Cholesterin-Spiegel im Blut ansteigen. Überschüssiges Cholesterin kann sich dann an den Gefäßwänden ablagern und dadurch den Blutdurchfluss erschweren. Eine Arterienverkalkung kann dann zum Herzinfarkt oder Schlaganfall führen.
Wer cholesterinbewusst leben will, sollte pflanzliche Fette mit einem hohen Anteil ungesättigter Fettsäuren bevorzugen. Eine ballaststoffreiche Ernährung und sportliche Betätigung helfen einen erhöhten Cholesterin-Spiegel zu senken.

Aufgaben

1 Ermittle dein persönliches Idealgewicht und deinen Body-Mass-Index BMI.

2 Warum stellt die Körperfettwaage eine ideale Waage dar?

3 Beurteile die Bedeutung von Cholesterin für die menschliche Gesundheit.

4 Wie lässt sich ein erhöhter Cholesterin-Spiegel im Blut vermeiden?

Fette

V1: Gewinnung von Fetten

     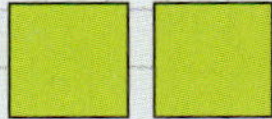

Materialien: Reibschale, Stopfen, Tropfpipette, Uhrglas, Filtrierpapier;
Sonnenblumenkerne oder Rapskörner, Heptan (F, Xn, N).

Durchführung:
1. Zerkleinere einige Pflanzensamen in der Reibschale und gib die Probe in ein Reagenzglas.
2. Füge etwa 5 ml Heptan hinzu, verschließe das Glas mit dem Stopfen und schüttle es.
3. Führe die **Fettfleckprobe** durch: Bringe dazu einen Tropfen der überstehenden Lösung auf Filtrierpapier.
4. Lasse etwas Lösung auf dem Uhrglas verdunsten (Abzug!).

Aufgabe: Notiere deine Beobachtungen.

V2: Nachweis von ungesättigten Fettsäuren

      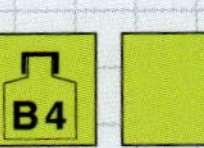

Materialien: Waage, Messzylinder (25 ml), Tropfpipette;
Speiseöl, Stearinsäure, Heptan (F, Xn, N), Brom-Lösung (F, T, Xi, N; zuvor zubereitet aus: 1 ml Brom in 200 ml Heptan).

Durchführung:
1. Löse in je einem Reagenzglas 1 ml Speiseöl bzw. 1 g Stearinsäure in 10 ml Heptan.
2. Tropfe zu beiden Ansätzen Brom-Lösung, bis keine Entfärbung mehr eintritt.

Aufgaben:
a) Notiere und deute deine Beobachtungen.
b) Formuliere die Reaktionsgleichung für die Reaktion von Ölsäure mit Brom.

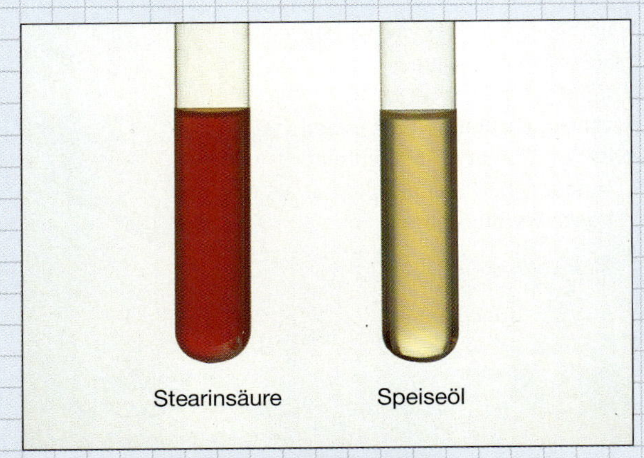

Nachweis ungesättigter Fettsäuren mit Brom-Lösung

V3: Verseifung eines Fettes

     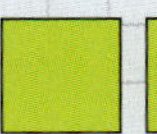 

Materialien: Messzylinder (25 ml), Tropfpipette, Waage, Becherglas (400 ml), Erlenmeyerkolben (100 ml) mit durchbohrtem Stopfen und Glasrohr, Gasbrenner, Wasserbad, Siedesteine;
Speiseöl, Natriumhydroxid (C), Ethanol (F), Paraffinöl.

Durchführung:
1. Gib 3 ml Speiseöl, 10 ml Wasser, 4 g Natriumhydroxid-Plätzchen und 25 ml Ethanol in den Erlenmeyerkolben.
2. Füge einige Siedesteinchen hinzu und setze das Glasrohr auf den Kolben.
3. Erhitze das Gemisch etwa 20 Minuten auf dem siedenden Wasserbad, schüttle den Kolben dabei gelegentlich.
4. Gib einen Teil der sich oben absetzenden Flocken in ein Reagenzglas mit destilliertem Wasser und schüttle.
5. Wiederhole den Versuch mit Paraffinöl.

Aufgabe: Erkläre deine Beobachtungen.

Hinweis: Paraffinöl ist ein Gemisch langkettiger Kohlenwasserstoffe.

Experimentelle Hausaufgabe: Herstellung von Margarine

Materialien: kleiner Kochtopf, Messbecher, Waage, Rührlöffel;
Fritierfett, Speiseöl, Dickmilch, Eigelb, Eiswasser, Salz.

Durchführung:
1. Schmilz 200 g Fritierfett im Kochtopf.
2. Füge 50 g Speiseöl hinzu.
3. Gib nach dem Abkühlen des Gemisches unter ständigem Rühren 45 ml Eiswasser, 20 ml Dickmilch, 1 Eigelb sowie eine Messerspitze Kochsalz hinzu.
4. Rühre anschließend so lange, bis die Masse fest ist.

Aufgabe: Notiere deine Beobachtungen.

20.5 Kohlenhydrate – chemisch betrachtet

Zucker, Stärke und Cellulose gehören zur Stoffklasse der **Kohlenhydrate.** Sie werden von den Pflanzen mit Hilfe des Sonnenlichts aus Kohlenstoffdioxid und Wasser aufgebaut. Dieser Vorgang wird als *Photosynthese* bezeichnet. Für Menschen und Tiere sind Kohlenhydrate wichtige Nährstoffe und Ballaststoffe. Die Bezeichnung Kohlenhydrate geht auf eine allgemeine Molekülformel zurück: $C_n(H_2O)_m$. Es handelt sich also um Kohlenstoff-Verbindungen, die Wasserstoff-Atome und Sauerstoff-Atome im Zahlenverhältnis 2 : 1 enthalten.
Kohlenhydrate, die aus kleinen Molekülen bestehen, gehören zur Gruppe der *Einfachzucker* **(Monosaccharide).** Durch Verknüpfung zweier solcher Moleküle entstehen *Zweifachzucker* **(Disaccharide).** Die Moleküle der *Vielfachzucker* **(Polysaccharide)** bestehen aus zahlreichen Monosaccharid-Bausteinen. *Stärke* und *Cellulose* sind die wichtigsten Vertreter der Vielfachzucker.

Einfachzucker. Zu den Einfachzuckern zählen *Glucose* (Traubenzucker) und *Fructose* (Fruchtzucker). Glucose und Fructose sind Isomere mit der Molekülformel $C_6H_{12}O_6$: In beiden Fällen bilden die Moleküle zwar einen sechsgliedrigen Ring aus fünf Kohlenstoff-Atomen und einem Sauerstoff-Atom. Die OH-Gruppen an den C-Atomen sind jedoch in unterschiedlicher Weise angeordnet.

Zweifachzucker. Der Haushaltszucker *Saccharose* (Rohrzucker) ist ein Zweifachzucker. Das Molekül entsteht durch die Verknüpfung eines Glucose-Moleküls mit einem Fructose-Molekül. Dabei wird ein Wasser-Molekül frei. Im Saccharose-Molekül liegt der Fructose-Rest als Fünfring vor.
Ein weiteres Beispiel für einen Zweifachzucker ist die *Maltose.* Maltose-Moleküle entstehen durch die Verknüpfung von zwei Glucose-Molekülen.

Eigenschaften der Zucker. Die zahlreichen OH-Gruppen der Zucker-Moleküle bestimmen wesentlich die Eigenschaften der Zucker. So ist die gute Wasserlöslichkeit auf die Bildung von Wasserstoffbrücken zwischen Zucker-Molekülen und Wasser-Molekülen zurückzuführen. Die hohen Schmelztemperaturen der Zucker beruhen auf Wasserstoffbrückenbindungen zwischen den Zucker-Molekülen. Die Wasserstoffbrückenbindungen sind insgesamt etwa so stark wie die Bindungskräfte innerhalb eines Moleküls. Daher zersetzen sich Zucker beim Schmelzen. In der Nahrungszubereitung nutzt man diesen Vorgang, den man auch als *Karamelisieren* bezeichnet, um einen besonderen Geschmack und eine braune Farbe zu erzielen.

Steckbrief: Einfachzucker Glucose und Fructose

Vorkommen und Bedeutung:
Glucose (Traubenzucker) und Fructose (Fruchtzucker) kommen in zahlreichen Pflanzensäften, süßen Früchten und im Honig vor.
Glucose wird vom menschlichen Organismus schnell zur Energiegewinnung aufgenommen. Im Krankenhaus wird Glucose daher als Energiequelle intravenös verabreicht. Bei der Zuckerkrankheit ist die Blutzucker-Konzentration deutlich erhöht.
Fructose hat eine höhere Süßkraft als Glucose, ohne dabei den Blutzucker-Spiegel wesentlich zu beeinflussen. Zuckerkranke benutzen daher Fructose als Zuckeraustauschstoff.

Eigenschaften und Struktur:
Glucose und Fructose sind kristalline Stoffe. Aufgrund von polaren OH-Gruppen lösen sich Glucose und Fructose gut in Wasser, in unpolaren Lösungsmitteln sind sie schwer löslich.

Molekülformel: $C_6H_{12}O_6$

Strukturformeln:

Glucose

(vereinfachte Schreibweise)

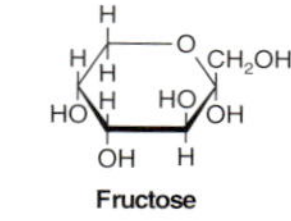

Fructose

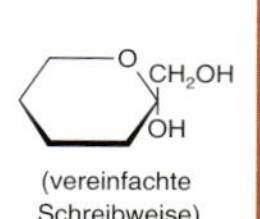

(vereinfachte Schreibweise)

Steckbrief: Zweifachzucker Saccharose

Vorkommen und Bedeutung:
Saccharose (Rohrzucker) ist in Zuckerrüben und sowie im Zuckerrohr enthalten und kommt als Haushaltszucker in den Handel.
Haushaltszucker wird zum Süßen verwendet und ist Bestandteil von Backwaren, Schokoladen und Limonaden. Daneben dient er als Konservierungsmittel.

Molekülformel: $C_{12}H_{22}O_{11}$

Strukturformel:

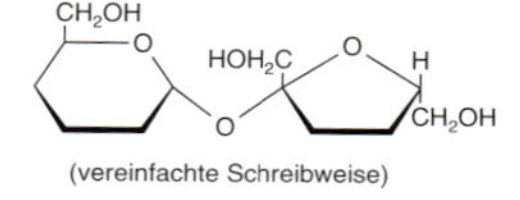

(vereinfachte Schreibweise)

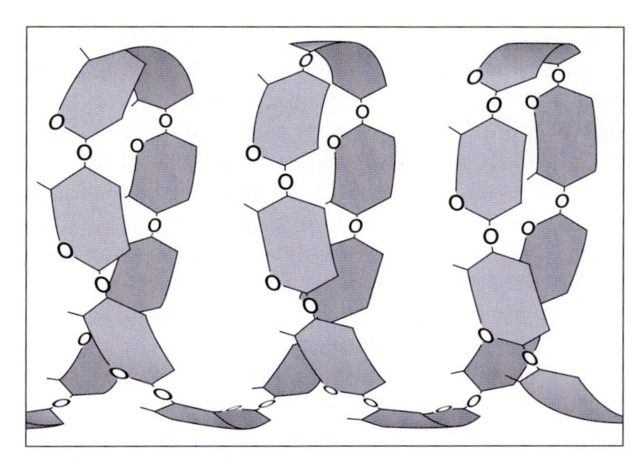

Stärke-Molekül, schematisch

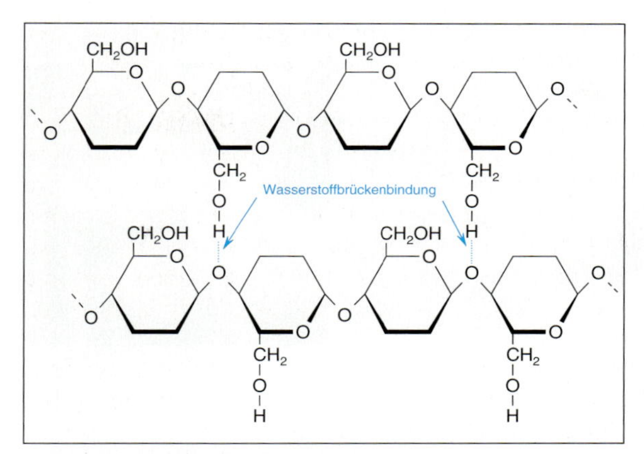

Ausschnitt aus der Cellulose-Struktur

Stärke. Der Vielfachzucker Stärke wird von vielen Pflanzen als Reservestoff genutzt. Für die menschliche Ernährung ist Stärke das wichtigste Kohlenhydrat. Zu den stärkereichen Nahrungsmitteln gehören vor allem Kartoffeln und Getreideprodukte.

Stärke ist keine einheitliche Substanz. Sie lässt sich durch heißes Wasser in zwei Anteile zerlegen: in die wasserlösliche Amylose und das wasserunlösliche Amylopektin.
Amylose hat einen Anteil von etwa 20 % an der Stärke. Die Moleküle bestehen aus bis zu 6000 Glucose-Einheiten, die zu einer spiralförmigen Kette gewunden sind. Die verzweigten Moleküle des *Amylopektins* sind aus bis zu einer Million Glucose-Einheiten aufgebaut.

Gibt man Iod-Lösung auf ein Brötchen, so entsteht eine tiefblaue Färbung. Diese *Iod/Stärke-Reaktion* dient sowohl zum Nachweis von Stärke als auch zum Nachweis von Iod. Ursache der Blaufärbung ist die Einlagerung von Iod-Molekülen ins Innere der spiralförmigen Amylose-Moleküle. Reines Amylopektin ergibt mit Iod eine rotbraune Färbung.

Cellulose. Der Vielfachzucker Cellulose ist die wesentliche Bau- und Stützsubstanz in pflanzlichen Zellwänden. Cellulose ist die mengenmäßig wichtigste organische Verbindung auf der Erde. So bilden Pflanzen durch Photosynthese jährlich schätzungsweise zehn Billionen Tonnen Cellulose.
Wie Stärke so ist auch Cellulose aus Glucose-Einheiten aufgebaut. Allerdings sind die Glucose-Moleküle nicht spiralig, sondern linear angeordnet. Parallel ausgerichtete Molekülstränge sind dabei untereinander durch Wasserstoffbrücken verbunden. Cellulose ist deshalb sowohl sehr fest als auch sehr elastisch.

Menschen können Cellulose nicht verdauen. Im Magen von Wiederkäuern leben dagegen Mikroorganismen, deren Enzyme die Cellulose in Glucose-Einheiten spalten können. Die gespeicherte Energie der Cellulose wird dadurch für Widerkäuer nutzbar.

Zucker, Stärke und Cellulose gehören zur Stoffklasse der Kohlenhydrate. Glucose und Fructose sind Einfachzucker mit der Molekülformel $C_6H_{12}O_6$. Saccharose ist ein Zweifachzucker. Stärke und Cellulose sind wichtige Vielfachzucker.

1 Erkläre die Begriffe Monosaccharid, Disaccharid und Polysaccharid.
2 Warum sind die Bezeichnung „Kohlenhydrate“ und die Formel $C_n(H_2O)_m$ chemisch gesehen irreführend?
3 Beschreibe den Unterschied im Aufbau von Glucose-Molekülen und Fructose-Molekülen.
4 Stelle die Reaktionsgleichung für die Bildung von Saccharose aus einem Glucose-Molekül und einem Fructose-Molekül auf.
5 Erläutere die Unterschiede im Aufbau von Stärke und Cellulose.
6 Welche Eigenschaften von Zuckern sind durch die Hydroxyl-Gruppen bedingt?
7 Warum kann man durch die Iod/Stärke-Reaktion sowohl Stärke als auch Iod nachweisen?
8 Erkläre folgende Beobachtungen aus dem Alltag:
a) Kaut man längere Zeit ein trockenes Stück Brot, so schmeckt dieses allmählich süß.
b) Stärke ist in kaltem Wasser kaum löslich. Erwärmt man das Wasser, so beginnt die Stärke jedoch zu quellen.
c) Diät-Marmelade verdirbt schneller als normale Marmelade.
9 Welche wichtige Rolle spielt die Cellulose für unsere Verdauung?

20.6 Kohlenhydrate in unserer Nahrung

Kohlenhydrathaltige Nahrungsmittel

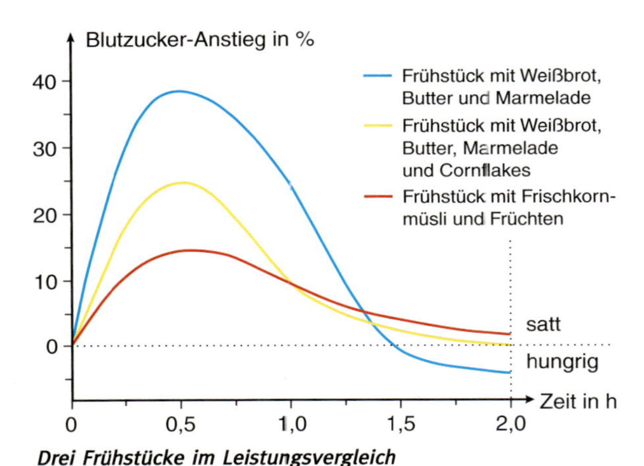

Drei Frühstücke im Leistungsvergleich

Mehr Stärke und Ballaststoffe essen	Weniger Zucker essen

Vollkornbrot, Naturreis und Müsli enthalten viel Stärke, Ballaststoffe und Mineralien. Ideal sind auch Kohlenhydrate aus Erbsen und Bohnen. Der Blutzucker-Spiegel bleibt lange konstant, man bleibt lange satt.	Süßigkeiten, Kuchen und Cola-Getränke sollte man nur maßvoll genießen. Der enthaltene Zucker liefert zwar Energie, aber keine Mineralien und keine Vitamine. Er fördert Übergewicht und Karies.

Ernährungstipps: Kohlenhydrate

Mit unserer Nahrung nehmen wir unterschiedliche Kohlenhydrate auf. Während Kartoffeln, Nudeln und Brot viel Stärke enthalten, findet sich in Süßwaren überwiegend Rohrzucker. Im Körper werden die unterschiedlichen Kohlenhydrate in Glucose umgewandelt. Glucose wird dann in einer exothermen Reaktion zu Wasser und Kohlenstoffdioxid oxidiert. Kohlenhydrate sind daher für unseren Körper wesentliche Energielieferanten.

Eine wichtige Ausnahme bilden die Ballaststoffe. Sie enthalten den unverdaulichen Vielfachzucker Cellulose. Ballaststoffe bewirken jedoch im Magen ein Sättigungsgefühl und verhindern so indirekt eine zu große Energiezufuhr über die Nahrung. Im Darm quellen die Ballaststoffe auf und führen zu einer verstärkten Darmtätigkeit.

Kohlenhydratbedarf. Der Mensch sollte 52 % seines Energiebedarfs durch Kohlenhydrate decken. Tatsächlich beträgt dieser Anteil meist nur etwa 40 %. Wir nehmen mit der Nahrung jedoch nicht nur zu wenig, sondern häufig auch die falschen Kohlenhydrate zu uns: Aus Rohrzucker oder Honig gelangt die Glucose deutlich schneller ins Blut als aus Stärke. Steigt aber der Glucose-Spiegel im Blut zu sehr an, so wird das Hormon Insulin ausgeschüttet, um den Blutzucker-Spiegel zu senken. Ein sinkender Blutzucker-Spiegel ist jedoch wiederum ein Hungersignal. Der Verzehr von stärkehaltigen Lebensmitteln muss daher an erster Stelle stehen. Dafür sollten wir die Aufnahme von Zucker reduzieren, indem wir weniger Süßigkeiten essen. Wer zu viel Zucker isst, hat bald ein Gewichtsproblem. Außerdem fördert Zucker die Bildung von Karies.

Die täglich aufgenommene Menge an Ballaststoffen ist im Gegensatz zur Zuckermenge oft zu niedrig.

> Kohlenhydrate wie Stärke oder Zucker sind wichtige Energielieferanten. Cellulose ist ein unverdaulicher Ballaststoff. Mit der Nahrung sollten wir mehr stärkehaltige Lebensmittel und Ballaststoffe, aber weniger Zucker zu uns nehmen.

1 Nenne verschiedene stärkehaltige Lebensmittel und begründe, warum diese besser sättigen als Süßigkeiten.

2 Warum sollten wir mit der Nahrung mehr Ballaststoffe zu uns nehmen?

3 Erkläre den Zusammenhang zwischen Sättigungsgefühl und Blutzucker-Spiegel.

4 Welche Produkte entstehen im Körper bei der Oxidation von Glucose? Formuliere die Reaktionsgleichung.

5 Vergleiche die drei Kurven aus der mittleren Abbildung. Welches Frühstück ist ideal?

Chemie-Recherche

Location: http://www.schroedel.de/chemie_heute.html

Suche:

Zucker, die uns krank machen

Ergebnisse:

Karies – die Zahnfäule

Zahnschmerzen plagten die Menschheit schon immer. Heute sind die Zähne vieler Kinder und fast aller Erwachsener von Karies angegriffen. Ursache hierfür ist neben mangelnder Zahnhygiene vor allem der zu häufige Verzehr von Einfachzuckern und Zweifachzuckern. Bakterien unserer Mundflora ernähren sich von diesen Zuckern und bilden so einen unsichtbaren Zahnbelag, die *Plaque.* Sie scheiden organische Säuren wie Milchsäure und Essigsäure aus, die die schwer löslichen Calciumsalze des Zahnschmelzes in leicht lösliche Salze umwandeln. Schließlich wird der Zahnschmelz zerstört, es entstehen Löcher. Die besten Mittel gegen Karies sind eine gute Zahnpflege und weniger „Süßes".

Süße Alternativen

Diät-Schokolade und Cola-light haben eines gemeinsam: Sie enthalten anstelle von Rohrzucker Süßstoffe oder Zuckeraustauschstoffe.

Süßstoffe wie *Saccharin, Cyclamat* und *Aspartam* besitzen eine erheblich höhere Süßkraft als Zucker. Sie liefern dem Körper jedoch keine Energie und eignen sich daher besonders für Diabetiker und Übergewichtige.

Zuckeraustauschstoffe haben einen vergleichbaren Energiegehalt wie Kohlenhydrate, ihr Abbau erfolgt im Körper jedoch nur teilweise und weitgehend unabhängig vom Insulin. Dabei sind Zuckeraustauschstoffe wie *Fructose, Isomalt* und *Sorbit* besonders für Diabetiker geeignet.

Die Zuckerkrankheit (Diabetes)

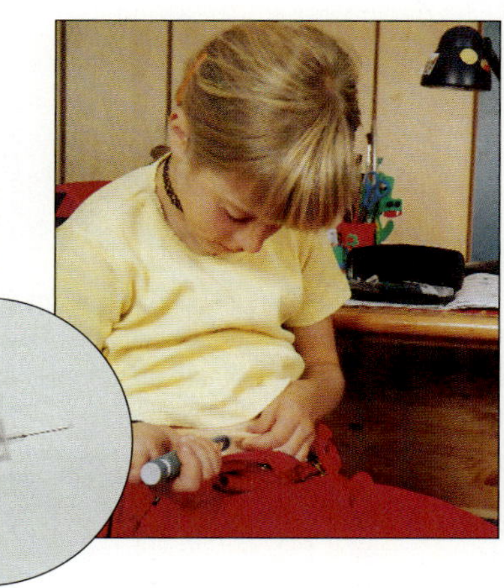

Starker Durst, häufiges Wasserlassen sowie Müdigkeit sind erste Symptome der Zuckerkrankheit. Schwere Erkrankungen sind oft die Folge.

Ursache für die Zuckerkrankheit ist ein Mangel an Insulin, einem Hormon, das in der Bauchspeicheldrüse gebildet wird. Es reguliert den Transport von Glucose aus dem Blut in die Körperzellen. Fehlt Insulin, so erhöht sich der Blutzucker-Spiegel, es kommt zum Diabetes. Zuckerkranke spritzen sich daher Insulin, um den Blutzucker-Spiegel zu senken. Die Gefahren einer *Überzuckerung* werden dadurch gebannt.

Sinkt der Blutzucker-Spiegel durch zu viel Insulin oder zu wenig Kohlenhydrate, so droht die gefährliche *Unterzuckerung.* Es kann zu schweren Schockzuständen mit Bewusstlosigkeit kommen.

Zuckerkranke kontrollieren daher regelmäßig ihren Blutzucker-Spiegel. Sie müssen schnell verwertbare Zucker meiden und lebenslang einen strengen Diätplan einhalten.

Wenn ein Glas Milch zur Qual wird

Manche Menschen reagieren auf ein Glas Milch völlig unerwartet: Sie werden von heftigen Blähungen, Darmschmerzen und Durchfällen gequält. Diesen Menschen fehlt ein Enzym, das den Milchzucker Lactose spaltet. Wird der Milchzucker nicht verdaut, so gärt er im Dickdarm. Die genannten Symptome sind die Folge.

Diese erbliche *Lactose-Intoleranz* findet sich oft bei Afrikanern, Chinesen und Indianern. Sie können zwar als Säuglinge problemlos Milch vertragen, verlieren aber im Erwachsenenalter diese Fähigkeit.

Aufgaben

1 Erkläre die Begriffe Unterzuckerung und Überzuckerung.

2 Erläutere die Bedeutung von Insulin bei der Zuckerkrankheit.

3 Erkläre den Begriff Lactose-Intoleranz.

4 Warum ist bei einer vorwiegend stärkehaltigen Kost mit weniger Karies zu rechnen?

5 Warum sind Zuckeraustauschstoffe bei einer Diät zur Verringerung des Körpergewichtes ungeeignet?

Praktikum Kohlenhydrate

V1: Eigenschaften von Zuckern

   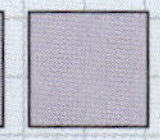 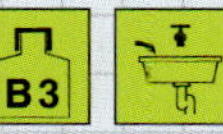 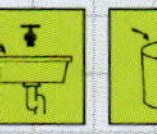 

Materialien: Spannungsquelle, Leitfähigkeitsprüfer, Strommessgerät, Porzellanschale, Gasbrenner;
Universalindikator, Glucose, Rohrzucker, Heptan (F, Xn, N; B3).

Durchführung:
1. Versuche Glucose in Wasser und in Heptan zu lösen.
2. Prüfe den pH-Wert einer Glucose-Lösung.
3. Prüfe die elektrische Leitfähigkeit einer Glucose-Lösung.
4. Führe die Untersuchungen auch mit einer Rohrzucker-Lösung durch.
5. Gib etwas Rohrzucker in die Porzellanschale und erhitze vorsichtig mit kleiner Flamme, bis der Zucker geschmolzen ist.

Aufgaben:

a) Notiere deine Beobachtungen.

b) Welche Rückschlüsse auf die Bindungsverhältnisse ergeben sich aus der Löslichkeit, der elektrischen Leitfähigkeit und dem Verhalten beim Schmelzen?

c) Welche Rolle spielt der beim Schmelzen zu beobachtende Vorgang in der Nahrungsmittelindustrie?

V2: Glucose-Test

      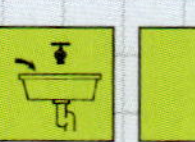

Materialien: Wasserbad, Gasbrenner, Tropfpipette;
Glucose, Rohrzucker, Salzsäure (verd.), Natriumhydrogencarbonat, Glucose-Teststäbchen.

Durchführung:
1. Stelle in einem Reagenzglas eine verdünnte Glucose-Lösung her.
2. Tauche ein Glucose-Teststäbchen kurz in die Lösung, warte eine Minute und beobachte die Farbreaktion.
3. Verfahre ebenso mit verdünnter Rohrzucker-Lösung.
4. Koche einige Milliliter Rohrzucker-Lösung etwa eine Minute lang mit Salzsäure. Gib dann Natriumhydrogencarbonat zu, bis keine Gasblasen mehr aufsteigen. Kühle die Lösung unter fließendem Wasser ab und führe den Glucose-Test durch.

Experimentelle Hausaufgabe: Führe den Glucose-Test zu Hause mit deinem Urin durch.

V3: FEHLING-Probe und TOLLENS-Probe

 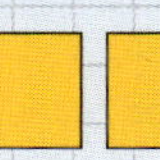 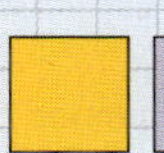  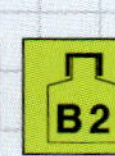 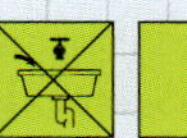 

Materialien: Rundkolben (50 ml), Wasserbad, Dreifuß mit Drahtnetz, Gasbrenner;
Glucose, FEHLING-Lösung I, FEHLING-Lösung II (C), Silbernitrat-Lösung (1 %), Ammoniak-Lösung (verd.).

Durchführung:

FEHLING-Probe:
1. Mische in einem Reagenzglas gleiche Volumina FEHLING-Lösung I und II und gib eine Spatelspitze Glucose zu.
2. Erhitze die Probe im siedenden Wasserbad.

TOLLENS-Probe:
1. In dem Rundkolben wird Silbernitrat-Lösung so lange mit Ammoniak-Lösung versetzt, bis sich der gebildete Niederschlag gerade wieder auflöst.
2. Gib eine Spatelspitze Glucose zu und erhitze im Wasserbad.

Aufgabe: Welche Reaktionen laufen bei dem Versuch ab?

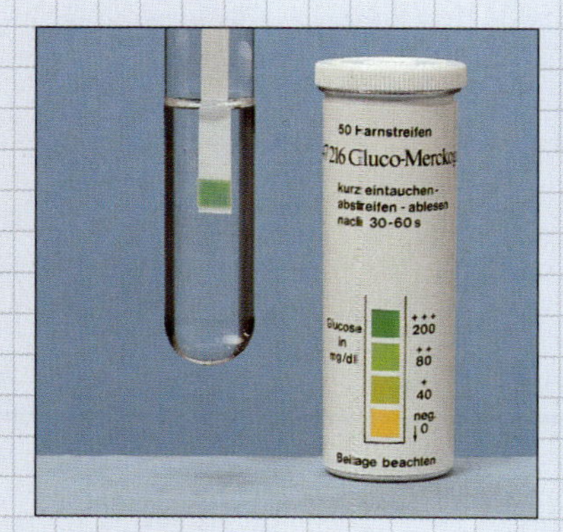

Glucose-Test

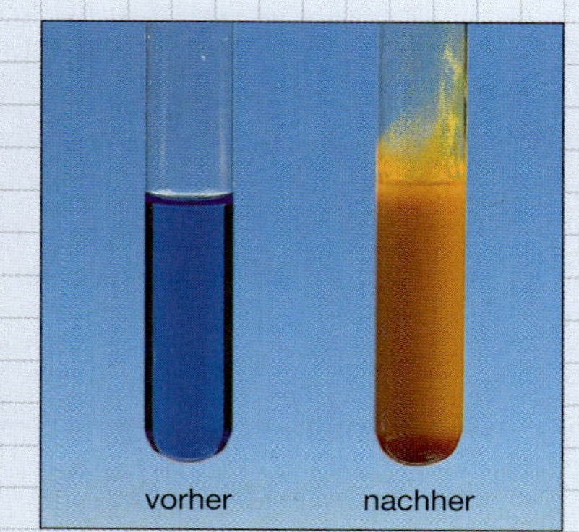

FEHLING-Probe

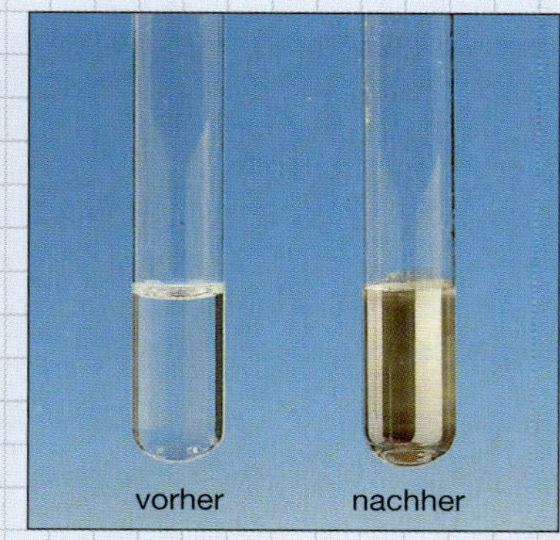

TOLLENS-Probe

V4: Iod/Stärke-Reaktion

Materialien: Gasbrenner, Messer;
Mehl, Brot, Spagetti, Iod-Lösung (Iod gelöst in Kaliumiodid-Lösung).

Durchführung:

1. Fülle ein Reagenzglas zu einem Drittel mit Wasser und gib eine Spatelspitze Mehl hinzu. Koche kurz auf.
2. Gib nach dem Abkühlen einige Tropfen Iod-Lösung zu.
3. Verfahre ebenso mit Brot und Spagetti.

Aufgabe: Formuliere ein Reaktionsschema.

V5: Enzymatischer Abbau von Stärke

Materialien: Becherglas (100 ml), Tropfpipetten;
lösliche Stärke (1 %), Iod-Lösung, Enzym: Amylase-Lösung (0,1 %), Glucose-Teststäbchen.

Durchführung:

1. Gib in acht Reagenzgläser jeweils 2 ml einer stark verdünnten Iod-Lösung.
2. In dem Becherglas werden etwa 50 ml Stärke-Lösung mit 5 ml Amylase-Lösung versetzt.
3. Gib sofort und dann nach jeder Minute 2 ml des Gemisches in eines der Reagenzgläser mit Iod-Lösung.
4. Wenn keine Blaufärbung mehr auftritt, wird die Lösung im Becherglas mit Glucose-Teststäbchen geprüft.
5. Wiederhole den Versuch, indem du statt der Amylase-Lösung Speichel verwendest.

Aufgabe: Formuliere ein Reaktionsschema.

V6: Hydrolyse von Stärke und von Cellulose

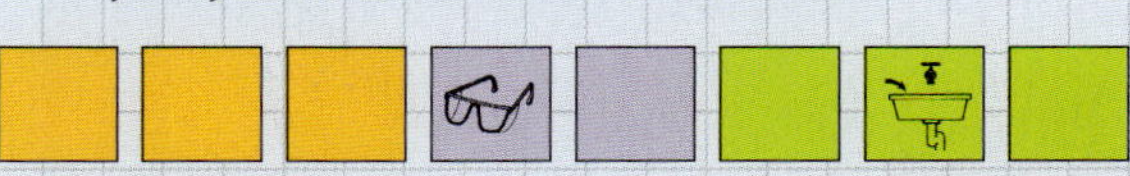

Materialien: Gasbrenner, Wasserbad;
Stärke, Cellulose, Salzsäure (verd.), Natriumhydrogencarbonat, Glucose-Teststäbchen.

Durchführung:

1. Fülle ein Reagenzglas zu einem Drittel mit Salzsäure und gib etwas Stärke hinzu.
2. Erhitze das Gemisch zehn Minuten lang im siedenden Wasserbad.
3. Neutralisiere mit Natriumhydrogencarbonat, bis keine Gasentwicklung mehr auftritt.
4. Kühle das Gemisch unter fließendem Wasser ab und führe einen Glucose-Test durch.
5. Verfahre ebenso mit Cellulose.

Aufgabe: Welche Rolle spielt Wasser bei der Spaltung der Stärke?

V7: Stärkekleister

Materialien: Gasbrenner, Pinsel, Becherglas (100 ml);
Kartoffelstärke.

Durchführung:

1. Koche etwas Kartoffelstärke in etwa 10 ml Wasser auf und lasse dann abkühlen.
2. Streiche mit dem Pinsel etwas von dem Stärkekleister auf ein Blatt Papier und falte es. Versuche das Blatt nach einer halben Stunde zu entfalten.

Aufgabe: Früher nahm man Stärke zum Stärken von Wäsche. Worauf beruht diese Anwendung?

Iod/Stärke-Reaktion

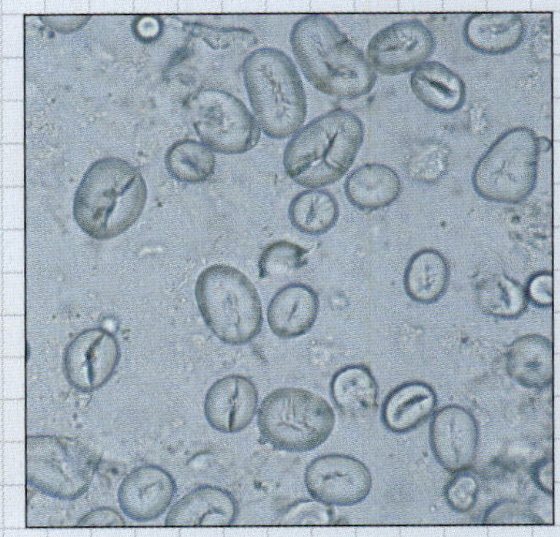

Getreidestärke im Mikroskop

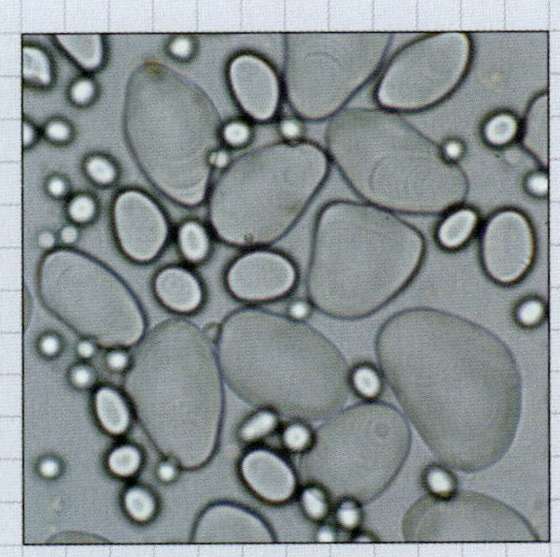

Kartoffelstärke im Mikroskop

20.7 Eiweiße – chemisch betrachtet

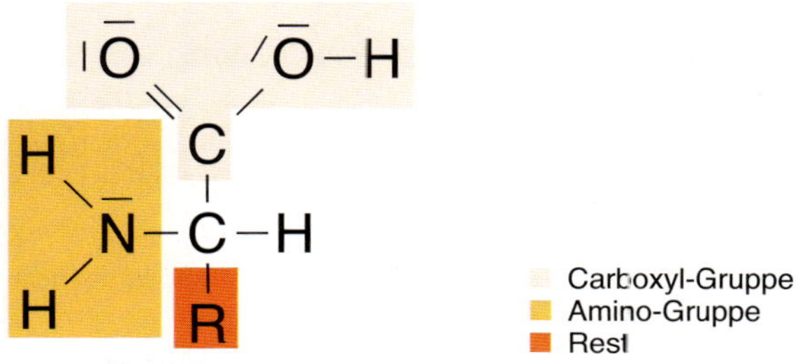

Bauprinzip eines Aminosäure-Moleküls

Name (Abkürzung)	Seitenkette
Glycin (Gly)	–H
Alanin (Ala)	$–CH_3$
Cystein (Cys)	$–CH_2–SH$
Glutamin (Gln)	$–CH_2–CH_2–C(=O)–NH_2$
Glutaminsäure (Glu)	$–CH_2–CH_2–C(=O)–OH$
Lysin (Lys)	$–CH_2–CH_2–CH_2–CH_2–NH_2$
Arginin (Arg)	$–CH_2–CH_2–CH_2–NH–C(=NH)–NH_2$

Einige Aminosäuren

Eiweiße erfüllen in unserem Körper vielfältige Aufgaben: Sie dienen als Baustoffe, Nährstoffe, Enzyme und Transportmoleküle. Die besondere Bedeutung der Eiweiße kommt in der wissenschaftlichen Bezeichnung **Protein** (griech. *protos:* erster) zum Ausdruck.

Aminosäuren. Eiweiße sind große, kettenförmige Moleküle, die aus Aminosäuren gebildet werden. Die 20 natürlich vorkommenden Aminosäuren haben eine gemeinsame Grundstruktur: An ein zentrales Kohlenstoff-Atom sind eine *Carboxyl-Gruppe* (–COOH), eine *Amino-Gruppe* ($–NH_2$), ein Wasserstoff-Atom (–H) und eine Seitenkette (–R) gebunden. Die Aminosäure-Moleküle unterscheiden sich also nur in der Struktur ihrer Seitenkette. Man unterscheidet Aminosäuren mit unpolarer oder polarer Seitenkette und Aminosäuren mit saurer oder basischer Seitenkette.

Peptidbindung. In einem Eiweiß-Molekül sind die Aminosäuren durch Peptidbindungen (–CO–NH–) miteinander verknüpft. Eine Peptidbindung entsteht, wenn die Carboxyl-Gruppe eines Aminosäure-Moleküls mit der Amino-Gruppe eines anderen Aminosäure-Moleküls reagiert. Bei dieser Kondensationsreaktion wird Wasser abgespalten.
Die Verknüpfung zweier Aminosäure-Moleküle führt zu einem Dipeptid. Werden viele Aminosäure-Moleküle über Peptidbindungen miteinander verbunden, so entstehen *Polypeptide.* Bei über 100 Aminosäure-Bausteinen spricht man von einem *Protein.*

Aminosäuresequenz. Die Eigenschaften von Proteinen werden durch die Art und die Reihenfolge der einzelnen Aminosäure-Bausteine in ihren Molekülen bestimmt. Diese Aminosäuresequenz bezeichnet man auch als *Primärstruktur* des Protein-Moleküls.

Räumliche Struktur von Eiweiß-Molekülen. Innerhalb eines Eiweiß-Moleküls können sich zwischen den C=O-Gruppen und den NH-Gruppen weit auseinander liegender Aminosäure-Reste Wasserstoffbrücken bilden. Dadurch erhält die Polypeptidkette eine stabile Form, die *Sekundärstruktur.* Häufig findet man eine spiralförmige Anordnung, die *α-Helix.*

$$H_2N–CH(CH_3)–COOH + H_2N–CH_2–COOH \longrightarrow H_2N–CH(CH_3)–CO–NH–CH_2–COOH + H_2O$$

Alanin + Glycin → Dipeptid (Ala-Gly) + Wasser

Peptidbindung

Auch die Seitenketten der Aminosäuren können miteinander in Wechselwirkung treten. Ein spiraliger Bereich des Moleküls wird dadurch gefaltet und das Eiweiß-Molekül erhält seine endgültige biologisch wirksame Gestalt. Man spricht von der *Tertiärstruktur* eines Proteins.

Welche wichtige Rolle die Aminosäuresequenz für die Eigenschaften eines Proteins spielt, verdeutlicht ein Beispiel: Die roten Blutkörperchen des Menschen enthalten das Protein *Hämoglobin;* es transportiert den Sauerstoff im Blut. Bei der *Sichelzellen-Anämie,* einer Erbkrankheit, ist in der Polypeptidkette nur ein einziger Aminosäure-Baustein ausgetauscht. Dies führt zu geänderten Wechselwirkungen zwischen den Seitenketten und damit zu einer veränderten Tertiärstruktur. Eine sichelförmige Struktur der roten Blutkörperchen ist die Folge. Sie verfangen sich leicht in den engen Blutgefäßen und verursachen so schwere Krankheitssymptome.

Denaturierung. Durch Erhitzen wird die Tertiärstruktur eines Eiweiß-Moleküls zerstört. Diese Strukturveränderung bezeichnet man als Denaturierung. Ein bekanntes Beispiel ist das Kochen von Eiern. Das Eiweiß gerinnt, weil die Struktur durch die hohe Temperatur zerstört wird. Auch durch Säuren, Ethanol oder Schwermetall-Ionen werden Eiweiß-Lösungen denaturiert.

Enzyme. Eine besondere Gruppe von Proteinen sind die Enzyme. Sie erniedrigen die Aktivierungsenergie biochemischer Reaktionen und wirken dadurch als Biokatalysatoren. Nur so können lebenswichtige Reaktionen bei Körpertemperatur schnell genug ablaufen. Ein Beispiel ist das Enzym *Katalase.* Es beschleunigt den Zerfall von Wasserstoffperoxid (H_2O_2) in den Zellen unseres Körpers um den Faktor 10^8. Wasserstoffperoxid ist ein giftiges Abfallprodukt des Stoffwechsels. Wasserstoffperoxid-Moleküle zerfallen an der Oberfläche der Katalase-Moleküle in Sauerstoff-Moleküle und Wasser-Moleküle.

Eiweiße (Proteine) sind aus Aminosäure-Bausteinen aufgebaut, die durch Peptidbindungen (–CO–NH–) miteinander verknüpft sind. Die Aminosäuresequenz bestimmt Struktur und Funktion des Proteins.

1 Erläutere die Begriffe Peptidbindung, Polypeptid und Aminosäuresequenz.

2 Welche Aminosäuren der Tabelle auf der linken Seite haben eine polare, welche eine unpolare Seitenkette? Welche Seitenketten sind sauer oder basisch?

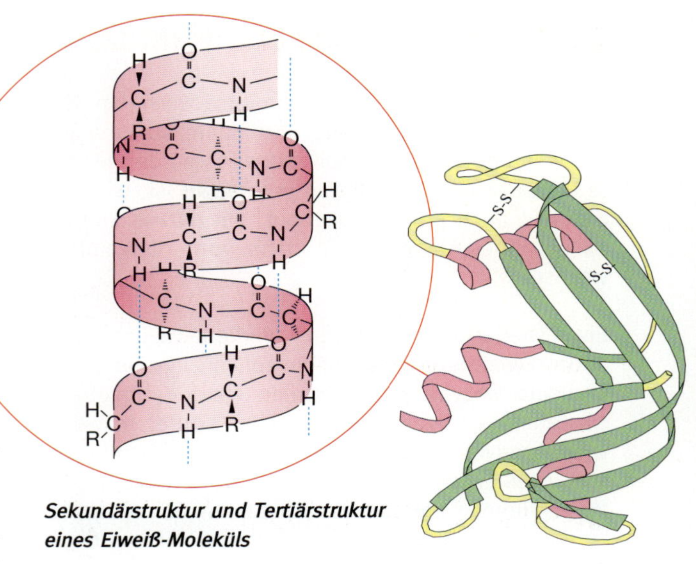

Sekundärstruktur und Tertiärstruktur eines Eiweiß-Moleküls

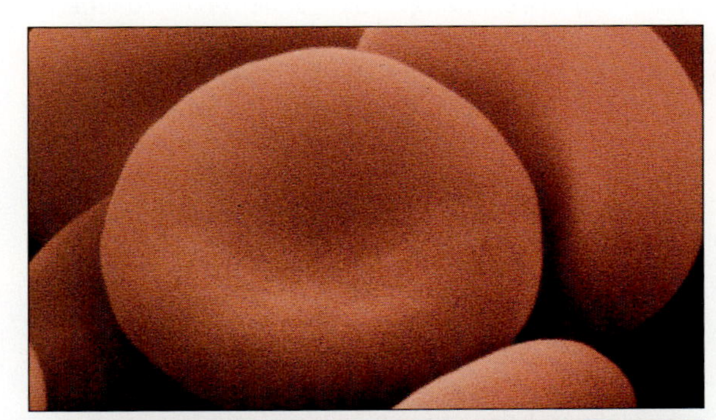

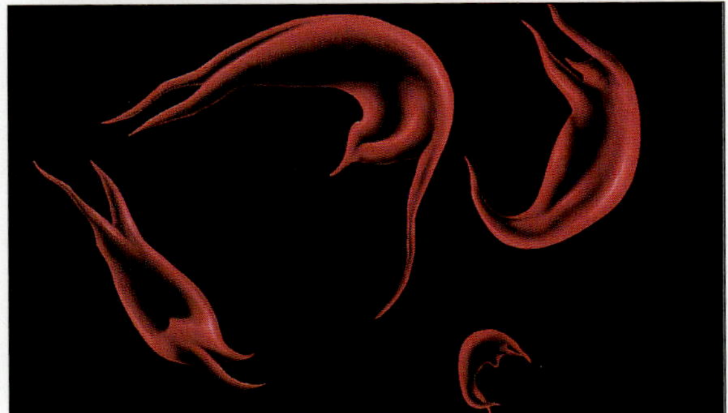

Rote Blutkörperchen: normal entwickelt (oben) und bei Sichelzellenanämie

3 Gib die Strukturformeln der Dipeptide aus Cystein und Alanin an.

4 Das Enzym Urease katalysiert die Reaktion von Harnstoff ($CO(NH_2)_2$) und Wasser zu Kohlenstoffdioxid und Ammoniak.

a) Formuliere die Reaktionsgleichung.

b) Erkläre folgende Beobachtungen: Eine Reaktion bleibt aus, wenn man die Urease-Lösung zuvor erhitzt oder eine Bleichlorid-Lösung zugibt.

20.8 Eiweiße in unserer Nahrung

Unser Körper benötigt Eiweiß hauptsächlich, um Zellsubstanz, Muskulatur, Haut und Haare aufzubauen. Nur wenn durch lang anhaltendes Fasten der gesamte Vorrat an Kohlenhydraten verbraucht ist, wird neben Fett auch Eiweiß abgebaut, um daraus Energie zu gewinnen. Man spricht dann vom Hungerstoffwechsel.

Eiweißbedarf. Unser Körper verliert täglich etwa 300 g Eiweiß: Defekte Zellen gehen zugrunde, verbrauchte Enzyme und Proteine werden abgebaut. Obwohl das abgebaute Eiweiß im Körper teilweise wieder verwertet wird, benötigt der Organismus zusätzliches Eiweiß mit der Nahrung. Dies muss täglich aufgenommen werden, da Eiweiß im Gegensatz zu Fetten und Kohlenhydraten vom menschlichen Organismus nicht gespeichert werden kann. Länger andauernder Eiweißmangel führt daher rasch zu lebensbedrohlichen Mangelkrankheiten.
Es wird empfohlen, täglich 1,1 g Eiweiß pro Kilogramm Körpergewicht zu sich zu nehmen. Bei Infektionen, bei starker körperlicher Belastung und in besonderen Stresssituationen benötigt der Körper aber mehr Eiweiß.
Etwa zwei Drittel des Nahrungseiweißes sollten pflanzlicher Herkunft sein, da tierisches Eiweiß auch immer viel Fett enthält. Dies begünstigt Übergewicht, Gefäßkrankheiten und Gicht.

Unser Körper braucht Eiweiße im Wesentlichen als Baustoffe. Mit der Nahrung nehmen viele Menschen zu viel Eiweiß, insbesondere zu viel tierisches Eiweiß zu sich.

1 Ermittle deinen täglichen Eiweißbedarf.
2 Warum haben Kleinkinder einen höheren Eiweißbedarf als Erwachsene?
3 **a)** Ermittle anhand der Tabelle Lebensmittel mit hohem Eiweißgehalt und hoher biologischer Wertigkeit.
b) Wie viel Gramm Rinderfilet muss man essen, um damit 100 g körpereigenes Eiweiß aufbauen zu können?
4 Warum nehmen Body-Builder zusätzlich Eiweiß zu sich?

Was ist so wertvoll wie ein Ei?

Exkurs

Die verschiedenen Eiweiße, die wir zu uns nehmen, unterscheiden sich in der Zusammensetzung der Aminosäuren und ihrer Bedeutung für den Menschen. Wichtig sind die *essentiellen Aminosäuren.* Diese kann unser Körper nicht selbst bilden, wir müssen sie daher mit der Nahrung aufnehmen. Ein Eiweißstoff ist folglich besonders wertvoll, wenn seine Aminosäure-Zusammensetzung der des Menschen ähnelt und wenn er reich an essentiellen Aminosäuren ist. Tierische Eiweiße sind im Allgemeinen höherwertig als pflanzliche. Um verschiedene Lebensmittel miteinander vergleichen zu können, hat man den Begriff der *biologischen Wertigkeit* eingeführt. Ihr Zahlenwert gibt an, wie viel Gramm körpereigenes Eiweiß aus 100 g des jeweiligen Nahrungseiweißes aufgebaut werden können.
Beispiel: Kartoffeln haben eine biologische Wertigkeit von 67 %: Aus 100 g Kartoffeleiweiß können also 67 g körpereigenes Eiweiß aufgebaut werden. Bei einem Eiweißanteil von 2 g pro 100 g müsste man 5 kg Kartoffeln essen, um 67 g Körpereiweiß aufzubauen.

	Biologische Wertigkeit in %	Eiweiß-Anteil in %
Hühnerei	100	11,0
Magerquark	81	13,5
Vollmilch	81	3,3
Edamer	80	24,8
Rinderfilet	79	21,0
Kartoffeln	67	2,0
Weißbrot	64	7,5
Tofu	53	8,0
Erbsen	47	5,8

Weniger Fleisch essen

Ein 200-g-Steak enthält bereits die empfohlene tägliche Eiweißmenge. Es sollte höchstens dreimal pro Woche Fleisch gegessen werden.

Mehr pflanzliches als tierisches Eiweiß essen

Eiweißreiche tierische Lebensmittel enthalten meist viel Fett und Cholesterin.

Eiweiß mit hoher biologischer Wertigkeit essen

Hochwertig ist die Kombination folgender Lebensmittel:
- Bohnen und Mais
- Milch und Haferflocken
- Reis und Sojabohnen
- Erbsen und Getreide

Ernährungstipps: Eiweiße

Eiweiße

V1: Nachweis von Stickstoff und Schwefel

   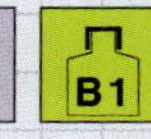    

Materialien: Tropfpipette;
rohes Hühnerei, Universalindikator-Papier, Natronlauge (konz.; C), Bleiacetat-Papier.

Durchführung:

1. Schlage ein rohes Hühnerei auf und trenne das Eiweiß vom Dotter.
2. Erhitze etwas Eiweiß mit 2 ml Natronlauge (B1).
3. Prüfe die entweichenden Dämpfe mit angefeuchtetem Indikatorpapier.
4. Verdünne das Reaktionsprodukt und halte ein Stück Bleiacetat-Papier in die Lösung.

Aufgaben:

a) Notiere deine Beobachtungen.
b) Gib für beide Nachweisreaktionen ein Reaktionsschema an.

V2: Nachweis von Eiweiß

      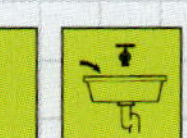

Materialien: Tropfpipetten, Gasbrenner;
Eiweiß-Lösung (Eiweiß und Wasser im Verhältnis 1 : 5), hart gekochtes Ei, Natronlauge (verd.; C), Kupfersulfat-Lösung (stark verdünnt), Salpetersäure (konz.; O, C).

Biuret-Reaktion / Xanthoprotein-Reaktion

Durchführung:
Biuret-Reaktion:

1. Versetze 5 ml der Eiweiß-Lösung mit dem gleichen Volumen an Natronlauge.
2. Gib einen sehr kleinen Tropfen Kupfersulfat-Lösung hinzu, schüttle um und erwärme.

Xanthoprotein-Reaktion:

1. Gib einen Tropfen konzentrierte Salpetersäure auf ein Stückchen Eiweiß.

Aufgabe: Beim unvorsichtigen Experimentieren mit konzentrierter Salpetersäure gibt es manchmal gelbe Flecken an den Händen. Erkläre, wie diese Verfärbung zustande kommt.

V3: Denaturierung von Eiweiß

     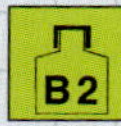 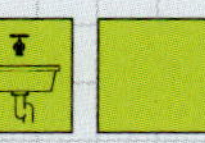

Materialien: Gasbrenner, Tropfpipette, Filtrierpapier, Trichter;
Eiweiß-Lösung (Eiweiß und Wasser im Verhältnis 1 : 5), Spiritus (F), Essigsäure (C), Kupfersulfat-Lösung (5 %), Kochsalz-Lösung (konz.).

Durchführung:

1. Gib in fünf Reagenzgläser einige Milliliter der Eiweiß-Lösung.
2. Versetze die Lösung im ersten Reagenzglas mit Spiritus im Überschuss. Gib zum zweiten Reagenzglas Essigsäure hinzu. Das dritte Reagenzglas wird mit Kupfersulfat-Lösung (B2), das vierte Reagenzglas mit Kochsalz-Lösung versetzt. Die Lösung im fünften Reagenzglas wird zum Sieden erhitzt.
3. Filtriere den Niederschlag aus einem der Reagenzgläser und versuche ihn in Wasser aufzulösen.

Aufgabe: Notiere und deute deine Beobachtungen.

V4: Wirkungsweise eines Enzyms

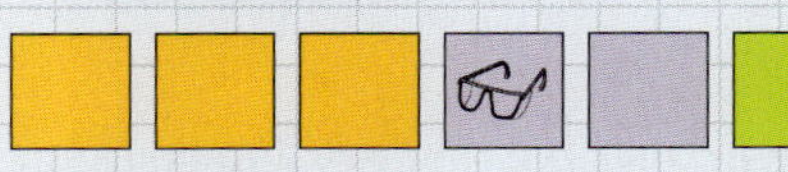

Materialien: Erlenmeyerkolben (250 ml), großes Reagenzglas mit durchbohrtem Gummistopfen und Glasrohr, Holzspan, Plastikwanne, Tropfpipette;
Bäckerhefe, Wasserstoffperoxid-Lösung (3 %).

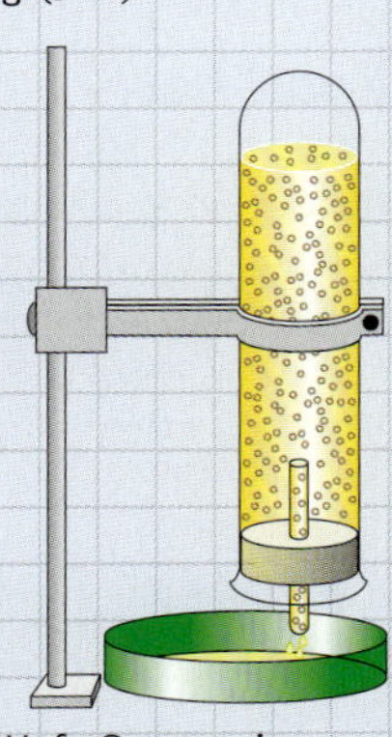

Durchführung:

1. Suspendiere ein Päckchen Hefe in 200 ml Leitungswasser.
2. Fülle das Reagenzglas zu drei Viertel mit der Hefe-Suspension. Gib sofort 2 ml der Wasserstoffperoxid-Lösung hinzu und verschließe mit dem Stopfen mit Glasrohr.
3. Spanne das verschlossene Reagenzglas über der Plastikwanne umgekehrt in ein Stativ.
4. Durch die Gasentwicklung wird die Hefe-Suspension aus dem Reagenzglas verdrängt. Führe mit dem entstehenden Gas die Glimmspanprobe durch.

Aufgaben:

a) Notiere und deute deine Beobachtungen.
b) Gib die Reaktionsgleichung für die Zersetzung von Wasserstoffperoxid (H_2O_2) an.

Prüfe dein Wissen

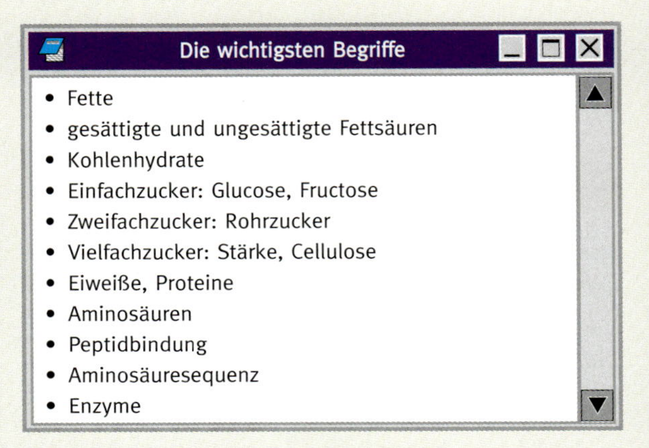

Quiz

A1 a) Erkläre die Begriffe des Fensters.
b) Notiere auf der Vorderseite von Karteikarten den Begriff, auf der Rückseite die Erklärung.

A2 a) Nenne die wesentlichen Inhaltsstoffe von Lebensmitteln und erläutere ihre Funktion.
b) Welcher Nährstoff ist der energiereichste?
c) Formuliere jeweils zwei Ernährungstipps zu Fetten, Kohlenhydraten und Eiweißen.

A3 a) Beschreibe den Aufbau eines Fett-Moleküls.
b) Warum haben Fette keine bestimmte Schmelztemperatur?
c) Warum sind Fette mit einem hohen Anteil an gesättigten Fettsäuren bei Zimmertemperatur fest?
d) Gib je ein Beispiel für eine gesättigte, eine einfach ungesättigte und eine mehrfach ungesättigte Fettsäure an.

A4 a) Nenne je zwei Vertreter von Einfachzuckern, Zweifachzuckern und Vielfachzuckern.
b) Warum sind Zucker gut wasserlöslich und besitzen relativ hohe Schmelztemperaturen?
c) Warum ist Cellulose für den Menschen als Nährstoff ungeeignet?

A5 a) Die Aminosäure Alanin trägt eine Methyl-Gruppe in der Seitenkette. Gib die Strukturformel von Alanin an.
b) Warum ist die Aminosäuresequenz für die räumliche Struktur eines Proteins wichtig?

Know-how

A6 Begründe die Abstufung der Schmelztemperaturen.

Fettsäure	C-Atome	Zweifach-bindungen	Schmelz-temperatur
Myristinsäure	14	–	54 °C
Palmitinsäure	16	–	63 °C
Stearinsäure	18	–	71 °C
Ölsäure	18	1	16 °C
Linolsäure	18	2	–5 °C
Linolensäure	18	3	–11 °C

A7 Bei der vollständigen Oxidation von Rohrzucker entstehen Kohlenstoffdioxid und Wasser.
a) Formuliere die Reaktionsgleichung.
b) Wie viele Liter Kohlenstoffdioxid erhält man bei der Oxidation von 4 g Zucker ($V_m = 24 \frac{l}{mol}$)?

A8 Die Tertiärstruktur eines Proteins wird durch verschiedenartige Wechselwirkungen zwischen den Seitenketten der Aminosäure-Einheiten stabilisiert. Charakterisiere die mit den Buchstaben a bis d bezeichneten Bindungsarten.

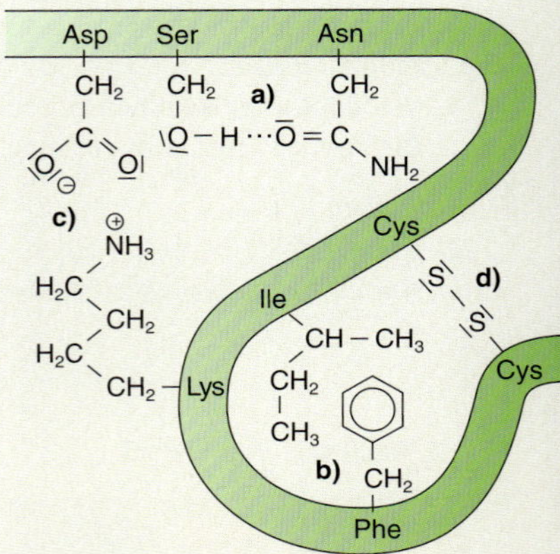

Natur – Mensch – Technik

A9 Auch bei einer Diät sollten Salate mit einem ölhaltigen Dressing angemacht werden. Erkläre diese Empfehlung.

A10 Milch enthält neben Wasser und Fetten auch Eiweiß und Zucker. Mikroorganismen wandeln diesen Milchzucker in Milchsäure um. Warum wird Milch durch diesen Vorgang dick?

A11 Die essentielle Aminosäure Phenylalanin wird in der Nahrungsmittelindustrie zur Herstellung des Süßstoffs *Aspartam* verwendet. Im menschlichen Körper wird sie durch ein Enzym zu Tyrosin umgewandelt. Erblich bedingt fehlt dieses Enzym bei manchen Menschen. Daher kommt es zur Anreicherung von Phenylalanin im Körper. Die Behandlung der Krankheit besteht im Wesentlichen in einer phenylalaninarmen Diät.
a) Warum kann die Krankheit nicht einfach mit einer phenylalaninfreien Kost behandelt werden?
b) Begründe den Warnhinweis auf vielen Light-Getränken: *Enthält eine Phenylalanin-Quelle.*

$C_6H_5-CH_2-CH(NH_2)-COOH \xrightarrow{Enzym} HO-C_6H_4-CH_2-CH(NH_2)-COOH$

Phenylalanin → Tyrosin

Chemie und Ernährung

Basiswissen

1. Fette

Fett-Moleküle entstehen durch Veresterung aus einem Glycerin-Molekül und drei, meist unterschiedlichen Fettsäure-Molekülen.

$$\begin{array}{l} CH_2-O-C(=O)-C_{17}H_{35} \\ | \\ CH-O-C(=O)-C_{17}H_{33} \\ | \\ CH_2-O-C(=O)-C_{17}H_{31} \end{array}$$

Die physikalischen Eigenschaften der Fette werden durch die Fettsäure-Reste bestimmt:
- hoher Schmelzbereich bei gesättigten Fettsäure-Resten, niedriger Schmelzbereich (Öle) bei ungesättigten Fettsäure-Resten
- wasserunlöslich wegen der unpolaren Kohlenwasserstoff-Reste

2. Kohlenhydrate

Kohlenhydrate sind aus ringförmigen Molekülen mit mehreren OH-Gruppen aufgebaut.

CH_2OH, O, H, H, H, HO, OH, H, OH, H, OH

Glucose

Die Kohlenhydrate werden eingeteilt in:
- Einfachzucker (Monosaccharide), *Beispiele:* Glucose, Fructose
- Zweifachzucker (Disaccharide), *Beispiele:* Rohrzucker, Maltose
- Vielfachzucker (Polysaccharide), *Beispiele:* Stärke, Cellulose

Die Hydroxyl-Gruppen bestimmen die Eigenschaften der Zucker:
- gute Wasserlöslichkeit der Einfach- und Zweifachzucker
- Zersetzung beim Erhitzen

3. Eiweiße

Eiweiße bestehen aus großen, kettenförmigen Molekülen. Ihre Bausteine, die Aminosäuren, sind durch Peptidbindungen (–CO–NH–) miteinander verknüpft.

$$H_2N-\underset{R_1}{\overset{H}{C}}-COOH + H_2N-\underset{R_2}{\overset{H}{C}}-COOH \longrightarrow$$

$$H_2N-\underset{R_1}{\overset{H}{C}}-\overset{O}{\overset{\|}{C}}-\underset{H}{N}-\underset{R_2}{\overset{H}{C}}-COOH + H_2O$$

Polypeptide mit mehr als 100 Aminosäure-Resten nennt man Proteine. Die Aminosäuresequenz bestimmt die räumliche Struktur und Funktion der Proteine.
Hohe Temperatur, Säuren und Schwermetall-Ionen denaturieren Eiweiße.

4. Ernährung

Die Energie, die ein Mensch bei völliger Ruhe im Liegen benötigt, bezeichnet man als **Grundumsatz.**
Unter **Leistungsumsatz** versteht man die Energie, die man für zusätzliche Leistungen über den Grundumsatz hinaus benötigt.

Die Energiezufuhr sollte mit dem **Gesamtenergiebedarf** übereinstimmen. Er ergibt sich aus dem Grundumsatz und dem Leistungsumsatz.

Fette sind die energiereichsten Nährstoffe. Der tägliche Fettverzehr sollte bei 90 g bis 110 g liegen. Pflanzliche Fette mit hohem Anteil ungesättigter Fettsäuren sind zu bevorzugen.

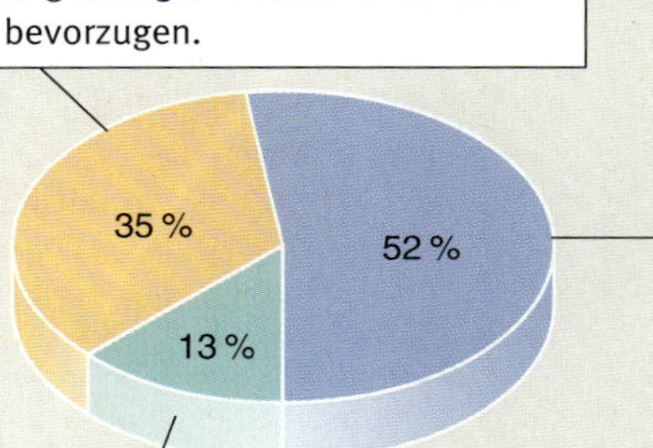

Kohlenhydrate wie Stärke und Zucker sind wichtige Energielieferanten. Der tägliche Verzehr sollte bei 310 g bis 380 g liegen. Cellulose ist ein Ballaststoff, der die Verdauung fördert.

Eiweiße sind in erster Linie Baustoffe des Körpers. Der tägliche Eiweißverzehr sollte bei 80 g bis 100 g liegen. Dabei sollte mehr pflanzliches als tierisches Eiweiß mit der Nahrung aufgenommen werden.

Deckung des Energiebedarfs
(15- bis 18-jährige Frauen und Männer)

21 Organische Werkstoffe

Mit Brettern aus Holz und mit Segeln aus Leinen gäbe es keinen Surfsport. Das Surfen ist eine typische Sportart des Kunststoffzeitalters.

Ein Surfbrett wird extrem belastet. Es soll bruchsicher, verwindungssteif und beständig gegen Sonne, Luft und Wasser sein. Gleichzeitig soll es aber sehr leicht und schwimmfähig sein. Damit das Brett gut auf den Wellen gleitet, muss es eine sehr glatte Unterseite besitzen, andererseits darf der Surfer auf dem Brett nicht ausrutschen. Nicht zuletzt soll das Surfbrett in der optimalen Form kostengünstig hergestellt werden können.

Nur mit *organischen Werkstoffen* lassen sich alle diese Anforderungen erfüllen.

21.1 Kunststoffe – Werkstoffe nach Maß

Karosserie: Front-, Heck-, End-Stoßfänger, Stoßfängerecke, Stoßfängerhorn, Stoßleiste, Kühlergrill, Fensterdichtung, Hardtop, Kofferklappe, Scheinwerferdichtung, Schiebedach, Schiebedachdichtung, Schiebedachführung, Tankdeckel, Türdichtung, Hohlraumausschäumung, Lackierung, Radausschäumung, Wärmedämmung, Schalldämmung; **Fahrwerk:** Anschlagpuffer, Bremsbeläge, Bremsschlauch, Dämpfungselemente, Faltenbelag, Lagerungselemente, Lenkgestänge, Manschette, Pedalauflage, Reifen, Schutzschläuche für Schraubenfedern, Spurstange; **Funktions- und Zierteile:** Belüftungsgrill, Entlüftungsgrill, Heizungs- und Lüftungsgehäuse, Heizungsschlauch, Luftführungskanal, Luftdüse, Aschenbecherblende, Beschlag, Führungsschiene, Griffe, Griffschale, Halteguꝛte, Haltegurtbeschläge, Hebel, Spiegelgehäuse, Türschließkeil, Wischerarm, Embleme, Radkappe, Radnabenabdeckung, Radzierring, Schriftzug, Zierleisten, Leuchtengehäuse, Scheinwerfergehäuse, Scheinwerferreflektor, Riemenscheiben, Kraftstoffpumpe, Turboverdichterteile, Batteriegehäuse; **Motor:** Antriebsriemen, Gasgestänge, Kettenschutz, Kraftstoffleitung, Kraftstoffpumpenmembrane, Kühlerschlauch, Kupplungsbeläge, Lichtmaschinenaufhängung, Lüfterflügel, Luftfilter, Luftfiltergehäuse, Luftvorwärmgerät, Nockenwellenantrieb, Ölwannendichtung, Schaltgestänge, Seilzugführung, Tankentlüftungsschläuche, Ventildeckel, Ventildeckeldichtung, Vergaserdichtung, Vergaserschwimmer, Zylinderkopfdichtung; **Elektrik:** Sicherungskasten, Staubkappe, Steckerleiste, Streuscheiben, Zentralelektrikgehäuse, Zündkabelisolierung, Zündkerzenstecker, Zündverteilerkappe; **Innenausstattung:** Airbag, Armaturenpolsterung, Armaturenrahmen, Armaturentafelabdeckung, Armaturenträger, Armaturenverkleidung, Handschuhkasten, Handschuhkastendeckel, Knöpfe, Schalter, Kontrollleuchte, Scheiben der Instrumente, Zahnräder, Zählwerk, Sitzbezug, Mittelarmlehne, Polsterung, Sitzschale, Sitzverkleidung, Säulenverkleidung, Ablegefach, Armlehne, Brustpolster, Hutablage, Knieschutz, Konsole, Kopfstütze, Lagerung und Führung für Kopfstütze, Lautsprechergrill, Lenkradummantelung, Lenksäulenverkleidung, Rahmenpolsterung, Seitenverkleidung, Sicherheitshimmel, Sonnenblende, Türinnenverkleidung, Türseitentasche, Fußmatte, Fußraumverkleidung, Teppich, Teppichrückenbeschichtung, Tunnelabdeckung

Verschiedene Kunststoffteile im Auto

Jahrtausende versorgten sich die Menschen mit Werkstoffen aus der Natur, indem sie organische Produkte wie Holz und Leder, Pflanzenfasern und Tierhaare verwendeten. Sie benutzten damit Werkstoffe, die hauptsächlich aus Cellulose und Eiweißen bestehen. Die Moleküle dieser Stoffe sind nach einem gemeinsamen Prinzip konstruiert: Kleine Moleküle verbinden sich in langen Ketten miteinander und bauen so Riesenmoleküle auf, die man auch **Makromoleküle** nennt.

Anfang des 20. Jahrhunderts entschlüsselte der schweizerische Chemiker STAUDINGER die Struktur von Makromolekülen und entwickelte Vorstellungen zur Synthese solcher Moleküle. Damit begann ein neues Kapitel der organischen Chemie, das Zeitalter der **Kunststoffe.**

Heute besteht mehr als ein Viertel der rund 7000 Einzelteile eines Autos aus den verschiedensten Kunststoffen. Sie ersetzen herkömmliche Werkstoffe wie Stahl, Glas und Gummi, weil sie in bestimmten Eigenschaften überlegen sind:

- Viele Kunststoffe sind beliebig formbar. Dadurch lassen sich Karosserieteile wie Stoßfänger, Kühlergrill oder Benzintanks in jeder gewünschten Form kostengünstig als Serienprodukte herstellen.
- Kunststoffe rosten nicht und ersetzen daher Stahlbleche an Stellen, die oft mit Spritzwasser in Berührung kommen.
- Kunststoffe sind elastisch. Dadurch erhöhen sie die Sicherheit im Inneren des Fahrzeugs.
- Kunststoffe lassen sich zu Schaumstoffen verarbeiten und zu anatomisch geformten Sitzpolstern aufschäumen.
- Kunststoffe sind leicht. Indem man Stahlbleche durch Kunststoffe ersetzt, wird Gewicht eingespart, der Treibstoffverbrauch gesenkt und so ein Beitrag zum Schutz der Umwelt geleistet.

Dem Einsatz von organischen Werkstoffen sind aber auch Grenzen gesetzt: Die meisten Kunststoffe sind nicht sonderlich temperaturbeständig, sie zersetzen sich beim Erhitzen. Viele Materialien sind wenig kratzfest und es mangelt ihnen an Festigkeit. Aber auch hier fanden Wissenschaftler und Techniker Auswege: *Kunststoff-Legierungen* und *Verbundwerkstoffe* liefern Werkstoffe von hoher Festigkeit und Elastizität.

Kunststoff-Legierungen. Schmilzt man verschiedene Kunststoffe zusammen, so bildet sich eine Kunststoff-Legierung mit neuen Eigenschaften. Kombiniert man einen harten mit einem weichen Kunststoff, so ergibt sich eine Kunststoff-Legierung, die mechanisch hoch belastbar ist, die aber beim Aufprall nachgiebt. Mit solchen Produkten kleidet man die Innenräume von Autos aus.

Verbundwerkstoffe. Häufig werden Kunststoffe mit Fasern und Geweben verstärkt. Solche Verbundwerkstoffe sind extrem belastbar und gegen hohe Temperaturen beständig. Surfbretter, Skier und Bootskörper lassen sich aus diesen Materialien herstellen.

Kunststoffe sind organische Werkstoffe, die aus Riesenmolekülen bestehen. Solche Makromoleküle werden aus kleineren Molekülen synthetisch hergestellt.

1 Was versteht man unter einem Makromolekül?

2 a) Nenne fünf Eigenschaften von Kunststoffen, die sie als Werkstoffe geeignet machen.
b) Welche Eigenschaften begrenzen den Einsatz von Kunststoffen?

3 a) Was versteht man unter einer Kunststoff-Legierung?
b) Wo setzt man solche Werkstoffe ein?

4 a) Was versteht man unter Verbundwerkstoffen?
b) Wo werden Verbundwerkstoffe verwendet?

21.2 Die Struktur bestimmt die Eigenschaft

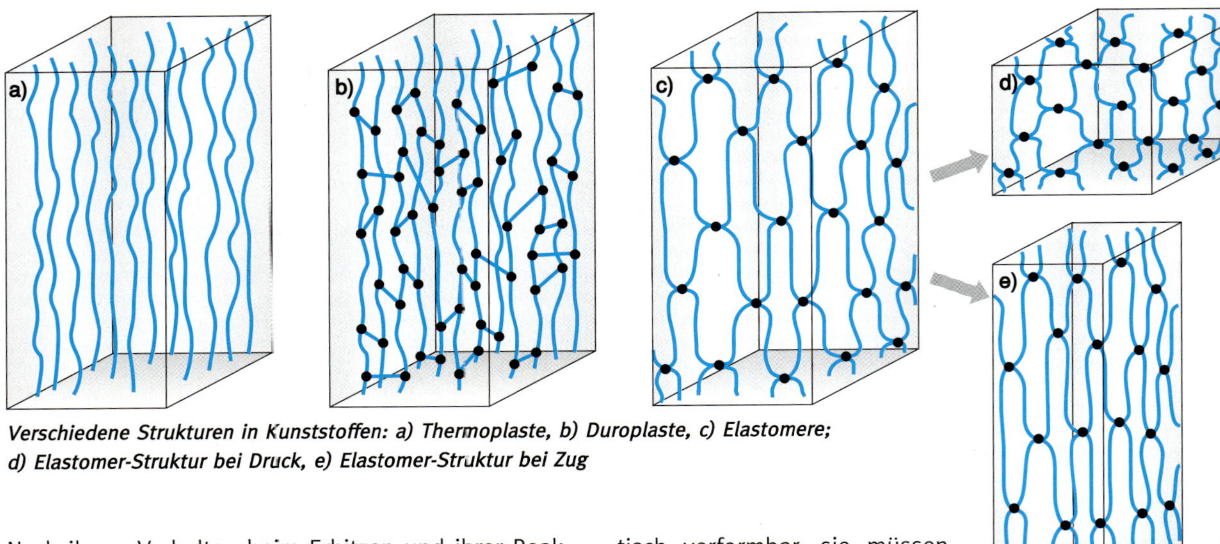

Verschiedene Strukturen in Kunststoffen: a) Thermoplaste, b) Duroplaste, c) Elastomere; d) Elastomer-Struktur bei Druck, e) Elastomer-Struktur bei Zug

Nach ihrem Verhalten beim Erhitzen und ihrer Reaktion auf Druck und Zug lassen sich Kunststoffe unterschiedlichen Gruppen zuordnen. Man unterscheidet *Thermoplaste, Duroplaste* und *Elastomere.*

Thermoplaste. Acrylglas wird beim Erhitzen auf etwa 100 °C weich und schmilzt, Acrylglas ist also in der Hitze *plastisch verformbar.* Kunststoffe mit dieser Eigenschaft werden als *Thermoplaste* bezeichnet. Auch *Polyethen, Polystyrol* und *Polyvinylchlorid* gehören zu den Thermoplasten.

Thermoplaste bestehen aus langkettigen Makromolekülen. Zwischen den Molekülen liegen schwache VAN-DER-WAALS-Bindungen vor. Beim Erwärmen können die Molekülketten aneinander vorbeigleiten.
Thermoplaste, die bei Raumtemperatur weich sind, bestehen überwiegend aus verknäuelten Makromolekülen. Manche Thermoplaste sind bei Raumtemperatur dagegen hart. Bei ihnen sind die Makromoleküle in bestimmten Bereichen parallel geordnet. Man spricht von einem teilkristallinen Zustand.

Duroplaste. Steckverbindungen an elektrischen Kabeln werden oft sehr heiß, dürfen sich dabei aber nicht verformen. Kunststoffe, die diese Werkstoffeigenschaft besitzen, nennt man *Duroplaste.* Zu ihnen gehören *Melaminharze, Bakelit, Epoxidharze* und *Polyesterharze.*

Die Makromoleküle eines *Duroplasten* sind über Elektronenpaarbindungen fest miteinander verknüpft. Die Struktur bleibt auch beim Erhitzen erhalten. Erst bei höheren Temperaturen werden C–C-Bindungen dieses Netzwerkes gespalten und der Kunststoff zersetzt sich. Duroplastische Werkstücke sind also nicht plastisch verformbar, sie müssen ihre endgültige Form schon bei der Herstellung erhalten. Sie lassen sich dann durch Feilen, Sägen, Bohren oder Fräsen mechanisch bearbeiten.

Elastomere. Reifen und Sitzpolster sollen weich und elastisch, aber doch fest sein. Sie werden aus *Elastomeren* hergestellt. Diese Stoffe geben äußerem Zug oder Druck nach, kehren aber anschließend wieder in ihre alte Form zurück.
Die Struktur von Elastomeren ähnelt der von Duroplasten, Elastomere sind jedoch viel weitmaschiger vernetzt. Durch Zug werden die Molekülketten in die Länge gezogen, halten aber an den Vernetzungspunkten zusammen. Äußerer Druck staucht die Molekülketten. Da die Vernetzungspunkte erhalten bleiben, wird die Struktur nur vorübergehend verzerrt. Ist der Zug jedoch zu stark oder die Temperatur zu hoch, wird die Struktur zerstört. So zerreißt ein Gummiring, wenn man ihn zu sehr spannt, und bei einer Notbremsung qualmen die Reifen.

Thermoplaste, Duroplaste und Elastomere unterscheiden sich in ihrem Verhalten beim Erhitzen und in ihrer Reaktion auf Druck und Zug.

1 **a)** Welche Eigenschaften besitzen Thermoplaste, Duroplaste und Elastomere?
b) Wie lassen sich diese Eigenschaften aus der Kenntnis des molekularen Aufbaus erklären?
2 Bringe Gegenstände aus Kunststoff mit und stelle sie im Unterricht als Beispiele für Thermoplaste, Duroplaste und Elastomere vor.

Untersuchung von Kunststoffen

V1: Erkennen von Kunststoffen

    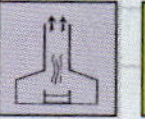  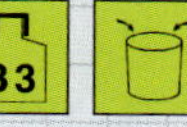

Materialien: Heizplatte, Stahlblech (10 cm x 10 cm), Messzylinder, Waage, Stopfen, Tiegelzange, Temperaturfühler oder Thermochromstifte, Universalindikator-Papier, Gasbrenner;
Aceton (F, Xi), Heptan (F, Xn, N), Kunststoffproben.

Durchführung:

1. Prüfe Streifen von Kunststoffen durch mehrmaliges Abknicken auf ihr Bruchverhalten.
2. Bestimme die Dichte der Proben.
3. Lass abgewogene Kunststoffstreifen in Reagenzgläsern mit Aceton bzw. Heptan für mehrere Stunden verschlossen stehen. Trockne die Proben dann und bestimme erneut ihre Masse.
4. Erhitze Kunststoffproben im Reagenzglas. Halte ein angefeuchtetes Stück Universalindikator-Papier in die entweichenden Dämpfe.
5. Halte kleine Kunststoffproben mit der Tiegelzange in die Flamme. Beobachte auch das Brennverhalten außerhalb der Flamme.
6. Decke eine Heizplatte mit einem Stahlblech ab und lege einige Kunststoffproben darauf. Erwärme das Stahlblech langsam und bestimme die Temperaturbereiche, bei denen die einzelnen Proben schmelzen.

Aufgaben:

a) Stelle die Ergebnisse tabellarisch zusammen.
b) Identifiziere die Proben anhand der unten stehenden Tabelle.
c) Welcher Kunststoff lässt sich durch sein Schwimmverhalten in Wasser von anderen Kunststoffen unterscheiden?

V2: Herstellung eines Kunststoffs

  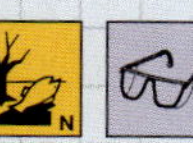 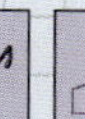   

Materialien: 2 Tropfpipetten, Gasbrenner;
Butandiolmonoacrylat, Cumolhydroperoxid (O, T, N).

Durchführung:

1. Mische in einem Reagenzglas 2 ml Butandiolmonoacrylat und drei Tropfen Cumolhydroperoxid.
2. Erhitze die Probe kurz über einer kleinen Brennerflamme.
3. Beobachte die auftretenden Veränderungen.

Aufgaben:

a) Beschreibe deine Beobachtungen.
b) Die Moleküle von Butandiolmonoacrylat lassen sich vereinfacht durch $R_1–CH=CH_2$ wiedergeben. Formuliere die Verknüpfung dieser Moleküle zu Makromolekülen.

Kunststoff	**Bruchverhalten**	**Dichte in $\frac{g}{cm^3}$**	**Löslichkeit in Aceton**	**Löslichkeit in Heptan**	**Verhalten bei trockenem Erhitzen / *Reaktion der Dämpfe***	**Verhalten in der Flamme / *Geruch der Verbrennungsprodukte***	**Schmelzbereich in °C**
Polyethen	b	0,92–0,96	u/q	u/q	wird klar, schmilzt, zersetzt sich / *neutral*	gelbe Flamme, tropft brennend ab	105–120
Polypropen	h	0,91	u	u/q			
Polystyrol	h	1,05	l	q/l	schmilzt, verdampft / *neutral*	brennt stark rußend / *süßlich*	80–100
PVC (hart)	h	1,4	u/q	u	schmilzt, verkohlt / *sauer*	schwer entflammbar, gelbe Flamme mit grünem Saum, rußend / *stechend, brenzlig*	75–110
PVC (weich)	g	1,2–1,3	q	u			
Polymethylmethacrylat (Acrylglas)	h	1,2	l	u	schmilzt, verdampft / *neutral*	brennt knisternd, tropft ab, leuchtende Flamme, rußend / *fruchtartig*	85–105
Polyamid	b/h	1,1	u	u	schmilzt, verkohlt / *alkalisch*	bläuliche Flamme, tropft fadenziehend ab / *hornartig*	185–255
Polycarbonat	h	1,2–1,4	q	u	schmilzt, verkohlt / *sauer*	leuchtende Flamme, rußend, brennt nicht weiter, verkohlt / *phenolartig*	220–230
Polytetrafluorethen	b	2,1	u	u	wird klar, schmilzt nicht / *sauer*	brennt und verkohlt nicht, grüner Flammensaum / *stechend*	320–330

Bestimmungstabelle für einige Kunststoffe *(**b**iegsam, **g**ummi-elastisch, **h**art, **l**öslich, **u**nlöslich, **q**uellbar)*

21.3 Polymerisation

$$\underset{\text{Ethen}}{H_2C{=}CH_2 + H_2C{=}CH_2 + H_2C{=}CH_2} + \ldots \longrightarrow \underset{\text{Polyethen}}{\cdots -CH_2-CH_2-CH_2-CH_2-CH_2-CH_2- \cdots}$$

Durch Polymerisation bilden sich Makromoleküle.

Polymer	Monomer	Strukturformel
Polyethen (PE)	Ethen	$H_2C{=}CH_2$
Polypropen (PP)	Propen	$H_2C{=}CH{-}CH_3$
Polymethylmethacrylat (PMMA)	Methacrylsäuremethylester	$H_2C{=}C(CH_3){-}C({=}O){-}OCH_3$
Polyacrylnitril (PAN)	Acrylnitril	$H_2C{=}CH{-}C{\equiv}N$
Polytetrafluorethen (PTFE)	Tetrafluorethen	$F_2C{=}CF_2$
Polystyrol (PS)	Styrol	$H_2C{=}CH{-}C_6H_5$
Polyoxymethylen (POM)	Methanal	$H_2C{=}O$

Polymere und ihre Monomere

Bei der Herstellung eines Kunststoffs reagieren zahlreiche gleichartige Moleküle, die **Monomere,** in einer **Polyreaktion** miteinander (griech. *poly:* viele). Aus diesen Monomeren bilden sich Makromoleküle oder **Polymere.** Die wichtigsten Polyreaktionen sind die Polymerisation und die Polykondensation.

Polymerisation. Der Kunststoff *Polyethen* bildet sich aus Ethen ($CH_2{=}CH_2$). Unter dem Einfluss von Licht, Wärme oder eines Katalysators spaltet sich eine Bindung der C=C-Zweifachbindung auf und die Einzelmoleküle verbinden sich zu langen Ketten. Da hierbei viele Monomere zu einem Molekül zusammentreten, spricht man von *Polymerisation.* Das Produkt bezeichnet man als *Polymerisat.* Ganz entsprechend bildet sich *Polypropen* durch Polymerisation von Propen-Molekülen ($CH_2{=}CHCH_3$).
Viele Kunststoffteile im Haushalt, in der Industrie und an wissenschaftlichen Geräten bestehen aus Polyethen oder Polypropen. Sie werden zu Folien, Fasern, Röhren und Gefäßen verschiedenster Form verarbeitet. Diese Gegenstände sind beständig gegen Säuren und Laugen und sind für den Kontakt mit Lebensmitteln geeignet.

PVC. Poly**v**inyl**c**hlorid erhält man durch Polymerisation von Vinylchlorid (Monochlorethen, $CH_2{=}CHCl$). PVC ist ein vielseitig verwendbarer Werkstoff. Er wird unter anderem zu Folien, Bodenbelägen, Abwasserrohren und Kunststofffenstern verarbeitet. Seit einiger Zeit ist PVC jedoch in die Umweltdiskussion geraten: Bei Bränden wird aus PVC Chlorwasserstoff freigesetzt. Außerdem befürchtet man die Bildung von giftigen Dioxinen. Probleme bestehen auch bei der Entsorgung und dem Recycling der anfallenden Altmaterialien.

Polymerisate entstehen aus ungesättigten Monomeren. Die dabei ablaufende Polyreaktion bezeichnet man als Polymerisation.

1 Gib die Reaktionsgleichung für die Polymerisation von Propen an.

2 Plexiglas ist der Handelsname eines Kunststoffs, der aus Methacrylsäuremethylester entsteht. Zeichne einen Ausschnitt aus einem Polymer-Molekül.

3 **a)** Zeichne einen Ausschnitt eines PVC-Moleküls.
b) Formuliere eine Reaktionsgleichung für die Verbrennung von PVC. Gehe dabei von der Formel des Vinylchlorids (C_2H_3Cl) aus. Als Produkte entstehen Kohlenstoffdioxid, Wasser und Chlorwasserstoff.

4 Styrol und Ethen bilden ein Mischpolymerisat. Zeichne ein Molekülstück, das die beiden Monomere abwechselnd enthält.

5 Informiere dich im Internet über Polyvinylchlorid (PVC). Stelle Argumente zur Debatte über die Verwendung von PVC zusammen.

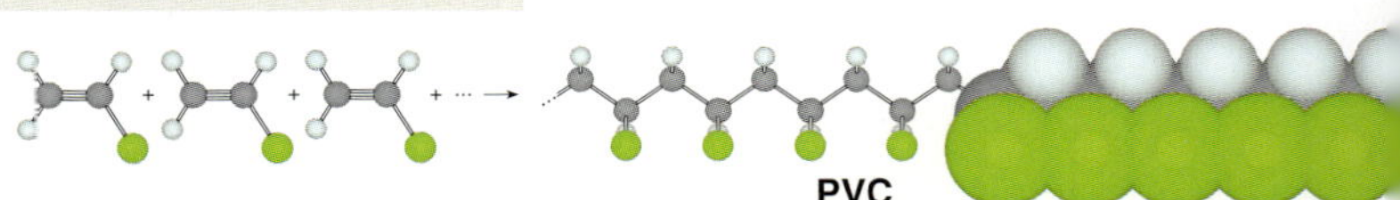

Verarbeitung der Thermoplaste

Exkurs

Unter den Kunststoffen bilden die Thermoplaste die größte Gruppe. Sie werden als Pulver oder Granulat an die kunststoffverarbeitende Industrie geliefert, die daraus mit Hilfe verschiedener Verfahren ihre Produkte herstellt.

Spritzgießen. Ein Extruder arbeitet wie ein beheizter Fleischwolf. Er fördert die zähflüssige Spritzmasse durch eine Düse in ein Spritzgusswerkzeug. Nach dem Abkühlen öffnet sich das Werkzeug und stößt das erhärtete Produkt automatisch aus. So lassen sich selbst komplizierte Formteile mit hoher Genauigkeit und in großer Stückzahl herstellen.

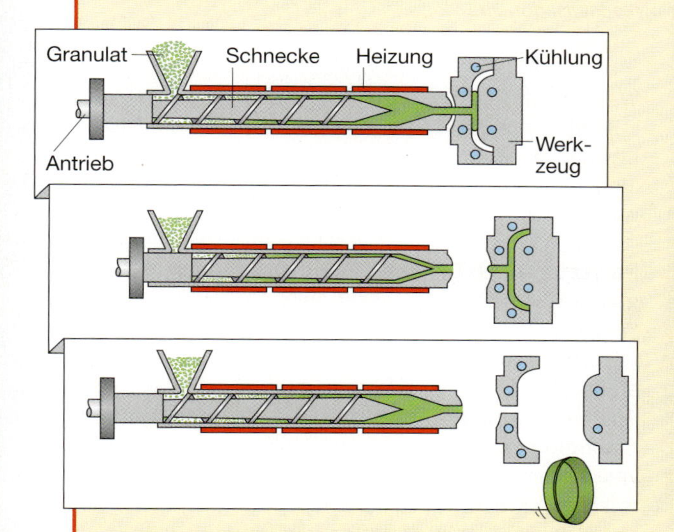

Blasformen. Um Hohlkörper wie Flaschen oder Heizöltanks zu fertigen, bedient man sich des Blasform-Verfahrens. Ein Extruder treibt einen zähflüssigen Kunststoffschlauch in eine zweiteilige Form. Diese schließt sich und quetscht den Schlauch nach allen Seiten luftdicht ab. Druckluft presst den Kunststoffschlauch nun an die gekühlten Innenwände. Wenn sich die Form öffnet, fällt das fertige Produkt heraus.

Folienblasen. Um Folienschläuche zu erzeugen, drückt der Extruder die plastische Masse durch eine ringförmige Düse. Danach wird das noch plastisch verformbare Rohr zu einem weiten Schlauch aufgeblasen, der dann aufgerollt wird. Um Folien zu erzeugen, schneidet man den Schlauch an der Seite auf. Kunststoffsäcke erhält man, indem der Schlauch in regelmäßigen Abständen heiß verschweißt wird.

1 Warum lassen sich Duroplaste und Elastomere nicht durch Blasformen oder Spritzgießen verarbeiten?

Blasformen: a) Der Rohling wird in die geöffnete Form eingesetzt, b) die Form ist geschlossen, c) die geöffnete Form zeigt das fertige Werkstück.

21.4 Polykondensation

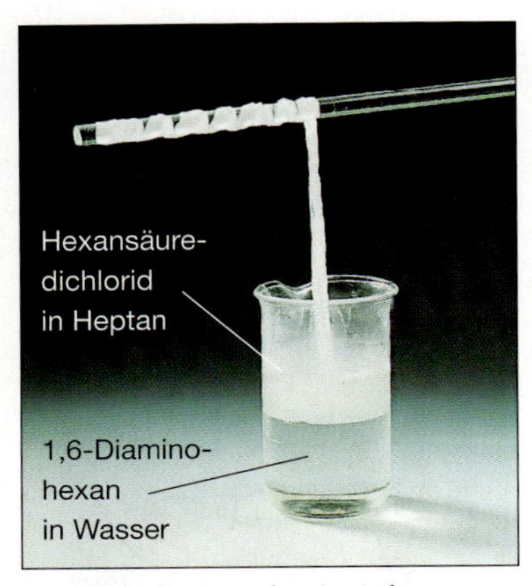

Herstellung von Nylon im Labor

$$H{-}\overline{O}{-}\underset{\|O}{C}{-}(CH_2)_4{-}\overset{O\|}{C}{-}\overline{O}{-}H \; + \; H{-}\underset{|H}{\overline{N}}{-}(CH_2)_6{-}\overset{H|}{\underline{N}}{-}H \; + \; H{-}\overline{O}{-}\underset{\|O}{C}{-}(CH_2)_4{-}\overset{O\|}{C}{-}\overline{O}{-}H$$

Hexandisäure — 1,6-Diaminohexan — Hexandisäure

$$\downarrow \; -2\,H_2O$$

$$H{-}\overline{O}{-}\underset{\|O}{C}{-}(CH_2)_4{-}\overset{O\|}{C}{-}\underset{|H}{\overline{N}}{-}(CH_2)_6{-}\overset{H|}{\underline{N}}{-}\underset{\|O}{C}{-}(CH_2)_4{-}\overset{O\|}{C}{-}\overline{O}{-}H$$

Erste Schritte der Polykondensation zu Nylon

Am 15. Mai 1940 kamen in den USA die ersten Nylonstrümpfe auf den Markt. Innerhalb weniger Stunden wurden fünf Millionen Paare verkauft, obwohl die „Nylons" doppelt so teuer waren wie Seidenstrümpfe. **Nylon** war die erste vollsynthetische Faser.

Polykondensation. Im Jahre 1934 entwickelte der amerikanische Chemiker CAROTHERS ein Syntheseverfahren für Nylon, das von zwei Komponenten ausgeht: Die Moleküle der einen Komponente besitzen zwei reaktionsfähige *Amino-Gruppen* ($-NH_2$), die Moleküle der anderen Komponente haben je zwei reaktionsfähige *Carboxyl-Gruppen* ($-COOH$). Zu Beginn der Reaktion verbinden sich zwei Moleküle über eine Amino-Gruppe und eine Carboxyl-Gruppe miteinander. Bei dieser *Kondensationsreaktion* wird ein Wasser-Molekül freigesetzt. Das entstandene Produkt hat an der einen Seite eine freie Carboxyl-Gruppe und an der anderen Seite eine freie Amino-Gruppe. Es kann daher in einer Polyreaktion beidseitig mit weiteren Monomeren reagieren. Durch diese *Polykondensation* erhält man ein *Polyamid*.

Schmelzspinn-Verfahren. Nylon und das chemisch verwandte Perlon gehören zu den thermoplastischen Kunststoffen. Sie werden nach dem Schmelzspinn-Verfahren zu Fasern verarbeitet. Dazu presst man den geschmolzenen Kunststoff durch feine Düsen. Die heraustretenden Fäden erstarren. Anschließend werden sie auf das Zehnfache ihrer Länge gestreckt und auf Spulen aufgewickelt. Beim Strecken werden die Makromoleküle parallel zueinander ausgerichtet. Dabei bilden sich Wasserstoffbrückenbindungen zwischen den Molekülketten aus. Durch das Strecken werden die Fasern besonders reißfest. Obwohl Nylonfäden viel dünner als Fäden aus Naturseide sind, ist ihre Reißfestigkeit wesentlich höher.

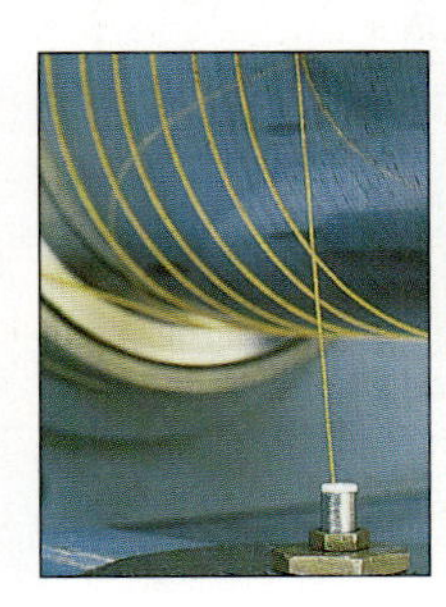

Polyester. Auch Dialkohole und Dicarbonsäuren reagieren durch Polykondensation zu Makromolekülen. Es entstehen *Polyester*. Aus solchen Kunststoffen werden Textilfasern wie Trevira und Diolen hergestellt.
Aus ungesättigten Dicarbonsäuren und mehrwertigen Alkoholen bilden sich *ungesättigte* Polyester. Man verarbeitet sie zu Gießharzen, die sich mit einer zweiten Komponente durch Polymerisation aushärten lassen. Aus mit Glasfasermatten verstärkten Gießharzen werden Bootskörper, Tanks und andere Hohlformen hergestellt.

> Bei einer Polykondensation werden Monomere mit zwei funktionellen Gruppen unter Abspaltung kleiner Moleküle miteinander verknüpft.

1 Was versteht man unter einer Polykondensation?
2 Formuliere die Reaktionsgleichung für **a)** die Bildung eines Nylon-Moleküls aus 1,6-Diaminohexan und Hexandisäure; **b)** die Bildung eines Polyester-Moleküls aus Glykol und Butandisäure.
3 **a)** Beschreibe das Schmelzspinn-Verfahren.
b) Bei welcher Gruppe von Kunststoffen lässt sich das Schmelzspinn-Verfahren anwenden? Begründe.
4 Warum erhalten Nylonfasern erst dann ihre endgültige Reißfestigkeit, wenn der Faden gestreckt wird?
5 Erläutere das Aushärten von ungesättigten Polyestern.
6 Warum verarbeitet man bei der Herstellung von Bootskörpern auch Glasfasermatten?

Nylon

Chemie-Recherche

Location: http://www.schroedel.de/chemie_heute.html

Suche:

Fasern und Membranen

Ergebnisse:

Seide, ein Naturprodukt

Die Raupen des Maulbeerspinners, einer Schmetterlingsart, pressen aus ihren Spinndrüsen einen bis zu 3,5 km langen Faden. Sie erzeugen daraus einen Kokon, indem sie sich verpuppen. Die Seidenindustrie weicht die Kokons in heißem Wasser ein und wickelt die Seidenfäden ab. Von jedem Kokon können etwa 1000 m verwendet werden. Aus mehreren Fäden wird dann ein verwertbarer Seidenfaden gesponnen. Seidenfäden bestehen aus makromolekularen Eiweiß-Molekülen. Seide wird von alkalischen Lösungen und enzymhaltigen Waschmitteln leicht angegriffen. Gegenüber Säuren ist Seide dagegen beständiger.

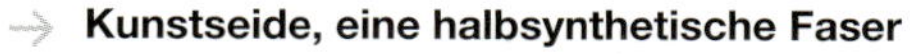

Kunstseide, eine halbsynthetische Faser

Fäden und Gewebe, die man als Kunstseide bezeichnet, werden aus Cellulose hergestellt. In ihrem chemischen Aufbau ist Kunstseide (Reyon) also nicht mit Naturseide vergleichbar. Kunstseide entspricht von der molekularen Zusammensetzung her eher der Baumwolle, die auch ein Cellulose-Produkt ist.

Bei der Produktion von Kunstseide stellt man zunächst reine Cellulose (Zellstoff) her. Zellstoff lässt sich nach unterschiedlichen Verfahren in eine gelöste Form überführen. Die dickflüssige Masse wird dann durch Spinndüsen gepresst und in einem Streckspinn-Verfahren zu Fäden verarbeitet.
Im Gegensatz zur Naturseide ist Kunstseide empfindlich gegenüber Säuren, wird aber von alkalischen Lösungen nicht so leicht angegriffen.

Weltweite Verwendung von Fasern

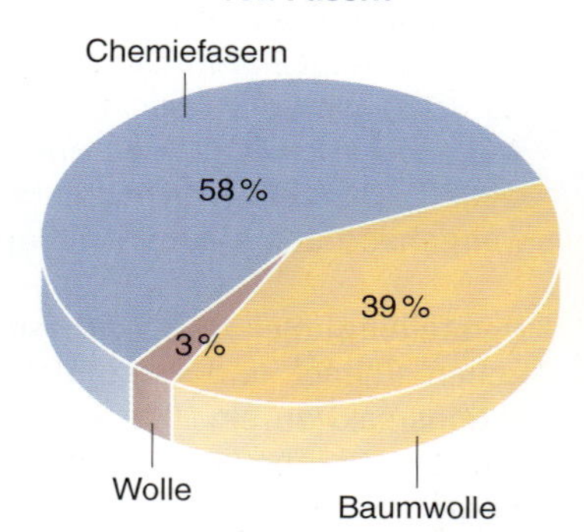

Hightech-Produkte der Textilindustrie

Die ideale Kleidung für Sport und Freizeit soll gleichzeitig winddicht und wasserabweisend, aber trotzdem dampfdurchlässig und atmungsaktiv sein. Solche Textilien sind unter den Begriffen Mikrofaser und Klimamembrane auf dem Markt.

Mikrofasern:
Mikrofasern werden aus Polyester oder nylonähnlichen Fäden hergestellt. Sie sind dreimal feiner als Seidenfäden. Nur drei Kilogramm Mikrofaserfäden reichen einmal um den Äquator. Mikrofasern werden zu sehr feinporigen Geweben verarbeitet. Sie weisen Wind und Regen ab, lassen aber Wasserdampf, der beim Schwitzen entsteht, durch. Die Poren der Membran sind nämlich 3000-mal kleiner als Regentropfen, aber immer noch 3000-mal größer als ein Wasser-Molekül.

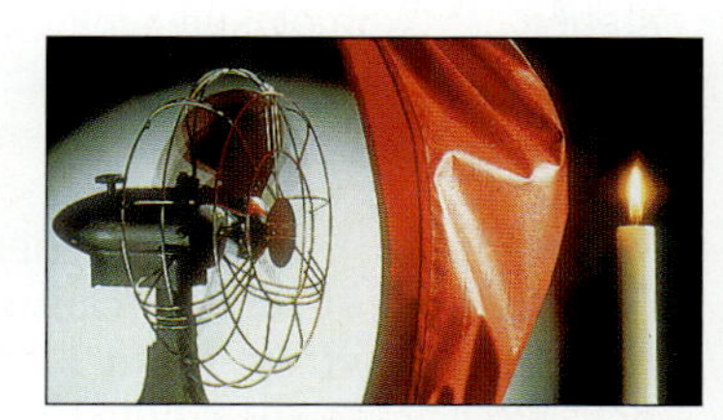

Klimamembrane:
Eine Klimamembran ist eine sehr dünne Folie. Sie wird auf die Innenseite eines Textilgewebes aufgeklebt. Im Handel befinden sich im Wesentlichen zwei Membran-Typen. Eine **Goretex**-Membran besteht aus einer nur 0,02 mm dünnen Folie aus Polyfluorethen. Durch Strecken der Folie bilden sich feinste Poren. Auf einem Quadratzentimeter sind es etwa 1,4 Milliarden.
Völlig porenfrei ist die **Sympatex**-Membran aufgebaut. Sie wird aus einem Polyester hergestellt, der Wasserdampf besonders gut durchlässt. Diese Kunststofffolie ist sogar nur 0,001 mm dick. 20 g reichen für einen ganzen Anorak.

Aufgaben

1 Was ist Naturseide, was ist Kunstseide?

2 Erläutere die Abbildung zur Klimamembrane.

21.5 Bakelit und andere Duroplaste

Artikel aus Duroplasten

1. Stufe: Reaktion zu einem Vorprodukt

Phenol + Formaldehyd + Phenol ⟶ + H_2O

2. Stufe: Bildung eines Duroplasten

Bildung von Phenolharz durch Polykondensation

Schon 1907 hatte der Belgier BAEKELAND aus *Phenol* und *Formaldehyd* mit Natriumhydroxid als Katalysator einen Kunststoff hergestellt. Wegen seines harzartigen Aussehens wird er als **Phenolharz** bezeichnet. Ab 1910 wurde daraus ein technisch verwertbarer Werkstoff entwickelt, den man zu Ehren von BAEKELAND als **Bakelit** bezeichnete. Heute ist Bakelit jedoch weitgehend durch andere Duroplaste ersetzt.

Herstellung. Bei der Synthese eines Phenolharzes gehen Phenol und Formaldehyd eine Polykondensationsreaktion ein. Dabei werden die Phenol-Reste über CH_2-Gruppen miteinander verknüpft, gleichzeitig werden Wasser-Moleküle abgespalten. Zunächst entstehen Makromoleküle mit geringer Kettenlänge. Durch weitere Reaktionen mit Formaldehyd bilden sich vernetzte Strukturen. Es entsteht ein Duroplast.

Verwendung. Neben den Phenolharzen sind auch Duroplaste im Handel, die aus Formaldehyd und den Monomeren Harnstoff und Melamin hergestellt werden. Sie werden zur Produktion von Steckdosen und Sichtblenden elektrischer Schalter verwendet. Diese Produkte sind bis etwa 300 °C temperaturbeständig.

Der Trabant, scherzhaft „Rennpappe" genannt.

Duroplastische Kunststoffe werden oft mit Geweben und Faserbahnen zu *Schichtpressstoffen* verarbeitet. Für die Karosserie des früher in der DDR produzierten Trabants wurden 65 Lagen zu einer nur 4 mm starken Schicht zusammengepresst.

Eine besondere Rolle unter den Duroplasten spielen die *Epoxidharze*. Sie zeichnen sich durch hohe chemische Beständigkeit, große Härte, Schlagfestigkeit und Abriebfestigkeit aus. Aus Epoxidharzen werden hochwertige Kunststoffteile für Waschmaschinen und Kühlschränke, für Kannen, Fässer und viele weitere Gebrauchsartikel hergestellt. Aber auch in der Produktion hochwertiger Lacke und Klebematerialien spielen Epoxidharze eine Rolle.
Auch viele *Gießharze* bestehen aus Epoxid-Kunststoffen. Man verwendet sie in der Elektrotechnik, um verschiedene Geräteteile fest miteinander zu verbinden und sie gleichzeitig elektrisch voneinander zu isolieren.

Duroplaste können nicht recycelt werden, denn sie lassen sich weder ein zweites Mal verformen noch in verwertbare Monomere zerlegen. Duroplast-Teile gehören also in den Restmüll.

Duroplastische Kunststoffe wie Phenolharze und Epoxidharze werden durch Polykondensation hergestellt.

1 **a)** Zeichne auf, wie sich zwei Phenol-Moleküle durch Reaktion mit einem Formaldehyd-Molekül miteinander verbinden.
b) Warum spricht man in diesem Fall von einer Kondensationsreaktion?
c) Welche molekulare Struktur ruft bei Phenolharzen die duroplastischen Eigenschaften hervor?

2 Was versteht man unter einem Schichtpressstoff?

3 Harnstoff hat die Formel $H_2N–CO–NH_2$. Zeige, wie sich aus Harnstoff und Formaldehyd ein Makromolekül bilden kann.

4 Informiere dich im Internet über Expoxidharze. Stelle in einer Übersicht häufige Verwendungsweisen dar.

21.6 Gummi – das wichtigste Elastomer

Latex-Gewinnung

Rohkautschuk

$$\cdots CH_2-\underset{CH_3}{\overset{CH_3}{C}}=CH-CH_2-CH_2-C(CH_3)=CH-CH_2-CH_2-C(CH_3)=CH-CH_2\cdots$$

$$\cdots CH_2-C(CH_3)=CH-CH_2-CH_2-C(CH_3)=CH-CH_2-CH_2-C(CH_3)=CH-CH_2\cdots$$

↓ Vulkanisation / Schwefel

Gummi

$$\cdots CH_2-C(CH_3)(S_x)-CH(S_x)-CH_2-CH_2-C(CH_3)(S_x)-CH(S_x)-CH_2-CH_2-C(CH_3)(S_x)-CH(S_x)-CH_2\cdots$$

$$\cdots CH_2-C(CH_3)(S_x)-CH(S_x)-CH_2-CH_2-C(CH_3)(S_x)-CH(S_x)-CH_2-CH_2-C(CH_3)(S_x)-CH(S_x)-CH_2\cdots$$

(Die beiden Ketten sind über S_x-Brücken miteinander verbunden.)

Struktur von Kautschuk-Molekülen und Vulkanisation

Wird die Rinde eines Kautschukbaums verletzt, so fließt Latex, eine milchige Flüssigkeit, heraus. Sie enthält fein verteilte Tröpfchen von **Kautschuk,** einem Polymer, das in regelmäßigen Abständen *C=C-Zweifachbindungen* enthält. Die Makromoleküle des Kautschuks werden aus dem Monomer *Isopren* (2-Methylbuta-1,3-dien) gebildet:

$$CH_2=\overset{CH_3}{\overset{|}{C}}-CH=CH_2$$

Seit 1937 wird in großem Maße **Synthese-Kautschuk** durch Polymerisation hergestellt. Dabei geht man meist von den Monomeren *Buta-1,3-dien* ($CH_2=CH-CH=CH_2$) und *Styrol* ($C_6H_5-CH=CH_2$) aus. Je nach Mischungsverhältnis der Monomere erhält man Synthese-Kautschuk mit unterschiedlichen Eigenschaften.

Vulkanisation. Rohkautschuk ist zäh, klebrig und thermoplastisch. Ein dauerhaft gummi-elastisches Material erhält man erst durch *Vulkanisation.* Dabei wird Rohkautschuk mit Schwefel vermengt und erhitzt. Der Schwefel reagiert mit den C=C-Zweifachbindungen, sodass benachbarte Makromoleküle über *Schwefelbrücken* verbunden werden. Es entsteht **Gummi.**

Reifenherstellung. Autoreifen müssen besonders elastische Seitenwände besitzen, die Laufflächen dagegen sollen rutschfest und abriebfest sein. Man benötigt also Gummisorten unterschiedlicher Elastizität. Sie lassen sich durch Variation des Synthese-Kautschuks und durch unterschiedliche Schwefelanteile bei der Vulkanisation erreichen. Nach der Vulkanisation sind noch immer reaktionsfähige C=C-Zweifachbindungen vorhanden, die durch Luftsauerstoff angegriffen werden könnten. Dadurch würde das Material porös und brüchig. Durch den Zusatz von Alterungsschutzmitteln verhindert man, dass das Material seine gummi-elastische Eigenschaft verliert. Außer Rohkautschuk und Schwefel werden Ruß und Harze als Füllstoffe und Weichmacher für die Reifenherstellung benötigt.

> Kautschuk ist ein Thermoplast, dessen Moleküle C=C-Zweifachbindungen enthalten. Durch Vulkanisation mit Schwefel werden die Moleküle zu einem gummielastischen Material vernetzt.

1 **a)** Wie gewinnt man Naturkautschuk?
b) Formuliere die Verknüpfung zweier Isopren-Moleküle.

2 **a)** Formuliere die Verknüpfung eines Buta-1,3-dien-Moleküls mit einem Styrol-Molekül.
b) Warum ist die Polymerisation damit noch nicht beendet?
c) Welche Teilchen können die Polymerisation stoppen?

3 **a)** Was versteht man unter Vulkanisation?
b) Stelle den Vulkanisationsvorgang auf molekularer Ebene dar.
c) Wie stellt man Gummisorten mit unterschiedlichen Eigenschaften her?

4 **a)** Welche Rolle spielen die einzelnen Schichten eines Autoreifens?
b) Warum besitzt die Lauffläche ein Profil?
c) Was versteht man unter Aquaplaning?

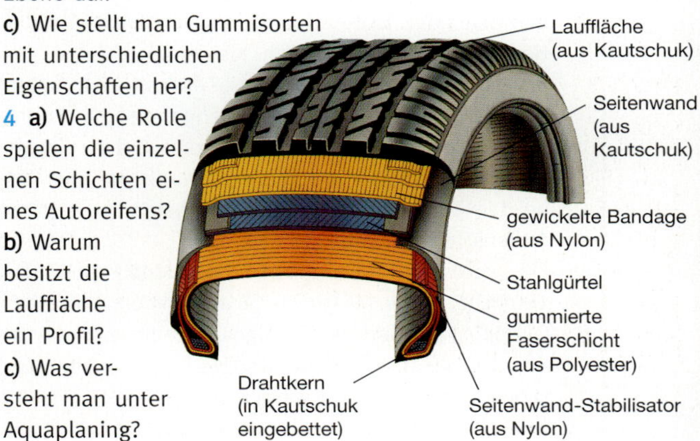

Exkurs Polystyrol-Schaumstoff – viel Raum und wenig Masse

Mit Leichtigkeit können selbst Kinder einen riesigen Packen Dämmmaterial aus Polystyrol-Schaumstoff stemmen, denn dieses Produkt besteht zu 98 % aus Luft. *Polystyrol* wird aus Styrol ($C_6H_5–CH=CH_2$) polymerisiert. Im Alltag werden solche Schaumstoffe meist mit dem Handelsnamen *Styropor* bezeichnet.

Das Ausgangsmaterial für die Herstellung eines Polystyrol-Schaumstoffkörpers kommt in Form von Polystyrol-Kügelchen in den Handel. Durch einen Trick gelingt es, ein Produkt mit extrem geringer Dichte zu erzeugen: In diese Kügelchen ist ein kleiner Anteil an Pentan eingeschlossen. Das Pentan verdampft, wenn man eine feste Form mit Polystyrol-Kügelchen in siedendem Wasser erhitzt. Dabei bläht der Pentan-Dampf die Kügelchen auf und verklebt sie miteinander. Selbst kompliziert geformte Körper lassen sich auf diese Weise herstellen.

Styropor ist vielseitig verwendbar:

- Körper aus Styropor haben einen großen Auftrieb. Darum verwendet man sie, um Boote unsinkbar zu machen. Auch Schwimmwesten und Rettungsringe haben meist einen Kern aus Styropor.
- Styropor ist ein schlechter Wärmeleiter. Beim Hausbau und in Kühlschränken setzt man daher Styropor zur Wärmeisolierung ein.
- Styropor ist nicht nur leicht, sondern auch weich und elastisch. Man fertigt daher Verpackungsmaterial aus diesem Material, weil es sich den Formen des Transportguts anpassen lässt.

1 Bestimme das Volumen und die Masse eines Styropor-Körpers und berechne seine Dichte.
2 Warum ist Styropor ein guter Wärmeisolator?

Exkurs Polyurethan – alles nur Schaum?

Polyurethane wurden schon im Jahre 1935 von BAYER entwickelt. Sie machten insbesondere als Schaumstoffe eine beachtliche Karriere. Polyurethan-Schaumstoffe sind heute aus der industriellen Fertigung vieler Produkte nicht mehr wegzudenken. Das liegt auch daran, dass sich Polyurethan-Schäume mit sehr unterschiedlichen Eigenschaften herstellen lassen:

- Weicher Polyurethan-Schaum hat einen schwammartigen Charakter. Er dient häufig als Polstermaterial.
- Harter Polyurethan-Schaum kleidet Hohlräume aus und sorgt für Leichtigkeit bei hoher Festigkeit. Außerdem wird er als Isoliermaterial eingesetzt.
- Hochelastischer Polyurethan-Schaum wird zu Schuhsohlen verarbeitet. Die Reaktion erfolgt in einer beheizten Form, sodass sich ein Schaum mit dichter Außenschicht bildet.
- Ein spezieller Polyurethan-Schaumstoff kann das 100fache seiner Masse an Öl aufnehmen. Um einen Ölteppich auf See zu beseitigen, erzeugt man diesen Schaum direkt vor Ort. Das aufgesaugte Öl kann anschließend abgepresst werden.

Körper aus Polyurethan-Schaumstoff sind leicht herzustellen. Man mischt die Komponenten *Desmodur* und *Desmophen* in einem bestimmten Verhältnis miteinander und bald „wächst" ein Schaumpilz aus Polyurethan aus dem Becherglas. Die Schaumstruktur entsteht, weil bei der Reaktion Kohlenstoffdioxid-Gas freigesetzt wird, das den fest werdenden Kunststoff aufbläht.

1 Erläutere die Entstehung eines Polyurethan-Schaumkörpers.

21.7 Silicone – Kunststoffe aus Sand

```
      CH3              CH3              CH3                          CH3    CH3    CH3
      |                |                |                            |      |      |
H-O-Si-O-H  +  H-O-Si-O-H  +  H-O-Si-O-H   ---------->   H-O-Si-O-Si-O-Si-O-H
      |                |                |         3 H2O              |      |      |
      CH3              |O|              CH3                          CH3    |O|    CH3
                       |                                                    |
                       H                                             CH3-Si-CH3
                       +                                                    |
                       H                                                   |O|
                       |                                                    |
                       |O|                                                  H
                       |
                  CH3-Si-CH3
                       |
                       O
                       |
                       H
```

Die ersten Schritte zur Bildung eines Siliconharzes

Silicium steht im Periodensystem unmittelbar unter dem Element Kohlenstoff. Daher bildet es auch ähnliche Verbindungen: Dem Methan (CH_4) entspricht das *Silan* (SiH_4), den Alkanolen entsprechen die *Silanole*.
Auch Makromoleküle lassen sich auf der Grundlage der Silicium-Chemie herstellen. Größere Mengen dieser Kunststoffe, der **Silicone,** wurden erstmals 1947 in Deutschland produziert.
Die erforderlichen Zwischenprodukte werden mit Hilfe von elementarem Silicium erzeugt. Da das Silicium aus Quarzsand (SiO_2) gewonnen wird, bezeichnete man Silicone auch als „Kunststoffe aus Sand".

Der ICE – mit einem Schutzanstrich aus Siliconharz

Silicone sind silicium-organische Kunststoffe, deren Molekülgerüst aus Silicium-Atomen und Sauerstoff-Atomen besteht. Die übrigen Bindungen an den Silicium-Atomen sind meist von Methyl-Gruppen besetzt.

Herstellung. Das wichtigste Zwischenprodukt für die Synthese von Siliconen ist Dichlordimethylsilan ($(CH_3)_2SiCl_2$). Es entsteht bei der Umsetzung von elementarem Silicium mit Chlormethan (CH_3Cl):

$$Si\ (s) + 2\ CH_3Cl\ (g) \xrightarrow{300\ °C,\ Katalysator} (CH_3)_2SiCl_2\ (l)$$

Durch die Reaktion mit Wasser erhält man daraus das eigentliche Monomer für die Polyreaktion, ein **Silandiol:** $HO–Si(CH_3)_2–OH$. Silandiole entsprechen den Alkandiolen der Kohlenstoff-Chemie, besitzen aber viel reaktionsfreudigere OH-Gruppen. Sie reagieren in einer *Polykondensationsreaktion* miteinander, wobei Wasser abgespalten wird. Dadurch bilden sich kettenförmige Silicon-Moleküle, wie sie in *Siliconölen* und *Siliconfetten* enthalten sind. Die Moleküle der **Silantriole** besitzen dagegen drei OH-Gruppen. Man erhält daraus duroplastische *Siliconharze* mit räumlich vernetzten Makromolekülen.

Eigenschaften und Verwendung. Durch die unpolaren Methyl-Gruppen sind Silicone wasserabweisend. Silicone sind außerdem beständig gegen Ozon und UV-Strahlen, sie vertragen höhere Temperaturen als Kunststoffe, die aus Kohlenstoff-Verbindungen bestehen.
Da sie auch geruchsfrei, elektrisch isolierend und wärmebeständig sind, werden sie in vielen Bereichen eingesetzt:
- Man verwendet sie als Bremsflüssigkeit, Schmiermittel und Dichtungsmasse.
- In der Medizintechnik werden künstliche Gelenke und Herzklappenventile aus Siliconen angefertigt.
- Die Arzneimittelindustrie und die Kosmetikindustrie stellt aus Siliconen Salbengrundlagen her.
- Textilien, die mit Siliconen imprägniert sind, bleiben atmungsaktiv, lassen sich aber nicht von Wasser benetzen.
- Viele Gebäudeschutzmittel bestehen aus Silicon.

Silicone sind silicium-organische Kunststoffe, in denen Silicium-Atome und Sauerstoff-Atome das Grundgerüst der Moleküle bilden.

1 Wie viele Elektronenpaarbindungen bilden Silicium-Atome aus?
2 Worin unterscheiden sich die Polymerketten der Silicone von denen des Polyethens?
3 Warum ist die Reaktion zwischen Silandiol-Molekülen eine Polykondensation?
4 Warum entstehen durch die Polykondensation von Silantriol-Molekülen räumlich vernetzte Molekülstrukturen?
5 Informiere dich im Internet über Silicone und ihre Verwendung.

Silicon

21.8 Klebstoffe – wie halten sie fest?

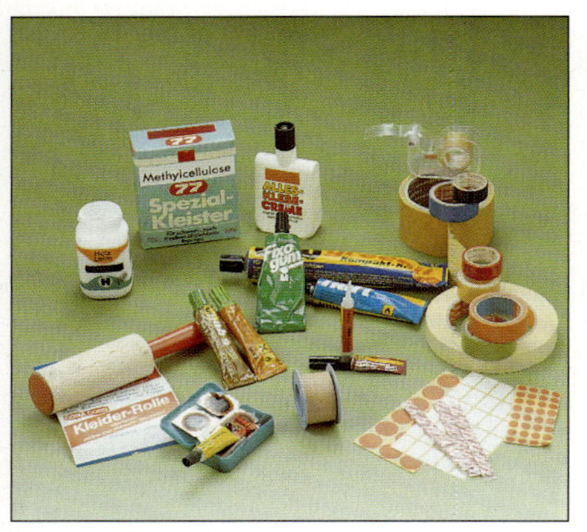
Klebstoffartikel

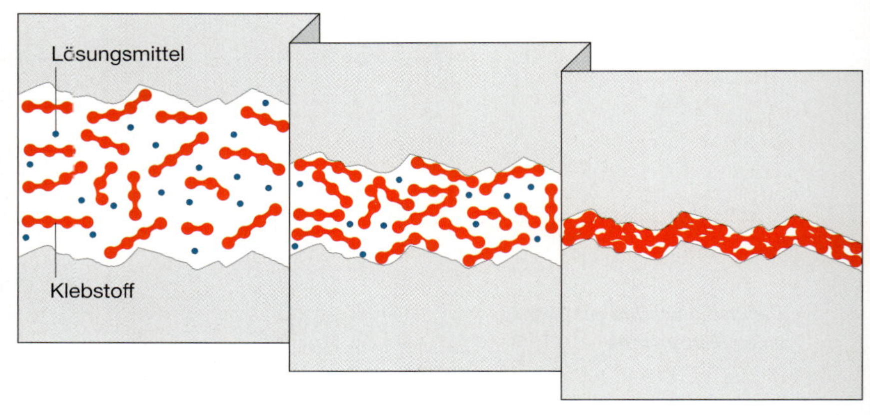

Klebevorgang bei einem Lösungsmittelkleber im Modell

Zum Basteln, Reparieren und Verpacken bietet der Markt heute eine fast unüberschaubare Fülle von Klebern an. Auch in der technischen Fertigung gewinnen Klebstoffe immer größere Bedeutung. Statt zu schweißen oder zu nieten, klebt man die Teile viel einfacher und billiger aneinander. So werden bei der Herstellung eines Autos durchschnittlich 15 verschiedene Klebstoffe eingesetzt. Sie erreichen eine Festigkeit, die den Schweißnähten und Nietverbindungen in nichts nachsteht.

Theorie des Klebens. Zwei Voraussetzungen müssen erfüllt sein, damit eine Klebeverbindung hält:

- Der Klebstoff muss das zu klebende Material gut *benetzen.* Darum wird er meist in flüssiger Form aufgetragen, denn nur so kann er in die kleinsten Unebenheiten eindringen.
- Der Klebstoff muss die zu verbindenden Teile *zusammenhalten.* Den Kontakt vermitteln Anziehungskräfte zwischen den Teilchen des Klebstoffs und denen des zu verbindenden Materials. Man spricht hier von *Adhäsionskräften* (lat. *adhaerere:* haften). Die Teilchen des Klebstoffs müssen aber auch untereinander durch genügend große Kräfte zusammengehalten werden. Das bewirken *Kohäsionskräfte* (lat. *cohaerere:* zusammenhalten).

Klebstoffarten. Klebstoffe lassen sich nach der Art ihres Aushärtens einteilen:
Lösungsmittelklebstoffe enthalten gelöste Makromoleküle. Der eigentliche Klebstoff härtet aus, wenn das Lösungsmittel verdunstet. In diese Gruppe gehören die so genannten Alleskleber. Sie enthalten beispielsweise in Aceton gelöste Polyester. Heute bevorzugt man in vielen Klebern Wasser als Lösungsmittel, weil organische Lösungsmittel gesundheitsschädlich und leicht entzündlich sein können.
Schmelzkleber sind thermoplastische Kunststoffe, die beim Erwärmen erweichen. Beim Abkühlen erstarrt der Kleber wieder und verbindet die Teile miteinander. Ein handliches Gerät zur Verarbeitung von Schmelzklebern ist die Klebepistole.
Reaktionskleber enthalten Monomere oder Vorstufen von Makromolekülen. Vor ihrem Einsatz werden sie mit einem *Härter* vermischt. Beim Aushärten setzt eine Polymerisation ein. Zu dieser Gruppe von Klebern gehören die Zwei-Komponenten-Kleber.
Nicht härtende Kleber beinhalten in der Regel Kautschuk oder Polyacrylate. Man verwendet sie für Klebebänder, Pflaster und Aufkleber, die sich wieder von der Unterlage abziehen lassen. Ein bekannter Kleber dieser Art ist die Gummilösung, mit der Löcher in Fahrradschläuchen geflickt werden.

Klebstoffe verbinden Teile durch molekulare Anziehungskräfte miteinander. Für bestimmte Zwecke werden unterschiedliche Klebstoffe eingesetzt.

1 Bringe verschiedene Klebstoffe in den Unterricht mit. Ordne sie einer Klebstoffart zu. Beachte dabei die Verarbeitungshinweise.

2 Erkläre mit Hilfe des rechten Bildes die einzelnen Phasen des Klebevorgangs. Wo wirken Adhäsionskräfte und wo Kohäsionskräfte?

3 Wie funktioniert ein Schmelzkleber?

4 Für welche Zwecke werden nicht härtende Kleber eingesetzt?

5 **a)** Was ist ein Zwei-Komponenten-Kleber?
b) Warum werden die Komponenten getrennt geliefert?

6 Welche Sicherheitsvorschriften sind beim Umgang mit Sekundenklebern zu beachten?

7 Warum muss Gummilösung beim Flicken eines Fahrradschlauchs eintrocknen?

21.9 Kunststoffe sind Wertstoffe

Seit Kunststoffe in größerem Umfang verarbeitet und genutzt werden, gibt es auch Probleme mit Kunststoffabfällen. Die Abfälle stammen hauptsächlich aus der kunststoffverarbeitenden Industrie und aus dem Verpackungsmaterial der Kleinbetriebe und Haushalte. Für die Verwertung dieses Material kommen drei Verfahren in Frage:

- Beim **werkstofflichen Recycling** werden die Kunststoffabfälle zerkleinert, umgeschmolzen und wieder verwendet.
- Was sich nicht in dieser Weise recyclen lässt, wird oft dem **rohstofflichen Recycling** zugeführt. Bei diesem Verfahren werden thermoplastische Kunststoffe in ihre niedermolekularen Bestandteile zerlegt, um sie anschließend zur Herstellung neuer Kunststoffe zu verwenden. Dieses Verfahren funktioniert aber nur dann problemlos, wenn die Kunststoffreste weitgehend sortenrein anfallen und nicht zu sehr verschmutzt sind.
- Kunststoffmüll, der weder werkstofflich noch rohstofflich recycelt werden kann, wird verbrannt. Bei dieser **thermischen Verwertung** wird der Energiegehalt des Materials genutzt.

Das Recycling von Kunststoffen hat zum Ziel, Rohstoffe einzusparen, den Energieeinsatz zu reduzieren und die Müllmenge zu verringern. Die Verfahren sollen möglichst kostengünstig sein und die Umwelt nicht belasten. Seit 1993 hat die *Duales System Deutschland AG* die vom Gesetzgeber übertragene Aufgabe übernommen, Verkaufsverpackungen, die in Haushalten und im Kleingewerbe anfallen, zu sammeln, zu sortieren und zu verwerten. 1998 wurde gesetzlich festgelegt, dass 60 % des anfallenden Kunststoffmülls in der einen oder anderen Weise zu verwerten sind. 36 % der Kunststoffabfälle sollen werkstofflich recycelt werden. Die restlichen 24 % können einem rohstofflichen oder thermischen Verwertungsverfahren zugeführt werden.

Modernste Anlagen ermöglichen heute die vollautomatische Sortierung des Inhalts der *„Gelben Säcke"*. Leichtverpackungen, Weißblech und Aluminium werden abgetrennt. Der Kunststoffmüll wird zerkleinert und sortenrein aufbereitet.

Kunststoffreste werden gesammelt und werkstofflich oder rohstofflich wieder verwertet. Der Rest wird verbrannt.

1 Mit welchen Techniken lässt sich ein Gemisch aus Kunststoffabfällen sortieren?

2 Stelle Vorteile und Nachteile des werkstofflichen Recyclings, des rohstofflichen Recyclings und der thermischen Verwertung von Kunststoffen zusammen.

3 Bestelle dir bei der Duales System Deutschland AG Informationsmaterial zur Verwertung von Kunststoffen.

4 Informiere dich in deinem Wohnort nach dem dortigen Abfallbeseitigungskonzept.

5 Beschreibe das abgebildete Fließschema zur Wertstoffsortierung.

Polyethenterephthalat (PET)

Polyethen (HDPE)

Polyvinylchlorid (PVC)

Polyethen (LDPE)

Polypropen (PP)

Polystyrol (PS)

Vollautomatische Sortierung und Aufbereitung von Wertstoffen aus den „Gelben Säcken" in der SORTEC 3.0-Anlage in Hannover

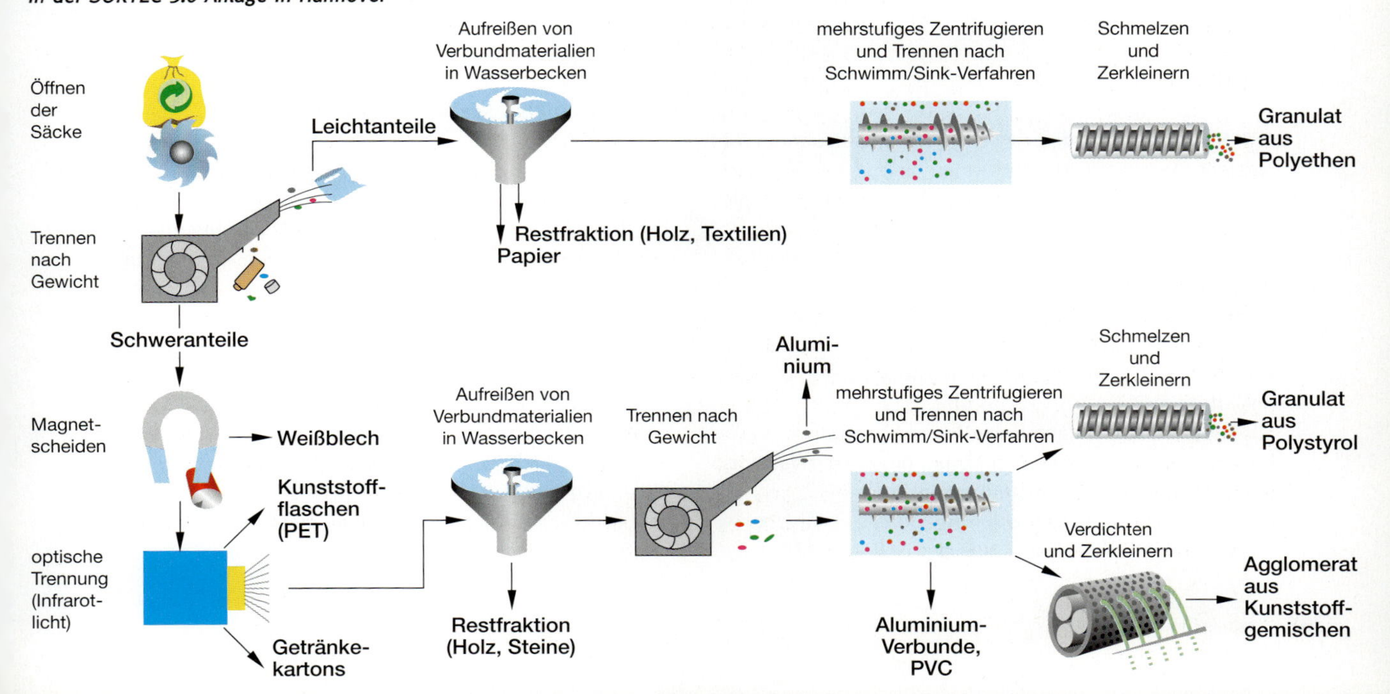

Prüfe dein Wissen

Quiz

A1 a) Erkläre die Begriffe des Fensters.
b) Notiere auf der Vorderseite von Karteikarten den Begriff, auf der Rückseite die Erklärung.

A2 In der Abbildung sind drei Gegenstände wiedergegeben. Ordne das Material, aus dem sie bestehen, den drei Kunststoffgruppen zu und begründe deine Entscheidung.

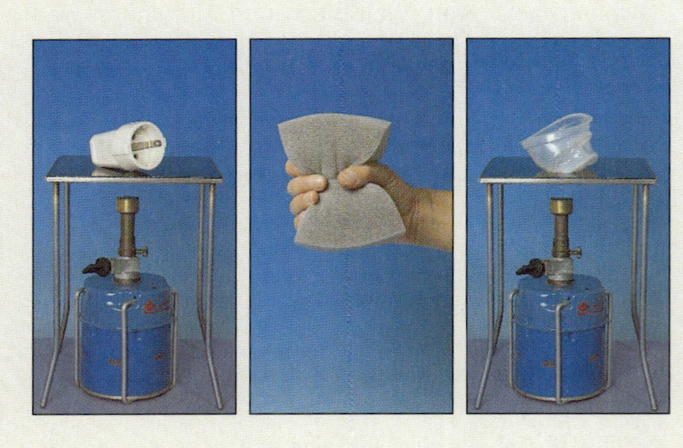

A3 Klebstoffe sind häufig nur zum Kleben bestimmter Materialien geeignet. Warum besteht diese Einschränkung?

A4 Viele Artikel, die früher aus Leder, Holz und anderen Naturstoffen gefertigt wurden, bestehen heute aus Kunststoffen. Nenne einige Beispiele und erkläre diesen Wandel.

A5 Kunststoffe werden durch Polymerisation oder durch Polykondensation hergestellt. Wodurch unterscheiden sich diese Polyreaktionen?

Know-how

A6 Nylonfäden werden im Schmelzspinn-Verfahren hergestellt. Anschließend streckt man sie auf das Zehnfache ihrer Länge. Nach der Streckung sind Nylonfäden zwar nicht mehr dehnbar, aber wesentlich reißfester.
a) Beschreibe das Schmelzspinn-Verfahren.
b) Entwickle eine Modellvorstellung, die auf molekularer Ebene die Reißfestigkeit von gestreckten Nylonfäden erklärt.

A7 Bei der Herstellung von Gummi wird Kautschuk vulkanisiert.
a) Erläutere das Verfahren der Vulkanisation.
b) Stelle die molekularen Vorgänge, die bei der Vulkanisation ablaufen, durch Strukturformeln dar.
c) Wie wird weiches und wie wird hartes Gummi erzeugt?
d) Warum wird Gummi im Laufe der Zeit spröde?

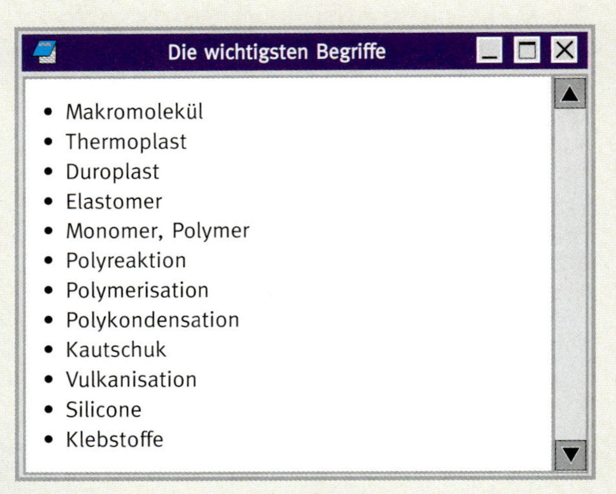

Die wichtigsten Begriffe

- Makromolekül
- Thermoplast
- Duroplast
- Elastomer
- Monomer, Polymer
- Polyreaktion
- Polymerisation
- Polykondensation
- Kautschuk
- Vulkanisation
- Silicone
- Klebstoffe

A8 Baumwollstoffe, die mit Silicon getränkt sind, lassen kein Wasser hindurch.
a) Was versteht man unter einem Silicon?
b) Warum fließt der Wassertropfen nicht durch die Löcher, die sich im Stoff befinden?

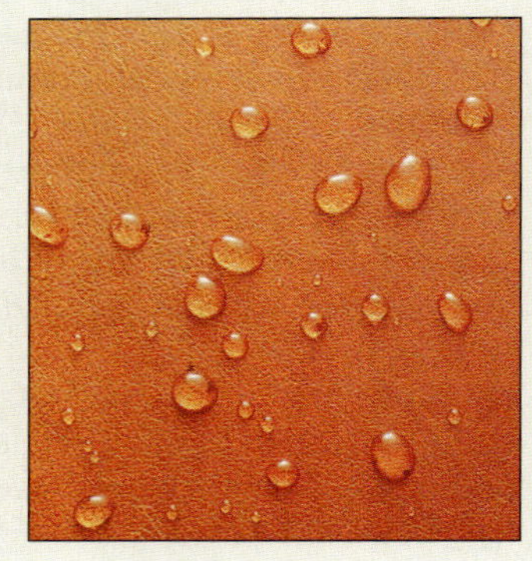

Natur – Mensch – Technik

A9 Zum Ausschäumen von Hohlräumen führen Handwerker zwei Flüssigkeiten aus Schläuchen zusammen, die den Schaum ergeben. Welcher Kunststoff wird hier hergestellt?

A10 In Regenmänteln früherer Zeiten wurde man eher von innen als von außen nass. Heute besteht dieses Problem in der Regel nicht mehr. Woran liegt das?

A11 Tauchanzüge bestehen aus einem weichen, aber hochelastischen Schaumstoff, dem Neopren.
a) Aus welchem Kunststoff könnte der Anzug gefertigt sein?
b) Warum kann sich ein Taucher in einem solchen Anzug in kaltem Wasser längere Zeit aufhalten, ohne auszukühlen?

A12 Im Handel ist mit Kunststoff ummantelter Draht zu haben. Wie stellt man dieses Produkt her?

A13 Miesmuscheln erzeugen Fäden aus Eiweiß-Stoffen, mit denen sie sich unter Wasser an Steinen und Hölzern befestigen. Sie sind dann nur äußerst schwer von ihrer Unterlage zu entfernen. Welche Eigenschaft dieses „Klebstoffs" ist wohl für die Technik von besonderem Interesse?

Organische Werkstoffe

1. Kunststoffarten

a) Thermoplaste sind aus kettenförmigen Makromolekülen aufgebaut. Sie lassen sich ohne chemische Veränderungen beliebig oft schmelzen und in neue Formen bringen.

b) Duroplaste haben eine vernetzte Struktur, sie sind hart und spröde. Duroplaste zersetzen sich bei hohen Temperaturen.

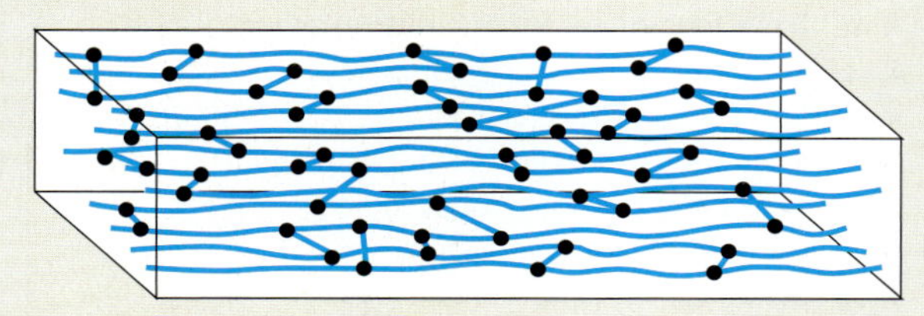

c) Elastomere sind weitmaschig vernetzte, gummi-elastische Polymere. Sie zersetzen sich bei hohen Temperaturen.

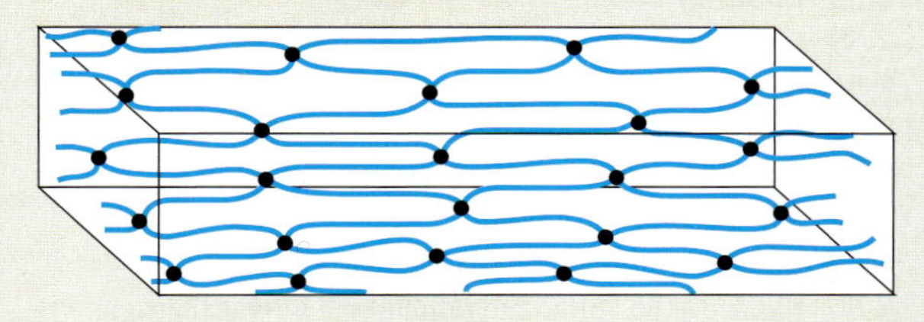

3. Silicone

Silicone sind siliciumorganische Kunststoffe, in denen Silicium-Atome und Sauerstoff-Atome das Gerüst der Makromoleküle bilden.

$$HO-Si(CH_3)_2-OH + HO-Si(CH_3)(OH)-OH + HO-Si(CH_3)_2-OH + \dots$$

Silandiol, Silantriol, Silandiol

$\downarrow$ Wasser

$$\cdots\overline{O}-Si(CH_3)_2-\overline{O}-Si(CH_3)(-|\overline{O}|-Si(CH_3)_2-|\overline{O}|\cdots)-\overline{O}\cdots$$

Silicon

2. Polyreaktionen

Kunststoffe sind synthetisch erzeugte **Polymere.** Ihre **Makromoleküle** werden aus **Monomeren** durch Polyreaktionen gebildet.

a) Polymerisation: Die Monomere werden unter Spaltung von C=C-Bindungen miteinander verknüpft.

$$CH_2=CH_2 + CH_2=CH_2 + CH_2=CH_2 + \dots$$

Ethen

$\downarrow$

$$\cdots CH_2-CH_2-CH_2-CH_2-CH_2-CH_2\cdots$$

Polyethen

b) Polykondensation: Monomere werden unter Abspaltung kleinerer Moleküle miteinander verknüpft.

$$HOOC-R_1-COOH + H_2N-R_2-NH_2 + HOOC-R_1-COOH + \dots$$

Dicarbonsäure, Diamin, Dicarbonsäure

$\downarrow$ Wasser

$$\cdots C(=O)-R_1-C(=O)-\overline{N}(H)-R_2-\underline{N}(H)-C(=O)-R_1-C(=O)\cdots$$

Polyamid

4. Klebstoffe

Lösungsmittelkleber bestehen aus Bindemittel und Lösungsmittel. Das Lösungsmittel verdunstet, das Bindemittel verbindet die Teile miteinander.
Beispiel: Papierkleber.

Schmelzkleber werden im festen Zustand durch Erwärmen geschmolzen. Beim Abkühlen werden sie wieder hart.

Reaktionskleber erhärten durch chemische Reaktionen.
Beispiel: Zwei-Komponenten-Kleber.

Nicht härtende Klebstoffe werden als Film auf eine Unterlage aufgebracht und sind mehrfach benutzbar.
Beispiel: abziehbare Klebestreifen.

5. Recycling von Kunststoffen

Werkstoffliche Verwertung: Kunststoffreste werden zerkleinert und umgeschmolzen.

Rohstoffliche Verwertung: Kunststoffreste werden zu chemischen Rohstoffen abgebaut, die wieder zu Kunststoffen verarbeitet werden können.

Thermische Verwertung: Verbrennung von Kunststoffmüll.

Gefahrenhinweise und Sicherheitsratschläge für gefährliche Stoffe

Gefahrenhinweise (R-Sätze)

Diese Hinweise geben in einer ausführlicheren Weise als die Gefahrensymbole Auskunft über die Art der Gefahr.

R 1 In trockenem Zustand explosionsgefährlich
R 2 Durch Schlag, Reibung, Feuer oder andere Zündquellen explosionsgefährlich
R 3 Durch Schlag, Reibung, Feuer oder andere Zündquellen besonders explosionsgefährlich
R 4 Bildet hochempfindliche explosionsgefährliche Metallverbindungen
R 5 Beim Erwärmen explosionsfähig
R 6 Mit und ohne Luft explosionsfähig
R 7 Kann Brand verursachen
R 8 Feuergefahr bei Berührung mit brennbaren Stoffen
R 9 Explosionsgefahr bei Mischung mit brennbaren Stoffen
R 10 Entzündlich
R 11 Leicht entzündlich
R 12 Hoch entzündlich
R 14 Reagiert heftig mit Wasser
R 15 Reagiert mit Wasser unter Bildung hoch entzündlicher Gase
R 16 Explosionsgefährlich in Mischung mit brandfördernden Stoffen
R 17 Selbstentzündlich an der Luft
R 18 Bei Gebrauch Bildung explosionsfähiger/leicht entzündlicher Dampf-Luftgemische möglich
R 19 Kann explosionsfähige Peroxide bilden
R 20 Gesundheitsschädlich beim Einatmen
R 21 Gesundheitsschädlich bei Berührung mit der Haut
R 22 Gesundheitsschädlich beim Verschlucken
R 23 Giftig beim Einatmen
R 24 Giftig bei Berührung mit der Haut
R 25 Giftig beim Verschlucken
R 26 Sehr giftig beim Einatmen
R 27 Sehr giftig bei Berührung mit der Haut
R 28 Sehr giftig beim Verschlucken
R 29 Entwickelt bei Berührung mit Wasser giftige Gase
R 30 Kann bei Gebrauch leicht entzündlich werden
R 31 Entwickelt bei Berührung mit Säure giftige Gase
R 32 Entwickelt bei Berührung mit Säure sehr giftige Gase
R 33 Gefahr kumulativer Wirkung
R 34 Verursacht Verätzungen
R 35 Verursacht schwere Verätzungen
R 36 Reizt die Augen
R 37 Reizt die Atmungsorgane
R 38 Reizt die Haut
R 39 Ernste Gefahr irreversiblen Schadens
R 40 Irreversibler Schaden möglich
R 41 Gefahr ernster Augenschäden
R 42 Sensibilisierung durch Einatmen möglich
R 43 Sensibilisierung durch Hautkontakt möglich
R 44 Explosionsgefahr bei Erhitzen unter Einschluss
R 45 Kann Krebs erzeugen
R 46 Kann vererbbare Schäden verursachen
R 48 Gefahr ernster Gesundheitsschäden bei längerer Exposition
R 49 Kann Krebs erzeugen beim Einatmen
R 50 Sehr giftig für Wasserorganismen
R 51 Giftig für Wasserorganismen
R 52 Schädlich für Wasserorganismen
R 53 Kann in Gewässern längerfristig schädliche Wirkungen haben
R 54 Giftig für Pflanzen
R 55 Giftig für Tiere
R 56 Giftig für Bodenorganismen
R 57 Giftig für Bienen
R 58 Kann längerfristig schädliche Wirkungen auf die Umwelt haben
R 59 Gefährlich für die Ozonschicht
R 60 Kann die Fortpflanzungsfähigkeit beeinträchtigen
R 61 Kann das Kind im Mutterleib schädigen
R 62 Kann möglicherweise die Fortpflanzungsfähigkeit beeinträchtigen
R 63 Kann das Kind im Mutterleib möglicherweise schädigen
R 64 Kann Säuglinge über die Muttermilch schädigen
R 65 Gesundheitsschädlich: Kann beim Verschlucken Lungenschäden verursachen
R 66 Wiederholter Kontakt kann zu spröder oder rissiger Haut führen
R 67 Dämpfe können Schläfrigkeit oder Benommenheit verursachen

Sicherheitsratschläge (S-Sätze)

Hier werden Empfehlungen gegeben, wie Gesundheitsgefahren beim Umgang mit gefährlichen Stoffen abgewehrt werden können.

S 1 Unter Verschluss aufbewahren
S 2 Darf nicht in die Hände von Kindern gelangen
S 3 Kühl aufbewahren
S 4 Von Wohnplätzen fernhalten
S 5 Unter ... aufbewahren (geeignete Flüssigkeit vom Hersteller anzugeben)
S 6 Unter ... aufbewahren (inertes Gas vom Hersteller anzugeben)
S 7 Behälter dicht geschlossen halten
S 8 Behälter trocken halten
S 9 Behälter an einem gut gelüfteten Ort aufbewahren
S 12 Behälter nicht gasdicht verschließen
S 13 Von Nahrungsmitteln, Getränken und Futtermitteln fernhalten
S 14 Von ... fernhalten (inkompatible Substanzen sind vom Hersteller anzugeben)
S 15 Vor Hitze schützen
S 16 Von Zündquellen fernhalten – Nicht rauchen
S 17 Von brennbaren Stoffen fernhalten
S 18 Behälter mit Vorsicht öffnen und handhaben
S 20 Bei der Arbeit nicht essen und trinken
S 21 Bei der Arbeit nicht rauchen
S 22 Staub nicht einatmen
S 23 Gas/Rauch/Dampf/Aerosol nicht einatmen (geeignete Bezeichnung(en) vom Hersteller anzugeben)
S 24 Berührung mit der Haut vermeiden
S 25 Berührung mit den Augen vermeiden
S 26 Bei Berührung mit den Augen sofort gründlich mit Wasser abspülen und Arzt konsultieren
S 27 Beschmutzte, getränkte Kleidung sofort ausziehen
S 28 Bei Berührung mit der Haut sofort abwaschen mit viel ... (vom Hersteller anzugeben)
S 29 Nicht in die Kanalisation gelangen lassen
S 30 Niemals Wasser hinzugießen
S 33 Maßnahmen gegen elektrostatische Aufladung treffen
S 35 Abfälle und Behälter müssen in gesicherter Weise beseitigt werden
S 36 Bei der Arbeit geeignete Schutzkleidung tragen
S 37 Geeignete Schutzhandschuhe tragen
S 38 Bei unzureichender Belüftung Atemschutzgerät anlegen
S 39 Schutzbrille/Gesichtsschutz tragen
S 40 Fußboden und verunreinigte Gegenstände mit ... reinigen (Material vom Hersteller anzugeben)
S 41 Explosions- und Brandgase nicht einatmen
S 42 Bei Räuchern/Versprühen geeignetes Atemschutzgerät anlegen (geeignete Bezeichnung(en) vom Hersteller anzugeben)
S 43 Zum Löschen ... (vom Hersteller anzugeben) verwenden (wenn Wasser die Gefahr erhöht, anfügen: „Kein Wasser verwenden")
S 45 Bei Unfall oder Unwohlsein sofort Arzt hinzuziehen (wenn möglich dieses Etikett vorzeigen)
S 46 Bei Verschlucken sofort ärztlichen Rat einholen und Verpackung oder Etikett vorzeigen
S 47 Nicht bei Temperaturen über ... °C aufbewahren (vom Hersteller anzugeben)
S 48 Feucht halten mit ... (geeignetes Mittel vom Hersteller anzugeben)
S 49 Nur im Originalbehälter aufbewahren
S 50 Nicht mischen mit ... (vom Hersteller anzugeben)
S 51 Nur in gut gelüfteten Bereichen verwenden
S 52 Nicht großflächig für Wohn- und Aufenthaltsräume verwenden
S 53 Exposition vermeiden – vor Gebrauch besondere Anweisungen einholen
S 56 Diesen Stoff und seinen Behälter der Problemfallentsorgung zuführen
S 57 Zur Vermeidung einer Kontamination der Umwelt geeigneten Behälter verwenden
S 59 Information zur Wiederverwendung beim Hersteller/Lieferanten erfragen
S 60 Dieser Stoff und sein Behälter sind als gefährlicher Abfall zu entsorgen
S 61 Freisetzung in die Umwelt vermeiden. Besondere Anweisungen einholen / Sicherheitsdatenblatt zu Rate ziehen
S 62 Bei Verschlucken kein Erbrechen herbeiführen. Sofort ärztlichen Rat einholen und Verpackung oder dieses Etikett vorzeigen
S 63 Bei Unfall durch Einatmen: Verunfallten an die frische Luft bringen und ruhig stellen
S 64 Bei Verschlucken Mund mit Wasser ausspülen (nur wenn Verunfallter bei Bewusstsein ist)

Stoffliste

Stoff	Gefahrensymbole, Sicherheitssymbole, Entsorgungssymbole	Ratschläge R/S-Sätze
Acetaldehyd (Ethanal)	Xn F B3	R: 12–36/37–40 S: 16–33–36/37
Aceton	F Xi B3	R: 11–36–66/67 S: 9–16–26
Alkohol (Ethanol)	F B3	R: 11 S: 7–16
Aluminiumpulver	F	R: 15–17 S: 7/8–43
Ameisensäure 2 % ≤ *w* < 10 %	Xi B2	R: 36/38 S:
Ameisensäure (Methansäure) *w* ≥ 10 %	C B3	R: 35 S: 23–26–45
Ammoniak-Gas	N T	R: 10–23–34–50 S: 9–16–36/37/39–45–61
Ammoniak-Lösung *w* ≥ 25 %	C N B1	R: 34–50 S: 26–36/37/39–45–61
Ammoniak-Lösung 10 % ≤ *w* < 25 %	C	R: 34 S: 26
Ammoniak-Lösung 5 % ≤ *w* < 10 %	Xi B1	R: 36/37/38 S: 26
Ammoniumcarbonat (Hirschhornsalz)		R: 22 S:
Ammoniumchlorid	Xn	R: 22–36 S: 22
Ammonium-dihydrogenphosphat		R: S:
Ammoniummolybdat		R: S:
Ammoniumnatrium-hydrogenphosphat		R: S:
Ammoniumnitrat	O	R: 8–9 S: 15–16–41
Ammoniumoxalat	Xn	R: 21/22 S: 24/25
Ammonium-thiocyanat	Xn	R: 20/21/22–32 S: 13
Amylase	Xn	R: 36–42 S: 22–24
Bariumchlorid	T B2	R: 20–25 S: 45
Bariumhydroxid-Lösung (ges.)	Xi	R: 20/22–34 S: 26–28–45
Bariumnitrat	Xn B2	R: 20/22 S: 28
Benzin (Waschbenzin)	F Xn N B3	R: 11-51/53-65-66-67 S: 9-16-23-24-61-62
Benzoesäure	Xn B3	R: 22–36 S: 24
Bleiacetat-Papier		R: S:
Bleioxid	T N B2	R: 20/22–33–50/53–61–62 S: 45–53–60–61
Blutlaugensalz (rot oder gelb)		R: S:
Borsäure		R: S:
Brom (flüssig)	T+ C N X	R: 26–35–50 S: 7/9–26–45–61
Bromwasser (ges.)	T Xi X	R: 23–24 S: 7/9–26–45
Brombenzol	Xi N B4	R: 10–38–51/53 S: 61
Bromethan	F N B4	R: 11–20/22–40 S: 36/37
Bromphenolblau		R: S:
Bromthymolblau		R: S:
Butan	F+	R: 12 S: 9–16
Butandiol-monoacrylat	B3	R: S:
Butan-1-ol	Xn B3	R: 10–22–37/38–41–67 S: 7/9–13–26–37/39–46
Butan-2-ol	Xi B3	R: 10–36/37–67 S: 7/9–13–24/25–26–46
tert-Butanol (2-Methylpropan-2-ol)	Xn F B3	R: 11–20 S: 9–16
Buttersäure (Butansäure)	C X	R: 34 S: 26–36–45
Calcium	F X	R: 15 S: 8–24/25–43
Calciumcarbonat		R: S:
Calciumcarbid	F X	R: 15 S: 8–43
Calciumchlorid	Xi	R: 36 S: 22–24
Calciumhydroxid	Xi B1	R: 41 S: 22–24–26–39
Calciumoxid	Xi B1	R: 41 S: 22–24–26–39
Calciumsulfat		R: S:
Cetylalkohol (Hexadecanol)	B3	R: S:
Chlor-Gas	T N X	R: 23–36/37/38–50 S: 9–45–61
Chlorwasser (ges.)	Xn X	R: 20–36/37/38/23 S: 7/9–45
Chlorwasserstoff-Gas	T C	R: 23–35 S: 9–26–36/37/39–45
Cobaltchlorid	T N B2	R: 49–22–42/43–50/53 S: 22–53–45–60–61
Cumolhydroperoxid	T O N B3	R: 7–21/22–23–34–48/20/22–51/53 S: 3/7–14–36/37/39–45–50–61
Cyclohexan	Xn F N B3	R: 11–38–50/53–65–67 S: 9–16–33–60–61–62

Stoff	Gefahrensymbole, Sicherheitssymbole, Entsorgungssymbole	Ratschläge R/S-Sätze
Decansäure	B3	R: S: 24/25
1,6-Diaminohexan	C, B3	R: 21/22–34–37 S: 22–26–36/37/39–45
Dieselkraftstoff/ Dieselöl	F, B3	R: 11 S: 9–16–29–33
Diethylether	Xn, F+, B3	R: 12–19–22–66–67 S: 9–16–29–33
Dioctylphthalat	Xn, B3	R: 62–63 S: 36/37
Entwicklerbad	Xn, N, X	R: S:
Eisenpulver, -wolle (Stahlwolle)		R: S:
Eisen(III)-chlorid	Xn	R: 22–38–41 S: 26–39
Eisen(II)-sulfat	Xn	R: 22 S: 24/25
Essigsäure $w \geq 25\,\%$	C, B1	R: 35 S: 23–26–45
Essigsäure $10\,\% \leq w < 25\,\%$	Xi	R: 36/38 S: 23–26–45
Essigsäureethylester (Ethylacetat)	Xi, F, B3	R: 11–36–66–67 S: 16–23–26–33
Ethan	F+	R: 12 S: 9–16–33
Ethanol	F, B3	R: 11 S: 7–16
Ethen	F+	R: 12 S: 9–16–33
Ethin	F+	R: 5–6–12 S: 9–16–33
FEHLING-Lösung I	B2	R: 22–36/38 S: 22
FEHLING-Lösung II	C, B1	R: 35 S: 26–27–37/39
Fixierbad	X	R: S:
Formaldehyd-Lösung $w \geq 25\,\%$	T, B3	R: 23/24/25–34–40–43 S: 26–36/37/39–45–51
Formaldehyd-Lösung $5\,\% \leq w < 25\,\%$	Xn, B3	R: 20/21/22–36/37/38–40–43 S: 26–36–37–51
Formaldehyd-Lösung $1\,\% \leq w < 5\,\%$	Xn, B3	R: 40–43 S: 26–36/37–51
Formaldehyd-Lösung $0{,}2\,\% \leq w < 1\,\%$	Xi, B3	R: 43 S: 26–45–51
Glycerin		R: S:
Heptan	Xn, F, N, B3	R: 11–38–50/53–65–67 S: 9–16–29–33–60–61–62
Hexan	Xn, F, N, B3	R: 11–38–48/20–51/53–62–65–67 S: 9–16–29–33–36/37–61–62
Hexandisäuredichlorid	C, B3	R: 34 S: 26–36/37/39–45
Hexansäure (Capronsäure)	C, B3	R: 34 S: 26–36/37/39–45
Hexen	F, B3	R: 11 S: 9–16–23–29–33
Hydrochinon	Xn, N, B3	R: 20–40–43–50 S: 26–36/37/39–61
Iod	Xn, N, B1	R: 20/21–50 S: 23–25–61
Iod-Lösung (in Kaliumiodid-Lösung)		R: S:
Iod-Tinktur (alkoholische Lösung)	Xn, F, B2	R: 20/21 S: 23–25
Kalilauge $w \geq 2\,\%$	C, B1	R: 35 S: 26–37/39–45
Kalilauge $0{,}5\,\% \leq w < 2\,\%$	Xi, B1	R: 34 S: 26–37/39–45
Kaliumaluminiumsulfat (Alaun)		R: S:
Kaliumbromid		R: S:
Kaliumdisulfit	Xi	R: 31–36/37 S: 26
Kaliumhexacyanoferrat(III)		R: S:
Kaliumhydroxid	C, B1	R: 22–35 S: 2–26–37/39–45
Kaliumiodid		R: S:
Kaliumnatriumtartrat		R: S:
Kaliumnitrat	O	R: 8 S: 16–41
Kaliumpermanganat	Xn, O, N, B2	R: 8–22–50/53 S: 60–61
Kalkwasser		R: S:
Kupferoxid	B2	R: S:
Kupfersulfat	Xn, N, B2	R: 22–36/38–50/53 S: 22–60–61
Kupfersulfid	B2	R: S:
Kupferblech, -pulver		R: S:
Laurinsäure	B3	R: S:
Leichtbenzin	F, B3	R: 11 S: 9–16–29–33
Lithium	C, F, X	R: 14/15–34 S: 8–43–45
Lithiumcarbonat	Xn	R: 22–36 S: 24
Lithiumchlorid	Xn	R: 22–36/38 S:
Magnesium	F, X	R: 11–15–17 S: 7/8–43
Magnesiumchlorid		R: S:

Stoff	Gefahrensymbole, Sicherheitssymbole, Entsorgungssymbole	Ratschläge R/S-Sätze
Magnesiumoxid		R: S: 22
Magnesiumsulfat	B1	R: S:
Mangandioxid (Braunstein)	Xn, B2	R: 20/22 S: 25
Mangan(II)-sulfat	Xn, N	R: 48/20/22–51/53 S: 22–61
Methan	F+	R: 12 S: 9–16–33
Methanol	T, F, B3	R: 11–23/24/25–39 S: 7–16–36/37–45
Methylenblau	Xn	R: 22 S:
Methylorange-Lösung		R: S: 22–24/25
2-Methylpropan-1-ol	Xi, B3	R: 10–37/38–41–67 S: 7/9–13–26–37/39–46
Methylrot-Lösung (alkohol.)	F	R: 10 S:
Milchsäure	Xi	R: 36/38 S:
Natriumborat (Borax)	Xn	R: 22 S:
Natriumbromid		R: S:
Natriumcarbonat (Soda)	Xi	R: 36 S: 22–26
Natriumchlorid		R: S:
Natriumdihydrogenphosphat		R: S:
Natriumdithionit	Xn	R: 7–22–31 S: 7/8–26–28–43
Natriumhydrogencarbonat (Natron)		R: S:
Natriumhydrogenphosphat		R: S:
Natriumhydrogensulfit-Lösung ($w = 39\,\%$)	Xn	R: 22–31 S: 25–46
Natriumhydroxid	C, B1	R: 35 S: 26–37/39–45
Natriumiodid		R: S:
Natriumphosphat		R: S: 24/25–26
Natriumsilicat-Pulver (Wasserglas)	Xn	R: 22 S:
Natriumsulfat		R: S:
Natriumsulfid	C, N, B1	R: 31–34–50 S: 26–45–61
Natriumthiosulfat		R: S:
Natronkalk	C, B1	R: 35 S: 26–36/37/39–45
Natronlauge $w \geq 2\,\%$	C, B1	R: 35 S: 26–27–37/39–45
Natronlauge $0{,}5\,\% \leq w < 2\,\%$	Xi, B1	R: 36/38 S:
Normalbenzin	T, F, B3	R: 45–11–23/24/25–18 S: 16–23–24/25
Oct-1-en	F, N, B3	R: 11–65 S: 16–62
Oct-1-in	F, Xi, B3	R: 11–36/37/38 S: 16–26
Ölsäure/Heptan-Gemisch (1 : 1000)	F, Xn, N, B3	R: 11 S: 9–16–29–33
Oxalsäure $w \geq 5\,\%$	Xn, B1	R: 21/22 S: 24/25
Oxalsäure ($w = 0{,}05\,\%$)		R: S:
Palmitinsäure	B3	R: S:
Paraffin	B3	R: S:
Paraffinöl	B3	R: S:
Pentan	Xn, F+, N, B3	R: 12–51/53–65–66–67 S: 9–16–29–33–61–62
Pentanol	Xn, B3	R: 10–20 S: 24/25
Petroleum	F, B3	R: 11 S: 9–16–29–33
Phenolphthalein-Lösung (alkohol.)	F	R: 11 S: 7–16
Phosphorpentoxid	C, B1	R: 35 S: 22–26–45
Phosphorsäure $w \geq 25\,\%$	C, B1	R: 34 S: 26–45
Phosphorsäure $10\,\% \leq w < 25\,\%$	Xi, B1	R: 36/38 S: 26–45
Polyethen		R: S:
Polyvinylacetat		R: S:
Propan-1-ol Propan-2-ol	Xi, F, B3	R: 11–41–67 S: 7–16–24–26–39
Propionaldehyd (Propanal)	Xi, F, B3	R: 11–36/37/38 S: 9–16–29
PVC-Pulver		R: S:
Saccharose		R: S:
Salpetersäure $w \geq 70\,\%$	C, O, B1	R: 8–35 S: 23–26–36–45
Salpetersäure $5\,\% \leq w < 70\,\%$	C, B1	R: 35 S: 23–26–27
Salpetersäure $1\,\% \leq w < 5\,\%$	Xi, B1	R: 36/37/38 S:
Salzsäure $w \geq 25\,\%$	C, B1	R: 34–37 S: 26–45
Salzsäure $10\,\% \leq w < 25\,\%$	Xi, B1	R: 36/37/38 S: 28
Schwefel		R: S:

Stoff	Gefahrensymbole, Sicherheitssymbole, Entsorgungssymbole	Ratschläge R/S-Sätze
Schwefeldioxid		R: 23–34 S: 9–26–36/37/39–45
Schwefelsäure $w \geq 15\,\%$		R: 35 S: 26–30–45
Schwefelsäure $5\,\% \leq w < 15\,\%$		R: 36/38 S: 26
Seifenlösung (alkohol.)		R: S:
Silbernitrat		R: 34–50/53 S: 26–45–60–61
Silbernitrat-Lösung ($w = 1\,\%$)		R: S:
Silbersulfid		R: S:
Sorbinsäure		R: 36/37 S: 22–24/25
Stearinsäure		R: S:
Stoppbad	X	R: S:
Strontiumchlorid		R: S:

X: spezielle Entsorgungsreaktion

Stoff	Gefahrensymbole, Sicherheitssymbole, Entsorgungssymbole	Ratschläge R/S-Sätze
Sudanrot-Lösung (ethanol.)		R: S:
Styrol		R: 10–20–36/38 S: 23
Universalindikator		R: S:
Wasserstoff-Gas		R: 12 S: 9–16–33
Wasserstoffperoxid ($w = 3\,\%$)		R: S:
Weinsäure		R: 36 S: 24/25
Zinkoxid		R: S:
Zinksulfat		R: 36/38–50/53 S: 22–25–60–61
Zinkpulver		R: 15–17 S: 7/8–43
Zinn		R: S:
Zitronensäure		R: S:

Die chemischen Elemente

Elemente Name	Symbol	OZ	Atommasse in u	Dichte[1] in $\frac{g}{cm^3}$ (Gase: $\frac{g}{l}$)	Schmelztemperatur in °C	Siedetemperatur in °C
Actinium	Ac	**89**	(227)	10,1	1050	–
Aluminium	Al	**13**	26,9815	2,70	660	≈ 2300
Americium	Am	**95**	(243)	11,7	827	2610
Antimon (Stibium)	Sb	**51**	121,75	6,68	630	1640
Argon	Ar	**18**	39,948	*1,784*	–189	–186
Arsen	As	**33**	74,9216	5,73	817p	633s
Barium	Ba	**56**	137,34	3,7	717	1640
Beryllium	Be	**4**	9,0122	1,86	1278	2970
Bismut (Bismutum)	Bi	**83**	208,980	9,80	271	1560
Blei (Plumbum)	Pb	**82**	207,2	11,4	327	1750
Bor	B	**5**	10,81	2,34	≈ 2000	≈ 2500
Brom	Br	**35**	79,904	3,14	–7	58
Cadmium	Cd	**48**	112,40	8,64	321	767
Caesium	Cs	**55**	132,905	1,90	29	690
Calcium	Ca	**20**	40,08	1,55	845	1440
Cer	Ce	**58**	140,12	6,8	800	3600
Chlor	Cl	**17**	35,453	*3,214*	–102	–34
Chrom	Cr	**24**	51,996	7,19	≈ 1900	≈ 2500
Cobalt	Co	**27**	58,9332	8,83	1490	3100
Dysprosium	Dy	**66**	162,50	8,54	1407	≈ 2600
Eisen (Ferrum)	Fe	**26**	55,847	7,86	1535	2750
Erbium	Er	**68**	167,26	9,05	1497	2900
Europium	Eu	**63**	151,96	5,26	826	1439
Fluor	F	**9**	18,9984	*1,70*	–220	–188
Gadolinium	Gd	**64**	157,25	7,90	1312	≈ 3000
Gallium	Ga	**31**	69,72	6,0	30	2340
Germanium	Ge	**32**	72,59	5,36	960	≈ 2700
Gold (Aurum)	Au	**79**	196,967	19,3	1063	2700
Hafnium	Hf	**72**	178,49	13,3	2220	> 3000
Helium	He	**2**	4,0026	*0,178*	–272p	–269
Holmium	Ho	**67**	164,930	8,80	1461	≈ 2600
Indium	In	**49**	114,82	7,31	156	2072
Iod	I	**53**	126,9044	4,94	114	184
Iridium	Ir	**77**	192,2	22,69	2466	4428
Kalium	K	**19**	39,102	0,86	64	760
Kohlenstoff (Carboneum)	C	**6**	12,0115	[2]	≈ 3700s	
Krypton	Kr	**36**	83,80	*3,708*	–157	–153
Kupfer (Cuprum)	Cu	**29**	63,546	8,93	1083	2350
Lanthan	La	**57**	138,91	6,1	920	4515
Lithium	Li	**3**	6,941	0,53	180	1335
Lutetium	Lu	**71**	174,97	9,84	1652	3327
Magnesium	Mg	**12**	24,305	1,74	650	1105
Mangan	Mn	**25**	54,9380	7,3	1220	2150
Molybdän	Mo	**42**	95,94	10,2	2620	≈ 5000
Natrium	Na	**11**	22,9898	0,97	98	883
Neodym	Nd	**60**	144,24	7,0	1024	3300
Neon	Ne	**10**	20,179	*0,90*	–249	–246
Neptunium	Np	**93**	(237)	19,5	–	–
Nickel	Ni	**28**	58,70	8,90	1453	≈ 2800
Niob	Nb	**41**	92,906	8,5	2468	≈ 3700
Osmium	Os	**76**	190,2	22,5	≈ 2600	≈ 5500
Palladium	Pd	**46**	106,4	12,0	1555	3380
Phosphor	P	**15**	30,9738	[3]	44[4]	285[4]
Platin	Pt	**78**	195,09	21,45	1770	3300
Plutonium	Pu	**94**	(244)	19,7	640	3200
Polonium	Po	**84**	(209)	9,32	254	962
Praseodym	Pr	**59**	140,907	6,7	935	≈ 3300
Quecksilber (Hydrargyrum)	Hg	**80**	200,59	13,55	–39	357
Radium	Ra	**88**	226,05	≈ 6	≈ 700	1140
Radon	Rn	**86**	(222)	*9,96*	–71	–62
Rhenium	Re	**75**	186,2	20,9	3170	≈ 5900
Rhodium	Rh	**45**	102,905	12,4	1966	4500
Rubidium	Rb	**37**	85,47	1,53	39	690
Ruthenium	Ru	**44**	101,07	12,4	2400	≈ 4500
Samarium	Sm	**62**	150,35	7,5	1072	≈ 1900
Sauerstoff (Oxygenium)	O	**8**	15,9994	*1,429*	–219	–183
Scandium	Sc	**21**	44,956	3,0	1540	2730
Schwefel (Sulfur)	S	**16**	32,06	2,0	119	444
Selen	Se	**34**	78,96	4,8	220	688
Silber (Argentum)	Ag	**47**	107,870	10,5	960	2150
Silicium	Si	**14**	28,086	2,4	1410	2630
Stickstoff (Nitrogenium)	N	**7**	14,0067	*1,251*	–210	–196
Strontium	Sr	**38**	87,62	2,6	757	1365
Tantal	Ta	**73**	180,948	16,7	2990	> 5000
Technetium*	Tc	**43**	(97)	11,5	2140	–
Tellur	Te	**52**	127,60	6,2	450	990
Terbium	Tb	**65**	158,924	8,3	1350	≈ 2800
Thallium	Tl	**81**	204,37	11,85	303	1457
Thorium	Th	**90**	232,038	11,7	≈ 1800	≈ 3600
Thulium	Tm	**69**	168,934	9,33	1545	1727
Titan	Ti	**22**	47,90	4,51	≈ 1700	3260
Uran	U	**92**	238,029	19,1	1133	≈ 3600
Vanadium	V	**23**	50,9414	6,1	≈ 1800	> 3000
Wasserstoff (Hydrogenium)	H	**1**	1,00797	*0,0899*	–259	–253
Wolfram	W	**74**	183,85	19,30	3410	5400
Xenon	Xe	**54**	131,30	*5,89*	–112	–108
Ytterbium	Yb	**70**	173,04	6,5	8,25	1427
Yttrium	Y	**39**	88,905	4,5	1490	2927
Zink	Zn	**30**	65,38	7,2	420	910
Zinn (Stannum)	Sn	**50**	118,69	7,3	232	≈ 2400
Zirconium	Zr	**40**	91,22	6,5	1860	≈ 3600

* künstlich gewonnenes Element, OZ Ordnungszahl, (243) Eine eingeklammerte Zahl gibt die Nukleonenzahl des langlebigsten Isotops des Elements an.
– Werte sind nicht bekannt, ≈ Wert sehr ungenau, p unter Druck, s sublimiert, 1) Bei gasförmigen Elementen wird die Dichte *kursiv* gedruckt angegeben. Sie gilt für 0 °C und 1013 hPa. 2) Graphit: 2,25, Diamant: 3,51, 3) weißer P: 1,83, roter P: 2,2, 4) weißer P

Eigenschaften von Gasen

Name	Dichte bei 20 °C (1013 hPa) in $\frac{g}{l}$	Schmelztemperatur (1013 hPa)	Siedetemperatur (1013 hPa)	Löslichkeit bei 25 °C in 1 l Wasser in l
Wasserstoff (H_2)	0,084	–259	–253	0,019
Stickstoff (N_2)	1,17	–210	–196	0,015
Sauerstoff (O_2)	1,33	–219	–183	0,028
Fluor (F_2)	1,58	–220	–188	–
Chlor (Cl_2)	2,95	–101	–35	2,2
Helium (He)	0,17	–270	–269	0,09
Neon (Ne)	0,84	–249	–246	0,016
Argon (Ar)	1,66	–189	–186	0,032
Krypton (Kr)	3,48	–57	–152	0,071
Luft	1,20	–	–	0,0063* 0,012**
Ammoniak (NH_3)	0,71	–78	–33	680
Chlorwasserstoff (HCl)	1,52	–114	–85	466
Schwefelwasserstoff (H_2S)	1,42	–83	–62	2,41
Schwefeldioxid (SO_2)	2,67	–73	–10	35
Kohlenstoffmonooxid (CO)	1,17	–205	–190	0,023
Kohlenstoffdioxid (CO_2)	1,83	–78 (sublimiert)		0,80
Methan (CH_4)	0,67	–182	–162	0,032
Ethan (C_2H_6)	1,25	–183	–89	0,043
Propan (C_3H_8)	1,84	–188	–42	0,06
Butan (C_4H_{10})	2,47	–138	–1	0,14
Ethen (C_2H_4)	1,17	–169	–104	0,13
Ethin (C_2H_2)	1,06	–81	–84	0,95

* von Sauerstoff aus der Luft
** von Stickstoff aus der Luft

Gewinde und Farbkennzeichnung von Stahlflaschen für Gase

Gas	Gewinde	alte Farbkennzeichnung	neue Farbkennzeichnung („N") Flaschenschulter	Flaschenmantel
Sauerstoff	rechts	blau	weiß	blau oder grau
Stickstoff	rechts	dunkelgrün	schwarz	grau, schwarz oder dunkelgrün
Druckluft	rechts	grau	leuchtend grün	grau
Argon	rechts	grau	dunkelgrün	grau oder dunkelgrün
Helium	rechts	grau	braun	grau
Kohlenstoffdioxid	rechts	grau	grau	grau
Wasserstoff	links	rot	rot	rot
Acetylen	Spezialgewinde	gelb	kastanienbraun	kastanienbraun, schwarz oder gelb

Reagenzlösungen

Chlorwasser (Xn): Destilliertes Wasser durch Einleiten von Chlor sättigen; in brauner Flasche aufbewahren.

Bromwasser (T, Xi): 10 Tropfen Brom in 250 ml destilliertem Wasser lösen.

Iodwasser: Einige Blättchen Iod in destilliertem Wasser kurz aufkochen.

Iod/Kaliumiodid-Lösung: 2 g Kaliumiodid in wenig Wasser vollständig lösen und 1 g Iod zugeben. Nach dem Lösen auf 300 ml auffüllen und in brauner Flasche aufbewahren.

FEHLING-Lösung I: 7 g Kupfersulfat ($CuSO_4 \cdot 5\,H_2O$) in 100 ml Wasser lösen.

FEHLING-Lösung II (C): 35 g Kaliumnatriumtartrat (Seignette-Salz) und 10 g Natriumhydroxid in 100 ml Wasser lösen.

Kalkwasser: 1 g Calciumoxid in 500 ml destilliertem Wasser schütteln und filtrieren (0,02 $\frac{mol}{l}$).

Silbernitrat-Lösung: 17 g Silbernitrat auf 1 Liter auffüllen (0,1 $\frac{mol}{l}$).

Bariumchlorid-Lösung (Xn): 24,4 g Bariumchlorid ($BaCl_2 \cdot 2\,H_2O$) auf 1 Liter auffüllen (0,1 $\frac{mol}{l}$).

Bleiacetat-Lösung (T): 9,5 g Bleiacetat ($Pb(CH_3COO)_2 \cdot 3\,H_2O$) auf 250 ml auffüllen (0,1 $\frac{mol}{l}$).

Indikatorlösungen:
Bromthymolblau: 0,1 g in 100 ml 20%igem Ethanol.
Methylrot (F): 0,2 g in 100 ml 90%igem Ethanol.
Phenolphthalein (F): 0,1 g in 100 ml 70%igem Ethanol.
Universalindikator für pH 2–10 (F): 300 mg Dimethylgelb, 200 mg Methylrot, 400 g Bromthymolblau, 500 g Thymolblau und 100 mg Phenolphthalein in 500 ml 90%igem Ethanol.
Farbstufen: pH ≤ 2: rot; pH 4: orange; pH 6: gelb; pH 8: grün; pH 10: blau

BAEYER-Reagenz: 10%ige Sodalösung mit einer verdünnten Kaliumpermanganat-Lösung versetzen, bis die Lösung kräftig violett gefärbt ist.

TOLLENS-Reagenz (ammoniakalische Silbernitrat-Lösung): Silbernitrat-Lösung (0,1 mol · l^{-1}) mit etwa einem Zehntel des Volumens verdünnter Natronlauge versetzen. Anschließend unter Schütteln Ammoniak-Lösung (25 %) zutropfen, bis sich der Silberoxid-Niederschlag gerade wieder löst. Die Reagenz-Lösung wird jeweils frisch zubereitet. Sie darf nicht aufbewahrt werden, da sich Silberazid bilden könnte (Explosionsgefahr). Reste der Reagenz-Lösung ansäuern und über den Behälter B2 entsorgen.

SCHIFF-Reagenz (fuchsinschweflige Säure): 0,25 g Fuchsin in 1 Liter Wasser lösen (Rotfärbung); unter ständigem Rühren schweflige Säure (oder angesäuerte Lösung von $Na_2S_2O_5$) zutropfen, bis Entfärbung eintritt.

Saure und alkalische Lösungen

Lösung	gelöster Stoff	*	verdünnt Massenanteil	verdünnt Dichte bei 20 °C	konzentriert Massenanteil	konzentriert Dichte bei 20 °C
Salzsäure	HCl (g)	2	7 %	1,033	36 %	1,179
Schwefelsäure	H_2SO_4 (l)	1	9 %	1,059	98 %	1,836
Salpetersäure	HNO_3 (l)	2	12 %	1,066	68 %	1,391
Phosphorsäure	H_3PO_4 (s)	1	10 %	1,05	85 %	1,71
Essigsäure	CH_3COOH (l)	2	12 %	1,015	99 %	1,052
Natronlauge	NaOH (s)	2	8 %	1,087	30 %	1,328
Kalilauge	KOH (s)	2	11 %	1,100	27 %	1,256
Kalkwasser	$Ca(OH)_2$ (s)		0,16 %**	1,001**	** Angaben für gesättigte Lösungen	
Barytwasser	$Ba(OH)_2$ (s)		3,4 %**	1,04**		
Ammoniak-Lösung	NH_3 (g)	2	3 %	0,981	25%	0,907

* Stoffmengenkonzentration in $\frac{mol}{l}$

Größen und ihre Einheiten

Größe		Einheit		
Name	**Zeichen**	**Name**	**Zeichen**	**Beziehungen**
Masse	m	Kilogramm	kg	1 kg = 1000 g 1 g = 1000 mg
Volumen	V	Kubikmeter	m^3	$1\ m^3 = 1000\ dm^3$ $1\ dm^3 = 1\ l$
		Liter	l	1 l = 1000 ml $1\ ml = 1\ cm^3$
Dichte	ϱ	$\frac{\text{Kilogramm}}{\text{Kubikmeter}}$	$\frac{kg}{m^3}$	$1\ \frac{g}{cm^3} = 1000\ \frac{kg}{m^3}$
		$\frac{\text{Gramm}}{\text{Liter}}$	$\frac{g}{l}$	$1\ \frac{g}{l} = 0{,}001\ \frac{g}{m^3}$
Druck	p	Pascal	Pa	$1\ Pa = 1\ \frac{N}{m^2}$ 100 Pa = 1 hPa
		Bar	bar	1 bar = 100 000 Pa 1 mbar = 100 Pa
Energie	E	Joule	J	$1\ J = 1\ N \cdot m = 1\ \frac{kg \cdot m^2}{s^2}$
Elektrizitätsmenge	Q	Coulomb	C	1 C = 1 A s
Anzahl	N			
Stoffmenge	n	Mol	mol	1 mol enthält $6{,}022 \cdot 10^{23}$ Teilchen
molare Masse	M	$\frac{\text{Gramm}}{\text{Mol}}$	$\frac{g}{mol}$	
Stoffmengenkonzentration	c	$\frac{\text{Mol}}{\text{Liter}}$	$\frac{mol}{l}$	
Temperatur	ϑ	Grad Celsius	°C	
	T	Kelvin	K	0 °C = 273,15 K

Umrechnungsfaktoren

Energie	J	cal	eV
1 J	1	0,2390	$6{,}242 \cdot 10^{18}$
1 cal	4,184	1	$2{,}612 \cdot 10^{19}$
1 eV	$1{,}602 \cdot 10^{-19}$	$3{,}829 \cdot 10^{-20}$	1

$1\ J = 1\ N \cdot m = 1\ W \cdot s = 1\ V \cdot A \cdot s$

Druck	Pa	atm	mm Hg	bar
1 Pa	1	$9{,}869 \cdot 10^{-6}$	$7{,}501 \cdot 10^{-3}$	10^{-5}
1 atm	$1{,}013 \cdot 10^{5}$	1	760,0	1,013
1 mm Hg (Torr)	133,3	$1{,}316 \cdot 10^{-3}$	1	$1{,}333 \cdot 10^{-3}$
1 bar	10^{5}	0,9869	750,1	1

100 Pa = 1 hPa; 1 mbar = 1 hPa; 1 mm Hg = 1 Torr; $1\ Pa = 1\ \frac{N}{m^2}$

Konstanten

Atomare Masseneinheit	u	$1{,}660 \cdot 10^{-27}$ kg
AVOGADRO-Konstante	N_A	$6{,}022 \cdot 10^{23}\ \frac{1}{mol}$
Molares Volumen eines idealen Gases (bei 1013 hPa und 20 °C)	V_m	$24{,}056\ \frac{l}{mol}$
Ladung eines Elektrons	e	$1{,}602 \cdot 10^{-19}$ C
Masse eines Elektrons	m_e	$9{,}109 \cdot 10^{-31}$ kg
Masse eines Protons	m_p	$1{,}673 \cdot 10^{-27}$ kg
Masse eines Neutrons	m_n	$1{,}675 \cdot 10^{-27}$ kg
FARADAY-Konstante	F	$96\,485\ \frac{C}{mol}$

Gehaltsangaben für Mischungen und Lösungen (nach DIN 1310)

Masse einer Stoffportion:	m_i	Massenkonzentration:	$\beta_i = \frac{m_i}{V}$
Volumen einer Stoffportion:	V_i	Volumenkonzentration:	$\sigma_i = \frac{V_i}{V}$
Stoffmenge einer Stoffportion:	n_i	Stoffmengenkonzentration:	$c_i = \frac{n_i}{V}$
Teilchenzahl einer Stoffportion:	N_i	Teilchenkonzentration:	$C_i = \frac{N_i}{V}$
		(V: Gesamtvolumen **nach** dem Mischen)	

Massenanteil (früher: Gewichtsprozent): $w_i = \frac{m_i}{m}$

Gesamtmasse $m = m_1 + m_2 + \ldots$

Volumenanteil (früher: Volumenprozent): $\varphi_i = \frac{V_i}{V_0}$

Gesamtvolumen $V_0 = V_1 + V_2 + \ldots$ (**vor** dem Mischen)

Stoffmengenanteil: $x_i = \frac{n_i}{n}$

Gesamtstoffmenge $n = n_1 + n_2 + \ldots$

Teilchenzahlanteil: $X_i = \frac{N_i}{N}$

Gesamtteilchenanzahl $N = N_1 + N_2 + \ldots$

Das Wort Gehalt wird als Oberbegriff bei der qualitativen Beschreibung verwendet. *Beispiel:* Der Wassergehalt einer Probe.

Dezimale Teile/Vielfache

Potenz	Vorsilbe	Symbol	Potenz	Vorsilbe	Symbol
10^{-1}	Dezi	d	10	Deka	da
10^{-2}	Zenti	c	10^{2}	Hekto	h
10^{-3}	Milli	m	10^{3}	Kilo	k
10^{-6}	Mikro	μ	10^{6}	Mega	M
10^{-9}	Nano	n	10^{9}	Giga	G
10^{-12}	Piko	p	10^{12}	Tera	T
10^{-15}	Femto	f			
10^{-18}	Atto	a			

Griechisches Alphabet

Buchstabe		Name	Buchstabe		Name
klein	**groß**		**klein**	**groß**	
α	Α	alpha	ν	Ν	nü
β	Β	beta	ξ	Ξ	xi
γ	Γ	gamma	ο	Ο	omikron
δ	Δ	delta	π	Π	pi
ε	Ε	epsilon	ϱ	Ρ	rho
ζ	Ζ	zeta	σ	Σ	sigma
η	Η	eta	τ	Τ	tau
ϑ	Θ	theta	φ	Φ	phi
ι	Ι	jota	υ	Υ	ypsilon
κ	Κ	kappa	χ	Χ	chi
λ	Λ	lambda	ψ	Ψ	psi
μ	Μ	mü	ω	Ω	omega

Griechische Zahlwörter

½	hemi		
1	mono	11	undeca
2	di	12	dodeca
3	tri	13	trideca
4	tetra	14	tetradeca
5	penta	15	pentadeca
6	hexa	16	hexadeca
7	hepta	17	heptadeca
8	octa	18	octadeca
9	nona	19	enneadeca
10	deca	20	eicosa

Kleines Lexikon der Chemie

Absorption: Aufnahme von Energie aus elektromagnetischer Strahlung (Licht, Röntgenstrahlung, Mikrowellen).

Additionsreaktion: Reaktion, bei der aus zwei Molekülen ein neues Molekül gebildet wird.

Adsorption: Anlagerung von Teilchen an die Oberfläche eines porösen Feststoffs wie Aktivkohle.

Aggregatzustand: gibt an, ob ein Stoff fest, flüssig oder gasförmig vorliegt. Symbole: s (fest), l (flüssig), g (gasförmig).

α-Strahlung: radioaktive Strahlung; sie besteht aus Helium-Atomkernen, also He^{2+}-Ionen.

Akkumulator: wieder aufladbare Batterie; häufig verwendet: Blei-Akkumulatoren in Autos.

Aktivierungsenergie: die Energie, die man benötigt, um eine Reaktion in Gang zu setzen.

Aldehyde: organische Verbindungen, deren Moleküle an einem Alkyl-Rest eine CHO-Gruppe (Aldehyd-Gruppe) besitzen; Oxidationsprodukte primärer Alkohole.

Alkalimetalle: Elemente der I. Hauptgruppe des Periodensystems; bilden einfach geladene Kationen.

Alkane: gesättigte Kohlenwasserstoffe; allgemeine Molekülformel: C_nH_{2n+2}

Alkansäuren: organische Verbindungen, deren Moleküle an einem Alkyl-Rest eine COOH-Gruppe (Carboxyl-Gruppe) besitzen; Oxidationsprodukte der Aldehyde.

Alkene: ungesättigte Kohlenwasserstoffe mit einer C=C-Zweifachbindung; allgemeine Molekülformel: C_nH_{2n}

Alkine: ungesättigte Kohlenwasserstoffe mit einer C≡C-Dreifachbindung; allgemeine Molekülformel: C_nH_{2n-2}

Alkohole: organische Verbindungen, deren Moleküle eine oder mehrere Hydroxyl-Gruppen (OH-Gruppen) besitzen. Ist die OH-Gruppe an einen Alkyl-Rest gebunden, liegt ein **Alkanol** vor.

Amalgame: Quecksilber-Legierungen; in der Zahnmedizin für Zahnfüllungen verwendet.

Aminosäuren: organische Verbindungen, deren Moleküle neben einer Carboxyl-Gruppe (–COOH) auch eine Amino-Gruppe ($-NH_2$) besitzen; Baustoffe der Eiweißstoffe.

Analyse: Zerlegung einer Verbindung in die Elemente. (→ Synthese)

Anion: negativ geladenes Ion.

Anode: positive *Elektrode.*

Anregungsenergie: siehe Aktivierungsenergie.

aromatische Kohlenwasserstoffe: reaktionsträge, ungesättigte Kohlenwasserstoffe. *Beispiel:* Benzol

Atombindung: siehe Elektronenpaarbindung.

Atome: Grundbausteine der Materie; es gibt ebenso viele Atomarten, wie es Elemente gibt; eine Atomart ist gekennzeichnet durch die Anzahl der Protonen im Atomkern.

Atomhülle: Aufenthaltsbereich der Elektronen; sie bewegen sich in bestimmten Schalen um den Atomkern. (→ Kern/Hülle-Modell)

Atomkern: Massezentrum des Atoms; besteht aus positiv geladenen Protonen und elektrisch neutralen Neutronen.

Atommasse: Masse eines Atoms; sie wird in der atomaren Masseneinheit 1 u angegeben; $1\ u = 1{,}66 \cdot 10^{-24}\ g$

Außenelektronen: Elektronen der äußeren Schale eines Atoms; sie bestimmen die chemischen Eigenschaften des jeweiligen Elements.

AVOGADRO-Gesetz: Bei gleichem Druck und gleicher Temperatur enthalten gleiche Volumina von Gasen gleich viele Teilchen.

AVOGADRO-Konstante: Größe zur Umrechnung zwischen Stoffmenge und Teilchenanzahl; $N_A = 6 \cdot 10^{23}\ 1/mol$

β-Strahlung: radioaktive Strahlung; sie besteht aus Elektronen.

Basen: Teilchen, die Protonen aufnehmen können (Protonenakzeptoren).

Bindungsenergie: Energie, die man aufwenden muss, um eine Elektronenpaarbindung zu spalten.

Brennstoffzelle: elektrochemische Stromquelle, bei der Wasserstoff (am Minuspol) und Sauerstoff oder Luft (am Pluspol) kontinuierlich zugeführt werden und zu Wasser reagieren.

Carbonsäuren: organische Verbindungen, deren Moleküle eine COOH-Gruppe (Carboxyl-Gruppe) besitzen.

Carbonyl-Gruppe: CO-Gruppe; funktionelle Gruppe der Aldehyde und Ketone.

Carboxyl-Gruppe: COOH-Gruppe; funktionelle Gruppe der Carbonsäuren.

chemische Reaktion: eine Umwandlung von Stoffen, bei der aus den Ausgangsstoffen neue Stoffe gebildet werden; dabei werden die Atome umgruppiert. Chemische Reaktionen sind stets von einem Energieumsatz begleitet.

Chromatografie: Verfahren zur Trennung kleiner Mengen von Stoffgemischen mittels eines Trägermaterials (Papier, poröser Stoff auf einer Platte oder als Säulenfüllung) und eines Lösungsmittels bzw. Gases.

Cycloalkane: gesättigte Kohlenwasserstoffe mit ringförmigen Molekülen; allgemeine Formel: C_nH_{2n}

Destillation: Trennverfahren für Flüssigkeitsgemische; die Trennung erfolgt aufgrund unterschiedlicher Siedetemperaturen.

Diffusion: auf der Teilchenbewegung beruhende selbstständige Durchmischung gasförmiger und gelöster Stoffe.

Dipol: Molekül mit polaren Elektronenpaarbindungen, bei dem die Ladungen nicht symmetrisch verteilt sind.

Duroplast: Kunststoff, der sich durch Erhitzen nicht verformen lässt.

Edelgase: Elemente der VIII. Hauptgruppe des Periodensystems; Edelgase sind besonders reaktionsträge.

Edelgaskonfiguration: energetisch besonders stabile Elektronenverteilung: Die äußere Schale ist wie bei den Edelgasen mit 8 Elektronen besetzt (beim Helium 2 Elektronen). (→ Oktettregel)

Eiweißstoff: siehe Protein.

Elastomer: Kunststoff, der unter Druck die äußere Form verändert und anschließend wieder die alte Form einnimmt.

Elektrolyse: Zerlegung einer chemischen Verbindung mit Hilfe elektrischer Energie.

Elektronegativität: Maß für die Fähigkeit eines Atoms Bindungselektronen anzuziehen.

Elektronen: Träger der kleinsten negativen elektrischen Ladung; nahezu masselose Bausteine der Atome, die sich in der Atomhülle aufhalten.

Elektronenpaarabstoßungs-Modell: Modellvorstellung über den Bau der Atomhülle; danach werden die Außenelektronen der zu Molekülen verbundenen Atome zu Elektronenpaaren zusammengefasst. Sie bilden Elektronenwolken, die sich gegenseitig abstoßen und so den räumlichen Bau der Moleküle bestimmen.

Elektronenpaarbindung (Atombindung): Bindungstyp in Molekülen; der Zusammenhalt der Atome wird durch gemeinsame Elektronenpaare bewirkt. (→ Oktettregel)

Element: Reinstoff, der mit chemischen Mitteln nicht weiter zerlegt werden kann. Jedem Element entspricht eine bestimmte Atomart.

Eliminierungsreaktion: Reaktion, bei der von einem Molekül unter Ausbildung einer Mehrfachbindung ein anderes Molekül abgespalten wird.

Emulgator: vermittelt zwischen hydrophilen und hydrophoben Stoffen und ermöglicht so die Bildung stabiler Emulsionen.

Emulsion: heterogenes Gemisch aus nicht ineinander löslichen Flüssigkeiten.

endotherme Reaktion: Reaktion, bei der aus der Umgebung Wärme aufgenommen wird.

Energieumsatz: Kennzeichen chemischer Reaktionen. Bei exothermen Reaktionen wird Energie frei; Reaktionen, die nur unter Energieaufwand ablaufen, heißen endotherm.

Enzym: Eiweiß-Molekül, das als Biokatalysator wirkt.

Erdalkalimetalle: Elemente der II. Hauptgruppe des Periodensystems; bilden zweifach geladene Kationen.

Erze: Mineralien mit hohem Metallgehalt; meist Oxide oder Sulfide; werden zur Gewinnung von Metallen eingesetzt.

Ester: organische Verbindungen, die bei der Reaktion eines Alkohols mit einer Säure unter Abspaltung von Wasser entstehen.

Ether: organische Verbindungen, deren Moleküle durch die Reaktion zweier Alkohol-Moleküle unter Abspaltung eines Wasser-Moleküls entstehen; zwei Kohlenwasserstoff-Reste sind über ein Sauerstoff-Atom verknüpft (R–O–R').

exotherme Reaktion: Reaktion, bei der Wärme frei wird.

Extrahieren: Trennverfahren, bei dem lösliche Stoffe aus einem Gemisch herausgelöst werden.

Fett: organische Verbindung, die aus Glycerin und Fettsäuren aufgebaut ist.

Fettsäure: langkettige Carbonsäure.

Formeln: *Verhältnisformeln* geben das Atomanzahlverhältnis einer Verbindung an; *Molekülformeln* geben die zahlenmäßige Zusammensetzung eines Moleküls an; *Strukturformeln* geben die Anordnung der Atome in einem Molekül an.

funktionelle Gruppe: ein Molekülteil mit charakteristischem Reaktionsverhalten.

galvanische Zelle: Anordnung, mit der die bei einer Elektronenübertragungsreaktion frei werdende Energie als elektrische Energie genutzt werden kann.
Beispiel: Batterie.

HABER-BOSCH-Verfahren: Verfahren zur Synthese von Ammoniak (NH_3) aus Wasserstoff und Stickstoff.

Halogene: Elemente der VII. Hauptgruppe des Periodensystems; bilden einfach geladene Anionen.

heterogene Gemische: uneinheitliche Gemische, bei denen man, manchmal auch nur mit dem Mikroskop, die einzelnen Bestandteile erkennen kann; einheitliche Gemische bezeichnet man als **homogene Gemische.**

homologe Reihe: Reihe von organischen Verbindungen, deren aufeinanderfolgende Glieder sich jeweils durch eine CH_2-Gruppe unterscheiden.

Hydratation: Bildung einer Hülle von Wasser-Molekülen *(Hydrathülle)* um ein Molekül oder Ion während des Lösungsvorgangs.

Hydrolyse: Spaltung von Molekülen unter Aufnahme von Wasser-Molekülen.
Beispiel: Spaltung eines Fetts in Glycerin und Fettsäuren.

hydrophiler Stoff: wasserlöslicher Stoff mit polarem Molekülbau.

hydrophober Stoff: fettlöslicher Stoff mit unpolarem Molekülbau.

Hydroxyl-Gruppe: OH-Gruppe; funktionelle Gruppe der Alkanole (Alkohole).

hygroskopischer Stoff: ein Stoff, der begierig Wasserdampf aus der Luft aufnimmt.

Indikator: ein Farbstoff, der durch seine Farbe anzeigt, ob eine saure, eine neutrale oder eine alkalische Lösung vorliegt.
(→ pH-Skala)

Ionen: geladene Atome oder positiv bzw. negativ geladene Teilchen.

Ionenbindung: Bindungstyp in Ionenverbindungen; der Zusammenhalt wird durch die elektrostatischen Kräfte der entgegengesetzt geladenen Ionen bedingt. Daraus ergibt sich die dreidimensionale Struktur eines **Ionengitters.**

Ionenverbindungen: salzartige Stoffe; besitzen eine relativ hohe Schmelz- und Siedetemperatur und leiten in Schmelze und Lösung den elektrischen Strom.

Isomere: Stoffe mit gleicher Molekülformel, aber unterschiedlicher Molekülstruktur.

Isotope: Atome eines Elements mit gleicher Protonen-Anzahl, aber unterschiedlicher Neutronen-Anzahl.

IUPAC-Nomenklatur: internationale Regeln zur Benennung von chemischen Verbindungen.

Katalysator: ein Stoff, der die Geschwindigkeit einer Reaktion erhöht und unverändert aus der Reaktion hervorgeht.

Kathode: negative *Elektrode.*

Kation: positiv geladenes Ion.

Kern/Hülle-Modell: Atommodell, das auf RUTHERFORD zurückgeht; danach bestehen Atome aus einem kleinen, positiv geladenen *Atomkern,* der praktisch die gesamte Masse des Atoms enthält, und der *Atomhülle,* in der sich die negativ geladenen Elektronen bewegen.

Ketone: organische Verbindungen, deren Moleküle zwischen zwei Alkyl-Resten eine CO-Gruppe (Keto-Gruppe) besitzen; Oxidationsprodukte sekundärer Alkohole.

Kohlenwasserstoffe: Kohlenstoff/Wasserstoff-Verbindungen; man unterscheidet: *gesättigte* Kohlenwasserstoffe mit C/C-Einfachbindungen und *ungesättigte* Kohlenwasserstoffe mit einer oder mehreren C/C-Mehrfachbindungen.

Kohlenhydrate: Verbindungen mit der Verhältnisformel $C_n(H_2O)_m$; je nach Molekülgröße unterscheidet man *Monosaccharide, Disaccharide* und *Polysaccharide.*

Kondensationsreaktion: Verknüpfung zweier Moleküle unter Abspaltung eines Wasser-Moleküls;
Beispiel: Bildung eines Fett-Moleküls aus einem Glycerin-Molekül und drei Fettsäure-Molekülen.

Konzentration: siehe Stoffmengenkonzentration.

Kristall: ein von ebenen Flächen regelmäßig begrenzter Körper.

Kunststoffe: makromolekulare Stoffe, die aus kleineren Molekülen aufgebaut werden.

Laugen: Lösungen, die Hydroxid-Ionen enthalten. (→ Säuren)

Legierung: ein homogenes Gemisch aus zwei oder mehreren Metallen, das in der Schmelze hergestellt wird.

LEWIS-Formel: Strukturformel, in der *bindende* und *freie* (nicht bindende) Elektronenpaare angegeben sind.

Lösung: ein homogenes flüssiges Gemisch aus zwei oder mehreren Stoffen.

Makromolekül: Riesenmolekül, das aus regelmäßig wiederkehrenden Molekülteilen aufgebaut ist.

Massenzahl: gibt die Anzahl der Nukleonen im Atomkern an.

Modell: eine zu einem bestimmten Zweck gemachte vereinfachte Darstellung.
Modelle dienen häufig der Veranschaulichung besonders kleiner, besonders großer oder besonders komplizierter Gegenstände oder Sachverhalte.

Modifikationen: Erscheinungsformen eines Elements. Sie sind aus den gleichen Atomen aufgebaut, unterscheiden sich aber in der Anordnung der Atome.
Beispiel: Diamant und Graphit sind Modifikationen des Kohlenstoffs.

Mol: 1 mol ist die *Stoffmenge* einer Portion, die $6 \cdot 10^{23}$ Teilchen enthält.

molare Masse: stoffspezifische Größe zur Umrechnung zwischen Masse und Stoffmenge; ihr Zahlenwert entspricht dem der Teilchenmasse in u, die Einheit ist g/mol.

molares Volumen: Größe zur Umrechnung zwischen Volumen und Stoffmenge; bei normalem Druck und Raumtemperatur gilt für alle Gase $V_m = 24$ l/mol.

Moleküle: Atomverbände mit definierter Zusammensetzung.

Molekülformel: siehe Formel.

Molekülmasse: ergibt sich durch Addition der jeweiligen Atommassen.

Nebel: heterogenes Gemisch, bei dem eine Flüssigkeit in einem Gas verteilt ist.

Neutralisation: Reaktion von H^+-Ionen aus einer *sauren* Lösung mit OH^--Ionen aus einer *alkalischen* Lösung zu Wasser-Molekülen.

Neutron: elektrisch neutraler Baustein des Atomkerns ($m \approx 1$ u).

Normbedingungen: häufig gewählte Bedingungen für die Angabe von Gasvolumina: $\vartheta = 0$ °C, $p = 1013$ hPa.

Nukleonen: Bausteine des Atomkerns: *Protonen* und *Neutronen.*

Oktettregel: Regel, nach der die Ausbildung von Elektronenpaarbindungen so erfolgt, dass die beteiligten Atome auf der äußeren Schale die Edelgaskonfiguration von 8 Elektronen erreichen.

Ordnungszahl: entspricht der *Kernladungszahl,* gibt die Anzahl der Protonen im Atomkern an.

organische Chemie: Chemie der Kohlenstoff-Verbindungen; Gegenteil: *anorganische Chemie.*

OSTWALD-Verfahren: Verfahren zur Synthese von Salpetersäure (HNO_3) über die katalytische Oxidation von Ammoniak (NH_3).

Oxidation: Reaktion, bei der ein Stoff Sauerstoff aufnimmt; im erweiterten Sinn Abgabe von Elektronen; die Umkehrung der Oxidation ist die **Reduktion.**

Oxidationsmittel: ein Stoff, der einen anderen Stoff oxidiert, ihm Elektronen entzieht; Gegenteil: **Reduktionsmittel.**

Oxidationszahl: Anzahl der Elektronen, die ein Atom in einer Verbindung im Vergleich zum elementaren Zustand formal aufgenommen oder abgegeben hat.

Ozonschicht: Teil der Stratosphäre; liegt etwa in 30 km Höhe; dort absorbieren Ozon-Moleküle den größten Teil der UV-Strahlung der Sonne.

Paraffine: veraltete Bezeichnung für gesättigte Kohlenwasserstoffe (Alkane).

Periodensystem: tabellarische Anordnung der einzelnen Elemente; untereinander stehende Elemente bilden eine *Gruppe,* nebeneinander stehende eine *Periode.* Die Elemente sind nach ähnlichen Eigenschaften und dem Bau der Atome angeordnet.

pH-Skala: umfasst die Werte von 0 bis 14; der *pH-Wert* ist ein Maß für den Gehalt einer Lösung an H^+- oder OH^--Ionen. Bei pH 7 liegt eine *neutrale* Lösung vor, bei pH-Werten unterhalb von 7 ist die Lösung *sauer,* oberhalb von 7 *alkalisch.*

polare Elektronenpaarbindung: durch unterschiedliche Elektronegativität der Bindungspartner verursachte ungleichmäßige Ladungsverteilung entlang der Bindungsachse.

Polykondensation: Bildung von Makromolekülen durch den Reaktionstyp der *Kondensation.*

Polymerisation: Bildung von Makromolekülen, indem sich Zweifachbindungen von *Monomeren* aufspalten; dabei entsteht aus den Monomeren ein *Polymer.*

Polyreaktion: Bildung von Makromolekülen durch Reaktion vieler Monomere.
(→ Polykondensation; → Polymerisation)

Protein: makromolekularer Eiweißstoff, der aus *Aminosäure-Resten* aufgebaut ist.

Proton: positiv geladenes Teilchen im Atomkern ($m \approx 1$ u).

Radikal: reaktives Teilchen mit einem ungepaarten Elektron.

Radioaktivität: Eigenschaft bestimmter Stoffe in andere Elemente zu zerfallen und dabei α-, β- oder γ-Strahlung auszusenden.

Rauch: heterogenes Gemisch, bei dem ein Feststoff in einem Gas verteilt ist.

Reaktionsgleichung: Darstellung einer chemischen Reaktion mit Hilfe von Formeln.
Bei Verwendung der Stoffnamen anstelle der Formeln spricht man von einem **Reaktionsschema.**

Recycling: Wiederverwertung von bereits gebrauchten Stoffen oder Gegenständen.

Redoxreaktion: Reaktion, bei der Sauerstoff ausgetauscht wird; im erweiterten Sinn eine Reaktion, bei der Elektronen ausgetauscht werden.

Redoxreihe: Auflistung von Stoffen nach ihrer Oxidierbarkeit; im erweiterten Sinn nach ihrer Fähigkeit, Elektronen abzugeben.

Reduktion: Reaktion, bei der einem Stoff Sauerstoff entzogen wird; im erweiterten Sinn Aufnahme von Elektronen; die Umkehrung der Reduktion ist die Oxidation.

Reduktionsmittel: ein Stoff, der einen anderen Stoff reduziert.

Salze: siehe Ionenverbindungen.

saurer Regen: Regen, der durch aus Luftschadstoffen (SO_2, NO_2) gebildete Säuren sauer reagiert (pH-Wert $\leq 4{,}5$).

Säuren: Molekülverbindungen, die beim Lösen in Wasser in H^+-Ionen und Säurerest-Ionen zerfallen; *Protonendonatoren.*
(→ Laugen)

Säure/Base-Reaktion: Reaktion, bei der Protonen übertragen werden.

Schalenmodell: Modellvorstellung über den Aufbau der Atomhülle; die Elektronen bewegen sich in definierten Schalen, denen jeweils ein bestimmtes Energieniveau zugeordnet werden kann.

Sedimentieren: Trennverfahren für *Suspensionen;* der Feststoff setzt sich aufgrund der höheren Dichte ab.

Seifen: Anionen der Fettsäuren; setzen die Oberflächenspannung des Wassers herab und wirken dadurch *benetzend* und *emulgierend.*

Stahl: Eisen-Legierung mit geringem Kohlenstoffanteil.

Stoffmenge: Zählgröße für die Teilchenanzahl in einer Stoffportion. Einheit: 1 mol
(1 mol $\triangleq 6 \cdot 10^{23}$ Teilchen)

Stoffmengenkonzentration: gibt an, wie viel Mol eines Stoffs in einem Liter Lösung enthalten sind. Einheit: mol/l

Substitutionsreaktion: Reaktion, bei der in einem Molekül ein Atom oder eine Atomgruppe durch ein anderes Atom oder eine Atomgruppe ersetzt wird.

Suspension: heterogenes Gemisch eines Feststoffs in einer Flüssigkeit.

Synthese: Aufbau einer Verbindung aus den Elementen. (→ Analyse)

Tetraederstruktur: Molekülstruktur, die sich ergibt, wenn vier Elektronenpaare um ein zentrales Atom angeordnet sind.
Beispiel: Methan (CH_4).

Thermoplast: Kunststoff, der beim Erwärmen plastisch verformbar wird.

Titration: Verfahren zur Bestimmung des Gehalts einer Lösung durch allmähliche Zugabe einer anderen Lösung mit bekannter Konzentration.

VAN-DER-WAALS-Bindung: Anziehung zwischen unpolaren oder schwach polaren Molekülen.

Verbindung: Reinstoff, der durch chemische Reaktionen in Elemente zerlegt werden kann.

Veresterung: Bildung eines Esters aus Alkohol und Säure unter Abspaltung von Wasser.

Verseifung: Spaltung *(Hydrolyse)* von Fetten in alkalischer Lösung.

Wasserstoffbrückenbindungen: zwischenmolekulare Bindungen, die zwischen stark polar gebundenen Wasserstoff-Atomen des einen und freien Elektronenpaaren von Sauerstoff-Atomen oder Stickstoff-Atomen eines anderen Teilchens wirksam werden.

Stichwortverzeichnis

Hauptgruppen

Das illustrierte Periodensystem

I

1 Wasserstoff

○ Raketentreibstoff
○ Fetthartung
○ Entschwefelung von Erdöl
○ Herstellung von Ammoniak
x 1,008

VIII

2 Helium

○ Füllung für Ballone und Zeppeline
○ Tauchglockenatmosphäre
○ Laser und Leckdetektoren
○ Kühlmittel für Kernkraftwerke
x 4,003

II III IV V VI VII

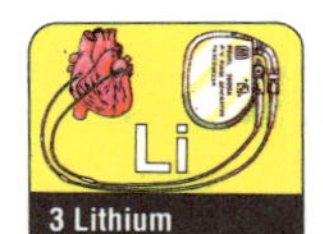

3 Lithium

v Schmieroladditiv
Batterien
+ Legierungen für die Raumfahrt
v Laborglas
x 6,94

4 Beryllium

Fenster für Röntgenröhren
+ Uhrfedern
+ Funkenfreie Werkzeuge
x 9,01

5 Bor

v Moderator in Kernkraftwerken
v Tennisschläger
v Hitzefestes Glas
v Bleichmittel
x 10,81

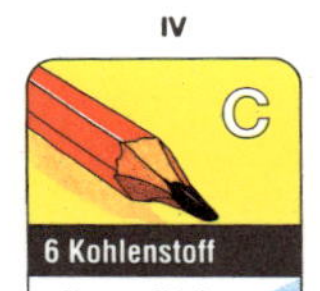

6 Kohlenstoff

○ Diamanten, Bleistifte
○ Färbemittel für Reifen
○ Moderator in Kernkraftwerken
v Kunststoffe
x 12,01

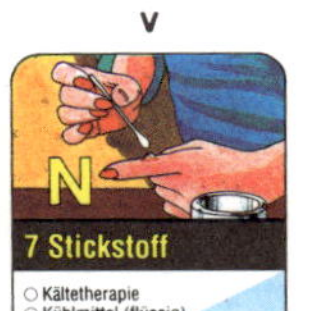

7 Stickstoff

○ Kältetherapie
○ Kühlmittel (flüssig)
○ Ammoniakherstellung
v Düngemittel
x 14,01

8 Sauerstoff

○ Verbrennungen
○ Stahlproduktion
○ Wasseraufbereitung
v Sand, Wasser, Beton
x 16,00

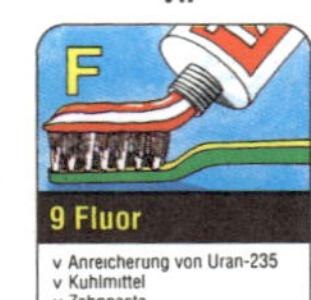

9 Fluor

v Anreicherung von Uran-235
v Kühlmittel
v Zahnpasta
v Teflon
x 19,00

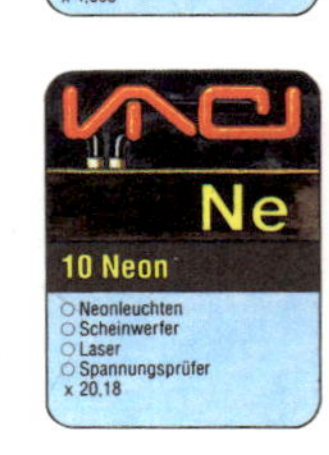

10 Neon

○ Neonleuchten
○ Scheinwerfer
○ Laser
○ Spannungsprüfer
x 20,18

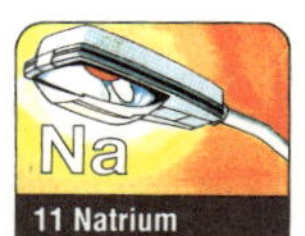

11 Natrium

○ Straßenbeleuchtung
○ Kühlmittel für Kernreaktoren
+ Batterien
v Kochsalz, Soda, Glas
x 22,99

12 Magnesium

○ Unterwasserfackel
+ Flugzeuge, Motorenteile
v Schamottsteine
v Pigmente, Filter
x 24,31

13 Aluminium

○ Fenster- und Türbeschläge
○ Rohre, Kabel, Folien
○ Feuerwerk
+ Automobile, Raketen, Flugzeuge
x 26,98

14 Silicium

○ Elektronische Bauteile, Solarzellen
+ Werkzeuge
v Zement, Quarzglas
v Silikonschmierstoffe
x 28,09

15 Phosphor

○ Feuerwerk, Zündhölzer
v Düngemittel, Waschmittel
v Zahnpasta
v Pestizide
x 30,97

16 Schwefel

○ Zündhölzer, Feuerwerk
○ Batterien
○ Gummivulkanisierung
v Haarfestiger
x 32,06

17 Chlor

○ Wasseraufbereitung
v Bleiche, Salzsäure
v PVC
v Rostentferner
x 35,45

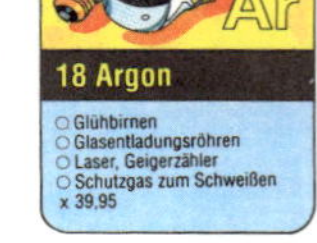

18 Argon

○ Glühbirnen
○ Glasentladungsröhren
○ Laser, Geigerzähler
○ Schutzgas zum Schweißen
x 39,95

19 Kalium

v Düngemittel
v Optische Gläser
v Zündhölzer, Schießpulver
v Kochsalzersatz
x 39,10

20 Calcium

○ Metallurgie
+ Kabelisolierung
v Düngemittel
v Beton, gebrannter Kalk
x 40,08

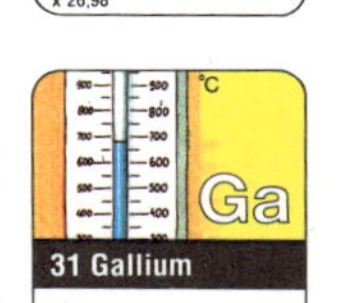

31 Gallium

○ Quarzthermometer
v Informationsspeicher
v Transistoren, Laserdioden
v Lokalisierung von Tumoren
x 69,72

32 Germanium

○ Infrarotprismen
○ Transistoren, Dioden
○ Schmucklot
○ Weitwinkelobjektiv
x 72,59

33 Arsen

+ Schrotkugeln
+ Spiegelbeschichtung
v Leuchtdioden
v Glas, Laser
x 74,92

34 Selen

○ Belichtungsmesser
○ Fotokopierer
○ Solarzellen
v Anti-Schuppen-Shampoo
x 78,96

35 Brom

v Tränengas
v Brandschutz
v Desinfektionsmittel
v Filme
x 79,90

36 Krypton

○ Leuchtröhren
○ Blitzbirnen
○ Wellenlängen-Standard
v UV-Laser
x 83,80

37 Rubidium

○ Fotozellen
○ Gasfalle in Vakuumbehältern
○ Herzmuskelforschung
x 85,47

38 Strontium

v Nuklearbatterien
v Beta-Strahler
v Leuchtfarbe
v Feuerwerk
x 87,62

49 Indium

○ Solarzellen, Spiegel
+ Moderator in Kernreaktoren
v Fotozellen, Transistoren
v Blut- und Lungenforschung
x 114,82

50 Zinn

+ Geschirr
+ Münzen
+ Orgelpfeifen
v Opalglas, Email
x 118,69

51 Antimon

+ Lot, Klischees
+ Bleibatterien, Dichtungen
v Infrarotdetektoren
v Arznei gegen Parasiten
x 121,75

52 Tellur

○ Zündhütchen
○ Gummivulkanisierung
○ Batteriegehäuse
+ Elektrische Widerstände
x 127,60

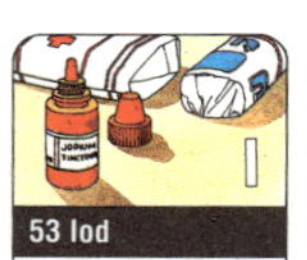

53 Iod

○ Desinfektionsmittel
○ Halogenlampen
v Tintenpigmente
v Kochsalzzusatz
x 126,90

54 Xenon

○ UV-Lampen, Solarien
○ Farbentester
○ Projektionslampen
○ Elektronenblitze
x 131,30

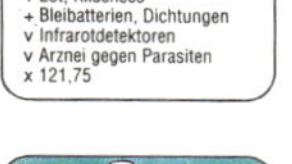

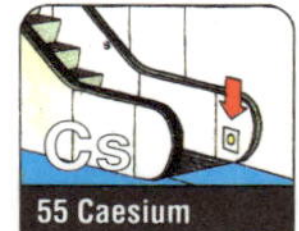

55 Caesium

○ Fotozellen
○ Gammastrahlenquelle
○ Atomuhren
○ Infrarotlampen
x 132,91

56 Barium

+ Zündkerzen
+ Gasfallen in Vakuumbehältern
v Feuerwerk
v Fluoreszenzlampen
x 137,34

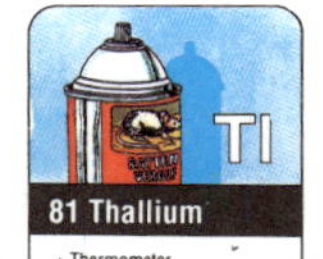

81 Thallium

+ Thermometer
v Infrarotdetektoren
v Herzmuskelforschung
v Insektizide
x 204,37

82 Blei

○ Strahlenschutz
○ Bedachungen, Batterien
+ Lot, Munition
v Farbstoffe
x 207,2

83 Bismut

○ Katalysator in der Gummiproduktion
+ Sicherungen
+ Sprinkler
v Glas, Keramik
x 208,98

84 Polonium

○ Nuklearbatterien
○ Neutronenquelle
○ Antistatikmittel
○ Filmreiniger
x (209)

85 Astat

Keine kommerzielle Verwendung
x (210)

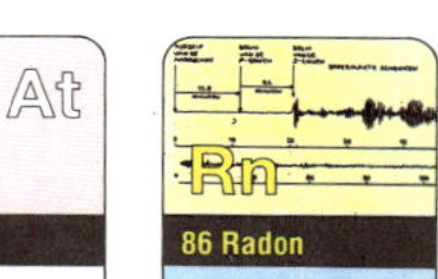

86 Radon

○ Erdbebenvorhersage
○ Gesundheitsgefahr in Häusern, die auf Granit gebaut sind. Kommt in der Natur selten vor.
x (222)

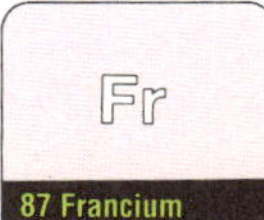

87 Francium

Kommt in der Natur selten vor

(223)

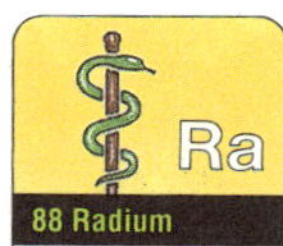

88 Radium

v Neutronenquelle
v Strahlentherapie
x 226,03

Aggregatzustand bei Zimmertemperatur:

Gelb	Gas
Rot	Flüssigkeit
Weiß	Feststoff
Grün	Feststoff (radioaktiv)

Vorkommen in der Natur:

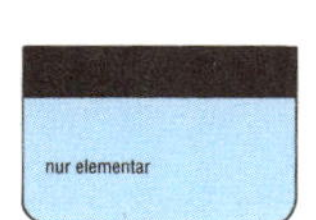
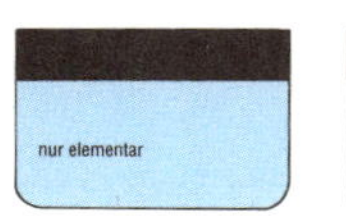
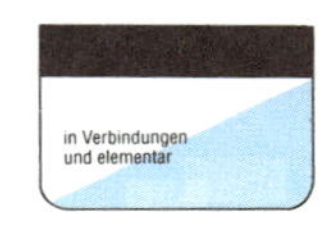

nur in Verbindungen

nur elementar

in Verbindungen und elementar

Verwendung:

20 Calcium — Ordnungszahl und Name

○ elementar
+ in Legierung, Gemenge oder Beimischung
v als Verbindung
x — Atommasse in u (Nukleonenzahl des wichtigsten Isotops in Klammern)